W9-BSG-825

THE OXFORD

New Greek Dictionary

Greek—English
English—Greek

AMERICAN EDITION

Niki Watts

BERKLEY BOOKS, NEW YORK

THE BERKLEY PUBLISHING GROUP
Published by the Penguin Group
Penguin Group (USA) Inc.
375 Hudson Street, New York, New York 10014, USA
Penguin Group (Canada), 90 Eglinton Avenue East, Suite 700, Toronto, Ontario M4P 2Y3, Canada
(a division of Pearson Penguin Canada Inc.)
Penguin Books Ltd., 80 Strand, London WC2R 0RL, England
Penguin Group Ireland, 25 St. Stephen's Green, Dublin 2, Ireland (a division of Penguin Books Ltd.)
Penguin Group (Australia), 250 Camberwell Road, Camberwell, Victoria 3124, Australia
(a division of Pearson Australia Group Pty. Ltd.)
Penguin Books India Pvt. Ltd., 11 Community Centre, Panchsheel Park, New Delhi—110 017, India
Penguin Group (NZ), 67 Apollo Drive, Rosedale, North Shore 0632, New Zealand
(a division of Pearson New Zealand Ltd.)
Penguin Books (South Africa) (Pty.) Ltd., 24 Sturdee Avenue, Rosebank, Johannesburg 2196,
South Africa

Penguin Books Ltd., Registered Offices: 80 Strand, London WC2R 0RL, England

THE OXFORD® NEW GREEK DICTIONARY

A Berkley Book / published by arrangement with Oxford University Press, Inc.

PRINTING HISTORY
Berkley mass-market edition / July 2008

Copyright © 1997, 2000, 2008 by Oxford University Press
Published in 1998 as *The Oxford Greek Dictionary*
Oxford is a registered trademark of Oxford University Press, Inc.

ISBN: 978-0-425-22243-0

BERKLEY®
Berkley Books are published by The Berkley Publishing Group,
a division of Penguin Group (USA) Inc.,
375 Hudson Street, New York, New York 10014.
BERKLEY is a registered trademark of Penguin Group (USA) Inc.
The "B" design is a trademark belonging to Penguin Group (USA) Inc.

PRINTED IN THE UNITED STATES OF AMERICA

10 9 8 7 6 5 4 3 2

Contents

Acknowledgements

I am very grateful to Tina Lendari for reading the English to Greek section of the dictionary and for her many helpful comments; to Quentin Watts for his invaluable help with the Greek to English section; to Roger Green for agreeing to allow material previously prepared by himself to be made available to me, and to Frances Illingworth for her reading and editing of the final text.

I am greatly indebted to Richard Watts whose computing wizardry has made many of the more dreary and repetitive tasks involved in the compilation of a dictionary more tolerable.

For specific advice on particular areas of knowledge I wish to thank particularly Yannakis Drousiotis, Maria Gavouneli, Aglaia Kasdagli, Tina Lendari, Anastasia Markomihelaki-Mintza and Quentin Watts.

Pronunciation of Greek

Phonetic symbols

Letter	Name of letter	Sound	Examples
Αα	άλφα	a as in	another
Ββ	βήτα	v	various
Γγ	γάμα	g if followed by α, o, ου	gather
		y if followed by ε, ι	yes
Δδ	δέλτα	th	there
Εε	έψιλον	e	Helen
Ζζ	ζήτα	z	zealous
Ηη	ήτα	i, e	these
Θθ	θήτα	TH	thin
Ιι	γιώτα	i, e	these
Κκ	κάπα	c, k	cake
Λλ	λάμδα	l	law
Μμ	μι	m	mummy
Νν	νι	n	notice
Ξξ	ξι	x	xenophobia
Οο	όμικρον	o	opportunity
Ππ	πι	p	pastor
Ρρ	ρο	r	run
Σσς	σίγμα	s	stare
Ττ	ταυ	t	tomorrow
Υυ	ύψιλον	i, e	these
Φφ	φι	f	first
Χχ	χι	h	Bach
Ψψ	ψι	ps	corpse
Ωω	ωμέγα	o	opportunity

There is one stress-accent in Modern Greek which falls on the vowel of the syllable that needs to be accentuated in speech, eg **όχι**, **εγώ**.

Pronunciation of Greek

The diaeresis is used over two vowels, ï, ü when either of the two follows another vowel with which it ordinarily forms a diphthong to indicate that it is to be treated as a separate vowel.

Diphthongs

When the following vowels appear next to each other, they form a diphthong, ie they are pronounced as one letter unless the stress-accent falls on the first of the two vowels or the second vowel is ι, or υ and it has a diaeresis, eg αϊ or εϋ in which case the two vowels are treated as separate sounds.

ει, οι	i,e	*as in*	th**e**se
αι	e		H**e**len
ου	oo		s**oo**n
αυ	av		h**a**ve
	or af		**af**ternoon
εu	ev		**ev**ery
	or ef		**ef**figy

Abbreviations

abbreviation	*abbr.*	military	*mil.*
adjective(s)	*a. adjs.*	music	*mus.*
adverb(s)	*adv(s).*	noun(s)	*n(s).*
administration	*admin.*	nautical	*naut.*
aeronautics	*aeron.*	proprietary term	*P.*
American	*Amer.*	pejorative	*pej.*
anatomy	*anat.*	philosophy	*phil.*
archaeology	*archaeol.*	photography	*photo.*
architecture	*archit.*	plural	*pl.*
astrology	*astr.*	politics	*pol.*
definite article	*art. def.*	possessive	*poss.*
indefinite article	*art.indef.*	past participle	*p.p.*
motor car	*auto.*	prefix	*pref.*
auxiliary	*aux.*	preposition(s)	*prep(s).*
biology	*biol.*	present participle	*pres.p.*
botany	*bot.*	pronoun	*pron.*
commerce	*comm.*	relative pronoun	*pron. rel.*
conjunction(s)	*conj(s).*	psychology	*psych.*
cookery	*culin.*	past tense	*p.t.*
Cyprus	*Cy.*	railway	*rail.*
electricity	*electr.*	religion	*relig.*
et cetera	*etc.*	singular	*s.*
feminine	*f.*	school	*schol.*
familiar	*fam.*	slang	*sl.*
figurative	*fig.*	someone	*s.o.*
geography	*geog.*	something	*sthg.*
geology	*geol.*	technical	*techn.*
grammar	*gram.*	theatrical	*theatr.*
humorous	*hum.*	television	*TV*
interjection(s)	*int(s).*	typography	*typ.*
invariable	*invar.*	university	*univ.*
legal, law	*jurid.*	auxiliary verb	*v.aux.*
language	*lang.*	intransitive verb	*v.i.*
masculine	*m.*	transitive verb	*v.t.*
medicine	*med.*		

Συντομογραφίες
Abbreviations

αεροπορία	αεροπ.	κάποιος, κάποια	κπ
αθλητικά	αθλ.	κάτι	κτ
άκλιτο	άκλ.	λαϊκός	λαϊκ.
αμερικανικός	αμερ.	λόγιος	λόγ.
ανατομία, ανατομικός	ανατ.	μαγειρική	μαγ.
		μαθηματικά	μαθημ.
αντωνυμία	αντων.	μεταφορικά, μεταφορικός	μεταφ.
απρόσωπος	απρόσ.		
αρκτικόλεξο	αρκτ.	μηχανική	μηχ.
αρχαιολογία	αρχαιολ.	μουσική	μουσ.
αρχαίος	αρχ.	ναυτικός	ναυτ.
αρχιτεκτονική	αρχιτ.	νομικά	νομ.
αστρολογία	αστρολ.	οικονομία	οικον.
αυτοκίνητο	αυτοκ.	πανεπιστήμιο	πανεπ.
βλέπε	βλ.	πληθυντικός	πληθ.
βιολογία	βιολ.	πολιτικά	πολιτ.
βοτανική, βοτανικός	βοτ.	πρόθεμα	πρόθεμ.
		πρόθεση	πρόθ.
γεωλογία	γεωλ.	ρήμα, αμετάβατο	ρ.αμτβ.
γεωγραφία	γεωγρ.	ρήμα, μεταβατικό	ρ.μτβ.
γραμματική	γραμμ.	ρήμα, μεταβατικό και αμετάβατο	ρ.μτβ./ αμτβ.
δεικτικό μόριο	δεικτ. μόρ.		
διοίκηση	διοίκ.	σιδηρόδρομος	σιδηρ.
εκκλησιαστικός	εκκλ.	στρατιωτικός	στρ.
εμπόριο, εμπορικός	εμπ.	σύνδεσμος	σύνδ.
		συντομογραφία	συντ.
επίθετο	επίθ.	σχολείο	σχολ.
επίρρημα	επίρρ.	τεχνικός, τεχνολογία	τεχν.
επιφώνημα	επιφώμ.		
ηλεκτρισμός	ηλεκτρ.	τυπογραφία, τυπογραφικός	τυπογρ.
ηλεκτρονικοί υπολογιστές	Η/Υ		
		υβριστικά	υβρ.
θέατρο	θέατρ.	φυσική	φυσ.
θρησκεία	θρησκ.	χημεία	χημ.
ιατρική	ιατρ.	χρηματιστήριο	χρημ.
καθομιλουμένη	καθομ.	ψυχολογία	ψυχ.

αβαείο *(το)* abbey

άβακας *(ο)* abacus

άβαθος *επίθ* shallow

αβαρής *επίθ* weightless

αβάς *(ο)* abbot

αβάσιμος *επίθ* baseless. *(αθεμελίωτος)* unfounded. *(αστήρικτος)* groundless

αβάφτιστος *επίθ* not christened

άβγαλτος *επίθ* inexperienced

αβγ|ό *(το)* egg. ~ά *(ψαριών και αμφιβίων)* *(τα)* spawn

αβγοθήκη *(η)* egg-cup

αβγολέμονο *(το)* egg and lemon sauce

αβγοτάραχο *(το)* roe

αβέβαιος *επίθ* uncertain. *(αμφίβολος)* doubtful

αβεβαιότητα *(η)* uncertainty. *(αμφιβολία)* suspense. *(αοριστία)* ambiguity

αβίαστ|ος *επίθ* unhurried, leisurely. *(αυθόρμητος)* unaffected. ~α *επίρρ* leisurely

αβλαβής *επίθ* harmless. *(αθώος)* innocuous. *(σώος)* unhurt

αβοήθητος *επίθ* unaided

άβολος *επίθ* inconvenient. *(άνθρωπος)* difficult to get on with. *(δύσκολος στη χρήση)* unwieldy. *(χωρίς άνεση)* uncomfortable

άβουλος *επίθ* undecided. *(χωρίς βούληση)* weak-willed

άβυσσος *(η)* abyss

αγαθά *(τα)* goods

αγαθός *επίθ* good. *(αφελής)* simple-minded

αγαλλιάζω *ρ αμτβ* exult

άγαλμα *(το)* statue

αγαλματένιος *επίθ* statuesque

άγαμος *επίθ* unmarried

αγανάκτηση *(η)* indignation

αγανακτώ *ρ αμτβ* be indignant

αγάπη *(η)* love. *(στοργή)* fondness

αγαπημένος *επίθ* darling. *(προτιμώμενος)* favourite. ~ *(ο)* sweetheart

αγαπητός *επίθ* dear

αγαπ|ώ *ρ μτβ* love. *(ερωτεύομαι)* be in love with. *(μ' αρέσει)* be fond of. όπως ~άς suit yourself

αγγαρεία *(η)* drudgery. *(άχαρη απασχόληση)* chore

αγγείο *(το)* pot. *(ανατ)* vessel

αγγειοπλάστης *(ο)* potter

αγγειοπλαστική *(η)* pottery

αγγελία *(η)* announcement. *(σε εφημερίδα)* advert

αγγελικός *επίθ* angelic

αγγελιοφόρος *(ο)* messenger

άγγελος *(ο)* angel

άγγιγμα *(το)* touch

αγγίζω *ρ μτβ* touch. *(ασχολούμαι)* touch upon. *(θίγω)* hurt

Αγγλία *(η)* England

Αγγλίδα *(η)* Englishwoman

αγγλικ|ά *(τα)* English. ~ή *(η)* English. ~ός *επίθ* English

αγγλο- *πρόθεμ* Anglo-

Άγγλος *(ο)* Englishman

Αγγλοσάξονας *(ο)* Anglo-Saxon

αγγουράκι *(το)* gherkin

αγγούρι *(το)* cucumber

αγγουροντομάτα *(η)* cucumber and tomato salad

αγελάδα *(η)* cow

αγελαίος *επίθ* gregarious

αγέλη *(η)* *(βόδια, ελέφαντες)* herd. *(σκυλιά, λύκοι)* pack

αγένεια *(η)* rudeness

αγενής *επίθ* rude, discourteous. *(χωρίς ευγενικούς τρόπους)* bad-mannered

αγέραστος *επίθ* not aged. *(πάντα ακμαίος)* ageless

αγέρωχος *επίθ* gallant. *(αλαζόνας)* haughty

άγευστος *επίθ* tasteless

Αγία Γραφή *(η)* Scriptures

αγιάζω *ρ μτβ* bless. • *ρ αμτβ* become a saint

αγιασμός *(ο)* holy water

αγιόκλημα *(το)* honeysuckle

άγιο|ς (ο) saint. • επίθ saintly.
(ιερός) holy. ο Ά~ς Βασίλης
St Basil, Father Christmas

αγιότητα (η) holiness

αγκαζέ επίθ taken. • επίρρ arm
in arm

αγκάθι (το) thorn. (κάκτου,
σκαντζόχοιρου) spine

αγκαθωτός επίθ prickly, thorny

αγκαλιά (η) arms. (χαρτιά,
λουλούδια) armful

αγκαλιζω ρ μτβ embrace. (μεταφ)
encompass

αγκάλιασμα (το) embrace

αγκίδα (η) splinter

αγκινάρα (η) globe artichoke

αγκίστρι (το) fish-hook

αγκομαχητό (το) panting.
(δύσκολη αναπνοή) gasping

αγκομαχώ ρ αμτβ pant. (αναπνέω
με δυσκολία) gasp

αγκύλη (η) (γόνατο, αγκώνας) joint.
(γραμμ) square bracket

αγκυλωτός επίθ hooked

άγκυρα (η) anchor

αγκυροβολία (η) moorings

αγκυροβολώ ρ αμτβ anchor, drop
anchor

αγκώνας (ο) elbow

άγνοια (η) ignorance

αγνοούμενος επίθ (στρ) missing.

αγνός επίθ pure. (παρθένος) chaste

αγνότητα (η) purity. (παρθενία)
chastity

αγνοώ ρ μτβ ignore. (αδιαφορώ)
disregard

αγνωμοσύνη (η) ingratitude

αγνώριστος επίθ unrecognizable

αγνωστικισμός (ο) agnosticism.
~τής (ο) agnostic

αγνωστικός επίθ agnostic

άγνωστος επίθ unknown

αγονία (η) infertility. (ακαρπία)
barrenness

άγονος επίθ infertile. (έδαφος)
barren (earth)

αγορά (η) purchase. (τόπος)
market. λαϊκή ~ open air market

αγοράζω ρ μτβ buy, purchase.
(δωροδοκώ) buy over

αγοραπωλησία (η) transaction

αγορ|αστής (ο), ~άστρια (η)
buyer, purchaser

αγορεύω ρ αμτβ make a public
speech

αγόρι (το) boy

αγοροκόριτσο (το) tomboy

αγράμματος επίθ illiterate. (χωρίς
μόρφωση) uneducated

αγραμματοσύνη (η) illiteracy

άγραφος επίθ unwritten

αγριοκαστανιά (η) horse-chestnut

αγριοκάστανο (το) conker

αγριοκοίταγμα (το) glare

αγριοκοιτάζω ρ μτβ glare at,
glower at

αγριολούλουδο (το) wild flower

αγριόμηλο (το) crab apple

άγριος επίθ wild. (ακαλλιέργητος)
uncultivated. (πρωτόγονος) savage.
(σκληρός) fierce. ~ (ο) savage

αγριόχορτο (το) weed

αγροικία (η) farmhouse

αγροίκος επίθ (άξεστος) boorish.
(αγενής) crude

αγρόκτημα (το) farm

αγρός (ο) (λόγ) field

αγρότης (ο) countryman. (γεωργός)
farmer

αγροτικός επίθ rural

αγρύπνια (η) sleeplessness

αγρυπνία (η) (εκκλ) vigil

άγρυπνος επίθ sleepless. (ξύπνιος)
wakeful. (που επαγρυπνεί) watchful

αγρυπνώ ρ αμτβ stay awake.
(επαγρυπνώ) be watchful

άγχος (το) stress

αγωγή (η) (ανατροφή) upbringing.
(νομ) action. (ιατρ) treatment

αγωγός (ο) (σωλήνας) pipe. (αέρα)
duct. (ανελκυστήρα) shaft.
(απορριμμάτων) chute. (ηλεκτρ)
conductor. κεντρικός ~ mains
(water, gas)

αγώνας (ο) struggle. (αθλητισμός)
event. (διαγωνισμός) contest.
(πάλης) bout. (ποδόσφαιρο) match.
(πόλεμος) fight

αγωνία (η) agony. (αδημονία)
anxiety. (έντονη ανησυχία) anguish.
(σε βιβλίο κλπ) suspense

αγωνίζομαι ρ αμτβ (αγώνες)
compete. (μάχομαι) struggle.
(προσπαθώ) strive

αγωνιώ *ρ αμτβ* be anxious

αδάμαστος *επίθ* indomitable

αδασμολόγητος *επίθ* duty-free

άδεια *(η)* *(συγκατάθεση)* permission. *(αποχή από εργασία)* leave. *(παροχή δικαιώματος)* licence. *(πιστοποιητικό)* permit

αδειάζω *ρ* empty. *(βαλίτσα)* unpack. *(ποτήρι, ρεζερβουάρ)* drain

άδειος *επίθ* empty. *(συσσωρευτής)* flat

αδελφή *(η)* sister. *(καλόγρια)* nun. *(νοσοκόμα)* nurse. *(θηλυπρεπής άντρας)* sissy

αδέλφια *(τα)* brothers and sisters

αδελφικός *επίθ* fraternal. *(αδελφού)* brotherly. *(αδελφής)* sisterly

αδελφοσύνη *(η)* brotherhood

αδελφότητα *(η)* fraternity. *(σωματείο)* guild

αδένας *(ο)* gland

αδέξιος *επίθ* *(ανεπιτήδειος)* awkward. *(χωρίς επιδεξιότητα)* clumsy

αδεξιότητα *(η)* awkwardness, clumsiness

αδερφή *(η)* *βλ* **αδελφή**

αδέρφι *(το)* brother

αδερφός *(ο)* *βλ* **αδελφός**

αδέσμευτος *επίθ* unattached. *(απαλλαγμένος από υποχρεώσεις)* under no obligation

αδέσποτος *επίθ* stray *(animal)*

αδήλωτος *επίθ* unregistered. *(εμπορεύματα, εισόδημα)* undeclared

Άδης *(ο)* Hades

αδηφάγος *επίθ* voracious

αδιάβαστος *επίθ* *(αμελέτητος)* unprepared *(student)*. *(αμόρφωτος)* unread. *(δυσνόητο κείμενο)* unreadable. *(κακογραμμένο κείμενο)* illegible

αδιάβατος *επίθ* impassable

αδιάβροχος *επίθ* waterproof. **~** *(το)* raincoat, *(καθομ)* mac.

αδιάθετος *επίθ* *(άκεφος)* off colour. *(ελαφρά άρρωστος)* unwell. *(εμπορεύματα)* undisposed of. *(χωρίς διαθήκη)* intestate

αδιαίρετος *επίθ* undivided. *(δεν μπορεί να διαιρεθεί)* indivisible

αδιάκοπος *επίθ* uninterrupted

αδιακρισία *(η)* indiscretion

αδιάκριτος *επίθ* indiscreet. *(ανάγωγος)* tactless. *(χωρίς διάκριση)* indiscriminate

αδιάλειπτος *επίθ* unremitting

αδιάλλακτος *επίθ* *(που δεν επιδέχεται συμβιβασμό)* uncompromising. *(ανένδοτος)* intransigent. **~** *(ο)* die-hard

αδιαλλαξία *(η)* intransigence

αδιάλυτος *επίθ* insoluble

αδιανόητος *επίθ* inconceivable, unthinkable

αδιάντροπος *επίθ* shameless. *(θρασύς)* impudent

αδιαπαιδαγώγητος *επίθ* uneducated

αδιαπέραστος *επίθ* impenetrable. *(μεταφ)* impervious

αδιάρρηκτος *επίθ* not broken into. *(μεταφ)* indissoluble

αδιάσειστος *επίθ* incontrovertible

αδιατάρακτος *επίθ* undisturbed

αδιαφανής *επίθ* opaque. *(γυαλί)* frosted

αδιάφθορος *επίθ* incorruptible

αδιαφορία *(η)* indifference. *(αμεριμνησία)* unconcern

αδιάφορος *επίθ* indifferent. *(γεύση)* bland. *(στάση)* casual

αδιαφορώ *ρ αμτβ* be indifferent

αδιέξοδο *(το)* blind alley, cul-de-sac. *(κατάσταση χωρίς διαφυγή)* deadlock, impasse.

αδίκημα *(το)* offence

αδικία *(η)* wrong. *(παράβαση ηθικής)* unfairness. *(παράβαση νόμου)* injustice

άδικ|ος *επίθ* unjust. *(ηθικά)* unfair. **~ο** *(το)* wrong. **έχω ~ο** be in the wrong. **~α** *επίρρ* unfairly, wrongly

αδικώ *ρ μτβ* wrong

αδιόρθωτος *επίθ* unrepaired. *(γραπτά)* unmarked. *(δεν επιδέχεται βελτίωση)* hopeless. *(δεν επιδέχεται διόρθωση)* irreparable

αδίστακτος *επίθ* unhesitating. *(χωρίς ηθικούς ενδοιασμούς)* unscrupulous. *(ανελέητος)* ruthless

αδοκίμαστος *επίθ* untried.

(φαγητό) untasted
άδολος επίθ ingenuous
άδοξος επίθ inglorious
αδούλευτος επίθ (υλικό)
unprocessed. (γη) uncultivated
αδράνεια (η) inertia. (μεταφ)
inactivity
αδρανής επίθ inert. (μεταφ)
inactive. **~ώ** ρ αμτβ be inactive
αδράχτι (το) spindle
αδρεναλίνη (η) adrenalin
Αδριατική (Θάλασσα) (η) Adriatic
(Sea)
αδρός επίθ (χαρακτηριστικά)
rough. (άφθονος) handsome
αδυναμία (η) (έλλειψη δύναμης)
weakness. (έλλειψη ικανότητας)
inability. (χαρακτήρα) failing. (των
γηρατειών) infirmity
αδύναμος επίθ feeble
αδυνατίζω ρ αμτβ (χάνω βάρος)
slim. (χάνω δύναμη) weaken.
(μνήμη) fail
αδύνατ|ος επίθ (ισχνός) thin.
(δικαιολογία) flimsy. (χωρίς
δύναμη) weak. (φωνή, θόρυβος)
faint. (φως) dim. (ακατόρθωτος)
impossible. **κάνω τ´ ~α δυνατά**
do one's utmost
αδυνατώ ρ αμτβ **~ να** be unable
to, cannot
αδυσώπητος επίθ inexorable
άδωρο|ς επίθ **δώρον ~ν** useless
gift
Α.Ε. συντ S.A. βλ **ανώνυμος**
αειθαλής επίθ (φυτό) evergreen
αείμνηστος επίθ (για νεκρό) dear
departed
αεραγωγός (ο) air duct
αεράκι (το) breeze
αεράμυνα (η) air defence
αέρας (ο) air. (άνεμος) wind. (στη
συμπεριφορά) panache. **κάνω
~** fan oneself. **της πήρα τον ~** I
cut her down to size
αεργία (η) inactivity
αερίζω ρ μτβ (δωμάτιο κλπ) air.
(με βεντάλια) fan
αερικό (το) pixie
αέρι|ο (το) gas
αεριούχος επίθ fizzy
αεριωθούμενος επίθ jet-propelled

αεροβασί|α (η) daydreaming. **~ες**
(οι) aerobatics
αεροβατώ ρ αμβτ have one's head
in the clouds
αεροβόλο (το) air gun
αερογέφυρα (η) airlift
αερογραμμή (η) airline
αεροδρόμιο (το) airfield. (αεροπ)
aerodrome. (καθομ) airport
αεροδυναμικός επίθ aerodynamic.
(μεταφ) streamlined
αεροζόλ (το) άκλ aerosol
αερόθερμο (το) fan heater
αερολιμένας (ο) airport
αεροπειρατεία (η) hijacking
αεροπλάνο (το) aeroplane
αεροπορία (η) aviation. **Α~** (η)
Air Force
αεροπορικ|ός επίθ air. **~ή βάση**
(η) air base. **~ό ταχυδρομείο**
(το) air mail
αεροσκάφος (το) aircraft (άκλ)
αερόστατο (το) hot-air balloon
αεροστεγής επίθ airtight
αεροσυνοδός (ο) air steward.
~ (η) air hostess
αετίσι|ος επίθ aquiline. **~ο
βλέμμα** (το) keen eyesight
αετός (ο) eagle
αέτωμα (το) gable
αζήτητος επίθ unclaimed
αζύμωτος επίθ (κρασί)
unfermented. (ψωμί) not kneaded
άζωτο (το) nitrogen
αηδί|α (η) disgust, loathing.
(αποστροφή) revulsion. **~ες**
rubbish. **φέρνω ~α** nauseate
αηδιάζω ρ μτβ disgust. • ρ αμτβ be
disgusted
αηδιασμένος επίθ disgusted
αηδιαστικός επίθ disgusting.
(αναγουλιαστικός) nauseating
αηδόνι (το) nightingale
αθανασία (η) immortality
αθάνατος επίθ immortal. (αιώνιος)
undying
αθέατος επίθ unseen
αθεϊσμός (ο) atheism
αθεϊστής (ο) atheist
αθεΐστρια (η) atheist
άθελ|ος επίθ unwitting. **~α** επίρρ
unwittingly

αθέλητος *επίθ* involuntary

αθέμιτ|ος *επίθ* illicit. **~α** *επίρρ* illictly

άθεος *επίθ* atheistic. **~** (*o*) atheist

αθεόφοβος *επίθ* ungodly. **~ (o)** (*μεταφ*) rascal

αθεράπευτος *επίθ* incurable

αθέτηση (*η*) breach (of contract)

αθετώ *ρ μτβ* (*λόγο*) break. (*συμφωνία*) breach

Αθήνα (*η*) Athens

αθηναϊκός *επίθ* Athenian

Αθηναί|ος (*o*), **~α** (*η*) Athenian

άθικτος *επίθ* untouched. (*αβλαβής*) unharmed. (*ανέπαφος*) intact ·

άθλημα (*το*) sport

αθλητικός *επίθ* (*για σπορ*) sporting. (*για αθλητή*) athletic

αθλ|ητής (*o*), **~ήτρια** (*η*) athlete

αθλητισμός (*o*) athletics

άθλιος *επίθ* miserable, wretched. **~** (*o*) wretch

αθλιότητα (*η*) misery

άθλος (*o*) feat

αθόρυβος *επίθ* noiseless

άθραυστος *επίθ* unbreakable

άθρησκος *επίθ* irreligious

αθροίζω *ρ μτβ* add up

άθροισμα (*το*) sum. (*προσθέσεως*) total

αθώος *επίθ* innocent

αθωότητα (*η*) innocence

αθωώνω *ρ μτβ* acquit

αθώωση (*η*) acquittal

Αίαντας (*o*) Ajax

Αιγαίο (*το*) Aegean (Sea)

αιγίδα (*η*) auspices

Αίγινα (*η*) Aegina

αίγλη (*η*) glamour

Αιγόκερος (*o*) Capricorn

αιγοπρόβατα (*τα*) (flock of) sheep and goats

Αιγύπτιος (*o*) Egyptian

αιγυπτιακός *επίθ* Egyptian

Αίγυπτος (*η*) Egypt

αιθέρας (*o*) (*αναισθητικό*) ether. (*ουρανός*) sky

αιθέριος *επίθ* ethereal

αίθουσα (*η*) room. **~ χορού** ballroom

αίθριος *επίθ* (*καιρός*) fair. (*ουρανός*) clear.

αιλουροειδής *επίθ* feline

αίμα (*το*) blood

αιματηρός *επίθ* bloody

αιματοβαμμένος *επίθ* bloodstained

αιματοχυσία (*η*) bloodshed

αιμοβόρος *επίθ* bloodthirsty

αιμοδιάγραμμα (*το*) blood count

αιμομιξία (*η*) incest

αιμορραγ|ία (*η*) haemorrhage. **~ώ** *ρ αμτβ* bleed

αιμορροΐδες (*οι*) haemorrhoids, (*καθομ*) piles

αιμοσφαίριο (*το*) corpuscle

αίνιγμα (*το*) riddle. (*μεταφ*) enigma

αινιγματικός *επίθ* enigmatic

άιντε (*επιφών*) *βλ* άντε

αιολικό πάρκο (*το*) wind farm

αίρεση (*η*) heresy

αισθάνομαι *ρ αμτβ* feel

αίσθημα (*το*) feeling. (*έρωτας*) love

αισθηματικός *επίθ* sentimental

αίσθηση (*η*) sense. (*αντίληψη*) feeling. (*ζωηρή εντύπωση*) sensation. **αισθήσεις** (*οι*) consciousness

αισθησιακός *επίθ* sensuous, sensual

αισθητική (*η*) aesthetics. **ινστιτούτο ~ς** beauty salon

αισθητικ|ός *επίθ* aesthetic. **~ός** (*o, η*) beautician

αισθητός *επίθ* noticeable. (*εντυπωσιακός*) remarkable

αισιοδοξία (*η*) optimism

αισιόδοξος *επίθ* optimistic. **αισιόδοξος** (*o*) optimist

αισιοδοξώ *ρ αμτβ* be optimistic

αίσχος (*το*) outrage

αισχροκέρδεια (*η*) profiteering

αισχρολογία (*η*) obscenity

αισχρός *επίθ* (*λόγια*) obscene. (*αχρείος*) disgraceful

αισχρότητα (*η*) obscenity

αίτημα (*το*) request

αίτηση (*η*) (*γραπτή*) application. (*παράκληση*) petition

αιτία (*η*) cause, reason

αιτιατική (*η*) accusative

αιτιολογία (*η*) rationale

αιτιολογώ *ρ μτβ* rationalize

αιτούμαι *ρ αμτβ* request

αιφνιδιάζω *ρ μτβ* take by surprise
αιφνιδιασμός (*o*) surprise
αιχμαλωτίζω *ρ μτβ* capture.
(*μεταφ*) captivate
αιχμάλωτος *επίθ* captive. (*μεταφ*)
slave
αιχμή (*η*) spearhead. (*κυκλοφορίας*)
rush-hour. (*μυτερή άκρη*) point.
(*ψηλότερο σημείο*) peak
αιχμηρός *επίθ* pointed
αιώνας (*o*) century. (*μεταφ*) age
αιώνιος *επίθ* perennial, eternal.
(*ανθεκτικός*) long-lasting
αιωνιότητα (*η*) eternity
αιώρα (*η*) hammock
αιωρούμαι *ρ αμτβ* hover. (*κρέμομαι
και κινούμαι*) swing
ακαδημαϊκός *επίθ* academic
ακαδημία (*η*) academy
ακαθάριστος *επίθ* not cleaned.
(*κέρδος, εισόδημα*) gross. (*φρούτα*)
not peeled
ακαθαρσί|α (*η*) dirt. (*λέρα*) filth.
~ες excrement, (*καθομ*) mess
ακάθαρτος *επίθ* unclean, dirty.
(*ανάμεικτος με άλλες ουσίες*)
impure
ακαθόριστος *επίθ* (*ηλικία, αριθμός*)
indeterminate. (*σχέδιο, ιδέα*) hazy,
vague
άκαιρος *επίθ* inopportune, untimely
ακακία (*η*) acacia
άκακος *επίθ* (*χωρίς κακία*)
harmless. (*αθώος*) innocent
ακαλλιέργητος *επίθ* (*χωράφι*)
uncultivated. (*άνθρωπος*)
uncultured
ακάλυπτ|ος *επίθ* uncovered.
(*απροστάτευτος*) unprotected.
(*επιταγή*) dud
ακαμάτης (*o*) loafer
άκαμπτος *επίθ* stiff. (*αδιάλλακτος*)
inflexible. (*αλύγιστος*) rigid
ακανόνιστος *επίθ* (*αδιευθέτητος*)
unsettled. (*μη συμμετρικός*)
uneven. (*σχήμα, διάστημα*)
irregular
άκαρδος *επίθ* heartless
άκαρι (*το*) mite
ακαριαίος *επίθ* instantaneous
άκαρπος *επίθ* fruitless. (*ανώφελος*)
vain

ακατάδεκτος *επίθ* stand-offish
ακατάληπτος *επίθ* unintelligible
ακατάλληλος *επίθ* unsuitable.
(*τόπος, χρόνος*) inconvenient
ακατανίκητος *επίθ* unbeatable
ακατανοησία (*η*) incomprehension
ακατανόητος *επίθ*
incomprehensible
ακατάπαυστος *επίθ* ceaseless.
(*αδιάκοπος*) incessant
ακατάστατος *επίθ* untidy. (*καιρός*)
unstable
ακατέργαστος *επίθ* unprocessed.
(*διαμάντι*) uncut. (*ζάχαρη*)
unrefined. (*μεταφ*) uncouth
ακατοίκητ|ος *επίθ* uninhabited.
(*μη κατοικήσιμος*) uninhabitable
ακατόρθωτος *επίθ* unattainable.
(*ανέφικτος*) unfeasible
άκατος (*η*) launch
ακέραιος *επίθ* (*άνθρωπος*) upright.
(*αριθμός*) whole
ακεραιότητα (*η*) integrity
ακέφαλος *επίθ* headless. (*μεταφ*)
leaderless
ακεφιά (*η*) low spirits
άκεφος *επίθ* low-spirited
ακηλίδωτος *επίθ* stainless.
(*άμεμπτος*) unblemished
ακιδωτός *επίθ* barbed
ακίνδυνος *επίθ* not dangerous.
(*ζώο, άνθρωπος*) harmless
ακινησία (*η*) immobility
ακινητοποίηση (*η*)
immobilization. σε ~ at a
standstill
ακινητοποιώ *ρ μτβ* immobilize
ακίνητ|ος *επίθ* immobile. (*δεν
επιδέχεται μετακίνηση*) immovable.
(*μη κινούμενος*) motionless.
(*στάσιμος*) stationary. ~ο (*το*)
real estate
ακλόνητος *επίθ* unshakeable.
(*σταθερός*) steadfast. (*πίστη*)
unswerving
ακμάζω *ρ αμτβ* flourish.
(*επιχείρηση*) boom
ακμαίος *επίθ* flourishing
ακμή¹ (*η*) (*ξυραφιού*) edge.
(*σπυράκια*) acne
ακμή² (*η*) prosperity. (*ανθρώπου*)
prime. (*ανώτατο σημείο*) peak.

(εμπορίου) boom
ακοή *(η)* hearing
ακοινώνητος *επίθ* unsociable
ακολασία *(η)* debauchery
ακολουθία *(η)* escort. *(βασιλική)* retinue. *(εκκλ)* service *(in church)*
ακόλουθος *επίθ* following. **~** *(ο)* attendant. **εμπορικός ~** commercial attaché
ακολουθώ *ρ μτβ* follow
ακολούθως *επίρρ* subsequently. **ως ~** as follows
ακόμη, ακόμα *επίρρ* yet, still. **~ καλύτερος** even better. **~ κι αν** even if. **~ κι έτσι** even so. **~ λίγο** some more. **~ μια φορά** once more
άκομψος *επίθ* inelegant
ακονίζω *ρ μτβ* sharpen. *(όρεξη)* whet
ακονιστήρι *(το)* *(μηχ)* sharpener
ακόντιο *(το)* javelin
άκοπος *επίθ* uncut. *(εύκολος)* effortless
ακόρεστος *επίθ* insatiable
ακουμπώ *ρ μτβ* lean. *(αγγίζω)* touch. **•** *ρ αμτβ* rest. *(στηρίζομαι)* lean against
ακούραστος *επίθ* tireless, indefatigable
ακούρδιστος *επίθ* *(μουσ)* not tuned. *(ρολόι)* unwound
ακούσιος *επίθ* unintentional
ακουστική *(η)* acoustics
ακουστικ|ό *(το)* headphone. *(τηλεφώνου)* receiver. **~ό βαρηκοΐας** *(το)* hearing-aid. **~ά** *(τα)* earphones
ακουστικός *επίθ* acoustic
ακουστός *επίθ* audible. *(ξακουσμένος)* renowned
ακού|ω *ρ μτβ/ρ αμτβ* hear. *(υπακούω)* listen. **άκου!** listen! **άκουσέ με** listen to me
άκρα *(τα)* extremities. *(κατάσταση)* extremes
ακραίος *επίθ* extreme
ακράτεια *(η)* intemperance. *(ιατρ)* incontinence
ακρατής *επίθ* incontinent
άκρη *(η)* end. *(δρόμου)* roadside. *(μολυβιού, μαχαιριού)* tip.

(τελευταίο σημείο) end. *(χείλος)* edge
ακρίβεια[1] *(η)* dearness
ακρίβεια[2] *(η)* accuracy. *(τελειότητα)* precision. *(ώρα)* punctuality
ακριβής *επίθ* precise. *(σωστός)* accurate. *(στην ώρα)* punctual
ακριβοπληρώνω *ρ μτβ* overpay. **•** *ρ αμτβ* pay dearly
ακριβός *επίθ* expensive, costly. *(καθομ)* pricey. *(αγαπητός)* dearest
ακριβώς *επίρρ* exactly, precisely. *(στην ώρα)* punctually. **~!** quite (so)!
ακρίδα *(η)* grasshopper. *(σε σμήνος)* locust
ακριτομύθια *(η)* indiscretion
άκρο *(το)* *(άκρη)* end. *(του σώματος)* extremity. *(μεταφ)* extreme
ακρόαση *(η)* listening. *(θέατρο)* audition
ακροατήριο *(το)* audience
ακροατής *(ο)*, **~άτρια** *(η)* listener
ακροβασία *(η)* acrobatics
ακροβά|της *(ο)*, **~τισσα** *(η)* acrobat
ακροβολισμός *(ο)* skirmish
ακρογιάλι *(το)* *βλ* **ακρογιαλιά**
ακρογιαλιά *(η)* seashore
ακρόπολη *(η)* citadel. **η Α~** the Acropolis
ακρότητα *(η)* extremity. *(υπερβολή)* excess
ακρωτηριάζω *ρ μτβ* mutilate. *(ιατρ)* amputate
ακρωτήριο *(το)* cape, promontory
ακτή *(η)* coastline. *(παραλία)* shore, beach
ακτίν|α *(η)* beam. *(δράσεως)* range. *(μαθημ)* radius. *(μεταφ)* ray. *(τροχού)* spoke. **~ες Χ** *(οι)* X-rays
ακτινοβολία *(η)* radiance. *(φυσ)* radiation
ακτινοβόλος *επίθ* radiant
ακτινογραφία *(η)* X-ray
ακτινολογία *(η)* radiography
ακτοφυλακή *(η)* coastguard
ακυβέρνητος *επίθ* ungovernable. *(πλοίο)* adrift. *(χώρα)* without government
άκυρος *επίθ* invalid. *(γάμος)* null.

(συμφωνία) void

ακυρώνω ρ μτβ nullify. (ανακαλώ) rescind. (γάμο) annul. (καταργώ) repeal. (νομ) void. (παραγγελία) cancel

αλάβαστρο (το) alabaster

αλαζόνας επίθ arrogant

αλαζονεία (η) arrogance

αλάθητος επίθ unerring. (αναμάρτητος) infallible

αλάνθαστος επίθ unmistakable. (ιδέα) foolproof

αλάτι (το) salt

αλατιέρα (η) saltcellar

αλατίζω ρ μτβ salt

αλατούχος επίθ saline

αλαφρόμυαλος επίθ scatterbrain

άλγεβρα (η) algebra

Αλγερία (η) Algeria

Αλγερινός (ο), **~ή** (η) επίθ Algerian

αλγόριθμος (ο) algorithm

αλέα (η) alley

αλέθω ρ μτβ grind, mill

αλείφω ρ μτβ/ρ αμτβ spread (jam etc.). (με γάλα ή αυγό) glaze. (με λίπος) baste

αλεξήλιο (το) sun visor

αλεξίπτωτο (το) parachute

αλεξίσφαιρος επίθ bullet-proof

αλεπού (η) fox

άλεσμα (το) grinding

αλεσμένος επίθ ground

αλέτρι (το) plough

αλεύρι (το) flour. (από βρώμη) oatmeal

αλευρόμυλος (ο) flour mill

αλευρώνω ρ μτβ flour

αλήθεια (η) truth. • επίρρ incidentally, by the way

αληθ|ής επίθ βλ **αληθινός**. **~ώς** επίρρ **~ώς ανέστη** He has truly risen (Easter greeting)

αληθιν|ός επίθ true. (πραγματικός) real. **~ά** επίρρ truthfully. (πραγματικά) truly

αλησμόνητος επίθ unforgettable. (αξέχαστος) memorable

αλητεία (η) vagrancy

αλήτης (ο), **~ισσα** (η) tramp. (περιπλανώμενος) vagrant

αλιγάτορας (ο) alligator

αλιεία (η) fishing

αλίμονο επιφών alas

αλιτήριος (ο) scamp

αλκαλικός επίθ alkaline

αλκάλιο (το) alkali

άλκη (η ευρωπαϊκή) (η) moose

αλκοόλ (το) άκλ βλ **αλκοόλη**

αλκοόλη (η) alcohol

αλκοολι|κός (ο) alcoholic. **~σμός** (ο) alcoholism

αλκοτέστ (το) άκλ breathalyser

αλκυονίδα (η) kingfisher

αλλά σύνδ but. (όμως) yet

αλλαγή (η) change. (αντικατάσταση) change-over. (τροποποίηση) alteration

αλλάζω ρ μτβ/αμτβ change. (αντικαθιστώ) switch. (τροποποιώ) alter

αλλαντικά (τα) cooked and smoked meats

αλλαντοπωλείο (το) delicatessen

αλλαξοπιστώ ρ αμτβ change faith

αλλεπάλληλος επίθ repeated

αλλεργία (η) allergy

αλλεργικός επίθ allergic

αλληθωρίζω ρ αμτβ squint

αλλήθωρος επίθ cross-eyed

αλληλεγγύη (η) solidarity

αλληλένδετος επίθ interrelated

αλληλεπιδρώ ρ αμτβ interact

αλληλο- πρόθεμ inter-

αλληλογραφ|ία (η) correspondence. **~ώ** ρ αμτβ correspond

αλληλούια επιφών hallelujah

αλλήλους αντων each other

αλλιώ|ς επίρρ otherwise. **~τικος** επίθ different

αλλοδαπ|ή (η) abroad. **~ός** επίθ foreign. **~ός** (ο) alien

άλλοθι (το) alibi

αλλοιώνω ρ μτβ (νοθεύω) adulterate. (παραποιώ) falsify. (πρόσωπο) distort. (χαλώ) spoil

αλλοίωση (η) change. (εγγράφων) falsification. (τροφίμων) adulteration

αλλόκοτος επίθ weird. (άνθρωπος) odd. (εμφάνιση) grotesque.

(συνθήκες) bizarre. (τόπος) eerie

άλλο|ς επίθ other. (διαφορετικός) different. (μέρα, μήνας) next. αντων another, more. **δίχως ~ο** without fail. **κάθε ~ο** not at all

άλλοτε επίρρ formerly

αλλού επίρρ elsewhere

αλλόφρονας επίθ distraught

άλλωστε επίρρ besides

άλμα (το) leap

αλματ|ώδης επίθ very rapid. **~ωδώς** επίρρ by leaps and bounds

άλμη (η) brine

αλμύρα (η) salinity

αλμυρ|ός επίθ salty. (μπισκότα κλπ) savoury. (τιμή) high. **~ά** (τα) savouries

αλογάκι (το) young horse. (είδος) pony

αλογάριαστ|ος επίθ not settled. (αμέτρητος) incalculable. (ασυλλόγιστος) rash. **~α** επίρρ rashly

αλογατάκι (το) (έντομο) daddy-long-legs

αλογίσιος επίθ horsy

άλογο (το) horse. (σκάκι) knight

αλογόμυγα (η) horsefly

αλογουρά (η) ponytail

άλογος επίθ devoid of reason

αλογότριχα (η) horsehair

αλοιφή (η) ointment. (για χείλη) lip salve. (ιατρ) cream

αλουμίνιο (το) aluminium

αλουμινόχαρτο (το) silver foil

άλπειος επίθ Alpine

Άλπεις (οι) Alps

αλπικός επίθ alpine

άλσος (το) grove

αλτ επιφών halt, stop

αλτρουϊσμός (ο) altruism

αλύγιστος επίθ unbending

αλύπητος επίθ merciless

αλυσίδα (η) chain

αλυσιδωτός επίθ chain

αλυσοδένω ρ μτβ chain

άλυτος επίθ insoluble. (μεταφ) unresolved

άλφα (το) άκλ alpha

αλφαβητάριο (το) primer

αλφαβητικός επίθ alphabetical

αλφάβητο (το) alphabet

αλφαβήτα (η) ABC

αλχημεία (η) alchemy

αλώνι (το) threshing floor

αλωνίζω ρ μτβ thresh

άλωση (η) capture, fall

άμα σύνδ when

αμαζόνα (η) amazon

αμάθεια (η) ignorance

αμαθής επίθ ignorant

αμακαδόρος (ο) sponger

αμαμηλίς (η) witch hazel

αμάν επιφών for goodness sake

άμαξα (η) stage-coach

αμάξι (το) (λαϊκ) car

αμαξοστοιχία (η) train

αμάξωμα (το) body (of car)

αμαρτάνω ρ αμτβ sin

αμαρτία (η) sin

άμαχος επίθ non-combatant

αμβλύνω ρ μτβ (όργανο) blunt. (πόνο) dull

αμβλύς επίθ blunt. (γωνία) obtuse. (πόνος) dull

άμβωνας (ο) pulpit

άμε επιφών go

αμέ επίρρ sure

αμέθυστος (ο) amethyst

αμείβω ρ μτβ remunerate

αμείλικτος επίθ relentless

αμέλεια (η) negligence

αμελής επίθ (στο καθήκον) negligent. (άνθρωπος) slack

αμελώ ρ μτβ neglect. • ρ αμτβ forget.

άμεμπτος επίθ unimpeachable. (διαγωγή) irreproachable. (συμπεριφορά) impeccable

αμερικάνικος επίθ American

Αμερικαν|ός (ο), **~ίδα** (η) American

Αμερική (η) America

αμέριμνος επίθ happy-go-lucky

αμερόληπτος επίθ unprejudiced. (γνώμη) impartial. (στάση) detached

άμεσος επίθ direct. (απευθείας) immediate. (από πρώτο χέρι) first-hand

αμέσως επίρρ immediately. (ευθύς)

directly. (*χωρίς καθυστέρηση*) at once, straight away

αμεταβίβαστος *επίθ* not transferable

αμετάβλητος *επίθ* (*δεν έχει μεταβληθεί*) unchanged. (*δεν μπορεί να μεταβληθεί*) unchangeable. (*τιμή*) constant

αμετάκλητος *επίθ* irreversible

αμετανόητος *επίθ* unrepentant

αμετάφραστος *επίθ* (*δεν έχει μεταφραστεί*) untranslated. (*δεν μπορεί να μεταφραστεί*) untranslatable

αμέτοχος *επίθ* not taking part

αμέτρητος *επίθ* not counted. (*αλογάριαστος*) immeasurable. (*αναρίθμητος*) innumerable

άμετρος *επίθ* incalculable

αμήν *επιφών* amen

αμηχανία (*η*) embarrassment. (*απορία*) bewilderment

αμήχανος *επίθ* embarrassed. (*δύσκολος*) awkward. (*μετά από λάθος*) sheepish

αμίαντος (*ο*) asbestos

αμιγής *επίθ* unalloyed. (*μεταφ*) pure

αμίλητος *επίθ* quiet (*not speaking*)

άμιλλα (*η*) rivalry

αμιλλώμαι *ρ αμτβ* rival. (*αγωνίζομαι για*) vie for

αμίμητος *επίθ* inimitable

αμμοθύελλα (*η*) sandstorm

αμμόλοφος (*ο*) dune

άμμος (*η*) sand

αμμουδιά (*η*) sands

αμμοχάλικο (*το*) grit

αμμώδης *επίθ* sandy

αμμωνία (*η*) ammonia

αμνημόνευτος *επίθ* (*δε μνημονεύεται*) immemorial. (*δεν αναφέρεται*) unmentioned

αμνησία (*η*) amnesia

αμνηστία (*η*) amnesty

αμοιβαίος *επίθ* mutual. (*ανταποδοτικός*) reciprocal

αμοιβή (*η*) remuneration. (*γιατρού, δικηγόρου*) fee. (*μεταφ*) reward

άμοιρος *επίθ* hapless

αμόκ (*το*) *άκλ* amok

αμολάω *ρ μτβ* loosen. (*αφήνω*) let go

αμόλυντος *επίθ* unpolluted. (*μεταφ*) untainted

αμόνι (*το*) anvil

αμορτισέρ (*το*) *άκλ* shock absorber

άμορφος *επίθ* shapeless. (*χημ*) amorphous

αμόρφωτος *επίθ* uneducated. (*άξεστος*) uncultured

αμούστακος *επίθ* without a moustache

αμπαζούρ (*το*) *άκλ* lampshade

αμπάρι (*το*) hold (*of ship*)

αμπέλι (*το*) vine

αμπελουργός (*ο*) vine grower

αμπελώνας (*ο*) vineyard

αμπέρ (*το*) *άκλ* amp(ere)

άμπωτη (*η*) ebb, low tide

άμαλος *επίθ* brainless. (*μεταφ*) foolish

αμυγδαλή (*η*) tonsil

αμυγδαλίτιδα (*η*) tonsillitis

αμύγδαλο (*το*) almond

αμυδρός *επίθ* (*φως*) dim. (*χαμόγελο, ελπίδα*) faint

άμυλο (*το*) starch (*in food*)

άμυνα (*η*) defense

αμύνομαι *ρ μτβ* fight in defence of. • *ρ αμτβ* defend oneself

αμυντικός *επίθ* defensive

άμφια (*τα*) vestments

αμφιβάλλω *ρ μτβ* doubt

αμφίβιο|**ς** *επίθ* amphibious. **~** (*το*) amphibian

αμφιβολία (*η*) doubt

αμφίβολος *επίθ* doubtful. (*αβέβαιος*) dubious

αμφιδέξιος *επίθ* ambidextrous

αμφίεση (*η*) attire

αμφιθαλής *επίθ* sibling

αμφιθέατρο (*το*) amphitheatre

αμφιλογία (*η*) ambiguity

αμφίλογος *επίθ* ambiguous

αμφίρροπος *επίθ* (*αβέβαιος*) in the balance. (*ταλαντευόμενος*) wavering

αμφισβήτηση (*η*) dispute

αμφισβητώ *ρ μτβ* dispute. (*αμφιβάλλω*) query. (*διατυπώνω αντιρρήσεις*) contest. (*την αλήθεια*) challenge

αμφιταλαντεύομαι *ρ αμτβ* dither.

(διστάζω) waver
αμφορέας (ο) amphora
αν σύνδ if. (είτε) whether. **~ και** although. **εκτός ~** unless
ανά πρόθ per
ανα- σε σύνθεση (επανάληψη) re-
αναβάλλω ρ μτβ postpone. (απόφαση) defer. (συνεδρίαση) adjourn
ανάβαση (η) ascent. (σε άλογο) mounting
αναβάτ|ης (ο), **~ρια** (η) rider. (άλογο) stallion
αναβιώνω ρ μτβ/ρ αμτβ revive
αναβίωση (η) revival
αναβλύζω ρ μτβ/ρ αμτβ spurt. (με βία) gush (δάκρυα) well up.
αναβολέας (ο) stirrup
αναβολή (η) postponement. (νομ) stay
αναβοσβήνω ρ μτβ/ρ αμτβ flash (on and off)
αναβράζω ρ αμτβ boil. (μεταφ) seethe. **~ν** επίθ effervescent
αναβρασμός (ο) boiling. (μεταφ) ferment
ανάβω ρ μτβ light. (σπίρτο) strike. (φως, κινητήρα) switch on. (φως) turn on. • ρ αμτβ kindle. (γλέντι) get lively. (οργίζομαι) get worked up. (φως) be on
αναγγελία (η) announcement
αναγγέλλω ρ μτβ announce. (νέα) break
αναγέννηση (η) resurgence. **η Α~** the Renaissance
αναγεννώ ρ μτβ regenerate
αναγκάζω ρ μτβ compel
αναγκαίος επίθ necessary
αναγκαστικός επίθ compulsory
ανάγκη (η) necessity. (έλλειψη) want. (χρεία) need
ανάγλυφο|ς επίθ embossed. **~** (το) (αρχιτ) relief.
αναγνωρίζω ρ μτβ recognize. (δέχομαι) acknowledge. (επιβεβαιώνω) identify. (καθομ) pick out. (παραδέχομαι) admit
αναγνώριση (η) recognition. (επιβεβαίωση) identification. (παραδοχή) acknowledgement. (στρ) reconnaissance

ανάγνωση (η) reading
αναγνώστ|ης (ο), **~ρια** (η) reader
αναγούλα (η) nausea
ανάγωγος επίθ ill-mannered
αναδάσωση (η) reforestation
αναδίνω ρ μτβ emit. (καθομ) give off
αναδιοργανώνω ρ μτβ reorganize
αναδιοργάνωση (η) reorganization
ανάδοχος (ο) (έργου) contractor. (εκδόσεως μετοχών) underwriter. (νονός) godfather
ανάδραση (η) feedback
αναδρομή (η) going back. (κινηματογράφος) flashback. **~ικός** επίθ retrospective
αναδύομαι ρ αμτβ surface
αναζητώ ρ μτβ look for. (αποζητώ) seek
αναζωογονώ ρ μτβ invigorate
αναζωπυρώνω ρ μτβ rekindle
ανάθεμ|α (το) anathema. **~ά το!** επιφών damn!
αναθέτω ρ μτβ allocate. (έργο) assign. (καθήκοντα) delegate
αναθεώρηση (η) revision
αναθεωρώ ρ μτβ revise
αναθυμίαση (η) stench. **~ιάσεις** (οι) fumes
αναίδεια (η) impertinence. (θράσος) cheek
αναιδής επίθ impertinent, cheeky
αναιμ|ία (η) anaemia
αναισθησία (η) anaesthesia. (για αισθήματα) callousness
αναισθητικό (το) anaesthetic
αναίσθητος επίθ unconscious. (αδιάφορος) callous. (ασυγκίνητος) insensitive
ανακαινίζω ρ μτβ renovate
ανακαλύπτω ρ μτβ discover, find out. (χρυσό) strike (gold)
ανακάλυψη (η) discovery
ανακαλώ ρ μτβ call back. (στη μνήμη) recall
ανάκατα επίρρ higgledy-piggledy
ανακατάληψη (η) recapture
ανακατασκευάζω ρ μτβ reconstruct
ανακάτεμα (το) (ανάμιξη) blending. (μπέρδεμα) muddle. (στομαχιού) nausea

ανακατεύ|ω ρ μτβ mix. (μαλλιά)
ruffle. (μπερδεύω) confuse.
(μπλέκω) tangle. (υγρό) stir.
(χαρτιά) shuffle. **~ομαι** (με)
ρ αμτβ mix (with). (μπερδεύομαι)
meddle (in). (με τον κόσμο) mingle
(with). (στομάχι) turn
ανάκατος επίθ muddled.
(ακατάστατος) messy
ανακατώνω ρ μτβ βλ **ανακατεύω**
ανακατοσούρα (η) disarray.
(θόρυβος) commotion
ανακάτωτος επίθ unmixed,
unblended
ανακατωτ|ός επίθ mixed-up.
(κλωστή) tangled. **~ά** επίρρ in a
tangle
ανακεφαλαιώνω ρ μτβ/ρ αμτβ
recapitulate
ανακεφαλαίωση (η) (καθομ) recap
ανακηρύσσω ρ μτβ proclaim
ανακίνηση (η) agitating
ανακινώ ρ μτβ agitate
ανάκληση (η) recall
ανακοινωθέν (το) communiqué
ανακοινώνω ρ μτβ announce
ανακοίνωση (η) announcement
ανακόλουθος επίθ inconsistent
ανακουφίζω ρ μτβ relieve. (πόνο)
alleviate. (πραΰνω) soothe
ανακούφιση (η) relief. (πόνου)
alleviation
ανακρίβεια (η) inaccuracy. (μηχ)
imprecision
ανακριβ|ής επίθ inaccurate. (μηχ)
imprecise. **~ώς** επίρρ inaccurately
ανακρίνω ρ μτβ interrogate. (νομ)
examine
ανάκριση (η) (αστυνομίας)
interrogation. (νομ) inquiry
ανακρι|τής (ο), **~ίτρια** (η)
interrogator
ανάκτηση (η) recovery
ανάκτορο (το) palace
ανακτώ ρ μτβ regain. (μεταφ)
recapture
ανακυκλώνω ρ μτβ recycle
ανακωχή (η) armistice.
(προσωρινή) truce
αναλαμβάνω ρ μτβ undertake.
(διαδέχομαι) take over. (ευθύνη)
assume. • ρ αμτβ recover

αναλαμπή (η) glimmer
ανάλατος επίθ unsalted. (μεταφ)
insipid
ανάλαφρος επίθ light
αναληθής επίθ untrue
ανάληψη (η) (χρημάτων)
withdrawal. (καθηκόντων)
assumption. **Α~** (εκκλ) Ascension
αναλογία (η) proportion. (αριθμός)
quota. (μαθημ) ratio. (σχέση)
analogy. **~ικός** επίθ proportional
αναλογίζομαι ρ μτβ reflect (on).
(κίνδυνο) weigh
ανάλογ|ος επίθ proportional. (προς
την αξία) commensurate. **~α**
επίρρ accordingly
αναλόγως επίρρ accordingly
ανάλυση (η) analysis. (αριθμών)
breakdown
αναλυτικός επίθ analytical.
(λογαριασμός) itemized
αναλύω ρ μτβ analyze. (αριθμούς)
break down. (λογαριασμό) itemize
αναλφάβητος επίθ illiterate
αναμασώ ρ μτβ (ζώα) chew over.
(μεταφ) rehash
αναμ(ε)ιγνύ|ω ρ μτβ mix.
(εμπλέκω) implicate. (ποτό) blend.
~ομαι ρ αμτβ blend
ανάμ(ε)ικτος επίθ mixed
ανάμ(ε)ιξη (η) mixing. (εμπλοκή)
implication. (μεταφ) meddling
ανάμεσα επίρρ among(st)
αναμέτρηση (η) recounting.
(άμιλλα) show-down. (στρ)
confrontation
αναμμένο|ς επίθ alight. **το φως
είναι ~** the light is on
ανάμνηση (η) recollection.
(ενθύμιο) memento. (θύμηση)
memory
αναμονή (η) wait(ing). (προσδοκία)
expectation
αναμορφωτήριο (το) Borstal
αναμφίβολος επίθ undoubted
αναμφισβήτητος επίθ
indisputable. (νικητής) outright
ανανάς (ο) pineapple
άνανδρος επίθ unmanly
ανανεώνω ρ μτβ renew.
(ανακαινίζω) refurbish. **~τον
χρόνο ομιλίας** top up

ανανέωση (*η*) renewal

ανανταπόδοτος *επίθ* unrequited

αναντικατάστατος *επίθ* irreplaceable

αναξιόπιστος *επίθ* unreliable. (*ανάξιος εμπιστοσύνης*) untrustworthy

αναξιοποίητος *επίθ* (*γη*) undeveloped

ανάξιος *επίθ* unworthy

αναπαραγωγή (*η*) reproduction. (*ζωντανών οργανισμών*) propagation

αναπαράσταση (*η*) reconstruction

ανάπαυλα (*η*) respite

ανάπαυση (*η*) rest

αναπαυτικός *επίθ* comfortable

αναπηδώ *ρ αμτβ* leap. (*άλογο*) buck. (*από φόβο*) start. (*μπάλα*) bounce. (*προς τα πίσω*) recoil

ανάπηρος *επίθ* handicapped. **~** (*o*) invalid

αναπλάθω *ρ μτβ* reshape. (*αναδημιουργώ*) recreate

αναπληρώνω *ρ αμτβ* refill. (*αντικαθιστώ*) deputize for

αναπληρωτής (*o*) deputy

αναπήδημα (*το*) bounce

αναπηδώ *ρ αμτβ* jump up. (*από φόβο*) start. (*καρδιά*) leap. (*μπάλα*) bounce. (*προς τα πίσω*) recoil

αναπνευστήρας (*o*) (*ιατρ*) respirator. (*κατάδυσης*) snorkel

αναπνευστικός *επίθ* breathing

αναπνέω *ρ αμτβ* breathe

αναπνοή (*η*) breathing. (*ανάσα*) breath

ανάποδα *επίρρ* upside-down. (*ρούχα*) inside out

ανάποδη (*η*) (*νομίσματος, υφάσματος*) reverse. (*χτύπημα*) backhanded blow. (*κολύμπι*) backstroke. (*βελονιά στο πλέξιμο*) purl

αναποδιά (*η*) mishap. (*κακοτυχία*) setback. (*δυστροπία*) contrariness

αναποδογυρίζω *ρ μτβ* turn upside-down

αναπολώ *ρ αμτβ* reminisce

αναπόσπαστος *επίθ* integral

αναποφασιστικότητα (*η*) indecision

αναποφάσιστος *επίθ* (*διστακτικός*) indecisive. (*δεν έχει αποφασίσει ακόμη*) undecided

αναπόφευκτος *επίθ* inevitable, unavoidable

αναπτήρας (*o*) lighter

ανάπτυξη (*η*) development. (*αύξηση*) growth. (*ερμηνεία*) exposition

αναπτύσσω *ρ μτβ* develop. (*θέμα*) expand. (*θεωρία*) elaborate. (*ταχύτητα*) gather. **~ομαι** *ρ αμτβ* evolve. (*παιδί*) develop

άναρθρος *επίθ* inarticulate

αναρίθμητος *επίθ* innumerable. (*αμέτρητος*) countless

αναρμόδιος *επίθ* incompetent

αναρπάζω *ρ μτβ* snap up

αναρριχητικό (*το*) creeper

αναρριχιέμαι *ρ μτβ/ρ αμτβ* climb. (*φυτά*) creep, climb

αναρρώνω *ρ αμτβ* recuperate. (*από αρρώστια*) convalesce

ανάρρωση (*η*) recuperation. (*από αρρώστια*) convalescence

αναρρωτήριο (*το*) convalescent home

ανάρτηση (*η*) suspension

αναρχία (*η*) anarchy

αναρχικός *επίθ* anarchic

αναρωτιέμαι *ρ αμτβ* ask oneself. (*απορώ*) wonder

ανάσα (*η*) breath. (*ανακούφιση*) breather

ανασαίνω *ρ αμτβ* breathe. (*ανακουφίζομαι*) have a breather

ανασηκώνω *ρ μτβ* lift. (*μανίκια*) roll up

ανασκαλεύω *ρ μτβ* (*φωτιά*) poke. (*μεταφ*) poke into

ανασκαφή (*η*) digging. (*αρχαιολ*) excavation, dig

ανάσκελα *επίρρ* on one's back

ανασκευάζω *ρ μτβ* refute

ανασκόπηση (*η*) review

ανασκουμπώνομαι *ρ αμτβ* roll up one's sleeves. (*για δράση*) prepare (for action)

ανασταίν|ω *ρ μτβ* resurrect. (*μεταφ*) revive. **~ομαι** *ρ αμτβ* rise (from the dead)

ανάσταση (*η*) resurrection

ανάστατος επίθ (ακατάστατος) in disorder. (ταραγμένος) distressed

αναστατών|ω ρ μτβ disconcert. (προκαλώ αναταραχή) disrupt. **~ομαι** ρ αμτβ be distressed

αναστάτωση (η) (δραστηριότητας) flurry. (λαϊκ) flap. (σχεδίων) disruption. (ταραχή) turmoil

αναστέλλω ρ μτβ (ακυρώνω) suspend. (σταματώ) inhibit

αναστεναγμός (ο) sigh

αναστενάζω ρ αμτβ sigh

αναστηλώνω ρ μτβ (κτίριο) restore. (μεταφ) revitalize

ανάστημα (το) height. (μεταφ) stature

αναστολή (η) suspension. (νομ) reprieve. (σταμάτημα) inhibition. (στρ) deferment

αναστροφή (η) reversal. (στροφή κατά 180°) U-turn

ανασυγκρότηση (η) (οικονομίας) reconstruction. (στρ) regrouping

ανασφάλεια (η) insecurity

ανασφαλής επίθ unsafe. (πρόσωπο) insecure

ανασχηματίζω ρ μτβ re-form. (με νέο σχήμα) reshuffle

αναταραχή (η) disturbance. (αναστάτωση) unrest. (συγκίνηση) agitation

ανάταση (η) (των χεριών) raising. (ηθική) uplift

ανατέλλω ρ αμτβ (ήλιος) rise

ανατίμηση (η) revaluation

ανατίναγμα (το) (σε δρόμο) bumping, jerking

ανατινάζω ρ μτβ blow up, blast

ανατίναξη (η) blowing up

ανατολή (η) east. (του ήλιου) sunrise. **η Α~** the Orient. **η Άπω Α~** the Far East

ανατολικός επίθ east. (άνεμος) easterly. (της Ανατολής) Eastern

ανατομή (η) dissection

ανατομία (η) anatomy

ανατρέπω ρ μτβ (αναποδογυρίζω) overturn. (απόφαση) quash. (κυβέρνηση) overthrow. (σχέδια) thwart. (υπολογισμούς) upset

ανατρέφω ρ μτβ (παιδιά) bring up

ανατρέχω ρ μτβ retrace. (σε πηγές γνώσης) refer (σε to)

ανατριχιάζω ρ αμτβ shudder

ανατριχίλα (η) shudder. (από κρύο) goose-flesh, goose-pimples

ανατροπή (η) overturning. (αποφάσεως) quashing. (κυβερνήσεως) overthrow. (σχεδίου) thwarting

ανατροφή (η) upbringing. (τρόποι) breeding

ανατυπώνω ρ μτβ reprint

άναυδος επίθ speechless

αναφέρω ρ μτβ mention. (παραδείγματα) cite. (παραπέμπω) refer to. (δίνω αναφορά) report

αναφιλητό (το) sobbing

αναφλέγω|ομαι ρ μτβ/ρ αμτβ ignite

ανάφλεξη (η) ignition

αναφορά (η) (έκθεση) report. (μνεία) mention. (παραπομπή) reference. (στρ) dispatch

αναφυλλητό (το) βλ **αναφιλητό**

αναφώνηση (η) exclamation

αναφωνώ ρ αμτβ exclaim

αναχαιτίζω ρ μτβ check, curb. (αεροπλάνο) intercept

αναχρονισμός (ο) anachronism

ανάχωμα (το) (μεταξύ ξηράς και θάλασσας) dike. (σε σιδηρ γραμμή ή ποτάμι) embankment

αναχώρηση (η) departure

αναχωρώ ρ αμτβ depart

αναψυκτήριο (το) refreshments. **~ικό** (το) soft drink

αναψυχή (η) recreation

άνδρας (ο) βλ **άντρας**

ανδρεί|α (η) valour. **~ος** επίθ valiant. **~κελο** (το) puppet

ανδρικός επίθ male. (για άντρες) for men

ανδρισμός (ο) manhood

ανδρόγυνο (το) husband and wife

ανδροπρεπής επίθ manly. (για γυναίκα) mannish

ανεβάζω ρ μτβ move up. (ανυψώνω) raise. (κινημ έργο) present. (στη θεατρική σκηνή) stage. (τιμή) put up

ανεβαίνω ρ μτβ/αμτβ climb. (σε θρόνο) accede. (κοινωνικά, τιμές) rise. (ποδήλατο, άλογο) mount. (σε λεωφορείο) get on. (σε πλοίο) board

ανεβοκατεβαίνω *ρ αμτβ* go up and down. (*βάρκα*) bob up and down

ανέγγιχτος *επίθ* untouched. (*απείραχτος*) intact

ανεγείρω *ρ μτβ* erect

ανειλικρ|ίνεια (*η*) insincerity. **~ινής** *επίθ* insincere

ανέκαθεν *επίρρ* all along

ανέκδοτο (*το*) anecdote

ανεκμετάλλευτος *επίθ* unexploited

ανεκτικός *επίθ* tolerant

ανεκτικότητα (*η*) tolerance. (*κοινωνίας*) permissiveness

ανεκτίμητος *επίθ* invaluable. (*θησαυρός*) priceless

ανεκτός *επίθ* tolerable

ανέκφραστος *επίθ* unutterable. (*έκφραση*) blank. (*μάτια*) glassy

ανελέητος *επίθ* merciless. (*σκληρός*) ruthless

ανελκυστήρας (*ο*) lift, (*αμερ*) elevator

ανέλπιστος *επίθ* unexpected

ανέμελος *επίθ* debonair. (*καθομ*) slap-happy

ανέμη (*η*) spinning-wheel

ανεμίζω *ρ μτβ* air. (*κουνώ*) wave. • *ρ αμτβ* flutter

ανεμιστήρας (*ο*) fan

ανεμοβλογιά (*η*) chicken-pox

ανεμοδείκτης (*ο*) weathercock, weather vane

ανεμοζάλη (*η*) whirlwind. (*μεταφ*) turmoil

ανεμοθύελλα (*η*) windstorm

ανεμόμυλος (*ο*) windmill

ανεμοπορία (*η*) hang-gliding

ανεμόπτερο (*το*) glider

άνεμος (*ο*) wind

ανεμόσκαλα (*η*) rope ladder

ανεμοστρόβιλος (*ο*) whirlwind

ανεμώνα (*η*) anemone

ανένδοτος *επίθ* adamant

ανεμπόδιστος *επίθ* unimpeded

ανενόχλητος *επίθ* unhindered

ανέντιμος *επίθ* ignoble

ανεξαιρέτως *επίρρ* without exception

ανεξακρίβωτος *επίθ* unverified

ανεξάντλητος *επίθ* inexhaustible

ανεξαρτησία (*η*) independence

ανεξάρτητος *επίθ* independent

ανεξέλεγκτος *επίθ* uncontrolled. (*λογαριασμός*) unchecked. (*πληροφορία*) unconfirmed

ανεξερεύνητος *επίθ* unexplored

ανεξήγητος *επίθ* inexplicable. (*ακατανόητος*) incomprehensible

ανεξίτηλος *επίθ* indelible. (*χρώμα*) fast

ανεξιχνίαστος *επίθ* untraceable. (*άνθρωπος*) inscrutable. (*έγκλημα*) unsolved

ανέξοδος *επίθ* inexpensive

ανεξόφλητος *επίθ* unsettled, unpaid

ανεπαίσθητος *επίθ* imperceptible

ανεπανόρθωτ|ος *επίθ* irretrievable. (*αθεράπευτος*) irreparable

ανεπάρκεια (*η*) inadequacy. (*επαγγελματική*) inefficiency. (*ιατρ*) insufficiency

ανεπαρκής *επίθ* inadequate. (*ελλιπής*) insufficient. (*στη δουλειά*) inefficient

ανέπαφος *επίθ* untouched. (*άθικτος*) unscathed. (*άρτιος*) intact

ανεπηρέαστος *επίθ* unaffected

ανεπίδεκτος *επίθ* not admitting. (*μεταφ*) incapable of

ανεπιθύμητος *επίθ* undesirable. (*ξένος*) unwelcome

ανεπίληπτος *επίθ* unimpeachable. (*διαγωγή*) impeccable

ανεπίσημος *επίθ* unofficial. (*κοινός*) informal

ανεπίτευκτος *επίθ* unobtainable. (*στόχος*) unattainable

ανεπίτρεπτος *επίθ* inadmissible

ανεπιτυχής *επίθ* unsuccessful

ανεπιφύλακτος *επίθ* unqualified. (*υποστήριξη*) wholehearted

ανεπτυγμένος *επίθ* developed

ανεργία (*η*) unemployment

άνεργος *επίθ* unemployed

ανέρχομαι *ρ αμτβ* rise. (*εισόδημα*) total. (*σε θρόνο*) accede. **~ σε** add up to

άνεση (*η*) comfort. (*ευχέρεια*) ease

ανέτοιμος *επίθ* unprepared

άνετος *επίθ* comfortable, (*καθομ*) comfy. (*βολικός*) easy

ανεύθυνος *επίθ* irresponsible

ανευλαβής *επίθ* impious, irreverent

ανεφάρμοστος *επίθ* inapplicable. (*δεν μπορεί να εφαρμοστεί*) impracticable

ανέφικτος *επίθ* unfeasible. (*στόχος*) unattainable

ανεφοδιάζ|ω *ρ μτβ* resupply. (*αποθήκη*) restock. **~ομαι** *ρ αμτβ* refuel

ανέχομαι *ρ μτβ* tolerate, (*καθομ*) put up with. (*υπομένω*) endure. (*παραβλέπω*) condone

ανεψιά (*η*) niece

ανεψιός (*ο*) nephew

ανήθικος *επίθ* immoral. (*χειρονομία*) obscene

άνηθο (*το*) dill

ανήκουστος *επίθ* unheard of

ανήκω *ρ αμτβ* belong

ανήλεος *επίθ* ruthless. (*ανελέητος*) inexorable

ανήλικος *επίθ* minor, under age

ανήμπορος *επίθ* helpless

ανήξερος *επίθ* (*αμαθος*) ignorant. (*απληροφόρητος*) uninformed. (*αθώος*) innocent

ανησυχητικός *επίθ* disturbing

ανησυχία (*η*) anxiety. (*έλλειψη ησυχίας*) disquiet. (*ταραχή*) restlessness. (*φόβος*) apprehension

ανήσυχος *επίθ* anxious. (*ανικανοποίητος*) restless. (*ταραγμένος*) uneasy. (*φοβισμένος*) apprehensive

ανησυχώ *ρ μτβ* trouble. (*ταράζω*) disturb. • *ρ αμτβ* (*φοβούμαι*) be anxious. (*για κάποιον*) be concerned (*for so*)

ανηφορι|ά (*η*) upward slope. **~κός** *επίθ* uphill

ανθεκτικός *επίθ* tough. (*που αντέχει*) durable. (*στη φωτιά*) resistant. (*άνθρωπος*) resilient

ανθεστήρια (*τα*) flower festival

άνθηση (*η*) flowering. (*μεταφ*) flourishing

ανθίζω *ρ αμτβ* come into flower. (*δέντρο*) blossom. (*μεταφ*) flourish

ανθισμένος *επίθ* blooming. (*δέντρο*) in blossom

ανθόγαλα (*το*) cream (of the milk)

ανθοδέσμη (*η*) bouquet

ανθοδοχείο (*το*) vase

ανθόκηπος (*ο*) flower garden

ανθολογία (*η*) anthology

ανθοπωλείο (*το*) florist's

ανθοπώλ|ης (*ο*), **~ις** (*η*) florist

ανθός (*ο*) blossom. (*μεταφ*) pick

άνθος (*το*) flower

ανθότυρο (*το*) cream cheese

άνθρακας (*ο*) (*λόγ*) coal. (*χημεία*) carbon. (*ιατρ*) anthrax

ανθρακωρυχείο (*το*) colliery

ανθρακωρύχος (*ο*) coal miner

ανθρωπάκι (*το*) *βλ* **ανθρωπάκος**

ανθρωπιά (*η*) (human) decency

ανθρώπινος *επίθ* human

ανθρωπισμός (*ο*) humanism

ανθρωπιστικός *επίθ* humane. (*σχετικός με τον ανθρωπισμό*) humanitarian

ανθρωποθυρίδα (*η*) manhole

ανθρωποκτονία (*η*) homicide

ανθρωποκυνηγητό (*το*) man-hunt

ανθρωπολ|ογία (*η*) anthropology. **~όγος** (*ο, η*) anthropologist

άνθρωπος¹ (*ο*) human

άνθρωπο|ς² (*ο*) man, mankind. (*προικισμένος ψυχικά*) decent human being. (*θνητός*) mortal. **~ι** (*οι*) people

ανθρωπότητα (*η*) mankind

ανθρωποφ|αγία (*η*) cannibalism. **~άγος** (*ο*) cannibal

ανθρωποώρα (*η*) man-hour

ανθυγιεινός *επίθ* unhealthy. (*συνθήκες*) insanitary

ανθυπασπιστής (*ο*) warrant-officer

ανθυπολοχαγός (*ο*) second lieutenant

ανθυποπλοίαρχος (*ο*) second officer

ανία (*η*) dreariness, tedium

ανιαρός *επίθ* boring, dreary. (*άνθρωπος*) tedious. (*συζήτηση*) dull

ανίατος *επίθ* incurable. **άσυλο ανιάτων** (*το*) hospice

ανίδεος (*ο*) ignoramus

ανιδιοτελής *επίθ* selfless. (*αφιλοκερδής*) unselfish

ανίκανος *επίθ* incapable. (*χωρίς*

δύναμη) helpless. (στη δουλειά) incompetent. (σεξουαλική) impotent

ανικανότητα (η) incapacity. (αναπηρία) disability. (στη δουλειά) incompetence. (σεξουαλικά) impotence

ανίκητος επίθ unbeaten. (αντίπαλος) invincible. (εμπόδιο) insurmountable

ανισόρροπος επίθ unbalanced. (μεταφ) unsound (of mind)

άνισος επίθ unequal

ανισότητα (η) inequality

ανίσχυρος επίθ powerless

ανίχνευση (η) detection

ανιχνευτής (ο) (συσκευή) detector. (στρατιώτης) scout

ανιχνεύω ρ μτβ detect

ανίψι (το) (ανεψιός) nephew. (ανεψιά) niece

ανοδικός επίθ upward

άνοδος (η) (αύξηση) rise. (ανέβασμα) ascent. (στο θρόνο) accession

ανοησί|α (η) foolishness. (ανθρώπινη) folly. **~ες** (οι) nonsense, (καθομ) claptrap

ανόητος επίθ foolish. (κουτός) silly. (παράλογος) senseless. (παρατηρήσεις) inane

ανόθευτος επίθ unadulterated

άνοια (η) senility

άνοιγμα (το) opening. (κενό) gap. (παντελονιού) flies. (πόρτας) doorway. (φούστας) slit. (φτερών, αψίδας) span

ανοιγοκλείνω ρ αμτβ open and close. (τα μάτια) blink

ανοίγω ρ μτβ/ρ αμτβ open. (βρύση) turn on. (διακόπτη) switch on. (εμπόδιο) clear. (εφημερίδα, χέρια) spread. (ιατρ) lance. (πηγάδι) sink. (καιρός) brighten. (όρεξη) whet

ανοικοδομώ ρ μτβ reconstruct

ανοικτός επίθ βλ **ανοιχτός**

άνοιξη (η) spring

ανοιξιάτικος επίθ spring

ανοιχτήρι (το) opener

ανοιχτόκαρδος επίθ open-hearted

ανοιχτός επίθ open. (πληγή) raw. (χρώμα) pale

ανοιχτοχέρης επίθ generous

ανοιχτόχρωμος επίθ light-coloured

ανομβρία (η) drought

ανομοιόμορφος επίθ patchy

ανόμοιος επίθ dissimilar

άνομος επίθ lawless

ανοξείδωτος επίθ stainless. **~ χάλυβας** stainless steel

άνορακ (το) άκλ anorak

ανόργανος επίθ inorganic

ανοργάνωτος επίθ disorganised

ανορεξία (η) lack of appetite. (ιατρ) anorexia

ανορθόγραφος επίθ (άνθρωπος) bad at spelling. (κείμενο) full of spelling mistakes

ανορθόδοξος επίθ unorthodox. (καθομ) off-beat

ανορθών|ω ρ μτβ raise up. (μεταφ) restore. **~ομαι** ρ αμτβ straighten up

ανοσία (η) (ιατρ) immunity

ανόσιος επίθ unholy

ανοσοποίηση (η) immunization

ανοσοποιώ ρ μτβ immunize

άνοστος επίθ insipid. (άνθρωπος) ungainly. (στη γεύση) unsavoury

ανούσιος επίθ tasteless. (μεταφ) wishy-washy

ανοχή (η) sufferance

ανταγωνίζομαι ρ μτβ antagonize

ανταγωνισμός (ο) antagonism. (εμπ) competition

ανταγων|ιστής (ο), **~ίστρια** (η) contender. (σε διαγωνισμό) competitor

ανταγωνιστικός επίθ antagonistic. (εμπ) competitive

ανταλλαγή (η) exchange. (εμπ) barter. (καθομ) swap

αντάλλαγμα (το) exchange

ανταλλακτήριο (το) bureau de change

ανταλλακτικό (το) spare (part). (στυλό) refill

ανταλλάσσω ρ μτβ exchange, swap. (εμπ) barter

ανταμείβω ρ μτβ recompense. (μεταφ) reward

ανταμοιβή (η) recompense. (μεταφ) reward

αντανάκλαση (η) reflection

αντανακλώ *ρ μτβ* reflect
αντάξιος *επίθ* worthy
ανταπεργία *(η)* lock-out
ανταποδίδω *ρ μτβ* reciprocate.
(*αμοιβή*) repay. (*επίσκεψη*) return
ανταποκρίνομαι *ρ αμτβ* respond
ανταπόκριση *(η)* response.
(*σε εφημερίδα*) report.
(*σιδηρόδρομος*) connection
ανταποκρ|ιτής *(ο)*, **~ίτρια** *(η)*
reporter. (*σε εφημερίδα*)
correspondent
ανταρκτικός *επίθ* Antarctic.
η Ανταρκτική the Antarctic
ανταρσία *(η)* mutiny
αντάρτ|ης *(ο)*, **~ισσα** partisan,
guerrilla. (*μεταφ*) rebel
ανταρτοπόλεμος *(ο)* guerrilla
warfare
άντε *επιφών* **~ πήγαινε** go on
then. **~ να πηγαίνουμε** let's go
αντέγκληση *(η)* recrimination
αντεξετάζω *ρ μτβ* cross-examine
αντεπιτίθεμαι *ρ αμτβ* counter-attack
αντέχω *ρ μτβ* endure. (*δεν
υποχωρώ*) withstand. (*υπομένω*)
bear. • *ρ αμτβ* (*διατηρούμαι*) last
αντηλιακό *(το)* sun cream
αντηχώ *ρ αμτβ* echo. (*βουίζω από
φωνές*) reverberate
αντι- *πρόθ* anti-, vice-, counter-
αντί *επίρρ* instead. **~ για** instead of
αντιαεροπορικός *επίθ* anti-aircraft
αντιαισθητικός *επίθ* unsightly
αντιβιοτικό|ς *επίθ* antibiotic. **~** *(το)*
antibiotic
αντιγραφή *(η)* transcription,
copying. (*απομίμηση*)
reproduction. (*σχολ*) cheating
αντίγραφο *(το)* transcript.
(*απομίμηση*) replica. (*τυπογ*) copy
αντιγράφω *ρ μτβ* transcribe, copy.
(*σχολ*) cheat
αντίδι *(το)* endive
αντιδιαβρωτικός *επίθ* rustproof
αντίδικος *(ο)* (*νομ*) party
αντίδοτο *(το)* antidote
αντίδραση *(η)* reaction
αντιδραστικός *επίθ* reactionary.
~ *(ο)* reactionary
αντιδρώ *ρ αμτβ* react
αντίδωρο *(το)* holy bread

αντιεπαγγελματικός *επίθ*
unprofessional
αντίζηλος *(ο)* rival
αντίθεση *(η)* opposition. (*διαφορά*)
contrast. (*σχέσης*) antithesis. **σε
~** at variance
αντίθετο *(το)* opposite
αντίθετ|ος *επίθ* opposite.
(*ανάποδος*) contrasting.
(*αντίστροφος*) contrary. **~ος
προς** opposed to. **~α** *επίρρ* on
the contrary
αντίκα *(η)* antique
αντικαθιστώ *ρ μτβ* substitute.
(*αναπληρώνω*) replace. (*βάρδια*)
relieve. (*εκτοπίζω*) supersede
αντικαθρεφτίζω *ρ μτβ* mirror
αντικανονικός *επίθ* irregular
αντικατάσταση *(η)* replacement.
(*βάρδια*) relief
αντικαταστάτ|ης *(ο)*, **~ρια** *(η)*
replacement. (*δασκάλου,
καθηγητή*) supply teacher.
(*ηθοποιού*) understudy
αντικειμενικ|ότητα *(η)* objectivity.
~ός *επίθ* objective
αντικείμενο *(το)* object
αντικλείδι *(το)* master key
αντικοινωνικός *επίθ* antisocial
αντικρίζω *ρ μτβ* face
αντικρινός *επίθ* opposite (*facing*)
αντίκρουση *(η)* rebuttal
αντικρούω *ρ μτβ* (*επιχείρημα*)
refute. (*κατηγορία*) rebut.
(*χτύπημα*) counter
αντίκτυπος *(ο)* repercussion
αντικυκλώνας *(ο)* anticyclone
αντιλαμβάνομαι *ρ μτβ/αμτβ*
understand, realize. (*εκτιμώ*)
appreciate
αντιλέγω *ρ αμτβ* object
αντιλεξικό *(το)* thesaurus
αντιληπτός *επίθ* perceptible
αντίληψη *(η)* perception. (*άποψη*)
view. (*ικανότητα να εννοεί*)
quickness of mind
αντιλόπη *(η)* antelope
αντιμετωπίζω *ρ μτβ* encounter.
(*αντεπεξέρχομαι*) cope with.
(*παίρνω θέση*) confront
αντιμέτωπος *επίθ* facing
αντιμιλώ *ρ αμτβ* answer back

αντίο (*το*) goodbye, bye-bye

αντιπάθεια (*η*) antipathy. (*αποστροφή*) aversion

αντιπαθητικός *επίθ* distasteful

αντιπαθώ *ρ μτβ* dislike

αντίπαλος *επίθ* rival. **~** (*ο*) (*αντίζηλος*) rival. (*αντίμαχος*) opponent. (*σε διαγωνισμό*) contestant

αντιπαραθέτω *ρ μτβ* juxtapose

αντιπαροχή (*η*) exchange

αντιπηκτικό (*το*) antifreeze

αντιπληθωρισμός (*ο*) (*εμπ*) deflation.

αντίποινο (*το*) reprisal

αντιπολίτευση (*η*) (*πολιτ*) opposition.

αντιπρόεδρος (*ο, η*) deputy chairman, vice president

αντιπροσώπευση (*η*) representation

αντιπροσωπευτικός *επίθ* representative

αντιπροσωπεύω *ρ μτβ* represent. (*μεταφ*) portray

αντιπρόσωπος (*ο, η*) representative

αντιπροσωπ(ε)ία (*η*) deputation. (*εμπ*) agency. (*σύνολο αντιπροσώπων*) delegation

αντίρρηση (*η*) objection

αντισηπτικός *επίθ* antiseptic

αντισταθμίζω *ρ μτβ* counterbalance. (*αποζημιώνω*) compensate for. (*ισοσταθμίζω*) offset

αντίσταση (*η*) resistance

αντιστέκομαι *ρ μτβ/ρ αμτβ* resist

αντίστοιχος *επίθ* equivalent. (*συμμετρικός*) respective

αντιστοίχως *επίρρ* respectively

αντιστρέφω *ρ μτβ* reverse. (*αναποδογυρίζω*) invert

αντιστροφή (*η*) reversal. (*μεταβολή*) inversion

αντίστροφος *επίθ* reverse. (*ανάποδος*) inverse

αντιστρόφως *επίρρ* vice versa

αντισυλληπτικός *επίθ* contraceptive

αντισύλληψη (*η*) contraception

αντισυνταγματικός *επίθ*

unconstitutional

αντισφαίριση (*η*) tennis

αντίσωμα (*το*) antibody

αντιτίθεμαι *ρ μτβ* oppose

αντιτορπιλικό (*το*) (*ναυτ*) destroyer

αντίτυπο (*το*) copy. (*έργου τέχνης*) replica, reproduction

αντίφαση (*η*) contradiction

αντιφάσκω *ρ αμτβ* contradict

αντιφατικός *επίθ* conflicting. (*ασυμφωνία*) contradictory

αντίχειρας (*ο*) thumb

αντλία (*η*) pump

αντλώ *ρ μτβ* pump. (*εισόδημα*) derive. (*πόρους*) tap

αντοχή (*η*) resistance. (*υπομονή*) endurance. (*δύναμη αντίστασης*) stamina

άντρας (*ο*) man. (*σύζυγος*) husband

αντρεία (*η*) *βλ* **ανδρεία**

αντρίκειος *επίθ* manly

άντρο (*το*) lair. (*ληστών*) den

αντρόγυνο (*το*) *βλ* **ανδρόγυνο**

αντσούγια (*η*) anchovy

άντυτος *επίθ* undressed. (*ντυμένος ακατάλληλα*) not dressed up

αντωνυμία (*η*) pronoun

άνυδρος *επίθ* dry. (*χωρίς βροχή*) arid

ανυπακοή (*η*) disobedience

ανυπάκουος *επίθ* disobedient

ανύπαντρος *επίθ* unmarried

ανύπαρκτος *επίθ* non-existent

ανυποληψία (*η*) disrepute

ανυπολόγιστος *επίθ* incalculable

ανυπομονησία (*η*) impatience. (*ανησυχία*) anxiety. (*βιασύνη*) eagerness

ανυπόμονος *επίθ* impatient. (*ανήσυχος*) anxious. (*βιαστικός*) eager

ανυπομονώ *ρ αμτβ* be impatient. (*αδημονώ*) be anxious

ανύποπτος *επίθ* unsuspecting

ανυπόστατος *επίθ* unfounded

ανυπότακτος *επίθ* intractable. (*παιδιά*) unruly

ανυπόφορος *επίθ* unbearable. (*φέρσιμο*) intolerable

ανυποψίαστος *επίθ* unsuspecting

ανυψώνω *ρ μτβ* raise. (*όχημα*) jack up. (*μεταφ*) elevate

ανυψωτήρας (*o*) (*μηχ*) hoist

άνω *επίρρ* above, over. **~ κάτω** topsy-turvy. **~ τελεία** (*η*) semicolon. **ήταν ~ κάτω** (*δωμάτιο*) it was a shambles. (*άνθρωπος*) he was very upset. **προς τα ~** upwards

ανώγι (*το*) top floor (*of house*)

ανώδυνος *επίθ* painless

ανωμαλία (*η*) anomaly. (*εδάφους*) unevenness. (*εκτροπή από τους κανόνες*) irregularity. (*εκτροπή από το φυσιολογικό*) abnormality. (*μηχ*) malfunction

ανώμαλλος *επίθ* anomalous. (*γραμμ*) irregular. (*έδαφος*) rough. (*μη ισόπεδος*) uneven. (*μη φυσιολογικός*) abnormal

ανωνυμία (*η*) anonymity

ανώνυμος *επίθ* anonymous, nameless. **~η εταιρεία** Société Anonyme (appr. equivalent to a plc in the UK)

ανώριμος *επίθ* immature

άνωση (*η*) buoyancy

ανώτατος *επίθ* supreme. (*βαθμός*) top

ανώτερος *επίθ* upper. (*άνθρωπος*) noble. (*βαθμός*) senior. (*καλύτερος*) superior. (*παιδεία*) higher. **~** (*o*) superior

ανωτέρω *επίρρ* above

ανώφελος *επίθ* useless. (*μάταιος*) vain

αξεδιάλυτος *επίθ* unsolved

αξεδίψαστος *επίθ* unquenchable

αξεκαθάριστος *επίθ* not sorted out. (*που δε ρυθμίστηκε*) unsettled

αξεπέραστος *επίθ* insurmountable

αξερίζωτος *επίθ* ineradicable

αξεπλήρωτος *επίθ* (*χρέος*) unsettled. (*χάρη*) beyond return

άξεστος *επίθ* uncouth, coarse

αξέχαστος *επίθ* unforgettable

αξία (*η*) (*σε χρήμα*) value. (*ουσία*) merit. (*χρησιμότητα*) worth. **~ες** (*οι*) (*χρημ*) stock

αξιαγάπητος *επίθ* amiable

αξιέπαινος *επίθ* praiseworthy. (*συμπεριφορά*) commendable

αξίζω *ρ αμτβ* (*έχω χρηματική αξία*) be worth. (*μου πρέπει*) deserve. **~ει τον κόπο** it's worth it

αξίνα (*η*) pickaxe

αξιοθαύμαστος *επίθ* admirable

αξιοθέατ|ος *επίθ* worth seeing. **τα ~α** the sights

αξιοθρήνητος *επίθ* lamentable

αξιοκαταφρόνητος *επίθ* contemptible. (*συμπεριφορά*) despicable

αξιολάτρευτος *επίθ* adorable

αξιόλογος *επίθ* remarkable. (*σημαντικός*) significant

αξιολύπητος *επίθ* wretched, pathetic. (*ελεεινός*) piteous

αξιομνημόνευτος *επίθ* memorable

αξιοπαρατήρητος *επίθ* noteworthy

αξιόπιστος *επίθ* reliable. (*που εμπνέει εμπιστοσύνη*) dependable

αξιοποιώ *ρ μτβ* (*γη*) develop. (*ευκαιρίες*) utilize

αξιοπρέπεια (*η*) dignity

αξιοπρεπής *επίθ* dignified

άξιος *επίθ* (*ικανός*) capable. (*που αξίζει*) worthy. (*που του αρμόζει*) deserving

αξιοσέβαστος *επίθ* respectable

αξιοσημείωτος *επίθ* noteworthy. (*σημαντικός*) notable

αξιότιμ|ος *επίθ* honourable. **Α~ε κύριε/κυρία** Dear Sir/Madam

αξίωμα (*το*) (*αρχή*) axiom. (*θέση*) office

αξιωματικός *επίθ* authoritative. **~** (*o*) officer

αξιωματούχος (*o*) dignitary

αξιώ|νω *ρ μτβ* claim, demand. **~νομαι** *ρ αμτβ* manage to

αξίωση (*η*) claim, demand

άξονας (*o*) (*μηχ*) shaft. (*νοητή ευθεία*) axis. (*τροχού*) axle

αξύριστος *επίθ* unshaven

άοπλος *επίθ* unarmed

αόρατος *επίθ* invisible

αοριστία (*η*) vagueness

αοριστολογία (*η*) generality

αόριστ|ος *επίθ* indefinite. (*ασαφής*) vague. **~ος** (*o*) (*γραμμ*) past tense. **επ´ αόριστο** indefinitely. **~α** *επίρρ* indefinitely, vaguely

αορτή (*η*) aorta

άοσμος *επίθ* odourless

απαγγελία (*η*) (*λέξεων*) elocution. (*ποιημάτων*) recitation

απαγγέλλω *ρ μτβ|αμτβ* (*ποίημα*) recite. (*κατηγορία*) pronounce

απαγόρευση (*η*) prohibition. (*νομ*) ban

απαγορεύ|ω *ρ μτβ* prohibit. (*νομ*) ban. (*σε κάποιον*) forbid. **~εται η στάθμευση** no parking. **~εται το κάπνισμα** no smoking

απάγω *ρ μτβ* abduct. (*για λύτρα*) kidnap

απαγωγή (*η*) abduction. (*για λύτρα*) kidnapping. (*εκούσια*) elopement

απάθεια (*η*) apathy

απαθής *επίθ* (*αδιάφορος*) apathetic. (*ασυγκίνητος*) impassive. (*ψύχραιμος*) dispassionate

απαισιοδοξία (*η*) pessimism

απαισιόδοξος *επίθ* pessimistic. **~** (*ο*) pessimist

απαίσιος *επίθ* atrocious. (*αποκρουστικός*) obnoxious. (*φρικτά κακός*) abominable

απαίτηση (*η*) demand. (*δικαιώματος*) claim. (*προϋπόθεση*) requirement

απαιτητικός *επίθ* demanding. (*φασαρίας*) fussy. (*για ρούχα*) particular

απαιτώ *ρ μτβ* demand. (*δικαίωμα*) claim. (*υπακοή*) exact. (*χρειάζομαι*) call for

απαλλαγή (*η*) exemption. (*εκκλ*) dispensation

απαλλάσσ|ω *ρ μτβ* exempt. (*από δυσκολίες*) free. (*από κατηγορία*) clear. (*απολύω*) discharge. (*λυτρώνω*) absolve. **~ομαι** *ρ μτβ* shake off. **~ομαι από** get rid of

απαλός *επίθ* (*αεράκι*) gentle. (*φωνή*) smooth. (*φως, ήχος*) soft. (*χρώμα*) pastel. **~ά** *επίρρ* gently, softly

απαλύνω *ρ μτβ|ρ αμτβ* soften. (*πόνο*) soothe

απάνθρωπος *επίθ* inhuman. (*σκληρός*) inhumane

άπαντα (*τα*) collected works

απάντηση (*η*) answer, reply. (*αποφασιστική*) retort. (*χιουμοριστική*) rejoinder

απαντώ *ρ μτβ|ρ αμτβ* reply, answer. (*γρήγορα και αποφασιστικά*) retort.

(*συναντώ*) meet

απαραβίαστο|ς *επίθ* inviolate. **~** (*το*) inviolability. (*εκκλ*) sanctity

απαράδεκτος *επίθ* unacceptable. (*μαρτυρία*) inadmissible. (*συμπεριφορά*) objectionable

απαραίτητ|ος *επίθ* essential, indispensable. **~ο προσωπικό** (*το*) skeleton staff. **~α** (*τα*) necessities. **~α** *επίρρ* essentially

απαράλλαχτος *επίθ* identical

απαράμιλλος *επίθ* unparalleled. (*άφθαστος*) unrivalled

απαρατήρητος *επίρρ* unnoticed. (*χωρίς επίπληξη*) unrebuked

απαρέμφατο (*το*) infinitive

απαρηγόρητος *επίθ* disconsolate

απαριθμώ *ρ μτβ* enumerate. (*αφηγούμαι*) recite

απαρνιέμαι *ρ μτβ* renounce. (*πεποίθηση*) discard. (*παιδιά*) disown

απαρνούμαι *ρ μτβ βλ* **απαρνιέμαι**

απαρτίζ|ω *ρ αμτβ|μτβ* constitute. **~ομαι από** consist of

απαρτχάιντ (*το*) *άκλ* apartheid

απαρχαιωμένος *επίθ* antiquated. (*ξεπερασμένος*) obsolete

απαρχή (*η*) outset

απασχολημένος *επίθ* busy

απασχόληση (*η*) employment. (*σε ορισμένο έργο*) occupation. (*φροντίδα*) preoccupation

απασχολ|ώ *ρ μτβ* take up one's time. (*παρέχω εργασία*) employ. **~ούμαι με** *ρ μτβ* busy o.s. with

απατεώνας (*ο*) swindler, crook, cheat

απάτη (*η*) deception, deceit. (*καθομ*) con

απατηλός *επίθ* deceptive. (*λαθεμένος*) false

απατώ *ρ μτβ* deceive

απαυδώ *ρ αμτβ* be fed up

άπαχος *επίθ* thin. (*κρέας*) lean

απεγνωσμένος *επίθ* desperate

απειθαρχία (*η*) insubordination

απείθαρχος *επίθ* insubordinate. (*παιδί*) unruly

απεικονίζω *ρ μτβ* depict, portray

απεικόνιση (*η*) portrayal

απειλή (*η*) threat. (*κίνδυνος*) menace

απειλητικός *επίθ* threatening. (*που περιέχει κίνδυνο*) sinister

απειλώ *ρ μτβ/ρ αμτβ* threaten. (*ενέχω απειλή*) menace

απείραχτος *επίθ* intact. (*που δεν περιπαίχθηκε*) not teased

απειρία¹ (*η*) inexperience

απειρία² (*η*) infinity

άπειρος¹ *επίθ* (*χωρίς πείρα*) inexperienced

άπειρος² *επίθ* (*χωρίς τέλος*) infinite. **~ο** (*το*) infinity

απέλαση (*η*) deportation

απελευθερώνω *ρ μτβ* liberate. (*από βάρος*) release

απελευθέρωση (*η*) release. (*της γυναίκας*) liberation

απελπίζομαι *ρ αμτβ* despair

απελπισία (*η*) despair, desperation

απελπισμένος *επίθ* in despair

απελπιστικ|ός *επίθ* desperate, hopeless. **~ά** *επίρρ* desperately

απέναντι *επίρρ* opposite. (*προς*) towards

απεναντίας *επίρρ* on the contrary

απένταρος *επίθ* penniless

απέξω *επίρρ* outside. (*από μνήμης*) by heart

απέραντος *επίθ* immense, vast. (*ατέλειωτος*) infinite

απέραστος *επίθ* (*δρόμος*) impassable. (*πρόβλημα*) insurmountable

απεργία (*η*) strike

απεργός (*ο, η*) striker

απεργώ *ρ αμτβ* strike, be/go on strike

απερίγραπτος *επίθ* indescribable

απεριόριστος *επίθ* boundless. (*χωρίς όρια*) unlimited

απεριποίητος *επίθ* (*δωμάτιο*) untidy. (*χωρίς περιποίηση*) neglected

απερίσκεπτος *επίθ* inconsiderate, thoughtless. (*ασύνετος*) imprudent, rash

απερίσπαστος *επίθ* undistracted

απέριττος *επίθ* unaffected

απερίφραστος *επίθ* unequivocal

απεσταλμένος (*ο*) (*αγγελιοφόρος*) emissary. (*αντιπρόσωπος*) delegate. (*δημοσιογράφος*) correspondent.

(*διπλωματικός*) envoy

απευθείας *επίρρ* directly

απευθύν|ω *ρ μτβ* direct. (*αποτείνω*) address. **~ομαι** *ρ αμτβ* apply to. **~ομαι σε** appeal to

απεχθάνομαι *ρ μτβ* detest, abhor

απεχθής *επίθ* repugnant, abhorrent. (*μισητός*) detestable

απέχω *ρ αμτβ* be at a distance. (*δε μετέχω*) abstain

απήχηση (*η*) (*αντίλαλος*) echo. (*αντίκτυπος*) effect. (*εντύπωση*) impression

απηχώ *ρ αμτβ* echo. (*μεταφ*) reflect

απίδι (*το*) κυπ pear

απιδιά (*η*) κυπ pear

απίθανος *επίθ* unlikely. (*δικαιολογία*) improbable. (*εκπληκτικός*) fantastic. (*εξήγηση*) implausible

απίστευτος *επίθ* incredible, unbelievable

απιστία (*η*) (*ανειλικρίνεια*) falseness. (*οπαδού*) disloyalty. (*συζυγική*) infidelity. (*στο Θεό*) unbelief

άπιστος *επίθ* unfaithful. (*δύσπιστος*) doubting. (*φίλος*) disloyal. **~** (*ο*) infidel, non-believer

απλανής *επίθ* fixed. (*βλέμμα*) vacant

άπλετος *επίθ* abundant

απλήρωτος *επίθ* unpaid

απλησίαστος *επίθ* unapproachable. (*άνθρωπος*) standoffish. (*τιμές*) prohibitive

άπληστος *επίθ* greedy. (*ακόρεστος*) insatiable. (*πλεονέκτης*) avaricious

απλοϊκ|ός *επίθ* unsophisticated. (*άνθρωπος*) simple. **~ά** *επίρρ* simply

απλοποιώ *ρ μτβ* simplify

απλ|ός *επίθ* simple. (*απέριττος*) plain. (*εισιτήριο*) one-way. (*εύκολος*) straightforward. **~ά** *επίρρ* straightforwardly, simply. **~ώς** *επίρρ* only, merely

απλότητα (*η*) simplicity

απλούστατ|ος *επίθ* quite simple. **~τα** *επίρρ* quite simply

άπλυτος *επίθ* unwashed

άπλωμα (*το*) spreading. (*ξεδίπλωμα*) unfolding. (*ρούχων* *για στέγνωμα*) hanging out

απλών|ω *ρ μτβ* (*εκτείνω*) reach (out). (*χέρι*) put out. • *ρ αμτβ* spread. (*χρώμα*) run. **~ομαι** *ρ αμτβ* extend. (*εξαπλώνομαι*) fan out. (*πόλη*) sprawl

άπνοια (*η*) lack of wind

από *πρόθ* 1. by. **ζει ~ τη δουλειά της** she lives by her work. 2. from. **~ δω και πέρα** from now on. **~ τον Ιανουάριο έως το Απρίλιο** from January to April. **είναι ~ την Αθήνα** she is from Athens. 3. of. **είναι καμωμένο ~ γυαλί** it's made of glass. 4. since. **δεν τον έχω δει ~ τότε** I have not seen him since. 5. than. **είναι καλύτερη ~ τις άλλες** she is better than the others. 6. with. **τρέμει ~ το φόβο του** he is shaking with fear. 7. **ήταν ~ το Θεό σταλμένο** it was God's will. **έξω ~** outside. **κάτω ~** under. **πάνω ~ όλα** above all. **πριν ~** before. **μετά ~ το** after

αποβάθρα (*η*) wharf, pier. (*σιδηρ*) platform

αποβάλλω *ρ μτβ* shed. (*ιατρ*) eliminate. (*μαθητή*) expel. (*μαθητή, προσωρινά*) suspend. (*φοιτητή*) send down. • *ρ αμτβ* (*για γυναίκες*) miscarry

απόβαση (*η*) (*στρ*) landing

αποβιβάζω *ρ μτβ* land. **~ομαι** *ρ αμτβ* disembark

αποβίβαση (*η*) landing

αποβιώνω *ρ αμτβ* pass away

αποβλέπω *ρ αμτβ* aim

αποβολή (*η*) (*από σχολείο*) expulsion. (*ιατρ*) elimination. (*πρόωρος τοκετός*) miscarriage

αποβουτυρωμένος *επίθ* skimmed

αποβραδίς *επίρρ* overnight. (*κατά το βράδυ*) last night

απόβρασμα (*το*) scum

απογειώνομαι *ρ αμτβ* (*αεροπ*) take off

απογείωση (*η*) take-off. (*διαστημοπλοίου*) lift-off

απόγευμα (*το*) afternoon

απογευματινός *επίθ* afternoon

απόγνωση (*η*) exasperation

απογοητευμένος *επίθ* disappointed

απογοήτευση (*η*) disappointment

απογοητευτικός *επίθ* disappointing

απογοητεύω *ρ μτβ* disappoint

απόγονος (*ο*) descendant

απογραφή (*η*) inventory. (*πληθυσμού*) census

απογυμνώνω *ρ μτβ* strip. (*μεταφ*) unmask

αποδεικνύω *ρ μτβ* prove. (*απαίτηση*) establish

απόδειξη (*η*) proof. (*αγοράς*) receipt

αποδεκατίζω *ρ μτβ* decimate

αποδεκτός *επίθ* acceptable. (*μαρτυρία*) admissible

αποδέχομαι *ρ μτβ* accept. (*παράκληση*) accede to

αποδημία (*η*) emigration

απόδημος *επίθ* emigrant

αποδίδω *ρ μτβ* attribute. (*ανταποδίδω*) return. (*αποφέρω κέρδος*) yield. (*ιδέα*) convey. (*μουσ*) render. (*σημασία*) attach

αποδιοργανώνω *ρ μτβ* disorganize

αποδιώχνω *ρ μτβ* turn away

αποδοκιμάζω *ρ μτβ* disapprove of. (*αποκηρύσσω*) deprecate

αποδοκιμασία (*η*) disapproval

απόδοση (*η*) attribution. (*εμπ*) return. (*κέρδος*) yield. (*μηχ*) performance. (*μουσ, ρόλου, λέξεως*) rendering. (*ποσό παραγωγής*) output

αποδοχή (*η*) acceptance

απόδραση (*η*) escape

αποδυτήριο (*το*) changing room

αποζημιώνω *ρ μτβ* compensate. (*ανταμείβω*) reimburse

αποζημίωση (*η*) compensation. (*ανταμοιβή*) reimbursement

αποζητώ *ρ μτβ* yearn for

αποζώ *ρ αμτβ* subsist

αποθαρρημένος *επίθ* dispirited, dejected

αποθαρρύνω *ρ μτβ* discourage

αποθαυμάζω *ρ μτβ* marvel at

απόθεμα (*το*) reserve. (*γεωλ*) deposit. (*εμπορευμάτων*) stock

αποθεματικό|ς *επίθ* in reserve. **~** (*το*) reserve

αποθέωση (η) acclamation
αποθηκάριος (ο) storekeeper
αποθήκευση (η) storage. (H/Y) saving in memory
αποθηκεύω ρ μτβ store. (συγκεντρώνω) stock up. (H/Y) save (in memory)
αποθήκη (η) warehouse. (γενική) depot. (δωμάτιο) storeroom. (πυρομαχικών) magazine (arms store)
αποθηλάζω ρ μτβ wean
αποθρασύνομαι ρ αμτβ become insolent
αποικία (η) colony
αποικιακός επίθ colonial
αποικίζω ρ μτβ colonize
άποικος (ο) settler
αποκαθηλώνω ρ μτβ unnail
αποκαθιστώ ρ μτβ restore. (οικονομικά) provide for. (παντρεύω) settle down. (στο θρόνο) reinstate
αποκαλυπτικός επίθ revealing
αποκαλύπτω ρ μτβ reveal. (μνημείο) unveil. (μυστικό) give away. (ξεσκεπάζω) uncover. (πληροφορίες) divulge. (φέρνω στη δημοσιότητα) expose, leak
αποκάλυψη (η) revelation. (ανακοίνωση) disclosure. (καθομ) eye-opener. (στη δημοσιότητα) exposure
αποκαλώ ρ μτβ call (describe)
αποκαμωμένος επίθ weary
αποκαρδιώνω ρ μτβ dishearten
αποκαρδιωτικός επίθ disheartening
αποκατάσταση (η) restoration. (οικονομική) reparation. (δικαιωμάτων) restitution. (γάμος) settling down
αποκάτω επίρρ underneath
αποκεντρώνω ρ μτβ decentralize
αποκεφαλίζω ρ μτβ behead, decapitate
αποκήρυξη (η) renunciation. (εκκλ) recantation. (παιδιού) disownment
αποκηρύσσω ρ μτβ renounce. (αποδοκιμάζω) repudiate. (θεωρία) recant. (παιδί) disown
αποκλεισμός (ο) blockade. (εμπ)

boycott. (εξαίρεση) exclusion. (σε διαγωνισμό) disqualification
αποκλειστικός επίθ exclusive. (μόνος) sole
αποκλεί|ω ρ μτβ exclude. (από διαγωνισμό) disqualify. (εμπ) boycott. (περιοχή) cordon off. (πιθανότητα) rule out. (στρ) blockade. **~εται** it's out of the question
απόκληρος (ο) down-and-out
αποκληρώνω ρ μτβ disinherit
αποκλίνω ρ αμτβ diverge
αποκόβω ρ μτβ cut off. (βρέφος από θηλασμό) wean
αποκοιμάμαι βλ **αποκοιμιέμαι**
αποκοιμιέμαι ρ αμτβ fall asleep, (καθομ) nod off
αποκοιμίζω ρ μτβ send to sleep. (ξεγελώ) lull
αποκομίζω ρ μτβ carry off. (παίρνω) obtain. (κερδίζω) profit
απόκομμα (το) clipping. (εφημερίδας) cutting
απόκρημνος επίθ precipitous
αποκριά (η) carnival
απόκριες (οι) the three weeks before Lent. (καρναβάλι) carnival
απόκριση (η) reply
απόκρουση (η) repulse
αποκρουστικός επίθ repulsive, repugnant
αποκρούω ρ μτβ repel. (αναιρώ) refute. (δε δέχομαι) reject
αποκρύβω ρ μτβ conceal. (μεταφ) mask
αποκρύπτω βλ **αποκρύβω**
απόκρυφος επίθ occult. (μυστικός) mysterious. (του σώματος) intimate
απόκτημα (το) (κτήμα) acquisition
απόκτηση (η) acquisition
αποκτώ ρ μτβ acquire. (κερδίζω) gain. (προσόντα) qualify. (συνήθεια) pick up
απολαβ|ή (η) gain. **~ές** (οι) earnings
απολαμβάνω ρ μτβ relish. (ποτό, στιγμές) savour. (φαγητό) enjoy
απόλαυση (η) relish. (ευχαρίστηση) enjoyment
απολίθωμα (το) fossil

απολογητικός *επίθ* apologetic

απολυμαίνω *ρ μτβ* disinfect. (*με κάπνισμα*) fumigate

απολυμαντικό (*το*) disinfectant

απολυταρχία (*η*) autocracy

απόλυση (*η*) (*από δουλειά*) dismissal, (*καθομ*) sacking. (*από το στρατό*) discharge. (*από φυλακή*) release

απολυτήρι|ος *επίθ* **~ες εξετάσεις** final examinations. **~ο** (*το*) (*στρατού*) discharge papers. (*σχολείου*) leaving certificate

απόλυτ|ος *επίθ* absolute. (*μεταφ*) unqualified. (*απεριόριστος*) complete. **~α** *επίρρ* absolutely, implicitly

απολύ|ω *ρ μτβ* (*από δουλειά*) dismiss. (*προσωρινά*) lay off. (*στρ*) discharge. **~ομαι** *ρ αμτβ* be made redundant, (*καθομ*) get the sack.

απομακρύν|ω *ρ μτβ* take away. (*μεταφ*) alienate. **~ομαι** move away.

απομεινάρι (*το*) remnant. **~α** (*τα*) leftovers

απόμερος *επίθ* out of the way

απομένω *ρ αμτβ* remain

απομεσήμερο (*το*) early afternoon

απομίμηση (*η*) imitation. (*κατασκεύασμα για εξαπάτηση*) fake

απομιμούμαι *ρ μτβ* simulate. (*παραποιώ*) fake

απομνημονεύματα (*τα*) memoirs

απομονώνω *ρ μτβ* isolate. (*επικοινωνία*) cut off

απομόνωση (*η*) isolation. (*σε νοσοκομείο*) quarantine. (*σε φυλακή*) solitary confinement

απονέμω *ρ μτβ* bestow. (*βραβείο*) award. (*δικαιοσύνη*) dispense. (*τιμές*) confer

απόνερα (*τα*) wash. (*πλοίου*) wake

απονιά (*η*) heartlessness

απονομή (*η*) award. (*αξιώματος ή παρασήμου*) investiture. (*βραβείων*) prize-giving

άπονος *επίθ* heartless

αποξενώνω *ρ μτβ* alienate

αποξεραίνω *ρ μτβ* dry out. (*ξύλο*) season

αποξεχνιέμαι *ρ αμτβ* forget o.s.

αποξηραίνω *ρ μτβ* dry. (*έλος*) drain

αποπαίρνω *ρ μτβ* snub

αποπάνω *επίρρ* above. **το ~ πάτωμα** the floor above. **κι ~ ήθελε και λεφτά** on top of that he wanted money

απόπατος (*ο*) latrine

αποπατώ *ρ αμτβ* defecate

απόπειρα (*η*) attempt. **~ φόνου** attempted murder

αποπεράτωση (*η*) completion

αποπλάνηση (*η*) seduction

αποπλανώ *ρ μτβ* seduce

αποπλέω *ρ αμτβ* sail, set sail

αποπληξία (*η*) apoplexy

αποπληρώνω *ρ μτβ* pay off

αποπνέω *ρ μτβ* exude

απορημένος *επίθ* puzzled

απορία¹ (*η*) query. (*αμηχανία*) bewilderment. (*αμφιβολία*) puzzlement

απορία² (*η*) penury

άπορος *επίθ* needy. **~** (*ο*) pauper

απορρέω *ρ αμτβ* derive. **~ από** arise from

απόρρητο|ς *επίθ* confidential. **~** (*το*) confidentiality. **άκρως ~ς** top secret

απόρριγμα (*το*) reject

απορρίμματα (*τα*) refuse

απορρίπτω *ρ μτβ* dismiss. (*άχρηστα*) discard. (*δεν αποδέχομαι*) reject. (*περιφρονητικά*) spurn. (*πρόταση*) turn down. (*υποψήφιο*) fail

απορροφημένος *επίθ* engrossed. **~ σε** (*σκέψεις*) buried in. (*δουλειά*) engrossed in

απορροφώ *ρ μτβ* absorb. (*στυπόχαρτο*) soak up

απορρυπαντικό|ς *επίθ* detergent. **~** (*το*) detergent

απορώ *ρ αμτβ* wonder

αποσαφηνίζω *ρ μτβ* clarify

αποσιώπηση (*η*) suppression

αποσιωπητήρας (*ο*) (*αυτοκ*) silencer.

αποσιωπητικά (*τα*) dots

αποσιωπώ *ρ μτβ* suppress

αποσκελετωμένος *επίθ* emaciated

αποσκεπάζω *ρ μτβ* cover up

αποσκευές (οι) luggage, baggage

αποσκοπώ ρ αμτβ be aiming at

αποσμητικό|ς επίθ deodorant. **~** (το) deodorant

απόσπασμα (το) (βιβλίου) extract. (στρ) detachment. (τμήμα έργου) excerpt

αποσπώ ρ μτβ elicit. (αποκόβω) extract. (βίαια) wrest. (με δυσκολία) wring. (μεταθέτω) second. (πληροφορίες) pump. (προσοχή) attract

απόσταξη (η) distillation

απόσταση (η) distance. (μεταφ) gulf. **κρατώ ~ (από)** keep one's distance (from). **σε ~ ακοής** within earshot

αποστατώ ρ αμτβ rebel. (αλλάζω φρόνημα) defect

αποστειρωμένος επίθ sterile

αποστειρώνω ρ μτβ sterilize

αποστέλλω ρ μτβ dispatch. (στέλλω) consign

αποστερώ ρ μτβ deprive

αποστηθίζω ρ μτβ memorize

απόστημα (το) abscess

αποστολέας (ο) sender. (εμπ) shipper

αποστολή (η) dispatch. (αντιπροσωπία) delegation. (εκστρατεία) expedition. (εμπ) consignment. (έργο) mission. (σκοπός) calling

απόστολος (ο) apostle

αποστομώνω ρ μτβ silence (with a good argument)

αποστρακ|ίζομαι ρ αμτβ ricochet. **~ισμός** (ο) ricochet

αποστρατεύω ρ μτβ demobilize

αποστράτευση (η) demobilization. (αξιωματικού) retirement

αποστρέφ|ω ρ μτβ avert. **~ομαι** ρ αμτβ detest

αποστροφή (η) repulsion, aversion

απόστροφος (η) apostrophe

αποσυνδέω ρ μτβ disconnect. (πρίζα) unplug. (μεταφ) dissociate

αποσύνθεση (η) decomposition

αποσυνθέτω ρ μτβ decompose. (διαλύω) disintegrate

αποσύρ|ω ρ μτβ withdraw. (απόφαση) revoke. (δήλωση)

retract. (χρήματα) draw. **~ομαι** ρ αμτβ withdraw. (από θέση) stand down. (από ενεργό υπηρεσία) retire

αποταμίευση (η) saving

αποταμι|εύω ρ μτβ save (money). **~ευτής** (ο) saver

αποτείν|ω ρ μτβ address, speak to. **~ομαι** ρ αμτβ apply

αποτελειώνω ρ μτβ finish. (δίνω θανάσιμο χτύπημα) finish off

αποτέλεσμα (το) result. (συνέπεια) effect

αποτελεσματικός επίθ effective. **~ότητα** (η) effectiveness

αποτελ|ώ ρ μτβ comprise. **~ούμαι** ρ αμτβ comprise. **~ούμαι από** consist of

αποτεφρώνω ρ μτβ incinerate. (νεκρό) cremate

αποτέφρωση (η) incineration. (των νεκρών) cremation

αποτιμώ ρ μτβ appraise

απότομος επίθ (απάντηση) sharp. (απόκρημνος) steep. (κίνηση) jerky. (ξαφνικός) abrupt. (προσβλητικός) rude. (στη συμπεριφορά) offhand

αποτραβηγμένος επίθ withdrawn (person)

αποτραβιέμαι ρ αμτβ withdraw. (μεταφ) shy off

αποτρέπω ρ μτβ deter. (κίνδυνο) avert

αποτρόπαιος επίθ atrocious

αποτσίγαρο (το) (cigarette) butt. (πούρου) stump (of cigar)

αποτυγχάνω ρ μτβ fail. • ρ αμτβ (σχέδιο) fall through

αποτύπωμα (το) imprint. **δακτυλικό ~** (το) finger print

αποτυπώνω ρ μτβ imprint

αποτυχαίνω ρ αμτβ βλ **αποτυγχάνω**

αποτυχημένος επίθ failed. **~** (ο) failure

αποτυχία (η) failure

απούλητος επίθ unsold

απουσ|ία (η) absence. **~ιάζω** ρ αμτβ be absent

αποφάγια (τα) scraps (of food)

απόφανση (η) verdict (opinion)

απόφαση (η) decision. (νομ) decree

αποφασίζω ρ μτβ determine. (νομ)

decree. • *ρ αμτβ* decide

αποφασισμένος *επίθ* determined, resolute

αποφασιστικός *επίθ* decisive. (*παράγοντας*) instrumental

αποφασιστικότητα (*η*) determination. (*σκοπού*) firmness

αποφατικός *επίθ* negative

αποφέρω *επίθ* (*εμπ*) yield

αποφεύγω *ρ μτβ* avoid. (*δημοσιότητα*) shun. (*ευθύνη ή δουλειά*) skive. (*κάπνισμα*) refrain from. (*ξεφεύγω από*) evade, shirk. (*χτύπημα, θέμα*) dodge

απόφοιτος (*ο, η*) (*πανεπιστημίου ή κολείου*) graduate. (*σχολείου*) school leaver

αποφυγή (*η*) avoidance

αποφυλακίζω *ρ μτβ* release from prison

απόφυση (*η*) protuberance. **σκωληκοειδής ~** appendix

αποχαιρετισμός (*ο*) farewell

αποχαιρετώ *ρ μτβ* say goodbye to, take one's leave of

αποχέτευση (*η*) drainage

αποχή (*η*) abstinence. (*από εκλογές*) abstention

απόχρωση (*η*) tint. (*έννοιας*) nuance. (*χρώματος*) shade

αποχώρηση (*η*) withdrawal. (*απομάκρυνση*) departure. (*από-ενεργό υπηρεσία*) retirement

αποχωρητήρι|ο (*το*) lavatory. **~α** (*τα*) conveniences

αποχωρίζ|ω *ρ μτβ* part. **~ομαι** *ρ αμτβ* part with

αποχωρισμός (*ο*) parting

αποχωρώ *ρ αμτβ* depart. (*από ενεργό υπηρεσία*) retire

απόψε *επίρρ* tonight

άποψη (*η*) (*θέα*) view. (*μεταφ*) angle. (*τρόπος αντιμετωπίσεως*) standpoint, viewpoint

αποψινός *επίθ* of this evening

αποψύχω *ρ μτβ* freeze. (*ξεπαγώνω*) defrost

άπραγος *επίθ* inexperienced

άπρακτος *επίθ* empty-handed

απρέπεια (*η*) impropriety

απραξία (*η*) inaction

απρεπής *επίθ* improper. (*αγενής*)

rude. (*άκοσμος*) indecorous. (*ανάρμοστος*) unseemly

Απρίλης (*ο*) *βλ* **Απρίλιος**

απριλιάτικος *επίθ* April

Απρίλιος (*ο*) April

απρόβλεπτος *επίθ* unforeseen. (*απροσδόκητος*) unexpected

απροειδοποίητος *επίθ* unannounced

απροετοίμαστος *επίθ* unprepared

απροθυμία (*η*) reluctance

απρόθυμος *επίθ* unwilling. (*διστακτικός*) reluctant

απροίκιστος *επίθ* without a dowry. (*χωρίς ταλέντο*) untalented •

απρόοπτος *επίθ* unexpected

απρόσβλητος *επίθ* (*από αρρώστια*) immune. (*επιχείρημα*) irrefutable. (*κάστρο*) unassailable

απροσδόκητος *επίθ* unexpected

απρόσεκτος *επίθ* careless. (*αφηρημένος*) inattentive. (*απερίσκεπτος*) rash

απροσεξία (*η*) inattention. (*αβλεψία*) carelessness

απρόσεχτος *επίθ* *βλ* **απρόσεκτος**

απρόσιτος *επίθ* inaccessible

απρόσκλητος *επίθ* uninvited

απροσποίητος *επίθ* unaffected

απροστάτευτος *επίθ* unprotected

απρόσωπος *επίθ* impersonal. (*χωρίς πρόσωπο*) faceless

απτικός *επίθ* tactile

απτόητος *επίθ* undaunted

απτός *επίθ* palpable. (*απόδειξη*) tangible

απύθμενος *επίθ* bottomless

άπω *επίρρ* far. **η Ά~ Ανατολή** the Far East

απωθητικός *επίθ* repulsive, (*καθομ*) off-putting

απωθώ *ρ μτβ* push back. (*εχθρό*) repulse

απώλει|α (*η*) loss. **~ες** (*οι*) (*στρ*) casualties

απών *επίθ* absent. **~** (*ο*) absentee

απώτερο|ς *επίθ* farther. (*σκοπός*) ulterior. **στο ~ μέλλον** in the distant future

άρα *σύνδ* hence

Άραβας (*ο*) Arab

αραβικός *επίθ* Arabian, Arabic

αραβόσιτος (ο) maize

άραγε ερωτ μόρ I wonder

αράδα (η) (γραμμή) line. (στίχος) verse

αραδιάζω ρ μτβ reel off

αράζω ρ αμτβ anchor

αραιός επιθ sparse. (νερουλός) thin. (σπάνιος) infrequent

αραιωμένος επιθ rarefied

αραιώνω ρ μτβ/ρ αμτβ thin. (μαλλιά) thin out. (τάξη) space out. (υγρό) dilute

αρακάς (ο) fresh peas

αράπης (ο), **~ισσα** (η) Arab

αράχνη (η) spider

αραχνιά (η) cobweb

αρβύλα (η) army boot

αργά επιρρ (σιγά) slowly. (ώρα) late. **~ ή γρήγορα** sooner or later

Αργεντινή (η) Argentina

αργία (η) (γιορτή) holiday. (αποχή από εργασία) idleness. (τιμωρία) suspension

άργιλος (ο) clay

αργκό (το) άκλ slang

αργοκίνητος επιθ slow moving. (νωθρός) sluggish

αργοπορία (η) delay

αργός επιθ slow. (άεργος) idle. **~ πετρέλαιο** (το) crude oil

αργόσχολος επιθ idle

αργότερα επιρρ later on

αργύριο (το) silver coin

άργυρος (ο) silver

αργυρός επιθ silver

αργώ ρ αμτβ (χρονικά) be late. (καθυστερώ) be slow. (δε λειτουργώ) be on holiday. (χασομερώ) take a long time

άρδευση (η) irrigation

Αρειανός (ο), **~ή** (η) Martian

Άρειος Πάγος (ο) the Supreme Court of Justice

αρένα (η) arena. (για ταυρομαχίες) bullring

αρέσκεια (η) liking

αρέσω ρ αμτβ like. **μου ~ει** I like it/him/her. **σ΄ ~ει δε σ΄ ~ει** whether you like it or not

αρετή (η) virtue

Άρης (ο) Mars

αρθρίτιδα (η) arthritis

άρθρο (το) article

αρθρογράφος (ο) columnist

αρθρώνω ρ μτβ/ρ αμτβ articulate

άρθρωση (η) (ανατ) joint. (λέξεων) articulation

αρίθμηση (η) counting. (καταγραφή) numbering

αριθμητική (η) arithmetic

αριθμός (ο) number. (σε κατάλογο) item. (ψηφίο) figures

αριθμώ ρ μτβ number

αριστερά (η) (the) left

αριστερός επιθ left. (πολιτ) left wing. (ναυτ) port. **~ός** (ο) leftist. **~ά** επιρρ left. **προς τα ~ά** to the left, anticlockwise

αριστερόχειρας επιθ left-handed

αριστοκράτης (ο), **~ισσα** (η) aristocrat

αριστοκρατία (η) aristocracy

άριστος επιθ excellent. **παν μέτρον ~ον** everything in moderation

αριστούργημα (το) masterpiece

αρκετός επιθ enough. (ικανοποιητικός) sufficient. **~ά** επιρρ amply, sufficiently

αρκούδα (η) bear

αρκουδάκι (το) bear cub. (παιχνίδι για παιδιά) teddy bear

Αρκτική (η) (the) Arctic

αρκτικός επιθ Arctic

αρκτικόλεξο (το) acronym

αρκώ ρ αμτβ be enough. **~ούμαι** ρ αμτβ make do

αρλούμπα (η) nonsense

άρμα[1] (το) chariot. (γιορταστικό) float. (στρ) tank

άρμα[2] (το) (οπλισμός) weapon

αρμέγω ρ μτβ milk. (μεταφ) milk, fleece

αρμενίζω ρ αμτβ sail

Αρμενία (η) Armenia

Αρμένιος (ο), **~σσα** (η) Armenian

άρμη (η) βλ **άλμη**

αρμόδιος επιθ competent. **~** (ο) the official in charge

αρμοδιότητα (η) (ειδικότητα) competence. (καταλληλότητα) suitability. (νομ) jurisdiction

αρμόζω *ρ μτβ* befit

αρμονία *(η)* harmony. *(μεταφ)* unity

αρμύρα *(η) βλ* **αλμύρα**

αρμυρός *επίθ βλ* **αλμυρός**

αρνάκι *(το)* small lamb

άρνηση *(η)* refusal. *(απόρριψη)* denial

αρνητικ|ός *επίθ* negative. **~ό** *(το) (φωτογραφίας)* negative

αρνί *(το)* lamb

αρνιέμαι *ρ μτβ βλ* **αρνούμαι**

αρνούμαι *ρ μτβ* refuse. *(αποκρούω)* reject. *(απορρίπτω)* deny. *(δε δέχομαι)* decline

άρον *επίρρ* **έφυγε ~ ~** he left in a hurry

άροτρο *(το)* plough

αρουραίος *(ο)* rat

άρπα *(η)* harp

αρπαγή *(η)* snatching. *(απαγωγή)* abduction. *(σφετερισμός)* looting

αρπάζ|ω *ρ μτβ (αδράχνω)* grab. *(αρρώστια)* catch. *(ευκαιρία)* seize on. *(με τη βία)* snatch. **~ομαι** *ρ αμτβ (οργίζομαι)* lose one's temper. *(συμπλέκομαι)* come to blows. **~ομαι από** grasp, grab hold of

αρπακτικ|ός *επίθ* grasping. **~ ζώο** *(το)* predator

αρραβώνα *(η)* wedding ring. **~ς** *(ο)* engagement

αρραβωνιάζομαι *ρ αμτβ* get engaged

αρραβωνιαστικ|ιά *(η)* fiancée. **~ός** *(ο)* fiancé

αρρενωπός *επίθ* virile

αρρωσταίνω *ρ αμτβ* sicken

αρρωστημένος *επίθ* diseased

αρρώστια *(η)* illness, sickness. *(ελαφρά)* ailment

άρρωστο|ς *επίθ* ill. **~ς** *(ο)* patient

αρρωστώ *ρ αμτβ βλ* **αρρωσταίνω**

αρσενικό *(το)* arsenic

αρσενικός *επίθ* masculine

άρση *(η)* lifting. *(απομάκρυνση)* removal. **~ βαρών** *(η)* weight-lifting

αρτηρία *(η)* artery. *(δρόμος) (η)* thoroughfare. *(οδική)* trunk-road. *(συγκοινωνιακή)* arterial road

αρτοποιείο *(το)* bakery *(where bread is made)*. **~ός** *(ο)* baker

αρτοπωλείο *(το)* bakery *(where bread is sold)*

άρτος *(ο) (εκκλ)* host

αρχάγγελος *(ο)* archangel

αρχαϊκός *επίθ* archaic

αρχαιολογία *(η)* archaeology

αρχαιολόγος *(ο, η)* archaeologist

αρχαιοπώλ|ης *(ο)*, **~ις** *(η)* antiques dealer

αρχαί|ος *επίθ* antique. *(ελληνικής κλασσικής εποχής)* ancient. *(μεταφ)* out-of-date. **~α** *(τα)* ancient monuments

αρχαιότητα *(η)* antiquity. *(στην ιεραρχία)* seniority

αρχάριος *(ο)* beginner

αρχείο *(το)* file. *(συλλογή)* archive

αρχειοθετώ *ρ μτβ* file *(papers)*

αρχειοθήκη *(η)* filing cabinet

αρχέτυπο *(το)* archetype

αρχή¹ *(η)* beginning. *(αρρώστιας)* onset. *(έναρξη)* start

αρχή² *(η) (ηθικός κανόνας)* principle. *(εξουσία)* authority. *(γνώμη)* tenet

αρχηγείο *(το) (στρ)* headquarters

αρχηγός *(ο)* leader. *(αστυνομίας, ενόπλων δυνάμεων)* commander. *(κράτους)* head of state. *(στασιαστών)* ringleader. *(φυλής)* chief

αρχιεπίσκοπος *(ο)* archbishop

αρχιεργάτης *(ο)* foreman

αρχίζω *ρ μτβ/ρ αμτβ* begin, start. *(επιχείρηση)* set up. *(καταπιάνομαι)* set about. *(ξεκινώ)* set off. *(συζήτηση)* embark on

αρχικό *(το)* initial

αρχικός *επίθ* initial. *(πρώτος)* original

αρχιπέλαγος *(το)* archipelago

αρχιτέκτονας *(ο)* architect

αρχιτεκτονική *(η)* architecture

άρχοντας *(ο) (ευγενής)* nobleman, lord. *(κυβερνήτης)* ruler. *(πλούσιος)* rich man

αρχοντιά *(η)* nobility

αρχόντισσα *(η)* noblewoman

αρχοντικ|ός *επίθ* lordly, distinguished. **~** *(το)* mansion

αρωγή *(η)* succour

άρωμα *(το)* perfume. *(τρόφιμα)*

flavouring. (*λουλουδιών*) aroma
αρωματίζω *ρ μτβ* scent. (*τρόφιμα*) flavour
αρωματικό|ς *επίθ* aromatic. **~ σακουλάκι** (*το*) pomander
ας *μόριο* let. **~ πάμε** let's go. (*ευχή*) I wish. **~ είχα αυτοκίνητο** I wish I had a car. **~ μπορούσα** if only I could
ασανσέρ (*το*) *άκλ* lift, (*αμερ*) elevator
ασαφής *επίθ* unclear. (*απροσδιόριστος*) vague
ασβέστης (*ο*) lime
ασβέστιο (*το*) calcium
ασβεστώνω *ρ μτβ* whitewash
ασβός (*ο*) badger
ασεβής *επίθ* irreverent
ασελγής *επίθ* lewd
άσεμνος *επίθ* immodest. (*απρεπής*) indecent. (*αισχρός*) bawdy
ασήμαντος *επίθ* trivial
ασημένιος *επίθ* silver
ασήμι (*το*) silver. (*κράμα με τουλάχιστον 92,5%*) sterling silver
ασημικά (*τα*) silverware
άσημος *επίθ* (*άγνωστος*) obscure. (*αφανής*) unknown
ασθένεια (*η*) (*έλλειψη δυνάμεως*) weakness. (*νόσος*) disease
ασθενικός *επίθ* frail
ασθενής (*ο, η*) patient. (*σε εξωτερικά ιατρεία*) out-patient
ασθενοφόρο (*το*) ambulance
άσθμα (*το*) asthma
ασθμαίνω *ρ αμτβ* wheeze
Ασία (*η*) Asia
Ασιάτ|ης (*ο*), **~ισσα** (*η*) Asian
ασιατικός *επίθ* Asian
ασκήμια (*η*) ugliness
άσκηση (*η*) (*γραπτή, προφορική*) exercise. (*επιβολή*) exertion. (*θεωρίας*) practice. (*στρ*) drill
ασκητής (*ο*), **ασκήτρια** (*η*) hermit
ασκητικός *επίθ* ascetic
άσκοπος *επίθ* pointless
ασκ|ώ *ρ μτβ* exercise. (*δύναμη*) wield. (*επάγγελμα*) practise. (*επιβάλλω*) exert. **~ούμαι** *ρ αμτβ* exercise. (*στρ*) drill
άσμα (*το*) (*αρχ*) song. (*εκκλ*) chant
άσος (*ο*) ace

ασπασμός (*ο*) (*αρχ*) kiss
ασπίδα (*η*) shield
άσπιλος *επίθ* spotless
ασπιρίνη (*η*) aspirin
ασπλαχνία (*η*) ruthlessness
άσπλαχνος *επίθ* pitiless
άσπονδος *επίθ* sworn (*enemy*)
ασπόνδυλος *επίθ* invertebrate. (*μεταφ*) spineless
ασπράδ|α (*η*) whiteness. **~ι** (*το*) egg-white
ασπρίζω *ρ μτβ* blanch. (*ρούχα*) bleach. (*τοίχους*) whitewash. **~** *ρ αμτβ* turn white. (*ξεθωριάζω*) fade. (*μεταφ*) grow old and grey
ασπρομάλλης *επίθ* with white hair
ασπροπρόσωπο|ς *επίθ* **βγαίνω ~ς** be a credit to
ασπρόρουχα (*τα*) underwear
άσπρ|ος *επίθ* white. **~ο** (*το*) (*χρώμα*) white
αστάθεια (*η*) instability
ασταθής *επίθ* unstable. (*άνθρωπος*) erratic. (*βήματα*) unsteady. (*εραστής, γυναίκα*) fickle. (*καιρός*) unsettled
αστακός (*ο*) lobster
ασταμάτητος *επίθ* non-stop. (*δεν μπορεί να σταματήσει*) unstoppable
άστατος *επίθ* fickle. (*άνθρωπος*) volatile
άστεγος *επίθ* homeless
αστειεύομαι *ρ αμτβ* joke. (*δε μιλώ σοβαρά*) jest. (*πειράζω*) kid
αστειολογώ *ρ αμτβ βλ* **αστειεύομαι**
αστεί|ος *επίθ* funny. (*ασήμαντος*) laughable. (*κωμικός*) comical. **~ο** (*το*) joke
αστείρευτος *επίθ* inexhaustible
αστέρας (*ο*) star. (*θέατρου, κινηματ*) film star
αστέρι (*το*) star
αστερίας (*ο*) starfish
αστερίσκος (*ο*) asterisk
αστερισμός (*ο*) constellation
αστεροσκοπείο (*το*) observatory
αστήρικτος *επίθ* unsupported. (*αβάσιμος*) unfounded
αστιγματισμός (*ο*) astigmatism
αστικ|ός *επίθ* urban. **~ός κώδικας** Civil Code. **~ή τάξη** (*η*) middle-class

αστοιχείωτος *επίθ* ignorant. (*αγράμματος*) illiterate

αστ|ός (*ο*), ~ή (*η*) οι ~οί townspeople

άστοχος *επίθ* unsuccessful (*in its aim*). (*μεταφ*) rash

αστοχώ *ρ αμτβ* miss. (*λησμονώ*) forget. (*σφάλλω*) be wrong

αστράγαλος (*ο*) ankle

αστραπή (*η*) lightning

αστραπιαίος *επίθ* like lightning

αστραποβολώ *ρ αμτβ* sparkle

αστρά|φτω *ρ μτβ* give suddenly. • *ρ αμτβ* (*λαμποκοπώ*) sparkle. ~φτει και βροντά there's thunder and lightning

άστρο (*το*) star

αστρολογία (*η*) astrology

αστρολόγος (*ο*, *η*) astrologer

αστροναύτ]ης (*η*), ~ις (*ο*) astronaut

αστρονομία (*η*) astronomy

αστρονόμος (*ο*, *η*) astronomer

αστροπελέκι (*το*) thunderbolt

άστρωτος *επίθ* (*κρεββάτι*) not made. (*δρόμος*) unmetalled. (*τραπέζι*) not laid

αστυνομία (*η*) police

αστυνομικίνα (*η*) policewoman

αστυνομικός (*ο*) policeman

αστυνομικός *επίθ* police

ασυγκίνητος *επίθ* unmoved

ασυγκράτητος *επίθ* unrestrained. (*ακράτητος*) irrepressible

ασύγκριτος *επίθ* incomparable. (*μοναδικός*) unrivalled

ασυγύριστος (*επίθ*) untidy

ασυγχώρητος *επίθ* unforgivable. (*ανεπίτρεπτος*) inexcusable

ασυλία (*η*) immunity

ασύλληπτος *επίθ* not arrested. (*ιδέα*) elusive

ασυλλόγιστος *επίθ* thoughtless

άσυλο (*το*) asylum. (*καταφύγιο*) sanctuary

ασυμβίβαστος *επίθ* (*δε συμβιβάζεται*) incompatible. (*δεν ταιριάζει*) irreconcilable

ασυμμετρία (*η*) asymmetry

ασυμπάθιστος *επίθ* unlikeable

ασυμπλήρωτος *επίθ* incomplete. (*έντυπο*) blank

ασύμφορος *επίθ* inexpedient. (*επιζήμιος*) uneconomic

ασυμφωνία (*η*) disagreement. (*διαφορά*) discrepancy. (*χαρακτήρων*) incompatibility

ασυναγώνιστος *επίθ* unrivalled. (*τιμές*) competitive

ασυναίσθητος *επίθ* unwitting

ασυναρτησία (*η*) incoherence

ασυνάρτητος *επίθ* rambling. (*ομιλία*) incoherent

ασύνδετος *επίθ* disjointed. (*χωρίς ειρμό*) desultory

ασυνείδητος *επίθ* unscrupulous

ασυνέπεια (*η*) (*έλλειψη συνέπειας*) unreliability. (*ασυμφωνία*) inconsistency

ασυνεπής *επίθ* unreliable. (*ανακόλουθος*) inconsistent

ασύνετος *επίθ* imprudent. (*απερίσκεπτος*) unwise

ασυνήθιστος *επίθ* unaccustomed. (*ασύνηθης*) unusual

ασυνόδευτος *επίθ* unaccompanied

ασυντόνιστος *επίθ* uncoordinated

ασύρματος (*ο*) wireless

ασύστολος *επίθ* impudent

άσφαιρος *επίθ* (*όπλο*) blank

ασφάλεια (*η*) (*έλλειψη κινδύνου*) safety. (*ηλεκτρ*) fuse. (*σύμβαση*) insurance. (*τάξη*) security

ασφαλειοθήκη (*η*) fuse-box

ασφαλ|ής *επίθ* safe. (*βάσιμος*) reliable. (*χωρίς κίνδυνο*) secure. ~ώς *επίρρ* surely

ασφαλίζω *ρ μτβ* (*προφυλάγω*) secure. (*συνάπτω σύμβαση*) insure

ασφαλιστή]ριο (*το*) insurance policy. ~ς (*ο*) insurer

ασφάλιστρο (*το*) insurance premium

άσφαλτος (*η*) asphalt

ασφυκτικός *επίθ* suffocating. (*ατμόσφαιρα*) oppressive. (*θερμοκρασία*) stifling

ασφυξία (*η*) asphyxiation. (*δυσφορία*) suffocation

άσχετ|ος *επίθ* irrelevant. ~α *επίρρ* regardless of

ασχημία (*η*) *βλ* ασκήμια. (*απρέπεια*) indecency. (*άσχημη θέα*) eyesore

άσχημ|ος επίθ ugly. (αρρώστια) serious. (λάθος) grave. (μυρωδιά) foul. (ντύσιμο) plain. (συμπεριφορά) unseemly. **~α** επίρρ badly. **αισθάνομαι ~α** feel bad

ασχολία (η) pursuit

ασχολούμαι ρ αμτβ **~ με** pursue. (επαγγέλλομαι) be engaged in. (καταπιάνομαι) deal with

άσωτος επίθ (ακόλαστος) dissolute. (σπάταλος) inexhaustible

αταίριαστος επίθ incompatible. (ανάρμοστος) inappropriate

ατακτοποίητος επίθ untidy. (λογαριασμός) unsettled. (πρόσωπο) who has not found employment

άτακτος επίθ (απείθαρχος) naughty. (χωρίς τάξη) disorderly. (στρ) irregular

αταξία (η) (ακαταστασία) irregularity. (απειθαρχία) naughtiness. (έλλειψη τάξης) disarray

αταραξία (η) equanimity. (ψυχραιμία) composure

ατάραχος επίθ imperturbable. (ψύχραιμος) cool

άτεκνος επίθ childless

ατέλεια (η) imperfection. (από δασμό) exception

ατέλειωτος επίθ endless. (ανεξάντλητος) unending. (ασυμπλήρωτος) unfinished

ατελής επίθ imperfect

ατενίζω ρ μτβ gaze. (αποβλέπω) aim at

ατζαμής (ο) beginner. (αδέξιος) clumsy oaf

ατίθασος επίθ untamed. (άνθρωπος) intractable

ατιμάζω ρ μτβ dishonour. (βιάζω) ravish

ατιμία (η) (ντροπή) dishonour. (πράξη) infamy

άτιμος επίθ dishonourable

ατίμωση (η) dishonour. (ντρόπιασμα) ignominy

ατλάζι (το) satin

άτλαντας (ο) atlas

Ατλαντίδα (η) Atlantis

ατλαντικός επίθ Atlantic. **ο Α~ Ωκεανός** the Atlantic (Ocean)

ατμάκατος (η) motor launch

ατμοκίνητος επίθ steam-powered

ατμομηχανή (η) steam-engine

ατμόπλοιο (το) steamship, steamboat, steamer

ατμός (ο) steam. (από εξαέρωση υγρού) vapour

ατμόσφαιρα (η) atmosphere. (περιβάλλον) air

ατμοσφαιρικός επίθ atmospheric

άτοκος επίθ interest-free

άτολμος επίθ timid. (δειλός) faint-hearted

ατομικός επίθ individual. (φυσ) atomic

ατομικότητα (η) individuality

άτομο (το) individual. (πρόσωπο) person. (φυσ) atom

ατονία (η) languor

άτονος επίθ (λέξη) unaccented, unstressed. (χωρίς ένταση) languid. (χωρίς ζωντάνια) flat

ατονώ ρ αμτβ slacken (off)

άτοπος επίθ out of place

ατού (το) άκλ trump. (πλεονέκτημα) asset

ατόφιος επίθ (ολόιδιος) spitting image (of). (χρυσάφι) solid

ατρόμητος επίθ intrepid

ατροφία (η) atrophy

άτρωτος επίθ invulnerable

ατσαλένιος επίθ steel

ατσάλι (το) steel

ατσίδας (ο) shrewd person

ατύχημα (το) (δυστύχημα) accident. (πάθημα) mishap

ατυχ|ής επίθ unfortunate. (περίπτωση) regrettable. **~ία** (η) bad luck, misfortune. (ατύχημα) adversity

άτυχος επίθ unfortunate, unlucky. (δύστυχος) hapless. (ενέργεια) ill-fated

αυγερινός (ο) morning star

αυγή (η) dawn

αυγό (το) βλ **αβγό**

Αύγουστος (ο) August

αυθάδ|εια (η) impudence. **~ης** επίθ impudent

αυθαίρετος επίθ arbitrary

αυθεντικός επίθ authentic

αυθημερόν επίρρ on the same day

αυθόρμητος *επίθ* spontaneous, impulsive. *(που προσφέρεται)* unsolicited

αυθυποβολή *(η)* autosuggestion

αυλαία *(η)* *(θέατρ)* curtain.

αυλάκι *(το)* *(για σπορά)* furrow. *(ρυάκι)* ditch

αυλακωτός *επίθ* grooved, fluted

αυλή *(η)* courtyard. *(αγροικίας)* farmyard. *(βασιλική)* court. *(σπιτιού)* yard. *(σχολείου)* playground. *(τετράγωνη)* quadrangle

αυλικός *(ο)* courtier

αυλόγυρος *(ο)* churchyard

αυλός *(ο)* *(μηχ)* tube. *(μουσ)* pipe

άυλος *επίθ* immaterial. *(μεταφ)* ethereal

αυνανισμός *(ο)* masturbation

αυξάν|ω *ρ μτβ* increase. *(εισόδημα)* augment. *(έλεγχο)* tighten. *(μισθό)* raise. *(σταδιακά)* step up. *(τιμή)* put up. *(ταχύτητα)* put on, increase. **~ομαι** *ρ αμτβ* increase. *(με γοργό ρυθμό)* mushroom. *(σε μέγεθος)* grow. *(τιμές)* rise

αύξηση *(η)* increase. *(μισθού)* rise, *(αμερ)* raise. *(ανάπτυξη)* growth

αυξομείωση *(η)* rise and fall, fluctuation

άυξων *επίθ* increasing

αϋπνία *(η)* insomnia

άυπνος *επίθ* sleepless

αυριανός *επίθ* tomorrow's

αύριο *επίρρ* tomorrow. **~** *(το)* tomorrow. *(μέλλον)* future

αυστηρός *επίθ* severe. *(άκαμπτος)* rigorous. *(έλεγχος)* tight. *(ηθικός)* strict. *(λιτός)* austere. *(σκληρός)* stern. *(σταθερός)* firm

αυστηρότητα *(η)* severity. *(ηθική)* strictness. *(λιτότητα)* austerity. *(σταθερότητα)* firmness

Αυστραλία *(η)* Australia

αυστραλ|ιανός *επίθ* Australian. **Α~ός** *(ο)*, **Α~έζα** *(η)* Australian

Αυστρία *(η)* Austria

αυστριακός *επίθ* Austrian

αυταπάρνηση *(η)* self-denial

αυταπάτη *(η)* delusion. *(πραγματικότητας)* illusion

αυταρέσκεια *(η)* smugness

αυτάρεσκος *επίθ* smug, self-satisfied

αυτάρκης *επίθ* self-sufficient

αυταρχικός *επίθ* authoritarian

αυτή *αντων* she. *βλ* **αυτός**

αυτί *(το)* *βλ* **αφτί**

αυτιστικός *επίθ* autistic

αυτό *αντων* it. *βλ* **αυτός**

αυτο- self-

αυτοβιογραφία *(η)* autobiography

αυτόγραφ|ος *επίθ* handwritten. **~ο** *(το)* autograph

αυτοδημιούργητος *επίθ* self-made

αυτοδιάθεση *(η)* self-determination

αυτοδιοίκηση *(η)* home rule

αυτοέλεγχος *(ο)* self-control

αυτοθυσία *(η)* self-sacrifice

αυτοί *αντων βλ* **αυτός**

αυτοκινητιστής *(ο)* motorist

αυτοκίνητο *(το)* car, *(αμερ)* automobile

αυτοκινητόδρομος *(ο)* motorway, *(αμερ)* freeway

αυτοκόλλητο|ς *επίθ* self-adhesive. **~** *(το)* sticker

αυτοκράτειρα *(η)* empress

αυτοκράτορας *(ο)* emperor

αυτοκρατορία *(η)* empire

αυτοκριτική *(η)* self-criticism

αυτοκτονία *(η)* suicide

αυτοκτονώ *ρ αμτβ* commit suicide

αυτοκυριαρχία *(η)* self-control

αυτολεξεί *επίρρ* verbatim, word for word

αυτοματοπ|οίηση *(η)* automation. **~οιώ** *ρ μτβ* automate

αυτόματ|ος *επίθ* automatic. **~ο** *(το)* automaton

αυτονόητος *επίθ* self-evident

αυτονομία *(η)* autonomy

αυτόνομος *επίθ* autonomous

αυτοπαθής *επίθ* *(γραμμ)* reflexive

αυτοπειθαρχία *(η)* self discipline

αυτοπεποίθηση *(η)* self-assurance, self-confidence

αυτοπροσώπως *επίρρ* in person

αυτόπτης *επίθ* **~ μάρτυς** *(ο, η)* eyewitness

αυτό|ς *προσ αντων* he. *δεικτ αντων* this. **~ς και ο φίλος του** he and his friend. **μ' ~ το αυτοκίνητο**

θα πάμε we are going in this car. **~ ήταν!** that's it! **~ που σου λέω** listen to me

αυτοσυγκέντρωση (η) meditation

αυτοσυνείδηση (η) self-consciousness

αυτοσυντήρηση (η) self-preservation

αυτοσχεδι|άζω ρ μτβ/ρ αμτβ improvise. **~ιασμός** (ο) improvisation

αυτοσχέδιος επίθ improvised, impromptu

αυτοτελής επίθ self-sufficient. (πλήρης) self-contained

αυτουργός επίθ perpetrator

αυτούσιος επίθ intact

αυτόφωρος επίθ **τον έπιασαν επ´ αυτοφώρω** he was caught in the act

αυτόχειρας (ο) suicide (person)

αυτοψία (η) postmortem (examination)

αυχένας (ο) nape

αφάγωτος επίθ untouched (food). **είμαι ~** I haven't eaten anything

αφαίμαξη (η) blood letting. (μεταφ) drain

αφαίρεση (η) deduction. (μαθημ) subtraction

αφαιρ|ώ ρ μτβ deduct. (αποσπώ) extract. (βγάζω) remove. (μαθημ) subtract. **~ούμαι** ρ αμτβ be absent-minded

αφαλός (ο) navel

αφάνεια (η) obscurity

αφανής επίθ obscure

αφανίζ|ω ρ μτβ cause to vanish. (εξοντώνω) exterminate. (καταστρέφω) ruin. **~ομαι** ρ αμτβ disappear

αφάνταστος επίθ unimaginable. (μεγάλος) tremendous

άφαντος επίθ **έγινε ~** he vanished

αφασία (η) aphasia

αφέλεια (η) naivety

αφελής επίθ naive. (εύπιστος) gullible

αφενός επίρρ on the one hand

αφέντ|ης (ο) lord. (κύριος) master. **~ισσα** (η) mistress

αφεντικό (το) master. (στη δουλειά) boss

αφερέγγυος επίθ insolvent

άφεση (η) (από το στρατό) discharge. **~ αμαρτιών** absolution

αφετέρου επίρρ on the other hand

αφετηρία (η) starting-point. (μεταφ) beginning

αφή (η) touch

αφήγη|μα (το) narrative. **~ση** (η) narration

αφηγ|ητής (ο), **~ήτρια** (η) narrator. (ιστοριούλας) story-teller

αφηγούμαι ρ μτβ relate. (διηγούμαι) narrate

αφηνιάζω ρ αμτβ (άλογο) bolt. (από θυμό) fly into a rage

αφήνω ρ μτβ let, leave. (δουλειά) quit. (εγκαταλείπω) abandon. (επιτρέπω) allow. (χαρίζω) leave

αφηρημάδα (η) absent-mindedness

αφηρημένος επίθ absent-minded. (τέχνη) abstract

αφθονία (η) abundance. (απροσδόκητη) bonanza. (πληροφοριών) wealth

άφθονος επίθ abundant. (πολύς) plentiful

αφιέρωμα (το) offering. (σε περιοδικό) special issue. (τιμή) tribute

αφιερώνω ρ μτβ dedicate. (σε προσπάθεια) devote

αφιέρωση (η) dedication

αφιλοκερδής επίθ disinterested in personal gain

αφιλότιμος επίθ not diligent. **~** (ο) scoundrel

άφιξη (η) arrival. **αφίξεις** (οι) (αεροπ) arrivals

αφίσα (η) poster

άφοβος επίθ fearless

αφομοιώνω ρ μτβ assimilate

αφομοίωση (η) assimilation

αφοπλίζω ρ μτβ disarm. (βόμβα) defuse. (μεταφ) disarm

αφοπλισμός (ο) disarmament

αφορίζω ρ μτβ excommunicate

αφορισμός (ο) aphorism. (εκκλ) excommunication

αφορμή (η) excuse

αφορολόγητ|ος επίθ tax-free. **~α** (τα) duty-free goods

αφορ|ώ *ρ μτβ/ρ αμτβ* concern.
  όσον ~ά (σε) concerning. **δε με ~ά** it is no concern of mine
αφοσιωμένος *επίθ* devoted. (*οπαδός*) staunch. (*πιστός*) loyal
αφοσιώνομαι *ρ μτβ* devote o.s.
αφοσίωση (*η*) devotion. (*πίστη*) loyalty. (*προσήλωση*) dedication. (*σε έργο*) commitment
αφότου *σύνδ* since
αφού *σύνδ* (*μετά*) after. (*επειδή*) since
αφράτος *επίθ* soft and white
αφρίζω *ρ αμτβ* foam. (*ποτό*) fizz. (*στο στόμα*) froth
αφρικανικός *επίθ* African
Αφρικαν|ός (*ο*), **Α~ή** (*η*) African
αφρόγαλα (*το*) cream (*on the surface of milk*)
αφροδισιακός *επίθ* aphrodisiac
αφροδίσιος *επίθ* venereal
Αφροδίτη (*η*) Aphrodite, Venus
αφρόλουτρο (*το*) bubble bath
αφρόντιστος *επίθ* not cared for
αφρός (*ο*) foam. (*για τα μαλλιά*) (styling) mousse. (*θάλασσας*) spume. (*κυμάτων*) surf. (*μετάλλου*) dross. (*στόμα, υγρό*) froth
αφρώδης *επίθ* bubbly. (*κρασί*) sparkling
αφτί (*το*) ear
αφυδάτωση (*η*) dehydration
αφυπνίζω *ρ μτβ* awaken
αφύπνιση (*η*) awakening
αφύσικος *επίθ* unnatural. (*τρόπος*) affected. (*τερατώδης*) freakish
άφωνος *επίθ* speechless
αφώτιστος *επίθ* not illuminated. (*μεταφ*) unenlightened
αχ *επιφών* oh. (*επιθυμία*) if only. **με το ~ και το βαχ τίποτα δε γίνεται** it's no good just sighing
αχαμνά (*τα*) groin
αχανής *επίθ* immense
αχαρακτήριστος *επίθ* outrageous
αχαριστία (*η*) ingratitude
αχάριστος *επίθ* ungrateful. (*ανιαρός*) thankless
άχαρος *επίθ* ungainly. (*ρούχα*) drab
αχθοφόρος (*ο*) porter (*for luggage*)
αχιβάδα (*η*) clam
αχίλλειος *επίθ* of Achilles

αχινός (*ο*) sea-urchin
αχλάδι (*το*) pear
αχλαδιά (*η*) pear tree
άχνα (*η*) (*ατμός*) vapour. (*ήχος*) sound
αχνάρι (*το*) footprint
άχνη (*η*) fine powder. **ζάχαρη ~** (*η*) icing sugar
αχνιστός *επίθ* steaming
αχόρταγος *επίθ* insatiable
αχούρι (*το*) stable. (*μεταφ*) hole
αχρείος *επίθ* wretched. **~** (*ο*) rascal
αχρηστεύω *ρ μτβ* render useless
άχρηστος *επίθ* useless. (*άνθρωπος*) good-for-nothing
άχρονος *επίθ* timeless
άχρωμος *επίθ* colourless
αχτένιστος *επίθ* dishevelled
άχτι (*το*) *άκλ* grudge
αχτίδα (*η*) (*φωτός*) shaft (*of light*). (*μεταφ*) gleam (*of hope*)
άχυρο (*το*) straw
αχυρώνας (*ο*) hayloft
αχώνευτος *επίθ* indigestible
αχώριστος *επίθ* inseparable
άψε σβήσε *επίρρ* **στο ~** in the twinkle of an eye
αψηφώ *ρ μτβ* (*κανονισμούς*) flout. (*πρόσωπο*) defy
αψίδα (*η*) arch
αψιμαχία (*η*) skirmish
άψογος *επίθ* immaculate
αψύς *επίθ* (*στη γεύση*) sharp
άψυχος *επίθ* lifeless. (*πράγμα*) inanimate
άωτον (*το*) **το άκρον ~ της ευγένειας** the height of good manners

Bβ

βαβουίνος (*ο*) baboon
βαβυλωνία (*η*) bedlam
βάγια¹ (*η*) (wet) nurse
βάγια² (*τα*) palm branches
βαγόνι (*το*) (*σιδηρ*) carriage
βαδίζω *ρ αμτβ* step. (*με μεγάλες*

δρασκελιές stride. *(περήφανα)*
strut. *(σε γραμμή)* file. *(στρ)* march
βάδισμα *(το)* step *(walk)*. *(στρ)*
march
βαζελίνη *(η)* vaseline
βάζο *(το)* jar. *(ανθοδοχείο)* vase
βάζω *ρ μτβ* put. *(ρολόι)* set *(clock
etc.)*. *(ρούχα)* put on. **~ κπ να
κάνει** get s.o. to do. **~ τα δυνατά
μου** try my best. **~ τις φωνές σε**
shout at
βαθαίνω *ρ μτβ/ρ αμτβ* deepen
βαθμηδόν *επίρρ* by stages
βαθμιαίος *επίθ* gradual
βαθμίδα *(η)* *(σκάλα)* step. *(σε
κλίμακα αξιών)* rung
βαθμολογία *(η)* marking. *(βαθμός)*
marks
βαθμολόγιο *(το)* register, mark
book
βαθμολογώ *ρ μτβ* *(σχολ)* mark.
(κατατάσσω) grade
βαθμός *(ο)* mark. *(γραμμ)* degree.
(σε ιεραρχία) grade. *(στρ)* rank
βάθος *(το)* depth. *(φόντο)*
background
βαθούλωμα *(το)* hollow. *(σε
έλασμα)* dent. *(στο έδαφος)*
depression
βαθουλώνω *ρ μτβ* hollow. *(μετά
από χτύπημα)* dent. • *ρ αμτβ* sag
βάθρο *(το)* pedestal
βαθ|ύς *επίθ* deep. *(βαθυστόχαστος)*
profound. *(ντεκολτέ)* plunging.
(ύπνος) heavy. **~ιά** *επίρρ* deeply,
profoundly
βακτηρίδια *(τα)* bacteria
Βάκχος *(ο)* Bacchus
βαλανίδι *(το)* acorn
βαλανιδιά *(η)* oak (tree)
βαλβίδα *(η)* valve
βαλές *(ο)* *(χαρτιά)* jack
βαλίτσα *(η)* suitcase
Βαλκάνια *(τα)* Balkans
βαλλιστική *(η)* ballistics
βάλλω *ρ μτβ* *(ρίχνω)* throw.
(εκτοξεύω) hurl. *(πυροβολώ)* shoot
βαλς *(το)* *άκλ* waltz
βάλσαμο *(το)* balm. *(μεταφ)* balsam
βαλσαμώνω *ρ μτβ* embalm
βάλτος *(ο)* marsh
βαλτός *επίθ* planted *(to incriminate)*

βαμβάκι *(το)* cotton. *(φαρμακείου)*
cotton wool
βαμμένος *επίθ* dyed. *(τοίχος)*
painted
βάναυσος *επίθ* rough (person)
βανδαλισμός *(ο)* vandalism
βάνδαλος *(ο, η)* vandal
βανίλια *(η)* vanilla
βαπόρι *(το)* steam boat. **γίνομαι
~** hit the roof
βάραθρο *(το)* chasm
βαραίνω *ρ αμτβ* gain weight.
(γνώμη) carry weight *(ενοχλώ)*
weigh down. • *ρ μτβ* *(στομάχι)* lie
heavy on
βάρβαρος *επίθ* barbarous. **~** *(ο)*
barbarian
βαρβαρότητα *(η)* barbarity
βαρβάτος *επίθ* virile
βαρβιτουρικό *(το)* barbiturate
βάρδια *(η)* *(εργάτες)* shift. *(περίοδος
καθήκοντος)* watch. *(φρουρά)*
guard
βαρεία *(η)* grave accent
βαρελάκι *(το)* keg. **~α** *(τα)* leap-
frog
βαρέλι *(το)* barrel. *(ανοιχτό)* tub.
(μπίρας) cask. *(πετρελαίου)* drum.
σαν το ~ tubby
βαρετός *επίθ* heavy, boring
βαρήκοος *επίθ* hard of hearing
βαριά¹ *(η)* sledge-hammer
βαριά² *επίθ βλ* **βαρύς**
βαρίδι *(το)* *(ζυγαριάς)* weight.
(πετονιάς) sinker
βαριέ|μαι *ρ μτβ* be tired of. • *ρ αμτβ*
be fed up. *(πλήττω)* be bored. **δε
~σαι** never mind
βάριο *(το)* barium
βάρκα *(η)* boat. *(κωπηλασίας)*
rowing-boat. *(με πανιά)* sailing-
boat
βαρκά|δα *(η)* boat trip. **~ρης** *(ο)*
boatman
βαρκούλα *(η)* small boat
βαρόμετρο *(το)* barometer
βαρόνος *(ο)* baron
βάρος *(το)* weight. *(μεταφ)* burden.
(φορτίο) load
βαρούλκο *(το)* winch
βαρύθυμος *επίθ* sullen
βαρύς *επίθ* heavy. *(ατμόσφαιρα)*

close. (ποινή) harsh. (σφάλμα) serious. (φαγητό) stodgy. (χειμώνας) hard

βαρυσήμαντος επίθ momentous

βαρυστομαχιά (η) indigestion

βαρύτονος (ο) baritone

βαρώ ρ μτβ (δέρνω) beat. (ηχώ) sound. (πληγώνω) hit

βασανίζ|ω ρ μτβ torture. (εξετάζω) scrutinize. (σκέψη) haunt. (μεταφ) torment. **~ομαι** ρ αμτβ agonize

βασανιστήριο (το) torture

βάσανο (το) torment

βάση (η) (αρχή) basis. (έδρα) plinth. (στήριγμα) base

βασίζ|ω ρ μτβ base. **~ομαι (σε)** ρ αμτβ rely (on)

βασικ|ός επίθ basic. (τροφή) staple. **~ά** επίρρ basically

βασιλεία (η) (περίοδος) reign. (πολίτευμα) monarchy

βασίλειο (το) realm. (χώρα) kingdom

βασιλεύω ρ αμτβ (βασιλιάς) reign. (ήλιος) set

βασιλ|έας (ο), **~ιάς** (ο) king

βασιλική (η) (κτίριο) basilica

βασιλικός¹ (ο) basil

βασιλικός² επίθ regal

βασίλισσα (η) queen

βασιλομήτωρ (η) queen mother

βασιλόπιτα (η) special cake for 1st January

βασιλόφρων (ο, η) royalist

βάσιμος επίθ (λόγος) sound. (πληροφορίες) reliable. (υποψίες) well-founded

βαστώ ρ μτβ hold. (ανέχομαι) bear. (στηρίζω) support ρ αμτβ (αντέχω) bear up. (διαρκεί) last

βατ (το) άκλ watt

βάτα (η) wadding. (στους ώμους) pad

βατόμουρο (το) blackberry

βάτος (ο) bramble

βατραχάνθρωπος (ο) frogman

βατραχοπέδιλο (το) flipper (for swimming)

βάτραχος (ο) frog. (φρύνος) toad

βαφή (η) dye. (για παπούτσια) polish

βαφτίζω ρ μτβ baptize. (δίνω όνομα) christen

βάφτισμα (το) christening. (βύθισμα στο νερό) baptism

βαφτιστήρι (το) godchild

βάφω ρ μτβ paint. (μέταλλο) temper

βάψιμο (το) painting (applying paint)

βγάζω ρ μτβ (αναστεναγμό) heave. (δόντι) take out. (λεκέ) remove. (δίνω όνομα) dub. (ρούχα) take off. (το καπέλο) raise. (φρύδια) pluck. (φωνή) give. (φωτογραφία) take. (χέρι, πόδι) dislocate. • ρ αμτβ (δρόμος) lead. **~ λόγο** make a speech. **δεν τα ~ πέρα** I can't cope

βγαίνω ρ μτβ go out. (εξέρχομαι) come off. (για λίγο) pop out. (κρυφά) sneak out. (λεκές) come out. (σε εκλογές) be elected

βδέλλα (η) leech

βδομάδα (η) βλ **εβδομάδα**

βέβαι|ος επίθ certain. (βάσιμος) sure. (πεπεισμένος) confident. **~α** επίρρ of course, certainly. **~α!** sure!

βεβαίως επίρρ certainly

βεβαιότητα (η) certainty

βεβαιών|ω ρ μτβ confirm. (διαβεβαιώ) assure. (έγγραφο) certify. (επιβεβαιώνω) affirm. (τη λήψη επιστολής) acknowledge. **~ομαι** ρ αμτβ make certain

βεβαίωση (η) confirmation. (διαβεβαίωση) assurance. (πιστοποίηση) certification

βεβήλωση (η) desecration

βεβιασμένος επίθ rash. (χαμόγελο) forced

βεδουΐνος (ο) Bedouin

βελάζω ρ αμτβ bleat

Βέλγιο (το) Belgium

Βέλγιος (ο), **Βελγίδα** (η) Belgian

βελγικός επίθ Belgian

βέλο (το) veil

βελόνα (η) needle. (γραμμοφώνου) (η) stylus

βελονάκι (το) (crochet) hook

βελόνι (το) βλ **βελόνα**

βελονιά (η) stitch

βελονισμός (ο) acupuncture

βέλος (το) dart. (σαΐτα) arrow

βελούδο (το) velvet. ~ κοτλέ corduroy

βελτιώνω ρ μτβ improve. ~ομαι ρ αμτβ get better, improve

βελτίωση (η) improvement

βενζινάδικο (το) (καθομ) petrol station

βενζινάκατος (η) motor boat

βενζίνη (η) petrol, (αμερ) gasoline

βεντάλια (η) fan (hand held)

βεντέτα (η) vendetta

βέρα (η) wedding-ring

βεράντα (η) veranda

βέργα (η) rod

βερεσέ|ς (ο) sale or purchase on credit. ~ επίρρ on credit, on tick

βερικοκιά (η) apricot tree

βερίκοκο (το) apricot

Βερμούδες (οι) Bermuda

βερμούτ (το) άκλ vermouth

βερνίκι (το) varnish. (για τα νύχια) nail polish

βέρος επίθ true

βεστιάριο (το) cloakroom

βέτο (το) veto

βήμα (το) step. (βάδισμα) gait. (βάθρο) podium

βηματίζω ρ αμτβ pace. (στρ) march

βήχ|ας (ο) cough. ~ω ρ αμτβ cough

βία (η) force. (βιαιότητα) violence. (βιασύνη) rush

βιάζ|ω ρ μτβ (ασελγώ) rape. (εξαναγκάζω) force. (επισπεύδω) rush. ~ομαι ρ αμτβ hurry (up)

βίαι|ος επίθ violent. ~α επίρρ violently. (με βία) forcibly

βιασμός (ο) rape

βιαστής (ο) rapist

βιαστικός επίθ hurried. (απόφαση) hasty. (ματιά) cursory

βιασύνη (η) haste, rush

βιβλιάριο (το) booklet

βιβλικός επίθ biblical

βιβλίο (το) book

βιβλιογραφία (η) bibliography

βιβλιοθηκάριος (ο) librarian

βιβλιοθήκη (η) (αίθουσα, κτίριο) library. (έπιπλο) bookcase

βιβλιοπωλείο (το) bookshop

βιβλιοπώλ|ης (ο), ~ις (η) bookseller

Βίβλος (η) Bible

βίδα (η) screw

βιδώνω ρ μτβ screw

βίζα (η) visa

βιζόν (το) άκλ mink

βικτοριανός επίθ Victorian

βίλα (η) villa

βίντεο (το) άκλ video (-recorder)

βιντεοκασέτα (η) videotape

βιντεοταινία (η) video film

βινύλιο (το) vinyl

βιογραφ|ία (η) biography

βιογραφικός επίθ biographical. ~ό σημείωμα (το) curriculum vitae

βιογράφος (ο, η) biographer

βιόλα (η) (λουλούδι) viola. (μουσ) viola

βιολέτα (η) violet (flower)

βιολετής επίθ violet (colour)

βιολί (το) violin

βιολ|ιστής (ο), ~ίστρια (η) violinist

βιολιτζής (ο) (καθομ) fiddler

βιολογία (η) biology

βιολόγος (ο, η) biologist

βιολοντσέλο (το) cello

βιομηχαν|ία (η) industry. ~ικός επίθ industrial

βιομήχανος (ο) industrialist

βιοπάλη (η) struggle for survival

βιος (το) (καθομ) fortune

βίος (ο) (λόγ) life

βιοτεχνία (η) handicraft

βιοχημεία (η) biochemistry

βιοψία (η) biopsy

βιράρω ρ μτβ hoist (anchor)

βιταμίνη (η) vitamin

βιτρίνα (η) shop-window. (μεταφ) showcase

βιτρό (το) άκλ stained-glass window

βιώσιμος επίθ viable

βλαβερός επίθ harmful

βλάβη (η) (ζημιά) damage. (ηλεκτρ) failure. (μηχ) breakdown. (προσωπική) injury

βλάκας (ο, η) idiot

βλακεί|α (η) stupidity. ~ες (οι) nonsense

βλακώδης επίθ stupid

βλάπτω *ρ μτβ βλ* **βλάφτω**
βλασταίνω *ρ αμτβ βλ* **βλαστάνω**
βλαστάνω *ρ αμτβ* sprout. *(σπόρος)* germinate
βλαστάρι *(το)* shoot. *(μεταφ)* scion
βλαστήμια *(η)* swear-word. *(κατάρα)* curse
βλαστημώ *ρ μτβ* curse. • *ρ αμτβ* swear. *(τα θεία)* blaspheme
βλάστηση *(η)* vegetation
βλαστός *(ο)* shoot. *(μεταφ)* scion
βλασφημία *(η)* blasphemy
βλάφτω *ρ μτβ* damage. *(αδικώ)* harm
βλαχόπουλο *(το)* young shepherd
βλέμμα *(το)* look. *(επίμονο)* stare
βλέπω *ρ μτβ/ρ αμτβ* see. *(κοιτάζω)* watch. **~ προς** overlook. • *ρ αμτβ (σπίτι)* face
βλεφαρίδα *(η)* eyelash
βλέφαρο *(το)* eyelid
βλέψη *(η)* aspiration
βλήμα *(το)* missile, projectile
βλοσυρός *επίθ* fierce
βογκητό *(το)* moan, groan
βογκώ *ρ αμτβ* moan, groan
βόδι *(το)* ox
βοδινό|ς *επίθ* ox, beef. **~ κρέας** *(το)* beef
βοή *(η)* boom. hum *(of bees)*.
βοήθει|α *(η)* help, assistance. *(υλική)* aid. **πρώτες ~ες** *(οι)* first aid
βοήθημα *(το)* relief. *(σύγγραμα)* reference book
βοηθητικός *επίθ* auxiliary. *(δευτερεύων)* ancillary
βοηθός *(ο, η)* assistant, *(αμερ)* aide
βοηθώ *ρ μτβ* help. *(μνήμη)* jog. *(συντρέχω)* assist. *(υποστηρίζω)* aid
βόθρος *(ο)* cesspit, cesspool
βολάν *(το)* άκλ steering wheel. *(γύρω από κρεβάτι)* valance. *(σε φόρεμα)* frill
βολβός *(ο)* bulb. *(του ματιού)* eyeball
βολετός *επίθ* practicable
βολεύ|ω *ρ μτβ* manage to fit in. **~ομαι** *ρ αμτβ* settle down. **με ~ει** it suits me. **τα ~ω** get by, manage

βολή[1] *(η)* comfort
βολή[2] *(η)* shot
βόλι *(το)* *(καθομ)* bullet
Βολιβία *(η)* Bolivia
βολίδα *(η)* bullet
βολικός *επίθ* convenient. *(άνθρωπος)* easy-going
βόλος *(ο)* *(χώμα)* lump. *(από βούτυρο)* pat. *(από μέταλλο)* nugget. *(γυάλινος)* marble
βολτ *(το)* άκλ volt
βόλτα *(η)* stroll. *(με αυτοκίνητο)* ride
βόμβα *(η)* bomb. *(μεταφ)* bombshell
βομβαρδίζω *ρ μτβ* shell. *(στρ)* *(από αεροπλάνα)* bomb. *(μεταφ)* bombard
βομβαρδισμός *(ο)* shelling. *(με αεροπλάνα)* bombing. *(μεταφ)* bombardment
βομβαρδιστικό *(το)* *(αεροπλάνο)* bomber
βομβητής *(ο)* buzzer
βόμβος *(ο)* buzz. *(μηχ)* whir
βομβώ *ρ αμτβ* *(αυτιά)* ring. *(έντομο)* buzz. *(μηχ)* whir
βοοειδή *(τα)* cattle
βορειοανατολικός *επίθ* north-east
βορειοδυτικός *επίθ* north-west
βόρειος *επίθ* northern. **~** *(ο)* Northerner
βοριάς *(ο)* north wind
βορινός *επίθ* northerly
βορράς *(ο)* north
βοσκή *(η)* pasture
βοσκοπούλα *(η)* shepherdess
βοσκός *(ο)* shepherd
βοσκότοπος *(ο)* pasture
βόσκω *ρ μτβ/ρ αμτβ* graze
βοτάνι *(το)* magic potion. *(βότανο)* herb
βοτανική *(η)* botany
βότανο *(το)* herb
βοτανολόγος *(ο, η)* botanist. *(συλλέκτης βοτάνων)* herbalist
βότσαλο *(το)* pebble
βουβάλι *(το)* buffalo
βουβός *επίθ* mute, dumb
βουδ|ιστής *(ο)*, **~ίστρια** *(η)* Buddhist
βουή *(η)* boom

βουητό (το) hum

βουίζω ρ αμτβ (έντομο) buzz.
(αεροπλάνο) hum. (άνεμος) howl.
(αυτιά) ring

βούισμα (το) (εντόμου) buzz.
(αεροπλάνου) hum. (στ᾽ αυτιά)
ringing

βούκινο (το) horn

βούλα (η) (κηλίδα) spot. (στο
μάγουλο) dimple. (σφραγίδα) seal

Βουλγαρία (η) Bulgaria

βουλευτής (ο, η) Member of
Parliament

βουλή (η) will

Βουλή (η) Parliament

βούληση (η) volition

βουλιάζω ρ μτβ scuttle ρ αμτβ
(πλοίο) sink. (οροφή) sag. (μεταφ)
founder

βουλιμία (η) greed. (ιατρ) bulimia

βουλοκέρι (το) sealing-wax

βούλωμα (το) block. (καπάκι)
stopper

βουλώνω ρ μτβ plug. (διαρροή)
stop. • ρ αμτβ block

βουνίσιος επίθ mountain

βουνό (το) mountain

βουνοκορφή (η) mountain top

βουνοσειρά (η) mountain range

βούρδουλας (ο) lash

βούρκος (ο) mire. (μεταφ) gutter

βουρκώνω ρ αμτβ become muddy.
(μάτια) fill with tears. (ουρανός)
cloud over

βούρλο (το) rush (plant)

βούρτσα (η) brush. (των μαλλιών)
hairbrush

βουρτσίζω ρ μτβ brush

βουστάσιο (το) cowshed

βούτηγμα (το) (βουτιά) plunge.
(μεταφ) snatch

βουτιά (η) (κατάδυση) dive. (κλοπή)
snatch. (μεταφ) plunge

βούτυρο (το) butter

βουτώ ρ μτβ immerse. (αρπάζω)
snatch. (βυθίζω σε υγρό) dip. • ρ
αμτβ dive

βραβείο (το) prize

βραβεύω ρ μτβ give a prize.
(ανταμείβω) reward

βράγχια (τα) gills

βραδάκι (το) early evening

βραδιά (η) evening

βραδιάζω ρ αμτβ ~ει it is getting
dark

βράδυ (το) evening

βραδύς επίθ slow. (με αργό ρυθμό)
slack

βραδύτητα (η) slowness

Βραζιλία (η) Brazil

βράζω ρ μτβ/ρ αμτβ boil. (τσάι)
brew. • ρ αμτβ ferment

βρακί (το) pants

βρασμός (ο) boiling. (ζύμωση)
fermentation

βραστήρας (ο) kettle

βραστός επίθ boiled. (καυτός) hot

βράχια (τα) rocks

βραχιόλι (το) bracelet. (χωρίς
αγκράφα) bangle

βραχίονας (ο) arm. (του πικ απ)
stylus holder

βραχνάς (ο) nightmare

βραχνιάζω ρ αμτβ become hoarse

βραχνός επίθ hoarse

βραχόκηπος (ο) rockery

βράχος (ο) rock

βραχύβιος επίθ short-lived

βραχυγραφία (η) abbreviation

βραχυκύκλωμα (το) short circuit

βραχυπρόθεσμ|ος επίθ short-
term. ~α επίρρ in the short term

βραχύς επίθ short

βραχώδης επίθ rocky. (τοπίο) rugged

βρε μόριο you there

βρεγμένος επίθ wet

βρέξιμο (το) wetting

Βρετανία (η) Britain

βρετανικός επίθ British

βρεφικός επίθ infantile

βρεφοκομείο (το) institution for
foundlings

βρέφος (το) infant

βρέ|χω ρ μτβ wet, moisten. ~χει ρ
αμτβ it's raining. ~χομαι ρ αμτβ
get wet

βρίζω ρ μτβ insult. • ρ αμτβ swear

βρίθω ρ αμτβ be teeming with

βρικόλακας (ο) vampire

βρισιά (η) insult

βρίσκ|ω ρ μτβ find. (ανακαλύπτω)
discover. (συναντώ) come across.

(τυχαία) hit on. **~ομαι** *ρ αμτβ* lie, be

βρογχίτιδα *(η)* bronchitis

βρόμα *(η)* *(ακαθαρσία)* grime. *(κακοσμία)* stench

βρομερός *επίθ* *(ακάθαρτος)* filthy. *(ανήθικος)* obscene

βρομιά *(η)* *(ακαθαρσία)* filth. **~ρης**, **~ρικος** *επίθ* filthy. **~ρης** *(ο)* scoundrel. **~ρα** *(η)* slut

βρομίζω *ρ μτβ* dirty

βρόμικος *επίθ* grubby. *(δωμάτιο)* squalid. *(επιλήψιμος)* obscene

βρομοδουλειά *(η)* dirty trick

βρομώ *ρ αμτβ* stink

βροντερός *επίθ* thunderous

βροντή *(η)* thunder

βρόντημα *(το)* clap of thunder. bang *(of door)*

βρόντος *(ο)* bang

βροντώ *ρ μτβ* slam *ρ αμτβ* thunder

βροχερός *επίθ* rainy

βροχή *(η)* rain. *(μεταφ)* volley *(of blows)*

Βρυξέλες *(οι)* Brussels

βρύο *(το)* moss

βρύση *(η)* tap. *(φυσική πηγή)* spring

βρυχιέμαι *ρ αμτβ* roar

βρώμα *(η)* *βλ* **βρόμα**

βρώμη *(η)* oats

βυζαίνω *ρ μτβ* nurse. *(δάχτυλο)* suck. *(μεταφ)* suck dry. • *ρ αμτβ* suckle

Βυζάντιο *(το)* Byzantium

βυζαντινός *επίθ* Byzantine

βυζί *(το)* *λαϊκ* breast

βυθίζ|ω *ρ μτβ* immerse. *(βουτώ σε νερό)* dip. *(μπήγω)* plunge. **~ομαι** *ρ αμτβ* sink

βύθισμα *(το)* immersion. *(πλοίου)* draught marks

βυθισμένος *επίθ* sunk. *(μάτια, μάγουλα)* sunken

βυθοκόρος *(ο)* dredge

βυθός *(ο)* bottom *(of sea)*

βυσσινάδα *(η)* *(morello)* cherry cordial

βυσσιν|ής *επίθ* crimson. **~ί** *(το)* crimson

βυτιοφόρο *(το)* tanker *(truck)*

βωμός *(ο)* altar

Γ γ

γαβάθα *(η)* bowl *(wooden, clay)*

γαβγίζω *ρ αμτβ* bark

γάγγραινα *(η)* gangrene

γάδος *(ο)* haddock

γάζα *(η)* gauze

γαζία *(η)* acacia

γαζώνω *ρ μτβ* stitch. *(με σφαίρες)* riddle

γάιδαρος *(ο)* donkey. *(μεταφ)* ass

γαϊδουράγκαθο *(το)* thistle

γαϊδούρι *(το)* donkey

γαϊδουροκαλόκαιρο *(το)* Indian summer

γαιοκτήμονας *(ο)* squire

γαϊτανάκι *(το)* maypole

γαϊτάνι *(το)* silk ribbon

γάλα *(το)* milk

γαλάζιο|ς *επίθ* sky blue. **~** *(το)* sky blue.

γαλακτοκομία *(η)* dairy farming

γαλακτοπωλείο *(το)* dairy shop

γαλακτώδης *επίθ* milky

γαλάκτωμα *(το)* emulsion

γάλανθος *(ο)* snowdrop

γαλανόλευκ|ος *επίθ* blue and white. **~η** *(η)* the Greek flag

γαλανός *επίθ* light blue

γαλαξίας *(ο)* galaxy

γαλαρία *(η)* *(ορυχείου, θεάτρου)* gallery

γαλατάς *(ο)* milkman

γαλβανίζω *ρ μτβ* galvanize

γαλέρα *(η)* galley

γαληνεύω *ρ μτβ/αμτβ* calm down

γαλήνη *(η)* calm. *(ψυχική)* serenity

γαλήνιος *επίθ* calm. *(ψυχικά)* serene. *(θάλασσα)* smooth

γαλιόνι *(το)* galleon

Γαλλί|α *(η)* France. **Γ~δα** *(η)* Frenchwoman

γαλλικά *(τα)* French

γαλλικός *επίθ* French

Γάλλος *(ο)* Frenchman

γαλόνι *(το)* *(μονάδα μετρήσεως)* gallon. *(στρ)* stripe

γαλοπούλα *(η)* turkey

γαμήλι|ος επίθ nuptial, bridal. ~α τελετή (η) wedding ceremony

γάμος (ο) marriage. (μυστήριο) wedding

γάμπα (η) leg. (κνήμη) calf

γαμπρός (ο) bridegroom. (σύζυγος της κόρης) son-in-law. (σύζυγος της αδερφής) brother-in-law

γαμψός επίθ (μύτη) hooked

γαμώ ρ μτβ fuck

γάντζος (ο) hook

γαντζώνω ρ μτβ hook

γάντι (το) glove. (σιδερόπλεχτο) gauntlet. (χωρίς δάχτυλα) mitten

γαργαλίζω ρ μτβ tickle. (μεταφ) titillate

γαργαλώ ρ μτβ tickle

γαργάρα (η) gargle

γαργαρίζω ρ αμτβ gurgle

γαρδένια (η) gardenia

γαρίδα (η) shrimp, prawn

γαριφαλιά (η) carnation

γαρίφαλο (το) carnation. (μοσχοκάρφι) clove

γαρνίρισμα (το) trimming

γαρνίρω ρ μτβ garnish

γαρνιτούρα (η) garnish. (σε ρούχα) trimmings

γάστρα (η) flower pot

γαστρικός επίθ gastric

γαστρονομία (η) gastronomy

γάτα (η) cat

γατάκι (το) kitten

γάτος (ο) tom-cat

γαυγίζω ρ αμτβ βλ γαβγίζω

γδάρσιμο (το) abrasion. (αφαίρεση δέρματος) skinning. (σε έπιπλο) scratch. (στο γόνατο) graze

γδέρνω ρ μτβ (αφαιρώ δέρμα) skin. (γόνατο) graze. (επιφάνεια) scratch. (μεταφ) fleece

γδύν|ω ρ μτβ undress. (μεταφ) strip. ~ομαι ρ αμτβ undress

γεγονός (το) event. (δεδομένο) fact

γεια (η) hallo. ~ σου/σας bye. (μετά το φτάρνισμα) bless you

γείσο (το) (στέγης) eaves. (τζακιού) mantelpiece

γείτονας (ο), γειτόνισσα (η) neighbour

γειτονεύω ρ μτβ adjoin

γειτονιά (η) neighbourhood

γελάδα (η) βλ αγελάδα

γελαστός επίθ cheerful

γέλιο (το) laughter. (αθόρυβο) chuckle. (κρυφό) snigger. (νευρικό) giggle

γελοιογραφία (η) cartoon

γελοιογραφώ ρ μτβ caricature

γελοιοπο|ίηση (η) ridicule. ~ιώ ρ μτβ ridicule

γελοίος επίθ laughable. (άξιος περιφρονήσεως) ridiculous. (παράλογος) ludicrous

γελ|ώ ρ μτβ (απατώ) deceive. (ξεγελώ) let down. (χλευάζω) laugh at. • ρ αμτβ laugh. (νευρικά) giggle. ~ιέμαι ρ αμτβ (κάνω λάθος) be mistaken. (απατώμαι) be deceived

γελωτοποιός (ο) jester

γεμάτος επίθ full (of). (εύσαρκος) plump. (όπλο) loaded. (χώρος) crowded (with)

γεμίζω ρ μτβ fill. (με καύσιμα) fill up. (όπλο) load. (φαγητό, μαξιλάρι) stuff. • ρ αμτβ fill. (αποκτώ πάχος) fill out. (φεγγάρι) wax

γέμισμα (το) filling

γεμιστήρας (ο) magazine (of gun)

Γενάρης (ο) βλ Ιανουάριος

γενεά (η) βλ γενιά

γενεαλογία (η) genealogy

γενέθλια (τα) birthday

γενειοφόρος επίθ bearded

γένεσ|η (η) origin. Γ~ις (εκκλ) Genesis

γενέτειρα (η) birth place. (πόλη) home town

γενετή (η) εκ ~ς by birth

γενετικός επίθ genetic

γενετικά μεταλλαγμένος επίθ genetically modified, GM

γένι (το) beard

γενιά (η) generation

γενίκευση (η) generalization

γενικεύω ρ μτβ generalize

γενική (η) (πτώση) genitive

γενικ|ός επίθ general. (καθολικός) universal. (χωρίς διάκριση) indiscriminate. ~ά, ~ώς επίρρ in general, on the whole

γενικότητα (η) generality

γέννα *(η)* *(τοκετός)* childbirth. *(γέννημα ζώων)* litter

γενναιοδωρία *(η)* generosity

γενναιόδωρ|ος *επίθ* generous. *(σε δώρα, φιλοφρονήσεις)* lavish. **~α** *επίρρ* generously

γενναίος *(ο)* brave. *(πλουσιοπάροχος)* liberal. *(προς τις γυναίκες)* gallant

γενναιότητα *(η)* bravery. *(προς τις γυναίκες)* gallantry

γενναιοφροσύνη *(η)* magnanimity

γενναιοψυχία *(η)* *(γενναιότητα)* bravery. *(μεγαλοψυχία)* magnanimity

γέννημα *(το)* *(παιδί)* offspring. *(της φαντασίας)* creation

γέννηση *(η)* birth

γεννητικός *επίθ* genital

γεννήτρια *(η)* *(ηλεκτρ)* generator

γεννώ *ρ μτβ* give birth to. *(αβγά)* lay. *(για ψάρια)* spawn. *(μεταφ)* generate. **~ιέμαι** *ρ αμτβ* be born

γένος *(το)* *(καταγωγή)* parentage. *(γραμμ)* gender. *(ζώων)* species. *(φυλή)* race. *(φύλο)* sex

γεράκι *(το)* falcon. *(μεταφ)* hawk

γεράματα *(τα)* old age

γεράνι *(το)* geranium

γερανός *(ο)* *(πουλί/μηχ)* crane

γερασμένος *επίθ* aged

γερατειά *(τα)* *βλ* **γηρατειά**

Γερμανία *(η)* Germany

γερμανικός *επίθ* German

Γερμαν|ός *(ο)*, **~ίδα** *(η)* German

γέρνω *ρ μτβ* *(λυγίζω)* bend. *(κεφάλι)* lower. • *ρ αμτβ* lean. *(ήλιος)* go down, set. *(πλοίο)* list

γερνώ *ρ αμτβ* age

γεροδεμένος *επίθ* of strong build

γεροντάκι *(το)* little old man

γέροντας *(ο)* *βλ* **γέρος**

γερόντισσα *(η)* old woman

γεροντοκόρη *(η)* old maid, spinster

γέρος *(ο)* old man

γερ|ός *επίθ* *(υγιής)* sound. *(ανθεκτικός)* tough. *(ολόκληρος)* whole. *(ρωμαλέος)* sturdy. **~ά** *επίρρ* strongly, fast

γερουσ|ία *(η)* senate. **~ιαστής** *(ο)* senator

γεύμα *(το)* meal

γευματίζω *ρ αμτβ* have lunch, lunch

γεύση *(η)* *(αίσθηση)* taste. *(υπερώα)* palate. *(νοστιμάδα)* flavour

γευστικός *επίθ* tasty

γέφυρα *(η)* bridge. *(για πεζούς)* foot-bridge

γεφύρι *(το)* *βλ* **γέφυρα**

γεφυρώνω *ρ μτβ* bridge

γεωγραφία *(η)* geography

γεωγράφος *(ο, η)* geographer

γεωλογία *(η)* geology

γεωμετρία *(η)* geometry

γεωργ|ία *(η)* agriculture. **~ικός** *επίθ* agricultural

γεωργός *(ο, η)* farmer

γη *(η)* *(έδαφος)* land. *(πλανήτης)* earth

γηγενής *επίθ* indigenous

γήινος *επίθ* *(κάτοικος της γης)* terrestrial. *(της γης)* earthly

γήπεδο *(το)* ground. *(αθλοπαιδιών)* playing-field. *(γκολφ)* course, links. *(ποδοσφαίρου)* pitch. *(τένις)* court

γηρατειά *(τα)* old age

γηριατρική *(η)* geriatrics

γηροκομείο *(το)* old people's home

για *πρόθ* for. **~ καλά** for good. **~ πάντα** for ever. **μια ~ πάντα** once and for all. *μόριο* **~ πρόσεξε καλά** watch out. **~ το Θεό** for god's sake. **~ τ΄ όνομα του Θεού** in God's name. **~ να** *σύνδ* to. **ήλθαν ~ να τα πούμε** they came to have a chat

γιαγιά *(η)* grandmother

γιακάς *(ο)* collar

γιαλός *(το)* seashore

γιάντες *(το)* *άκλ* wishbone

γιαούρτι *(το)* yoghurt

γιασεμί *(το)* jasmine

γιασμάκι *(το)* yashmak

γιαταγάνι *(το)* scimitar

γιατί *μόριο* why. • *σύνδ* because

γιατρειά *(η)* *(θεραπεία)* remedy

γιατρεύω *ρ μτβ* remedy

γιατρικό *(το)* *(φάρμακο)* remedy

γιατρός *(ο, η)* doctor

γίγαντας *(ο)* giant

γιγαντιαίος *επίθ* gigantic

γιγάντιος *επίθ* giant

γιγαντόσωμος *επίθ* giant

γίγνεσθαι (*το*) **εν τω ~** in the making

γίδα (*η*) goat

γιδοπρόβατα (*τα*) sheep and goats

γιλέκο (*το*) waistcoat

γίνομαι *ρ αμτβ* become. (*πραγματοποιούμαι*) happen. (*ωριμάζω*) ripen. (*εξελίσσομαι*) be made into. **τι έγινε ο πατέρας του**; what became of his father? **ό,τι έγινε έγινε** what's done is done. **τι να γίνει**; it can't be helped. **ω μη γένοιτο** God forbid

γιόγκα (*το*) *άκλ* yoga

γιόκας (*ο*) darling son

γιορτάζω *ρ μτβ* celebrate *ρ αμτβ* have a nameday

γιορταστικός *επίθ* festive

γιορτή (*η*) festivity. (*δημόσια*) holiday. (*θρησκ*) feast. (*ονομαστική*) nameday

γιορτιν|ός *επίθ* festive. **~ά** (*τα*) Sunday best

γιος (*ο*) son

γιοτ (*το*) *άκλ* yacht

γιουβέτσι (*το*) *a dish of pasta and meat cooked in the oven in a shallow dish*

Γιουγκοσλαβία (*η*) Yugoslavia

γιουσουρούμ (*το*) *άκλ* flea market

γιούχα *επιφών* boo

γιουχαΐζω *ρ μτβ/ρ αμτβ* boo

γιουχάρω *ρ μτβ/αμτβ* boo

γιοφύρι (*το*) *βλ* **γεφύρι**

γιρλάντα (*η*) garland

γιώτα (*το*) iota

γκαζέλα (*η*) gazelle

γκάζι (*το*) gas. (*αυτοκίνητο*) accelerator

γκαζόζα (*η*) fizzy lemonade

γκαζόν (*το*) *άκλ* turf

γκάιντα (*η*) bagpipes

γκαλά (*το*) *άκλ* gala

γκαλερί (*η*) *άκλ* (art) gallery

γκάμα (*η*) (wide) range

γκαράζ (*το*) *άκλ* garage

γκάρισμα (*το*) bray

γκαρνταρόμπα (*η*) cloakroom. (*ρούχα*) wardrobe

γκαρσόνι (*το*) waiter

γκαρσονιέρα (*η*) bachelor flat

γκάφα (*η*) blunder. (*λάθος*) gaffe

γκέμι (*το*) rein

γκέτα (*η*) legging

γκέτο (*το*) ghetto

γκι (*το*) *άκλ* mistletoe

γκιαούρης (*ο*) giaour

γκιλοτίνα (*η*) guillotine

γκίνια (*η*) bad luck

γκλασάρισμα (*το*) icing

γκλασάρω *ρ μτβ* ice (*cake*)

γκλομπ (*το*) *άκλ* truncheon

γκογκ (*το*) *άκλ* gong

γκολφ (*το*) *άκλ* golf

γκολ (*το*) *άκλ* goal

γκουβερνάντα (*η*) governess

γκοφρέτα (*η*) wafer

γκράφιτι (*το*) *άκλ* graffiti

γκρέιπφρουτ (*το*) *άκλ* grapefruit

γκρεμί|ζω *ρ μτβ* throw down. (*κτίριο*) knock down. (*κυβέρνηση*) topple. **~ζομαι** *ρ αμτβ* crumble, collapse. **~σου** get lost

γκρεμός (*ο*) precipice. (*απότομος βράχος*) cliff. (*βάραθρο*) chasm

γκρι (*το*) *άκλ* grey

γκρίζο|ς *επίθ* grey. **~** (*το*) grey

γκριμάτσα (*η*) grimace

γκρίνια (*η*) (*παιδιού*) whining. (*μουρμούρα*) nagging

γκρινιάζω *ρ μτβ* nag. • *ρ αμτβ* (*κλαψουρίζω*) whine. (*μουρμουρίζω*) grumble, moan

γκρινιάρης *επίθ* grumpy

γλαδιόλα (*η*) gladiolus

γλάρος (*ο*) seagull

γλαρώνω *ρ αμτβ* doze

γλαύκωμα (*το*) glaucoma

γλαυκός *επίθ* (*λαμπρός*) bright. (*γαλάζιος*) azure

γλάστρα (*η*) flower-pot

γλαφυρός *επίθ* smooth. (*κομψός*) elegant

γλειφιτζούρι (*το*) lollipop

γλείφω *ρ μτβ* lick. (*δάκτυλο*) suck. (*κολακεύω*) suck up to

γλεντζ|ές (*ο*), **~ού** (*η*) *person fond of the good life*

γλέντι (*το*) merry-making

γλεντοκόπ|ι (*το*) revelry. **~οι** (*οι*) revellers

γλεντώ *ρ αμτβ ρ μτβ* enjoy

(διασκεδάζω) have fun. (με φαγοπότι) make merry

γλιστερός επίθ slippery

γλιστρώ ρ αμτβ (παραπατώ) slip. (με ευκολία) glide. (σε λεία επιφάνεια) slide. (σε πάγο) skid. (μεταφ) slip away

γλίτσα (η) scum

γλιτώνω ρ μτβ rescue. • ρ αμτβ escape

γλοιός (ο) slime. **~ώδης** επίθ slimy

γλουτός (ο) buttock

γλύκα (η) sweetness

γλυκάδια (τα) sweetbread

γλυκαίνω ρ μτβ sweeten. (πόνο) relieve. • ρ αμτβ become sweeter. (καιρός) get milder. (ωριμάζω) mellow

γλυκάνισο (το) aniseed

γλυκερίνη (η) glycerine

γλύκισμα (το) pastry, cake

γλυκό (το) sweet. (φρούτα) fruit in syrup

γλυκόζη (η) glucose

γλυκοκελαηδώ ρ αμτβ (πουλί) sing sweetly

γλυκοκοιμάμαι ρ αμτβ sleep sweetly

γλυκοκοιτάζω ρ μτβ look lovingly

γλυκολεμονιά (η) lime (tree)

γλυκολέμονο (το) lime (fruit)

γλυκόλογα (τα) sweet nothings

γλυκομίλητος επίθ soft spoken

γλυκόριζα (η) liquorice

γλυκός επίθ sweet

γλυκύ|ς επίθ βλ **γλυκός**. **~τητα** (η) sweetness. (τρόπων) gentleness

γλύπτης (ο) sculptor

γλυπτική (η) sculpture

γλυσίνα (η) wisteria

γλυφός επίθ (νερό) brackish

γλώσσα¹ (η) sole (fish)

γλώσσα² (η) tongue. (λόγος) language. (προεξοχή) tab

γλωσσάριο (το) glossary

γλωσσικός επίθ linguistic

γλωσσοδέτης (ο) tongue twister

γλωσσολογία (η) linguistics

γλωσσομαθής (ο, η) linguist

γνέθω ρ μτβ spin

γνέφω ρ αμτβ wave

γνήσιος επίθ genuine

γνώμη (η) opinion

γνωμικό (το) maxim

γνώμονας (ο) set square

γνωρίζ|ω ρ μτβ/αμτβ (ξέρω) know. (αναγνωρίζω) recognize. (γνωστοποιώ) let know. (συστήνω) introduce. **~ομαι με** ρ αμτβ be acquainted with

γνωριμία (η) acquaintance

γνώριμος επίθ familiar

γνώση|η (η) knowledge. **~εις** (οι) learning

γνωστοποιώ ρ μτβ notify

γνωστός επίθ known. **~** (ο) acquaintance

γόβα (η) pump (shoe)

γογγύζω ρ αμτβ groan. (παραπονιέμαι) grumble

γοερός επίθ heart rending

γόη|ς (ο), **~σσα** (η) charmer

γοητεία (η) fascination. (χάρη) charm

γοητευτικός επίθ charming

γοητεύω ρ μτβ charm. (σαγηνεύω) beguile

γόητρο (το) prestige

γόμα (η) gum. (γομολάστιχα) rubber

γομάρι (το) (φορτίο) load. (άνθρωπος) lout

γομολάστιχα (η) eraser. (γράψιμο) rubber

γονατίζω ρ αμτβ kneel. • ρ μτβ (μεταφ) bring to one's knees

γόνατ|ο (το) knee. **~α** (τα) lap

γονέας (ο) βλ **γονιός**. **γονείς** (οι) parents

γονίδιο (το) gene

γονιδίωμα (το) genome

γονικός επίθ parental

γονιμοποιώ ρ μτβ fertilize

γόνιμος επίθ fertile. (δημιουργικός) prolific

γονιμότητα (η) fertility

γονιός (ο) parent

γόνος (ο) offspring

γοργόνα (η) mermaid

γοργός επίθ swift

γορίλας (ο) gorilla

γοτθικός επίθ Gothic

γουδί (το) mortar

γουδοχέρι (το) pestle

γουέστερν (το) άκλ western (film)

γούλα (η) gullet

γουλιά (η) mouthful, sip

γούνα (η) fur

γουναρ|άς (ο) furrier. **~ικό** (το) fur

γουργουρητό (το) rumble

γουργουρίζω ρ αμτβ (περιστέρια) coo. (στομάχι) rumble

γούρι (το) luck

γουρλώνω ρ μτβ **~ τα μάτια** stare with eyes wide open

γούρνα (η) trough (animals)

γουρούνα (η) sow

γουρούνι (το) pig. (για άνθρωπο) swine

γουρσούζικος επίθ unlucky

γουστάρω ρ μτβ fancy

γούστο (το) (good) taste. **για ~** for the hell of it. **έχει ~ ο φίλος σου** your friend is fun

γοφός (ο) hip

γραβάτα (η) tie (necktie)

γραικός (ο) (αρχ) Greek

γράμμα (το) (αλφάβητου) letter. (ταχυδρομικό) letter. **~τα** (τα) (νομίσματος) tails. (μόρφωση) education

γραμμάριο (το) gram

γραμματέας (ο, η) secretary

γραμματεία (η) secretariat. (πανεπιστημίου) registrar

γραμματική (η) grammar

γραμματικός επίθ grammatical. **~** (ο) clerk

γραμμάτιο (το) IOU

γραμματοθυρίδα (η) pigeon-hole

γραμματοκιβώτιο (το) letter-box

γραμματόσημο (το) (postage) stamp. (τέλος) stamp duty

γραμμή (η) line. • **~** επίρρ straight. (στη σειρά) in line

γραμμικός επίθ linear

γραμμόφωνο (το) gramophone

γρανάζι (το) (μηχ) gear

γρανίτα (η) water-ice

γρανίτης (ο) granite

γραπτό|ς επίθ written. • **~ μήνυμα** (το) text message

γρασάρω ρ μτβ grease

γρασίδι (το) lawn

γράσο (το) grease

γρατσουνίζω ρ μτβ (με τα νύχια) scratch. (μετά από πέσιμο) graze

γρατσούνισμα (το) scratch. (από πέσιμο) graze

γραφέας (ο) βλ **γραφιάς**

γραφείο (το) (δωμάτιο) office. (έπιπλο) desk

γραφειοκράτ|ης (ο), **~ις** (η) bureaucrat

γραφειοκρατία (η) bureaucracy, (καθομ) red tape

γραφή (η) writing

γραφιάς (ο) scribe

γραφικός επίθ (γραφείου) clerical. (θέαμα) picturesque. (περιγραφικός) graphic

γραφομηχανή (η) typewriter

γράφω ρ μτβ/ρ αμτβ write. (καταχωρίζω) record. (κληροδοτώ) make over. (με υπαγόρευση) take down. (σε σχολείο) enrol

γράψιμο (το) writing. (γραφικός χαρακτήρας) handwriting

γρηγοράδα (η) speed

γρήγορ|ος επίθ quick. **~α** επίρρ quickly

γρηγορώ ρ αμτβ be vigilant

γριά (η) old woman

γρίλια (η) louvre

γρίπη (η) influenza, (καθομ) flu

γρίφος (ο) puzzle

γροθιά (η) fist. (χτύπημα) punch

γρονθοκόπημα (το) punch-up

γρονθοκοπώ ρ μτβ thump

γρουσούζης (ο) jinx

γρουσουζιά (η) bad luck

γρυλίζω ρ αμτβ growl. (γουρούνι) grunt. (απειλητικά) snarl

γρυλισμός (ο) grunt. (απειλητικός) snarl

γρύλος (ο) (έντομο) cricket. (μηχ) jack

γυάλα (η) glass bowl

γυαλάδα (η) shine

γυαλί (το) glass. **~ιά** (τα) glasses. (του ήλιου) sunglasses

γυαλίζω ρ μτβ polish. • ρ αμτβ shine

γυάλινος *επίθ* (made of) glass

γυάλισμα *(το)* polish

γυαλιστ|ερός *επίθ* shiny. **~ικό** *(το)* polish

γυαλόχαρτο *(το)* sandpaper

γυις *(ο)* son

γυμνάζ|ω *ρ μτβ* exercise. *(ζώο)* train. *(στρ)* drill. **~ομαι** *ρ αμτβ* exercise. *(άθλημα)* practise

γυμνασιάρχης *(ο)* headmaster *(of a junior school)*. **~ις** *(η)* headmistress *(of a junior secondary school)*

γυμνάσι|ο *(το)* junior secondary school. **~α** *(τα)* *(στρ)* exercise

γυμναστήριο *(το)* gym

γυμναστής *(ο)*, **~άστρια** *(η)* *(αθλητής)* gymnast. *(σχολείο)* PE teacher

γυμναστική *(η)* gymnastics. *(στο σχολείο)* PE

γύμνια *(η)* nudity

γυμν|ιστής *(ο)*, **~ίστρια** *(η)* nudist

γυμνός *επίθ* *(άνθρωπος)* naked. *(ακάλυπτος)* bare

γυμνοσάλιαγκας *(ο)* slug

γυμνόστηθος *επίθ* topless

γυμνώνω *ρ μτβ* undress. *(μεταφ)* strip

γυναίκα *(η)* woman. *(σύζυγος)* wife

γυναικάς *(ο)* womanizer

γυναικείος *επίθ* feminine. *(που ταιριάζει σε γυναίκα)* woman's

γυναικολ|ογία *(η)* gynaecology. **~όγος** *(ο, η)* gynaecologist

γυναικόπαιδα *(τα)* women and children

γύπας *(ο)* vulture

γυρεύ|ω *ρ μτβ* seek. *(ζητώ)* ask for. **πάω ~οντας** be looking for trouble

γύρη *(η)* pollen

γυρίζ|ω *ρ μτβ* turn. *(οφειλόμενα)* return. *(περιστρέφω)* rotate. *(ταινία)* shoot. • *ρ αμτβ* *(επιστρέφω)* return. *(αλλάζω στάση)* shift. *(περιφέρω)* go round. *(περιφέρομαι)* wander

γυρίνος *(ο)* tadpole

γύρισμα *(το)* turn. *(ταινίας)* shooting

γυρισμός *(ο)* return

γυρνώ *ρ μτβ βλ* **γυρίζω**. **~ στο μυαλό μου** mull over

γυρολόγος *(ο)* pedlar

γύρος *(ο)* circle. *(αγώνα)* round. *(αθλήματος)* lap. *(καπέλου)* brim. *(περίπατος)* stroll. *(ταξίδι)* tour. *(φορέματος)* hem

γυροσκόπιο *(το)* gyroscope

γύρω *επίρρ* round. *(περίπου)* around. **~ ~** all around. **η ~ περιοχή** the surrounding area

γύφτ|ος *(ο)*, **~ισσα** *(η)* gipsy

γύψος *(ο)* plaster of Paris

γωνιά *(η)* βλ **γωνία**

γωνία *(η)* corner. *(γεωμετρικό σχήμα)* angle. *(εργαλείο)* T-square

γωνιακός *επίθ* angular. *(θέση)* corner

. . . .

Δδ

. . . .

δα *μόριο* **όχι ~!** no way!, (*me ékplhch*) you don't say! **είναι τόσο ~** it's just this small. **τώρα ~** just now

δαγκάνα *(η)* *(κάβουρα)* claw. *(αστακού)* pincers

δάγκωμα *(το)* bite

δαγκώνω *ρ μτβ* bite

δάδα *(η)* torch

δαίμονας *(ο)* demon. *(άνθρωπος)* fiend

δαιμονίζω *ρ μτβ* infuriate

δαιμονικό|ς *επίθ* fiendish. **~** *(το)* evil spirit

δαιμόνιο|ς *επίθ* resourceful. **~** *(το)* demon. *(ευφυΐα)* genius

δάκρυ *(το)* tear

δακρύζω *ρ αμτβ* shed tears

δακτυλίδι *(το)* βλ **δαχτυλίδι**

δακτυλικό|ς *επίθ* finger. **~ αποτύπωμα** *(το)* finger-print

δακτύλιος *(ο)* ring. *(δρόμος)* ring road

δακτυλογράφος *(ο, η)* typist

δακτυλογραφώ *ρ μτβ/ρ αμτβ* type

δάκτυλος *(ο)* finger. *(ποίηση)* dactyl

δαλτωνισμός (ο) colour blindness

δαμάζω ρ μτβ tame. (μεταφ) harness

δαμαλίδα (η) heifer

δαμασκηνιά (η) plum tree

δαμάσκηνο (το) plum

δαμάσκο (το) (ύφασμα) damask

δανδής (ο) dandy

δανέζικ|ος επίθ Danish. **~α** (τα) Danish

δανείζ|ω ρ μτβ lend. **~ομαι** ρ μτβ borrow

δανεικ|ός επίθ borrowed, on loan. **~ά** (τα) loan

δάνειο (το) loan

δανειστής (ο), **δανείστρια** (η) lender

Δανία (η) Denmark

Δαν|ός (ο), **~έζα** (η) Dane

δαντέλα (η) lace

δαπάνη (η) expenditure

δαπανώ ρ μτβ spend

δάπεδο (το) floor

δαρμός (ο) beating

δασάρχης (ο) forester

δασεία (η) rough breathing

δασκάλα (η) schoolmistress (in a primary school)

δασκαλεύω ρ μτβ instruct

δάσκαλος (ο) schoolmaster (in a primary school)

δασμολόγιο (το) tariff

δασμός (ο) duty (tax)

δασοκομία (η) forestry

δάσος (το) forest, wood

δασοφύλακας (ο) ranger

δαυλός (ο) (ξύλο) torch

δάφνη (η) laurel. (βότανο) bay

δαχτυλήθρα (η) thimble

δαχτυλιά (η) finger-mark

δαχτυλίδι (το) ring (on finger). (με σφραγίδα) signet-ring

δάχτυλο (το) finger. (του ποδιού) toe

δε(ν) μόριο not

δε σύνδ but

δεδομένα (τα) facts. (στοιχεία) data

δέηση (η) supplication

δείγμα (το) sample. (ιατρ) specimen. (φιλίας, κλπ) token

δείκτης (ο) index. (δάχτυλο) index finger. (ρολογιού) hand. **~**

ευφυίας IQ

δειλία (η) cowardice

δειλιάζω ρ αμτβ lose one's nerve. (και αλλάζω γνώμη) balk (μπροστά, at)

δειλινό (το) afternoon

δειλός επίθ cowardly. (στη συμπεριφορά) timid. **~** (ο) coward

δεινόσαυρος (ο) dinosaur

δείπνο (το) supper

δειπνώ ρ αμτβ have supper, dine

δεισιδαιμονία (η) superstition

δεισιδαίμων επίθ superstitious

δείχνω ρ μτβ (δηλώνω) indicate. (με το δάχτυλο) point. (σημαίνω) denote. (φανερώνω) show. • ρ αμτβ appear

δείχτης (ο) (δάχτυλο) forefinger

δέκα επίθ άκλ ten

δεκάδα (η) ten

δεκαδικός επίθ decimal

δεκαεννέα επίθ άκλ nineteen

δεκαεννιά επίθ άκλ βλ **δεκαννέα**

δεκαέξι επίθ άκλ sixteen

δεκαεπτά επίθ άκλ seventeen

δεκαετηρίδα (η) tenth anniversary

δεκαετής επίθ ten-year

δεκαετία (η) decade

δεκαήμερο (το) ten-day period

δεκανέας (ο) corporal

δεκανίκι (το) crutch

δεκαοκτώ επίθ άκλ eighteen

δεκαπενθήμερο|ς επίθ fortnightly. **~** (το) fortnight

δεκαπέντε επίθ άκλ fifteen

δεκαπλάσιος επίθ tenfold

δεκάρα (η) coin worth ten lepta. **δε δίνω ~** I couldn't care less

δεκατέσσερα (το) άκλ fourteen

δέκατος επίθ tenth

δεκατρία (το) thirteen

δεκάχρονος επίθ ten-year. (άνθρωπος) ten-year-old

Δεκέμβρης (ο) βλ **Δεκέμβριος**

Δεκέμβριος (ο) December

δέκτης (ο) receiver (for TV)

δεκτός επίθ received. (αποδεκτός) accepted

δελεάζω ρ μτβ entice, lure

δελεαστικός επίθ tempting

δέλτα (το) delta

δελτάριο (*το*) card (*postcard*)

δελτίο (*το*) voucher. (*δώρου*) coupon. (*ειδήσεων*) bulletin. (*μέλους*) card. (*πληροφοριακό*) newsletter

δελφίνι (*το*) dolphin

δέμα (*το*) parcel. (*διαφόρων πραγμάτων*) bundle

δεμάτι (*το*) sheaf

δένδρο (*το*) *βλ* **δέντρο**

δέντρο (*το*) tree

δένω *ρ μτβ* tie. (*βιβλίο*) bind. (*ζώο με σκοινί*) tether. (*στερεά*) fasten. • *ρ αμτβ* (*πήζω*) set. (*ωριμάζω*) form

δεξαμενή (*η*) reservoir. (*σε ναυπηγείο*) dock

δεξι|ός *επίθ* right (*opposite of left*). (*πολιτ*) right wing. **~ά** *επίρρ* right. (*ευνοϊκά*) favourably

δεξιοτεχνία (*η*) skill

δεξιόχειρας (*ο, η*) right-handed person

δεξίωση (*η*) reception (*party*)

δέον (*το*) what is necessary

δεοντολογία (*η*) ethics

δεόντως *επίρρ* duly

δέος (*το*) awe

δέρας (*το*) fleece

δέρμα (*το*) skin. (*πετσί*) leather. (*της κεφαλής*) scalp. (*τομάρι*) hide

δερμάτινος *επίθ* leather. (*ανθρώπου*) skin

δερματολόγος (*ο, η*) dermatologist

δέρνω *ρ μτβ* beat. (*με βέργα*) cane. (*με την παλάμη του χεριού*) spank. (*βασανίζω*) torment

δέσιμο (*το*) tying. (*βιβλίων*) binding. (*κοσμήματος*) setting. (*σύνδεση*) fastening

δέσμευση (*η*) engagement (*meeting*). (*υποχρέωση*) obligation

δεσμεύω *ρ μτβ* bind. (*εμπ*) tie up. **~ομαι** *ρ αμτβ* be bound

δέσμη (*η*) bundle. (*ακτίνων*) beam

δεσμίδα (*η*) bundle. (*χαρτιού*) ream

δεσμ|ός (*ο*) tie. (*ηθικός*) bond. **ερωτικός ~** love affair. **~ά** (*τα*) fetters

δεσμοφύλακας (*ο*) gaoler

δεσπόζω *ρ αμτβ* tower above. (*μεταφ*) dominate

δέσποινα (*η*) (*κυρά*) mistress

δεσποινίς (*η*) Miss

δεσπότης (*ο*) despot. (*εκκλ*) bishop

δέστρα (*η*) bollard

Δευτέρα (*η*) Monday

δευτερεύων *επίθ* secondary

δευτερόλεπτο (*το*) second

δεύτερος *επίθ* second. (*κατώτερος*) second-best

δέχομαι *ρ μτβ* accept. (*ανέχομαι*) stand for. (*όρους*) settle for. (*παραδέχομαι*) consent to. (*υποδέχομαι*) receive

δήθεν *επίρρ* ostensibly. **~ φίλος** so-called friend

δηκτικό|ς *επίθ* biting. (*μεταφ*) scathing. **~τητα** (*η*) pungency

δηλαδή *επίρρ* namely

δηλητηριάζω *ρ μτβ* poison

δηλητήριο (*το*) poison

δηλητηριώδης *επίθ* poisonous

δηλώνω *ρ μτβ* state. (*ανακοινώνω*) declare. (*γέννηση, θάνατο*) register

δήλωση (*η*) statement

δημαγωγός (*ο*) demagogue

δημαρχείο (*το*) town hall

δήμαρχος (*ο*) mayor

δημηγορία (*η*) harangue

δημητριακά (*τα*) cereals

δήμιος (*ο*) executioner

δημιούργημα (*το*) brain-child

δημιουργία (*η*) creation

δημιουργικός *επίθ* creative. (*νους*) inventive

δημιουργός (*ο, η*) creator

δημιουργώ *ρ μτβ* create. (*προξενώ*) give rise to

δημοκράτης (*ο*) democrat

δημοκρατία (*η*) (*πολίτευμα*) democracy. (*χώρα*) republic

δημοκρατικός *επίθ* democratic

δημοπρασία (*η*) auction

δήμος (*ο*) (*λαός*) public. (*περιφέρεια*) municipality

δημοσί|α *επίρρ* in public. **~ως** *επίρρ* publicly

δημοσίευ|ση (*η*) publication (*in newspaper, magazine*). **~μα** (*το*) (*ό, τι δημοσιεύτηκε*) publication

δημοσιεύω *ρ μτβ* publish

δημοσιογράφος (*ο, η*) journalist

δημόσι|ος επίθ public. ~ος υπάλληλος (ο) civil servant. ~α γνώμη (η) public opinion. ~ο (το) the state. ~α επίρρ publicly

δημοσιότητα (η) publicity

δημοσκόπηση (η) opinion poll

δημότης (ο) citizen

δημοτική (η) demotic Greek

δημοτικ|ός επίθ municipal. ~ό συμβούλιο (το) town council. ~ό τραγούδι folk song. ~ό (το) (σχολείο) primary school

δημοτικότητα (η) popularity

δημοφιλής επίθ popular

δημοψήφισμα (το) referendum

διά¹ πρόθ by. (διάρκεια) for

διά² αριθμ (στη διαίρεση) divided by

διάβα (το) (πέρασμα) passage

διαβάζω ρ μτβ/ρ αμτβ read. (δυνατά) read out. (ιερέας) bless. (μελετώ) study. (στα πεταχτά) skim through

διαβάθμιση (η) grading

διαβαίνω ρ αμτβ pass

διάβαση (η) passage. ~ πεζών pedestrian crossing

διάβασμα (το) reading

διαβασμένος επίθ well-read

διαβάτ|ης (ο), ~ισσα (η) passer-by

διαβατήριο (το) passport

διαβατός επίθ passable (of road)

διαβεβαίωση (η) assurance

διάβημα (το) step, measure

διαβήτης¹ (ο) diabetes

διαβήτης² (ο) compass

διαβιβάζω ρ μτβ convey. (επιστολή) forward

διαβόητος επίθ notorious

διαβολάκι (το) imp

διαβολεμένος επίθ infernal. (έξυπνος) cunning

διαβολικός επίθ diabolical

διάβολος (ο) devil

διαβρέχω ρ μτβ soak

διαβρώνω ρ μτβ erode. (μέταλλο) corrode

διάβρωση (η) (εδάφους) erosion. (μετάλλου) corrosion

διάγγελμα (το) proclamation

διάγνωση (η) diagnosis

διάγραμμα (το) diagram

διαγραφή (η) deletion

διαγράφ|ω ρ μτβ outline. (ακυρώνω) strike out. (σβήνω) delete. (περιγράφω) delineate. ~ομαι ρ αμτβ look

διαγωγή (η) conduct

διαγωνίζομαι ρ αμτβ compete

διαγώνιος επίθ diagonal

διαγωνισμός (ο) competition

διαδεδομένος επίθ widespread

διαδέχομαι ρ μτβ succeed

διαδηλώνω ρ αμτβ demonstrate

διαδήλωση (η) demonstration

διάδημα (το) diadem

διαδίδ|ω ρ μτβ spread (distribute). ~εται it is rumoured

διαδικασία (η) process. (τρόπος διεξαγωγής) procedure

Διαδίκτυο (το) the Internet

διάδοση (η) (μετάδοση) dissemination. (φήμη) rumour

διαδοχή (η) succession

διάδοχος (ο, η) successor. (του θρόνου) (ο) Crown prince

διαδρομή (η) course. (απόσταση) journey. (με αυτοκίνητο) drive. (πορεία) route

διάδρομος (ο) corridor. (σε εκκλησία) aisle. (σε θέατρο) gangway. (πέρασμα) passage. (προσγειώσεως) runway

διαζύγιο (το) divorce

διάζωμα (το) frieze

διάθεση (η) mood. (κατανομή) distribution. (περιουσίας, σκουπιδιών) disposal. (ψυχική) frame of mind

διαθέσιμος επίθ available

διαθέτω ρ μτβ make available. (ξοδεύω) spend (time etc.). (παραχωρώ) spare. (χρήματα) afford

διαθήκη (η) testament. (έγγραφο) will

διαίρεση (η) division

διαιρώ ρ μτβ divide

διαισθάνομαι ρ μτβ sense

διαίσθηση (η) intuition

διαισθητικός επίθ intuitive

δίαιτα (η) diet

διαιτησία (η) arbitration

διαιτητεύω ρ αμτβ arbitrate.

(*αγώνα*) referee
διαιτητής (*o*) arbiter. (*σε αγώνα*) referee. (*σε διαφορά*) arbitrator. (*σε παιχνίδι τένις, κρίκετ*) umpire
διαιωνίζω *ρ μτβ* perpetuate
διακανονισμός (*o*) settlement
διακεκομμένος *επίθ* intermittent. (*ύπνος*) fitful
διακεκριμένος *επίθ* eminent. (*έξοχος*) prominent. (*ξεχωριστός*) distinguished
διάκενο (*το*) clearance
διακηρύσσω *ρ μτβ* proclaim
διακήρυξη (*η*) proclamation
διακινδυνεύω *ρ μτβ* risk. (*μια παρατήρηση*) hazard. (*επιτυχία*) jeopardize
διακίνηση (*η*) traffic (*trading*). (*εμπορευμάτων*) transportation
διακλάδωση (*η*) (*πλάγια γραμμή*) branch. (*δρόμου*) fork
διακομιστής (*o*) server
διάκονος (*o*) *βλ* **διάκος**
διακοπές (*οι*) (*για αναψυχή*) holidays. (*σχολικές*) vacation
διακοπή (*η*) interruption. (*δικαστηρίου, Βουλής*) recess. (*εργασίας*) stoppage. (*ταξιδιού*) stopover
διακόπτης (*o*) (*ηλεκτρ*) switch
διακόπτω *ρ μτβ* interrupt. (*συνομιλία*) butt in. (*ταξίδι*) break. (*διπλωματικές σχέσεις*) break off
διάκος (*o*) deacon
διακόσ|ιοι (*οι*), **~οι** *επίθ* two hundred
διακόσμηση (*η*) decoration. (*βιτρίνας*) window-dressing
διακοσμ|ητής (*o*), **~ήτρια** (*η*) interior decorator
διάκοσμος (*o*) decor
διακοσμώ *ρ μτβ* decorate
διακρίν|ω *ρ μτβ* perceive. (*ξεχωρίζω*) spot. (*κάνω διακρίσεις*) discriminate. **~ομαι** *ρ αμτβ* excel
διάκριση (*η*) (*διακριτικότητα*) discretion. (*τιμητική αναγνώριση*) distinction. (*χωρισμός*) discrimination
διακριτικός *επίθ* discreet. (*που διακρίνει*) discriminating. (*χαρακτηριστικός*) distinctive

διακύμανση (*η*) fluctuation. (*θερμοκρασίας*) range. (*της φωνής*) inflection
διακωμώδηση (*η*) travesty
διαλαλώ *ρ μτβ* proclaim loudly
διαλέγω *ρ μτβ/ρ αμτβ* choose. (*επιλέγω*) select. (*λόγια*) pick. (*μαζεύω*) pick
διάλειμμα (*το*) interval. (*προσωρινή παύση*) interlude. (*σε παράσταση*) intermission. (*σε σχολείο*) break. (*για τσάι*) tea-break
διάλεκτος (*η*) dialect
διάλεξη (*η*) lecture
διαλευκαίνω *ρ μτβ* unravel
διαλλακτικός *επίθ* conciliatory
διαλογίζομαι *ρ μτβ/αμτβ* ponder
διάλογος (*o*) dialogue
διάλυμα (*το*) solution (*liquid*)
διάλυση (*η*) dissolution. (*εκκαθάριση*) closing down
διαλυτός *επίθ* soluble
διαλύ|ω *ρ μτβ* dissolve. (*καταργώ*) disband. (*φιλία*) break up. (*υγρό*) dilute. **~ομαι** *ρ αμτβ* dissolve. (*ομίχλη*) lift. (*πλήθος*) disperse. (*χωρίζομαι*) disintegrate
διαμάντι (*το*) diamond
διαμαντικά (*τα*) jewellery
διαμαρτυρία (*η*) protest
διαμαρτύρομαι *ρ αμτβ/ρ μτβ* protest, remonstrate
διαμαρτυρόμενος (*o*) protester. (*εκκλ*) protestant
διαμάχη (*η*) strife. (*ανταγωνισμός*) conflict. (*συζήτηση*) controversy
διαμελισμός (*o*) partition
διαμένω *ρ αμτβ* reside
διαμερίζω *ρ μτβ* partition
διαμέρισμα (*το*) flat, apartment (*αμερ*) apartment
διάμεσο|ς *επίθ* intermediate. **~** (*το*) gap
διαμέσου *επίρρ* through
διάμετρος (*η*) diameter
διαμιάς *επίρρ* all at once
διαμοιράζω *ρ μτβ* share out
διαμονή (*η*) residence
διαμορφώνω *ρ μτβ* mould. (*γνώμη*) form
διάνα (*η*) bulls-eye

διανέμω ρ μτβ distribute.
(επιστολές) deliver
διανοητικό|ς επίθ mental. **~τητα**
(η) intelligence
διανοητός επίθ conceivable
διάνοια (η) intellect
διανομέας (ο) distributor
διανομή (η) distribution.
(ταχυδρομείου) delivery
διανοούμαι ρ αμτβ contemplate
διανοούμενος (ο) intellectual
διανυκτερεύω ρ αμτβ stay all night.
(μαγαζιά) stay open all night
διανύω ρ μτβ cover
διαξιφισμός (ο) skirmish. (μεταφ)
sharp exchange
διαπασών (η, το) άκλ tuning-fork.
(μουσ κλίμακα) octave. (θόρυβος)
full blast
διαπεραστικός επίθ penetrating.
(θόρυβος) sharp. (κρύο) bitter.
(μάτια) searching. (μυρωδιά) acrid.
(φωνή) piercing
διαπερνώ ρ μτβ penetrate.
(διεισδύω) permeate. (τρυπώ)
pierce
διαπιστευμένος επίθ accredited
διαπιστευτήρια (τα) credentials
διαπίστωση (η) discovery
διαπιστώνω ρ αμτβ ascertain
διάπλαση (η) formation
διάπλατος επίθ wide open
διαπλέω ρ μτβ sail through or
along
διαπληκτισμός (ο) bickering
διαποτίζω ρ μτβ impregnate
διαποτισμένος επίθ saturated
διαπραγματεύομαι ρ μτβ/ρ αμτβ
negotiate
διαπραγμάτευση (η) negotiation
διαπραγματευτής (ο) negotiator
διαπράττω ρ μτβ perpetrate.
(έγκλημα) commit
διαπρεπής επίθ eminent
διαπρέπω ρ αμτβ excel
διάρκεια (η) duration. **κατά τη ~**
during
διαρκ|ής επίθ enduring. (μόνιμος)
lasting. **~ώς** επίρρ continuously
διαρκώ ρ μτβ last
διαρρέω ρ αμτβ escape (gas).
(διαφεύγω) leak. (χρόνος) pass

διαρρηγνύω ρ μτβ rupture. (σκίζω)
tear. (κλέβω) burgle
διαρρήκτης (ο) burglar
διάρρηξη (η) burglary
διαρροή (η) leak. (διασκορπισμός)
drain
διάρροια (η) diarrhoea
διαρρύθμιση (η) arrangement
διασάλευση (η) disturbance
διασαφηνίζω ρ μτβ clarify
διάσειση (η) concussion
διάσημα (τα) insignia
διάσημος επίθ renowned,
celebrated
διασκεδάζω ρ μτβ amuse. • ρ αμτβ
have fun, enjoy o.s.
διασκέδαση (η) amusement.
(γλέντι) fun, enjoyment
διασκεδαστικός επίθ amusing
διασκευ|άζω ρ μτβ (κείμενο) adapt.
(μουσική) arrange. **~ή** (η)
adaptation. (μουσ) arrangement
διάσκεψη (η) conference
διασκορπίζω ρ μτβ disperse.
(αμφιβολίες) dispel.
(κατασπαταλώ) squander
διασκορπισμένος επίθ scattered
διάσπαρτος επίθ dotted
διάσπαση (η) split. (του ατόμου)
fission
διασπορά (η) dissemination.
(διάδοση) spreading. **η Ελληνική
Δ~** the Greek Diaspora
διασπώ ρ μτβ disrupt. (διαλύω)
split
διάσταση (η) dimension. (διχόνοια)
dissent. (έγγαμης ζωής)
estrangement
διασταυρώνω ρ μτβ cross
διασταύρωση (η) crossing. (ζώων)
cross. (σε δρόμο) junction
διαστέλλω ρ μτβ (μέταλλο)
expand. (διανοίγω) dilate
διάστημα (το) gap. (κενό) gap.
(κοσμικό) space. (χρόνου) interval
διαστημόπλοιο (το) spacecraft,
spaceship
διάστικτος επίθ spotted
διαστολή (η) dilation
διαστρεβλώνω ρ μτβ distort.
(γεγονότα, απόψεις) misrepresent.
(λόγια) twist

διαστρέφω ρ μτβ (αλλοιώνω) warp.
(διαφθείρω) pervert

διαστροφή (η) (διαφθορά)
perversion. (παραμόρφωση) twist

διασύρω ρ μτβ vilify

διασφαλίζω ρ μτβ safeguard

διασχίζω ρ μτβ pass through.
(δρόμο) walk across. (νερό ή
ποτάμι) wade across

διασώζω ρ μτβ salvage. (διατηρώ)
preserve

διάσωση (η) salvage. (διατήρηση)
preservation

διαταγή (η) order. (προσταγή)
command

διάταγμα (το) decree

διατάζω ρ μτβ order. (προστάζω)
command. (τακτοποιώ) arrange

διάταξη (η) layout. (νόμου)
provision

διατάραξη (η) disturbance

διαταράσσω ρ μτβ disturb

διαταραχή (η) disturbance. (ιατρ)
disorder

διατηρ|ώ ρ μτβ retain. (συντηρώ)
preserve. (διασώζω) conserve.
~ούμαι ρ αμτβ (άνθρωπος) be
preserved. (τροφές) keep

διατήρηση (η) preservation

διατομή (η) cross-section

διατρέχω ρ μτβ (περνώ) run
through/across

διάτρηση (η) perforation. (άνοιγμα
οπής) drilling

διατριβή (η) thesis

διατροφή (η) diet. (σε διαζύγιο)
alimony

διατρυπώ ρ μτβ perforate

διατυμπανίζω ρ μτβ trumpet

διατυπώνω ρ μτβ formulate.
(γνώμη) couch. (εκφράζω) express

διατύπωση (η) wording

διαύγεια (η) clarity. (σκέψης)
lucidity

διαυγής επίθ lucid

διαφάνεια¹ (η) openness (in
government affairs)

διαφάνεια² (η) slide, transparency

διαφανής επίθ transparent.
(ύφασμα) sheer. (φόρεμα) see-
through. (χαρτί για ξεσήκωμα)
tracing (paper)

διάφανος επίθ clear

διαφέρω ρ αμτβ differ

διαφεύγω ρ μτβ elude

διαφημίζω ρ μτβ advertise

διαφημι|στής (ο), **~ίστρια** (η)
advertiser

διαφήμιση (η) (καθομ)
advertisement, ad

διαφθείρω ρ μτβ corrupt.
(διακορεύω) seduce. (ηθικά)
debauch

διαφθορά (η) corruption.
(ανηθικότητα) depravity

διαφορά (η) difference. (διαφωνία)
dispute. (ποσά) disparity

διάφορα (τα) sundries

διαφορετικ|ός επίθ different. **~ά**
επίρρ differently. **~ά** σύνδ
otherwise

διαφορικός επίθ differential

διάφορος επίθ sundry. (ποικίλος)
various. (μερικοί) several

διάφραγμα (το) diaphragm.
(φωτογρ μηχανή) shutter. (ιατρ)
midriff

διαφυγή (η) evasion. (αερίου) leak

διαφύλαξη (η) safekeeping

διαφωνία (η) disagreement.
(διάσταση γνώμης) dissent

διαφωνώ ρ αμτβ disagree

διαφωτίζω ρ μτβ enlighten.
(διευκρινίζω) shed light on

διαφώτιση (η) enlightenment

Διαφωτισμός (ο) the
Enlightenment

διαχειρίζομαι ρ μτβ administer.
(υποθέσεις) manage

διαχείριση (η) management

διαχειρ|ιστής (ο), **~ίστρια** (η)
administrator

διάχυση (η) diffusion

διαχυτικός επίθ effusive

διάχυτος επίθ widespread. (φως)
diffuse

διαχωρίζω ρ μτβ segregate

διαχωρισμός (ο) segregation.
(χωρισμός στη μέση) demarcation

διαψεύδω ρ μτβ deny (rumour)

διάψευση (η) denial (statement)

διγαμία (η) bigamy

δίγαμος επίθ bigamous

δίγλωσσος *επίθ* bilingual
διδακτικός *επίθ* instructive
διδάκτορας *(ο)* Doctor of Philosophy
διδακτορία *(η)* doctorate
δίδακτρα *(τα)* tuition fees. *(σχολείου)* school fees
διδασκαλία *(η)* teaching. *(εκτός σχολείου)* tuition
διδάσκω *ρ μτβ/ρ αμτβ* teach
δίδυμ|ος *επίθ* twin. **Δ~οι** *(οι)* *(αστρ)* Gemini
διεγείρω *ρ μτβ* stimulate. *(εξάπτω)* arouse
διέγερση *(η)* stimulation
διεθνής *επίθ* international
διεθνοποιώ *ρ μτβ* internationalize
διείσδυση *(η)* penetration. *(μεταφ)* infiltration
διεισδυτικός *επίθ* penetrating. *(μεταφ)* pervasive
διεκδικώ *ρ μτβ* *(αγωνίζομαι για)* contest. *(αξιώνω δικαίωμα)* assert
διεκπεραιώνω *ρ μτβ* carry out. *(φέρνω σε πέρας)* bring to completion
διέλευση *(η)* passing through
διένεξη *(η)* dispute
διεξάγω *ρ μτβ* conduct. *(έρευνα)* carry out
διέξοδος *(η)* way out. *(για αισθήματα)* outlet
διέπω *ρ μτβ* govern *(rule)*
διερευνώ *ρ μτβ* enquire into. *(μεταφ)* explore
διερμην|έας *(ο, η)* interpreter. **~εία** *(η)* interpretation
διερμηνεύω *ρ αμτβ* interpret
διέρχομαι *ρ αμτβ* pass through
δίεση *(η)* *(μουσ)* sharp
διεστραμμένος *επίθ* perverse
διετ|ής *επίθ* biennial. **~ία** *(η)* two year period
διευθέτηση *(η)* arrangement
διευθετώ *ρ μτβ* arrange. *(πρόβλημα)* sort out
διεύθυνση *(η)* address. *(επιχείρησης)* management
διευθυντής *(ο)* *(αστυνομίας)* commissioner (of police). *(επιχείρησης)* manager, director. *(ορχήστρας)* conductor. *(σκηνής)* stage-manager. *(σχολείου)* headmaster. *(σχολής)* principal. *(ταχιδρομείου)* postmaster

διευθύντρια *(η)* manageress. *(σχολής)* principal. *(σχολείου)* headmistress. *(ταχιδρομείου)* postmistress
διευθύνω *ρ μτβ* manage. *(ελέγχω)* run. *(ορχήστρα)* conduct
διευκολύνω *ρ μτβ* facilitate
διευκρινίζω *ρ μτβ* clarify
διευρύνω *ρ μτβ* broaden
διεφθαρμένος *επίθ* corrupt
διήγη|μα *(το)* short story. **~ση** *(η)* narration
διηγούμαι *ρ μτβ* tell *(story)*. *(αφηγούμαι)* relate
διήθηση *(η)* filtration
διημερεύω *ρ αμτβ* spend all the day. *(για νοσοκομεία, φαρμακεία)* be open all day
διιστάμενος *επίθ* divergent
δικάζ|ω *ρ μτβ/ρ αμτβ* try. *(νομ)* *(σε στρατοδικείο)* court-martial. **~ομαι** *ρ αμτβ* be on trial
δίκαιο *(το)* right *(not wrong)*. *(νόμος)* law. **αστικό/ποινικό ~** civil/criminal law
δικαιοδοσία *(η)* jurisdiction
δικαιολογητικ|ός *επίθ* justifying. **~ά** *(τα)* supporting documentation
δικαιολογία *(η)* justification. *(πρόφαση)* excuse
δικαιολογώ *ρ μτβ* justify. *(βρίσκω πρόφαση)* excuse
δίκαιος *επίθ* just. *(σύμφωνος με το σωστό)* right, fair. *(αμερόληπτος)* fair, just
δικαιοσύνη *(η)* justice
δικαιούμαι *ρ αμτβ* be entitled to
δικαιούχος *επίθ* beneficiary
δικαίωμα *(το)* *(αξίωση)* claim, right. *(νομ)* right. *(τέλος)* charge. **πνευματικά δικαιώματα** *(τα)* copyright
δικαιώνω *ρ μτβ* vindicate
δικαίωση *(η)* vindication
δικαστήρι|ο *(το)* court of justice. **~α** *(τα)* Law Courts
δικαστής *(ο)* judge
δικαστικός *επίθ* judicial

δικέφαλος *επίθ* with two heads

δίκη *(η)* *(νομ)* trial. *(τιμωρία)* punishment

δικηγόρος *(ο)* lawyer, *(αμερ)* attorney

δίκιο *(το)* right. **έχω ~** be in the right

δικογραφία *(η)* *(νομ)* brief

δικόγραφο *(το)* writ

δικονομία *(η)* procedure

δικ|ός *αντων* own. **δικός μου** mine. **δικός σου** yours. **δικός του/της/ του** his/hers/its. **δικός μας** ours. **δικός σας** yours. **δικός τους** theirs. **~οί** *(οι)* close relatives

δικράνι *(το)* pitchfork

δικτάτορας *(ο)* dictator

δικτατορία *(η)* dictatorship

δίκτυο *(το)* net. *(οργάνωση)* network

δικτυωτό|ς *επίθ* like a net. **~** *(το)* wire netting

δίλημμα *(το)* dilemma

διμοιρία *(η)* platoon

δίνη *(η)* *(νερού)* eddy. *(πολέμου)* maelstrom

δίνω *ρ μτβ* give. *(αποφέρω)* yield. *(εξετάσεις)* sit. *(πληρώνω)* pay. *(προσοχή)* pay

διόγκωση *(η)* swelling

διόδια *(τα)* toll

δίοδος *(η)* pass

διοίκηση *(η)* administration

διοικητής¹ *(ο)* *(στρ)* commander

διοικ|ητής² *(ο)*, **~ήτρια** *(η)* administrator

διοικητικός *επίθ* administrative

διοικώ *ρ μτβ* administrate

διόλου *επίρρ* not at all

διοξείδιο *(το)* dioxide

διορατικό|ς *επίθ* far-sighted. **~τητα** *(η)* insight

διοργανώνω *ρ μτβ* organize

διοργάνωση *(η)* organization *(setting up)*

διοργαν|ωτής *(ο)*, **~ώτρια** *(η)* organizer

διορθών|ω *ρ μτβ* correct. **~ομαι** *ρ αμτβ* reform

διόρθωση *(η)* correction. *(τυπογρ)* proof. *(δοκιμίου)* proof-reading

διορία *(η)* deadline

διορίζω *ρ μτβ* appoint. *(προτείνω)* nominate. *(ορίζω)* designate

διορισμός *(ο)* appointment *(job)*

διόρυξη *(η)* tunnelling

διότι *σύνδ* because

διοχετεύω *ρ μτβ* channel

δίπλα¹ *(η)* *(ζαρωματιά)* wrinkle. *(πτυχή)* fold

δίπλα² *επίρρ* beside. *(ναυτ)* alongside. **~ ~** side by side

διπλαν|ός *επίθ* next. *(σπίτι)* neighbouring. **~οί** *(οι)* next door neighbours

διπλαρώνω *ρ μτβ* sidle up to. *(πλευρίζω)* come alongside

διπλασιάζω *ρ μτβ* double

διπλάσιος *επίθ* double

διπλός *επίθ* dual. *(διπλάσιος)* double

διπλότυπος *επίθ* duplicate. **διπλότυπο** *(το)* duplicate

δίπλωμα *(το)* diploma

διπλωμάτης *(ο)* diplomat

διπλωματ|ία *(η)* diplomacy. **~ικός** *επίθ* diplomatic

διπλωματούχος *επίθ* qualified

διπλώνω *ρ μτβ* fold. *(περιτυλίγω)* wrap up

δίποδος *επίθ* two-legged

διπρόσωπος *επίθ* double-faced

δισάκι *(το)* saddle bag

δισέγγον|ος *(ο)* great grandson. **~η** *(η)* great granddaughter

δισεκατομμ|ύριο *(το)* *(αμερ)* billion. **~υριούχος** *επίθ* multimillionaire

δίσεκτος χρόνος *(ο)* leap year

δισκέτα *(η)* disk *(computer)*

δισκοβολία *(η)* discus throwing

δισκοθήκη *(η)* *(θήκη)* record sleeve. *(συλλογή)* record collection. *(για χορό)* discothèque

δίσκος *(ο)* *(αγώνες)* discus. *(ασημένιος)* salver. *(για έρανο)* plate. *(για σερβίρισμα)* tray. *(ζυγαριάς)* pan. *(κυκλικού σχήματος)* disc. *(μουσ)* record

δισταγμός *(ο)* hesitation

διστάζω *ρ μτβ* hesitate

διστακτικό|ς *επίθ* hesitant. *(τρόπος)* diffident. *(φωνή)* halting.

~τητα (η) hesitation
δίτροχος επίθ two-wheel
διυλίζω ρ μτβ refine
διύλιση (η) refinement
διυλιστήριο (το) refinery
διφθερίτιδα (η) diphtheria
δίφθογγος (η) diphthong
διφορούμενος επίθ equivocal,
ambivalent
διχάζω ρ μτβ (πολιτ) split
διχασμός (ο) disunity
διχαλωτός επίθ forked
διχόνοια (η) discord
διχοτόμηση (ο) (πολιτ) partition
διχοτομώ ρ μτβ partition
δίχρονος επίθ two-year
δίχτυ (το) net
δίχως πρόθ without
δίψα (η) thirst. (μεταφ) longing
διψασμένος επίθ thirsty
διψήφιος επίθ two-digit
διψώ ρ αμτβ be thirsty. ~ για
hanker after, long for
διωγμός (ο) persecution
διώκτ|ης (η), ~ρια (ο) pursuer
διώκω ρ μτβ persecute. (νομ)
prosecute
δίωξη (η) prosecution
διώροφος επίθ two-storey
διώρυγα (η) canal
διώχνω ρ μτβ send away. (απολύω)
sack. (σκέψη) dismiss
δόγμα (το) doctrine. (εκκλ) dogma
δογματικός επίθ dogmatic
δοκάρι (το) girder. (οροφής) rafter.
(του τέρματος) goal-post
δοκιμάζω ρ μτβ try. (εξετάζω) test.
(εμπειρία) experience. (επιχειρώ)
try out. (ρούχα) try on. (φαγητό)
taste
δοκιμασία (η) ordeal. (εξέταση)
test. επί ~ on approval
δοκιμαστικός επίθ experimental.
~ σωλήνας (ο) test tube
δοκιμή (η) try. (έλεγχος) test.
(θέατρο) rehearsal. (ρούχων) fitting
δοκίμιο (το) essay
δόκιμος (ο) cadet
δοκός (η) beam. (στη γυμναστική)
trapeze
δόκτορας (ο) doctor

δολάριο (το) dollar
δολερός επίθ wily. (μάτια) shifty
δόλιος¹ επίθ crafty
δόλιος² επίθ poor, wretched
δολιότητα (η) deceit
δολοπλοκ|ία (η) intrigue. ~ώ ρ
αμτβ scheme
δόλος (ο) deceit
δολοφον|ία (η) murder. ~ικός
επίθ murderous
δολοφόνος (ο, η) assassin,
murderer
δολοφονώ ρ μτβ murder,
assassinate
δόλωμα (το) bait. (μεταφ) decoy
δομή (η) structure
δόνηση (η) vibration. (εδάφους)
tremor
δόντι (το) tooth. (διχάλας) prong.
(τροχού) cog. (φιδιού) fang
δονώ ρ μτβ vibrate
δόξα (η) glory
δοξάζω ρ μτβ glorify. (λατρεύω)
worship
δοξάρι (το) bow
δοξολογία (η) thanksgiving service
δόρυ (το) spear
δορυφόρος (ο) satellite
δόση (η) (ίχνος) streak. (ιατρ) dose.
(χρημάτων) instalment
δοσοληψ|ία (η) transaction. ~ες
(οι) dealings
δοσολογία (η) dosage
δοτική (η) dative
δούκ|ας (ο) duke. ~ισσα (η)
duchess
δούλα (η) (woman) servant
δουλεία (η) slavery
δουλειά (η) work. (επάγγελμα) job.
(επιχείρηση) business. (σκοπός)
task. κοίτα τη ~ σου mind your
own business
δούλεμα (το) (επεξεργασία)
elaboration. (πείραγμα) teasing
δουλεύω ρ μτβ/αμτβ work.
(κατεργάζομαι) elaborate.
(λειτουργώ) operate. (μοχθώ)
labour. (πειράζω) tease
δουλικός επίθ servile
δουλοπρεπής επίθ subservient
δούλος (ο) servant

δούρειος επίθ wooden

δοχείο (το) receptacle

Δρ συντ (δόκτορας) Dr

δράκοντας (ο) dragon

δρακόντειος επίθ draconian

δρακόντιο (το) tarragon

δράκος (ο) ogre. (ζώο) dragon

δράμα (το) drama. (γεγονός) tragedy

δραματικός επίθ dramatic

δραματουργός (ο, η) dramatist

δράμι (το) dram

δραπέτευση (η) escape (of prisoner)

δραπετεύω ρ αμτβ escape

δραπέτ|ης (ο), **~ις** (η) runaway. (από φυλακή) escaped prisoner

δράση (η) action

δρασκελιά (η) stride

δρασκελώ ρ μτβ stride over

δραστήριος επίθ active and energetic

δραστηριότητα (η) activity. (ενεργητικότητα) push, drive

δράστης (ο) perpetrator

δραστικός επίθ drastic. (φάρμακο) potent

δραχμή (η) drachma

δρεπάνι (το) scythe

δρέπω ρ μτβ reap

δριμύς επίθ pungent. (παρατηρήσεις) sharp. (χειμώνας) severe

δρομάδα (η) dromedary

δρομάκι (το) alley. (στην εξοχή) lane

δρομέας (ο) runner

δρομολόγιο (το) itinerary. (πορεία) route

δρόμ|ος (ο) road, street. (απόσταση) way. (μεταφ) path. **ανοίγω ~** make way

δροσερός επίθ cool

δροσιά (η) dew. (κρύο) coolness

δροσίζω ρ μτβ refresh. (ψύχω) freshen. • ρ αμτβ cool

δροσιστικός επίθ refreshing

δρυοκολάπτης (ο) (πουλί) woodpecker

δυαδικός επίθ (αριθμός) binary

δύναμη (η) (ικανότητα) power. (ισχύς) force. (σθένος) strength

δυναμική (η) dynamics

δυναμικός επίθ dynamic

δυναμικό (το) potential

δυναμισμός (ο) dynamism

δυναμίτης (ο) dynamite

δυναμό (το) dynamo

δυνάμωμα (το) strengthening

δυναμώνω ρ μτβ strengthen. (ενισχύω) reinforce. (μυς) tone up. (τονώνω) intensify. (ραδιόφωνο, γκάζι) turn up. • ρ αμτβ get stronger

δυναμωτικό|ς επίθ strengthening. **~** (το) tonic

δυναστεία (η) dynasty

δυνάστης (ο) despot

δυνατ|ός επίθ (άνεμος) strong, high. (βροχή) heavy. (ήχος) loud. (ισχυρός) strong. (ποτό) stiff. (που μπορεί να υπάρξει) possible. (φως) harsh. (χτύπημα) hard. **~ά** επίρρ strongly, loudly

δυνατότητα (η) ability. (πιθανότητα) possibility

δυνητικός επίθ potential

δύο, δυο επίθ άκλ two. **~** (το) άκλ two. **δυο φορές** twice. **και οι ~** both. **κάνα δυο** one or two

δυόσμος (ο) spearmint. (βότανο) mint

δυσανάγνωστος επίθ illegible

δυσανάλογος επίθ disproportionate

δυσανασχετώ ρ αμτβ (στενοχωριέμαι) fret. (αγανακτώ) resent

δυσαρέσκεια (η) discontent. (μομφή) displeasure

δυσαρεστημένος επίθ disgruntled. (μη ικανοποιημένος) discontented

δυσάρεστος επίθ unpleasant. (άνθρωπος) disagreeable. (επεισόδειο) regrettable. (μυρωδιά) offensive. (στη γεύση) unpalatable

δυσαρεστώ ρ μτβ displease

δυσαρμονία (η) discord. (ήχων) dissonance. (χρωμάτων) clash

δυσβάστακτος επίθ hard to bear

δύσβατος επίθ impassable

δυσεξήγητος επίθ difficult to explain

δυσεπίλυτος *επίθ* difficult to solve

δυσεύρετος *επίθ* hard to come by

δύση *(η)* west. *(του ήλιου)* setting

δύσθυμος *επίθ* dejected

δύσκαμπτος *επίθ* stiff

δυσκίνητος *επίθ* sluggish

δυσκοιλιότητα *(η)* constipation

δυσκολεύ|ω *ρ μτβ* make difficult. *(εμποδίζω)* impede. **~ομαι** *ρ αμτβ* have difficulty

δυσκολία *(η)* difficulty. *(προσωρινή)* snag

δυσκολονόητος *επίθ* difficult to understand

δύσκολος *επίθ* difficult. *(επίπονος)* laboured. *(ιδιότροπος)* fussy. *(πρόβλημα)* hard. *(στη συμπεριφορά)* obstreperous. *(ταξίδι)* arduous

δυσλεξία *(η)* dyslexia

δύσλυτος *επίθ* puzzling

δυσμένεια *(η)* disgrace

δυσμενής *επίθ* unfavourable. *(ανεπιθύμητος)* adverse

δύσμορφος *επίθ* malformed

δυσνόητος *επίθ* abstruse

δυσοίωνος *επίθ* inauspicious

δυσοσμία *(η)* bad smell

δύσοσμος *επίθ* foul smelling

δυσπεψία *(η)* indigestion

δυσπιστία *(η)* mistrust

δύσπιστος *επίθ* incredulous

δυσπιστώ *ρ μτβ* mistrust, distrust

δύστροπος *επίθ* fractious

δυστύχημα *(το)* accident

δυστυχ|ία *(η)* unhappiness. **~ισμένος** *επίθ* unhappy

δύστυχος *επίθ (κακότυχος)* poor

δυστυχώς *επίρρ* unfortunately, regrettably

δυσφημώ *ρ μτβ* denigrate

δυσφήμηση *(η)* defamation

δυσφορία *(η)* malaise

δυσχεραίνω *ρ μτβ* make difficult. *(εμποδίζω)* impede

δυσχέρεια *(η)* difficulty. *(στην ομιλία)* impediment

δυσωδία *(η)* stink

δύτης *(ο)* diver *(underwater)*

δυτικ|ός *επίθ* west. *(άνεμος)* westerly. *(αντιλήψεις)* western.
~ές χώρες *(οι)* the West. **~ά** *επίρρ* westward(s)

δύω *ρ αμτβ* set *(of sun)*

δώδεκα *επίθ άκλ* twelve

δωδεκάδα *(η)* dozen

δωδεκαδάκτυλος *(ο)* duodenum

Δωδεκάνησα *(τα)* Dodecanese

δώθε *επίρρ* this way. **πέρα ~** to and fro

δώμα *(το)* roof

δωμάτιο *(το)* room

δωρεά *(η)* donation

δωρεάν *επίρρ* free, gratis

δωρητής *(ο)* donor

δωρίζω *ρ μτβ* donate

δώρο *(το)* present. *(φιλανθρωπία)* donation. *(χάρισμα)* gift

δωροδόκημα *(το)* bribe

δωροδοκ|ία *(η)* bribery. **~ώ** *ρ μτβ* bribe

• •

Eε

• •

ε! *επιφών* hey!

εάν *σύνδ* if

εαυτ|ός *(ο) αντων* self. **ο ~ός μου** myself. **ο ~ός σου** yourself

έβγα *(το) άκλ* point of exit

εβδομάδα *(η)* week

εβδομαδιαίος *επίθ* weekly

εβδομήντα *επίθ άκλ* seventy

έβδομος *επίθ* seventh

έβενος *(ο)* ebony

εβραϊκά *(τα)* Hebrew

εβραϊκός *επίθ* Jewish, Hebrew

Εβραίος *(ο)* Jew

έγγαμος *επίθ* married

εγγίζω *ρ μτβ* touch

εγγλέζικος *επίθ βλ* **αγγλικός**

εγγονή *(η)* granddaughter

εγγόνι *(το)* grandchild

εγγονός *(ο)* grandson

εγγραφή *(η)* registration. *(σε πανεπιστήμιο)* matriculation. *(σε σχολείο)* enrolment

έγγραφο *(το)* document

εγγράφω *ρ μτβ* register. *(σε σχολείο)* enrol

εγγύηση (*η*) warranty, guarantee. (*για δάνειο*) security. (*για προστασία*) safeguard. (*δικαστική*) bail

εγγυ|ητής (*o*), **~ήτρια** (*η*) guarantor

εγγύς *επίθ* close. **E~ Ανατολή** (*η*) Near East

εγγυ|ώμαι (**~ούμαι**) *ρ μτβ/αμτβ* vouch for, guarantee. (*νομ*) stand bail

εγείρω *ρ μτβ* raise (*question*). (*νομ*) institute (*legal action*)

έγερση (*η*) awakening. (*σήκωμα*) raising

εγκαθίσταμαι *ρ αμτβ* settle (*live*). • *ρ μτβ* take up (*occupy*)

εγκαθιστώ *ρ μτβ* establish. (*τοποθετώ*) install

εγκαίνια (*τα*) inauguration

εγκαινιάζω *ρ μτβ* inaugurate

εγκαινίαση (*η*) formatting (*a disc*)

έγκαιρος *επίθ* timely

εγκάρδιος *επίθ* (*άνθρωπος*) warm. (*σχέσεις*) cordial

εγκάρσιος *επίθ* transverse

εγκαρτέρηση (*η*) resignation

έγκατα (*τα*) depths

εγκαταλειμμένος *επίθ* deserted. (*παρατημένος*) abandoned

εγκαταλείπω *ρ μτβ* desert. (*αφήνω*) leave. (*έλεγχο*) relinquish. (*παραιτούμαι*) abandon. (*σύζυγο*) walk out on

εγκατάσταση (*η*) installation. (*μηχ*) fitting. (*μόνιμη κατοικία*) residence

έγκαυμα (*το*) burn

έγκειται *ρ αμτβ απρόσ* lies, rests

εγκέφαλος (*o*) brain. (*μεταφ*) mastermind

εγκλείω *ρ μτβ* encase. (*σε φυλακή*) incarcerate

έγκλημα (*το*) crime

εγκληματίας (*o, η*) criminal

εγκληματικός *επίθ* criminal

εγκλιματίζω *ρ μτβ* acclimatize

εγκοπή (*η*) groove. (*για νόμισμα*) slot. (*σε σχήμα* V) notch

εγκόσμιος *επίθ* worldly

εγκράτεια (*η*) temperance. (*συγκράτηση*) self-restraint

εγκρατής *επίθ* temperate. (*που

απέχει από απολαύσεις*) abstemious

εγκρίνω *ρ μτβ/ρ αμτβ* approve. (*επίσημα*) sanction. (*τυπικά*) rubber-stamp

έγκριση (*η*) approval. (*επικύρωση*) endorsement. (*επίσημη*) sanction

εγκύκλιος (*η*) circular

εγκυκλοπαίδεια (*η*) encyclopedia

εγκυμοσύνη (*η*) pregnancy

έγκυος *επίθ* pregnant

έγκυρος *επίθ* authoritative. (*με νομική ισχύ*) valid

εγκώμιο (*το*) eulogy

έγνοια (*η*) preoccupation. (*σκοτούρα*) concern

εγχείρημα (*το*) venture. (*απόπειρα*) attempt

εγχείρηση (*η*) (*ιατρ*) operation.

εγχειρίδιο (*το*) manual

εγχειρίζω *ρ μτβ* operate on

έγχρωμος *επίθ* coloured. **~η τηλεόραση** (*η*) colour TV

έγχυση (*η*) infusion. (*ιατρ*) drip

εγχώριος *επίθ* (*αγορά*) home. (*ιθαγενής*) native. (*προϊόντα*) domestic

εγώ¹ *αντων* I

εγώ² (*το*) ego

εγωισμός (*o*) ego(t)ism, selfishness. (*περηφάνια*) vanity. (*φιλοτιμία*) self respect

εγω|ιστής (*o*), **~ίστρια** (*η*) ego(t)ist

εγωιστικός *επίθ* selfish

εδάφιο (*το*) verse (*of Bible*). (*νομ*) section, clause

έδαφος (*το*) (*γεωγρ*) terrain. (*γη*) ground. (*χώμα*) soil. (*χώρας*) territory

έδρα (*η*) (*επιχείρησης*) headquarters. (*ιατρ*) anus. (*κάθισμα*) seat. (*σε πανεπιστήμιο*) chair

εδραιώνω *ρ μρβ* consolidate

εδρεύω *ρ αμτβ* have headquarters

εδώ *επίρρ* here. **~ κι εκεί** here and there. **~ κοντά** close by. **από ~ και πέρα** from now on

εδώλιο (*το*) (*νομ*) dock.

εθελοντικός *επίθ* voluntary

εθελ|οντής (*o*), **~όντρια** (*η*) volunteer

έθιμο (το) custom
εθιμοτυπία (η) etiquette
εθισμός (ο) (ιατρ) addiction.
εθνάρχης (το) ethnarch
εθνικισμός (ο) nationalism
εθνικ|ιστής (ο), **~ίστρια** (η) nationalist
εθνικοπ|οίηση (η) nationalization. **~οιώ** ρ μτβ nationalize
εθνικός επίθ national. (φυλετικός) ethnic
εθνικότητα (η) nationality
εθνικόφρων επίθ nationalist
εθνοκάθαρση (η) ethnic cleansing
έθνος (το) nation
είδα βλ **βλέπω**
ειδάλλως επίρρ otherwise
ειδεμή σύνδ or else, otherwise
ειδήμων (ο) connoisseur
είδηση (η) news. **ειδήσεις** (οι) news
ειδικεύομαι (σε) ρ μτβ specialize (in)
ειδίκευση (η) specialization
ειδικ|ός επίθ special. (έμπειρος) expert. (για περίσταση) purpose-built. **~ός** (ο, η) specialist. **~ά** επίρρ specially
ειδοποίηση (η) notification. (προειδοποίηση) warning
ειδοποιώ ρ μτβ notify. (πληροφορώ) advise
είδος (το) sort. (αντικείμενο) item. (ζώα και φυτά) species. (ποιότητα) manner, kind. **εις ~** in kind
ειδυλλιακός επίθ idyllic
ειδύλλιο (το) romance, love affair
είδωλο (το) idol
ειδωλολάτρ|ης (ο), **~ισσα** (η) idolater
είθε μόριο may, wish. **~ να επιτύχεις** I wish you success
εικάζω ρ μτβ/ρ αμτβ surmise, conjecture
εικασία (η) conjecture. (υπόθεση) speculation
εικόνα (η) picture. (εκκλ) icon. (στον καθρέφτη) reflection. (μεταφ) image
εικονικός επίθ pictorial. (πλαστός) fictitious. (εταιρία) bogus

εικόνισμα (το) icon
εικονογραφημένος επίθ illustrated
εικονογράφηση (η) illustration
εικονογραφώ ρ μτβ illustrate (with pictures)
εικονοκλάστης (ο) iconoclast
εικονολήπτης (ο) (TV) camera
εικονοστάσι (το) (εκκλ) screen of icons
είκοσι επίθ άκλ twenty
εικοσιτετράωρο|ς επίθ twenty-four-hour. **~** (το) twenty-four hours
εικοστός επίθ twentieth
ειλικρίνεια (η) sincerity. (ευθύτητα) frankness, candour
ειλικρινής επίθ sincere. (ευθύς) frank, candid. (τίμιος) honest
είλωτας (ο) drudge
είμαι ρ αμτβ be. **~ ικανός** be able. **~ χωρίς** be out of. **~ από την Κρήτη** I come from Crete
ειμαρμένη (η) destiny
είναι βλ **είμαι** (το) being
είπα βλ **λέω**
ειρηνεύω ρ μτβ pacify
ειρήνη (η) peace
ειρηνικός επίθ peaceful. **ο Ε~** (Ωκεανός) the Pacific (Ocean)
ειρηνιστής (ο) pacifist
ειρηνοδικείο (το) magistrate's court
ειρηνοδίκης (ο, η) Justice of the Peace, magistrate
ειρηνοποιός (ο) peacemaker
ειρωνεύομαι ρ μτβ mock
ειρωνία (η) irony
ειρωνικός επίθ ironic(al). (κοροϊδευτικός) derisive
εις πρόθ βλ **σε. ~ μάτην** in vain
εισαγγελέας (ο) public prosecutor
εισάγω ρ μτβ (εμπορεύματα) import. (καθιερώνω) introduce. (καινοτομώ) pioneer. (τοποθετώ) insert. (σταδιακά) phase in
εισαγέας (ο, η) importer
εισαγωγή (η) (βιβλίου) introduction. (εμπορευμάτων) import. (μηχ) intake. (μουσικού έργου) overture. (προσθήκη) insertion
εισαγωγικά (τα) quotation marks

εισαγωγικός *επίθ* introductory

είσαι *βλ* **είμαι. πώς ~;** how are you?

εισακούω *ρ μτβ* (*παράκληση*) grant. (*προσευχή*) answer

εισβάλλω *ρ μτβ* invade. (*μπαίνω ορμητικά*) burst into. (*ποτάμι*) flow into

εισβολέας (*o*) invader

εισβολή (*η*) invasion. (*ξαφνική εμφάνιση*) inrush

εισδοχή (*η*) entry, admittance

είσδυση (*η*) penetration

εισέρχομαι *ρ αμτβ* enter. (*γίνομαι δεκτός*) be admitted

εισήγηση (*η*) suggestion

εισηγούμαι *ρ μτβ* suggest

εισιτήριο (*το*) ticket. (*ναύλος*) fare. **~ με επιστροφή** return ticket

εισόδημα (*το*) income. (*έσοδο*) revenue. **φόρος εισοδήματος** (*o*) income tax

είσοδος (*η*) (*εισδοχή*) entry. (*κτιρίου*) entrance. (*σε θέατρο*) admittance. (*μηχ*) inlet. (*πόρτα*) way in

εισορμώ *ρ αμτβ* rush in

εισπνέω *ρ μτβ* inhale

εισπράκτορας (*o*) (*εισιτηρίων*) ticket-collector. (*λεωφορείου*) conductor. (*φόρων*) collector

είσπραξη (*η*) collection (*of money*). **εισπράξεις** (*οι*) proceeds, takings

εισπράττω *ρ μτβ* collect. (*φόρους*) levy

εισφορά (*η*) contribution

εισχωρώ *ρ αμτβ* penetrate. (*μπαίνω βίαια*) infiltrate

είτε *σύνδ* **~ ... ~** either ... or

έκαστος *αντων βλ* **κάθε. καθ´ εκάστην** every day

εκάστοτε *επίρρ* each time

εκατό *επίθ άκλ* hundred. **τοις ~** per cent

εκατομμύριο (*το*) million

εκατομμυριούχος (*o, η*) millionaire

εκατοντάδα (*η*) hundred

εκατονταετηρίδα (*η*) century. (*επέτειος*) centenary

εκατοστόλιτρο (*το*) centilitre

εκατοστό|ς *επίθ* hundredth. **~** (*του μέτρου*) (*το*) centimetre

έκβαση (*η*) outcome

εκβιάζω *ρ μτβ* blackmail

εκβιασμός (*o*) blackmail

εκβιαστής (*o*), **~άστρια** (*η*) blackmailer

εκβολή (*η*) estuary

εκβράζω *ρ μτβ* wash up

έκδηλος *επίθ* manifest

εκδηλών|ω *ρ μτβ* manifest. (*αισθήματα*) express. **~ομαι** *ρ αμτβ* reveal one's feelings

εκδήλωση (*η*) (*αισθημάτων*) display. (*εορταστική*) gala. (*νόσου*) outbreak

εκδηλωτικός *επίθ* demonstrative

εκδίδω *ρ μτβ* (*βιβλίο*) publish. (*επιταγή*) write. (*οδηγίες*) issue. (*τιμολόγιο*) invoice. (*φυγόδικο*) extradite

εκδικάζω *ρ μτβ* hear (*a case*)

εκδίκηση (*η*) revenge, vengeance

εκδικητικός *επίθ* revengeful. (*άνθρωπος*) vindictive

εκδικούμαι *ρ μτβ* avenge

εκδιώκω *ρ μτβ* drive away. (*απωθώ*) expel. (*κυβέρνηση*) oust

εκδίωξη (*η*) expulsion

έκδοση (*η*) (*βιβλίου*) publication. (*διατύπωση*) edition. (*εγκληματία*) extradition. (*περιοδικού*) issue

εκδότης (*η*), **~ρια** (*o*) publisher

εκδοτήριο εισιτηρίων (*το*) ticket dispenser

εκδοτικός *επίθ* editorial. **~ οίκος** (*o*) publishing house

εκδοχή (*η*) version

εκδρομέας (*o, η*) tripper

εκδρομή (*η*) outing. (*ταξίδι*) excursion

εκεί *επίρρ* there. **~ πέρα** over there. **~ που** as, while

εκείν|ος *αντων* that. **~ος ο άνθρωπος** that man. **~ες τις ημέρες** in those days

εκεχειρία (*η*) truce. (*στρ*) armistice

εκζήτηση (*η*) affectation

έκθαμβος *επίθ* dazzled

εκθειάζω *ρ μτβ* exalt

έκθεμα (*το*) exhibit

έκθεση (*η*) (*αίθουσα*) showroom. (*αφήγηση*) composition. (*γραπτή*) report. (*εμπορευμάτων*) display. (*εμπορική*) fair. (*ιδεών*) essay. (*στον ήλιο*) exposure. (*τέχνης*) exhibition

εκθέτ|ης (*ο*), **~ρια** (*η*) exhibitor

έκθετο (*το*) foundling

εκθέτω *ρ μτβ* (*απόψεις*) air. (*εμπορεύματα*) display. (*έργα τέχνης*) exhibit. (*παρουσιάζω*) show. (*στο ύπαιθρο*) expose

εκθρονίζω *ρ μτβ* depose

εκκαθαρίζω *ρ μτβ* (*επιχείρηση*) liquidate. (*πολιτ*) purge

εκκαθάριση μειονοτήτων (*η*) ethnic cleansing

εκκεντρικός *επίθ* eccentric

εκκενώνω *ρ μτβ* (*αδειάζω*) vacate. (*στρ*) evacuate

εκκένωση (*η*) evacuation

εκκίνηση (*η*) setting off

έκκληση (*η*) appeal. (*νομ*) plea

εκκλησία (*η*) church

εκκολάπτ|ω *ρ μτβ* incubate. **~ομαι** *ρ αμτβ* hatch

εκκρεμές (*το*) pendulum. (*ρολόι*) grandfather clock

εκκρεμής *επίθ* pending. (*που δεν επιλύθηκε*) outstanding

εκκρίνω *ρ μτβ* secrete

έκκριση (*η*) secretion

εκκωφαντικός *επίθ* deafening

εκλαϊκεύω *ρ μτβ* popularize

εκλέγω *ρ μτβ* elect

έκλειψη (*η*) eclipse

εκλεκτικός *επίθ* eclectic, (*καθομ*) choosey. (*άνθρωπος*) discriminating

εκλεκτός *επίθ* (*διαλεχτός*) prime, choice. (*ξεχωριστός*) select

εκλιπαρώ *ρ μτβ* implore

εκλιπών *επίθ* deceased

εκλογέας (*ο*) elector

εκλογ|ή (*η*) (*ανάδειξη*) election. (*επιλογή*) choice. **~ές** (*οι*) general election

εκλογικ|ός *επίθ* electoral. **~ή περιφέρεια** (*η*) constituency. **~ό παραβάν** (*το*) polling-booth

έκλυση (*η*) promiscuity

έκλυτος *επίθ* promiscuous. (*ήθος*) loose

εκμάθηση (*η*) learning

εκμεταλλεύομαι *ρ μτβ* (*αξιοποιώ*)

operate. (*άνθρωπο*) take advantage of. (*αντλώ κέρδη*) exploit. (*επωφελούμαι από αισθήματα*) play on

εκμετάλλευση (*η*) exploitation. (*ανθρώπου*) taking advantage of

εκμηδενίζω *ρ μτβ* annihilate

εκμηδένιση (*η*) annihilation

εκμισθώνω *ρ μτβ* (*αυτοκίνητο*) hire out. (*σπίτι*) let, rent out

εκμυστηρεύομαι *ρ μτβ* confide

εκμυστήρευση (*η*) confidence (*secret*)

εκνευρίζ|ω *ρ μτβ* irritate. (*ερεθίζω*) get on one's nerves. (*ταράζω την ηρεμία*) vex, annoy. **~ομαι** *ρ αμτβ* get irritated

εκνευρισμένος *επίθ* irritated, on edge

εκνευριστικός *επίρρ* irritating. (*πόνος*) niggling

εκούσιος *επίθ* voluntary

εκπαιδευόμενος (*ο*) trainee

εκπαίδευση (*η*) (*παιδεία*) education. (*στο σχολείο*) schooling. (*τεχν*) training

εκπαιδευτικός *επίθ* educational. **~** (*ο, η*) educator, teacher

εκπαιδ|ευτής (*ο*), **~εύτρια** (*η*) instructor. (*ζώων*) trainer

εκπαιδεύω *ρ μτβ* educate. (*στρ*) drill. (*τεχν*) train

εκπατρίζομαι *ρ αμτβ* emigrate

εκπέμπω *ρ μτβ* emit

εκπεσμός (*ο*) (*υποτίμηση*) decline. (*ξεπεσμός*) degradation

εκπίπτω *ρ αμτβ* fall. (*ξεπέφτω*) decline

εκπληκτικός *επίθ* surprising

έκπληξη (*η*) surprise

εκπληρώνω *ρ μτβ* fulfil

εκπλήττω *ρ μτβ* surprise

εκπνέω *ρ μτβ/ρ αμτβ* exhale *ρ αμτβ* (*λήγω*) expire. (*πεθαίνω*) pass away

εκποιώ *ρ μτβ* sell up

εκπολιτίζω *ρ μτβ* civilize

εκπομπή (*η*) emission. (*ραδιοφωνική*) broadcasting

εκπρόθεσμος *επίθ* overdue

εκπρόσωπος (*ο, η*) representative. (*κυβερνητικός*) spokesperson

εκπροσωπώ *ρ μτβ* represent.

(αντιλήψεις) epitomize
έκπτωση (η) (εμπ) discount. (νομ) forfeiture. **εκπτώσεις** (οι) sales
εκπυρσοκροτώ ρ αμτβ fire. (αυτοκίνητο) backfire
εκρήγνυμαι ρ αμτβ explode. (μεταφ) burst out
εκρηκτικός επίθ explosive
έκρηξη (η) explosion. (ηφαιστείου) eruption. (οργής) tantrum. (πολέμου) outbreak. (στρ) blast. (μεταφ) burst
εκσκαφέας (ο) digger
εκσκαφή (η) digging
έκσταση (η) ecstasy, rapture. (αποπρόφηση σε ιδέα) trance
εκστατικός επίθ ecstatic
εκστομίζω ρ μτβ utter
εκστρατεία (η) campaign
εκστρατεύω ρ αμτβ campaign
εκσυγχρονίζω ρ μτβ update. (μεθόδους, μηχανήματα) modernize
εκσυγχρονισμός (ο) modernization
εκσφενδονίζ|ω ρ μτβ hurl, fling. **~ομαι** ρ αμτβ be hurtled. (υγρά) gush
έκτακτος επίθ extraordinary. (εργασία) casual. **~ανάγκη** (η) emergency
έκταση (η) (γης) tract. (γνώσεων) range. (δρόμου) stretch. (ευρύτητα) extent. (περιοχή) expanse
εκταφή (η) exhumation
εκτεθειμένος επίθ exposed
εκτείν|ω ρ μτβ (επεκτείνω) extend. (απλώνω) spread. **~ομαι** ρ αμτβ range, extend
εκτέλεση (η) (απόδοση) performance. (θανάτωση) execution. (πραγματοποίηση) carrying out, execution
εκτελ|εστής (ο), **~έστρια** (η) performer. (θανατικής ποινής) executioner. (νομ) executor
εκτελώ ρ μτβ perform. (εφαρμόζω) carry out. (θανατώνω) execute. (με ηλεκτρισμό) electrocute
εκτελωνίζω ρ μτβ clear (through customs)
εκτενώς επίρρ at length
εκτεταμένος επίθ (μεγάλης

διάρκειας) lengthy. (μεγάλης έκτασης) extensive
εκτίθεμαι ρ αμτβ be on show. (μένω ακάλυπτος) be exposed
εκτίμηση (η) assessment. (αναγνώριση) appreciation. (αξίας) valuation. (αξιολόγηση) estimation. (υπόληψη) regard. **Με ~** Yours sincerely
εκτιμητικός επίθ appreciative
εκτιμώ ρ μτβ (αγαπώ) value, cherish. (αναγνωρίζω αξία) appreciate. (αξιολογώ) assess. (μια κατάσταση) take stock of. (υπολήπτομαι) esteem, look up to
εκτινάσσω ρ μτβ eject
εκτίω ρ αμτβ serve (sentence)
εκτονώνω ρ μτβ (κατάσταση) defuse
εκτοξεύω ρ μτβ (πύραυλο) launch. (υγρό) squirt
εκτοπίζω ρ μτβ (απομακρύνω) dislodge. (από τον τόπο διαμονής) displace. (αντικαθιστώ) supplant
έκτος επίθ sixth
εκτός επίρρ (με εξαίρεση) except. (έξω) outside. (επιπλέον) apart from. **~ αν** unless
έκτοτε επίρρ since then
έκτροπα (τα) outrage of violence, riot
εκτρέπ|ω ρ μτβ deflect. **~ομαι** ρ αμτβ deviate
εκτροφή (η) breeding
εκτροχιάζω ρ μτβ derail
εκτροχιασμός (ο) derailment
έκτρωμα (το) (άνθρωπος) freak. (έμβρυο) abortion
έκτρωση (η) abortion
εκτυλίσσ|ω ρ μτβ unwrap. **~ομαι** ρ αμτβ unfold
εκτυπωμέν|ος επίθ printed. **~ο κείμενο** (το) print-out
εκτυπώνω ρ μτβ print. (νόμισμα) strike. (χαρτί) emboss
εκτύπωση (η) printing
εκτυπωτής (ο) printer, printing machine
εκτυφλωτικός επίθ blinding, brilliant
εκφοβίζω ρ μτβ intimidate
εκφορτώνω ρ μτβ unload

εκφράζω *ρ μτβ* express.
(*διατυπώνω*) phrase. (*επιφυλάξεις*)
voice

έκφραση (*η*) expression. (*με λέξεις*)
utterance

εκφραστικός *επίθ* expressive

εκφυλίζομαι *ρ αμτβ* degenerate

εκφυλισμένος *επίθ* degenerate

έκφυλος (*ο*) degenerate

εκφων|ητής (*ο*), **~ήτρια** (*η*)
announcer (radio, TV)

εκχερσώνω *ρ μτβ* reclaim (*land*)

εκχιονιστήρας (*ο*) snow-plough

εκχυδαΐζω *ρ μτβ* vulgarize.

εκχύλισμα (*το*) extract

εκχύνω *ρ μτβ* exude

εκχώρηση (*η*) transfer (*of right*).
(*νομ*) cession

εκχωρώ *ρ μτβ* cede

εκών *επίθ* **~ άκων** willy-nilly

έλα *βλ* **έρχομαι** come. **~ 'δω** come
here. **~ δα!** you don't say

ελαιογραφία (*η*) oil-painting

ελαιόδεντρο (*το*) olive tree

ελαιόλαδο (*το*) olive oil

ελαιοπαραγωγή (*η*) olive
production

ελαιώνας (*ο*) olive grove

έλασμα (*το*) plate

ελαστικό (*το*) tyre

ελαστικό|ς *επίθ* elastic. (*κρεβάτι*)
springy. (*πάτωμα*) sprung. (*μεταφ*)
lax. **~ ωράριο** (*το*) flexitime

ελαστικότητα (*η*) elasticity.
(*ευκαμψία*) flexibility. (*μεταφ*)
laxity

ελατήριο (*το*) spring (*device*)

έλατο (*το*) fir

ελάττωμα (*το*) defect. (*κακή
συνήθεια*) failing. (*μηχ*) fault.
(*χαρακτήρα*) blemish

ελαττωματικός *επίθ* defective. (*που
δε λειτουργεί*) faulty

ελαττώνω *ρ μτβ* reduce.
(*περιορίζω*) alleviate. (*το
κάπνισμα*) cut down on

ελάττωση (*η*) reduction

ελαφάκι (*το*) fawn

ελάφι (*το*) deer *άκλ*

ελαφρόμυαλος *επίθ* scatter-
brained

ελαφρόπετρα (*η*) pumice

ελαφρ|ός *επίθ* light. (*αρρώστια*)
mild. (*επιπόλαιος*) frivolous.
(*ήπιος*) gentle. (*ήχος*) soft.
(*θόρυβος*) slight. (*ποτό*) weak. **~ά**
επίρρ lightly, slightly

ελαφρυντικ|ός *επίθ* alleviating.
~ά (*τα*) mitigating circumstances

ελαφρώνω *ρ μτβ* lighten.
(*ανακουφίζω*) alleviate. • *ρ αμτβ* be
relieved

ελάχιστο (*το*) least. (*μικρότερο
δυνατό*) minimum

ελαχιστοποιώ *ρ μτβ* minimize

ελάχιστος *επίθ* minimal, minimum.
(*λιγότερο*) least. (*πιθανότητα*)
slightest

Ελβετία (*η*) Switzerland

ελβετικός *επίθ* Swiss

Ελβετ|ός (*ο*), **~ίδα** (*η*) Swiss

ελεγκτής (*ο*) auditor

έλεγχος (*ο*) control. (*ιατρικός*)
screening. (*λειτουργίας*) check.
(*σχολικός*) report

ελέγχω *ρ μτβ* control. (*λειτουργία*)
check. (*λογιστικός*) audit

ελεεινός *επίθ* (*άθλιος*) miserable.
(*αξιολύπητος*) sorry, wretched.
(*διάθεση*) vile. (*δωμάτιο*) crummy.
(*καιρός*) lousy. (*συμπεριφορά*)
deplorable

ελεημοσύνη (*η*) alms. (*φιλανθρωπία*)
charity

ελεήμων *επίθ* merciful

έλεος (*το*) mercy

ελευθερία (*η*) freedom, liberty. **~
λόγου** freedom of speech

ελεύθερο (*το*) all-clear

ελεύθερος *επίθ* free. (*ανύπαντρος*)
single. (*δωμάτιο*) vacant. (*χωρίς
εμπόδια*) clear. **~ επαγγελματίας**
(*ο, η*) freelance. **~ χρόνος** (*ο*)
spare time

ελευθερών|ω *ρ μτβ* free. (*από
δέσμευση ή βάρος*) set free, release.
(*έναντι λύτρων*) ransom. (*χώρα*)
liberate. **~ομαι** *ρ αμτβ* free
oneself. (*για γυναίκες*) give birth

έλευση (*η*) advent

ελέφαντας (*ο*) elephant

ελεφαντόδοντο (*το*) ivory

ελεώ *ρ μτβ* have mercy on. (*δίνω*

ελεημοσύνη) give charity to

ελιά (η) (καρπός και δέντρο) olive. (στο δέρμα) mole. (στο πρόσωπο) beauty spot

ελιγμός (ο) (στροφή) bend. (πλάγια ενέργεια) manoeuvre

έλικας (ο) propeller

ελικοδρόμιο (το) heliport

ελικοειδής επίθ spiral. (δρόμος) winding

ελικόπτερο (το) helicopter

ελίσσομαι ρ αμτβ (δρόμος) wind. (ενεργώ με πλάγιο τρόπο) manoeuvre

ελίτ (η) άκλ élite

ελιτισμός (ο) elitism

έλκηθρο (το) sledge, sleigh

έλκος (το) ulcer

ελκτικός επίθ (μαγνήτης) attractive

ελκυστικός επίθ appealing. (θελκτικός) attractive

ελκύω ρ μτβ draw. (θέλγω) attract

έλκω ρ μτβ draw, pull

ελκώδης επίθ ulcerous

Ελλάδα (η) Greece

έλλειμμα (το) deficit

ελλειπτικός επίθ elliptical

έλλειψη (η) deficiency. (ανεπάρκεια ποσότητας) scarcity, dearth. (εμπορευμάτων) shortage. (σχήμα) ellipse

Έλληνας (ο), **Ελληνίδα** (η) Greek

ελληνικ|ός επίθ Greek. **~ά** (τα) Greek

ελληνισμός (ο) the Greek people, Hellenism

ελλιπής επίθ deficient. (ανεπαρκής) insufficient

έλξη (η) (γοητεία, μαγνητική) attraction. (της γης) gravity. (τράβηγμα) traction

ελονοσία (η) malaria

έλος (το) swamp, bog

ελπίδα (η) hope

ελπιδοφόρος επίθ hopeful

ελπίζω ρ αμτβ hope. • ρ μτβ hope for. **~ σε** ρ μτβ trust in

ελώδης επίθ swampy

εμάς αντων us

εμβαδόν (το) area

εμβάζω ρ μτβ remit (money)

εμβαθύνω ρ μτβ go deep into

έμβασμα (το) remittance

εμβατήριο (το) military march (music)

εμβέλεια (η) range (of missile)

έμβλημα (το) emblem

εμβολή (η) (ιατρ) embolism. (πλοίου) ramming

εμβολιάζω ρ μτβ inoculate, vaccinate. (φυτά) graft

εμβολιασμός (ο) inoculation, vaccination

εμβόλιο (το) vaccine

έμβολο (το) plunger. (μηχ) piston. (πλοίου) ram

εμβρόντητος επίθ aghast

έμβρυο (το) embryo, foetus

εμείς αντων we

εμένα αντων me

εμετικός επίθ emetic. (αηδιαστικός) nauseating

εμετ|ός (ο) vomit. **κάνω ~** be sick, vomit. **μου έρχεται ~ς** I feel sick

εμίρης (ο) emir

εμμένω ρ αμτβ adhere (σε, to). • ρ αμτβ persevere

έμμεσος επίθ indirect

εμμηνόπαυση (η) menopause

εμμηνόρροια (η) menstruation

εμμηνορρώ ρ αμτβ menstruate

έμμισθος επίθ salaried

εμμονή (η) perserverance

έμμον|ος επίθ persistent. (παθολογική) obsessive

έμπα (το) άκλ entrance. (αρχή) beginning. **τα ~ έβγα** comings and goings

εμπάθεια (η) empathy

εμπαιγμός (ο) mockery. (απάτη) deception

εμπάργκο (το) άκλ embargo

εμπεδώνω ρ μτβ consolidate

εμπειρία (η) experience

εμπειρικός επίθ empirical

εμπειρογνώμονας (ο, η) expert

έμπειρος επίθ experienced

εμπιστεύομαι ρ μτβ trust. (εκμυστηρεύομαι) confide. (αναθέτω) entrust

εμπιστευτικός επίθ confidential

έμπιστος επίθ trusted. ~ (ο) confidant

εμπιστοσύνη (η) trust, confidence

εμπλέκω ρ μτβ implicate. (μηχ) engage

εμπλοκή (η) (μηχ) jamming. (μπλέξιμο) involvement

εμπλουτίζω ρ μτβ enrich

έμπνευση (η) inspiration

εμπνέω ρ μτβ inspire

εμποδίζω ρ μτβ obstruct. (παρεμποδίζω) prevent. (προσπάθειες) hamper. (σταματώ) hinder. (την ανάπτυξη) stunt. • ρ αμτβ be in the way

εμπόδιο (το) obstacle, hindrance. (για να ξεπεραστεί) hurdle

εμπόλεμος επίθ belligerent

εμπόρευμα (το) merchandise, commodity

εμπορεύματα (τα) goods, merchandise

εμπορεύομαι ρ μτβ/ρ αμτβ trade, deal in. (εκμεταλλεύομαι) commercialize

εμπορικ|ός επίθ commercial. ~ή διαφήμιση (η) commercial. ~ό κέντρο (το) shopping centre

εμπόριο (το) commerce. (σε εμπορεύματα) trade

έμπορος (ο) trader, merchant

εμποτίζω ρ μτβ saturate. (μεταφ) imbue

έμπρακτος επίθ in practice

εμπρεσιονισμός (ο) impressionism

εμπρησμός (ο) arson

εμπρη|στής (ο), ~ήστρια (η) arsonist

εμπρηστικός επίθ incendiary. (μεταφ) inflammatory

εμπριμέ επίθ άκλ printed (fabric)

εμπρόθεσμος επίθ within the prescribed time

εμπρός επίρρ forward. ~! (προχώρει) come on! (σε χτύπημα στην πόρτα) come in! (στο τηλέφωνο) hello

εμπρόσθιος επίθ front

εμπροσθοφυλακή (η) vanguard

εμφανής επίθ conspicuous. (φανερός) apparent

εμφανίζ|ω ρ μτβ present.

(φωτογραφίες) develop. ~ομαι ρ αμτβ appear. (ξαφνικά) pop up. (πρόβλημα) arise

εμφάνιση (η) emergence. (παρουσιαστικό) appearance

έμφαση (η) emphasis

εμφατικός επίθ emphatic

εμφιαλώνω ρ μτβ bottle

έμφραγμα (το) plug, stopper. (ιατρ) infarction

εμφύλιος επίθ civil. ~ πόλεμος (ο) civil war

εμφυτεύω ρ μτβ implant

έμφυτος επίθ inherent, innate

εμψυχώνω ρ μτβ encourage

εν πρόθ in. ~ μέρει partly. ~ πάση περιπτώση in any case. ~ πρώτοις in the first place

ένα (το) one. • επίθ βλ ένας. ~ σου κι ~ σου tit for tat

εναγόμενος (ο) (νομ) defendant

ενάγ|ω ρ μτβ sue. ~ων (ο), ~ουσα (η) plaintiff

εναγωνίως επίρρ anxiously, impatiently

εναέριος επίθ aerial. (καλώδιο, σιδηρόδρομος) overhead

εναλλαγή (η) alternation. (καλλιέργειας) rotation. (προσωπικού) turnover

εναλλακτικός επίθ alternative

εναλλάξ επίρρ alternately

εναλλάσσω ρ μτβ alternate. (καλλιέργεια) rotate

έναντι επίρρ opposite. (πληρωμή) against

εναντίον επίρρ against

ενάντιος επίθ (αντίθετος) contrary. (δυσμενής) adverse

εναντιώνομαι ρ μτβ oppose. ~ σε (έχω αντίρρηση) object to

εναποθέτω ρ μτβ place

ενάρετος επίθ virtuous

εναρκτήριος επίθ inaugural

εναρμονίζω ρ μτβ harmonize

έναρξη (η) commencement. (συνεδρίου) opening

ένας επίθ one. (μοναδικός) single. ~ ~ one at a time. ο ~ τον άλλο each other

έναστρος επίθ starry (sky)

ενατένιση (η) (βλέμματος) stare.

(*πνευματική*) absorption
ένατος *επίθ* ninth
ενδεικτικό|ς *επίθ* indicative. **~** (*το*) school report
ένδειξη (*η*) indication. (*απόδειξη*) evidence. (*σε έγκλημα*) clue. (*σε μετρητή*) reading. (*σημάδι*) sign
ενδεχόμενο|ς *επίθ* probable. **~** (*το*) eventuality
ενδεχομένως *επίρρ* in all probability
ενδημικός *επίθ* endemic. (*φυτό*) native
ενδιάμεσο|ς *επίθ* intermediate. **~ς** (*o*) intermediary. **~** (*το*) (*διάστημα*) interim
ενδιαφερόμενος *επίθ* interested
ενδιαφέρον (*το*) interest. (*φροντίδα*) concern
ενδιαφέρ|ω *ρ μτβ* interest. **~ομαι** (*για*) *ρ αμτβ* be interested (in). (*μεριμνώ*) be concerned (about)
ενδιαφέρων *επίθ* interesting
ενδίδω *ρ αμτβ* give in, relent
ένδικος *επίθ* judicial
ενδοιασμός (*o*) scruple. (*αμφιβολία*) hesitation
ένδοξος *επίθ* (*πράξη ή κατάσταση*) glorious. (*φημισμένος*) celebrated
ενδότερος *επίθ* innermost
ενδοτικός *επίθ* yielding, complying
ενδοχώρα (*η*) hinterland
ένδυμα (*το*) garment, costume
ενδυμασία (*η*) costume, apparel
ενδυναμών|ω *ρ μτβ* strengthen. (*μεταφ*) boost
ενέδρα (*η*) ambush
ενενήντα *επίθ άκλ* ninety
ενέργεια (*η*) action. (*δικαστική*) proceedings. (*επενέργεια*) effect. (*ηλεκτρική, μηχανική*) energy. (*πράξη*) act. (*προσπάθεια*) move
ενεργητικό (*το*) asset
ενεργητικό|ς *επίθ* active. **~τητα** (*η*) energy. (*μεταφ*) activity
ενεργοποιώ *ρ μτβ* activate
ενεργός *επίθ* active
ενεργ|ώ *ρ μτβ* carry out *ρ αμτβ* act, take action. (*φάρμακο*) work, take effect. **~ούμαι** *ρ αμτβ* have a bowel movement
ένεση (*η*) injection

ενεστώτας (*o*) present tense
ενέχομαι *ρ αμτβ* be implicated
ενέχυρο (*το*) pawn
ενεχυροδανειστήριο (*το*) pawnshop
ενεχυροδανειστής (*o*) pawnbroker
ένζυμο (*το*) enzyme
ενηλικιώνομαι *ρ αμτβ* come of age
ενήλικος *επίθ* adult
ενηλικότητα (*η*) adulthood
ενήμερος *επίθ* aware
ενημερωμένος *επίθ* informed, up to date
ενημερώνω *ρ μτβ* inform. (*κατατοπίζω*) brief
ενημερωτικό|ς *επίθ* informative. **~ δελτίο** (*το*) prospectus
ενθάρρυνση (*η*) encouragement
ενθαρρυντικός *επίθ* encouraging
ενθαρρύνω *ρ μτβ* encourage. (*εμψυχώνω*) hearten
ένθετος *επίθ* inserted. (*κόσμημα*) inlaid
ενθουσιάζ|ω *ρ μτβ* fill with enthusiasm. **~ομαι** *ρ αμτβ* be enthusiastic
ενθουσιασμένος *επίθ* enthusiastic
ενθουσιασμός (*o*) enthusiasm
ενθουσιώδης *επίθ* enthusiastic
ενθύμηση (*η*) remembrance
ενθύμιο (*το*) memento. (*από ταξίδι*) souvenir
ενιαίος *επίθ* united. (*τιμή*) flat
ενικός (*o*) (*αριθμός*) singular
ενίσχυση (*η*) encouragement. (*ηθική*) boost. (*ηλεκτρ*) amplification. (*υποστήριξη*) support. (*στρ*) reinforcement
ενισχυτής (*o*) amplifier
ενισχυτικός *επίθ* reinforcing
ενισχύω *ρ μτβ* reinforce. (*ηθική*) boost. (*ηλεκτρικ*) amplify. (*οικονομικά*) assist. (*υποστηρίζω*) support
εννέα *επίθ άκλ* nine
εννιά *επίθ άκλ βλ* **εννέα**
έννοια[1] (*η*) concept. (*σημασία*) sense
έννοια[2] (*η*) worry. **~ σου** don't worry, never mind
εννοιολογικός *επίθ* conceptual
έννομ|ος *επίθ* legitimate. **~η τάξη**

(η) law and order

εννο|ώ ρ μτβ mean, intend. (καταλαβαίνω) understand. **~είται** it goes without saying

ενοικιάζω ρ μτβ rent. (κτίριο) let. (όχημα) hire

ενοικίαση (η) hire

ενοικι|αστήριο (το) lease. **~αστής** (ο), **~άστρια** (η) lodger

ενοίκιο (το) rent

ένοικος (ο, η) tenant

ένοπλος επίθ armed

ενοποίηση (η) unification, (εταιριών) merger

ενοποιώ ρ μτβ unify

ενόργανος επίθ instrumental (music)

ενορία (η) parish

ένορκ|ος (ο, η) juror. **~οι** (οι) jury

ενορχηστρώνω ρ μτβ orchestrate

ενότητα (η) unity. (διδακτέας ύλης) unit. (συμφωνία) cohesion

ενοχή (η) guilt

ενοχλημένος επίθ annoyed

ενόχληση (η) inconvenience. (διατάραξη της ηρεμίας) disturb-ance. (δυσαρέστηση) annoyance

ενοχλητικός επίθ tiresome. (δυσάρεστος) annoying

ενοχλώ ρ μτβ disturb. (δυσαρεστώ) annoy. (συστηματικά) pester

ενοχοποι|ώ ρ μτβ incriminate. **~ητικός** επίθ incriminating

ένοχος επίθ guilty. **~** (ο) culprit

ενσαρκώνω ρ μτβ embody

ενσάρκωση (η) embodiment. (ενανθρώπιση) incarnation

ένσημο (το) stamp (for collection of duty)

ενσταλάζω ρ μτβ instil

ενσταντανέ (το) άκλ snapshot

ένστικτο (το) instinct

ενστικτώδης επίθ instinctive

ένταλμα (το) warrant (for arrest)

εντάξει επίρρ all right, OK

ένταξη (η) entry (into an organisation)

ένταση (η) intensity. (όξυνση) strain. (ραδιόφωνο) volume. (συγκινήσεως) tension

εντατικός επίθ intensive

(προσπάθεια) strenuous

ενταύθα επίρρ here. (σε αλληλογραφία) in the same town or village

ενταφιάζω ρ μτβ entomb. (μεταφ) bury

εντείνω ρ μτβ intensify

έντεκα επίθ άκλ eleven

εντέλεια (η) perfection

εντελώς επίρρ quite, completely, altogether

εντερικός επίθ intestinal

έντερο (το) intestine

εντεταλμένος επίθ authorized. (αρμόδιος) competent

έντιμος επίθ honourable. (τίμιος) above-board

εντιμότητα (η) worship (title)

έντοκος επίθ interest-bearing

εντολή (η) order, command. (εκκλ) commandment. (H/Y) command. (πολιτ) mandate

έντομο (το) insect

εντομοκτόνο (το) insecticide

έντονος επίθ (ενδιαφέρον) keen. (άνθρωπος) intense. (αντίθεση) sharp. (διαμαρτυρία) strong. (πόνος) acute. (χρώμα) vivid

εντοπίζω ρ μτβ locate. (καθορίζω) identify. (με ακρίβεια) pin-point. (περιορίζω) localize

εντός επίρρ inside, within

εντόσθια (τα) entrails. (μαγ) offal

εντούτοις επίρρ nevertheless

εντριβή (η) massage (rubbing)

έντρομος επίθ terrified

έντυπος επίθ printed. **~** (το) form (document)

εντυπώνω ρ μτβ imprint (on the mind)

εντύπωση (η) impression

εντυπωσιάζω ρ μτβ impress

εντυπωσιακός επίθ impressive. (προκαλεί ζωηρή αίσθηση) sensational

ενυδατώνω ρ μτβ moisturize

ενυδρείο (το) aquarium

ενυδρίς (η) otter

ένυδρος επίθ aquatic

ενώ σύνδ while, whilst. (αν και) although

ενών|ω *ρ μτβ* join together. (*συναρμόζω*) combine. **~ομαι** *ρ αμτβ* unite. (*δρόμοι*) join

ενώπιον *επίρρ* before

ένωση (*η*) union. (*σωματείο*) union, society. (*χημ*) compound

εξαγγελία (*η*) announcement

εξαγορά (*η*) pay off. (*δωροδοκία*) buying off. (*εταιρία*) take-over, buy-out. (*με λύτρα*) ransom

εξαγοράζω *ρ μτβ* pay off. (*δωροδοκώ*) buy off. (*εταιρία*) take over. (*με λύτρα*) ransom

εξαγριωμένος *επίθ* berserk

εξαγριών|ω *ρ μτβ* make wild. **~ομαι** *ρ αμτβ* be enraged

εξάγω *ρ μτβ* export. (*συμπεραίνω*) deduce

εξαγωγέας (*ο*) exporter

εξαγωγή (*η*) export. (*μηχ*) outlet

εξάγων|ος *επίθ* hexagonal. **~** (*το*) hexagon

εξαδέλφη (*η*) cousin

εξάδελφος (*ο*) cousin

εξαερίζω *ρ μτβ* ventilate

εξαίρεση (*η*) exception. (*απαλλαγή*) exemption

εξαιρετικός *επίθ* excellent. (*που αποτελεί εξαίρεση*) exceptional

εξαίρετος *επίθ* excellent

εξαίρω *ρ μτβ* extol

εξαιρώ *ρ μτβ* except. (*από υποχρέωση*) exempt

εξαίσιος *επίθ* out of this world

εξαιτίας *επίρρ* because of, owing to

εξακολουθώ *ρ μτβ/ρ αμτβ* continue

εξακριβώνω *ρ μτβ* ascertain

εξαλείφω *ρ μτβ* eliminate. (*σβήνω*) wipe out. (*καταργώ*) eradicate. (*διαγράφω*) obliterate

εξάλειψη (*η*) elimination. (*διαγραφή*) obliteration

έξαλλος *επίθ* frantic. (*μεταφ*) wild

εξάλλου *επίρρ* besides

εξαμηνία (*η*) six monthly period

εξαναγκάζω *ρ μτβ* coerce

εξανεμίζ|ω *ρ μτβ* (*λεφτά*) squander. **~ομαι** *ρ αμτβ* evaporate. (*μεταφ*)

εξάνθημα (*το*) rash

εξαντλημένος *επίθ* worn-out, exhausted. (*βιβλίο*) out of print. (*προϊόν*) out of stock

εξάντληση (*η*) exhaustion

εξαντλητικός *επίθ* gruelling. (*δυνατότητες*) exhaustive

εξαντλ|ώ *ρ μτβ* wear out, tire. (*πόρους*) deplete. (*χρησιμοποιώ*) exhaust. **~ούμαι** *ρ αμτβ* be exhausted. (*προϊόν*) be sold out

εξαπατώ *ρ μτβ* deceive. (*από χρήματα*) defraud, (*λαϊκ*) con. (*παραπλανώ*) double-cross

εξαπλωμένος *επίθ* rampant

εξάπλωση (*η*) spreading

εξαπολύω *ρ μτβ* unleash. (*επίθεση*) launch

εξάπτω *ρ μτβ* excite, inflame

εξαργυρώνω *ρ μτβ* cash

εξαρθρώνω *ρ μτβ* dislocate

εξάρθρωση (*η*) dislocation

έξαρση (*η*) exaltation

εξάρτημα (*το*) fixture, fitting. (*εργαλείου*) attachment. (*μηχανήματος*) part. (*συστατικό*) component

εξάρτηση (*η*) dependence

εξαρτ|ώ *ρ μτβ* suspend. (*στηρίζω*) make dependent on. **~ώμαι** *ρ αμτβ* depend. **~ώμαι από** dependent on. **~άται** it depends

εξαρτώμενος *επίθ* dependent

εξαρχής *επίρρ* from the beginning

εξασθένηση (*η*) debility. (*ακοής κλπ*) impairment. (*αδυνάτισμα*) weakening

εξασθενητικός *επίθ* enervating

εξασθενίζω *ρ μτβ* debilitate. *ρ αμτβ* (*ήχος*) fade

εξασθένιση (*η*) *βλ* **εξασθένιση**

εξασθενώ *ρ αμτβ* decline (*health*). (*αδυνατίζω*) weaken

εξάσκηση (*η*) (*εκγύμναση*) work-out, exercise. (*εφαρμογή θεωρητικών γνώσεων*) practice

εξασκώ *ρ μτβ* (*επάγγελμα*) practise. (*δικαιώματα*) exercise

εξασφαλίζω *ρ μτβ* secure, obtain. (*σιγουράρω*) ensure. (*εγγυούμαι*) guarantee

εξατμίζω *ρ μτβ* cause to evaporate

εξάτμιση (*η*) evaporation. (*οχήματος*) exhaust

εξατομικεύω *ρ μτβ* individualize

εξαϋλώνομαι *ρ αμτβ* dematerialize.

(μεταφ) be idealized

εξαφανίζ|ω ρ μτβ cause to disappear. (καταστρέφω) wipe out. **~ομαι** ρ αμτβ vanish, disappear

εξαφάνιση (η) disappearance. (ζώων, φυτών) extinction

έξαφνα επίρρ βλ **ξαφνικά**

εξάψαλμος (ο) tirade

έξαψη (η) excitement. (αίσθημα θερμότητας) hot flush

εξεγείρ|ω ρ μτβ excite. (κινώ σε επανάσταση) incite. (παρακινώ) rouse. **~ομαι** ρ αμτβ revolt

εξέγερση (η) uprising

εξέδρα (η) platform. (σε γήπεδο) stand

εξεζητημένος επίθ affected. (ντύσιμο) fussy. (φέρσιμο) studious

εξειδικεύομαι ρ αμτβ specialize

εξελιγμένος επίθ developed. (προηγμένος) advanced

εξέλιξη (η) development. (πρόοδος) progress. (των ειδών) evolution

εξελίσσ|ω ρ μτβ develop. **~ομαι** ρ αμτβ develop. (βαθμιαία) evolve. (προοδεύω) progress. (σχέδιο) unfold

εξερεθίζω ρ μτβ provoke

εξερεύνηση (η) exploration

εξερευνητικός επίθ exploratory

εξερευν|ητής (ο), **~ήτρια** (η) explorer

εξερευνώ ρ μτβ explore

εξετάζω ρ μτβ examine. (ανακρίνω) question. (βλέπω με προσοχή) look into. (για καταλληλότητα) screen. (ελέγχω) check

εξέταση (η) examination. (γενική) check-up. (ιατρική) medical. (λεπτομερής, μηχ) overhaul. **εξετάσεις** (οι) exams

εξετ|αστής (ο), **~άστρια** (η) examiner

εξευγενίζω ρ μτβ ennoble. (βελτιώνω) refine

εξευμενίζω ρ μτβ placate

εξευρωπαΐζω ρ μτβ Europeanize

εξευτελίζω ρ μτβ (κατεβάζω την αξία) degrade. (ταπεινώνω) humiliate

εξευτελισμός (ο) degradation. (ταπείνωση) humiliation

εξέχω ρ αμτβ protrude. (ξεχωρίζω) stand out

εξήγηση (η) explanation

εξηγ|ώ ρ μτβ explain. (ερμηνεύω) interpret. **~ούμαι** ρ αμτβ make oneself clear

εξημερώνω ρ μτβ tame. (εκπολιτίζω) civilize. (καταπραΰνω) mollify

εξημμένος επίθ hot-headed

εξήντα επίθ άκλ sixty

εξής επίθ άκλ following. **στο ~** henceforth. **από τώρα και στο ~** from now on. • επίρρ **ως ~** as follows. **και ούτω καθ~** and so on and so forth

έξι επίθ άκλ six

εξιδανικεύω ρ μτβ idealize

εξίδρωση (η) perspiration

εξιλασμός (ο) atonement

εξιλεών|ω ρ μτβ appease. **~ομαι** ρ αμτβ atone for

εξιλέωση (η) atonement

εξισορρόπηση (η) counter balance

εξίσου επίρρ equally

εξιστορώ ρ μτβ recount

εξισώνω ρ μτβ make equal. (μαθημ) equate

εξίσωση (η) equalization. (μαθημ) equation

εξόγκωμα (το) protuberance. (πρήξιμο) bump, lump

εξογκώνω ρ μτβ swell. (τιμές) inflate. (μεγαλοποιώ) exaggerate

έξοδ|ο (το) expense. **~α** (τα) costs

έξοδος (η) exit. (αεροδρόμιο) gate. (από νοσοκομείο) discharge. (εξόρμηση) exodus. (στρ) sally. (μεταφ) way out. **~ κινδύνου** (η) emergency exit

εξοικειών|ω ρ μτβ familiarize. **~ομαι** ρ μτβ/αμτβ familiarize oneself (with)

εξοικονομώ ρ μτβ save (money, time)

εξοκέλλω ρ αμτβ (πλοίο) run aground. (μεταφ) go astray

εξολοθρεύω ρ μτβ wipe out

εξομαλύνω ρ μτβ level. (μεταφ) smooth out

εξομοίωση (η) placing in the same category with

εξομοιωτής (*o*) simulator

εξομολόγηση (*η*) confession

εξομολογητής (*o*) confessor

εξοντώνω *ρ μτβ* exterminate

εξονυχιστικός *επίθ* thorough

εξοπλίζω *ρ μτβ* arm. (*μεταφ*) equip

εξοπλισμός (*o*) armament. (*μεταφ*) equipment

εξοργίζ|ω *ρ μτβ* infuriate, enrage. **~ομαι** *ρ αμτβ* get furious

εξοργιστικός *επίθ* infuriating. (*προκαλεί αγανάκτηση*) outrageous

εξορίζω *ρ μτβ* exile, banish

εξόριστος (*o*) exile (*person*)

εξορκίζω *ρ μτβ* exorcise

εξορκισμός (*o*) exorcism

εξόρμηση (*η*) sally

εξορμώ *ρ αμτβ* sally out

εξόρυξη (*η*) mining

εξουδετερώνω *ρ μτβ* neutralize. (*μεταφ*) counteract

εξουσία (*η*) power (*of office*). (*κρατική*) authority

εξουσιάζω *ρ μτβ/αμτβ* dominate. (*άλλους*) rule

εξουσιοδότηση (*η*) authorization

εξουσιοδοτώ *ρ μτβ* authorize, empower

εξόφληση (*η*) repayment. (*χρέους*) settlement

εξοφλώ *ρ αμτβ* pay off. (*υποχρέωση*) discharge. (*χρέος*) settle

εξοχή (*η*) countryside

εξοχικό|ς *επίθ* (of the) country. **~** (*το*) holiday home

έξοχος *επίθ* superb. (*υπέροχος*) exquisite

εξοχότατ|ος *επίθ* Excellency. **Ε~τατε** Your Excellency

εξπρές *επίρρ* express. **~** (*το*) *άκλ* express train

έξτρα *επίθ* *άκλ* extra

εξτρεμ|ιστής (*o*), **~ίστρια** (*η*) extremist

εξυβρ|ίζω *ρ μτβ* insult. **~ιστικός** *επίθ* insulting

εξυγίανση (*η*) cleansing

εξυμνώ *ρ μτβ* extol

εξυπακούεται *ρ αμτβ απρόσ* it's understood

εξυπηρέτηση (*η*) service

εξυπηρετικός *επίθ* accommodating. (*πρόσωπο*) helpful

εξυπηρετώ *ρ μτβ* serve

εξυπνάδα (*η*) cleverness. (*καπατσοσύνη*) smartness. (*αστεϊσμός*) witticism

έξυπνος *επίθ* clever. (*καπάτσος*) smart

εξυψώνω *ρ μτβ* raise. (*προσδίνω αίγλη*) edify

έξω *επίρρ* out. (*στο εξωτερικό*) abroad. (*στο ύπαιθρο*) outdoors *πρόθ* except. **~ από** outside. **μια κι ~** all at once. **απ´ ~** by rote, by heart. **προς τα ~** outward(s)

εξωγήινος *επίθ* extra-terrestrial

εξώδικος *επίθ* out of court

εξωθώ *ρ μτβ* push out. (*παρακινώ*) drive

έξωμος *επίθ* sleeveless and low-necked (dress)

εξώπορτα (*η*) front door

έξωση (*η*) eviction

εξώστης (*o*) gallery (*at theatre*)

εξωστρεφής *επίθ* extrovert

εξωσυζυγικός *επίθ* extramarital

εξωσχολικός *επίθ* out-of-school

εξωτερικεύω *ρ μτβ* reveal (*thoughts*)

εξωτερικό (*το*) (*εξωτερική όψη*) exterior. (*ξένες χώρες*) abroad

εξωτερικός *επίθ* outside. (*μαθητής, εξεταστής*) external. (*σχετικά με ξένες χώρες*) foreign. (*μεταφ*) superficial

εξωτικός *επίθ* exotic

εξωφρενικός *επίθ* (*idea*) wild. (*τιμές*) exorbitant

εξώφυλλο (*το*) cover (*of book*)

ΕΟΚ (*η*) *αρκτ* (*Ευρωπαϊκή Οικονομική Κοινότητα*) EEC (European Economic Community)

εορτασ|μός (*o*) celebration. **~τικός** *επίθ* celebratory

ΕΟΤ (*o*) *αρκτ* **Ελληνικός Οργανισμός Τουρισμού** National Tourist Board

επάγγελμα (*το*) occupation. (*γιατρού, δικηγόρου κλπ*) profession

επαγγελματίας (*ο, η*) (*που ασκεί επάγγελμα*) practitioner. (*που ασκεί επάγγελμα με συνέπεια*) professional. **ελεύθερος ~** freelance

επαγγελματικό|ς *επίθ* professional. (*σχετικός με ένα ιδιαίτερο επάγγελμα*) vocational. (*σχετικός με το επάγγελμα γενικά*) occupational. **~τητα** (*η*) professionalism

επαγρυπνώ *ρ αμτβ* be vigilant

έπαθλο (*το*) trophy

έπαινος (*ο*) praise. (*σε διαγωνισμό*) commendation

επαινώ *ρ μτβ* praise. (*λέω καλά λόγια*) commend

επακόλουθο|ς *επίθ* consequent. **~** (*το*) aftermath

επακολουθώ *ρ αμτβ* ensue

έπακρο (*το*) extreme

επαληθεύ|ω *ρ μτβ* verify. **~ομαι** *ρ αμτβ* come true

έπαλξη (*η*) rampart

επανακτώ *ρ μτβ* recover

επαναλαμβάν|ω *ρ μτβ* repeat. (*ξαναλέω*) reiterate. **~ομαι** *ρ αμτβ* be repeated. (*επανεμφανίζομαι*) recur

επαναληπτικός *επίθ* repetitive

επανάληψη (*η*) repetition, repeat. (*ξαναδιάβασμα*) revision

επαναπατρίζω *ρ μτβ* repatriate

επανάσταση (*η*) revolution. (*εξέγερση*) insurrection

επαναστάτ|ης (*ο*), **~ρια** (*η*) revolutionary. (*μεταφ*) rebel

επαναστατικός *επίθ* revolutionary. (*της εξεγέρσεως*) insurgent

επαναστατώ *ρ αμτβ* revolt. (*μεταφ*) rebel

επαναφέρω *ρ μτβ* bring back. (*στην κοινωνία*) rehabilitate. (*στη μνήμη*) conjure up

επανδρώνω *ρ μτβ* man

επανειλημμένος *επίθ* repeated

επανεμφανίζομαι *ρ αμτβ* reappear. (*συμβαίνω*) recur

επανέρχομαι *ρ αμτβ* return. **~ σε** revert to

επάνοδος (*η*) return

επανορθώνω *ρ μτβ* restore. (*δίνω ικανοποίηση*) make amends. (*διορθώνω*) rectify

επανόρθωση (*η*) restoration. (*διόρθωση*) rectification

επάνω *επίρρ* on. (*ακριβώς*) exactly. (*θέση*) over. (*περισσότερο*) more. **~ κάτω** round about

επάργυρος *επίθ* silver-plated

επάρκεια (*η*) adequacy

επαρκής *επίθ* adequate

επαρκώ *ρ αμτβ* suffice

έπαρση (*η*) hoisting. (*μεταφ*) conceit

επαρχία (*η*) province

έπαυλη (*η*) villa

επαφή (*η*) (*άγγιγμα*) touch. (*συνάντηση*) contact. **εξ ~ς** point-blank

επαχθής *επίθ* burdensome. (*δυσάρεστος*) onerous

ΕΠΕ *αρκτ* (*εταιρία περιορισμένης ευθύνης*) Ltd (Limited Liability Company)

επείγ|ων *επίθ* urgent. **~ουσα ανάγκη** (*η*) urgency. **επειγόντως** *επίρρ* urgently

επειδή *σύνδ* because

επεισόδιο (*το*) incident. (*δυσάρεστο*) episode. (*σε σήριαλ*) instalment

έπειτα *επίρρ* then, afterwards. (*επιπλέον*) besides

επέκταση (*η*) extension. (*σε έκταση*) expansion

επεκτατικός *επίθ* expansive

επεκτείν|ω *ρ μτβ* extend. (*αναπτύσσω*) expand. (*δραστηριότητες*) branch out. (*θέμα*) enlarge upon

επεμβαίνω *ρ αμτβ* intervene. (*σε ξένες υποθέσεις*) interfere. (*εμπράκτως*) step in

επέμβαση (*η*) intervention. (*σε ξένες υποθέσεις*) interference. (*χειρουργική*) operation

επένδυση (*η*) (*κεφαλαίων*) investment. (*τοίχου*) panelling

επενδ|υτής (*ο*), **~ύτρια** (*η*) investor

επενδύω *ρ μτβ* (*κεφάλαια*) invest. (*ρούχα*) line. (*τεχν*) coat

επενέργεια (*η*) effect

επεξεργάζομαι *ρ μτβ* process
επεξεργασία (*η*) elaboration.
(*σχεδίου*) working out. ~
δεδομένων data processing
επεξήγηση (*η*) clarification
επεξηγώ *ρ μτβ* clarify
επέρχομαι *ρ αμτβ* occur. (*εφορμώ*)
charge
επέτειος (*η*) anniversary
επετηρίδα (*η*) anniversary. (*βιβλίο*)
year-book
επευφημία (*η*) cheering. **~ώ** *ρ*
μτβ cheer (*applaud*)
επηρεάζω *ρ μτβ* influence.
(*αποφασιστικά*) sway. (*δυσμενώς*)
affect
επί *πρόθ* on, during. **~ του**
παρόντος for the moment. **~**
πλέον in addition. **επ΄ άπειρον**
ad infinitum. **ως ~ το πλείστον**
for the most part
επιβαίνω *ρ αμτβ* board
επιβάλλ|ω *ρ μτβ* impose.
(*απρόθυμα*) thrust (up)on.
(*εδραιώνω με τη βία*) enforce. (*φόρο*
ή πρόστιμο) levy. **~ομαι** *ρ αμτβ*
assert oneself. (*αποκτώ κύρος*)
command respect
επιβαρύνω *ρ μτβ* burden.
(*επιδεινώνω*) aggravate
επιβ|άτης (*ο*), **επιβ|άτισσα** (*η*)
passenger
επιβεβαιώνω *ρ μτβ* confirm.
(*μαρτυρία*) corroborate
επιβιβάζ|ω *ρ μτβ* put aboard.
~ομαι *ρ αμτβ* board, embark
επιβίβαση (*η*) embarkation
επιβιώ|νω *ρ αμτβ* survive. **~σας**
(*ο*) survivor
επιβίωση (*η*) survival
επιβλαβής *επίθ* harmful. (*ουσία*)
noxious. (*υγεία, κύρος*) detrimental
επιβλέπω *ρ μτβ* oversee
επίβλεψη (*η*) supervision
επιβλητικός *επίθ* commanding.
(*εντυπωσιακός*) imposing
επιβολή (*η*) imposition. (*διά της*
βίας) enforcement. (*άσκηση*
επιρροής) dominance
επιβραδύνω *ρ μτβ* slow (down).
(*καθυστερώ*) delay
επίγειος *επίθ* earthly

επίγνωση (*η*) awareness
επιγονατίδα (*η*) kneecap
επίγραμμα (*το*) epigram
επιγραφή (*η*) sign, notice. (*σε*
πλάκα) inscription
επιγράφω *ρ μτβ* inscribe
επιδεικνύω *ρ μτβ* demonstrate.
(*εκθέτω*) display. (*προβάλλω*) show
off
επιδεικτικός *επίθ* ostentatious,
(*καθομ*) showy
επιδεινώνω *ρ μτβ* exacerbate.
(*αρρώστια*) aggravate
επιδείνωση (*η*) aggravation
επίδειξη (*η*) demonstration.
(*έκθεση*) display. (*μόδας*) show.
(*προβολή*) showing off. (*στρ*)
tattoo
επιδειξίας (*ο*) show-off. (*ιατρ*)
exhibitionist
επιδεκτικός *επίθ* receptive.
(*εισηγήσεων*) amenable (to)
επιδένω *ρ μτβ* bandage
επιδέξιος *επίθ* skilful. (*ειδικός*)
adept. (*επιτήδειος*) dexterous
επιδεξιότητα (*η*) skill. (*σε*
χειρισμούς) dexterity
επιδερμίδα (*η*) skin
επίδεσ|η (*η*) bandaging. **~μος** (*ο*)
bandage
επιδημία (*η*) epidemic
επιδικάζω *ρ μτβ* adjudicate
επιδιορθώνω *ρ μτβ* repair.
(*παπούτσια, ρούχα*) mend
επιδιόρθωση (*η*) repair
επιδιώκω *ρ μτβ* pursue
επιδοκιμάζω *ρ μτβ* approve of.
(*προσυπογράφω*) endorse
επιδοκιμασία (*η*) approval.
(*αποδοχή*) endorsement. (*ευνοϊκή*)
acclaim
επίδομα (*το*) allowance.
(*επιπρόσθετο*) bonus. **~ ανεργίας**
dole
επίδοξος *επίθ* prospective
επιδόρπιο (*το*) dessert
επίδοση (*η*) delivery.
(*διαπιστευτηρίων*) presentation.
(*μαθητού, αθλητή*) record. (*μηχ*)
performance. (*νομ*) service
επιδότηση (*η*) subsidy. (*για*
σπουδές) grant

επίδραση (η) impact
επιδρομέας (ο) raider. (εισβολέας) invader
επιδρομή (η) raid
επιείκεια (η) lenience. (σε έγκλημα) clemency. (σε παράπτωμα) indulgence
επιεικής επίθ lenient. (γονείς) indulgent
επίζηλος επίθ enviable
επιζήμιος επίθ damaging
επιζήσας (ο) survivor
επιζητώ ρ μτβ seek
επιζώ ρ μτβ outlive
επίθεμα (το) compress
επίθεση (η) application (placing). (βίαιη) onslaught. (εχθρική) attack. (στρ) offensive
επιθετικός επίθ aggressive
επίθετο (το) epithet. (γραμμ) adjective. (επώνυμο) surname
επιθέτω ρ μτβ put on. (σφραγίδα) affix
επιθεώρηση (η) inspection. (θέατρο) revue. (στρ) review
επιθεωρ|ητής (ο), **επιθεωρ|ήτρια** (η) inspector. (αστυνομίας) superintendent
επιθεωρώ ρ μτβ inspect
επίθημα (το) suffix
επιθυμητός επίθ desirable
επιθυμία (η) desire. (ευχή) wish. (παροδική) fancy
επιθυμώ ρ μτβ desire. (εύχομαι) wish
επίκαιρ|ος επίθ opportune. (τοπικά κατάλληλος) topical. **~α** (τα) newsreel
επικαλούμαι ρ μτβ invoke
επικαλύπτω ρ μτβ coat
επικείμενος επίθ impending. (στο πολύ εγγύς μέλλον) imminent
επίκεντρο (το) epicentre. (μεταφ) focal point
επικερδής επίθ profitable
επικεφαλής (ο, η) head, chief
επικεφαλίδα (η) heading. (σε εφημερίδα) headline
επικήδειος επίθ funeral
επικίνδυνος επίθ dangerous. (όχι σίγουρος) risky. (που εκθέτει σε κίνδυνο) perilous. (που ενέχει κινδύνους) hazardous

επικοινωνία (η) communication
επικοινωνώ ρ μτβ/ρ αμτβ communicate
επικόλληση (η) pasting on
επικός επίθ epic
επικουρικός επίθ supplementary. (εφεδρικός) ancillary
επικράτεια (η) state
επικρατέστερος επίθ predominant
επικράτηση (η) prevalence
επικρατώ ρ αμτβ prevail. (είμαι επικρατέστερος) predominate
επικρίνω ρ μτβ censure. (ψέγω) reprehend
επίκριση (η) censure. (έντονη) stricture
επικροτώ ρ μτβ applaud, approve of
επικυρώνω ρ μτβ validate. (επιβεβαιώνω) ratify. (επισημοποιώ) sanction. (την αλήθεια) attest
επικύρωση (η) (αλήθειας) attestation. (επιβεβαίωση) ratification. (επίσημη) sanction
επιλαχ|ών (ο), **~ούσα** (η) runner-up
επιλέγω ρ μτβ select. (ανάμεσα σε πολλά) opt for
επιλεκτικός επίθ selective
επίλεκτος επίθ select, exclusive. (στρ) crack
επιληψία (η) epilepsy
επιλογή (η) choice. (εκλογή) selection. (δυνατότητα επιλογής) option
επίλογος (ο) epilogue. (επακολούθημα) conclusion
επίμαχος επίθ controversial
επιμέλεια (η) diligence. (μαθητή) studiousness. (νομ) custody
επιμελής επίθ diligent. (μαθητής) studious
επιμελητήριο (το) Chamber. **Εμπορικό και Βιομηχανικό Επιμελητήριο** Chamber (of Commerce and Industry)
επιμελ|ητής (ο), **~ήτρια** (η) (σχολ) prefect. **~ εκδόσεως** (ο, η) editor (of text)
επιμελούμαι ρ μτβ look after.

(*έκδοση*) edit

επιμένω *ρ αμτβ* insist. **~ σε** insist on. (*δείχνω επιμονή σε κάτι*) persist in

επιμήκης *επίθ* oblong, elongated

επιμηκύνω *ρ μτβ* elongate

επιμονή (*η*) insistence. (*σε προσπάθεια*) persistence. (*πείσμα*) tenacity

επίμονος *επίθ* insistent. (*που δείχνει επιμονή*) persistent. (*πεισματάρης*) tenacious

επιμόρφωση (*η*) in-service training

επίμοχθος *επίθ* painful, laborious

επινόηση (*η*) contrivance. (*συσκευή*) invention. (*της φαντασίας*) fabrication

επινοητικό|ς *επίθ* imaginative. **~τητα** (*η*) resourcefulness

επινοώ *ρ μτβ* contrive. (*ιδέα*) come up with. (*ιστορία*) make up. (*λέξη*) coin. (*μηχανεύομαι*) devise. (*μεταφ*) concoct

επίπεδο (*το*) level. (*ποιότητας*) standard. **βιωτικό ~** standard of living

επίπεδο|ς *επίθ* flat. (*επιφάνεια*) level. (*ομαλός*) smooth. **~δη οθόνη** (*η*) flat screen

επιπλέον *επίρρ* furthermore

επιπλέω *ρ μτβ/ρ αμτβ* float

επίπληξη (*η*) reprimand, rebuke

επιπλήττω *ρ μτβ* reprimand, rebuke

έπιπλ|ο (*το*) a piece of furniture. **~α** (*τα*) furniture

επιπλωμένος *επίθ* furnished

επιπλώνω *ρ μτβ* furnish

επίπλωση (*η*) furnishings

επιπόλαιος *επίθ* flippant. (*ελαφρόμυαλος*) frivolous. (*επιφανειακός*) superficial

επίπονος *επίθ* laborious

επιπρόσθετος *επίθ* additional

επίπτωση (*η*) repercussion

επιρρεπής *επίθ* susceptible (to)

επίρρημα (*το*) adverb

επιρροή (*η*) influence

επισημαίνω *ρ μτβ* mark (*stamp*). (*υποδείχνω*) point out

επισήμανση (*η*) marking. (*με ετικέτα*) labelling

επισημοποιώ *ρ μτβ* make official

επίσημος *επίθ* official. (*των αρχών*) state. (*τυπικός*) formal

επισημότητα (*η*) formality

επίσης *επίρρ* too, also. (*επιπλέον*) as well

επισκέπτ|ης (*ο*), **~ρια** (*η*) visitor, guest

επισκέπτομαι *ρ μτβ* visit. (*για σύντομο διάστημα*) call on

επισκευ|άζω *ρ μτβ* repair. **~ή** (*η*) repair

επίσκεψη (*η*) visit. (*σύντομη*) call

επισκιάζω *ρ μτβ* overshadow. (*άλλους με την υπεροχή μου*) eclipse

επισκοπή (*η*) bishopric. (*κτίριο*) bishop's palace. (*περιφέρεια*) (*η*) diocese

επισκόπηση (*η*) survey (*report*)

επίσκοπος (*ο*) bishop

επισκοπώ *ρ μτβ* survey

επισπεύδω *ρ μτβ* precipitate. (*πρόοδο*) expedite

επιστάτ|ης (*ο*), **~ρια** (*η*) caretaker. (*σε κτήματα*) warden. (*επιτηρητής*) overseer. (*εργατών*) foreman, forewoman

επιστατώ *ρ μτβ* oversee

επιστήθιος *επίθ* close. **~ φίλος** (*ο*) bosom friend

επιστήμ|η (*η*) science. **~ονας** (*ο, η*) scientist

επιστημονικ|ός *επίθ* scientific. **~ή φαντασία** (*η*) science fiction

επιστολ|ή (*η*) letter. (*εκκλ*) epistle. **~ογραφία** (*η*) correspondence

επιστράτευση (*η*) mobilisation

επιστρατεύω *ρ μτβ* call up. (*στρ*) (*κινητοποιώ*) mobilize. (*μεταφ*) summon up

επιστρέφω *ρ μτβ* return, give back. (*χρήματα*) refund. • *ρ αμτβ* return, go back

επιστροφή (*η*) return. (*χρημάτων*) refund

επίστρωση (*η*) coating

επισυνάπτω *ρ μτβ* attach

επισφαλής *επίθ* precarious

επισφραγίζω *ρ μτβ* seal. (*μεταφ*) crown

επιταγή (*η*) (*διαταγή*) command. (*τραπέζης*) cheque

επιτακτικός *επίθ* imperative.
(*τρόπος*) peremptory

επίταξη (*η*) requisition

επιτάσσω *ρ μτβ* requisition

επιτάφιος *επίθ* funeral. **~ λόγος**
(*ο*) epitaph. **~** (*ο*) *church service
on Good Friday*

επιταχύνω *ρ μτβ* accelerate

επιτείνω *ρ μτβ* intensify

επιτελείο (*το*) (*στρ*) staff.

επιτέλους *επίρρ* at last. **~!** about
time!

επιτελώ *ρ μτβ* accomplish

επιτετραμμένος *επίθ* permitted. **~**
(*ο*) chargé d' affaires

επίτευγμα (*το*) *βλ* **επίτευξη**

επίτευξη (*η*) achievement

επιτήδειος *επίθ* (*κατάλληλος*)
appropriate. (*καπάτσος*) slick,
cunning

επίτηδες *επίρρ* on purpose

επιτηδευματίας (*ο*) trader

επιτηδευμένος *επίθ* affected

επιτήρηση (*η*) (*αστυνομική*)
surveillance. (*νομ*) probation

επιτηρ|ητής (*ο*), **~ήτρια** (*η*)
invigilator

επιτηρώ *ρ αμτβ* invigilate

επιτίθεμαι *ρ μτβ* attack. (*βίαια*)
assault. (*στρ*) charge

επίτιμος *επίθ* honorary

επιτόκιο (*το*) rate of interest

επιτομή (*η*) epitome. (*σύγγραμμα*)
compendium

επιτόπιος *επίθ* on the spot

επιτραπέζι|ος *επίθ* table. **~ς
οίνος** (*ο*) table wine. **~ νερό** (*το*)
mineral water

επιτρεπτ|ικός *επίθ* permissive.
~ός *επίθ* permissible

επιτρέπω *ρ μτβ* allow. (*δίνω άδεια*)
permit

επιτροπή (*η*) committee. (*των ΕΚ*)
Commission

επίτροπος (*ο*) delegate. (*ΕΕ*)
commissioner. (*εκκλ*) church
warden. (*κληρονομίας*) trustee.
(*κυβερνητικός*) ombudsman

επιτυγχάνω *ρ μτβ* achieve. (*φέρω
εις πέρας*) accomplish. • *ρ αμτβ*
succeed

επιτύμβιο (*το*) epitaph (*on tomb*)

επιτυχαίνω *βλ* **επιτυγχάνω**

επιτυχ|ημένος, **~ής** *επίθ*
successful

επιτυχία (*η*) success

επιφάνεια (*η*) surface. (*έκταση*)
area

επιφανειακός *επίθ* superficial.
(*φαινομενικός*) skin-deep

επιφανής *επίθ* illustrious

Επιφάνια (*τα*) Epiphany

επιφέρω *ρ μτβ* bring about

επίφοβος *επίθ* (*εχθρός*) formidable.
(*κτίριο*) unsafe

επιφυλακή (*η*) alert. (*ετοιμότητα
για δράση*) standby

επιφυλακτικός *επίθ* cautious.
(*δήλωση*) circumspect.
(*προσεκτικός*) reticent. (*στον
τρόπο*) reserved

επιφύλαξη (*η*) caution. (*αμφιβολία*)
reservation. (*προϋπόθεση*)
qualification. (*στη συμπεριφορά*)
reserve

επιφυλάσσ|ω *ρ μτβ* have in store.
~ομαι *ρ αμτβ* reserve

επιφυλλίδα (*η*) newspaper
supplement

επιφώνημα (*το*) exclamation

επιχείρημα (*το*) (*προσπάθεια*)
attempt. (*για υποστήριξη*)
argument

επιχειρηματίας (*ο*) businessman,
entrepreneur

επιχειρηματικός *επίθ* enterprising.

επιχείρηση (*η*) enterprise. (*εμπ*)
business. (*στρ*) operation

επιχειρώ *ρ μτβ* undertake.
(*προσπαθώ*) try

επιχορήγηση (*η*) subsidy. (*από
εταιρία*) sponsorship. (*φοιτητή*)
grant

επιχορηγώ *ρ μτβ* subsidize.
(*εταιρία*) sponsor

επίχρισμα (*το*) veneer. (*ιατρ*) smear

επίχρυσος *επίθ* gold-plated

επιχρυσώνω *ρ μτβ* gild

εποικισμός (*ο*) settlement

επόμεν|ος *επίθ* following, next. **η
~νη βδομάδα** next week.

επομένη (*η*) next day. **ήταν ~ο**
it was expected

επομένως *επίρρ* therefore,
consequently

εποπτεία (*η*) supervision
εποπτεύω *ρ μτβ* supervise
επόπτ|ης (*ο*), **~ρια** (*η*) supervisor
έπος (*το*) epic
επουλών|ω *ρ μτβ* heal. **~ομαι** *ρ αμτβ* heal. (*αφήνοντας σημάδι*) scar
επουράνιος *επίθ* heavenly
εποχή (*η*) season. (*στην ιστορία*) era. (*στην προϊστορία*) age
εποχιακός *επίθ* seasonal
έπρεπε *βλ* **πρέπει.** **~ να τον είχα δει** I should have seen him
επτά *επίθ άκλ* seven
Επτάνησ|α (*τα*), **Ε~ος** (*η*) Ionian islands
επώαση (*η*) incubation
επωδή (*η*) incantation
επωμίδα (*η*) epaulette
επωμίζομαι *ρ μτβ* shoulder
επώνυμο|ς *επίθ* eponymous. **~** (*το*) surname
επωφελής *επίθ* advantageous
επωφελούμαι *ρ αμτβ* **~ από** take advantage of. (*για καλύτερα αποτελέσματα*) capitalize on. (*εμπορ*) cash in on
εραλδική (*η*) heraldry
έρανος (*ο*) collection (*of money*), (*καθομ*) whip-round
ερασιτέχν|ης (*ο*), **~ιδα** (*η*) amateur
εραστής (*ο*) lover (*man*)
εργάζομαι *ρ αμτβ* work. (*μηχ*) function. (*σκληρά*) labour
εργαλείο (*το*) tool. (*γεωργικό*) implement. (*χειρουργικό*) instrument
εργασί|α (*η*) labour, work. **~ες** (*οι*) proceedings
εργάσιμ|ος *επίθ* working. **~η μέρα** (*η*) working day
εργαστήριο (*το*) workshop. (*επιστημονικό*) laboratory, (*καθομ*) lab.
εργά|της (*ο*), **~ρια** (*η*) labourer
εργατιά (*η*) workers
εργατικός *επίθ* hard-working. (*που αγαπά την εργασία*) industrious
εργατικότητα (*η*) industry (*zeal*)
εργένης (*ο*) bachelor
έργ|ο (*το*) project. (*δημιούργημα*) work. (*καθήκον*) task.

(κινηματογράφος) film. (*πράξη*) deed. **~ο τέχνης** work of art. **~α** (*τα*) writings
εργοδότ|ης (*ο*), **~ρια** (*η*) employer
εργολαβία (*η*) contract work
εργοστάσιο (*το*) factory. (*μηχανήματα*) plant
ερεθίζω *ρ μτβ* (*δέρμα*) inflame. (*διεγείρω*) stimulate. (*οργίζω*) irritate
ερέθισμα (*το*) stimulus
ερεθισμός (*ο*) inflammation
ερείπι|ο (*το*) (*άνθρωπος*) wreck. (*κτίσμα*) ruin. **~α** (*τα*) wreckage
ερειπωμένος *επίθ* derelict
ερειπώνω *ρ μτβ* ruin
ερείπωση (*η*) dilapidation
έρεισμα (*το*) (*βάση για άποψη*) grounds. (*υποστήριγμα*) support
έρευνα (*η*) (*αστυνομική*) investigation. (*γενική*) survey. (*εξέταση*) search. (*εξονυχιστική*) probe. (*επιστημονική*) research. (*μελέτη*) study. (*σε θέμα*) inquiry
ερευν|ητής (*ο*), **~ήτρια** (*η*) researcher
ερευνώ *ρ μτβ* investigate. (*γενικά*) inquire into. (*εξετάζω*) research. (*εξονυχιστικά*) probe (*βυθό ποταμού*) drag. • *ρ αμτβ* search. (*για πολύτιμα μέταλλα*) prospect
ερήμην *επίρρ* in absentia
ερημιά (*η*) wilderness, wastes, (*καθομ*) back of beyond. (*μοναξιά*) seclusion
ερημικός *επίθ* deserted. (*ασύχναστος*) secluded
ερημίτης (*ο*) hermit. (*εκκλ*) recluse
έρημος *επίθ* (*εδάφους*) waste. (*άθλιος*) wretched. (*ακατοίκητος*) desolate. **~** (*η*) desert
ερημώνω *ρ μτβ* lay waste to, devastate. • *ρ αμτβ* be deserted
ερήμωση (*η*) desolation
έριδα (*η*) (*καβγάς*) squabble. (*διχόνοια*) discord
εριστικός *επίθ* quarrelsome
έρμα (*το*) ballast
έρμαιο (*το*) prey
ερμηνεία (*η*) interpretation. (*απόδοση*) rendering. (*μετάφραση*) interpreting

ερμηνεύω *ρ μτβ* (*αποδίδω*) render. (*εξηγώ*) construe. (*μεταφράζω*) interpret

ερμητικ|ός *επίθ* hermetic. **~ά** *επίρρ* tightly

ερμίνα (*η*) ermine

ερπετό (*το*) reptile

έρπης (*ο*) herpes

έρρινος *επίθ* nasal

ερυθρά (*η*) German measles

Ερυθρόδερμ|ος (*ο*), **~η** (*η*) Red Indian

ερυθρός *επίθ* red. **ο Ερυθρός Σταυρός** the Red Cross

έρχ|ομαι *ρ αμτβ* come. (*αρμόζω*) suit. (*φτάνω*) arrive. **~ομαι στον εαυτό μου** come to one's senses. **μου ~εται να φύγω** I feel like leaving. **το σακκάκι μου ~εται καλά** the jacket really suits me

ερχόμενος *επίθ* expected. (*προσεχής*) next

ερχομός (*ο*) coming

ερωδιός (*ο*) heron

ερωμένος (*ο*) lover

ερωμένη (*η*) mistress (*lover*)

Έρως (*ο*) Cupid

έρωτας (*ο*) love (*sexual*)

ερωτευμένος *επίθ* enamoured. **είμαι ~** (*με*) be in love (with)

ερωτεύομαι *ρ μτβ/αμτβ* fall in love (with)

ερώτημα (*το*) question, query

ερωτηματικ|ός *επίθ* interrogative. **~** (*το*) question mark

ερωτηματολόγιο (*το*) questionnaire

ερώτηση (*η*) question. (*δύσκολη*) poser. (*με κρυμμένη σημασία*) loaded question

ερωτικός *επίθ* amorous. (*χαρακτηρίζει τον έρωτα*) erotic

ερωτισμός (*ο*) eroticism

ερωτοδουλειά (*η*) love affair

ερωτοτροπία (*η*) flirtation

ερωτώ *ρ μτβ* ask. (*ζητώ πληροφορίες*) enquire

εσείς *αντων βλ* **εσύ**. you (*formal, pl.*)

Εσκιμώ|ος (*ο*), **~α** (*η*) Eskimo

εσκεμμένος *επίθ* deliberate

εσοδεία (*η*) *βλ* **σοδειά**

έσοδο (*το*) revenue

εσοχή (*η*) alcove. (*κοιλότητα*) recess

εσπέρα (*η*) evening

εσπερίδα (*η*) soirée

εσπεριδοειδή (*τα*) citrus trees and fruit

εσπερινός *επίθ* evening

εσπευσμένος *επίθ* precipitate

εσταυρωμένος *επίθ* crucified. **~** (*ο*) crucifix

εστία (*η*) focus. (*κρίκετ*) wicket. (*μεταφ*) hotbed

εστιακός *επίθ* focal

εστιατόριο (*το*) restaurant

έστω (*προστ ρήμ ειμί*) so be it. **~ κι αν** even if. **~ κι έτσι** even so

εσύ *αντων* you

ΕΣΥ (*το*) **~** NHS

εσφαλμένος *επίθ* mistaken

έσχατος *επίθ* ultimate

εσώκλειστος *επίθ* enclosed

εσωκλείστως *επίρρ* herewith

εσωκλείω *ρ μτβ* enclose (*with letter*)

εσώρουχ|ο (*το*) undergarment. **~α** (*τα*) underwear.

εσωστρεφής *επίθ* introvert

εσωτερικό (*το*) inside, interior. (*ενδοχώρα*) inland

εσωτερικός *επίθ* internal. (*άνθρωπος*) inner. (*γιατρός*) resident. (*διοίκηση*) home. (*κτιρίου*) indoor. (*πτήσεις*) domestic. (*χώρου*) interior

εταίρα (*η*) courtesan

εταιρ(ε)ία (*η*) company. **~ ηλεκτρονικού εμπορίου** dot-com

εταιρικός *επίθ* corporate

εταίρος (*ο*) partner

ετερογενής *επίθ* heterogeneous

ετεροθαλής *επίθ* **~ αδελφή** (*η*) stepsister. **~ αδελφός** (*ο*) stepbrother

ετεροφυλόφιλος *επίθ* heterosexual

ετήσιος *επίθ* annual

ετησίως *επίρρ* yearly, annually

ετικέτα (*η*) label. (*κρεμαστή*) tag. (*εθιμοτυπία*) etiquette

ετοιμάζ|ω *ρ μτβ* prepare. **~ομαι** *ρ αμτβ* get ready. **κάτι ~αι** there's something afoot

ετοιμασί|α (*η*) preparation. **~ες**

(*οι*) arrangements (*plans*)

ετοιμόγεννος *επίθ* on the point of giving birth

ετοιμοθάνατος *επίθ* about to die

ετοιμολογία (*η*) presence of mind

ετοιμόρροπος *επίθ* ramshackle. (*έπιπλο*) rickety. (*κτίριο*) crumbling

έτοιμος *επίθ* ready. (*πρόθυμος*) willing. (*ρούχα*) off the peg. (*τελειωμένος*) ready-made. **είμαι ~ να** be about to

ετοιμότητα (*η*) readiness

έτος (*το*) year

έτσι *επίρρ* thus. (*απλά*) simply. (*δωρεάν*) free. • *σύνδ* **~ και** so much as. **~** like this. **~ κι ~** so-so. **~ κι αλλιώς** either way. **~ ή αλλιώς** somehow or other

ετυμηγορία (*η*) verdict

ετυμολογία (*η*) etymology

ευαγγελικός *επίθ* evangelical

ευαγγέλιο (*το*) gospel

ευάερος *επίθ* airy

ευαισθησία (*η*) sensitivity

ευαισθητοποίηση (*η*) sensitization

ευαίσθητος *επίθ* sensitive. (*με λεπτά αισθήματα*) soft-hearted

ευανάγνωστος *επίθ* legible

ευαρέσκεια (*η*) gratification

ευαρεστούμαι *ρ αμτβ* have the pleasure

εύγε *επιφών* well done

ευγένεια (*η*) politeness. (*επίσημα*) civility. (*καλοί τρόποι*) courtesy. (*καταγωγή*) nobility

ευγενής *επίθ* polite. (*με καλούς τρόπους*) courteous. (*καταγωγή*) noble. **~** (*ο*) nobleman

ευγενικός *επίθ* polite. (*με καλούς τρόπους*) courteous. (*με καλή ψυχή*) kind. (*στην ομιλία*) well-spoken

εύγευστος *επίθ* tasty

ευγλωττία (*η*) eloquence

εύγλωττος *επίθ* eloquent. (*πειστικός*) persuasive

ευγνώμονας *επίθ βλ* **ευγνώμων**

ευγνωμονώ *ρ μτβ* be grateful

ευγνωμοσύνη (*η*) gratitude

ευγνώμων *επίθ* grateful

ευδαιμονία (*η*) bliss. (*υλική*) prosperity

ευδιάθετος *επίθ* good-humoured. (*πρόθυμος*) willing

ευδιάκριτος *επίθ* distinct. (*στο σκοτάδι*) discernible

ευδοκιμώ *ρ αμτβ* (*ευημερώ*) prosper. (*αναπτύσσομαι*) thrive

ευέλικτος *επίθ* flexible

ευελιξία (*η*) flexibility

εύελπις *επίθ* hopeful

ευέξαπτος *επίθ* quick-tempered, short-tempered

ευεργεσία (*η*) benefaction

ευεργέτης (*η*) benefactor

ευεργετικός *επίθ* beneficial

ευερέθιστος *επίθ* irritable

εύζωνας (*ο*) evzone (*soldier in the Greek infantry*)

ευήλιος *επίθ* sunny

ευημερία (*η*) prosperity

ευημερώ *ρ αμτβ* prosper

ευθανασία (*η*) euthanasia

ευθεία (*η*) straight line

εύθετος *επίθ* opportune

εύθικτος *επίθ* touchy

ευθιξία (*η*) touchiness

εύθραυστος *επίθ* fragile. (*κόκκαλο*) brittle. (*υγεία*) frail

ευθυγραμμίζω *ρ μτβ* align

ευθυμία (*η*) jollity. (*κέφι*) gaiety. (*σε μέθη*) merriment

εύθυμος *επίθ* jolly. (*αστείος*) funny. (*κεφάτος*) gay. (*μεθυσμένος ελαφρά*) merry

ευθυμώ *ρ αμτβ* cheer up

ευθύνη (*η*) responsibility. (*λογοδοσία*) accountability. (*νομ*) liability

ευθύνομαι (*για*) *ρ αμτβ* be responsible (for)

ευθύς *επίθ* (*ίσιος*) straight. (*ειλικρινής*) direct. (*χωρίς περιπλοκές*) straightforward. **~έως** *επίρρ* straight, directly

ευθύτητα (*η*) straightness. (*ειλικρίνεια*) directness, frankness

ευκαιρία (*η*) opportunity, chance. (*αγορά*) bargain, good buy

ευκαιρώ *ρ αμτβ* have the time

ευκάλυπτος (*ο*) eucalyptus

εύκαμπτος *επίθ* flexible

ευκατάστατος *επίθ* well-to-do

ευκαταφρόνητος *επίθ* negligible

ευκινησία (*η*) agility

ευκίνητος *επίθ* agile

ευκοιλιότητα (*η*) diarrhoea

ευκολί|α (*η*) ease. (*διευκόλυνση*) convenience. (*εξυπηρέτηση*) facility. **~ες** (*οι*) amenities. (*υπηρεσίες*) facilities

ευκολονόητος *επίθ* easy to understand

ευκολόπιστος *επίθ* gullible

εύκολ|ος *επίθ* easy. (*που δεν απαιτεί κόπο*) effortless. (*γυναίκα*) loose. **~α** *επίρρ* easily

ευκολύνω *ρ μτβ* facilitate. (*οικονομικά*) help financially

εύκρατος *επίθ* temperate

ευκρινής *επίθ* clear. (*ομιλία*) articulate

ευλάβεια (*η*) reverence

ευλογημένος *επίθ* blessed

ευλογία (*η*) blessing. (*ενεργεσία*) boon

ευλογιά (*η*) smallpox

εύλογος *επίθ* plausible

ευλογώ *ρ μτβ* bless

ευλύγιστος *επίθ* supple

ευμενής *επίθ* propitious

ευμετάβλητος *επίθ* changeable. (*άνεμος*) variable. (*καιρός*) unsettled

ευνόητος *επίθ* easy to understand

εύνοια (*η*) favour

ευνοϊκός *επίθ* favourable

ευνοιοκρατία (*η*) favouritism

ευνοούμενος *επίθ* favourite. (*που έχει την εύνοια*) favoured

ευνουχίζω *ρ μτβ* neuter. (*γάτο*) doctor. (*ζώο*) castrate

ευνούχος (*ο*) eunuch

ευνοώ *ρ μτβ* favour

ευοίωνος *επίθ* auspicious

ευπαρουσίαστος *επίθ* presentable

ευπατρίδης (*ο*) patrician

ευπειθής *επίθ* obedient

εύπιστος *επίθ* credulous. (*απλοϊκός*) naive

εύπλαστος *επίθ* malleable. (*χαρακτήρας*) pliable

ευπορία (*η*) affluence

εύπορος *επίθ* well-off

ευπρέπεια (*η*) propriety. (*στη συμπεριφορά*) decorum

ευπρεπής *επίθ* proper. (*συμπεριφορά*) decorous

ευπρόσδεκτος *επίθ* welcome

ευρεσιτεχνία (*η*) patent

ευρετήριο (*το*) card-index. (*σε βιβλίο*) index

εύρημα (*το*) find

εύρος (*το*) breadth

ευρύνω *ρ μτβ* broaden

ευρ|ύς *επίθ* broad. **~έως** *επίρρ* broadly

ευρύτητα (*η*) breadth

ευρύχωρος *επίθ* spacious

ευρώ (*το*) euro

ευρωβουλευτής (*ο, η*) MEP

ευρωβουλή (*η*) European Parliament

ευρωδολάριο (*το*) Eurodollar

ευρωκοινοβούλιο (*το*) *βλ* **ευρωβουλή**

ευρωπαϊκ|ός *επίθ* European. **~ή Ένωση** (*η*) European Union

Ευρωπαί|ος (*ο*), **~α** (*η*) European

Ευρώπη (*η*) Europe

εύρωστος *επίθ* brawny

ευσέβεια (*η*) piety

ευσεβής *επίθ* devout, pious. (*ελπίδα*) fond

ευσπλαχνία (*η*) compassion

εύσπλαχνος *επίθ* compassionate

ευσταθώ *ρ αμτβ* be valid

εύστοχος *επίθ* well-aimed. (*παρατήρηση*) apposite

ευσυνείδητος *επίθ* conscientious

εύσωμος *επίθ* burly

ευτελής *επίθ* mean. (*φτηνός*) measly

ευτραφής *επίθ* stout (*portly*). (*γυναίκα*) matronly

ευτύχημα (*το*) lucky thing

ευτυχ|ής *επίθ* *βλ* **ευτυχισμένος**. (*καλότυχος*) lucky. (*ευχαριστημένος*) delighted. **~ώς** *επίρρ* fortunately, luckily

ευτυχία (*η*) happiness

ευτυχισμένος *επίθ* happy

ευυπόληπτος *επίθ* reputable

ευφημισμός (*ο*) euphemism

εύφλευκτος *επίθ* inflammable, flammable

ευφορία (η) euphoria
ευφράδεια (η) fluency
ευφραδής επίθ fluent
ευφυής επίθ intelligent
ευφυΐα (η) intelligence
ευφυολόγημα (το) witticism, (καθομ) wisecrack
ευφυολογώ ρ αμτβ make witty remarks
ευχαριστημένος επίθ pleased. (ικανοποιημένος) satisfied
ευχαριστήριος επίθ thank-you
ευχαρίστηση (η) pleasure. (ικανοποίηση) satisfaction
ευχαριστί|α (η) (εκκλ) eucharist. **~ες** (οι) thanks
ευχάριστος επίθ pleasant. (άνθρωπος) agreeable. (ικανοποιητικός) agreeable. (που ευχαριστεί) pleasing. (χαρακτήρας, γούστα) congenial
ευχαριστώ ρ μτβ (ικανοποιώ) please. (εκφράζω ευχαριστία) thank. • **~** thank you, thanks
ευχαρίστως επίρρ with pleasure
ευχέρεια (η) facility
ευχή (η) wish. (ευλογία) blessing
εύχομαι ρ μτβ wish. (δέομαι) pray
εύχρηστος επίθ easy to use. (που χρησιμοποιείται από πολλούς) in current use
ευωδιά (η) fragrance
ευωδιαστός επίθ fragrant
εφαλτήριο (το) vaulting horse
εφάμιλλος επίθ equal to
εφάπαξ επίρρ once and for all. (δόση) single. (χρηματικό ποσό) lump sum
εφάπτομαι ρ αμτβ adjoin
εφαπτομένη (η) tangent
εφαρμογή (η) application. (ρούχα) fit. (σχεδίου) implementation
εφαρμόζω ρ μτβ apply. (υλοποιώ) implement. (χρησιμοποιώ) practise, carry out. • ρ αμτβ fit
εφαρμόσιμος επίθ applicable. (έργο) workable
εφαρμοσμ|ένος επίθ applied. **~τός** επίθ snug, tight
εφεδρεία (η) reserve
εφεδρικός επίθ reserve. (άνθρωπος) stand-by

έφεδρος (ο) reservist
εφεξής επίρρ henceforth
έφεση (η) appeal
εφετείο (το) court of appeal
εφέτης (ο, η) judge of the court of appeal
εφεύρεση (η) invention
εφευρέτ|ης (ο), **~ρια** (η) inventor
εφευρετικός επίθ inventive. (επινοητικός) ingenious
εφευρίσκω ρ μτβ invent
εφηβεία (η) adolescence, puberty
εφηβικός επίθ adolescent, teenage
έφηβος (ο, η) adolescent, teenager
εφημερεύω ρ αμτβ be on duty (during the day)
εφημερίδα (η) newspaper
εφημεριδοπώλης (ο) newsagent
εφημέριος (ο) parson. (στρ) chaplain. (της αγγλικανικής εκκλησίας) vicar
εφήμερος επίθ ephemeral. (παροδικός) transient
εφιάλτης (ο) nightmare
εφιαλτικός επίθ nightmarish
εφίδρωση (η) perspiration
εφικτός επίθ feasible. (κατορθωτός) viable
έφιππος επίθ on horseback
εφοδιάζω ρ μτβ supply. (αποθηκεύω) stock
εφοδιασμός (ο) (τεχν) supply.
εφόδι|ο (το) equipment. **~α** (τα) (μέσα) means
έφοδος (η) assault. (σε μάχη) charge
Εφορία (η) Inland Revenue
εφόρμηση (η) assault. (αστυνομίας) swoop
εφορμώ ρ αμτβ swoop. (στρ) rush
έφορος (ο) (επόπτης) supervisor. (εφορίας) tax inspector. (μουσείου) (ο) curator
εφόσον σύνδ so long as, provided
εφτά επίθ άκλ βλ **επτά**
έχει, ~ς βλ **έχω**
εχεμύθεια (η) discretion
εχέμυθος επίθ discreet
έχθρα (η) enmity
εχθρικός επίθ hostile

εχθρός (ο) enemy. (ζώου ή φυτού) pest

εχθρότητα (η) animosity. (εχθρική διάθεση) hostility

έχιδνα (η) viper

έχ|ω ρ μτβ have. (ιδέες, ελπίδες) entertain. (κρατώ) hold. (είμαι ιδιοκτήτης) own. **τι ~εις;** what's wrong with you;

(ε)ψές επίρρ last night

έως επίρρ until, up to

• •

Ζζ

• •

ζαβολιά (η) (σε παιχνίδι) cheating. **~ές** (οι) (παιδιά) mischief

ζαβός επίθ crooked. (ανάποδος) contrary

ζακέτα (η) jacket. (πλεκτή) cardigan

ζαλάδα (η) βλ **ζάλη**

ζάλη (η) daze. (ίλιγγος) dizziness

ζαλίζ|ω ρ μτβ daze. (σκοτίζω) pester. (χτύπημα) stun. **~ομαι** ρ αμτβ feel giddy. (σε ταξίδι) get sick

ζαμπόν (το) άκλ ham

ζάντα (η) rim (of wheel)

ζάπλουτος επίθ loaded, very rich

ζάρα (η) wrinkle. (σε ύφασμα) crease

ζάρι (το) dice άκλ

ζαρκάδι (το) roe (deer)

ζαρντινιέρα (η) window-box

ζαρτιέρα (η) suspender belt

ζάρωμα (το) shrinkage

ζαρωματιά (η) crinkle

ζαρωμένος επίθ wizened

ζαρώνω ρ μτβ crease, crinkle. • ρ αμτβ wrinkle. (ελαττώνομαι) shrivel. (από φόβο) cower. (από κρύο) huddle up

ζαφείρι (το) sapphire

ζαφορά (η) saffron

ζάχαρη (η) sugar

ζαχαριέρα (η) sugar-bowl

ζαχαρίνη (η) saccharin

ζαχαροκάλαμο (το) sugar cane

ζαχαροπλαστείο (το) patisserie

ζαχαρώνω ρ μτβ sugar, sprinkle sugar on

ζαχαρωτ|ός επίθ sugary. **~ό** (το) sweet. **~ά** (τα) confectionery

ζέβρα (η) zebra

ζελατίνη (η) gelatine. (από ψάρια ή κρέας) aspic

ζελέ (το) άκλ jelly. (καλλυντικό) gel

ζεματ|ίζω ρ μτβ scald. **~ιστός** επίθ piping hot

ζεμπίλι (το) soft wicker basket

ζενίθ (το) άκλ zenith

ζέρσεϊ (το) άκλ jersey

ζέση (η) ardour (enthusiasm)

ζεσταίν|ω ρ μτβ (θερμαίνω) heat up. (μεταδίδω θερμότητα) warm up. • ρ αμτβ warm (up). **~ομαι** ρ αμτβ be or feel hot

ζεστασιά (η) warmth

ζεστός επίθ warm

ζευγαράκι (το) pair of lovers

ζευγάρι (το) pair. (άντρας και γυναίκα) couple. (ζώα) team

ζευγαρώνω ρ μτβ pair. • ρ αμτβ mate

ζεύγος (το) pair, couple

ζεύω ρ μτβ (βόδια) yoke. (άλογα) harness

ζέφυρος (ο) west wind

ζηλεύω ρ μτβ envy. • ρ αμτβ be jealous

ζήλια (η) jealousy. (φθόνος) envy

ζηλιάρης επίθ jealous

ζήλος (ο) zeal

ζηλότυπος επίθ possessive

ζηλ|ωτής (ο), **~ώτρια** (η) zealot

ζημιά, ζημία (η) damage. (απώλεια) loss

ζημιώνω ρ μτβ damage. • ρ αμτβ suffer a loss

ζην (το) **κερδίζω τα προς το ~** earn one's livelihood, make a living

ζήτημα (το) matter

ζήτηση (η) quest. (αγοραστική διάθεση) demand

ζητιανεύω ρ μτβ/ρ αμτβ beg

ζητιάν|ος (ο), **~α** (η) beggar

ζήτω επιφών hurrah, hurray

ζητώ ρ μτβ ask, request. (αναζητώ) look for. (απαιτώ) claim. (ζητιανεύω) beg. (πληροφορίες) ask for

ζητωκραυγάζω ρ μτβ/αμτβ cheer.

(επευφημώ) applaud
ζιβάγκο (το) άκλ polo-neck
ζιζάνιο (το) weed
ζιζανιοκτόνο (το) weed-killer
ζιρκόνιο (το) zircon
ζόρι (το) force. (δυσκολία) difficulty. **με το ~** by force
ζορί|ζω ρ μτβ force. (πιέζω) press. **~ζομαι** ρ αμτβ find it heavy going. (οικονομικά) be hard up
ζόρι|κος επίθ dodgy, awkward. **~σμα** (το) pushing, pressure
ζούγκλα (η) jungle
ζουζουνίζω ρ αμτβ hum
ζουλώ ρ μτβ squeeze
ζουμάρω ρ αμτβ zoom (photo)
ζουμερός επίθ juicy. (επικερδής) lucrative. (που έχει ουσία) meaningful. (φρούτο) succulent
ζουμί (το) juice. (κρέατος) broth. (ουσία) gist. (υλικό όφελος) dough
ζουρλομανδύας (ο) strait-jacket
ζουρλός επίθ loony
ζοφερός επίθ dark. (μεταφ) gloomy
ζοχαδιακός επίθ shirty (λαϊκ)
ζυγαριά (η) scales, balance
ζυγίζω ρ μτβ/ρ αμτβ weigh. (εκτιμώ) weigh up. (υπολογίζω εκ των προτέρων) gauge
ζυγός¹ επίθ even (number)
ζυγός² (ο) yoke. (ζυγαριά) balance
Ζυγός³ (ο) (αστρολ) Libra.
ζυγώνω ρ αμτβ come near, approach
ζύθος (ο) (λόγ) beer
ζυμάρι (το) dough
ζυμαρικά (τα) pasta
ζύμη (η) pastry. (για ψωμί) dough
ζύμωμα (το) kneading
ζυμών|ω ρ μτβ knead. (πηλό) work. **~ομαι** ρ αμτβ ferment
ζύμωση (η) fermentation. (ψωμιού) kneading
ζω ρ αμτβ live. (επιζητώ) live through. (συντηρούμαι) live on. **να ζήσεις, να ζήσετε** (γενέθλια) many happy returns. (γάμο) best wishes (may you live long)
ζωγραφιά (η) picture
ζωγραφίζω ρ μτβ/ρ αμτβ paint (in art)

ζωγραφικ|ός επίθ painting. **~ός πίνακας** (ο) painting. **~ή** (η) painting (art)
ζωγράφος (ο, η) painter, artist
ζωδιακός επίθ **~ κύκλος** (ο) zodiac
ζωή (η) life. (τρόπος διαβίωσης) lifestyle
ζωηράδα (η) liveliness
ζωηρεύω ρ μτβ jazz up. • ρ αμτβ perk up
ζωηρός επίθ lively. (άνθρωπος) vivacious. (εντυπώσεις) vivid. (παιδί) naughty. (περπάτημα) brisk. (συζήτηση) heated. (τρόπος) sprightly. (χρώμα) bright
ζωηρότητα (η) liveliness. (εντυπώσεως) vividness. (συμπεριφοράς) vivacity. (τρόπου) animation
ζωικός επίθ animal
ζωμός (ο) broth. (κρέατος) stock
ζωνάρι (το) sash, belt
ζώνη (η) belt. (ελαστική) girdle. (περιοχή) zone. (φούστας ή πανταλονιού) waistband
ζωντανεύω ρ μτβ pep up. (απεικονίζω) animate. (ζωογονώ) liven up. • ρ αμτβ revive
ζωντάνια (η) vivacity
ζωνταν|ό (το) animal. **~ά** (τα) livestock
ζωνταν|ός επίθ alive. (καλώδιο) live. (παραστατικός) animated. (ραδιόφωνο, TV) live. **σαν ~ός** lifelike. (οι) **~οί** (the) living
ζωντόβολο (το) beast. (μεταφ) blockhead
ζωντοχήρ|ος (ο), **~α** (η) divorcee
ζώο (το) animal. (του σπιτιού) pet
ζωογονώ ρ μτβ give life to
ζωολογία (η) zoology
ζωολογικός επίθ zoological. **~ κήπος** (ο) zoo
ζωοτροφή (η) fodder
ζωοτομία (η) vivisection
ζωόφιλος επίθ animal loving. **~** (ο) animal lover
ζωστήρας (ο) sash
ζωτικός επίθ vital, essential
ζωτικότητα (η) vitality
ζωύφια (τα) vermin

Ηη

η *άρθρο θηλυκού γένους* the
ή *σύνδ* or
ΗΒ *(το) αρκτ (Ηνωμένο Βασίλειο)* UK (United Kingdom)
ήβη *(η)* puberty
ηγεμόνας *(ο)* sovereign
ηγεσία *(η)* leadership
ηγέτης *(ο)* leader
ηγούμαι *ρ μτβ/ρ αμτβ* lead. *(είμαι απικεφαλής)* head
ηγουμένη *(η)* abbess
ηγούμενος *(η)* prior
ήδη *επίρρ* already
ηδονή *(η)* (intense) pleasure
ηδονοβλεψίας *(ο)* voyeur
ηθική *(η)* morality. *(επιστήμη)* ethics. *(χρηστότητα)* morals
ηθικό *(το)* morale
ηθικολόγος *(ο, η)* moralist
ηθικός *επίθ* moral. *(σύμφωνος με τους κανόνες)* ethical
ηθογραφία *(η) description of the customs of a people*
ηθοποιία *(η) (θέατρ)* acting
ηθοποι|ός *(ο),* *(η)* actor, actress. **~οί** *(οι)* cast
ήθ|ος *(το)* ethos. **~η** *(τα)* habits
ηλεκτρίζω *ρ μτβ* electrify
ηλεκτρικός *επίθ* electric
ηλεκτρισμός *(ο)* electricity
ηλεκτρογεννήτρια *(η)* electrical generator
ηλεκτρόδιο *(το)* electrode
ηλεκτρολ|ογικός *επίθ* electrical. **~όγος** *(ο)* electrician
ηλεκτρόλυση *(η)* electrolysis
ηλεκτρονική *(η)* electronics
ηλεκτρονικ|ός *επίθ* electronic. **~ό βιβλίο** *(το)* e-book. **~ή διεύθυνση** *(η)* e-mail address. **~ό εμπόριο** *(το)* e-commerce. **~ό επιχειρείν** *(το)* e-business **~ό ταχυδρομείο** *(το)* e-mail **~ός υπολογιστής** *(ο)* computer
ηλεκτρόνιο *(το)* electron
ηλεκτροπληξία *(η)* electric shock

ηλεκτροσόκ *(το) άκλ* electric shock (treatment)
ηλεκτροφόρος *επίθ* live *(wire)*
ηλιακός *επίθ* solar
ηλίαση *(η)* sunstroke
ηλιαχτίδα *(η)* sunbeam
ηλίθιος *επίθ* stupid. *(βλακώδης)* imbecile. *(πράξη)* idiotic
ηλιθιότητα *(η)* stupidity. *(πράξη ή λόγος)* idiocy
ηλικία *(η)* age
ηλικιωμένος *επίθ* elderly. **~** *(ο)* old man
ήλιο *(το)* helium
ηλιοβασίλεμα *(το)* sunset, sundown
ηλιοθεραπεία *(η)* sunbathing
ηλιοκαμένος *επίθ* sunburnt
ηλιόλουστος *επίθ* sun-drenched. *(μέρα)* sunny
ηλιοροφή *(η) (αυτοκ)* sunroof
ήλιος *(ο)* sun
ηλιοστάσιο *(το)* solstice
ηλιοτρόπιο *(το)* sunflower
ηλιοφάνεια *(η)* sunlight
ηλιόφως *(το)* sunlight
ηλιοψημένος *επίθ* suntanned
ημέρα *(η)* day. *(από την ανατολή έως τη δύση)* daytime
ημερεύω *ρ μτβ* tame. *(καθησυχάζω)* calm down
ημερήσιος *επίθ* daily
ημερολόγιο *(το)* calendar. *(βιβλίο)* diary. *(με βάση ουράνια φαινόμενα)* almanac. *(ναυτ)* log-book
ημερομηνία *(η)* date
ημερομίσθιο *(το)* daily wage
ημερονύχτιο *(το)* a night and a day
ήμερος *επίθ* tame
ημερώνω *ρ μτβ* tame
ημιαργία *(η)* half holiday
ημιαυτόματος *επίθ* semi-automatic
ημίγυμνος *επίθ* half-naked
ημιδιαφ|άνεια *(η)* translucence. **~ανής** *επίθ* translucent
ημιεπίσημος *επίθ* semi-official
ημικρανία *(η)* migraine
ημικυκλικός *επίθ* semicircular
ημικύκλιο *(το)* semicircle
ημιπολύτιμος *επίθ* semiprecious

ημισέληνος (*η*) half moon. (*σημαία*) the Turkish flag
ημισφαίριο (*το*) hemisphere
ημιτελής *επίθ* incomplete
ημιτελικός (*ο*) semifinal
ημιχρόνιο (*το*) half-time
ημίψηλο (*το*) top hat
ημιώροφος (*ο*) mezzanine
ηνίο (*το*) rein
ηνωμέν|ος *επίθ* united. **Η~α Έθνη** (*τα*) United Nations (Organization). **Η~ες Πολιτείες** (*Αμερικής*) (*οι*) United States (of America)
ΗΠΑ (*οι*) αρκτ (*Ηνωμένες Πολιτείες Αμερικής*) USA (United States of America)
ήπαρ (*το*) (*αρχ*) liver
ηπατικός *επίθ* hepatic
ήπειρος (*η*) continent
ηπειρωτικός *επίθ* continental
ηπιότητα (*η*) mildness
ηράκλειος *επίθ* herculean
ηρεμία (*η*) calmness. (*ακινησία*) tranquillity. (*ψυχραιμία*) composure
ηρεμίζω *ρ αμτβ* calm down
ηρεμιστικό|ς *επίθ* calming. **~** (*το*) tranquillizer
ηρεμώ *ρ αμτβ* compose o.s.
ήρωας (*ο*) hero
ηρωίδα (*η*) heroine
ηρωικός *επίθ* heroic
ηρωίνη (*η*) heroin
ηρωισμός (*ο*) heroism
ησυχάζω *ρ μτβ* quieten. (*καταπραΰνω*) soothe. • *ρ αμτβ* calm down. (*αναπαύομαι*) rest. (*ηρεμώ*) settle down
ησυχία (*η*) quiet
ήσυχος *επίθ* quiet. (*πράος*) placid
ήττα (*η*) defeat
ηττημένος *επίθ* defeated. (*σε αγώνα*) **~** (*ο*) underdog
ηττοπ|άθεια (*η*) defeatism. **~αθής** (*ο, η*) defeatist
ηφαίστειο (*το*) volcano
ηχείο (*το*) speaker (*stereo*)
ηχηρός *επίθ* loud
ηχητικός *επίθ* sonic
ηχογράφηση (*η*) (sound) recording

ηχογραφώ *ρ μτβ* record (*sound*)
ηχομονωτικός *επίθ* sound-proof
ήχος (*ο*) sound
ηχώ (*η*) echo
ηχώ *ρ αμτβ* sound

• •

Θθ

• •

θα *μόριο* (*μελλοντικό*) will, shall. (*δυνητικό*) would, should
θάβω *ρ μτβ* bury. (*καλύπτω με χώμα*) inter
θαλαμηγός (*η*) yacht
θαλαμηπόλος (*ο, η*) steward
θαλαμίσκος (*ο*) cubicle
θάλαμος (*ο*) chamber. (*νοσοκομείου*) ward. (*πλοίου*) cabin. (*στρ*) barracks. (*τηλεφωνικός*) booth
θάλασσα (*η*) sea. **μ΄ έχει πιάσει η ~** be seasick. **τα κάνω ~** make a hash of things
θαλασσής *επίθ* blue (*sea*)
θαλασσινός *επίθ* of the sea. **~** (*ο*) sailor. **~ά** (*τα*) seafood
θαλασσόνερο (*το*) sea water
θαλασσοπόρος (*ο*) seafarer
θαλασσοπούλι (*το*) sea bird
θαλασσώνω *ρ μτβ* make a mess of
θαλπερός *επίθ* warm
θάμνος (*ο*) bush. (*χαμηλό δέντρο*) shrub
θαμνότοπος (*ο*) heath
θαμνώδης *επίθ* bushy
θαμπός *επίθ* dim. (*δε διακρίνεται καθαρά*) blurred. (*παράθυρο*) misty. (*φωτογραφία*) fuzzy. (*μεταφ*) shadowy
θάμπωμα (*το*) (*της όρασης*) blurring. (*θολούρα*) misting
θαμπώνω *ρ μτβ* dazzle. • *ρ αμτβ* mist over
θαμώνας (*ο*) patron (*of cafe*)
θανάσιμος *επίθ* deadly. (*βαρύς*) deathly
θανατηφόρος *επίθ* fatal, lethal
θανατοποινίτ|ης (*ο*), **~ισσα** (*η*) condemned man/woman

θάνατος (ο) death. (σε ατύχημα) fatality

θανατώνω ρ μτβ put to death. (μεταφ) finish off

θαρραλέος επίθ courageous

θαρρεύω ρ αμτβ take courage. (τολμώ) take liberties. (υποθέτω) presume

θάρρος (το) courage

θαύμα (το) miracle. (άξιο θαυμασμού) marvel

θαυμάζω ρ μτβ admire. (αισθάνομαι έκπληξη) marvel at. (απορώ) wonder, reflect

θαυμάσιος επίθ wonderful, marvellous. (γυναίκα) gorgeous

θαυμασμός (ο) admiration. (κατάπληξη) wonder

θαυμαστής (ο), **θαυμάστρια** (η) admirer. (οπαδός) fan

θαυμαστικ|ός επίθ admiring. **~ό** (το) exclamation mark

θαυμαστός επίθ admirable

θαυματουργός επίθ miraculous

θάψιμο (το) burial. (μεταφ) burying

θεά (η) goddess

θέα (η) view

θέαμα (το) sight (spectacle). (γελοίο) spectacle. (παράσταση) show

θεαματικ|ός επίθ spectacular. **~τητα** (η) (TV) ratings

θεατής (ο) spectator. (περιστατικού) bystander, onlooker. (TV) viewer

θεατός επίθ visible

θεατρικός επίθ theatrical

θεατρινισμοί (οι) histrionics

θεατρίν|ος (ο), **~α** (η) actor. (μεταφ) showman/woman

θέατρο (το) theatre

θεία (η) aunt

θειάφι (το) βλ **θείο**

θειικ|ός επίθ sulphuric. **~ οξύ** (το) sulphuric acid

θεϊκός επίθ divine

θείο (το) sulphur

θείος[1] (ο) uncle

θείος[2] επίθ divine

θέλγητρο (το) attraction

θέλγω ρ μτβ attract

θέλημα (το) (επιθυμία) will. (μικροδουλειά) errand

θεληματικός επίθ wilful

θέληση (η) will. (εμμονή) will-power. (επιθυμία) volition

θελκτικός επίθ charming

θέλ|ω ρ μτβ want. (απαιτώ) require. (επιζητώ) seek. (επιθυμώ) wish. **~οντας και μη** willy-nilly. **θεού ~οντος** God willing. **λίγο ήθελε να πέσει κάτω** he/she nearly fell down

θέμα (το) topic. (γραμμ) stem. (έκθεσης) subject. (εξετάσεις) question. (ζήτημα) issue. (ημερήσιας διάταξης) item. (μουσ) motif. **~τα** (εξετάσεως) (τα) paper

θεματικό πάρκο (το) theme park

θεμέλιο (το) foundation, basis

θεμελιώδης επίθ fundamental

θεμιτός επίθ legitimate

θεόγυμνος επίθ stark naked

θεόκουφος επίθ stone-deaf

θεολογ|ία (η) divinity, theology. **~ικός** επίθ theological

θεομηνία (η) calamity

θεονήστικος επίθ famished

θεόπεμπτος επίθ godsend

θεοποιώ ρ μτβ deify

θεόρατος επίθ enormous

θεός (ο) god

θεοσεβής επίθ godly

θεοσκότεινος επίθ pitch-dark

θεόστραβος επίθ stone-blind

θεότητα (η) deity

Θεοτόκος (η) the Virgin Mary

θεότρελλος επίθ raving mad

θεότυφλος επίθ stone-blind

θεοφοβούμενος επίθ god-fearing

θεραπεία (η) therapy. (αποκατάσταση υγείας) cure. (μεταφ) remedy. (μέθοδος νοσηλείας) treatment

θεραπεύσιμος επίθ curable

θεραπ|ευτής (ο), **~εύτρια** (η) therapist

θεραπευτικός επίθ therapeutic. (διορθωτικός) remedial

θεραπεύω ρ μτβ cure. (επανορθώνω) remedy. (νοσηλεύω) treat

θέρετρο (το) resort

θερίζω ρ μτβ harvest. (δρέπω) reap. (εξολοθρεύω) decimate

θερινός *επίθ* summer
θεριό (*το*) wild beast
θερισμός (*ο*) harvest
θερμαίν|ω *ρ μτβ* warm up. **~ομαι**
  ρ αμτβ be feverish
θέρμανση (*η*) heating
θερμαστής (*ο*) stoker
θερμάστρα (*η*) heater
θέρμη (*η*) fever. (*ζήλος*) fervour
θερμίδα (*η*) calorie
θερμικός *επίθ* thermal
θερμόαιμος *επίθ* warm-blooded
θερμοδυναμική (*η*)
  thermodynamics
θερμοκέφαλος (*ο*) hothead
θερμοκήπιο (*το*) greenhouse.
  (*σέρα*) conservatory
θερμοκοιτίδα (*η*) incubator
θερμοκρασία (*η*) temperature
θερμόλουτρο (*το*) hot bath
θερμόμετρο (*το*) thermometer
θερμομετρώ *ρ μτβ* take s.o.'s
  temperature
θερμομόνωση (*η*) heat insulation
θερμοπαρακαλώ *ρ μτβ* implore
θερμοπίδακας (*ο*) (*γεωλ*) geyser
θερμοπληξία (*η*) heat stroke
θερμοπυρηνικός *επίθ*
  thermonuclear
θερμός[1] *επίθ* warm. (*εγκάρδιος*)
  fervent. (*έντονος*) ardent
θερμός[2] (*το*) *άκλ* vacuum flask,
  Thermos (P)
θερμοσίφωνας (*ο*) immersion
  heater
θερμοστάτης (*ο*) thermostat
θερμότητα (*η*) heat
θερμοφόρα (*η*) hot-water bottle
θέρος[1] (*το*) harvest time
Θέρος[2] (*το*) summer
θέση (*η*) (*βαθμός*) rank. (*άποψη*)
  position. (*δουλειά*) post. (*εργασία*)
  job. (*κάθισμα*) seat. (*κοινωνική*)
  station. (*τόπος*) place
θεσμός (*ο*) institution (*custom*)
θεσπίζω *ρ μτβ* (*νομ*) enact
Θεσσαλία (*η*) Thessaly
Θεσσαλονίκη (*η*) Salonica
θετικός *επίθ* positive
θετός *επίθ* adoptive
θέτω *ρ μτβ* lay. (*ερώτημα*) pose

θεωρείο (*το*) (*θέατρ*) box
θεώρημα (*το*) theorem
θεώρηση (*διαβατηρίου*) (*η*) visa
θεωρητικός *επίθ* theoretical.
  (*υποθετικός*) academic
θεωρία (*η*) theory
θεωρώ *ρ μτβ* consider. (*βλέπω*)
  deem. (*εκτιμώ*) rate. (*ελέγχω*)
  certify. (*νομίζω*) regard
θήκη (*η*) case. (*δίσκου*) sleeve.
  (*ξίφους*) sheath. (*πιστολιού*) holster
θηλάζω *ρ μτβ* nurse (*baby*). • *ρ αμτβ*
  suckle
θηλασμός (*ο*) breast-feeding
θηλαστικό (*το*) mammal
θηλή (*του μαστού*) (*η*) nipple
θηλιά (*η*) noose, loop. (*για κουμπί*)
  tab. (*μεταφ*) millstone. (*τρύπα του*
  δικτύου) mesh
θηλυκ|ός *επίθ* female. (*γραμμ*)
  feminine. **~ό** (*το*) female
θηλυπρεπής *επίθ* effeminate
θημωνιά (*η*) haystack
θήραμα (*το*) quarry
θηρίο (*το*) wild beast. (*άνθρωπος*)
  strong man. (*μεγάλου μεγέθους*)
  giant
θηριοδαμ|αστής (*ο*), **~άστρια** (*η*)
  (animal) tamer
θηριοτροφείο (*το*) menagerie
θηριώδης *επίθ* ferocious
θηριωδία (*η*) ferocity
θηροφύλακας (*ο*) gamekeeper
θησαυρ|ίζω *ρ αμτβ* make a fortune.
  ~ός (*ο*) treasure. (*λεφτά*) hoard
  (of money)
θησαυροφυλάκιο (*το*) strong-
  room. (*σε τράπεζα*) vault
θητεία (*η*) military service
θίασος (*ο*) theatre company
θίγω *ρ μτβ* (*αγγίζω*) touch. (*ανακινώ*
  θέμα) broach. (*προσβάλλω*) offend
θλιβερός *επίθ* sad. (*αξιολύπητος*)
  piteous
θλίβω *ρ μτβ* (*συμπιέζω*) crush.
  (*προκαλώ θλίψη*) sadden
θλιμμένος *επίθ* sorrowful
θλίψη (*η*) (*συμπίεση*) crushing.
  (*βαθιά λύπη*) grief, sorrow
θνησιγενής *επίθ* stillborn
θνησιμότητα (*η*) mortality

θνητό|ς επίθ mortal. **~τητα** (η) mortality

θολερός επίθ dim

θόλος (ο) canopy. (οροφή) vault

θολός επίθ turbid. (υγρό) cloudy

θόλωμα (το) blur

θολώνω ρ μτβ blur. (νερό) make muddy. • ρ αμτβ (γυαλιά) steam up

θολωτός επίθ domed

θορυβοποιός (ο) rowdy person

θόρυβος (ο) noise. (φασαρία) clamour

θορυβώ ρ αμτβ make a noise. • ρ μτβ (προκαλώ ανησυχία) alarm

θορυβώδης επίθ noisy. (άνθρωπος) boisterous. (διασκέδαση) rowdy. (καιρός) tumultuous. (παιγνίδι) noisy. (πλήθος) uproarious

θράκα (η) embers

Θράκη (η) Thrace

θρανίο (το) (school) desk

θράσος (το) nerve. (θρασύτητα) gall, impudence. (τόλμη) audacity

θρασύ|ς επίθ insolent. (αναιδής) impudent. (τολμηρός) audacious. **~τητα** (η) impudence, insolence

θραύση (η) rupture. (καταστροφή) havoc

θραύσμα (το) fragment

θρέμμα (το) nursling

θρεπτικός επίθ nutritious

θρέψη (η) nutrition. (επούλωση) healing

θρήνος (ο) lament

θρηνώ ρ μτβ mourn for. • ρ αμτβ (κλαίω) grieve

θρησκεία (η) religion

θρήσκευμα (το) (θρησκ) denomination

θρησκευτικός επίθ religious

θρησκόληπτος επίθ fanatically religious

θρήσκος επίθ devoutly religious

θριαμβευτικός επίθ triumphant

θριαμβεύω ρ αμτβ triumph

θριαμβικός επίθ triumphal

θρίαμβος (ο) triumph. (νίκη) landslide

θρίλερ (το) άκλ thriller

θροΐζω ρ αμτβ rustle

θρόμβος (ο) clot

θρόμβωση (η) thrombosis

θρονιάζομαι ρ αμτβ park oneself (in a chair). (σαν να μου ανήκει κάτι) install oneself

θρόνος (ο) throne

θρυλικός επίθ legendary

θρύλος (ο) legend

θρυμματίζω ρ μτβ shatter

θρυμματισμός (το) shattering

θρύψαλ|ο (το) fragment. **~α** (τα) smithereens

θυγατέρα (η) daughter

θύελλα (η) storm, gale. (με βροντές και κεραυνούς) thunderstorm

θυελλώδης επίθ stormy. (με βροντές) thundery. (με δυνατό αέρα) blustery

θύλακας (ο) enclave. (αντίστασης) pocket

θύμα (το) victim. (ατυχήματος) casualty

θυμάμαι ρ μτβ/ρ αμτβ remember. (επαναφέρω). • ρ μτβ recall, recollect

θυμάρι (το) thyme

θυμίαμα (το) incense

θυμιατίζω ρ μτβ burn incense

θυμίζω ρ μτβ remind

θυμός (ο) anger

θυμούμαι ρ αμτβ βλ **θυμάμαι**

θυμωμένος επίθ angry

θυμώνω ρ μτβ anger. • ρ αμτβ get angry

θύρα (η) gate

~USB (η) USB port

θυρεοειδής (αδένας) (ο) thyroid

θυρίδα (η) locker. (εκδόσεως εισιτηρίων) ticket-office. (σε τράπεζα) safe deposit

θυροτηλέφωνο (το) entry phone

θυρωρός (ο) porter (αμερ) janitor (κτιρίου) caretaker. (ξενοδοχείου) doorman

θυσία (η) sacrifice

θυσιάζω ρ μτβ sacrifice

θωπεία (η) caress. **~ύω** ρ μτβ caress

θώρακας (ο) chest

θωρακισμένος επίθ bullet-proof

θωρακίζω ρ μτβ cover with armour-plating. (οπλίζω) arm

θωρώ ρ μτβ see

ι

ιαματικός *επίθ* curative
ιαμβικός *επίθ* iambic
Ιανουάριος *(ο)* January
Ιάπωνας *(ο)*, **Ιαπωνίδα** *(η)* Japanese
Ιαπωνία *(η)* Japan
ιαπωνικός *επίθ* Japanese
ίαση *(η)* cure
ιατρείο *(το)* surgery, consulting room
ιατρική *(η)* medicine
ιατρικός *επίθ* medical
ιατροδικαστής *(ο)* coroner
ιατροδικαστική *(η)* forensic medicine
ιατρός *(ο, η)* doctor
ιαχή *(η)* cry, shout
ιβίσκος *(ο)* hibiscus
ιγκλού *(το)* *άκλ* igloo
ιδανικό|ς *επίθ* ideal. **~** *(το)* ideal
ιδέα *(η)* idea. *(εκτίμηση)* opinion. *(υποψία)* suspicion
ιδεαλισμός *(ο)* idealism
ιδεαλιστικός *επίθ* idealistic
ιδεαλ|ιστής *(ο)*, **~ίστρια** *(η)* idealist
ιδεολογία *(η)* ideology
ιδεολογικός *επίθ* ideological
ιδεολόγος *(ο, η)* ideologist
ιδεώδες *(το)* ideal
ιδεώδης *επίθ* ideal
ιδιαίτερ|ος *επίθ* particular. *(ξεχωριστός)* peculiar. **~α** *(τα)* private affairs
~α *(τα)* *(μαθήματα)* private lessons. **ιδιαιτέρα** *(η)* private secretary. **~α** *επίρρ* notably, particularly
ιδιαιτέρως *επίρρ* privately, in private
ιδιοκατοίκηση *(η)* owner-occupation
ιδιοκτησία *(η)* ownership. *(περιουσία)* property
ιδιοκτήτ|ης *(η)*, **~ρια** *(ο)* owner. *(ακινήτου)* proprietor

ιδιόκτητος *επίθ* privately-owned
ιδιομορφία *(η)* mannerism
ιδιοποιούμαι *ρ αμτβ* usurp
ιδιορρυθμία *(η)* peculiarity
ιδιόρρυθμος *επίθ* odd, peculiar. *(στο ντύσιμο και τους τρόπους)* eccentric
ίδι|ος *επίθ* same, alike. **εγώ ο ~ος** myself. **το ~ο κάνει** it makes no difference
ιδιοσυγκρασία *(η)* idiosyncrasy, temperament
ιδιοτέλεια *(η)* self-interest
ιδιοτελής *επίθ* self-seeking
ιδιότητα *(η)* capacity *(function)*. *(χαρακτηριστικό)* attribute. *(χημ)* property
ιδιοτροπία *(η)* whim. *(δυστροπία)* bloody-mindedness
ιδιότροπος *επίθ* capricious. *(δύστροπος)* temperamental
ιδιοφυΐα *(η)* genius
ιδίωμα *(το)* *(γλώσσας)* idiom. *(ιδιοτροπία)* foible. *(χαρακτηριστικό)* property
ιδιωματικός *επίθ* idiomatic
ιδιώτ|ης *(ο)*, **~ις** *(η)* private individual
ιδιωτικοποίηση *(η)* privatization
ιδιωτικός *επίθ* private
ιδιωτισμός *(ο)* idiom
ιδού *δεικτ μόρ* here is
ιδροκοπώ *ρ αμτβ* sweat profusely. *(μοχθώ)* slave away
ίδρυμα *(το)* institution, establishment. *(επιστημονικό)* institute, foundation
ίδρυση *(η)* establishment, creation
ιδρυτής *(ο)*, **ιδρύτρια** *(η)* founder
ιδρύω *ρ μτβ* found. *(επιχείρηση)* establish
ιδρώνω *ρ αμτβ* sweat
ιδρώτας *(ο)* sweat
ιεραπόστολος *(ο)* missionary
ιεράρχης *(ο)* prelate
ιεραρχία *(η)* hierarchy
ιερατικός *επίθ* priestly
ιερέας *(ο)* *(θρησκ)* priest, minister. *(στρ)* chaplain
ιέρεια *(η)* priestess
ιεροεξεταστής *(ο)* inquisitor

ιεροκήρυκας (*ο*) preacher

ιερ|ός *επίθ* sacred. **~ό** (*το*) sanctuary

ιεροσυλία (*η*) sacrilege

ιερόσυλος *επίθ* sacrilegious

ιεροσύνη (*η*) priesthood

ιεροτελεστία (*η*) (church) ritual

ιερουργώ *ρ αμτβ* officiate

ιεροφυλάκιο (*το*) vestry

ιερωμένος (*ο*) clergyman

ίζημα (*το*) precipitate. (*κατακάθι*) sediment

Ιησούς (*ο*) Jesus

ιθαγένεια (*η*) citizenship

ιθαγεν|ής *επίθ* indigenous, native. **~είς** (*οι*) natives. (*της Αυστραλίας*) aborigines

ιθύν|ων *επίθ* **~ ων νους** (*ο*) master-mind. **η ~ουσα τάξη** the governing class. **οι ~οντες** those in power

ικανοποιημένος *επίθ* satisfied, contented

ικανοποίηση (*η*) satisfaction. (*ευχαρίστηση*) contentment. (*πλήρης*) fulfilment

ικανοποιητικός *επίθ* satisfactory. (*που ευχαριστεί*) gratifying. (*που ικανοποιεί*) satisfying

ικανοποιώ *ρ μτβ* satisfy. (*όρους*) fulfil. (*προσφέρω ευχαρίστηση*) gratify

ικανός *επίθ* able. (*άξιος*) competent. (*αρκετός*) sufficient. (*επιτήδειος*) capable

ικανότητα (*η*) ability. (*αξιοσύνη*) competence. (*επιτηδειότητα*) capability. (*ιδιότητα*) capacity

ικεσία (*η*) entreaty

ικετεύω *ρ μτβ* beseech

ικέτ|ης (*ο*), **~ις** (*η*) suppliant

ικρίωμα (*το*) scaffold

ικτερικός *επίθ* jaundiced

ίκτερος (*ο*) jaundice

ιλαρά (*η*) measles

ιλαρότητα (*η*) mirth

ιλαροτραγικός *επίθ* tragicomic

ίλιγγο|ς (*ο*) vertigo. **έχω ~** feel giddy

ιλύς (*η*) silt

ιμάντας (*ο*) belt

ιματιοθήκη (*η*) wardrobe

ιμπεριαλισμός (*ο*) imperialism

ιμπρεσάριος (*ο*) impresario

ίνα (*η*) fibre

ίνδαλμα (*το*) idol

Ινδία (*η*) India

ινδικό|ς *επίθ* Indian. **~ χοιρίδιο** (*το*) guinea-pig

Ινδονησία (*η*) Indonesia

ινδονησιακός *επίθ* Indonesian

Ινδονήσι|ος (*ο*), **Ι~α** (*ο*) Indonesian

Ινδ|ός (*ο*), **Ι~ή** (*η*) Indian

ινδουισμός (*ο*) Hinduism

ινδου|ιστής (*ο*), **~ίστρια** (*η*) Hindu

ινκόγκνιτο *επίρρ* incognito

ινσουλίνη (*η*) insulin

ινστιτούτο (*το*) institute. (*σχολ*) (*καλλονής*) (beauty) salon

ιντελιγκέντσια (*η*) intelligentsia

ιντερλούδιο (*το*) (*θέατρ*) interlude

ίντσα (*η*) inch (= 2.54 cm)

ινώδης *επίθ* stringy

ιξώδης *επίθ* viscous

ιόνι|ος *επίθ* Ionian. **τα Ι~α νησιά** the Ionian islands

Ιορδανία (*η*) Jordan

ιός (*ο*) virus

ιουδαϊσμός (*ο*) Judaism

Ιούλης (*ο*) *βλ* **Ιούλιος**

Ιούλιος (*ο*) July

Ιούνης (*ο*) *βλ* **Ιούνιος**

Ιούνιος (*ο*) June

ιππασία (*η*) riding

ιππέας (*ο*), **ιππεύτρια** (*η*) horse rider

ιππεύω *ρ αμτβ* mount (*a horse*). (*κάνω ιππασία*) ride (*a horse*)

ιππικ|ός *επίθ* equestrian. **~ό** (*το*) cavalry

ιππόγλωσσα (*η*) halibut *άκλ*

ιπποδρομία (*η*) (horse) race

ιππόδρομος (*ο*) racecourse

ιπποδύναμη (*η*) horsepower

ιππόκαμπος (*ο*) sea-horse

ιπποκόμος (*ο*) groom (*in stables*)

ιπποπόταμος (*ο*) hippopotamus

ίππος (*ο*) (*λόγ*) horse

ιπποσύνη (*η*) knighthood

ιππότης (*ο*) knight

ιπποτι|κός *επίθ* gallant.
(*χαρακτηριστικός του ιππότη*)
chivalrous. **~σμός** (*ο*) chivalry

ιπτάμενος *επίθ* flying

Ιράκ (*το*) *άκλ* Iraq

ιρακιν|ός *επίθ* Iraqi. **Ι~ός** (*ο*), **Ι~ή**
(*η*) Iraqi

ιρανικός *επίθ* Iranian

Ιράν (*το*) *άκλ* Iran

Ιραν|ός (*ο*), **Ι~ή** (*η*) Iranian

ίριδα (*η*) iris

ιριδίζω *ρ αμτβ* be iridescent

Ιρλανδία (*η*) Ireland

ιρλανδικός *επίθ* Irish

Ιρλανδ|ός (*ο*), **Ι~ή** (*η*) Irishman/
woman

ίσα *επίρρ* equally. (*κατευθείαν*)
straight. **της ήρθε ~ ~ το
παλτό** the coat fitted her just
right. **~ ~, δεν έπρεπε να το
κάνεις** on the contrary, you
shouldn't have done it

ισάξιος *επίθ* equal (to)

ισάριθμος *επίθ* equal in number

ισημερία (*η*) equinox

ισημερινός *επίθ* equatorial. **~** (*ο*)
equator

ισθμός (*ο*) isthmus

ίσιος *επίθ* (*ευθύς*) straight.
(*άνθρωπος*) straight, direct.
(*ομαλός*) level

ισιώνω *ρ μτβ/ρ αμτβ* straighten.
(*ισοπεδώνω*) flatten

ίσκιος (*ο*) shadow

Ισλάμ (*το*) *άκλ* Islam

ισλαμικός *επίθ* Islamic

Ισλανδία (*η*) Iceland

ισλανδικ|ός *επίθ* Icelandic. **~ά**
(*τα*) Icelandic

Ισλανδ|ός (*ο*), **Ι~ή** (*ο*) Icelander

ισόβιος *επίθ* for life

ισόγειο|ς *επίθ* level with the
ground. **~** (*το*) ground floor

ισοδύναμος *επίθ* equal in strength.
~ με tantamount to

ισοδυναμώ *ρ αμτβ* be equivalent

ισοζύγιο (*το*) balance

ισολογισμός (*ο*) balance sheet

ισοπαλία (*η*) draw, tie

ισόπεδος *επίθ* level

ισοπεδώνω *ρ μτβ* level. (*γκρεμίζω*)
raze (to the ground). (*ισιώνω*)
flatten

ισοπεδωτικός *επίθ* egalitarian

ισόπλευρος *επίθ* equilateral

ισορροπημένος *επίθ* balanced.
(*διανοητικά*) level-headed

ισορροπία (*η*) equilibrium,
balance. (*διανοητική*) level-
headedness. (*τρόπου*) poise

ισορροπώ *ρ μτβ/ρ αμτβ* balance

ίσ|ος *επίθ* equal. **~ον** *επίρρ* equals.
πέντε και δύο ~ον επτά five
plus two equals seven

ισοσκελής *επίθ* (*τρίγωνο*) isosceles

ισοσταθμίζω *ρ μτβ* counterbalance

ισότητα (*η*) equality. (*βαθμού,
αποδοχών*) parity

ισοτιμία (*η*) parity

ισοφαρίζω *ρ μτβ* (*αντισταθμίζω*)
counterbalance. • *ρ αμτβ* equalize
(*sport*)

ισοφάρισμα (*το*) equalizer (*sport*)

Ισπανία (*η*) Spain

Ισπανίδα (*η*) Spanish woman

ισπανικ|ός *επίθ* Spanish. **~ά** (*τα*)
Spanish

Ισπανός (*ο*) Spaniard

ισραηλινός *επίθ* Israeli

Ισραηλίτ|ης (*ο*), **Ι~ισσα** (*ο*) Israeli

Ισραήλ (*το*) *άκλ* Israel

ιστιοπλοΐα (*η*) sailing

ιστιοφόρο (*το*) sailing-ship

ιστόρημα (*το*) narrative

ιστόρηση (*η*) narration

ιστορία (*η*) history. (*αφήγηση*) story.
(*γεγονός*) business. (*ερωτική*) affair

ιστορικό (*το*) background

ιστορικός *επίθ* historic(al). **~** (*ο, η*)
historian

ιστοριογράφος (*ο, η*) historian
(*author*)

ιστορώ *ρ μτβ* narrate. (*εικονίζω*)
illustrate

ιστός (*ο*) (*αράχνης*) web. (*δέρματος*)
tissue. (*πλοίου, σημαίας*) mast

ιστοσελίδα (*η*) website

ισχιαλγία (*η*) sciatica

ισχνός *επίθ* thin (*person, animal*).
(*λιπόσαρκος*) lean. (*πενιχρός*)
meagre

ισχνότητα (*η*) thinness, leanness.

(πενιχρότητα) meagreness
ισχυρίζομαι ρ αμτβ assert, allege
ισχυρισμός (ο) assertion
ισχυρογνωμοσύνη (η) obstinacy
ισχυρογνώμων επίθ headstrong.
(πεισματάρης) obstinate
ισχυροποιώ ρ μτβ strengthen
ισχυρός επίθ strong. (επιχείρημα)
forceful. (με επιρροή) influential.
(μεταφ) powerful
ισχύς (η) might. (δύναμη) force.
(εγκυρότητα) validity. (κινητήρα)
power
ισχύω ρ αμτβ apply, be in force.
(έχω νομικό κύρος) be in force
ίσως επίρρ perhaps. **~ κάνω
λάθος** I may be mistaken
Ιταλία (η) Italy
ιταλικ|ός επίθ Italian. **~ά** (τα)
(γλώσσα) Italian
Ιταλ|ός (ο), **~ίδα** (η) Italian
ιταμότητα (η) effrontery
ιτιά (η) willow
ΙΧ συντ (ιδιωτικής χρήσης) (το)
private vehicle
ιχθυαγορά (η) fish market
Ιχθύες (οι) (αστρ) Pisces
ιχθυοπ|ωλείο (το) fishmonger's.
~ώλης (ο) fish-monger
ιχθυοτροφείο (το) fish farm
ιχθύς (ο) (λόγ) fish
ιχνογραφ|ία (η) sketching. **~ώ** ρ
αμτβ sketch
ίχν|ος (το) mark. (απόδειξης) shred.
(απομεινάρι) remnant. (ελάχιστη
ποσότητα) trace. (ποδιού)
footprint. **~η** (τα) scent, trail.
(στο χιόνι) tracks
ιωβηλαίο (το) jubilee
ιώδιο (το) iodine
ιωνικός επίθ Ionic

Κκ

κ. συντ (κύριος, κυρία) Mr, Mrs, Ms.
κ.κ. συντ (κύριοι) Messrs
Κα συντ (κυρία) Mrs, Ms
κ.ά. συντ (και άλλα) and others
κάβα (η) wine cellar. (χαρτιά) bank

καβάλα επίρρ astride. (στην πλάτη)
piggy-back. **πάω ~** go on
horseback
καβαλάρ|ης (ο), **~ισσα** (η) rider
καβαλέτο (το) easel
καβαλιέρος (ο) escort. (σε χορό)
dancing partner
καβαλικεύω ρ μτβ mount (horse or
bicycle). (μεταφ) dominate
κάβαλος (ο) crotch (of trousers)
καβαλώ ρ μτβ βλ **καβαλικεύω** (για
ζώα) mount
καβγαδάκι (το) tiff
καβγαδίζω ρ αμτβ quarrel.
(συνεχώς) bicker
καβγάς (ο) quarrel. (μεταξύ
πολλών) brawl. (φιλονικία) row
καβγατζ|ής (ο), **~ού** (η)
quarrelsome person
κάβος (ο) cape. (σκοινί) cable
καβούκι (το) shell (of tortoise)
κάβουρας (ο) crab. (εργαλείο)
spanner
καβούρι (το) small crab
καβουρντίζω ρ μτβ (καφέ) roast.
(τηγανίζω) brown
καγκελάριος (ο) chancellor
κάγκελ|ο (το) bar (on window). **~α**
(τα) (περίφραγμα) rails. (σκάλας)
banisters
καγκελόπορτα (η) (metal) gate
καγκουρό (το) άκλ kangaroo
καγχάζω ρ αμτβ guffaw
καγχασμός (ο) guffaw
κάδος (ο) (wooden) bucket.
(μεγάλος) vat
κάδρο (το) (εικόνα) framed picture.
(κορνίζα) frame
καζάκα (η) pinafore dress
καζανάκι (το) cistern (of toilet)
καζάνι (το) cauldron
καζίνο (το) casino
καζούρα (η) teasing
καημένο|ς επίθ poor (miserable). **ο
~ς** the poor man. **το ~!** the poor
thing!
καημός (ο) heartache. (μεταφ)
yearning
καθαγιάζω ρ μτβ consecrate,
sanctify
καθαγίαση (η) consecration

καθαίρεση (η) (αξιώματος) cashiering. (κληρικού) dethronement

καθαρεύουσα (η) katharevousa, purist Greek

καθαρίζω ρ μτβ clean. (αφαιρώ ξένες ουσίες) purify. (αφαιρώ τη φλούδα) peel. (διευκρινίζω) clear up, clarify. (πιάτο φαγητό) polish off. (πουλί τα φτερά του) preen. (σκοτώνω) do in. (τακτοποιώ λογαριασμό) settle up with, settle the score with. (φασολάκι) string. • ρ αμτβ clean. (καιρός) clear up

καθαριότητα (η) cleanliness

καθάρισμα (το) cleaning

καθαριστήρ|ας (ο) (του παρμπρίζ) windscreen wiper. **~ιο** (το) dry cleaner's

καθαρ|ιστής (ο), **~ίστρια** (η) cleaner

καθαριστικό (το) cleaning agent

κάθαρμα (το) scum

καθαρμός (ο) purification

καθαρόαιμος επίθ full-blooded. (άλογο) thoroughbred. (ζώο) pedigree

καθαρογράφω ρ μτβ write up. (αντιγράφω) copy

καθαρολόγος (ο, η) purist

καθαρ|ός επίθ clean. (αγνός) pure. (αίθριος) clear. (γράψιμο) neat. (εικόνα) sharp. (εισόδημα) net. **Κ~ά Δευτέρα (πρώτη μέρα της Σαρακοστής)** (η) (the equivalent of Ash Wednesday). **~ά** επίρρ cleanly, clearly, distinctly

κάθαρση (η) purge

καθάρσιο (το) laxative

καθαρτήριο (το) purgatory

καθαρτικό|ς επίθ cleansing. **~** (το) laxative

καθαυτό επίθ in the full meaning of the word

κάθε αντων άκλ every. **~ άλλο** far from it. **~ τόσο** every now and again. **~ φορά** every time. **το ~ τι** everything

καθεδρικός επίθ of a cathedral. **~ ναός** (ο) cathedral

κάθειρξη (η) incarceration

καθέκαστα (τα) details (of an event)

καθέλκυση (η) launch

καθελκύω ρ μτβ launch (ship)

καθεμιά βλ **καθένας**

καθένας αντων each. (από δύο) either. (οποιοσδήποτε) anyone

καθεξής επίρρ **και ούτω ~** and so on and so forth

καθεστώς (το) regime

καθετήρας (ο) catheter

καθετί αντων everything

κάθετος επίθ perpendicular, vertical. **~** (η) perpendicular

καθέτως επίρρ vertically

καθηγητής (ο) teacher, schoolmaster (secondary). (ιδιαίτερου μαθήματος) tutor. (πανεπιστημίου) professor

καθηγήτρια (η) teacher, schoolmistress (secondary)

καθήκον (το) duty

καθημερινή (η) weekday

καθημεριν|ός επίθ daily, everyday. **~ά** (τα) everyday clothes. **~ά** επίρρ daily

καθησυχάζω ρ μτβ reassure. (ανησυχίες) allay

καθησύχαση (η) reassurance

καθησυχαστικός επίθ soothing

καθιερώνω ρ μτβ institute. (κύρος) establish

καθίζηση (η) subsidence

καθίζω ρ μτβ/αμτβ sit

καθίκι (το) chamber-pot

καθισιά (η) sitting. **~ό** (το) idleness

κάθισμα (το) seat

καθιστικό|ς επίθ sedentary. **~** (το) living-room

καθιστώ ρ μτβ render. (διορίζω) appoint

καθοδήγηση (η) guidance

καθοδηγώ ρ μτβ guide

κάθοδος (η) descent

καθολικό (το) (λογιστικό βιβλίο) ledger

καθολικός επίθ catholic. **~** (ο) Catholic

καθόλου επίρρ (γενικά) on the whole. (διόλου) not at all. **έχετε ~ κρασί;** have you any wine?

κάθομαι ρ αμτβ be seated. (είμαι άνεργος) be out of work.

(κατακαθίζω) settle. (κατοικώ) live.
(προσαράζω) run aground
καθομιλουμένη (γλώσσα) (η)
vernacular
καθορίζω ρ μτβ determine.
(επηρεάζω αποφασιστικά) set
καθορισμένος επίθ set, fixed
καθοριστικός επίθ decisive
καθόσον επίρρ (σύμφωνα με ό, τι)
in so far as. (επειδή) as
καθότι επίρρ because
καθρέφτης (ο) mirror
καθρεφτίζω ρ μτβ mirror
καθυποτάσσω ρ μτβ subjugate
καθυστερημένος επίθ
(αργοπορημένος) late. (ευχές)
belated. (νοητικά) retarded.
(πληρωμή) overdue. (πολιτισμός)
backward
καθυστέρηση (η) delay.
(διανοητική) retardation.
(πολιτιστική) backwardness
καθυστερούμενα (τα) arrears
καθυστερώ ρ μτβ delay, hold up.
(με χρέος) fall behind (with). • ρ
αμτβ be late. (μεταφ) lag behind
καθώς επίρρ (όπως) as. (όταν) when
καθωσπρέπει επίρρ (ευπρεπής)
decent. (άψογος) seemly
και σύνδ and. (ακόμη) even. (επίσης)
as well, too. ~ **οι δυο** both.
ακόμη ~ τώρα even now
καΐκι (το) caique
καϊμάκι (το) froth (on coffee)
καινός επίθ new. **η Κ~ή Διαθήκη**
the New Testament
καινοτομία (η) innovation. ~**ώ** ρ
αμτβ innovate
καινοτόμος (ο, η) innovator
καινούριος επίθ new. (πρόσφατος)
fresh
καιρικός επίθ weather
καίριος επίθ timely. (θανατηφόρος)
fatal
καιρ|ός (ο) weather. (κατάλληλη
περίσταση) time. (χρονικό
διάστημα) ages. **εν ~ώ** in due
course. **μια φορά κι έναν ~ό**
once upon a time
καιροσκόπος (ο) opportunist
καιροφυλακτώ ρ μτβ bide one's
time

καισαρικός επίθ Caesarean
καϊσί (το) (Κύπρ) apricot
καίτοι σύνδ although
καίω ρ μτβ/ρ αμτβ burn. (από
τσουκνίδα) sting. (ηλεκτρική
ασφάλεια) blow. (καταστρέφω με
φωτιά) burn down. (μάτια) smart.
(φαγητό) be hot. (φώτα) fuse
κακά επίρρ badly. ~ (τα) bad points
κακάδι (το) scab (on wound)
κακάο (το) cocoa
κακαρίζω ρ αμτβ cluck. (μεταφ)
cackle
κακάρισμα (το) cackle
κακαρώνω ρ αμτβ (λαϊκ) kick the
bucket
κακεντρέχεια (η) malice
κακεντρεχής επίθ malicious
κακία (η) wickedness. (μοχθηρία)
spite. (σκληρότητα) nastiness
κακιώνω ρ αμτβ get angry.
(ψυχραίνομαι) fall out (**με**, with)
κακό (το) evil. (αναταραχή) uproar.
(βλάβη) harm, wrong. (πράξη) ill
κακοαναθρεμμένος επίθ ill-bred
κακοβουλία (η) malevolence
κακόβουλος επίθ malevolent
κακόγουστος επίθ of bad taste
κακογραμμένος επίθ badly written
κακοδιάθετος επίθ (στη διάθεση) in
a bad mood. (στην υγεία) out of
sorts
κακοδικία (η) miscarriage of justice
κακοδιοίκηση (η) mismanagement.
(γενική) maladministration
κακοδιοικώ ρ μτβ mismanage
κακοήθ|εια (η) iniquity. (ιατρ)
malignancy. ~**ης** επίθ iniquitous.
(ιατρ) malignant
κακοκαιρία (η) bad weather
κακοκαρδίζω ρ μτβ disappoint.
• αμτβ feel sad
κακοκεφαλιά (η) pigheadedness
κακόκεφος επίθ moody
κακολογία (η) backbiting
κακολογώ ρ μτβ speak ill of
κακομαθαίνω ρ μτβ spoil (indulge)
κακομελετώ ρ μτβ/αμτβ (λέω
κακό) speak ill of. (προμαντεύω)
foretell ills
κακομεταχειρίζομαι ρ μτβ

maltreat. (δέρνω) batter. (φέρομαι βάναυσα) ill-treat. (χρησιμοποιώ όχι σωστά) abuse

κακομεταχείριση (η) maltreatment. (κακοποίηση) battering

κακομοίρης επίθ wretched

κακόμοιρος επίθ βλ **κακομοίρης**

κακοντυμένος επίθ dowdy

κακοπληρωμένος επίθ underpaid

κακόπιστος επίθ of bad faith

κακοποίηση (η) maltreatment. (της αλήθειας) distortion

κακοποι|ός (ο) thug. (κακούργος) malefactor. **~ώ** ρ μτβ maul. (βιάζω) molest

κακορίζικος επίθ (κακότυχος) luckless. (ανάποδος) difficult

κακ|ός επίθ wicked, bad. (ελαττωματικός) poor (not good). (μοχθηρός) spiteful. (πολύ κακός) evil. **~ός** (ο) bad guy, baddie, villain. **~ά**, **~ώς** επίρρ badly

κακοσμία (η) bad smell

κακόσχημος επίθ misshapen

κακότεχνος επίθ badly-made

κακοτοπιά (η) rough ground. (μεταφ) pitfall

κακότροπος επίθ bad-mannered

κακοτυχ|ία (η) bad luck. **~ώ** ρ αμτβ have bad luck

κακότυχος επίθ ill-starred

κακούργημα (το) felony

κακουργιοδ|ικείο (το) criminal court. **~ίκης** (ο, η) judge of the criminal court

κακούργος επίθ criminal

κακουργώ ρ αμτβ commit a crime

κακουχία (η) hardship

κακοφαίνεται ρ αμτβ απρόσ **μου ~** be cut up about

κακοφημία (η) infamy

κακόφημος επίθ infamous

κακοφορμίζω ρ αμτβ fester

κακοφτιαγμένος επίθ badly-made

κακοφωνία (η) cacophony

κακόφωνος επίθ cacophonous

κάκτος (ο) cactus

κακά επίρρ nicely. (δυνατά, στερεά) well. (εξονυχιστικά) thoroughly. (κοιμούμαι) soundly. (σωστά) right. **~** (τα) the good points

καλαθάκι (το) punnet

καλάθι (το) basket. (μοτοσικλέτας) side-car. (των αχρήστων) bin

καλαθοποιία (η) wickerwork

καλαθόσφαιρα (η) basketball

καλαίσθητος επίθ in good taste

καλαμάκι (το) straw (for drinking)

καλαμαράς (ο) pen-pusher

καλαμάρι (το) squid

καλάμι (το) reed. (για καλάθια) cane. (της κνήμης) shin. (ψαρέματος) rod

καλαμιά (η) reed. **~ιές** (οι) stubble (crops)

καλαμποκάλευρο (το) maize flour

καλαμπόκι (το) maize. (φαγώσιμος καρπός) sweet corn

καλαμπούρι (το) gag, joke

κάλαντα (τα) carols

καλαπόδι (το) shoe-tree

καλειδοσκόπιο (το) kaleidoscope

καλεσμένος επίθ invited. **~** (ο) guest

καλή (η) (αγαπημένη) sweetheart. (υφάσματος) right side. **μια και ~** once and for all

καλημέρα επιφών good morning

καληνύχτα επιφών good night

καλησπέρα επιφών good evening

καλιακούδα (η) jackdaw

καλικάντζαρος (ο) goblin

κάλιο (το) potassium

καλλιγραφία (η) calligraphy

καλλιέργεια (η) cultivation. (ιατρ, μόρφωση) culture

καλλιεργημένος επίθ cultured

καλλιεργ|ητής (ο), **~ήτρια** (η) grower

καλλιεργώ ρ μτβ cultivate. (μεταφ) foster, promote

κάλλιο επίρρ better

καλλιστεία (τα) beauty contest

κάλλιστ|ος επίθ best. βλ **καλός**. **~α** επίρρ very well

καλλιτέχνης (ο), **~ιδα** (η) artist

καλλιτεχν|ία (η) artistry. **~ικός** επίθ artistic

καλλίφωνος επίθ with a good voice

καλλονή (η) beauty

κάλλος (το) good looks

καλλυντικό (το) cosmetic

καλλωπιστικός *επίθ* ornamental

καλμάρω *ρ μτβ* quieten down. • *ρ αμτβ* calm down. (θύελλα) abate

καλ|ό (*το*) good. **~ού κακού** just in case. **ας το καλό!** bother it!

καλοαναθρεμμένος *επίθ* well-bred

καλόγερος¹ (*ο*) (πουλί) tit

καλόγερος² (*ο*) (εξάνθημα) boil

καλόγερος³ (*ο*) monk. (της καθολ εκκλησίας) friar

καλόγουστος *επίθ* in good taste

καλογραμμένος *επίθ* well written. (ευανάγνωστος) legible

καλόγρια (*η*) nun

καλοζωία (*η*) good life

καλοθελ|ητής (*ο*), **~ήτρα** (*η*) well-wisher

καλοθρεμμένος *επίθ* well-fed

καλοκάγαθος *επίθ* kindly

καλοκαίρι (*το*) summer

καλοκαιρ|ιάτικος *επίθ* summer. **~ινός** *επίθ* summery

καλόκαρδος *επίθ* warm-hearted

καλοήθης *επίθ* (ιατρ) benign

καλοντυμένος *επίθ* well-dressed

καλοπιάνω *ρ μτβ* humour. (κολακεύω) flatter

καλόπιστος *επίθ* straight

καλοπληρωμένος *επίθ* well-paid

καλοπροαίρετος *επίθ* well meaning, well meant

καλορίζικος *επίθ* lucky

καλοριφέρ (*το*) άκλ central heating. (σώμα) radiator. (στο αυτοκίνητο) heater

κάλος (*ο*) corn (*hard skin*)

καλός (*ο*) the good guy. (αγαπημένος) sweetheart

καλός *επίθ* good. (αγαθός) kind. (ευχάριστος) nice. (τίμιος) decent. **~ή χρονιά** Happy New Year. **~ό βράδυ** good evening

καλοσυνάτος *επίθ* kindly

καλοσύνη (*η*) goodness. (ευεργεσία) kindness

καλότροπος *επίθ* good-mannered

καλοτρώγω *ρ μτβ* eat well

καλότυχος *επίθ* fortunate

καλούπι (*το*) mould

καλούτσικος *επίθ* passable

καλοφαγ|άς (*ο*), **~ού** (*η*) epicure

καλοφτιαγμένος *επίθ* well-made. (σχέδιο) neat. (σωματική διάπλαση) shapely

καλοψήνω *ρ μτβ* cook well

καλόψυχος *επίθ* good-hearted

καλπάζω *ρ αμτβ* gallop. (ελαφρά) canter

καλπασμός (*ο*) gallop. (ελαφρός) canter

κάλπη (*η*) ballot box

κάλπ|ης (*ο*) phoney. **~ικος** *επίθ* counterfeit. (χαρτονομίσματα) forged

καλσόν (*τα*) άκλ tights

κάλτσα (*η*) (ανδρική) sock. (γυναικεία) stocking. (κοντή) ankle sock

καλτσοδέτα (*η*) garter

καλύβα (*η*) hut

καλύβι (*το*) (πρόχειρο) shack

κάλυμμα (*το*) covering, cover. (βιβλίου) jacket. (καπάκι) top. (κεφαλής) head-dress, headgear. (που προστατεύει από τη σκόνη) dust jacket. (τσαγιέρας) cosy. (τσέπης) flap

καλύπτω *ρ μτβ* cover. (ανάγκη) supply. (αποκρύβω) cover up. (μηχ) house

καλυτέρευση (*η*) improvement

καλυτερεύω *ρ μτβ* better. • *ρ αμτβ* improve

καλύτερ|ος *επίθ* better. **ο ~ος** the best. **~α** *επίρρ* better, best. **~οι** (*οι*) (one's) betters

κάλυψη (*η*) coverage

καλώ *ρ μτβ* (δίνω όνομα) call. (διατάζω) summon. (προσκαλώ) ask, invite

καλώδιο (*το*) cable. (ηλεκτρ) lead

καλώς *επίρρ* well. **~ όρισες, ~ ήρθες** welcome

καλωσορίζω *ρ μτβ* welcome

καμάκι (*το*) harpoon

κάμαρα (*η*) room

καμάρα (*η*) arch. (του ποδιού) instep

καμαριέρα (*η*) chambermaid

καμαριέρης (*ο*) valet

καμαρίνι (*το*) (θέατρ) dressing room

καμαρότος (*ο*) steward (*on ship*)

καμαρώνω *ρ μτβ* take pride in. • *ρ αμτβ* look proud

καμβάς (ο) canvas
καμέα (η) cameo
καμέλια (η) camellia
καμήλα (η) camel
καμηλοπάρδαλη (η) giraffe
καμιά βλ **κανένας**
καμινάδα (η) chimney
καμινέτο (το) spirit stove. (για συγκολλήσεις) blowlamp
καμουτσ|ίκι (το) whip. **~ικιά** (η) lash
καμουφλά|ζ (το) άκλ camouflage. **~ρω** ρ μτβ camouflage
καμπάνα (η) bell
καμπαναριό (το) belfry
καμπανούλα (η) bluebell
καμπαρέ (το) cabaret
καμπαρντίνα (η) gabardine
καμπή (η) (δρόμου) turn. (ποταμού) bend. (μεταφ) turning point
κάμπια (η) caterpillar
καμπίνα (η) cabin. (πιλότου) cockpit
Καμπότζη (η) Cambodia
κάμπος (ο) plain (flat region)
κάμποσος επίθ considerable
κάμποτο (το) calico
καμπούρα (η) hump
καμπούρης (ο) hunchback
καμπουριάζω ρ αμτβ hunch one's back. (γάτος) to arch its back
κάμπτω ρ μτβ bend
καμπύλη (η) curve
καμπυλώνω ρ μτβ/ρ αμτβ curve
κάμψη (η) bending. (βραχίονα) crook (of arm). (μεταφ) decline
καμώματα (τα) antics
καν σύνδ even
καναβάτσο (το) hessian
Καναδάς (ο) Canada
καναδικός επίθ Canadian
Καναδ|ός (η), **~έζα** (ο) Canadian
κανακάρης (ο) (μοναχοπαίδι) only son. (χαϊδεμένος) spoilt child
κανάλι (το) (TV) channel
καναπές (ο) sofa
καναρίνι (το) canary
κανάτα (η) jug
κανάτι (το) pitcher
κανείς βλ **κανένας**

κανέλα (η) cinnamon
κανένας αντων nobody, no one. (σε ερώτηση) anybody, anyone. **~ άλλος** nobody else
κανίβαλος (ο) cannibal
κανίς (το) άκλ poodle
κάνναβις (η) (η ινδική) cannabis
κάννη (η) (gun) barrel
κανό (το) canoe
κανόνας (ο) square (for drawing). (γενική αρχή) rule. (συμπεριφοράς) precept
κανόνι (το) cannon
κανονίζω ρ μτβ arrange. (λογαριασμό) settle. (ρυθμίζω) adjust
κανονι|κός επίθ regular. (συνηθισμένος) normal. **~σμός** (ο) regulation, rule
κάνουλα (η) (μηχ) cock
καντάδα ρ μτβ serenade
κανταΐφι (το) sweet made with shredded pastry and ground almonds
καντήλ|α (η) oil lamp in church. **~ι** (το) oil lamp (in front of icons)
καντίνα (η) canteen. (σχολείου) tuck-shop
καντράν (το) dial
κάν|ω ρ μτβ (εκτελώ) do. (επίσκεψη) pay. (κατασκευάζω) make. (μπάνιο) take. (παράγω) produce. (πόλεμο) wage. (προξενώ) cause. (φιλοφρονήσεις) pay. **~ ρ αμτβ** (μένω, διατελώ) be. (προσποιούμαι) pretend. (συμπεριφέρομαι) behave. (χρησιμεύω) do. **~ω χωρίς** go without. **έχω να ~ω με** be up against. • απρόσ **~ει κρύο/ζέστη** it is cold/hot. **δεν ~ει να καπνίζεις** you shouldn't be smoking. **πόσο ~ει;** how much is it?
καουμπόι (ο) cowboy
καούρα (η) heartburn
κάπα (η) cape, cloak. (μεξικάνικη) poncho
καπάκι (το) (bottle) top. (κάλυμμα) lid
καπάτσος επίθ smart, shrewd
καπέλο (το) hat. (αθέμιτη αύξηση) illegal surcharge. (καπνοδόχου)

hood (*of chimney*)

καπελού (*η*) milliner

καπετάνιος (*ο*) skipper

καπιταλισμός (*ο*) capitalism

καπλαμάς (*ο*) veneer

καπνιά (*η*) soot

καπνίζω *ρ μτβ/ρ αμτβ* smoke

κάπνισμα (*το*) smoking

καπν|ιστής (*ο*), **~ίστρια** (*η*) smoker

καπνιστός *επίθ* smoked

καπνοδοχοκαθαριστής (*ο*) chimney-sweep

καπνοδόχος (*η*) chimney

καπνοπωλείο (*το*) tobacconist's (shop)

καπνοπώλης (*ο*) tobacconist

καπνός (*ο*) (*από φωτιά*) smoke. (*φυτό*) tobacco

καπό (*το*) bonnet (*of car*)

κάποιος *αντων* somebody, someone. (*διακεκριμένος*) someone. (*λιγοστός*) some

κάποτε *επίρρ* once. (*μερικές φορές*) at times. (*μια μέρα*) some time. **~** occasionally

κάπου *επίρρ* somewhere. (*περίπου*) about, somewhere in. **~ ~** from time to time

καπούλια (*τα*) rump

κάππαρη (*η*) (*μαγ*) caper

καπρίτσιο (*το*) whim

καπριτσιόζος *επίθ* capricious

κάπως *επίρρ* (*λιγάκι*) somewhat. (*κατά κάποιο τρόπο*) somehow

καραβάνι (*το*) caravan (*of camels*)

καράβι (*το*) ship

καραγκιόζης (*ο*) Punch (*in Punch and Judy*). (*θέατρο*) shadow play. (*άνθρωπος*) buffoon

καραγκιοζιλίκι (*το*) caper, antic

Καραϊβικός Caribbean

καραδοκώ *ρ αμτβ* lie in wait

καρακάξα (*η*) magpie. (*γυναίκα*) cow (*υβριστ*)

καραμέλα (*η*) sweet, (*αμερ*) candy

καραμπόλα (*η*) pile-up

καραντίνα (*η*) quarantine

καράτε (*το*) *άκλ* karate

καράτι (*το*) carat

καρατομώ *ρ μτβ* decapitate

καράφα (*η*) carafe

καρβέλι (*το*) loaf of bread

κάρβουνο (*το*) coal

κάρδαμο (*το*) cress

καρδάρα (*η*) (milk) churn

καρδιά (*η*) heart. (*μεταφ*) core. **στην ~ του καλοκαιριού** at the height of summer

καρδιακ|ός *επίθ* cardiac. (*φίλος*) sworn. **~ή προσβολή** (*η*) heart attack

καρδινάλιος (*ο*) cardinal

καρδιογράφημα (*το*) cardiogram

καρδιολόγος (*ο, η*) heart specialist

καρδιοπάθεια (*η*) heart condition

καρδιοχτ|ύπι (*το*) heartbeat. (*μεταφ*) heartache. **~υπώ** *ρ αμτβ* be anxious

καρέκλα (*η*) chair

καριέρα (*η*) career

καρικατούρα (*η*) caricature

καρίνα (*η*) keel

Καρκίνος[1] (*ο*) (*αστρολ*) Cancer

καρκίνος[2] (*ο*) (*ιατρ*) cancer

καρκινώδης *επίθ* cancerous

καρμπιρατέρ (*το*) carburettor

καρμπόν (*το*) *άκλ* carbon (paper)

καρναβάλι (*το*) carnival

καρό (*το*) *άκλ* (*ύφασμα*) check. (*χαρτιά*) diamonds

κάρο (*το*) cart

καρότο (*το*) carrot

καροτσάκι (*το*) (*κήπου*) wheelbarrow. (*για αποσκευές*) trolley. (*για μωρά*) pram. (*για παιδάκια*) buggy

καρούλι (*το*) reel

καρούμπαλο (*το*) lump (*on the head*)

καρπαζιά (*η*) slap (*on the neck*)

καρπ|ός (*ο*) (*φυτού*) fruit. (*χεριού*) wrist. **ξηροί ~οί** (*οι*) nuts

καρπούζι (*το*) water melon

καρποφόρος *επίθ* fruitful

κάρτα (*η*) (invitation, greeting) card

καρτέλ (*το*) *άκλ* cartel

κάρτερ (*το*) *άκλ* (*αυτοκ*) oil sump

καρτερ|ία (*η*) fortitude. **~ικός** *επίθ* patient

καρτ ποστάλ (*η*) *άκλ* postcard

καρύδα (*η*) coconut

καρύδι (το) walnut. (στο λαιμό) Adam's apple

καρυδιά (η) walnut (tree)

καρυδότσουφλο (το) nutshell

καρύκευμα (το) (άρτυμα) seasoning. (σαλάτας) dressing

καρυκεύω ρ μτβ season, flavour. (σαλάτα) (μαγ) dress

καρυοθραύστης (ο) nutcracker

καρφί (το) nail. (πλατυκέφαλο) stud. (που προεξέχει) spike. (μεταφ καταδότης) grass, informer

καρφίτσα (η) pin. (κόσμημα) brooch

καρφιτσώνω ρ μτβ pin

καρφώνω ρ μτβ nail. (καταδίνω) squeal on. (κρατώ) pin, hold down. (με τα μάτια) transfix

καρχαρίας (ο) shark

κασέρι (το) type of hard cheese

κασέτα (η) cassette

κασετίνα (η) casket

κασκαντέρ (ο, η) άκλ stunt man

κασκόλ (το) άκλ knitted scarf

κασμίρι (το) cashmere

κασόνι (το) wooden box. (για πολύτιμα αντικείμενα) coffer

κασσίτερος (ο) tin

κάστα (η) caste

καστάνια (η) wrench

καστανιά (η) chestnut-tree

καστανιέτες (οι) castanets

κάστανο (το) chestnut

καστανοκίτρινος επίθ fawn

καστανοκόκκινος επίθ russet

καστανομάλλα (η) brunette

καστανόξανθος επίθ tawny

καστανός επίθ brown (hair, eyes)

κάστορας (ο) beaver

καστόρι (το) suede

κάστρο (το) castle

κατά πρόθ (διάρκεια) during. (εναντίον) against. (νομ) versus. (προς) towards. (σύμφωνα) according to. (χρόνος) about. **τα υπέρ και τα ~** the pros and cons

καταβάλλω ρ μτβ overwhelm. (εξασθενίζω) weaken. (πληρώνω) pay

καταβολή (η) payment

καταβροχθίζω ρ μτβ devour.

(κύματα) engulf. (κατασπαταλώ) squander. (φαγητό) guzzle

καταγάλανος επίθ clear blue (sky)

καταγγελία (η) accusation. (διακήρυξη) denunciation

καταγγέλλω ρ μτβ report. (συνθήκη) denounce

καταγής επίρρ on the ground

κάταγμα (το) fracture

καταγοητεύω ρ μτβ enrapture

κατάγομαι ρ αμτβ come from

καταγραφή (η) recording

καταγράφω ρ μτβ record. (σε κατάλογο) catalogue

καταγωγή (η) ancestry. (εθνικότητα) extraction, lineage. (ζώου) pedigree

καταδέχομαι ρ αμτβ condescend

καταδικάζω ρ μτβ condemn. (εγκληματία) convict. (προβλέπω κακή έκβαση) doom. **~ σε** sentence to

καταδίκη (η) condemnation. (εγκληματία) conviction. (ποινή) sentence

κατάδικος (ο) convict

καταδίνω ρ μτβ inform against

καταδιώκω ρ μτβ pursue. (κάνω διωγμό) persecute

καταδίωξη (η) pursuit. (διωγμός) persecution

καταδότ|ης (ο), **~ρια** (η) informer

καταδρομ|έας (ο) commando. **~ή** (η) (δίωξη) persecution. (στρ) raid

καταδρομικό (το) (ναυτ) cruiser

καταδύομαι ρ αμτβ dive

κατάδυση (η) dive

καταζητούμενος επίθ wanted (of criminal)

κατάθεση (η) (μαρτυρίας) statement. (όπλων) laying down. (χρημάτων) deposit

καταθέτ|ης (ο), **~ρια** (η) depositor

καταθέτω ρ μτβ (δίνω μαρτυρία) testify. (νομοσχέδιο) introduce. (τα όπλα) lay down. (χρήματα) deposit, pay in

καταθλιπτικός επίθ gloomy

κατάθλιψη (η) gloom. (ψυχική κατάσταση) depression

καταιγίδα (η) storm

καταιγισμός (ο) (βλημάτων) spray

κατακάθι (το) sediment. **~α** (τα) (καφέ) grounds. (της κοινωνίας) dregs

κατακαλόκαιρο (το) the height of summer

κατάκαρδα επίρρ to heart

κατακλέβω ρ μτβ rip off

κατακλύζω ρ μτβ flood. (μεταφ) inundate

κατακλυσμός (ο) flood. (βροχή) deluge

κατάκοιτος επίθ bedridden

κατακόκκινος επίθ bright red. (μάτια) bloodshot

κατακόμβη (η) catacomb

κατακόρυφ|ος επίθ vertical. (γκρεμός) sheer. **το ~ο** the height (of), the zenith

κατακουρασμένος επίθ dead tired

κατακρατώ ρ μτβ withhold

κατακραυγή (η) outcry

κατακρεουργώ ρ μτβ hack to pieces. (μεταφ) murder

κατακρίνω ρ μτβ condemn

κατάκτηση (η) conquest

κατακτ|ητής (ο), **~ήτρια** (η) conqueror

κατακτώ ρ μτβ conquer. (μεταφ) captivate

καταλαβαίνω ρ μτβ/ρ αμτβ understand. (τη σημασία) get

καταλαμβάνω ρ μτβ seize. (χώρο) take up

καταλήγω ρ μτβ end up. (φτάνω σε αποτέλεσμα) lead up to

κατάληξη (η) (έκβαση) outcome. (γραμμ) ending

κατάληψη (η) (εξουσίας) takeover. (πόλης) taking. (χώρου εργασίας) sit-in

κατάλληλος επίθ suitable. (βολικός) convenient. (γαμπρός) eligible. (για μια κατάσταση) appropriate. (στιγμή) opportune

καταλογίζω ρ μτβ impute. (χρεώνω) charge

καταλογισμός (ο) imputation

κατάλογος (ο) list. (βιβλίο) catalogue. (βιβλιοθήκης) index. (εμπορευμάτων) inventory. (εστιατορίου) menu. (σχολικός) register. (τηλεφωνικός) directory

κατάλοιπο (το) residue

κατάλυμα (το) accommodation. (στρ) quarters

καταλύτης (ο) catalyst

καταμαράν (το) άκλ catamaran

κατάματα επίρρ right in the eyes

κατάμαυρος επίθ jet black. (μαλλιά) raven

καταμερισμός (ο) (διανομή) distribution. (κατανομή ευθύνης) apportionment

καταμεσήμερο (το) the middle of the day, noon

καταμεσής επίρρ in the middle

καταμέτρηση (η) (ειδών) stock-taking. (ψήφων) count

καταμόναχος επίθ all alone

κατάμουτρα επίρρ to the face

καταναγκαστικός επίθ compulsory

καταναλώνω ρ μτβ consume

κατανάλωση (η) consumption

καταναλωτικός επίθ consumer

καταναλ|ωτής (ο), **~ώτρια** (η) consumer

κατανέμω ρ μτβ allocate, share out

κατανικώ ρ μτβ overpower

κατανόηση (η) understanding. (αντίληψη) comprehension

κατανοητός επίθ intelligible

κατανομή (η) allocation

κατανοώ ρ αμτβ comprehend. (δείχνω επιείκια) understand

κατάντημα (το) plight

καταντώ ρ αμτβ be reduced to

κατάνυξη (η) devoutness

κατάξερος επίθ bone-dry

καταπακτή (η) trap door

καταπάτηση (η) encroachment

καταπατώ ρ μτβ trample on. (δικαιώματα) impinge on. (κτήματα) encroach on. (παραβιάζω) infringe on

κατάπαυση (η) cessation

καταπέλτης (ο) catapult

καταπιάνομαι με ρ μτβ tackle

καταπιέζω ρ μτβ oppress

καταπίεση (η) oppression

καταπιεσμένος επίθ downtrodden

καταπιεστικός επίθ oppressive

καταπίνω ρ μτβ/ρ αμτβ swallow. (δάκρυα) gulp

κατάπλασμα (το) poultice

καταπληκτικός επίθ astonishing, amazing. (απίστευτος) staggering. (επίτευγμα) stupendous. (θέα) breathtaking. (ομορφιά) stunning. (χαρακτήρας) terrific

κατάπληκτος επίθ amazed

κατάπληξη (η) astonishment, amazement. (ταραχή και φόβος) consternation

καταπλήσσω ρ μτβ astonish, amaze, astound. (αίσθημα θάμπους) stun

καταπνίγω ρ μτβ strangle. (κίνημα) quell. (σκάνδαλο) quash. (συγκινήσεις) repress, hold back. (χασμουρητό, γέλιο) suppress

καταπολεμώ ρ μτβ fight (against). (για να περιορίσω) combat

καταπραϋντικό|ς επίθ sedative. ~ (το) sedative

καταπραΰνω ρ μτβ mollify. (νεύρα) settle. (πόνο) relieve

κατάπτωση (η) (σωματική) exhaustion. (ηθική) degradation. (νευρική) breakdown

κατάρα (η) curse

κατάργηση (η) abolition

καταργώ ρ μτβ abolish

καταριέμαι ρ μτβ curse

καταρράκτης (ο) waterfall. (ιατρ) cataract. (μεταφ) torrent

κατάρρευση (η) collapse. (εκλογική) débâcle. (εμπ) crash

καταρρέω ρ αμτβ cave in. (νευρικά) break down. (σωματικά) collapse

κατάρρους (ο) catarrh. (σε σκύλους) distemper

κατάρτι (το) (ναυτ) mast

καταρτίζω ρ μτβ (οργανώνω) form. (εκπαιδεύω) prepare, train. (συντάσσω) draw up

κατασκευάζω ρ μτβ make, manufacture. (ανεγείρω) construct. (παράγω) produce

κατασκευα|αστής (ο), ~άστρια (η) manufacturer

κατασκευή (η) manufacture. (ανέγερση) construction

κατασκην|ώνω ρ αμτβ camp. ~ωτής (η), ~ώτρια (ο) camper

κατασκήνωση (η) camping. (χώρος) camp

κατασκοπεύω ρ μτβ/αμτβ spy

κατασκοπία (η) spying. (δραπηριότητα) espionage

κατάσκοπος (ο, η) spy

κατασκότεινος επίθ pitch dark

κατασπαταλώ ρ μτβ squander. (σιγά σιγά) fritter away

κάτασπρος επίθ snow white

κατασταλάζω ρ αμτβ settle. (μεταφ) end up

κατασταλτικός επίθ repressive

κατάσταση (η) state. (αρρώστου) condition. (οικογενειακή) status. (οικονομική, πολιτική) situation. (στρ) service

καταστατικός επίθ constitutional. ~ χάρτης (ο) charter

καταστέλλω ρ μτβ suppress. (συγκρατώ) curb

κατάστημα (το) shop. (τράπεζας) branch

καταστηματάρχ|ης (ο), ~ις (η) shopkeeper

καταστολέας (ο) suppressor

καταστολή (η) suppression

καταστρεπτικός επίθ destructive. (ολέθριος) devastating

καταστρέφω ρ μτβ destroy. (ελπίδες) dash. (κορίτσι) deflower. (οικονομικά, ηθικά) ruin. (ολέθρια) devastate

καταστροφή (η) destruction. (ολέθρια) catastrophe. (συμφορά) disaster. (μεταφ) ruin

κατάστρωμα (το) deck

καταστρώνω ρ μτβ lay (plans)

κατάσχεση (η) confiscation. (εμπορευμάτων) seizure

κατάσχω ρ μτβ confiscate. (νομ)-impound. (απλήρωτη περιουσία) repossess. (εμπορεύματα) seize

κατάταξη (η) rating. (στρ) enlistment

κατατάσσ|ω ρ μτβ rank. (σε διαγωνισμό) place. ~ομαι (στο στρατό) ρ αμτβ enlist

κατατοπίζω ρ μτβ put in the picture

καταρεγμός (ο) victimization. (δίωξη) persecution

κατατρέχω ρ μτβ (διώκω)

persecute. (*προσπαθώ να βλάψω κπ*) victimize

κατατρομάζω *ρ αμτβ* be scared stiff

κατατροπώνω *ρ μτβ* thrash, defeat

καταυλισμός (*o*) encampment

καταφανής *επίθ* very obvious, evident

καταφατικός *επίθ* affirmative

καταφέρνω *ρ μτβ* achieve. (*πείθω*) persuade. (*μεταφ*) pull off

καταφέρ|ω *ρ αμτβ* deal. **~ομαι** *ρ αμτβ* (*εναντίον*) attack (*verbally*)

καταφεύγω *ρ αμτβ* take refuge. **~ σε** (*προσφεύγω*) fall back on. (*μεταφ*) resort to

καταφθάνω *ρ αμτβ* roll up, arrive

κατάφορτος *επίθ* weighed down (*με* with)

καταφύγιο (*το*) refuge. (*από καιρικές συνθήκες*) shelter. (*για πλοία*) haven. (*για προστασία*) sanctuary. (*στρ*) bunker

κατάφωρος *επίθ* flagrant

καταχαρούμενος *επίθ* overjoyed

κατάχλομος *επίθ* ghastly, deathly pale

καταχνιά (*η*) haze, mist

κατάχρηση (*η*) misuse. (*εμπιστοσύνης*) breach. (*σε επάγγελμα*) malpractice. (*χρημάτων*) embezzlement

καταχρώμαι *ρ μτβ* misuse. (*χρήματα*) embezzle

καταχώρηση (*η*) entry (*on list*)

καταχωρίζω *ρ μτβ* enter (*in a book*)

καταψύ|κτης (*o*) freezer. **~χω** *ρ μτβ* freeze

κατάψυξη (*η*) deep-freeze

κατεβάζω *ρ μτβ* lower. (*αεροπλάνο*) down. (*από ψηλά*) pull down. (*κεφάλι*) hang. (*λεφτά*) cough up. (*λαϊκ*). (*ποτό*) swill. (*τιμές*) knock down. (*φόρεμα*) let down. (Η/Υ) download

κατεβαίνω *ρ αμτβ* come down. (*από αυτοκίνητο*) get out. (*από βουνό*) descend. (*από ζώο*) dismount. (*σκάλα*) climb down

κατεδαφίζω *ρ μτβ* demolish

κατεδάφιση (*η*) demolition

κατεξοχήν *επίρρ* principally

κατεπείγ|ων *επίθ* urgent. **~ον** express (post)

κατεργάζομαι *ρ μτβ* process

κατεργάρης *επίθ* crafty

κατευθείαν *επίρρ* direct, straight

κατεύθυνση (*η*) direction

κατευθύν|ω *ρ μτβ* direct. (*οδηγώ*) guide. **~ομαι προς** *ρ μτβ* head for

κατευνάζω *ρ μτβ* appease. (*καταπραΰνω*) calm down

κατευχαριστημένος *επίθ* delighted

κατέχω *ρ μτβ* possess. (*εξουσιάζω*) dominate. (*έχω ιδιοκτησία*) own. (*θέμα*) know well. (*θέση*) occupy

κατηγορηματικός *επίθ* categorical. (*άρνηση*) flat. (*απερίφραστος*) unequivocal. (*βέβαιος*) positive. (*τρόπος*) emphatic

κατηγορητήριο (*το*) indictment

κατηγορία¹ (*η*) accusation. (*νομ*) charge. (*στο δικαστήριο*) indictment

κατηγορία² (*η*) category. (*τάξη*) class

κατήγορος (*o*) prosecutor

κατηγορούμενο (*το*) predicate

κατηγορ|ούμενος (*o*), **~ουμένη** (*η*) (the) accused

κατηγορώ *ρ μτβ* accuse. (*ασκώ δικαστική δίωξη*) indict. (*νομ*) charge

κατήφεια (*η*) gloom

κατηφορίζω *ρ αμτβ* walk downhill. (*έδαφος*) slope

κατηφορικός *επίθ* sloping downward

κατήφορος (*o*) (downhill) slope. (*μεταφ*) downhill

κατήχηση (*η*) indoctrination. (*εκκλ*) catechism

κατηχητικό (*το*) Sunday school

κατηχώ *ρ μτβ* indoctrinate

κάτι *αντων* something. (*μερικοί*) some

κάτισχνος *επίθ* emaciated

κατιφές (*o*) marigold

κατοίκηση (*η*) habitation

κατοικία (*η*) dwelling. (*οικία*) residence

κατοικίδιος *επίθ* domestic (*animal*)

κάτοικος (*o, η*) inhabitant. (*κτιρίου*)

resident. (*πόλεως*) citizen.
(*σπηλαίου*) dweller
κατοικώ *ρ μτβ/αμτβ* inhabit.
(*διαμένω*) reside
κατολίσθηση (*η*) landslide
κατόπι *επίρρ* (*πίσω*) after. (*έπειτα*)
following
κατόρθωμα (*το*) achievement, feat.
(*ανδραγάθημα*) exploit
κατορθώνω *ρ μτβ* achieve.
(*επιτυγχάνω*) succeed (*να κάνω*, in
doing
κατουρώ *ρ αμτβ* have a pee
κατοχή (*η*) possession. (*από ξένες
δυνάμεις*) occupation. (*θέματος*)
command, mastery
κάτοχος (*ο, η*) occupier. (*θέσης*)
holder. (*κύριος*) owner
κατοχυρώνω *ρ μτβ* safeguard
κατρακυλώ *ρ αμτβ* tumble down
κατσαβίδι (*το*) screwdriver
κατσάδα (*η*) dressing down
κατσαδιάζω *ρ μτβ* tell off
κατσαρίδα (*η*) cockroach
κατσαρόλα (*η*) saucepan. (*πήλινη*)
casserole
κατσαρός *επίθ* wavy (*hair*)
κατσίκα (*η*) goat
κατσικάκι (*το*) kid
κατσούφης *επίθ* surly. **~ιασμα**
(*το*) scowl
κατσουφιά (*η*) surliness. **~ζω** *ρ
αμτβ* scowl
κάτω *επίρρ* down, below. (*λιγότερο*)
under. **προς τα ~** downwards.
στο κάτω κάτω (της γραφής)
after all. • *επίθ* lower. **ΟΙ ~ Χώρες**
the Netherlands
κατώτατος *επίθ βλ* **κάτω**. lowest
κατώτερος *επίθ βλ* **κάτω**. lower.
(*σε βαθμό*) junior. (*σε ποιότητα*)
inferior. **~** (*ο*) inferior
κατωτερότητα (*η*) inferiority
κατώτερω *επίρρ* below
κατώφλι (*το*) doorstep. (*μεταφ*)
threshold
καυγάς (*ο*) *βλ* **καβγάς**
καυσαέρια (*τα*) exhaust gases
καυσέλαιο (*το*) fuel oil
καύσ|η (*η*) burning. (*μηχ*)
combustion. **~ιμα** (*τα*) fuel
καυστήρας (*ο*) (gas) burner

καυστικός *επίθ* caustic
καύσωνας (*ο*) heat wave
καυτερός *επίθ* scorching. (*υγρό*)
boiling hot. (*φαγητό, στη γεύση*)
hot
καυτηριάζω *ρ μτβ* cauterize.
(*μεταφ*) castigate
καύχηση (*η*) boast
καυχησιάρης *επίθ* boastful
καυχιέμαι *ρ αμτβ* boast
καφάσι (*το*) lattice
καφασωτό (*το*) trellis
καφέ *επίθ άκλ* brown
καφεΐνη (*η*) caffeine
καφενείο (*το*) coffee shop
καφενε|ές (*ο*) *βλ* **καφενείο**
καφές (*ο*) coffee
καφετερία (*η*) café. (*με
αυτοεξυπηρέτηση*) cafeteria
καφετζ|ής (*ο*), **~ού** (*η*) coffee shop
owner
καφετιέρα (*η*) coffee-pot. (*με
φίλτρο*) percolator
καχεκτικός *επίθ* sickly
καχύποπτος *επίθ* distrustful
καχυποψία (*η*) distrust
καψαλίζω *ρ μτβ* singe. (*ο ήλιος*)
scorch
κάψιμο (*το*) burn
κάψουλα (*η*) capsule
καψούλι (*το*) cap (*of cartridge*)
κέδρο (*το*) cedar
κέδρος (*ο*) *βλ* **κέδρο**
κέικ (*το*) *άκλ* cake
κείμενο (*το*) text
κειμήλιο (*το*) relic. (*οικογενειακό*)
heirloom
κελάηδημα (*το*) song (*of a bird*)
κελαηδώ *ρ αμτβ* sing. (*φλυαρώ*)
prattle on
κελάρι (*το*) cellar. (*μικρό*) larder
κελαρύζω *ρ αμτβ* babble (*of
stream*)
κελεπούρι (*το*) windfall
κελί (*το*) cell (*prisoner's, monk's*)
Κελσίου *άκλ* centigrade
Κέλτης (*ο*) Celt
κελτικός *επίθ* Celtic
κενό (*το*) void. (*διάστημα*) gap.
(*μηχ*) vacuum. (*μεταφ*) emptiness.
~ αέρος air pocket

κενός επίθ empty. (λόγια) idle. (σπίτι, κάθισμα) vacant

κενοτάφιο (το) cenotaph

κέντημα (το) embroidery

κεντητός επίθ embroidered

κεντρί (το) sting

κεντρίζω ρ μτβ sting. (μεταφ) goad

κεντρικ|ός επίθ central. **~ός δρόμος** (o) main street. **~ά γραφεία** head office

κέντρισμα (το) sting. (μεταφ) spur (stimulus)

κέντρο (το) centre. (μεταφ) hub. (προσοχής) focus. **~τηλεφωνικής βοήθειας** (το) call centre. **νυχτερινό ~** nightclub. **τηλεφωνικό ~** telephone exchange

κεντώ ρ μτβ embroider. (τσιμπώ) prick

Κένυα (η) Kenya

κεραία (η) antenna. (πεταλούδας) feeler. (ραδιοφώνου) aerial

κεραμίδι (το) (roof) tile

κεραμικ|ά (τα) ceramics. **~ή** (η) ceramics. **~ός** επίθ ceramic

κέρας (το) horn (music)

κεράσι (το) cherry

κερασιά (η) cherry-tree

κέρασμα (το) treat

κέρατο (το) horn. (ελαφιού, με διακλαδώσεις) antler

κεραυνοβόλος επίθ lightning

κεραυνόπληκτος επίθ thunderstruck. (μεταφ) stunned

κερδίζω ρ μτβ win. (αντίπαλο) beat. (βραβείο) carry off. (εμπιστοσύνη, χρόνο) gain. (επωφελούμαι) profit from. (λεφτά) earn. (πόντους) score. • ρ αμτβ look better

κέρδ|ος (το) profit. (όφελος) benefit. (μεταφ) gain. **~η** (τα) (από τυχερά παιχνίδια) winnings. (από δουλειά) earnings. (εμπορ) returns

κερδοσκοπία (η) profiteering. (με επενδύσεις) speculation

κερδοσκόπος (o, η) profiteer. (με επενδύσεις) speculator

κερδοσκοπώ ρ αμτβ speculate

κερήθρα (η) honeycomb

κερί (το) candle. (ουσία) wax

κερκίδα (η) tier (in stadium)

Κέρκυρα (η) Corfu

κέρμα (το) token (for game machines). (νόμισμα) coin

κερματοδέκτης (o) coin-operated machine. (τηλέφωνο) payphone

κερνώ ρ μτβ **να σας κεράσω ένα ποτό**; can I buy you a drink?

κερώνω ρ μτβ wax. • ρ αμτβ (μεταφ) go white as a sheet

κεσές (o) yoghurt tub

κεφάλαι|o (το) (σε βιβλίο) chapter. (χρήματα) capital. **~α** (τα) funds

κεφαλαιοκρατία (η) capitalism. **~άτης** (o) capitalist

κεφαλαίο|ς επίθ capital. **~** (το) capital letter

κεφαλαιώδ|ης επίθ capital. **~ους σημασίας** of utmost importance

κεφαλή (η) head

κεφάλι (το) head

κεφαλιά (η) header

κεφαλόπονος (o) headache

κεφαλόσκαλο (το) landing (top of stairs)

κεφαλοτύρι (το) type of cheese

κεφάτος επίθ cheerful

κέφι (το) high spirits

κεφτές (o) meatball

κεχρί (το) millet

κεχριμπάρι (το) amber

κηδεία (η) funeral

κηδεμόνας (o, η) guardian

κήλη (η) hernia

κηλίδα (η) stain. (στίγμα) blot. (στο δέρμα) blemish

κηλιδώνω ρ μτβ stain. (όνομα) smear. (μεταφ) tarnish

κήπος (o) garden

κηπουρική (η) gardening

κηπουρός (o, η) gardener

κηροζίνη (η) kerosene

κηροπήγιο (το) candlestick

κήρυγμα (το) sermon

κήρυκας (o) crier. (εκκλ) preacher

κήρυξη (η) declaration

κηρύσσω ρ μτβ proclaim. (εκκλ) preach

κηφήνας (o) drone. (μεταφ) layabout

κιάλια (τα) binoculars. (της όπερας) opera glasses

κίβδηλος (επίθ) forged. (μεταφ) fake

κιβώτιο (το) crate. (μπαούλο) chest. (μπίρας) case. **~ ταχύτητων** gearbox

κιβωτός (η) (θρησκ) ark

κιγκλίδωμα (το) railing. (σκάλας) balustrade

κιθάρα (η) guitar

κιθαρ|ιστής (ο), **~ίστρια** (η) guitarist

κιλό (το) kilo

κιλοβάτ (το) άκλ kilowatt

κιλότα (η) (γυναικεία) briefs, panties. (ιππασίας) breeches

κιμάς (ο) mince (meat). (μεταφ) pulp

κιμονό (το) kimono

κιμωλία (η) chalk

Κίνα (η) China

κινδυνεύω ρ μτβ risk. (διακινδυνεύω) endanger. • ρ αμτβ be in danger

κίνδυνος (ο) danger, risk. (δυσάρεστη έκβαση) peril. (εμπόδιο) hazard

κινέζικος επίθ Chinese

Κινέζ|ος (ο), **~α** (η) Chinese

κίνημα (το) movement

κινηματογράφος (ο) cinema

κινηματογραφώ ρ μτβ film

κίνηση (η) move. (απότομη) jerk. (δραστηριότητα) (hustle and) bustle. (ενέργεια του κινώ) movement. (κυκλοφορία) traffic. (με τα χέρια) gesture. (μηχ) drive. (πλοίου) motion

κινητήρας (ο) engine

κινητό|ς επίθ movable. (που μετακινείται) mobile. **~ τηλέφωνο** (το) mobile (phone), cell phone

κίνητρο (το) incentive. (αιτία) motive. (ό, τι κινεί σε δράση) motivation

κινίνο (το) βλ quinine

κιν|ώ ρ μτβ move. (διεγείρω) stir, stimulate. (θέτω σε λειτουργία) drive. (μετακινώ) transport. • ρ αμτβ set off. (μεταφ) set out.
~ούμαι ρ αμτβ move

κιόλα(ς) επίρρ already. (επιπλέον) on top of that

κιόσκι (το) kiosk. (σε κήπο) gazebo

κιρσός (ο) varicose vein

κίσσα (η) jay

κισσός (ο) ivy

κιτριά (η) citron (tree)

κιτρινιάρης επίθ sallow

κιτρινίζω ρ αμτβ turn pale. (ξεθωριάζω) discolour

κίτρινο|ς επίθ yellow. (χλομός) pale. **~** (το) yellow

κίτρο (το) citron

κίχλη (η) thrush (bird)

κλαβεσίνο (το) harpsichord

κλαγγή (η) clang

κλαδάκι (το) sprig, twig

κλάδεμα (το) pruning

κλαδευτήρι (το) secateurs

κλαδεύω ρ μτβ prune

κλαδί (το) branch

κλάδος (ο) (δέντρου) bough. (τμήμα συνόλου) branch

κλαί|ω ρ αμτβ cry. (από λύπη) weep. **~ με λυγμούς** sob. **~ομαι** ρ αμτβ whine

κλακέτες (οι) tap-dance

κλάμα (το) cry, weep

κλάνω ρ αμτβ break wind

κλάξον (το) (car) horn

κλαρί (το) branch (of tree)

κλαρίνο (το) clarinet

κλάση (η) class, category. (ηλικίας) age group

κλασικ|ός επίθ classic. (της αρχαιότητας) classical. **~ές σπουδές** (οι) classics

κλάσμα (το) fraction

κλάψα (η) whimpering

κλαψιάρης επίθ whining. **~** (ο) cry baby, whiner

κλαψουρίζω ρ αμτβ whine. **~ παραπονεμένα** whimper

κλέβ|ω ρ μτβ steal. (ζώα) rustle. (ληστεύω) rob. (σε μικρές ποσότητες) pilfer. (μεταφ) cheat. **~ομαι** ρ αμτβ elope

κλείδα (η) collar bone

κλειδαράς (ο) locksmith

κλειδαριά (η) lock

κλειδαρότρυπα (η) keyhole

κλειδί (το) key. (γαλλικό) spanner.

(μους) clef. (σιδηρ) switch
κλείδωμα (το) locking. (μεταφ)
locking in
κλειδώνω ρ μτβ lock. • ρ αμτβ
lock up.
κλείδωση (η) joint. (δάχτυλα)
knuckle
κλείθρο (το) latch
κλείνω ρ μτβ close, shut. (βρύση)
turn off. (διακόπτω τη λειτουργία)
shut down. (επιχείρηση) wind up.
(ηλεκτρ) switch off. (θέση) book,
reserve. (συμφωνία) clinch.
(τηλέφωνο) hang up. (φράζω)
block. • ρ αμτβ close. (παύω
λειτουργία) fold. (πληγή) heal
κλείσιμο (το) closure. (διακοπή
λειτουργίας) shut-down
κλεισούρα (η) confinement.
(μυρωδιά) musty smell
κλειστ|ός επίθ closed. (καιρός)
close. (περιφραγμένος) walled-in.
(χαρακτήρας) uncommunicative.
~ή πισίνα (η) indoor swimming
pool
κλειστοφοβία (η) claustrophobia
κλεπτομανής (ο, η) kleptomaniac
κλέφτης[1] (ο) kleft (*armed Greek
insurgent in the Turkish occupation
of Greece*)
κλέφτ|ης[2] (ο), **~ρα** (η) thief. (ειδών
καταστημάτων) shop-lifter
κλεφτός επίθ furtive
κλεψιά (η) thieving. (από μαγαζιά)
shop-lifting
κλέψιμο (το) stealing
κλήμα (το) vine
κληματαριά (η) pergola (*for a vine*)
κληματόφυλλο (το) vine leaf
κληρικός επίθ clerical. **~** (ο)
clergyman
κληροδότημα (το) bequest
κληροδοτώ ρ μτβ bequeath
κληρονομ|ιά (η) inheritance,
legacy. (πνευματική) heritage
κληρονομικός επίθ hereditary
κληρονόμος (ο) heir. **~** (η) heiress
κληρονομώ ρ μτβ inherit
κλήρος[1] (ο) clergy
κλήρ|ος[2] (ο) lot. (μέρος γής) share.
ρίχνω ~ draw lots. **~ωση** (η)
(lottery) draw

κληρών|ω ρ μτβ draw (*in lottery*).
~ομαι ρ αμτβ be drawn
κλήση (η) call. (μαρτύρων)
subpoena. (νομ) summons.
(τηλεφωνική) phone call.
(τροχαίας) ticket (*fine*)
κλήτευση (η) summons
κλητεύω ρ μτβ (μάρτυρες)
subpoena
κλητήρας (ο) usher
κλητική (η) (γραμμ) vocative (case)
κλίβανος (ο) furnace. (για
αποτέφρωση) incinerator. (για
πήλινα) kiln
κλικ (το) άκλ click
κλίκα (η) clique
κλίμα (το) climate
κλίμακα (η) ladder. (ιδεών)
spectrum. (μους, για χάρτες) scale.
(σειρά) range
κλιμακτήριος (η) change of life
(*menopause*)
κλιμακώνω ρ μτβ scale.
(αναπτύσσω σε φάσεις) stagger. (σε
ένταση) escalate
κλιματισμός (ο) air conditioning
κλίνη (η) bed
κλινήρης επίθ confined to bed
κλινική (η) clinic
κλινικός επίθ clinical
κλίνω ρ μτβ (κεφάλι) bow. (γραμμ)
decline. (ρήμα) conjugate. • ρ αμτβ
slope. (αεροπλάνο) bank. (αλλάζω
θέση) lean. (πλοίο) list. (τείνω) be
inclined
κλισέ (το) άκλ cliché
κλίση (η) incline. (γραμμ)
declension. (ρήματος) conjugation.
(εδάφους) slope. (επιφανείας)
gradient. (πλοίον) tilt.
(προδιάθεση) inclination. (ταλέντο)
flair, aptitude
κλισιοσκόπιο (το) (gun) sight
κλοιός (ο) (σε χέρια) shackle. (γύρω
από λαιμό) collar. (μεταφ) cordon
κλομπ (το) άκλ truncheon, club
κλονίζ|ω ρ αμτβ shake. **~ομαι** ρ
μτβ (θάρρος) waver. (υγεία) fail
κλονισμός (ο) shaking. (ιατρ)
shock. **νευρικός ~** nervous
breakdown
κλώνος (ο) clone

κλοπή (η) theft
κλοτσιά (η) kick
κλοτσώ ρ μτβ kick
κλούβα (η) large cage. (μεταφ) jail
κλουβί (το) cage. Κύπρ (μωρού) play-pen
κλούβιος επίθ (αβγό) rotten. (μεταφ) empty-headed
κλπ. συντ (και λοιπά) etc
κλύσμα (το) enema
κλώθω ρ μτβ spin
κλωνάρι (το) stick (of celery etc.)
κλώσα (η) broody hen
κλωσόπουλο (το) chick
κλωστή (η) thread
κλωτσώ ρ μτβ βλ **κλοτσώ**
κνήμη (η) calf
κνησμός (ο) itching
κοάζω ρ αμτβ croak
κόβ|ω ρ μτβ cut. (δέντρα) fell. (διακόπτω) interrupt. (κνημι, ταινία) edit. (κρέας σε φέτες) carve. (λουλούδια) pick. (ξύλα) chop. (σε εξετάσεις) fail. (σταφύλια) gather. (τηλέφωνο, ηλεκτρ) cut off. (τσιγάρο, ποτό) give up. **~ομαι** ρ αμτβ cut o.s.. (παρακουράζομαι) feel exhausted. **~ω δρόμο** take a short cut. **~ πίσω** lag behind. **έκοψαν την καλημέρα** they are no longer on speaking terms
κογκρέσο (το) Congress
κόγχη (η) (eye) socket
Κοζάκος (ο) Cossack
κοιλάδα (η) valley. (γεωγρ) basin
κοιλιά (η) belly. (ιατρ) abdomen. (καθομ) tummy. (καθομ) (μεγάλο στομάχι) paunch, potbelly
κοιλόπονος (ο) tummy ache
κοιλοπονώ ρ αμτβ be in labour
κοίλος επίθ concave. (κούφιος) hollow
κοιλότητα (η) cavity. **~ του στομαχιού** pit of the stomach
κοίλωμα (το) recess
κοιμάμαι ρ αμτβ βλ **κοιμούμαι**
κοιμητήριο (το) graveyard
κοιμίζω ρ μτβ put to bed
κοιμισμένος επίθ asleep. **~** (ο) slowcoach
κοιμούμαι ρ αμτβ sleep. (αργώ να αντιδράσω) be sluggish

κοινή (η) the form of Greek which prevailed in antiquity
κοινό (το) public
κοινόβιο (το) commune
κοινοβουλευτικός επίθ parliamentary
κοινοβούλιο (το) parliament
κοινοποίηση (η) public announcement, (επιστολή, έκθεση) circulation
κοινοπολιτεία (η) commonwealth
κοινοπραξία (η) consortium
κοιν|ός επίθ common. (αμοιβαίος) mutual. (ευτελής) mundane. (λογαριασμός, ανακοινωθέν) joint. (προσπάθεια) concerted. (που συναντάται συνήθως) commonplace. (συνηθισμένος) ordinary. **Κ~ή Αγορά** (η) Common Market. **~ή λογική** (η) common sense. **από ~ού** in common with, jointly
κοινοτάρχης (ο) head of a community
κοινότητα (η) community
κοινοτοπία (η) banality, platitude
κοινότοπος επίθ banal
κοινόχρηστα (τα) service charges
κοινόχρηστος επίθ communal
κοινωνία (η) society
κοινωνικοποιώ ρ μτβ socialize. (εθνικοποιώ) nationalize
κοινωνικ|ός επίθ social. (άνθρωπος) sociable. **~ός λειτουργός** (ο, η) social worker. **~ή ασφάλιση** (η) social security
κοινωνιολόγος (ο, η) sociologist
κοιτάζω ρ μτβ look (at). (εξετάζω) look at, look through. (εξετάζω άρρωστο) examine. (με ησυχία, σε μαγαζί) browse. (παρατηρώ) eye. (φροντίζω) look after. **~ επίμονα** stare, gaze (at)
κοίτασμα (το) deposit
κοίτη (η) (river) bed
κοιτίδα (η) cradle
κοιτώνας (ο) dormitory
κοκ (το) άκλ coke (solid fuel)
κ.ο.κ. συντ (και ούτω καθεξής) and so on
κοκαΐνη (η) cocaine
κόκα κόλα (η) Coke

κοκαλιά|ζω *ρ αμτβ* get dry and hard. (*κρυώνω*) go numb (with cold). **~ρης** *επίθ* bony

κόκαλο (*το*) bone. (*για παπούτσια*) shoehorn

κοκαλώνω *ρ αμτβ* stiffen. (*μεταφ*) be struck dumb

κοκέτα (*η*) coquette

κοκέτης (*ο*) coquet

κοκίτης (*ο*) whooping cough

κοκκινέλι (*το*) *wine of reddish colour*

κοκκινίζω *ρ μτβ* redden, dye red. • *ρ αμτβ* blush

κοκκινογούλι (*το*) beetroot

κοκκινολαίμης (*ο*) (*πουλί*) robin

κόκκινο|ς *επίθ* red. **~** (*το*) red

κόκκος (*ο*) grain. (*καφέ*) bean. (*μικρός*) granule

κοκοράκι (*το*) cockerel

κόκορας (*ο*) cock. (*όπλου*) cock

κοκορέτσι (*το*) *dish of stuffed lamb intestines cooked on charcoal*

κοκότα (*η*) tart

κοκτέιλ (*το*) *άκλ* cocktail

κολάζ (*το*) *άκλ* collage

κολάζω *ρ μτβ* punish. (*κάνω να αμαρτήσει*) scandalize

κόλακας (*ο*) flatterer

κολακεία (*η*) flattery

κολακευτικός *επίθ* flattering. (*τιμητικός*) complimentary

κολακεύω *ρ μτβ* flatter

κολάρο (*το*) collar. (*εκκλ*) dog collar

κόλαση (*η*) hell. (*μεταφ*) inferno

κολατσίζω *ρ αμτβ* eat a snack

κολατσιό (*το*) *quickly prepared breakfast*

κολέγιο (*το*) college

κολιέ (*το*) *άκλ* string (of pearls). (*περιδέραιο*) necklace

κολιός (*ο*) *Κύπρ* jackdaw

κόλλα (*η*) sheet of paper. (*για επικόλληση*) glue. (*για σκλήρυνση*) starch

κολλάρω *ρ μτβ* starch

κολλητικός *επίθ* adhesive. (*μεταδοτικός*) catching

κολλιτσίδα (*η*) hanger-on

κόλλυβα (*τα*) *boiled corn, currants,* *sugar etc eaten at a funeral*

κολλώ *ρ μτβ* stick, glue. (*με κολλητική ταινία*) tape. (*αρρώστια*) catch, infect. (*μεταφ*) cling to. • *ρ αμτβ* stick. (*μηχ*) jam. (*σε ένα ορισμένο σημείο*) lodge

κολλώδης *επίθ* sticky. (*μεταφ*) starchy

κολοκύθ|α (*η*) pumpkin. **~ι** (*το*) marrow

κολοκυθάκι (*το*) courgette

κόλον (*το*) (*ιατρ*) colon

κολόνα (*η*) pillar, column

κολόνια (*η*) eau-de-Cologne

κολοσσιαίος *επίθ* colossal

κολοσσός (*ο*) colossus

κολπίσκος (*ο*) creek

κόλπο (*το*) trick. (*απάτη*) ploy. (*πονηριά*) ruse

κόλπ|ος (*ο*) bay. (*μεγάλος*) gulf. (*αγκαλιά*) bosom. (*ιατρ*) sinus. (*της γυναίκας*) vagina

κολυμβ|ητής (*ο*), **~ήτρια** (*η*) swimmer

κολυμπήθρα (*η*) font

κολύμπι (*το*) swim

κολυμπώ *ρ αμτβ* swim

κόμβος (*ο*) (*ναυτ*) knot

κόμης (*ο*) count

κόμικς (*τα*) *άκλ* comic

κόμισσα (*η*) countess

κόμμα (*το*) (*πολ*) party. (*γραμμ*) comma. (*μαθημ*) decimal point

κομματάκι (*το*) scrap. (*νόστιμο*) morsel

κομμάτι (*το*) piece. (*μεγάλο*) hunk. (*μεγάλο, παγωτού*) dollop. (*σιντρίμμι*) fragment. (*κιμωλίας*) stick. (*κοπέλα*) smasher. **το ~** apiece, each

κομματιάζω *ρ μτβ* break to pieces

κομμένος *επίθ* weary. (*γάλα*) sour. (*ξεθωριασμένος*) faded. (*σε εξετάσεις*) failed

κόμμωση (*η*) hairdo

κομμ|ωτής (*ο*), **~ώτρια** (*η*) hairdresser, hair stylist

κομήτης (*ο*) comet

κομό (*το*) *άκλ* chest of drawers

κομοδίνο (*το*) bedside table

κομουνισμός (*ο*) communism

κομουν|ιστής (*η*), **~ίστρια** (*ο*) communist

κομπάζω ρ αμτβ brag
κομπάρσος (ο) (κτνημ) extra
κομπασ|μός (ο) bragging. **~τικός** επίθ bombastic
κομπέρ (ο) άκλ compère
κομπιάζω ρ αμτβ (διστάζω) hesitate. (δυσκολεύομαι) falter
κομπίνα (η) racket, swindle
κομπιούτερ (ο, το) άκλ computer
κομπλιμέντο (το) compliment
κομπογιαννίτης (ο) quack
κομπόδεμα (το) nest-egg
κομπολόι (το) string of beads
κόμπος (ο) knot. (στο λαιμό) lump
κομπόστα (η) stewed fruit
κομπρέσα (η) (ιατρ) compress
κομφετί (το) άκλ confetti
κομφορμιστής (ο) conformist
κομψεύομαι ρ αμτβ smarten up
κομψός επίθ elegant, smart
κομψότητα (η) elegance, smartness
κονδύλιο (το) sum allocated for a purpose
κόνδυλος (ο) nodule
κονιάκ (το) άκλ brandy
κονίαμα (το) mortar
κονιοποιώ ρ μτβ pulverize. (χάπι) powder
κονκάρδα (η) badge
κονσέρβα (η) tin
κονσόλα (η) console
κοντά επίρρ near, close. (περίπου) about. (σε σύγκριση) compared to. **εδώ ~** near by
κονταίνω ρ μτβ take up, shorten. • ρ αμτβ shrink
κοντάρι (το) pole. (όπλο) spear. (σημαίας) flag pole
κοντεύ|ω ρ αμτβ draw near. **~ει να λιποθυμήσει** he/she is about to faint. **~ουμε να φτάσουμε** we are nearly there
κοντινός επίθ close, nearby
κοντίσιονερ (το) άκλ conditioner
κοντός επίθ short
κοντοστέκομαι ρ αμτβ stop short. (διστάζω να προχωρήσω) hesitate to move on
κοντραμπάσο (το) double-bass
κοντραπλακέ (το) άκλ plywood
κόντρα φιλέτο (το) rump steak

κοντσέρτο (το) concerto
κοπάδι (το) flock. (ανθρώπων) herd. (λιονταριών) pride. (λύκων) pack. (ψαριών) shoal
κοπάζω ρ αμτβ abate. (άνεμος) die down. (θύελλα) subside
κοπανίζω ρ μτβ pound. (δέρνω) thrash. (τρίβω) grind
κοπέλα (η) young lady
κοπιά|ζω ρ αμτβ work hard. **~στε!** come in!
κόπο|ς (ο) trouble. **~οι** (οι) pains
κόπρανα (τα) stools. (ζώων) dung
κοπριά (η) manure
κοπρόσκυλο (το) (μεταφ) scum
κοπρόχωμα (το) compost
κοπτικός επίθ Coptic
κόπωση (η) fatigue
κόρα (η) crust
κόρακας (ο) raven
κοράκι (το) crow
κοράλλι (το) coral
κοράνι (το) Koran
κορδέλα (η) ribbon. (καπέλου) band
κορδόνι (το) cord. (παπουτσιού) shoelace
κορδώνομαι ρ αμτβ swagger
Κορέα (η) Korea
κορεσμός (ο) saturation
κόρη (η) daughter. (κοπέλα) maiden (old use). (ματιού) pupil
κοριός (ο) bedbug. (για υποκλοπή συνομιλιών) bug (telephone)
κοριτσάκι (το) young girl
κορίτσι (το) girl
κορμί (το) body
κορμός (ο) (ανθρώπου) torso. (δέντρου) trunk
κορμοστασιά (η) build
κορνάρισμα (το) honk, toot
κορνάρω ρ αμτβ hoot
κορνέτα (η) (μους) cornet
κορνίζα (η) (αρχιτ) cornice. (πίνακας) frame
κοροϊδεύω ρ μτβ make fun of. (εξαπατώ) take s.o. for a ride. • ρ αμτβ kid
κοροϊδία (η) jeer, mockery
κορόιδο (το) dupe. (εύκολο θύμα) sucker

κορόνα (η) crown. (νόμισμα) Krone, Krona. **~ ή γράμματα;** heads or tails?

κορσές (ο) corset

Κορσική (η) Corsica

κορτάρω ρ μτβ court, flirt with

κόρτε (το) άκλ courtship

κορυδαλλός (ο) lark

κορυφαίος επίθ topmost, top

κορυφή (η) top. (βουνού) peak. (κεφαλής) crown. (κύματος) crest. (λόφου) brow. (μεταφ) summit

Κος συντ (κύριος) Mr

κοσκινίζω ρ μτβ sieve. (μεταφ) sift

κόσκινο (το) sieve

κοσμάκης (ο) common people

κόσμημα (το) jewel. **κοσμήματα** (τα) jewellery

κοσμητικός επίθ cosmetic. (για στολισμό) decorative

κοσμικός επίθ profane. (εκκλ) secular. (κοινωνικός) social. (του σύμπαντος) cosmic

κόσμιος επίθ seemly

κοσμήτ|ορας (ο), **κοσμήτρια** (η) dean

κοσμοναύτης (ο) cosmonaut

κοσμοπολιτικός επίθ cosmopolitan

κόσμος (ο) world. (σύμπαν) cosmos

κοσμοχαλασιά (η) mayhem

κοστίζω ρ αμτβ cost

κοστολογώ ρ μτβ cost

κόστος (το) cost

κοστούμι (το) suit

κότα (η) hen

κοτέτσι (το) coop

κοτλέ (το) άκλ cord, corduroy

κοτολέτα (η) cutlet

κοτόπουλο (το) chicken

κοτσίδα (η) pigtail

κοτσονάτος επίθ hale, robust

κότσος (ο) bun (hair)

κοτσύφι (το) blackbird

κουαρτέτο (το) quartet

Κούβα (η) Cuba

κουβαλώ ρ μτβ cart. (μετακομίζω) move house. (παρά τη θέληση) drag

κουβάρι (το) ball (of yarn)

κουβαρίστρα (η) skein

κουβάς (ο) bucket

κουβέντα (η) chat

κουβεντιάζω ρ αμτβ chat

κουβεντ|ολόι (το) chitchat. **~ούλα** (η) small talk

κουβέρ (το) άκλ cover charge

κουβέρτα (η) blanket

κουβερτούλα (η) (plaid) rug

κουδούνι (το) (door) bell

κουδουνίζω ρ αμτβ ring. (κλειδιά, κουδούνια) jingle. (νομίσματα) chink. (ποτήρια) tinkle. (τρέμω) rattle

κουδούνισμα (το) ring. (κλειδιών) jingle. (νομισμάτων) chink. (ποτηριών) tinkle

κουδουνίστρα (η) rattle

κουζίνα (η) kitchen. (μαγειρική) cooking. (πλοίου) galley. (συσκευή) stove, cooker

κουζινέτο (το) (μηχ) bearing

κουζινίτσα (η) kitchenette

κουίζ (το) άκλ quiz

κουιντέτο (το) quintet

κουκέτα (η) berth. (για παιδιά) bunk bed. (σε τρένο) sleeper

κουκί (το) broad bean

κουκκίδα (η) speck. (στίγμα) dot

κούκλα (η) doll. (στη ραπτική) dummy

κουκλοθέατρο (το) puppet theatre

κούκος (ο) cuckoo

κουκουβάγια (η) owl

κουκούλα (η) cowl. (σε παλτό) hood

κουκούλι (το) cocoon

κουκουλώνω ρ μτβ wrap up well. (μεταφ) cover up

κουκουνάρι (το) pine cone

κουκούτσι (το) pip. (μεγάλο, σε φρούτο) stone

κουλούρ|α (η) bread in the shape of a large ring. (σύρματος, φιδιού) coil. (σε εξετάσεις) zero. **~ι** (το) bread roll in the shape of a ring

κουλουριάζομαι ρ αμτβ curl (o.s.) up

κουλτούρα (η) culture

κουμπάρα (η) bridesmaid

κουμπαράς (ο) piggy bank

κουμπάρος (ο) best man

κουμπί (το) button. (επιλογής)

σταθμών) tuner (*radio, TV*)

κουμπότρυπα (*η*) buttonhole

κουμπώνω *ρ μτβ* button, do up

κουνάβι (*το*) ferret

κουνελάκι (*το*) bunny

κουνέλι (*το*) rabbit

κούνημα (*το*) shake. (*πλοίου*) roll. (*χεριού*) wave

κούνια (*η*) swing (*see-saw*). (*μωρού*) cradle

κουνιάδα (*η*) sister-in-law

κουνιάδος (*o*) brother-in-law

κουνιέμαι *ρ αμτβ* sway

κουνιστός *επίθ* rocking

κουνούπι (*το*) mosquito

κουνουπίδι (*το*) cauliflower

κουνουπιέρα (*η*) mosquito net

κουνώ *ρ μτβ* rock. (*δάκτυλο, κεφάλι*) shake. (*μετατοπίζω*) budge. (*σκύλος την ουρά*) wag. (*το χέρι*) wave

κούπα (*η*) beaker. (*για τσάι*) mug

κουπέ (*το*) *άκλ* coupé. (*σε σιδηρόδρομο*) compartment

κουπί (*το*) oar. (*κοντό, πλατύ στην άκρη*) paddle

κουπόνι (*το*) (*εμπ*) coupon

κουράγιο (*το*) courage, pluck, mettle. **κάνω ~** bear up

κουράζ|ω *ρ μτβ* tire. (*προκαλώ πλήξη*) bore. **~ομαι** *ρ αμτβ* become tired. (*χάνω την υπομονή*) grow weary

κούραση (*η*) fatigue. (*αδυναμία*) weariness

κουρασμένος *επίθ* tired. (*αδύναμος*) weary

κουραστικός *επίθ* tiring

κουρδίζω *ρ μτβ* wind. (*μουσ*) tune up. (*μεταφ*) key up

κουρ|έας (*o*) barber. **~είο** (*το*) barber's shop

κουρελ|ής (*o*), **~ού** (*η*) ragamuffin

κουρέλι (*το*) rag. **~α** (*τα*) rags. (*σχισμένα ρούχα*) tatters

κουρελιάζω *ρ μτβ* tear to shreds

κουρελιασμένος *επίθ* tattered

κούρεμα (*το*) haircut. (*προβάτου*) shearing

κουρεύω *ρ μτβ* cut (*hair*). (*πρόβατα*) shear

κουρνιάζω *ρ αμτβ* roost. (*σε κλαδί*) perch

κούρσα (*η*) limousine. (*αγώνας*) race. (*διαδρομή με αυτοκίνητο*) ride

κουρτίνα (*η*) curtain

κούτα (*η*) carton (*of cigarettes*)

κουτάβι (*το*) pup, puppy

κουτάλα (*η*) ladle

κουτάλι (*το*) spoon

κουταλιά (*η*) spoonful

κουταμάρ|α (*η*) stupidity. **~ες** (*οι*) twaddle

κουτί (*το*) box. (*μεταλλικό*) can. (*μικρό, για τσάι*) caddy. (*τσιγάρα, μπισκότα*) packet. (*χάρτινο*) carton

κουτός *επίθ* thick, stupid. (*απονήρευτος*) dumb, dim

κουτρουβάλα (*η*) tumble

κουτρουβαλώ *ρ αμτβ* tumble

κουτσαίνω *ρ αμτβ* limp

κούτσαμα (*το*) limp

κουτσό (*το*) hopscotch

κουτσομπολεύω *ρ αμτβ* gossip. (*κάνω μικροκουβέντες*) natter

κουτσομπόλ|ης (*o*), **~α** (*η*) gossip (*person*)

κουτσομπολιό (*το*) gossip. (*μικροκουβέντες*) natter

κουτσοπίνω *ρ αμτβ* tipple

κουτσός *επίθ* lame

κουτσουλιές (*οι*) droppings

κούτσουρο (*το*) log. (*ποδιού*) stump. (*μεταφ*) blockhead

κουφαίνω *ρ μτβ* deafen

κουφάλα (*η*) hollow (*in a tree*)

κουφαμάρα (*η*) deafness

κουφάρι (*το*) carcass. (*πλοίου*) hulk

κουφέτο (*το*) sugared almond

κούφιος *επίθ* hollow. (*άνθρωπος*) shallow. (*υπόσχεση*) empty

κουφοξυλιά (*η*) elder

κουφός *επίθ* deaf

κούφωμα (*το*) cavity. (*πόρτα, παράθυρο*) woodwork

κοφτερός *επίθ* sharp. (*μυαλό*) incisive

κοφτ|ός *επίθ* cut. (*κουταλιά*) level. (*τρόπος*) sharp. (*χτύπημα*) clean. **~ά** *επίρρ* bluntly. **ορθά ~ά** straight out

κοχλάζω ρ αμτβ bubble. (μεταφ)
seethe

κοχύλι (το) cockle

κόψιμο (το) cutting. (ελαφρό, μαλλιών) trim. (ρούχων) cut. (σε εξετάσεις) failing. (των καρπών) slash. (των μαλλιών) haircut

κραγιόνι (το) crayon

κραγιόν (το) άκλ lipstick

κραδαίνω ρ μτβ brandish

κραδασμός (ο) vibration

κράζω ρ αμτβ crow

κράμα (το) alloy

κράμπα (η) cramp

κρανίο (το) skull

κράνος (το) helmet

κράση (η) constitution, physique

κρασί (το) wine

κράσπεδο (το) kerb

κράταιγος (ο) hawthorn

κράτημα (το) hold

κρατημένος επίθ reserved

κρατήρας (ο) crater

κράτηση (η) withholding. (δωματίου) reservation. (ποσό) deduction. (φυλάκιση) detention

κρατητήριο (το) detention cells

κρατιέμαι ρ αμτβ restrain o.s. **~ καλά** be going strong

κρατικοποίηση (η) nationalization

κρατικός επίθ state

κράτος (το) state (country)

κρατούμεν|ος (ο), **~η** (η) detainee

κρατώ ρ μτβ hold. (θέση) reserve. (κατακρατώ) retain. (κρατούμενο) detain. (προσοχή) engage. (υπόσχεση) keep. • ρ αμτβ last. (καιρός) hold

κραυγάζω ρ αμτβ cry out

κραυγή (η) shout, cry

κρέας (το) meat

κρεατοελιά (η) wart

κρεατόμυγα (η) bluebottle

κρεατόπιτα (η) pasty

κρεβατάκι (το) (μωρού) cot

κρεβάτι (το) bed

κρεβατοκάμαρα (η) bedroom

κρέμα (η) cream

κρεμάλα (η) gallows

κρέμασμα (το) (ανάρτηση) hanging up. (απαγχονισμός) hanging.

(φορέματος) sagging

κρεμαστ|ός επίθ hanging. **~ή γέφυρα** (η) suspension bridge

κρεμάστρα (η) hanger. (για καπέλα, ομπρέλες) stand

κρεματόριο (το) crematorium

κρεμμυδάκι (το) spring onion

κρεμμύδι (το) onion

κρέμομαι ρ αμτβ hang

κρεμώ ρ μτβ hang. (αιωρώ) suspend. • ρ αμτβ sag

κρεμ (το) άκλ cream (colour)

Κρεολ|ός (ο), **~ή** (η) Creole

κρεοπωλείο (το) butcher's shop

κρεοπώλ|ης (ο), **~ις** (η) butcher

κρηπίδωμα (το) (σταθμού) platform. (προκυμαίας) breakwater

κρησφύγετο (το) hide out

Κρήτη (η) Crete

κρητικός επίθ Cretan. **Κ~|ός** (ο), **~ιά** (η) Cretan

κριάρι (το) ram

κριθαράκι (το) (ζυμαρικό) pasta the size of barley. (στο μάτι) stye

κριθάρι (το) barley

κρίκος (ο) link (chain)

κρίμα (το) pity. (αμάρτημα) sin. **τι ~!** what a shame!

κρινάκι (το) lily of the valley

κρίνος (ο) lily

κρίνω ρ μτβ judge. (φρονώ) consider

κριός (ο) ram. **Κ~** (αστρολ) Aries

κρίση (η) judgement. (απότομη μεταβολή) crisis. (γνώμη) estimation. (παροξυσμός) fit

κρίσιμος επίθ critical. (αποφασιστικός) crucial

κριτήριο (το) criterion

κριτής (ο) judge

κριτικάρω ρ μτβ criticize

κριτική (η) criticism. (βιβλίου) review

κριτικός επίθ critical. **~** (ο, η) critic

κροκόδειλος (ο) crocodile

κρόκος (ο) (αυγού) yolk. (φυτό) crocus

κροταλί|ας (ο) rattlesnake. **~ζω** ρ αμτβ rattle

κρόταφος (ο) (ανατ) temple

κροτίδα (η) firecracker

κρότος (ο) roar (*of lorry, thunder*). (*μεταφ*) stir

κρουαζιέρα (η) cruise

κρούση (η) percussion

κρούσμα (το) case (*of illness*)

κρύβ|ω ρ μτβ hide. (*αποσιωπώ*) conceal. **~ομαι** hide. (*για χρονικό διάστημα*) go into hiding

κρύο (το) cold. **κάνει ~** it is cold

κρυολόγημα (το) chill. (*ιατρ*) cold

κρυολογώ ρ αμτβ catch a cold

κρυοπάγημα (το) frost-bite

κρύος επίθ cold. (*μεταφ*) insipid

κρύπτη (η) hiding place. (*εκκλ*) crypt. (*όπλων*) cache

κρυπτογραφία (η) cipher, code

κρύσταλλο (το) crystal

κρυστάλλινος επίθ made of crystal

κρυφακούω ρ αμτβ eavesdrop

κρυφογελώ ρ αμτβ snigger

κρυφοκοιτάζω ρ αμτβ peep

κρυφ|ός επίθ secret. (*κίνηση, ματιά*) furtive. (*που δεν εκδηλώνεται*) secretive. (*υποψία*) sneaking. (*ύπουλος*) sneaky. **~ά** επίρρ secretly

κρυφτό (το) hide-and-seek

κρυψίνους επίθ secretive

κρυψώνας (ο) hide-out

κρυώνω ρ αμτβ be cold. (*κρυολογώ*) catch a chill

κρώζω ρ αμτβ squawk

κτενίζω ρ μτβ βλ **χτενίζω**

κτήμα (το) possession. (*αγροτική έκταση*) estate

κτηματομεσίτης (ο) estate agent

κτηματίας (ο) landowner

κτηματολόγιο (το) land registry

κτηνίατρος (ο, η) veterinary surgeon, vet

κτήνος (το) beast. (*μεταφ*) brute

κτηνοτροφία (η) stock breeding

κτηνώδης επίθ brutal

κτήριο (το) βλ **κτίριο**

κτήση (η) acquisition. (*χώρα*) dominion

κτητικός επίθ possessive

κτίζω ρ μτβ build. (*πόλη*) found

κτίριο (το) building

κτίστης (ο) builder. (*με τούβλα*) bricklayer

κτλ συντ (*και τα λοιπά*) etc

κυανίδιο (το) cyanide

κυανός επίθ azure

κυβέρνηση (η) government

κυβερνήτης (ο) governor. (*αεροπλάνου*) pilot

κυβερνητική (η) cybernetics

κυβερνοχώρος (ο) cyberspace

κυβερνώ ρ μτβ govern. (*αεροπλάνο, πλοίο*) command. (*διοικώ*) rule (over)

κυβικός επίθ cubic

κυβισμός (ο) cubism

κύβος (ο) cube. (*ζάχαρης*) lump

κυδώνι (το) quince

κύηση (η) gestation, pregnancy

Κυκλάδες (οι) Cyclades

κυκλάμινο (το) cyclamen

κυκλικός επίθ cyclic(al). (*με σχήμα κύκλου*) circular

κύκλος (ο) circle. (*κοινωνικός*) set. (*σειρά φαινομένων*) cycle

κυκλοφορία (η) circulation. (*βιβλίου*) publication. (*γραμματοσήμων*) issue. (*τροχοφόρων*) traffic

κυκλοφορώ ρ μτβ circulate. (*κινημ ταινία*) release. • ρ αμτβ be in print. (*λεωφορεία*) run. (*φήμες*) go around

κύκλωμα (το) circuit

κυκλώνας (ο) cyclone

κυκλώνω ρ μτβ encircle

κύκνος (ο) swan

κυλιέμαι ρ αμτβ wallow

κυλικείο (το) buffet restaurant

κύλινδρος (ο) cylinder. (*μηχάνημα*) roller

κυλιόμεν|ος επίθ rolling. **~ες σκάλες** (οι) escalator

κυλώ ρ μτβ roll. • ρ αμτβ run. (*ποτάμι*) flow. (*χρόνος*) pass

κύμα (το) wave. (*μεγάλο*) breaker. (*ανθρώπων*) stream. (*θυμού, ενθουσιασμού*) upsurge. (*μεταφ*) surge

κυμαίνομαι ρ αμτβ range, vary. (*αμφιταλαντεύομαι*) fluctuate

κυματίζω ρ αμτβ wave. (*σημαία*) fly

κυματοθραύστης (ο) sea wall

κύμβαλο (το) cymbal

κυναίλουρος (ο) cheetah
κυνηγητό (το) chase
κυνήγι (το) hunting, shooting. (θήραμα) game (animal)
κυνηγός (ο) hunter. (ποδόσφαιρο) forward
κυνηγώ ρ μτβ shoot, hunt. (μεταφ) chase
κυνικ|ός επίθ cynical. **~ός** (ο) cynic. **~ότητα** (ο) cynicism
κυνοτροφείο (το) kennels
κυοφορία (η) gestation
κυπαρίσσι (το) cypress
κύπελλο (το) beaker. (έπαθλο) cup. (είδος κούπας) goblet. (μπίρας) tankard
Κυπρία (η) Cypriot
κυπριακός επίθ Cypriot
κυπρίνος (ο) carp
Κύπριος (ο) Cypriot
Κύπρος (η) Cyprus
κυρ (ο) άκλ **ο κυρ Λευτέρης** master Lefteris
κυρία (η) Mrs, madam. (γυναίκα ευγενική) lady. (οικοδέσποινα) mistress
Κυριακή (η) Sunday
κυριαρχία (η) domination. (έλεγχος) control. (πολιτείας) sovereignty. (τέχνης) mastery
κυρίαρχος επίθ master. (που έχει αυτοδιάθεση) sovereign
κυριαρχώ ρ μτβ dominate. (επικρατώ) rule
κυριεύω ρ μτβ capture. (μεταφ) seize
κυριολεκτικός επίθ literal
κυριολεξία (η) full sense
κύριος επίθ main. (εξουσιαστής) master. (ιδιοκτήτης) owner. (πρωτεύων) primary, chief. (σπουδαιότερος) principal
κύριος (ο) Mr. (άντρας ευγενικός) gentleman. (αφενικό) master
κυρίως επίρρ mainly, chiefly. (πρώτιστα) principally. (προπαντός) primarily
κύρος (το) weight. (νομ) validity
κυρτ|ός επίθ convex. **~τητα** (η) curvature. (δρόμου, καταστρώματος) camber
κύρωση (η) ratification. (τιμωρία) sanction (penalty)

κύστη (η) bladder. (όγκος) cyst
κύτος (το) (ship's) hold
κυτταρίνη (η) cellulose
κύτταρο (το) (βιολ) cell
κυψέλη (η) beehive
κώδικας (ο) code
κωδικοποιώ ρ μτβ codify
κωδωνοκρουσία (η) peal. (πένθιμη) knell
κωδωνοστάσιο (το) bell tower
κωλικόπονος (ο) colic
κώλος (ο) arse, bum. (πανταλονιού) bottom
κώλυμα (το) impediment
κωλυσιεργία (η) go-slow
κωλώνω ρ αμτβ baulk. (άλογο) shy
κώμα (το) coma
κωμικός επίθ comic. **~** (ο, η) comedian
κωμικοτραγικός επίθ tragicomic
κωμόπολη (η) small town
κωμωδία (η) comedy
κωνικός επίθ conical
κώνος (ο) cone
κωνοφόρο|ς επίθ coniferous. **~** (δέντρο) (το) conifer
κωπηλασία (η) rowing
κωπηλάτης (ο) oarsman
κωπηλατώ ρ αμτβ row
κωφάλαλος (ο) deaf-mute
Κως (η) Cos
κωφός επίθ βλ **κουφός**

Λλ

λάβα (η) lava
λάβαρο (το) standard, flag
λαβή (η) grip. (μαχαιριού) handle. (ξίφους) hilt. (στο πάλαιμα) arm lock. (μεταφ) cause
λαβράκι (το) sea bass. (μεταφ) scoop (news)
λαβύρινθος (ο) labyrinth. (πολύπλοκο οικοδόμημα) maze
λαβωματιά (η) (καθομ) wound
λαβώνω ρ μτβ (καθομ) wound

λ.χ. συντ (λόγου χάρη) for instance
λαγκάδι (το) glen
λαγκαδιά (η) βλ **λαγκάδι**
λαγνεία (η) lust
λάγνος επίθ lustful, lascivious
λαγοκοιμάμαι ρ αμτβ doze
λαγόνες (οι) loins
λαγός (ο) hare
λαγωνικό (το) greyhound. (μεταφ) sleuth
λαδερός επίθ oily
λαδής επίθ olive (colour)
λάδι (το) oil. (ελαιόλαδο) olive oil
λαδόξιδο (το) vinaigrette sauce
λαδομπογιά (η) oil paint
λαδόχαρτο (το) grease-proof paper
λάδωμα (το) oiling
λαδώνω ρ μτβ oil. (μεταφ) grease (s.o.'s palm)
λάθος (το) mistake. (απροσεξία) error. (σφάλμα) fault. **κατά ~** mistakenly. **κάνω ~** be wrong
λαθραίος επίθ clandestine (illicit). (εμπορεύματα) smuggled. (μεταφ) surreptitious
λαθρεμπόριο (το) smuggling
λαθρέμπορος (ο) smuggler
λαθρεπιβάτ|ης (ο), **~ις** (η) stowaway
λαθροθηρώ ρ μτβ poach
λαθροθήρας (ο) poacher
λαϊκ|ός επίθ popular. (κοινός) common. (μη κληρικός) lay. **~οί** (οι) laity
λαίλαπα (η) hurricane
λαιμαργία (η) greed. (για φαΐ) gluttony
λαίμαργος επίθ greedy. (που τρώει υπερβολικά) gluttonous
λαιμητόμος (η) guillotine
λαιμός (ο) throat. (μπουκαλιού) neck
λάκα (η) setting-lotion (for hair)
λακές (ο) page (in hotel). (δουλοπρεπής) lackey
λακκάκι (το) (στο μάγουλο) dimple
λάκκος (ο) pit. (βόθρος) cesspit, cesspool
λακκούβα (η) pot-hole
λακωνικός επίθ terse. (απάντηση) laconic

λαλιά (η) (λαϊκ) voice. (ομιλία) speech
λάμα (η) blade. (ζώο) llama
λαμαρίνα (η) sheet metal
λαμβάνω ρ μτβ receive. **~ χώρα** take place
λάμπα (η) lamp
λαμπάδα (η) large candle
λαμπερός επίθ bright. (μάτια) shining
λαμποκοπώ ρ αμτβ glisten
λαμπρ|ός επίθ brilliant. (εμφάνιση) resplendent. (έξοχος) splendid.
Λ~ή (η) Easter
λαμπρότητα (η) brilliance
λαμπτήρας (ο) (ηλεκτρ) bulb
λαμπυρίζω ρ αμτβ shimmer
λάμπω ρ αμτβ glow. (ήλιος) shine. (στο σκοτάδι) glow. (χρυσάφι) glitter. (μεταφ) excel, shine. (από χαρά) beam
λάμψη (η) glow. (στα μάτια) glint. (του ήλιου) glare. (μεταφ) brilliance
λανθάνων επίθ latent
λανθασμένος επίθ mistaken. (εσφαλμένος) erroneous. (όχι σωστός) wrong
λανσάρω ρ μτβ launch (new product)
λαξεύω ρ μτβ carve
λαογραφία (η) folklore
λαός (ο) people (citizens)
λαούτο (το) lute
λαρδί (το) lard
λάρυγγας (ο) larynx
λαρύγγι (το) βλ **λάρυγγας**
λαρυγγίτιδα (η) laryngitis
λασκάρω ρ μτβ (μηχ) slacken
λάσο (το) lasso
λασπερός επίθ slushy
λάσπη (η) mud
λασπολογία (η) mud slinging
λασπονέρι (το) slush
λασπωμένος επίθ muddy. (φαΐ) soggy
λαστιχάκι (το) rubber band
λαστιχένιος επίθ rubber. (σώμα) supple
λάστιχο (το) rubber. (αυτοκινήτου) tyre. (σφεντόνα) sling

λατέρνα (η) barrel organ

λατινικ|ός επίθ Latin. **~ά** (τα) Latin

λατομείο (το) quarry

λατρεία (η) worship. (σε πρόσωπο) adoration

λατρεύω ρ μτβ worship. (πρόσωπο) adore

λάτρης (ο), **~ις** (η) devotee. (αυτός που υπεραγαπά) enthusiast

λάφυρ|ο (το) booty. **~α** (τα) spoils

λαχανάκι (το) **~α Βρυξελών** (τα) Brussels sprouts

λαχανιάζω ρ αμτβ pant. (κοντανασαίνω) be out of breath

λαχανιασμένος επίθ out of breath

λαχανίδα (η) greens

λαχανικά (τα) vegetables

λάχανο (το) *type of cabbage*

λαχανόκηπος (ο) kitchen garden

λαχείο (το) lottery. (όπου κληρώνονται δώρα) raffle. (μεταφ) windfall

λαχτάρα (η) longing. (για λιχουδιές) craving. (πόθος) yearning. (συγκίνηση) strong emotion. (φόβος) fright

λαχταριστός επίθ quivering. (ελκυστικός) tempting

λαχταρώ ρ μτβ long for. (λιχνούδεύομαι) crave for. (ποθώ) yearn for. (σπαράζω) quiver

λέαινα (η) lioness

λεβάντα (η) lavender

λεβέντης (ο) fine-looking young man

λεβεντιά (η) (παλικαριά) gallantry. (παράστημα) fine looks. (συμπεριφορά) generosity

λέβητας (ο) boiler

λεγεώνα (η) legion

λέγ|ω ρ μτβ βλ **λέω**. **~ομαι** ρ αμτβ be called. **~εται** it is said

λεζάντα (η) caption

λεηλασία (η) looting. (λαφυραγωγία) pillage

λεηλατώ ρ μτβ loot. (κατακλέβω) plunder. (λαφυραγωγώ) pillage, ransack

λεία (η) loot. (βορά) prey

λειαίνω ρ μτβ smooth

λειαντικός επίθ abrasive

λέιζερ επίθ άκλ laser

λείος επίθ smooth

λείπ|ω ρ αμτβ be away. (απουσιάζω) be absent. (ελλείπω) be missing. (παραλείπω) fail. **μου έλειψες πολύ** I missed you a lot

λειτούργημα (το) office (*function*)

λειτουργία (η) function. (εκκλ) liturgy. (μηχ) operation. **εκτός ~ς** out of order

λειτουργικός επίθ operational. (που εκτελεί τη λειτουργία του) functional

λειτουργώ ρ αμτβ work. (δουλεύω) function. (εκκλ) officiate. (μηχ) operate

λειχήνα (η) lichen

λείψανο (το) remains (*dead body*). (εκκλ) relic

λειψυδρία (η) drought

λεκάνη (η) (ανατ) pelvis. (αποχωρητηρίου) bowl. (γεωγρ) basin. (για νίψιμο) wash basin

λεκενοπέδιο (το) (γεωγρ) basin

λεκές (ο) stain

λεκιάζω ρ μτβ/αμτβ stain

λέκτορας (ο) lecturer

λεμβοδρομία (η) (boat) race

λέμβος (η) (λόγ) boat

λεμονάδα (η) lemonade

λεμόνι (το) lemon

λεμονιά (η) lemon tree

λεμονίτα (η) lemon drink

λεμονόφλουδα (η) lemon rind

λέξη (η) word. **~του συρμού** buzzword

λεξικό (το) dictionary

λεξικογραφία (η) lexicography

λεξιλόγιο (το) vocabulary

λέοντας (ο) βλ **λιοντάρι**

λεοπάρδαλη (η) leopard

λέπι (το) scale (*of fish*)

λεπίδα (η) blade

λέπρα (η) leprosy

λεπρός (ο) leper

λεπταίνω ρ μτβ thin. • ρ αμτβ taper

λεπτεπίλεπτος επίθ delicate

λεπτό (το) (για την ώρα) minute. (κέρμα, υποδιαίρεση του ευρώ) cent

λεπτοδείκτης (*o*) minute hand

λεπτοκαμωμένος *επίθ* dainty

λεπτολόγος *επίθ* meticulous

λεπτολογῶ *ρ αμτβ* quibble

λεπτομέρεια (*η*) detail

λεπτομερής *επίθ* detailed

λεπτός *επίθ* thin. (*ειρωνεία*) subtle. (*κομψός*) slender. (*σωματικά*) slim. (*τρόποι*) polished. (*μεταφ*) fine

λεπτότητα (*η*) slimness. (*ειρωνείας*) subtlety. (*συμπεριφοράς*) delicacy. (*τρόπων*) refinement

λέρα (*η*) grime

λερώνω *ρ μτβ* dirty. (*μεταφ*) blacken

λεσβία (*η*) lesbian

Λέσβος (*η*) Lesbos

λέσχη (*η*) club

λεύκα (*η*) poplar

λευκαίνω *ρ μτβ* bleach

λευκαντικό (*το*) bleach

λευκοπλάστης (*o*) sticking-plaster

λευκός *επίθ* white. (*χαρτί*) blank. **~** (*o*) white (person)

Λευκωσία (*η*) Nicosia

λευκότητα (*η*) whiteness

λευκόχρυσος (*o*) platinum

λεύκωμα (*το*) scrap-book. (*συλλογή*) album

λευτεριά (*η*) *βλ* **ελευθερία**

λευχαιμία (*η*) leukaemia

λεφτά (*τα*) money

λέ|ω *ρ μτβ/ρ αμτβ* say. (*πληροφορώ*) tell. (*μιλώ*) utter. **πώς σε ~νε;** what is your name? **τι ~ς!** I say!

λέων (*o*) (*λόγ*) lion. (*αστρολ*) Leo

λεωφορ|είο (*το*) bus. **~ειολωρίδα** (*η*) bus lane

λεωφόρος (*η*) avenue

λήγω *ρ αμτβ* end. (*ισχύς*) expire. (*οικονομικά*) fall due

ληθαργικός *επίθ* lethargic

λήθη (*η*) oblivion

λημέρι (*το*) (*ζώου*) den. (*μεταφ*) haunt

λήξη (*η*) expiry

ληξιαρχείο (*το*) registry office

ληξίαρχος (*o*) registrar

λησμονιά (*η*) oblivion

λησμονώ *ρ μτβ/αμτβ* forget

ληστεία (*η*) robbery

ληστεύω *ρ μτβ* rob

ληστής (*o*) robber. (*μέλος συμμορίας*) bandit

λήψη (*η*) (*παραλαβή*) receipt. (*ραδιοφώνου*) reception. (*τροφής*) intake. (*φωτογραφίας*) taking

λιάζομαι *ρ αμτβ* sun o.s., bask

λιακάδα (*η*) sunshine

λιανικός *επίθ* retail

λιανοπωλητής (*o*) retailer

λιβάδι (*το*) pasture

λιβανέζικος *επίθ* Lebanese

Λιβανέζ|ος (*o*), **~α** (*η*) Lebanese

λιβάνι (*το*) incense

Λίβανος (*o*) Lebanon

λιβελλούλη (*η*) dragon-fly

λιβελογραφώ *ρ μτβ* libel

λίβελος (*o*) libel

λιβρέα (*η*) livery

λιβυακός *επίθ* Libyan

Λιβύη (*η*) Libya

Λίβυ|ος (*o*), **~α** (*η*) Libyan

λίγδα (*η*) lard. (*ακαθαρσία*) grime

λιγνός *επίθ* thin

λίγ|ο *επίρρ* a little. **~ο** (*το*) bit. **~α ~α** in dribs and drabs. **~ο ~ο** a little at a time. **~ο πολύ** more or less. **παρά ~ο** nearly

λιγοθυμώ *ρ αμτβ* *βλ* **λιποθυμώ**

λιγομίλητος *επίθ* taciturn

λίγος *επίθ* (*αριθμός*) few. (*σε ποσότητα*) little. (*χρόνος*) short

λιγοστεύω *ρ μτβ* cut down. • *ρ αμτβ* dwindle

λιγοστός *επίθ* scant. (*ελπίδες*) slender. (*προσπάθειες*) meagre

λιγότερ|ος *επίθ* (*σε αριθμό*) fewer. (*σε ποσότητα*) less. **~ο** *επίρρ* less

λιγούρα (*η*) faintness (*from hunger*)

λιγόψυχος *επίθ* faint-hearted

λιγοψυχώ *ρ αμτβ* lose one's nerve

λιθάρι (*το*) stone

λιθοβολώ *ρ μτβ* stone

λιθογραφία (*η*) lithograph

λιθοδομή (*η*) stonework

λιθοξόος (*o*) stonework

λιθοξόος (*o*) stonemason

λίθος (*o*) stone

λιθόστρωτος *επίθ* cobbled
λικέρ *(το) άκλ* liqueur
λικνίζ|ω *ρ μτβ* rock. **~ομαι** *ρ αμτβ* sway
λίκνισμα *(το)* rocking. *(στο περπάτημα)* sway
λιλά *επίθ άκλ* lilac
λίμα *(η)* file *(tool)*
λιμανάκι *(το)* cove
λιμάνι *(το)* port, harbour. *(στη θάλασσα)* seaport
λιμάρω *ρ μτβ* file
λιμασμένος *επίθ* ravenous
λιμενάρχης *(ο)* harbour master
λιμενεργάτης *(ο)* docker
λιμένας *(ο) βλ* **λιμάνι**
λιμνάζω *ρ αμτβ* stagnate
λίμνασμα *(το)* stagnation
λίμνη *(η)* lake
λιμνοθάλασσα *(η)* lagoon
λιμνούλα *(η)* pool. *(μετά από βροχή)* puddle. *(σε κήπο)* pond
λιμοκτονία *(η)* starvation
λιμοκτονώ *ρ αμτβ* starve
λιμός *(ο)* famine
λιμουζίνα *(η)* limousine
λιμπίζομαι *ρ μτβ* fancy
λίμπιντο *(το) άκλ* libido
λινάρι *(το)* flax
λινό *(το)* linen
λιοντάρι *(το)* lion
λιοπύρι *(το)* sweltering heat
λιπαίνω *ρ μτβ* lubricate
λιπαρός *επίθ* greasy. *(κρέας, γάλα)* fatty. *(ψάρι)* oily
λίπασμα *(το)* fertilizer
λιποθυμ|ία *(η)* faint. *(ιατρ)* loss of consciousness. **μου έρχεται ~** feel faint. **~ώ** *ρ αμτβ* faint, pass out
λίπος *(το)* fat. *(γύρω στα νεφρά ζώων)* suet. *(κήτους)* blubber
λιποτάκτης *(ο)* deserter
λιποτακτώ *ρ μτβ/αμτβ* desert
λιποψυχία *(η)* faint-heartedness
λιποψυχώ *ρ αμτβ βλ* **λιγοψυχώ**
λίρα *(η)* pound *(money)*
λιρέτα *(η)* lira
λίστα *(η)* list
λιτανεία *(η)* litany

λιτός *επίθ* frugal. *(απλός)* simple. *(οικον)* austere. *(ολιγαρκής)* spartan
λιτότητα *(η)* frugality. *(απλότητα)* simplicity. *(οικον)* austerity
λίτρο *(το)* litre
λίφτινγκ *(το) άκλ* face-lift
λιχουδιά *(η)* delicacy. *(καθομ)* titbit
λιώμα *(το)* crushing
λιώνω *ρ μτβ* melt. *(διαλύω)* dissolve. *(λίπος)* render. *(μέταλλο)* smelt. *(με τριβή)* crush. *(υγροποιώ)* thaw. *(φθείρω)* wear out. • *ρ αμτβ* melt. *(από αρρώστια)* waste away. *(από τη ζέστη)* swelter. *(παγωτό)* run, melt. *(στη φυλακή)* languish. *(μεταφ)* pine away
λιώσιμο *(το)* thaw
λοβός *(ο)* lobe. *(βοτ)* pod
λογαριά|ζω *ρ μτβ* count. *(θεωρώ)* consider. *(σκοπεύω)* intend. *(υπολογίζω)* calculate. **~ζομαι** *ρ αμτβ* settle
λογαριασμός *(ο)* bill, *(αμερ)* check. *(τραπέζης)* account
λογάριθμος *(ο)* logarithm
λογής *(γεν)* **~ ~** all sorts. **τι ~ άνθρωπος είναι**; what sort of a man is he?
λόγια *(τα)* words
λογική *(η)* logic
λογικ|ό *(το)* reason. *(μεταφ)* sanity. **~ά** *(τα)* senses
λογικός *επίθ* logical. *(όχι υπερβολικός)* reasonable. *(με σωστή σκέψη)* rational. *(με ορθή αντίληψη)* sensible
λόγιος *επίθ* scholarly. **~** *(ο)* scholar
λογισμικό *(το)* software
λογισμός *(ο)* thought. *(μαθημ)* calculus
λογιστής *(ο)* accountant
λογιστική *(η)* accountancy. *(τήρηση βιβλίων)* book-keeping
λογοκλοπή *(η)* plagiarism
λογοδοτώ *ρ αμτβ* answer for
λογοκριτής *(ο)* censor
λογομαχία *(η)* wrangle
λογομαχώ *ρ αμτβ* wrangle
λογοπαίγνιο *(το)* pun, play on words

λόγ|ος (*o*) (*αιτία*) reason. (*αφορμή*) ground. (*γραμμ*) speech. (*μαθημ*) ratio. (*ομιλία*) speech. (*υπόσχεση*) word. **~ω χάρη** for example. **~ω** owing to

λογοτεχνία (*η*) literature

λογότυπο (*το*) logo

λογοφέρνω *ρ αμτβ* have words, argue

λόγχη (*η*) lance

λοιδορία (*η*) taunt

λοιδορώ *ρ μτβ* berate

λοιμογόνος *επίθ* virulent

λοιμός (*o*) plague

λοιπόν *σύνδ* so. • *επιφ* well

λοιπ|ός *επίθ* remaining. **και τα ~ά** et cetera

Λονδίνο (*το*) London

λόξα (*η*) quirk. (*τρέλα*) craze

λόξιγκας (*o*) hiccup

λοξοδρομώ *ρ αμτβ* change course. (*μεταφ*) go astray

λοξοκοιτάζω *ρ μτβ* look askance at

λοξός *επίθ* oblique

λόρδος (*o*) lord

λοσιόν (*η*) *άκλ* lotion

λοστός (*o*) crowbar

λοστρόμος (*o*) boatswain

λόττο (*το*) lotto

λούζω *ρ μτβ* bathe. (*μαλλιά*) shampoo. (*μεταφ*) shower

λουκάνικο (*το*) sausage

λουκέτο (*το*) padlock

λουλακί|ς *επίθ* indigo. **~** (*το*) (*χρώμα*) indigo

λουκουμάς (*o*) *type of sweet fritter*

λουκούμι (*το*) Turkish delight. (*μεταφ*) delicious

λουλουδένιος *επίθ* flowery. (*σχέδιο*) floral

λουλούδι (*το*) flower

λούνα-παρκ (*το*) *άκλ* funfair

Λουξεμβούργο (*το*) Luxembourg

λουόμενος (*o*) bather

λουρί (*το*) strap. (*σκύλου*) leash, lead

λουρίδα (*η*) strip

λούσιμο (*το*) bathing. (*μεταφ*) dressing-down

λούσο (*το*) finery

λουστράρω *ρ μτβ* polish

λουστρίνι (*το*) patent leather

λούστρο (*το*) polish. (*μεταφ*) veneer

λούστρος (*o*) shoeblack

λουτρ|ό (*το*) bath. **~ά** (*τα*) baths

λού|ω *ρ μτβ βλ* **λούζω**

λοφίο (*το*) plume

λοφοπλαγιά (*η*) hill side

λόφος (*o*) hill

λοχαγός (*o*) (*στρ*) captain

λοχεία (*η*) (*ιατρ*) confinement

λοχίας (*o*) sergeant

λόχμη (*η*) thicket

λόχος (*o*) company

λυγερός *επίθ* svelte

λυγίζω *ρ μτβ* bend. (*μεταφ*) wear down. • *ρ αμτβ* buckle. (*μεταφ*) yield

λυγμός (*o*) sob

λυγξ (*o*) lynx

λυδία λίθος (*η*) touchstone

λύκειο (*το*) senior secondary school

λυκίσκος (*o*) hop

λύκ|ος (*o*), **~αινα** (*η*) wolf

λυκόσκυλο (*το*) Alsatian

λυκόφως (*το*) twilight

λύματα (*τα*) sewage

λύνω *ρ μτβ* unfasten. (*απορία*) resolve. (*αποσυναρμολογώ*) take to pieces. (*κόμπο*) undo. (*ξεδένω*) untie. (*πρόβλημα*) solve. (*χειρόφρενο*) release

λυπάμαι *ρ μτβ βλ* **λυπούμαι**

λύπη (*η*) sadness. (*τύψη*) regret

λυπημένος *επίθ* sad

λυπηρός *επίθ* sad

λύπηση (*η*) compassion

λυπούμαι *ρ μτβ* be sorry for. (*μετανιώνω*) regret. (*συμπονώ*) pity. (*τσιγκουνεύομαι*) be stingy with. • *ρ αμτβ* feel sad, be sorry

λυπώ *ρ μτβ* sadden

λύρα (*η*) lyre

λυρικός *επίθ* lyric. (*ποιητικός*) lyrical

λυρισμός (*o*) lyricism

λύση (*η*) solution. (*αινίγματος*) answer. (*αποσύνδεση*) release. (*διευθέτηση*) settlement

λύσσα (*η*) rabies

λυσσάζω *ρ αμτβ* get rabies. *(μεταφ)* be furious

λύτρα *(τα)* ransom

λυτρώνω *ρ μτβ* redeem

λυτρωτής *(ο)* saviour, redeemer

λυχνάρι *(το)* oil lamp

λυχνία *(η)* lamp

λωποδύτ|ης *(ο)*, **~ρια** *(η)* thief

λωρίδα *(η)* strip. *(από δέρμα)* strap. *(εξόδου ή εισόδου σε αυτοκινητόδρομο)* slip road. *(σε δρόμο)* lane. **~διαφυγής** *(η)* *(σε αυτοκινητόδρομο)* hard shoulder. **~κυκλοφορίας ποδηλάτων** *(η)* cycle lane

λωτός *(ο)* lotus

Μμ

μα *σύνδ* but. *μόριο* by. **~ το Θεό** by God

μαγαζί *(το)* shop

μαγγάνιο *(το)* manganese

μαγεία *(η)* magic. *(γοητεία)* enchantment. *(μάγεμα)* spell

μάγειρας *(ο)*, **μαγείρισσα** *(η)* cook

μαγειρείο *(το)* cookhouse. *(σε πλοίο)* galley

μαγείρεμα *(το)* cooking

μαγειρεύω *ρ μτβ* cook. *(στον ατμό)* steam. *(στο φούρνο)* roast. *(μεταφ)* fiddle, cook

μαγειρικ|ός *επίθ* culinary. **~ή** *(η)* cookery

μαγειρίτσα *(η)* *special soup dish served at Easter*

μάγεμα *(το)* magic

μαγεμένος *επίθ* spellbound

μαγευτικός *επίθ* enchanting

μαγεύω *ρ μτβ* bewitch. *(γοητεύω)* enchant

μαγιά *(η)* yeast

μάγια *(τα)* witchcraft. *(μάγεμα)* spell

μαγικός *επίθ* magic

μαγιό *(το)* *άκλ* swimming costume. *(ανδρικό)* trunks

μαγιονέζα *(η)* mayonnaise

μάγισσα *(η)* witch

μαγκάλι *(το)* brazier

μάγκανο *(το)* mangle

μάγκας *(ο)* tough and streetwise youth

μάγκο *(το)* *άκλ* mango

μαγκούρα *(η)* heavy stick

μαγνήσιο *(το)* magnesium

μαγνήτης *(ο)* magnet

μαγνητίζω *ρ μτβ* magnetize

μαγνητι|κός *επίθ* magnetic. **~σμός** *(ο)* magnetism

μαγνητόφωνο *(το)* tape recorder

μαγνητοφωνώ *ρ μτβ* record (*on tape*)

Μάγοι *(οι)* Magi

μάγος *(ο)* wizard, sorcerer. *(θεραπεύει με μάγια)* witch-doctor. *(ταχυδακτυλουργός)* magician

μαγουλάδες *(οι)* mumps

μάγουλο *(το)* cheek

Μάγχη *(η)* English Channel

μάδημα *(το)* plucking. *(μεταφ)* fleecing

μαδώ *ρ μτβ* *(πουλί)* pluck. *(μεταφ)* fleece. • *ρ αμτβ* moult

μαεστρία *(η)* mastery

μαέστρος *(ο)* *(μουσ)* conductor. *(μεταφ)* (past) master

μάζα *(η)* mass

μάζεμα *(το)* gathering. *(από την αστυνομία)* roundup. *(συλλογή)* picking. *(συρρίκνωση)* shrinking

μαζεύ|ω *ρ μτβ* gather. *(αστυνομία)* round up. *(κάνω συλλογή)* collect. *(λουλούδια)* pick. *(πληροφορίες)* pick up. *(σκόνη)* collect. *(χρήματα)* amass. • *ρ αμτβ* shrink. **~ομαι** *ρ αμτβ* *(από φόβο)* cringe. *(ζαρώνω)* crouch. *(συγκεντρώνομαι)* pile up

μαζί *επίρρ* together. **έλα ~ μου** come with me

μαζικ|ός *επίθ* mass. **~ή παραγωγή** *(η)* mass production

μαζούτ *(το)* *άκλ* fuel oil

μαζοχ|ιστής *(ο)*, **~ίστρια** *(η)* masochist

Μάης *(ο)* *βλ* **Μάιος**

μαθαίνω *ρ μτβ* learn. *(διδάσκω)* teach. *(ευκαιριακά)* pick up. *(πληροφορούμαι)* hear. *(συνηθίζω)* get used to

μαθεύομαι *ρ αμτβ* become known
μάθημα *(το)* lesson
μαθηματικά *(τα)* mathematics
μαθηματικός *επίθ* mathematical.
~ *(ο, η)* mathematician
μάθηση *(η)* learning
μαθητεία *(η)* apprenticeship
μαθητευόμενος *(ο)* learner.
(αρχάριος) novice. *(σε τέχνη)*
apprentice
μαθητεύω *ρ αμτβ* apprentice
μαθητής *(ο)* pupil. *(διδασκόμενος)*
learner. *(οπαδός)* disciple. *(σε
σχολείο)* schoolboy
μαθήτρια *(η)* pupil. *(διδασκόμενη)*
learner. *(σε σχολείο)* schoolgirl
μαία *(η)* *(λόγ)* midwife
μαιευτική *(η)* obstetrics
μαιευτήριο *(το)* maternity hospital
μαϊμού *(η)* monkey
μαίνομαι *ρ αμτβ* *(είμαι έξω φρενών)*
rave. *(θύελλα)* rage
μαϊντανός *(ο)* parsley
Μάιος *(ο)* May
μακάβριος *επίθ* macabre.
(φρικιαστικός) grisly
μακάρι *επίρρ* if only, I wish. *(έστω
και)* even if
μακαρίζω *ρ μτβ* think of as
fortunate
μακάριος *(επίθ)* blissful. *(εκκλ)*
blessed
μακαριότητα *(η)* bliss
μακαρίτ|ης *(ο)*, ~ισσα *(η)* late,
deceased
μακαρόνια *(τα)* macaroni
μακαρονάδα *(η)* dish of macaroni
μακαρόνι *(το)* macaroni
Μακεδονία *(η)* Macedonia
μακελειό *(το)* carnage
μακέτα *(η)* artwork
μακιγιάζ *(το)* *άκλ* make-up
μακιγιάρ|ω *ρ μτβ* make up. ~ομαι
ρ αμτβ put on make-up
μακραίνω *ρ μτβ* lengthen.
(παρατείνω) protract. • *ρ αμτβ*
grow longer. *(απομακρύνομαι)*
move away. *(μεταφ)* drag on
μακριά *επίρρ* far. **από** ~ from a
distance

μακρινός *επίθ* distant. *(περίπατος)*
long. *(χώρα)* faraway. *(χωριό)*
remote
μακροζωία *(η)* longevity
μακροπρόθεσμος *επίθ* long-term.
(πρόβλεψη) long-range
μακροπροθέσμως *επίρρ* in the
long run
μάκρος *(το)* length *(of cloth)*
μακρόστενος *επίθ* long and
narrow
μακρύς *επίθ* long
Μαλαισία *(η)* Malaysia
μαλαισιανός *επίθ* Malay
μαλάκιο *(το)* mollusc
μαλακ|ός *επίθ* soft. **με το** ~ό take
it easy. ~ά *επίρρ* softly
μαλακτικ|ός *επίθ* emollient. ~ *(το)*
emollient. *(ρούχων)* softener
μαλακώνω *ρ μτβ* soften.
(καταπραΰνω) placate. • *ρ αμτβ*
mellow
μάλαμα *(το)* gold
μαλθακός *επίθ* soft. *(κορμί)* flabby
μάλιστα *επίρρ* yes, certainly
μαλλί *(το)* wool. *(προβάτου)* fleece
μαλλιά *(τα)* hair *(on head)*
μαλλιαρός *επίθ* hairy. *(ζώο)* shaggy
μάλλινος *επίθ* woollen
μάλλον *επίρρ* rather
Μάλτα *(η)* Malta
μάλωμα *(το)* scolding
μαλώνω *ρ μτβ* scold, tell off. • *ρ
αμτβ* quarrel
μαμά *(η)* mummy, mum
μαμή *(η)* midwife
μάνα *(η)* mother
μανάβ|ης *(ο)* greengrocer. ~ικο
(το) greengrocer's shop
μάνατζερ *(ο)* *άκλ* manager
μανδαρίνος *(ο)* mandarin
μανδύας *(ο)* cloak
μανεκέν *(το)* *άκλ* fashion model
μανία *(η)* mania. *(οργή)* rage.
(περαστική) fad, craze
μανιακός *(ο)* maniac.
μανιβέλα *(η)* crank
μάνικα *(η)* (garden) hose
μανικέτι *(το)* cuff
μανικετόκουμπο *(το)* cuff link
μανίκι *(το)* sleeve

μανικιούρ (το) άκλ manicure
μανιτάρι (το) mushroom. (συνήθως δηλητηριώδες) toadstool
μανιφέστο (το) manifesto
μανιώδης επίθ very keen. (τρελός) frantic
μάννα (το) άκλ manna
μανόλια (η) magnolia
μανούβρα (η) manœuvre
μανουβράρω ρ μτβ/αμτβ manœuvre
μανούλα (η) mother (affectionate)
μανταλάκι (το) clothes peg
μάνταλο (το) catch (on door, window). (σε πόρτα κήπου) latch
μανταρίνι (το) mandarin
μαντάρω ρ μτβ darn
μαντείο (το) oracle (place)
μαντεύω ρ μτβ divine. (εικάζω) guess
μαντζουράνα (η) marjoram
μάντ|ης (ο), ~ισσα (η) seer. (που προβλέπει το μέλλον) fortune-teller
μαντίλα (η) shawl
μαντίλι (το) handkerchief. (του λαιμού) scarf
μαντολίνο (το) mandolin
μάντρα (η) enclosure. (για ζώα) pen, fold
μαντρόσκυλο (το) sheepdog
μαξιλάρι (το) pillow
μαξιλαροθήκη (η) pillowcase
μαόνι (το) mahogany
μαραγκός (ο) carpenter
μαραζώνω ρ μτβ pine for
μάραθο (το) fennel
μαραθώνιος (ο) marathon
μαραίνομαι ρ αμτβ wilt. (μεταφ) wither, fade
μαργαρίνη (η) margarine
μαργαρίτα (η) marguerite, daisy
μαργαριτάρι (το) pearl
μαρέγκα (η) meringue
μαριδάκι (το) whitebait
μαρίνα (η) marina
μαρινά|ρω ρ μτβ marinade. ~τα (η) marinade
μαριονέτα (η) puppet
μαριχουάνα (η) marijuana
μάρκα (η) (κέρμα) counter (token).

(σήμα) brand, make. (χαρτοπαίγνιο) chip. (μεταφ) slippery customer
μαρκαδόρος (ο) felt-tipped pen
μαρκάρω ρ μτβ mark
μαρκετερί (η) marquetry
μάρκετινγκ (το) άκλ marketing
μαρκήσιος (ο) marquis
μάρκο (το) (German) mark
μάρμαρο (το) marble
μαρμελάδα (η) jam. (πορτοκαλιού) marmalade
μαρξισμός (ο) Marxism
μαρξιστής (ο), ~ίστρια (η) Marxist
μαροκινός επίθ Moroccan
Μαροκιν|ός (η), ~ή (ο) Moroccan
Μαρόκο (το) Morocco
μαρόν (το) άκλ maroon
μαρούλι (το) lettuce
Μάρτης (ο) βλ Μάρτιος
Μάρτιος (ο) March
μάρτυρας (ο, η) witness. (εκκλ) martyr
μαρτυρία (η) evidence. (νομ) (κατάθεση) testimony
μαρτυρικός επίθ excruciating
μαρτύριο (το) torment. (εκκλ) martyrdom. (ταλαιπωρία) misery
μαρτυρώ ρ μτβ (καταθέτω) testify. (προδίνω) inform against. (φανερώνω) reveal. • ρ αμτβ suffer martyrdom
μας αντων our, us
μάσα (η) grub (λαϊκ)
μασάζ (το) άκλ massage. (του προσώπου) facial
μασέζ (η) άκλ masseuse
μασέρ (ο) άκλ masseur
μάσημα (το) chewing
μάσκα (η) mask
μάσκαρα (το) mascara
μασκαράς (ο) person in fancy dress. (παλιάνθρωπος) rascal
μασκάρεμα (το) masquerade
μασκαρεύομαι ρ αμτβ masquerade
μασκότ (η) άκλ mascot
μασονία (η) Freemasonry
μασόνος (ο) (Free)mason
μασουλίζω ρ μτβ/ρ αμτβ munch

μασουράκι (το) bobbin

μασούρι (το) spool

μαστάρι (το) udder

μάστιγα (η) scourge

μαστίγιο (το) whip

μαστιγώνω ρ μτβ whip. (δέρνω) flog

μαστίζω ρ μτβ plague

μαστίχα (η) mastic

μαστός (ο) breast

μασχάλη (η) armpit

μασώ ρ μτβ chew

ματ (το) άκλ checkmate. • επίθ άκλ matt

ματαιοδοξία (η) vanity

ματαιόδοξος επίθ vain

μάται|ος επίθ futile. (ανώφελος) vain. **~α** επίρρ in vain

ματαιώνω ρ μτβ (ακυρώνω) call off. (εμποδίζω) frustrate. (προσπάθειες) thwart

μάτι (το) eye. (γκαζιού) gas ring. (κουζίνας) hot plate. **~α μου!** my precious! **δεν κλείνω ~** not sleep a wink. **κλείνω το ~ σε κπ** wink at s.o. **παίρνει το ~ μου** catch sight of

ματιά (η) glance. (γρήγορη) glimpse. **ρίχνω μια ~** take a look

ματιάζω ρ μτβ cast an evil eye

ματόκλαδο (το) eyelash

ματς (το) άκλ (football) match

μάτσο (το) wad

ματώνω ρ μτβ cause to bleed. • ρ αμτβ bleed

μαύρη (η) cannabis, hashish

μαυρίζω ρ μτβ blacken. (σε ψηφοφορία) blackball. (μεταφ) tarnish. • ρ αμτβ blacken (στον ήλιο) go brown, tan

Μαυρίκιος (ο) Mauritius

μαυρίλα (η) blackness. (σκοτεινιά) darkness. (μεταφ) gloom

μαύρισμα (το) blackening. (σε εκλογές) blackballing. (στον ήλιο) suntan

μαυρισμένος επίθ suntanned

μαυροπίνακας (ο) blackboard

μαύρο|ς (ο) black person. **~** (το) black

μαύρος επίθ black. (μεταφ) miserable

μαυροφορώ ρ αμτβ be in mourning

μαυσωλείο (το) mausoleum

μαφία (η) mafia. (ομάδα) gang

μαχαίρι (το) knife

μαχαιριά (η) stab

μαχαιροπίρουνα (τα) cutlery

μαχαιρώνω ρ μτβ stab, knife

μάχη (η) battle, combat. (μεταφ) struggle

μαχ|ητής (ο), **~ήτρια** (η) combatant

μαχητικ|ός επίθ fighting. (αγωνιστικός) militant. **~** (το) (αεροσκάφος) fighter (plane)

μάχομαι ρ αμτβ fight. (μεταφ) struggle, battle

ΜΒ συντ (Μεγάλη Βρετανία) GB (Great Britain)

με πρόθ (μαζί) with. (μέσο) by. (υλικό) of. (χρόνος) in. **~ τη σειρά** in turn. **~ το καλό** God willing. **θα πάω ~ τα πόδια** I am going on foot

μέγαιρα (η) hag

μεγαλεί|ο (το) splendour. **~α** (τα) snobbishness. **~!** splendid!

μεγαλειότ|ατος (ο) His Majesty. **~ητα** (η) majesty

μεγαλειώδης επίθ majestic

μεγαλέμπορος (ο) wholesaler

μεγαλεπήβολος επίθ grandiose

μεγαλοδύναμος (ο) almighty. **ο Μ~** the Almighty

μεγαλομανής επίθ megalomaniac

μεγαλοποιώ ρ μτβ exaggerate, magnify

μεγαλοπρέπεια (η) magnificence, grandeur

μεγαλοπρεπής επίθ magnificent, majestic

μεγάλοι (οι) grown-ups

μεγάλος επίθ large, big. (βελενεκές) long. (δυνατός) mighty. (ένδοξος) great. (ενήλικος) grown-up. . (έντονος) strong. (ιδέες) grand. (κυκλοφορία) heavy. (σε ηλικία) old

μεγαλόσωμος επίθ big, of large build

μεγαλοφυ|ής επίθ of genius. **~ία** (η) genius

μεγαλόψυχος επίθ magnanimous

μεγαλύτερος *επίθ* elder. (σε βαθμό) senior **ο ~** the eldest

μεγαλώνω *ρ μτβ* enlarge. (ανατρέφω) bring up. (ζώα) rear. (μεταφ) magnify. • *ρ αμτβ* grow. (ενηλικιώνομαι) grow up. (μέρες) draw out

μέγαρο (το) large imposing building. (σπίτι) mansion

μέγας *επίθ* great

μεγάφωνο (το) loudspeaker

μέγεθος (το) size. (κακού) enormity. (μεταφ) magnitude

μεγέθυνση (η) enlargement. (με φακό) magnification. (φωτογραφίας) blow-up

μεγεθύνω *ρ μτβ* magnify

μεγιστάνας (ο) tycoon. (αξιωματούχος) magnate. (ισχυρός) mogul

μεγιστοποιώ *ρ μτβ* maximize

μέγιστος *επίθ* maximum

μέγκενη (η) vice, clamp

μεζές (ο) meze (*selection of side dishes and dips served as starter*)

μεζονέτα (η) maisonette

μεζούρα (η) tape measure

μεθαύριο *επίρρ* the day after tomorrow

μέθη (η) intoxication

μεθοδικό|ς *επίθ* methodical. **~τητα** (η) method

μέθοδος (η) method

μεθοκοπώ *ρ αμτβ* booze

μεθόριος (η) frontier

μεθύσι (το) drunkenness. (μεταφ) exhilaration

μεθυσμένος *επίθ* drunk

μεθυστικός *επίθ* intoxicating. (μεταφ) heady

μεθώ *ρ μτβ* make drunk. • *ρ αμτβ* get drunk

μείγμα (το) mix, mixture. (χαρμάνι) blend

μειδίαμα (το) smile

μεικτός *επίθ* mixed. (κέρδος) gross. (σχολείο) co-educational

μειλίχιος *επίθ* mellow

μειοδότης (ο) lowest bidder

μείον *επίρρ* less

μειονέκτημα (το) disadvantage. (ελάττωμα) flaw. (εμπόδιο) drawback

μειονεκτικ|ός *επίθ* disadvantageous. **σε ~ή θέση** at a disadvantage

μειονεκτώ *ρ αμτβ* be at a disadvantage

μειονότητα (η) minority

μειοψηφία (η) minority

μειών|ω *ρ μτβ* reduce. (σε κλίμακα) scale down. (ταπεινώνω) belittle. **~ομαι** *ρ αμτβ* decline. (μεταφ) diminish

μείωση (η) reduction. (ποινής) remission. (μεταφ) belittlement

μελαγχολία (η) melancholy. (κατάθλιψη) depression

μελαγχολικός *επίθ* melancholy. (που προκαλεί μελαγχολία) gloomy

μελαγχολώ *ρ μτβ* depress. • *ρ αμτβ* feel depressed

μελάνι (το) ink

μελανιάζω *ρ μτβ/αμτβ* bruise. (από το κρύο) turn blue

μελάνιασμα (το) bruise

μελανοδοχείο (το) ink-pot

μελανώνω *ρ μτβ* ink

μελάσα (η) treacle

μελάτος *επίθ* like honey. (αυγό) soft-boiled

μελαχρινός *επίθ* of dark complexion

μελαψός *επίθ* swarthy

μελέτη (η) study. (έρευνα) research

μελετηρός *επίθ* studious

μελετώ *ρ μτβ/ρ αμτβ* study. (σκέφτομαι) consider

μέλι (το) honey

μελία (η) ash (tree)

μέλισσα (η) bee

μελίσσι (το) beehive. (μεταφ) swarm

μελιτζάνα (η) egg plant, aubergine

μέλλον (το) future. **στο ~** in future. **~τας** (ο) (γραμμ) future

μελλοντικός *επίθ* future. (πιθανός) prospective

μελλόνυμφ|ος (ο), **~η** (η) person about to be married

μέλλ|ω *ρ αμτβ απρόσ* be. **δε με ~ει** I don't care

μέλλων *επίθ* to-be

μελόδραμα (το) melodrama

μέλος (το) member. (του σώματος) limb

μελωδία (η) melody. (ταινίας) theme song

μελωδικός επίθ melodic. (αρμονικός) melodious

μεμβράνη (η) membrane. (πολυγράφου) stencil. **διαφανής ~** cling film

μεμιάς επίρρ all at once

μεμονωμένος επίθ isolated

μεμψιμοιρία (η) grumble, complaining

μεν σύνδ on the one hand. **ο ~ ... ο δε** the former ... the latter. **οι ~ και οι δε** others

μενεξές (ο) pansy (plant)

μενού (το) άκλ menu

μέντα (η) peppermint

μενταγιόν (το) άκλ medallion. (γυναικείο) locket

μεντεσές (ο) hinge

μέντιουμ (το) άκλ medium (person)

μέντορας (ο) mentor

μένω ρ αμτβ remain. (διαμένω) stay. (περισσεύω) be left over. (απρόσ) remain

Μεξικό (το) Mexico

μέρα (η) βλ **ημέρα. ~ παρά ~** every other day

μεραρχίοα (η) (στρ) division

μεριά (η) side. **από τη μια ~** for one thing

μερίδα (η) portion, helping. (με δελτίο) ration

μερίδιο (το) share. (μερίδα) portion

μερικ|ός επίθ partial. **~ή απασχόληση** part-time work. **~οί** some. **~ώς** επίρρ partially, in part

μέριμνα (η) care

μεριμνώ ρ αμτβ take care of. (φροντίζω) see to

μέρισμα (το) dividend

μεροκάματο (το) day's wages

μεροληψία (η) partiality

μερόνυχτο (το) a day and a night

μέρ|ος (το) part. (αποχωρητήριο) toilet loo. (σε σύμβαση) party. (σημείο) spot, place. (τόπος) place. (μεταφ) side. **εκ ~ους** on behalf of. **εν ~ει** partly

μες επίρρ βλ **μέσα**

μέσα επίρρ in, inside. (κίνηση) through. (χρονική διάρκεια) within. **έλα ~** come in

μεσαί|ος επίθ middle. **η ~α τάξη** the middle class

Μεσαίωνας (ο) Middle Ages

μεσαιωνικός επίθ medieval

μεσάνυχτα (τα) midnight

μέση (η) middle. (σώματος) waist. (φορέματος) waistline

μεσήλικας επίθ middle-aged

μεσημβρινός επίθ midday. **~** (ο) meridian

μεσημέρι (το) noon, midday. **μέρα ~** in broad daylight

μεσημεριαν|ός επίθ midday. **~ός ύπνος** (ο) siesta

μεσιτεύω ρ αμτβ mediate

μεσίτης (ο) middleman. (οικον) broker

μέσ|ο (το) middle. (όργανο) medium. **~α** (τα) means. (μεταφ) pull

μεσογειακός επίθ Mediterranean

μεσόγειος επίθ inland. **η Μ~** the Mediterranean

μεσόκοπος επίθ middle-aged

μεσολάβηση (η) mediation

μεσολαβ|ητής (ο), **~ήτρια** (η) go-between. (για συμβιβασμό) mediator

μεσολαβώ ρ αμτβ intercede. (για συμβιβασμό) mediate. (συμβαίνω) intervene

μεσοπολεμικός επίθ interwar

μεσόπορτα (η) internal door

μέσ|ος (το) middle. (συνηθισμένος) average. **κατά ~ο όρο** on average

μεσούρανα επίρρ in mid air

μεσοφόρι (το) petticoat

μεσοχείμωνο (το) midwinter

Μεσσίας (ο) Messiah

μεστώνω ρ αμτβ ripen. (μεταφ) mature

μέσω επίρρ through, via

μετά επίρρ then, afterwards

μεταβάλλω ρ μτβ alter

μετάβαση (η) transition

μεταβατικός επίθ transitive

μεταβιβάζω ρ μτβ convey. (εξουσία) hand over. (περιουσία) transfer

μεταβίβαση (η) conveyance. (περιουσίας) transfer

μεταβλητός επίθ variable

μεταβολή (η) change. (στρ) about-turn

μεταβολισμός (ο) metabolism

μετάγγιση (η) transfusion

μεταγενέστερος επίθ subsequent

μεταγεννητικός επίθ postnatal

μεταγραφή (η) transcription

μεταγράφω ρ μτβ transcribe

μεταδίδω ρ μτβ transmit. (ασθένεια) spread. (ενθουσιασμό) impart. (ραδιόφωνο, TV) broadcast

μετάδοση (η) transmission. (νόσου) spread. (ραδιοτηλεοπτική) broadcast

μεταδοτικός επίθ infectious, contagious

μεταθανάτιος επίθ posthumous

μετάθεση (η) transfer

μεταθέσιμος επίθ transferable

μεταθέτω ρ μτβ shift. (θέση) transfer

μετακίνηση (η) move. (μετατόπιση) removal

μετακινώ ρ μτβ move

μετακομίζω ρ μτβ move (house)

μεταλαβαίνω ρ μτβ/αμτβ give/ receive holy communion

μετάληψη (η) Holy Communion

μεταλλείο (το) mine (for metals)

μετάλλευμα (το) ore

μεταλλικό|ς επίθ metal. (βαφή) metallic. **~ φύλλο** (το) foil

μετάλλιο (το) medal

μέταλλο (το) metal

μεταμέλεια (η) regret

μεταμελημένος επίθ contrite

μεταμελούμαι ρ αμτβ regret

μεταμορφώνω ρ μτβ transform

μεταμόρφωση (η) transformation. (πλήρης αλλοίωση) metamorphosis

μεταμόσχευση (η) transplant

μεταμοσχεύω ρ μτβ (ιατρ) transplant

μεταμφιέζ|ω ρ μτβ disguise.

~ομαι ρ αμτβ dress up, put on fancy dress

μεταμφίεση (η) disguise. (μασκάρεμα) fancy dress

μετανάστευση (η) migration. (από μια χώρα) emigration. (προς μια χώρα) immigration

μεταναστεύω ρ αμτβ migrate. (από μια χώρα) emigrate. (προς χώρα σαν μετανάστης) immigrate

μετανάστ|ης (ο), **~ρια** (η) (από μια χώρα) emigrant. (προς μια χώρα) immigrant

μετανιωμένος (ο) repentant

μετανιώνω ρ αμτβ repent. (αλλάζω γνώμη) change my mind

μετάνοια (η) repentance. (εκκλ) penance

μετανοώ ρ αμτβ repent

μεταξένιος επίθ silken, silky

μετάξι (το) silk

μεταξοσκώληκας (ο) silkworm

μεταξύ επίρρ between. **εν τω ~** meanwhile. **στο ~** in the mean time

μεταξωτός επίθ (made of) silk

μεταπείθω ρ μτβ dissuade

μεταπολεμικός επίθ postwar

μεταπτυχιακός επίθ postgraduate

μεταρρυθμίζω ρ μτβ reform

μεταρρύθμιση (η) reform

μετασχηματιστής (ο) transformer

μετατοπίζω ρ μτβ shift

μετατρέπω ρ μτβ convert. (νομ) commute

μετατροπή (η) conversion

μεταφέρω ρ μτβ carry. (αεροπορικώς) fly. (εμπορεύματα) ship. (με λεωφορείο) bus. (με σωλήνες) pipe. (μεταδίδω) convey. (μετακινώ) transport. (σε άλλη περιοχή) relocate

μεταφορά (η) haulage, carriage. (γραμμ) metaphor. (μετακίνηση) transportation

μεταφορέας (ο) (εμπ) carrier

μεταφορικά (τα) carriage (charges)

μεταφορικός επίθ metaphorical. (γραμμ) figurative

μεταφράζω ρ μτβ translate. (προφορικά) interpret

μετάφραση (η) translation
μεταφρ|αστής (ο), ~άστρια (η) translator
μεταφυσική (η) metaphysics
μεταφυτεύω ρ μτβ transplant (plant)
μεταχειρίζομαι ρ μτβ treat. (χρησιμοποιώ) use
μεταχείριση (η) treatment
μεταχειρισμένος επίθ second-hand
μετεκπαίδευση (η) further education
μετέχω ρ μτβ participate
μετεωρίτης (ο) meteor
μετέωρ|ο (το) meteor. Μ~α (τα) Meteora
μετεωρολογία (η) meteorology
μετοχή (η) participation. (γραμμ) participle. (εμπ) share
μέτοχος (ο) shareholder
μέτρημα (το) count
μετρημέν|ος επίθ measured. (συνετός) judicious. ~οι numbered
μέτρηση (η) measurement
μετρητ|ά (τα) cash. (για μικροέξοδα) petty cash. (στο ταμείο) float. τοις ~οίς in cash
μετρητής (ο) gauge, meter
μετριάζω ρ μτβ moderate. (σε ένταση) tone down. (μεταφ) water
μετρικός επίθ metric
μετριοπάθεια (η) moderation
μετριοπαθής (ο) moderate
μέτριος επίθ medium. (κατώτερης ποιότητος) mediocre. (όχι καλός) so-so
μετριότητα (η) mediocrity
μετριοφροσύνη (η) modesty
μετριόφρων επίθ modest
μέτρο (το) measure. (μονάδα) metre. (μουσ) bar. (συγκράτηση) restraint. (σύγκριση) yardstick. (μεταφ) step
μετρό (το) underground (train)
μετρώ ρ μτβ measure. (αριθμό) count. (μεταφ) weigh (one's words)
μετωπικός επίθ head-on
μέτωπο (το) forehead. (κτιρίου) facade. (στρ) front
μέχρι πρόθ up to, until. (απόσταση) as far as. (σχεδόν) nearly. ~ τώρα so far

μη(ν) μόρ (απαγορευτικό) don't. (άρνηση) not. (ενδοιασμό) lest. (πρόθ) non, in, un
μηδαμινό|ς επίθ worthless. ~τητα (η) nonentity
μηδέν (το) zero. (μαθημ) naught. (τένις) love. (το τίποτα) nil. (χωρίς αξία) nothing
μηδενίζω ρ μτβ (εξετάσεις) give no marks. (όργανα) set to zero (αφανίζω) annihilate
μηδενικό (το) zero. (μεταφ) nobody
μήκος (το) length. κατά ~ lengthways. κατά ~ του δρόμου along the road
μήλη (η) (ιατρ) probe
μηλιά (η) apple tree
μηλίτης (ο) cider
μήλο (το) apple. (ανατομ) cheek bone
μηλόπιτα (η) apple pie
μήνας (ο) month. ~ του μέλιτος honeymoon
μηνιαίος επίθ monthly
μηνιάτικο (το) monthly salary
μηνίγγι (το) (ανατομ) temple
μηνιγγίτιδα (η) meningitis
μήνυμα (το) (είδηση) word. (παράγγελμα) message.
μήνυση (η) charge, indictment
μην|υτής (ο), ~ύτρια (η) complainant. ~ύω ρ μτβ bring a charge against
μηνώ ρ μτβ/αμτβ send a message
μήπως σύνδ lest
μηρός (ο) thigh
μήτε σύνδ not even. (ούτε) ~ ... ~ neither ... nor
μητέρα (η) mother
μήτρα (η) womb. (ιατρ) uterus
μητριά (η) stepmother
μητρικός επίθ motherly, maternal
μητρόπολη (η) metropolis
μητρότητα (η) motherhood
μητρώο (το) record. (βιβλίο) register
μηχανάκι (το) moped
μηχανεύομαι ρ αμτβ engineer. (σκέφτομαι) think up
μηχανή (η) machine. (κινητήρας) engine

μηχάνημα (*το*) piece of machinery

μηχανική (*η*) mechanics. (*επιστήμη*) engineering

μηχανικός *επίθ* mechanical. ~ (*ο*) engineer. (*πρακτικός*) mechanic

μηχανισμός (*ο*) mechanism. (*τρόπος λειοτυργίας*) mechanics

μηχανογράφηση (*η*) computerisation

μηχανοδηγός (*ο*) engine driver

μηχανολόγος (*ο, η*) mechanical engineer

μηχανοποιώ *ρ μτβ* mechanize

μηχανορραφ|ία (*η*) machination. (*δολοπλοκία*) intrigue. ~**ώ** *ρ αμτβ* scheme, plot

μηχανορράφος (*ο, η*) schemer

μηχανοστάσιο (*το*) engine room

μηχανουργείο (*το*) engineering works. ~**ός** (*ο*) machinist

μι (*το*) *άκλ* (*μουσ*) me

μία *επίθ βλ* **ένας**. ~ **σου και** ~ **μου** an eye for an eye

μια *επίθ βλ* **ένας**. ~ **και** since. ~ **μέρα** some day. ~ **φορά** once. ~ **φορά κι έναν καιρό** once upon a time

μίασμα (*το*) miasma

μιγάδας (*ο*) half-caste. (*σκύλος*) mongrel

μίγμα (*το*) *βλ* **μείγμα**

μίζα (*η*) (*αυτοκ*) starter. (*μεταφ*) kickback

μιζέρια (*η*) misery

μίζερος *επίθ* miserable. (*τσιγκούνης*) miserly

Μικρά Ασία (*η*) Asia Minor

μικραίνω *ρ μτβ* shorten. • *ρ αμτβ* get smaller. (*μέρες*) draw in

μικρό (*το*) mite (*child*). (*ζώου*) young (*animal*)

μικροαστοί (*οι*) suburbia

μικροατύχημα (*το*) minor accident

μικρόβιο (*το*) bug, germ. (*ιατρ*) microbe

μικροβιολογία (*η*) microbiology

μικρογραφία (*η*) miniature

μικροέξοδα (*τα*) incidental expenses

μικρεπεξεργαστής (*ο*) microprocessor

μικροκαμωμένος *επίθ* diminutive

μικροκαβγάς (*ο*) squabble

μικροκλέφτ|ης (*ο*), ~**ρα** (*η*) petty thief

μικροκλοπή (*η*) pilferage

μικρόκοσμος (*ο*) microcosm

μικροκύματα (*τα*) microwaves

μικρομπελάς (*ο*) bother, minor trouble

μικρόμυαλος *επίθ* narrow-minded

μικροπράγματα (*τα*) trifles

μικροπρεπής *επίθ* petty, mean. (*στη συμπεριφορά*) mean

μικρός *επίθ* small. (*αναξιοπρεπής*) petty. (*ασήμαντος*) minor. (*νεαρός*) little. (*σε διάρκεια*) short

μικροσκοπικός *επίθ* microscopic. (*μέγεθος*) tiny. (*ποσότητα*) minute

μικροσκόπιο (*το*) microscope

μικροσυσκευή (*η*) gadget

μικρότερος *επίθ* lesser. (*μέγεθος*) smaller. **ο** ~ the smallest

μικροτσίπ (*το*) *άκλ* microchip

μικροφίλμ (*το*) *άκλ* microfilm

μικρόφωνο (*το*) microphone

μικρόψυχος *επίθ* faint-hearted

μίλι (*το*) mile

μιλιά (*η*) speech

μιλκσέικ (*το*) *άκλ* milk shake

μιλώ *ρ μτβ/ρ αμτβ* talk, speak

μιμ|ητής (*ο*), ~**ήτρια** (*η*) imitator

μιμητικός *επίθ* imitative

μιμική (*η*) mime

μιμόζα (*η*) mimosa

μίμος (*ο*) mimic. (*ανθρώπων*) impersonator

μιμούμαι *ρ μτβ* imitate. (*άνθρωπο*) impersonate. (*σε εμφάνιση*) mimic. (*παίρνω παράδειγμα*) emulate

μιναρές (*ο*) minaret

μίνι (*το*) miniskirt

μινιατούρα (*η*) miniature

μινουέτο (*το*) minuet

μίξερ (*το*) *άκλ* (*μαγ*) mixer

μιούζικαλ (*το*) *άκλ* musical

μισαλλόδοξος *επίθ* intolerant

μισάνθρωπος (*ο*) misanthrope

μισάνοιχτος *επίθ* half-open. (*πόρτα*) ajar

μισητός *επίθ* hateful

μίσθιον (*το*) leasehold

μισθολόγιο (*το*) payroll

μισθός (*o*) salary
μισθοφόρος (*o*) mercenary
μίσθωμα (*το*) rent
μισθώνω *ρ μτβ* lease (*from owner*)
μίσθωση (*η*) lease
μισθωτής (*o*) tenant
μισθωτός *επίθ* salaried
μισό (*το*) half
μισόγυμνος *επίθ* half-naked
μισογύνης (*o*) misogynist
μισόκλειστος *επίθ* half-closed
μισοπεθαμένος *επίθ* half-dead
μίσος (*το*) hate, hatred
μισός *επίθ* half
μισοφέγγαρο (*το*) crescent moon
μίσχος (*o*) stem, stalk
μισώ *ρ μτβ* hate
μίτρα (*η*) mitre
μ.μ. *συντ* (*μετά το μεσημέρι*) p.m.
  (post meridian)
μνεία (*η*) mention
μνήμα (*το*) tomb
μνημείο (*το*) monument. (*τάφος*)
  memorial
μνημειώδης *επίθ* monumental
μνήμη (*η*) memory. (H/Y) store
μνημονεύω *ρ μτβ* cite. (*εκκλ*)
  remember
μνημονικό (*το*) memory
μνημόνιο (*το*) memo
μνημόσυνο (*το*) (*εκκλ*)
  remembrance
μνησίκακος *επίθ* vindictive
μνηστεία (*η*) betrothal
μνηστή (*η*) betrothed
μνηστήρας (*o*) suitor.
  (*αρραβωνιαστικός*) betrothed
μοβ *επίθ* mauve **~** (*το*) *άκλ* mauve
μόδα (*η*) fashion. (*νεωτερισμός*)
  vogue. **της ~ς** fashionable
μοδίστρα (*η*) dressmaker
μοιάζω *ρ μτβ/αμτβ* resemble, look
  like. (*σε συνήθειες*) take after
μοίρα (*η*) fate. (*αεροπ*) squadron.
  (*μαθημ*) degree. (*μερίδιο*) lot.
  (*πεπρωμένο*) destiny
μοιράζ|ω *ρ μτβ* divide, share.
  (*διανέμω*) give out. (*δίνω μερίδια*)
  apportion. (*τιμωρία*) mete out. (*σε*
  φτωχούς) hand out. (*χαρτιά*) deal.
  ~ομαι *ρ αμτβ* share

μοιραί|ος *επίθ* fateful. (*θανάσιμος*)
  fatal. **~ο** (*το*) fate, death
μοιρασιά (*η*) share-out. (*χαρτιά*)
  deal
μοιρολάτρ|ης (*o*), **~ις** (*η*) fatalist
μοιρολογώ *ρ μτβ/ρ αμτβ* lament
μοιρολόι (*το*) dirge. (*θρήνος*)
  lament
μοιχαλίδα (*η*) adulteress
μοιχεία (*η*) adultery
μοιχικός *επίθ* adulterous
μοιχός (*o*) adulterer
μοκασίνι (*το*) moccasin
μοκέτα (*η*) fitted carpet
μολαταύτα *επίρρ* nevertheless
μόλις *επίρρ* (*με μεγάλη δυσκολία*)
  barely, scarcely. (*πριν από λίγο*)
  just. (*ευθύς*) as soon as
μολονότι *σύνδ* although
μόλυβδος (*o*) lead
μολυβένιος *επίθ* leaden
μολύβι (*το*) pencil
μόλυνση (*η*) infection. (*ρύπανση*)
  contamination. (*μεταφ*) taint
μολύνω *ρ μτβ* infect. (*ρυπαίνω*)
  contaminate. (*μεταφ*) taint
μολυσμένος *επίθ* contaminated
μομιοποιώ *ρ μτβ* mummify
μομπίλιο (*το*) mobile (*child's*)
μομφή (*η*) censure
μονάδα (*η*) unit
μοναδικός *επίθ* unique.
  (*απαράμιλλος*) singular
μοναξιά (*η*) solitude
μονάκριβος *επίθ* one and only
μονάρχης (*o*) monarch
μοναρχία (*η*) monarchy
μοναστήρι (*το*) monastery, cloister.
  (*καλογραιών*) convent, nunnery
μονάχα *επίρρ* only
μοναχή (*η*) nun
μοναχικός *επίθ* solitary
μοναχοπαίδι (*το*) only child
μοναχός (*o*) monk
μοναχός, μονάχος *επίθ* alone. (*o*
  ίδιος) by oneself
μόνιμ|ος *επίθ* permanent.
  (*επιτροπή*) standing. (*στρ*) regular.
  ~α *επίρρ* permanently
μονιμότητα (*η*) permanence

μόνο επίρρ only. • σύνδ but
μονογαμία (η) monogamy
μονόγραμμα (το) monogram
μονογραφώ ρ μτβ initial
μονόδρομος επίθ one-way
μονοετής επίθ one-year old.
  (διαρκείας) of one year
μονοήμερος επίθ of one day
μονοθεϊσμός (ο) monotheism
μονοκατοικία (η) detached house
μονόκερως (ο) unicorn
μονόκλινος επίθ single (room)
μονόλογος (ο) monologue
μονομαχία (η) duel
μονομάχος (ο) gladiator
μονομελής επίθ one-membered
μονομερής επίθ unilateral
μονομιάς επίρρ all at once
μονοξείδιο (το) monoxide
μονοπάτι (το) path. (για ιππασία)
  bridle-path. (για πεζούς) footpath.
  (σε δάσος) trail
μονόπλευρος επίθ one-sided
μονοπώλιο (το) monopoly
μονοπωλώ ρ μτβ monopolize
μονός επίθ single (not double).
  (αριθμός) odd
μόνος επίθ alone. (μοναδικός) only.
  ~ μου by oneself
μονοσύλλαβος επίθ monosyllabic
μονοτονία (η) monotony
μονότονος επίθ monotonous.
  (ανιαρός) dreary
μονόφθαλμος επίθ one-eyed
μονοφωνικός επίθ mono (not
  stereo)
μονόχρωμος επίθ monochrome
μονοψήφιος επίθ single-digit
μοντγκόμερι (το) άκλ duffle-coat
μοντέλο (το) model
μοντέρνος επίθ modern
μονωδία (η) (μους) solo
μονώνω ρ μτβ insulate
μονώροφος επίθ one-storey
μόνωση (η) insulation
μόριο (το) speck. (γραμμ) particle.
  (χημ) molecule
μορφάζω ρ αμτβ grimace
μορφασμός (ο) grimace

μορφή (η) form. (εμφάνιση) look
μορφίνη (η) morphine
μορφωμένος επίθ educated
μορφώνω ρ μτβ educate
μόρφωση (η) education
μοσχάρι (το) calf
μοσχαρίσιος επίθ veal
μόσχευμα (το) cutting (of plant).
  (ιατρ) graft
μοσχοβολώ ρ αμτβ be fragrant
μοσχοκάρυδο (το) nutmeg. **~**
  (φλούδα) mace (spice)
μοσχομπίζελο (το) sweet pea
μόσχος (ο) musk
μοτέλ (το) άκλ motel
μοτέρ (το) άκλ motor
μοτίβο (το) motif
μότο (το) άκλ motto
μοτοσικλέτα (η) motor cycle
μου αντων my. **ένας φίλος ~** a
  friend of mine
μουγκανίζω ρ αμτβ moo
μουγκός επίθ dumb
μουγκρητό (το) roar. (πόνου) groan
μουγκρίζω ρ αμτβ roar. (μεταφ)
  groan
μουδιάζω ρ αμτβ go numb
μούδιασμα (το) pins and needles.
  (μεταφ) numbness
μουδιασμένος επίθ numb
μουλάρι (το) mule
μουλιάζω ρ αμτβ soak
μούμια (η) mummy (body)
μουντζαλιά (η) smudge
μουντζαλώνω ρ μτβ/ρ αμτβ
  smudge
μουντζούρα (η) smut
μουντζουρωμένος επίθ smutty
μουντός επίθ dull. (πληκτικός) drab
μούρη (η) mug, face
μουρλός επίθ crazy
μουρμούρα (η) grumbling
μουρμουρητό (το) murmuring.
  (γκρίνια) muttering
μουρμουρίζω ρ μτβ/ρ αμτβ
  murmur. (γκρινιάζω) mutter
μουρμούρισμα (το) murmur
μούρο (το) berry
μουρούνα (η) cod
μουρουνόλαδο (το) cod-liver oil

μούσα (η) muse
μουσακάς (ο) moussaka
μουσαμάς (ο) tarpaulin. (σε κατασκήνωση) groundsheet
μουσείο (το) museum
μουσελίνα (η) muslin
μούσι (το) goatee
μουσική (η) music
μουσικοσυνθέτης (ο) composer
μουσικός επίθ musical. **~** (ο, η) musician
μούσκεμα (το) soaking
μουσκεμένος επίθ soaking. (έδαφος) soggy
μουσκεύω ρ μτβ soak. • ρ αμτβ get soaked
μουσούδα (η) snout
μουσουλμάν|ος (ο), **~α** (η) Muslim
μουστάκι (το) moustache. (γάτας) whiskers
μουστάρδα (η) mustard
μούστος (ο) must
μουσώνας (ο) monsoon
μούτρ|ο (το) face. (μεταφ) rogue. **κάνω ~α** sulk
μουτρωμένος επίθ sulky
μούχλα (η) mould
μουχλιάζω ρ αμτβ grow mouldy
μοχαίρ (το) άκλ mohair
μοχθηρ|ία (η) wickedness. **~ός** επίθ wicked
μόχθος (ο) toil
μοχθώ ρ αμτβ toil, (καθομ) slog
μόχλευση (η) leverage
μοχλός (ο) lever
μπα επιφών why! really!
μπαγαπόντης (ο) vagabond
μπαγιάτικος επίθ stale
μπαγκέτα (η) (μους) baton
μπάζα (η) packet, profit
μπάζα (τα) rubble
μπαίνω ρ αμτβ go in, enter. (απρόσκλητος) barge in. (απρόσκλητος σε πάρτι) gate-crash. (ρούχα) shrink. (στο νόημα) click
μπακάλ|ης (ο), **~ισσα** (η) grocer
μπακαλιάρος (ο) hake άκλ
μπακάλικο (το) grocery

μπακλαβάς (ο) sweet made of layers of filo pastry and ground almonds
μπάλα¹ (η) (foot)ball
μπάλα² (η) (εμπορευμάτων) bale
μπαλάντα (η) ballad
μπαλαντέρ (ο) άκλ joker
μπαλαρίνα (η) ballerina
μπαλέτο (το) ballet
μπαλίτσα (η) pellet
μπαλκόνι (το) balcony
μπαλκονόπορτα (η) French window
μπαλόνι (το) balloon
μπαλτάς (ο) hatchet
μπάλωμα (το) patch
μπαλώνω ρ μτβ patch. (μεταφ) patch up
μπαμ! επιφών bang!
μπάμια (η) okra
μπαμπάς (ο) daddy, dad
μπαμπούλας (ο) bogy
μπαμπού (το) άκλ bamboo
μπανάνα (η) banana
μπανγκαλόου (το) άκλ bungalow
μπανιέρα (η) bath tub
μπανιερό (το) swimsuit
μπάνιο (το) bath. (δωμάτιο) bathroom. (στη θάλασσα) bathe
μπάντα (η) (στρ) band
μπάντζο (το) άκλ banjo
μπαούλο (το) trunk (box)
μπαρ (το) άκλ bar
μπαράζ (το) άκλ barrage
μπάρμαν (ο) άκλ barman
μπάρμπας (ο) λαϊκ uncle
μπαρμπούνι (το) red mullet
μπαρόκ επίθ άκλ baroque
μπαρούτι (το) gunpowder
μπάσιμο (το) shrinkage
μπάσκετ (το) άκλ basketball
μπασμένος επίθ versed
μπαστούνι (το) walking stick. **~α** (τα) spades (cards)
μπαταρία (η) battery
μπατζάκι (το) trouser leg
μπάτης (ο) sea breeze
μπάτσος (ο) cuff, blow
μπαχαρικό (το) spice
μπεζ επίθ άκλ beige

μπέικον (το) άκλ bacon

μπεϊμπισίτερ (ο, η) άκλ baby-sitter

μπεκρ|ής (ο), ~ού (η) boozer, heavy drinker

μπελά|ς (ο) nuisance. (πρόσωπο) pest. έχω ~δες be in trouble

μπέρδεμα (το) tangle. (ανακάτωμα) muddle. (αντίληψη) confusion. (σε δυσάρεστη υπόθεση) entanglement

μπερδεύω ρ μτβ tangle. (ανακατώνω) muddle. (μεταφ) entangle

μπερές (ο) beret

μπετόν (το) concrete

μπετονιέρα (η) cement mixer

μπήγω ρ μτβ drive in. (με δύναμη) thrust in

μπιζάρισμα (το) encore

μπιζέλι (το) pea

μπιζού (το) άκλ jewellery

μπικ (το) άκλ Biro (P.)

μπικίνι (το) άκλ bikini

μπικουτί (το) άκλ curler

μπίλια (η) billiard ball

μπιλιάρδο (το) billiards

μπιμπελό (το) curio

μπιμπερό (το) (baby's) bottle

μπίρα (η) beer, ale. (από το βαρέλι) draught beer. (λάγκερ) lager

μπιραρία (η) pub

μπις επιφών encore

μπισκότο (το) biscuit, (αμερ) cookie

μπιφτέκι (το) beefsteak. (από κιμά) hamburger

μπιχλιμπίδι (το) trinket, knick-knack

μπλαζέ επίθ άκλ blasé

μπλε επίθ άκλ dark blue

μπλέκω ρ μτβ entangle. (σε δυσάρεστη κατάσταση) embroil. • ρ αμτβ get entangled. (ερωτικές σχέσεις) get involved with

μπλέντερ (το) άκλ liquidizer

μπλέξιμο (το) tangle. (ερωτική σχέση) involvement. (μεταφ) entanglement

μπλοκάρω ρ μτβ block. • ρ αμτβ jam

μπλοκ (το) (writing) pad. ~ επιταγών cheque book

μπλούζα (η) blouse. (δουλειάς)

overall. (καλλιτέχνη) smock

μπλουζάκι (το) T-shirt

μπλουζόν (το) άκλ blouson, windjammer

μπλου τζιν (το) άκλ jeans

μπλόφα (η) bluff

μπλοφάρω ρ αμτβ bluff

μπογιά (η) paint

μπογιατζής (ο) painter (decorator)

μπογιατίζω ρ μτβ paint

μπόγος (ο) bundle

μπόι (το) height (of person)

μποϊκοτά|ζ (το) άκλ boycott. ~ρω ρ μτβ boycott

μπολ (το) άκλ bowl

μπόλι (το) graft

μπολιάζω ρ μτβ graft

μπομπονιέρα (η) sugared almonds wrapped in tulle given to guests at a wedding

μπόνους (το) άκλ bonus

μποξέρ (ο) άκλ boxer

μπορ (το) άκλ brim

μπόρα (η) shower

μπορντούρα (η) edging. (σε ύφασμα) binding

μπορ|ώ ρ αμτβ can, be able (to). (άδεια) may. ~εί απρόσ maybe, perhaps

μπότα (η) boot. (αδιάβροχη, ψηλή) gumboot. (έως το γόνατο, λαστιχένια) wellington

μποτιλιάρισμα (το) traffic jam

μπουγάδα (η) washing (clothes)

μπουζί (το) sparking plug

μπουζούκι (το) bouzouki: ~α (τα) nightclub where the bouzouki is played

μπούκα (η) muzzle (of firearm)

μπουκάλ|α (η) large bottle. ~ι (το) bottle

μπουκέτο (το) bunch of flowers

μπουκιά (η) mouthful

μπούκλα (η) curl, lock

μπουκώνω ρ μτβ stuff (with food). (μεταφ) bribe

μπουλόνι (το) bolt (for nut)

μπουλούκι (το) flock, crowd (of people)

μπουμπούκι (το) bud

μπουμπουκιάζω *ρ αμτβ* bud
μπουμπουν|ητό *(το)* rumble.
~ίζω *ρ αμτβ* rumble
μπούμπουρας *(ο)* bumble-bee
μπουνταλάς *(ο)* oaf
μπουντρούμι *(το)* dungeon
μπούρδ|α *(η)* humbug. ~ες *(οι)*
tripe *(nonsense)*
μπουρί *(το)* flue
μπουρίνι *(το)* squall. *(μεταφ)* fit of
anger
μπούστος *(ο)* bodice
μπούτι *(το)* leg *(of meat)*.
(κοτόπουλου) drumstick
μπουτίκ *(η)* *άκλ* boutique
μπουφάν *(το)* *άκλ* bomber jacket
μπουφές *(ο)* sideboard. *(γεύμα)*
buffet
μπουχτίζω *ρ μτβ/αμτβ* have one's
fill. *(μεταφ)* have a bellyful of
μπόχα *(η)* stench
μπράβο *επιφών* well done
μπράβος *(ο)* henchman. *(σε μπαρ)*
bouncer
μπρατσάκια *(τα)* water wings
μπράτσο *(το)* arm. *(καθίσματος)*
armrest
μπρελόκ *(το)* *άκλ* *(για βραχιόλι)*
charm. *(για κλειδιά)* key ring
μπριζόλα *(η)* *(μαγ)* chop
μπρίκι *(το)* Greek coffee pot
μπρόκολο *(το)* broccoli *άκλ*
μπρος *επίρρ βλ* εμπρός
μπροσούρα *(η)* brochure
μπροστά *επίρρ* before, ahead. ~
από in front of
μπροστινός *επίθ* front
μπρούντζ|ινος *επίθ* brass, bronze.
~ος *(ο)* bronze, brass
μπύρα *(η)* *βλ* μπίρα
μυαλό *(το)* brain, mind
μύγα *(η)* fly
μυγάκι *(το)* midge
μυγιάγγιχτος *επίθ* testy
μύδι *(το)* mussel
μυελός *(ο)* marrow
μύηση *(η)* initiation
μυθικός *επίθ* mythical
μυθιστόρημα *(το)* novel
μυθιστορ|ία *(η)* fiction.

~ιογράφος *(ο, η)* novelist
μυθολογία *(η)* mythology
μύθος *(ο)* myth. *(παραμύθι)* fable
μυικός *επίθ* muscular
Μυκήνες *(οι)* Mycenae
μύκητας *(ο)* fungus
Μύκονος *(η)* Myconos
μυλόπετρα *(η)* millstone
μύλος *(ο)* mill. *(του καφέ)* coffee
mill
μυλωνάς *(ο)* miller
μύξα *(η)* snot
μυριάδα *(η)* myriad
μυρίζ|ω *ρ μτβ/αμτβ* smell. *(μεταφ)*
smack of. ~ομαι *ρ μτβ* sniff.
(μεταφ) get wind of
μυρμήγκι *(το)* ant
μυρμηγκιάζω *ρ αμτβ* tingle
μυρμηγκοφωλιά *(η)* anthill
μύρτιλλο *(το)* bilberry
μυρωδάτος *επίθ* fragrant
μυρωδιά *(η)* smell. *(άρωμα)* scent.
(ελαφριά) whiff
μυρωμένος *επίθ* balmy *(of air)*
μυς *(ο)* muscle
μυστήριο *(το)* mystery. *(εκκλ)*
sacrament. ~ς *επίθ* mysterious
μυστηριώδης *επίθ* mysterious
μυστικισμός *(ο)* mysticism
μυστικ|ιστής *(ο)*, ~ίστρια *(η)*
mystic
μυστικό *(το)* secret
μυστικός *επίθ* secret. *(κρυφός)*
clandestine. *(πράκτορας)*
undercover
μυστικότητα *(η)* secrecy
μυστρί *(το)* trowel
μυτερός *επίθ* pointed. *(μαχαίρι)*
sharp
μύτ|η *(η)* nose. *(παπουτσιού)* toe.
(πένας) nib. στις ~ες των
ποδιών on tiptoe
μυώ *ρ μτβ* initiate
μυώδης *επίθ* muscular
μυωξός *(ο)* dormouse
μυωπία *(η)* short sightedness. *(ιατρ)*
myopia
μυωπικός *επίθ* short-sighted
μ.Χ. *συντ (μετά Χριστόν)* AD (Anno
Domini)

μωαμεθαν|ός (ο), **~ή** (η) Muslim
μώλωπας (ο) bruise
μωλωπίζω ρ μτβ bruise
μωρό (το) baby
μωρός (ο) moron
μωρουδιακά (τα) layette
μωσαϊκό (το) mosaic

Νν

να επιφών there. • σύνδ to, in order to. (υποθετικός) if, even if. μόριο here's. **~ τος** here he is
νάζι (το) affectation
ναζ|ιστής (ο), **~ίστρια** (η) Nazi
ναι επίρρ yes. **λέω το ~** consent
νάιλον (το) άκλ nylon
νάνι (το) άκλ (καθομ) sleep
νάνος (ο) dwarf
νανούρισμα (το) lullaby
ναός (ο) temple. (εκκλ) church. **καθεδρικός ~** cathedral
ναργιλές (ο) hookah
νάρθηκας (ο) splint
ναρκαλιευτικό (το) minesweeper
νάρκη¹ (η) torpor
νάρκη² (η) (στρ) mine
νάρκισσος (ο) narcissus. **κίτρινος ~** daffodil
ναρκοθετώ ρ μτβ (στρ) mine
ναρκομαν|ής (ο, η) drug addict. **~ία** (η) drug addiction
ναρκοπέδιο (το) minefield
ναρκωμένος επίθ drowsy, (καθομ) dopey
ναρκώνω ρ μτβ make lethargic
ναρκωτικό (το) narcotic, (καθομ) drug, (λαϊκ) dope
ναρκωτικός επίθ narcotic
νάτριο (το) sodium
ναυαγημένος επίθ shipwrecked
ναυάγιο (το) shipwreck
ναυαγός (ο, η) castaway
ναυαγοσώστης (ο) life-guard
ναυαγώ ρ αμτβ be shipwrecked. (μεταφ) fall through
ναυαρχίδα (η) flagship

ναύαρχος (ο) admiral
ναύκληρος (ο) bosun
ναυλοσύμφωνο (το) charter party
ναύλος (ο) (εμπορευμάτων) freight. (ανθρώπων) fare
ναυλωμέν|ος επίθ chartered. **~η πτήση** (η) charter flight
ναυλώνω ρ μτβ charter
ναυλωτής (ο) charter company
ναυμαχία (η) sea battle
ναυπηγείο (το) shipyard, dockyard
ναυσιπλοΐα (η) navigation
ναύσταθμος (ο) naval yard
ναύτης (ο) sailor
ναυτία (η) nausea
ναυτικά (τα) sailor's suit
ναυτικό (το) navy
ναυτικός επίθ naval. (θαλάσσιος) maritime. **~** (ο) seaman
ναυτιλία (η) shipping. **εμπορική ~** merchant navy
ναυτίλος (ο) navigator
ναφθαλίνη (η) moth ball
νέα (τα) tidings. (ειδήσεις) news
Νέα Ζηλανδία (η) New Zealand
νεανικός επίθ youthful
νεαρός (ο) youngster
νεγκλιζέ (το) άκλ négligé
νέγρος (ο) Negro
νειάτα (τα) βλ **νιάτα**
νέκρα (η) (εμπόριο) standstill. (ησυχία) deadly silence
νεκρικος επίθ deathly
νεκροθάφτης (ο) grave-digger
νεκροκεφαλή (η) death's head, skull
νεκρολογία (η) obituary
νεκρ|ός επίθ dead. **~ός** (ο) dead body. **~ό** (το) (αυτοκ) neutral
νεκροταφείο (το) cemetery, graveyard. (εκκλησίας) churchyard
νεκροτομείο (το) mortuary, morgue
νεκροτομή (η) autopsy
νεκροφόρα (η) hearse
νεκροψία (η) postmortem
νεκρώνω ρ μτβ deaden. • ρ αμτβ go deathly pale. (μεταφ) come to a stop
νέκταρ (το) nectar
νεκταρίνι (το) nectarine

νεογέννητος επίθ new born
νεοελληνικ|ός επίθ modern Greek.
~ά (τα) modern Greek
νεολαία (η) youth, young people
νεολογισμός (ο) neologism
νέον (το) neon
νεόνυμφος επίθ newlywed
νεόπλουτος επίθ nouveau riche
νέ|ος επίθ new. (ασυνήθιστος) novel.
(σε ηλικία) young. **~ος** (ο) young
man. **~οι** (οι) the young
νεοσύλλεκτος (ο) (στρ) new recruit
νεότερ|ος επίθ more recent. (σε
βαθμό) junior. (σε ηλικία) younger.
~α (τα) news
νεότητα (η) youth
νεοφερμένος (ο) newcomer
νεποτισμός (ο) nepotism
νεραγκούλα (η) buttercup
νεράιδα (η) fairy
νερ|ό (το) water. (της βροχής) rain-
water. **~ά** (τα) (ναυτ) wake.
(ξύλου) grain. (μάρμαρου) mottled
appearance
νερόβραστος επίθ namby-pamby
νεροκάρδαμο (το) watercress
νεροκολόκυθο (το) gourd
νερομπογιά (η) watercolour
νερόμυλος (ο) water mill
νερόπλυμα (το) slops
νεροποντή (η) downpour
νερουλός επίθ watery
νεροχελώνα (η) turtle
νεροχύτης (ο) sink
νερώνω ρ μτβ water down
νεσεσέρ (το) άκλ vanity bag
νετρόνιο (το) neutron
νεύμα (το) beck. (με το κεφάλι)
nod. (με το χέρι) motion, gesture
νευραλγία (η) neuralgia
νευριάζω ρ μτβ get on s.o.'s nerves.
• ρ αμτβ lose one's temper
νευρικός επίθ nervous. (μεταφ)
jumpy
νευρικότητα (η) nervousness
νεύρ|ο (το) nerve. (δύναμη) sinews.
~α (τα) temper. **έχω ~α** to be in
a temper
νευρολογ|ία (η) neurology. **~ικός**
επίθ neurological
νευρόσπαστο (το) marionette.

(μεταφ) puppet
νευροχειρουργός (ο, η)
neurosurgeon
νεύρωση (η) neurosis
νευρωτικός επίθ neurotic
νεύω ρ αμτβ nod. (με το χέρι)
beckon
νεφελώδης επίθ cloudy. (μεταφ)
nebulous
νέφος (το) cloud. (ρύπανση) smog
νεφρίτης (ο) jade
νεφρό (το) kidney
νεφρόλιθος (ο) kidney stone
νέφτι (το) turpentine
νέφωση (η) cloudiness
νεωκόρος (ο) verger
νεωτερισμός (ο) novelty
νεωτεριστικός επίθ innovative
νήμα (το) yarn. (μεταλλικό)
filament. (σκέψεως) train.
(σχοινιού) strand. (μεταφ) thread
νηολόγιο (το) shipping register
νηοπομπή (η) convoy
νηπιαγωγ|είο (το) nursery school.
~ός (ο, η) nursery school teacher
νηπιακός επίθ infant
νήπιο (το) infant
νησί (το) island
νησίδα (η) traffic island
νησιώτ|ης (ο), **~ισσα** (η) islander
νήσος (ο) isle
νηστεία (η) fast
νηστεύω ρ αμτβ fast
νηστικός επίθ **είμαι ~** I haven't
eaten anything
νηστίσιμος επίθ that can be eaten
during Lent
νηφάλιος επίθ sober. (ήρεμος) calm
νι (το) άκλ **με το ~ και με το
σίγμα** in every detail
νιαουρίζω ρ αμτβ mew
νιάτα (τα) youth. (οι νέοι) young
people
νίβω ρ μτβ wash one's face (or
hands)
Νιγηρία (η) Nigeria
Νικαράγουα (η) Nicaragua
νικέλιο (το) nickel
νίκη (η) victory
νικητήριος επίθ victorious
νικ|ητής (ο), **~ήτρια** (η) winner.

(σε μάχη) victor

νικοτίνη (η) nicotine

νικώ ρ μτβ defeat. (υπερνικώ) overcome. (μεταφ) conquer. • ρ αμτβ win

νιόνυφη (η) bride, newly married woman

νιόπαντροι (οι) newlyweds

νιότη (η) youth

νιπτήρας (ο) washbasin

νίπτω ρ μτβ βλ **νίβω**

νιτσεράδα (η) oilskins

νιφάδα (η) flake. (χιονιού) snowflake

νιώθω ρ μτβ feel. (συναισθάνομαι) sense

νοβοπάν (το) άκλ hardboard

Νοέμβρ|ης (ο), **~ιος** (ο) November

νόημα¹ (το) beck. **κάνω ~** beckon

νόημα² (το) sense. (σκοπός) point. **βγάζω ~** (από) make sense (of). **χωρίς ~** nonsensical

νοημοσύνη (η) intelligence

νοητός επίθ conceivable. (προσιτός στη διάνοια) comprehensible. (στη φαντασία) imaginary

νόθευση (η) adulteration

νοθεύω ρ μτβ adulterate

νόθος (επίθ) illegitimate (child)

νοιάζει ρ μτβ αμπ care. **δε με ~** I don't care

νοιάζομαι ρ μτβ care about. (φροντίζω) care for. • ρ αμτβ worry

νοικάρ|ης (ο), **~ισσα** (η) tenant

νοίκι (το) rent

νοικιάζω ρ μτβ (αυτοκίνητο κλπ) hire. (σπίτι) rent

νοίκιασμα (το) let

νοικοκυρά (η) housewife. (ιδιοκτήτρια) householder. (σπιτονοικοκυρά) landlady

νοικοκύρης (ο) householder. (σπιτονοικοκύρης) landlord **είναι ~** (αγαπά το σπίτι του) he is house-proud. (ευκατάστατος) he is well-to-do

νοικοκυριό (το) household. (φροντίδα σπιτιού) housekeeping

νοιώθω ρ μτβ βλ **νιώθω**

νοκ άουτ (το) άκλ knock-out

νομαδικός επίθ nomadic

νομάρχης (ο) prefect (official)

νομάς (ο) nomad

νομή (η) pasture. (κατοχή) possession

νομίζω ρ μτβ|ρ αμτβ think, reckon, suppose. (υποθέτω) guess. **έτσι ~** I think so

νομικ|ός επίθ legal. **~ός** (ο, η) lawyer. **~ά** (τα) law

νομιμοποιώ ρ μτβ legalize

νόμιμος επίθ lawful. (δίκαιος) rightful. (παιδί) legitimate

νομιμότητα (η) legality. (παιδιού) legitimacy

νόμισμα (το) coin. (ενός κράτους) currency

νομισματοδέκτης (ο) coin-operated public telephone

νομισματοκοπείο (το) mint

νομοθεσία (η) legislation

νομοθέτημα (το) statute

νομοθέτης (ο) legislator

νομοθετώ ρ αμτβ legislate

νομολογία (η) jurisprudence

νόμος (ο) act, decree. (το σύνολο νομοθετημάτων) law

νομός (ο) prefecture

νομοσχέδιο (το) (πολιτ) bill

νομοταγής επίθ law-abiding

νονά (η) godmother

νονός (ο) godfather

νοοτροπία (η) mentality

Νορβηγία (η) Norway

νορβηγικός επίθ Norwegian

Νορβηγ|ός (ο), **~ίδα** (η) Norwegian

νόρμα (η) norm

νοσηλεία (η) treatment

νοσηλευτήριο (το) infirmary

νοσηλεύ|ω ρ μτβ treat (patient). **~ομαι** ρ αμτβ be treated

νόσημα (το) disease

νοσηρός επίθ unhealthy. (φαντασία) morbid. (χιούμορ) sick

νοσοκόμα (η) nurse

νοσοκομείο (το) hospital

νοσοκόμος (ο) (ιατρ) orderly

νόσος (η) disease

νοσταλγ|ία (η) nostalgia. **~ικός** επίθ nostalgic

νοσταλγώ ρ μτβ be homesick for

νοστιμάδα (η) flavour

νόστιμος επίθ tasty. (γυναίκα) comely

νότα (η) note (music)

νοτιάς (ο) south wind

νοτιοαμερικάνικος επίθ South American

νοτιοανατολικός επίθ south-east

νοτιοδυτικός επίθ south-west

νότι|ος επίθ south. (κατεύθυνση) southerly. (περιοχή) southern. **~ος** (ο) Southerner. **Ν~ος Αμερική** (η) South America. **Ν~ος Αφρική** (η) South Africa

νότος (ο) south

νουβέλα (η) novel

νουθεσία (η) admonition

νουθετώ ρ μτβ admonish

νούμερο (το) size. (θέατρ) floor show. (πρόσωπο) funny character

νους (ο) mind

νούφαρο (το) water lily

ντάλια (η) dahlia

νταλίκα (η) juggernaut

ντάμα (η) draughts (game). (σε χορό) partner

νταντά (η) nanny

νταντεύω ρ μτβ care for (child)

ντεκολτέ (το) άκλ low-cut neck

ντελικάτος επίθ delicate

ντεμοντέ επίθ άκλ dated

ντεμπούτο (το) άκλ debut

ντεμπραγιάζ (το) άκλ clutch

ντεπόζιτο (το) (water) tank

ντεσιμπέλ (το) άκλ decibel

ντετέκτιβ (ο, η) άκλ detective

ντέφι (το) tambourine

ντιβάνι (το) studio couch

ντίζελ (το) άκλ diesel

ντίσκο, ντισκοτέκ (η) άκλ discothèque

ντισκ τζόκεϊ (ο) άκλ disc jockey

ντοκιμαντέρ (το) άκλ documentary

ντολμάς (ο) stuffed vine leaf

ντομάτα (η) tomato

ντοματιά (η) tomato plant

ντόμινο (το) άκλ domino

ντόμπρος επίθ forthright. (άνθρωπος) blunt

ντόπιος επίθ native. (περιοχής) local

ντοσιέ (το) άκλ folder

ντουέτο (το) duet

ντουζίνα (η) dozen

ντουί (το) άκλ (light) socket

ντουλάπα (η) wardrobe (furniture)

ντουλαπάκι (το) cubby-hole. (αυτοκινήτου) glove compartment. (σε σχολείο) locker

ντουλάπι (το) cabinet. (αμερ) closet. (κουζίνας) cupboard

ντουμπλάρω ρ μτβ dub (film)

ντους (το) άκλ shower. **κάνω ~** shower

ντρέπομαι ρ μτβ be ashamed of. • ρ αμτβ be shy

ντροπαλός επίθ shy. (γυναίκα) coy. (συνεσταλμένος) bashful

ντροπή (η) shame. (προσβολή) disgrace. (συστολή) shyness

ντροπιάζω ρ μτβ shame. (ατιμάζω) disgrace. (προσβάλλω) mortify

ντροπιασμένος επίθ ashamed. (προσβεβλημένος) shamefaced

ντύν|ω ρ μτβ clothe. (βιβλίο) cover. **~ομαι** ρ αμτβ dress

ντύσιμο (το) dressing (clothes). (περιβολή) clothing

νύξη (η) hint

νύμφη (η) nymph. (εντόμου) pupa

νυσταγμένος επίθ sleepy

νυστάζω ρ αμτβ be sleepy

νυστέρι (το) scalpel

νύφη (η) bride. (για του γονείς του γαμπρού) daughter-in-law

νυφικό|ς επίθ bridal. **~** (το) wedding dress

νυφίτσα (η) weasel

νύχι (το) finger-nail. (αρπακτικού πουλιού) talon. (ζώου) claw

νυχοκόπτης (ο) (nail) clippers

νύχτα (η) night

νυχτέρι (το) night work

νυχτερίδα (η) bat (mammal)

νυχτερινός επίθ night

νυχτικό (το) nightdress, nightgown

νυχτόβιος επίθ nocturnal

νυχτοπεταλούδα (η) moth

νυχτοφύλακας (ο) night watchman

νυχτών|ει ρ απρόσ it's getting dark. **~νομαι** ρ αμτβ be overtaken by night

νωθρό|ς επίθ indolent. **~τητα** (η) indolence

νωπογραφία (η) fresco

νωπός επίθ fresh. (υγρός) damp

νωρίς επίρρ early

νωτιαίος μυελός (ο) spinal cord

νωχέλεια (η) nonchalance

νωχελικός επίθ nonchalant

Ξξ

ξαγκιστρώνω ρ μτβ unhook

ξαγρυπνώ ρ αμτβ stay awake

ξακουσμένος επίθ renowned

ξακουστός επίθ famous

ξαλαφρώνω ρ μτβ unburden. • ρ αμτβ unburden o.s.

ξανά επίρρ again. (εκ νέου) anew. **~ και ~** over and over

ξαναβάζω ρ μτβ replace

ξαναβάφω ρ μτβ repaint. (σπίτι) redecorate

ξαναβγάζω ρ μτβ take out again. (βιβλίο) reissue. (ρούχα) take off again

ξαναβρίσκω ρ μτβ recover

ξαναγυρίζω ρ αμτβ return, go home. **~ πίσω** retrace one's steps

ξαναζωντανεύω ρ μτβ revive. • ρ αμτβ come to life again

ξανακάνω ρ μτβ redo

ξαναλέ|(γ)ω ρ μτβ repeat, say again. **τα ~με** we'll talk again

ξαναμμένος επίθ flushed

ξανανιώνω ρ αμτβ have a new lease of life

ξανανοίγω ρ μτβ/ρ αμτβ reopen

ξαναπαντρεύομαι ρ αμτβ remarry

ξαναρχίζω ρ μτβ restart

ξανασκέφτομαι ρ μτβ rethink, think over. (αναθεωρώ) think better of

ξανασμίγω ρ μτβ reunite. • ρ αμτβ be reunited

ξαναφέρνω ρ μτβ bring back. **~ στη ζωή** resuscitate

ξαναφορτώνω ρ μτβ reload

ξανεμίζω ρ μτβ βλ **εξανεμίζω**

ξανθιά (η) blonde

ξανθοκόκκινος επίθ ginger

ξανθός επίθ fair (skin etc.). **~** (ο) blond

ξάνοιγμα (το) widening. (καιρού) clearing up. (σε δάσος) clearing. (τρόπου ζωής) launching out

ξανοίγ|ω ρ μτβ widen. • ρ αμτβ (καιρός) brighten up. **~ομαι** ρ αμτβ open up. (καράβι) put out (to sea). (σε έξοδα) overspend

ξαντό (το) lint

ξάπλα (η) lying down. (τεμπέλιασμα) lounging about

ξάπλωμα (το) lying down. (μεταφ) sprawling

ξαπλών|ω ρ μτβ spread out. (με χτύπημα) send s.o. sprawling. • ρ αμτβ lie down. **~ομαι** ρ αμτβ expand

ξαποστέλνω ρ μτβ send packing

ξάρτια (τα) rigging

ξάστερος επίθ clear (sky at night)

ξαφνιάζ|ω ρ μτβ startle. (προκαλώ έκπληξη) surprise. **~ομαι** be taken aback

ξαφνικ|ός επίθ sudden, abrupt. **~ό** (το) abruptness. **~ά** επίρρ suddenly

ξαφρίζω ρ μτβ skim. (μεταφ) **~ κπ** pick s.o.'s pocket

ξέβαθος επίθ shallow

ξεβάφω ρ αμτβ discolour. (ύφασμα) fade. (μαλλιά) bleach

ξεβγάζω ρ μτβ rinse

ξεβιδώνω ρ μτβ unscrew

ξεβουλώνω ρ μτβ unblock. (μπουκάλι) uncork

ξεγελώ ρ μτβ trick, fool, (καθομ) string along. (με εξυπνάδα) outwit

ξεγεννώ ρ μτβ deliver (woman of a baby)

ξεγράφω ρ μτβ write off

ξεδιαλύνω ρ μτβ clear up. (μυστήριο) unravel. • ρ αμτβ come true

ξεδιπλώνω ρ μτβ unfold

ξεδιψώ ρ μτβ/αμτβ quench s.o.'s/ one's thirst

ξεδοντιάρης επίθ toothless

ξεζουμίζω ρ μτβ/ρ αμτβ squeeze. (μεταφ) bleed dry (extort)

ξεθάβω *ρ μτβ* unearth

ξεθαρρεύω *ρ αμτβ* take courage. (*αποθρασύνομαι*) become bold

ξεθεωμένος *επίθ* worn out

ξεθυμαίνω *ρ αμτβ* (*μεταφ*) let off steam

ξεθωριάζω *ρ αμτβ* discolour. (*χρώμα*) fade

ξεκαθαρίζω *ρ μτβ* clear up. • *ρ αμτβ* clear

ξεκάθαρος *επίθ* clear. (*απάντηση*) unequivocal

ξεκάνω *ρ μτβ* do in, kill

ξεκαρδίζομαι *ρ μτβ* ~ στα γέλια roar with laughter

ξεκαρδιστικός *επίθ* hilarious

ξεκάρφωτος *επίθ* unnailed. (*μεταφ*) disconnected

ξεκίνημα (*το*) start

ξεκινώ *ρ μτβ* start. • *ρ αμτβ* set out, set off

ξεκλειδώνω *ρ μτβ* unlock

ξεκόβω *ρ μτβ/αμτβ* break away. (*μεταφ*) make absolutely clear

ξεκοκαλίζω *ρ μτβ* bone. (*τρώω*) pick to the bone. (*μεταφ*) squander

ξεκολλώ *ρ μτβ* unstick. (*μεταφ*) winkle out. • *ρ αμτβ* tear o.s. away

ξεκουκουτσιάζω *ρ μτβ* stone

ξεκουμπίζομαι *ρ αμτβ* clear off

ξεκουμπώνω *ρ μτβ* unbutton

ξεκουράζ|ω *ρ μτβ* let rest. **~ομαι** *ρ αμτβ* rest

ξεκούραση (*η*) rest

ξεκουρδίζομαι *ρ αμτβ* run down (*clock*). (*μουσ*) go out of tune

ξεκούτης *επίθ* dotard

ξεκουφαίνω *ρ μτβ* deafen

ξεκρεμώ *ρ μτβ* take down

ξελαρυγγίζομαι *ρ αμτβ* shout o.s. hoarse

ξελασπώνω *ρ μτβ* clean of mud. • *ρ αμτβ* get off the hook

ξελιγών|ω *ρ μτβ* make hungry. **~ομαι** *ρ αμτβ* be famished

ξελογιάζω *ρ μτβ* seduce

ξεμακραίνω *ρ αμτβ* drift apart

ξεμαλλιάζω *ρ μτβ* pull s.o.'s hair out. (*αέρας*) dishevel

ξεμεθώ *ρ αμτβ* sober up

ξεμοναχιάζω *ρ μτβ* take s.o. aside

ξεμουδιάζω *ρ αμτβ* stretch one's legs

ξεμπλέκω *ρ μτβ* disentangle. • *ρ αμτβ* extricate o.s.

ξεμυαλίζω *ρ μτβ* turn s.o.'s head

ξεμυτίζω *ρ αμτβ* venture out

ξεμωραμένος *επίθ* doddering

ξένα (*τα*) foreign countries

ξενάγηση (*η*) conducted tour

ξεναγός (*o, η*) guide

ξενικός *επίθ* foreign. (*παράξενος*) alien

ξενιτεύομαι *ρ αμτβ* leave for a foreign country

ξενιτιά (*η*) foreign lands

ξενοδοχείο (*το*) hotel

ξενοδόχος (*o, η*) hotelier

ξένοιαστος *επίθ* carefree

ξένος *επίθ* strange (*not known*). (*από άλλη χώρα*) foreign. ~ (*o*) outsider. (*άγνωστος*) stranger. (*από άλλη χώρα*) foreigner. (*επισκέπτης*) guest

ξενοφοβία (*η*) xenophobia

ξενύχτι (*το*) staying up late

ξενύχτισμα (*το*) (*νεκρού*) wake

ξενυχτώ *ρ αμτβ* stay up late

ξενώνας (*o*) hostel. ~ νεότητας youth hostel

ξεπαγιάζω *ρ μτβ/ρ αμτβ* (*μεταφ*) freeze

ξεπαγώνω *ρ μτβ/ρ αμτβ* thaw. (*κρέας*) defrost

ξεπερασμένος *επίθ* outmoded, outdated

ξεπερνώ *ρ μτβ* surpass. (*αναδείχνομαι ανώτερος*) outstrip. (*αριθμητικά*) outnumber. (*όρια*) overrun. (*σε βάρος*) outweigh. (*σε έργα*) outdo. (*στόχο*) overshoot. (*υπερνικώ*) overcome

ξεπεσμός (*o*) comedown. (*ηθικός*) degradation

ξεπεταρούδι (*το*) fledgling

ξεπετιώ *ρ μτβ* flush out. **~ιέμαι** *ρ αμτβ* shoot up. (*αναπηδώ*) spring up

ξεπέφτω *ρ αμτβ* (*θέση*) come down. (*μεταφ*) stoop

ξεπίτηδες *επίρρ* on purpose

ξεπλένω *ρ μτβ* rinse. (*χρήματα*) launder

ξεπληρώνω *ρ μτβ* repay, pay back

ξέπλυμα (*το*) rinse

ξεπλυμένος *επίθ* washed out, pale

ξεπούλημα *(το)* sale *(at reduced prices)*

ξεπουλώ *ρ μτβ* sell off

ξεπροβοδίζω *ρ αμτβ* see off

ξεπροβόδισμα *(το)* sendoff

ξέρα *(η)* ledge *(in the sea)*

ξεραίν|ω *ρ μτβ* dry. *(ήλιος)* parch. *(ξύλα)* weather. **~ομαι** *ρ αμτβ* *(δέντρα)* die. *(λουλούδια)* wither

ξερακιανός *επίθ* spare, lanky

ξεριζώνω *ρ μτβ* root out. *(μεταφ)* uproot

ξερνώ *ρ μτβ/ρ αμτβ* vomit. *(μεταφ)* squeal

ξερογλείφομαι *ρ αμτβ* lick one's lips

ξεροκέφαλος *επίθ* pig-headed

ξεροκόμματο *(το)* crust of bread. *(μεταφ)* pittance

ξερονήσι *(το)* desert island

ξερός *επίθ* dry. *(γη)* parched. *(δέντρα)* dead. *(λουλούδια)* withered. *(ύφος)* curt. *(χωρίς βλάστηση)* barren

ξεροψημένος *επίθ* crusty

ξεροψήν|ω *ρ μτβ* *(μαγ)* brown. **~ομαι** *ρ αμτβ* be baked dry. *(στον ήλιο)* roast

ξέρω *ρ μτβ* know, be familiar with

ξεσηκώνω *ρ μτβ* stir up. *(προκαλώ εξέγερση)* incite. *(πιστή αντιγραφή)* trace

ξεσκεπάζω *ρ μτβ* uncover. *(μεταφ)* unmask

ξεσκίζω *ρ μτβ* rip off. *(γρατσουνίζω)* lacerate

ξεσκονίζω *ρ μτβ* dust

ξεσκονόπανο *(το)* duster

ξεσκούφωτος *επίθ* bareheaded

ξέσπασμα *(το)* burst. *(γέλιου)* peal. *(ενθουσιασμού)* fit. *(θυμού)* outburst. *(πολέμου)* outbreak

ξεσπώ *ρ αμτβ* burst. *(πόλεμος)* break out

ξεστομίζω *ρ μτβ* utter

ξεσυνηθίζω *ρ αμτβ* get out of practice

ξεσφίγγω *ρ μτβ* loosen

ξετρελαίν|ω *ρ μτβ* drive mad. **~ομαι** *(με)* be mad (about). *(από αγάπη)* be infatuated (with)

ξετρυπώνω *ρ μτβ* unearth. • *ρ αμτβ* **~ από** spring up from

ξετυλίγω *ρ μτβ* unfold. *(περιτύλιγμα)* unwrap

ξεφάντωμα *(το)* revelry

ξεφεύγω *ρ μτβ* give the slip to. *(αλλάζω θέμα)* digress from

ξεφλουδίζ|ω *ρ μτβ* peel. *(αμύγδαλα)* blanch. *(φασόλια)* shell. *(φρούτα)* skin. **~ομαι** *ρ μτβ* flake. *(δέρμα)* peel

ξεφορτών|ω *ρ μτβ* unload. *(απορρίπτω)* dump. **~ομαι** *ρ μτβ* off-load. *(μεταφ)* get rid of

ξεφουρνίζω *ρ μτβ* take out of the oven. *(μεταφ)* blurt out

ξεφούσκωμα *(το)* deflation

ξεφουσκώνω *ρ μτβ* deflate

ξεφτέρι *(το)* *(μεταφ)* past master

ξεφτίζω *ρ μτβ/ρ αμτβ* fray

ξεφυλλίζω *ρ μτβ* leaf through. *(book)* browse

ξεφυσώ *ρ αμτβ* puff. *(μηχανή)* chug

ξεφυτρώνω *ρ αμτβ* sprout. *(μεταφ)* spring up

ξεφωνητό *(το)* cry, shout

ξεφωνίζω *ρ αμτβ* yell, cry out

ξέφωτο *(το)* glade, clearing

ξεχασιάρης *επίθ* forgetful

ξεχειλίζω *ρ μτβ* fill to the brim *αμτβ* overflow. *(όταν βράζει)* boil over

ξεχείλισμα *(το)* overflow

ξέχειλος *επίθ* full to the brim

ξεχειλώνω *ρ αμτβ* become misshapen

ξεχειμωνιάζω *ρ αμτβ* winter

ξεχν|ώ *ρ μτβ/ρ αμτβ* forget. **~ιέμαι** forget o.s.

ξεχορταριάζω *ρ μτβ* weed

ξεχρεώνω *ρ μτβ* pay off

ξεχτένιστος *επίθ* dishevelled

ξεχύνομαι *ρ αμτβ* pour out. *(ιδρώτας)* stream down. *(πλήθος)* surge

ξεχωρίζω *ρ μτβ* *(βάζω χωριστά)* put aside. *(διακρίνω)* make out. *(διαλέγω)* mark out, single out. *(επιλέγω)* weed out. *(προτιμώ)* differentiate. **~ μεταξύ** discriminate between. • *ρ αμτβ* stand out

ξεχωριστός *επίθ* distinct, marked.

(διακεκριμένος) distinguished

ξεψυχώ ρ αμτβ expire

ξηλώνω ρ μτβ dismantle. (ρούχα) unpick

ξημέρωμα (το) daybreak

ξημερώνω ρ αμτβ dawn. **~ομαι** stay awake all night

ξηρ|ά (η) land. **~ασία** (η) dryness. (ανομβρία) drought

ξηρό|ς επίθ βλ **ξερός**. (γη) arid. (τροφές) dried. **~ς ήχος** pop **~τητα** (η) dryness

ξιδάτος επίθ pickled in vinegar

ξίδι (το) vinegar

ξινίζω ρ μτβ/ρ αμτβ sour

ξινισμένος επίθ sour (not fresh)

ξινός επίθ sour (in taste)

ξιπασμένος επίθ uppish

ξιφασκία (η) fencing

ξιφίας (ο) swordfish

ξιφολόγχη (η) bayonet

ξιφομαχία (η) fencing

ξιφομάχος (ο) fencer

ξιφομαχώ ρ αμτβ fence

ξίφος (το) sword

ξοδεύω ρ μτβ spend

ξόρκι (το) incantation

ξυλάνθρακας (ο) charcoal

ξυλαράκι (το) twig. **κινέζικο ~** chopstick

ξυλεία (η) timber

ξυλιάζω ρ αμτβ become stiff, numb (from cold)

ξύλινος επίθ wooden

ξύλο (το) wood. (τιμωρία) hiding

ξυλογλυπτική (η) wood carving

ξυλοκάρβουνο (το) βλ **ευλοάνθρακας**

ξυλοκόπημα (το) beating

ξυλοκόπος (ο) woodcutter, lumberjack

ξυλοκοπώ ρ μτβ thrash

ξυλοπόδαρα (τα) stilts

ξυλουργική (η) carpentry

ξυλουργός (ο) joiner

ξυλόφωνο (το) xylophone

ξυλοφόρτωμα (το) thrashing

ξύν|ω ρ μτβ scrape. (με τα νύχια) scratch. (μολύβι) sharpen. **~ομαι** ρ αμτβ scratch

ξύπνημα (το) awakening

ξυπνητήρι (το) alarm clock

ξύπνιος επίθ awake

ξυπνώ ρ μτβ wake up, rouse. • ρ αμτβ wake up

ξυπόλητος επίθ barefoot

ξυράφι (το) razor

ξυρίζ|ω ρ μτβ shave. **~ομαι** ρ αμτβ shave

ξύρισμα (το) shave

ξυρισμένος επίθ shaven

ξυριστικ|ός επίθ shaving. **~ή μηχανή** (η) shaver

ξύσιμο (το) scratching

ξύστης (ο) scraper. **~ρα** (η) pencil-sharpener

ξωκλήσι (το) small country church

ξωτικό (το) sprite

. . . .

Oo

. . . .

ο, η, το, οριστικό άρθρο the

όαση (η) oasis

οβάλ επίθ άκλ oval

οβελίσκος (ο) obelisk. (εκκλησίας) steeple. (πάνω σε κτίριο) spire

οβίδα (η) shell (explosive)

οβολός (ο) small contribution, mite

ογδοηκοστός επίθ eightieth

ογδόντα επίθ άκλ eighty

ογδοντάρ|ης (ο), **~α** (η) eighty-year-old

όγδοο|ς επίθ eighth. **~** (το) eighth. (μουσ) quaver

ογκόλιθος (ο) boulder

όγκος (ο) volume. (ιατρ) tumour, growth. (μεγαλύτερο μέρος) bulk

ογκώδης επίθ voluminous. (σε μέγεθος) bulky

οδήγη|μα (το), **~ση** (η) driving

οδηγί|α (η) instruction. **~ες** (οι) (οδού) directions

οδηγός (ο, η) driver. (βιβλιαράκι) (το) guidebook. (ξεναγός) guide. (προσκοπίνα) girl guide. (προπορευόμενος) pace-maker

οδηγώ ρ μτβ lead. (αυτοκίνητο) drive. (ενεργώ ως οδηγός) guide. (ομαδικά) shepherd

οδικ|ός *επίθ* road
οδογέφυρα (*η*) viaduct
οδοιπορία (*η*) walk, march
οδοιπορικ|ός *επίθ* travelling. ~ά
  (*τα*) travelling expenses
οδοιπόρος (*ο*) traveller
οδοκαθαριστής (*ο*) road sweeper
οδόμετρο (*το*) odometer
οδοντιατρείο (*το*) dentist's surgery
οδοντιατρική (*η*) dentistry
οδοντίατρος (*ο, η*) dentist
οδοντόβουρτσα (*η*) toothbrush
οδοντογιατρός (*ο, η*) dentist
οδοντογλυφίδα (*η*) toothpick
οδοντόπαστα (*η*) toothpaste
οδοντοστοιχία (*η*) (*τεχνητή*)
  denture
οδοντωτός *επίθ* serrated
οδοποιία (*η*) road construction
οδό|ς (*η*) road, street (*in address*).
  (*μεταφ*) channel. καθ´ ~ν en
  route
οδόστρωμα (*το*) road surface
οδοστρωτήρας (*ο*) steamroller
οδόφραγμα (*το*) barricade
οδύνη (*η*) grief
οδυνηρός *επίθ* painful. (*είδηση*)
  distressing. (*εμπειρία*) harrowing
οδύρομαι *ρ αμτβ* lament
οδύσσεια (*η*) odyssey
όζον (*το*) ozone
ΟΗΕ (*ο*) *αρκτ* (*Οργανισμός
  Ηνωμένων Εθνών*) UN (United
  Nations)
οθόνη (*η*) (cinema, TV) screen.
  (Η/Υ) monitor
οθωμανικός *επίθ* Ottoman
οίδημα (*το*) (*ιατρ*) oedema
οικειοθελώς *επίρρ* of one's own
  free will
οικειοποιούμαι *ρ μτβ* appropriate
οικείο|ς *επίθ* familiar. ~ι (*οι*)
  family
οικειότητα (*η*) familiarity
οίκημα (*το*) dwelling
οικία (*η*) (*λόγ*) residence
οικιακ|ός *επίθ* domestic. ~ά (*τα*)
  housework
οικίζω *ρ μτβ* populate
οικισμός (*ο*) housing estate
οικογένεια (*η*) family

οικογενειακός *επίθ* family
οικογενειάρχης (*ο*) family man
οικοδέσποινα (*η*) hostess
οικοδεσπότης (*ο*) host
οικοδόμημα (*το*) edifice
οικοδομώ *ρ μτβ* build
οικοκυρική (*η*) housekeeping
οικολογία (*η*) ecology
οικολόγος (*ο, η*) conservationist
οικονομί|α (*η*) economy. (*φειδώ στα
  έξοδα*) saving. ~ες (*οι*) savings.
  κάνω ~ες economize
οικονομικά (*τα*) finance
οικονομικός *επίθ* fiscal. (*διαχείριση
  χρημάτων*) financial. (*σχετικός με
  την οικονομία*) economic. (*φτηνός*)
  economical
οικονομολογία (*η*) economics
οικονομολόγος (*ο, η*) economist
οικονόμος *επίθ* thrifty. ~ (*ο, η*)
  housekeeper. (*ιδρύματος*) bursar
οικονομ|ώ *ρ μτβ* put aside. τα
  ~άω be well off
οικόπεδο (*το*) plot (of land)
οίκος (*ο*) (*λόγ*) house. (*ίδρυμα*)
  home, institution
οικόσημο (*το*) coat of arms
οικοτροφείο (*το*) boarding school
οικότροφος (*ο, η*) (*σχολ*) boarder
οικουμένη (*η*) universe
οικουμενικός *επίθ* ecumenical
οίκτος (*ο*) pity
οικτρός *επίθ* pitiful
οινομαγειρείο (*το*) small tavern
οινοπαραγωγή (*η*) wine
  production
οινόπνευμα (*το*) alcohol
οινοπνευματώδης *επίθ* alcoholic
οινοποιία (*η*) wine making
οινοπωλείο (*το*) wine shop
οίνος (*ο*) (*αρχ*) wine
οιοσδήποτε *αντων βλ*
  οποιοσδήποτε
οιωνός (*ο*) portent. (*σημάδι*) omen
οκνηρί|α (*η*) (*αρχ*) laziness. ~ός
  επίθ lazy
οκτάβα (*η*) octave
οκταγωνικός *επίθ* octagonal
οκτάγωνο (*το*) octagon
οκτακόσι|α (*το*) eight hundred.
  ~οι *επίθ* eight hundred

οκτάνιο (το) octane
οκταπλάσιος επίθ eightfold
οκτάωρο|ς επίθ eight-hour. **~** (το) eight-hour day
οκτώ επίθ eight. **~** (το) eight
Οκτώβρ|ης, ~ιος (ο) October
ολέθριος επίθ disastrous
όλεθρος (ο) disaster
ολημέρα επίρρ all day long
ολιγάριθμος επίθ few in number
ολιγαρκής επίθ content with little
ολιγαρχία (η) oligarchy
ολικός επίθ total
ολισθηρός επίθ slippery
ολίσθηση (η) skid
Ολλανδία (η) Holland
ολλανδικός επίθ Dutch
Ολλανδ|ός (ο), **~ή** (η) Dutch
όλμος (ο) mortar. (στρ)
όλο επίρρ always. **~ και γκρινιάζει** he/she is always nagging. **ανεβαίνει ~ και ψηλότερα** it's climbing ever higher
ολόγραμμα (το) hologram
ολογράφως επίρρ (written) in full
ολόγυμνος επίθ stark naked
ολόγυρα επίρρ all round
ολοένα επίρρ continuously
ολοζώντανος επίθ full of life
ολοήμερος επίθ all-day
ολόιδιος επίθ exactly the same
ολόισι|ος επίθ absolutely straight. **~α** επίρρ straight
ολοκάθαρος επίθ spotless. (μεταφ) crystal clear
ολοκαίνουριος επίθ brand-new
ολοκαύτωμα (το) holocaust
ολόκληρος επίθ whole, entire. (εισιτήριο) full
ολόκληρο (το) (μουσικό) semibreve
ολοκληρώνω ρ μτβ complete. (αποτελειώνω) round off. (ενσωματώνω) integrate
ολοκλήρωση (η) completion. (ενσωμάτωση) integration
ολοκληρωτικός επίθ total. (καθεστώς) totalitarian
ολομέλεια (η) quorum
ολομόναχος επίθ all alone
όλον (το) whole
ολονύχτιος επίθ night-long

ολόρθος επίθ bolt upright
όλ|ος επίθ all. **~ος ο κόσμος** all and sundry. **~ο και περισσότερο** increasingly. **~οι κι ~οι** in all. **πάνω απ' ~α** above all
ολοστρόγγυλος επίθ rotund
ολοταχώς επίρρ at full speed
ολότελα επίρρ entirely
ολοφάνερος επίθ manifest. (λάθος) glaring. (ψέμα) blatant
ολόψυχος επίθ whole-hearted
ολυμπιακ|ός επίθ Olympic. **Ο~οί Αγώνες** (οι) Olympic Games
ομάδα (η) group. (αθλ) team. (ανθρώπων) bunch
ομαδικός επίθ joint
ομαλός επίθ normal. (επιφάνεια) even. (στην αφή) smooth
ομαλότητα (η) normality
ομελέτα (η) omelette
όμηρος (ο, η) hostage
Όμηρος (ο) Homer
ομιλ|ητής (ο), **~ήτρια** (η) speaker
ομιλητικός επίθ talkative. (στιλ) chatty
ομιλία (η) speech. (κουβέντα) talk
όμιλος (ο) group
ομίχλη (η) fog
ομιχλώδης επίθ foggy
ομοβροντία (η) volley, salvo
ομογενής επίθ of the same descent. **οι ~είς της Αμερικής** the American Greeks
ομοιοκαταληξία (η) rhyme
ομοιομορφία (η) uniformity
ομοιόμορφος επίθ uniform
ομοιοπαθής επίθ fellow sufferer
ομοιοπαθητική (η) homoeopathy
όμοιος επίθ like, similar
ομοιότητα (η) similarity. (μοιάσιμο) resemblance
ομοίωμα (το) effigy. **κέρινο ~** waxwork
ομολογία (η) confession. (εμπ) bond
ομόλογο (το) bond
ομόλογος (ο) opposite number
ομολογουμένως επίρρ admittedly
ομολογώ ρ μτβ confess. (αναγνωρίζω) admit. (εκκλ)

profess. (ενοχή) admit
ομόνοια (η) concord
ομορφαίνω ρ μτβ make beautiful.
• ρ αμτβ become beautiful
ομορφιά (η) beauty
όμορφος επίθ beautiful. (γυναίκα)
pretty
ομοσπονδία (η) federation
ομοφυλόφιλος επίθ homosexual,
gay
ομόφων|ος επίθ unanimous. **~α**
επίρρ unanimously
όμποε (το) άκλ oboe
ομπρέλα (η) umbrella. (του ήλιου,
μικρή) parasol. (στην πλαζ)
sunshade
ομπρελοθήκη (η) umbrella stand
ομφάλιος επίθ umbilical
ομφαλός (ο) navel
ομώνυμος επίθ of the same name.
~ ρόλος (ο) title role
όμως σύνδ still, but. (ωστόσο)
however
ον (το) being
ονειρεύομαι ρ μτβ/ρ αμτβ dream
ονειρευτός επίθ dreamlike.
(περιπόθητος) dreamed of
όνειρο (το) dream
ονειροπαρμένος επίθ starry-eyed.
~ (ο) dreamer
ονειροπόλημα (το) daydream
ονειροπολώ ρ αμτβ daydream
όνομα (το) name. (μικρό) first
name. (διασημότητα) reputation.
~ και μη χωριό mention no
names. **εν ονόματι** in the name of
ονομάζω ρ μτβ name
ονομασία (η) name. (η πράξη)
naming
ονομαστική (η) (γραμμ) nominative
ονομαστικ|ός επίθ nominal. **~ή
γιορτή** (η) name day
ονομαστός επίθ well-known
ονοματεπώνυμο (το) name in full
οντισιόν (η) άκλ audition
οντότητα (η) entity
όνυχας (ο) onyx
οξεία (η) stress-accent
οξείδιο (το) oxide
οξιά (η) beech
οξικός επίθ acetic

όξινος επίθ acid. (γεύση) bitter
οξύ (το) acid
οξυγόνο (το) oxygen
οξυδερκής επίθ with keen eyesight.
(μεταφ) discerning
οξυζενέ (το) άκλ peroxide
οξύθυμος επίθ petulant
οξύνοια (η) acumen
οξύνους επίθ sharp (person)
οξύς επίθ acute. (πόνος) severe
οξύτητα (η) acuteness. (χημεία)
acidity
οπαδός (ο, η) follower. (αθλ) fan.
(πολιτ) supporter
οπάλιο (το) opal
όπερα (η) opera
οπερατέρ (ο) άκλ cameraman
οπερέτα (η) operetta
οπή (η) aperture
όπιο (το) opium
οπιομανής επίθ opium addict
όπισθεν επίρρ behind. **~** (η)
(αυτοκ) reverse
οπίσθιος (ο) posterior
οπισθογραφώ ρ μτβ (νομ) endorse
οπισθοδρομικός επίθ retrograde
οπισθοφυλακή (η) rearguard
οπισθόφυλλο (το) back cover
οπισθοχωρώ ρ αμτβ retreat. (από
ντροπή) shy away. (από φόβο)
recoil. (διστάζω) flinch
οπλή (η) hoof
οπλίζω ρ μτβ arm. (όπλο) cock
οπλισμός (ο) armament. (σύνολο
όπλων) arms
όπλο (το) arm, weapon, gun.
(μεταφ) deterrent
οπλοστάσιο (το) arsenal
οπλοφόρος (ο, η) gunman
οποίο αντων which. βλ **οποίος**
όποιος αντων whoever. **~ ~**
anybody
οποί|ος αντων who. **του ~ ου, της
~ας, των ~ων** whose. **τον
~ον, την ~α, τους ~ους**
whom
οποι|οσδήποτε αντων whoever.
~οδήποτε whichever
όποτε επίρρ at any time
οπότε επίρρ whereupon
οποτεδήποτε επίρρ whenever

όπου επίρρ where. (οπουδήποτε) wherever

οπουδήποτε επίρρ anywhere

οπτασία (η) apparition

οπτικοακουστικός επίθ audio-visual

οπτικός επίθ optical. (της οράσεως) visual. ~ (ο, η) optician. ~ά επίρρ visually

οπωροπωλείο (το) fruit shop

οπωροπώλ|ης (ο), ~ις (η) fruiterer

όπως επίρρ like, as. ~ ~ anyhow. ~ και as well as. ~ πρέπει properly

οπωσδήποτε επίρρ without fail. (όπως κι αν έχει) anyhow

όραμα (το) vision

οραματ|ιστής (ο), ~ίστρια (η) visionary

όραση (η) eyesight, vision

ορατ|ός επίθ visible. ~τητα (η) visibility

οργανικός επίθ organic

οργανισμός (ο) system (body). (έμβιο ον) organism. (υπηρεσία) organization

όργανο (το) instrument. (οργανισμού) organ. (μεταφ) tool

οργανωμένος επίθ organised

οργανώνω ρ μτβ organize. (συγκροτώ) set up. (διαμαρτυρία) stage

οργάνωση (η) organization. (σύνολο) organization, society

οργαν|ωτής (ο), ~ώτρια (η) organiser

οργασμός (ο) orgasm

οργή (η) fury, wrath, rage. να πάρει η ~! damnation!

οργιά (η) fathom

οργιάζω ρ αμτβ have orgies. (μεταφ) be rife

όργιο (το) orgy. (μεταφ) riot (of colours)

οργισμένος επίθ irate

οργώνω ρ μτβ plough. (μεταφ) ply

ορδή (η) horde

ορέγομαι ρ μτβ hunger for

ορειβασία (η) mountaineering

ορειβάτ|ης (ο), ~ις (η) mountain climber

ορεινός επίθ mountainous

ορεκτικ|ός επίθ appetizing. ~ό (το) appetizer. ~ά (τα) hors-d'œuvre

όρεξη (η) appetite. καλή ~ bon appétit

ορθάνοιχτος επίθ wide open

όρθιος επίθ upright. (όχι σκυφτός) erect. (που στέκει) standing

ορθογραφία (η) spelling

ορθογώνιο|ς επίθ rectangular. ~ (το) rectangle

ορθοδοξία (η) orthodoxy

ορθόδοξος επίθ orthodox

ορθολογικός επίθ rational

ορθοπεδικός επίθ orthopaedic

ορθ|ός επίθ correct. ~η γωνία (η) right angle

ορθοστασία (η) standing

ορθών|ω ρ μτβ raise. ~ομαι ρ αμτβ rise

ορίζοντας (ο) horizon

οριζόντιος επίθ horizontal

ορί|ζω ρ μτβ set (limit etc.). (ημερομηνία) settle. (νομ) rule. (προσδιορίζω) designate. (ρητά) stipulate. ~στε here you are. ~στε; pardon? καλώς όρισες welcome

όρι|ο (το) boundary. (άκρο σημείο) limit. ~α (τα) confines

ορισμός (ο) definition. (διαταγή) disposal. (σε σταυρόλεξο) clue

οριστική (η) (γραμμ) indicative

οριστικοποιώ ρ μτβ finalize

οριστικός επίθ definite. (καθοριστικός) definitive

οριστικότητα (η) finality

ορκίζ|ω ρ μτβ place under oath. (σε καθήκοντα) swear in. ~ομαι ρ αμτβ vow

όρκος (ο) oath. (υπόσχεση) vow

ορκωμοσία (η) swearing in

ορκωτός επίθ sworn. ~ λογιστής chartered accountant

ορμαθός (ο) string (of lies)

ορμή (η) momentum

ορμητικός επίθ impetuous

ορμόνη (η) hormone

όρμος (ο) cove

ορμώ ρ αμτβ rush. (κινούμαι βιαστικά) dash, dart

όρνιθα (η) hen
ορνιθολογία (η) ornithology
ορνιθοσκαλίσματα (τα) squiggle, scrawl
όρνιο (το) bird of prey
οροθε|σία (η) demarcation. **~τώ** ρ μτβ demarcate
ορολογία (η) terminology
οροπέδιο (το) plateau
όρος[1] (το) mount
όρ|ος[2] (ο) proviso. (ονομασία) term, word. (περιοριστικός) condition. **~οι** (οι) (εμπ) terms
ορός (το) serum
οροσειρά (η) (mountain) range
ορόσημο (το) milestone. (μεταφ) landmark
οροφή (η) roof
όροφος (ο) storey. (κέικ) tier
ορτανσία (η) hydrangea
ορτύκι (το) quail
ορυζώνας (ο) paddy field
ορυκτό|ς επίθ mineral. **~** (το) mineral
ορυχείο (το) mine
ορφανεύω ρ μτβ orphan. • ρ αμτβ become an orphan
ορφάνια (η) orphanage
ορφανός επίθ orphan
ορφανοτροφείο (το) orphanage
ορχήστρα (η) orchestra. (μπάντα) band
ορχιδέα (η) orchid
όρχις (ο) testicle
οσμή (η) odour, smell
οσμίζομαι ρ μτβ smell
όσο επίρρ as much as. **~ για** as for. **~ κι αν** however
όσ|ος αντων as much as, as many as. (όλα) all. **~α ~α** at any price
όσπρια (τα) pulses
όστια (η) (εκκλ) wafer.
οστό (το) (αρχ) bone
οστρακιά (η) scarlet fever
όστρακο (το) shell
οστρακοειδή (τα) shellfish ακλ
όσφρηση (η) (sense of) smell
οσφυαλγία (η) lumbago
όταν σύνδ when
ΟΤΕ συντ (Οργανισμός Τηλεπικοινωνιών Ελλάδος) Greek

Telecommunications Authority
ότι σύνδ that
ό, τι αντων what, whatever
οτιδήποτε αντων anything
οτοστόπ (το) άκλ hitch-hiking
ότου αντων **μέχρις ~** until
Ουαλία (η) Wales
Ουγγαρία (η) Hungary
ουγγρικός επίθ Hungarian
Ούγγρος (ο), **Ουγγαρέζα** (η) Hungarian
ουγκιά (η) ounce
ουδέποτε επίρρ never
ουδέτερο|ς επίθ neutral. **~** (το) neuter
ουδετερότητα (η) neutrality
ουδόλως επίρρ in no way
ούζο (το) ouzo
ουίσκι (το) ακλ whisky
ουλή (η) scar
ούλο (το) (ανατ) gum
ουμανισμός (ο) humanism
ουρά (η) tail. (σειρά) queue. (φορέματος) train
ούρα (τα) urine
ουραν|ής επίθ sky-blue. **~ί** (το) sky-blue
ουράνιο (το) uranium
ουράνι|ος επίθ celestial. **~ο τόξο** (το) rainbow. **~α** (τα) heavens
ουρανίσκος (ο) palate
ουρανοξύστης (ο) skyscraper
ουρανός (ο) sky
ουρητήριο (το) urinal
ουρλιάζω ρ αμτβ howl. (σκύλος) yelp
ουρώ ρ αμτβ urinate
ουσία (η) essence. (έννοια) crux. (σημασία) gist. (φαγητού) flavour. (φυσικό σώμα) substance
ουσιαστικό (το) noun
ουσιαστικός επίθ essential. (εσωτερικός) intrinsic. (ουσιώδης) substantial. (πραγματικός) virtual
ουσιώδης επίθ essential. (κεφαλαιώδης) vital
ούτε σύνδ neither, nor. **~ καν** not even
ουτοπία (η) utopia
ούτω|ς, (πριν από σύμφωνο) **ούτω** επίρρ so. **~ς ή άλλως** in any case.

~ς ώστε so as to. **και ~ καθεξής** and so on and so forth
ουφ! *επιφών* phew!
οφειλέτης (*ο*) debtor
οφείλω *ρ μτβ* owe
όφελος (*το*) benefit
οφθαλμολόγος (*ο*) oculist
οφθαλμαπάτη (*η*) optical illusion
οφθαλμίατρος (*ο, η*) ophthalmologist
οφθαλμ|ός (*ο*) eye. **~όν αντί ~ού** eye for an eye. **εν ριπή ~ού** in the twinkling of an eye
όφις (*ο*) serpent
οφσάιντ *επίθ άκλ* offside
οχ! *επιφών* whoops!
οχετός (*ο*) drain
όχημα (*το*) vehicle. (*γραφομηχανής*) carriage
όχθη (*η*) (river) bank
όχι *επίρρ* no, not. **~ ακόμη** not yet
οχιά (*η*) adder. (*μεταφ*) viper
οχλαγωγία (*η*) uproar
οχληρός *επίθ* annoying
οχλοκρατία (*η*) mob rule
όχλος (*ο*) mob, rabble
οχτώ *επίθ βλ* **οκτώ**
οχυρό (*το*) fort
οχύρωμα (*το*) fortification
οχυρών|ω *ρ μτβ* fortify. **~ομαι** *ρ αμτβ* barricade o.s.
όψη (*η*) complexion, appearance, aspect
όψιμος *επίθ* late. (*καθυστερημένος*) belated

•••••••••••••••••••••••••••

Ππ

•••••••••••••••••••••••••••

παγάκι (*το*) ice cube
παγανιστικός *επίθ* pagan
παγερός *επίθ* frosty
παγετός (*ο*) frost
παγετώνας (*ο*) glacier
παγίδα (*η*) trap. (*θηλειά*) snare. (*μεταφ*) pitfall
παγιδεύω *ρ μτβ* trap
πάγιος *επίθ* fixed

παγιώνω *ρ μτβ* consolidate. (*μεταφ*) cement
παγκάκι (*το*) (*garden*) bench
πάγκος (*ο*) counter (*in shop etc.*). (*για εμπορεύματα*) stand. (*για ξυλουργική*) bench
παγκοσμιοποίηση (*η*) globalization
παγκόσμι|ος *επίθ* worldwide, universal, global. **~ς ιστός** the (worldwide) Web. **~ χωριό** (*το*) global village
πάγκρεας (*ο*) pancreas
παγόβουνο (*το*) iceberg
παγοδρομία (*η*) ice skating
παγοδρόμιο (*το*) ice rink
παγοδρόμος (*ο, η*) skater
παγοδρομώ *ρ αμτβ* iceskate
παγοκρύσταλλος (*ο*) icicle
παγόνι (*το*) peacock
παγοπέδιλο (*το*) (ice) skate
πάγος (*ο*) ice
παγούρι (*το*) flask
παγωμένος *επίθ* icy. (*ποτό*) ice cold
παγωνιά (*η*) frost. (*κρύο*) freezing
παγώνω *ρ μτβ*/*ρ αμτβ* freeze. (*αίμα*) curdle. (*καταψύχω*) chill
παγωτό (*το*) ice-cream
παζάρεμα (*το*) bargain
παζαρεύω *ρ αμτβ* bargain, haggle
παζάρι (*το*) bazaar. (*παζάρεμα*) bargain
παθαίνω *ρ μτβ*/*ρ αμτβ* suffer (*loss etc.*). (*αρρώστια*) develop. **καλά να πάθεις** it serves you right
πάθημα (*το*) setback
πάθηση (*η*) complaint, illness
παθητικός *επίθ* passive
παθιασμένος *επίθ* impassioned
παθολογ|ία (*η*) pathology. **~ικός** *επίθ* compulsive
παθολόγος (*ο, η*) (*γιατρός*) general practitioner
πάθος (*το*) pathos. (*έντομη επιθυμία*) passion
παίγνιο (*το*) plaything
παιδαγωγικός *επίθ* pedagogic
παιδάκι (*το*) small child
παϊδάκι (*το*) rib
παιδαρέλι (*το*) chit, small child

παιδαριώδης *επίθ* puerile
παιδεία (*η*) education
παιδεύ|ω *ρ μτβ* instruct. (*βασανίζω*) torment. ~ομαι (με) *ρ αμτβ* struggle (with)
παιδί (*το*) child. ~ θαύμα child prodigy
παιδιάστικος *επίθ* childish
παιδίατρος (*ο, η*) paediatrician
παιδικός *επίθ* infantile. (*σαν παιδιού*) childlike. ~ σταθμός (*ο*) (day) nursery
παιδούλα (*η*) small girl
παίζω *ρ μτβ* play. (*με αισθήματα*) toy with. (*μουσική*) perform. (*κοροϊδεύω*) fool. • *ρ αμτβ* (*ταλαντεύομαι*) sway. (*στο θέατρο*) act, perform. (*χαρτιά*) gamble
παίκτ|ης (*ο*), ~ρια (*η*) player
παίρνω *ρ μτβ/ρ αμτβ* take. (*απόφαση*) make. (*επιβάτη*) pick up. (*επιστολή*) receive. (*παντρεύομαι*) marry. (*τρένο κλπ*) catch. ~ νέα hear from. ~ πάνω μου be on the mend. ~ πίσω take back. τον ~ doze off
παιχνιδάκι (*το*) plaything
παιχνίδι (*το*) toy
παιχνιδιάρης *επίθ* skittish
παιχνιδιάρικος *επίθ* playful
παιωνία (*η*) peony
πακέτο (*το*) parcel. (*σύνολο*) package
Πακιστάν (*το*) άκλ Pakistan
παλαβός *επίθ* mad, crazy
παλαβώνω *ρ μτβ* make mad. • *ρ αμτβ* go mad
παλαίμαχος (*ο*) veteran
παλαιολιθικός *επίθ* palaeolithic
παλαιοπώλης (*ο*) second hand dealer. (*αρχαιοτήτων*) antique dealer
παλα|ιστής (*ο*), ~ίστρια (*η*) wrestler
Παλαιστίνη (*η*) Palestine
παλαίστρα (*η*) (wrestling) ring
παλάμη (*η*) palm (*of hand*)
παλάτι (*το*) palace
παλέτα (*η*) palette
παλεύω *ρ αμτβ* wrestle
πάλη (*η*) wrestling. (*μεταφ*) contest (*fight*)

πάλι *επίρρ* again
παλιάνθρωπος (*ο*) villain, scoundrel
παλιατζίδικο (*το*) junk-shop
παλιάτσος (*ο*) clown
παλικαράς (*ο*) tough guy
παλικάρι (*το*) daring young man
παλικαρισμός (*ο*) bravado
παλινδρόμηση (*η*) regression
παλιοθήλυκο (*το*) (*υβρ*) bitch
παλιόπαιδο (*το*) (*υβρ*) brat
παλιοπράγματα (*τα*) junk
παλιός *επίθ* old (*not modern*). (*αντιλήψεις*) old-fashioned. (*από πολλού καιρού*) long-standing. (*κρασί*) aged. (*περασμένης εποχής*) old world. (*προηγούμενος*) former
παλιοσιδερικά (*τα*) scrap-iron
παλιόφιλος (*ο*) old crony
παλίρροια (*η*) tide
πάλλομαι *ρ αμτβ* pulsate. (*καρδιά*) throb
παλμός (*ο*) throb. (*δόνηση*) vibration. (*καρδιάς*) beat
παλούκι (*το*) stake
παλτό (*το*) overcoat, coat
παμπ (*το*) άκλ pub
παμπάλαιος *επίθ* ancient (*very old*)
πάμπλουτος *επίθ* very wealthy
πάμφτωχος *επίθ* desperately poor
πάνα (*η*) nappy, (*αμερ*) diaper
Παναγία (*η*) madonna
πανάθλιος *επίθ* wretched
πανάκεια (*η*) panacea
πανδαιμόνιο (*το*) pandemonium
πανδοχέας (*ο*) innkeeper
πανδοχείο (*το*) inn
πανεθνικός *επίθ* nationwide
πανεπιστήμιο (*το*) university
πανεπιστημιούπολη (*η*) campus
πανευτυχής *επίθ* blissful
πανηγύ|ρι (*το*) (village) fair. ~υρίζω *ρ αμτβ* rejoice
πάνθηρας (*ο*) panther
πανί (*το*) cloth. (*καραβιού*) sail
πανίδα (*η*) fauna
πανικοβάλλ|ω *ρ μτβ* cause to panic. ~ομαι *ρ αμτβ* panic
πανικόβλητος *επίθ* panicstricken

πανικός (o) panic
πανίσχυρος επίθ all powerful
πανό (το) άκλ placard
πανομοιότυπος επίθ identical
πανοπλία (η) armour, mail
πανόραμα (το) panorama
πανούκλα (η) plague
πανούργος επίθ wily
πανσέληνος (η) full moon
πανσές (o) pansy
πανσιόν (η) guesthouse
πάντα[1] (το) (αρκούδα) panda
πάντα[2] επίρρ always. **για ~** for good, for ever
παντατίφ (το) άκλ pendant
παντελόνι (το) trousers. (σπορ) slacks
παντζάρι (το) beetroot άκλ
παντζούρι (το) shutter
παντοδύναμος επίθ omnipotent
παντομίμα (η) pantomime
πάντοτε επίρρ always
παντοτινός επίθ everlasting
παντού επίρρ everywhere, all over
παντόφλα (η) slipper
παντρειά (η) marriage
παντρεμένος επίθ married
παντρεύω ρ μτβ wed. **~ομαι** ρ μτβ/αμτβ marry
πάντως επίρρ anyway
πάνω επίρρ above. **~ κάτω** thereabouts. **~ σε** (πλοίο ή αεροπλάνο) aboard. **~ στην ώρα** at the right time. **εκεί ~** up there
πανωλεθρία (η) rout
πανωφόρι (το) overcoat
παξιμάδι (το) rusk. (μηχ) nut. **~αδάκι** (το) crisp roll
παπαγαλάκι (το) budgerigar
παπαγαλίζω ρ μτβ learn parrot fashion
παπαγάλος (o) parrot
παπαδιά (η) priest's wife
παπάκι (το) duckling. (H/Y) at sign, @
παπαρούνα (η) poppy
πάπας (o) pope
παπάς (o) priest
παπί (το) duckling
πάπια (η) duck. (ουροδοχείο) bedpan

παπιγιόν (το) bow tie
πάπλωμα (το) quilt, duvet
παπούτσι (το) shoe
παπουτσίδικο (το) shoe shop. (εργαστήριο) shoemaker's
παπουτσώνω ρ μτβ shoe
παππούς (o) grandfather
πάπρικα (η) paprika
πάπυρος (o) papyrus
πάρα μόρ very. (περισσότερο απ' ότι πρέπει) too. **ευχαριστώ ~ πολύ** thank you very much
παρά πρόθ notwithstanding, in spite of, despite. (ώρα) to. **~ λίγο** nearly. **~ τη θέληση τους** against their will. **είναι δύο ~ είκοσι** it's twenty to two. • σύνδ (αλλά) but. (μόνο) only
παραβαίνω ρ μτβ contravene. (νομ) transgress. (υπόσχεση) break
παραβάν (το) άκλ screen
παράβαση (η) contravention
παραβάτ|ης (o), **~ις** (η) offender
παραβγαίνω ρ αμτβ go out too much. (μεταφ) compete
παραβιάζω ρ μτβ violate. (για διάρρηξη) force. (δικαιώματα) infringe. (κλειδαριά) pick. (υπόσχεση) break
παραβλέπω ρ μτβ overlook. (ανέχομαι) condone
παραβολή (η) parable
παράβολο (το) fee (to the state)
παραγγελία (η) (εμπ) order
παραγγέλ|λω, ~νω ρ μτβ (μήνυμα) send. (εμπ) order. (καλλιτέχνη) commission
παραγεμίζω ρ μτβ cram. (κρεβάτι) pad. (μαγ) stuff
παράγκα (η) shanty
παράγοντας (o) factor
παράγραφος (η) paragraph
παράγω ρ μτβ produce. (γραμμ) derive. (ηλεκτρισμό) generate
παραγωγικός επίθ productive
παραγωγή (η) production. (γραμμ) derivation
παράγωγος επίθ derivative
παραγωγός (o) producer
παραγώνι (το) fireside
παράδειγμα (το) example. (περίπτωση) instance.

...είγματος χάρη (συντ π.χ.) ...ple (e.g.)

...ειγματίζω ρ μτβ make an ...ple of

...άδεισος (ο) heaven. (κήπος ...ων πρωτόπλαστων) paradise

...αραδέχομαι ρ μτβ concede. ...(δυσκολίες) face up to. (ενοχή) admit to

παραδίδω, ~νω ρ μτβ hand over. (εμπ) deliver. (παραχωρώ) surrender. **~δομαι** ρ αμτβ give o.s. up

παράδοξος επίθ paradoxical. (παράξενος) fanciful

παραδόξως επίρρ paradoxically

παράδοση (η) surrender. (εμπ) delivery. (συνήθεια) tradition. (σχολ) teaching

παραδοσιακός επίθ traditional

παραδουλεύτρα (η) charwoman, daily

παραδουλεύω ρ αμτβ overwork. (ως παραδουλεύτρα) char

παραδοχή (η) admission

παραδρομή (η) oversight

παραζάλη (η) confusion

παραθαλάσσιος επίθ by the sea

παραθερίζω ρ αμτβ spend the summer

παραθερ|ιστής (ο), **~ίστρια** (η) holiday maker

παραθέτω ρ μτβ juxtapose. (αναφέρω) cite. (μνημονεύω) quote. (συγκρίνω) collate

παράθυρο (το) window

παραθυρόφυλλο (το) shutter

παραϊατρικό προσωπικό (το) paramedics

παραίτηση (η) resignation. (από αγώνα) withdrawal. (από θρόνο) abdication. (δικαιώματος) relinquishment

παραιτούμαι ρ αμτβ resign. (από το θρόνο) abdicate. (παύω να ενδιαφέρομαι) give up. **~ από** waive (δικαιώματος) relinquish. (εγκαταλείπω) forgo.

παρακαλώ ρ μτβ beg, ask. **~ κπ** plead with s.o. **ναι, ~** yes, please. **Ευχαριστώ. Π~** Thank you. Don't mention it

παρακάμπτω ρ μτβ bypass.

(κανονισμό) get round. (πλοίο) sail round

παράκαμψη (η) detour

παρακάνω ρ μτβ overdo

παρακαταθήκη (η) (εμπ) stock. (κληρονομιά) heritage

παρακάτω επίρρ below

παρακείμενος επίθ adjacent

παρακινώ ρ μτβ prompt. (παροτρύνω) motivate. (σε πράξη) spur (on)

παρακλάδι (το) offshoot

παράκληση (η) request. (εκκλ) prayer

παρακμάζω ρ αμτβ decay

παρακμή (η) decline. (μαρασμός) decadence

παρακοιμάμαι ρ αμτβ oversleep

παρακολουθώ ρ μτβ watch. (ακολουθώ κπ) tail. (ακούω) be with, understand. (ελέγχω) monitor. (κατασκοπεύω) have under surveillance. (μαθήματα) attend. (συμβαδίζω) keep track of

παρακούω ρ μτβ mishear. (απειθώ) disobey

παρακρατώ ρ μτβ deduct

παράκτιος επίθ coastal

παρακωλύω ρ μτβ encumber

παραλαβή (η) receipt (of goods)

παραλαμβάνω ρ μτβ collect, pick up. (εμπ) take delivery of

παραλείπω ρ μτβ omit. (αποσιωπώ) leave out

παράλειψη (η) omission

παραλέω ρ μτβ exaggerate

παραλήπτ|ης (ο), **~ρια** (η) recipient. (αλληλογραφίας) addressee

παραλήρημα (το) delirium. (τρελού) raving

παραληρώ ρ αμτβ be delirious. (τρελός) rave

παράληψη (η) oversight

παράλια (τα) coastline

παραλία (η) beach, seaside

παραλιακός επίθ coastal

παραλίγο επίρρ nearly

παραλλαγή (η) variant, variation

παράλληλος επίθ parallel. **~** (η) parallel (line)

παράλογος επίθ illogical,

irrational. (ιδέα) absurd. (τρελός)
insane. (εξωφρενικός)
unreasonable

παράλυση (η) paralysis

παράλυτος επίθ paralysed

παραλύω ρ μτβ paralyse. • ρ αμτβ
be paralysed

παραμάνα (η) safety pin.
(γκουβερνάντα) nurse, nanny

παραμέληση (η) neglect

παραμελώ ρ μτβ neglect

παραμένω ρ αμτβ remain. (μεταφ)
linger

παραμερίζω ρ μτβ push aside.
(αντιρρήσεις) lay aside.
(υποσκελίζω) pass over. ~ κπ
brush aside. • ρ αμτβ step aside

παράμερος επίθ secluded

παράμετρος (η) parameter

παραμικρός επίθ merest.
(ελάχιστος) least

παραμιλώ ρ αμτβ be delirious

παραμονεύω ρ μτβ lay in wait for.
• ρ αμτβ lurk

παραμονή (η) stay. (προηγούμενη
μέρα) eve

παραμορφώνω ρ μτβ deform.
(έργο τέχνης) deface. (πρόσωπο)
disfigure

παραμυθ|άς (ο), **~ού** (η) fibber

παραμύθι (το) fairy story, fairy
tale. (ψέμα) fib

παράνοια (η) paranoia

παρανομία (η) illegitimacy. (πράξη)
offence

παράνομος επίθ unlawful, illegal.
(απαγορευμένος) illicit. (μυστικός)
underground

παράνυφος (η) bridesmaid

παρανυχίδα (η) hangnail

παραξενεύ|ω ρ μτβ cause to
wonder. • ρ αμτβ become odd.
~ομαι ρ αμτβ be taken aback, be
surprised

παραξενιά (η) oddity, strangeness.
(ιδιοτροπία) whim

παράξενος επίθ strange.
(αλλόκοτος) odd, weird.
(ιδιότροπος) peculiar. (κατάσταση)
curious

παραοικονομία (η) black economy

παραπάνω επίρρ above. (παρα-

πέρα) further up. (πιο πολύ) over

παραπάτημα (το) stumble.
(στραβοπάτημα) tripping

παραπατώ ρ αμτβ stumble.
(στραβοπατώ) trip

παραπέμπω ρ μτβ remand.
(μεταβιβάζω) relegate. (σε δίκη)
commit. (σε κείμενο) refer

παραπέτο (το) parapet

παραπέτασμα (το) curtain (screen)

παραπετώ ρ μτβ mislay

παράπηγμα (το) shed

παραπλανώ ρ μτβ mislead.
(διαφθείρω) lead astray

παράπλευρος επίθ adjoining

παραπλεύρως επίρρ alongside

παραπληροφορώ ρ μτβ
misinform

παραποιώ ρ μτβ falsify.
(διαστρεβλώνω) distort. (κείμενο ή
ομιλία) misquote

παραπομπή (η) reference. (σε
δίκη) commitment

παραπονιάρης επίθ whiner

παραπονιέμαι ρ αμτβ grumble,
whine

παράπονο (το) complaint.
(αίσθημα θλίψης) grievance

παραπονούμαι ρ αμτβ βλ
παραπονιέμαι

παραποϊόν (το) by-product

παράπτωμα (το) misdemeanour

παράρτημα (το) (βιλίου) appendix.
(καταστήματος) branch. (κτιρίου)
annex

παράς (ο) brass

παρασέρνω ρ μτβ carry away.
(αυτοκίνητο) run over. (μεταφ)
lead astray

παράσιτο (το) parasite

παρασκευάζω ρ μτβ make up,
prepare. (φάρμακο) manufacture

παρασκεύασμα (το) preparation

Παρασκευή (η) Friday

παρασκηνιακός επίθ offstage

παρασκήνι|ο (το) backstage. **~α**
(τα) (θεατρ) wings. (μεταφ)
background

παράσπιτο (το) outhouse

παράσταση (η) (θέατρ)
performance. (απογευματινή)
matinée. (παρουσία) appearance

(απεικόνιση) depiction.

παραστέκομαι *ρ μτβ* stand by, support

παράστημα (*το*) bearing, poise

παραστρατώ *ρ αμτβ* go astray

παρασύρ|ω *ρ μτβ* sweep away. (*μεταφ*) lead astray. **~ομαι** *ρ αμτβ* drift

παράταιρος *επίθ* odd (*in a set*)

παράταξη (*η*) line-up. (*κόμμα*) side, party

παράταση (*η*) (*εμπ*) extension.

παρατάσσω *ρ μτβ* line up. (*στρ*) marshal

παρατείνω *ρ μτβ* prolong. (*παρατραβώ*) protract. (*επίσκεψη*) extend

παρατήρηση (*η*) observation. (*γραπτή*) note. (*διατύπωση*) remark. (*επίκριση*) rebuke

παρατηρ|ητής (*ο*), **~ήτρια** (*η*) observer

παρατηρητήριο (*το*) watch tower. (*θέση*) observation post

παρατηρητικός *επίθ* observant, perceptive

παρατηρώ *ρ μτβ* observe. (*λέω*) remark

παράτολμος *επίθ* reckless. (*απερίσκεπτος*) foolhardy. **~ος** (*ο*) daredevil

παρατραβηγμένος *επίθ* far-fetched

παρατραβώ *ρ μτβ* pull too much. (*παρακάνω*) overdo

παρατσούκλι (*το*) nickname

παρατώ *ρ μτβ* desert. (*αρραβωνιαστικό*) jilt

πάραυτα *επίρρ* forthwith

παραφέρομαι *ρ αμτβ* be carried away

παραφίνη (*η*) paraffin

παράφορος *επίθ* passionate

παραφορτωμένος *επίθ* overloaded

παραφορτώνω *ρ μτβ* overload. (*μεταφ*) overtax

παράφραση (*η*) paraphrase

παραφροσύνη (*η*) insanity

παράφρ|ων, **~ονας** *επίθ* insane, demented

παραφυάδα (*η*) sucker (*on plant*)

παραφυλάω *ρ μτβ* waylay

παραφωνία (*η*) dissonance. (*μεταφ*) discord

παράφωνος *επίθ* (*μουσ*) flat. (*τραγουδιστής*) out of tune. (*μεταφ*) discordant

παραχαϊδεύω *ρ μτβ* pamper, mollycoddle. (*παιδί*) spoil

παραχαράκτης (*ο*) forger

παραχωρώ *ρ μτβ* cede. (*γη*) allot. (*εκχωρώ*) concede

παραψήνω *ρ μτβ* (*μαγ*) overdo

παρέα (*η*) company, guests. (*σύντροφος*) friend. (*φίλοι*) group of friends

παρειά (*η*) wall (*of mountain*)

παρείσακτος (*ο*) interloper

παρέκβαση (*η*) digression

παρεκκλήσι (*το*) chapel

παρεκκλίνω *ρ αμτβ* deviate

παρεκτροπή (*η*) aberration

παρέλαση (*η*) parade

παρελαύνω *ρ αμτβ* parade

παρέλευση (*η*) passage (*of time*)

παρελθόν (*το*) past

παρεμβάλλω *ρ μτβ* interpolate

παρέμβαση (*η*) intervention. (*ραδιόφωνο*) interference

παρεμποδίζω *ρ μτβ* impede

παρενέργεια (*η*) side effect

παρένθεση (*η*) parenthesis. (*γραμμ*) bracket. (*μεταφ*) interlude

παρενοχλώ *ρ αμτβ* harass

παρεξήγηση (*η*) misunderstanding

παρεπόμενο (*το*) consequence

παρεξηγώ *ρ μτβ* misunderstand

παρερμηνεία (*η*) misrepresentation

παρευρίσκομαι *ρ αμτβ* be present

παρέχω *ρ μτβ* afford, provide. (*προμηθεύω*) supply

παρηγορ|ιά (*η*) consolation. (*ανακούφιση*) solace. **~ώ** *ρ μτβ* console, comfort

παρθένα (*η*) virgin

παρθεναγωγείο (*το*) girls' school

παρθενία (*η*) virginity

παρθενιά (*η*) maidenhood

παρθενικός *επίθ* virginal. (*ταξίδι, ομιλία*) maiden

παρθένος *επίθ* virgin. **~** (*η*) (*αστρολ*) Virgo

Παρθενώνας (*o*) Parthenon
Παριζιάν|ος (*o*), **~α** (*η*) Parisian
Παρίσι (*το*) Paris
παρίσταμαι *ρ μτβ* be present
παριστάνω *ρ μτβ* pose as
παρκάρω *ρ μτβ/ρ αμτβ* park
παρκέ (*το*) *άκλ* parquet floor
πάρκο (*το*) park
παρκόμετρο (*το*) parking-meter
πάρκο (*το*) (*μωρού*) play-pen
παρμπρίζ (*το*) *άκλ* windscreen
παροδικός *επίθ* transitory
πάροδος (*η*) sidestreet. (*πέρασμα*)
  passage (*of time*)
παροικία (*η*) community
παροιμία (*η*) proverb
παρόλ|ο *επίρρ* for all. **~α αυτά** all
  the same
παρομοιάζω *ρ μτβ* liken
παρόμοιος *επίθ* similar
παρομοίως *επίρρ* likewise
παρομοίωση (*η*) simile
παρόν (*το*) present
παρονομάζω *ρ μτβ* nickname
παροξυσμός (*o*) paroxysm.
  (*βήχα*) fit
παροπλίζω *ρ μτβ* (*πλοίο*) put out
  of commission
παρόραμα (*το*) misprint
παρόρμηση (*η*) impulse
παρορμητικός *επίθ* impulsive
παροτρύνω *ρ μτβ* urge
παρουσία (*η*) attendance.
  (*εμφάνιση*) presence
παρουσιάζ|ω *ρ μτβ* present.
  (*εκθέτω*) show. (*κιν ταινία*) feature.
  (*προϊόν*) launch. (*σαν παράδειγμα*)
  hold. (*συστήνω*) introduce. **~ομαι**
  ρ αμτβ turn up. (*φτάνω*) appear
παρουσιαστικό (*το*) appearance
  (*aspect*)
παροχή (*η*) provision
παρτέρι (*το*) border, flowerbed
πάρτι (*το*) party
παρτίδα (*η*) batch (*of goods*)
παρτιζάνος (*o*) partisan
παρτιτούρα (*η*) (*μουσ*) score
παρωδ|ία (*η*) parody. (*μεταφ*)
  mockery. **~ώ** *ρ μτβ* parody
παρών *επίθ* present
παρωπίδα (*η*) blinker

πάσα (*η*) pass (*sport*)
πασαλείβω *ρ μτβ βλ* **πασαλείφω**
πασαλείφω *ρ μτβ* smear. (*μπογιά*)
  daub
πασαρέλα (*η*) catwalk
πασάρω *ρ μτβ* (*σπορ*) pass. (*μεταφ*)
  palm off
πασάς (*o*) pasha
πασίγνωστος *επίθ* well-known
πασιφιστής (*o*) pacifist
πασπαλίζω *ρ μτβ* dust, sprinkle
πασπατεύω *ρ μτβ* paw
πάσσαλος (*o*) post (*pole*).
  (*κατασκήνωση*) pale. (*για φυτά*)
  stake
πάστα (*η*) paste. (*για άλειμμα σε*
  ψωμί) spread
παστέλ (*το*) *άκλ* pastel
παστέλι (*το*) honey and sesame
  seed bar
παστεριώνω *ρ μτβ* pasteurize
παστίλια (*η*) pastille. (*για τον*
  πονόλαιμο) lozenge
παστίς (*το*) *άκλ* pastiche
παστίτσιο (*το*) dish made with
  macaroni, mince meat and
  béchamel sauce
παστός *επίθ* cured with salt
Πάσχα (*το*) Easter
πασχαλιά (*η*) lilac
πασχαλινός *επίθ* Easter
πασχαλίτσα (*η*) ladybird
πάσχω *ρ αμτβ* suffer. (*άρρωστος*) ail
πατ *άκλ* (*σκάκι*) stalemate
πάταγος (*o*) crash (*noise*)
πατάρι (*το*) loft
πατάτα (*η*) potato
πατατάκια (*τα*) crisp
πατέ (*το*) *άκλ* pâté
πατέντα (*η*) patent
πατεντάρω *ρ μτβ* patent
πατέρας (*o*) father
πάτερο (*το*) joist
πάτημα (*το*) footing. (*ήχος*)
  footstep. (*στήριγμα*) foothold
πατημασιά (*η*) footprint
πατινάζ (*το*) *άκλ* skating
πατινάρω *ρ αμτβ* skate
πατίνι (*το*) roller skate. (*ποδήλατο*)
  scooter (*for child*)
πάτος (*o*) bottom. (*καρέκλας*,

πανταλονιού) seat

πατριάρχης *(ο)* patriarch

πατρίδα *(η)* motherland

πατρίκιος *(ο)* patrician

πατρι|ός *επίθ* paternal, fatherly. **~ή γη** *(η)* homeland. **~ό όνομα** *(το)* maiden name

πατριός *(ο)* stepfather

πατριώτ|ης *(ο)*, **~ισσα** *(η)* patriot

πατριωτικός *επίθ* patriotic

πατρογονικός *επίθ* ancestral

πατρόν *(το) άκλ* (dress) pattern

πατροπαράδοτος *επίθ* traditional

πατσαβούρα *(η)* rug. *(για τα πιάτα)* dishcloth

πατσάς *(ο)* tripe

πάτσι *επίρρ* quits

πατώ *ρ μτβ/ρ αμτβ* tread. *(βαδίζω πάνω)* tread on. *(πιέζω κουμπί)* push. *(πεντάλ)* depress. *(τροχοφόρο)* run over

πάτωμα *(το)* floor

παύλα *(η)* dash *(stroke)*

παύση *(η)* pause. *(μουσ)* rest

παυσίπονο *(το)* painkiller

παύω *ρ μτβ* stop. *(απολύω)* dismiss. *(διακόπτω)* cease. • *ρ αμτβ* pause

παφλάζω *ρ αμτβ* plop

παχαίνω *ρ μτβ* fatten. • *ρ αμτβ* put on weight

πάχνη *(η)* frost

παχνί *(το)* manger

πάχος *(το)* thickness. *(ανθρώπου)* fatness

παχουλός *επίθ* plump

παχύδερμο|ς *επίθ (μεταφ)* thick-skinned. **~** *(το)* pachyderm

παχυντικός *επίθ* fattening

παχύς *επίθ* thick. *(άνθρωπος)* fat. *(λιπαρός)* rich

παχύσαρκος *επίθ* overweight, obese

πάω *ρ αμτβ βλ* **πηγαίνω**. **~ για** try for. **~ γυρεύοντας** be asking for trouble. **~ καλά** work out

πεδιάδα *(η)* plain

πέδιλο *(το)* sandal

πεδίο *(το)* range *(open area)*. *(μεταφ)* field

πεζεύω *ρ αμτβ* dismount

πεζικό *(το)* infantry

πεζογράφος *(ο, η)* prose writer

πεζοδρόμιο *(το)* pavement, *(αμερ)* sidewalk

πεζόδρομος *(ο)* pedestrian precinct

πεζοναύτης *(ο)* marine

πεζοπόρος *(ο, η)* walker

πεζός¹ *(ο)* pedestrian. *(φαντάρος)* infantryman

πεζός² *επίθ* prosaic. *(γράμμα)* lower case. **~ λόγος** prose

πεθαίνω *ρ αμτβ* die, pass away. **~ από την πείνα** die of hunger, starve to death. **~ για** gasp for. **~ να** be dying to

πεθαμένος *επίθ* dead

πεθερά *(η)* mother-in-law

πεθερικά *(τα)* in-laws

πεθερός *(ο)* father-in-law

πειθαρχία *(η)* discipline. *(τάξη)* order

πειθαρχικός *επίθ* disciplinary. *(άνθρωπος)* obedient

πειθαρχώ *ρ αμτβ* be obedient

πειθήνιος *επίθ* docile

πειθώ *(η)* persuasion

πείθω *ρ μτβ* persuade. *(επιτακτικά)* convince

πείνα *(η)* hunger

πεινασμένος *επίθ* hungry

πεινώ *ρ αμτβ* be hungry. **~ για** hunger for

πείρα *(η)* experience

πείραγμα *(το)* quip. *(αστεϊσμός)* teasing

πειράζ|ω *ρ μτβ* quip. *(αστειολογώ)* tease. *(βλάπτω)* disagree (with). *(θυμώνω)* ruffle. **~ει** *απρόσ* it's harmful. **δεν ~ει** *ρ μτβ* never mind. **~ομαι** *ρ αμτβ* take offence

πείραμα *(το)* experiment

πειραματίζομαι *ρ αμτβ* experiment

πειραματόζωο *(το)* guinea pig *(μεταφ)*

πειρασμός *(ο)* temptation

πειρατεία *(η)* piracy

πειρατής *(ο)* pirate

πειραχτήρι *(το)* tease

πείσμα *(το)* spite. *(ισχυρογνωμοσύνη)* stubbornness

πεισματάρης *επίθ* stubborn

πεισματώδης επίθ determined
πεισματώνω ρ μτβ spite. • ρ αμτβ become stubborn
πειστικός επίθ persuasive. (επιχείρημα) convincing. (χαρακτήρας) forceful
πέλαγος (το) open sea
πελαγώνω ρ αμτβ feel lost/ confused
πελαργός (ο) stork
πελατεία (η) clientele. (γιατρού) practice. (εμπ) custom
πελάτ|ης (ο), **~ισσα** (η) client. (εμπ) customer. (ξενοδοχείου) guest
πελεκάνος (ο) pelican
πελέκι (το) axe
πελεκώ ρ μτβ hew. (κόβω) chop. (μεταφ) thrash
πελιδνός επίθ livid
πέλμα (το) sole (of foot). (ελαστικού) tread
Πελοπόννησος (η) Peloponnese
πέλος (το) nap (of cloth)
πελώριος επίθ huge
Πέμπτη (η) Thursday
πέμπτο|ς επίθ fifth. **~** (το) fifth
πέμπω ρ μτβ send
πένα (η) pen. (μουσικού οργάνου) plectrum. (νόμισμα) penny
πενήντα επίθ άκλ fifty
πενηντάρης επίθ fifty-year-old
πενηντάρ|ι, **~ικο** (το) fifty-drachma coin
πενθήμερος επίθ five-day
πένθιμος επίθ mournful
πένθος (το) mourning
πενθώ ρ αμτβ mourn. (έχω πένθος) be in mourning
πενία (η) penury
πενιά (η) (pen) stroke. (μουσ) plucking of the strings
πενικιλίνη (η) penicillin
πενιχρός επίθ meagre
πένσα (η) pliers
πεντάγραμμο (το) (μουσ) stave
πεντάγωνο (το) pentagon. (στις ΗΠΑ) Pentagon
πεντακάθαρος επίθ spick and span
πεντακόσι|οι επίθ five hundred. **~α** (το) five hundred

πεντάλ (το) άκλ pedal
πεντάμορφος επίθ very beautiful
πεντάπορτο|ς επίθ five-door. **~** αυτοκίνητο (το) estate car
πεντάρα (η) five-lepta coin. **δε με** **νοιάζει ~** I couldn't care less
πέντε επίθ five. **~** (το) άκλ five
Πεντηκοστή (η) Whitsun
πέος (το) penis
πεπειραμένος επίθ experienced
πεπερασμένος επίθ finite
πέπλο (το) veil
πέπλος (ο) veil. (μεταφ) shroud
πεποίθηση (η) conviction (belief)
πεπόνι (το) melon
πεπρωμένο (το) destiny
πεπτικός επίθ digestive
πέρα(ν) επίρρ beyond. **~ δώθε** to and fro. **~ για ~** through and through. **~ ως ~** out-and-out. **τα βγάζω ~** I am coping
περαιτέρω επίρρ further
πέρας (το) end, edge
πέρασμα (το) passage, pass. (χρόνου) lapse
περασμένος επίθ past
περαστικ|ός επίθ passing. (στιγμή) fleeting. **~ός** (ο) passer-by. **~ά!** get well soon!
περβάζι (το) windowsill
περγαμηνή (η) parchment
πέρδικα (η) partridge
περδίκι (το) young partridge
περηφανεύομαι ρ αμτβ take pride (για, in). (αποκτώ υπεροψία) grow arrogant. (καυχιέμαι) boast
περηφάνια (η) pride. (υπεροψία) arrogance
περήφανος επίθ proud. (υπερόπτης) arrogant
περί πρόθ about, for. (περίπου) about. **~ τίνος πρόκειται;** what is it about?
περιβάλλον (το) environment. (φυσικό) habitat. (χώρος) surroundings
περιβάλλω ρ μτβ surround. (ντύνω) dress. (περιτυλίγω) envelop
περίβλεπτος επίθ prominent, conspicuous
περίβλημα (το) cover

περιβόητος *επίθ* notorious
περιβολή *(η)* attire
περιβόλι *(το)* orchard
περίβολος *(ο)* surrounding wall.
(για ζώα) enclosure. *(εκτάσεις)*
grounds. *(οχύρωμα)* compound
περιγέλασμα *(το)* gibe
περίγελος *(ο)* laughing-stock
περιγελώ *ρ αμτβ* gibe at
περίγραμμα *(το)* outline
περιγραφή *(η)* description.
(αφήγηση) account. *(χαρακτήρα)*
portrayal
περιγράφω *ρ μτβ* describe.
(αφηγούμαι) depict. *(χαρακτήρα)*
portray
περιδέραιο *(το)* necklace
περιέκτης *(ο)* container
περιεκτικό|ς *επίθ* comprehensive.
~τητα *(η)* content
περιεργάζομαι *ρ μτβ* peer at
περιέργεια *(η)* curiosity
περίεργος *επίθ* curious.
(αδιάκριτος) nosy. *(παράδοξος)*
odd. *(κατεχόμενος από περιέργεια)*
inquisitive. *(που παραξενεύει)*
intriguing
περιεχόμενο *(το)* content
περιέχω *ρ μτβ* contain
περιζήτητος *επίθ* sought-after
περιζώνω *ρ μτβ* encircle
περιηγη|τής *(ο)*, **~ήτρια** *(η)*
tourist
περίθαλψη *(η)* nursing. *(σε*
νοσοκομείο) hospitalization
περιθώριο *(το)* margin. *(κινήσεως)*
leeway. *(κοινωνίας)* fringe.
(παραγράφου) indentation. *(μεταφ)*
scope
περιθωριοποιώ *ρ μτβ* marginalize
περικελαφαία *(η)* helmet
περικλείνω *ρ μτβ* enclose.
(περιέχω) encompass
περικόβω *ρ μτβ* cut down. *(έξοδα)*
curtail. *(τιμές)* slash
περικοπή *(η)* cutback. *(κειμένου)*
excerpt. *(τιμών)* slashing
περικυκλώνω *ρ μτβ* encircle
περιλαίμιο *(το)* dog collar
περιλαμβάνω *ρ μτβ* comprise
περιληπτικός *επίθ* succinct
περίληψη *(η)* inclusion. *(απόδοση)*

summary. *(γεγονότων)* résumé
περίλυπος *επίθ* sad
περιμένω *ρ μτβ/ρ αμτβ* wait, await.
(ελπίζω για κτ) wait for.
(προσδοκώ) expect
περίμετρος *(η)* perimeter
περιοδεία *(η)* tour
περιοδεύω *ρ μτβ* tour
περιοδικό *(το)* magazine,
periodical
περιοδικός *επίθ* periodic
περίοδος *(η)* period. *(έντονης*
δραστηριότητας) bout. *(σύντομη)*
spell. *(χρόνου)* term
περιορίζω *ρ μτβ* restrict. *(ελαττώνω)*
limit. *(δραστηριότητες)* check, curb.
(μέσα σε όρια) cut back/down.
(ποσότητα) ration. *(σε χώρο)*
confine
περιορισμένος *επίθ* limited.
(αντιλήψεως) narrow. *(ορατότητα)*
restricted
περιορισμός *(ο)* restriction.
(δραστηριοτήτων) check, curb.
(ελάττωση) limitation. *(σε χώρο)*
confinement
περιουσία *(η)* wealth. *(αγαθά)*
property. *(ακίνητη)* real estate.
(πλούτη) fortune
περιοχή *(η)* region. *(έκταση)* area.
(πόλεως) district. *(σχολείου)*
catchment area. *(χώρος γύρω από*
σημείο) vicinity
περίπατος *(ο)* walk. *(μικρός)*
stroll. *(μακρινός)* ramble. *(με*
αυτοκίνητο) short drive. *(με*
ποδήλατο) short ride.
περιπέτεια *(η)* adventure.
(ερωτική) affair. *(κωμική)*
escapade
περιπετειώδης *επίθ* adventurous
περιπίπτω *ρ μτβ* lapse
περιπλάνη|ση *(η)* wander.
~τικός *επίθ* misleading
περιπλανιέμαι *ρ αμτβ* roam,
wander. *(χάνω το δρόμο μου)* lose
one's way
περιπλέκω *ρ μτβ* complicate
περιπλοκή *(η)* complication
περίπλοκος *επίθ* complex.
(γεμάτος εμπόδια) complicated.
(επιχείρημα) involved.
(μηχανισμός) intricate. *(πλοκή)*
elaborate

περιποίηση (*η*) attentiveness. (*αρρώστου*) nursing. (*εξυπηρέτηση*) service. (*τραύματος*) dressing

περιποιημένος *επίθ* neat (*appearance*). (*στο ντύσιμο*) spruce

περιποιούμαι *ρ μτβ* look after. (*άλογο*) groom. (*άρρωστο*) nurse. (*είμαι εξυπηρετικός*) be attentive to. (*πελάτη*) attend to. (*τραύμα*) dress

περιπολία (*η*) patrol. (*αστυνομικού*) beat

περιπολικό (*το*) (*αστυνομικό αυτοκίνητο*) panda car

περίπολος (*η*) patrol

περιπολώ *ρ μτβ/ρ αμτβ* patrol

περίπου *επίρρ* about, around. (*πάνω κάτω*) roughly

περίπτερο (*το*) kiosk. (*βιβλιοπώλη*) bookstall. (*εταιρίας, σε έκθεση*) stand. (*οικοδόμημα σε έκθεση*) pavilion. (*σε πεζοδρόμιο*) stall

περίπτωση (*η*) case. (*συμβάν*) event. **εν πάση περιπτώσει** at any rate

περισκόπιο (*το*) periscope

περισπασμός (*ο*) distraction

περισπώ *ρ μτβ* divert. (*την προσοχή*) distract

περισπωμένη (*η*) circumflex

περίσσευμα (*το*) excess. (*εμπ*) surplus. (*υπόλειμμα*) leftovers

περισσεύω *ρ αμτβ* be in excess. (*πλεονάζω*) be left over

περισσότερο|ς *επίθ* more, most. **~** *επίρρ* more, most. **όλο και ~** more and more

περιστάσεις (*οι*) circumstances

περίσταση (*η*) occasion. (*ευκαιρία*) opportunity

περιστέρι (*το*) pigeon. (*της ειρήνης*) dove

περιστοιχίζω *ρ μτβ* surround. (*έγνοιες*) beset

περιστρέφ|ω *ρ μτβ* rotate. **~ομαι** *ρ αμτβ* revolve

περιστροφή (*η*) rotation

περίστροφο (*το*) revolver

περισυλλογή (*η*) collection. (*απορριμμάτων*) salvage. (*συνετή διαχείριση*) careful management

περισφίγγω *ρ μτβ* close in

περισώζω *ρ μτβ* salvage

περιτειχίζω *ρ μτβ* build a wall round

περιτομή (*η*) circumcision

περιτριγυρίζω *ρ μτβ* surround

περιτροπή (*η*) rotation

περιττεύω *ρ αμτβ* be superfluous

περιττός *επίθ* superfluous. (*αριθμός*) odd. (*ανώφελος*) needless. (*που πλεονάζει*) redundant

περίττωμα (*το*) excrement

περιτύλιγμα (*το*) wrapping. (*μέσο*) wrapper

περιτυλίγω *ρ μτβ* wrap up. (*γύρω από κάτι άλλο*) wind round

περιφέρεια (*η*) periphery. (*γλουτοί*) hips. (*κύκλου*) circumference. (*όγκου*) girth. (*περιοχή*) region

περιφέρ|ω *ρ μτβ* take around. **~ομαι** *ρ αμτβ* rove. (*άσκοπα*) hang about. (*ύποπτα*) prowl

περίφημος *επίθ* (*εξαίρετος*) smashing. (*ξακουστός*) renowned

περιφορά (*η*) rotation. (*εκκλ*) procession

πριονίδια (*τα*) sawdust

περιφράζω *ρ μτβ* fence in

περιφραστικός *επίθ* roundabout

περιφρόνηση (*η*) contempt. (*αδιαφορία*) disregard. (*αψηφισιά*) defiance. (*προσβλητική*) disdain

περιφρονητικός *επίθ* contemptuous. (*που αψηφά*) defiant. (*προσβλητικός*) disdainful, scornful

περιφρονώ *ρ μτβ* look down on. (*αψηφώ*) defy. (*θεωρώ ανάξιο*) scorn. (*καταφρονώ*) despise

περιφρούρηση (*η*) safeguard

περιχύνω *ρ μτβ* pour over

περίχωρα (*τα*) outskirts

περμανάντ (*η*) *άκλ* perm

περνώ *ρ μτβ* pass. (*διανέμω*) pass round. (*διατρυπώ*) pass through. (*κλωστή*) thread. • *ρ αμτβ* wear off. (*επισκέπτομαι*) come round. (*καιρός*) go by, elapse. (*καταφέρνω*) get by

περονόσπορος (*ο*) mildew

Περού (*το*) *άκλ* Peru

περούκα (*η*) wig. (*που σκεπάζει*

μέρος της κεφαλής) toupee
περπάτημα (το) walking.
(περπατησιά) gait
περπατησιά (η) gait
περπατώ ρ αμτβ walk. (βαδίζω)
tread
πέρσι επίρρ last year
περσικ|ός επίθ Persian. **Π~ός
Κόλπος** (ο) the Persian Gulf. **~ά**
(τα) Persian
περσινός επίθ last year's
πέρυσι επίρρ βλ **πέρσι**
πέσιμο (το) fall. (αυλαίας) drop
πέστροφα (η) trout
πέτα(γ)μα (το) discarding,
throwing away. (πουλιού) flight.
(ρίψη) throwing
πετάλι (το) treadle
πεταλίδα (η) limpet
πέταλο (το) horseshoe. (λουλουδιού)
petal
πεταλούδα (η) butterfly.
(ρυθμιστική βαλβίδα) throttle
πεταλουδίζω ρ αμτβ flutter
πεταλώνω ρ μτβ shoe
πεταμέν|ος επίθ discarded. (λεφτά)
wasted. **~α** (τα) cast-offs
πεταχτός επίθ nimble. (γρήγορος)
fleeting. (μάτια) bulging.
(περπατησιά) jaunty. (που εξέχει)
prominent
πετεινός (ο) cockerel. (όπλου) cock
πέτο (το) lapel
πετονιά (η) (fishing) line
πέτρα (η) stone. (σε νερό για
πέρασμα) stepping-stone
πετραδάκι (το) pebble
πετράδι (το) gem
πετραχήλι (το) stole
πετρέλαιο (το) petroleum. (για
θέρμανση) oil. (για αυτοκίνητα)
diesel
πετρελαιοκηλίδα (η) oil slick
πετρελαιοφόρ|ος επίθ oil-bearing.
~ο (το) oil tanker
πέτρινος επίθ stone
πετροβόλημα (το) stone throwing
πετροχελίδονο (το) swift (bird)
πετρώδης επίθ stoney
πέτρωμα (το) rock
πετρώνω ρ μτβ/αμτβ turn to stone.

(μεταφ) petrify
πέτσα (η) skin. (χοιρινού κρέατος,
ξεροψημένη) crackling
πετσάκι (το) (νυχιού) cuticle
πετσέτα (η) napkin. (κουζίνας) tea
towel. (μπάνιου) towel. (φαγητού)
serviette
πετσετάκι (το) doily
πετσί (το) skin
πέτσινος επίθ leather
πετσοκόβω ρ μτβ slash. (σφάζω)
hack to pieces
πετυχαίνω ρ μτβ/ρ αμτβ land.
(ευστοχώ) hit. (συναντώ) run into.
• ρ αμτβ make good
πετ|ώ ρ μτβ throw away.
(απορρίπτω) dump. (δίνω
περιφρονητικά) throw. (με δύναμη)
hurl. • ρ αμτβ fly. (από χαρά) jump.
~ιέμαι ρ αμτβ dash.
(ανατινάζομαι) start, jump.
(επεμβαίνω) chip in. (πηγαίνω
κάπου γρήγορα) nip
πεύκο (το) pine
πέφτω ρ αμτβ fall. (θερμοκρασία)
drop. (πλαγιάζω) lie down. (ρούχα)
hang. (τιμές) come down. **~ έξω**
(πλοίο) run aground. (μεταφ)
miscalculate. **~ πάνω σε κτ/κπ**
stumble across sthg./s.o. **~ πάνω
σε** (απάντηση) hit upon. **~ πάνω
σε** (επιθετικά) go for
πέψη (η) digestion
πήγα βλ **πηγαίνω**
πηγάδι (το) well
πηγάζω ρ αμτβ spring, issue
πηγαινέλα (το) άκλ coming and
going
πηγαινοέρχομαι ρ αμτβ go
backwards and forwards.
(περπατώ) walk to and fro
πηγαίνω ρ μτβ take. • ρ αμτβ go.
(δρόμος) lead. (μετακομίζω) move
into. (ταιριάζω) suit. (σχολείο)
attend. (φεύγω) leave
πηγεμός (ο) outward journey
πηγή (η) source. (νερού) spring
πηγούνι (το) chin
πηδάλιο (το) helm, rudder
πήδημα (το) leap. (επιθετικά)
pounce. (στο πλάι) dodge
πηδώ ρ μτβ climb over. (πάνω από)
jump over. (παραλείπω) skip.

(τοίχο) scale. • ρ αμτβ jump, leap. (στο ένα πόδι) hop

πήζω ρ μτβ/αμτβ (αίμα) congeal. (γάλα) curdle. (ζελές) set. (κρέμα) clot. (σούπα) thicken

πηλήκιο (το) cap

πηλίκο (το) quotient

πήλινος επίθ clay

πηλός (ο) clay

πηνίο (το) coil

πήρα βλ **παίρνω**

πι (το) άκλ pi. **στο ~ και φι** in a jiffy

πια επίρρ any longer. **ποτέ ~** never again

πιανίστ|ας (ο), **~ρια** (η) pianist

πιάνο (το) piano

πιάν|ω ρ μτβ take. (αδράχνω) grasp. (αρπάζω) get hold of. (αρχίζω) start. (θέση) reserve. (πλοίο) put into. (προφταίνω) catch up with. (ράβω πρόχειρα) tack. (συλλαμβάνω) catch. • ρ αμτβ catch on. (φαγητό) stick. (φυτά) take. **~ω τόπο** take up space. (μεταφ) make one's mark. **~ω φιλίες** strike up a friendship. **~ομαι** ρ αμτβ catch, get stuck. (μουδιάζω) feel stiff. (τσακώνομαι) come to blows

πιάσιμο (το) grasp. (καβγάς) row

πιάστρα (η) oven cloth

πιαστράκι (το) (των μαλλιών) (hair-)slide

πιατάκι (το) saucer

πιατέλα (η) platter

πιατικά (τα) crockery

πιάτο (το) plate, dish. (με φαγητό) plateful. (σειρά) course

πιάτσα (η) square. (για ταξί) taxi rank

πιγκουΐνος (ο) penguin

πιγούνι (το) βλ **πηγούνι**

πίδακας (ο) jet, spout. (νερού) fountain

πιέζω ρ μτβ press. (εξασκώ πίεση) pressurize. (κουμπί) push

πίεση (η) pressure. (ενόχληση) duress. (ιατρ) blood pressure

πιεστικός επίθ pressing

πιέτα (η) pleat

πιθανολογ|ώ ρ αμτβ speculate.

~είται it is rumoured

πιθανόν επίρρ possibly, likely. (ίσως) perhaps

πιθαν|ός επίθ probable, likely. **~ώς** επίρρ probably

πιθανότητα (η) probability, likelihood. (ενδεχόμενο) eventuality. (ευκαιρία) chance. **~ες** (οι) odds

πιθηκίζω ρ μτβ ape

πίθηκος (ο) ape. (μαϊμού) monkey

πίκα (η) pique

πικάντικος επίθ piquant

πικ απ (το) άκλ record player

πικνίκ (το) άκλ picnic

πίκρα (η) acrimony. (πικρία) bitterness

πικραίν|ω ρ μτβ embitter. **~ομαι** ρ αμτβ feel embittered

πικρία (η) bitterness

πικρίζω ρ αμτβ taste bitter

πικρός επίθ bitter

πικρόχολος επίθ bilious. (φαρμακερός) cantankerous

πιλάφι (το) pilau

πίλος (ο) (academic) cap

πιλοτάρω ρ μτβ pilot

πιλότος (ο) pilot

πίνακας (ο) chart (table). (έργο ζωγραφικής) painting. (κατάλογος) table. (μαυροπίνακας) blackboard

πινακίδα (η) signpost. (οδικής κυκλοφορίας) road sign. **~ κυκλοφορίας** number plate

πινακοθήκη (η) art gallery

πινγκ πονγκ (το) άκλ table tennis

πινέζα (η) drawing pin

πινέλο (το) paintbrush

πίνω ρ μτβ/ρ αμτβ drink

πιόνι (το) piece (in game). (σκάκι, μεταφ) pawn

πιοτό (το) βλ **ποτό**

πίπα (η) pipe (for smoking). (για τσιγάρο) cigarette holder

πιπέρι (το) pepper

πιπεριά (η) capsicum. (φυτό) pepper plant

πιπερόριζα (η) ginger

πιπίλα (η) dummy (of baby)

πιπιλίζω ρ μτβ suck

πιρουέτα (*η*) pirouette

πιρούνι (*το*) fork (*eating*)

πισίνα (*η*) swimming-pool

πισινός *επίθ* rear. (*ζώου*) hind

πίσσα (*η*) tar. (*κυπρ*) chewing-gum. (*μεταφ*) pitch

πισσώνω *ρ μτβ* tar

πισσωτός *επίθ* tarry

πίστα (*η*) (*αυτοκινητοδρομιών*) racetrack. (*παγοδρομιών*) rink. (*σκι*) run. (*τσίρκο*) ring. (*χορού*) dance floor

πιστευτός *επίθ* credible

πιστεύω *ρ μτβ/ρ αμτβ* believe. (*νομίζω*) hold. ~ (*το*) creed

πίστη (*η*) belief. (*αφοσίωση*) allegiance. (*εκκλ*) faith. (*εμπ*) credit. (*πεποίθηση*) credence. (*συζυγική*) fidelity

πιστόλι (*το*) pistol

πιστολάκι (*το*) small hand gun. (*στην κομμωτική*) blow dryer

πιστοποιητικό (*το*) certificate

πιστοποιώ *ρ μτβ* certify

πιστός (*ο*) believer. (*ακριβής*) true. (*αφοσιωμένος*) faithful. (*σταθερός*) loyal

πιστότητα (*η*) faithfulness

πιστώνω *ρ μτβ* credit

πίστωση (*η*) credit. **επί πιστώσει** on trust

πιστ|ωτής (*ο*), **~ώτρια** (*η*) creditor

πιστωτικ|ός *επίθ* credit. **~ή κάρτα** (*η*) credit card

πίσω *επίρρ* behind. (*προς το αρχικό σημείο*) back. (*κατόπι*) following. ~ **μέρος** (*το*) rear. (*αυτοκινήτου, σπιτιού*) back. **κάνω** ~ move back. **μένω** ~ be left behind. (*στα μαθήματα*) fall behind. (*μεταφ*) be behind the times. **πάω** ~ (*ρολόι*) be slow. **παίρνω από** ~ follow. **προς τα** ~ backwards

πισώπλατα *επίρρ* behind one's back

πίτα (*η*) pie. (*κυπρ*) pitta bread

πιτζάμα (*η*) pyjamas

πίτουρο (*το*) bran

πίτσα (*η*) pizza

πιτσαρία (*η*) pizzeria

πιτσιλίζω *ρ μτβ* splash

πιτσιλωτός *επίθ* speckled

πιτσιρίκος (*ο*) nipper

πιτυρίδα (*η*) dandruff

πλαγιά (*η*) side. (*βουνού*) mountainside. (*λόφου*) hillside

πλαγιάζω *ρ αμτβ* lie down

πλάγιος *επίθ* sideways, sidelong. (*διπλανός*) adjacent. (*έμμεσος*) circuitous. (*μη νόμιμος*) devious

πλαδαρός *επίθ* flabby. (*μεταφ*) feeble

πλαζ (*η*) beach

πλάθω *ρ μτβ* mould. (*όνειρα*) make. (*ιστορία*) make up

πλάι (*το*) side *επίρρ* by, next to. **πλάι πλάι** side by side

πλαϊνός *επίθ* side. ~ (*ο*) next door neighbour

πλαίσιο (*το*) surround. (*σκελετός*) framework. (*ζωγραφικού πίνακα*) frame

πλάκα (*η*) slab. (*ακτινογραφίας*) X-ray. (*πλακόστρωτου*) paving stone. (*πολογιού*) face. (*σαπουνιού*) tablet. (*σοκολάτας*) bar. (*στέγης*) slate. (*μεταφ*) lark

πλακάκι (*το*) tile

πλακάτ (*το*) *άκλ* placard

πλακέτα (*η*) plaque

πλακομύτης *επίθ* pug-nosed

πλακοστρώνω *ρ μτβ* pave. (*στέγη*) slate. (*τοίχο*) tile

πλακόστρωτο (*το*) patio

πλακούντας (*ο*) afterbirth

πλακώνω *ρ μτβ* crash. (*μεταφ*) come on suddenly

πλανεύω *ρ μτβ* seduce

πλάνη¹ (*η*) plane (*tool*)

πλάνη² (*η*) fallacy

πλανήτης (*ο*) planet

πλανίζω *ρ μτβ* plane

πλάνο (*το*) plan

πλανόδιος *επίθ* itinerant

πλάνος *επίθ* seductive

πλαντάζω *ρ αμτβ* (*από θυμό*) choke

πλάση (*η*) creation

πλασιέ (*ο*) *άκλ* travelling salesman

πλάσμα (*το*) creature. (*δημιούργημα*) figment. (*ιατρ*) plasma

πλαστελίνη (*η*) Plasticine (P.)

πλάστης¹ (*ο*) rolling-pin

Πλάστης[2] (*ο*) Creator
πλάστιγγα (*η*) scales (*balance*)
πλαστικό (*το*) plastic. (*δαπέδου*) linoleum
πλαστικός *επίθ* plastic
πλαστισίνη (*η*) (*Κύπ*) Plasticine (P.)
πλαστογράφηση (*η*) counterfeit
πλαστογραφία (*η*) forgery
πλαστογράφος (*ο, η*) forger
πλαστογραφώ *ρ μτβ* counterfeit. (*έγγραφο, υπογραφή*) forge
πλαστός *επίθ* counterfeit. (*έγγραφο*) forged. (*νόμισμα*) dud
πλαταγίζω *ρ μτβ* (*νερό*) lap. (*χείλη*) smack
πλαταίνω *ρ μτβ* widen
πλατάνι (*το*) plane (tree)
πλατεία (*η*) square (*area*)
πλάτη (*η*) back
πλατίνα (*η*) platinum
πλατό (*το*) plateau. (*πικ απ*) turntable
πλάτος (*το*) width. (*γεωγ*) latitude. (*γνώμης*) breadth. (*ναυτ*) beam
πλατσουρίζω *ρ αμτβ* squelch
πλατ|ύς *επίθ* wide. (*εκτεταμένος*) extensive. (*ευρύς*) broad. **~ά** *επίρρ* wide
πλατύσκαλο (*το*) landing
πλατφόρμα (*η*) platform
πλατωνικός *επίθ* platonic
πλαφονιέρα (*η*) door light (*in car*)
πλέγμα (*το*) mesh. (*μεταφ*) web
πλειοδότης (*ο*) highest bidder
πλειοδοτώ *ρ μτβ* outbid
πλειονότητα (*η*) majority
πλειοψηφία (*η*) majority
πλειστηριασμός (*ο*) auction sale
πλειστηριαστής (*ο*) auctioneer
πλείστο|ς *επίθ* most. **οι ~ι** most people. **ως επί το ~ν** for the most part. **κατά το ~ν** by and large
πλέκω *ρ μτβ* knit. (*καρέκλα*) cane. (*λουλούδια*) weave. (*μαλλιά*) plait. (*μεταφ*) weave
πλένω *ρ μτβ* wash. (*με μάνικα*) hose down. (*πιάτα*) wash up
πλεξίδα (*η*) pigtail. (*κρεμμυδιών*) string
πλέξιμο (*το*) knitting

πλέον *επίρρ* more. (*μαθημ*) plus. **επί ~** in addition
πλεονάζων *επίθ* surplus. (*προσωπικό*) redundant
πλεόνασμα (*το*) surplus. (*περίσσευμα*) excess
πλεονασμός (*ο*) redundancy
πλεονέκτημα (*το*) advantage
πλεονέκτ|ης (*ο*), **~ρια** (*η*) greedy person
πλεονεξία (*η*) greed
πλευρά (*η*) side. (*ζώου*) flank. (*μεταφ*) facet
πλευρίζω *ρ αμτβ* (*ναυτ*) come alongside
πλευρίτιδα (*η*) pleurisy
πλευρό (*το*) side (*of person*). (*ανατ*) rib
πλεύση (*η*) sailing
πλεχτ|ός *επίθ* knitted. **~ά** (*τα*) knitwear
πλέω *ρ αμτβ* float. (*ναυτ*) navigate. (*μεταφ*) swim
πληγή (*η*) wound. (*ανοιχτή*) sore. (*μεταφ*) plague
πλήγμα (*το*) hurt
πληγώνω *ρ μτβ* injure, wound. (*μεταφ*) hurt
πλήθος (*το*) crowd. (*λαός*) throng
πληθυντικός (*ο*) plural
πληθυσμός (*ο*) population
πληθώρα (*η*) surfeit
πληθωρισ|μός (*ο*) inflation. **~τικός** *επίθ* inflationary
πληκτικός *επίθ* boring
πλήκτρο (*το*) key (*piano, typewriter*)
πληκτρολόγιο (*το*) keyboard
πλημμελειοδικείο (*το*) magistrate's court
πλημμύρα (*η*) flood
πλημμυρίδα (*η*) incoming tide
πλημμυρίζω *ρ μτβ/ρ αμτβ* flood. (*μεταφ*) swamp
πλήμνη (*η*) hub
πλην *πρόθ* except. (*σύνδ*) but. (*μαθημ*) minus. **~** (*το*) minus. **τα συν και τα ~** the pros and cons
πλήξη (*η*) boredom
πληρεξούσιο|ς (*ο*) proxy. **~ς δικηγόρος** attorney. **~ν** (*το*) power of attorney (*document*)

πλήρ|ης επίθ complete. (άρτιος) thorough. (γεμάτος) full. **~ως** επίρρ completely, fully, in full

πληροφόρηση (η) information (briefing)

πληροφορία (η) information. (κρυφή) tip-off

πληροφορική (η) information technology

πληροφοριοδότ|ης (ο), **~ρια** (η) informant

πληροφορ|ώ ρ μτβ inform. **~ούμαι** ρ αμτβ be informed. (μαθαίνω) hear

πληρώ ρ μτβ fulfil

πλήρωμα (το) crew

πληρωμή (η) payment, pay

πληρώνω ρ μτβ pay. (εξοφλώ) settle. (λαϊκ) fork out

πλήρωση (η) (γέμισμα) filling. (όρων) fulfilment

πληρωτ|έος επίθ payable. **~ής** (ο) payer

πλησιάζω ρ μτβ approach. (έρχομαι κοντά) go/get near. • ρ αμτβ border on

πλησιέστερος|ς επίθ nearest. **~ι συγγενείς** (οι) next of kin

πλησίον επίρρ near. **~** (ο) fellow man

πλήττω ρ μτβ smite. • ρ αμτβ be bored

πλιάτσικο (το) loot. (πράξη) looting

πλινθόκτιστος επίθ built with mud bricks

πλισάρω ρ μτβ pleat

πλισές (ο) pleat

πλοήγηση (η) (ναυτ) piloting.

πλοηγός (ο) pilot (in shipping)

πλοίαρχος (ο) captain. (εμπορικού ναυτ) master

πλοίο (το) ship. (της γραμμής) liner

πλοιοκτήτης (ο) ship owner

πλοκάμι (το) tentacle

πλοκή (η) plot

πλους (ο) voyage

πλουσιοπάροχος επίθ lavish

πλούσιος επίθ rich. (βλάστηση) lush. (γεύμα) hearty. (με περιουσία) wealthy. (πολυτελής) opulent. (συγκομιδή) bumper

πλούτη (τα) riches

πλουτίζω ρ μτβ enrich. • ρ αμτβ get rich

πλουτοκράτ|ης (ο), **~ισσα** (η) plutocrat

πλούτος (ο) wealth

πλουτώνιο (το) plutonium

πλυντήριο (το) washing-machine. (κτίριο) laundry

πλύση (η) wash. (πληγής) cleansing

πλύσιμο (το) washing

πλυσταριό (το) laundry room (in a house)

πλώρη (η) (ναυτ) prow, bow

πλωτ|ός επίθ navigable (of river). **~ή γέφυρα** (η) pontoon bridge. **~ό σπίτι** (το) houseboat

π.μ. συντ (πριν το μεσημέρι) am (anti meridiem)

πνεύμα (το) spirit

πνευματικ|ός επίθ spiritual. **~ή συγκέντρωση** (η) seance. **~ά δικαιώματα** (τα) intellectual rights. **~ός** (ο) confessor

πνευματ|ιστής (ο), **~ίστρια** (η) spiritualist

πνευματώδης επίθ witty

πνεύμονας (ο) lung

πνευμονία (η) pneumonia

πνευστό|ς επίθ wind. **~ όργανο** (το) wind instrument

πνέω ρ αμτβ blow

πνιγερός επίθ stifling. (ατμόσφαιρα) sultry. (καιρός) muggy

πνιγηρός επίθ βλ **πνιγερός**

πνιγμός (ο) drowning

πνίγ|ω ρ μτβ drown. (ήχο) muffle. (προκαλώ ασφυξία) suffocate. (στερώντας αέρα) smother. (μεταφ) stifle. **~ομαι** ρ αμτβ drown. (από ασφυξία) suffocate. (από φαγητό) choke

πνοή (η) breath

ποδαράκι (το) small foot. (ποτηριού) stem

ποδηλά|της (ο), **~τις** (η) cyclist

ποδήλατο (το) bicycle

ποδηλατώ ρ αμτβ pedal

πόδι (το) foot. (πάνω από τον αστράγαλο) leg. (επίπλων) leg. (ζώου) paw. (μέτρο) foot (= 30.48 cm). **είμαι στο ~** be up and

about. **πατώ** ~ put one's foot down. **σηκώνω στο** ~ cause a stir. **το βάζω στα** ~**α** take to one's heels. **τρώω κτ στο** ~ snatch sth to eat
ποδιά (*η*) apron. (*φόρεμα*) pinafore. (*το μπροστινό μέρος φορέματος*) lap
ποδίατρος (*o*) chiropodist
ποδοβολητό (*το*) thud (*of feet*)
ποδοπατώ *ρ μτβ* trample
ποδοσφαιριστής (*o*) footballer
ποδόσφαιρο (*το*) football, soccer
πόζα (*η*) pose
ποζάρω *ρ αμτβ* pose. (*για πίνακα*) sit
πόθεν *επίρρ* from where
ποθητός *επίθ* desirable
πόθος (*o*) lust
ποθώ *ρ μτβ* long, for. (*ερωτικά*) lust after
ποίημα (*το*) poem
ποίηση (*η*) poetry
ποιητικός *επίθ* poetic, poetical
ποιητής (*o*) poet
ποιήτρια (*η*) poetess
ποικιλία (*η*) assortment. (*αλλαγή*) variety. (*ανομοιότητα*) diversity
ποικίλλω *ρ μτβ/ρ αμτβ* vary
ποικίλος *επίθ* assorted. (*με πολλά χρώματα*) motley. (*που διαφέρει*) varying. (*πολύμορφος*) varied. (*ανόμοιος*) diverse
ποιμένας (*o*) shepherd. (*εκκλ*) pastor
ποίμνιο (*το*) flock
ποινή (*η*) penalty (*fine*). (*νομ*) sentence
ποινικ|ός *επίθ* penal. ~**ό μητρώο** (*το*) criminal record
ποιόν (*το*) quality. (*ανθρώπου*) character
ποιος *αντων* who. ~ **από τους δυο σας**; which one of you? **για ποιο λόγο**; what for?
ποιότητα (*η*) quality
ποιου *βλ* **ποιος**
πόκα (*η*) poker (*card game*)
πολεμικ|ός *επίθ* warlike. (*μαχητικός*) polemic. ~**ό πλοίο** (*το*) warship
πολέμιος *επίθ* hostile. ~ (*o*) opponent
πολεμιστής (*o*) warrior

πόλεμος (*o*) war
πολεμοφόδια (*τα*) munitions. (*πυρομαχικά*) ammunition
πολεμοχαρής *επίθ* belligerent
πολεμώ *ρ μτβ/ρ αμτβ* fight. (*προσπαθώ*) strive
πολεοδομία (*η*) town planning
πόλη (*η*) town. (*μεγάλη*) city
πολικός *επίθ* polar
πολιορκ|ητής (*o*) besieger. ~**ία** (*η*) siege
πολιορκώ *ρ μτβ* besiege. (*πλήθος*) mob. (*μεταφ*) beset
πολιτεία (*η*) state
πολίτευμα (*το*) system of government
πολίτ|ης (*o*), ~**ις** (*η*) citizen. (*μη στρατιωτικός*) civilian
πολιτικά (*τα*) politics
πολιτική (*η*) policy
πολιτικ|ός *επίθ* civilian. (*μη στρατιωτικός/εκκλ*) civil. (*σχετικός με την πόλη*) civic. (*σχετικός με την πολιτική*) political. ~**ός μηχανικός** (*o*) civil engineer. ~ (*o, η*) politician
πολιτισμένος *επίθ* civilized
πολιτισμός (*o*) civilization. (*κουλτούρα*) culture
πολιτιστικός *επίθ* cultural
πολιτογραφώ *ρ μτβ* naturalize
πολιτοφυλακή (*η*) militia
πολλαπλασιάζω *ρ μτβ* multiply. (*προσπάθειες*) intensify. ~**ομαι** *ρ αμτβ* proliferate. (*ζώα*) breed
πολλαπλασιασμός (*o*) proliferation. (*μαθημ*) multiplication
πολλαπλάσιο (*το*) multiple
πολλοστός *επίθ* umpteenth
Πόλος (*o*) (*γεωγρ*) pole
πολτός (*o*) pulp. (*ντομάτας*) paste
πολύ *επίρρ* very, (*αμερ*) real. (*απόσταση*) far. (*ποσότητα*) much, greatly. (*χρόνος*) long. **κατά** ~ by far. **λίγο** ~ more or less. **πάρα** ~ very much, a great deal. **το** ~ at most
πολυαιθυλένιο (*το*) polythene
πολυάριθμος *επίθ* numerous
πολυάσχολος *επίθ* busy
πολυβόλο (*το*) machine-gun

πολυβολώ ρ μτβ machine-gun

πολυγαμία (η) polygamy

πολύγλωσσος επίθ polyglot

πολύγραφος (ο) duplicator

πολύγωνο (το) polygon

πολυεθνικός επίθ multinational

πολυέλαιος (ο) chandelier

πολυέξοδος επίθ costly

πολυεστέρας (ο) polyester

πολυθρόνα (η) armchair

πολυκατάστημα (το) department store

πολυκατοικία (η) block (of flats)

πολυκοσμία (η) crowds of people

πολύκροτος επίθ sensational

πολυλογία (η) waffle (καθομ)

πολυλογώ ρ αμτβ waffle (καθομ)

πολυμαθής επίθ erudite

πολυμέρεια (η) versatility

πολυμερής επίθ versatile

πολυμήχανος επίθ resourceful

πολυόροφος επίθ multistorey

πολύπλευρος επίθ many-sided

πολύπλοκος επίθ complicated. (μπερδεμένος) complex. (περίπλοκος) elaborate

πολυποίκιλος επίθ multifarious

πολ|ύς επίθ (αριθμός) many. (ποσότητα) much. (χρόνος) long. (σπουδαίος) important. **~λά και διάφορα** variety of things

πολυσήμαντος επίθ comprehensive. (σημαντικός) momentous

πολυστυρόλιο (το) polystyrene

πολυτάραχος επίθ eventful

πολύτεκνος επίθ with many children

πολυτέλεια (η) luxury

πολυτελής επίθ luxurious. (σε εμφάνιση) plush, sumptuous

πολυτεχνείο (το) polytechnic

πολυτεχνίτης (ο) jack of all trades

πολύτιμος επίθ valuable. (σε αξία) precious

πολύχρωμος επίθ multi-coloured

Πολωνία (η) Poland

πολωνικός επίθ Polish

Πολων|ός (ο), **~έζα** (η) Pole

πόμολο (το) door knob

πομπή (η) procession. (νεκρική) cortège

πομποδέκτης (ο) (φορητός) walkie-talkie

πομπόν (το) άκλ pompon. (για πούδρα) puff

πομπός (ο) transmitter

πομπώδης επίθ pompous. (γλώσσα) turgid

πόνεϊ (το) άκλ pony

πονεμένος επίθ pained. (από πληγή) sore. (έκφραση) hurt

πονετικός επίθ compassionate

πονηρεύ|ω ρ μτβ rouse suspicion. **~ομαι** ρ αμτβ become cunning. (υποπτεύομαι) become suspicious

πονηρία (η) cunning. (κόλπο) ploy. (κρυψίνοια) guile

πονηρός επίθ cunning. (δόλιος) crafty. (επιτήδειος) artful. (πανούργος) sly

πονόδοντος (ο) toothache

πονοκέφαλος (ο) headache

πονόλαιμος (ο) sore throat

πόνος (ο) pain. (θλίψη) grief. (συνεχής) ache. (οίκτος) feeling

πονόψυχος επίθ compassionate

ποντάρω ρ μτβ stake, wager. (σε τυχερά παιγνίδια) gamble on. (μεταφ) bank on

ποντίζω ρ μτβ cast. • ρ αμτβ sink

ποντίκι (το) mouse. (μυς) biceps

ποντικός (ο) mouse. (μεγάλος) rat

ποντίφικας (ο) pontiff

πόντος (ο) (βαθμός) point. (θάλασσα) sea. (μέτρου) centimetre. (πλεχτού) stitch. (υπαινιγμός) hint. **φευγάτος ~** ladder (in tights)

πόντς (το) punch (drink)

πονώ ρ μτβ/ρ αμτβ hurt. • ρ αμτβ ache, be in pain. (συμπονώ) sympathise with

ποπλίνα (η) poplin

ποπό επιφών dear me!

πορδ|ή (η) fart. **~ίζω** ρ αμτβ fart

πορεία (η) walk. (κατεύθυνση) course. (στρ) march. (μεταφ) tack

πορεύομαι ρ αμτβ march. (βολεύω) make do

πορθμός (ο) sound. (ενώνει δυο θάλασσες) strait

πόρισμα (το) findings

πορνεί|α *(η)* prostitution. **~ο** *(το)* brothel

πόρνη *(η)* prostitute, *(λαϊκ)* whore

πορνό *επίθ άκλ* porno

πορνογραφία *(η)* pornography

πόρος *(ο)* *(εισόδημα)* resource. *(σε ποτάμι)* ford. *(στο δέρμα)* pore

πόρπη *(η)* clasp. *(σε ζώνη)* buckle

πορσελάνη *(η)* porcelain. *(σκεύος)* china

πόρτα *(η)* door

πορτμπαγκάζ *(το)* *άκλ* boot *(of car)*

πορτμπεμπέ *(το)* *άκλ* carrycot

πορτμπονέρ *(το)* *άκλ* lucky charm

πορτό *(το)* port *(wine)*

Πορτογαλία *(η)* Portugal

πορτογαλικός *επίθ* Portuguese

Πορτογ|άλος *(ο)*, **~αλίδα** *(η)* Portuguese

πορτοκαλάδα *(η)* orangeade. *(συμπυκνωμένη)* orange squash

πορτοκάλι *(το)* orange

πορτοκαλ|ής *επίθ* orange *(colour)*. **~ί** *(το)* orange *(colour)*

πορτοκαλιά *(η)* orange *(tree)*

πορτοφολάς *(ο)* pickpocket

πορτοφόλι *(το)* wallet

πορτρέτο *(το)* portrait

πορφυρό|ς *επίθ* purple. **~** *(το)* purple

πορώδης *επίθ* porous

πόσιμος *επίθ* drinkable

ποσό *(το)* amount, sum of money

πόσο|ς *αντων* *(αριθμός)* how many. *(ποσότητα)* how much. *(ώρα)* how long. **~** *επίρρ* how (much). **~ κάνει**; how much is it?

ποσοστό *(το)* percentage

ποσότητα *(η)* quantity, amount

πόστο *(το)* post

ποταμάκι *(το)* rivulet

ποτάμι *(το)* river. *(μικρό)* stream

ποταμός *(ο)* river

ποταπός *επίθ* base, ignoble

ποτέ *επίρρ* never. *(κάποτε)* ever

πότε *επίρρ* when. **~ ~** now and then, sometimes

πότης *(ο)* drinker

ποτίζω *ρ μτβ* water *(plants)*. *(με οινοπνευματώδη)* ply with drink

ποτιστήρι *(το)* watering can

ποτήρι *(το)* glass. *(του κρασιού)* wineglass. *(ψηλό)* tumbler

ποτό *(το)* drink

ποτοποιία *(η)* distillery

που *αντων* that. *(αντικείμενα)* which. *(πρόσωπα)* who. **•** *σύνδ* that, because. **•** *επίρρ* where. **~ και ~** from time to time

πού *επίρρ* where. **~ πας**; where are you going?

πουγκί *(το)* *(λαϊκ)* purse

πούδρα *(η)* powder *(cosmetic)*

πουθενά *επίρρ* nowhere. *(μετά από άρνηση)* anywhere

πουκάμισο *(το)* shirt

πουλάκι *(το)* small bird. *(κοτόπουλο)* chick

πουλάρι *(το)* foal

πουλερικά *(τα)* poultry

πούλημα *(το)* sale

πουλί *(το)* bird

πούλια *(η)* sequin. *(αστρολ)* Pleiades

πούλμαν *(το)* *άκλ* coach *(bus)*

πουλόβερ *(το)* *άκλ* pullover, jumper

πουλώ *ρ μτβ* sell *(λιανικά)* retail. *(στο δρόμο)* hawk, peddle

πουντιάζω *ρ αμτβ* freeze, catch a cold

πούπουλα *(τα)* down

πουρές *(ο)* *(λαχανικά)* purée. *(πατάτες)* mash

πουρί *(το)* fur *(in kettle)*. *(σε σωλήνες)* scale. *(στα δόντια)* tartar

πουριταν|ός *(ο)*, **~ή** *(η)* puritan

πουρμπουάρ *(το)* *άκλ* tip *(to waiter etc.)*

πουρνάρι *(το)* holly

πούρο *(το)* cigar

πούστης *(ο)* poof *(υβρ)*

πουτάνα *(η)* tart *(υβρ)*

πράγμα *(το)* thing. *(εμπόρευμα)* goods. **~τα** *(τα)* things, belongings. *(κατάσταση)* matters

πραγματεία *(η)* dissertation

πράγματι *επίρρ* really. *(αλήθεια)* sure enough

πραγματικ|ός *επίθ* real. *(αναφερόμενος στα πράγματα)* actual. *(γνήσιος)* true. **~ά** *επίρρ* really, actually

πραγματικότητα (η) reality. (στην πράξη) actuality

πραγματιστικός επίθ matter-of-fact. (του πραγματισμού) pragmatic

πραγματογνώμονας (ο) expert

πραγματοποιώ ρ μτβ realize. (ελπίδες) fulfil. (επιτυγχάνω) accomplish. (όνειρα) realize. (σκοπό) attain

πρακτικά (τα) minutes

πρακτική (η) practice

πρακτικ|ός επίθ practical. (άνθρωπος) hard-headed. (γιατρός) clinical. **~ό** (το) report. **~ά** επίρρ practically

πράκτορας (ο) agent

πρακτορείο (το) agency

πράμα (το) stuff βλ **πράγμα**

πράξη (η) act. (έγγραφο) certificate. (εξυπηρέτηση) turn. (καλή) deed. (καταχώριση) registration. (μαθημ) operation

πραξικόπημα (το) coup

πράος επίθ meek

πρασινάδα (η) greenery

πρασιά (η) flower bed. (με γρασίδι) lawn

πράσιν|ος επίθ green . **~η κάρτα** (η) green card

πρασινίζω ρ μτβ paint green. • ρ αμτβ turn green

πράσο (το) leek

πρασουλίδα (η) chive

πρατήριο (το) store (for only one product). **~ βενζίνης** petrol station. (βενζίνης και υπηρεσιών) service station

πρέζα (η) pinch (small amount)

πρέπει ρ απρόσ must, ought. **~ να 'ρθεις** you must come. **είναι ό, τι ~** it's exactly what is needed. **καθώς ~** correctly

πρέσα (η) (μηχάνημα) press

πρεσβεία (η) embassy

πρέσβειρα (η) ambassadress

πρεσβευτής (ο) ambassador

πρεσβεύω ρ μτβ believe in

πρέσβης (ο) βλ **πρεσβευτής**

πρεσβυτέριο (το) vicarage, rectory

πρεσβυωπικός επίθ long-sighted

πρήζ|ω ρ μτβ cause to swell. (μεταφ) pester. **~ομαι** ρ αμτβ

swell. (στο φαΐ) gorge o.s.

πρηνής επίθ prone

πρήξιμο (το) swelling. (από χτύπημα) bump

πρησμένος επίθ swollen

πρίγκιπας (ο) prince

πριγκιπικός επίθ princely

πριγκίπισσα (η) princess

πρίζα (η) (ηλεκτρ) plug. (στον τοίχο) power point

πρίμος επίθ fair (wind)

πριν επίρρ, σύνδ before, ago. **~ από** prior to. **~ (από) πολύ καιρό** a long time ago. **από ~** beforehand

πριόνι (το) saw

πριονίζω ρ μτβ saw

πρίσμα (το) prism

προ πρόθ (για τόπο) before, in front of. (για χρόνο) before, ago. **~ πάντων** in particular

προαγγέλλω ρ μτβ herald

προάγγελος (ο) forerunner

προάγω ρ μτβ further. (πρόσωπο) promote

προαγωγή (η) promotion

προαιρετικός επίθ optional

προαισθάνομαι ρ μτβ have a hunch about. (για κακό) have a presentiment of, sense

προαίσθημα (το) hunch. (για κακό) foreboding

προαίσθηση (η) premonition

προάλλες (οι) **τις ~** a few days ago

προάσπιση (η) defence

προάστιο (το) suburb

προαστιακός επίθ suburban

προαύλιο (το) forecourt

πρόβα (η) rehearsal. (ρούχων) fitting

προβαδίζω ρ μτβ precede

προβάλλω ρ μτβ show up. (αντιρρήσεις) raise. (εισηγήσεις) put forward. (κιν ταινία) screen

προβάρω ρ μτβ have a fitting

προβατάκι (το) young sheep. **~α** (κύματα) (τα) white horses

προβατίνα (η) ewe

πρόβατο (το) sheep ἄκλ

πρόβειο|ς επίθ sheep. **~ κρέας** (το) mutton

προβιά (*η*) sheepskin

προβιβάζω *ρ μτβ* (*στη δουλειά*) promote. (*στο σχολείο*) move up (to higher form)

προβλέπω *ρ μτβ* foresee. (*δυσκολίες*) envisage. (*καιρό*) forecast. (*προμαντεύω*) predict. (*προνοώ*) anticipate

πρόβλεψη (*η*) prediction. (*καιρού*) forecast

πρόβλημα (*το*) problem

προβληματίζ|ω *ρ μτβ* puzzle. **~ομαι** *ρ αμτβ* think hard

προβλήτα (*η*) jetty. (*για αγκυροβόληση*) berth

προβοκάτορας (*ο*) provocateur

προβολέας (*ο*) projector. (*αυτοκ*) headlight. (*αστυνομίας*) searchlight. (*για γενικό φωτισμό*) floodlight. (*θέατρ*) spotlight

προβολή (*η*) projection. (*διαφήμιση*) promotion. (*κιν ταινίας*) screening

προβοσκίδα (*η*) trunk (*of elephant*)

πρόγευμα (*το*) breakfast

προγευματίζω *ρ αμτβ* have breakfast

προγιαγιά (*η*) great-grandmother

πρόγνωση (*η*) forecast. (*ιατρ*) prognosis

προγονή (*η*) stepdaughter

πρόγονο|ς (*ο*) ancestor. **~ι** (*οι*) forefathers

προγονός (*ο*) stepson

πρόγραμμα (*το*) programme. (H/Y) program. (*θέατρ*) bill. (*σχολ*) timetable. (*πολιτ*) platform. (*σχέδιο*) schedule

προγραμματίζω *ρ μτβ* schedule. (H/Y) program. (*θέατρ*) bill

προγραμματ|ιστής (*ο*), **~ίστρια** (*η*) programmer

προγράφω *ρ μτβ* proscribe

προγυμνάζω *ρ μτβ* coach

προδιαγραφή (*η*) specification

προδιαγράφω *ρ μτβ* specify

προδιάθεση (*η*) bias

προδιάθεση (*η*) predisposition. (*προκατάληψη*) prejudice

προδιαθέτω *ρ μτβ* predispose. (*όχι ευνοϊκά*) prejudice

προδίδω *ρ μτβ βλ* **προδίνω**

προδικάζω *ρ μτβ* prejudge

προδίνω *ρ μτβ* betray

προδοσία (*η*) treachery. (*αποκάλυψη μυστικού*) treason. (*εγκατάλειψη*) betrayal

προδότης (*ο*), **~ρια** (*η*) traitor

πρόδρομος (*ο*) precursor

προεδρεύω *ρ αμτβ* preside. (*συνάντηση*) chair

προεδρία (*η*) presidency

πρόεδρος (*ο*) chairman. **~** (*η*) chairwoman. **~** (*ο, η*) (*χώρας*) president

προειδοποίηση (*η*) warning. (*έγγραφο*) notice

προειδοποιώ *ρ μτβ* warn. (*νομ*) caution

προεικάζω *ρ μτβ* foreshadow

προέκταση (*η*) extension

προέλευση (*η*) origin. (*έργου τέχνης*) provenance

προεξέχω *ρ αμτβ* protrude, (*καθομ*) stick out

προεξοφλώ *ρ μτβ* pay in advance. (*μεταφ*) take for granted

προέρχομαι *ρ αμτβ* come (from). (*κατάγομαι*) originate (from)

προετοιμάζ|ω *ρ μτβ* prepare. (*για σταδιοδρομία*) groom

προετοιμασία (*η*) preparation

προέχω *ρ αμτβ* project. (*είμαι ανώτερος*) excel. (*έχω μεγαλύτερη σημασία*) prevail

προηγμένος *επίθ* advanced. (*χώρες*) developed

προηγούμαι *ρ μτβ/αμτβ* precede. (*είμαι μπροστά*) lead the way. (*μεταφ*) be ahead of

προηγούμεν|ος *επίθ* previous. **~η** (*η*) the previous day. **~ο** (*το*) precedent

προηγουμένως *επίρρ* previously

προημιτελικός (*ο*) quarterfinal

προθάλαμος (*ο*) lobby

πρόθεμα (*το*) prefix

πρόθεση (*η*) intention. (*γραμμ*) preposition

προθεσμία (*η*) deadline. (*απόλυσης από εργασία*) notice

προθυμία (*η*) readiness. (*καλή διάθεση*) willingness, keenness

πρόθυμος *επίθ* willing. (*ενθουσιώδης*) eager. (*έτοιμος*) ready

προίκα (*η*) dowry

προικιά (*τα*) trousseau

προικίζω *ρ μτβ* endow

προικοθήρας (*ο*) fortune hunter (*in marriage*)

προϊόν (*το*) product. (*σύνολο*) produce

προΐσταμαι *ρ μτβ* preside over

προϊστ|άμενος (*ο*), **~αμένη** (*η*) head, boss

προϊστορία (*η*) prehistory

πρόκα (*η*) hobnail

προκαθορίζω *ρ μτβ* predetermine

προκαλώ *ρ μτβ* cause. (*ασθένεια*) induce. (*ερεθίζω*) excite. (*προξενώ*) provoke. (*προκαλώ*) dare. (*στρ*) challenge

προκαταβολή (*η*) advance (payment). (*σε επαγγελματία*) retainer. (*πρώτη δόση*) deposit

προκατάληψη (*η*) prejudice. (*κακή διάθεση*) bias

προκαταρκτικός *επίθ* preliminary

προκατειλημμένος *επίθ* prejudiced, biased

προκάτοχος (*ο*) predecessor

πρόκειται *ρ απρόσ* it's a matter of. **~ να πάμε στην εκκλησία** we are going to the church

προκήρυξη (*η*) proclamation

πρόκληση (*η*) challenge. (*αφορμή*) provocation

προκλητικός *επίθ* challenging. (*στάση*) provocative

προκριματικός *επίθ* preliminary

πρόκριτος (*ο*) notable

προκυμαία (*η*) quay

προκύπτ|ω *ρ αμτβ* accrue. **~ει** *απρόσ* come to light

προλαβαίνω *ρ μτβ* have time. (*εμποδίζω*) avert. (*παρεμβαίνω*) forestall. (*τρένο*) catch

προλέγω *ρ μτβ* foretell

προλετάρι|ος (*ο*) **~σσα** (*η*) proletarian

προληπτικός *επίθ* precautionary. (*δεισιδαίμων*) superstitious. (*ιατρ*) preventive

πρόληψη (*η*) prevention

πρόλογος (*ο*) foreword. (*βιβλίου*) preface. (*θέατρ*) prologue

προμαχώνας (*ο*) bastion

προμελέτη (*η*) premeditation

προμήθει|α (*η*) (*εμπορευμάτων*) supply. (*πληρωμή*) commission. **~ες** (*οι*) provisions

προμηθ|ευτής (*ο*), **~ εύτρια** (*η*) supplier

προμηθεύ|ω *ρ μτβ* provide. (*εμπ*) supply with. **~ομαι** *ρ αμτβ* procure

προμηνύω *ρ μτβ* portend

προνοητικ|ός *επίθ* provident, farsighted. **~τητα** (*η*) foresight

πρόνοια (*η*) providence. (*κοινωνική*) welfare

προνόμιο (*το*) privilege. (*αποκλειστικό*) prerogative

προνομιούχος *επίθ* privileged

προνοώ *ρ αμτβ* foresee. (*μεριμνώ*) provide for

προξενείο (*το*) consulate

προξεν|ητής (*ο*), **~ήτρα** (*η*) matchmaker (*in marriage*)

πρόξενος (*ο*) consul

προξενώ *ρ μτβ* occasion. **~ κατάπληξη** astonish

προοδευτικός *επίθ* go-ahead. (*που αυξάνει βαθμιαία*) progressive

προοδεύω *ρ αμτβ* progress

πρόοδος (*η*) progress. (*εξέλιξη*) advancement

προοίμιο (*το*) preamble. (*προάγγελμα*) prelude

προοπτική (*η*) prospect. (*ιδέα του βάθους*) perspective. (*μελλοντική*) outlook

προορίζ|ω *ρ μτβ* destine. **~ομαι για** be meant for

προορισμός (*ο*) destination

προπαγάνδα (*η*) propaganda

προπάντων *επίρρ* above all

προπάππος (*ο*) great-grandfather

προπαρασκευάζω *ρ μτβ* prepare

προπαρασκευή (*η*) preparation

προπατορικός *επίθ* ancestral

προπέλα (*η*) propeller

πρόπερσι *επίρρ* the year before last

προπέτασμα (*το*) screen

προπληρώνω *ρ μτβ* prepay

προπό (το) (football) pools
πρόποδες (οι) foot (of mountain)
προπολεμικός επίθ prewar
προπόνηση (η) training
προπον|ώ ρ μτβ coach, train.
~ούμαι ρ αμτβ train
προπορεύομαι ρ αμτβ to be in the lead
πρόποση (η) toast (drink)
προπύργιο (το) stronghold
προς πρόθ toward(s), to. **~ Θεού** for God's sake. **~ όφελός σου** to your benefit. **~ τα εμπρός** forwards. **~ τα μέσα** inwards. **βήμα ~ βήμα** step by step
προσάγω ρ μτβ bring. (οδηγώ) produce
προσανατολίζ|ω ρ μτβ orientate. **~ομαι** ρ αμτβ get one's bearings
προσανατολισμός (ο) orientation. (σπιτιού) aspect. (μεταφ) bearings
προσαράζω ρ αμτβ run aground
προσαρμογέας (ο) (ηλεκτρ) adaptor
προσαρμογή (η) adaptation
προσαρμόζ|ω ρ μτβ adapt, adjust. **~ομαι** ρ αμτβ adapt
προσάρτημα (το) appendage
προσάρτηση (η) annexation
προσαρτώ ρ μτβ append. (έδαφος) annex
προσβάλλ|ω ρ μτβ insult. (ιατρ) infest. (θίγω) offend. (νομ) challenge. **~ομαι** ρ αμτβ take offence
πρόσβαση (η) access
προσβλέπω ρ μτβ (σε) look forward (to)
προσβλητικός επίθ offensive
προσβολή (η) offence. (εφόρμηση) infestation. (ιατρ) seizure. (υβριστική συμπεριφορά) insult
προσγειωμένος επίθ down-to-earth
προσγειών|ω ρ μτβ (αεροπ) land. **~ομαι** ρ αμτβ touch down. (αναγκαστικά) crash-land
προσγείωση (η) (αεροπ) landing.
προσδιορίζω ρ μτβ determine. (καθορίζω) define. (φόρο) assess
προσδοκία (η) expectation. (επιθυμία) anticipation

προσδοκώ ρ μτβ expect. (για κάτι ευχάριστο) anticipate
προσεγγίζω ρ μτβ approach. (πλησιάζω) approximate. (πλοίο) call at
προσέγγιση (η) approach. (προσέγγιση) approximation
προσεκτικός επίθ careful. (δύσπιστος) wary. (επιμελής) attentive. (επιφυλακτικός) cautious
προσελκύω ρ μτβ attract. (προσοχή) capture
προσέρχομαι ρ αμτβ come, arrive
προσευχή (η) prayer
προσεύχομαι ρ αμτβ pray
προσεχής επίθ forthcoming
προσεχτικός επίθ βλ **προσεκτικός**
προσέχω ρ μτβ beware. (αποφεύγω) mind. (επιτηρώ) keep an eye on. (παρατηρώ) notice. (φροντίζω) take care of. • ρ αμτβ pay attention. (προειδοποιώ) watch out, look out
προσηλυτίζω ρ μτβ proselytize
προσήλυτος (ο) convert
προσηλωμένος επίθ absorbed
προσηλών|ω ρ μτβ fix. **~ομαι** concentrate
πρόσθεση (η) (μαθημ) addition
πρόσθετος επίθ additional. (περαιτέρω) further
προσθέτω ρ μτβ add. (αλκοόλ σε ποτό) lace. (στήλη με αριθμούς) tot up
προσθήκη (η) addition. (κτιρίου) extension
πρόσθιο|ς επίθ front. **~ (το)** breaststroke
προσιτός επίθ accessible. (που μπορεί να αποκτηθεί) within reach
πρόσκαιρος επίθ temporary
προσκαλώ ρ μτβ invite
προσκέφαλο (το) pillow
προσκήνιο (το) proscenium. (μεταφ) limelight
πρόσκληση (η) invitation. (στρ) call up
προσκλητήριο (το) invitation (card). (ονομάτων) roll call. (στρ, πρωινό) reveille

προσκόλληση (η) adhesion. (μεταφ) dedication

προσκολλώ ρ μτβ attach. **~μαι** ρ αμτβ cling

προσκομίζω ρ μτβ produce, bring forward

πρόσκομμα (το) stumbling block

προσκοπίνα (η) Girl Scout

πρόσκοπος (ο) Scout

πρόσκρουση (η) collision

προσκρούω ρ αμτβ collide

προσκύνημα (το) pilgrimage

προσκυν|ητής (ο), **~ήτρια** (η) pilgrim

προσκυνώ ρ αμτβ worship

προσλαμβάνω ρ μτβ take on, hire

προσμένω ρ μτβ expect

προσμονή (η) expectation

προσοδοφόρος επίθ profitable

προσόν (το) qualification. (πλεονέκτημα) asset

προσοχή (η) attention. (ακούω) heed. (φροντίδα) care

πρόσοψη (η) façade

προσπάθεια (η) effort. (απόπειρα) attempt. (δοκιμή) try. (έντονη) endeavour

προσπαθώ ρ αμτβ attempt. (δοκιμάζω) try. (έντονα) endeavour

προσπέκτους (το) άκλ prospectus

προσπέρασμα (το) overtaking

προσπερνώ ρ μτβ overtake

προσποίηση (η) pretence. (συμπεριφορά) affectation

προσποιητός επίθ affected

προσποιούμαι ρ μτβ/ρ αμτβ pretend. (αρρώστια) feign

προσταγή (η) command

προστάζω ρ μτβ command

προστακτικ|ός επίθ commanding. **~ή** (η) imperative

προστασία (η) protection. (περιβάλλοντος) conservation. (υποστήριξη) patronage

προστατευόμενη (η) protégé

προστατευόμενος (ο) protégé

προστατευτικός επίθ protective

προστατεύω ρ μτβ protect. (προφυλάγω) shield. (μεταφ) cushion

προστάτ|ης (ο), **~ρια** (η) protector. (τεχνών) patron

προστίθεμαι ρ αμτβ be added

πρόστιμο (το) fine

προστριβή (η) friction

πρόστυχ|ος επίθ vulgar. (χυδαίος) smutty. **~η** (η) prostitute

πρόσφατος επίθ recent

προσφέρ|ω ρ μτβ offer. (εμπ) bid. **~ομαι** ρ αμτβ volunteer. (είμαι κατάλληλος) be suitable

προσφεύγω ρ αμτβ resort. (νομ) have recourse

προσφιλής επίθ beloved

προσφορά (η) offer. (εμπ) tender. (εμπορευμάτων) supply

πρόσφορος επίθ appropriate. (χρόνος) opportune

πρόσφυγας (ο) refugee

προσφυγή (η) resort. (σε οργανισμό) appeal

προσχέδιο (το) draft. (τεχνικό σχέδιο) blueprint

πρόσχημα (το) pretext

προσχωρώ ρ αμτβ go over to, join

προσωπάρχης (ο) personnel manager

προσωπείο (το) mask. (μεταφ) façade

προσωπικό (το) personnel

προσωπικός επίθ personal

προσωπικότητα (η) personality

πρόσωπο (το) face. (άτομο) person

προσωποποίηση (η) personification

προσωρινός επίθ temporary. (πρόχειρος) provisional

πρόταση (η) suggestion. (ανήθικη) proposition. (γάμου) proposal. (γραμμ) sentence

προτείνω ρ μτβ suggest. (γάμο) propose. (για συζήτηση) moot. (εισήγηση) put forward. (σε εκλογές) nominate. (υποδείχνω) move

προτελευταίος επίθ penultimate, last but one

προτεραιότητα (η) priority. (αυτοκ) right of way. (σε σειρά) precedence

προτέρημα (το) good point. (χάρισμα) merit

πρότερος επίθ previous. **εκ των προτέρων** beforehand, in advance

προτεστάντ|ης (η), **~ισσα** (ο) Protestant

προτίθεμαι ρ μτβ intend

προτ|ίμηση (η) preference. **~ιμήσεις** (οι) likes

προτιμητέος επίθ preferable

προτιμότερος επίθ preferable

προτιμώ ρ μτβ prefer. (θέλω καλύτερα) favour. **~ να** I would rather

προτομή (η) bust

πρότονος (ο) (ναυτ) mainstay

προτού επίρρ before

προτρέπω ρ μτβ exhort

προτροπή (η) exhortation

πρότυπο (το) prototype. (μήτρα) pattern. (μοντέλο) model. (που χρησιμεύει ως παράδειγμα) standard

πρότυπος επίθ model

προϋπαντώ ρ μτβ meet, welcome

προϋπόθεση (η) assumption

προϋποθέτω ρ μτβ presuppose

προϋπολογισμός (ο) budget. (εκ των προτέρων) estimate

προφανής επίθ evident

πρόφαση (η) pretext

προφέρω ρ μτβ pronounce. (καθαρά) enunciate

προφητεία (η) prophecy

προφητεύω ρ μτβ prophesy

προφήτης (ο) prophet

προφητικός επίθ prophetic

προφίλ (το) άκλ profile

προφορά (η) accent. (τρόπος) pronunciation

προφορικός επίθ oral, verbal

προφταίνω ρ μτβ/αμτβ be in time. (καταφθάνω) catch up with. (προλαβαίνω) forestall

προφυλάγ|ω ρ μτβ shield. **~ομαι** ρ αμτβ take precautions

προφυλάκιση (η) remand in custody

προφυλακή (η) outpost

προφυλακτήρας (ο) (αυτοκ) bumper

προφύλαξη (η) precaution

πρόχειρο (το) rough book

πρόχειρος επίθ rough-and-ready. (έτοιμος για χρήση) at hand, to hand. (προσωρινός) makeshift. (χωρίς προπαρασκευή) slapdash

προχρονολογώ ρ μτβ backdate

προχτές επίρρ the day before yesterday

προχωρημένος επίθ advanced. (θέση) forward

προχωρώ ρ αμτβ move on. (με βία) press on. (προοδεύω) advance. (συνεχίζω) proceed

προώθηση (η) propulsion. (προϊόντος) promotion

προωθώ ρ μτβ propel. (προϊόν) promote. (βοηθώ) forward. (κλήση) divert

πρόωρος επίθ premature. (άκαιρος) untimely

πρύμνη (η) stern

πρύτανης (ο) rector (of college)

πρώην επίρρ former, ex

πρωθυπουργός (ο, η) Prime Minister

πρωί (το) morning. **~α** (η) morning

πρώιμος επίθ early, premature

πρωινό|ς επίθ early morning. **~** (το) early morning

πρωταγων|ιστής (ο), **~ίστρια** (η) protagonist. (θέατρ) lead

πρωταγωνιστώ ρ αμτβ star

πρωτάθλημα (το) championship

πρωταθλ|ητής (ο), **~ήτρια** (η) champion

πρωτάκουστος επίθ unheard-of

πρωταπριλιά (η) first of April

πρωτάρ|ης (ο), **~α** (η) novice

πρωταρχικός επίθ primary

πρωτεΐνη (η) protein

πρωτεύουσα (η) capital (city)

πρώτιστος επίθ foremost

πρωτοβουλία (η) initiative

πρωτόγονος επίθ primitive. (σε άγρια κατάσταση) savage

πρωτοδικείο (το) court of first instance

πρωτοετής (ο) (φοιτητής) freshman

πρωτόκολλο (*το*) protocol
πρωτομαγιά (*η*) May Day
πρωτοπορία (*η*) lead
πρωτοπόρος (*ο*) pioneer
πρώτ|ος *επίθ* first. (*από δύο*) former. (*σε βαθμό*) premier. **~η θέση** (*η*) first class. **~ες ύλες** (*οι*) raw materials. **με το ~ο** on first attempt. **ο ~ος τυχόν** just anybody. **~α** *επίρρ* firstly. **~α ~α** first of all
πρωτότοκος *επίθ* first-born
πρωτοτυπία (*η*) originality
πρωτότυπος *επίθ* original
πρωτοφανής *επίθ* unprecedented
πρωτοχρονιά (*η*) New Year's Day
πταίσμα (*το*) error. (*νομ*) misdemeanour
πτέρυγα (*η*) (*στρ, κτιρίου*) wing
πτερύγιο (*το*) flipper. (*ναυτ, αεροπ*) vane
πτηνό (*το*) fowl
πτήση (*η*) flight. (*σύντομη*) hop
πτητικός *επίθ* volatile
πτυσσόμενος *επίθ* collapsible. (*καρέκλα, τραπέζι*) folding
πτυχή (*η*) tuck. (*δίπλα*) fold
πτυχιακές εξετάσεις (*οι*) (*πανεπ*) finals
πτυχίο (*το*) (*πανεπ*) degree
πτώμα (*το*) corpse
πτώση (*η*) fall. (*γραμμ*) case. (*μεταφ*) downfall
πτώχευση (*η*) bankruptcy
πτωχεύω *ρ αμτβ* go bankrupt
πτωχοκομείο (*το*) poorhouse, workhouse
πυγμαίος (*ο*) pygmy
πυγμαχία (*η*) boxing
πυγμάχος (*ο*) boxer
πυγμαχώ *ρ αμτβ* box
πυγμή (*η*) fist. (*μεταφ*) punch
πυγολαμπίδα (*η*) firefly
πυθμένας (*ο*) (sea) bed
πύθωνας (*ο*) python
πυκν|ός *επίθ* thick. (*αδιαπέραστος*) dense. (*βλάστηση*) rank. (*φρύδια*) bushy. **~ά** *επίρρ* densely, thickly
πυκνότητα (*η*) density
πυκνώνω *ρ μτβ/ρ αμτβ* thicken

πύλη (*η*) gateway. (*πόλης*) gate
πυλώνας (*ο*) pylon
πυξίδα (*η*) compass
πύο (*το*) pus
πυρ (*το*) fire. **~!** fire! **~ και μανία** furious
πυρακτωμένος *επίθ* glowing. (*μέταλλο*) red-hot
πυραμίδα (*η*) pyramid
πυρασφάλεια (*η*) fire insurance
πύραυλος (*ο*) rocket. (*βλήμα*) missile
πυργίσκος (*ο*) turret
πύργος (*ο*) tower. (*κάστρο*) castle. (*σκάκι*) rook
πυρετικός *επίθ* feverish
πυρετό|ς (*ο*) fever. **έχω ~** have a temperature
πυρετώδης *επίθ* feverish
πυρήνας (*ο*) nucleus. (*καρυδιού*) kernel. (*μήλου*) core
πυρηνικός *επίθ* nuclear
πυρίτιδα (*η*) gunpowder
πυρίτιο (*το*) silicon
πυρκαγιά (*η*) blaze
πυροβολητής (*ο*) gunner
πυροβολικό (*το*) artillery
πυροβολισμ|ός (*ο*) gunshot. **~οί** (*οι*) gunfire
πυροβόλο όπλο (*το*) firearm
πυροβολώ *ρ μτβ* shoot. (*από κρυφό σημείο*) snipe
πυροδοτώ *ρ μτβ* set off, explode
πυροκρότηση (*η*) detonation
πυροκροτώ *ρ μτβ* detonate
πυρομανής *επίθ* pyromaniac
πυρομαχικά (*τα*) ammunition
πυροσβεστήρας (*ο*) fire extinguisher
πυροσβέστης (*ο*) fireman
πυροσβεστικ|ός *επίθ* fire. **~ή αντλία** (*η*) fire engine. **~ή υπηρεσία** (*η*) fire brigade
πυροτέχνημα (*το*) firework
πυρπολώ *ρ μτβ* set on fire
πυρρόξανθος *επίθ* auburn
πυρσός (*ο*) (flaming) torch
π.χ. *συντ* (*παραδείγματος χάρη*) e.g. (for example)
π.Χ. *συντ* (*προ Χριστού*) BC (before Christ)

πώληση (η) sale
πωλητής (ο) seller. (ακίνητης περιουσίας) vendor. (εμπορ) salesman. (πλασιέ) rep. (σε μαγαζί) sales assistant. αυτόματος ~ vending machine
πωλήτρια (η) saleswoman. (σε μαγαζί) sales assistant
πωλ|ώ ρ μτβ sell, βλ πουλώ. ~ούμαι ρ αμτβ to be on the market. ~είται for sale
πώμα (το) stopper. (μηχ) cap. (μπουκαλιού) cork
πως σύνδ that. νομίζω ~ I think that
πώς επίρρ how

Ρ ρ

ραβασάκι (το) love letter
ραβδί (το) stick, cane. ~ζω ρ μτβ beat with a stick
ράβδος (η) stick. (μαγική) wand. (σιδηρ) rail. (στρ) baton. (τεχν) rod. (χρυσού) ingot, bar
ράβδωση (η) stripe
ραβδωτός επίθ fluted. (ύφασμα) striped
ραβίνος (ο) rabbi
ραβιόλια (τα) ravioli
ράβω ρ μτβ stitch. (φόρεμα) sew. (σε ραπτομηχανή) machine (sew)
ράγα (η) (σιδηρ) rail.
ραγδαί|ος επίθ rapid. ~α βροχή (η) pouring rain
ραγιάς (ο) slave
ραγίζω ρ μτβ/αμτβ crack
ράγκμπι (το) άκλ rugby
ραγού (το) άκλ stew
ραδιενέργεια (η) radioactivity
ραδιενεργός επίθ radioactive
ραδίκι (το) dandelion
ράδιο (το) radio. (χημ) radium
ραδιογραφία (η) radiography
ραδιοπομπός (ο) radio transmitter
ραδιοσταθμός (ο) radio station
ραδιοτηλεσκόπιο (το) radio telescope

ραδιουργία (η) intrigue
ραδιοφωνία (η) broadcasting
ραδιόφωνο (το) radio
ραθυμία (η) indolence
ραίνω ρ μτβ (λουλούδια) throw. (νερό) sprinkle
ρακέτα (η) racket. (επιτραπέζιο τένις) bat
ρακ|ή (η), ~ί (το) raki (aniseed-flavoured spirit)
ράκος (το) rag. (μεταφ) wreck
ράλι (το) (αυτοκ) rally.
ραμί (το) rummy
ράμμα (το) stitch (in wound)
ράμπα (η) footlights. (αυτοκ) ramp
ράμφος (το) beak, bill
ρανίδα (η) drop (of blood)
ραντάρ (το) άκλ radar
ραντεβού (το) appointment. (ερωτικο) date. (σε ορισμένο χώρο) rendezvous
ραντίζω ρ μτβ sprinkle
ράντισμα (το) sprinkle
ραντιστήρι (το) rose (nozzle). (ποτιστήρι) watering can
ράντσο (το) ranch
ραπάνι (το) radish
ραπτομηχανή (η) sewing machine
ράσο (το) cassock
ράτσα (η) breed. (ζώων) pedigree
ρατσισμός (ο) racism
ρατσ|ιστής (ο), ~ίστρια (η) racist
ρατσιστικός επίθ racist
ραφείο (το) tailor's shop
ραφή (η) seam
ράφι (το) shelf. (αποσκευών) rack. ~α (τα) shelving
ραφινάτος επίθ urbane
ραφτάδικο (το) βλ ραφείο
ράφτης (ο) tailor
ράφτρα (η) seamstress
ραχάτι (το) loafing
ράχη (η) back. (βιβλίου) spine. (μύτης) bridge. (οροσειράς) ridge. (χεριού) back
ραχοκοκαλιά (η) backbone
ράψιμο (το) sewing
ραψωδία (η) rhapsody
ραψωδός (ο) minstrel
ρεαλισμός (ο) realism

ρεαλ|ιστής (*o*), ~ίστρια (*η*) realist

ρεβεγιόν (*το*) *άκλ* Christmas/New Year's Eve party

ρεβέρ (*το*) *άκλ* (*πανταλονιού*) turn-up. (*τένις*) backhander

ρεβίθι (*το*) chick pea

ρέγγα (*η*) herring

ρεζέρβα (*η*) spare wheel

ρεζερβουάρ (*το*) (petrol) tank

ρεζιλεύω *ρ μτβ* ridicule. (*ντροπιάζω*) humiliate

ρεζίλι (*το*) ridicule. (*ντρόπιασμα*) humiliation. γίνομαι ~ become a laughing stock

ρείκι (*το*) heather

ρεκλάμα (*η*) puff (*in advertising*)

ρεκλαμάρω *ρ μτβ* plug, advertise

ρεκόρ (*το*) *άκλ* (*σπορ*) record

ρελαντί (*το*) (*μηχ*) idle.

ρέμα (*το*) stream

ρεμάλι (*το*) twerp (*λαϊκ*)

ρεματιά (*η*) gully

ρεμβασμός (*o*) reverie

ρεπάνι (*το*) *βλ* ραπάνι

ρεπερτόριο (*το*) repertory

ρεπορτάζ (*το*) *άκλ* reportage

ρεπούμπλικα (*η*) trilby

ρέπω *ρ αμτβ* be inclined (to)

ρεσεψιόν (*η*) *άκλ* reception

ρεσιτάλ (*το*) *άκλ* recital

ρέστα (*τα*) change (*money*)

ρετάλι (*το*) remnant (*of cloth*)

ρετιρέ (*το*) *άκλ* penthouse

ρετσίνα (*η*) retsina (*resinated Greek wine*)

ρετσινόλαδο (*το*) castor oil

ρεύμα (*το*) (*αέρα*) draught. (*θάλασσας*) current. (*ποταμού*) stream. (*υποβρύχιο*) undercurrent. (*μεταφ*) tide

ρευματι|κός *επίθ* rheumatic. ~σμός (*o*) rheumatism

ρεύομαι *ρ αμτβ* belch

ρευστοποίηση (*η*) liquidation

ρευστός *επίθ* fluid

ρεφενέ|ς (*o*) share (*in costs*). κάνω ~ club together

ρεφρέν (*το*) *άκλ* refrain

ρέψιμο (*το*) belch

ρέω *ρ αμτβ* flow

ρήγμα (*το*) breach, gap. (*γεωλ*) fault

ρήμα (*το*) verb

ρημάζω *ρ αμτβ* go to rack and ruin

ρήξη (*η*) rupture. (*καβγάς*) split. (*μεταφ*) rift

ρήο (*το*) rhubarb

ρητίνη (*η*) resin

ρήτορας (*o*) orator

ρητορεία (*η*) oratory, rhetoric

ρητό (*το*) saying

ρητορικός *επίθ* rhetorical

ρητός *επίθ* express. (*σαφής*) explicit. ~ όρος (*o*) stipulation

ρήτρα (*η*) clause

ρηχός *επίθ* shallow

ρίγα *επίθ* ruler. (*γραμμή*) pin

ριγέ *επίθ άκλ* striped

ρίγος (*το*) thrill

ριγώ *ρ αμτβ* shudder

ριγώνω *ρ μτβ* line

ρίζα (*η*) root. (*λέξης*) stem

ριζικός *επίθ* root. (*βασικός*) radical

ριζοσπάστης (*o*) radical

ρίζωμα (*το*) taking root

ριζώνω *ρ μτβ/αμτβ* root

ρίμα (*η*) rhyme

ρινγκ (*το*) *άκλ* (boxing) ring

ρινίζω *ρ μτβ* file

ρινικός *επίθ* nasal

ρινίσματα (*τα*) filings

ρινόκερος (*o*) rhinoceros

ρίξιμο (*το*) throw. (*αντιπάλου*) tackle

ριπή (*η*) (*ανέμου*) gust. (*στρ*) volley

ρίχν|ω *ρ μτβ* throw. (*αεροπλάνο*) shoot down. (*άνεμος*) blow down. (*δίκτυα*) cast. (*πετώ*) toss. (*πυροβολώ*) shoot. (*φύλλα, δέρμα*) shed. ~ κάτω knock over. ~ χαλάζι hail. το ~ έξω have fun

ρίχνομαι *ρ αμτβ* throw o.s. (*επιθετικά*) lunge. (*σε γυναίκα*) make a pass

ριψοκινδυνεύω *ρ μτβ* risk. ~ *ρ αμτβ* venture

ρόδα (*η*) wheel

ροδάκι (*το*) castor

ροδάκινο (*το*) peach

ροδέλα (*η*) washer

ρόδι (*το*) pomegranate

ρόδινος *επίθ* rosy

ρόδο (*το*) rose

ροδοδάφνη (*η*) oleander

ροδοκόκκινος *επίθ* ruddy
ροδόνερο (*το*) rose water
ροδοπέταλο (*το*) rose petal
Ρόδος (*η*) Rhodes
ροζ *επίθ άκλ* pink. **~** (*το*) pink
ροζάριο (*το*) (*εκκλ*) rosary
ροζέ (*το*) rosé (wine)
ροζέτα (*η*) rosette
ροζιάρικος *επίθ* gnarled
ρόζος (*ο*) (*ξύλου*) knob. (*χεριού*) callus
ροή (*η*) flow
ροκανίζω *ρ μτβ* gnaw
ροκ (*η*) *άκλ* (*μουσ*) rock
ροκανί|δι (*το*) (wood) filing. **~ζω** *ρ μτβ* gnaw. (*ξύλο*) plane
ρολάρω *ρ αμτβ* scroll. **~προς τα κάτω** scroll down
ρολό (*το*) roll. (*παραθύρου*) roller blind
ρολογάς (*ο*) watchmaker
ρολόι (*το*) clock. (*του χεριού*) watch. **σαν ~** like clockwork
ρόλος (*ο*) role
ρομάντζο (*το*) romance
ρομαντι|κός *επίθ* romantic. **~σμός** (*ο*) romanticism
ρόμβος¹ (*ο*) diamond (shape)
ρόμβος² (*ο*) turbot
ρόμπα (*η*) dressing gown. (*του μπάνιου*) bathrobe
ρομπότ (*το*) *άκλ* robot
ροντέο (*το*) *άκλ* rodeo
ρόπαλο (*το*) club. (*κοντό*) cudgel. (*κρίκετ*) bat
ροπή (*η*) propensity, tendency
ρόπτρο (*το*) knocker
ρόστο (*το*) browned meat
ρουά! *άκλ* check! (*in chess*)
ρουζ (*το*) *άκλ* rouge
ρουθούνι (*το*) nostril
ρουθουνίζω *ρ αμτβ* snort
ρουλέτα (*η*) roulette
Ρουμαν|ία (*η*) Romania. **~ικός** *επίθ* Romanian
Ρουμάν|ος (*ο*), **~α** (*η*) Romanian
ρούμι (*το*) rum
ρουμπίνι (*το*) ruby
ρουσφέτι (*το*) political favour
ρουτίνα (*η*) routine

ρουφηξιά (*η*) swig. (*καπνού*) puff. (*μεγάλη*) gulp. (*μικρή*) sip. (*μύτης*) sniff
ρουφιάνος (*ο*) pimp
ρουφήχτρα (*η*) whirlpool
ρουφώ *ρ μτβ* suck. (*καπνό*) inhale. (*με τη μύτη*) sniff
ρουχισμός (*ο*) clothing
ρούχ|ο (*το*) cloth. (*ένδυμα*) garment. **~α** (*τα*) clothes
ρόφημα (*το*) beverage
ροχαλητό (*το*) snoring
ροχαλίζω *ρ αμτβ* snore
ρυάκι (*το*) brook
ρύγχος (*το*) muzzle (*of animal*)
ρυζάλευρο (*το*) rice flour
ρύζι (*το*) rice. (*μη αποφλοιωμένο*) paddy
ρυζόγαλο (*το*) rice pudding
ρυθμίζω *ρ μτβ* adjust. (*κανονίζω*) regulate. (*μηχ*) tune. (*ορίζω*) set. (*ραδιόφωνο*) tune
ρυθμικός *επίθ* rhythmic(al)
ρύθμιση (*η*) regulation. (*τεχν*) adjustment
ρυθμός (*ο*) rhythm. (*μουσ*) swing
ρυμοτομία (*η*) town planning
ρυμούλκηση (*η*) tow
ρυμουλκό (*το*) (*ναυτ*) tug. (*όχημα*) towing vehicle
ρυμουλκό *ρ μτβ* tow
ρυπαίνω *ρ μτβ* pollute
ρύπανση (*η*) pollution
ρύπος (*ο*) pollutant
ρυτίδα (*η*) wrinkle
ρυτιδώνω *ρ μτβ* wrinkle
ρώγα (*η*) teat. (*μαστού*) nipple. (*σταφυλιού*) grape
ρωγμή (*η*) crack. (*βαθιά*) crevasse. (*τοίχου*) crevice
ρωμαϊκός *επίθ* Roman
ρωμαιοκαθολικός *επίθ* Roman Catholic
ρωμαίικ|ος *επίθ* modern Greek. **~ο** (*το*) modern Greece. **~α** (*τα*) vernacular Greek
Ρωμαί|ος (*η*), **~α** (*ο*) Roman
ρωμαλέος *επίθ* robust. (*ανθεκτικός*) stout
Ρωμι|ός (*ο*) modern Greek. **~οσύνη** (*η*) modern Greek nation

Ρώμη¹ (η) Rome
ρώμη² (η) robustness
Ρωσσία (η) Russia
ρωσσικ|ός επίθ Russian. **~ά** (τα) Russian
Ρώσσος (ο), **Ρωσσίδα** (η) Russian
ρωτώ ρ μτβ ask. (ανακρίνω) question

Σσ

σαβάνα (η) savanna
σάβανο (το) shroud
Σάββατο (το) Saturday
σαββατοκύριακο (το) weekend
σαβούρα (η) junk. (ναυτ) ballast
σαγηνεύω ρ μτβ allure
σαγήνη (η) allure
σαγόνι (το) jaw
σαδισμός (ο) sadism
σαδ|ιστής (ο) **~ίστρια** (η) sadist. **~ιστικός** επίθ sadistic
σαΐνι (το) hawk (bird). (μεταφ) sharp-witted person
σαΐτα (η) shuttle
σάκα (η) satchel
σακάκι (το) jacket (man's)
σακατεύω ρ μτβ maim
σακάτης (ο), **~ισσα** (η) cripple
σακί (το) sack
σακίδιο (το) rucksack, haversack. (για ποδήλατο ή άλογο) saddlebag
σάκος (ο) sack
σακούλα (η) bag. **~ες** (οι) bags (under eyes)
σακουλάκι (το) sachet
σακούλι (το) βλ **σακούλα**
σακουλιάζω ρ μτβ bag. • ρ αμτβ sag
σακουλιασμένος επίθ baggy
σαλάμι (το) salami
σαλάτα (η) salad
σαλάχι (το) skate άκλ
σαλέ (το) άκλ chalet
σαλεύω ρ μτβ stir. • ρ αμτβ move
σάλι (το) shawl
σαλιάρα (η) bib

σαλιαρί|ζω ρ αμτβ gibber. (ερωτοτροπώ) drool
σαλιγκάρι (το) snail
σάλι|ο (το) saliva. **βγάζω ~α** dribble
σαλόνι (το) lounge, parlour (έπιπλο) suite. (επίσημο) drawing room
σάλος (ο) turmoil. (διαμαρτυρίας) outcry. (θάλασσας) swell
σαλπάρω ρ αμτβ put to sea
σάλπιγγα (η) trumpet. (ανατ) tube. (στρ) bugle
σαλτάρω ρ αμτβ leap
σάλτο (το) leap
σάλτσα (η) sauce
σαμάρι (το) packsaddle
σαματάς (ο) racket, din
σαμουά (το) άκλ chamois
σαμπάνια (η) champagne
σαμποτ|άζ (το) άκλ sabotage. **~άρω** ρ μτβ sabotage
σαμπουάν (το) άκλ shampoo
σαμπρέλα (η) inner tube
σάμπως επίρρ as if. (πιθανώς) possibly
σαν σύνδ when. • μόρ like, as. **~ να** as though. **~ να έχεις δίκιο** you may be right
σανατόριο (το) sanatorium
σανίδα (η) plank. **~σνόουμπορντ** (η) snowboard
σανίδι (το) board, plank
σανιδόσκαλα (η) gangway
σανός (ο) hay
σαντιγί (η) άκλ whipped cream
σάντουιτς (το) άκλ sandwich
σαξόφωνο (το) saxophone
Σαουδική Αραβία (η) Saudi Arabia
σάουνα (το) άκλ sauna
σαπίζω ρ μτβ/ρ αμτβ rot. (δόντι) decay. (πτώμα) putrefy
σάπιος επίθ rotten
σάπισμα (το) rot. (δοντιού) decay
σαπουνάδα (η) soapy water
σαπούνι (το) soap
σαπουνίζω ρ μτβ soap
σαπουνόπερα (η) soap opera
σαπουνόφουσκα (η) soap bubble
σάπφειρος (ο) sapphire
σαπωνοποιία (το) soap manufacture

σάρα (η) η ~ και η **μάρα** riff-raff

σαράβαλο (το) wreck. (αυτοκ) jalopy

σαράκι (το) woodworm. (μεταφ) grief

Σαρακοστή (η) Lent

σαράντα επίθ forty

σαραντάμερο (το) Advent

σαρανταποδαρούσα (η) centipede

σαρανταριά (η) about forty (in number)

σαρδέλα (η) sardine

σαρδόνιος επίθ sardonic

σάρκα (η) flesh

σαρκασ|μός (ο) sarcasm. **~τικός** επίθ sarcastic

σαρκικός επίθ carnal

σαρκοβόρος επίθ carnivorous

σαρκοφάγος (ο) sarcophagus

σαρκώδης επίθ fleshy

σάρπα (η) stole, shawl

σαρώνω ρ μτβ sweep. (ραντάρ, H.Y) scan. (μεταφ) sweep the board

σας αντων you, yours

σασί (το) άκλ chassis

σαστίζω ρ μτβ perplex. • ρ αμτβ be taken aback

σαστισμένος επίθ perplexed. (συγχυσμένος) bewildered

σατανάς (ο) Satan

σατανικός επίθ satanic

σατέν (το) άκλ satin

σάτιρα (η) satire

σατιρίζω ρ μτβ satirize

σατιρικός επίθ satirical

σατράπ|ης (ο), **~ισσα** (η) tyrant

σάτυρος (ο) Satyr. (ασελγής) lecher

σαύρα (η) lizard

σαφάρι (το) safari

σαφράνι (το) saffron

σαφήνεια (η) plainness

σαφ|ής επίθ plain. (ευκρινής) clear. **~ώς** επίρρ plainly, clearly

σαχλαμάρ|α (η) idiocy. **~ας** (ο) loudmouth. **~ες** (οι) nonsense

σαχλός επίθ soppy

σβάρνα (η) harrow

σβέλτος επίθ nimble. (γρήγορος) nippy

σβέρκος (ο) neck

σβήνω ρ μτβ put out. (ανάμνηση) blot out. (γράψιμο) erase, rub out. (δίψα) quench. (κερί) snuff. (τσιγάρο) stub out. (φως, TV) switch off, turn off. (φωτιά) extinguish. • ρ αμτβ go out. (ενθουσιασμός) fizzle out. (εξαφανίζομαι) die out. (κερί) blow out. (κινητήρας) stall. (φωνή) tail off. (φως, ήχος) fade

σβηστός επίθ switched off. (φωνή) feeble

σβόλος (ο) clod. (σε υγρό) lump

σβούρα (η) spinning top

σγουρός επίθ curly

σε[1] πρόθ (κίνηση) to. (στάση) in, at. (τρόπος, σχέση, χρόνος) in

σε[2] αντων you

σέβας (το) respect

σεβάσμιος επίθ venerable

σεβασμός (ο) respect. (επιθυμίας άλλου) deference

σεβαστός επίθ august. (ποσό χρημάτων) tidy

σέβομαι ρ μτβ respect. (πολύ) revere

σεζλόνγκ (η) άκλ deck chair

σειρά (η) series. (ακολουθία) sequence. (γραμμή) row. (επισκέψεων) round. (θέση) turn. (μαθημάτων) course. (προϊόντων) range

σειρήνα (η) siren. (εργοστασίου) hooter

σεισμός (ο) earthquake

σείχης (ο) sheikh

σείω ρ μτβ shake. (ουρά) wag

σέκτα (η) sect

σέλα (η) saddle

σελέμης (ο) bum, hanger-on

σελήνη (η) moon

σεληνια|κός επίθ lunar. **~σμός** (ο) epilepsy

σεληνόφωτο|ς επίθ moonlit. **~** (το) moonlight

σελίδα (η) page

σελίνι (το) shilling

σέλινο (το) celery

σελώνω ρ μτβ saddle

σεμινάριο (το) seminar

σεμν|ός επίθ demure. (κοπέλα) maidenly. (μετριόφρονας) modest. **~τητα** (η) modesty σεμνότυφος *επίθ* prudish

σένα *αντων* you

σενάριο *(το)* scenario. *(κιν ταινίας)* script

σεναριογράφος *(ο, η)* scriptwriter

σεντέφι *(το)* mother of pearl

σεντόνι *(το)* sheet

σεντούκι *(το)* chest, trunk

σεξ *(το) άκλ* sex

σεξιστής *(ο)* sexist

σεξουαλικός *επίθ* sexual

Σεπτέμβρης *(ο) βλ* Σεπτέμβριος

Σεπτέμβριος *(ο)* September

σερβίρισμα *(το)* sitting *(in restaurant)*

σερβίρω *ρ μτβ* serve. *(ποτά)* pour. *(σε τραπέζι)* wait

σέρβις *(το) άκλ* service

σερβιτόρα *(η)* waitress. *(σε μπαρ)* barmaid

σερβιτόρος *(ο)* waiter. *(σε μπαρ)* barman

σερβίτσιο *(το)* (dinner) service

σεργιάνι *(το)* stroll

σερμπέτι *(το)* sherbet

σέρν|ω *ρ μτβ* drag. *(τα πόδια)* shuffle. **~ομαι** *ρ αμτβ* crawl. *(έρπω)* creep. *(ταπεινώνομαι)* grovel

σερπαντίνα *(η)* (paper) streamer

σεσουάρ *(το) άκλ* hair dryer

σέσουλα *(η)* scoop

σηκών|ω *ρ μτβ* raise. *(άγκυρα)* weigh. *(ανέχομαι)* stand for. *(ανυψώνω)* lift. *(το τραπέζι)* clear. *(τους ώμους)* shrug. *(φορτίο)* carry. *(ψηλά)* hoist. **~ομαι** *ρ αμτβ* rise. *(από πέσιμο)* pick o.s. up. *(από κρεβάτι)* get up. *(όρθιος)* stand up. *(τρίχες)* bristle

σήμα *(το)* signal. *(αναγνωριστικό)* sign. *(ηχητικό)* bleep

σημαδεμένος *επίθ* marked. *(σακάτης)* crippled

σημαδεύω *ρ μτβ* mark. *(με όπλο)* aim. *(σακατεύω)* cripple

σημάδι *(το)* sign. *(αναγνωριστικό)* mark. *(ίχνος)* track. *(οιωνός)* omen. *(στόχος)* target. *(σωματικό)* scar

σημαδούρα *(η)* buoy

σημαία *(η)* flag. *(στρ)* ensign. *(συλλόγου)* banner

σημαίνω *ρ αμτβ* signify, matter. *(έχω έννοια)* mean. *(ηχώ)* sound

σημαιοφόρος *(ο)* flag bearer

σημαντικός *επίθ* significant, important. *(αξιόλογος)* substantial, considerable

σημασία *(η)* significance, importance. *(έννοια)* meaning

σημείο *(το)* mark. *(θέση)* point. *(μαθημ, νεύμα)* sign. *(οιωνός)* omen

σημείωμα *(το)* note

σημειωματάριο *(το)* jotter, notebook

σημειώνω *ρ μτβ* mark. *(γράφω)* write down. *(λαμβάνω υπόψη)* note. **~ επιτυχία** score

σημείωση *(η)* note

σήμερα *επίρρ* today. **~** *(το)* today. **~ αύριο** one of these days

σημύδα *(η)* birch (tree)

σηπτικός *επίθ* septic

σήραγγα *(η)* tunnel

σησάμι *(το)* sesame

σηψαιμία *(η)* septicaemia

σήψη *(η)* putrefaction. *(ιατρ)* sepsis

σθεναρός *επίθ* vigorous

σθένος *(το)* vigour

σία *συντ (συντροφία)* Co (Company). **και ~** and Co

σιαγόνα *(η)* jaw

σιάζ|ω *ρ μτβ* tidy up. **~ομαι** *ρ αμτβ* tidy o.s. up

σιγά *επίρρ* quietly. *(αργά)* slowly. **~!** easy! **~ ~** slowly. *(σταδιακά)* a little at a time

σιγαλιά *(η)* quiet

σιγανός *επίθ* quiet. *(αργός)* slow

σιγαστήρας *(ο)* silencer

σιγή *(η)* silence

σιγοβράζω *ρ μτβ/ρ αμτβ* simmer

σιγοβρέχει *ρ απρόσ* drizzle

σιγουριά *(η)* certainty. *(ασφάλεια)* security

σίγουρ|ος *επίθ* certain. *(σταθερός)* sure. *(στο πάτημα)* sure-footed. **~α** *επίρρ* surely

σιδεράκια *(τα)* brace *(dental)*

σιδεράς *(ο)* smith

σιδερένιος *επίθ* iron

σίδερ|ο (*το*) iron. **~α** (*τα*) chains. (*φυλακή*) bars

σιδέρωμα (*το*) ironing

σιδερώνω *ρ μτβ* iron, press

σιδερώστρα (*η*) ironing board

σιδηροδρομικ|ός *επίθ* railway. **~ός σταθμός** (*ο*) railway station

σιδηρόδρομος (*ο*) railway

σιδηροπώλης (*ο*) ironmonger

σίδηρος (*ο*) iron (*metal*)

σιδηρουργ|είο (*το*) ironworks. **~ός** (*ο*) blacksmith

σικ (*το*) *άκλ* chic

σίκαλη (*η*) rye

Σικελία (*η*) Sicily

σιλικόνη (*η*) silicone

σιλό (*το*) *άκλ* silo

σιλουέτα (*η*) silhouette. (*γυναίκας*) figure

σιμιγδάλι (*το*) semolina

σινεμά (*το*) *άκλ* cinema

σινικός *επίθ* Chinese

σιντριβάνι (*το*) fountain

σίριαλ (*το*) *άκλ* (TV) serial

σιρόκος (*ο*) sirocco

σιρόπι (*το*) syrup

σιταποθήκη (*η*) barn

σιτάλευρο (*το*) wheat flour

σιταρένιος *επίθ* wholemeal, wheaten

σιτάρι (*το*) wheat

σιτεμένος *επίθ* high (*of meat*)

σιτευτός *επίθ* fattened

σιτηρά (*τα*) cereals

σιτοβολώνας (*ο*) granary

σιφόνι (*το*) siphon

σιφονιέρα (*η*) chest of drawers

σίφουνας (*ο*) whirlwind

σιχαίνομαι *ρ μτβ* loathe. (*αηδιάζω*) be disgusted

σιχαμένος *επίθ* loathsome

σιχασιάρης (*ο*) squeamish

σιωπή (*η*) silence. **~!** quiet!

σιωπηλός *επίθ* silent, quiet

σιωπηρός *επίρρ* tacit

σιωπώ *ρ αμτβ* remain silent

σκάβω *ρ μτβ* dig. • *ρ αμτβ* burrow

σκάγι (*το*) pellet (*for gun*)

σκά|ζω *ρ μτβ/ρ αμτβ* burst. (*δέρμα*) chap. (*στενοχωρώ*) exasperate.

~σε! shut up! **το ~ζω** run off

σκαθάρι (*το*) beetle

σκάκι (*το*) chess

σκακιέρα (*η*) chess-board

σκάλα (*η*) stairs. (*ανάμεσα σε δύο ορόφους*) flight of stairs. (*κινητή*) ladder. (*κυλιόμενη*) escalator. (*σε κτίριο*) staircase. (*φορητή, μικρή*) stepladder

σκαλί (*το*) stair. (*κινητής σκάλας*) rung

σκαλίζω *ρ μτβ* scratch. (*γύρω από φυτά*) hoe. (*μάρμαρο*) sculpt. (*μηχανήματα*) tinker with. (*ξύλο*) carve. (*φωτιά*) poke. (*χώμα*) rake up. (*ψάχνω*) poke

σκαλιστήρι (*το*) hoe

σκαλοπάτι (*το*) step

σκαλωσιά (*η*) scaffolding

σκαμνάκι (*το*) footstool

σκαμνί (*το*) stool

σκανδάλη (*η*) trigger

σκανδαλίζω *ρ μτβ* scandalize

σκάνδαλο (*το*) scandal

σκανδαλώδης *επίθ* scandalous

Σκανδιναβία (*η*) Scandinavia

σκανταλιά (*η*) romp. **~ρης** *επίθ* mischievous

σκαντζόχοιρος (*ο*) hedgehog

σκαπάνη (*η*) pick

σκαραβαίος (*ο*) scarab

σκαρί (*το*) stock (*for ships*). (*μεταφ*) build

σκαρφαλώνω *ρ μτβ* clamber up. (*με χέρια και πόδια*) scramble up. (*τοίχο*) scale

σκαρφίζομαι *ρ αμτβ* dream up

σκαρώνω *ρ μτβ* trump up. (*γρήγορα*) whip up

σκάσιμο (*το*) bursting. (*δέρματος*) chap. (*ελαστικού*) blowout

σκασμένος *επίθ* burst. (*ελαστικό*) flat

σκασμός (*ο*) **~!** shut up!

σκατό (*το*) shit

σκάφη (*η*) (*μπουγάδας*) washtub. (*πότισμα ζώων*) trough

σκάφος (*το*) craft *άκλ*. (*κύτος πλοίου*) hull. (*πλοίο*) vessel, ship

σκάψιμο (*το*) digging

σκεβρώνω *ρ μτβ/ρ αμτβ* warp. (*καμπουριάζω*) bend

σκέλεθρο (το) skeleton
σκελετός (ο) skeleton. (γυαλιών) frame. (κτιρίου) shell. (τεχνικού έργου) framework
σκελετώδης επίθ skeletal
σκελίδα (η) clove of garlic
σκέλος (το) leg
σκεπάζω ρ μτβ cover. (παιδί) tuck in (bed). (συγκαλύπτω) cover up. (χιόνι) blanket
σκεπή (η) roof
σκεπτικ|ιστής (ο), ~ίστρια (η) sceptic
σκεπτικό|ς επίθ thoughtful. ~ (το) grounds (for decision)
σκέπτομαι ρ αμτβ βλ σκέφτομαι
σκέρτσο (το) flirtation
σκέτ|ος επίθ unmixed. (καφές) black. (οινοπνευματώδες) neat. (ποτό) straight. ~α επίρρ straight. νέτα ~α point blank
σκεύος (το) utensil
σκευοφόρος (η) luggage van
σκευωρία (η) machination
σκεφτικός επίθ thoughtful
σκέφτομαι ρ μτβ/ρ αμτβ think (about, of). (επινοώ) think up. (έχω στο νου) have in mind. (λαμβάνω υπόψη) consider. (προσεκτικά) think over. (συλλογίζομαι) reflect. (στοχάζομαι) contemplate
σκέψη (η) thought. (διαλογισμός) deliberation. (συλλογισμός) reflection. (φροντίδα) consideration
σκην|ή (η) tent. (θέατρ) stage. (ιερή, των Εβραίων) tabernacle. (καβγάς) scene. (κινηματ) scene, take. ~ές (οι) (ταινίας) trailer
σκηνικ|ός επίθ scenic. ~ό (το) (θέατρ) set. ~ά (τα) (θέατρ) scenery.
σκηνογράφος (ο, η) (θέατρ) designer.
σκηνοθεσία (η) (θέατρ) direction.
σκηνοθέτ|ης (ο), ~ρια (η) (θέατρ) director.
σκήπτρο (το) sceptre
σκι (το) άκλ ski. (θαλάσσιο) water-ski
σκιά (η) shadow. (δέντρου) shade. (ματιών) eye shadow

σκιαγραφώ ρ μτβ outline. (σκιτσάρω) sketch out
σκιάζω ρ μτβ shade
σκιάχτρο (το) scarecrow
σκιερός επίθ shady, shadowy
σκίζω ρ μτβ tear. (βίαια) rip. (χωρίζω σε δύο) split
σκίουρος (ο) squirrel
σκίσιμο (το) tear. (μεγάλο) rip. (χωρισμός σε δύο) split
σκίτσο (το) sketch
σκλαβιά (η) slavery
σκλάβ|ος (ο), ~α (η) slave
σκλαβώνω ρ μτβ enslave. (γοητεύω) enrapture
σκληραγωγώ ρ μτβ toughen (to hardship)
σκληραίνω ρ μτβ/ρ αμτβ harden. (μεταφ) stiffen
σκληρός επίθ unkind. (κρέας) tough. (όχι μαλακός) hard. (που δεν κάμπτεται) stiff. (στη συμπεριφορά) cruel. (συνθήκες) harsh. ~δίσκος (ο) (Η.Υ.) hard disk
σκληρότητα (η) unkindness. (απονιά) cruelty. (έλλειψη ελαστικότητας) hardness. (κρέατος) toughness. (συμπεριφοράς) harshness
σκνίπα (η) gnat
σκοινί (το) rope. (για δέσιμο) tether. (για ρούχα) clothes line.
σκόνη (η) powder. (κονιορτός) dust. (πλυσίματος) washing powder
σκονισμένος επίθ dusty
σκοντάφτω ρ αμτβ trip up
σκοπευτήριο (το) rifle range
σκοπευτής (ο) marksman
σκοπεύω ρ μτβ aim. (έχω στο νου) intend, have in mind
σκοπιά (η) lookout post. (μεταφ) point of view
σκόπιμος επίθ expedient. (προμελετημένος) deliberate
σκοπός (ο) aim. (επιδίωξη) purpose. (μουσικός) tune. (πρόθεση) goal. (στρ) sentry. (φρουρός) lookout
σκορβούτο (το) scurvy
σκορδαλιά (η) garlic sauce
σκόρδο (το) garlic
σκόρος (ο) (clothes) moth

σκοροφαγωμένος *επίθ* moth-eaten

σκορπίζω *ρ μτβ* scatter. (*απλώνω*) strew. (*πλήθος*) disperse. (*μεταφ*) throw around. • *ρ αμτβ* (*διαλύομαι*) disintegrate

σκορπιός (*ο*) scorpion. Σ~ (*ο*) (*αστρ*) Scorpio

σκόρπιος *επίθ* loose

σκορπώ *ρ μτβ βλ* σκορπίζω

σκοτάδι (*το*) darkness, dark

σκοτεινιάζ|ω *ρ μτβ/ρ αμτβ* darken. (*ουρανός*) become overcast. ~ει it's getting dark

σκοτειν|ός *επίθ* dark. (*ζοφερός*) murky. (*μελαγχολικός*) gloomy. (*σκυθρωπός*) sullen. (*ύπουλος*) sinister. ~ά (*τα*) dark

Σκοτία (*η*) Scotland

σκοτί|ζω *ρ μτβ* bother. (*αμερ*) bug. ~ζομαι *ρ αμτβ* bother. ~στηκα! I couldn't care less

σκοτούρα (*η*) worry

σκοτσέζικος *επίθ* Scottish

σκότωμα (*το*) killing

σκοτωμός (*ο*) killing. (*εξαντλητική δουλειά*) fag. (*συνωστισμός*) scramble

σκοτών|ω *ρ μτβ* kill. ~ομαι *ρ αμτβ* kill o.s. (*δείχνω ζήλο*) bend over backwards

σκούζω *ρ αμτβ* hoot

σκουλαρίκι (*το*) earring

σκουλήκι (*το*) worm. (*εντόμων*) larva. (*σε νεκρή ύλη*) maggot

σκουμπρί (*το*) mackerel *άκλ*

σκούνα (*η*) schooner

σκουντώ *ρ μτβ* prod. (*με τον αγκώνα*) nudge

σκούξιμο (*το*) hoot

σκουντουφλώ *ρ αμτβ* trip over. (*παραπατώ*) stumble

σκούπα (*η*) broom, brush. (*ηλεκτρική*) vacuum, hoover

σκουπίδι (*το*) rubbish

σκουπιδιάρης (*ο*) dustman

σκουπιδοτενεκές (*ο*) dustbin

σκουπί|ζω *ρ μτβ* sweep. (*με ηλεκτρική σκούπα*) vacuum clean. (*με πετσέτα*) wipe

σκουριά (*η*) rust

σκουριάζω *ρ μτβ/ρ αμτβ* rust

σκούρ|ος *επίθ* dark. (*ρούχα*) sombre

σκούφια (*η*) bonnet

σκούφος (*ο*) cap. (*στο πάνω μέρος του κεφαλιού*) skullcap

σκύβαλο (*το*) sifting. (*σκουπίδια*) refuse

σκύβω *ρ μτβ/ρ αμτβ* stoop, bend. (*προς τα εμπρός*) lean forward/over

σκυθρωπός *επίθ* sullen, glum.

σκύλα (*η*) bitch

σκυλί (*το*) dog. ~σιος *επίθ* canine

σκυλιάζω *ρ αμτβ* see red

σκυλόδοντο (*το*) canine tooth

σκυλοδρομία (*η*) dog racing

σκυλοκαβγάς (*ο*) dogfight

σκύλος (*ο*) dog

σκυλόψαρο (*το*) dogfish

σκύμνος (*ο*) cub

σκυρόδεμα (*το*) concrete

σκυτάλη (*η*) (*αθλ*) baton

σκυταλοδρομία (*η*) relay (race)

σκύψιμο (*το*) stoop

σκωληκοειδ|ής *επίθ* wormlike. ~ής απόφυση (*η*) appendix. ~ίτιδα (*η*) appendicitis

Σλάβ|ος (*ο*), ~α (*η*) Slav

σλόγκαν (*το*) *άκλ* slogan

σμάλτο (*το*) enamel. (*σε κεραμικά*) glaze

σμαλτώνω *ρ μτβ* enamel. (*κεραμικά*) glaze

σμαράγδι (*το*) emerald

σμέουρο (*το*) raspberry

σμηναγός (*ο*) flight lieutenant

σμήναρχος (*ο*) group captain

σμήνος (*το*) swarm

σμίγω *ρ αμτβ* mingle. (*συναντιέμαι*) meet

σμίκρυνση (*η*) reduction in size

σμίλη (*η*) chisel

σμόκιν (*το*) *άκλ* dinner jacket, (*αμερ*) tuxedo

σμύρη (*η*) emery

σμυριδόχαρτο (*το*) emery board

σμύρνα (*η*) myrrh

σνομπ *επίθ άκλ* snobbish. ~ (*ο*) snob. ~ισμός (*ο*) snobbery

σοβαρ|ός *επίθ* serious. (*αξιοπρεπής*) solemn. (*αρρώστια*)

severe. (ατύχημα) **bad.** (εμπνέει φόβους) **grave.** ~ά επίρρ **seriously**

σοβαρότητα (η) **seriousness.** (αξιοπρέπεια) **solemnity.** (βαρύτητα) **severity**

σοβάς (ο) **plaster** (for walls)

σοβατίζω ρ μτβ **plaster**

σοβιετικός επίθ **Soviet**

σοβινισ|μός (ο) **chauvinism.** ~τικός επίθ **chauvinistic**

σόγια (η) **soya bean**

σόδα (η) **soda water**

σοδειά (η) **crop**

σόι (το) **folks, family.** (είδος) **kind**

σοκ (το) άκλ **shock**

σοκάκι (το) **alley**

σόκιν επίθ άκλ **risqué**

σοκολάτα (η) **chocolate**

σόλα (η) **sole** (of shoe)

σόλο (το) άκλ (μους) **solo**

σολομός (ο) **salmon** άκλ

σόμπα (η) **stove**

σονάτα (η) **sonata**

σονέτο (το) **sonnet**

σοπράνο (η) άκλ **soprano**

σορός (ο) **coffin**

σορτσάκια (τα) **shorts**

σοσιαλ|ιστής (ο), ~ίστρια (η) **socialist**

σου αντων **you, your, yours**

σούβλα (η) **spit.** (μαγ) **large pieces of meat cooked on a skewer over charcoal**

σουβλάκι (το) **kebab**

σουβλερός επίθ **sharp** (pain)

σουβλί (το) (small) **skewer**

σουβλιά (η) **stab** (sensation). (πόνου) **twinge**

σουγιάς (ο) **penknife.** (με ελατήριο) **flick-knife**

Σουηδία (η) **Sweden**

σουηδικός επίθ **Swedish**

Σουηδ|ός (ο), ~έζα (η) **Swede**

σουλατσάρω ρ αμτβ **stroll, saunter**

σουλάτσο (το) **stroll**

σουλτανίνα (η) (σταφίδα) **sultana**

σουλτάνος (ο) **sultan**

σουξέ (το) άκλ **hit** (song)

σούπα (η) **soup**

σουπιά (η) **cuttlefish**

σουπιέρα (η) **tureen**

σουπλά (το) άκλ **place mat**

σουρεαλισμός (ο) **surrealism**

σουρεαλ|ιστής (ο), ~ίστρια (η) **surrealist**

σούρουπο (το) **dusk**

σουρώνω ρ μτβ **strain, sieve.** (ύφασμα) **gather.** • ρ αμτβ **shrink**

σουρωτήρι (το) **strainer.** (για λαχανικά) **colander**

σουσάμι (το) **sesame**

σούστα (η) (διπλό κουμπί) **press-stud.** (ελατήριο) **spring.** (λαϊκός χορός) **type of folk dance**

σουτιέν (το) άκλ **bra**

σουφρώνω ρ μτβ **shrink.** (χείλη) **purse.** (μεταφ) **lift, steal**

σοφία (η) **wisdom**

σοφίζομαι ρ αμτβ **think up**

σοφίτα (η) **attic**

σοφός επίθ **wise, scholarly**

σπάγκος (ο) **string**

σπαζοκεφαλιά (η) **teaser**

σπάζω ρ μτβ/ρ αμτβ **break.** (καρύδι) **crack.** (πόδι, χέρι) **fracture.** (σε κομμάτια) **snap.** (συντρίβω) **smash**

σπαθί (το) **sword.** (χαρτιά) **club**

σπάλα (η) (μαγ) **shoulder**

σπανάκι (το) **spinach**

σπανοκότιτα (η) **spinach pie**

σπάνιος επίθ **rare.** (εκλεκτός) **exceptional.** (λιγοστός) **scarce**

σπανιότητα (η) **rarity**

σπαράγγι (το) **asparagus**

σπαραγμός (ο) **heartbreak**

σπαράζω ρ μτβ **tear up.** • ρ αμτβ **writhe**

σπαραχτικός επίθ **heart-rending**

σπάργανο (το) **swaddling cloth**

σπαρταρώ ρ αμτβ **wriggle**

σπαρτό (το) **crop**

σπασίκλας (ο) **swot**

σπάσιμο (το) **breakage.** (κάταγμα) **fracture.** (κήλη) **rupture.** (στο διάβασμα) **swot**

σπασμένος επίθ **broken.** (με κάταγμα) **fractured**

σπασμός (ο) **convulsion, spasm.** (παροξυσμός) **fit**

σπατάλη (η) **waste.** (χρημάτων) **extravagance**

σπάταλος *επίθ* wasteful. *(σε δαπάνη)* extravagant

σπαταλώ *ρ μτβ* waste. *(μεταφ)* dissipate

σπάτουλα *(η)* spatula. *(τάρτας)* (cake) slice

σπείρα *(η)* coil. *(κακοποιών)* gang

σπείρωμα *(το)* coil. *(βίδας)* thread

σπέρμα *(το)* sperm. *(ανθρώπινο)* semen. *(των φυτών)* seed

σπέρνω *ρ μτβ* sow

σπηλιά *(η)* cave. *(μεγάλη)* cavern. *(μικρή)* grotto

σπίθα *(η)* spark

σπιθαμή *(η)* span

σπινθήρας *(ο)* spark

σπινθηροβολώ *ρ αμτβ* sparkle. *(κοσμήματα)* glitter

σπίνος *(ο)* finch

σπιρούνι *(το)* spur

σπίρτο *(το)* (safety) match

σπιρτοκούτι *(το)* matchbox. *(αλκοόλη)* spirit

σπιρτόζος *επίθ* witty

σπιτάκι *(το)* small house. *(σκύλου)* kennel

σπίτι *(το)* home

σπιτικό *(το)* household

σπιτονοικοκυρά *(η)* landlady

σπιτονοικοκύρης *(ο)* landlord

σπλάχνα *(τα)* bowels

σπλαχνικός *επίθ* compassionate

σπλήνα *(η)* spleen

σπογγώδης *επίθ* spongy

σπονδυλικ|ός *επίθ* spinal. **~ή στήλη** *(η)* spine. *(μεταφ)* backbone

σπόνδυλος *(ο)* vertebra

σπόνσορας *(ο)* sponsor

σπόντα *(η)* dig, remark

σπορ *(το)* άκλ sport

σπορά *(η)* sowing. *(μεταφ)* offspring

Σποράδες *(οι)* Sporades *(islands in the Aegean)*

σποραδικός *επίθ* sporadic

σποριάζω *ρ αμτβ* go to seed

σπόρος *(ο)* seed

σπουδάζω *ρ μτβ/ρ αμτβ* study

σπουδαίος *επίθ* important

σπουδασμένος *επίθ* educated

σπουδ|αστής *(η)*, **~άστρια** *(η)* student

σπουδή *(η)* *(βιασύνη)* haste. *(μελέτη)* study

σπουργίτι *(το)* sparrow

σπρωξιά *(η)* push

σπρώξιμο *(το)* push. *(με βία)* shove

σπρώχνω *ρ μτβ* push. *(απότομα)* thrust. *(με βία)* shove. *(παρακινώ)* drive. *(πλήθη)* jostle

σπυράκι *(το)* pimple

σπυρί *(το)* spot *(pimple)*. *(σπόρος)* seed

στάβλος *(ο)* stable

σταγόνα *(η)* drop

σταγονόμετρο *(το)* dropper

σταδιακός *επίθ* gradual

στάδιο *(το)* stage. *(για αθλητικούς αγώνες)* stadium

σταδιοδρομία *(η)* career

στάζω *ρ μτβ/ρ αμτβ* drop. *(ιδρώτας)* drip. *(τρέχω)* trickle

σταθεροποιώ *ρ μτβ* stabilize

σταθερός *επίθ* steady. *(αμετάβλητος)* consistent. *(απόψεις)* firm. *(θερμοκρασία)* stable. *(πιστός)* constant

σταθμά *(τα)* weights

σταθμάρχης *(ο)* stationmaster

στάθμευση *(η)* parking

σταθμεύω *ρ αμτβ* park

στάθμη *(η)* spirit level

σταθμός *(ο)* station. *(αμερ)* depot. *(μεταφ)* landmark

στάλα *(η)* drop

σταλαγμίτης *(ο)* stalagmite

σταλακτίτης *(ο)* stalactite

σταλιά *(η)* drop. *(ποσότητα)* a little

σταμάτημα *(το)* stop. *(διακοπή)* halt

σταματ|ώ *ρ μτβ/ρ αμτβ* stop. *(διακόπτω)* halt. *(παύω να λειτουργώ)* come to a standstill. *(στιγμιαία)* pause

στάμνα *(η)* large jug

στάνη *(η)* sheepfold

στανιό *(το)* force

στάξιμο *(το)* dripping

στάση *(η)* *(διακοπή λειτουργίας)* stoppage. *(εξέγερση)* riot. *(εργασίας)* walk-out. *(θέση*

σώματος) posture. (λεωφορείου)
stop. (συμπεριφορά) attitude.
(φέρσιμο) manner

στασιάζω ρ αμτβ mutiny

στασίδι (το) pew

στάσιμος επίθ stationary. (νερό)
stagnant. (υπάλληλος) unfit for
promotion

στατικ|ή (η) statics. **~ός** επίθ static

στατιστική (η) statistics

σταυροδρόμι (το) crossroads

σταυροκοπιέμαι ρ αμτβ (εκκλ)
cross oneself

σταυρόλεξο (το) crossword

σταυρός (ο) cross

σταυροφορία (η) crusade

σταυρώνω ρ μτβ cross. (θανατώνω)
crucify. (τα χέρια) fold

σταύρωση (η) crucifixion

σταυρωτός επίθ crisscross.
(σακάκι) double-breasted. **~ά**
επίρρ across

σταφίδα (η) raisin. **κορινθιακή ~**
currant

σταφιδιάζω ρ αμτβ dry up. (μεταφ)
wrinkle up

σταφύλι (το) grape

στάχτη (η) ash

σταχτής επίθ ashen

σταχτοδοχείο (το) ashtray

στεγάζω ρ μτβ cover with a roof.
(προσφέρω στέγη) house

στεγανός επίθ sealed. (από νερό)
watertight

στέγαση (η) housing

στέγη (η) roof. (κατάλυμα) shelter.
~ από άχυρο thatch

στεγνοκαθαρίζω ρ μτβ dry-clean

στεγνοκαθαριστήριο (το) dry-
cleaner's

στεγνός επίθ dry

στεγνώνω ρ μτβ/ρ αμτβ dry. (από
δίψα) be parched

στείρος επίθ barren, infertile

στείρωση (η) sterilization

στέκα (η) (billiards) cue

στέκι (το) haunt, joint

στέκομαι ρ αμτβ stand.
(συμπαραστέκομαι) stand by,
support

στέκω ρ αμτβ βλ **στέκομαι**

στέλεχος (το) stem. (απόδειξης)
counterfoil. (βιολ) strain.
(διπλότυπου βιβλίου) stub.
(επιχείρησης) executive

στέλνω ρ μτβ send. (εμπορεύματα)
ship. **~email** email. **~μήνυμα**
(SMS) text

στέμμα (το) crown

στεναγμός (ο) sigh

στενεύω ρ μτβ narrow. (ρούχα) take
in. • ρ αμτβ be tight

στενό (το) (mountain) pass. (σε
θάλασσες) strait

στενογραφία (η) shorthand

στενοκέφαλος επίθ narrow-
minded

στενός επίθ narrow. (ρούχα) tight.
(σχέση) intimate. (φίλος) close

στενοχωρεμένος επίθ worried.
(οικονομικά) hard up

στενοχώρια (η) worry. (δυσχέρεια)
bother. (θλίψη) distress.
(οικονομική) difficulty

στενόχωρος επίθ confined. (που
δυσφορεί) impatient. (προκαλεί
δυσφορία) uneasy

στενοχωρ|ώ ρ μτβ distress.
(προκαλώ θλίψη) grieve. **~ιέμαι** ρ
αμτβ worry. (λυπούμαι) fret

στερεοποιώ ρ μτβ solidify

στερεός επίθ solid

στερεότυπος επίθ stereotyped

στερεωμένος επίθ secure (fixed)

στερεώνω ρ μτβ fix. (παράθυρο,
σύρτη) fasten. (κάνω σταθερό)
secure. (μεταφ) cement

στέρηση (η) deprivation.
(ταλαιπωρία) hardship

στεριά (η) land

στερλίνα (η) sterling

στερνός επίθ last

στερ|ώ ρ μτβ deprive. **~ούμαι** ρ
αμτβ lack

στεφάνη (η) hoop

στεφάνι (το) wreath

στέφανα (τα) wedding crowns

στέφω ρ μτβ crown. (σε γάμο)
marry

στέψη (η) coronation

στηθόδεσμος (ο) brassiere

στήθος (το) chest. (γυναίκας) bust.
(μαστός) breast

στηθοσκόπιο (το) stethoscope

στήλη (η) column. (αρχιτ) pillar

στημέν|ος επίθ made-up. **~η δουλειά** (η) put-up job

στήνω ρ μτβ stand. (καβγά) pick. (παγίδα) lay. (σκηνή) pitch

στήριγμα (το) support. (ποδιού) foothold. (στύλωμα) brace. (τοίχου) buttress. (μεταφ) mainstay

στηρίζ|ω ρ μτβ prop. (ελπίδες) pin. (θεμελιώνω) base. (στυλώνω) brace. (υποβαστάζω) support. **~ομαι** ρ αμτβ lean (up) on. **~ομαι σε** rely on, depend on

στήριξη (η) support. (ελπίδων) pinning. (θεμελίωση) reliance

στιβάδα (η) stack. (χιονιού) drift

στίβο|ς (ο) track (sport). **αγώνες ~υ** (οι) field events

στίγμα (το) stigma. (ηθικό) slur, stigma. (σημάδι) fleck

στιγματίζω ρ μτβ stigmatize. (υπόληψη) brand

στιγμή (η) instant. (μονάδα χρόνου) moment. (τελεία) dot

στιγμιαίος επίθ momentary. (ρόφημα) instant

στιγμιότυπο (το) snapshot

στιλ (το) άκλ style

στιλβωτής (ο) polisher

στιλβώνω ρ μτβ polish. (παπούτσια) shine

στιλέτο (το) stiletto

στιλίστας (ο) stylist

στιλπνός επίθ sleek

στίξη (η) punctuation

στιφάδο (το) meat and onion stew

στίχο|ς (ο) verse (line). **~ι** (τραγουδιού) lyrics

στοά (η) portico. (καταστημάτων) arcade. (τεκτονική) (masonic) lodge

στοίβα (η) pile, stack

στοιβάζω ρ μτβ pile. (στριμώχνω) pack

στοιχείο (το) element. (αρχή) rudiment. (δεδομένο) data. (ηλεκτρ) cell. (λεπτομέρεια) detail. (τυπογραφικό) type

στοιχειό (το) spirit

στοιχειοθεσία (η) typesetting

στοιχειώδης επίθ elcmentary.

(θεμελειώδης) rudimentary

στοιχειωμένος επίθ haunted

στοιχειώνω ρ μτβ haunt. • ρ αμτβ become haunted

στοίχημα (το) bet. (με λεφτά) wager

στοιχηματίζω ρ μτβ/ρ αμτβ bet, wager

στοιχίζω ρ αμτβ cost

στοίχος (ο) file, row

στόκος (ο) putty

στολή (η) uniform

στολίδι (το) ornament

στολίζω ρ μτβ decorate. (εξωραΐζω) embellish. (καλλωπίζω) adorn. (μεταφ) tick off

στολισμός (ο) adornment

στόλος (ο) fleet

στόμα (το) mouth

στομάχι (το) stomach

στομαχόπονος (ο) stomachache

στόμιο (το) opening. (αερισμού) vent. (αντλίας) spout. (σωλήνα) nozzle. (υδρολοψίας) hydrant

στόμφος (ο) pomposity

στορ (το) άκλ roller blind

στοργή (η) affection

στόρι (το) venetian blind

στούντιο (το) άκλ studio

στουπί (το) oakum. **~ στο μεθύσι** blind drunk

στοχάζομαι ρ αμτβ reflect

στοχασμός (ο) reflection

στόχαστρο (το) viewfinder

στόχος (ο) target. (σκοπός) aim

στραβισμός (ο) squinting

στραβοκοιτάζω ρ μτβ glower

στραβολαιμιάζω ρ αμτβ get a stiff neck

στραβομάρα (η) blindness

στραβόξυλο (το) peevish person

στραβοπατώ ρ αμτβ miss one's footing. (μεταφ) take a false step

στραβοπόδης επίθ bandy-legged

στραβ|ός επίρρ (λοξός) askew. (όχι ίσιος) crooked. (τυφλός) blind. (μεταφ) wrong. **~ά** επίρρ askew. (όχι σωστά) amiss

στραβώνω ρ μτβ twist. (θαμπώνω) dazzle. (το πρόσωπο) screw up. (τυφλώνω) blind

στραγγαλ|ίζω ρ μτβ strangle.

~ιστής (ο) **~ίστρια** (η) strangler
στραγγίζω ρ μτβ drain
στραγγιστήρι (το) strainer. (για λαχανικά) colander. (για πιάτα) draining board
στραμπουλίζω ρ μτβ sprain
στρατάρχης (ο) field marshal
στράτευμα (το) army
στρατεύομαι ρ αμτβ enlist
στρατήγημα (το) stratagem
στρατηγικ|ή (η) strategy. **~ός** επίθ strategic
στρατηγός (ο) general
στρατιώτης (ο) soldier. (του ιππικού) trooper
στρατιωτικ|ός επίθ military. **~** (το) military service
στρατοδικείο (το) court martial
στρατολογία (η) recruitment. (για θητεία) conscription
στρατολογώ ρ μτβ recruit, (αμερ) draft. (για θητεία) conscript. (στο στρατό) enlist
στρατόπεδο (το) camp
στρατός (ο) army
στρατώνας (ο) barracks
στρατωνίζω ρ μτβ billet
στρεβλώνω ρ μτβ contort
στρείδι (το) oyster
στρέμμα (το) area equal to 1000^2 metres
στρέφ|ω ρ μτβ direct (attention). **~ω εναντίον** turn against. **~ομαι** ρ μτβ (για βοήθεια) turn to. **~ομαι εναντίον** turn on (attack). **•** ρ αμτβ turn round
στρίβω ρ μτβ wring. (νήμα) twine. (περιστρέφω) twist. • ρ αμτβ turn. (φεύγω γρήγορα) shove off
στρίγκλα (η) shrew (woman)
στριγκλιά (η) shriek
στριγκλίζω ρ αμτβ shriek
στριγκός επίθ shrill
στριμμένος επίθ twisted
στριμώχν|ω ρ μτβ pack, cram, jam. (μεταξύ δύο επιφανειών) sandwich. (μεταφ) corner. **~ομαι** ρ αμτβ crowd
στρίποδο (το) trestle
στριφογυρίζω ρ μτβ turn round. • ρ αμτβ wriggle. (στο κρεβάτι) toss and turn

στρίφωμα (το) hem
στροβιλίζ|ω ρ μτβ spin. **~ομαι** ρ αμτβ whirl
στρόβιλος (ο) swirl. (σε νερό) eddy
στρογγυλεύω ρ μτβ make round. (τιμή) round off. • ρ αμτβ fill out
στρογγυλός επίθ round
στρουθοκάμηλος (ο) ostrich
στρουμπουλός επίθ chubby. (γυναίκα) buxom
στρόφαλος (ο) crank
στροφείο (το) swivel
στροφή (η) turn. (αυτοκ) rev. (δρόμου) bend. (ποίηση) verse, stanza
στρόφιγγα (η) stopcock
στρυφνός επίθ sour
στρυχνίνη (η) strychnine
στρώμα (το) layer. (ατμόσφαιρας) stratum. (επίστρωση) coating. (κρεβατιού) mattress. (μπογιάς) coat. (πάγου) sheet. (σκόνης) film
στρώνω ρ μτβ spread. (κρεβάτι) make. (όχημα) run in. (στην επιφάνεια) surface. (τραπέζι) lay. • ρ αμτβ settle down
στρωσίδι (το) bedcover. **~α** (τα) bedclothes
στρωτός επίθ smooth. (χωρίς ανωμαλίες) even
στύβω ρ μτβ squeeze
στυγερός επίθ heinous
στυλό (το) fountain pen
στυλοβάτης (ο) prop. (μεταφ) mainstay
στυπόχαρτο (το) blotting paper
στυπτικός επίθ astringent
στύση (η) erection
στυφός επίθ sour. (γεύση) acrid
στωικός επίθ stoical
συ αντων you, βλ **εσύ**
συγγένεια (η) relationship, blood tie. (σχέση) affinity
συγγενεύω ρ αμτβ be related
συγγενής επίθ akin. (εκ γενετής) congenital. **~** (ο) relative
συγ(γ)νώμη (η) apology. **συγγνώμη!** sorry!
συγγραφέας (ο, η) writer, author
συγκαλύπτω ρ μτβ gloss over. (αποκρύβω) hush up
συγκαλώ ρ μτβ convene

συγκατάβαση (η) condescension
συγκαταβατικός επίθ condescending
συγκατάθεση (η) consent
συγκαταλέγω ρ μτβ number, include
συγκατανεύω ρ αμτβ acquiesce
συγκατοικώ ρ μτβ share house with
συγκεκριμέν|ος επίθ particular. (πρόταση) concrete. (ιδιαίτερος) specific. ~α επίρρ specifically, particularly
συγκεντρών|ω ρ μτβ gather. (θάρρος) summon up. (προσοχή) focus. (συναθροίζω άτομα) assemble. (ψήφους) poll. ~ομαι ρ μτβ concentrate. (σε ομάδα) cluster
συγκέντρωση (η) gathering. (διανοητική) concentration. (κυνηγών) meet. (παλιών φίλων) reunion
συγκεχυμένος επίθ vague. (ιδέες) woolly. (μπερδεμένος) confused
συγκίνηση (η) emotion. (διέγερση) excitement
συγκινητικός επίθ moving, emotional. (σκηνή) touching
συγκινώ ρ μτβ move, touch. (διεγείρω) excite
σύγκλητος (η) (πανεπ) senate
συγκλίνω ρ αμτβ converge
συγκλονίζω ρ μτβ shake, shock
συγκοινωνία (η) communication. (μέσα μεταφοράς) transport
συγκολλώ ρ μτβ weld. (με λιωμένο μέταλλο) solder
συγκομιδή (η) harvest crop
συγκοπή (η) syncopation
συγκράτηση (η) restraint
συγκρατ|ώ ρ μτβ hold. (δεν αφήνω να εκδηλωθεί) restrain. (ενισχύω) bear. (κρατώ) keep back. ~ιέμαι ρ αμτβ contain o.s.
συγκρίνω ρ μτβ compare
σύγκριση (η) comparison
συγκριτικός επίθ comparative
συγκρότημα (το) complex. (ανθρώπων) group
συγκρότηση (η) formation
συγκροτώ ρ μτβ form
συγκρούομαι ρ αμτβ clash.

(βρίσκομαι σε αντίθεση) conflict. (πέφτω με δύναμη) collide
σύγκρουση (η) clash. (αυτοκ) crash, collision
συγυρίζω ρ μτβ tidy (up)
συγχαίρω ρ μτβ congratulate
συγχαρητήρια (τα) congratulations
συγχρονίζω ρ μτβ synchronize
σύγχρονος επίθ up-to-date. (ίδιας περιόδου) contemporary. (ταυτόχρονος) simultaneous
συγχύζω ρ μτβ confuse. (φέρνω σε αμηχανία) bewilder. (ψυχική ταραχή) disturb
σύγχυση (η) confusion. (αμηχανία) bewilderment. (μπέρδεμα) muddle. (ταραχή) disturbance
συγχωνεύω ρ μτβ amalgamate. (εμπορ) merge
συγχώρεση (η) forgiveness
συγχωρ|ώ ρ μτβ pardon, forgive. με ~είτε! I beg your pardon!
συζήτηση (η) discussion. (αντιλογία) argument. (δημόσια) debate
συζητώ ρ μτβ discuss. (ανταλλάσσω σκέψεις) talk over. (δημόσια) debate. (λογομαχώ) argue
συζυγικός επίθ conjugal, matrimonial
σύζυγος (ο, η) spouse. ~ (η) wife. ~ (ο) husband
συζώ ρ αμτβ cohabit
συκιά (η) fig tree
σύκο (το) fig
συκοφάντ|ης (ο), ~ρια (η) slanderer
συκοφαντ|ία (η) slander. ~ώ ρ μτβ slander
συκωτάκια (τα) (πουλιού) giblets
συκώτι (το) liver
συλλαβή (η) syllable
συλλαβίζω ρ μτβ spell out. (διαβάζω) read with difficulty. (διαχωρίζω) separate into syllables
συλλαμβάνω ρ μτβ capture. (εγκληματία) arrest. • ρ αμτβ (γυναίκα) conceive. (σκέψη) grasp
συλλέκτης (ο) collector
σύλληψη (η) capture, arrest. (για γυναίκα) conception

συλλογή (η) collection. (σκέψη) contemplation

συλλογίζομαι ρ μτβ/ρ αμτβ ponder. (λογαριάζω) consider. (σκέφτομαι) contemplate

συλλογικός επίθ collective

συλλογισμένος επίθ thoughtful. (απασχολημένος) preoccupied

συλλογισμός (ο) reasoning

σύλλογος (ο) association, body

συλλυπητήρια (τα) condolences

συλφίδα (η) sylph

συμβαδίζω ρ αμτβ be in step (with)

συμβαίν|ω ρ αμτβ occur, happen.
• απρόσ happen. **τι ~ει;** what is the matter?

συμβάν (το) occurrence

σύμβαση (η) contract

συμβατικός επίθ conventional

συμβατός επίθ compatible

συμβία (η) wife

συμβιβάζ|ω ρ μτβ reconcile. **~ομαι** ρ αμτβ reconcile o.s.

συμβιβασμός (ο) reconciliation. (μετριασμός) compromise

συμβίωση (η) co-existence

συμβόλαιο (το) covenant

συμβολαιογράφος (ο) notary

συμβολή (η) contribution

συμβολίζω ρ μτβ symbolize. (ιδέας) stand for

συμβολικός επίθ symbolic(al)

σύμβολο (το) symbol

συμβουλεύ|ω ρ μτβ advise. **~ομαι** ρ μτβ consult

συμβουλή (η) advice

συμβούλιο (το) council. (διοικ) board

σύμβουλος (ο, η) adviser, consultant

συμμαζεύω ρ μτβ gather

συμμαθ|ητής (ο), **~ήτρια** (η) classmate

συμμαχία (η) alliance

σύμμαχος (ο) ally

συμμερίζομαι ρ μτβ be in sympathy with

συμμετέχω ρ αμτβ (σε) participate (in)

συμμετοχή (η) participation. (σε αγώνα) entry

συμμέτοχος (ο) participant

συμμετρ|ία (η) symmetry. **~ικός** επίθ symmetrical

συμμορία (η) gang

συμμορφών|ω ρ μτβ force to conform. **~ομαι** ρ μτβ conform. (προσαρμόζομαι) **~ομαι με** comply with

συμπαγής επίθ compact

συμπάθεια (η) sympathy. (για πρόσωπο) liking

συμπαθητικός επίθ sympathetic. (αξιαγάπητος) likeable

συμπάθιο (το) pardon. **με το ~** with all due respect

συμπαθώ ρ μτβ sympathize. (αισθάνομαι συμπάθεια) like

συμπαίκτ|ης (ο), **~ρια** (η) (σπορ) partner

σύμπαν (το) universe

συμπατριώτ|ης (ο), **~ισσα** (η) compatriot

συμπεθεριό (το) relationship by marriage

συμπεραίνω ρ μτβ/αμτβ infer, conclude

συμπέρασμα (το) inference, conclusion

συμπεριλαμβάνω ρ μτβ include

συμπεριφέρομαι ρ αμτβ behave

συμπεριφορά (η) behaviour. (διαγωγή) conduct

σύμπίεση (η) compression

συμπίπτω ρ αμτβ coincide. (αριθμοί) agree

σύμπλεγμα (το) complex

συμπλέκ|ω ρ μτβ interlace. **~ομαι με** ρ αμτβ come to blows with

συμπλέκτης (ο) (αυτοκ) clutch

συμπλήρωμα (το) complement. (βιβλίου) supplement

συμπληρωματικός επίθ complementary. (επιπρόσθετος) supplementary

συμπληρώνω ρ μτβ complement. (γεμίζω τα κενά) replenish. (έντυπο) fill in. (προσθέτω) supplement

συμπλήρωση (η) completion

συμπλοκή (η) scuffle. (ανάμεσα σε στρατούς) encounter

σύμπνοια (η) concord

συμπολίτ|ης (*o*), **~ισσα** (*η*) fellow citizen

συμπονώ *ρ μτβ* have compassion for

συμπόσιο (*το*) banquet. (*επιστημονικό*) symposium

σύμπραξη (*η*) joint action

σύμπτωμα (*το*) symptom

σύμπτωση (*η*) coincidence

συμπυκνώνω *ρ μτβ* condense

συμφέρον (*το*) interest (*advantage*). (*εμπορ*) stake

συμφεροντολόγος *επίθ* calculating

συμφέρω *ρ αμτβ* be to one's advantage

συμφιλιών|ω *ρ μτβ* reconcile. **~ομαι** *ρ αμτβ* make it up

συμφορά (*η*) calamity

συμφόρηση (*η*) congestion

συμφραζόμενα (*τα*) context

σύμφωνα *επίρρ* according. **~ με** in accordance with

συμφωνητικό (*το*) (written) agreement

συμφωνία (*η*) agreement. (*αμοιβαία υπόσχεση*) deal. (*μουσ*) symphony. (*όρος*) understanding. (*ταύτιση απόψεων*) accord

σύμφωνο (*το*) pact. (*γραμμ*) consonant

σύμφωνος *επίθ* agreeable. **~ με** consistent with

συμφωνώ *ρ μτβ/ρ αμτβ* agree. (*ταιριάζω*) be consistent (with). (*σύγκριση*) tally (with)

συμψηφίζω *ρ μτβ* offset

συν *πρόθ* with. (*μαθημ*) plus

συναγερμός (*o*) alarm. (*συγκέντρωση*) rally

συναγρίδα (*η*) sea bream

συναγωγή (*η*) synagogue

συναγωνίζομαι *ρ αμτβ* fight together. (*ανταγωνίζομαι*) compete. (*αμιλλώμαι*) vie

συναγωνισμός (*o*) competition

συναγων|ιστής (*o*), **~ίστρια** (*η*) comrade

συνάδελφος (*o, η*) colleague

συναίνεση (*η*) consensus

συναισθάνομαι *ρ αμτβ* feel (*be conscious of*)

συναίσθημα (*το*) sentiment

συναισθηματικός *επίθ* sentimental

συναίσθηση (*η*) sense, awareness

συναλλαγή (*η*) transaction

συνάλλαγμα (*το*) foreign exchange

συναλλαγματική (*η*) bill of exchange

συναλλάσσομαι *ρ μτβ* transact

συναναστρέφομαι *ρ αμτβ* mix with, keep company with

συνάντηση (*η*) meeting. (*αθλητική*) fixture. (*απροσδόκητη*) encounter

συναντώ *ρ αμτβ* meet. (*απροσδόκητα*) encounter. (*κατά τύχη*) run into, bump into

συνάπτω *ρ μβτ* (*γάμο*) contract. (*συναρμόζω*) attach. (*χρέη*) incur

συναρμολογώ *ρ μτβ* (*μηχ*) assemble

συναρπάζω *ρ μτβ* fascinate. (*καταγοητεύω*) enthral. (*προσοχή*) grip

συναρπαστικός *επίθ* thrilling, exciting

συνασπισμός (*o*) alliance. (*κυβερνητικός*) coalition. (*πολιτ*) bloc

συναυλία (*η*) concert

συναφής *επίθ* pertinent

συνάχι (*το*) cold. (*αλλεργικό, την άνοιξη*) hay fever

συνδεδεμένος *επίθ* connected

σύνδεση (*η*) linkage. (*τηλεφωνική*) connection

σύνδεσμος (*o*) link. (*γραμμ*) conjunction. (*ένωση*) association. (*στρ*) liaison

συνδετήρας (*o*) fastener. (*χαρτιού*) paperclip

συνδέ|ω *ρ μτβ* link. (*τηλέφωνο*) put through. (*τραίνα*) connect. (*χαρτιά*) clip. **~ομαι** *ρ αμτβ* have a relationship. (*ερωτικά*) have an affair

συνδιάλεξη (*η*) conversation

συνδιάσκεψη (*η*) conference

συνδικάτο (*το*) trade union

συνδρομή (*η*) assistance. (*χρηματική καταβολή*) subscription

συνδρομ|ητής (*o*), **~ήτρια** (*η*) subscriber

σύνδρομο (*το*) syndrome

συνδυάζω ρ μτβ combine
συνδυασμός (ο) combination
συνεδριάζω ρ αμτβ (βουλή) sit. (επιτροπή) meet
συνέδριο (το) convention
συνείδηση (η) conscience. (αντίληψη) consciousness
συνειδητός επίθ conscious
συνεισφέρω ρ μτβ contribute
συνέλευση (η) assembly
συνεννόηση (η) understanding. (ανταλλαγή σκέψεων) consultation
συνεννοούμαι ρ αμτβ arrive at an understanding. (ανταλλάσσω απόψεις) exchange views
συνενοχή (η) complicity
συνένοχος (ο, η) accomplice
συνέντευξη (η) interview
συνενών|ω ρ μτβ join together. (εμπ) merge. **~ομαι** ρ αμτβ gang up
συνεπάγομαι ρ μτβ entail
συνέπεια (η) consequence. (συμφωνία) consistency
συνεπής επίθ consistent
σύνεργα (τα) kit, gear
συνεργάζομαι ρ αμτβ collaborate. (με εφημερίδα) contribute (to)
συνεργάτ|ης (ο), **~ις** (η) collaborator. (επιχείρησης) associate. (εφημερίδας) contributor
συνεργείο (το) crew. (gang) (εργαστήριο) workshop. (εργάτες) gang
συνέρχομαι ρ αμτβ convene. (από αρρώστια) recover. (από πλήγμα) get over. (βρίσκω τις αισθήσεις) come to
σύνεση (η) prudence
συνεσταλμένος επίθ timid
συνεταιρισμός (ο) partnership. (ένωση) co-operative
συνέταιρος (ο) (business) partner
συνετός επίθ prudent
συνεφέρνω ρ μτβ/ρ αμτβ revive
συνέχεια (η) continuation. (ό, τι ακολουθεί) sequel
συνεχ|ής επίθ continuous. (χωρίς διακοπή) constant. (διαδοχικός) consecutive. **~ώς** επίρρ continuously, constantly
συνεχίζω ρ μτβ/ρ αμτβ continue. (μετά από διακοπή) resume

συνήγορος (ο, η) counsel, (αμερ) advocate
συνήθεια (η) habit. (έθιμο) custom
συνήθ|ης επίθ usual. (κατά κανόνα) customary. (όχι έκτακτος) ordinary. **~ως** επίρρ usually
συνηθίζω ρ μτβ/αμτβ be used to. (εξοικειώνομαι) get accustomed (to). (κάνω από συνήθεια) be in the habit (of)
συνηθισμένος επίθ usual. (από συνήθεια) habitual. (εξοικειωμένος) accustomed, used. (μη εξαιρετικός) ordinary. (που συνηθίζεται) customary
συνημμένος επίθ attached
σύνθεση (η) synthesis. (μουσ) composition. (χημ) compound
συνθέτης (ο) composer
συνθετικός επίθ synthetic
σύνθετος επίθ compound
συνθέτω ρ μτβ synthesize. (μουσ) compose
συνθήκη (η) treaty. (περίσταση) circumstance
συνθηκολογ|ώ ρ αμτβ capitulate. (συνθήκη) conclude a treaty
σύνθημα (το) sign. (λέξη) catchword. (στρ) password. (φράση) slogan
συνθηματικός επίθ signal. (κώδικα) coded
συνθλίβω ρ μτβ crush. (ζουλώ) squash
συνίσταμαι ρ αμτβ consist of
συνιστώ ρ μτβ constitute. (συσταίνω) recommend
συννεφιά (η) cloudiness
συννεφιάζω ρ αμτβ cloud over
συννεφιασμένος επίθ cloudy. (καιρός) overcast
σύννεφο (το) cloud
συνοδεία (η) escort. (μουσ) accompaniment. (πολλοί μαζί) convoy
συνοδεύω ρ μτβ accompany. (για φρούρηση) escort. (κοπέλα) chaperon
συνοδοιπόρος (ο, η) fellow traveller. (πολιτ) sympathizer
σύνοδος (η) synod
συνοδός (ο, η) attendant. (αεροπ)

steward, stewardess. *(καβαλιέρος)*
escort. *(νέας κοπέλας)* chaperon
συνοικέσιο *(το)* arranged marriage
συνοικ|ία *(η)* quarter, district.
~ισμός *(ο)* settlement
συνολικός *επίθ* total
σύνολο *(το)* whole. *(άθροισμα)*
total. *(δημοπρασία)* lot
συνομήλικος *επίθ* contemporary
(of the same age)
συνομιλ|ητής *(ο)*, **~ήτρια** *(η)*
interlocutor
συνομιλία *(η)* conversation
συνομιλώ *ρ αμτβ* converse
συνοπτικός *επίθ* concise
συνορεύω *ρ αμτβ* have a common
border
σύνορο *(το)* boundary. *(μεταξύ
χωρών)* border, frontier
συνουσία *(η)* copulation,
fornication
συνοφρυώνομαι *ρ αμτβ* frown
συνοχή *(η)* continuity
σύνοψη *(η)* synopsis. *(περίληψη)*
précis
συνταγή *(η)* *(ιατρ)* prescription.
(μαγειρική) *(η)* recipe
σύνταγμα *(το)* constitution. *(στρ)*
regiment
συνταγματάρχης *(ο)* colonel
συνταγματικός *επίθ* constitutional
συντάκτ|ης *(ο)*, **~ρια** *(η)* compiler.
(δημοσιογράφος) editor
σύνταξη *(η)* pension. *(γραμμ)*
syntax
συνταξιούχος *επίθ* retired. **~**
(ο, η) pensioner
συνταράζω *ρ μτβ* shake, shock
συντάσσω *ρ μτβ* compile.
(έγγραφο) draw up. *(εφημερίδα)* edit
συντελεστής *(ο)* factor. *(μαθημ)*
co-efficient
συντελ|ώ *ρ αμτβ* be conducive (to).
~ούμαι *ρ αμτβ* take place
συντέμνω *ρ μτβ* abbreviate
συντήρηση *(η)* preservation.
(διατροφή) sustenance. *(μηχ)*
maintenance
συντηρητικός *επίθ* conservative
συντηρώ *ρ μτβ* preserve. *(διατηρώ)*
sustain. *(διατρέφω)* support, keep.
(μηχ) maintain

σύντμηση *(η)* abbreviation
συντομεύω *ρ μτβ* shorten. *(γραπτό
λόγο)* abridge
συντομία *(η)* brevity
σύντομ|ος *επίθ* brief. *(μικρής
διάρκειας)* short. **~α** *επίρρ* briefly.
(σε μικρό χρόνο) soon
συντονίζω *ρ μτβ* co-ordinate
συντρέχω *ρ μτβ* succour
συντριβάνι *(το)* fountain
συντριβή *(η)* smash. *(θλίψη)*
contrition
συντρίβω *ρ μτβ* smash.
(αεροπλάνο) crash. *(μεταφ)* shatter
συντρίμματα *(τα)* debris
συντρίμμι *(το)* wreckage
συντριπτικός *επίθ* overwhelming
συντροφιά *(η)* companionship.
(παρέα) company
σύντροφος *(ο, η)* mate. *(μεταξύ
κομουνιστών)* comrade. *(σύζυγος)*
companion
συνυπάρχω *ρ αμτβ* coexist
συνωμοσία *(η)* plot. *(εχθρική
ενέργεια)* conspiracy
συνωμοτώ *ρ αμτβ* plot. *(πολιτ)*
conspire
συνώνυμ|ος *επίθ* synonymous. **~**
(το) synonym
συνωστισμός *(ο)* crush *(mass of
people)*
σύξυλος *επίθ* dumbfounded
Συρία *(η)* Syria
σύριγγα *(η)* syringe
Σύρι|ος *(η)*, **~α** *(ο)* Syrian
σύρμα *(το)* wire. *(για τις
κατσαρόλες)* scourer.
(καθαρίσματος) steel wool
συρματόπλεγμα *(το)* barbed wire
σύρραξη *(η)* scuffle
συρραπτικό *(το)* *(εργαλείο)* stapler
συρρέω *ρ αμτβ* flock
συρροή *(η)* throng
συρτάκι *(το)* Greek folk dance
συρτάρι *(το)* drawer. *(ταμειακής
μηχανής)* till
σύρτης *(ο)* bolt
συρτ|ός *επίθ* sliding. **~ή φωνή** *(η)*
drawl. **~ός** *(ο)* circular Greek folk
dance
συρφετός *(ο)* rabble

συσκέπτομαι ρ αμτβ confer
συσκευ|άζω ρ μτβ package.
~ασία (η) packaging
συσκευή (η) apparatus. (οικιακή) appliance. (ραδιόφωνο, TV) set
σύσκεψη (η) conference. (ανταλλαγή γνωμών) consultation
συσκοτίζω ρ μτβ black out. (κάνω ασαφές) obscure
συσκότιση (η) black-out
σύσπαση (η) contortion
συσπειρών|ω ρ μτβ coil. **~ομαι** ρ αμτβ rally
συσσίτιο (το) (στρ) mess
σύσσωμος επίθ as one body
συσσωρευτ|ικός επίθ cumulative. **~ής** (ο) (car) battery. (ηλεκτρ) accumulator
συσσωρεύω ρ μτβ accumulate. (φυλάω) hoard
συστάδα (η) clump (of trees)
σύσταση (η) (γραπτή μαρτυρία) reference. (επιστολής) registration. (παρουσίαση) introduction. (συμβουλή) recommendation. (σύνθεση) composition
συστατικ|ός επίθ component. **~ό** (το) ingredient
συστέλλω ρ μτβ contract
σύστημα (το) system
συστηματικός επίθ systematic
συστήνω ρ μτβ recommend. (επιστολή) register. (πρόσωπα) introduce
συστολή (η) contraction
συσφίγγω ρ μτβ tighten. (περισφίγγω) constrict
σύσφιξη (η) constriction
συσχετίζω ρ μτβ associate. (καθορίζω σχέση) correlate
σύφιλη (η) syphilis
συχνάζω ρ αμτβ frequent
συχν|ός επίθ frequent. **~ά** επίρρ often, frequently
συχνότητα (η) frequency. (επαναλήψεων) incidence
σφαγείο (το) abattoir. (καθομ) slaughterhouse. (μακελειό) massacre
σφαγή (η) slaughter. (ομαδική) massacre

σφάγιο (το) slaughtered animal
σφαδάζω ρ αμτβ writhe
σφάζω ρ μτβ slaughter. (κρεοπώλης) butcher
σφαίρα (η) ball. (βόλι) bullet. (γη) globe. (μεταφ) sphere
σφαλιάρα (η) whack
σφάλλω ρ αμτβ err (sin)
σφάλμα (το) error
σφεντόνα (η) sling
σφετερίζομαι ρ μτβ usurp
σφήκα (η) hornet
σφήνα (η) wedge
σφηνώνω ρ μτβ wedge. (παρεμβάλλω) embed
σφίγγα (η) sphinx
σφίγγ|ω ρ μτβ clasp. (δόντια) clench. (πιέζω ολόγυρα) grip. (στην αγκαλιά) hug. (τραβώ δυνατά) tighten. (χέρι) squeeze. • ρ αμτβ set. (παπούτσια) pinch. **~ομαι** ρ αμτβ make great effort (to). (πάνω σε κάποιον) snuggle (against)
σφίξιμο (το) squeeze
σφιχτός επίθ tight, firm
σφιχτοχέρης επίθ tightfisted
σφοδρός επίθ vehement. (άνεμος) strong. (επίθεση) violent
σφουγγάρι (το) sponge
σφουγγαρίζω ρ μτβ mop
σφουγγίζω ρ μτβ wipe, dry. (με σφουγγάρι) sponge
σφραγίδα (η) (αντικείμενο) rubber stamp. (επίσημη) seal. (σε χρυσά) hallmark. (σήμα) stamp
σφραγίζω ρ μτβ stamp. (δόντι) fill. (κλείνω) seal
σφρίγος (το) verve
σφυγμός (ο) pulse
σφυρηλατώ ρ μτβ forge
σφυρί (το) hammer. (ξύλινο) mallet
σφύριγμα (το) whistle. (αποδοκιμασίας) hiss. (σειρήνας) blast
σφυρίζω ρ μτβ whistle. (σφαίρα) hiss
σφυρίχτρα (η) whistle (instrument)
σφυρήλατος wrought
σφυροκοπώ ρ μτβ hammer
σχάρα (η) rack. (κουζίνας) grill. (μεταλλικό) grate. (οροφής, αυτοκ) roof rack

σχάση (η) fission

σχεδία (η) raft

σχεδιάγραμμα (το) figure (*picture*)

σχεδιάζω ρ μτβ design. (*ετοιμάζω*) map out. (*ιχνογραφώ*) draw. (*σκοπεύω*) plan

σχεδιαστής (ο) draughtsman

σχέδιο (το) drawing. (*εμπ*) design. (*επιδίωξη*) scheme. (*προκαταρκτικό*) draft. (*σκοπός*) plan

σχεδόν επίρρ nearly. (*περίπου*) almost. ~ **ποτέ** hardly ever

σχέση (η) relationship. (*αναλογία*) relevance. (*αναφορά*) bearing. ~**εις** (οι) relationship

σχετίζ|ω ρ μτβ relate. ~**ομαι με** ρ αμτβ relate to. (*φιλικά*) be acquainted with

σχετικ|ός επίθ relevant. (*όχι απόλυτος*) relative. ~**ά** επίρρ relatively. ~**ά με** with respect to

σχήμα (το) shape, form. (*διάσταση σελίδων*) format. (*σχεδιάγραμμα*) figure

σχηματίζω ρ μτβ form. (*δίνω σχήμα*) shape. ~ **αριθμό** dial

σχίζα (η) sliver

σχιζοφρένεια (η) schizophrenia

σχίζω ρ μτβ slit. (*ρούχο, χαρτί*) tear

σχίσμα (το) schism

σχισμή (η) rift. (*σακακιού*) vent. (*σε τοίχο*) crack. (*σε φόρεμα*) slit

σχιστόλιθος (ο) flagstone

σχοινάκι (το) skipping rope

σχοινί (το) rope. (*αλεξίπτωτου*) ripcord

σχοινοβάτης (ο) ropewalker

σχολάζω ρ αμτβ knock off, finish work

σχολαστικ|ός επίθ scrupulous. (*ασχολούμενος με τους τύπους*) pedantic. (*ιδιότροπος*) fussy. ~**ά** επίρρ scrupulously

σχολείο (το) school. ~ **μέσης εκπαιδεύσεως** secondary school. **δημοτικό** ~ primary school

σχολή (η) faculty. ~ **οδηγών** driving school

σχολιάζω ρ μτβ comment on. (*κείμενο*) annotate

σχολιαστής (ο) (radio, TV) commentator. (*βιβλίου*) annotator

σχολικός επίθ scholastic. (*σχολείου*) school

σχόλιο (το) comment. (*βιβλίου*) annotation. (*ραδιόφωνο*) commentary

σωβινισ|μός (ο) chauvinism. ~**τής** (ο) chauvinist

σώβρακο (το) underpants. (*μακρύ*) long johns

σώζω ρ μτβ save

σωθικά (τα) insides, entrails

σωληνάριο (το) tube (*toothpaste, cream*)

σωλήνας (ο) pipe, tube. (*ανατ*) tract

σωληνοειδής επίθ tubular

σωλήνωση (η) tubing

σώμα (το) body. (*στρ*) corps

σωματείο (το) association. (*συντεχνία*) guild

σωματεμπόριο (το) slave trade

σωματέμπορος (ο) slave trader

σωματικ|ός επίθ bodily. (*τιμωρία*) corporal. ~**ή διάπλαση** (η) physique. ~**ή έρευνα** (η) body search

σωματοφύλακας (ο) bodyguard

σωματώδης επίθ portly

σών|ω ρ μτβ save. (*τελειώνω*) run out of. ~**ει και καλά** at all costs

σώος επίθ safe. ~ **και αβλαβής** safe and sound

σωπαίνω ρ μτβ silence ρ αμτβ hold one's tongue

σωριάζ|ω ρ μτβ pile up. ~**ομαι** ρ αμτβ flop, drop

σωρ|ός (ο) heap. (*το ένα πάνω στ´ άλλο*) mound. **ένα** ~ loads of

σωσίας (ο) double

σωσίβι|ος επίθ life-saving. ~**α ζώνη** (η) life belt. ~**α σχεδία** (η) life raft. ~**ο** (το) life jacket

σωστ|ός επίθ right, correct. (*δίκαιος*) proper. (*ορθός*) correct. ~**ά** επίρρ rightly, correctly

σωτήρας (ο) saviour

σωτηρία (η) salvation. (*γλιτωμός*) saving

σωφρονίζω ρ μτβ bring to one's senses. (*τιμωρώ*) punish

σωφρονιστήριο (το) approved school

Τ τ

τα *άρθρο πληθ* the
ταβάνι *(το)* ceiling
ταβέρνα *(η)* tavern
ταβερνιάρης *(ο)* publican
τάβλι *(το)* backgammon
ταγάρι *(το)* handwoven shoulder
bag
ταγέρ *(το) άκλ* (woman's) suit
ταγκός *επίθ* rancid
τάγμα *(το)* battalion
ταγματάρχης *(ο)* major
τάδε *αντων άκλ* such and such. *(για
άνθρωπο)* so-and-so
τάζω *ρ μτβ* promise. *(εκκλ)* make
a vow
ταΐζω *ρ μτβ* feed
ταϊλανδέζικος *επίθ* Thai
Ταϊλάνδη *(η)* Thailand
ταινία *(η)* tape. *(κινηματογραφική)*
film, *(αμερ)* movie
ταίρι *(το)* match. *(σύντροφος)* mate
ταιριάζω *ρ μτβ* match. • *ρ αμτβ*
become. *(συμβιβάζομαι)* hit it off.
(συνδυάζομαι) go with
ταιριαστός *επίθ* well-matched
τάκος *(ο)* chock
τακούνι *(το)* heel *(of shoe)*
τακτ *(το) άκλ* tact
τακτική *(η)* tactics
τακτικ|ός *επίθ* tactical.
(επαναλαμβανόμενος) regular.
(σταθερός) steady. **~ά** *επίρρ*
regularly
τακτικότητα *(η)* regularity
τακτοποίηση *(η)* arrangement
τακτοποιώ *ρ μτβ* settle. *(ρυθμίζω)*
arrange
ταλαιπωρία *(η)* hardship
ταλαίπωρος *επίθ* poor, wretched
ταλαιπωρώ *ρ μτβ* try, put through
hardship
ταλαντεύ|ω *ρ μτβ* sway. *(αιωρώ)*
dangle. **~ομαι** *ρ αμτβ* oscillate.
(μεταφ) waver
ταλαντούχος *επίθ* talented

ταλέντο *(το)* talent. *(ικανότητα)*
aptitude
τάλιρο *(το)* five drachma coin
ταλκ *(το) άκλ* talcum powder
τάμα *(το)* offering *(to God or a saint)*
ταμείο *(το)* pay desk. *(για εισιτήρια)*
booking office. *(θέατρ)* box office.
(ίδρυμα) fund. *(οργανισμού)*
treasury. *(τραπέζης)* cashier
Τάμεσης *(ο)* Thames
ταμίας *(ο)* cashier. *(οργανισμού)*
treasurer. *(σε τράπεζα)* teller
ταμιευτήριο *(το)* savings bank
ταμπάκος *(ο)* snuff
ταμπλό *(το) (πίνακας)* painting,
picture *(αυτοκινήτου)* dashboard
ταμπόν *(το) άκλ* tampon. *(ιατρ)*
swab
ταμπού *(το) άκλ* taboo
ταμπούρλο *(το)* drum
τανάλια *(η)* pincers
τανκ *(το) άκλ (στρ)* tank
τάξη *(η) (αίθουσα)* classroom.
(κοινωνική) class. *(μαθητές)* form,
grade. *(σειρά)* order. *(στρ)* array.
(τακτοποίηση) neatness
ταξί *(το) άκλ* taxi
ταξιαρχία *(η)* brigade
ταξίαρχος *(ο)* brigadier
ταξιδεύω *ρ αμτβ* travel
ταξίδι *(το)* journey. *(θαλασσινό)*
voyage. *(μακρινό και δύσκολο)*
trek. *(σε ποτάμι)* crossing.
(σύντομο, με επιστροφή) trip. **~α**
(τα) travel. **καλό ~** bon voyage
ταξιδιώτ|ης *(ο)*, **~ισσα** *(η)*
traveller
ταξιδιωτικ|ός *επίθ* travel. **~ή
επιταγή** *(η)* traveller's cheque
ταξιθέτ|ης *(ο)* usher. **~ρια** *(η)*
usherette
ταξίμετρο *(το)* taxi meter
ταξινόμηση *(η)* classification
ταξινομώ *ρ μτβ* classify. *(ανάλογα
με μέγεθος)* size. *(σε ζεύγη)* pair off
ταξιτζής *(ο)* taxi driver
τάξος *(η)* yew
τάπα *(η)* plug *(stopper)*
ταπεινός *επίθ* humble. *(από
καταγωγή)* low. *(πρόστυχος)* mean
ταπεινοφροσύνη *(η)* humility

ταπεινώνω *ρ μτβ* humiliate. (*προσβάλλω*) snub

ταπείνωση (*η*) humiliation

ταπετσαρία (*η*) upholstery. (*τοίχου*) wallpaper

ταπετσάρω *ρ μτβ* upholster

ταπετσιέρης (*ο*) upholsterer

ταπισερί (*το*) tapestry

ταραγμένος *επίθ* agitated. (*καιρός*) turbulent

ταράζω *ρ μτβ* disturb. (*καταστρέφω τη γαλήνη κπ*) unsettle. (*προκαλώ σύγχυση*) upset

ταραμοσαλάτα (*η*) taramosalata (*fish roe*)

τάρανδος (*ο*) reindeer

ταράσσω *ρ μτβ βλ* **ταράζω**

ταράτσα (*η*) terrace

ταραχή (*η*) turbulence. (*ανακάτωμα*) stir. (*συγκίνηση*) upset. (*φασαρία*) tumult. (*ψυχική ανησυχία*) trepidation

ταραχοποιός (*ο*) troublemaker

ταρίχευση (*η*) taxidermy. (*νεκρών*) embalmment

ταριχεύω *ρ μτβ* stuff. (*νεκρούς*) embalm

τάρτα (*η*) tart

τάρταρα (*τα*) Hades

ταρταρούγα (*η*) tortoiseshell

τασάκι (*το*) ashtray

τάση (*η*) tendency. (*ηλεκτρ*) voltage. (*μηχ*) tension. (*τέντωμα*) stretching

τατουάζ (*το*) *άκλ* tattoo

ταυρομαχία (*η*) bullfight

ταυρομάχος (*ο*) bullfighter

ταύρος (*ο*) bull

ταυτίζ|ω equate. **~ομαι με** *ρ αμτβ* be equated with

ταύτιση (*η*) equation

ταυτολογία (*η*) tautology

ταυτόσημος *επίθ* synonymous. (*όμοιος*) identical

ταυτότητα (*η*) identity. (*δελτίο*) identity card

ταυτόχρονος *επίθ* simultaneous

ταφή (*η*) burial

ταφόπετρα (*η*) gravestone

τάφος (*ο*) grave. (*μεγάλος*) vault. (*μνημείο*) tomb

τάφρος (*η*) moat

τάχα *επίρρ* as if

ταχεία (*η*) express (train)

ταχίνι (*το*) sesame seed dip, tahini

ταχυδακτυλουργ|ία (*η*) conjuring trick. **~ός** (*ο*) conjuror. (*θαυματοποιός*) magician

ταχυδρομείο (*το*) (*κατάστημα*) post office. (*υπηρεσία*) post

ταχυδρομικός *επίθ* postal

ταχυδρόμος (*ο*) postman

ταχυδρομώ *ρ μτβ* post

ταχυμεταφορ|ά (*η*) fast delivery. **υπηρεσία ~ών** (*οι*) courier service

ταχύμετρο (*το*) speedometer

ταχύρυθμος *επίθ* fast moving

ταχύς *επίθ* rapid. (*γίνεται σύντομα*) prompt

ταχύτητα (*η*) speed. (*αυτοκ*) gear. (*ενέργειας*) promptness. (*κίνησης*) velocity

ταψί (*το*) baking tin

τέζα *επίθ άκλ* stretched (out). **έμεινε ~** he kicked the bucket

τεθωρακισμέν|ος *επίθ* armoured. **~ο** (*το*) armoured vehicle

τείνω *ρ μτβ* stretch out. • *ρ αμτβ* tend. **~ να** be apt to

τέιον (*το*) *αρχ* tea

τείχος (*το*) (city) wall

τεκμήριο (*το*) proof. (*νομ*) exhibit

τεκμηρίωση (*η*) documentation

τέκνο (*το*) *αρχ* child

τεκνοποίηση (*η*) procreation

τέκτονας (*ο*) mason. (*μασόνος*) freemason

τεκτονικός *επίθ* Masonic

τελεί|α (*η*) full stop. (*αμερ*) period. **άνω ~α** (*η*) semicolon. **δύο ~ες** (*οι*) colon

τελειοποιώ *ρ μτβ* perfect

τέλειος *επίθ* perfect

τελείως *επίρρ* perfectly. (*εντελώς*) completely. **~ ξύπνιος** wide awake

τελειότητα (*η*) perfection

τελειόφοιτος *επίθ* (*σχολ*) senior

τελειώνω *ρ μτβ/αμτβ* finish. (*περατώνω*) end. • *ρ αμτβ* (*εξαντλούμαι*) run out. (*πεθαίνω*) be finished. (*περατώνομαι*) be over

τελειωτικ|ός *επίθ* final. **~ά** *επίρρ* finally

τέλεξ (το) άκλ telex

τελεσίγραφο (το) ultimatum

τελετάρχης (ο) marshal

τελετή (η) function. (εκκλ) ceremony

τελετουργία (η) ritual

τελετουργικός επίθ ritual

τελευταί|ος επίθ final. (πρόσφατος) latest. (σε σειρά) latter. (στο τέλος) last. **~α** επίρρ lately. **τώρα ~α** of late. **~ως** επίρρ latterly

τελεφερίκ (το) άκλ cable railway. (για σκι) ski lift

τέλη (τα) dues

τελικ|ός επίθ final. (ενδεχόμενος) eventual. **ο ~ός κυπέλλου** the Cup final. **~ές εξετάσεις** (οι) finals. **~ά** επίρρ finally, eventually

τέλμα (το) quagmire

τέλος¹ (το) duty (tax)

τέλο|ς² (το) end. (πέρας) ending. (χρονικής περιόδου) close. **~ς πάντων** anyway. **μέχρι ~υς** to the bitter end

τελώ ρ μτβ perform. (εκκλ) celebrate

τελωνειακός επίθ (of) customs. **~ υπάλληλος** (ο) customs officer

τελωνείο (το) customs

τελώνιο (το) genie

τέμνω ρ μτβ intersect

τεμπέλης επίθ lazy, idle. **~** (ο) idler

τεμπελιά (η) idleness, laziness. (νωθρότητα) indolence

τεμπελιάζω ρ αμτβ laze. (αργόσχολος) idle

τεμπελχανάς (ο) lazybones

τέμπερα (η) distemper (paint)

τέμπο (το) άκλ tempo

τενεκεδένιος επίθ tinny

τενεκεδούπολη (η) shanty town

τενεκές (ο) tin plate. (δοχείο) tin pot. (μεταφ) ignoramus

τενεκετσής (ο) tinsmith

τένις (το) άκλ tennis

τένοντας (ο) tendon

τενόρος (ο) tenor

τέντα (η) tent. (ήλιου) sunshade. (μαγαζιού) awning

τέντωμα (το) stretching. (σκοινιού) tension

τεντωμένο|ς επίθ taut. (χέρι)

outstretched. **~ σχοινί** (το) tightrope

τεντώνω ρ μτβ stretch. **~ τ' αυτιά** prick one's ears up

τέρας (το) monster. (έκτρωμα) freak

τεράστιος επίθ enormous, huge. (διαστάσεις) stupendous. (δύναμη) prodigious. (σε βαθμό) tremendous

τερατόμορφος επίθ hideous

τερατούργημα (το) monstrosity

τερατώδης επίθ monstrous. (αποτροπιαστικός) preposterous

τερετίζω ρ αμτβ twitter

τερέτισμα (το) twitter

τερηδόνα (η) caries

τέρμα (το) end. (αγώνες) winning post. (εστία ομάδας) goalpost. (λεωφορείου) terminal. (ποδόσφαιρο) goal

τερματίζω ρ μτβ terminate. • ρ αμτβ finish

τερματικό (το) (computer) terminal

τερματισμός (ο) termination

τερματοφύλακας (ο) goalkeeper

τερπν|ός επίθ pleasant. **το ~ν μετά του ωφελίμου** business with pleasure

τέρψη (η) enjoyment. (διασκέδαση) amusement

τεσσαροκοστό|ς επίθ fortieth. **~** (το) fortieth

τεσσαρακοστός επίθ fortieth

τέσσερα (το) άκλ four

τέσσερις επίθ άκλ four

τεσσεράμισι επίθ άκλ four and a half

τεστ (το) άκλ test

τεταμένος επίθ tense. (σχέσεις) strained

τέτανος (ο) tetanus

Τετάρτη (η) Wednesday

τέταρτο|ς επίθ fourth. **~** (το) quarter

τετελεσμένος επίθ finished

τέτοι|ος αντων such. **~α πράγματα** this sort of thing

τετραγωνίζω ρ μτβ square

τετραγωνικ|ός επίθ square. **~ή ρίζα** (η) square root. **~ό μέτρο** (το) square metre

τετραγωνισμός (ο) grid (on map)

τετράγωνος επίθ square. **~** (το) square

τετράδα (η) foursome

τετράδιο (το) exercise book

τετράδιπλος επίθ quadruple

τετράδυμα (τα) quadruplets

τετραετ|ής επίθ four-year old. **~ία** (η) four-year period

τετρακοσαριά (η) about four hundred

τετρακόσι|οι επίθ four hundred. **~α** (το) άκλ four hundred. **τα** ΄**χω ~α** have one's head screwed on right

τετραμελής επίθ four-membered

τετραπέρατος επίθ sharp as a needle

τετραπλασιάζω ρ μτβ quadruple

τετραπλάσι|ος επίθ quadruple, fourfold. **~ο** (το) quadruple

τετράπλευρο|ς επίθ quadrilateral. **~** (το) quadrangle

τετράποδο|ς επίθ four-legged. **~** (το) quadruped

τετράωρος επίθ four-hour

τετριμμένος επίθ hackneyed

τεύτλο (το) beet

τεύχος (το) issue (magazine)

τέφρα (η) ashes (of dead)

τέχνασμα (το) trick. (γυναικεία) wile. (κόλπο) ploy

τέχνη (η) art. (επαγγελματική ικανότητα) craft. (επιδεξιότητα) craftsmanship. (εργάτη) workmanship. **καλές ~** (οι) fine arts

τεχνητός επίθ artificial. (κατασκεύασμα) man-made

τεχνική (η) technique

τεχνικός (ο) technician

τεχνικ|ός επίθ technical. **~ός έλεγχος** (ο) (οχημάτων) MOT test. **~ή λεπτομέρεια** (η) technicality

τεχνίτης (ο) artisan. (μάστορας) craftsman

τεχνογνωσία (η) know-how

τεχνοκράτης (ο) technocrat

τεχνολογί|α (η) technology. **~κός** επίθ technological

τεχνολόγος (ο, η) technologist

τεχνοτροπία (η) technique

τέως επίθ late (former)

τζάγκουαρ (το) άκλ jaguar

τζαζ (η) άκλ jazz

τζάκι (το) fireplace. (μεταφ) well-known family

τζαμαρία (η) sun room

τζάμι (το) glass

τζαμί (το) mosque

τζαμόπορτα (η) glass door

τζάμπα επίρρ for nothing (free)

τζαμώνω ρ μτβ glaze

τζατζίκι (το) tzatziki, yogurt and cucumber dip

τζετ (το) άκλ jet (plane)

τζιν (το) άκλ gin

τζιπ (το) άκλ jeep

τζίρος (ο) turnover

τζίτζικας (ο) cicada

τζιτζιμπίρα (η) ginger ale, ginger beer

τζογαδόρος (ο) gambler

τζόγος (ο) gambling. (μηχ) play

τζόκεϊ (ο) άκλ jockey

τζόκιν (το) άκλ jogging

τζούντο (το) άκλ judo

τήβεννος (η) gown (of judge, teacher)

τηγανητ|ός επίθ fried. **~ή πατάτα** (η) chip

τηγάνι (το) frying pan

τηγανίζω ρ μτβ fry

τηγάνισμα (το) frying

τηγανίτα (η) pancake

τηλεβόας (ο) loud hailer

τηλεγραφείο (το) telegraph office

τηλεγράφημα (το) telegram

τηλεγραφικός επίθ telegraphic

τηλέγραφος (ο) telegraph

τηλεγραφώ ρ μτβ telegraph

τηλεειδοποίηση (η) bleeper

τηλεργασία (η) teleworking

τηλεθεατής (ο) viewer

τηλεκάρτα (η) phone card

τηλεκατευθυνόμενος επίθ guided

τηλεκινησία (η) telekinesis

τηλεοπτικ|ός επίθ (of) television. **~ή κάμερα** (η) camera. **~ό πρόγραμμα** (το) TV programme

τηλεόραση (η) television

τηλεπάθεια (η) telepathy

τηλεπαθητικός *επίθ* telepathic

τηλεπικοινωνία (η) telecommunication

τηλεσκοπικός *επίθ* telescopic

τηλεσκόπιο (το) telescope

τηλέτυπος (ο) teleprinter

τηλεφακός (ο) telephoto

τηλεφώνημα (το) phone call

τηλεφων|ητής (ο), **~ήτρια** telephone operator. **αυτόματος ~ητής** answering machine

τηλεφωνικός|ς *επίθ* (ο) telephone. **~ς θάλαμος** (ο) phone box, telephone kiosk

τηλέφωνο (το) telephone

τηλεφωνώ *ρ μτβ/αμτβ* call, telephone

τηλεφωτογραφικός *επίθ* telephoto

τηλεχειριστήριο (το) remote control

την *αντων* her. **~ είδα** I saw her

τήξη (η) melting

τήρηση (η) observance

τηρώ *ρ μτβ* abide by. (διαφυλάγω) uphold. (τάξη) keep

της *αντων* her, hers

τι *αντων* what. (γιατί) why. **~ γίνεται;** what's going on? **~ είναι;** what is it? **~ κι αν** what if. **~ λες για ..;** how about ..? **~ φωνάζεις;** why are you shouting?

τιάρα (η) tiara

τίγρη (η) tiger

τιθασεύω *ρ μτβ* tame

τικ (το) *άκλ* tic. **~ τακ** (το) *άκλ* (ρολογιού) tick

τιμαλφής|ς *επίθ* valuable. **~** (τα) valuables

τιμάριθμος (ο) cost of living

τιμή¹ (η) price

τιμή² (η) (υπόληψη) honour. **Με ~** Yours faithfully. **προς ~** in honour (of)

τίμημα (το) price

τιμητικ|ός *επίθ* honorary. **~ή θέση** (η) pride of place

τίμιος *επίθ* honest. (εκκλ) holy

τιμιότητα (η) honesty

τιμοκατάλογος (ο) price list

τιμολόγιο (το) invoice

τιμόνι (το) steering wheel.

(ποδηλάτου) handlebar

τιμώ *ρ μτβ* honour. (εκδηλώνω) commemorate. (με την παρουσία) grace. **~ώμαι** *ρ αμτβ* be honoured. (κοστίζω) be priced

τιμωρία (η) punishment. (κύρωση) penalty

τιμωρώ *ρ μτβ* punish. (επιβάλλω κύρωση) penalize. (με σωματική ποινή) chastise

τίναγμα (το) twitch

τινάζ|ω *ρ μτβ* toss. **~ομαι** *ρ μτβ* twitch. (αναπηδώ) start

τίνος *αντων* whose

τίποτα *αντων* nothing. (αρνητ φράση) anything. **~ άλλο** nothing else. **~ το σπουδαίο** nothing much. **δεν αξίζει ~** it isn't any good

τιποτένιος *επίθ* petty

τιράντ|α (η) strap (of garment). (φορέματος) shoulder strap. **~ες** (οι) braces

τιρμπουσόν (το) *άκλ* corkscrew

τιτάνας (ο) titan

τιτανικός *επίθ* titanic

τιτιβίζω *ρ αμτβ* chirp, tweet

τιτίβισμα (το) chirp, tweet

τίτλος (ο) title. (επικεφαλίδα) caption

τμήμα (το) section. (αστυνομικό) station. (κλάδος) department. (κομμάτι) segment. (ταξιδιού) leg. (τάξης) stream. **Τ~ Εσωτερικών Προσόδων** (το) Internal Revenue

τμηματάρχης (ο) head of department

το *άρθρο ουδ* the. • *αντων* it. **να ~** here it is

τοιούτος *αντων* such. **~** (ο) homosexual

τοιχογραφία (η) mural

τοιχοκολλώ *ρ μτβ* post (notices)

τοίχος (ο) wall (of house)

τοκετός (ο) childbirth. (ιατρ) delivery

τοκίζω *ρ μτβ* lend (with interest)

τοκογλυφία (η) usury

τόκος (ο) interest (on loan)

τόλμη (η) boldness. (θράσος) presumption. (μεταφ) enterprise

τολμηρός *επίθ* bold. (θρασύς)

presumptuous. (*ριψοκίνδυνος*) daring. (*σόκιν*) risqué. (*μεταφ*) enterprising

τολμηρότητα (*η*) boldness

τολμώ *ρ αμτβ* dare. (*επιχειρώ*) venture. **~ να** take the liberty to

τολύπη (*η*) wisp (*of smoke*)

τομάρι (*το*) pelt. (*μεταφ*) scoundrel

τομάτα (*η*) *βλ* **ντομάτα**

τομέας (*ο*) sector

τομή (*η*) section. (*ιατρ*) incision

τόμος (*ο*) volume

τόμπολα (*η*) bingo

τον *αντων* him

τονίζω *ρ μτβ* stress. (*γραμμ*) accentuate. (*ξεχωρίζω*) highlight. (*υποδεικνύω*) emphasize

τόνικ (*το*) *άκλ* tonic water

τονικός *επίθ* touchtone

τόνος¹ (*ο*) tone. (*γραμμ*) stress. (*φωνής*) pitch. (*μεταφ*) overtone

τόνος² (*ο*) ton (= 1,016 kg.). (*μετρικός*) tonne (= 1,000 kg.)

τόνος³ (*ο*) (*ψάρι*) tuna

τονώνω *ρ μτβ* invigorate

τονωτικό|ς *επίθ* tonic. (*δυναμωτικός*) invigorating. **~** (*το*) tonic

τοξικολογία (*η*) toxicology

τοξικομανής (*ο, η*) addict

τοξικός *επίθ* toxic

τοξίνη (*η*) toxin

τόξο (*το*) bow. (*αρχιτ*) arch. (*κύκλου*) arc. **ουράνιο ~** rainbow

τοξοβολία (*η*) archery

τοξότης (*ο*) archer

τοπικ|ός *επίθ* local. **~ά** *επίρρ* locally

τοπίο (*το*) landscape

τοπογραφία (*η*) topography

τοποθεσία (*η*) situation

τοποθέτηση (*η*) placement

τοποθετώ *ρ μτβ* position. (*εγκαθιστώ*) fit. (*επενδύω*) place. (*σε εγκοπή*) slot. (*σε θέση*) post

τόπο|ς (*ο*) place. (*χώρα*) native country. **αφήνω στον ~** kill instantly. **επί ~υ** on the spot. **πιάνω ~** prove useful

τόρνος (*ο*) lathe

τορπίλη (*η*) torpedo

τορπιλίζω *ρ μτβ* torpedo

τόσο *επίρρ* so. **~ πολύ** so much. **~ το καλύτερο** all the better. **κάθε ~** every so often

τόσος *αντων* so, such. **~ κόσμος** so many people. **είναι ~ δα** he is so small

τοστ (*το*) *άκλ* toasted sandwich

τοστιέρα (*η*) toaster

τότε *επίρρ* then. **από ~** since then. **έως ~** by then

του *αντων* his. **είναι το αυτοκίνητό ~** it's his car

τουαλέτα¹ (*η*) cloakroom, (*αμερ*) washroom. **είδη ~ς** toiletries

τουαλέτα² (*η*) (*έπιπλο*) dressing table

τουαλέτα³ (*η*) (*φόρεμα*) evening gown

τούβλο (*το*) brick. (*χοντροκέφαλος*) dunce

τουλάχιστον *επίρρ* at least

τουλίπα (*η*) tulip

τούμπα (*η*) somersault

τούνελ (*το*) *άκλ* tunnel

τουρισμός (*ο*) tourism

τουρίστ|ας (*ο*), **~ρια** (*η*) tourist

τουριστικός *επίθ* tourist

Τουρκάλα (*η*) Turkish woman

Τουρκία (*η*) Turkey

τουρκικ|ός *επίθ* Turkish. **~ά** (*τα*) Turkish

τουρκοκρατία (*η*) Turkish occupation

Τούρκος (*ο*) Turk

τουρκουάζ (*το*) *άκλ* turquoise

τουρμπάνι (*το*) turban

τουρμπίνα (*η*) turbine

τούρνα (*η*) (*ψάρι*) pike *άκλ*

τουρνέ (*η*) *άκλ* tour

τουρνουά (*το*) *άκλ* tournament

τουρσί (*το*) pickle

τούρτα (*η*) gâteau

τουρτουρίζω *ρ αμτβ* shiver

τουρτούρισμα (*το*) shiver

τους *άρθρο βλ* **ο**. **•** *αντων* their. **τα σπίτια ~** their houses

τούφα (*η*) tuft. (*χορταριού*) tussock

τουφέκι (*το*) rifle. (*με φελλό*) popgun

τουφεκιά (*η*) rifle shot

τουφεκίζω ρ μτβ shoot
τραβέρσα (η) crossbar. (σιδηρ) sleeper
τραβεστί (ο) άκλ transvestite
τράβηγμα (το) pull. (σύρσιμο) haul. (ταινίας) shooting. **τραβήγματα** (τα) trouble
τραβηγμένος επίθ pulled. (χαρακτηριστικά) drawn
τραβ|ώ ρ μτβ pull. (αποσύρω) withdraw. (ελκύω) draw. (καρέκλα) draw up. (σέρνω) haul. (υποφέρω) go through. **~ώ για** make for. • ρ αμτβ (παρατείνομαι) drag on. **~ιέμαι** ρ αμτβ pull back. (από πόνο) wince. (αποσύρομαι) pull out
τραγανίζω ρ μτβ crunch
τραγανό|ς επίθ crisp. **~** (το) (στα κόκκαλα) gristle
τραγικός επίθ tragic
τράγος (ο) billy goat
τραγούδι (το) song
τραγουδ|ιστής (ο), **~ίστρια** (η) singer. (σε μουσική τζαζ ή ποπ) vocalist. (του δρόμου) busker
τραγουδιστός επίθ singsong
τραγουδώ ρ μτβ/αμτβ sing
τραγωδία (η) tragedy
τρίανο (το) βλ **τρένο**
τρακ (το) άκλ nerves. (θέατρ) stage fright. **έχω ~** be nervous
τρακαδόρος (ο) scrounger
τρακόσοι επίθ βλ **τριακόσιοι**
τρακτέρ (το) άκλ tractor
τραμ (το) άκλ tram, (αμερ) streetcar
τραμπάλα (η) see-saw
τραμπολίνο (το) trampoline
τρανζίστορ (το) άκλ transistor
τρανός επίθ great
τράνταγμα (το) jolt
τραντάζω ρ μτβ jolt
τράπεζα (η) bank. (τραπέζι) table. **αγία ~** (η) altar
τραπεζαρία (η) dining room. (σε κολέγιο ή μοναστήρι) refectory
τραπέζι (το) table. **κάνω ~** have to dinner. **στρώνω ~** lay the table
τραπεζικός επίθ bank
τραπεζίτης[1] (ο) banker
τραπεζίτης[2] (το) (δόντι) molar
τραπεζομάντιλο (το) tablecloth

τράπουλα (η) pack of cards
τραπουλόχαρτο (το) playing card
τραστ (το) άκλ trust (association)
τράτα (η) trawler
τρατάρω ρ μτβ offer refreshment to
τραυλίζω ρ αμτβ stammer
τραύλισμα (το) stammer
τραύμα (το) trauma. (του σώματος) wound
τραυματίζω ρ μτβ wound. (ψυχικά) traumatize
τραυματι|κός επίθ traumatic. **~σμός** (ο) wounding. (ψυχικός) trauma
τραχεία (η) windpipe
τράχηλος (ο) neck
τραχύς επίθ rough. (στην υφή) rough. (συμπεριφορά) harsh. (τοπείο) rugged. (τρόπος) coarse
τραχύτητα (η) roughness. (ομιλίας) bluntness. (συμπεριφοράς) harshness. (υλικού) coarseness
τρέιλερ (το) άκλ trailer
τρεις επίθ three
τρεκλίζω ρ αμτβ stagger
τρέλ|α (η) madness. (ανόητη πράξη) folly. (ιατρ) insanity. (μανία) craze. **~ες** (οι) frolics
τρελάδικο (το) loony bin
τρελαίν|ω ρ μτβ drive s.o. mad. **~ομαι** ρ αμτβ go mad. **~ομαι για** be mad about
τρελοκομείο (το) lunatic asylum, (καθομ) madhouse
τρελός επίθ mad. (ανόητος) daft. (από χαρά) wild. (παράφρων) crazy. **~** (ο) madman. **~ για** crazy about
τρελούτσικος επίθ batty
τρεμάμενος επίθ shaky. (χέρι) unsteady
τρεμόσβησμα (το) flicker. (άστρου) twinkle
τρεμοσβήνω ρ αμτβ flicker. (άστρο) twinkle
τρεμούλιασμα (το) tremor, trembling. (φρικίαση) shudder. (φωνής) quiver
τρέμω ρ αμτβ tremble. (από τρόμο) quake. (φωνή) quiver. (χέρι) shake
τρενάκι (το) (σε λούνα παρκ) roller coaster

τρένο (*το*) train. **με ~** by rail

τρέξιμο (*το*) running. (*ροή*) flow

τρέπ|ω *ρ μτβ* turn. **~ σε φυγή** scare off. **~ομαι σε φυγή** flee

τρέφ|ω *ρ μτβ* feed. (*ζώα*) breed. (*ελπίδες*) cherish. **~ομαι** *ρ αμτβ* feed

τρεχάματα (*τα*) running about

τρεχούμενος *επίθ* running. (*λογαριασμός*) current

τρέχ|ω *ρ αμτβ* run. (*βρύση*) drip. (*μάτια*) water. (*μύτη*) run. (*σάλια*) dribble. (*σε αγώνα*) race. (*υγρό*) leak. **τι ~ει;** what's going on?

τρέχων *επίθ* current

τρία *επίθ βλ* **τρεις**. **~** (*το*) three

τριάδα (*η*) trinity

τρίαινα (*η*) trident

τριακοστό|ς *επίθ* thirtieth. **~** (*το*) thirtieth

τριακόσιοι *επίθ* three hundred

τριακοσιοστός *επίθ* three hundredth

τριακοστός *επίθ* thirtieth

τριάμισι (*το*) *άκλ* three and a half

τριάντα *επίθ* thirty. **~** (*το*) thirty

τριαντάρης *επίθ* thirty-year-old

τριανταριά (*η*) about thirty

τριανταφυλλιά (*η*) rose bush

τριαντάφυλλο (*το*) rose. (*ποτό*) rose cordial

τριβή (*η*) friction. (*φθορά*) abrasion

τρίβω *ρ μτβ* rub. (*γυαλίζω*) rub up. (*ερεθίζω*) chafe. (*καθαρίζω*) scrub. (*κάνω σκόνη*) crumble. (*με γυαλόχαρτο*) sand. (*ξύνω*) grate

τριγυρίζω *ρ μτβ* surround. • *ρ αμτβ* roam

τριγυρνώ *ρ αμτβ* wander around

τριγύρω *επίρρ* around

τριγωνικός *επίθ* triangular

τρίγωνο (*το*) triangle

τριγωνομετρία (*η*) trigonometry

τρίδυμα (*τα*) triplets

τριετής *επίθ* three-year-old

τριετία (*η*) three-year period

τρίζω *ρ αμτβ* creak. (*σκουριασμένη πόρτα*) squeak. **~ τα δόντια μου** gnash one's teeth

τρικλίζω *ρ αμτβ* reel. (*μεθυσμένος*) stagger. (*από γεράματα*) totter

τρίκλινος *επίθ* with three beds

τρίκλισμα (*το*) stagger

τρικλοποδιά (*η*) tripping. **βάζω ~** trip

τρικό (*το*) (*κυπρ*) jumper, pullover

τρικούβερτος *επίθ* **~ καβγάς** almighty row

τρίκρανο (*το*) (garden) fork

τρίκυκλο (*το*) tricycle

τρικυμία (*η*) rough sea

τρικυμισμένος *επίθ* choppy

τριλογία (*η*) trilogy

τριμηνία (*η*) quarter, three months

τρίμηνο (*το*) (*σχολ*) term

τριμηνιαίος *επίθ* quarterly

τρίμμα (*το*) crumb. (*μπογιάς*) flake

τριμμένος *επίθ* grated. (*γυαλισμένος*) polished. (*ρούχο*) threadbare

τρίξιμο (*το*) creak. (*δοντιών*) grind. (*πόρτας*) squeak

τρίο (*το*) *άκλ* trio

τριπλασιάζω *ρ μτβ* triple, treble

τριπλάσι|ος *επίθ* treble. **~α** *επίρρ* threefold

τριπλός *επίθ* triple

τρίποδο (*το*) tripod

τρίπτυχο (*το*) triptych

τρισάθλιος *επίθ* wretched

τρισευτυχισμένος *επίθ* over the moon

τρισεκατομμύριο (*το*) billion

Τρίτη (*η*) Tuesday

τριτοβάθμιος *επίθ* third degree

τρίτ|ος *επίθ* third. **~ν** (*το*) third

τρίτων (*ο*) newt

τρίφτης (*ο*) grater

τριφύλλι (*το*) clover

τρίχα (*η*) hair. (*σκληρή*) bristle. **παρά ~** within a hair's breadth

τρίχας (*ο*) (*μεταφ*) windbag

τρίχωμα (*το*) hair. (*γούνα*) fur. (*ζώου*) coat

τριχωτός *επίθ* hairy. (*σκύλος*) shaggy

τριψήφιος *επίθ* three-digit

τρίψιμο (*το*) rub. (*για καθάρισμα*) scrub

Τροία (*η*) Troy

τρόλεϊ (*το*) *άκλ* trolley bus

τρομαγμένος *επίθ* scared

τρομάζω ρ μτβ scare. • ρ αμτβ be scared

τρομάρα (η) fright

τρομαχτικός επίθ terrifying

τρομερ|ός επίθ terrible, horrible. (ισχυρός) formidable. **~ό παιδί** (το) whiz kid. **~ά** επίρρ terribly, frightfully

τρομοκράτ|ης (ο), **~ισσα** (η) terrorist

τρομοκρατ|ία (η) terrorism. **~ώ** ρ μτβ terrorize. (φοβίζω) terrify

τρόμος (ο) terror, horror. (ιατρ) tremor

τρομπόνι (το) trombone

τρόπαιο (το) trophy

τροπικ|ός επίθ tropical. **~ός** (ο) tropic. **~ές χώρες** (οι) tropics

τροπή (η) turn (of illness)

τροποποίηση (η) modification. (νόμου) amendment

τροποποιώ ρ μτβ modify. (νόμο) amend

τρόπο|ς (ο) way. (διαγωγή) manner. (λειτουργίας) mode. **~ι** (οι) manners. **κατά κάποιο ~** in a way. **με κάθε ~** in every way. **με κανένα ~** by no means

τρούλος (ο) dome

τρούφα (η) truffle

τροφή (η) food. (για ζώα) feed. (ξερή, για ζώα) fodder

τρόφιμα (τα) foodstuffs

τρόφιμος (ο, η) inmate

τροφοδοσία (η) catering

τροφοδότης (ο) caterer

τροφοδοτώ ρ μτβ cater for. (για συντήρηση) supply. (φωτιά) stoke

τροχαίος επίθ traffic

τροχαλία (η) pulley

τροχασμός (ο) trot

τροχιά (η) orbit. (πορεία) path

τροχοδρομώ ρ αμτβ taxi (aircraft)

τροχονόμος (ο, η) traffic warden

τροχοπέδη (η) brake. **~ση** (η) braking

τροχός (ο) wheel

τροχόσπιτο (το) caravan

τροχοφόρο (το) vehicle

τρύπα (η) hole

τρυπάνι (το) drill. (εργαλείου) bit

τρύπημα (το) piercing. (ελαστικού) puncture

τρυπητήρι (το) (για χαρτί) punch

τρύπιος επίθ full of holes. (δοχείο) leaky

τρυποκάρυδο (το) (πουλί) wren

τρυπώ ρ μτβ make a hole. (λάστιχο) puncture. (χαρτί) punch. **~ με τα κέρατα** gore

τρύπωμα (το) tack (stitch)

τρυπώνω ρ μτβ tack (stitch)

τρυφερός επίθ tender. (στοργικός) fond

τρυφερότητα (η) tenderness

τρυφηλός επίθ self-indulgent

τρώγλη (η) hovel

τρώ|(γ)ω ρ μτβ eat. (ενοχλώ) pester. (φθείρω) eat away. (ώρα) impinge. • απρόσ **με ~ει** it itches

τρωικός επίθ Trojan

τρωκτικό (το) rodent

τρωτός επίθ vulnerable

τσαγιέρα (η) teapot

τσαγκάρης (ο) cobbler

τσάι (το) tea

τσακάλι (το) jackal

τσακίζ|ω ρ μτβ crack. (σελίδα) fold. (σπάζω) break up. • ρ αμτβ break down. **~ομαι να** ρ αμτβ bend over backwards

τσάκιση (η) crease

τσακμακόπετρα (η) flint

τσακωμός (ο) squabble

τσακών|ω ρ μτβ catch (s.o. doing sthg.). **~ομαι** ρ αμτβ squabble. (δυσαρεστούμαι) fall out

τσαλαβουτώ ρ αμτβ splash about

τσαλάκωμα (το) creasing

τσαλακώνω ρ μτβ crease

τσαλαπατώ ρ μτβ trample

τσάμικος (ο) Greek folk dance

τσαμπί (το) bunch (of grapes)

τσάντα (η) handbag, (αμερ) purse. (για ψώνια) shopping bag. (με εργαλεία) tool bag

τσαντάκι (το) purse

τσαπατσούλ|ης επίθ sloppy (person). **~ικος** επίθ sloppy (work)

τσαρλατάνος (ο) charlatan

τσάρος (ο) czar

τσαρούχι (το) type of moccasin with a pompon
τσατσάρα (η) comb
τσαχπίνα (η) minx
τσεκ (το) άκλ cheque
τσεκούρι (το) axe
τσέπη (η) pocket
τσεπώνω ρ μτβ pocket
τσεχικός επίθ Czech
Τσέχ|ος (ο), **~α** (η) Czech
Τσεχοσλοβακία (η) Czechoslovakia
τσεχοσλοβακικός επίθ Czechoslovak
τσιγαριλίκι (το) joint (cannabis)
τσιγάρο (το) cigarette
τσιγαροθήκη (η) cigarette box
τσιγγάν|ος (ο), **~α** (η) gypsy
τσιγκουνεύομαι ρ αμτβ skimp
τσιγκούνης επίθ stingy. **~** (ο) miser
τσιγκουνιά (η) stinginess
τσιγκέλι (το) (meat) hook
τσίκνα (η) smell of burning food
τσίλι (το) άκλ chilli
τσιμεντάρω ρ μτβ cement
τσιμέντο (το) cement
τσιμεντοστρώνω ρ μτβ concrete
τσιμουδιά (η) **~!** keep mum!
τσίμπημα (το) pinch. (από αγκάθι) prick. (εντόμου) sting. (πείνας) pang. (πουλιού) peck. (φαγητό) nibble
τσιμπιά (η) pinch
τσιμπίδα (η) tongs
τσιμπιδάκι (το) tweezers. (για τα μαλλιά) hairpin
τσιμπημένος επίθ **είμαι ~ με** have a crush on
τσιμπούρι (το) tick (insect)
τσιμπούσι (το) spread
τσιμπώ ρ μτβ pinch. (έντομα) sting. (κεντώ) prick. (κλέβω) nick. (πουλιά) peck. (τρώω) nibble. (ψάρια) bite
τσιπς (τα) άκλ crisps
τσιπ (το) άκλ chip. **~ πυριτίου** silicon chip
τσίτα (η) (υγρά) skin. (μεταφ) shame
τσίπουρο (το) raki (strong aniseed-flavoured spirit)
τσίριγμα (το) screech
τσιρίζω ρ αμτβ screech
τσίρκο (το) circus
τσιρότο (το) sticking plaster
τσιτσιρίζω ρ αμτβ sizzle
τσίχλα¹ (η) chewing gum
τσίχλα² (η) (πουλί) thrush
τσόκαρο (το) clog
τσοκ (το) άκλ (αυτοκ) choke
τσολιάς (ο) evzone (soldier in the Greek infantry)
τσοπάνης (ο) shepherd
τσοπανόσκυλο (το) sheep dog
τσουγκράνα (η) rake
τσουγκρίζω ρ μτβ chink
τσούζω ρ αμτβ sting, smart
τσουκνίδα (η) nettle
τσούλα (η) slut
τσουλήθρα (η) slide (in playground)
τσούνι (το) skittle
τσουρέκι (το) type of brioche
τσούρμο (το) swarm (of children)
τσουρουφλίζω ρ μτβ singe
τσουχτερός επίθ (αέρας) crisp. (κρύο) biting
τσούχτρα (η) jellyfish
τσόφλι (το) (egg) shell
τσόχα (η) felt
τύλιγμα (το) kink. (περιτύλιγμα) wrapping
τυλίγω ρ μτβ wind. (κουλουριάζω) coil. (μπλέκω) entangle. (περιτυλίγω) wrap
τυμπαν|ιστής (ο), **~ίστρια** (η) drummer
τύμπανο (το) drum
τυμπανοκρουσία (η) roll of drums
τυμπανόξυλο (το) drumstick
Τυνησία (η) Tunisia
Τυνήσι|ος (ο), **~α** (η) Tunisian
τυπικ|ός (επίθ) formal. **~ά** επίρρ formally
τυπικότητα (η) formality
τυπογραφ|είο (το) printing press. **~ία** (η) typography
τυπογραφικός επίθ typographical
τυπογράφος (ο) printer
τυποποιώ ρ μτβ standardize
τύπο|ς (ο) type. (εφημερίδες) press.

(ιδιότυπος) character. (μάθημ)
formula. (μορφή) form.
(προσχήματα) convention. **χωρίς**
~υς unceremoniously

τυπώνω ρ μτβ print

τυραννί|α (η) tyranny. **~ικός** επίθ
tyrannical

τύραννος (ο) tyrant

τυραννώ ρ μτβ tyrannize

τυρί (το) cheese

τυρόπηγμα (το) curds

τυροκομείο (το) (cheese) dairy

τυροκομία (η) cheese making

τυρόπιτα (η) cheese pie

τύρφη (η) peat

τύφλα (η) blindness. **~ στο μεθύσι**
blind drunk

τυφλόμυγα (η) blind man's buff

τυφλοπόντικας (ο) mole

τυφλός επίθ blind

τυφλότητα (η) blindness

τυφλώνω ρ μτβ blind

τύφλωση (η) blindness

τυφοειδής επίθ typhoid

τύφος (ο) typhus

τυφώνας (ο) typhoon

τυχαίνω ρ μτβ chance upon. • ρ
αμτβ happen. **έτυχε να τον δει**
he/she happened to see him

τυχαί|ος επίθ accidental.
(άνθρωπος) ordinary.
(απρόβλεπτος) chance. (δείγμα)
random. **~ γεγονός** (το)
accident, chance. **~α** επίρρ
accidentally, by chance

τυχερ|ός επίθ lucky, fortunate. **~**
παιχνίδι (το) gamble. **~** (το) luck.
(δουλειάς) perk

τύχη (η) luck. (μοίρα) fortune.
(σύμπτωση) chance. **κατά ~** by
chance. **στην ~** at random

τυχοδιώκτ|ης (ο), **~ρια** (η)
adventurer

τυχόν επίρρ by chance

τύψη (η) remorse

τώρα επίρρ now. **~ δα** just now.
από ~ και στο εξής from now
on. **ως ~** up until now

τωρινός επίθ present-day

ύαινα (η) hyena

υάκινθος (ο) hyacinth

υαλοβάμβακας (ο) fibreglass

υαλοπίνακας (ο) pane (of glass)

υαλουργία (η) glass industry

υάρδα (η) yard (= 0.9144 metre)

υβρίδιο (το) hybrid

υβρίζω ρ μτβ insult. • ρ αμτβ swear

υβριστικός επίθ abusive

υγεία (η) health. **εις ~ν!** cheers!

υγειονομικός επίθ sanitary

υγιεινή (η) hygiene. (κλάδος)
sanitation

υγιεινολόγος (ο, η) hygienist

υγιεινός επίθ hygienic. (ωφέλιμος)
healthy

υγιής επίθ healthy. (γερός) fit.
(σωστός) sound

υγραέριο (το) natural gas

υγραίνω ρ μτβ moisten

υγρασία (η) condensation. (στην
ατμόσφαιρα) humidity. (στους
τοίχους) damp

υγροποιώ ρ μτβ liquefy

υγρ|ός επίθ damp. (ατμόσφαιρα)
humid. (βρεγμένος) moist. (καιρός)
clammy. **~** (το) liquid. (ρευστό)
fluid

υδατάνθρακας (ο) carbohydrate

υδατικ|ός επίθ moisturizing. **~ή**
κρέμα (η) moisturizer

υδατογραφία (η) watercolour

υδατοστεγής επίθ watertight

υδατοσφαίριση (η) water polo

υδατοφράκτης (ο) dam. (σε
κανάλι) lock

υδραγωγείο (το) aqueduct

υδραγωγός (ο) water pipe

υδραντλία (η) water pump

υδράργυρος (ο) mercury

υδραυλικ|ός επίθ hydraulic. **~ός**
(ο) plumber

ύδρευση (η) water supply

υδρία (η) urn

υδρόβιος επίθ aquatic

υδρόγειος (η) globe
υδρογόνο (το) hydrogen
υδρογονοβόμβα (η) hydrogen bomb
υδροηλεκτρικός επίθ hydroelectric
υδροπλάνο (το) seaplane
υδρορρόη (η) gutter (of house)
υδροτροχός (ο) waterwheel
υδροφοβία (η) hydrophobia
Υδροχόος (ο) Aquarius
ύδωρ (το) (αρχ) water
υιοθεσία (η) adoption
υιοθετώ ρ μτβ adopt
υιός (ο) (αρχ) son
ύλη (η) matter. **γραφική ~η** (η) stationery. **πρώτες ~ες** (οι) raw materials
υλικό|ς επίθ material. **~** (το) material. (Η/Υ) hardware
υλιστικός επίθ materialistic
υλοποιώ ρ μτβ materialize
υλοτομία (η) lumbering
υμένας (ο) membrane
υμέτερος αντων (αρχ) your, yours
ύμνος (ο) hymn. (χώρας) anthem
υπαγόρευση (η) dictation
υπαγορεύω ρ μτβ dictate
υπαίθριος επίθ outdoor. (σε ανοιχτό χώρο) open air
ύπαιθρο (το) outdoors, open air
ύπαιθρος (η) countryside, country
υπαινιγμός (ο) hint. (κρυφός) insinuation
υπαινίσσομαι ρ αμτβ hint. (έμμεσα) imply, insinuate
υπαίτιος επίθ responsible, liable
υπαιτιότητα (η) culpability
υπακοή (η) obedience
υπάκουος επίθ obedient
υπακούω ρ μτβ/αμτβ obey
υπάλληλος (ο, η) (εργαζόμενος) employee. (σε μαγαζί) shop assistant. (σε γραφείο) official
υπανάπτυκτος επίθ underdeveloped
υπαναχωρώ ρ αμτβ back out
υπανθρώπινος επίθ subhuman
υπαξιωματικός (ο) petty officer
ύπαρξη (η) existence
υπαρξισμός (ο) existentialism
υπαρχηγός (ο) deputy leader

υπάρχοντα (τα) possessions
υπάρχ|ω ρ αμτβ exist. **~ει** there is. **~ουν** there are
υπασπιστής (ο) adjutant
υπέδαφος (το) subsoil
υπεκφεύγω ρ αμτβ prevaricate
υπεκφυγή (η) prevarication. (απάντηση) evasive answer
υπενθυμίζω ρ μτβ remind
υπενθύμιση (η) reminder
υπενοικιάζω ρ μτβ sublet
υπέρ πρόθ above. (για) for, in favour of. **~ το δέον** excessively. **τα ~ και τα κατά** the pros and cons
υπεραγορά (η) supermarket
υπεραγαπώ ρ μτβ dote on
υπεραισθητός επίθ extra-sensory
υπεράκτιος επίθ offshore
υπεράνθρωπος επίθ superhuman
υπεράνω επίρρ above
υπερασπίζ|ω ρ μτβ defend. **~ομαι** ρ μτβ stand up for
υπεράστιση (η) defence
υπεραστικός επίθ long-distance
υπερατλαντικός επίθ transatlantic
υπεραφθονία (η) glut
υπερβαίνω ρ μτβ exceed. (σημείο) overstep. (όριο, προσδοκίες) transcend
υπερβάλω ρ μτβ surpass. • ρ αμτβ exaggerate
υπέρβαρος επίθ overweight
υπερβατικός επίθ transcendental
υπερβολή (η) excess. (μεγαλοποίηση) exaggeration. (πολυτέλειας) extravagance
υπερβολικός επίθ excessive. (μεγαλοποιημένος) exaggerated. (πολυτέλεια) extravagant. (τιμή) steep. (χρόνος) inordinate
υπέργει|ος επίθ **~α διάβαση** (η) overpass, flyover
υπέργηρος επίθ decrepit
υπερδιέγερση (η) overexcitation
υπερδύναμη (η) superpower
υπερεκτιμώ ρ μτβ overestimate
υπερένταση (η) tenseness
υπερευαισθησία (η) oversensitivity
υπερέχω ρ μτβ surpass
υπερήλικος επίθ very old
υπερημερία (η) overdue payment

υπερηφάνεια (η) βλ **περηφάνια**
υπερηχητικός επίθ ultrasonic.
  (αεροπλάνο) supersonic
υπερθετικός (ο) (βαθμός)
  superlative
υπερθέτω ρ μτβ superimpose
υπερισχύω ρ αμτβ prevail
υπεριώδης επίθ ultraviolet
υπερκατασκευή (η) superstructure
υπερκόπωση (η) overwork
υπερμεγέθης επίθ king size
υπέρμετρος επίθ inordinate.
  (ξεπερνά το μέτρο) excessive
υπερνικώ ρ μτβ overcome
υπέρογκος επίθ huge. (τιμή)
  extortionate
υπεροξείδιο (το) peroxide
υπερόπτης (ο) arrogant
υπεροπτικός επίθ supercilious
υπεροχή (η) superiority,
  supremacy
υπέροχος επίθ magnificent
υπεροψία (η) arrogance
υπερπαραγωγή (η)
  overproduction
υπερπηδώ ρ μτβ surmount
υπερπληθυσμός (ο)
  overpopulation
υπερπλήρης επίθ overflowing
υπερσύγχρονος επίθ latest, most
  up-to-date. (τεχν) state of the art
υπέρταση (η) hypertension
υπέρτατος επίθ superlative.
  (ύψιστος) supreme
υπερτερώ ρ μτβ outweigh
υπερτιμώ ρ μτβ overrate
υπέρυθρος επίθ infrared
υπερφορτίζω ρ μτβ overcharge.
  (ηλεκτρ) overload
υπερφυσικός επίθ supernatural
υπερωκεάνιο (το) ocean liner
υπερώο (το) attic. (θέατρ) gallery
υπερωρία (η) overtime
υπερώριμος επίθ overripe
υπεύθυνος επίθ responsible.
  (επικεφαλής) in charge. (υπόλογος)
  accountable
υπευθυνότητα (η) responsibility
υπήκοος (ο, η) national
υπηκοότητα (η) nationality
υπηρεσία (η) service. (υπαλλήλου)

duty. (υπηρετικό προσωπικό)
servant/maid
υπηρεσιακός επίθ official
υπηρέτ|ης (ο) servant. (κυρίου)
  valet. **~ρια** (η) housemaid
υπηρετώ ρ μτβ/αμτβ serve
υπνάκος (ο) nap, snooze
υπνηλία (η) drowsiness
υπνοβάτ|ης (ο), **~ισσα** (η) sleep
  walker
υπνοδωμάτιο (το) bedroom
υπνοθεραπεία (η) hypnotherapy
ύπνος (ο) sleep
υπνόσακος (ο) sleeping bag
ύπνωση (η) hypnosis
υπνωτήριο (το) dormitory
υπνωτίζω ρ μτβ hypnotize.
  (καταγοητεύω) mesmerize
υπνωτικό|ς επίθ hypnotic. **~ χάπι**
  (το) sleeping pill
υπνωτισμός (ο) hypnotism
υπό πρόθ below, under
υποανάπτυκτος επίθ
  underdeveloped
υποβαθμίζω ρ μτβ downgrade
υποβάλλω ρ μτβ submit.
  (εξαναγκάζω) subject. (θέατρ)
  prompt. (παράπονο) lodge. (πείθω)
  suggest. (προτείνω) put
υποβιβάζω ρ μτβ demote.
  (ταπεινώνω) belittle
υποβλητικός επίθ evocative
υποβοηθώ ρ μτβ assist
υποβολέας (ο) (θέατρ) prompter
υποβολή (η) submission. (μεταφ)
  suggestion
υπολιμαίος επίθ spurious
υποβρύχιο (το) submarine
υποβρύχι|ος επίθ underwater. **~ο**
  κολύμπι (το) skin diving
υπόγει|ος επίθ underground. (κάτω
  από την επιφάνεια) subterranean.
  ~ος (ο) (σιδηρόδρομος)
  underground, tube. **~ο** (το)
  basement
υπογραμμίζω ρ μτβ underline.
  (τονίζω) highlight
υπογραφή (η) signature
υπογράφω ρ μτβ sign
υποδαυλίζω ρ μτβ poke (fire).
  (εχθρότητα) foment
υπόδειγμα (το) paragon

υποδειγματικός *επίθ* exemplary
υποδεικνύω *ρ μτβ* point out.
(*προτείνω*) suggest
υπόδειξη (*η*) hint. (*υποψηφίου*)
nomination
υποδείχνω *ρ μτβ βλ* υποδεινύω
υποδεκανέας (*ο*) lance corporal
υποδερμικός *επίθ* hypodermic
υποδέχομαι *ρ μρβ* greet.
(*προϋπαντώ*) welcome
υποδηλώνω *ρ μτβ* connote
υποδήλωση (*η*) connotation
υπόδημα (*το*) (*αρχ*) shoe
υποδηματοπ|οιός (*ο*) shoemaker.
~ωλείο (*το*) shoe shop
υποδιαιρώ *ρ μτβ* subdivide
υποδιαστολή (*η*) decimal point
υποδιευθ|υντής (*ο*), ~ύντρια (*η*)
deputy head
υπόδικος *επίθ* accused (*awaiting
trial*)
υποδομή (*η*) infrastructure
υποδόριος *επίθ* hypodermic
υποδουλώνω *ρ μτβ* enslave.
(*υποτάσσω*) subjugate
υποδοχή (*η*) reception. (*ηλεκτρ*)
socket (wall plug)
υποδύομαι *ρ μτβ* impersonate
υποηχητικός *επίθ* subsonic
υποθάλπω *ρ μτβ* abet. (*υποκινώ*)
pander to
υποθερμία (*η*) hypothermia
υπόθεση (*η*) hypothesis. (*εικασία*)
assumption. (*ζήτημα*) matter.
(*μυθιστορήματος*) plot. (*νομ*) case.
(*πιθανή αρχή*) supposition
υποθετικός *επίθ* hypothetical.
(*γραμμ*) conditional
υπόθετο (*το*) suppository
υποθέτω *ρ μτβ/αμτβ* suppose,
assume. (*μαντεύω*) guess
υποθήκη (*η*) mortgage
υποκαθιστώ *ρ μτβ* substitute
υποκατάσταση (*η*) substitution
υποκατάστατο (*το*) substitute
υποκατάστημα (*το*) (*εμπ*) branch
υποκειμενικός *επίθ* subjective
υποκειμενικότητα (*η*) subjectivity
υποκείμενο (*το*) subject. (*μεταφ*)
blighter
υποκείμενος *επίθ* underlying. ~

σε subject to
υποκίνηση (*η*) instigation.
(*παρότρυνση*) incitement
υποκιν|ητής (*ο*), ~ήτρια (*η*)
instigator
υποκινώ *ρ μτβ* instigate.
(*παροτρύνω*) incite
υποκλέπτω *ρ μτβ* tap (*phone*)
υποκλίνομαι *ρ αμτβ* bow. (*γυναίκα*)
curtsy
υπόκλιση (*η*) bow. (*για γυναίκα*)
curtsy
υποκλοπή (*η*) telephone bugging
υποκόπανος (*ο*) butt
υποκοριστικό (*το*) diminutive
υπόκοσμος (*ο*) underworld
υποκρίνομαι *ρ μτβ/αμτβ* act.
(*προσποιούμαι*) pretend
υποκρισία (*η*) hypocrisy
υποκρ|ιτής (*ο*), ~ίτρια (*η*)
hypocrite
υποκριτικός *επίθ* hypocritical
υποκύπτω *ρ αμτβ* succumb
υπόκωφος *επίθ* dull (*sound*)
υπόλειμμα (*το*) remnant.
υπολείμματα (*τα*) remains
υπολείπομαι *ρ αμτβ* fall short, be
inferior. (*μένω*) be left
υπόλευκος *επίθ* off-white
υπόληψη (*η*) esteem. (*φήμη*)
standing
υπολογίζω *ρ μτβ* estimate.
(*λογαριάζω*) calculate. (*βασίζομαι*)
count on
υπολογισμός (*ο*) estimate.
(*λογαριασμός*) calculation
υπολογιστής (*ο*) calculator
υπόλογος *επίθ* accountable
υπόλοιπο (*το*) remainder.
(*λογαριασμού*) balance. οι ~ι
the rest
υπολοχαγός (*ο*) lieutenant
υπομένω *ρ μτβ/αμτβ* endure
υπόμνημα (*το*) memorandum
υπομονετικός *επίθ* patient
υπομονή (*η*) patience
υποναύαρχος (*ο*) rear admiral
υπόνοια (*η*) inkling
υπονομεύω *ρ μτβ* undermine
υπόνομος (*η*) sewer. (*οχετός*) drain

υπονοούμεν|ος *επίθ* implicit. **~ο**
(*το*) innuendo

υπονοώ *ρ μτβ* imply

υποπλοίαρχος (*ο*) chief officer

υποπροϊόν (*το*) by-product

υποπτεύομαι *ρ μτβ* suspect

ύποπτος *επίθ* suspicious. (*δεν
εμπνέει εμπιστοσύνη*) suspect.
(*δουλειά*) shady. **~** (*ο*) suspect

υποσημείωση (*η*) footnote

υποσιτισμ|ένος *επίθ* underfed.
~ός (*ο*) malnutrition

υποσκάπτω *ρ μτβ* undermine

υπόσταση (*η*) foundation.
(*ύπαρξη*) existence

υπόστεγο (*το*) shelter

υποστήριγμα (*το*) support

υποστηρίζω *ρ μτβ* support.
(*ενισχύω*) bolster. (*ισχυρίζομαι*)
argue. (*με επιπρόσθετη βοήθεια*)
back up. (*προτιμώ*) favour

υποστηρ|ικτικός *επίθ* supportive.
~ικτής (*ο*), **~ίκτρια** (*η*) backer.
(*θεωρίας*) exponent

υποστήριγμα (*το*) bracket.
(*γέφυρας*) truss

υποστήριξη (*η*) support. (*ενίσχυση*)
backing. (*καταστήματος*)
patronage

υπόστρωμα (*το*) substratum.
(*βαφής*) undercoat. (*κάτω από
μοκέτα*) underlay

υποσυνείδητ|ος *επίθ*
subconscious. **~ο** (*το*)
subconscious

υπόσχεση (*η*) promise. (*τάξιμο*)
pledge

υπόσχομαι *ρ μτβ/αμτβ* promise

υποταγή (*η*) submission. (*στο
πεπρωμένο*) resignation. (*υπακοή*)
obedience. (*υποδούλωση*)
subordination

υποτακτικ|ός *επίθ* submissive. **~ή**
(*η*) (*γραμμ*) subjunctive

υποτάσσ|ω *ρ μτβ* subdue.
(*υποδουλώνω*) subordinate.
~ομμαι *ρ αμτβ* submit

υποτίμηση (*η*) depreciation.
(*νομίσματος*) devaluation

υποτιμητικός *επίθ* pejorative.
(*λόγια*) derogatory.
(*δυσφημιστικός*) disparaging

υποτιμώ *ρ μτβ* underestimate.
(*μεταφ*) belittle. (*νόμισμα*) devalue

υπότιτλος (*ο*) subtitle

υποτροπιάζων *επίθ* recurrent

υποτροπή (*η*) recurrence. (*ιατρ*)
relapse

υποτροφία (*η*) scholarship

ύπουλος *επίθ* devious. (*αρρώστια*)
insidious. (*τρόπος*) underhand

υπουλότητα (*η*) deviousness

υπουργείο (*το*) ministry

υπουργικό|ς *επίθ* ministerial. **~
συμβούλιο** (*το*) Cabinet

υπουργός (*ο, η*) minister

υποφαινόμενος *επίθ* undersigned

υποφερτός *επίθ* tolerable.
(*καλούτσικος*) passable. (*πόνος*)
bearable

υποφέρω *ρ μτβ* bear. (*ανέχομαι*)
endure. (*δοκιμάζω*) suffer

υποχείριος *επίθ* under the thumb

υποχονδριακός *επίθ*
hypochondriac

υπόχρεος *επίθ* obliged

υποχρεωμένος *επίθ* obliged. **~
σε** indebted to

υποχρεώνω *ρ μτβ* oblige.
(*προκαλώ ευγνωμοσύνη*) obligate

υποχρέωση (*η*) obligation.
(*καθήκον*) duty. (*οικονομική*)
liability

υποχρεωτικός *επίθ* compulsory.
(*αναγκαστικός*) obligatory.
(*εξυπηρετικός*) obliging

υποχώρηση (*η*) (*στρ*) retreat

υποχωρώ *ρ αμτβ* retreat. (*έδαφος*)
give way. (*νερά*) recede. (*σε
απόψεις*) back down

υπόψη *επίρρ* **έχω ~** bear in mind.
λαμβάνω ~ take into account

υποψ|ήφιος (*ο*), **~ηφία** (*η*)
candidate. (*αιτών*) applicant. (*που
έχει προταθεί*) nominee. (*σε
διαγωνισμό*) entrant

υποψηφιότητα (*η*) candidacy.
(*μετά από πρόταση*) nomination

υποψία (*η*) suspicion

υποψιάζομαι *ρ μτβ* suspect

ύπτιο|ς *επίθ* supine. **~** (*το*)
backstroke

ύστατος *επίθ* ultimate

ύστερα *επίρρ* afterwards, then

υστερία (η) hysteria
υστερικός επίθ hysterical
υστεροβουλία (η) ulterior motive
υστερόγραφο (το) postscript
ύστερος επίθ last. **εκ των υστέρων** in retrospect
υστερώ ρ αμτβ be inferior. (μένω πίσω) be behind
ύστριγξ (η) porcupine
υφαίνω ρ μτβ weave
ύφαλα (τα) ship's bottom
ύφαλος (ο) reef
ύφανση (η) weave. (διαδικασία) weaving
υφαντής (ο), **υφάντρια** (η) weaver
υφαντουργία (η) textile industry
ύφασμα (το) fabric, material
ύφεση (η) (ατμοσφαιρική) trough. (εμπ) recession. (μουσ) flat. (πολ) detènte
υφή (η) texture. (σε δέρμα) grain
υφήλιος (η) globe, world
υφίσταμαι ρ αμτβ be. (υποβάλλομαι) undergo
υφιστάμενος επίθ subordinate
ύφος (το) expression. (εξωτερική εμφάνιση) look. (στο γραπτό λόγο) style
υφυπουργός (ο, η) junior minister
υψηλός επίθ high. (άνθρωπος) tall. (ιδεώδη) noble. (τιμή) stiff. (ύφος) lofty. (φωνή) high pitched
υψηλότατος (ο), **~ τητα** (η) Highness
υψικάμινος (η) blast furnace
ύψιστος επίθ paramount
υψίφωνος (ο) tenor. **~** (η) soprano
υψόμετρο (το) altitude. (όργανο) altimeter
ύψος (το) height. (υψόμετρο) altitude. (φωνής) pitch
ύψωμα (το) rise (land)
υψών|ω ρ μτβ heighten. (εξυψώνω) enhance. (ποτήρι, φωνή) raise. (σημαία) hoist. **~ομαι** ρ αμτβ rise. (απότομα) surge

Φφ

φαβορί (το) άκλ favourite
φαβορίτα (η) sideboard, sideburn
φαβοριτισμός (ο) favouritism
φαγάς (ο) big eater
φαγητό (το) food. (γεύμα) meal
φαγκρί (το) sea bream
φαγοπότι (το) feasting
φαγούρα (η) itch
φάγωμα (το) wear. (γκρίνια) nagging
φαεινός επίθ brilliant
φαιδρό|ς επίθ cheerful. **~τητα** (η) cheerfulness
φαγώσιμος επίθ edible
φαΐ (το) food
φαίνομαι ρ αμτβ be visible. (εμφανίζομαι) appear. (θεωρούμαι) seem. **~ σαν** look like
φαινομενικ|ός επίθ apparent. (δήθεν) ostensible. **~ά** επίρρ seemingly
φαινόμενο (το) phenomenon
φάκα (η) mousetrap
φακελάκι (το) sachet. **~ τσαγιού** tea bag
φάκελος (ο) envelope. (έγγραφα) file. (σε εφημερίδα) feature
φακή (η) lentil
φακίδα (η) freckle
φακίρης (ο) fakir
φακός (ο) lens. (λυχνία) torch. (μεγεθυντικός) magnifying glass. **~ επαφής** contact lens
φάλαγγα (η) column (formation). (στρ) phalanx
φάλαινα (η) whale
φαλάκρα (η) baldness
φαλακρός επίθ bald
φαλλικός επίθ phallic
φανάρι (το) lantern
φανατίζω ρ μτβ fanaticize
φανατικός επίθ fanatical. **~** (ο) fanatic
φανατισμός (ο) fanaticism
φανέλα (η) flannel. (εσωτερική)

vest. (χωρίς μανίκια) singlet

φανερ|ός επίθ evident. (εμφανής) apparent, obvious. (πρόδηλος) overt. **~ά** επίρρ obviously, evidently

φανερών|ω ρ μτβ reveal. **~ομαι** ρ αμτβ appear

φανός (ο) (street) lamp

φανοστάτης (ο) lamppost

φαντάζομαι ρ μτβ imagine. (σχηματίζω εικόνα) visualize. (οροματίζομαι) envisage

φαντάζω ρ αμτβ look glamorous. (ξεχωρίζω) stand out

φαντασία (η) imagination. (ματαιοδοξία) conceit

φαντασιοκοπώ ρ αμτβ fantasize

φαντασιοπληξία (η) fancy

φαντασίωση (η) fantasy

φάντασμα (το) phantom. (νεκρού) ghost, apparition

φαντασμαγορ|ία (η) panorama. **~ικός** επίθ panoramic

φαντασμένος επίθ conceited

φανταστικός επίθ imaginary. (απίθανος) fantastic. (μόνο στη φαντασία) fictitious. (χαρακτήρας) fictional

φανταχτερός επίθ flamboyant. (χτυπητός) gaudy

φάντης (ο) jack (in cards)

φανφάρα (η) fanfare

φαξ (το) άκλ fax

φάουλ (το) άκλ (σπορ) foul

φάπα (η) slap (on the head)

φαράγγι (το) gorge. (ποταμιού) canyon

φαράσι (το) dustpan

φαρδαίνω ρ μτβ widen. (ρούχα) let out. • ρ αμτβ become wider

φάρδος (το) width. (φούστας) flare

φαρδύς επίθ broad. (ρούχα) loose. (φούστα) flared

φαρίνα (η) fine white flour

φαρισαϊκός (επίθ) self-righteous

φαρισαίος (ο) Pharisee. (μεταφ) hypocrite

φάρμα (η) farm

φαρμακείο (το) dispensary. (αμερ) drugstore. (κατάστημα) pharmacy

φαρμακερός επίθ venomous

φαρμακευτικός επίθ pharmaceutical. (με ιδιότητες

φαρμάκου) medicinal

φαρμάκι (το) venom. (δηλητήριο) poison. (μεταφ) bitterness

φάρμακο (το) drug, medicine. (αγωγή) medication

φαρμακολογία (η) pharmacology

φαρμακοποιός (ο, η) pharmacist. (παρασκευαστής φαρμάκων) dispenser

φαρμακώνω ρ μτβ poison. (μεταφ) embitter

φάρος (ο) lighthouse. (φως) beacon

φάρσα (η) prank. (κωμωδία) farce

φαρσέρ (ο, η) prankster

φαρσί επίρρ fluently

φάρυγγας (ο) pharynx

φαρυγγίτιδα (η) pharyngitis

φασαμέν (τα) άκλ lorgnette

φασαρία (η) to-do. (αναστάτωση) commotion. (ενόχληση) hassle. (θόρυβος) uproar. (κίνηση) bustle. (μπελάς) palaver. (πλήθους) hubbub. (ταραχή) disturbance. (φορτική ασχολία) fuss

φάση (η) phase

φασιανός (ο) pheasant

φασισμός (ο) fascism

φασίστ|ας (ο), **~ρια** (η) fascist

φασκόμηλο (το) sage (herb)

φάσκω ρ αμτβ **~ και αντιφάσκω** keep contradicting o.s.

φάσμα (το) spectrum. (μεταφ) spectre

φασολάδα (η) a dish of boiled haricot beans

φασολάκι (το) runner bean

φασόλι (το) haricot bean

φασουλής (ο) Punch. (θέατρ) Punch and Judy show

φαστφουντάδικο (το) fast food restaurant

φάτνη (η) manger. (εκκλ) crib

φατρία (η) faction

φάτσα (η) mug, person's face

φαύλος επίθ base. **~ κύκλος** (ο) vicious circle

φαφλατάς (ο) windbag

φαφούτης (ο) toothless man

Φεβρουάριος (ο) February

φεγγάρι (το) moon

φεγγαρόλουστος επίθ moonlit

φεγγαρόφωτο (το) moonlight

φεγγίτης (*o*) skylight
φεγγοβολώ *ρ αμτβ* glow
φέγγω *ρ μτβ* illuminate. • *ρ αμτβ* shine. **~ αμυδρά** glimmer
φείδομαι *ρ μτβ* spare
φειδώ (*η*) thrift
φειδωλεύομαι *ρ αμτβ* stint
φειδωλός *επίθ* thrifty. (*μεταφ*) sparing
φελλός (*o*) cork. (*ψαρέματος*) float
φεμινισμός (*o*) feminism
φεμινι|στής (*o*), **~ίστρια** (*η*) feminist
φέξη (*η*) daybreak
φεουδαρχ|ία (*η*) feudalism. **~ικός** *επίθ* feudal
φερέγγυος *επίθ* solvent (*enterprise*)
φερεγγυότητα (*η*) solvency
φερετζές (*o*) yashmak
φέρετρο (*το*) coffin
φερέφωνο (*το*) mouthpiece
φέριμποτ (*το*) *άκλ* car ferry
φερμουάρ (*το*) *άκλ* zip
φέρνω *ρ μτβ* bring. (*αντιρρήσεις*) raise. (*πηγαίνω και* **~**) fetch
φέρσιμο (*το*) conduct
φέρ|ω *ρ μτβ βλ* **φέρνω** (*βαστάζω*) bear. **~ω βαρέως** resent. **~ομαι** *ρ αμτβ* behave. **~ομαι καλά** acquit o.s. well
φεστιβάλ (*το*) *άκλ* festival
φέτα¹ (*η*) slice. (*μπέικον*) rasher. (*πορτοκαλιού*) segment. (*τριγωνική*) wedge
φέτα² (*η*) soft white cheese, feta
φετινός *επίθ* this year's
φετίχ (*το*) *άκλ* fetish
φέτος *επίρρ* this year
φευγάλα (*η*) flight (*escape*)
φεύγω *ρ αμτβ* go away, leave. (*αναχωρώ*) depart. (*αποχωρώ*) quit. (*δραπετεύω*) get away
φήμη (*η*) fame. (*κακή*) notoriety
φημίζομαι *ρ μτβ* be renowned
φημισμένος *επίθ* famous
φημολογούμαι *ρ αμτβ* be rumoured
φθάνω *ρ αμτβ* arrive. *βλ* **φτάνω**
φθαρμένος *επίθ* tatty
φθαρτός *επίθ* perishable
φθείρ|ω *ρ μτβ* wear (down/out). (*λίγο λίγο*) whittle away. (*μεταφ*)

corrupt. **~ομαι** *ρ αμτβ* perish (*fruit*)
φθινοπωρινός *επίθ* autumnal
φθινόπωρο (*το*) autumn, (*αμερ*) fall
φθίνω *ρ αμτβ* diminish. (*λιώνω*) waste away
φθίση (*η*) consumption
φθόγγος (*o*) sound (*of voice*). (*μουσ*) note
φθονερός *επίθ* envious
φθόνος (*o*) envy
φθονώ *ρ μτβ* envy
φθορά (*η*) wear. (*μαρασμός*) decay
φθορίζω *ρ αμτβ* fluoresce. **~v** *επίθ* fluorescent
φθοροποιός *επίθ* pernicious. (*επίδραση*) malign
φιαλίδιο (*το*) phial
φιάσκο (*το*) *άκλ* fiasco
φιγούρα (*η*) figure. (*μεταφ*) swank
φιγουράρω *ρ αμτβ* figure
φίδι (*το*) snake
φίλαθλος *επίθ* sports fan
φιλαλήθης *επίθ* truthful
Φιλανδία (*η*) Finland
φιλανδικ|ός *επίθ* Finnish. **~ά** (*τα*) Finnish
Φιλανδ|ός (*o*), **~έζα** (*η*) Finn
φιλανθρωπ|ία (*η*) charity. **~ικός** *επίθ* charitable
φιλάνθρωπος *επίθ* charitable. **~** (*o*) philanthropist
φιλαράκος (*o*) pal
φιλαργυρία (*η*) avarice
φιλάργυρος *επίθ* avaricious
φιλαρέσκεια (*η*) coquetry
φιλάρεσκος *επίθ* coquettish
φιλαρμονικ|ός *επίθ* philharmonic. **~ή** (*η*) philharmonic (orchestra)
φιλάσθενος *επίθ* weakly
φιλειρηνικός *επίθ* peace loving
φιλελεύθερος *επίθ* liberal. **οι Φ~οι** the Liberals
φιλέλληνας (*o*) philhellene
φιλενάδα (*η*) (woman) friend. (*αγαπητικιά*) mistress. (*αγοριού*) girlfriend
φίλερις *επίθ* belligerent
φιλές (*o*) hair net
φιλέτο (*το*) fillet

φιλεύω ρ μτβ treat to
φίλη (η) girlfriend
φιληδονία (η) sensuality
φιλήδονος επίθ sensual
φίλημα (το) kiss
φιλήσυχος επίθ peaceful. (πολίτης) law-abiding
φιλί (το) kiss
φιλία (η) friendship
φιλικός επίθ friendly. (τρόπος) amicable
φιλικότητα (η) friendliness
Φιλιππίνες (οι) Philippines
φιλιστρίνι (το) porthole
φιλμ (το) άκλ film
φιλντισένιος επίθ ivory
φίλντισι (το) mother-of-pearl. (ελαφαντόδοντο) ivory
φιλοβασιλικός επίθ royalist
φιλοδοξία (η) ambition. (βλέψη) aspiration
φιλόδοξος επίθ ambitious
φιλοδοξώ ρ αμτβ aspire
φιλοδώρημα (το) gratuity. (μπουρμπουάρ) tip
φιλολογία (η) philology. (συγγράμματα) literature
φιλόλογος (ο) philologist
φιλόμουσος επίθ music lover
φιλόνικος (ο) pugnacious
φιλοξενία (η) hospitality
φιλόξενος (ο) hospitable
φιλοξενώ ρ μτβ be a host to. (ξένο) put up
φιλόπονος επίθ diligent
φίλος (ο) friend. (εραστής) lover. (κοριτσιού) boyfriend
φιλοσοφία (η) philosophy. **~ικός** επίθ philosophical
φιλόσοφος (ο, η) philosopher
φιλοτελισμός (ο) philately
φιλοτιμία (η) sense of honour
φιλότιμος επίθ with a sense of honour. (ευσυνείδητος) conscientious. **~** (το) self-esteem
φιλοφρόνηση (το) compliment
φιλοφρονητικός επίθ complimentary
φιλτράρω ρ μτβ filter
φίλτρο (το) filter. (ποτό) potion. (τσιγάρου) filter-tip
φιλύποπτος επίθ mistrustful

φιλί|ώ ρ μτβ kiss. (βιαστικά) peck. **~ιέμαι** ρ αμτβ kiss
φιμώνω ρ μτβ gag. (ζώο) muzzle
φίμωτρο (το) gag. (ζώου) muzzle
φινάλε (το) άκλ finale
φινέτσα (η) finesse
φινίρισμα (το) finish
φινιστρίνι (το) βλ **φιλιστρίνι**
φιντάνι (το) seedling
φιόγκος (ο) bow (with ribbon)
φιόρδ (το) άκλ fiord
φιοριτούρα (η) flourish (scroll)
φίσκα επίθ άκλ jam-packed
φιστίκι (το) groundnut. (Αιγίνης) pistachio. (αράπικο) peanut
φιτίλι (το) wick. (βόμβας) fuse
φλαμανδικός επίθ Flemish
φλαμίγκο (το) άκλ flamingo
φλάντζα (η) gasket
φλαουτίστ|ας (ο), **~ρια** (η) flautist
φλάουτο (το) flute
φλας (το) άκλ flash. (αυτοκ) indicator
φλασκί (το) flask
φλέβα (η) vein. (ορυχείου) seam
Φλεβάρης (ο) βλ **Φεβρουάριος**
φλέγμα (το) phlegm
φλεγματικός επίθ phlegmatic. (απαθής) stolid
φλεγμονή (η) inflammation
φλέγομαι ρ αμτβ be ablaze
φλεγόμενος επίθ alight, ablaze
φλερτ (το) άκλ flirt
φλερτάρισμα (το) flirtation
φλερτάρω ρ αμτβ flirt
φλιτζάνι (το) cup. (του τσαγιού) teacup
φλόγα (η) flame
φλογέρα (η) reed
φλογερός επίθ fiery. (επιθυμία) ardent
φλοιός (ο) bark (of tree)
φλοκάτη (η) flokati (shaggy woollen rug)
φλούδα (η) skin (outer layer). (πατάτας) jacket. (πορτοκαλιού) peel. (τυριού, μπέικον) rind. (σπειριού) husk
φλυαρία (η) chatter, prattle
φλύαρος επίθ garrulous. **~** (ο) chatterbox
φλυαρώ ρ αμτβ chatter, prattle

φοβάμαι *ρ μτβ*|*αμτβ βλ* **φοβούμαι**
φοβερίζω *ρ μτβ* threaten
φοβερ|ός *επίθ* terrifying.
(*καταπληκτικός*) terrific.
(*τρομερός*) terrible. (*φρικιαστικός*)
horrid. **~ά** *επίρρ* terribly,
terrifyingly
φοβητσιάρης *επίθ* timid
φοβία (*η*) phobia
φοβίζω *ρ μτβ* frighten
φοβισμένος *επίθ* fearful.
(*ανήσυχος*) apprehensive
φόβος (*ο*) fear. (*ανησυχία*)
misgiving
φοβούμαι *ρ μτβ* fear. • *ρ αμτβ* be
afraid
φόδρα (*η*) lining
φοδράρω *ρ μτβ* line (*garment*)
φοινίκι (*το*) date (*fruit*)
φοινικιά (*η*) palm tree
φοίτηση (*η*) attendance
φοιτ|ητής (*ο*), **~ήτρια** (*η*) student.
(*πανεπιστημίου*) undergraduate
φοιτώ *ρ μτβ* attend (*studies*)
φονεύω *ρ μτβ* murder
φονιάς (*ο*), **φόνισσα** (*η*) murderer
φονικός *επίθ* deadly
φόνος (*ο*) murder
φορά (*η*) time. **άλλη ~** another
time. **μια ~** once. **καμιά ~** on
occasion. **μια ~ κι έναν καιρό**
once upon a time
φοράδα (*η*) mare
φοραδίτσα (*η*) filly
φορβή (*η*) fodder
φορέας (*ο*) (*ιατρ*) carrier. (*όργανο*)
body
φορείο (*το*) stretcher
φόρεμα (*το*) dress
φορεσιά (*η*) suit
φορητός *επίθ* portable. **~ Η.Υ.** (*ο*)
laptop
φόρμα (*η*) form. (*γυμναστικής*)
track suit. (*διάθεση*) shape.
(*εργάτη*) boiler suit. (*εργασίας*)
overalls. (*παιδικό*) rompers
φορμάκι (*το*) leotard
φορμάρω *ρ μτβ* give shape
φοροδιαφυγή (*η*) tax evasion
φορολογία (*η*) taxation
φορολογήσιμος *επίθ* taxable
φορολογούμενος (*ο*) taxpayer

φορολογ|ώ *ρ μτβ* tax. **~ούμαι** *ρ
αμτβ* pay tax
φόρος (*ο*) tax
φόρουμ (*το*) *άκλ* forum
φοροφυγάδας (*ο*) tax evader
φόρτε (*το*) *άκλ* strong point. (*μους*)
forte
φορτηγάκι (*το*) van. (*ανοιχτό πίσω*)
pick-up truck
φορτηγίδα (*η*) barge
φορτηγό (*το*) (*αυτοκίνητο*) lorry.
(*πλοίο*) freighter. (*σιδηρ*) truck
φορτίζω *ρ μτβ* (*ηλεκτρ*) charge
φορτικός *επίθ* obtrusive
φορτίο (*το*) load. (*εμπ*) freight. (*σε
μεταφορικό μέσο*) cargo
φόρτιση (*η*) (*ηλεκτρ*) charge
φορτών|ω *ρ μτβ* load. (*μεταφ*)
burden. **~ομαι** be saddled with.
(*μεταφ*)
φόρτωση (*η*) shipment
φορτωτική (*η*) waybill
φορώ *ρ μτβ* put on. (*είμαι ντυμένος*)
wear
φουαγιέ (*το*) *άκλ* foyer
φουγάρο (*το*) funnel. (*μεταφ*) chain
smoker
φούγκα (*η*) fugue
φουκαράς (*ο*) wretch
φουλάρω *ρ μτβ* (*αυτοκ*) rev (up)
φούντα (*η*) tassel
φουντάρω *ρ μτβ* sink. • *ρ αμτβ* cast
anchor
φουντούκι (*το*) hazelnut
φουντώνω *ρ αμτβ* flare up
φούξια (*η*) fuchsia. (*χρώμα*) (*το*)
magenta
φουρκέτα (*η*) hairpin bend
φουρκίζω *ρ μτβ* infuriate
φούρναρης (*ο*) baker
φουρνιά (*η*) batch (*of bread*)
φούρνος (*ο*) oven. (*αρτοποιείο*)
bakery
φουρτούνα (*η*) rough sea. (*μεταφ*)
tribulation
φουρτουνιασμένος *επίθ* rough
(*sea*)
φούσκα (*η*) bubble. (*σε καζανάκι*)
ball-cock
φουσκάλα (*η*) blister
φουσκαλιάζω *ρ αμτβ* blister
φουσκοθαλασσιά (*η*) swell (*sea*)

φουσκονεριά (η) incoming tide

φούσκωμα (το) bulge. (στομαχιού) flatulence

φουσκωμένος επίθ swollen. (μάγουλα) puffy. (πορτοφόλι) bulging. (με φαΐ) bloated

φουσκώνω ρ μτβ inflate. (λάστιχο) pump up. (εξοργίζω) vex. (υπερβάλλω) blow up (μεταφ). • ρ αμτβ fill up, put on weight. (κορδώνομαι) puff up. (λαχανιάζω) be out of breath. (πρήζομαι) swell. (ψωμί) rise

φούστα (η) skirt

φουστανέλα (η) *white knee-length pleated skirt worn by Greek men.* **σκοτσέζικη ~** kilt

φουστάνι (το) dress

φουτουριστικός επίθ futuristic

ΦΠΑ (ο) συντ (*Φόρος Προστιθεμένης Αξίας*) VAT (Value Added Tax)

φράγκο (το) French franc

φραγκοστάφυλο (το) redcurrant

φράγμα (το) barrier. (υδατοφράχτης) dam. (ποταμού) weir

φραγμός (ο) barrier

φράζω ρ μτβ block. (περικλείω) fence. • ρ αμτβ block

φρακάρ|ισμα (το) (μηχ) jam. **~ω** ρ αμτβ jam

φράκο (το) tails, tailcoat

φραμπαλάς (ο) flounce

φράντζα (η) fringe (*hair*)

φραντζόλα (η) *round loaf of fluffy white bread*

φράξιμο (το) fencing

φράουλα (η) strawberry

φρασεολογία (η) phraseology

φράση (η) phrase

φράχτης (ο) fence. (από θάμνους) hedge

φρέαρ (το) (mine) shaft

φρεγάτα (η) frigate

φρέζια (η) freesia

φρένα (τα) reason (*mind*). **είμαι έξω φρενών** be furious

φρενάρω ρ αμτβ brake

φρενιάζω ρ αμτβ become furious

φρενίτιδα (η) frenzy

φρένο (το) brake

φρενοβλαβής επίθ mentally deranged

φρενοκομείο (το) lunatic asylum

φρεσκάδα (η) freshness

φρεσκάρω ρ μτβ freshen. (ανανεώνω) brush up

φρέσκο¹ (το) fresco

φρέσκο² (το) (καιρός) cool weather. (φυλακή) cooler

φρεσκοκομμένος επίθ freshly cut

φρέσκος επίθ fresh. (μπογιά) wet

φριγκίλη (η) chaffinch

φρικαλέ|ος επίθ hideous. **~εότητα** (η) hideousness

φρίκη (η) horror

φρικιαστικός επίθ blood-curdling

φριχτός επίθ horrific, ghastly

φρόνημα (το) moral. (γνώμη) view

φρόνηση (η) prudence

φρονιμάδα (η) good behaviour. (σύνεση) good sense

φρονιμίτης (ο) wisdom tooth

φρόνιμος επίθ sensible. (παιδί) well behaved. (συμβουλή) sound

φροντίδ|α (η) care. (ανησυχία) concern. **~ι** care of

φροντίζω ρ μτβ care for. (ανάγκες) cater for. (ζήτημα) attend to. (κήπο) tend. (περιποιούμαι) look after. (προνοώ) provide

φροντιστήριο (το) tutorial. (σχολή) tutorial college

φροντιστής (ο) minder. (φροντιστηρίου) tutor

φρονώ ρ αμτβ be of the opinion

φρουρά (η) garrison

φρούρηση (η) guarding

φρούριο (το) fortress

φρουρός (ο) guard

φρουρώ ρ μτβ guard (*watch*)

φρουτιέρα (η) fruit bowl

φρούτο (το) fruit

φρουτοσαλάτα (η) fruit salad

φρυγανιά (η) toast. (τραγανιστή) crispbread

φρυγανιέρα (η) toaster

φρύγανο (το) dry stick

φρύδι (το) eyebrow

φρύνος (ο) toad

φταίξιμο (το) fault (*blame*)

φταίω ρ αμτβ be to blame

φτάνω ρ μτβ reach. (γίνομαι ισάξιος) equal. (πραγματοποιώ) attain. (προφταίνω) catch up. • ρ αμτβ βλ **φθάνω**. (εκτείνομαι έως) be up to. (επαρκώ) be sufficient. (πλησιάζω) draw near. **~ει!** enough!

φταρνίζομαι ρ αμτβ sneeze

φτάρνισμα (το) sneeze

φτελιά (η) elm

φτέρη (η) fern

φτέρνα (η) heel

φτερό (το) feather. (αυτοκ) wing. (για γράψιμο) quill

φτερούγα (η) wing

φτερουγίζω ρ αμτβ flap (wings)

φτερούγισμα (το) flapping (of wings)

φτέρωμα (το) plumage

φτερωτός επίθ winged

φτηναίνω ρ μτβ cheapen

φτήνια (η) cheapness

φτην|ός επίθ cheap. **~ά** επίρρ cheap(ly). **~ά τη γλιτώνω** have a narrow escape

φτιάξιμο (το) making

φτιάχν|ω ρ μτβ make. (βαλίτσα) pack. (δωμάτιο) tidy up. (σπίτι) do up. (φαΐ) prepare. • ρ αμτβ change (for the better). **τα ~ω με κπ** make up. **~ομαι** ρ αμτβ put on one's make-up

φτου επιφών **~ κι απ´ την αρχή** back to square one. **~ σου!** shame on you

φτυαράκι (το) (child's) spade

φτυάρι (το) spade, shovel

φτυαρίζω ρ μτβ shovel

φτύμα (το) spit. **~τα** (τα) splutter

φτύνω ρ μτβ/αμτβ spit

φτυστός επίθ just like

φτωχαίνω ρ μτβ impoverish. • ρ αμτβ become impoverished

φτώχεια (η) poverty

φτωχικ|ός επίθ poor. (ποσότητα) meagre. **~** (το) humble home

φτωχοκομείο (το) poorhouse

φτωχός επίθ poor

φυγάδας (ο) fugitive

φυγαδεύω ρ μτβ help to escape

φυγή (η) flight. (ληστή) get-away. **σε ~** on the run. **τάση ~ς** escapism

φυγόδικος (ο) outlaw

φυγόκεντρος επίθ centrifugal

φυγόπονος (ο) shirker

φύκι (το) seaweed

φυλά|(γ)ω ρ μτβ guard. (διατηρώ) keep. (ενεδρεύω) lie in wait for. (επιτηρώ) watch. (προστατεύω) protect. **~γομαι** ρ αμτβ **~γομαι από** guard against

φύλακας (ο) watchman. (δημόσιου κήπου) warden. (ζωολογικού κήπου) keeper. (μουσείου) attendant. (φρουρός) guard. (μεταφ) watchdog

φυλακή (η) prison, gaol. (αμερ) penitentiary

φυλακίζω ρ μτβ imprison

φυλάκιση (η) imprisonment

φυλακισμένος επίθ imprisoned. **~** (ο) prisoner

φύλαξη (η) guarding. (προστασία) safekeeping. **~ αποσκευών** left luggage (office)

φυλαχτό (το) talisman

φυλετικός επίθ racial. (της φυλής) tribal

φυλετισμός (ο) racialism

φυλή (η) race. (ομάδα ανθρώπων) tribe

φυλλάδα (η) rag υβριστ, newspaper

φυλλάδιο (το) leaflet. (ενός φύλλου) pamphlet

φύλλο (το) leaf. (ζύμης) fillo pastry. (πόρτας) pane. (στρώμα) ply. (τραπεζιού) flap. (τσαγιού) tea leaf. (χαρτιού) sheet. (χόρτου) blade

φυλλοβόλος επίθ deciduous

φυλλομετρώ ρ μτβ flick through, leaf through

φύλλωμα (το) foliage

φύλο (το) sex, gender

φυματικός επίθ consumptive

φυματίωση (η) tuberculosis

φύρδην επίρρ **~ μίγδην** higgledy-piggledy

φυσαλίδα (η) blister

φυσαρμόνικα (η) harmonica

φυσερό (το) bellows

φύση (η) nature

φύσημα (το) blow. (αέρα) puff. (δυνατό) gust

φύσιγγα (η) (ιατρ) ampoule

φυσίγγι (*το*) cartridge

φυσική (*η*) physics

φυσικ|ός *επίθ* (*της ύλης*) physical. (*της φύσης*) natural. **~ός** (*ο, η*) physicist. **~ά** *επίρρ* naturally

φυσιογνωμία (*η*) facial features. (*προσωπικότητα*) person of distinction

φυσιογνώστ|ης (*ο*), **~τρια** (*η*) natural scientist

φυσιοδίφης (*ο*) naturalist

φυσιοθεραπεία (*η*) physiotherapy

φυσιοθεραπ|ευτής (*ο*), **~εύτρια** (*η*) physiotherapist

φυσιολογία (*η*) physiology

φυσ|ώ *ρ μτβ/αμτβ* blow. (*αναπνέω*) blow out. **~άει** it's windy

φυτεία (*η*) plantation

φύτεμα (*το*) planting

φυτεύω *ρ μτβ* plant

φυτικ|ός *επίθ* vegetable. **~ές ίνες** (*οι*) roughage

φυτό (*το*) plant

φυτοζωώ *ρ αμτβ* vegetate. (*στερούμαι*) scrape a living

φυτοκομία (*η*) horticulture

φυτολ|ογία (*η*) botany. **~όγος** (*ο, η*) botanist

φυτοφάρμακο (*το*) pesticide

φυτρώνω *ρ αμτβ* sprout

φυτώριο (*το*) nursery (*for plants*)

φώκαινα (*η*) porpoise

φώκια (*η*) seal (*animal*)

φωλιά (*η*) nest. (*ζώων*) lair

φωλιάζω *ρ αμτβ* nest. (*τρυπώνω*) nestle

φωνάζω *ρ μτβ* call. (*ταξί*) hail. • *ρ αμτβ* call out. (*απαιτητικά*) clamour. (*μιλώ δυνατά*) shout

φωνασκώ *ρ αμτβ* vociferate

φων|ή (*η*) voice. **~ές** (*οι*) clamour

φωνήεν (*το*) vowel

φωνητική (*η*) phonetics

φωνητικός *επίθ* vocal. (*των φθόγγων*) phonetic

φως (*το*) light. (*όραση*) sight. (*της ημέρας*) daylight. **είναι ~ φανάρι** it's too obvious

φωστήρας (*ο*) luminary

φωσφορίζω *ρ αμτβ* phosphoresce

φωσφόρος (*ο*) phosphorous

φώτα (*τα*) learning. **Φ~** Epiphany

φωταέριο (*το*) (lighting) gas

φωταγωγώ *ρ μτβ* floodlight

φωτεινός *επίθ* light. (*εκπέμπει φως*) luminous. (*λαμπρός*) bright. (*ξεκάθαρος*) lucid

φωτιά (*η*) fire. (*στο ύπαιθρο*) bonfire

φωτίζ|ω *ρ μτβ* illuminate. (*διαφωτίζω*) enlighten. **~ει** *απρόσ* it's getting light

φώτιση (*η*) enlightenment

φωτισμός (*ο*) lighting

φωτιστικό|ς *επίθ* lighting. **~ δαπέδου** (*το*) standard lamp

φωτοαντίγραφο (*το*) photocopy

φωτοβολίδα (*η*) flare

φωτογενής *επίθ* photogenic

φωτογραφείο (*το*) photographic studio

φωτογραφία (*η*) (*εικόνα*) photograph, photo. (*τέχνη*) photography

φωτογραφίζω *ρ μτβ* photograph

φωτογραφικ|ός *επίθ* photographic. **~ή μηχανή** (*η*) camera

φωτογράφος (*ο, η*) photographer

φωτόμετρο (*το*) photometer. (*για φωτογραφίες*) exposure meter

φωτομοντέλο (*το*) photographic model

φωτοστέφανος (*ο*) halo

φωτοσύνθεση (*η*) photosynthesis

φωτοτυπία (*η*) photocopy

Χχ

χαβάς (*ο*) tune

χαβιάρι (*το*) caviare

χάδι (*το*) caress

χαδιάρικος *επίθ* cuddly

χαζεύω *ρ αμτβ* gape. (*γίνομαι χαζός*) go soft in the head

χάζι (*το*) amusement. **τον κάνω ~** find s.o. amusing

χαζομάρα (*η*) stupidity

χαζός *επίθ* stupid. **~** (*ο*) twit

χαζούλιακας (*ο*) silly-billy (*καθομ*)

χαϊδεμένος *επίθ* spoilt

χαϊδευτικ|ός *επίθ* affectionate. **~ό όνομα** *(το)* pet name

χαϊδεύω *ρ μτβ* caress, stroke

χαίνω *ρ αμτβ* gape. **~ν** *επίθ* gaping

χαιρεκακία *(η)* malice

χαιρέκακος *επίθ* malicious

χαιρετίζω *ρ μτβ* greet. *(στρ)* salute

χαιρ|έτισμα *(το)* greeting. **~ετίσματα** *(τα)* greetings

χαιρετισμ|ός *(ο) (στρ)* salute. **~οί** *(οι)* regards, compliments

χαιρετώ *ρ μτβ* hail. **χαίρετε!** so long!

χαίρ|ω, ~ομαι *ρ αμτβ* rejoice, be delighted. **~ για** *(με κακεντρέχεια)* gloat over. **~ω πολύ** how do you do

χαίτη *(η)* mane

χακί *(το)* khaki

χαλάζι *(το)* hail

χαλαζίας *(ο)* quartz

χαλαζοθύελλα *(η)* hailstorm

χαλαζόκοκκος *(ο)* hailstone

χαλάκι *(το)* rug. *(της πόρτας)* doormat

χαλάλι *επίρρ* **χαλάλι της τα λεφτά** I don't begrudge her the money

χαλαρός *(ο)* loose. *(μεταφ)* lax

χαλαρότητα *(η)* slackness. *(μεταφ)* laxity

χαλαρώνω *ρ μτβ* loosen. *(πειθαρχία)* slacken. • *ρ αμτβ* relax

χαλασμένος *επίθ* bad, off. *(δε λειτουργεί)* out of order

χαλβάς *(ο)* halva, *(cake made of semolina)*

χαλεπιανό *(το) (κυπρ)* pistachio nut.

χάλι *(το)* plight. **έχει τα ~α της** she is in bad shape

χαλί *(το)* carpet. *(για διάδρομο)* runner

χαλίκι *(το)* pebble. **~α** *(τα)* gravel. *(παραλίας)* shingle

χαλιναγωγώ *ρ μτβ* bridle. *(μεταφ)* restrain

χαλινάρι *(το)* bridle. *(μεταλλικό εξάρτημα)* bit. *(μεταφ)* curb

χαλκάς *(ο)* (metal) ring

χάλκινος *επίθ* copper

χαλκογραφία *(η)* engraving, copperplate

χαλκομανία *(η)* transfer

χαλκός *(ο)* copper

χαλκωρυχείο *(το)* copper mine

χαλούμι *(το) (κυπρ) hard white cheese*

χάλυβας *(ο)* steel

χαλύβδινος *επίθ* steely

χαλυβοβιομηχανία *(η)* steel industry

χαλυβουργείο *(το)* steelworks

χαλ|ώ *ρ μτβ* spoil. *(δόντια, όραση)* ruin. *(κατεδαφίζω)* pull down. *(παραχαϊδεύω)* spoil. *(προκαλώ ζημιά)* damage. *(σχέδια)* upset. *(χρήματα)* change. • *ρ αμτβ* go wrong. *(μαραίνομαι)* lose one's good looks. *(φαγητό)* go bad. *(φίλοι)* fall out. **~άει κόσμο** it's a huge success. **~άει ο κόσμος** there's a mighty din. **~άει τον κόσμο** he/she's moving heaven and earth

χαμαιλέοντας *(ο)* chameleon

χαμάλης *(ο)* porter

χαμέν|ος *επίθ* lost. *(σε παιχνίδι)* loser. *(συγχυσμένος)* bemused. **στα ~α** in vain. **τα έχω ~α** be at a loss. **~α** *επίρρ* bemusedly

χαμερπής *επίθ* base, vile

χαμηλός *επίθ* low. *(σε τιμή)* cheap. **~ά** *επίρρ* low

χαμηλόφωνος *επίθ* low-voiced

χαμηλώνω *ρ μτβ* lower. *(φώτα)* dip. *(ένταση)* turn down. • *ρ αμτβ* become lower

χαμίνι *(το)* urchin

χαμόγελο *(το)* smile. *(αυταρέσκειας)* smirk

χαμογελώ *ρ αμτβ* smile. *(πλατιά)* grin

χαμόδεντρο *(το)* bush

χαμόκλαδα *(τα)* undergrowth

χαμομήλι *(το)* camomile

χαμός *(ο)* loss. *(αναστάτωση)* hullabaloo

χάμου *επίρρ βλ* **χάμω**

χάμουρα *(τα)* harness *άκλ*

χαμπάρι *(το)* news. **παίρνω ~** catch on

χαμπαρίζω *ρ μτβ* take notice. **~ από** understand

χάμω *επίρρ* on the ground/floor

χάνι (το) inn

χαντάκι (το) ditch. (στο δρόμο) gutter

χάντρα (η) bead

χά|νω ρ μτβ lose. (καιρό) waste. (ξεχνώ) mislay. (τρένο, λεωφορείο) miss. • ρ αμτβ lose. ~νομαι ρ αμτβ get lost. (εξαφανίζομαι) disappear. (πεθαίνω) perish. τα ~νω be confused. (τρελαίνομαι) lose one's senses

χάος (το) chaos

χάπι (το) tablet. το ~ the pill

χαρά (η) joy. (μεγάλη) jubilation. ~ Θεού heavenly. είναι μια ~ he/she/it is fine

χαράδρα (η) ravine

χαράζ|ω ρ μτβ engrave. (πορεία σε χάρτη) plot (mark out). ~ει απρόσ the day is breaking

χάρακας (ο) ruler (measure)

χαρακτήρας (ο) character. γραφικός ~ handwriting

χαρακτηρ|ίζω ρ μτβ characterize. (μεταφ) label. ~ισμός (ο) characterization

χαρακτηριστικ|ός επίθ characteristic, typical. ~ό (το) feature. ~ά επίρρ characteristically, typically

χαρακτική (η) etching

χαράκωμα (το) (στρ) trench

χαραμάδα (η) crack

χαράματα (τα) daybreak

χαράμι επίρρ in vain

χαραμίζω ρ μτβ throw away, waste

χάραξη (η) incision

χαραυγή (η) dawn

χαρέμι (το) harem

χάρη (η) grace. (από εύνοια) favour. (νομ) reprieve, pardon. (προτέρημα) gift. ~ σε thanks to. για ~ for the sake of. λόγου ~ for example

χαρίζω ρ μτβ give away. (από ποινή) pardon. (ζωή) spare

χαριεντίζομαι ρ αμτβ flirt

χάρισμ|α (το) gift. (εκκλ) charisma. • επίρρ free (of charge). ~ά σου yours to keep

χαρισματικός επίθ charismatic

χαριτολογώ ρ αμτβ be witty

χαριτωμένος επίθ cute

χάρμα (το) joy

χαρμάνι (το) (tobacco) blend

χαρμόσυνος επίθ joyful

χαροπαλεύω ρ αμτβ be on one's death bed

χαροποιώ ρ μτβ gladden

χάρος (ο) Charon

χαρούμενος επίθ joyful, glad

χαρούπι (το) carob

χαρταετός (ο) kite

χαρτζιλίκι (το) pocket money

χάρτης (ο) chart. (γεωγρ) map

χαρτ|ί (το) paper. (έγγραφο) document. (τραπουλόχαρτο) card. ~ιά (τα) papers. (χαρτοπαιξία) gambling. ~ί υγείας toilet-paper

χαρτικά (τα) stationery

χάρτινος επίθ paper

χαρτογρ|αφία (η) cartography. ~αφώ ρ αμτβ chart. (γεωγρ) map

χαρτόδετ|ος επίθ paperback. ~ο βιβλίο (το) paperback (book)

χαρτοκόπτης (ο) paper knife

χαρτοκοπτική μηχανή (η) guillotine (for paper)

χαρτόκουτα (η) carton

χαρτομαντεία (η) cartomancy

χαρτομάντιλο (το) tissue, paper handkerchief

χαρτόνι (το) cardboard

χαρτονόμισμα (το) banknote, (αμερ) bill

χαρτοπαιξία (η) gambling, card-playing

χαρτοπαίχτ|ης (ο), ~ρα (η) gambler, card-player

χαρτοπόλεμος (ο) confetti

χαρτοπώλης (ο) stationer

χαρτοσακούλα (η) paper bag

χαρτοσημαίνω ρ μτβ affix duty stamps to

χαρτόσημο (το) stamp duty

χαρτοφύλακας (ο) briefcase. (υπουργικός) dispatch box

χαρτοφυλάκιο (το) portfolio

χαρτωσιά (η) trick (at cards). (σύνολο χαρτιών) hand

χαρωπός επίθ blithe

χασάπ|ης (ο) butcher. ~ικο (το) butcher's shop

χασάπικος (*ο*) *Greek folk dance*
χάση (*η*) wane (*moon*)
χάσιμο (*το*) loss. (*χρόνου*) waste
χασίς (*το*) *άκλ* hashish
χασκογελώ *ρ αμτβ* guffaw
χάσκω *ρ αμτβ* gape, be wide open
χάσμα (*το*) chasm. (*μεταφ*) gulf.
   ~ των γενεών generation gap
χασμουρ|ητό (*το*) yawn. **~ιέμαι** *ρ αμτβ* yawn
χασομέρ|ης (*ο*), **~ισσα** (*η*) dawdler
χασομερώ *ρ μτβ* hold up. • *ρ αμτβ* dally. (*στο δρόμο*) loiter
χαστούκι (*το*) slap
χαστουκίζω *ρ μτβ* slap
χατζής (*ο*) hadji (*one that has visited the Holy Land*)
χατίρι (*το*) favour. **για ~ μου** for my sake
χατιρικά *επίρρ* as a favour
χαυλιόδοντας (*ο*) tusk
χαύνωση (*η*) stupor
χαφιές (*ο*) stool pigeon
χάφτω *ρ μτβ* gobble. (*μεταφ*) lap up
χαχανίζω *ρ αμτβ* cackle
χάχανο (*το*) cackle
χάχας (*ο*) nitwit
χαώδης *επίθ* chaotic
χέζ|ω *ρ μτβ* revile. • *ρ αμτβ* shit.
   ~ομαι *ρ αμτβ* shit o.s. (*από φόβο*) be scared shitless
χείλος (*το*) lip. (*γκρεμού*) edge. (*ποτηριού*) brim. (*φλιτζανιού*) rim. (*μεταφ*) brink
χείμαρρος (*ο*) torrent
χειμερινός *επίθ* winter
χειμώνας (*ο*) winter
χειμωνιάτικος *επίθ* wintry
χειράμαξα (*η*) wheel barrow
χειραφέτηση (*η*) emancipation
χειραφετώ *ρ μτβ* emancipate
χειραψία (*η*) handshake. **κάνω ~ με** shake hands with
χειρίζομαι *ρ μτβ* handle. (*διαχειρίζομαι*) manage. (*ελέγχω*) operate. (*με επιδεξιότητα*) manipulate. (*χρησιμοποιώ*) wield
χειρ|ιστής (*ο*), **~ίστρια** (*η*) operator
χείριστος *επίθ* worst

χειροβομβίδα (*η*) grenade
χειρόγραφο|ς *επίθ* handwritten.
   ~ (*το*) manuscript
χειροκίνητος *επίθ* manual, manually operated
χειροκρότημα (*το*) applause
χειροκροτώ *ρ μτβ/αμτβ* applaud, clap
χειρολαβή (*η*) handgrip. (*σκάλας*) handrail
χειρομάντ|ης (*ο*), **~ισσα** (*η*) palmist
χειρονομία (*η*) gesture
χειρονομώ *ρ αμτβ* gesticulate
χειροπέδη (*η*) handcuff
χειροπιαστός *επίθ* tangible
χειροπόδαρα *επίρρ* hand and foot
χειροποίητος *επίθ* handmade
χειροπρακτική (*η*) osteopathy
χειροτέρευση (*η*) deterioration
χειροτερεύω *ρ μτβ/αμτβ* worsen, deteriorate
χειρότερ|ος *επίθ* worse. **ο ~ος** the worst. **~ο** (*το*) worst. **~α** *επίρρ* worse. **από το κακό στο ~ο** from bad to worse
χειροτέχνημα (*το*) handiwork
χειροτεχνία (*η*) handicraft
χειροτον|ία (*η*) (*εκκλ*) ordination.
   ~ώ *ρ μτβ* ordain.
χειρουργείο (*το*) operating theatre
χειρουργικ|ός *επίθ* surgical. **~ή** (*η*) surgery
χειρούργος (*ο, η*) surgeon. **~ οδοντίατρος** dental surgeon
χειρουργώ *ρ μτβ* operate on
χειρόφρενο (*το*) handbrake
χειρωνακτικός *επίθ* manual
χέλι (*το*) eel
χελιδόνι (*το*) swallow
χελιδονοφωλιά (*η*) swallow's nest
χελώνα (*η*) tortoise. (*θαλασσινή*) turtle
χεράκι (*το*) small hand. **δίνω ένα ~** give a hand
χέρι (*το*) hand. (*φλιτζανιού*) handle
χερουβίμ (*το*) *άκλ* cherub
χερούκλα (*η*) large hand
χερούλι (*το*) (door) handle
χερσαί|ος (*επίθ*) land. **~ες μεταφορές** (*οι*) land transport

χερσόνησος (η) peninsula
χέρσος επίθ fallow
χερσότοπος (ο) wasteland
χημεία (η) chemistry
χημείο (το) chemistry lab
χημειοθεραπεία (η) chemotherapy
χημικ|ός επίθ chemical. ~ή ουσία (η) chemical. ~ός (ο) chemist
χήν|α (η) goose. ~ος (ο) gander
χήρα (η) widow
χηρεία (η) widowhood
χηρεύω ρ αμτβ be widowed
χήρος (ο) widower
χθες επίρρ βλ χτες
χθεσινός επίθ βλ χτεσινός
χίλια (το) άκλ thousand
χιλιάδα (η) thousand
χιλιάρικο (το) thousand drachma note
χιλιετηρίδα (η) millennium
χιλιόγραμμο (το) kilogram
χίλιοι επίθ thousand
χιλιόμετρο (το) kilometre
χιλιοστό (το) thousandth
χιλιοστόγραμμο (το) milligram
χιλιοστόμετρο (το) millimetre
χιλιοστός επίθ thousandth
Χιλή (η) Chile
χίμαιρα (η) pipe dream
χιμπαντζής (ο) chimpanzee
χιμώ ρ αμτβ rush, dash. ~ πάνω rush at
χιονάνθρωπος (ο) snowman
χιόνι (το) snow
χιονίζω ρ αμτβ snow
χιονισμένος επίθ snowy
χιονίστρα (η) chilblain
χιονοθύελλα (η) snowstorm
χιονόλασπη (η) slush
χιονονιφάδα (η) snowflake
χιονοπέδιλο (το) snowshoe
χιονόνερο (το) sleet
χιονοπόλεμος (ο) snowball fight
χιονόπτωση (η) snowfall
χιονοστιβάδα (η) snowdrift. (κατολίσθηση) avalanche
χιονόσφαιρα (η) snowball
Χίος (η) Chios
χιουμορίστας (ο) humorist
χιούμορ|το (το) άκλ humour

χιουμοριστικός επίθ humorous
χίπης (ο) άκλ hippie
χιτώνας (ο) tunic
χλαίνη (η) greatcoat
χλευάζω ρ μτβ jeer
χλευασμός (ο) taunt, jeer
χλιαρός επίθ tepid, lukewarm
χλιδή (η) opulence
χλιμιντρίζω ρ αμτβ neigh
χλιμίντρισμα (το) neigh
χλοερός επίθ verdant
χλόη (η) grass, lawn
χλομάδα (η) paleness
χλομιάζω ρ αμτβ turn pale. (από φόβο) go white
χλομός επίθ pale. (πρόσωπο) ashen
χλωρίδα (η) flora
χλώριο (το) chlorine
χλωριούχος επίθ chloride
χλωρός επίθ tender and green. (τυρί) freshly made
χλωροφόρμιο (το) chloroform
χλωροφύλλη (η) chlorophyll
χνούδι (το) fluff. (πουλιού, γένια) down. (υφάσματος) nap. (χαλιού) pile
χνουδωτός επίθ fluffy
χοάνη (η) crucible. (χωνί) funnel
χοιρινός επίθ pork. ~ κρέας (το) pork
χοιρόδερμα (το) pigskin
χοιρομέρι (το) smoked leg of pork
χοίρος (ο) pig
χοιροστάσιο (το) pigsty
χοιροτρόφος (ο) pig farmer
χόκεϊ (το) άκλ hockey. ~ επί πάγου ice hockey
χολ (το) άκλ (entrance) hall
χολέρα (η) cholera
χολερικός επίθ (ιατρ) bilious.
χολή (η) gall. (ιατρ) bile. (μεταφ) spleen
χοληδόχος κύστη (η) gall bladder
χοληστερίνη (η) cholesterol
χοληστερόλη (η) βλ χοληστερίνη
χόμπι (το) άκλ hobby
χονδρεμπόριο (το) wholesale (trade)
χονδρέμπορος (ο) wholesaler
χονδρικ|ός επίθ wholesale. ~ά

επίρρ in bulk. **~ώς** *επίρρ* wholesale

χονδροειδής *επίθ* gross. (*συμπεριφορά*) coarse

χόνδρος (*o*) cartilage

χονδρός *επίθ βλ* **χοντρός**

χοντραίνω *ρ μτβ* make look fatter. • *ρ αμτβ* put on weight

χοντράνθρωπος (*o*) lout

χοντροδουλειά (*η*) rough work

χοντροκαμωμένος *επίθ* made roughly. (*άνθρωπος*) thickset

χοντροκέφαλος *επίθ* dense, stupid. **~** (*o*) blockhead

χοντροκομμέν|ος *επίθ* thick-cut. (*αστείο*) crude. **~η κωμωδία** (*η*) slapstick

χοντρόπετσος *επίθ* thick-skinned

χοντρός *επίθ* fat. (*αλάτι*) coarse. (*άξεστος*) crude. (*απρεπής*) indelicate. (*εργασία*) rough. (*κομμάτι*) chunky. (*παχύς*) thick. (*φωνή*) husky

χορδή (*η*) chord. (*μους*) string

χορ|ευτής (*o*), **~εύτρια** (*η*) dancer

χορεύω *ρ μτβ/αμτβ* dance

χορήγημα (*το*) grant

χορήγηση (*η*) supply. (*ιατρ*) administration

χορηγία (*η*) provision. (*ποσό*) grant

χορηγ|ός (*o*) sponsor. **~ώ** *ρ μτβ* provide. (*ιατρ*) administer

χορογραφία (*η*) choreography

χορογράφος (*o, η*) choreographer

χοροδιδασκαλείο (*το*) dancing school

χοροεσπερίδα (*η*) ball

χοροπήδημα (*το*) skip. (*σε νερό*) bob

χοροπηδώ *ρ αμτβ* prance, hop. (*πλοίο*) toss. (*σε νερό*) bob

χορός (*o*) dance. (*θεατρ*) chorus

χοροστατώ *ρ αμτβ* (*εκκλ*) officiate

χορταίνω *ρ μτβ* satisfy. • *ρ αμτβ* have enough

χορτάρι (*το*) grass

χορταριασμένος *επίθ* mossy

χορταρικό (*το*) vegetable

χορταστικός *επίθ* substantial (*meal*)

χορτάτος *επίθ* full (*with food*)

χόρτ|ο (*το*) grass. (*άγριο*) weed. **~α** (*τα*) greens

χορτοκοπτικ|ός *επίθ* grass-cutting. **~ή μηχανή** (*η*) lawn mower

χορτόσουπα (*η*) vegetable soup

χορτοφάγος *επίθ* vegetarian. **~** (*o, η*) vegetarian

χορωδ|ία (*η*) choir. **~ιακός** *επίθ* choral

χορωδός (*o*) chorister

χουζουρεύω *ρ αμτβ* lie in

χούι (*το*) peculiarity (*of habit*)

χούλιγκαν (*o*) *άκλ* hooligan

χουλιγκανισμός (*o*) hooliganism

χούμος (*o*) compost

χούντα (*η*) junta

χουντικός *επίθ* supporter of the junta

χουρμάς (*η*) date (*fruit*)

χούφτα (*η*) palm (*of hand*). (*φουχτιά*) handful

χούφταλο (*το*) geriatric

χουφτιάζω *ρ μτβ βλ* **χουφτώνω**

χουφτώνω *ρ μτβ* grasp in one's hand

χρειάζομαι *ρ μτβ* need, require. • *ρ αμτβ* be needed. **τα ~** find o.s. in a tight spot

χρειώδη|ς *επίθ* necessary. **~** (*τα*) necessities

χρεόγραφα (*τα*) securities. (*κυβερνητικά*) gilt-edged stocks

χρεοκοπημένος *επίθ* bankrupt

χρεοκοπία (*η*) bankruptcy

χρεοκοπώ *ρ αμτβ* go bankrupt

χρέος (*το*) debt

χρεωμένος *επίθ* in debt

χρεών|ω *ρ μτβ* charge. (*λογαριασμό*) debit. **~ομαι** *ρ αμτβ* get into debt

χρέωση (*η*) debit

χρεώστης (*o*) debtor

χρήμα (*το*) money

χρηματαγορά (*η*) money market

χρηματίζω *ρ αμτβ* serve as

χρηματικός *επίθ* money

χρηματιστή|ριο (*το*) Stock Exchange. **~ς** (*o*) stockbroker

χρηματοδέκτης (*o*) slot-machine

χρηματοδότ|ης (*o*), **~τρια** (*η*) (*εμπ*) backer

χρηματοδ|ότηση (η) financing.
~οτώ ρ μτβ fund, finance

χρηματοκιβώτιο (το) safe

χρηματοθυρίδα (η) night safe

χρηματοοικονομικός επίθ
monetary

χρήση (η) use. μιας ~ς disposable

χρησιμεύω ρ αμτβ be of use

χρησιμοπο|ίηση (η) use.
(μεταχείριση) utilization. ~ιώ ρ
μτβ use

χρήσιμος επίθ useful. ~α επίρρ
usefully

χρησιμότητα (η) usefulness

χρησμός (ο) oracle

χρήστης (ο) user

χρηστός επίθ virtuous, upright

χρίζω ρ μτβ smear. (εκκλ) anoint.
(ιππότη) knight

χριστιανικός επίθ Christian

χριστιαν|ός (ο), ~ή (η) Christian.
~οσύνη (η) Christianity

Χριστός (ο) Christ

Χριστούγεννα (τα) Christmas

χριστουγεννιάτικος επίθ
Christmas

χροιά (η) hue. (προσώπου)
complexion

χρονιά (η) year. καλή ~! Happy
New Year! καλής ~ς (κρασί)
vintage

χρόνια (τα) άκλ years. ~ πολλά!
many happy returns!

χρονιάρ|ης επίθ one-year-old. ~α
μέρα (η) festive day. ~ικο ζώο
(το) yearling

χρονικ|ό (το) chronicle. ~ά (τα)
annals

χρονικό|ς επίθ time. ~ διάστημα
(το) time. (μεταξύ δύο γεγονότων)
time lag

χρόνιος επίθ chronic

χρονισμός (ο) timing

χρονοβόρος επίθ time-consuming

χρονογράφ|ημα (το) current
affairs column (in newspaper).
~φος (ο, η) columnist (of current
affairs). (συγγραφέας) chronicler

χρονογραφώ ρ μτβ chronicle

χρονοδιάγραμμα (το) timetable

χρονοδιακόπτης (ο) (μηχ) timer

χρονολογ|ία (η) chronology.
~ικός επίθ chronological

χρονολογ|ώ ρ μτβ date. ~ούμαι ρ
αμτβ (από) date back (to)

χρονομέτρηση (η) timing (sport)

χρονομεριστική μίσθωση (η)
time sharing

χρονόμετρο (το) stopwatch

χρονομετρώ ρ μτβ time (race)

χρόν|ος (ο) time. (γραμμ) tense.
(έτος) year. (μουσ) beat. ~ο με το
~ο year by year. κακό ~ο να
΄χει may he/she rot in hell. του
~ου next year

χρονοτριβή (η) delay

χρυσαλλίδα (η) chrysalis

χρυσάνθεμο (το) chrysanthemum

χρυσαφένιος επίθ golden

χρυσάφι (το) gold

χρυσαφικό (το) gold jewellery

χρυσοθήρας (ο) prospector (for
gold). (μεταφ) gold digger

χρυσ|ός επίθ gold. ~οί γάμοι (οι)
golden wedding. ~ός (ο) gold. (σε
ράβδους) bullion

χρυσοχοείο (το) jewellery shop

χρυσοχόος (ο) goldsmith

χρυσόψαρο (το) goldfish

χρυσωρυχείο (το) gold mine

χρώμα (το) colour. (προσώπου)
complexion. (τόνος) hue. (χαρτιά)
suit. ~τα (τα) paints

χρωματίζω ρ μτβ colours

χρωματισμός (ο) pigmentation

χρωματιστός επίθ coloured

χρωματόσωμα (το) chromosome

χρώμιο (το) chromium

χρωστικ|ός επίθ colouring. ~ή
ουσία (η) pigment

χρωστώ ρ μτβ owe. • ρ αμτβ be in
debt

χταπόδι (το) octopus

χτένα (η) comb

χτένι (το) tooth comb. (ψάρι)
scallop

χτενίζω ρ μτβ comb

χτένισμα (το) hair style

χτες επίρρ yesterday. ~ το βράδυ
last night

χτεσινός επίθ yesterday's

χτίζω ρ μτβ build

χτίστης (*o*) mason

χτύπημα (*το*) blow. (*δυνατό*) bang. (*ελαφρό*) pat. (*μαγ*) beating. (*ρολογιού*) stroke. (*στην πόρτα*) knock. (*τηλεφώνου*) ring. (*των ποδιών*) stamp. (*χέρι*) hit

χτυπημένος *επίθ* stricken

χτυπητήρι (*το*) (*μαγ*) whisk. (*πόρτας*) knocker

χτυπητός *επίθ* (*ντύσιμο*) flashy. (*που εντυπωσιάζει*) striking. (*χρώμα*) vivid

χτύπος (*o*) thud. (*ελαφρός*) patter. (*καρδιάς*) beat

χτυπ|ώ *ρ μτβ* strike, hit. (*αβγά*) whisk. (*βούτυρο*) cream. (*δυνατά*) whack. (*κρέμα*) whip. (*μαγ*) beat. (*μαστίγιο*) crack. (*με ελαφρά χτυπήματα*) rap. (*με δύναμη*) slap. (*με ρόπαλο*) club. (*πληγώνω*) injure. (*πόρτα*) knock. (*στον ώμο*) pat. (*τα πόδια*) stamp. (*φτερούγες*) flap. (*χέρια*) clap. (*χορδές κιθάρας*) strum. • *ρ αμτβ* strike. (*δόντια*) chatter. (*καμπάνα, πένθιμα*) toll. (*ρυθμικά*) tick. (*τηλέφωνο*) ring. (*την ώρα*) chime. **~ώ ξύλο** touch wood. **~ώ στο κεφάλι** (*ποτό*) go to one's head. **μου ~άει στα νεύρα** it gets on my nerves

χυδαιολογία (*η*) vulgarity

χυδαίος *επίθ* vulgar. (*επίθεση*) scurrilous. (*λεπτομέρειες*) sordid

χυδαιότητα (*η*) vulgarity

χυλοπίτες (*οι*) noodles

χυλός (*o*) mush. (*από αλεύρι*) batter

χυλώδης *επίθ* mushy

χύμα *επίθ άκλ* in bulk

χυμός (*o*) juice. (*φυτών*) sap

χύν|ω *ρ μτβ* pour. (*δάκρυα*) shed. (*κατά λάθος*) spill. (*μέταλλο*) cast. **~ομαι** *ρ αμτβ* pour out. (*βιαστικά*) rush out. (*ξεχειλίζω*) spill over. (*ποτάμι*) flow out

χυτήριο (*το*) foundry

χυτοσίδηρος (*o*) cast iron

χύτρα (*η*) (cooking) pot. (*ατμού*) steamer. (*ταχύτητας*) pressure cooker

χωλός *επίθ* lame

χώμα (*το*) soil

χωματένιος *επίθ* earthen

χωματερή (*η*) rubbish tip

χωματόδρομος (*o*) dirt track

χωνάκι (*το*) (ice-cream) cone

χωνευτήριο (*το*) melting pot

χωνευτικός *επίθ* that helps the digestion

χωνεύω *ρ μτβ* digest. (*μεταφ*) stomach. • *ρ αμτβ* sink in

χώνεψη (*η*) digestion

χωνί (*το*) funnel

χών|ω *ρ μτβ* drive in. (*θάβω*) bury. (*κρύβω*) shove. (*με δύναμη*) ram. **~ω στο κεφάλι κπ** drum into s.o. **~ω τη μύτη μου** pry into. **~ομαι** *ρ αμτβ* work in. (*στην αγκαλιά*) nestle. **~ομαι κρυφά** work one's way

χώρα (*η*) country. (*τμήμα γης*) land. **λαμβάνω ~ν** take place

χωρατατζής (*o*) joker

χωράφι (*το*) field

χωρητικότητα (*η*) capacity

χωριανός *επίθ* fellow villager

χωριάτ|ης (*o*), **~ισσα** villager. (*χωρικός*) peasant

χωριάτικος *επίθ* village. (*της υπαίθρου*) rustic

χωρίζω *ρ μτβ* separate. • *ρ αμτβ* split up. (*σύζυγοι*) divorce. **~ με παύλα** hyphenate. **~ στα τέσσερα** quarter

χωριό (*το*) village

χωριουδάκι (*το*) hamlet

χωρίς *επίρρ* without, but for. **~ άλλο** without fail

χώρισμα (*το*) partition. (*στήθους γυναίκας*) cleavage. (*χώρος*) compartment

χωρισμός (*o*) parting. (*συζύγων*) separation

χωριστ|ός *επίθ* separate. **~ά** *επίρρ* separately

χωρίστρα (*η*) parting (*in hair*)

χωρομέτρης (*o*) surveyor

χωρομετρία (*η*) survey (*of land*)

χώρος (*o*) space. (*ελεύθερος*) room. (*περιοχή*) site. (*για την ορχήστρα*) pit. **~ κατασκηνώσεως** campsite. **~ σταθμεύσεως** car park. (*στο πλάι δρόμου*) lay-by

χωροταξία (*η*) town planning

χωροφύλακας (*o*) gendarme

χωροφυλακή (η) gendarmerie
χωρ|ώ ρ μτβ hold, contain. (θεατρ) seat. • ρ αμτβ fit in. **δεν το ~άει ο νους** it's beyond comprehension. **δε ~άει αμφιβολία** there is no doubt at all

• •

Ψψ

• •

ψάθα (η) matting. **μένω στην ~** be left destitute
ψαθάκι (το) straw hat
ψάθινος επίθ wicker
ψαλίδα (η) shears. (έντομο) earwig. (ιατρ) split ends
ψαλιδάκι (το) nail scissors
ψαλίδι (το) scissors
ψαλιδίζω ρ μτβ snip
ψαλίδισμα (το) snip
ψάλλω ρ μτβ|αμτβ chant. **του τα ΄ψαλα** I gave him a piece of my mind
ψαλμός (ο) psalm
ψαλμωδία (η) chant
ψάλτης (ο) chanter
ψαραγορά (η) fish market
ψαράδικο|ς επίθ fishing. **~** (το) fishing boat. (μαγαζί) fishmonger's (shop)
ψαράς (ο) fisherman. (χρησιμοποιεί καλάμι) angler
ψάρεμα (το) fishing
ψαρεύω ρ μτβ|αμτβ fish. (με καλάμι) angle. (μεταφ) fish for
ψάρι (το) fish
ψαριά (η) catch (of fish)
ψαρόβαρκα (η) fishing boat
ψαροκόκκαλο (το) fish bone
ψαρόνι (το) (πουλί) starling
ψαροπώλης (ο) fishmonger
ψαρός επίθ grizzly
ψαρόσουπα (η) fish soup
ψαροταβέρνα (η) fish tavern
ψαχνό (το) lean meat
ψάχνω ρ μτβ search. (ανακατεύω) rummage. (για προμήθειες) forage. (για κλοπή) rifle. (περιοχή) scour. (σε βιβλίο) look up. **~ για** look

for. (κτ που έχει χαθεί) hunt for
ψαχουλεύω ρ αμτβ fumble. (στο σκοτάδι) grope
ψεγάδι (το) flaw. (στο πρόσωπο) blemish
ψείρα (η) louse
ψειριά|ζω ρ αμτβ become infested with lice. **~ρης** επίθ full of lice
ψειρίζω ρ μτβ rid of lice
ψεκάζω ρ μτβ spray
ψεκασμός (ο) spraying
ψεκαστήρ|ας (ο) atomizer. (τεχνητής βροχής) sprinkler. **~ι** (το) spray (device)
ψελλίζω ρ μτβ|αμτβ stammer. (από ταραχή) mumble
ψέλνω ρ μτβ|αμτβ βλ **ψάλλω**
ψέμα (το) lie. **~ με ουρά** a huge lie. **λέω ~τα** lie.
ψε|ς επίρρ last night. **~σινός** επίθ last evening's
ψευδάργυρος (ο) zinc
ψευδαίσθηση (η) illusion
ψευδής επίθ false. (ανειλικρινής) deceptive
ψευδίζω ρ αμτβ lisp
ψεύδισμα (το) lisp
ψευδολογώ ρ αμτβ tell lies
ψεύδομαι ρ αμτβ lie
ψευδομαρτυρώ ρ αμτβ give false testimony
ψευδορκία (η) perjury
ψευδορκώ ρ αμτβ perjure o.s.
ψευδώνυμο (το) pseudonym. (συγγραφέα) pen name
ψεύτ|ης (ο), **~ρα** (η) liar
ψευτιά (η) falsehood
ψεύτικ|ος επίθ false. (κίβδηλος) bogus. (όχι αληθινός) phoney. (τεχνητός) fake. **~α κοσμήματα** (τα) paste jewellery
ψευτοάρρωστος επίθ malingerer
ψευτοδουλειά (η) odd jobs
ψευτοευλαβής επίθ sanctimonious
ψευτοζώ ρ αμτβ eke out a living
ψηλάφηση (η) feeling, groping
ψηλαφώ ρ μτβ|αμτβ feel, grope
ψηλόλιγνος επίθ lanky
ψηλομύτης επίθ snooty
ψηλός επίθ high. (άνθρωπος) tall. (κτίριο) high-rise. **~ά** επίρρ high

ψήλωμα (το) high ground

ψηλώνω ρ μτβ raise. • ρ αμτβ grow taller

ψημένος επίθ cooked. (μεταφ) seasoned. **~ ελαφρά** (μαγ) rare

ψή|νω ρ μτβ cook. (σε κατσαρόλα) stew. (στα κάρβουνα) barbecue. (στη σχάρα) grill. (στο φούρνο) bake, roast. **~ομαι** ρ αμτβ cook. (αποκτώ πείρα) become experienced. (ωριμάζω, φρούτα) ripen. (ωριμάζω, μεταφ) mature. **~νω το ψάρι στα χείλη** κπ make s.o.'s life a misery. **τα ~σανε** they have hit if off

ψήσιμο (το) baking

ψησταριά (η) charcoal grill. (μαγαζί) rotisserie

ψητό|ς επίθ roasted. **~ βοδινό** (το) roast beef. **~** (το) roast. (στα κάρβουνα) barbecue

ψηφιακός επίθ digital

ψηφιδωτό (το) mosaic

ψηφίζω ρ μτβ/αμτβ vote. (νόμο) pass

ψηφίο (το) digit

ψήφισμα (το) voting. (συνέλευσης) resolution

ψηφοδέλτιο (το) ballot paper

ψηφοθηρία (η) canvassing

ψηφοθηρώ ρ αμτβ canvass

ψήφος (ο) vote

ψηφοφορία (η) vote, ballot. (διαδικασία) voting

ψηφοφόρος (ο, η) voter

ψίδι (το) upper (of shoe)

ψιθυρίζω ρ μτβ/αμτβ whisper

ψιθύρισμα (το) whispering

ψιθυριστ|ός επίθ whispering. **~ά** επίρρ under one's breath

ψίθυρος (ο) whisper

ψιλά (τα) small change

ψιλή (η) (γραμμ) smooth breathing

ψιλικά (τα) haberdashery

ψιλικατζίδικο (το) haberdasher's

ψιλοδουλειά (η) finicky work

ψιλοκόβω ρ μτβ chop finely

ψιλοκομμένος επίθ finely cut

ψιλοκουβέντα (η) chit-chat

ψιλόλιγνος επίθ weedy

ψιλολογώ ρ μτβ split hairs

ψιλ|ός επίθ fine. (φωνή) shrill. **~ή βροχή** drizzle

ψιτ επιφών hey

ψίχα (η) (λεμονιού) pith. (ψωμιού) breadcrumbs

ψιχάλα (η) drizzle

ψιχαλίζει ρ αμτβ απρόσ it's drizzling

ψίχουλο (το) breadcrumb

ψιψίνα (η) puss, cat

ψοφίμι (το) carcass

ψόφιος επίθ dead (animal). **~ στην κούραση** dead beat

ψοφώ ρ αμτβ (ζώο) die. (άνθρωπος) kick the bucket. **~ για** (επιθυμώ) be dying for. **~ στην κούραση** be dead tired

ψυγείο (το) refrigerator. (αυτοκ) radiator. **σε ~** in cold storage

ψυγειοκαταψύκτης (ο) fridge-freezer

ψυλλιάζ|ω ρ αμτβ get covered with fleas. **~ομαι** ρ αμτβ get wind of (the fact) (ότι that)

ψύλλος (ο) flea

ψύξη (η) freezing

ψυχαγωγ|ία (η) recreation. **~ικός** επίθ recreational

ψυχαγωγώ ρ μτβ entertain

ψυχανάλυση (η) psychoanalysis

ψυχαναλυτής (ο, η) psychoanalyst

ψυχαναλύω ρ μτβ psychoanalyze

ψυχή (η) psyche. (άυλη ουσία) soul

ψυχιατρείο (το) psychiatric clinic

ψυχιατρικ|ή (η) psychiatry. **~ός** επίθ psychiatric

ψυχίατρος (ο, η) psychiatrist

ψυχικ|ός επίθ psychic. (ασθένεια) mental. **~ή επαφή**-(η) rapport. **~ό** (το) act of charity. **~ά** επίρρ mentally

ψυχογιός (ο) adopted son. (υπηρέτης) young servant

ψυχοθεραπεία (η) psychotherapy

ψυχοκόρη (η) adopted daughter. (υπηρετριούλα) servant girl

ψυχολογημένος επίθ with psychological insight

ψυχολογ|ία (η) psychology. **~ικός** επίθ psychological

ψυχολόγος (ο, η) psychologist

ψυχολογώ ρ μτβ understand s.o.'s way of thinking

ψυχομαχώ *ρ αμτβ* be dying, be breathing one's last

ψυχοπαθής (*ο, η*) psychopath

ψυχορράγημα (*το*) death throes

ψυχοσάββατο (*το*) All Souls' Day

ψυχοσύνθεση (*η*) psychological make-up

ψυχοσωματικός *επίθ* psychosomatic

ψύχρα (*η*) chill

ψυχραιμία (*η*) coolness, nerve. **χάνω την ~ μου** loose one's cool

ψύχραιμος *επίθ* cool, collected

ψυχραίν|ω *ρ μτβ* chill. (*μεταφ*) alienate. **~ομαι** *ρ αμτβ* fall out

ψυχρόαιμος *επίθ* cold-blooded

ψυχρολουσία (*η*) cold shower. (*μεταφ*) cold shoulder

ψυχρ|ός *επίθ* chilly. (*απαθής*) cool. (*καιρός*) bitter. (*τρόπος*) stiff. (*γυναίκα*) frigid. **~ά** *επίρρ* coldly. **φέρνομαι ~ά** cold-shoulder

ψυχρότητα (*η*) coldness. (*γυναίκας*) frigidity. (*τρόπου*) stiffness

ψύχωση (*η*) psychosis

ψωμάδικο (*το*) baker's

ψωμάκι (*το*) (bread) roll. **γλυκό ~** bun

ψωμί (*το*) bread. **άσπρο ~** white bread. **μαύρο ~** wholemeal bread. **βγάζω το ~ μου** earn one's keep. **για ένα κομμάτι ~** for a song

ψωμοζητώ *ρ αμτβ* beg, be a beggar

ψωμοζώ *ρ αμτβ* eke out a living

ψωμοτύρι (*το*) bread and cheese

ψώνια (*τα*) shopping. **πάω για ~** go shopping

ψωνίζω *ρ αμτβ* shop. (*γυναίκα*) solicit. **την ~** go round the bend

ψώρα (*η*) scabies. (*ζώων*) mange

ψωριάρης *επίθ* mangy

ψωρίαση (*η*) psoriasis

ψωροπερηφάνεια (*η*) snobbishness *not in keeping with one's poverty*

Ωω

ω *επιφώ* oh

ωάριο (*το*) ovum

ωδείο (*το*) academy of music

ωδή (*η*) ode

ωδικ|ός *επίθ* singing. **~ά πουλιά** (*τα*) songbirds. **~ή** (*η*) singing lesson

ωδίνες (*οι*) labour (*childbirth*)

ώθηση (*η*) thrust. (*μεταφ*) impetus

ωθώ *ρ μτβ* thrust. (*προωθώ*) impel

ωκεανός (*ο*) ocean

ωμοπλάτη (*η*) shoulder blade

ώμος (*ο*) shoulder

ωμ|ός *επίθ* raw (*uncooked*). (*άγριος*) brutal. **~ή βία** (*η*) brute force

ωμότητ|α (*η*) brutality. **~ες** (*οι*) atrocities

ωοειδής *επίθ* egg-shaped

ωοθήκη (*η*) ovary

ωορρηξία (*η*) ovulation

ώρ|α (*η*) time. (*60 λεπτά*) hour. **για την ~** for the time being. **δε βλέπω την ~ να** I can't wait to. **η ~α η καλή!** good luck! (*at the beginning of a project*). **στην ~α** on time

ωραί|ος *επίθ* beautiful. (*άντρας*) handsome. (*γυναίκα*) pretty. (*μέρα*) fine, nice. **~α** *επίρρ* nicely, beautifully, fine

ωράριο (*το*) working hours

ωριαί|ος *επίθ* hourly. **~α άτρακτος** (*η*) time zone

ωριμάζω *ρ αμτβ* ripen. (*μεταφ*) mature

ωρίμανση (*η*) ripening

ώριμ|ος *επίθ* ripe. (*μεταφ*) mature. **μετά από ~η σκέψη** on second thoughts

ωριμότητα (*η*) ripeness. (*μεταφ*) maturity

ωροδείκτης (*ο*) hour hand

ωρολογιακ|ός *επίθ* clockwork. **~ή βόμβα** (*η*) time bomb

ωρολογοποιός (*ο*) watchmaker

ωρομίσθιο (*το*) hourly pay

ωροσκόπιο (*το*) horoscope

ωρύομαι *ρ αμτβ* howl

ως *πρόθ* up to, until. **από το πρωί ~ το βράδυ** from morning to night

ως σύνδ as. **~ συνήθως** as usual. **~ τώρα** as yet

ωσαννά *επιφών* hosanna

ώστε *σύνδ* so. **ούτως ~** so that

ωστόσο *σύνδ* nevertheless

ωτακουστής (*ο*) eaves-dropper

ωτορινολαρυγγολόγος (*ο, η*) ear, nose and throat specialist

ωτοστόπ (*το*) *άκλ βλ* **οτοστόπ**

ωφέλεια (*η*) utility. (*όφελος*) benefit. (*κέρδος*) gain

ωφελιμισ|μός (*ο*) utilitarianism. **~τικός** *επίθ* utilitarian

ωφέλιμος *επίθ* beneficial. (*τροφή*) wholesome

ωφελ|ώ *ρ μτβ* benefit. **~ούμαι** *ρ μτβ* profit

ωχ *επιφών* ouch

ωχριώ *ρ αμτβ* go white. (*μεταφ*) pale

ωχρό|ς *επίθ* pallid. **~τητα** (*η*) pallor

a /ə, *stressed* eɪ/ *indef art* (*before vowel* **an**) ένας, μία, ένα. **once ~ year** μια φορά το χρόνο. **ten drachma ~ kilo** δέκα δραχμές το κιλό

aback /ə'bæk/ *adv* **be taken ~** ξαφνιάζομαι

abandon /ə'bændən/ *vt* εγκαταλείπω. **~ed** *a* εγκαταλειμμένος. (*behaviour*) ασυγκράτητος

abashed /ə'bæʃt/ *a* ντροπιασμένος

abate /ə'beɪt/ *vt* ελαττώνω. • *vi* κοπάζω

abattoir /'æbətwɑ: (r)/ *n* (το) σφαγείο

abbey /'æbɪ/ *n* (το) αβαείο

abbot /'æbət/ *n* (ο) αβάς

abbreviat|e /ə'bri:vɪeɪt/ *vt* συντέμνω. **~ion** /-'eɪʃn/ *n* (η) σύντμηση

abdicat|e /'æbdɪkeɪt/ *vt/i* παραιτούμαι. **~ion** /-'eɪʃn/ *n* (η) παραίτηση

abdomen /'æbdəmən/ *n* (η) κοιλιά

abduct /æb'dʌkt/ *vt* απάγω. **~ion** /-ʃn/ *n* (η) απαγωγή

aberration /æbə'reɪʃn/ *n* (η) παρεκτροπή

abet /ə'bet/ *vt* (*pt* **abetted**) (*jur*) υποκινώ

abeyance /ə'beɪəns/ *n* **in ~** σε εκκρεμότητα

abhor /əb'hɔ:(r)/ *vt* (*pt* **abhorred**) απεχθάνομαι. **~rent** /-'hɒrənt/ *a* απεχθής

abide /ə'baɪd/ *vt* ανέχομαι. • *vi* **~ by** τηρώ

ability /ə'bɪlətɪ/ *n* (η) δυνατότητα. (*cleverness*) (η) ικανότητα

abject /'æbdʒekt/ *a* (*miserable*) θλιμμένος. (*despicable*) άθλιος

ablaze /ə'bleɪz/ *a* φλεγόμενος

abl|e /'eɪbl/ *a* ικανός (**to**, να). **be ~e** μπορώ. (*know how to*) είμαι ικανός. **~y** *adv* επιδέξια

abnormal /æb'nɔ:ml/ *a* ανώμαλος. **~ity** /-'mælətɪ/ *n* (η) ανωμαλία

aboard /ə'bɔ:d/ *adv & prep* πάνω σε (πλοίο ή αεροπλάνο)

abode /ə'bəʊd/ *n* (*old use*) (η) διαμονή. **of no fixed ~** χωρίς μόνιμη διαμονή

aboli|sh /ə'bɒlɪʃ/ *vt* καταργώ. **~tion** /æbə'lɪʃn/ *n* (η) κατάργηση

abominable /ə'bɒmɪnəbl/ *a* απαίσιος

aborigin|al /æbə'rɪdʒənl/ *a* ιθαγενής. • *n* (ο, η) ιθαγενής. **~es** /-i:z/ *n pl* (οι) ιθαγενείς

abort /ə'bɔ:t/ *vt/i* αποβάλλω. **~ion** /-ʃn/ *n* (η) έκτρωση. **~ive** *a* αποτυχημένος

abound /ə'baʊnd/ *vi* βρίθω

about /ə'baʊt/ *adv* (*approximately*) περίπου. (*here and there*) εδώ κι εκεί. (*all round*) γύρω. (*nearby*) εδώ κοντά. (*in existence*) τριγύρω. • *prep* για. (*round*) γύρω από. (*somewhere in*) κάπου. **~-face, ~-turn** *ns* (η) μεταβολή. **be ~ to** είμαι έτοιμος να. **how ~ a drink?** τι θα έλεγες για ένα ποτό; **it's ~ time!** επιτέλους! **what's it ~?** περί τίνος πρόκειται;

above /ə'bʌv/ *adv* πάνω. • *prep* πάνω από. **~ all** πάνω απ' όλα. **~-board** *a* έντιμος. **~-mentioned** *a* ανωτέρω. *invar*

abras|ion /ə'breɪʒn/ *n* (η) τριβή. (*injury*) (το) γδάρσιμο. **~ive** /ə'breɪsɪv/ *a* λειαντικός. *n* (το) λειαντικό

abreast /ə'brest/ *adv* πλάι πλάι, δίπλα δίπλα. **keep ~ of** συμβαδίζω

abridge /ə'brɪdʒ/ *vt* συντομεύω

abroad /ə'brɔ:d/ *adv* στο εξωτερικό

abrupt /ə'brʌpt/ *a* (*sudden*) ξαφνικός. (*curt, steep*) απότομος. **~ly** *adv* (*suddenly*) ξαφνικά. (*curtly, steeply*) απότομα

abscess /'æbsɪs/ *n* (το) απόστημα

abscond /əb'skɒnd/ *vi* φεύγω κρυφά

absence /'æbsəns/ (η) απουσία. (*lack*) (η) έλλειψη

absent¹ /'æbsənt/ *a* απών. **~ly** *adv* αφηρημένα. **~-minded** *a* αφηρημένος

absent² /æb'sent/ *vt* ~ **os** απουσιάζω

absentee /æbsən'ti:/ *n* (ο) απών. **~ism** *n* (ο) απουσιασμός

absolute /'æbsəlu:t/ *a* απόλυτος. **~ly** *adv* απόλυτα

absolve /əb'zɒlv/ *vt* απαλλάσσω

absor|b /əb'zɔ:b/ *vt* απορροφώ. **~bent** *a* απορροφητικός

abst|ain /əb'stein/ *vi* απέχω. (**from**, από)

abstemious /əb'sti:miəs/ *a* εγκρατής

abstinen|ce /'æbstinəns/ *n* (η) αποχή. **~t** *a* εγκρατής

abstract¹ /'æbstrækt/ *a* αφηρημένος. • *n* (*quality*) (το) αφηρημένο. (*summary*) (η) περίληψη

abstract² /əb'strækt/ *vt* (*take away*) αφαιρώ

absurd /əb'sɜ:d/ *a* παράλογος. **~ity** *n* (το) παράλογο

abundance /ə'bundəns/ *n* (η) αφθονία

abundant /ə'bʌndənt/ *a* άφθονος

abuse¹ /ə'bju:z/ *vt* (*misuse*) καταχρώμαι. (*ill-treat*) κακομεταχειρίζομαι. (*insult*) βρίζω

abus|e² /ə'bju:s/ *n* (*misuse*) (η) κατάχρηση. (*ill-treatment*) (η) κακομεταχείριση. (*insults*) (η) βρισιά. **~ive** *a* υβριστικός

abysmal /ə'bɪzməl/ *a* (*bad: fam*) αβυσσαλέος

abyss /ə'bɪs/ *n* (η) άβυσσος

academic /ækə'demik/ *a & n* ακαδημαϊκός

academ|y /ə'kædəmi/ *n* (η) ακαδημία

accede /ək'si:d/ *vi* ~ **to**. (*request*) αποδέχομαι. (*throne*) ανέρχομαι

accelerat|e /ək'seləreit/ *vt/i* επιταχύνω/ομαι. **~ion** /-'reiʃn/ *n* (η) επιτάχυνση

accelerator /ək'seləreitə(r)/ *n* (το) γκάζι

accent¹ /'æksənt/ *n* (η) προφορά

accent² /æk'sent/ *vt* τονίζω

accentuate /ək'sentʃueit/ *vt* τονίζω

accept /ək'sept/ *vt* αποδέχομαι. **~able** *a* αποδεκτός. **~ance** *n* (η) αποδοχή. (*approval*) (η) επιδοκιμασία

access /'ækses/ *n* (η) πρόσβαση (**to**, σε). **~ible** /ək'sesəbl/ *a* προσιτός

accessory /ək'sesəri/ *a* συμπληρωματικός. • *n* (το) αξεσουάρ. (*jur*) (ο, η) συνεργός

accident /'æksidənt/ *n* (το) δυστύχημα, ατύχημα. (*chance*) (το) τυχαίο γεγονός. **by ~** τυχαία. **~al** /-'dentl/ *a* τυχαίος. **~ally** /-'dentlɪ/ *adv* τυχαία

acclaim /ə'kleim/ *vt* ανακηρύσσω. • *n* (η) επιδοκιμασία

acclimatize /ə'klaimətaiz/ (*Amer*) **acclimate** /'æklimeit/ *vt* εγκλιματίζω. • *vi* εγκλιματίζομαι

accommodat|e /ə'kɒmədeit/ *vt* (*have room for*) φιλοξενώ. (*supply*) χορηγώ. (*oblige*) διευκολύνω. (*adapt*) προσαρμόζω. **~ing** *a* εξυπηρετικός. **~ion** /-'deiʃn/ *n* (η) στέγαση. (*rooms*) (τα) δωμάτια

accompan|y /ə'kʌmpəni/ *vt* συνοδεύω. **~iment** *n* (η) συνοδεία. (*mus*) (το) ακομπανιαμέντο

accomplice /ə'kʌmplis/ *n* (ο, η) συνένοχος

accomplish /ə'kʌmpliʃ/ *vt* πραγματοποιώ. (*achieve*) επιτυγχάνω. **~ed** *a* με πολλές ικανότητες. **~ment** *n* (η) πραγματοποίηση. (*ability*) (η) ικανότητα

accord /ə'kɔ:d/ *vi* συμφωνώ. • *vt* παρέχω. • *n* (η) συμφωνία. **of one's own ~** από μόνος μου. **~ance** *n* (η) συμφωνία. **in ~ance with** σύμφωνα με

according /ə'kɔ:diŋ/ *adv* ~ **to** -σύμφωνα με. **~ly** *adv* ανάλογα

accordion /ə'kɔ:diən/ *n* (το) ακορντεόν

accost /ə'kɒst/ *vt* πλησιάζω

account /ə'kaunt/ *n* (*comm*) (ο) λογαριασμός. (*description*) (η) περιγραφή. • *vt* ~ **for** εξηγώ. **on**

~ of λόγω. **on no ~** σε καμιά περίπτωση. **take into ~** λαμβάνω υπόψη. **~able** *a* υπόλογος (**to**, σε **for**, για)

accountant /əˈkaʊntənt/ *n* (ο) λογιστής

accumulat|e /əˈkjuːmjʊleɪt/ *vt/i* συσσωρεύω. **~ion** /-ˈleɪʃn/ *n* (η) συσσώρευση

accura|te /ˈækjərət/ *a* ακριβής. **~cy** *n* (η) ακρίβεια. **~tely** *adv* με ακρίβεια

accus|e /əˈkjuːz/ *vt* κατηγορώ. **the ~d** (ο) κατηγορούμενος. **~ation** /-ˈzeɪʃn/ *n* (η) κατηγορία

accustom /əˈkʌstəm/ *vt* συνηθίζω. **~ed** *a* συνηθισμένος. **become ~ed to** συνηθίζω

ace /eɪs/ *n* (ο) άσος

ache /eɪk/ *n* (ο) πόνος. • *vi* πονώ

achieve /əˈtʃiːv/ *vt* κατορθώνω, επιτυγχάνω. **~ment** *n* (η) επίτευξη. (*feat*) (το) κατόρθωμα

acid /ˈæsɪd/ *a* όξινος. • *n* (το) οξύ. **~ity** /əˈsɪdəti/ *n* (η) οξύτητα. **~ rain** *n* (η) όξινη βροχή

acknowledge /əkˈnɒlɪdʒ/ *vt* αναγνωρίζω. **~ receipt of a letter** βεβαιώνω τη λήψη επιστολής. **~ment** *n* (η) αναγνώριση. (*of receipt*) (η) βεβαίωση

acne /ˈækni/ *n* (η) ακμή (στο πρόσωπο)

acorn /ˈeɪkɔːn/ *n* (το) βαλανίδι

acoustic /əˈkuːstɪk/ *a* ακουστικός. **~s** *npl* (η) ακουστική

acquaint /əˈkweɪnt/ *vt* **~ s.o. with** γνωστοποιώ σε κάποιον. **be ~ed with** (*person*) γνωρίζομαι με. (*fact*) γνωρίζω. **~ance** *n* (*knowledge*) (η) γνωριμία. (*person*) (ο) γνωστός

acquiesce /ækwiˈes/ *vi* συγκατατίθεμαι

acqui|re /əˈkwaɪə(r)/ *vt* αποκτώ. **~sition** /ækwɪˈzɪʃn/ *n* (η) απόκτηση. (*object*) (το) απόκτημα. **~sitive** /-ˈkwɪzətɪv/ *a* άπληστος

acquit /əˈkwɪt/ *vt* (*pt* **acquitted**) αθωώνω. **~ o.s.** φέρομαι. **~tal** *n* (η) αθώωση

acre /ˈeɪkə(r)/ *n* τέσσερα στρέμματα

acrobat /ˈækrəbæt/ *n* (ο) ακροβάτης, (η) ακροβάτισσα

across /əˈkrɒs/ *adv & prep* (*side to side*) από τη μια πλευρά στην άλλη. (*on other side*) στην απέναντι πλευρά. (*crosswise*) σταυρωτά. **walk ~** διασχίζω

act /ækt/ *n* (*action, part of play*) (η) πράξη. (*pretence*) (το) θέατρο. (*part of show*) (το) νούμερο. (*decree*) (ο) νόμος. • *vi* ενεργώ. • *vt/i* παίζω. (*pretend*) υποκρίνομαι. **~ing** *a* αναπληρωματικός. • *n* (*theatr*) (η) ηθοποιία

action /ˈækʃn/ *n* (η) δράση. (*mil*) (η) μάχη. **take ~** ενεργώ

activ|e /ˈæktɪv/ *a* ενεργητικός. (*energetic*) δραστήριος. **~ity** /-ˈtɪvəti/ *n* (η) δραστηριότητα

ac|tor /ˈæktə(r)/ *n* (ο) ηθοποιός. **~tress** *n* (η) ηθοποιός

actual /ˈæktʃʊəl/ *a* πραγματικός. **~ly** *adv* πραγματικά

acumen /əˈkjuːmen/ *n* (η) οξύνοια

acupuncture /ˈækjʊprʌŋktʃə(r)/ *n* (ο) βελονισμός

acute /əˈkjuːt/ *a* οξύς. **~ly** *adv* έντονα

ad /æd/ *n* (*fam*) (η) διαφήμιση. (*newspaper*) (η) αγγελία

AD /eɪˈdiː/ *abbr* μΧ

adamant /ˈædəmənt/ *a* ανένδοτος

adapt /əˈdæpt/ *vt* προσαρμόζω. • *vi* προσαρμόζομαι. **~ation** /ædæpˈteɪʃn/ *n* (η) προσαρμογή. **~or** *n* (*electr*) (ο) προσαρμογέας, (ο) προσαρμοστής

adaptable /əˈdæptəbl/ *a* προσαρμοστικός

add /æd/ *vt/i* προσθέτω. **~ up** αθροίζω. **~ up to** ανέρχομαι σε

adder /ˈædə(r)/ *n* (η) οχιά

addict /ˈædɪkt/ *n* (ο, η) τοξικομανής

addict|ed /əˈdɪktɪd/ *a* **~ed to** εθισμένος σε. (*fig*) συνηθισμένος σε. **~ion** /-ʃn/ *n* (*med*) (ο) εθισμός

addition /əˈdɪʃn/ *n* (η) προσθήκη. (*math*) (η) πρόσθεση. **in ~** επιπρόσθετα. **~al** /-ʃənl/ *a* πρόσθετος

additive /'æditiv/ n (η) προσθετική ουσία

address /ə'dres/ n (η) διεύθυνση. (*speech*) (η) ομιλία. • vt απευθύνω. (*speak to*) μιλώ σε

adept /'ædept/ a επιδέξιος (**at**,-σε)

adequate /'ædikwət/ a επαρκής

adhere /əd'hiə(r)/ vi κολλώ. (*fig*) εμμένω (**to**, σε)

adhesive /əd'hi:siv/ a συγκολλητικός. • n (η) συγκολλητική ουσία

adjacent /ə'dʒeisnt/ a παρακείμενος

adjective /'ædʒiktiv/ n (το) επίθετο

adjoin /ə'dʒɔin/ vt γειτονεύω. **~ing** a γειτονικός

adjourn /ə'dʒɜ:n/ vt/i αναβάλλω/ομαι

adjudicate /ə'dʒu:dikeit/ vt/i επιδικάζω/ομαι

adjust /ə'dʒʌst/ vt ρυθμίζω. • vi προσαρμόζομαι (**to**, σε). **~able** a ρυθμιζόμενος. **~ment** n (η) προσαρμογή. (*techn*) (η) ρύθμιση

ad lib /æd'lib/ a αυτοσχέδιος. • vi (*pt* **ad libbed**) αυτοσχεδιάζω

administer /əd'ministə(r)/ vt (*manage*) διαχειρίζομαι. (*give*) χορηγώ

administrat|e /əd'ministreit/ vt/i διοικώ/ούμαι. **~ion** /-'streiʃn/ n (η) διοίκηση. **~ive** /-stiv/ a διοικητικός. **~or** n (ο) διοικητής, (η) διοικήτρια

admirable /'ædmərəbl/ a αξιοθαύμαστος

admiral /'ædmərəl/ n (ο) ναύαρχος

admir|e /əd'maiə(r)/ vt θαυμάζω. **~ation** /ædmə'reiʃn/ n (ο) θαυμασμός. **~er** n (ο) θαυμαστής, (η) θαυμάστρια

admission /əd'miʃn/ n (η) παραδοχή. (*entry*) (η) είσοδος

admit /əd'mit/ vt (*pt* **admitted**) (*let in*) επιτρέπω την είσοδο. (*acknowledge*) αναγνωρίζω. **~ to** παραδέχομαι. **~tance** n (η) είσοδος. **~tedly** adv ομολογουμένως

ado /ə'du:/ n (η) φασαρία. **without more ~** χωρίς περισσότερη φασαρία

adolescen|t /ædə'lesnt/ a εφηβικός. • n (ο, η) έφηβος. **~ce** n (η) εφηβεία

adopt /ə'dɒpt/ vt υιοθετώ. **~ed** a (*child*) θετός. **~ion** /-ʃn/ n (η) υιοθεσία

ador|e /ə'dɔ:(r)/ vt λατρεύω. **~able** a αξιολάτρευτος

adorn /ə'dɔ:n/ vt στολίζω

adrenalin /ə'drenəlin/ n (η) αδρεναλίνη

Adriatic /eidri'ætik/ n **~ (sea)** (η) Αδριατική (θάλασσα)

adrift /ə'drift/ a ακυβέρνητος

adult /'ædʌlt/ a & n ενήλικος

adulterate /ə'dʌltəreit/ vt νοθεύω

adultery /ə'dʌltəri/ n (η) μοιχεία

advance /əd'va:ns/ vt/i προχωρώ. (*money*) προκαταβάλλω. • n (*progress*) (η) πρόοδος. (*payment*) (η) προκαταβολή. **in ~** εκ των προτέρων. **~d** a (*studies*) ανώτερος

advantage /əd'va:ntidʒ/ n (το) πλεονέκτημα. **take ~ of** επωφελούμαι. (*person*) εκμεταλλεύομαι. **~ous** /ædvən'teidʒəs/ a επωφελής

advent /'ædvənt/ n (η) έλευση. **A~** n (το) σαραντάμερο

adventur|e /əd'ventʃə(r)/ n (η) περιπέτεια. **~er** n (ο) τυχοδιώκτης. **~ous** a περιπετειώδης

adverb /'ædvɜ:b/ n (το) επίρρημα

adversary /'ædvəsəri/ n (ο) αντίπαλος

advers|e /'ædvɜ:s/ a δυσμενής. **~ity** /əd'vɜ:səti/ n (η) ατυχία

advert /'ædvɜ:t/ n (*fam*) (η) αγγελία

advertis|e /'ædvətaiz/ vt/i (*sell*) διαφημίζω/ομαι. **~ for** ζητώ. **~ement** /əd'vɜ:tismənt/ n (η) διαφήμιση. (*in paper etc.*) (η) αγγελία. **~er** /-ə(r)/ n (ο) διαφημιστής. **~ing** n (ο) διαφημιστικός τομέας

advice /əd'vais/ n (η) συμβουλή

advis|e /əd'vaiz/ vt συμβουλεύω. (*inform*) πληροποιώ. **~e against** δε συμβουλεύω. **~able** a σκόπιμος. **~er** n (ο, η) σύμβουλος. **~ory** *a* συμβουλευτικός

advocate¹ /'ædvəkət/ *n* (ο) υποστηρικτής, (η) υποστηρίκτρια. (*jur*) (ο, η) συνήγορος

advocate² /'ædvəkeɪt/ *vt* υποστηρίζω

aerial /'eərɪəl/ *a* εναέριος. • *n* (η) κεραία

aerobics /eə'rɒbɪks/ *npl* (τα) αερόμπικς *invar*

aeroplane /'eərəpleɪn/ *n* (το) αεροπλάνο

aerosol /'eərəsɒl/ *n* (το) αεροζόλ

aesthetic /i:s'θetɪk/ *a* αισθητικός

afar /ə'fa:(r)/ *adv* μακριά. **from ~** από μακριά

affable /'æfəbl/ *a* ευπροσήγορος

affair /ə'feə(r)/ *n* (η) υπόθεση. (**love**) **~** (ο) ερωτικός δεσμός

affect /ə'fekt/ *vt* επηρεάζω. (*concern*) θίγω. (*pretend*) προσποιούμαι. **~ation** /æfek'teɪʃn/ *n* (η) προσποίηση. **~ed** *a* επιτηδευμένος

affection /ə'fekʃn/ *n* (η) στοργή. **~ate** /-ʃənət/ *a* στοργικός

affiliate /ə'fɪlieɪt/ *vt* δέχομαι σαν μέλος

affinity /ə'fɪnəti/ *n* (η) συγγένεια

affirm /ə'fɜ:m/ *vt* βεβαιώνω

affirmative /ə'fɜ:mətɪv/ *a* καταφατικός. • *n* (η) κατάφαση

affix /ə'fiks/ *vt* επισυνάπτω. (*signature*) υπογράφω

afflict /ə'flɪkt/ *vt* στενοχωρώ. **~ion** /-ʃn/ *n* (η) στενοχώρια

affluent /'æfluənt/ *a* εύπορος

afford /ə'fɔ:d/ *vt* διαθέτω. (*provide*) παρέχω. **I can't ~ to lose** δεν μπορώ να χάσω

affront /ə'frʌnt/ *n* (η) προσβολή. • *vt* προσβάλλω

afield /ə'fi:ld/ *adv* far **~** μακριά

afraid /ə'freɪd/ *a* φοβισμένος. **be~** (*frightened*) φοβούμαι (*sorry*) λυπούμαι. **I'm ~ so** δυστυχώς

afresh /ə'freʃ/ *adv* από την αρχή

Africa /'æfrɪkə/ *n* (η) Αφρική. **~n** *a* αφρικανικός. • *n* (ο) Αφρικανός (η) Αφρικανή

after /'a:ftə(r)/ *adv & prep* μετά. • *conj* όταν, αφού. • *a* επόμενος. **~ all** στο κάτω κάτω. **~-effect** *n* (ο) αντίκτυπος. **be ~** (*seek*) επιδιώκω

aftermath /'a:ftəmæθ/ *n* (το) επακόλουθο

afternoon /a:ftə'nu:n/ *n* (το) απόγευμα. **in the ~** το απόγευμα

afterthought /'a:ftəθɔ:t/ *n* μεταγενέστερη σκέψη

afterwards /'a:ftəwədz/ *adv* μετά

again /ə'gen/ *adv* ξανά, πάλι. (*besides*) άλλωστε. **never ~** ποτέ πια. **now and ~** κάπου κάπου

against /ə'genst/ *prep* εναντίον

age /eɪdʒ/ *n* (η) ηλικία. • *vt/i* (*pres p* **ageing**) γερνώ. **for ~s** (*fam*) για πολύ καιρό. **of ~** ενήλικος. **under ~** ανήλικος. **~less** *a* αγέραστος

aged¹ /'eɪdʒd/ *a* **~ two** δύο χρονών

aged² /'eɪdʒɪd/ *a* ηλικιωμένος

agen|cy /'eɪdʒənsi/ *n* (το) πρακτορείο. (*means*) (η) μεσολάβηση. **~t** *n* (ο) πράκτορας

agenda /ə'dʒendə/ *n* (η) ημερησία διάταξη

aggravate /'ægrəveɪt/ *vt* επιδεινώνω. (*irritate: fam*) εκνευρίζω

aggress|ive /ə'gresɪv/ *a* επιθετικός. **~ion** /-ʃn/ *n* (η) επίθεση

aghast /ə'ga:st/ *a* εμβρόντητος

agile /'ædʒaɪl/ *a* ευκίνητος

agitat|e /'ædʒɪteɪt/ *vt* προκαλώ αναταραχή. **~ion** /-'teɪʃn/ *n* (η) αναταραχή

agnostic /æg'nɒstɪk/ *a* αγνωστικός. • *n* (ο) αγνωστικιστής

ago /ə'gəʊ/ *adv* πριν. **a month ~** πριν ένα μήνα **long ~** πριν πολύ καιρό

agon|y /'ægəni/ *n* (η) αγωνία. **~ize** *vi* βασανίζομαι (**over**, για)

agree /ə'gri:/ *vt/i* συμφωνώ. (*match*) συμπίπτω. **~ to** δέχομαι. **~ with** συμφωνώ με. **it doesn't ~ with me** με πειράζει. **~d** *a* (*time, place*) συμφωνημένος

agreeable /ə'griːəbl/ *a* (*pleasant*)
ευχάριστος. (*in favour*) σύμφωνος
(**to**, να)

agreement /ə'griːmənt/ *n* (η)
συμφωνία. **be in ~** συμφωνώ

agricultur|e /'ægrɪkʌltʃə(r)/ *n* (η)
γεωργία. **~al** /-'kʌltʃərəl/ *a*
γεωργικός

aground /ə'graʊnd/ *adv* στην
ξηρά. **run ~** εξοκέλλω

ahead /ə'hed/ *adv* μπροστά. **be ~**
of προηγούμαι. **go ~!** (*fam*)
προχώρα!

aid /eɪd/ *vt* βοηθώ. • *n* (η) βοήθεια.
in ~ of σε βοήθεια

aide /eɪd/ *n* (ο, η) βοηθός

AIDS /eɪdz/ *n* (το) AIDS

aim /eɪm/ *vt* σκοπεύω. • *vi*
αποβλέπω. • *n* (ο) στόχος. (*fig*)
(ο) σκοπός. **~ at** σημαδεύω. **~**
to σκοπεύω να. **~less** *a* άσκοπος

air /eə(r)/ *n* (ο) αέρας. (*manner*) (το)
ύφος. • *vt* αερίζω. (*views*) εκθέτω.
~-conditioning *n* (ο)
κλιματισμός. **A~ Force** *n* (η)
Αεροπορία. **~ hostess** *n* (η)
αεροσυνοδός. **~ mail** *n* (το)
αεροπορικό ταχυδρομείο. **by ~**
(**mail**) αεροπορικώς. **be on the**
~ είμαι στον αέρα.

aircraft /'eəkrɑːft/ *n invar* (το)
αεροσκάφος

airfield /'eəfiːld/ *n* (το) αεροδρόμιο

airgun /'eəgʌn/ *n* (το) αεροβόλο

airline /'eəlaɪn/ *n* (η) αερογραμμή

airplane /'eəpleɪn/ *n* (*Amer*) (το)
αεροπλάνο

airport /'eəpɔːt/ *n* (το) αεροδρόμιο,
(ο) αερολιμένας

airtight /'eətaɪt/ *a* αεροστεγής

aisle /aɪl/ *n* (ο) διάδρομος

ajar /ə'dʒɑː(r)/ *a* μισάνοιχτος

akin /ə'kɪn/ *a* συγγενής. **~ to**
παρόμοιος με

alarm /ə'lɑːm/ *n* (ο) συναγερμός.
• *vt* ανησυχώ. **~ (clock)** *n* (το)
ξυπνητήρι

album /'ælbəm/ *n* (το) λεύκωμα

alcohol /'ælkəhɒl/ *n* (το) αλκοόλ
invar, (το) οινόπνευμα. **~ic**
/-'hɒlɪk/ *a* οινοπνευματώδης. • *n*
(*person*) (ο) αλκοολικός

alcopop /'ælkəpɒp/ *n* (το)
οινοπνευματώδες αναψυκτικό

alcove /'ælkəʊv/ *n* (η) εσοχή

ale /eɪl/ *n* (η) μπίρα

alert /ə'lɜːt/ *a* δραστήριος.
(*watchful*) προσεκτικός. • *n* (η)
επιφυλακή. • *vt* θέτω σε
επιφυλακή

algebra /'ældʒɪbrə/ *n* (η) άλγεβρα

Algeria /æl'dʒɪərɪə/ *n* (η) Αλγερία

alias /'eɪlɪəs/ *n* (*pl* **-ases**) (το)
ψευδώνυμο. • *adv* γνωστός σαν

alibi /'ælɪbaɪ/ *n* (*pl* **-is**) (το) άλλοθι

alien /'eɪlɪən/ *a* & *n* αλλοδαπός

alienate /'eɪlɪəneɪt/ *vt* αποξενώνω

alight¹ /ə'laɪt/ *vi* κατεβαίνω. (*bird*)
κάθομαι

alight² /ə'laɪt/ *a* φλεγόμενος

align /ə'laɪn/ *vt* ευθυγραμμίζω

alike /ə'laɪk/ *a* ίδιος. • *adv* ίδια.
look *or* **be ~** είμαστε ίδιοι

alive /ə'laɪv/ *a* ζωντανός. **be ~**
with βρίθω από

alkali /'ælkəlaɪ/ *n* (το) αλκάλιο

all /ɔːl/ *a* & *pron* όλος. • *adv* όλο.
~ in *a* (*exhausted: fam*)
κατακουρασμένος. **~-in** *a*
(*inclusive*) συνολικός. **~-out** *a*
γενικός. **~ over** (*everywhere*)
παντού. **~ right** εντάξει.
~-round *a* γενικός. **~ the**
same ωστόσο. **be ~ for** είμαι
υπέρ. **in ~** συνολικά. **not at ~**
καθόλου

allay /ə'leɪ/ *vt* καθησυχάζω

allegation /ælɪ'geɪʃn/ *n* (ο)
ισχυρισμός

allege /ə'ledʒ/ *vt* ισχυρίζομαι.
~dly /-ɪdlɪ/ *adv* λέγεται

allegiance /ə'liːdʒəns/ *n* (η) πίστη

allegory /'ælɪgərɪ/ *n* (η) αλληγορία

allerg|y /'ælədʒɪ/ *n* (η) αλλεργία.
~ic /ə'lɜːdʒɪk/ *a* αλλεργικός
(**to**, -σε)

alleviate /ə'liːvɪeɪt/ *vt* ανακουφίζω

alley /'ælɪ/ *n* (το) δρομάκι. (*for*
bowling etc.) (ο) διάδρομος

alliance /ə'laɪəns/ *n* (η) συμμαχία

allied /'ælaɪd/ *a* συμμαχικός

alligator /'ælɪgeɪtə(r)/ *n* (ο)
αλιγάτορας

allocate /'æləkeɪt/ *vt* (*assign*)

αναθέτω. (*share out*) κατανέμω

allot /əˈlɒt/ *vt* (*pt* **allotted**)
παραχωρώ. **~ment** *n* (*share*) (το)
μερίδιο

allow /əˈlaʊ/ *vt* επιτρέπω. (*grant*)
χορηγώ. (*reckon on*) υπολογίζω.
(*agree*) αναγνωρίζω. **~ for**
προβλέπω. **~ s.o. to** επιτρέπω
σε κπ να

allowance /əˈlaʊəns/ *n* (το)
επίδομα. (*money*) (η) έκπτωση

allude /əˈluːd/ *vi* υπαινίσσομαι

allusion /əˈluːʒn/ *n* (ο) υπαινιγμός

ally[1] /ˈælaɪ/ *n* (ο) σύμμαχος

ally[2] /əˈlaɪ/ *vt* συνδέω

almighty /ɔːlˈmaɪtɪ/ *n* **the A~** ο
Παντοδύναμος

almond /ˈɑːmənd/ *n* (το) αμύγδαλο.
(*tree*) (η) αμυγδαλιά

almost /ˈɔːlməʊst/ *adv* σχεδόν

alone /əˈləʊn/ *a* μόνος. • *adv* μόνο

along /əˈlɒŋ/ *prep* κατά μήκος.
• *adv* εμπρός. **all ~** από την
αρχή. **~ with** μαζί με. **come ~**
έλα, πάμε

alongside /əlɒŋˈsaɪd/ *adv* (*naut*)
δίπλα. • *prep* παραπλεύρως

aloof /əˈluːf/ *adv* σε απόσταση. • *a*
επιφυλακτικός

aloud /əˈlaʊd/ *adv* δυνατά

alphabet /ˈælfəbet/ *n* (το)
αλφάβητο. **~ical** /-ˈbetɪkl/ *a*
αλφαβητικός

alpine /ˈælpaɪn/ *a* αλπικός

Alps /ælps/ *npl* **the ~** (οι) Άλπεις

already /ɔːlˈredɪ/ *adv* ήδη

also /ˈɔːlsəʊ/ *adv* επίσης

altar /ˈɔːltə(r)/ *n* (ο) βωμός

alter /ˈɔːltə(r)/ *vt/i* αλλάζω. **~ation**
/-ˈreɪʃn/ *n* (η) αλλαγή

alternate[1] /ɔːlˈtɜːnət/ *a*
εναλλασσόμενος. **on ~ days**
μέρα παρά μέρα. **~ly** *adv*
εναλλάξ

alternate[2] /ˈɔːltəneɪt/ *vt/i*
εναλλάσσω/ομαι

alternative /ɔːlˈtɜːnətɪv/ *a*
εναλλακτικός. (*not conventional*)
μη συμβατικός. • *n* (η)
εναλλακτική λύση. **~ly** *adv*
εναλλακτικά

although /ɔːlˈðəʊ/ *conj* αν και

altitude /ˈæltɪtjuːd/ *n* (το) ύψος

altogether /ɔːltəˈɡeðə(r)/ *adv*
(*completely*) εντελώς. (*on the
whole*) γενικά. (*in total*) συνολικά

aluminium /æljʊˈmɪnɪəm/, (*Amer*)
aluminum /əˈluːmɪnəm/ *n* (το)
αλουμίνιο

always /ˈɔːlweɪz/ *adv* πάντα,
πάντοτε

am /æm/ *see* BE

a.m. /ˈeɪem/ *adv* πμ

amass /əˈmæs/ *vt* συσσωρεύω

amateur /ˈæmətə(r)/ *a & n*
ερασιτέχνης

amaze /əˈmeɪz/ *vt* καταπλήσσω.
~ment *n* (η) κατάπληξη. **~ing**
a καταπληκτικός

ambassador /æmˈbæsədə(r)/ *n* (ο)
πρεσβευτής, (ο) πρέσβης

ambiguous /æmˈbɪɡjʊəs/ *a*
αμφίλογος. **~ity** /-ˈɡjuːətɪ/ *n* (η)
αμφιλογία

ambition /æmˈbɪʃn/ *n* (η)
φιλοδοξία. **~ous** *a* φιλόδοξος

amble /ˈæmbl/ *vi* περπατώ αργά

ambulance /ˈæmbjʊləns/ *n* (το)
ασθενοφόρο

ambush /ˈæmbʊʃ/ *n* (η) ενέδρα.
• *vt* στήνω ενέδρα

amen /ɑːˈmen/ *int* αμήν

amenable /əˈmiːnəbl/ *a*
επιδεκτικός

amend /əˈmend/ *vt* τροποποιώ.
make ~s for επανορθώνω.
~ment *n* (η) τροποποίηση

amenities /əˈmiːnətɪz/ *npl* (οι)
ευκολίες

America /əˈmerɪkə/ *n* (η) Αμερική.
~n *a* αμερικάνικος. • *n* (ο)
Αμερικανός, (η) Αμερικανίδα

amiable /ˈeɪmɪəbl/ *a* αξιαγάπητος

amicable /ˈæmɪkəbl/ *a* φιλικός

amid(st) /əˈmɪd(st)/ *prep* ανάμεσα

amiss /əˈmɪs/ *a & adv* στραβά. **sth.
is ~** κτ δεν πάει καλά

ammunition /æmjʊˈnɪʃn/ *n* (τα)
πολεμοφόδια

amnesia /æmˈniːzɪə/ *n* (η) αμνησία

amnesty /ˈæmnəstɪ/ *n* (η)
αμνηστία

amok /əˈmɒk/ *adv* **run ~** με
πιάνει αμόκ

among(st) /ə'mʌŋ(st)/ *prep*
ανάμεσα, μεταξύ

amoral /eɪ'mɒrəl/ *a* χωρίς ηθικές
αντιλήψεις

amorous /'æmərəs/ *a* ερωτικός

amount /ə'maʊnt/ *n* (η) ποσότητα.
(*total*) (το) σύνολο. (*sum of
money*) (το) ποσό. • *vi* **~ to**
ανέρχομαι σε

amp(ere) /'amp(eə(r))/ *n* (το)
αμπέρ *invar*

amphibi|an /æm'fɪbɪən/ *n* (το)
αμφίβιο. **~ous** *a* αμφίβιος

amphitheatre /'æmfɪθɪətə(r)/ *n* (το)
αμφιθέατρο

ample /'æmpl/ *a* άφθονος. (*enough*)
αρκετός

amplif|y /'æmplɪfaɪ/ *vt* επεκτείνω.
~ier *n* (ο) ενισχυτής

amputate /'æmpjʊteɪt/ *vt*
ακρωτηριάζω

amus|e /ə'mjuːz/ *vt* διασκεδάζω.
~ement *n* (η) διασκέδαση.
~ing *a* διασκεδαστικός

an /ən, ən/ *see* A

anaem|ia /ə'niːmɪə/ *n* (η) αναιμία.
~ic *a* αναιμικός

anaesthetic /ænɪs'θetɪk/ *n* (το)
αναισθητικό

analogy /ə'nælədʒɪ/ *n* (η) αναλογία

analyse /'ænəlaɪz/ *vt* αναλύω

analysis /ə'næləsɪs/ (*pl* **-yses** /-əsiːz/)
n (η) ανάλυση

anarch|y /'ænəkɪ/ *n* (η) αναρχία.
~ist *n* (ο) αναρχικός

anatomy /ə'nætəmɪ/ *n* (η)
ανατομία

ancestor /'ænsestə(r)/ *n* (ο)
πρόγονος

ancestry /'ænsestrɪ/ *n* (η)
καταγωγή

anchor /'æŋkə(r)/ *n* (η) άγκυρα. • *vi*
αγκυροβολώ

anchovy /'æntʃənɪ/ *n* (η)
αντσούγια

ancient /'eɪnʃənt/ *a* αρχαίος

and /ənd, ænd/ *conj* και

anecdote /'ænɪkdəʊt/ *n* (το)
ανέκδοτο

anew /ə'njuː/ *adv* ξανά

angel /'eɪndʒl/ *n* (ο) άγγελος

anger /'æŋgə(r)/ *n* (ο) θυμός. • *vt*
θυμώνω

angle¹ /'æŋgl/ *n* (η) γωνία. (*fig*) (η)
άποψη. **at an ~** διαγωνίως

angle² /'æŋgl/ *vi* ψαρεύω με
καλάμι. **~ for** (*fig*) ψαρεύω

Anglican /'æŋglɪkən/ *a*
αγγλικανικός. • *n* (ο) αγγλικανός,
(η) αγγλικανή

Anglo- /'æŋgləʊ/ *pref* αγγλο-

angr|y /'æŋgrɪ/ *a* (**-ier**, **-iest**)
θυμωμένος. **get ~y** θυμώνω
(**with**, με). **~ily** *adv* θυμωμένα

anguish /'æŋgwɪʃ/ *n* (η) αγωνία

angular /'æŋgjʊlə(r)/ *a* γωνιακός

animal /'ænɪməl/ *n* (το) ζώο. • *a*
ζωικός

animate¹ /'ænɪmət/ *a* ζωντανός

animate² /'ænɪmeɪt/ *vt* ζωντανεύω.
~d *a* ζωηρός

animosity /ænɪ'mɒsətɪ/ *n* (η)
εχθρότητα

aniseed /'ænɪsiːd/ *n* (το)
γλυκάνισο

ankle /'æŋkl/ *n* (ο) αστράγαλος

annex /ə'neks/ *vt* προσαρτώ

annexe /'æneks/ *n* (το) παράρτημα

annihilate /ə'naɪəleɪt/ *vt*
εκμηδενίζω

anniversary /ænɪ'vɜːsərɪ/ *n* (η)
επέτειος

annotate /'ænəteɪt/ *vt* σχολιάζω

announce /ə'naʊns/ *vt*
ανακοινώνω. **~ment** *n* (η)
ανακοίνωση. **~r** /-ə(r)/ *n* (*radio,
TV*) (ο) εκφωνητής

annoy /ə'nɔɪ/ *vt* ενοχλώ. **~ance** *n*
(η) ενόχληση. **~ed** *a*
ενοχλημένος **~ing** *a*
ενοχλητικός

annual /'ænjʊəl/ *a* ετήσιος. • *n* (η)
επετηρίδα. **~ly** *adv* ετησίως

annuity /ə'njuːɪtɪ/ *n* (η) ετήσια
καταβολή

annul /ə'nʌl/ *vt* (*pt* **annulled**)
ακυρώνω πρόσοδος

anoint /ə'nɔɪnt/ *vt* χρίζω

anomaly /ə'nɒməlɪ/ *n* (η)
ανωμαλία

anonymous /ə'nɒnɪməs/ *a*
ανώνυμος

anorak /'ænəræk/ *n* (το) άνορακ.
(*invar*)

another /ə'nʌðə(r)/ *a & pron*
άλλος. **one ~** ο ένας τον άλλο

answer /'a:nsə(r)/ *n* (η) απάντηση.
(*solution*) (η) λύση. *vt/vi* απαντώ.
~ back αντιμιλώ. **~ for** είμαι
υπεύθυνος για. **~able** *a*
υπόλογος. **~ing machine** *n* (ο)
αυτόματος τηλεφωνητής

ant /ænt/ *n* (το) μυρμήγκι

antagonis|m /æn'tægənɪzm/ *n* (ο)
ανταγωνισμός. **~tic** /-'nɪstɪk/ *a*
ανταγωνιστικός

antagonize /æn'tægənaɪz/ *vt*
ανταγωνίζομαι

Antarctic /æn'ta:ktɪk/ *a*
ανταρκτικός

ante- /'ænti/ *pref* προ-

antelope /'æntɪləʊp/ *n* (η)
αντιλόπη

antenna /æn'tenə/ *n* (η) κεραία

anthem /'ænθəm/ *n* (ο) ύμνος

anthology /æn'θɒlədʒɪ/ *n* (η)
ανθολογία

anthropology /ænθrə'pɒlədʒɪ/ *n*
(η) ανθρωπολογία

anti- /'ænti/ *pref* αντι-

antibiotic /æntɪbaɪ'ɒtɪk/ *n* (το)
αντιβιοτικό

anticipat|e /æn'tɪsɪpeɪt/ *vt*
προσδοκώ. (*foresee*) προβλέπω.
(*forestall*) προλαβαίνω. **~ion**
/-'peɪʃn/ *n* (η) προσδοκία

anticlimax /ænti'klaɪmæks/ *n* (η)
πτώση

anticlockwise /ænti'klɒkwaɪz/ *adv
& a* προς τα αριστερά

antidote /'æntɪdəʊt/ *n* (το)
αντίδοτο

antifreeze /'æntɪfri:z/ *n* (το)
αντιπηκτικό

antipathy /æn'tɪpəθɪ/ *n* (η)
αντιπάθεια

antiquated /'æntɪkweɪtɪd/ *a*
απαρχαιωμένος

antique /æn'ti:k/ *a* αρχαίος. • *n* (η)
αντίκα

antiquity /æn'tɪkwətɪ/ *n* (η)
αρχαιότητα

antiseptic /ænti'septɪk/ *a*
αντισηπτικός. • *n* (το)
αντισηπτικό

antisocial /ænti'səʊʃl/ *a*
αντικοινωνικός

antler /'æntlər/ *n* (το) κέρατο

anus /'eɪnəs/ *n* (η) έδρα

anvil /'ænvɪl/ *n* (το) αμόνι

anxiety /æŋ'zaɪətɪ/ *n* (η) ανησυχία.
(*eagerness*) (η) ανυπομονησία

anxious /'æŋkʃəs/ *a* ανήσυχος.
(*eager*) ανυπόμονος (**to**, να). **~ly**
adv ανήσυχα

any /'enɪ/ *a* (*some*) μερικοί. (*every*)
όλοι (*no matter which*)
οποιοσδήποτε. **not ~** καθόλου

anybody /'enɪbɒdɪ/ *pron*
καξσθένας. (*after negative*)
κανένας. **~ can do that** ο
καθένας μπορεί να το κάνει

anyhow /'enɪhaʊ/ *adv*
οπωσδήποτε. (*badly*) όπως όπως

anyone /'enɪwʌn/ *pron* = **anybody**

anything /'enɪθɪŋ/ *pron* οτιδήποτε.
(*after negative*) τίποτα

anyway /'enɪweɪ/ *adv* πάντως

anywhere /'enɪweə(r)/ *adv*
οπουδήποτε. (*after negative*)
πουθενά

apart /ə'pa:t/ *adv* (*on one side*)
παράμερα, κατά μέρος.
(*separated*) χωριστά. **~ from**
εκτός από

apartheid /ə'pa:theɪt/ *n* (το)
απαρτχάιντ. (*invar*)

apartment /ə'pa:tmənt/ *n* (*Amer*)
(το) διαμέρισμα

apath|y /'æpəθɪ/ *n* (η) απάθεια.
~etic /-'θetɪk/ *a* απαθής

ape /eɪp/ *n* (ο) πίθηκος. • *vt*
πιθηκίζω

aperitif /ə'perətɪf/ *n* (το) απεριτίφ
invar

aperture /'æpətʃʊə(r)/ *n* (η) οπή

apex /'eɪpeks/ *n* (η) κορυφή

apologetic /əpɒlə'dʒetɪk/ *a*
απολογητικός

apologize /ə'pɒlədʒaɪz/ *vi* ζητώ
συγνώμη (**for**, για. **to** από)

apology /ə'pɒlədʒɪ/ *n* (η) συγνώμη

apostle /ə'pɒsl/ *n* (ο) απόστολος

apostrophe /ə'pɒstrəfi/ *n* (η)
απόστροφος

appal /ə'pɔ:l/ *vt* (*pt* **appalled**)
τρομάζω. **~ling** *a* τρομακτικός

apparatus /æpə'reɪtəs/ *n* (η)
συσκευή

apparent /ə'pærənt/ a φανερός.
~ly adv προφανώς

apparition /æpə'rɪʃn/ n (η)
οπτασία

appeal /ə'pi:l/ vi κάνω έκκληση.
(attract) συγκινώ. • n (η)
έκκληση. (attractiveness) (η)
έλξη. **~ to** (beg) προσφεύγω σε.
(please) αρέσω. **~ing** a
ελκυστικός

appear /ə'pɪə(r)/ vi (arrive)
παρουσιάζομαι. (seem) φαίνομαι.
~ance n (η) εμφάνιση. (aspect)
(το) παρουσιαστικό

appease /ə'pi:z/ vt κατευνάζω

appendicitis /əpendɪ'saɪtɪs/ n (η)
σκωληκοειδίτιδα

appendix /ə'pendɪks/ n (of book)
(το) παράρτημα. (anat) (η)
σκωληκοειδής απόφυση

appetite /'æpɪtaɪt/ n (η) όρεξη

appetizing /'æpɪtaɪzɪŋ/ a
ορεκτικός

applau|d /ə'plɔ:d/ vt/i χειροκροτώ.
~se n (το) χειροκρότημα

apple /'æpl/ n (το) μήλο. **~-tree** n
(η) μηλιά

appliance /ə'plaɪəns/ n (η)
συσκευή

applicable /'æplɪkəbl/ a
εφαρμόσιμος

applicant /'æplɪkənt/ n (o)
υποψήφιος

application /æplɪ'keɪʃn/ n (η)
εφαρμογή. (request) (η) αίτηση.
~ form n (το) έντυπο αιτήσεως

apply /ə'plaɪ/ vt εφαρμόζω. • vi
(refer) απευθύνομαι. (be in force)
ισχύω. (ask) ζητώ. **~ for** (job
etc.) κάνω αίτηση για

appoint /ə'pɔɪnt/ vt διορίζω.
~ment n (το) ραντεβού. (job) (o)
διορισμός

appraise /ə'preɪz/ vt αποτιμώ

appreciable /ə'pri:ʃəbl/ a
αξιόλογος

appreciat|e /ə'pri:ʃɪeɪt/ vt εκτιμώ.
(like) μου αρέσει. (understand)
αντιλαμβάνομαι. • vi (in value)
ανατιμούμαι. **~ion** /-'eɪʃn/ n (η)
εκτίμηση. (in value) (η)
ανατίμηση. **~ive** /ə'pri:ʃɪətɪv/ a
εκτιμητικός

apprehen|d /æprɪ'hend/ vt
συλλαμβάνω. (understand)
αντιλαμβάνομαι. **~sion** /-ʃn/ n
(η) σύλληψη. (fear) (η) ανησυχία

apprehensive /æprɪ'hensɪv/
a ανήσυχος

apprentice /ə'prentɪs/ n (o)
μαθητευόμενος. • vt μαθητεύω.
~ship n (η) μαθητεία

approach /ə'prəʊtʃ/ vt/i πλησιάζω.
• n (η) προσέγγιση. **~able**
a ευπρόσιτος

appropriate[1] /ə'prəʊprɪət/ a
κατάλληλος. **~ly** adv
καταλλήλως

appropriate[2] /ə'prəʊprɪeɪt/
vt οικειοποιούμαι

approval /ə'pru:vl/ n (η) έγκριση.
on ~ επί δοκιμασία

approve /ə'pru:v/ vt/i εγκρίνω.
~ of επιδοκιμάζω

approximate[1] /ə'prɒksɪmət/ a κατά
προσέγγιση. **~ly** adv περίπου

approximat|e[2] /ə'prɒksɪmeɪt/ vt
προσεγγίζω. **~ion** /-'meɪʃn/ n (η)
προσέγγιση

apricot /'eɪprɪkɒt/ n (το) βερίκοκο

April /'eɪprəl/ n (o) Απρίλιος

apron /'eɪprən/ n (η) ποδιά

apt /æpt/ a (suitable) κατάλληλος.
be ~ to τείνω να

aptitude /'æptɪtju:d/ n (η) κλίση

aquarium /ə'kweərɪəm/ n (pl -ums)
(το) ενυδρείο

Aquarius /ə'kweərɪəs/ n (o)
Υδροχόος

aquatic /ə'kwætɪk/ a υδρόβιος

aqueduct /'ækwɪdʌkt/ n (το)
υδραγωγείο

Arab /'ærəb/ a αραβικός. • n (o)
Άραβας. **~ic** a αραβικός. • n
(lang) (η) αραβική (γλώσσα)

Arabian /ə'reɪbɪən/ a αραβικός

arable /'ærəbl/ a καλλιεργήσιμος

arbitrary /'ɑ:bɪtrərɪ/ a αυθαίρετος

arbitrat|e /'ɑ:bɪtreɪt/ vi διαιτητεύω.
~ion /-'treɪʃn/ n (η) διαιτησία

arc /ɑ:k/ n (το) τόξο

arcade /ɑ:'keɪd/ n (η) στοά

arch /ɑ:tʃ/ n (η) καμάρα. (in church
etc.) (η) αψίδα. • vt **~ one's
back** καμπουριάζω

archaeolog|y /ɑːkɪˈɒlədʒɪ/ *n* (η) αρχαιολογία. **~ist** *n* (ο, η) αρχαιολόγος

archaic /ɑːˈkeɪk/ *a* αρχαϊκός

archbishop /ɑːtʃˈbɪʃəp/ *n* (ο) αρχιεπίσκοπος

archer /ˈɑːtʃə(r)/ *n* (ο) τοξότης. **~y** *n* (η) τοξοβολία

archetype /ˈɑːkɪtaɪp/ *n* (το) αρχέτυπο

archipelago /ɑːkɪˈpeləgəʊ/ *n* (*pl* **-os**) (το) αρχιπέλαγος

architect /ˈɑːkɪtekt/ *n* (ο) αρχιτέκτονας

architecture /ˈɑːkɪtektʃə(r)/ *n* (η) αρχιτεκτονική

archives /ˈɑːkaɪvz/ *npl* (τα) αρχεία

archway /ˈɑːtʃweɪ/ *n* (η) θολωτή είσοδος

Arctic /ˈɑːktɪk/ *a* της Αρκτικής

ardent /ˈɑːdənt/ *a* θερμός, φλογερός

ardour /ˈɑːdə(r)/ *n* (η) θέρμη, (το) πάθος. (*enthusiasm*) (η) ζέση

arduous /ˈɑːdjʊəs/ *a* δύσκολος

are /ɑː(r)/ *see* BE

area /ˈeərɪə/ *n* (το) εμβαδόν. (*surface*) (η) επιφάνεια. (*region*) (η) περιοχή. (*fig*) (ο) χώρος

arena /əˈriːnə/ *n* (η) αρένα

aren't /ɑːnt/ = **are not**

argue /ˈɑːgjuː/ *vi* συζητώ. (*reason*) υποστηρίζω

argument /ˈɑːgjʊmənt/ *n* (η) συζήτηση. (*reasoning*) (το) επιχείρημα. **~ative** /-ˈmentətɪv/ *a* επιχειρηματολογικός

arid /ˈærɪd/ *a* ξηρός. (*without water*) άνυδρος

Aries /ˈeəriːz/ *n* (ο) Κριός

arise /əˈraɪz/ *vi* (*pt* **arose**, *pp* **arisen**) παρουσιάζομαι. (*fig*) εμφανίζομαι. **~ from** απορρέω

aristocracy /ærɪˈstɒkrəsɪ/ *n* (η) αριστοκρατία

aristocrat /ˈærɪstəkræt/ *n* (ο) αριστοκράτης. **~ic** /-ˈkrætɪk/ *a* αριστοκρατικός

arithmetic /əˈrɪθmətɪk/ *n* (η) αριθμητική

arm¹ /ɑːm/ *n* (το) μπράτσο. **~ in ~** αγκαζέ *invar*

arm² /ɑːm/ *vt* εξοπλίζω

armada /ɑːˈmɑːdə/ *n* (η) αρμάδα

armament /ˈɑːməmənt/ *n* (ο) οπλισμός

armchair /ˈɑːmtʃeə(r)/ *n* (η) πολυθρόνα

armistice /ˈɑːmɪstɪs/ *n* (η) εκεχειρία, (η) ανακωχή

armour /ˈɑːmə(r)/ *n* (η) πανοπλία. **~ed** *a* τεθωρακισμένος

armpit /ˈɑːmpɪt/ *n* (η) μασχάλη

arms /ɑːmz/ *npl* (*mil*) τα όπλα **be up in ~** επαναστατώ

army /ˈɑːmɪ/ *n* (ο) στρατός

aroma /əˈrəʊmə/ *n* (το) άρωμα. **~tic** /ærəˈmætɪk/ *a* αρωματικός

around /əˈraʊnd/ *adv* γύρω. (*here and there*) τριγύρω. • *prep* γύρω από. (*approximately*) περίπου. **all ~** γύρω γύρω

arouse /əˈraʊz/ *vt* προκαλώ. (*excite*) διεγείρω

arrange /əˈreɪndʒ/ *vt* διευθετώ. (*fix*) τακτοποιώ. **~ to** κανονίζω να **~ment** *n* (η) διευθέτηση. (*order*) (η) ρύθμιση. **~ments** *npl* (*plans*) (οι) ετοιμασίες

arrears /əˈrɪəz/ *npl* (τα) καθυστερούμενα. **be in ~** καθυστερώ

arrest /əˈrest/ *vt* συλλαμβάνω. (*attention*) προσελκύω. • *n* (η) σύλληψη. **under ~** υπό κράτηση

arrival /əˈraɪvl/ *n* (η) άφιξη

arrive /əˈraɪv/ *vi* φθάνω

arrogan|t /ˈærəgənt/ *a* αλαζόνας. **~ce** *n* (η) αλαζονεία

arrow /ˈærəʊ/ *n* (το) βέλος

arsenal /ˈɑːsənl/ *n* (το) οπλοστάσιο

arsenic /ˈɑːsnɪk/ *n* (το) αρσενικό

arson /ˈɑːsn/ *n* (ο) εμπρησμός

art /ɑːt/ *n* (η) τέχνη. **~ gallery** (η) πινακοθήκη

artery /ˈɑːtərɪ/ *n* (η) αρτηρία

artful /ˈɑːtfʊl/ *a* πονηρός

arthritis /ɑːˈθraɪtɪs/ *n* (η) αρθρίτιδα

artichoke /ˈɑːtɪtʃəʊk/ *n* **globe ~** (η) αγκινάρα

article /ˈɑːtɪkl/ *n* (το) άρθρο

articulate¹ /ɑːˈtɪkjʊlət/ *a* (*speech*) ευκρινής. (*person*) που εκφράζεται με σαφήνεια

articulate² /ɑːˈtɪkjʊleɪt/ vt/i
αρθρώνω

artifice /ˈɑːtɪfɪs/ n (το) τέχνασμα

artificial /ɑːtɪˈfɪʃl/ a τεχνητός.
~ respiration n (η) τεχνητή
αναπνοή

artillery /ɑːˈtɪlərɪ/ n (το)
πυροβολικό

artist /ˈɑːtɪst/ n (ο) καλλιτέχνης,
(η) καλλιτέχνιδα. **~ic** /-ˈtɪstɪk/ a
καλλιτεχνικός

as /æz, əz/ adv & conj (since) αφού.
(while) ενώ, καθώς. (like) σαν,
όπως. **~ far as** (distance) μέχρι.
(fig) καθόσον. **~ for** όσο για.
~ long as όσο. **~ much as**
όσο. **~ soon as** μόλις. **~ well**
επίσης, και

asbestos /æzˈbestɒs/ (ο) αμίαντος

ascend /əˈsend/ vt/i ανεβαίνω

ascent /əˈsent/ n (η) ανάβαση

ascertain /æsəˈteɪn/ vt εξακριβώνω
(that, ότι)

ash¹ /æʃ/ n **~(-tree)** (η) μελία

ash² /æʃ/ n (η) στάχτη

ashamed /əˈʃeɪmd/ a
ντροπιασμένος. **be ~** ντρέπομαι

ashore /əˈʃɔː(r)/ adv στην ξηρά. **go
~** αποβιβάζομαι

ashtray /ˈæʃtreɪ/ n (το)
σταχτοδοχείο, (το) τασάκι

Asia /ˈeɪʃə/ n (η) Ασία. **~n** a
ασιατικός. • n (ο) Ασιάτης, (η)
Ασιάτισσα

aside /əˈsaɪd/ adv κατά μέρος. • n
(theatr) (η) παρατήρηση

ask /ɑːsk/ vt παρακαλώ. (question)
ρωτώ. (invite) καλώ. **~ s.o. sth**
ρωτώ κπ κτ. **~ s.o. to** ζητώ από
κπ να. **~ about**, **~ after** ρωτώ
για. **~ for** ζητώ. **~ for help**
ζητώ βοήθεια

askance /əˈskæns/ adv λοξά. **look
~ at** λοξοκοιτάζω

askew /əˈskjuː/ adv στραβά

asleep /əˈsliːp/ a κοιμισμένος. **fall
~** αποκοιμιέμαι

asparagus /əˈspærəɡəs/ n (το)
σπαράγγι

aspect /ˈæspekt/ n (η) άποψη. (of
house etc.) (ο) προσανατολισμός

asphalt /ˈæsfælt/ n (η) άσφαλτος

asphyxiat|e /əsˈfɪksɪeɪt/ vt

προκαλώ ασφυξία. **~ion** /-ˈeɪʃn/
n (η) ασφυξία

aspire /əˈspaɪə(r)/ vi φιλοδοξώ

aspirin /ˈæsprɪn/ n (η) ασπιρίνη

ass /æs/ n (ο) γάιδαρος

assail /əˈseɪl/ vt/i επιτίθεμαι. **~ant**
n (ο) επιτιθέμενος

assassin /əˈsæsɪn/ n (ο)
δολοφόνος

assassinat|e /əˈsæsɪneɪt/ vt
δολοφονώ. **~ion** /-ˈeɪʃn/ n (η)
δολοφονία

assault /əˈsɔːlt/ n επίθεση. (mil)
(η) έφοδος. (jur) (η) βιαιοπραγία.
• vt επιτίθεμαι

assemble /əˈsembl/ vt
συγκεντρώνω. (mech)
συναρμολογώ. • vi
συγκεντρώνομαι

assembly /əˈsemblɪ/ n (η)
συνέλευση. **~ line** (η) γραμμή
συναρμολόγησης

assent /əˈsent/ n (η) συγκατάθεση.
• vi συγκατατίθεμαι

assert /əˈsɜːt/ vt βεβαιώνω. (one's
rights) διεκδικώ. **~ o.s.**
επιβάλλομαι. **~ion** /-ʃn/ n (ο)
ισχυρισμός. **~ive** a
κατηγορηματικός

assess /əˈses/ vt εκτιμώ. (tax)
προσδιορίζω. **~ment** n (η)
εκτίμηση. (tax) (ο)
προσδιορισμός

asset /ˈæset/ n (το) περιουσιακό
στοιχείο. (advantage) (το)
προσόν. **~s** (comm) (το)
ενεργητικό

assiduous /əˈsɪdjʊəs/ a επίμονος

assign /əˈsaɪn/ vt αναθέτω (to, σε)
~ment n (task) (η) αποστολή (η)
ανάθεση

assimilate /əˈsɪmɪleɪt/ vt
αφομοιώνω

assist /əˈsɪst/ vt/i βοηθώ. **~ance** n
(η) βοήθεια

assistant /əˈsɪstənt/ n (ο, η)
βοηθός. (shop) (ο, η)
υπάλληλος. • a βοηθός

associat|e¹ /əˈsəʊʃieɪt/ vt/i
συσχετίζω. **be ~ed** έχω σχέση.
~ion /-ˈeɪʃn/ n (η) συνεργασία.
(organization) (ο) σύνδεσμος, (ο)
σύλλογος

associate² /ə'səʊʃɪət/ n (o)
συνεργάτης

assort|ed /ə'sɔ:tɪd/ a ποικίλος.
~ment n (η) ποικιλία

assume /ə'sju:m/ vt υποθέτω.
(*power, attitude*) παίρνω. (*role, burden*) αναλαμβάνω

assumption /ə'sʌmpʃn/ n (η)
υπόθεση

assurance /ə'ʃʊərəns/ n (η)
διαβεβαίωση. (*self-confidence*) (η)
αυτοπεποίθηση

assure /ə'ʃʊə(r)/ vt βεβαιώνω. **~d**
a βέβαιος

asterisk /'æstərɪsk/ n (o)
αστερίσκος

asthma /'æsmə/ n (το) άσθμα.
~tic /-'mætɪk/ a & n ασθματικός

astonish /ə'stɒnɪʃ/ vt
καταπλήσσω. **~ing** a
καταπληκτικός. **~ment** n (η)
κατάπληξη

astound /ə'staʊnd/ vt
καταπλήσσω

astray /ə'streɪ/ adv go **~**
παραστρατώ. lead **~** παρασύρω

astride /ə'straɪd/ adv & prep
καβάλα

astrology /ə'strɒlədʒɪ/ n (η)
αστρολογία

astronaut /'æstrənɔ:t/ n (o)
αστροναύτης

astronomy /ə'strɒnəmɪ/ n (η)
αστρονομία

astute /ə'stju:t/ a έξυπνος

asylum /ə'saɪləm/ n (το) άσυλο.
lunatic ~ (το) τρελοκομείο

at /ət, æt/ prep σε. **~ Christmas**
τα Χριστούγεννα. **~ five
o'clock** στις πέντε. **~ home** στο
σπίτι. **~ once** αμέσως.
(*simultaneously*) μαζί. **not ~ all**
καθόλου **~sign** n (το) παπάκι, @

ate /eɪt/ see EAT

atheist /'eɪθɪɪst/ n (o) αθεϊστής

Athens /'æθənz/ n (η) Αθήνα

athlet|e /'æθli:t/ n (o) αθλητής, (η)
αθλήτρια. **~ic** /-'letɪk/ a
αθλητικός

Atlantic /ət'læntɪk/ a ατλαντικός.
• n **~ (Ocean)** (o) Ατλαντικός
(Ωκεανός)

atlas /'ætləs/ n (o) άτλαντας

atmosphere /'ætməsfɪə(r)/ n (η)
ατμόσφαιρα

atom /'ætəm/ n (το) άτομο. **~ic**
/ə'tɒmɪk/ a ατομικός

atone /ə'təʊn/ vi **~ for**
εξιλεώνομαι. **~ment** n (η)
εξιλέωση

atrocious /ə'trəʊʃəs/ a απαίσιος

atrocit|y /ə'trɒsətɪ/ n (η) βιαιότητα.
~ies npl (οι) ωμότητες

attach /ə'tætʃ/ vt επισυνάπτω.
~ed a (*position*) αποσπασμένος.
(*fond*) αφοσιωμένος (**to**, σε).
(*document*) επισυναπτόμενος
~ment n (*affection*) (η)
αφοσίωση. (*accessory*) (το)
εξάρτημα

attaché /ə'tæʃeɪ/ n (*pol*) (o)
ακόλουθος. **~ case** (o)
χαρτοφύλακας

attack /ə'tæk/ n (η) επίθεση. • vt/vi
επιτίθεμαι. **~er** n (o)
επιτιθέμενος

attain /ə'teɪn/ vt πραγματοποιώ.
~ment n (η) πραγματοποίηση

attempt /ə'tempt/ vt προσπαθώ. • n
(η) προσπάθεια

attend /ə'tend/ vt εξυπηρετώ.
(*school*) πηγαίνω. (*escort*)
συνοδεύω. • vi προσέχω. **~ to**
φροντίζω. **~ance** n (η) παρουσία

attendant /ə'tendənt/ n (o)
συνοδός. (*of museum*) (o)
φύλακας. (*servant*) (o) υπηρέτης,
(η) υπηρέτρια

attention /ə'tenʃn/ n (η) προσοχή.
pay ~ προσέχω

attentive /ə'tentɪv/ a προσεκτικός.
(*considerate*) περιποιητικός

attic /'ætɪk/ n (η) σοφίτα

attitude /'ætɪtju:d/ n (η) στάση

attorney /ə'tɜ:nɪ/ n (o)
πληρεξούσιος. (*Amer*) (o)
δικηγόρος

attract /ə'trækt/ vt ελκύω. **~ion**
/-ʃn/ n (η) έλξη. (*charm*) (η)
γοητεία

attractive /ə'træktɪv/ a
ελκυστικός. (*person*) γοητευτικός

attribute¹ /ə'trɪbju:t/ vt αποδίδω
(**to**, σε)

attribute² /'ætrɪbju:t/ n (η)
ιδιότητα

aubergine /'əubəʒi:n/ n (η) μελιτζάνα

auburn /'ɔ:bən/ a πυρρόξανθος

auction /'ɔ:kʃn/ n (η) δημοπρασία. (*sale*) (ο) πλειστηριασμός. • vt δημοπρατώ

audaci|ous /ɔ:'deiʃəs/ a θρασύς. ~**ty** /-æsəti/ n (το) θράσος

audible /'ɔ:dəbl/ a ακουστός

audience /'ɔ:diəns/ n (*interview*) (η) ακρόαση. (*theatr, radio*) (το) ακροατήριο

audiovisual /ɔ:diəʊ'vizuəl/ a οπτικοακουστικός

audit /'ɔ:dit/ n (ο) λογιστικός έλεγχος. • vt ελέγχω

audition /ɔ:'diʃn/ n (η) ακρόαση, (η) οντισιόν *invar*. • vi πάω για ακρόαση

auditorium /ɔ:di'tɔ:riəm/ n (η) αίθουσα ακροάσεων

augment /ɔ:g'ment/ vt αυξάνω

August /'ɔ:gəst/ n (ο) Αύγουστος

aunt /a:nt/ n (η) θεία

au pair /əʊ'peə(r)/ n (η) οπέρ

aura /'ɔ:rə/ n (η) ατμόσφαιρα

auspicious /ɔ:'spiʃiz/ a ευοίωνος

auster|e /ɔ:'stiə(r)/ a αυστηρός. ~**ity** /-erəti/ n (η) αυστηρότητα

Australia /ɒ'streiliə/ n (η) Αυστραλία. ~**n** a αυστραλιανός. • n (ο) Αυστραλός, (η) Αυστραλέζα

Austria /'ɒstriə/ n (η) Αυστρία. ~**n** a αυστριακός. • n (ο) Αυστριακός, (η) Αυστριακή

authentic /ɔ:'θentik/ a αυθεντικός. ~**ity** /-ən'tisəti/ n (η) αυθεντικότητα

authenticate /ɔ:'θentikeit/ vt επικυρώνω

author /'ɔ:θə(r)/ n (ο, η) συγγραφέας

authoritarian /ɔ:θɒri'teəriən/ a αυταρχικός

authority /ɔ:'θɒrəti/ n (η) αρχή. (*permission*) (η) εξουσιοδότηση. **in** ~ στην εξουσία

authorize /'ɔ:θəraiz/ vt εξουσιοδοτώ

autobiography /ɔ:təbai'ɒgrəfi/ n (η) αυτοβιογραφία

autograph /'ɔ:təgra:f/ n (το)

αυτόγραφο. • vt δίνω αυτόγραφο

automat|e /'ɔ:təmeit/ vt αυτοματοποιώ. ~**ion** /-'meiʃn/ n (η) αυτοματοποίηση

automatic /ɔ:tə'mætik/ a αυτόματος. ~**ally** /-kli/ adv αυτομάτως

automaton /ɔ:'tɒmətən/ n (το) αυτόματο

automobile /'ɔ:təməbi:l/ n (*Amer*) (το) αυτοκίνητο

autonomy /ɔ:'tɒnəmi/ n (η) αυτονομία

autopsy /'ɔ:tɒpsi/ n (η) νεκροτομή

autumn /'ɔ:təm/ n (το) φθινόπωρο

auxiliary /ɔ:g'ziliəri/ a βοηθητικός. • n (ο, η) βοηθός

avail /ə'veil/ vi ωφελώ. ~ **o.s. of** επωφελούμαι από. • n **to no** ~ χωρίς όφελος

availab|le /ə'veiləbl/ a διαθέσιμος. ~**ility** /-'biləti/ n (η) διαθεσιμότητα

avalanche /'ævəla:nʃ/ n (η) χιονοστιβάδα

avenge /ə'vendʒ/ vt εκδικούμαι

avenue /'ævənju:/ n (η) λεωφόρος

average /'ævəridʒ/ n (ο) μέσος όρος. • a μέσος. • vt κάνω κατά μέσο όρο. **on** ~ κατά μέσο όρο

averse /ə'vɜ:s/ a εναντίος. **be** ~ **to** αντιτίθεμαι σε. • ~**ion** /-ʃn/ n (η) αποστροφή

avert /ə'vɜ:t/ vt (*turn away*) αποστρέφω. (*ward off*) αποτρέπω

aviary /'eiviəri/ n (το) πτηνοτροφείο

avid /'ævid/ a άπληστος

avocado /ævə'ka:dəʊ/ n (το) αβοκάντο

avoid /ə'vɔid/ vt αποφεύγω. ~**able** a που μπορεί να αποφευχθεί. ~**ance** n (η) αποφυγή

await /ə'weit/ vt περιμένω

awake /ə'weik/ vt/i (*pt* **awoke**, *pp* **awoken**) ξυπνώ. • a ξύπνιος

award /ə'wɔ:d/ vt απονέμω. • n (η) απονομή. (*scholarship*) (η) επιχορήγηση

aware /ə'weə(r)/ a ενήμερος. **be** ~ **of** γνωρίζω. ~**ness** n (η) αντίληψη

awash /ə'wɒʃ/ a πλημμυρισμένος

away /ə'weɪ/ *adv* μακριά. **be ~** λείπω. **it is ten kilometres ~ (from)** απέχει δέκα χιλιόμετρα (από)

awe /ɔ:/ *n* (το) δέος. **~-inspiring** *a* που προκαλεί δέος, επιβλητικός. **~struck** *a* φοβισμένος

awful /'ɔ:fʊl/ *a* φοβερός. **~ly** *adv* φοβερά. (*very: fam*) πολύ

awkward /'ɔ:kwəd/ *a* (*difficult*) δύσκολος. (*inconvenient*) άβολος. (*clumsy*) αδέξιος. (*embarrassing, shy*) ενοχλητικός. **~ly** *adv* (*clumsily*) αδέξια. (*with embarrassment*) αμήχανα. **~ness** *n* (η) αδεξιότητα. (*discomfort*) (η) στενοχώρια

awning /'ɔ:nɪŋ/ *n* (η) τέντα

awoke, awoken /ə'wəʊk, ə'wəʊkə n/ *see* AWAKE

awry /ə'raɪ/ *adv* στραβά

axe /æks/ *n* (το) τσεκούρι. • *vt* (*pres p* **axing**) περικόβω. (*fig*) απολύω

axis /'æksɪs/ *n* (ο) άξονας

axle /'æksl/ *n* (ο) άξονας

Bb

babble /'bæbl/ *vi* φλυαρώ

baboon /bə'bu:n/ *n* (ο) βαβουίνος

baby /'beɪbɪ/ *n* (το) μωρό. **~ carriage** *n* (*Amer*) (το) καροτσάκι (μωρού). **~-sit** *vi* προσέχω μωρό. **~-sitter** *n* (ο, η) μπεϊμπισίτερ *invar*

bachelor /'bætʃələ(r)/ *n* (ο) εργένης

back /bæk/ *n* (η) πλάτη. (*of car, house*) (το) πίσω μέρος. (*of cloth*) (η) ανάποδη. (*of hand*) (η) ράχη. • *a & adv* πίσω. • *vt* (*support*) υποστηρίζω. (*bet*) στοιχηματίζω σε. • *vt/i* (*car*) κάνω όπισθεν. **~ door** (η) πίσω πόρτα. **~ down** υποχωρώ. **~ of beyond** (η) ερημιά. **~ out** υπαναχωρώ. **~ to front** ανάποδα. **~ up** υποστηρίζω. (*computing*) κάνω αντίγραφο ασφαλείας. **~-up** *n* (η) υποστήριξη

backache /'bækeɪk/ *n* (ο) πόνος στη μέση

backbiting /'bækbaɪtɪŋ/ *n* (η) κακολογία

backdate /bæk'deɪt/ *vt* προχρονολογώ

backer /'bækə(r)/ *n* (ο) υποστηριχτής. (*comm*) (ο) χρηματοδότης

backfire /bæk'faɪə(r)/ *vi* (*auto*) εκπυρσοκροτώ. (*fig*) έχω δυσάρεστο αποτέλεσμα

background /'bækgraʊnd/ *n* (το) βάθος. (*fig*) (το) ιστορικό

backhand /'bækhand/ *n* (*sport*) (το) ρεβέρ *invar*

backing /'bækɪŋ/ *n* (η) υποστήριξη

backlash /'bæklæʃ/ *n* (*fig*) (η) δυσμενής αντίδραση

backlog /'bæklɒg/ *n* (η) καθυστερημένη εργασία

backside /'bæksaɪd/ *n* (*fam*) (ο) πισινός

backwards /'bækwədz/ *adv* προς τα πίσω. (*fall*) ανάσκελα. **go ~ and forwards** πηγαινοέρχομαι

bacon /'beɪkən/ *n* (το) μπέικον *invar*

bacteria /bæk'tɪərɪə/ *npl* (τα) βακτηρίδια

bad /bæd/ *a* (**worse, worst**) κακός. (*harmful*) βλαβερός. (*serious*) σοβαρός. (*food*) χαλασμένος. **feel ~** αισθάνομαι άσχημα. **use ~ language** βρίζω. **~-mannered** *a* αγενής. **~-tempered** *a* δύστροπος. **~ly** *adv* άσχημα. **~ly off** σε κακή οικονομική κατάσταση

badge /bædʒ/ *n* (η) κονκάρδα

badger /'bædʒə(r)/ *n* (ο) ασβός. • *vt* ενοχλώ

baffle /'bæfl/ *vt* φέρνω σε αμηχανία

bag /bæg/ *n* (*handbag*) (η) τσάντα. (*sack*) (η) σακούλα. **~s** (*luggage*) (οι) αποσκευές. (*under eyes*) (οι) σακούλες. • *vt* (*pt* **bagged**) βάζω σε σάκο. (*take*) βουτώ

baggage /'bægɪdʒ/ *n* (οι) αποσκευές

baggy /'bægɪ/ *a* (*clothes*) σακουλιασμένος

bagpipes /'bægpaɪps/ npl (η)
γκάιντα

bail¹ /beɪl/ n (η) εγγύηση για
απόλυση. • vt εγγυώμαι. **~ s.o.
out** ελευθερώνω με πληρωμή
εγγύησης

bail² /beɪl/ vt (naut) **~ out a boat**
βγάζω νερό από σκάφος

bailiff /'beɪlɪf/ n (ο) δικαστικός
κλητήρας

bait /beɪt/ n (το) δόλωμα vt
δολώνω. (torment) βασανίζω

bak|e /beɪk/ vt ψήνω. • vi
ξεροψήνομαι. **~er** n (ο)
αρτοποιός, (fam) (ο) φούρναρης.
~ing n (το) ψήσιμο. (of bread)
(η) φουρνιά

bakery /'beɪkərɪ/ n (το)
αρτοποιείο, (fam) (ο) φούρνος

balance /'bæləns/ n (η) ισορροπία.
(comm) (το) ισοζύγιο. (sum) (το)
υπόλοιπο. (scales) (η) ζυγαριά.
• vt ισορροπώ. (comm)
ισοσκελίζω. • vi
αμφιταλαντεύομαι. **~d** a
ισορροπημένος

balcony /'bælkənɪ/ n (το) μπαλκόνι

bald /bɔːld/ a φαλακρός

bale¹ /beɪl/ n (η) μπάλα
(εμπορευμάτων)

bale² /beɪl/ vi **~ out** πέφτω με
αλεξίπτωτο

balk /bɔːk/ vi δειλιάζω

ball¹ /bɔːl/ n (η) μπάλα. (of yarn)
(το) κουβάρι. (sphere) (η) σφαίρα.
~-bearing n (το) ρουλεμάν.
~-point (pen) n (το) στυλό
διαρκείας

ball² /bɔːl/ n (dance) (ο) χορός

ballad /'bæləd/ n (η) μπαλάντα

ballast /'bæləst/ n (το) έρμα

ballet /'bæleɪ/ n (το) μπαλέτο

balloon /bə'luːn/ n (το) μπαλόνι.
hot-air ~ (το) αερόστατο

ballot /'bælət/ n (η) ψηφοφορία.
~(-paper) (το) ψηφοδέλτιο.
~-box n (η) κάλπη

ballroom /'bɔːlruːm/ n (η) αίθουσα
χορού

balm /bɑːm/ n (το) βάλσαμο. **~y** a
(air) μυρωμένος. (mad: sl) τρελός

balustrade /'bæləstreɪd/ n (το)
κιγκλίδωμα

bamboo /bæm'buː/ n (το) μπαμπού
invar

ban /bæn/ vt (pt **banned**)
απαγορεύω. • n (η) απαγόρευση

banal /bə'nɑːl/ a κοινότοπος. **~ity**
/-ælətɪ/ (η) κοινοτοπία

banana /bə'nɑːnə/ n (η) μπανάνα

band /bænd/ n (η) λωρίδα. (on hat)
(η) κορδέλα. (mus) (η) ορχήστρα.
(mil) (η) μπάντα. (of thieves) (η)
συμμορία. • vi **~ together**
συνενώνομαι με άλλους (για
κοινή δράση)

bandage /'bændɪdʒ/ n (ο)
επίδεσμος. • vt επιδένω

bandit /'bændɪt/ n (ο) ληστής

bandy /'bændɪ/ a (-ier, -iest)
~-legged a στραβοπόδης

bang /bæŋ/ n (noise) (ο) βρόντος.
(blow) (το) δυνατό χτύπημα. • vt/i
βροντώ. • adv **~ on** ακριβώς.
~! int μπαμ!

bangle /'bæŋgl/ n (το) βραχιόλι

banish /'bænɪʃ/ vt εξορίζω

banisters /'bænɪstəz/ npl (τα)
κάγκελα

banjo /'bændʒəʊ/ n (pl **-os**) (το)
μπάντζο invar

bank¹ /bæŋk/ n (of river) (η) όχθη.
• vi (aviat) κλίνω

bank² /bæŋk/ n (η) τράπεζα.
• vt καταθέτω. **~ account** n (ο)
τραπεζικός λογαριασμός. **~
holiday** n (η) αργία. **~ on**
στηρίζομαι σε. **~ with** η
τράπεζά μου είναι. **~er** n (ο)
τραπεζίτης

banknote /'bæŋknəʊt/ n (το)
χαρτονόμισμα

bankrupt /'bæŋkrʌpt/ a
χρεοκοπημένος. **go ~** πτωχεύω.
• n (ο) χρεοκοπημένος. • vt
οδηγώ σε πτώχευση/χρεοκοπία.
~cy n (η) πτώχευση, (η)
χρεοκοπία

banner /'bænə(r)/ n (η) σημαία

banns /bænz/ npl (η) αγγελία γάμου
στην εκκλησία

banquet /'bæŋkwɪt/ n (το)
συμπόσιο

baptism /'bæptɪzəm/ n (το)
βάφτισμα

baptize /bæp'taɪz/ vt βαφτίζω

bar /bɑː(r)/ n (η) ράβδος. (on window) (το) κάγκελο. (jur) (το) εδώλιο. (of chocolate, soap) (η) πλάκα. (of gold) (η) ράβδος. (pub) (το) μπαρ invar. (counter) (ο) πάγκος. (mus) (το) μέτρο. (fig) (το) εμπόδιο. • vt (pt **barred**) κλείνω. (exclude) αποκλείω. (prohibit) απαγορεύω. • prep εκτός από

barbarian /bɑːˈbeərɪən/ a & n βάρβαρος

barbar|ic /bɑːˈbærɪk/ a βαρβαρικός. **~ity** /-ətɪ/ n (η) βαρβαρότητα

barbecue /ˈbɑːbɪkjuː/ n (το) ψητό στα κάρβουνα

barbed /bɑːbd/ a ακιδωτός. **~ wire** (το) συρματόπλεγμα

barber /ˈbɑːbə(r)/ n (ο) κουρέας

bare /beə(r)/ a γυμνός. (mere) ελάχιστος. • vt γυμνώνω. **~ one's teeth** δείχνω τα δόντια μου. **~ly** adv μόλις

bareback /ˈbeəbæk/ adv χωρίς σέλα

barefoot /ˈbeəfʊt/ a & adv ξυπόλυτος

bareheaded /ˈbeəhedɪd/ a ξεσκούφωτος

bargain /ˈbɑːgɪn/ n (το) παζάρεμα. (agreement) (η) συμφωνία. (good buy) (η) ευκαιρία. • vi (haggle) παζαρεύω

barge /bɑːdʒ/ n (η) φορτηγίδα. • vi **~ in** μπαίνω απρόσκλητος. (fig) διακόπτω (συνομιλία)

baritone /ˈbærɪtəʊn/ n (ο) βαρύτονος

bark[1] /bɑːk/ n (of tree) (ο) φλοιός

bark[2] /bɑːk/ n (of dog) (το) γαύγισμα. • vi γαυγίζω

barley /ˈbɑːlɪ/ n (το) κριθάρι

barmaid /ˈbɑːmeɪd/ n (η) σερβιτόρα (σε μπαρ)

barman /ˈbɑːmən/ n (pl -**men**) (ο) μπάρμαν invar

barn /bɑːn/ n (η) (σιτ)αποθήκη

barometer /bəˈrɒmɪtə(r)/ n (το) βαρόμετρο

baron /ˈbærən/ n (ο) βαρόνος. **~ess** n (η) βαρόνη

barracks /ˈbærəks/ npl (ο) στρατώνας

barrage /ˈbærɑːʒ/ n (το) μπαράζ invar

barrel /ˈbærəl/ (το) βαρέλι. (of gun) (η) κάννη

barren /ˈbærən/ a στείρος. (ground) άγονος

barricade /bærɪˈkeɪd/ n (το) οδόφραγμα. • vt οχυρώνω

barrier /ˈbærɪə(r)/ n (ο) φραγμός. (fig) (το) εμπόδιο

barring /ˈbɑːrɪŋ/ prep εκτός από

barrister /ˈbærɪstə(r)/ n (ο, η) δικηγόρος

barrow /ˈbærəʊ/ n (το) ανάχωμα

barter /ˈbɑːtə(r)/ n (η) ανταλλαγή. • vt ανταλλάσσω

base /beɪs/ n (η) βάση, (το) στήριγμα. • vt βασίζω, στηρίζω. • a ποταπός. **~less** a αβάσιμος

baseball /ˈbeɪsbɔːl/ n (το) μπέισμπολ invar

basement /ˈbeɪsmənt/ n (το) υπόγειο

bash /bæʃ/ vt χτυπώ δυνατά

bashful /ˈbæʃfl/ a ντροπαλός

basic /ˈbeɪsɪk/ a βασικός. **~ally** adv βασικά

basil /ˈbæzl/ n (ο) βασιλικός

basin /ˈbeɪsn/ n (for washing) (ο) νιπτήρας. (for food) (η) λεκάνη. (geog) (η) κοιλάδα

basis /ˈbeɪsɪs/ n (pl **bases** /-siːz/) (η) βάση

bask /bɑːsk/ vi λιάζομαι

basket /ˈbɑːskɪt/ n (το) καλάθι

basketball /ˈbɑːskɪtbɔːl/ n (η) καλαθόσφαιρα, (το) μπάσκετ invar

bass /beɪs/ n (το) μπάσος

bassoon /bəˈsuːn/ n (το) φαγκότο invar

bastard /ˈbɑːstəd/ n (ο) νόθος. (sl) (ο) παλιάνθρωπος

baste /beɪst/ vt (sew) τρυπώνω. (culin) αλείφω με λίπος

bastion /ˈbæstɪən/ n (η) έπαλξη, (ο) προμαχώνας

bat[1] /bæt/ n (for cricket) (το) ρόπαλο. (for table tennis) (η) ρακέτα. • vt (pt **batted**) χτυπώ με το ρόπαλο. **off one's own ~** με δική μου πρωτοβουλία

bat² /bæt/ n (mammal) (η) νυχτερίδα

batch /bætʃ/ n (of people) (η) ομάδα. (of papers) (η) δέσμη. (of goods) (η) παρτίδα. (of bread) (η) φουρνιά

bath /ba:θ/ n (pl -s /ba:ðz/) (το) μπάνιο. (tub) (η) μπανιέρα. **~s** (τα) λουτρά. • vt/i κάνω μπάνιο (σε)

bathe /beɪð/ vt λούζω. • vi κάνω μπάνιο. • n (το) μπάνιο. **~r** /-ə(r)/ n (ο) λουόμενος

bathing /'beɪðɪŋ/ n (το) μπάνιο. **~-costume** n (το) μαγιό

bathroom /'ba:θrʊm/ n (το) μπάνιο

baton /'bætən/ n (η) ράβδος. (mus) (η) μπαγκέτα

battalion /bə'tælɪən/ n (το) τάγμα

batter /'bætə(r)/ vt χτυπώ. • n (culin) (ο) χυλός από αλεύρι

battery /'bætərɪ/ n (η) μπαταρία. (of car) (ο) συσσωρευτής

battle /'bætl/ n (η) μάχη. • vi μάχομαι

battlefield /'bætlfi:ld/ n (το) πεδίο της μάχης

bawl /bɔ:l/ vt/i φωνάζω

bay¹ /beɪ/ n (bot) (η) δάφνη. **~-leaf** n (το) φύλλο δάφνης

bay² /beɪ/ n (geog) (ο) κόλπος. (area) (το) κοίλωμα. **~ window** n παράθυρο σε προεξοχή τοίχου

bay³ /beɪ/ vi (of dog) γαβγίζω. **keep at ~** κρατώ σε απόσταση

bayonet /'beɪənɪt/ n (η) ξιφολόγχη

bazaar /bə'za:(r)/ n (το) παζάρι

BC abbr π.Χ.

be /bi:/ vi (pres **am, are, is**; pt **was, were**; pp **been**) είμαι. **~ cold/hot** κρυώνω/ζεσταίνομαι. **it is cold/hot** (weather) κάνει κρύο/ ζέστη. **how much is it?** πόσο κάνει; **~ reading/walking** (aux) διαβάζω/πηγαίνω περίπατο. **I have been to** πήγα σε

beach /bi:tʃ/ n (η) ακτή, (η) παραλία

beacon /'bi:kən/ n (ο) φάρος

bead /bi:d/ n (η) χάντρα

beak /bi:k/ n (το) ράμφος

beaker /'bi:kə(r)/ n (το) κύπελλο, (η) κούπα

beam /bi:m/ n (of wood) (το) δοκάρι. (of light) (η) ακτίνα, (η) δέσμη ακτίνων. • vi (person) λάμπω από χαρά. (sun) ρίχνω τις ακτίνες

bean /bi:n/ n (broad) (το) κουκί. (French) (το) φασολάκι. (haricot) (το) φασόλι. (coffee) (ο) κόκκος

bear¹ /beə(r)/ n (η) αρκούδα

bear² /beə(r)/ vt/i (pt **bore**, pp **borne**) (carry) φέρω, μεταφέρω. (endure) υποφέρω, αντέχω. (child) γεννώ. **~ in mind** έχω υπόψη. **~able** a υποφερτός

beard /bɪəd/ n (τα) γένια

bearing /'beərɪŋ/ n (behaviour) (η) διαγωγή. (direction, position) (η) κατεύθυνση. (relevance) (η) σχέση. (mech) (το) κουζινέτο. **~s** npl (fig) (ο) προσανατολισμός

beast /bi:st/ n (το) κτήνος

beat /bi:t/ vt/i (pt **beat**, pp **beaten**) δέρνω. (culin) χτυπώ. (win) κερδίζω. • n (mus) (ο) χρόνος. (of heart) (ο) παλμός. **~ up** σπάζω στο ξύλο. **it ~s me** με αφήνει άναυδο

beautiful /'bju:tɪfl/ a ωραίος, όμορφος. **~ly** adv ωραία, όμορφα

beauty /'bju:tɪ/ n (η) ομορφιά. (woman) (η) καλλονή

beaver /'bi:və(r)/ n (ο) κάστορας

became /bɪ'keɪm/ see BECOME

because /bɪ'kɒz/ conj επειδή, διότι. • adv **~ of** εξαιτίας

beckon /'bekən/ vt/i κάνω νόημα. **~ (to)** γνέφω (σε)

become /bɪ'kʌm/ vt/i (pt **became**, pp **become**) γίνομαι. (suit) ταιριάζω

becoming /bɪ'kʌmɪŋ/ a (seemly) πρέπων. (clothes) ταιριαστός

bed /bed/ n (το) κρεβάτι. (layer) (το) στρώμα. (of sea) (ο) πυθμένας. (of river) (η) κοίτη. (of flowers) (το) παρτέρι. **~ and breakfast** διαμονή και πρόγευμα. **go to ~** πλαγιάζω

bedclothes /'bedkləʊðz/ npl (τα) κλινοσκεπάσματα

bedlam /'bedləm/ n (η) φασαρία

bedraggled /bɪ'drægld/ a καταλασπωμένος

bedridden /'bedrɪdn/ a κατάκοιτος

bedroom /'bedrʊm/ n (η) κρεβατοκάμαρα

bedside /'bedsaɪd/ n (το) προσκέφαλο. **~ table** n (το) κομοδίνο

bedspread /'bedspred/ n (το) κλινοσκέπασμα

bee /bi:/ n (η) μέλισσα. **make a ~-line for** προχωρώ κατευθείαν για

beech /bi:tʃ/ n (η) οξιά

beef /bi:f/ n (το) βοδινό κρέας

beefburger /'bi:fbɜ:gə(r)/ n (το) μπιφτέκι

beehive /'bi:haɪv/ n (η) κυψέλη

been /bi:n/ see BE

beer /bɪə(r)/ n (η) μπίρα

beet /bi:t/ n (το) τεύτλο

beetle /'bi:tl/ n (το) σκαθάρι

beetroot /'bi:tru:t/ n invar (το) παντζάρι

befall /bɪ'fɔ:l/ vt/i (pt befell, pp befallen) συμβαίνει, τυχαίνει

before /bɪ'fɔ:(r)/ prep & adv & conj (time) πριν. (place) μπροστά

beforehand /bɪ'fɔ:hænd/ adv από πριν, εκ των προτέρων

befriend /bɪ'frend/ vt πιάνω φιλίες με, βοηθώ σαν φίλος

beg /beg/ vt/i (pt begged) ζητιανεύω. (entreat) ικετεύω (to, να). (ask) ζητώ, παρακαλώ. **~ s.o.'s pardon** ζητώ συγνώμη

began /bɪ'gæn/ see BEGIN

beggar /'begə(r)/ n (ο) ζητιάνος

begin /bɪ'gɪn/ vt/i (pt began, begun, pres p beginning) αρχίζω (to, να). **~ner** n (ο) αρχάριος. **~ning** n (η) αρχή

begrudge /bɪ'grʌdʒ/ vt **I ~ him his success** με πειράζει η επιτυχία του. **I ~ her the money** της δίνω τα λεφτά απρόθυμα

begun /bɪ'gʌn/ see BEGIN

behalf /bɪ'ha:f/ n **on ~ of** εκ μέρους (with gen.)

behave /bɪ'heɪv/ vi συμπεριφέρομαι. **~ (o.s.)**

κάθομαι φρόνιμα

behaviour /bɪ'heɪvjə(r)/ n (η) συμπεριφορά

behind /bɪ'haɪnd/ prep πίσω (από). (in time) **be ~** καθυστερώ. • adv πίσω. (late) αργά, καθυστερημένα. • n (fam) (ο) πισινός

being /'bi:ɪŋ/ n (το) ον. **come into ~** αρχίζω να υπάρχω

belated /bɪ'leɪtɪd/ a καθυστερημένος

belch /beltʃ/ vi ρεύομαι. • vt **~ out** (smoke) βγάζω. • n (το) ρέψιμο

belfry /'belfrɪ/ n (το) καμπαναριό

Belgi|um /'beldʒəm/ n (το) Βέλγιο. **~an** a βελγικός. • n (ο) Βέλγος, (η) Βελγίδα

belief /bɪ'li:f/ n (η) πίστη. (trust) (η) εμπιστοσύνη. (opinion) (η) γνώμη

believ|e /bɪ'li:v/ vt/i πιστεύω. **~e in** (approve of) δέχομαι. (have faith) πιστεύω. **~able** a πιστευτός. **~er** /-ə(r)/ n (ο) πιστός

belittle /bɪ'lɪtl/ vt μειώνω. (person) υποτιμώ

bell /bel/ n (η) καμπάνα. (on door) (το) κουδούνι

belligerent /bɪ'lɪdʒərənt/ a (person) φίλερις. (nation) εμπόλεμος

bellow /'beləʊ/ vt/i μουγκρίζω

bellows /'beləʊz/ npl (το) φυσερό

belly /'belɪ/ n (η) κοιλιά

belong /bɪ'lɒŋ/ vi **~ to** ανήκω σε. (club) είμαι μέλος

belongings /bɪ'lɒŋɪŋz/ npl (τα) πράγματα. (personal) **~** (τα) προσωπικά αντικείμενα

beloved /bɪ'lʌvɪd/ a προσφιλής. • n (ο) αγαπητός

below /bɪ'ləʊ/ prep κάτω από. • adv κάτω

belt /belt/ n (η) ζώνη. • vt περιζώνω. (hit: sl) δέρνω

bench /bentʃ/ n (seat) το παγκάκι. (working-table) (ο) πάγκος

bend /bend/ vt/i (pt bent) κάμπτω, λυγίζω. • n (η) στροφή. (of river) (η) καμπή. **~ down** or **over** σκύβω

beneath /bɪ'ni:θ/ prep κάτω από.

• *adv* χαμηλότερα. **it is ~ me** (*fig*) δεν καταδέχομαι

benefactor /'benɪfæktə(r)/ n (o) ευεργέτης

beneficial /benɪ'fɪʃl/ a ευεργετικός

beneficiary /benɪ'fɪʃərɪ/ n (o, η) δικαιούχος

benefit /'benɪfɪt/ n (το) όφελος. (*allowance*) (το) επίδομα. **for s.o.'s ~** για το καλό κπ. (*sake*) για χάρη κπ. • *vt/i* (*pt* **benefited**, *pres p* **benefiting**) ωφελώ/ούμαι. **~ from** επωφελούμαι από

benevolent /bɪ'nevələnt/ a φιλανθρωπικός

bent /bent/ *see* BEND. n (η) κλίση. **~ on** αποφασισμένος να

bequeath /bɪ'kwi:ð/ vt κληροδοτώ

bequest /bɪ'kwest/ n (το) κληροδότημα

bereave|d /bɪ'ri:vd/ n **the ~d** οι συγγενείς που πενθούν. **~ment** n (το) πένθος

beret /'bereɪ/ n (o) μπερές

berry /'berɪ/ n (το) μούρο

berserk /bə'sɜːk/ a **go ~** παθαίνω αμόκ

berth /bɜːθ/ n (η) κουκέτα. (*mooring*) (η) προβλήτα. **give a wide ~ to** κρατώ απόσταση (από). • *vi* πλευρίζω

beseech /bɪ'siːtʃ/ vt (*pt* **besought**) ικετεύω

beside /bɪ'saɪd/ prep δίπλα, κοντά (σε). **~ o.s.** εκτός εαυτού. **~ the point** άσχετος

besides /bɪ'saɪdz/ adv εξάλλου. • prep (*except*) εκτός από. (*in addition to*) άλλωστε

besiege /bɪ'siːdʒ/ vt πολιορκώ

best /best/ a καλύτερος. • adv καλύτερα. • n (o) καλύτερος. **at ~** στην καλύτερη περίπτωση. **~ man** (o) κουμπάρος. **do one's ~** κάνω ότι μπορώ. **like ~** προτιμώ. **make the ~ of** αντιμετωπίζω όσο καλύτερα

bestow /bɪ'stəʊ/ vt απονέμω

bestseller /best'selə(r)/ n (το) μπεστ σέλερ *invar*

bet /bet/ n (το) στοίχημα. • *vt/i* (*pt* **bet or betted**) στοιχηματίζω

betray /bɪ'treɪ/ vt προδίνω. **~al** n (η) προδοσία

better /'betə(r)/ a καλύτερος. • adv καλύτερα. • vt βελτιώνω. **all the ~** τόσο το καλύτερο. **~ off** σε καλύτερη οικονομική κατάσταση. **get ~** βελτιώνομαι. (*recover*) γίνομαι καλά. **you had ~ leave** θα ήταν καλύτερα να φύγεις **the sooner the ~** όσο το γρηγορότερο τόσο το καλύτερο

between /bɪ'twiːn/ prep μεταξύ, ανάμεσα (σε). • adv μεταξύ

beverage /'bevərɪdʒ/ n (το) ρόφημα

beware /bɪ'weə(r)/ vi προσέχω

bewilder /bɪ'wɪldə(r)/ vt συγχύζω

bewitch /bɪ'wɪtʃ/ vt μαγεύω, γοητεύω

beyond /bɪ'jɒnd/ prep πέρα από. • adv πέρα. **it is ~ me** είναι πέραν των δυνάμεών μου

bias /'baɪəs/ n (η) προδιάθεση. (*pej*) (η) προκατάληψη. (*preference*) (η) προτίμηση. (*sewing*) (η) λοξή λωρίδα. • vt προδιαθέτω. **~ed** a προκατειλημμένος

bib /bɪb/ n (η) σαλιάρα

Bible /'baɪbl/ n (η) Βίβλος

bibliography /bɪblɪ'ɒɡrəfɪ/ n (η) βιβλιογραφία

biceps /'baɪseps/ n (o) δικέφαλος μυς

bicker /'bɪkə(r)/ vi καβγαδίζω

bicycle /'baɪsɪkl/ n (το) ποδήλατο

bid[1] /bɪd/ n (*offer*) (η) προσφορά. (*attempt*) (η) προσπάθεια. • *vt/i* (*pt* **bid**, *pres p* **bidding**) προσφέρω. **~der** n (*highest*) (o) πλειοδότης

bid[2] /bɪd/ vt (*pt* **bid** or **bade**, *pp* **bid** or **bidden**, *pres p* **bidding**) (*command*) διατάζω. **~ding** n (η) διαταγή

bide /baɪd/ vt **~ one's time** περιμένω την κατάλληλη στιγμή

big /bɪɡ/ a (**bigger**, **biggest**) μεγάλος

bigamy /'bɪɡəmɪ/ n (η) διγαμία

bigot /'bɪɡət/ n (o) φανατικός. **~ed** a φανατικός. **~ry** n (o) φανατισμός

bike /baɪk/ n (*fam*) (το) ποδήλατο

bikini /bɪ'ki:nɪ/ n (pl -**is**) (το) μπικίνι invar

bile /baɪl/ n (η) χολή

bilingual /baɪ'lɪŋgwəl/ a δίγλωσσος

bill¹ /bɪl/ n (account) (ο) λογαριασμός. (theatr) (το) πρόγραμμα. (pol) (το) νομοσχέδιο. (Amer) (το) χαρτονόμισμα. • vt χρεώνω

bill² /bɪl/ n (of bird) (το) ράμφος

billet /'bɪlɪt/ n (mil) (το) κατάλυμα

billiards /'bɪlɪədz/ n (το) μπιλιάρδο

billion /'bɪlɪən/ n (ο) τρισεκατομμύριο. (Amer) (το) δισεκατομμύριο

bin /bɪn/ n (for rubbish) (το) καλάθι των αχρήστων

bind /baɪnd/ vt (pt **bound**) ενώνω. (book) δένω. (jur) δεσμεύω

binding /'baɪndɪŋ/ n (of book) (το) δέσιμο. • a (obligatory) υποχρεωτικός (**on**, για)

binoculars /bɪ'nɒkjʊləz/ npl (τα) κιάλια

biochemistry /baɪəʊ'kemɪstrɪ/ n (η) βιοχημεία

biography /baɪ'ɒgrəfɪ/ n (η) βιογραφία

biolog|y /baɪ'ɒlədʒɪ/ n (η) βιολογία. ~**ical** /-ə'lɒdʒɪkl/ a βιολογικός

birch /bɜ:tʃ/ n (tree) (η) σημύδα. (whip) (η) βέργα

bird /bɜ:d/ n (το) πουλί. ~**'s-eye view** /n/ (η) πανοραμική άποψη

Biro /'baɪərəʊ/ n (P) (το) μπικ invar, **Cy**. (το) μπιρό

birth /bɜ:θ/ n (η) γέννηση. ~ **certificate** n (το) πιστοποιητικό γεννήσεως. ~ **control** n (η) αντισύλληψη. ~ **rate** n (οι) γεννήσεις. **give** ~ γεννώ

birthday /'bɜ:θdeɪ/ n (τα) γενέθλια

birthmark /'bɜ:θma:k/ n (το) σημάδι εκ γενετής

birthplace /'bɜ:θpleɪs/ n (η) γενέτειρα

biscuit /'bɪskɪt/ n (το) μπισκότο

bishop /'bɪʃəp/ n (ο) επίσκοπος

bit¹ /bɪt/ n (ο) κομματάκι. (quantity) (το) λίγο. (of horse) (το) χαλινάρι. (mech) (το) τρυπάνι.

(computing) (το) bit invar, (το) ψηφίο

bit² /bɪt/ see BITE

bitch /bɪtʃ/ n (η) σκύλα. (fam) (το) παλιοθήλυκο

bite /baɪt/ vt/i (pt **bit**, pp **bitten**) δαγκώνω. (one's nails) τρώω. (fish, insects) τσιμπώ. • n (mouthful) (η) μπουκιά. (wound) (το) τσίμπημα

biting /'baɪtɪŋ/ a τσουχτερός. (fig) δηκτικός

bitter /'bɪtə(r)/ a πικρός. (weather) ψυχρός. **to the** ~ **end** μέχρι τέλους. ~**ly** adv πικρά. ~**ness** n (η) πικρία. (resentment) (η) μνησικακία

bizarre /bɪ'za:(r)/ a αλλόκοτος

blab /blæb/ vi φλυαρώ

black /blæk/ a μαύρος. • n (colour) (το) μαύρο. **B**~ (person) (ο) μαύρος. • vt μαυρίζω. (shoes) γυαλίζω. ~ **eye** n (το) μαυρισμένο μάτι. ~ **ice** n (ο) μαύρος πάγος. ~ **market** n (η) μαύρη αγορά. ~ **out** διαγράφω. (make dark) συσκοτίζω

blackberry /'blækbərɪ/ n (το) βατόμουρο

blackbird /'blækbɜ:d/ n (το) κοτσύφι

blackboard /'blækbɔ:d/ n (ο) πίνακας

blacken /'blækən/ vt/i μαυρίζω

blackleg /'blækleg/ n (ο) απεργοσπάστης

blacklist /'blæklɪst/ n (η) μαύρη λίστα

blackmail /'blækmeɪl/ n (ο) εκβιασμός. • vt εκβιάζω

blackout /'blækaʊt/ n (η) συσκότιση. (med) (η) λιποθυμία

blacksmith /'blæksmɪθ/ n (ο) σιδηρουργός

bladder /'blædə(r)/ n (η) κύστη

blade /bleɪd/ n (of knife) (η) λεπίδα. (of oar) (η) πλατιά άκρη. (of propeller) (το) πτερύγιο. ~ **of grass** (το) φύλλο χόρτου

blame /bleɪm/ vt κατηγορώ (**for**, για). • n (το) φταίξιμο. **be to** ~ φταίω (**for**, για). ~**less** a άμεμπτος

bland /blænd/ a ήρεμος. (taste) αδιάφορος

blank /blæŋk/ a κενός. (*fig*)
ανέκφραστος. • n (το) κενό. **~
cartridge** (το) άσφαιρο φυσίγγι.
~ cheque (η) ανοιχτή επιταγή
blanket /'blæŋkɪt/ n (η) κουβέρτα
blare /bleə(r)/ vi (*radio, TV*) είναι
στο διαπασών. • n (ο) δυνατός
ήχος
blasphemy /'blæsfəmɪ/ n (η)
βλαστήμια
blast /bla:st/ n (η) έκρηξη. (*gust*)
(το) φύσημα. • vt ανατινάζω.
~-off n (*of missile*) (η)
εκτόξευση
blatant /'bleɪtnt/ a ολοφάνερος.
(*shameless*) αδιάντροπος
blaze /'bleɪz/ n (η) πυρκαγιά.
• vi φλέγομαι
blazer /'bleɪzə(r)/ n είδος ελαφριάς
ζακέτας
bleach /bli:tʃ/ n (*household*) (το)
λευκαντικό. • vt/i λευκαίνω
bleak /bli:k/ a (*exposed*)
εκτεθειμένος. (*depressing*)
μελαγχολικός
bleary /'blɪərɪ/ a θαμπός
bleat /bli:t/ n (το) βέλασμα. • vi
βελάζω
bleed /bli:d/ vt/i (*pt* **bled**)
αιμορραγώ
blemish /'blemɪʃ/ n (το) ψεγάδι.
(*defect*) (το) ελάττωμα. • vt
κυλιδώνω
blend /blend/ vt/i αναμιγνύω/ομαι.
• n (το) μίγμα. (*coffee, tobacco*)
(το) χαρμάνι
bless /bles/ vt ευλογώ. **~ed** a
ευλογημένος. (*damned: fam*)
αναθεματισμένος. **~ing** n (η)
ευλογία. (*benefit*) (το) αγαθό
blew /blu:/ *see* BLOW[1]
blight /blaɪt/ n (η) σκωρίαση. (*fig*)
(η) επιβλαβής επίδραση.
• vt (*fig*) καταστρέφω
blind /blaɪnd/ a τυφλός. • vt
τυφλώνω. • n (*roller*) (το) ρολό.
(*venetian*) (το) στορ invar. (*fig*)
(το) πρόσχημα. **~ly** adv τυφλά.
~ness n (η) τυφλότητα
blindfold /'blaɪndfəʊld/ a & adv με
δεμένα τα μάτια. • vt δένω τα
μάτια
blink /blɪŋk/ vi ανοιγοκλείνω τα

μάτια. (*of light*) τρεμοσβήνω
blinkers /'blɪŋkəz/ npl (οι)
παρωπίδες
bliss /blɪs/ n (η) ευδαιμονία. **~ful**
a πανευτυχής
blister /'blɪstə(r)/ n (η) φουσκάλα.
• vi φουσκαλιάζω
blizzard /'blɪzəd/ n (η)
χιονοθύελλα
bloated /'bləʊtɪd/ a φουσκωμένος
bloc /blɒk/ n (*pol*) (ο) συνασπισμός
block /blɒk/ n (το) κομμάτι. (*of
flats*) (η) πολυκατοικία. (*of
buildings*) (το) τετράγωνο. (*in
pipe*) (το) βούλωμα. • vt φράζω.
~ letters npl (τα) κεφαλαία.
~age n (η) απόφραξη
blockade /blɒ'keɪd/ n (ο)
αποκλεισμός. • vt αποκλείω
bloke /bləʊk/ n (*fam*) (ο) τύπος
blonde /blɒnd/ a & n ξανθός,
ξανθιά
blood /blʌd/ n (το) αίμα. **~ group**
n (η) ομάδα αίματος. **~ pressure**
n (η) πίεση. **~ transfusion** n (η)
μετάγγιση αίματος
bloodshed /'blʌdʃed/ n (η)
αιματοχυσία
bloodshot /'blʌdʃɒt/ a
κατακόκκινος
bloodstream /'blʌdstri:m/ n (το)
αίμα
bloodthirsty /'blʌdθɜ:stɪ/ a
αιμοβόρος
bloody /'blʌdɪ/ a (-ier, -iest)
αιματωμένος. (*sl*) βρομο-, παλιο-.
~-minded a (*fam*) δύστροπος,
πεισματάρης
bloom /blu:m/ n λουλούδι. • vi
ανθίζω. (*fig*) ευημερώ. **in ~**
ολάνθιστος
blossom /'blɒsəm/ n (το) άνθος.
• vi ανθίζω. (*fig*) γίνομαι
blot /blɒt/ n (η) κηλίδα. • vt (*pt*
blotted) κηλιδώνω. (*dry*)
στεγνώνω. **~ out** σβήνω. **~ter,
~ting-paper** ns (το) στυπόχαρτο
blotch /blɒtʃ/ n (η) κηλίδα
blouse /blaʊz/ n (η) μπλούζα
blow[1] /bləʊ/ vt/i (*pt* **blew**, *pp*
blown) φυσώ. (*fuse*) καίω/
καίομαι. (*trumpet*) ηχώ. (*whistle*)
σφυρίζω. • n (*puff*) (το) φύσημα.

~ away φυσώ. **~ down** ρίχνω.
~-dry *vt* στεγνώνω με
πιστολάκι. **~ one's nose** φυσώ
τη μύτη μου. **~ out** (*candle*)
σβήνω. **~-out** *n* (*of tyre*) (το)
σκάσιμο. **~ up** *vt/i* ανατινάζω/
ομαι. **~-up** *n* (*photo*) (η)
μεγέθυνση

blow² /bləʊ/ *n* (το) χτύπημα. **come
to ~s** έρχομαι στα χέρια

blowlamp /'bləʊlæmp/ *n* (το)
καμινέτο (για συγκολλήσεις)

blown /bləʊn/ *see* BLOW

blue /blu:/ *a* γαλάζιος. (**dark**) ~
μπλε. • *n* (το) γαλάζιο. **have the
~s** είμαι στις μαύρες μου. **out
of the ~** εντελώς απροσδόκητα

bluebell /'blu:bel/ *n* (η)
καμπανούλα

bluebottle /'blu:bɒtl/ *n* (η)
κρεατόμυγα

blueprint /'blu:prɪnt/ *n* (το)
προσχέδιο

bluff /blʌf/ *vi* (*deceive*) μπλοφάρω.
• *n* (η) μπλόφα

blunder /'blʌndə(r)/ *vi* κάνω
γκάφα. • *n* (η) γκάφα

blunt /blʌnt/ *a* αμβλύς. (*person*)
ντόμπρος. • *vt* αμβλύνω. **~ly** *adv*
ντόμπρα

blur /blɜ:(r)/ *n* (το) θόλωμα. • *vt* (*pt*
blurred) θολώνω

blurt /blɜ:t/ *vt* **~ out** μιλώ
απερίσκεπτα

blush /blʌʃ/ *vi* κοκκινίζω. • *n* (το)
κοκκίνισμα

bluster /'blʌstə(r)/ *vi* (*weather*)
μαίνομαι. (*person*) μιλώ δυνατά.
~y *a* θυελλώδης

boar /bɔ:(r)/ *n* (ο) αγριόχοιρος

board /bɔ:d/ *n* (το) σανίδι. (*for
notices*) (ο) πίνακας. (*admin*) (το)
συμβούλιο. • *vt/i* (*naut*)
επιβιβάζομαι. **above ~** έντιμος.
~ and lodging διαμονή και
διατροφή. **be on ~** είμαι σε
πλοίο. **~er** *n* (*schol*) (ο, η)
οικότροφος. **~ing-house** *n* (η)
πανσιόν. **~ing-school** *n* (το)
οικοτροφείο

boast /bəʊst/ *vt/i* καυχιέμαι. • *n* (η)
καύχηση. **~ful** *a* καυχησιάρης

boat /bəʊt/ *n* (η) βάρκα. (*large*)
(το) πλοίο

bob /bɒb/ *vi* (*pt* **bobbed**) (*curtsy*)
υποκλίνομαι. • *n* (*curtsy*) (η)
υπόκλιση. (*hairstyle*) (τα) κοντά
μαλλιά. **~ up and down**
ανεβοκατεβαίνω

bobbin /'bɒbɪn/ *n* (το) μασουράκι

bobsleigh /'bɒbsleɪ/ *n* (το)
έλκηθρο

bodice /'bɒdɪs/ *n* (ο) μπούστος

bodily /'bɒdɪlɪ/ *a* σωματικός. • *adv*
με τη βία

body /'bɒdɪ/ *n* (το) σώμα. **the
main ~ of** (το) κύριο μέρος

bodyguard /'bɒdɪgɑ:d/ *n* (ο)
σωματοφύλακας

bodywork /'bɒdɪwɜ:k/ *n* (το)
αμάξωμα

bog /bɒg/ *n* (το) έλος *vt* **be ~ged
down** αποτελματώνομαι

boggle /'bɒgl/ *vi* **the mind ~s**
σταματάει το μυαλό

bogus /'bəʊgəs/ *a* ψεύτικος

boil¹ /bɔɪl/ *n* (ο) καλόγερος
(εξάνθημα)

boil² /bɔɪl/ *vt/i* βράζω. **it ~s down
to this** (*fig*) για να συνοψίσουμε.
~ over ξεχειλίζω. **~ed** *a* (*egg*)
(*hard/soft*) σφιχτό/μελάτο αβγό.
(*potatoes*) βραστός. **~ing hot** *a*
καυτερός. **~ing-point** *n* (το)
σημείο βρασμού

boiler /'bɔɪlə(r)/ *n* (ο) λέβητας.
~ suit *n* (η) φόρμα

boisterous /'bɔɪstərəs/ *a*
θορυβώδης

bold /bəʊld/ *a* τολμηρός

bollard /'bɒlɑ:d/ *n* (η) δέστρα

bolster /'bəʊlstə(r)/ *n* (το)
μαξιλάρι (μακρύ και στενό). • *vt*
~ up υποστηρίζω

bolt /bəʊlt/ *n* (ο) σύρτης. (*for nut*)
(το) μπουλόνι. (*lightning*) (ο)
κεραυνός. • *vt* (*door*) μανταλώνω.
(*food*) καταβροχθίζω. • *vi* ορμώ.
(*horse*) αφηνιάζω. **~ upright** *adv*
ολόρθος

bomb /bɒm/ *n* (η) βόμβα. • *vt*
βομβαρδίζω

bombard /bɒm'bɑ:d/ *vt*
βομβαρδίζω

bombshell /'bɒmʃel/ *n* (η) οβίδα.
(*fig*) (η) βόμβα

bond /bɒnd/ n (ο) δεσμός. (comm)
(η) ομολογία

bone /bəʊn/ n (το) κόκαλο. • vt
ξεκοκαλίζω. **~-dry** a κατάξερος

bonfire /'bɒnfaɪə(r)/ n (η) υπαίθρια
φωτιά

bonnet /'bɒnɪt/ n (η) σκούφια.
(auto) (το) καπό

bonus /'bəʊnəs/ n (η) επιπλέον
αμοιβή, (το) μπόνους invar

bony /'bəʊnɪ/ a (-ier, -iest)
κοκαλιάρης. (fish) γεμάτος
κόκαλα

boo /buː/ int γιούχα. • vt/i
γιουχαΐζω

booby /'buːbɪ/ n (ο) κουτός. **~
trap** n (η) παγίδα. (mil) (η)
ναρκοπαγίδα

book /bʊk/ n (το) βιβλίο. **~s**
(comm) (το) λογιστικό βιβλίο.
• vt (reserve) κλείνω. (motorist)
δίνω κλήση σε. **it's ~ed up** όλα
τα εισιτήρια έχουν πουληθεί.
~ing office (rail) (η) έκδοση
εισιτηρίων. (theatr) (το) ταμείο

bookcase /'bʊkkeɪs/ n (η)
βιβλιοθήκη

bookkeeping /'bʊkkiːpɪŋ/ n (η)
λογιστική

booklet /'bʊklɪt/ n (το) βιβλιαράκι

bookmaker /'bʊkmeɪkə(r)/ n (ο)
πράκτορας στοιχημάτων στον
ιππόδρομο

bookmark /'bʊkmɑː(r)k/ n (ο)
σελιδοδείχτης

bookseller /'bʊkselə(r)/ n (ο)
βιβλιοπώλης

bookshop /'bʊkʃɒp/ n (το)
βιβλιοπωλείο

bookstall /'bʊkstɔːl/ n (το)
περίπτερο βιβλιοπώλη

boom /buːm/ vi μουγκρίζω. (fig)
ακμάζω. • n (η) βουή. (comm) (η)
ακμή

boon /buːn/ n (η) ευλογία

boor /bʊə(r)/ n (ο) αγροίκος

boost /buːst/ vt ενισχύω. (product)
προωθώ. • n (η) ενίσχυση. (of
product) (η) προώθηση. **~er** n
(med) συμπληρωματική δόση

boot /buːt/ n (η) μπότα. (auto) (το)
πορτ-μπαγκάζ

booth /buːð/ n (ο) θάλαμος

booze /buːz/ vi (fam) μεθοκοπώ.
• n (fam) (το) ποτό

border /'bɔːdə(r)/ n (το) άκρο.
(frontier) (το) σύνορο. (in garden)
(το) παρτέρι. • vt συνορεύω με.
• vi **~ on** είμαι πάνω σε. (fig)
πλησιάζω

bore[1] /bɔː(r)/ see BEAR

bore[2] /bɔː(r)/ vt/i (techn) τρυπώ

bore[3] /bɔː(r)/ vt κουράζω. • n
(person) (ο) πληκτικός άνθρωπος.
(thing) (το) πληκτικό πράγμα. **be
~d** πλήττω. **~dom** n (η) πλήξη.
boring a πληκτικός

born /bɔːn/ a γεννημένος. **be ~**
γεννιέμαι

borne /bɔːn/ see BEAR

borough /'bʌrə/ n (η) αστική
διοικητική περιφέρεια

borrow /'bɒrəʊ/ vt δανείζομαι

bosom /'bʊzəm/ n (το) στήθος

boss /bɒs/ n (fam) (το) αφεντικό.
• vt **~ (about** or **around)** (fam)
διευθύνω

bossy /'bɒsɪ/ a αυταρχικός

botany /'bɒtənɪ/ n (η) βοτανική

botch /bɒtʃ/ vt **~ (up)** τα κάνω
θάλασσα

both /bəʊθ/ a & pron και οι δύο.
• adv **~ ... and ... ... και ... και ...**

bother /'bɒðə(r)/ vt/i ανησυχώ.
(disturb) ενοχλώ/ούμαι. • n
(worry) (η) στενοχώρια. (minor
trouble) (ο) μικροµπελάς. (effort)
(η) ενόχληση. **~ about**
νοιάζομαι. **~ to** ζαλίζω. **don't
~!** μην ενοχλείσαι. **I can't be
~ed** δεν αξίζει τον κόπο

bottle /'bɒtl/ n (το) μπουκάλι.
• vt εμφιαλώνω. **~-opener** n (το)
ανοιχτήρι

bottleneck /'bɒtlnek/ n (traffic
jam) (το) μποτιλιάρισμα

bottom /'bɒtəm/ n (το) κάτω
μέρος. (of sea) (ο) βυθός.
(buttocks) (ο) πισινός. • a
τελευταίος. **~less** a απύθμενος

bough /baʊ/ n (ο) κλάδος

bought /bɔːt/ see BUY

boulder /'bəʊldə(r)/ n (ο)
ογκόλιθος

bounce /baʊns/ vi αναπηδώ.
(person) ορμώ. **the cheque ~d**

(*sl*) η επιταγή ήταν ακάλυπτη. • *n* (το) αναπήδημα

bound¹ /baʊnd/ *vi* πηδώ. • *n* (το) πήδημα

bound² /baʊnd/ *see* BIND *a* **be ~ for** προορίζομαι για. **~ to** είμαι υποχρεωμένος να. **it's ~ to happen** είναι βέβαιο ότι θα γίνει

boundary /'baʊndərɪ/ *n* (το) όριο

bounds /'baʊndz/ *npl* (τα) όρια. **be out of ~** απαγορεύεται η είσοδος στην περιοχή

bouquet /bʊ'keɪ/ *n* (η) ανθοδέσμη

bout /baʊt/ *n* (η) περίοδος. (*med*) (η) προσβολή. (*sport*) (ο) αγώνας

bow¹ /bəʊ/ *n* (*weapon*) (το) τόξο. (*mus*) (το) δοξάρι. (*knot*) (ο) φιόγκος. **~-legged** *a* στραβοπόδης. **~-tie** *n* (το) παπιγιόν

bow² /baʊ/ *n* (η) υπόκλιση. • *vi* υποκλίνομαι *vt* κλίνω

bow³ /baʊ/ *n* (*naut*) (η) πλώρη

bowels /'baʊəlz/ *npl* (τα) έντερα. (*fig*) (τα) σπλάχνα

bowl¹ /bəʊl/ *n* (η) λεκάνη, (*of pipe*) (ο) κάβος

bowl² /bəʊl/ *n* (*ball*) (η) σφαίρα. **~ over** *vt* καταπλήσσω

bowler /'bəʊlə(r)/ *n* **~ (hat)** είδος σκληρού καπέλου

box¹ /bɒks/ *n* (το) κουτί. (*large*) (το) κιβώτιο. (*theatr*) (το) θεωρείο. • *vt* βάζω σε κιβώτιο. **~ office** *n* (το) ταμείο

box² /bɒks/ *vt/i* πυγμαχώ. **~ s.o.'s ears** χαστουκίζω κπ. **~er** *n* (ο) πυγμάχος. **~ing** *n* (η) πυγμαχία. **B~ing Day** *n* (η) επομένη των Χριστουγέννων

boy /bɔɪ/ *n* (το) αγόρι. **~friend** *n* (ο) φίλος. **~ish** *a* παιδιάστικος

boycott /'bɔɪkɒt/ *vt* μποϊκοτάρω. • *n* (το) μποϊκοτάρισμα

bra /brɑː/ *n* (το) σουτιέν *invar*

brace /breɪs/ *n* (το) στήριγμα. (*dental*) (τα) σιδεράκια. **~s** *npl* (οι) τιράντες. • *vt* στηρίζω. **~ o.s.** παίρνω τη δύναμη

bracelet /'breɪslɪt/ *n* (το) βραχιόλι

bracing /'breɪsɪŋ/ *a* τονωτικός

bracken /'brækən/ *n* (η) φτέρη

bracket /'brækɪt/ *n* (το)

υποστήριγμα. (*group*) (η) κατηγορία. (*typ*) (η) παρένθεση. • *vt* βάζω σε παρένθεση

brag /bræɡ/ *vi* (*pt* **bragged**) κομπάζω

braid /breɪd/ *n* (*trimming*) (το) κορδόνι. (*of hair*) (η) πλεξίδα

Braille /breɪl/ *n* (η) γραφή «Μπράιλ»

brain /breɪn/ *n* (το) μυαλό. **~s** (*fig*) (ο) εγκέφαλος

brainwash /'breɪnwɒʃ/ *vt* κάνω πλύση εγκεφάλου σε

brainwave /'breɪnweɪv/ *n* (η) λαμπρή ιδέα

brainy /'breɪnɪ/ *a* (**-ier, -iest**) έξυπνος

braise /breɪz/ *vt* σιγοψήνω

brake /breɪk/ *n* (το) φρένο. • *vi* φρενάρω

bramble /'bræmbl/ *n* (ο) βάτος

bran /bræn/ *n* (το) πίτουρο

branch /brɑːntʃ/ *n* (το) κλαδί. (*of road*) (η) διακλάδωση. (*comm*) (το) υποκατάστημα. • *vi* **~ off** διακλαδίζομαι. **~ out** επεκτείνομαι

brand /brænd/ *n* (η) μάρκα. **~ name** *n* (η) μάρκα, (η) φίρμα. **~-new** *a* ολοκαίνουριος

brandish /'brændɪʃ/ *vt* κραδαίνω

brandy /'brændɪ/ *n* (το) κονιάκ

brash /bræʃ/ *a* απερίσκεπτος και αυθάδης

brass /brɑːs/ *n* (ο) μπρούντζος. **~ band** *n* (η) μπάντα

brat /bræt/ *n* (*pej*) (το) παλιόπαιδο

bravado /brə'vɑːdəʊ/ *n* (ο) παλικαρισμός

brave /breɪv/ *a* γενναίος. • *vt* αντιμετωπίζω με θάρρος. **~ry** /-ərɪ/ *n* (η) γενναιότητα

bravo /'brɑːvəʊ/ *int* μπράβο

brawl /brɔːl/ *n* (ο) καβγάς. • *vi* καβγαδίζω

brawn /brɔːn/ *n* (η) μυϊκή δύναμη. **~y** *a* εύρωστος

brazen /'breɪzn/ *a* ξεδιάντροπος

brazier /'breɪzɪə(r)/ *n* (το) μαγκάλι

Brazil /brə'zɪl/ *n* (η) Βραζιλία

breach /briːtʃ/ *n* (η) παραβίαση. (*of contract*) (η) αθέτηση σε.

(gap) (το) ρήγμα. • vt ανοίγω ρήγμα

bread /bred/ n (το) ψωμί. **loaf of** ~ (το) καρβέλι

breadcrumbs /'bredkrʌmz/ npl (τα) ψίχουλα

breadth /bredθ/ n (το) πλάτος

break /breik/ vt (pt **broke**, pp **broken**) σπάζω. (law) παραβαίνω. (news) αναγγέλλω. (journey) διακόπτω. • vi σπάζω. (news) γίνομαι γνωστός. • n (το) σπάσιμο. (interval) (το) διάλειμμα. (rest) (η) ανάπαυση. (chance: fam) (η) ευκαιρία. ~ **away** αποχωρώ. ~ **down** (mech) παθαίνω βλάβη. (person) καταρρέω. (figures) αναλύω. ~ **in** κάνω διάρρηξη. (horse) δαμάζω. ~**-in** n (η) διάρρηξη. ~ **off** διακόπτω. ~ **out** ξεσπώ. (run away) δραπετεύω. ~ **up** (into pieces) συντρίβω. (crowd, marriage) διαλύω. (school) διακόπτω. ~**able** a εύθραυστος. ~**age** n (το) σπάσιμο

breakdown /'breikdaʊn/ n (mech) (η) βλάβη. (med) (η) κατάπτωση. (of figures) (η) ανάλυση

breaker /'breikə(r)/ n (wave) (το) μεγάλο κύμα

breakfast /'brekfəst/ n (το) πρόγευμα

breakthrough /'breikθru:/ n (η) σημαντική ανακάλυψη

breakwater /'breikwɔ:tə(r)/ n (ο) κυματοθραύστης

breast /brest/ n (το) στήθος, (ο) μαστός. (chest) (ο) θώρακας. ~**-feed** vt θηλάζω ~**-stroke** n (το) πρόσθιο

breath /breθ/ n (η) αναπνοή. **be out of** ~ λαχανιάζω

breathe /bri:ð/ vi αναπνέω

breather /'bri:ðə(r)/ n (η) ανάσα

breathtaking /'breθteikiŋ/ a καταπληκτικός

bred /bred/ see BREED

breed /bri:d/ vt (pt **bred**) γεννώ. (animals) τρέφω. (fig) φέρνω. • vi πολλαπλασιάζομαι. • n (η) ράτσα. ~**ing** n (η) αναπαραγωγή. (manners) (η) ανατροφή

breez|e /bri:z/ n (το) αεράκι. ~**y** a

it's ~ έχει αεράκι

brevity /'breviti/ n (η) βραχύτητα

brew /bru:/ vt (beer) παρασκευάζω. (tea) βράζω. • vi (fig) προμηνύομαι. ~**ery** n (η) ζυθοποιία

bribe /braib/ n (το) δωροδόκημα. • vt δωροδοκώ. ~**ry** /-əri/ n (η) δωροδοκία

brick /brik/ n (το) τούβλο

bricklayer /'brikleiə(r)/ n (ο) κτίστης που κτίζει με τούβλα

bride /braid/ n (η) νύφη

bridegroom /'braidgrʊm/ n (ο) γαμπρός

bridesmaid /'braidzmeid/ n (η) παράνυφος

bridge[1] /bridʒ/ n (η) γέφυρα. (of nose) (η) ράχη. • vt ~ **a gap** γεφυρώνω ένα χάσμα

bridge[2] /bridʒ/ n (cards) (το) μπριτζ invar

bridle /'braidl/ n (το) χαλινάρι

brief[1] /bri:f/ a σύντομος. ~**ly** adv σύντομα

brief[2] /bri:f/ n (instructions) (οι) οδηγίες. (jur) (η) δικογραφία. • vt ενημερώνω. ~**ing** n (οι) οδηγίες. (press) (οι) πληροφορίες

briefcase /'bri:fkeis/ n (ο) χαρτοφύλακας

briefs /bri:fs/ npl (η) κιλότα

brigad|e /bri'geid/ n (η) ταξιαρχία. ~**ier** /-ə'diə(r)/ n (ο) ταξίαρχος

bright /brait/ a λαμπρός. (day, room) φωτεινός. (clever) έξυπνος

brighten /'braitn/ vt φωτίζω. • vi ~ **(up)** (weather) ανοίγω. (face) λάμπω

brillian|t /'briljənt/ a λαμπρός. (light) εκτυφλωτικός. ~**ce** n (η) λάμψη. (cleverness) (η) λαμπρότητα

brim /brim/ n (η) άκρη. (of glass) (το) χείλος. (of hat) (ο) γύρος, (το) μπορ invar. • vi (pt **brimmed**) ~ **over** ξεχειλίζω

brine /brain/ n (η) άρμη

bring /briŋ/ vt (pt **brought**) φέρνω. ~ **about** προκαλώ. ~ **back** επαναφέρω. ~ **off** επιτυγχάνω. ~ **out** (take out) βγάζω. (emphasize) τονίζω. (book)

εκδίδω. **~ round** or **to**
(unconscious person) συνεφέρνω.
~ up (vomit) κάνω εμετό.
(children) ανατρέφω. (question)
θέτω

brink /brɪŋk/ n (το) χείλος

brisk /brɪsk/ a ζωηρός

bristle /'brɪsl/ n (η) χοντρή τρίχα

Britain /'brɪtən/ n (η) Βρετανία

British /'brɪtɪʃ/ a βρετανικός. **the**
~ οι Βρετανοί

brittle /'brɪtl/ a εύθραυστος

broach /brəʊtʃ/ vt (open) ανοίγω.
(question) θίγω

broad /brɔːd/ a πλατύς.
~-minded a με ευρείες
αντιλήψεις. **~ly** adv γενικά

broadcast /'brɔːdkɑːst/ n (η)
μετάδοση. • vt μεταδίδω. **~ing** a
ραδιοφωνικός. • n (η) εκπομπή

broaden /'brɔːdn/ vt διευρύνω

broccoli /'brɒkəli/ n invar (το)
μπρόκολο

brochure /'brəʊʃə(r)/ n (η)
μπροσούρα

broke /brəʊk/ see BREAK. a (sl)
απένταρος

broken /'brəʊkən/ see BREAK. a
~ English n σπασμένα αγγλικά.
~-hearted a απαρηγόρητος

broker /'brəʊkə(r)/ n (ο) μεσίτης,
(η) μεσίτις

bronchitis /brɒŋ'kaɪtɪs/ n (η)
βρογχίτιδα

bronze /brɒnz/ n (ο) μπρούντζος.
• vt/i μαυρίζω

brooch /brəʊtʃ/ n (η) καρφίτσα

brood /bruːd/ n (fam) (η) γέννα.
• vi (fig) μελαγχολώ

brook /brʊk/ n (το) ρυάκι

broom /bruːm/ n (η) σκούπα

broomstick /'bruːmstɪk/ n (το)
σκουπόξυλο

broth /brɒθ/ n (ο) ζωμός

brothel /'brɒθl/ n (ο) οίκος ανοχής

brother /'brʌðə(r)/ n (ο) αδερφός.
~-in-law n (pl **~s-in-law**) (ο)
κουνιάδος

brought /brɔːt/ see BRING

brow /braʊ/ n (το) φρύδι. (of hill)
(η) κορυφή

brown /braʊn/ a καστανός. • n (το)

καφέ invar. • vt/i μαυρίζω. (culin)
ξεροψήνω

Brownie /'braʊnɪ/ n (girl guide)
(το) «πουλί»

browse /braʊz/ vi (in a shop)
κοιτάζω με άνεση. (read)
ξεφυλλίζω. (animal) βόσκω

bruise /bruːz/ n (το) μελάνιασμα.
• vt μωλωπίζω

brunette /bruː'net/ n (η)
καστανομάλλα

brunt /brʌnt/ n **the ~ of** (το)
κύριο βάρος (with gen.)

brush /brʌʃ/ n (η) βούρτσα.
(skirmish) (η) αψιμαχία. • vt
βουρτσίζω. **~ against** περνώ
ξυστά από. **~ aside** παραμερίζω.
~ off διώχνω

brusque /bruːsk/ a απότομος

Brussels /'brʌslz/ n (οι) Βρυξέλες.
~ sprouts npl (τα) λαχανάκια
Βρυξελών

brutal /'bruːtl/ a κτηνώδης. **~ity**
/-'tæləti/ n (η) κτηνωδία

brute /bruːt/ n (το) κτήνος

BSE n (η) σπογγώδης
εγκεφαλοπάθεια των βοοειδών

bubble /'bʌbl/ n (η) φούσκα

buck /bʌk/ n το αρσενικό πολλών
ζώων. • vi (of horse) αναπηδώ

bucket /'bʌkɪt/ n (ο) κουβάς

buckle /'bʌkl/ n (η) πόρπη. • vt
(fasten) στερεώνω. • vi (bend)
λυγίζω

bud /bʌd/ n (το) μπουμπούκι

Buddhis|t /'bʊdɪst/ n (ο)
βουδιστής. **~m** /-ɪzəm/ n (ο)
βουδισμός

budge /bʌdʒ/ vt/i κουνώ

budgerigar /'bʌdʒərɪgɑː(r)/ n (το)
παπαγαλάκι

budget /'bʌdʒɪt/ n (ο)
προϋπολογισμός. • vi κάνω
προϋπολογισμό

buff /bʌf/ n (colour) (το)
καστανοκίτρινο

buffalo /'bʌfələʊ/ n (pl -oes or -o)
(το) βουβάλι

buffer /'bʌfə(r)/ n (ο)
προφυλακτήρας

buffet[1] /'bʊfeɪ/ n (ο) μπουφές

buffet[2] /'bʌfɪt/ vt χτυπώ

bug /bʌg/ n (insect) (ο) κοριός.

(*germ: sl*) (το) μικρόβιο. (*device: sl*) (ο) κοριός (*για υποκλοπή συνομιλιών*). (*defect: sl*) (το) σφάλμα

bugle /'bjuːgl/ *n* (η) σάλπιγγα

build /bɪld/ *vt/i* (*pt* built) κτίζω. • *n* (*of person*) (η) κορμοστασιά. **~ up** *n* δημιουργώ. **~-up** *n* (*of gas etc.*) (η) συγκέντρωση. (*fig*) (η) διαφημιστική εκστρατεία. **~er** *n* (ο) κτίστης

building /'bɪldɪŋ/ *n* (το) κτίριο. **~ society** *n* (ο) οργανισμός στεγαστικών δανείων

built /bɪlt/ *see* BUILD. **~-in** *a* εντοιχισμένος. **~-up area** *n* (η) οικοδομημένη περιοχή

bulb /bʌlb/ *n* (ο) βολβός. (*electr*) (ο) λαμπτήρας

Bulgaria /bʌl'geəriə/ *n* (η) Βουλγαρία

bulge /bʌldʒ/ *n* (το) φούσκωμα. • *vi* φουσκώνω. (*jut out*) προεξέχω

bulk /bʌlk/ *n* (ο) όγκος. **the ~ of** το μεγαλύτερο μέρος

bull /bʊl/ *n* (ο) ταύρος. **~'s-eye** *n* (η) διάνα

bulldozer /'bʊldəʊzə(r)/ *n* (η) μπουλντόζα

bullet /'bʊlɪt/ *n* (η) σφαίρα

bulletin /'bʊlətɪn/ *n* (το) δελτίο

bullfight /'bʊlfaɪt/ *n* (η) ταυρομαχία

bullion /'bʊljən/ *n* (ο) χρυσός σε ράβδους

bully /'bʊlɪ/ *vt* εξαναγκάζω (με βία και απειλές)

bum¹ /bʌm/ *n* (*sl*) (ο) πισινός

bum² /bʌm/ *n* (*Amer, sl*) (ο) αλήτης

bump /bʌmp/ *vt/i* χτυπώ. • *n* (το) εξόγκωμα. (*swelling*) (το) πρήξιμο. **~ into** (*hit*) χτυπώ. (*meet*) συναντώ τυχαία. **~y** *a* (*road*) ανώμαλος

bumper /'bʌmpə(r)/ *n* (*car*) (ο) προφυλακτήρας. • *a* πλούσιος

bun /bʌn/ *n* (το) γλυκό ψωμάκι. (*hair*) (ο) κότσος

bunch /bʌntʃ/ *n* (*of flowers*) (το) μπουκέτο. (*of keys*) (ο) ορμαθός. (*of people*) (η) ομάδα. (*of grapes*) (το) τσαμπί. (*of bananas*) (το) κλαδί

bundle /'bʌndl/ *n* (το) δέμα. • *vt* μαζεύω

bung /bʌŋ/ *n* (το) πώμα. • *vt* βουλώνω. (*sl*) ρίχνω

bungalow /'bʌŋgələʊ/ *n* (το) μπανγκαλόου *invar*

bungle /'bʌŋgl/ *vt* κάνω με αδεξιότητα

bunion /'bʌnjən/ *n* (ο) κάλος

bunk /bʌŋk/ *n* (η) κουκέτα

bunker /'bʌŋkə(r)/ *n* (η) καρβουναποθήκη. (*mil*) (το) καταφύγιο

bunny /'bʌnɪ/ *n* (το) κουνελάκι

buoy /bɔɪ/ *n* (η) σημαδούρα

buoyant /'bɔɪənt/ *a* ελαφρός. (*fig*) ζωηρός

burden /'bɜːdn/ *n* (το) βάρος. • *vt* επιβαρύνω

bureau /'bjʊərəʊ/ *n* (*office*) (το) γραφείο

bureaucracy /bjʊə'rɒkrəsɪ/ *n* (η) γραφειοκρατία

bureaucrat /'bjʊərəkræt/ *n* (ο) γραφειοκράτης

burglar /'bɜːglə(r)/ *n* (ο) διαρρήκτης. **~ alarm** *n* (ο) αντικλεπτικός συναγερμός. **~ize** *vt* (*Amer*) κάνω διάρρηξη. **~y** *n* (η) διάρρηξη

burgle /'bɜːgl/ *vt* κάνω διάρρηξη

burial /'berɪəl/ *n* (η) ταφή

burly /'bɜːlɪ/ *a* (**-ier, -iest**) εύσωμος

burn /bɜːn/ *vt/i* (*pt* burned *or* burnt) καίω. • *n* (το) κάψιμο

burnt /bɜːnt/ *see* BURN

burp /bɜːp/ *n* (*fam*) (το) ρέψιμο *vi* (*fam*) ρεύομαι

burrow /'bʌrəʊ/ *n* (η) υπόγεια τρύπα. • *vi* σκάβω κάτω από τη γη

bursar /'bɜːsə(r)/ *n* (ο, η) οικονόμος

burst /bɜːst/ *vt/i* σκάζω. • *n* (*surge*) (το) ξέσπασμα. (*mil*) (η) έκρηξη. **~ into tears** ξεσπώ στα κλάματα

bury /'berɪ/ *vt* θάβω. (*hide*) κρύβω

bus /bʌs/ *n* (το) λεωφορείο. • *vt* μεταφέρω με λεωφορείο. **~ lane** *n* (η) λεωφορειολωρίδα. **~ station** *n* (ο) σταθμός λεωφορείων. **~-stop** *n* (η) στάση (λεωφορείου)

bush /buʃ/ n (o) θάμνος. (land) ακατοίκητες περιοχές της Αφρικής/ Αυστραλίας

business /'bıznıs/ n (η) δουλειά. (comm) (η) επιχείρηση. (fig) (η) ασχολία. ~ **man/woman** (o, η) επιχειρηματίας

busker /'bʌskə(r)/ n (o) τραγουδιστής του δρόμου

bust[1] /bʌst/ n (sculpture) (η) προτομή. (chest) (το) στήθος

bust[2] /bʌst/ vt/i (pt busted or bust) (break: fam) σπάζω.

bustle /'bʌsl/ vi πηγαινοέρχομαι βιαστικά. • n (η) κίνηση

bus|y /'bızı/ a (-ier, -iest) απασχολημένος. (street) γεμάτος κίνηση. (day) πολυάσχολος. • vt ~ **o.s. with** απασχολούμαι με

but /bʌt/ conj αλλά. • prep εκτός από. • adv μόνο. ~ **for** χωρίς. **last** ~ **one** (o) προτελευταίος

butcher /'butʃə(r)/ n (o) κρεοπώλης. ~**'s (shop)** n (το) κρεοπωλείο

butler /'bʌtlə(r)/ n (o) αρχιυπηρέτης

butt /bʌt/ n (of gun) (o) υποκόπανος. (of cigarette) (το) αποτσίγαρο. (target) (o) στόχος. • vi ~ **in** διακόπτω

butter /'bʌtə(r)/ n (το) βούτυρο. • vt βουτυρώνω

buttercup /'bʌtəkʌp/ n (η) νεραγκούλα

butterfly /'bʌtəflaı/ n (η) πεταλούδα

buttock /'bʌtək/ n (o) γλουτός

button /'bʌtn/ n (το) κουμπί. • vt/i κουμπώνω/ομαι

buttonhole /'bʌtnhəʊl/ n (η) κουμπότρυπα. • vt (fig) στριμώχνω

buttress /'bʌtrıs/ n (το) στήριγμα

buy /baı/ vt (pt bought) αγοράζω (**from**, από). • n (η) αγορά. ~**er** n (o) αγοραστής

buzz /bʌz/ vi βουίζω. • n (o) βόμβος. ~**er** n (o) βομβητής

buzzword /'bʌzwɜːd/ n (η) λέξη του συρμού

by /baı/ prep (near) κοντά σε. (time) έως. (measure, weight) με.

~ **and large** κυρίως. ~ **car** με αυτοκίνητο. ~**-election** n (η) επαναληπτική εκλογή. ~**-law** n (o) νόμος τοπικής αρχής. ~ **oneself** μόνος. ~**-product** n (το) υποπροϊόν. ~ **three metres** πέντε μέτρα επί τρία μέτρα. **one** ~ **one** ένας ένας. **put** ~ βάζω στην άκρη

bye(-bye) /'baı(baı)/ int (fam) αντίο

bygone /'baıgɒn/ a περασμένος

bypass /'baıpaːs/ n (o) παρακαμπτήριος. • vt παρακάμπτω

bystander /'baıstændə(r)/ n (o) θεατής

Cc

cab /kæb/ n (taxi) (το) ταξί. (of lorry, train) (o) θάλαμος οδηγήσεως

cabaret /'kæbəreı/ n (το) καμπαρέ

cabbage /'kæbıdʒ/ n (το) λάχανο

cabin /'kæbın/ n (η) καμπίνα

cabinet /'kæbınıt/ n (το) ντουλάπι. **C~** (pol) (το) υπουργικό συμβούλιο

cable /'keıbl/ n (το) καλώδιο. (telec) (το) τηλεγράφημα. • vt τηλεγραφώ. ~**-car**, ~**-railway** n (το) τελεφερίκ

cackle /'kækl/ n (το) κακάρισμα. • vi κακαρίζω

cactus /'kæktəs/ n (o) κάκτος

cadet /kə'det/ n (o) δόκιμος

cadge /kædʒ/ vt/i διακονεύω

Caesarean /sı'zeərıən/ a καισαρικός. ~ **section** (η) καισαρική τομή

café /'kæfeı/ n (η) καφετερία

cafeteria /kæfı'tıərıə/ n (η) καφετερία

caffeine /'kæfiːn/ n (η) καφεΐνη

cage /keıdʒ/ n (το) κλουβί. • vt εγκλωβίζω

cajole /kə'dʒəʊl/ vt πείθω με κολακείες

cake /keık/ n (το) κέικ invar

calamity /kə'læmətɪ/ n (η)
συμφορά

calcium /'kælsɪəm/ n (το) ασβέστιο

calculat|e /'kælkjʊleɪt/ vt
υπολογίζω. (Amer) λογαριάζω.
~ed a εσκεμμένος. **~ing** a
συμφεροντολόγος. **~ion**
/-'leɪʃn/ n (ο) υπολογισμός. **~or** n
(ο) υπολογιστής

calculus /'kælkjʊləs/ n (ο)
λογισμός

calendar /'kælɪndə(r)/ n (το)
ημερολόγιο

calf¹ /ka:f/ n (το) μοσχάρι

calf² /ka:f/ n (of leg) (η) κνήμη

calibre /'kælɪbə(r)/ n (η)
ικανότητα. (of gun) (το)
διαμέτρημα

call /kɔ:l/ vt/i φωνάζω. • n (shout)
(η) κραυγή. (phone) (η) κλήση.
(visit) (η) επίσκεψη. **be ~ed**
(named) ονομάζομαι. **~centre** n
(το) κέντρο τηλεφωνικής
βοήθειας. **~-box** n (ο)
τηλεφωνικός θάλαμος. **~ for**
απαιτώ. (fetch) ζητώ. **~ off**
ματαιώνω. **~ on** (appeal to)
καλώ. (visit) επισκέπτομαι. **~ up**
(mil) επιστρατεύω. (phone)
τηλεφωνώ. **~er** n (ο)
επισκέπτης. (phone) (ο)
συνομιλητής

callous /'kæləs/ a αναίσθητος

calm /ka:m/ a ήρεμος. • n (η)
ηρεμία. • vt/i **~ (down)** ηρεμώ.
~ly adv ήρεμα

calorie /'kælərɪ/ n (η) θερμίδα

camcorder /'kæmkɔ:də(r)/ n (η)
βιντεοκάμερα

came /keɪm/ see COME

camel /'kæml/ n (η) καμήλα

cameo /'kæmɪəʊ/ n (η) καμέα

camera /'kæmərə/ n (η)
φωτογραφική μηχανή. (TV) (η)
τηλεοπτική κάμερα, (ο)
εικονολήπτης. **~man** n (ο)
οπερατέρ invar

camouflage /'kæməfla:ʒ/ n (το)
καμουφλάζ invar. • vt
καμουφλάρω

camp /kæmp/ n (η) κατασκήνωση.
(mil) (το) στρατόπεδο. • vi
κατασκηνώνω. **~-bed** n (το)
κρεβάτι εκστρατείας. **~er** n (ο)

κατασκηνωτής **~ing** n (η)
κατασκήνωση

campaign /kæm'peɪn/ n (η)
εκστρατεία. • vi εκστρατεύω

campsite /'kæmpsaɪt/ n (ο) χώρος
κατασκηνώσεως

campus /'kæmpəs/ n (η)
πανεπιστημιούπολη

can¹ /kæn/ n (το) μεταλλικό κουτί.
• vt (pt **canned**) κονσερβοποιώ.
~-opener n (το) ανοιχτήρι
(κονσέβας)

can² /kæn/ v aux (pt **could**) μπορώ.
~not, can't (neg) δεν μπορώ

Canad|a /'kænədə/ n (ο) Καναδάς.
~ian /kə'neɪdɪən/ a καναδικός.
• n (ο) Καναδός, (η) Καναδέζα

canal /kə'næl/ n (η) διώρυγα

canary /kə'neərɪ/ n (το) καναρίνι

cancel /'kænsl/ vt/i (pt **cancelled**)
(call off) ματαιώνω. (annul)
ακυρώνω. **~lation** -'leɪʃn n (η)
ακύρωση

cancer /'kænsə(r)/ n (ο) καρκίνος.
C~ (astr) (ο) Καρκίνος

candid /'kændɪd/ a ειλικρινής

candidate /'kændɪdeɪt/ n (ο)
υποψήφιος

candle /'kændl/ n (το) κερί

candlelight /'kændllaɪt/ n (το) φως
κεριών

candlestick /'kændlstɪk/ n (το)
κηροπήγιο

candour /'kændə(r)/ n (η)
ειλικρίνεια

candy /'kændɪ/ n (Amer) (η)
καραμέλα. **~-floss** n (το) μαλλί
της γριάς

cane /keɪn/ n (for baskets) (το)
καλάμι. (stick) (το) μπαστούνι.
• vt (strike) δέρνω με βέργα

canine /'keɪnaɪn/ a σκυλίσιος

canister /'kænɪstə(r)/ n (το)
μεταλλικό κουτί

cannabis /'kænəbɪs/ n (η)
κάνναβις

cannibal /'kænɪbl/ n (ο)
ανθρωποφάγος, (ο) κανίβαλος

cannon /'kænən/ n invar (το)
κανόνι. **~-ball** n (η) μπάλα
κανονιού

cannot /'kænət/ see CAN

canny /'kænɪ/ a καπάτσος

canoe /kə'nu:/ n (το) κανό

canon /'kænən/ n (rule) (ο) κανόνας. (person) (ο) εφημέριος

canopy /'kænəpɪ/ n (ο) θόλος

cant /kænt/ n (η) επαγγελματική ορολογία

can't /ka:nt/ see CAN

cantankerous /kæn'tæŋkərəs/ a εριστικός

canteen /kæn'ti:n/ n (η) καντίνα. (for cutlery) (η) θήκη

canter /'kæntə(r)/ n ελαφρός καλπασμός. • vi καλπάζω ελαφρά

canvas /'kænvəs/ n (ο) καμβάς

canvass /'kænvəs/ vi ψηφοθηρώ

canyon /'kænjən/ n (το) φαράγγι

cap /kæp/ n (hat) (ο) σκούφος. (of pen) (το) καπάκι. (of bottle, tube) (το) πώμα. • vt (pt **capped**) σκεπάζω. (outdo) ξεπερνώ

capab|le /'keɪpəbl/ a ικανός. be ~**le of** είμαι ικανός να. ~**ility** /-'bɪlətɪ/ n (η) ικανότητα

capacity /kə'pæsətɪ/ n (ability) (η) ικανότητα. (function) (η) ιδιότητα. (volume) (η) χωρητικότητα

cape[1] /keɪp/ n (cloak) (η) κάπα

cape[2] /keɪp/ n (geog) (το) ακρωτήρι

capital /'kæpɪtl/ a κεφαλαιώδης. • n (town) (η) πρωτεύουσα. (money) (το) κεφάλαιο. ~ **letter** (το) κεφαλαίο γράμμα. ~ **punishment** (η) θανατική ποινή

capitalis|t /'kæpɪtəlɪst/ a καπιταλιστικός. • n (ο) καπιταλιστής ~**m** /-zəm/ n (ο) καπιταλισμός, (η) κεφαλαιοκρατία

capitulat|e /kə'pɪtʃʊleɪt/ vi συνθηκολογώ. ~**ion** /-'leɪʃn/ n (η) συνθηκολόγηση

capricious /kə'prɪʃəs/ a καπριτσιόζος, ιδιότροπος

Capricorn /'kæprɪkɔ:n/ n (ο) Αιγόκερος

capsize /kæp'saɪz/ vt/i ανατρέπω/ ομαι

capsule /'kæpsju:l/ n (η) κάψουλα

captain /'kæptɪn/ n (ο) πλοίαρχος. • vt ηγούμαι

caption /'kæpʃn/ n (η) λεζάντα. (heading) (ο) τίτλος

captivate /'kæptɪveɪt/ vt αιχμαλωτίζω (γοητεύω)

captiv|e /'kæptɪv/ a αιχμάλωτος. • n (ο) αιχμάλωτος. ~**ity** /-'tɪvətɪ/ n (η) αιχμαλωσία

capture /'kæptʃə(r)/ vt συλλαμβάνω. (attention) προσελκύω. • n (η) σύλληψη

car /ka:(r)/ n (το) αυτοκίνητο. ~ **park** n (ο) χώρος σταθμεύσεως

carafe /kə'ræf/ n (η) καράφα

caramel /'kærəmel/ n (η) καραμέλα

carat /'kærət/ n (το) καράτι

caravan /'kærəvæn/ n (το) τροχόσπιτο

carbohydrate /ka:bəʊ'haɪdreɪt/ n (ο) υδατάνθρακας

carbon /'ka:bən/ n (ο) άνθρακας. (paper) (το) καρμπόν invar. ~ **dioxide** n (το) διοξείδιο του άνθρακα

carburettor /ka:bjʊ'retə(r)/ n (το) καρμπιρατέρ

carcass /'ka:kəs/ n (το) ψοφίμι, (το) κουφάρι

card /ka:d/ n (invitation, greeting) (η) κάρτα. (game) (το) χαρτί. (membership) (το) δελτίο

cardboard /'ka:dbɔ:d/ n (το) χαρτόνι

cardiac /'ka:dɪæk/ a καρδιακός

cardigan /'ka:dɪgən/ n (η) πλεκτή ζακέτα

cardinal /'ka:dɪnəl/ a κύριος n (ο) καρδινάλιος

care /keə(r)/ n (η) φροντίδα. (worry) (η) ανησυχία. (protection) (η) προσοχή. • vi **about** (be concerned) με νοιάζει. (love) αγαπώ. ~ **for** (look after) φροντίζω. (like) μου αρέσει. ~ **of** φροντίδι. **I don't** ~ δε με νοιάζει. **take** ~ **of** προσέχω

career /kə'rɪə(r)/ n (η) καριέρα

carefree /'keəfri:/ a ξένοιαστος

careful /'keəfʊl/ a προσεκτικός. ~**ly** adv προσεκτικά

careless /'keəlɪs/ a απερίσκεπτος. (not careful) απρόσεκτος. (not worried) ξένοιαστος. ~**ly** adv απρόσεκτα, με ξενοιασιά

caress /kə'res/ n (το) χάδι. • vt
χαϊδεύω

caretaker /'keəteıkə(r)/ n (of
building) (ο) θυρωρός

cargo /'ka:gəʊ/ n (το) φορτίο

caricature /'kærıkətʃʊə(r)/ n (η)
καρικατούρα

carnation /ka:'neıʃn/ n (το)
γαρίφαλο

carnival /'ka:nıvl/ n (το)
καρναβάλι

carol /'kærəl/ n Christmas ~s τα
κάλαντα

carp /ka:p/ n invar (fish) ((ο)
κυπρίνος. • vi ~ (at) γκρινιάζω

carpent|er /'ka:pıntə(r)/ n (ο)
μαραγκός. ~ry n (η) ξυλουργική

carpet /'ka:pıt/ n (το) χαλί. • vt
σκεπάζω με χαλί. fitted ~ (η)
μοκέτα

carriage /'kærıdʒ/ n (rail.) (το)
βαγόνι. (horse-drawn) (η) άμαξα.
(of goods) (η) μεταφορά. (cost)
(τα) μεταφορικά. (bearing) (το)
παράστημα

carriageway /'kærıdʒweı/ n
λωρίδα κυκλοφορίας (σε δρόμο)

carrier /'kærıə(r)/ n (comm) (ο)
μεταφορέας. (med) (ο) φορέας.
~ bag n (η) σακούλα

carrot /'kærət/ n (το) καρότο

carry /'kærı/ vt|i (goods) μεταφέρω.
(sound) φθάνω. (math) κρατώ.
(involve) φέρνω. ~-cot n (το)
πορτμπεμπέ invar. ~ on
συνεχίζω. ~ out εκτελώ. (duty)
εκπληρώ. (investigation) διεξάγω.
get carried away (fig) το
παρακάνω

cart /ka:t/ n (το) κάρο

cartilage /'ka:tılıdʒ/ n (ο) χόνδρος

carton /'ka:tən/ n (το) κουτί. (for
drinks) (το) χάρτινο κουτί. (of
yoghurt) (το) κεσεδάκι. (of
cigarettes) (η) κούτα

cartoon /ka:'tu:n/ n (η)
γελοιογραφία. (cinema) (τα)
κινούμενα σχέδια. ~ist n (ο)
γελοιογράφος

cartridge /'ka:trıdʒ/ n (το) φυσίγγι

carv|e /ka:v/ vt (stone, wood)
σκαλίζω. (meat) κόβω. ~ing n
(το) σκαλιστό

cascade /kæs'keıd/ n (ο)
καταρράκτης

case /keıs/ n (η) περίπτωση. (jur)
(η) υπόθεση. (crate) (το) κιβώτιο.
(box) (η) θήκη. (suitcase) (η)
βαλίτσα. in ~ it rains σε
περίπτωση που θα βρέξει

cash /kæʃ/ n (τα) μετρητά. • vt
εξαργυρώνω. vi ~ in on sth
επωφελούμαι από κτ. ~ desk n
(το) ταμείο. ~ dispenser, ~
point ns (το) αυτόματο μηχάνημα
αναλύψεως χρημάτων

cashier /kæ'ʃıə(r)/ n (ο) ταμίας

casino /kə'si:nəʊ/ n (το) καζίνο

cask /ka:sk/ n (το) βαρέλι

casket /'ka:skıt/ n (η) κασετίνα

casserole /'kæsərəʊl/ n (η)
κατσαρόλα. (stew) (το) ραγού

cassette /kə'set/ n (η) κασέτα ~
player n (το) κασετόφωνο. ~
recorder n το μαγνητόφωνο

cast /ka:st/ vt ρίχνω. (metal) χύνω.
(vote) δίνω. • n (theatr) (οι)
ηθοποιοί. (mould) (το) καλούπι.
(med) (ο) γύψινος επίδεσμος.
~ aside παραμερίζω. ~ iron n
(ο) χυτοσίδηρος

castaway /'ka:stəweı/ n (ο, η)
ναυαγός

caste /ka:st/ n (η) κάστα

castle /'ka:sl/ n (το) κάστρο.
(chess) (ο) πύργος

castor /'ka:stə(r)/ n (το) ροδάκι
~ sugar n (η) ζάχαρη ψιλή

castrate /kæ'streıt/ vt ευνουχίζω

casual /'kæʒʊəl/ a τυχαίος. (work)
έκτακτος. (attitude) αδιάφορος.
~ clothes (τα) ρούχα σπορ. ~ly
adv αδιάφορα

casualty /'kæʒʊəltı/ n (το)
ατύχημα. (wounded person) (το)
θύμα

cat /kæt/ n (η) γάτα

catalogue /'kætəlɒg/ n (ο)
κατάλογος. • vt καταγράφω

catalyst /'kætəlıst/ n (ο) καταλύτης

catapult /'kætəpʌlt/ n (ο)
καταπέλτης. (child's) (η)
σφενδόνη

cataract /'kætərækt/ n (ο)
καταρράκτης

catarrh /kə'ta:(r)/ n (ο) κατάρρους

catastrophe /kə'tæstrəfi/ *n* (η)
καταστροφή

catch /kætʃ/ *vt* (*pt* caught) πιάνω.
(*grab*) αρπάζω. (*train, bus*)
παίρνω. • *vi* (*get stuck*) πιάνομαι.
• *n* (*of fish*) (η) ψαριά. (*on door,
window*) (το) μάνταλο. (*trap,
difficulty*) (η) παγίδα. ~ a cold
κρυολογώ. ~ sight of βλέπω. ~
up φτάνω. ~ up with προφταίνω

catching /'kætʃɪŋ/ *a* κολλητικός

catchword /'kætʃwɜːd/ *n* (το)
σύνθημα

catechism /'kætɪkɪzəm/ *n* (η)
κατήχηση

categorical /kætɪ'gɒrɪkl/ *a*
κατηγορηματικός

category /'kætɪgərɪ/ *n* (η)
κατηγορία

cater /'keɪtə(r)/ *vi* ~ for
τροφοδοτώ. (*needs*) φροντίζω.
~er *n* (ο) τροφοδότης

caterpillar /'kætəpɪlə(r)/ *n* (η)
κάμπια

cathedral /kə'θiːdrəl/ *n* (ο)
καθεδρικός ναός

catholic /'kæθəlɪk/ *a* & *n*
καθολικός. C~ism /kə'θɒlɪsɪzəm/
n (ο) καθολικισμός

cattle /'kætl/ *npl* (τα) βοοειδή

caught /kɔːt/ *see* CATCH

cauldron /'kɔːldrən/ *n* (το) καζάνι

cauliflower /'kɒlɪflaʊə(r)/ *n* (το)
κουνουπίδι

cause /kɔːz/ *n* (η) αιτία. • *vt*
προκαλώ

causeway /'kɔːzweɪ/ *n* (ο)
υπερυψωμένος δρόμος

caustic /'kɔːstɪk/ *a* καυστικός

cauti|on /'kɔːʃn/ *n* (η)
επιφυλακτικότητα. (*warning*) (η)
προειδοποίηση. • *vt*
προειδοποιώ. ~ous *a*
επιφυλακτικός, προσεκτικός.
~ously *adv* προσεκτικά

cavalry /'kævəlrɪ/ *n* (το) ιππικό

cave /keɪv/ *n* (η) σπηλιά. • *vi* ~ in
καταρρέω

cavern /'kævən/ *n* (η) σπηλιά

caviare /'kævɪɑː(r)/ *n* (το) χαβιάρι

cavity /'kævɪtɪ/ *n* (η) κοιλότητα

cavort /kə'vɔːt/ *vi* χοροπηδώ

CD *abbr* CD. ~ player *n* (η)
συσκευή CD

cease /siːs/ *vt/i* παύω. ~-fire *n* (η)
κατάπαυση πυρός. ~less *a*
ακατάπαυστος

cedar /'siːdə(r)/ *n* (το) κέδρο

ceiling /'siːlɪŋ/ *n* (το) ταβάνι

celebrat|e /'selɪbreɪt/ *vt* τελώ.
• *vi* γιορτάζω. ~ion /-'breɪʃn/
n (ο) εορτασμός

celebrity /sɪ'lebrətɪ/ *n* (η)
διασημότητα

celery /'selərɪ/ *n* (το) σέλινο

celestial /sɪ'lestjəl/ *a* ουράνιος

celibate /'selɪbət/ *a* άγαμος

cell /sel/ *n* (*in prison*) (το) κελί.
(*biol*) (το) κύτταρο. (*electr*) (το)
στοιχείο. ~ phone *n* (το) κινητό
τηλέφωνο

cellar /'selə(r)/ *n* (το) κελάρι. (*for
wine*) (η) κάβα

cello /'tʃeləʊ/ *n* (το) βιολοντσέλο

Cellophane /'seləfeɪn/ *n* (P) (το)
σελοφάν *invar*

cement /sɪ'ment/ *n* (το) τσιμέντο.
• *vt* τσιμεντάρω

cemetery /'semətrɪ/ *n* (το)
νεκροταφείο

censor /'sensə(r)/ *n* (ο) λογοκριτής
~ship *n* (η) λογοκρισία

censure /'senʃə(r)/ *n* (η) επίκριση.
• *vt* επικρίνω

census /'sensəs/ *n* (η) απογραφή
(πληθυσμού)

cent /sent/ *n* (*of dollar, Cyprus
pound*) (το) σεντ *invar*, (*of euro*)
(το) λεπτό

centenary /sen'tiːnərɪ/ *n* (η)
εκατονταετηρίδα

centigrade /'sentɪgreɪd/ *a* Κελσίου

centimetre /'sentɪmiːtə(r)/ *n* (το)
εκατοστό (του μέτρου)

centipede /'sentɪpiːd/ *n* (η)
σαρανταποδαρούσα

central /'sentrəl/ *a* κεντρικός.
~ heating *n* (το) καλοριφέρ
invar. ~ize *vt* συγκεντρώνω

centre /'sentə(r)/ *n* (το) κέντρο. • *vt*
συγκεντρώνω

century /'sentʃərɪ/ *n* (ο) αιώνας

ceramic /sɪ'ræmɪk/ *a* κεραμικός

cereal /'sɪərɪəl/ *n* (τα) δημητριακά.

(*breakfast food*) (τα) κορνφλέικς *invar*

ceremony /'serɪmənɪ/ *n* (η) τελετή

certain /'sɜːtn/ *a* βέβαιος. **make ~ of** βεβαιώνομαι. **~ly** *adv* βέβαια. **~ty** *n* (η) βεβαιότητα

certificate /sə'tɪfɪkət/ *n* (το) πιστοποιητικό

certify /'sɜːtɪfaɪ/ *vt* πιστοποιώ

chafe /tʃeɪf/ *vt* ερεθίζω. (*rub*) τρίβω. • *vi* συγκαίομαι

chaffinch /'tʃæfɪntʃ/ *n* (η) φριγκίλη

chain /tʃeɪn/ *n* (η) αλυσίδα. • *vt* αλυσοδένω. **~ reaction** *n* (η) αλυσιδωτή αντίδραση. **~-smoker** *n* (το) φουγάρο. **~ store** *n* (η) αλυσίδα μαγαζιών

chair /tʃeə(r)/ *n* (η) καρέκλα. (*univ*) (η) έδρα *vt* προεδρεύω

chairman /'tʃeəmən/ *n* (ο) πρόεδρος

chalet /'ʃæleɪ/ *n* (το) σαλέ *invar*

chalk /tʃɔːk/ *n* (η) κιμωλία

challenge /'tʃælɪndʒ/ *n* (η) πρόκληση. (*mil*) (η) κλήση σκοπού. • *vt* προκαλώ. (*question*) αμφισβητώ. **~ing** *a* προκλητικός

chamber /'tʃeɪmbə(r)/ *n* (το) δωμάτιο. **~ music** *n* (η) μουσική δωματίου

chambermaid /'tʃeɪmbəmeɪd/ *n* (η) καμαριέρα

chamois /'ʃæmɪ/ *n* **~ (leather)** (το) σαμουά *invar*

champagne /ʃæm'peɪn/ *n* (η) σαμπάνια

champion /'tʃæmpɪən/ *n* (ο) πρωταθλητής, (η) πρωταθλήτρια. • *vt* υποστηρίζω. **~ship** *n* (το) πρωτάθλημα

chance /tʃɑːns/ *n* (η) τύχη. (*likelihood*) (η) πιθανότητα. (*opportunity*) (η) ευκαιρία. (*risk*) (ο) κίνδυνος. • *vt* (*risk*) διακινδυνεύω. • *a* τυχαίος. **by ~** κατά τύχη

chancellor /'tʃɑːnsələ(r)/ *n* (ο) καγκελάριος. **C~ of the Exchequer** (ο) Υπουργός Οικονομικών

chandelier /ʃændə'lɪə(r)/ *n* (ο) πολυέλαιος

change /tʃeɪndʒ/ *vt* αλλάζω. (*substitute*) αντικαθιστώ. (*exchange*) ανταλλάσσω. (*money*) χαλώ. • *vi* αλλάζω. *n* (η) αλλαγή. (*money*) (τα) ρέστα. (*small coins*) (τα) ψιλά. **~over** *n* (η) αλλαγή. **~able** *a* άστατος. (*weather*) ευμετάβλητος

channel /'tʃænl/ *n* (ο) πορθμός. (*TV*) (το) κανάλι. (*fig*) (η) οδός. • *vt* (*groove*) ανοίγω αυλάκι σε. (*direct*) διοχετεύω. **the (English) C~** (η) Θάλασσα της Μάγχης

chant /tʃɑːnt/ *n* (η) ψαλμωδία. • *vt/i* ψάλλω

chaos /'keɪɒs/ *n* (το) χάος. **~tic** /-'ɒtɪk/ *a* χαώδης

chap /tʃæp/ *n* (*fam*) (ο) τύπος

chapel /'tʃæpl/ *n* (το) παρεκκλήσι

chaperon /'ʃæpərəʊn/ *n* (η) συνοδός. • *vt* συνοδεύω

chaplain /'tʃæplɪn/ *n* (ο) εφημέριος

chapter /'tʃæptə(r)/ *n* (το) κεφάλαιο

char /tʃɑː(r)/ *vt* μισοκαίω

character /'kærəktə(r)/ *n* (ο) χαρακτήρας. **~ize** *vt* χαρακτηρίζω

characteristic /kærəktə'rɪstɪk/ *a* χαρακτηριστικός. • *n* (το) χαρακτηριστικό

charade /ʃə'rɑːd/ *n* (*fig*) (η) διακωμώδηση

charcoal /'tʃɑːkəʊl/ *n* (το) ξυλοκάρβουνο

charge /tʃɑːdʒ/ *n* (η) τιμή. (*electr*) (η) φόρτιση. (*mil*) (η) έφοδος. (*jur*) (η) κατηγορία. (*task, custody*) (η) ευθύνη. • *vi* (*mil*) επιτίθεμαι. • *vt* (*electr*) φορτίζω. (*mil*) επιτίθεμαι σε. (*jur*) κατηγορώ. (*entrust*) αναθέτω. **in ~ of** υπεύθυνος για. **take ~ of** αναλαμβάνω

chariot /'tʃærɪət/ *n* (το) άρμα

charis|ma /kə'rɪzmə/ *n* (το) χάρισμα. **~matic** /-'mætɪk/ *a* χαρισματικός

charit|y /'tʃærətɪ/ *n* (η) φιλανθρωπία. (*society*) (ο) φιλανθρωπικός οργανισμός. **~able** *a* φιλάνθρωπος

charm /tʃɑːm/ n (η) γοητεία. (on bracelet) (το) μπρελόκ invar. • vt γοητεύω. **~ing** a γοητευτικός

chart /tʃɑːt/ n (ο) χάρτης. (table) (ο) πίνακας

charter /'tʃɑːtə(r)/ n **~ (flight)** (η) ναυλωμένη πτήση vt ναυλώνω. **~ed accountant** (ο) ορκωτός λογιστής

chase /tʃeɪs/ vt/i κυνηγώ. • n (το) κυνηγητό

chassis /'ʃæsɪ/ n (το) σασί

chastise /tʃæs'taɪz/ vt τιμωρώ

chastity /'tʃæstətɪ/ n (η) αγνότητα

chat /tʃæt/ n (η) κουβέντα. • vi (pt **chatted**) κουβεντιάζω

chatter /'tʃætə(r)/ n (η) φλυαρία. • vi φλυαρώ. **his teeth are ~ing** χτυπούν τα δόντια του. **~box** /'tʃætəbɒks/ n (ο) φλύαρος

chauffeur /'ʃəʊfə(r)/ n (ο) σοφέρ

chauvinis|t /'ʃəʊvɪnɪst/ n (ο) σοβινιστής. **~m** /-zəm/ n (ο) σοβινισμός

cheap /tʃiːp/ a φτηνός. (rate) χαμηλός. (poor quality) κακής-ποιότητας. **~(ly)** adv φτηνά

cheapen /'tʃiːpən/ vt φτηναίνω. (fig) υποτιμώ

cheat /tʃiːt/ vt εξαπατώ. • vi (at cards) κλέβω. • n (ο) απατεώνας

check¹ /tʃek/ vt ελέγχω. (curb) περιορίζω. (tick: Amer) τσεκάρω. • n (ο) έλεγχος. (curb) (ο) περιορισμός. (bill: Amer) (ο) λογαριασμός. (cheque: Amer) (η) επιταγή. **~!** (chess) ρουά! **~ in** (luggage) ελέγχω τις αποσκευές. (at hotel) υπογράφω κατά την άφιξη. **~ up** ελέγχω. **~-up** n (η) γενική εξέταση

check² /tʃek/ n (το) ύφασμα καρό. • a καρό invar

checkmate /'tʃekmeɪt/ n (το) ματ. • vt κάνω ματ

checkout /'tʃekaʊt/ n (το) ταμείο

cheek /tʃiːk/ n (το) μάγουλο. (fig) (η) αναίδεια. **~-bone** n (το) μήλο. **~y** a αναιδής

cheer /tʃɪə(r)/ n (το) κέφι. (applause) (το) χειροκρότημα. • vt (comfort) ενθαρρύνω. (applaud)

επευφημώ. **~ up** vt δίνω κουράγιο. vi κάνω κέφι **~ up!** μη στενοχωριέσαι!. **~ful** a κεφάτος

cheese /tʃiːz/ n (το) τυρί

cheetah /'tʃiːtə/ n (ο) κυναίλουρος

chef /ʃef/ n (ο) σεφ invar

chemical /'kemɪkl/ a χημικός. • n (η) χημική ουσία

chemist /'kemɪst/ n (pharmacist) (ο) φαρμακοποιός. (scientist) (ο) χημικός. **~'s (shop)** n (το) φαρμακείο. **~ry** n (η) χημεία

cheque /tʃek/ n (η) επιταγή. **~-book** n (το) καρνέ (επιταγών). **~ card** n (η) τραπεζική κάρτα

cherish /'tʃerɪʃ/ vt (love) λατρεύω. (hope) τρέφω

cherry /'tʃerɪ/ n (το) κεράσι

chess /tʃes/ n (το) σκάκι. **~-board** n (η) σκακιέρα

chest /tʃest/ n (anat) (το) στήθος. (box) (το) κιβώτιο. **~ of drawers** n (η) σιφονιέρα

chestnut /'tʃesnʌt/ n (το) κάστανο. **~-tree** n (η) καστανιά

chew /tʃuː/ vt μασώ. **~ing-gum** n (η) τσίκλα

chick /tʃɪk/ n (το) πουλάκι

chicken /'tʃɪkɪn/ n (το) κοτόπουλο. • a (fam) δειλός. **~-pox** n (η) ανεμοβλογιά

chicory /'tʃɪkərɪ/ n (το) σικορέ invar

chief /tʃiːf/ n (ο) αρχηγός. • a κύριος. **~ly** adv κυρίως

chilblain /'tʃɪlbleɪn/ n (η) χιονίστρα

child /tʃaɪld/ n (pl **children**) /'tʃɪldrən/) (το) παιδί. **~hood** n (η) παιδική ηλικία. **~ish** a παιδιάστικος. **~like** a παιδικός

childbirth /'tʃaɪldbɜːθ/ n (ο) τοκετός

chill /tʃɪl/ n (το) κρύο, (η) ψύχρα. (illness) (το) κρυολόγημα. • vt/i παγώνω. **~y** a ψυχρός

chilli /'tʃɪlɪ/ n (η) καφτερή κόκκινη πιπεριά, (το) τσίλι invar

chime /tʃaɪm/ n (ο) χτύπος. • vt χτυπώ

chimney /'tʃɪmnɪ/ n (η) καπνοδόχος

chimpanzee /tʃɪmpæn'zi:/ *n* (ο) χιμπαντζής

chin /tʃɪn/ *n* (το) πηγούνι

china /'tʃaɪnə/ *n* (η) πορσελάνη

Chin|a /'tʃaɪnə/ *n* (η) Κίνα. **~ese** /-'ni:z/ *a* κινέζικος. • *n* (ο) Κινέζος, (η) Κινέζα

chink¹ /tʃɪŋk/ *n* (η) ρωγμή

chink² /tʃɪŋk/ *n* (*of coins*) (το) κουδούνισμα. (*of glasses*) (το) τσούγκρισμα

chip /tʃɪp/ *n* (το) κομμάτι. (*culin*) (η) τηγανητή πατάτα. (*gambling*) (η) μάρκα. • *vt/i* κόβω

chiropodist /kɪ'rɒpədɪst/ *n* (ο,η) ποδίατρος

chirp /tʃɜ:p/ *n* (το) τιτίβισμα. • *vi* τιτιβίζω

chirpy /'tʃɜ:pɪ/ *a* κεφάτος

chisel /'tʃɪzl/ *n* (η) σμίλη

chit /tʃɪt/ *n* (το) σημείωμα

chive /tʃaɪv/ *n* (η) πρασουλίδα

chlorine /'klɔ:ri:n/ *n* (το) χλώριο

chocolate /'tʃɒklɪt/ *n* (η) σοκολάτα

choice /tʃɔɪs/ *n* (η) επιλογή, (η) εκλογή. (*thing chosen*) (η) επιλογή. • *a* εκλεκτός

choir /'kwaɪə(r)/ *n* (η) χορωδία

choke /tʃəʊk/ *vt/i* πνίγω/ομαι. • *n* (*auto*) (το) τσοκ *invar*

cholera /'kɒlərə/ *n* (η) χολέρα

cholesterol /kə'lestərɒl/ *n* (η) χοληστερόλη

choose /tʃu:z/ *vt/i* (*pt* chose, *pp* chosen) διαλέγω. (*prefer*) προτιμώ. (*decide*) αποφασίζω

chop /tʃɒp/ *vt* (*pt* chopped) κόβω *n* (*culin*) (η) μπριζόλα

chopstick /'tʃɒpstɪk/ *n* (το) κινέζικο ξυλαράκι

chord /kɔ:d/ *n* (η) χορδή

chore /tʃɔ:(r)/ *n* (η) αγγαρεία. **household ~s** *npl* (οι) καθημερινές δουλειές του σπιτιού

chortle /'tʃɔ:tl/ *n* (το) αθόρυβο γέλιο. • *vi* σιγογελώ

chorus /'kɔ:rəs/ *n* (ο) χορός. (*of song*) (το) ρεφρέν *invar*

chose, chosen /tʃəʊz, 'tʃəʊzn/ *see* CHOOSE

Christ /kraɪst/ *n* (ο) χριστός

christen /'krɪsn/ *vt* βαπτίζω. **~ing** *n* (το) βάφτισμα

Christian /'krɪstjən/ *a* χριστιανός *n* **~ name** (το) όνομα. **~ity** /-stɪ'ænɪtɪ/ *n* (ο) χριστιανισμός

Christmas /'krɪsməs/ *n* (τα) Χριστούγεννα. • *a* χριστουγεννιάτικος

chrome /krəʊm/ *n* (το) χρώμιο

chromosome /'krəʊməsəʊm/ *n* (το) χρωματόσωμο

chronic /'krɒnɪk/ *a* χρόνιος. (*very bad: fam*) ανυπόφορος

chronicle /'krɒnɪkl/ *n* (το) χρονικό. • *vt* χρονογραφώ

chronology /krə'nɒlədʒɪ/ *n* (η) χρονολογία

chrysanthemum /krɪ'sænθəməm/ *n* (το) χρυσάνθεμο

chubby /'tʃʌbɪ/ *a* (-ier, -iest) στρουμπουλός

chuck /tʃʌk/ *vt* (*fam*) πετώ. **~ away** *or* **out** (*fam*) πετώ έξω

chuckle /'tʃʌkl/ *n* (το) αθόρυβο γέλιο. • *vi* σιγογελώ

chum /tʃʌm/ *n* (*fam*) (ο) φίλος

chunk /tʃʌŋk/ *n* (το) μεγάλο κομμάτι

chunky /'tʃʌŋkɪ/ *a* χοντρός

church /'tʃɜ:tʃ/ *n* (η) εκκλησία

churchyard /'tʃɜ:tʃja:d/ *n* (το) νεκροταφείο

churlish /'tʃɜ:lɪʃ/ *a* άξεστος

churn /'tʃɜ:n/ *n* (η) καρδάρα

chute /ʃu:t/ *n* (*slide*) (η) τσουλήθρα. (*for rubbish*) (ο) αγωγός

chutney /'tʃʌtnɪ/ *n* (η) γλυκιά πίκλα

cider /'saɪdə(r)/ *n* (ο) μηλίτης

cigar /sɪ'ga:(r)/ *n* (το) πούρο

cigarette /sɪgə'ret/ *n* (το) τσιγάρο

cinema /'sɪnəmə/ *n* (ο) κινηματογράφος

cinnamon /'sɪnəmən/ *n* (η) κανέλα

cipher /'saɪfə(r)/ *n* (η) κρυπτογραφία

circle /'sɜ:kl/ *n* (ο) κύκλος. (*theatr*) (ο) εξώστης. • *vt* κάνω το γύρο (*with gen.*). • *vi* διαγράφω κύκλο

circuit /'sɜ:kɪt/ *n* (το) κύκλωμα

circular /'sɜːkjʊlə(r)/ a κυκλικός.
• n (η) εγκύκλιος

circulat|e /'sɜːkjʊleɪt/ vt/i
κυκλοφορώ. ~ion /-'leɪʃn/ n (η)
κυκλοφορία

circumcise /'sɜːkəmsaɪz/ vt
περιτέμνω

circumference /sə'kʌmfərəns/ n
(η) περιφέρεια

circumstance /'sɜːkəmstəns/ n (η)
περίσταση

circus /'sɜːkəs/ n (το) τσίρκο

cistern /'sɪstən/ n (on roof) (η)
δεξαμενή. (of toilet) (το)
καζανάκι

cite /saɪt/ vt αναφέρω

citizen /'sɪtɪzn/ n (o) πολίτης, (η)
πολίτις. (of town) (ο) κάτοικος.
~ship n (η) ιθαγένεια

citrus /'sɪtrəs/ n ~ fruit (τα)
εσπεριδοειδή

city /'sɪtɪ/ n (η) πόλη. ~ centre-n
(το) κέντρο της πόλης

civic /'sɪvɪk/ a πολιτικός

civil /'sɪvl/ a πολιτικός. C~
Servant n (ο) δημόσιος
υπάλληλος. C~ Service n (οι)
δημόσιες υπηρεσίες. ~ war n (ο)
εμφύλιος πόλεμος. ~ity /-'vɪlətɪ/
n (η) ευγένεια

civilian /sɪ'vɪlɪən/ a πολιτικός.
• n (ο) πολίτης, (η) πολίτις

civiliz|e /'sɪvəlaɪz/ vt εκπολιτίζω.
~ation /-'zeɪʃn/ n (ο) πολιτισμός.
~ed a πολιτισμένος

claim /kleɪm/ vt απαιτώ. (assert)
διεκδικώ. • n (η) απαίτηση.
(comm) (η) αξίωση. (right) (το)
δικαίωμα. (assertion) (ο)
ισχυρισμός. ~ant n (ο)
απαιτητής

clairvoyant /kleə'vɔɪənt/ n (ο)
μάντης, (η) μάντις

clam /klæm/ n (η) αχιβάδα

clamber /'klæmbə(r)/ vi
σκαρφαλώνω

clamp /klæmp/ n (η) μέγκενη vt
σφίγγω

clandestine /klæn'destɪn/ a
μυστικός. (illicit) λαθραίος

clang /klæŋ/ n (η) κλαγγή

clap /klæp/ vt/i (pt clapped)
χειροκροτώ. (hands) χτυπώ. • n

(of thunder) (η) βροντή

clarify /'klærɪfaɪ/ vt διευκρινίζω

clarinet /klærɪ'net/ n (το) κλαρίνο

clarity /'klærətɪ/ n (η) διαύγεια

clash /klæʃ/ n (η) σύγκρουση. (fig)
(η) διαφωνία. • vt συγκρούω vi
συγκρούομαι. (coincide) συμπίπτω

clasp /klɑːsp/ n (η) πόρπη. • vt
σφίγγω

class /klɑːs/ n (η) τάξη. (lessons)
(τα) μαθήματα. • vt κατατάσσω

classic /'klæsɪk/ a κλασικός n ~s
npl (οι) κλασικές σπουδές. ~al a
κλασικός

classif|y /'klæsɪfaɪ/ vt ταξινομώ.
~ication /-ɪ'keɪʃn/ n (η)
ταξινόμηση

classroom /'klɑːsruːm/ n (η)
αίθουσα διδασκαλίας, (η) τάξη
(fam)

clatter /'klætə(r)/ n (ο) θόρυβος.
• vi κάνω θόρυβο

clause /klɔːz/ n (η) ρήτρα. (gram)
(η) πρόταση

claustrophobia /klɔːstrə'fəʊbɪə/ n
(η) κλειστοφοβία

claw /klɔː/ n (το) νύχι. (of crab) (η)
δαγκάνα. (device) (η) τανάλια. • vt
γρατσουνίζω

clay /kleɪ/ n (ο) πηλός

clean /kliːn/ a καθαρός. (stroke)
κοφτός. • adv τελείως. • vt
καθαρίζω. ~-shaven a
καλοξυρισμένος. ~er n (ο)
καθαριστής, (η) καθαρίστρια

cleanliness /'klenlɪnɪs/ n (η)
καθαριότητα

cleanse /klenz/ vt καθαρίζω. (fig)
εξαγνίζω

clear /klɪə(r)/ a καθαρός. (glass)
διάφανος. (without obstacles)
ελεύθερος. (sky at night)
ξάστερος. (sky during the day)
καταγάλανος. • adv καθαρά.
• vt (empty) αδειάζω. (free)
ελευθερώνω. (goods) εκτελωνίζω.
(jur) απαλλάσσω. (obstacle)
ανοίγω. (table) σηκώνω. • vi
(weather) καθαρίζω. ~ up vt
(tidy) καθαρίζω. (mystery)
ξεδιαλύνω ~ly adv καθαρά

clearance /'klɪərəns/ n (το)
καθάρισμα. (authorization) (η)

άδεια. (of cheque) (ο) συμψηφισμός. (customs) (ο) εκτελωνισμός

clearing /'klɪərɪŋ/ n (το) ξέφωτο

clench /klentʃ/ vt σφίγγω

clergy /'klɜːdʒɪ/ n (ο) κλήρος. **~man** n (ο) κληρικός

cleric /'klerɪk/ n (ο) κληρικός. **~al** a κληρικός. (of clerks) γραφικός

clerk /klɑːk/ n (ο) γραφέας

clever /'klevə(r)/ a έξυπνος. (skilful) επιδέξιος. **~ly** adv έξυπνα

cliché /'kliːʃeɪ/ n (το) κλισέ invar

click /klɪk/ n (το) κλικ invar. • vi χτυπώ. (fam) μπαίνω (στο νόημα). (computer) κάνω κλικ

client /'klaɪənt/ n (ο) πελάτης, (η) πελάτις

clientele /kliːənˈtel/ n (η) πελατεία

cliff /klɪf/ n (ο) γκρεμός

climate /'klaɪmɪt/ n (το) κλίμα

climax /'klaɪmæks/ n (το) αποκορύφωμα

climb /klaɪm/ vt αναρριχιέμαι σε. (stairs, hill) ανεβαίνω. (tree) σκαρφαλώνω. • vi αναρριχιέμαι. • n (η) αναρρίχηση. **~ down** κατεβαίνω. (fig) υποχωρώ. **~er** n (sport) (ο) ορειβάτης, (η) ορειβάτις

clinch /klɪntʃ/ vt γυρίζω καρφί. (deal) κλείνω

cling /klɪŋ/ vi (pt **clung**) προσκολλώμαι. (stick) κολλώ

clinic /'klɪnɪk/ n (η) κλινική

clinical /'klɪnɪkl/ a κλινικός

clink /klɪŋk/ n (το) ελαφρό κουδούνισμα. • vt/i κουδουνίζω ελαφρά

clip¹ /klɪp/ n (for paper) (ο) συνδετήρας. (for hair) (το) τσιμπιδάκι. • vt (pt **clipped**) συνδέω

clip² /klɪp/ vt (cut) κουρεύω. • n (το) κούρεμα. (of film) (η) σκηνή. **~ping** n (το) απόκομμα

clippers /'klɪpəz/ npl (η) μηχανή για κούρεμα

clique /kliːk/ n (η) κλίκα

cloak /kləʊk/ n (ο) μανδύας

cloakroom /'kləʊkruːm/ n (η) γκαρνταρόμπα. (toilet) (η) τουαλέτα

clock /klɒk/ n (το) ρολόι

clockwise /'klɒkwaɪz/ adv & a προς τα δεξιά

clockwork /'klɒkwɜːk/ n like **~** σαν ρολόι. • a κουρδιστός

clog /klɒg/ n (το) τσόκαρο. • vt/i (pt **clogged**) βουλώνω

cloister /'klɔɪstə(r)/ n (το) μοναστήρι

clone /kləʊn/ n (ο) κλώνος

close¹ /kləʊs/ a κοντινός. (together) εγγύς. (friend) στενός. (match) σκληρός. (weather) κλειστός. • adv κοντά. **~ly** adv στενά. (with attention) προσεκτικά. **~ness** n (η) εγγύτητα

close² /kləʊz/ vt/i κλείνω. (end) τελειώνω. • n (το) τέλος. **~ down** (το) κλείσιμο. **~d** a κλειστός

closet /'klɒzɪt/ n (Amer) (το) ντουλάπι

closure /'kləʊʒə(r)/ n (το) κλείσιμο

clot /klɒt/ n (ο) θρόμβος. (sl) (το) κωθώνι. • vi πήζω

cloth /klɒθ/ n (το) ύφασμα. (duster) (το) ξεσκονόπανο

cloth|e /kləʊð/ vt ντύνω. **~ing** n (ο) ρουχισμός

clothes /kləʊðz/ npl (τα) ρούχα

cloud /klaʊd/ n (το) σύννεφο. **~y** a συννεφιασμένος. (liquid) θολός

clout /klaʊt/ n (το) χτύπημα. (power: fam) (η) επιρροή. • vt χτυπώ

clove /kləʊv/ n (το) γαρίφαλο. **~ of garlic** (η) σκελίδα

clover /'kləʊvə(r)/ n (το) τριφύλλι

clown /klaʊn/ n (ο) παλιάτσος. • vi κάνω τον παλιάτσο

club /klʌb/ n (το) κλαμπ invar. (weapon) (το) ρόπαλο. (sport) (η) λέσχη. **~s** (cards) (το) σπαθί. • vt (pt **clubbed**) χτυπώ με ρόπαλο. vi **~ together** κάνω ρεφενέ

cluck /klʌk/ vi κακαρίζω

clue /kluː/ n (η) ένδειξη. (in crossword) (ο) ορισμός. **not have a ~** δεν έχω ιδέα

clump /klʌmp/ n (of trees) (η) συστάδα

clumsy /'klʌmzi/ a (-ier, -iest) αδέξιος

clung /klʌŋ/ see CLING

cluster /'klʌstə(r)/ n (η) ομάδα

clutch /klʌtʃ/ vt κρατώ σφιχτά. • vi ~ **at** πιάνομαι από. • n (το) πιάσιμο. (auto) (ο) συμπλέκτης

clutter /'klʌtə(r)/ n (η) ακαταστασία. • vt παραγεμίζω

coach /kəʊtʃ/ n (bus) (το) πούλμαν invar. (of train) (το) βαγόνι. (horse-drawn) (η) άμαξα. (sport) (ο) προπονητής. • vt προγυμνάζω. (sport) προπονώ

coagulate /kəʊ'ægjʊleit/ vt/i πήζω

coal /kəʊl/ n (το) κάρβουνο

coalition /kəʊə'lɪʃn/ n (ο) συνασπισμός

coarse /kɔːs/ a τραχύς. (material) χοντρός. (manners) χυδαίος

coast /kəʊst/ n (η) παραλία

coaster /'kəʊstə(r)/ n (mat) (το) σουβέρ invar

coastguard /'kəʊstgaːd/ n (η) ακτοφυλακή

coastline /'kəʊstlaɪn/ n (η) ακτή

coat /kəʊt/ n (το) παλτό. (of animal) (το) τρίχωμα. (of paint) (το) στρώμα. • vt επικαλύπτω. ~**-hanger** n (η) κρεμάστρα. ~ **of arms** (το) οικόσημο

coax /kəʊks/ vt καταφέρνω με κολακείες

cob /kɒb/ n (of corn) (το) καλαμπόκι

cobble /'kɒbl/ n (το) βότσαλο

cobweb /'kɒbweb/ n (ο) ιστός της αράχνης

cocaine /kəʊ'keɪn/ n (η) κοκαΐνη

cock /kɒk/ n (ο) κόκορας. (tap, valve) (η) κάνουλα. • vt (gun) οπλίζω. (ears) στυλώνω

cockerel /'kɒkərəl/ n (το) κοκοράκι

cockle /'kɒkl/ n (το) κοχύλι

cockney /'kɒkni/ n (ο) γνήσιος Λονδρέζος

cockpit /'kɒkpɪt/ n (in aircraft) (ο) θάλαμος του πιλότου

cockroach /'kɒkrəʊtʃ/ n (η) κατσαρίδα

cocktail /'kɒkteɪl/ n (το) κοκτέιλ invar

cocoa /'kəʊkəʊ/ n (το) κακάο

coconut /'kəʊkənʌt/ n (η) καρύδα

cocoon /kə'kuːn/ n (το) κουκούλι

cod /kɒd/ n invar (η) μουρούνα

code /kəʊd/ n (ο) κώδικας. • vt κρυπτογραφώ

coerc|e /kəʊ'ɜːs/ vt εξαναγκάζω. ~**ion** /-ʃn/ n (ο) εξαναγκασμός

coexist /kəʊɪg'zɪst/ vi συνυπάρχω. ~**ence** n (η) συνύπαρξη

coffee /'kɒfi/ n (ο) καφές

coffin /'kɒfɪn/ n (το) φέρετρο

cog /kɒg/ n (το) δόντι τροχού

coherent /kəʊ'hɪərənt/ a με ειρμό, συνεπής

coil /kɔɪl/ vt τυλίγω. • n (το) σπείρωμα. (one ring) (η) σπείρα

coin /kɔɪn/ n (το) νόμισμα

coincide /kəʊɪn'saɪd/ vi συμπίπτω

coincidence /kəʊ'ɪnsɪdəns/ n (η) σύμπτωση

coke /kəʊk/ n (το) κοκ invar

Coke /kəʊk/ n (P) (η) κόκα κόλα

colander /'kʌləndə(r)/ n (το) σουρωτήρι

cold /kəʊld/ a κρύος. **be** ~ κρυώνω. **it is** ~ κάνει κρύο. • n (το) κρύο. (med) (το) κρυολόγημα. ~**-shoulder** vt φέρνομαι ψυχρά σε. **get** ~ **feet** (fig) χάνω το θάρρος. ~**ness** n (η) ψυχρότητα

coleslaw /'kəʊlslɔː/ n (η) λαχανοσαλάτα

colic /'kɒlɪk/ n (ο) κωλικόπονος

collaborat|e /kə'læbəreɪt/ vi συνεργάζομαι. ~**ion** /-'reɪʃn/ n (η) συνεργασία

collapse /kə'læps/ vi καταρρέω. (med) λιποθυμώ. • n (η) κατάρρευση. (med) (η) λιποθυμία

collar /'kɒlə(r)/ n (το) κολάρο. ~ **bone** n (η) κλείδα

colleague /'kɒliːg/ n (ο, η) συνάδελφος

collect /kə'lekt/ vt μαζεύω. (as hobby) κάνω συλλογή (with gen.). (pick up) παραλαμβάνω. • vi συγκεντρώνομαι. (dust) μαζεύομαι. ~**ion** /-ʃn/ n (η)

συλλογή. (*in church*) (ο) έρανος.
~or *n* (ο) συλλέκτης. (*of taxes*)
(ο) εισπράκτορας
collective /kə'lektıv/ *a* συλλογικός
college /'kɒlıdʒ/ *n* (το) κολέγιο
collide /kə'laıd/ *vi* συγκρούομαι
collision /kə'lıʒn/ *n* (η) σύγκρουση
colloquial /kə'ləʊkwıəl/ *a* της
καθομιλουμένης
colon /'kəʊlən/ *n* (*gram*) (οι) δύο
τελείες. (*anat*) (το) κόλον
colonel /'kɜ:nl/ *n* (ο)
συνταγματάρχης
colon|y /'kɒlənı/ *n* (η) αποικία.
~ial /kə'ləʊnıəl/ *a* αποικιακός
colossal /kə'lɒsl/ *a* κολοσσιαίος
colour /'kʌlə(r)/ *n* (το) χρώμα. • *vt*
χρωματίζω. (*dye*) βάφω. • *vi*
(*blush*) κοκκινίζω. **~-blind** *a*
δαλτωνικός. **~ television** *n* (η)
έγχρωμη τηλεόραση. **in ~** *a*
έγχρωμος. **off ~** (*ill*) αδιάθετος.
~ful *a* γεμάτος χρώμα. (*fig*)
ζωντανός. **~less** *a* άχρωμος
coloured /'kʌləd/ *a* έγχρωμος.
(*pencil*) χρωματιστός
colt /kəʊlt/ *n* (το) πουλάρι
column /'kɒləm/ *n* (η) κολόνα.-(*in
newspaper*) (η) στήλη
columnist /'kɒləmnıst/ *n* (ο)
αρθρογράφος
coma /'kəʊmə/ *n* (το) κώμα
comb /kəʊm/ *n* (η) χτένα. • *vt*
χτενίζω
combat /'kɒmbæt/ *n* (η) μάχη. • *vt*
αγωνίζομαι εναντίον
combination /kɒmbı'neıʃn/ *n* (ο)
συνδυασμός
combine¹ /kəm'baın/ *vt* συνδυάζω
combine² /'kɒmbaın/ *n* (η)
κοινοπραξία. **~ harvester** *n* (η)
θεριζοαλωνιστική μηχανή
combustion /kəm'bʌstʃən/ *n* (η)
καύση
come /kʌm/ *vi* (*pt* **came**, *pp*
come) έρχομαι. **~ about** (*occur*)
συμβαίνω. **~ across** (*person*)
συναντώ. (*object*) βρίσκω. **~
apart** διαλύομαι. **~ away** φεύγω.
~ back επιστρέφω. **~ by**
(*obtain*) βρίσκω. (*pass*) περνώ. **~
down** κατεβαίνω. (*price*) πέφτω.
~ in μπαίνω. **~ into** (*money*)

κληρονομώ. **~ off** βγαίνω.
(*succeed*) επιτυχαίνω. **~ out**
βγαίνω. **~ round** περνώ.
(*recover*) συνέρχομαι. **~ to**
(*recover*) συνέρχομαι. (*decision
etc.*) φτάνω σε. (*amount*) κάνω.
~ up ανεβαίνω. **~ up with**
(*idea*) επινοώ
comedian /kə'mi:dıən/ *n* (ο, η)
κωμικός
comedy /'kɒmədı/ *n* (η) κωμωδία
comet /'kɒmıt/ *n* (ο) κομήτης
comfort /'kʌmfət/ *n* (η) άνεση. • *vt*
παρηγορώ. **~able** *a* άνετος
comic /'kɒmık/ *a* κωμικός. • *n*
(*person*) (ο, η) κωμικός.
(*periodical*) (τα) κόμικς *invar*.
~al *a* αστείος
comma /'kɒmə/ *n* (το) κόμμα
command /kə'ma:nd/ *n* (η)
διαταγή. (*mastery*) (η) κατοχή
(θέματος). • *vt* διατάζω. (*deserve*)
αξίζω. **~er** *n* (*mil*) (ο) διοικητής
commandeer /kɒmən'dıə(r)/ *vt*
επιτάσσω
commandment /kə'ma:ndmənt/ *n*
(η) εντολή
commando /kə'ma:ndəʊ/ *n*
(*pl* **-os**) (ο) καταδρομέας
commemorat|e /kə'meməreıt/ *vt*
τιμώ. **~ion** /-'reıʃn/ *n* (η) τελετή
commence /kə'mens/ *vt/i* αρχίζω
commend /kə'mend/ *vt* επαινώ
comment /'kɒment/ *n* (το) σχόλιο.
• *vi* σχολιάζω. **~ on** κάνω
σχόλια για, σχολιάζω
commentary /'kɒməntrı/ *n* (*radio,
TV*) (το) σχόλιο
commerce /'kɒmɜ:s/ *n* (το)
εμπόριο
commercial /kə'mɜ:ʃl/ *a*
εμπορικός. • *n* (η) εμπορική
διαφήμιση. **~ize** *vt* εμπορεύομαι
commiserat|e /kə'mızəreıt/ *vi*
συμπονώ. **~ion** /-'reıʃn/ *n* (η)
συμπόνια
commission /kə'mıʃn/ *n* (η)
επιτροπή. (*payment*) (η)
προμήθεια. • *vt* παραγγέλλω.
(*mil*) κάνω αξιωματικό. **~er** *n* (ο)
επίτροπος. (*of police*) (ο)
διευθυντής
commissionaire /kəmıʃə'neə(r)/ *n*

(ο) θυρωρός

commit /kə'mɪt/ vt διαπράττω. (*entrust*) εμπιστεύομαι. **~ o.s.** αφοσιώνομαι. **~ to memory** απομνημονεύω. **~ment** n (η) αφοσίωση. **~ted** a αφοσιωμένος

committee /kə'mɪtɪ/ n (η) επιτροπή

commodity /kə'mɒdətɪ/ n (το) εμπόρευμα

common /'kɒmən/ a κοινός. (*usual*) συνηθισμένος. (*vulgar*) χυδαίος. • n (ο) κοινόχρηστος χώρος. **C~ Market** n (η) Κοινή Αγορά. **~-room** n (η) αίθουσα φοιτητών/καθηγητών. **~ sense** n (η) κοινή λογική. **in ~** από κοινού. **~ly** adv κοινώς

commonplace /'kɒmənpleɪs/ a κοινός. • n (η) κοινοτοπία

Commonwealth /'kɒmənwelθ/ n **the ~** (η) Κοινοπολιτεία

commotion /kə'məʊʃn/ n (η) φασαρία

communal /'kɒmjʊnl/ a κοινόχρηστος

commune /'kɒmjuːn/ n (το) κοινόβιο

communicat|e /kə'mjuːnɪkeɪt/ vi επικοινωνώ. • vt μεταβιβάζω **~ion** /-'keɪʃn/ n (η) επικοινωνία

communion /kə'mjuːnɪən/ n (η) επικοινωνία. **Holy C~** (η) Θεία Κοινωνία

communis|t /'kɒmjʊnɪst/ n (ο) κομουνιστής, (η) κομουνίστρια. **~m** /-zəm/ n (ο) κομουνισμός

community /kə'mjuːnətɪ/ n (η) κοινότητα

compact[1] /kəm'pækt/ a συμπαγής

compact[2] /'kɒmpækt/ n (*for powder*) (η) πουδριέρα. **~ disc** n (το) CD *invar*

companion /kəm'pænɪən/ n (ο, η) σύντροφος

company /'kʌmpənɪ/ n (η) εταιρ(ε)ία. (*guests*) (η) παρέα. **keep s.o. ~** κρατώ συντροφιά σε κπ

comparable /'kɒmpərəbl/ a συγκρίσιμος

compar|e /kəm'peə(r)/ vt/i συγκρίνω/ομαι (**with**, με **to**, με).

~ative /'pærətɪv/ a συγκριτικός

comparison /kəm'pærɪsn/ n (η) σύγκριση

compartment /kəm'pɑːtmənt/ n (το) χώρισμα. (*on train*) (το) κουπέ *invar*

compass /'kʌmpəs/ n (η) πυξίδα. **~es** (ο) διαβήτης

compassion /kəm'pæʃn/ n (η) ευσπλαχνία. **~ate** a εύσπλαχνος

compatible /kəm'pætəbl/ a συμβατός

compel /kəm'pel/ vt αναγκάζω

compensat|e /'kɒmpənseɪt/ vt αποζημιώνω. • vi **~ for** αναπληρώνω **~ion** /-'seɪʃn/ n (η) αναπλήρωση. (*financial*) (η) αποζημίωση

compete /kəm'piːt/ vi συναγωνίζομαι

competen|t /'kɒmpɪtənt/ a ικανός. **~ce** n (η) ικανότητα

competition /kɒmpə'tɪʃn/ n (ο) συναγωνισμός. (*contest*) (ο) αγώνας. (*comm*) (ο) ανταγωνισμός

competitive /kəm'petətɪv/ a ανταγωνιστικός

competitor /kəm'petɪtə(r)/ n (ο) ανταγωνιστής

compile /kəm'paɪl/ vt συντάσσω

complacen|t /kəm'pleɪsnt/ a ικανοποιημένος. **~cy** n (η) ικανοποίηση

complain /kəm'pleɪn/ vi παραπονιέμαι (**about**, για)

complaint /kəm'pleɪnt/ n (το) παράπονο. (*med*) (η) αρρώστια

complement /'kɒmplɪmənt/ n (το) συμπλήρωμα. **~ary** /-'mentrɪ/ a συμπληρωματικός

complet|e /kəm'pliːt/ a πλήρης. (*finished*) ολοκληρωμένος. • vt ολοκληρώνω. (*fill in*) συμπληρώνω. **~ely** adv πλήρως. **~ion** /-ʃn/ n (η) συμπλήρωση

complex /'kɒmpleks/ a περίπλοκος. • n (το) σύμπλεγμα. **~ity** /kəm'pleksətɪ/ n (η) περιπλοκή

complexion /kəm'plekʃn/ n (το) χρώμα

complicat|e /'kɒmplɪkeɪt/ vt

περιπλέκω. **~ed** a περίπλοκος.
~ion /-'keɪʃn/ n (η) περιπλοκή
compliment /'kɒmplɪmənt/ n (το)
κομπλιμέντο, (η) φιλοφρόνηση.
• vt **~ s.o. (on sth)** κάνω
κομπλιμέντο σε κπ (για κτ).
~ary /-'mentrɪ/ a κολακευτικός.
(free) δωρεάν
comply /kəm'plaɪ/ vi **~ with**
συμμορφώνομαι με
component /kəm'pəʊnənt/ a
συστατικός. • n (το) εξάρτημα
compose /kəm'pəʊz/ vt συνθέτω.
be ~d of αποτελούμαι από **~
o.s.** ηρεμώ. **~d** a ήρεμος. **~r**
/-ə(r)/ n (ο) συνθέτης
composition /kɒmpə'zɪʃn/ n (η)
σύνθεση. (essay) (η) έκθεση
compost /'kɒmpɒst/ n (το)
κοπρόχωμα
composure /kəm'pəʊʒə(r)/ n (η)
ηρεμία
compound[1] /'kɒmpaʊnd/ n (chem)
(η) σύνθεση. (enclosure) (ο)
περίβολος
compound[2] /kəm'paʊnd/ vt
αναμιγνύω. (aggravate) επαυξάνω
comprehen|d /kɒmprɪ'hend/ vt
κατανοώ. (include) περιλαμβάνω.
~sion n (η) κατανόηση
comprehensive /kɒmprɪ'hensɪv/ a
περιεκτικός
compress[1] /kəm'pres/ vt συμπιέζω
compress[2] /'kɒmpres/ n (med) (η)
κομπρέσα
comprise /kəm'praɪz/ vt
περιλαμβάνω
compromise /'kɒmprəmaɪz/ n (ο)
συμβιβασμός. • vt/i συμβιβάζω/
ομαι
compulsion /kəm'pʌlʃn/ n (ο)
εξαναγκασμός
compulsive /kəm'pʌlsɪv/ a (psych)
παθολογικός
compulsory /kəm'pʌlsərɪ/ a
υποχρεωτικός
computer /kəm'pjuːtə(r)/ n (ο)
ηλεκτρονικός υπολογιστής, (ο,
το) κομπιούτερ
comrade /'kɒmreɪd/ n (ο)
σύντροφος, (η) συντρόφισσα
con /kɒn/ see PRO
conceal /kən'siːl/ vt αποκρύπτω

concede /kən'siːd/ vt παραδέχομαι
conceit /kən'siːt/ n (η) αλαζονεία.
~ed a φαντασμένος
conceivable /kən'siːvəbl/ a
διανοητός
conceive /kən'siːv/ vt
συλλαμβάνω. • vi μένω έγκυος
concentrat|e /'kɒnsəntreɪt/ vt/i
συγκεντρώνω/ομαι. **~ion**
/-'treɪʃn/ n (η) συγκέντρωση.
~ion camp (το) στρατόπεδο
συγκεντρώσεως
concept /'kɒnsept/ n (η) έννοια
conception /kən'sepʃn/ n (η)
σύλληψη
concern /kən'sɜːn/ n (η) φροντίδα.
(worry) (η) ανησυχία. (comm)
(η) επιχείρηση. • vt **be ~ed
about** ανησυχώ για. **~ing** prep
σχετικά με
concert /'kɒnsət/ n (η) συναυλία
concerto /kən'tʃɜːtəʊ/ n (το)
κοντσέρτο
concession /kən'seʃn/ n (η)
παραχώρηση
conciliation /kən'sɪlɪeɪʃn/ n (η)
συμφιλίωση
concise /kən'saɪs/ a συνοπτικός
conclu|de /kən'kluːd/ vt/i
συμπεραίνω. (finish) τελειώνω.
~sion n (το) συμπέρασμα. (end)
(η) λήξη
conclusive /kən'kluːsɪv/ a
αδιαμφισβήτητος
concoct /kən'kɒkt/ vt αναμιγνύω.
(fig) επινοώ
concrete /'kɒŋkriːt/ n (το)
σκυρόδεμα. • a συγκεκριμένος
concur /kən'kɜː(r)/ vi συμφωνώ.
~rent /kən'kʌrənt/ a
ταυτόχρονος
concussion /kən'kʌʃn/ n (η)
διάσειση
condemn /kən'dem/ vt
καταδικάζω
condens|e /kən'dens/ vt/i
συμπυκνώνω/ομαι. **~ation** /
kɒnden'seɪʃn/ n (η) υγρασία
condescend /kɒndɪ'send/ vi
καταδέχομαι. **~ing** a
συγκαταβατικός
condition /kən'dɪʃn/ n (ο) όρος.
(situation) (η) κατάσταση. **~s**

(circumstances) (οι) συνθήκες. • *vt*
ρυθμίζω. **on ~ that** με τον όρο
ότι. **~al** *a* με όρο. *(gram)*
υποθετικός

condolences /kən'dəʊlənsız/ *npl*
(τα) συλλυπητήρια

condom /'kɒndɒm/ *n* (το)
προφυλακτικό, (η) καπότα

condone /kən'dəʊn/ *vt* παραβλέπω

conducive /kən'dju:sıv/ *a* **be ~ to**
συντελώ σε

conduct¹ /kən'dʌkt/ *vt (lead)*
οδηγώ. *(hold)* διεξάγω. *(orchestra)*
διευθύνω

conduct² /'kɒndʌkt/ *n* (η)
συμπεριφορά

conductor /kən'dʌktə(r)/ *n (of bus)*
(ο) εισπράκτορας. *(of orchestra)*
(ο) διευθυντής

cone /kəʊn/ *n* (ο) κώνος. *(for ice-cream)* (το) χωνάκι

confectionery /kən'fekʃnərı/
n-(τα) ζαχαρωτά, (οι) καραμέλες

confederation /kənfedə'reıʃn/ *n*
(η) συνομοσπονδία

confer /kən'fɜ:(r)/ *vt (pt*
conferred) απονέμω. • *vi*
συσκέπτομαι

conference /'kɒnfərəns/ *n* (η)
διάσκεψη, (το) συνέδριο

confess /kən'fes/ *vt/i* ομολογώ.
~ion /-ʃn/ *n* (η) ομολογία. *(relig)*
(η) εξομολόγηση

confetti /kən'fetı/ *n* (το) κομφετί
invar, (ο) χαρτοπόλεμος

confide /kən'faıd/ *vt/i*
εκμυστηρεύομαι (**in**, σε)

confiden|t /'kɒnfıdənt/ *a* βέβαιος.
~ce *n (trust)* (η) εμπιστοσύνη.
(self-assurance) (η)
αυτοπεποίθηση. *(secret)* (η)
εκμυστήρευση. **~ce trick** (η)
απάτη

confidential /kɒnfı'denʃl/ *a*
εμπιστευτικός

confine /kən'faın/ *vt (limit)*
περιορίζω. *(imprison)* φυλακίζω.
~ment *n* (ο) περιορισμός. *(med)*
(η) λοχεία

confirm /kən'fɜ:m/ *vt* επιβεβαιώνω

confiscate /'kɒnfıskeıt/ *vt*
κατάσχω

conflict¹ /'kɒnflıkt/ *n* (η) διαμάχη

conflict² /kən'flıkt/ *vi* συγκρούομαι

conform /kən'fɔ:m/ *vi*
συμμορφώνομαι. **~ist** *n* (ο)
κομφορμιστής

confound /kən'faʊnd/ *vt* προκαλώ
σύγχυση

confront /kən'frʌnt/ *vt (face)*
αντιμετωπίζω

confus|e /kən'fju:z/ *vt* συγχύζω.
~ing *a* που συγχύζει. **~ion**
/-ʒn/ *n* (η) σύγχυση

congeal /kən'dʒi:l/ *vt/i* πήζω

congenial /kən'dʒi:nıəl/ *a*
ευχάριστος

congest|ed /kən'dʒestıd/ *a (roads)*
με κυκλοφοριακή συμφόρηση.
(med) συμφορητικός. **~ion** /-tʃən/
n (η) συμφόρηση

congratulat|e /kən'grætjʊleıt/ *vt*
συγχαίρω (**on**, για). **~ions**
/-'leıʃnz/ *npl* (τα) συγχαρητήρια

congregat|e /'kɒngrıgeıt/ *vi*
συναθροίζομαι. **~ion** /-'geıʃn/ *n*
(η) συνάθροιση

congress /'kɒngres/ *n* (το)
συνέδριο. **C~** *(Amer)* (το)
κογκρέσο

conic(al) /'kɒnık(l)/ *a* κωνικός

conifer /'kɒnıfə(r)/ *n* (το)
κωνοφόρο *(δέντρο)*

conjecture /kən'dʒektʃə(r)/ *n-*(η)
εικασία. • *vt/i* εικάζω

conjugal /'kɒndʒʊgl/ *a* συζυγικός

conjunction /kən'dʒʌŋkʃn/ *n* (ο)
σύνδεσμος. **in ~ with** από
κοινού με

conjur|e /'kʌndʒə(r)/ *vi* κάνω
ταχυδακτυλουργία. **~or** *n* (ο)
ταχυδακτυλουργός

connect /kə'nekt/ *vt/i* συνδέω/
ομαι. **be ~ed with** συνδέομαι με

connection /kə'nekʃn/ *n* (η)
σύνδεση. *(rail)* (η) ανταπόκριση.
~s (οι) γνωστοί. **in ~ with**
σχετικά με

connoisseur /kɒnə'sɜ:(r)/ *n* (ο)
ειδήμων

conquer /'kɒŋkə(r)/ *vt* κατακτώ.
(fig) νικώ. **~or** *n* (ο) κατακτητής

conquest /'kɒŋkwest/ *n* (η)
κατάκτηση

conscience /'kɒnʃəns/ *n* (η)
συνείδηση

conscientious /kɒnʃɪˈenʃəs/ a
ευσυνείδητος

conscious /ˈkɒnʃəs/ a συνειδητός.
~ness n (η) συνείδηση

conscript /kənˈskrɪpt/ vt
στρατολογώ. **~ion** /-ʃn/ n (η)
στρατολογία

consecrate /ˈkɒnsɪkreɪt/ vt
καθαγιάζω

consecutive /kənˈsekjʊtɪv/ a
συνεχής

consensus /kənˈsensəs/ n (η)
συναίνεση

consent /kənˈsent/ vi
συγκατατίθεμαι. • n (η)
συγκατάθεση

consequence /ˈkɒnsɪkwəns/ n (η)
συνέπεια

consequent /ˈkɒnsɪkwənt/ a
επακόλουθος. **~ly** adv συνεπώς

conservation /kɒnsəˈveɪʃn/ n (η)
προστασία

conservationist /kɒnsəˈveɪʃənɪst/
n (o, η) οικολόγος

conservative /kənˈsɜːvətɪv/ a
συντηρητικός

conservatory /kənˈsɜːvətrɪ/ n (το)
θερμοκήπιο

conserve /kənˈsɜːv/ vt διατηρώ

consider /kənˈsɪdə(r)/ vt
σκέφτομαι. (take into account)
λαμβάνω υπόψη. **~ation**
/-ˈreɪʃn/ n (η) σκέψη. (respect) (η)
εκτίμηση. **~ing** prep αναλόγως

considerabl|e /kənˈsɪdərəbl/ a
σημαντικός. **~y** adv πολύ

considerate /kənˈsɪdərət/ a λεπτός
(στους τρόπους)

consign /kənˈsaɪn/ vt (entrust)
εμπιστεύομαι. (send) αποστέλλω

consist /kənˈsɪst/ vi **~ of**
αποτελούμαι από

consisten|t /kənˈsɪstənt/ a
συνεπής. (unchanging) σταθερός.
~cy n (η) συνέπεια. (of liquids)
(η) συνοχή

consol|e /kənˈsəʊl/ vt παρηγορώ.
~ation /kɒnsəˈleɪʃn/ n (η)
παρηγοριά

consolidate /kənˈsɒlɪdeɪt/ vt/i
εμπεδώνω/ομαι

consonant /ˈkɒnsənənt/ n (το)
σύμφωνο

conspicuous /kənˈspɪkjʊəs/ a
εμφανής

conspiracy /kənˈspɪrəsɪ/ n (η)
συνωμοσία

conspire /kənˈspaɪə(r)/ vi
συνωμοτώ

constable /ˈkʌnstəbl/ n (o)
αστυνομικός

constabulary /kənˈstæbjʊlərɪ/ n
(η) αστυνομία

constant /ˈkɒnstənt/ a
(unchanging) σταθερός.
(unceasing) συνεχής. **~ly** adv
συνεχώς

constellation /kɒnstəˈleɪʃn/ n (o)
αστερισμός

constipated /ˈkɒnstɪpeɪtɪd/ a
δυσκοίλιος

constituency /kənˈstɪtjʊənsɪ/ n (η)
εκλογική περιφέρεια

constitut|e /ˈkɒnstɪtjuːt/ vt
συνιστώ. (be) αποτελώ. **~ion**
/-ˈtjuːʃn/ n (το) σύνταγμα

constraint /kənˈstreɪnt/ n (o)
εξαναγκασμός

constrict /kənˈstrɪkt/ vt συσφίγγω.
(movement) περιορίζω. **~ion** /-ʃn/
n (η) σύσφιξη

construct /kənˈstrʌkt/ vt
κατασκευάζω. **~ion** /-ʃn/ n (η)
κατασκευή

constructive /kənˈstrʌktɪv/ a
εποικοδομητικός

consul /ˈkɒnsl/ n (o) πρόξενος.
~ar /-jʊlə(r)/ a προξενικός.
~ate /-jʊlət/ n (το) προξενείο

consult /kənˈsʌlt/ vt
συμβουλεύομαι. • vi **~ with**
συσκέπτομαι με. **~ation** /
kɒnslˈteɪʃn/ n (η) σύσκεψη. (med)
(η) επίσκεψη

consultant /kənˈsʌltənt/ n (o)
σύμβουλος

consume /kənˈsjuːm/ vt
καταναλώνω. **~r** /-ə(r)/ n (o)
καταναλωτής

consumption /kənˈsʌmpʃn/ n (η)
κατανάλωση. (med) (η)
φυματίωση

contact /ˈkɒntækt/ n (η) επαφή.
• vt έρχομαι σε επαφή με. **~
lens** n (o) φακός επαφής

contagious /kənˈteɪdʒəs/ a
μεταδοτικός

contain /kən'teɪn/ vt περιέχω.
~ **o.s.** συγκρατιέμαι. ~**er** n (ο)
περιέκτης. (comm) (το)
εμπορευματοκιβώτιο

contaminat|e /kən'tæmɪneɪt/ vt
μολύνω. ~**ion** /-'neɪʃn/ n (η)
μόλυνση

contemplat|e /'kɒntempleɪt/ vt
συλλογίζομαι. (consider)
σκέφτομαι. ~**ion** /-'pleɪʃn/ n (η)
συλλογή

contemporary /kən'tempərəri/ a &
n σύγχρονος

contempt /kən'tempt/ n (η)
περιφρόνηση

contend /kən'tend/ vt/i διεκδικώ.
(assert) υποστηρίζω. ~**er** n (ο)
ανταγωνιστής

content[1] /kən'tent/ a
ικανοποιημένος. • vt ικανοποιώ.
~**ed** a ικανοποιημένος

content[2] /'kɒntent/ n ~**s** (τα)
περιεχόμενα. (of book) (ο)
πίνακας περιεχομένων, (τα)
περιεχόμενα

contention /kən'tenʃn/ n (η)
διαμάχη. (opinion) (ο) ισχυρισμός

contest[1] /'kɒntest/ n (ο)
συναγωνισμός. (fight) (η) πάλη.
(sport) (ο) αγώνας

contest[2] /kən'test/ vt διεκδικώ.
(dispute) αμφισβητώ. ~**ant** n (ο)
αντίπαλος

context /'kɒntekst/ n (τα)
συμφραζόμενα

continent /'kɒntɪnənt/ n (η)
ήπειρος. **the C**~ η Ηπειρωτική
Ευρώπη. ~**al** /-'nentl/ a
ηπειρωτικός

contingen|t /kən'tɪndʒənt/ n (το)
τμήμα. ~**cy** n (το) ενδεχόμενο

continual /kən'tɪnjuəl/ a συνεχής.
~**ly** adv συνεχώς

continu|e /kən'tɪnjuː/ vt/i
εξακολουθώ. (resume) συνεχίζω/
ομαι. ~**ation** /-ʊ'eɪʃn/ n (η)
συνέχεια. (after interruption) (η)
εξακολούθηση

continuity /kɒntɪ'njuːəti/ n (η)
συνοχή

continuous /kən'tɪnjuəs/ a
συνεχής. ~**ly** adv συνεχώς

contort /kən'tɔːt/ vt στρεβλώνω

contour /'kɒntʊə(r)/ n (το)
περίγραμμα

contraband /'kɒntrəbænd/ n (το)
λαθρεμπόριο

contraception /kɒntrə'sepʃn/ n (η)
αντισύλληψη

contraceptive /kɒntrə'septɪv/ n
(το) αντισυλληπτικό

contract[1] /'kɒntrækt/ n (η)
σύμβαση

contract[2] /kən'trækt/ vt/i
συστέλλω/ομαι

contractor /kən'træktə(r)/ n (ο)
εργολάβος

contradict /kɒntrə'dɪkt/ vt
αντιφάσκω. ~**ion** /-ʃn/ n (η)
αντίφαση

contralto /kən'træltəʊ/ n (το)
κοντράλτο invar

contrary /'kɒntrəri/ a (opposite)
αντίθετος. • n (το) αντίθετο.
• adv **on the** ~ αντίθετα

contrast[1] /'kɒntrɑːst/ n (η)
αντίθεση

contrast[2] /kən'trɑːst/ vt/i
αντιπαραβάλλω/ομαι

contravene /kɒntrə'viːn/ vt
παραβαίνω

contribut|e /kən'trɪbjuːt/ vt/i
συνεισφέρω. ~**e to**
συνεργάζομαι με. ~**ion** /
kɒntrɪ'bjuːʃn/ n (η) συνεισφορά.
~**or** n (to book etc.) (ο)
συνεργάτης, (η) συνεργάτις

contrite /'kɒntraɪt/ a
μεταμελημένος

contrive /kən'traɪv/ vt επινοώ.
~ **to** καταφέρνω να

control /kən'trəʊl/ vt ελέγχω.
(a firm etc.) διευθύνω. (check)
ρυθμίζω. (restrain) συγκρατώ.
• n (ο) έλεγχος. (mastery) (η)
κυριαρχία. ~**s** npl (auto) (τα)
όργανα ελέγχου. (aviat) (το)
χειριστήριο

controversial /kɒntrə'vɜːʃl/ a
επίμαχος

controversy /'kɒntrəvɜːsi/ n (η)
διαφωνία

convalesce /kɒnvə'les/ vi
αναρρώνω. ~**nce** n (η)
ανάρρωση

convene /kən'viːn/ vt συγκαλώ.
• vi συνέρχομαι

convenience /kən'vi:nɪəns/ (η)
ευκολία. **public ~s** npl (τα)
αποχωρητήρια

convenient /kən'vi:nɪənt/ a
βολικός. (accessible) εύκολος

convent /'kɒnvənt/ n (το)
μοναστήρι καλογραιών

convention /kən'venʃn/ n (το)
συνέδριο. (custom) (ο) τύπος.
~al a συμβατικός

converge /kən'vɜ:dʒ/ vi συγκλίνω

conversant /kən'vɜ:sənt/ a **~ with**
γνώστης (with gen.)

conversation /kɒnvə'seɪʃn/ n (η)
συνομιλία

converse[1] /kən'vɜ:s/ vi συνομιλώ

converse[2] /'kɒnvɜ:s/ a
αντίστροφος. **~ly** adv
αντιστρόφως

conver|t[1] /kən'vɜ:t/ vt μετατρέπω.
~sion /-ʃn/ n (η) μετατροπή.
~tible n (auto) (το) ανοιχτό
αυτοκίνητο

convert[2] /'kɒnvɜ:t/ n (ο)
προσήλυτος

convex /'kɒnveks/ a κυρτός

convey /kən'veɪ/ vt μεταβιβάζω.
(goods) μεταφέρω. (idea) αποδίδω.
~or belt n (η) μεταφορική
ταινία

convict[1] /kən'vɪkt/ vt καταδικάζω.
~ion /-ʃn/ n (η) καταδίκη. (belief)
(η) πεποίθηση

convict[2] /'kɒnvɪkt/ n (ο) κατάδικος

convinc|e /kən'vɪns/ vt πείθω.
~ing a πειστικός

convoy /'kɒnvɔɪ/ n (η) συνοδεία

convuls|e /kən'vʌls/ vt συνταράζω.
be ~ed with-laughter σκάω στα
γέλια. **~ion** /-ʃn/ n (ο) σπασμός

coo /ku:/ vi γουργουρίζω

cook /kʊk/ vt/i μαγειρεύω/ομαι. • n
(ο) μάγειρας, (η) μαγείρισσα

cooker /'kʊkə(r)/ n (η) κουζίνα
(συσκευή μαγειρέματος)

cookery /'kʊkərɪ/ n (η) μαγειρική

cookie /'kʊkɪ/ n (Amer) (το)
μπισκότο

cool /ku:l/ a δροσερός. (calm)
ψύχραιμος. (unfriendly) ψυχρός.
• vt/i δροσίζω. **~ness** n (η)
δροσιά. (calmness) (η) ψυχραιμία

coop /ku:p/ n (το) κοτέτσι vt **~
up** περιορίζω

co-operat|e /kəʊ'ɒpəreɪt/ vi
συνεργάζομαι. **~ion** /-'reɪʃn/
(η) συνεργασία

co-operative /kəʊ'ɒpərətɪv/ a
συνεργατικός. • n (ο)
συνεταιρισμός

co-ordinat|e /kəʊ'ɔ:dɪneɪt/ vt
συντονίζω. **~ion** /-'neɪʃn/ n (ο)
συντονισμός

cope /kəʊp/ vi τα βγάζω πέρα

co-pilot /'kəʊpaɪlət/ n (ο)
συγκυβερνήτης

copper[1] /'kɒpə(r)/ n (ο) χαλκός. • a
χάλκινος

copper[2] /'kɒpə(r)/ n (sl) (ο)
αστυνομικός

coppice, copse /'kɒpɪs, kɒps/ ns
(η) λόχμη

copulate /'kɒpjʊleɪt/ vi
συνουσιάζομαι

copy /'kɒpɪ/ n (of book) (το)
αντίτυπο. (το) αντίγραφο. • vt
αντιγράφω

copyright /'kɒpɪraɪt/ n (τα)
πνευματικά δικαιώματα

coral /'kɒrəl/ n (το) κοράλλι

cord /kɔ:d/ n (το) κορδόνι. (fabric)
(το) κοτλέ invar. (vocal) (η) χορδή

cordial /'kɔ:dɪəl/ a εγκάρδιος

cordon /'kɔ:dn/ n (το) κορδόνι vt
~ off αποκλείω

corduroy /'kɔ:dərɔɪ/ n (το)
βελούδο κοτλέ

core /kɔ:(r)/ n (of apple) (ο)
πυρήνας. (fig) (η) καρδιά

cork /kɔ:k/ n (ο) φελλός. (for
bottle) (το) πώμα

corkscrew /'kɔ:kskru:/ n (το)
τιρμπουσόν invar

corn[1] /kɔ:n/ n (cereal) (τα)
δημητριακά. (maize) (το)
καλαμπόκι

corn[2] /kɔ:n/ n (hard skin) (ο) κάλος

corner /'kɔ:nə(r)/ n (η) γωνία.
(football) (το) κόρνερ invar.
• vt στριμώχνω. **~stone** n (ο)
ακρογωνιαίος λίθος

cornet /'kɔ:nɪt/ n (mus) (η)
κορνέτα. (for ice-cream) (το)
χωνάκι

coronary /'kɒrənərɪ/ n **~**

(thrombosis) (η) στεφανιαία

coronation /kɒrə'neiʃn/ n (η) στέψη

coroner /'kɒrənə(r)/ n (ο) ιατροδικαστής

corporal /'kɔːpərəl/ n (ο) δεκανέας

corporate /'kɔːpərət/ a ομαδικός. (company) εταιρικός

corporation /kɔːpə'reiʃn/ n (η) εταιρ(ε)ία. (of town) (το) δημοτικό συμβούλιο

corps /kɔː(r)/ n (το) σώμα

corpse /kɔːps/ n (το) πτώμα

correct /kə'rekt/ a ορθός, σωστός. (time) ακριβής. (dress) άψογος. • vt διορθώνω. ~ion /-ʃn/ n (η) διόρθωση. ~ly adv ορθά, σωστά

correlat|e /'kɒrəleit/ vt συσχετίζω. ~ion /-'leiʃn/ n (η) συσχέτιση

correspond /kɒri'spɒnd/ vi (tally) συμφωνώ. (be equivalent) αντιστοιχώ. (write) αλληλογραφώ. ~ence n (η) αλληλογραφία. ~ent n (journalist) (ο) ανταποκριτής. (letter-writer) (ο) επιστολογράφος

corridor /'kɒridɔː(r)/ n (ο) διάδρομος

corroborate /kə'rɒbəreit/ vt επιβεβαιώνω

corro|de /kə'rəud/ vt/i διαβρώνω/ ομαι. ~sion n (η) διάβρωση

corrugated /'kɒrəgeitid/ a ~ iron n αυλακωτός τσίγκος

corrupt /kə'rʌpt/ a διεφθαρμένος. • vt διαφθείρω. ~ion /-ʃn/ n (η) διαφθορά

corset /'kɔːsit/ n (ο) κορσές

cosh /kɒʃ/ n (το) ρόπαλο

cosmetic /kɒz'metik/ n (το) καλλυντικό

cosmic /'kɒzmik/ a κοσμικός

cosmonaut /'kɒzmənɔːt/ n (ο) κοσμοναύτης

cosmopolitan /kɒzmə'pɒlitən/ a κοσμοπολιτικός

cosmos /'kɒzmɒs/ n (ο) κόσμος

cost /kɒst/ vt κοστίζω. • n (το) κόστος. ~s (jur) (τα) έξοδα. ~ of living n (το) κόστος ζωής. how much does it ~? πόσο κάνει; to one's ~ σε βάρος μου

costly /'kɒstli/ a ακριβός

costume /'kɒstjuːm/ n (η) ενδυμασία

cosy /'kəuzi/ a άνετος

cot /kɒt/ n (το) παιδικό κρεβατάκι. (camp-bed: Amer) (το) κρεβάτι εκστρατείας

cottage /'kɒtidʒ/ n (το) εξοχικό σπίτι

cotton /'kɒtn/ n (το) βαμβάκι. ~ wool n (το) βαμβάκι

couch /kautʃ/ n (το) ντιβάνι

cough /kɒf/ vi βήχω. • n (ο) βήχας

could /kud, kəd/ pt of can

couldn't /'kudnt/ = could not

council /'kaunsl/ n (το) συμβούλιο. ~ house n (η) εργατική πολυκατοικία

councillor /'kaunsələ(r)/ n (ο) σύμβουλος

counsel /'kaunsl/ n (advice) (η) συμβουλή. • n invar (jur) (ο) συνήγορος. ~lor n (ο) σύμβουλος

count¹ /kaunt/ n (nobleman) (ο) κόμης

count² /kaunt/ vt/i μετρώ. • n (το) μέτρημα. ~ on βασίζομαι σε

counter¹ /'kauntə(r)/ n (in shop etc.) (ο) πάγκος. (token) (η) μάρκα

counter² /'kauntə(r)/ adv ~ to αντίθετα με. • a αντίθετος. • vt αντικρούω. • vi αντεπιτίθεμαι

counter- /'kauntə(r)/ pref αντι-

counteract /kauntər'ækt/ vt εξουδετερώνω

counter-attack /'kauntərətæk/ n (η) αντεπίθεση

counterfeit /'kauntəfit/ a πλαστός. • n (η) πλαστογράφηση. • vt πλαστογραφώ

counterfoil /'kauntəfɔil/ n (το) στέλεχος

counterpart /'kauntəpaːt/ n (of person) (ο) ομόλογος

countess /'kauntis/ n (η) κόμισσα

countless /'kauntlis/ a αναρίθμητος

country /'kʌntri/ n (η) χώρα. (native land) (η) πατρίδα. (countryside) (η) ύπαιθρος, η εξοχή

countryman /'kʌntrimən/ n (fellow) ~ (ο) συμπατριώτης

countryside /'kʌntrɪsaɪd/ n (η) ύπαιθρος, (η) εξοχή

county /'kaʊntɪ/ n διοικητική περιοχή στο HB

coup /ku:/ n (το) πραξικόπημα

couple /'kʌpl/ n (το) ζευγάρι.
• vt συνδέω. **a ~ of** (two) δύο. (a few) ένας δυο

coupon /'ku:pɒn/ n (comm) (το) κουπόνι

courage /'kʌrɪdʒ/ n (το) θάρρος.
~ous /kə'reɪdʒəs/ a θαρραλέος

courgette /kʊə'ʒet/ n (το) κολοκυθάκι

courier /'kʊrɪə(r)/ n (messenger) (ο) courier. (for tourists) (ο, η) συνοδός. **~ service** (η) υπηρεσία ταχυμεταφορών

course /kɔ:s/ n (η) πορεία. (lessons) (η) σειρά. (aviat, naut) (η) διαδρομή. (culin) (το) πιάτο. (for golf) (το) γήπεδο. **of ~** βέβαια

court /kɔ:t/ n (το) δικαστήριο. (tennis) (το) γήπεδο. • vt **~ danger** ριψοκινδυνεύω. **~ martial** (το) στρατοδικείο

courteous /'kɜ:tɪəs/ a ευγενικός

courtesy /'kɜ:təsɪ/ n (η) ευγένεια

courtier /'kɔ:tɪə(r)/ n (ο) αυλικός

courtyard /'kɔ:tja:d/ n (η) αυλή

cousin /'kʌzn/ n (ο) εξάδελφος, (η) εξαδέλφη

cove /kəʊv/ n (το) λιμανάκι

cover /'kʌvə(r)/ vt σκεπάζω. (journalism) καλύπτω. (protect) προστατεύω. • n (protection) (η) κάλυψη. (shelter) (η) στέγη. (lid) (το) κάλυμμα. (of book) (το) εξώφυλλο. (for bed) (η) κουβέρτα. **~ charge** n (το) κουβέρ invar. **take ~** κρύβομαι. **~ing** (το) κάλυμμα

coverage /'kʌvərɪdʒ/ n (η) κάλυψη

covet /'kʌvɪt/ vt εποφθαλμιώ

cow /kaʊ/ n (η) αγελάδα

coward /'kaʊəd/ n (ο) δειλός. **~ly** a δειλός

cowardice /'kaʊədɪs/ n (η) δειλία

cowboy /'kaʊbɔɪ/ n (ο) καουμπόι

cower /'kaʊə(r)/ vi ζαρώνω

cowshed /'kaʊʃed/ n (το) βουστάσιο

cox(swain) /'kɒks(n)/ n (ο) πηδαλιούχος

coy /kɔɪ/ a ντροπαλός

crab /kræb/ n (ο) κάβουρας

crack /kræk/ n (η) σχισμή. (in ceiling) (η) ρωγμή. (noise) (ο) ξηρός κρότος. • a (fam) επίλεκτος vt ραγίζω. (nut) σπάζω. (whip) χτυπώ. (joke) λέω. (problem) λύνω

cracker /'krækə(r)/ n (η) κροτίδα. (culin) (το) άγλυκο μπισκότο, (το) κράκερ invar

crackle /'krækl/ vi κροταλίζω

cradle /'kreɪdl/ n (η) κούνια.
• vt κουνώ

craft¹ /kra:ft/ n (η) χειροτεχνία. (technique) (η) τέχνη. (cunning) (η) πονηριά

craft² /kra:ft/ n invar (boat) (το) σκάφος

craftsman /'kra:ftsmən/ n (ο) τεχνίτης. **~ship** n (η) τέχνη

crafty /'kra:ftɪ/ a πονηρός

crag /kræg/ n απόκρημνος βράχος. **~gy** a απόκρημνος

cram /kræm/ vt παραγεμίζω.
• vi (for exam) προγυμνάζω εντατικά

cramp /kræmp/ n (η) κράμπα

cramped /kræmpt/ a στενόχωρος

crane /kreɪn/ n (ο) γερανός

crank¹ /kræŋk/ n (mech) (η) μανιβέλα

crank² /kræŋk/ n (person) (ο) ιδιόρρυθμος

cranny /'krænɪ/ n (η) σχισμή

crash /kræʃ/ n (noise) (ο) πάταγος. (collision) (η) σύγκρουση. (comm) (η) κατάρρευση. • vt/i (make noise) πέφτω με πάταγο. (collide) συγκρούομαι. (plane) συντρίβω/ ομαι. **~-helmet** n (το) κράνος. **~ into** χτυπώ σε. **~-land** vi προσγειώνομαι αναγκαστικά

crass /kræs/ a άξεστος

crate /kreɪt/ n (το) κιβώτιο

crater /'kreɪtə(r)/ n (ο) κρατήρας

cravat /krə'væt/ n (η) φαρδιά γραβάτα

crav|e /kreɪv/ vt ποθώ. • vi **~e for** λαχταρώ. **~ing** n (η) λαχτάρα

crawl /krɔ:l/ *vi* σέρνομαι. (*move slowly*) προχωρώ αργά. • *n* (*swimming*) (το) κρόουλ *invar*

crayon /ˈkreɪən/ *n* (το) κραγιόνι

craze /kreɪz/ *n* (η) μανία

crazy /ˈkreɪzɪ/ *a* (*fam*) τρελός. **be ~y about** είμαι τρελός για

creak /kri:k/ *n* (το) τρίξιμο. • *vi* τρίζω

cream /kri:m/ *n* (η) κρέμα. (*whipped*) (η) σαντιγί. (*fig*) (η) αφρόκρεμα. • *a* (*colour*) (το) κρεμ *invar*

crease /kri:s/ *n* (η) ζάρα. (*in trousers*) (η) τσάκιση. (*crumple*) (το) τσαλάκωμα. • *vt/i* ζαρώνω

creat|e /kri:ˈeɪt/ *vt* δημιουργώ. **~ion** /-ʃn/ *n* (η) δημιουργία. **~ive** *a* δημιουργικός. **~or** *n* (ο, η) δημιουργός

creature /ˈkri:tʃə(r)/ *n* (το) πλάσμα

crèche /kreɪʃ/ *n* (ο) παιδικός σταθμός

credentials /krɪˈdenʃlz/ *npl* (τα) διαπιστευτήρια

credib|le /ˈkredəbl/ *a* πιστευτός. **~ility** /-ˈbɪlətɪ/ *n* (η) αξιοπιστία

credit /ˈkredɪt/ *n* (η) πίστωση. (*honour*) (η) τιμή. • *vt* πιστώνω. **~ card** *n* (η) πιστωτική κάρτα. **in ~** (*account*) με πιστωτικό υπόλοιπο. **take the ~ for** οικειοποιούμαι την τιμή για. **~or** *n* (ο) πιστωτής

credulous /ˈkredjʊləs/ *a* εύπιστος

creed /kri:d/ *n* (το) πιστεύω

creek /kri:k/ *n* (ο) κολπίσκος

creep /kri:p/ *vi* (*pt* **crept**) σέρνομαι. (*plant*) αναρριχιέμαι. • *n* (*sl*) (ο) γλείφτης. **~er** *n* (το) αναρριχητικό. **~y** *a* (*fam*) ανατριχιαστικός

cremat|e /krɪˈmeɪt/ *vt* αποτεφρώνω (*νεκρό*). **~ion** /-ʃn/ *n* (η) αποτέφρωση

crematorium /kreməˈtɔ:rɪəm/ *n* (*pl* **-ia**) (το) κρεματόριο

crêpe /kreɪp/ *n* (το) κρεπ *invar*. **~ paper** *n* (το) χαρτί κρεπ

crept /krept/ *see* CREEP

crescent /ˈkresnt/ *n* (το) μισοφέγγαρο. (*road*) (ο) ημικυκλικός δρόμος. (*emblem*) (η) ημισέληνος

cress /kres/ *n* (το) κάρδαμο

crest /krest/ *n* (η) κορυφή. (*coat of arms*) (το) οικόσημο

Crete /kri:t/ *n* (η) Κρήτη

cretin /ˈkretɪn/ *n* (ο) ηλίθιος

crevasse /krɪˈvæs/ *n* (η) ρωγμή σε πάγο

crevice /ˈkrevɪs/ *n* (η) ρωγμή

crew /kru:/ *n* (το) πλήρωμα. (*gang*) (το) συνεργείο. **~ cut** *n* (το) κοντό κούρεμα

crib¹ /krɪb/ *n* (η) κούνια. (*relig*) (η) φάτνη

crib² /krɪb/ *vt/i* αντιγράφω

cricket¹ /ˈkrɪkɪt/ *n* (*sport*) (το) κρίκετ *invar*

cricket² /ˈkrɪkɪt/ *n* (*insect*) (ο) γρύλος

crime /kraɪm/ *n* (το) έγκλημα. (*acts*) (το) αδίκημα

criminal /ˈkrɪmɪnl/ *a* εγκληματικός. • *n* (ο, η) εγκληματίας

crimson /ˈkrɪmzn/ *a* βυσσινής. • *n* (το) βυσσινί

cringe /krɪndʒ/ *vi* μαζεύομαι από φόβο

crinkle /ˈkrɪŋkl/ *vt/i* ζαρώνω

cripple /ˈkrɪpl/ *n* (ο) ανάπηρος. • *vt* παραλύω

crisis /ˈkraɪsɪs/ *n* (*pl* **crises** /ˈkraɪsi:z/) (η) κρίση

crisp /krɪsp/ *a* (*culin*) τραγανός. (*air*) τσουχτερός. (*style*) απότομος. **~s** *npl* (τα) τσιπς *invar*, (τα) πατατάκια

criss-cross /ˈkrɪskrɒs/ *a* σταυρωτός

criterion /kraɪˈtɪərɪən/ *n* (*pl* **-ia**) (το) κριτήριο

critic /ˈkrɪtɪk/ *n* (ο, η) κριτικός. **~al** *a* κριτικός. (*situation, moment*) κρίσιμος. **~ally** *adv* κριτικά. (*ill*) σε κρίσιμη κατάσταση

criticism /ˈkrɪtɪsɪzəm/ *n* (η) κριτική

criticize /ˈkrɪtɪsaɪz/ *vt* κριτικάρω. (*censure*) επικρίνω

croak /krəʊk/ *n* (το) κόασμα. • *vi* κοάζω

crochet /ˈkrəʊʃeɪ/ *n* (το) κροσέ

crockery /'krɒkəri/ n (τα) πιατικά

crocodile /'krɒkədaɪl/ n (ο) κροκόδειλος

crocus /'krəʊkəs/ n (ο) κρόκος

crook /krʊk/ n (criminal: fam) (ο) απατεώνας. (stick) (η) γκλίτσα. (of arm) (η) κάμψη του βραχίονα

crooked /'krʊkɪd/ a στραβός

crop /krɒp/ n (η) σοδειά. • vt (pt **cropped**) κόβω. • vi ~ **up** προκύπτω

croquet /'krəʊkeɪ/ n (το) κροκέ invar

croquette /krəʊ'ket/ n (η) κροκέτα

cross /krɒs/ n (ο) σταυρός. (hybrid) (η) διασταύρωση. • vt (go across) περνώ. (street) διασχίζω. (legs) σταυρώνω. (animals, plants) διασταυρώνω. • a θυμωμένος. ~**ed cheque** n (η) δίγραμμη επιταγή. ~ **off** or **out** διαγράφω. ~ **s.o.'s mind** περνώ από το μυαλό κάποιου

cross-examine /krɒsɪg'zæmɪn/ vt αντεξετάζω

cross-eyed /'krɒsaɪd/ a αλλοίθωρος

crossing /'krɒsɪŋ/ n (by boat) (το) ταξίδι. (on road) (η) διασταύρωση

cross-reference /krɒs'refrəns/ n (η) παραπομπή

crossroads /'krɒsrəʊdz/ n (το) σταυροδρόμι

cross-section /krɒs'sekʃn/ n (η) διατομή. (fig) (το) αντιπροσωπευτικό δείγμα

crossword /'krɒswɜːd/ n (το) σταυρόλεξο

crotch /krɒtʃ/ n (of trousers) (ο) καβάλος

crotchet /'krɒtʃɪt/ n (το) τέταρτο

crouch /kraʊtʃ/ vi μαζεύομαι

crow /krəʊ/ n (το) κοράκι. • vi κράζω

crowbar /'krəʊbɑː(r)/ n (ο) λοστός

crowd /kraʊd/ n (το) πλήθος. • vt/i στριμώχνω/ομαι. ~**ed** a γεμάτος

crown /kraʊn/ n (το) στέμμα, (η) κορόνα. (top part) (η) κορυφή. • vt στέφω. (tooth) βάζω κορόνα σε

crucial /'kruːʃl/ a κρίσιμος

crucifix /'kruːsɪfɪks/ n (ο) εσταυρωμένος

crucif|y /'kruːsɪfaɪ/ vt σταυρώνω. ~**ixion** /-'fɪkʃn/ n (η) σταύρωση

crude /kruːd/ a (raw) ακατέργαστος. (rough) χοντρός. (vulgar) χυδαίος. ~ **oil** n αργό πετρέλαιο

cruel /krʊəl/ a σκληρός. ~**ty** n (η) σκληρότητα

cruise /kruːz/ n (η) κρουαζιέρα. • vi κάνω κρουαζιέρα. (car) ταξιδεύω με σταθερή ταχύτητα. ~**r** n (warship) (το) καταδρομικό. (motor boat) (η) θαλαμηγός

crumb /krʌm/ n (το) ψίχουλο

crumble /'krʌmbl/ vt τρίβω. • vi (collapse) γκρεμίζομαι

crumple /'krʌmpl/ vt/i τσαλακώνω/ομαι

crunch /krʌntʃ/ vt τραγανίζω. • n (fig) (η) αποφασιστική στιγμή. ~**y** a τραγανιστός

crusade /kruː'seɪd/ n (η) σταυροφορία

crush /krʌʃ/ vt συνθλίβω. (clothes) τσαλακώνω. • n (crowd) (ο) συνωστισμός. (fruit drink) (ο) χυμός

crust /krʌst/ n (η) κόρα

crutch /krʌtʃ/ n (το) δεκανίκι

crux /krʌks/ n (η) ουσία

cry /kraɪ/ n (weep) (το) κλάμα. (shout) (το) ξεφωνητό. • vi (weep) κλαίω. (call out) φωνάζω

crypt /krɪpt/ n (η) κρύπτη

cryptic /'krɪptɪk/ a αινιγματικός

crystal /'krɪstl/ n (το) κρύσταλλο. ~**lize** vt/i αποκρυσταλλώνω

cub /kʌb/ n (ο) σκύμνος

cub|e /kjuːb/ n (ο) κύβος. ~**ic** a κυβικός

cubicle /'kjuːbɪkl/ n (ο) θαλαμίσκος

cuckoo /'kʊkuː/ n (ο) κούκος

cucumber /'kjuːkʌmbə(r)/ n (το) αγγούρι

cuddle /'kʌdl/ vt κρατώ στην αγκαλιά. • n (το) αγκάλιασμα

cudgel /'kʌdʒl/ n (το) ρόπαλο

cue[1] /kjuː/ n (theatr) (το) σύνθημα

cue[2] /kjuː/ n (billiards) (η) στέκα

cuff /kʌf/ n (το) μανικέτι. **~-link** n (το) μανικετόκουμπο

cul-de-sac /'kʌldəsæk/ n (το) αδιέξοδο

culinary /'kʌlɪnərɪ/ a μαγειρικός

culminat|e /'kʌlmɪneɪt/ vi αποκορυφώνομαι (in, σε). **~ion** /'neɪʃn/ n (το) αποκορύφωμα

culottes /kʊ'lɒts/ npl (η) κιλότα

culprit /'kʌlprɪt/ n (o) ένοχος

cult /kʌlt/ n (η) (θρησκευτική) λατρεία. • a καλτ invar

cultivate /'kʌltɪveɪt/ vt καλλιεργώ

cultural /'kʌltʃərəl/ a πολιτιστικός

culture /'kʌltʃə(r)/ n (o) πολιτισμός, (η) κουλτούρα. **~d** a καλλιεργημένος

cumbersome /'kʌmbəsəm/ a άβολος

cumulative /'kju:mjʊlətɪv/ a συσσωρευτικός

cunning /'kʌnɪŋ/ a πονηρός. • n (η) πονηριά

cup /kʌp/ n (το) φλιτζάνι. (prize) (το) κύπελλο

cupboard /'kʌbəd/ n (το) ντουλάπι

curate /'kjʊərət/ n (o) βοηθός ιερέα

curator /kjʊə'reɪtə(r)/ n (o) έφορος (μουσείου)

curb /kɜ:b/ n (το) χαλινάρι. • vt συγκρατώ

curdle /'kɜ:dl/ vt πήζω. • vi παγώνω

cure /kjʊə(r)/ vt θεραπεύω. (culin) παστώνω. • n (η) θεραπεία

curfew /'kɜ:fju:/ n (η) απαγόρευση κυκλοφορίας

curi|ous /'kjʊərɪəs/ a περίεργος. (strange) παράξενος. **~osity** /-'ɒsətɪ/ n (η) περιέργεια

curl /kɜ:l/ vt/i κατσαρώνω. • n (η) μπούκλα. **~ up** κουλουριάζομαι

curler /'kɜ:lə(r)/ n (το) μπικουτί invar

curly /'kɜ:lɪ/ a σγουρός

currant /'kʌrənt/ n (η) κορινθιακή σταφίδα

currency /'kʌrənsɪ/ n (το) νόμισμα

current /'kʌrənt/ a τρεχούμενος. • n (το) ρεύμα. **~ account** (o) τρεχούμενος λογαριασμός.

~ affairs (τα) επίκαιρα θέματα. **~ly** adv τώρα

curriculum /kə'rɪkjʊləm/ n (η)-διδασκόμενη ύλη. **~ vitae**-n (το) βιογραφικό σημείωμα

curry /'kʌrɪ/ n (το) κάρι invar. • vt **~ favour with s.o.** επιδιώκω την εύνοια κπ

curse /kɜ:s/ n (η) κατάρα. (oath) (η) βλαστήμια. • vt καταριέμαι. • vi βλαστημώ

cursory /'kɜ:sərɪ/ a βιαστικός

curt /kɜ:t/ a απότομος

curtail /kɜ:'teɪl/ vt περιορίζω. (expenses) περικόπτω

curtain /'kɜ:tn/ n (η) κουρτίνα. (theatr) (η) αυλαία

curve /kɜ:v/ n (η) καμπύλη. • vt/i καμπυλώνω

cushion /'kʊʃn/ n (το) μαξιλαράκι

custard /'kʌstəd/ n (η) κρέμα κάσταρτ

custodian /kʌ'stəʊdɪən/ n (o) φύλακας

custody /'kʌstədɪ/ n (η) επιμέλεια. (jur) (η) κράτηση

custom /'kʌstəm/ n (η) συνήθεια. (comm) (η) πελατεία. **~ary** a συνηθισμένος

customer /'kʌstəmə(r)/ n (o) πελάτης, (η) πελάτισσα

customs /'kʌstəmz/ npl (το) τελωνείο

cut /kʌt/ vt/i κόβω. • n (το) κόψιμο. (reduction) (η) μείωση

cute /kju:t/ a χαριτωμένος

cuticle /'kju:tɪkl/ n (το) πετσάκι του νυχιού

cutlery /'kʌtlərɪ/ n (τα) μαχαιροπίρουνα

cutlet /'kʌtlɪt/ n (η) κοτολέτα

cutting /'kʌtɪŋ/ n (from newspaper) (το) απόκομμα. (of plant) (το) μόσχευμα

cyberspace /'saɪbəspeɪs/ n (o) κυβερνοχώρος

cycl|e /'saɪkl/ n (o) κύκλος. (bicycle) (το) ποδήλατο. • vi κάνω ποδήλατο. **~e lane** n (η) λωρίδα κυκλοφορίας ποδηλάτων. **~ing** n (η) ποδηλασία. **~ist** n (o) ποδηλατιστής, (η) ποδηλάτις

cyclone /'saɪkləʊn/ n (o) κυκλώνας

cylinder /'sɪlɪndə(r)/ n (o)
κύλινδρος
cymbal /'sɪmbl/ n (το) κύμβαλο
cynic /'sɪnɪk/ n (o) κυνικός. ~al a
κυνικός. ~ism /-sɪzəm/ n (o)
κυνισμός
cypress /'saɪprəs/ n (το) κυπαρίσσι
Cyprus /'saɪprəs/ n (η) Κύπρος
cyst /sɪst/ n (η) κύστη
czar /zɑ:(r)/ n (o) τσάρος

Dd

dab /dæb/ vt (pt dabbed)
σκουπίζω. • n a ~ of paint μια
πινελιά μπογιάς. ~ sth on βάζω
λίγο σε κτ
dabble /'dæbl/ vi ~ in
ασχολούμαι επιφανειακά με
dad /dæd/ n (o) μπαμπάς. ~dy-
long-legs n (το) αλογατάκι
(έντομο)
daffodil /'dæfədɪl/ n (o) νάρκισσος
daft /dɑ:ft/ a ανόητος
dagger /'dægə(r)/ n (το) στιλέτο
dahlia /'deɪlɪə/ n (η) ντάλια
daily /'deɪlɪ/ a ημερήσιος. • adv
καθημερινά. • n (η) καθημερινή
εφημερίδα
dainty /'deɪntɪ/ a λεπτοκαμωμένος
dairy /'deərɪ/ n (on farm) (το)
βουστάσιο. (shop) (το)
γαλακτοπωλείο. • a
γαλακτοκομικός
dais /deɪs/ n (η) εξέδρα
daisy /'deɪzɪ/ n (η) μαργαρίτα
dam /dæm/ n (o) υδατοφράκτης.
• vt φράζω
damage /'dæmɪdʒ/ n (η) ζημιά.
~s (jur) (η) αποζημίωση. • vt
κάνω ζημιά σε. (fig) καταστρέφω
dame /deɪm/ n (old use) (η) κυρά.
(Amer, sl) (η) γυναίκα
damn /dæm/ vt καταδικάζω.
• int ανάθεμά το. • a (fam)
αναθεματισμένος
damp /dæmp/ n (η) υγρασία.
• a υγρός. • vt υγραίνω. (fig)
αποθαρρύνω. ~en vt = damp.

~ness n (η) υγρασία
dance /dɑ:ns/ vt/i χορεύω. • n (o)
χορός. ~r /-ə(r)/ n (o) χορευτής,
(η) χορεύτρια
dandelion /'dændɪlaɪən/ n (το)
ραδίκι
dandruff /'dændrəf/ n (η) πιτυρίδα
Dane /deɪn/ n (o) Δανός, (η)
Δανέζα
danger /'deɪndʒə(r)/ n (o)
κίνδυνος. be in ~ (of) κινδυνεύω
(να). ~ous a επικίνδυνος
dangle /'dæŋgl/ vt ταλαντεύω. • vi
αιωρούμαι
Danish /'deɪnɪʃ/ a δανέζικος.
• n (lang) (τα) δανέζικα
dank /dæŋk/ a υγρός
dare /deə(r)/ vt τολμώ. (challenge)
προκαλώ. • n (η) τόλμη
daredevil /'deədevɪl/ n (o)
παράτολμος
daring /'deərɪŋ/ a τολμηρός
dark /dɑ:k/ a σκοτεινός. (colour)
σκούρος. (gloomy) μελαγχολικός.
• n (το) σκοτάδι. (nightfall) (η)
νύχτα. ~ness n (το) σκοτάδι
darken /'dɑ:kən/ vt/i σκοτεινιάζω
darling /'dɑ:lɪŋ/ a & n αγαπημένος
darn /dɑ:n/ vt μαντάρω
dart /dɑ:t/ n (το) βέλος. ~s (τα)
βελάκια. • vi ορμώ
dartboard /'dɑ:tbɔ:d/ n (o) στόχος
για βελάκια
dash /dæʃ/ vi ορμώ. • vt ρίχνω.
(hopes) καταστρέφω. • n (small
amount) πολύ λίγο. (stroke) (η)
παύλα
dashboard /'dæʃbɔ:d/ n (το)
ταμπλό (αυτοκινήτου)
dashing /'dæʃɪŋ/ a εντυπωσιακός
data /'deɪtə/ npl (τα) δεδομένα. ~
processing n (η) επεξεργασία
δεδομένων
date¹ /deɪt/ n (η) ημερομηνία.
(meeting) (το) ραντεβού. • vt βάζω
ημερομηνία σε. ~ of birth n (η)
ημερομηνία γεννήσεως. ~d a
ντεμοντέ invar
date² /deɪt/ n (fruit) (o) χουρμάς
daub /dɔ:b/ vt πασαλείφω
daughter /'dɔ:tə(r)/ n (η) κόρη.
~-in-law n (η) νύφη

dawdle /'dɔ:dl/ *vi* χασομερώ

dawn /dɔ:n/ *n* (η) αυγή. • *vi* ξημερώνω. (*fig*) αντιλαμβάνομαι

day /deɪ/ *n* (η) ημέρα. **~-break** *n* (τα) χαράματα. **~-dream** *n* (το) ονειροπόλημα. • *vi* ονειροπολώ

daylight /'deɪlaɪt/ *n* (το) φως της ημέρας

daytime /'deɪtaɪm/ *n* (η) ημέρα

daze /deɪz/ *vt* ζαλίζω. • *n* (η) ζάλη

dazzle /'dæzl/ *vt* θαμπώνω

dead /ded/ *a* νεκρός. (*numb*) μουδιασμένος. • *adv* απόλυτα. • *n* the **~** (οι) πεθαμένοι. **~ end** *n* (το) αδιέξοδο

deaden /'dedn/ *vt* (*sound, blow*) κόβω. (*pain*) νεκρώνω

deadline /'dedlaɪn/ *n* (η) προθεσμία, (η) διορία

deadlock /'dedlɒk/ *n* (το) αδιέξοδο

deadly /'dedlɪ/ *a* θανάσιμος

deaf /def/ *a* κουφός. **~-aid** *n* (το) ακουστικό βαρηκοΐας. **~ness** *n* (η) κώφωση

deafen /'defn/ *vt* κουφαίνω. **~ing** *a* εκκωφαντικός

deal /di:l/ *vt* (*pt* **dealt**) (*a blow*) καταφέρω. (*cards*) μοιράζω. • *vi* (*trade*) εμπορεύομαι. • *n* (η) συμφωνία. (*cards*) (η) μοιρασιά. (*treatment*) (η) μεταχείριση. **a great ~** πολύ. **~ with** (*handle*) χειρίζομαι. (*be about*) αντιμετωπίζω. **~er** *n* (*comm.*) (ο) έμπορος

dear /dɪə(r)/ *a* αγαπητός. **D~ Sir/ Madam** Αγαπητέ Κύριε/ Αγαπητή Κυρία. • *n* (ο) αγαπητός. • *adv* ακριβά. • *int* **~ me!** πω πω!, **oh ~!** τι λες! **~ly** *adv* πολύ. (*pay*) ακριβά

death /deθ/ *n* (ο) θάνατος. **~ certificate** *n* (το) πιστοποιητικό θανάτου. **be bored to ~** πεθαίνω από πλήξη. **~ly** *a* θανάσιμος

debase /dɪ'beɪs/ *vt* εξευτελίζω

debate /dɪ'beɪt/ *n* (η) συζήτηση. • *vt* συζητώ. • *vi* (*consider*) σκέφτομαι

debit /'debɪt/ *n* (η) χρέωση. • *vt* χρεώνω

debris /'debri:/ *n* (τα) συντρίμματα

debt /det/ *n* (το) χρέος. **in ~**

χρεωμένος. **~or** *n* (ο) χρεώστης

debut /'deɪbu:,'deɪbju:/ *n* (το) ντεμπούτο *invar*

decade /'dekeɪd/ *n* (η) δεκαετία

decaden|t /'dekədənt/ *a* παρακμασμένος. **~ce** *n* (η) παρακμή

decay /dɪ'keɪ/ *vi* φθείρομαι. (*tooth*) σαπίζω. • *n* (η) φθορά. (*of tooth*) (το) σάπισμα

deceased /dɪ'si:st/ *a* εκλιπών. • *n* the **~** (ο) αποβιώσας

deceit /dɪ'si:t/ *n* (η) απάτη. **~ful** *a* δόλιος

deceive /dɪ'si:v/ *vt* απατώ

December /dɪ'sembə(r)/ *n* (ο) Δεκέμβριος

decen|t /'di:snt/ *a* ευπρεπής. (*good: fam*) καλός. (*kind: fam*) ευγενικός. **~cy** *n* (η) ευπρέπεια

decept|ive /dɪ'septɪv/ *a* απατηλός. **~ion** /-ʃn/ *n* (η) απάτη

decide /dɪ'saɪd/ *vt/i* αποφασίζω. **~d** /-ɪd/ *a* αποφασισμένος. **~dly** /-ɪdlɪ/ *adv* αναμφισβήτητα

decimal /'desɪml/ *a* δεκαδικός. • *n* (ο) δεκαδικός αριθμός. **~ point** (το) κόμμα, (η) υποδιαστολή

decipher /dɪ'saɪfə(r)/ *vt* αποκρυπτογραφώ

decision /dɪ'sɪʒn/ *n* (η) απόφαση

decisive /dɪ'saɪsɪv/ *a* αποφασιστικός

deck¹ /dek/ *n* (το) κατάστρωμα. (*of cards: Amer*) (η) τράπουλα. **~-chair** *n* (η) σεζλόνγκ *invar*

deck² /dek/ *vt* στολίζω

declar|e /dɪ'kleə(r)/ *vt* δηλώνω. **~ation** /deklə'reɪʃn/ *n* (η) δήλωση

decline /dɪ'klaɪn/ *vt/i* αρνούμαι. • *vi* (*deteriorate*) χειροτερεύω. (*health*) εξασθενώ. (*gram*) κλίνω/ ομαι. • *n* (η) παρακμή

decompose /di:kəm'pəʊz/ *vt/i* αποσυνθέτω/αποσυντίθεμαι

décor /'deɪkɔ:(r)/ *n* (η) διακόσμηση

decorat|e /'dekəreɪt/ *vt* (*room*) διακοσμώ. **~ion** /-'reɪʃn/ *n* (η) διακόσμηση. **~ive** /-ətɪv/ *a* διακοσμητικός

decorator /'dekəreɪtə(r)/ *n*

(interior) ~ (ο) διακοσμητής

decoy¹ /'di:kɔɪ/ n (το) δόλωμα

decoy² /dɪ'kɔɪ/ vt δελεάζω

decrease¹ /dɪ'kri:s/ vt/i μειώνω/ ομαι

decrease² /'dɪ.kri:s/ n (η) μείωση

decree /dɪ'kri:/ n (το) διάταγμα. (jur) (η) απόφαση

decrepit /dɪ'krepɪt/ a υπέργηρος

dedicat|e /'dedɪkeɪt/ vt αφιερώνω. ~ion /-'keɪʃn/ n (η) αφοσίωση. (in book) (η) αφιέρωση

deduce /dɪ'dju:s/ vt συμπεραίνω

deduct /dɪ'dʌkt/ vt αφαιρώ

deduction /dɪ'dʌkʃn/ n (deducing) (το) συμπέρασμα. (deducting) (η) αφαίρεση. (amount) (η) κράτηση

deed /di:d/ n (η) πράξη

deem /di:m/ vt θεωρώ

deep /di:p/ a βαθύς. • adv βαθιά. ~-freeze n (η) κατάψυξη

deepen /'di:pən/ vt/i βαθαίνω

deer /dɪə(r)/ n invar (το) ελάφι

deface /dɪ'feɪs/ vt παραμορφώνω

defamation /defə'meɪʃn/ n (η) δυσφήμηση

defeat /dɪ'fi:t/ vt νικώ. (frustrate) ανατρέπω. • n (η) ήττα. (of plan etc.) (η) ανατροπή

defeatist /dɪ'fi:tɪst/ n (ο, η) ηττοπαθής

defect¹ /'di:fekt/ n (το) ελάττωμα. ~ive /dɪ'fektɪv/ a ελαττωματικός

defect² /dɪ'fekt/ vi αυτομολώ

defence /dɪ'fens/ n (η) υπεράσπιση

defend /dɪ'fend/ vt υπερασπίζω. ~ant n (jur) (ο) εναγόμενος. ~er n (ο) υπερασπιστής

defensive /dɪ'fensɪv/ a αμυντικός. • n (η) άμυνα

defer /dɪ'fɜ:(r)/ vt αναβάλλω

deference /'defərəns/ n (ο) σεβασμός

defian|ce /dɪ'faɪəns/ n (η) περιφρόνηση. ~t a περιφρονητικός

deficient /dɪ'fɪʃnt/ a ελλιπής

deficit /'defɪsɪt/ n (το) έλλειμμα

define /dɪ'faɪn/ vt προσδιορίζω

definite /'defɪnɪt/ a οριστικός. (clear) σαφής. (firm) κατηγορηματικός. ~ly adv οριστικά

definition /defɪ'nɪʃn/ n (ο) ορισμός

definitive /dɪ'fɪnətɪv/ a οριστικός

deflat|e /dɪ'fleɪt/ vt/i ξεφουσκώνω/ ομαι. ~ion /-ʃn/ n (το) ξεφούσκωμα. (comm) (ο) αντιπληθωρισμός

deflect /dɪ'flekt/ vt/i εκτρέπω/ομαι

deform /dɪ'fɔ:m/ vt παραμορφώνω. ~ed a παραμορφωμένος. ~ity n (η) παραμόρφωση

defraud /dɪ'frɔ:d/ vt εξαπατώ

defrost /di:'frɒst/ vt ξεπαγώνω

deft /deft/ a επιδέξιος

defunct /dɪ'fʌŋkt/ a νεκρός (not valid) άκυρος

defuse /di:'fju:z/ vt αφοπλίζω

defy /dɪ'faɪ/ vt προκαλώ. (attempts) αψηφώ

degenerate¹ /dɪ'dʒenəreɪt/ vi καταντώ. (degrade) εκφυλίζομαι

degenerate² /dɪ'dʒenərət/ a εκφυλισμένος. • n (ο) έκφυλος

degrade /dɪ'greɪd/ vt εξευτελίζω

degree /dɪ'gri:/ n (angle) (η) μοίρα. (temperature) (ο) βαθμός. (univ) (το) πτυχίο

dehydrate /di:'haɪdreɪt/ vt/i αφυδατώνω/ομαι

de-ice /di:'aɪs/ vt αποψύχω

deign /deɪn/ vi καταδέχομαι

deity /'di:ɪtɪ/ n (η) θεότητα

dejected /dɪ'dʒektɪd/ a αποθαρρυμένος

delay /dɪ'leɪ/ vt καθυστερώ. • n (η) καθυστέρηση

delegate¹ /'delɪgət/ n (ο) απεσταλμένος

delegat|e² /'delɪgeɪt/ vt αναθέτω. ~ion /-ʃn/ n (η) αποστολή

delete /dɪ'li:t/ vt διαγράφω

deliberate¹ /dɪ'lɪbərət/ a σκόπιμος. (slow) προμελετημένος. ~ly adv σκόπιμα

deliberate² /dɪ'lɪbəreɪt/ vt/i σκέφτομαι

delica|te /'delɪkət/ a ντελικάτος. ~cy n (η) λεπτότητα. (food) (η) λιχουδιά

delicatessen /delɪkə'tesn/ n (το) αλλαντοπωλείο

delicious /dɪ'lɪʃəs/ a νοστιμότατος

delight /dɪ'laɪt/ n (η) τέρψη. • vt ευχαριστώ • vi ~ in

απολαμβάνω. **~ed** a
κατευχαριστημένος. **~ful** a
υπέροχος

delinquent /dɪ'lɪŋkwənt/ a
παράνομος. • n (ο) παραβάτης

deliri|ous /dɪ'lɪrɪəs/ a που
παραληρεί. (fig) τρελός. **~um** n
(το) παραλήρημα

deliver /dɪ'lɪvə(r)/ vt παραδίδω.
(post) διανέμω. (speech) κάνω.
(med) ξεγεννώ. **~y** n (η)
παράδοση. (of post) (η) διανομή.
(med) (ο) τοκετός

delu|de /dɪ'lu:d/ vt εξαπατώ.
~sion /-ʒn/ n (η) αυταπάτη

deluge /'delju:dʒ/ n (ο)
κατακλυσμός

de luxe /dɪ'lʌks/ a πολυτελής

delve /delv/ vi **~ into** ερευνώ

demand /dɪ'mɑ:nd/ vt απαιτώ. • n
(η) απαίτηση. (comm) (το)
αίτημα. **~ing** a απαιτητικός

demarcation /di:mɑ:'keɪʃn/ n (ο)
διαχωρισμός

demented /dɪ'mentɪd/ a παράφρων

demise /dɪ'maɪz/ n (ο) θάνατος

democracy /dɪ'mɒkrəsɪ/ n (η)
δημοκρατία

democrat /'deməkræt/ n (ο)
δημοκράτης. **~ic** /-'krætɪk/ a
δημοκρατικός

demoli|sh /dɪ'mɒlɪʃ/ vt
κατεδαφίζω. **~tion** /demə'lɪʃn/ n
(η) κατεδάφιση

demon /'di:mən/ n (ο) δαίμονας

demonstrat|e /'demənstreɪt/ vt
(display) επιδεικνύω. (prove)
αποδεικνύω. • vi διαδηλώνω.
~ion /-'streɪʃn/ n (η) διαδήλωση.
~or n (ο) διαδηλωτής

demoralize /dɪ'mɒrəlaɪz/ vt σπάω
το ηθικό (with gen.)

demote /dɪ'məʊt/ vt υποβιβάζω

demure /dɪ'mjʊə(r)/ a σεμνός

den /den/ n (το) άντρο

denial /dɪ'naɪəl/ n (η) άρνηση

denim /'denɪm/ n (το) μπλε
βαμβακερό ύφασμα. **~s** (το)
μπλου τζιν invar

Denmark /'denmɑ:k/ n (η) Δανία

denomination /dɪnɒmɪ'neɪʃn/ n
(money) (η) αξία. (relig) (το)
θρήσκευμα

denote /dɪ'nəʊt/ vt δείχνω

denounce /dɪ'naʊns/ vt
καταγγέλλω

dens|e /dens/ a πυκνός. (person:
fam) χοντροκέφαλος. **~ity** n (η)
πυκνότητα

dent /dent/ n (το) βαθούλωμα.
• vt βαθουλώνω

dental /'dentl/ a οδοντικός. **~
surgeon** n (ο, η) χειρούργος
οδοντίατρος

dentist /'dentɪst/ n (ο, η)
οδοντογιατρός

denture /'dentʃə(r)/ n (η)
οδοντοστοιχία

deny /dɪ'naɪ/ vt (rumour)
διαψεύδω. (disown) αποκηρύσσω.
(refuse) αρνούμαι

deodorant /di'əʊdərənt/ n (το)
αποσμητικό

depart /dɪ'pɑ:t/ vi αναχωρώ, φεύγω

department /dɪ'pɑ:tmənt/ n (το)
τμήμα. **~ store** n (το)
πολυκατάστημα

departure /dɪ'pɑ:tʃə(r)/ n (η)
αναχώρηση

depend /dɪ'pend/ vi **~ on**
εξαρτώμαι από. (rely) στηρίζομαι
σε. **~able** a αξιόπιστος. **~ant** n
(ο) εξαρτώμενος. **~ence** n (η)
εξάρτηση. **~ent** a εξαρτώμενος

depict /dɪ'pɪkt/ vt απεικονίζω. (in
words) περιγράφω

deplete /dɪ'pli:t/ vt εξαντλώ

deplor|e /dɪ'plɔ:(r)/ vt
αποδοκιμάζω. **~able** a ελεεινός

deploy /dɪ'plɔɪ/ vt/i (mil)
αναπτύσσω/ομαι

deport /dɪ'pɔ:t/ vt απελαύνω

depose /dɪ'pəʊz/ vt εκθρονίζω

deposit /dɪ'pɒzɪt/ vt καταθέτω. • n
(in bank) (η) κατάθεση. (first
instalment) (η) προκαταβολή.
(returnable) (η) εγγύηση

depot /'depəʊ/ n (η) αποθήκη.
(Amer) (ο) σταθμός

deprave /dɪ'preɪv/ vt διαφθείρω.
~d a διεφθαρμένος

depreciat|e /dɪ'pri:ʃɪeɪt/ vt/i
υποτιμώ/ούμαι. **~ion** /-'eɪʃn/ n
(η) υποτίμηση

depress /dɪ'pres/ vt προκαλώ
μελαγχολία σε. (pedal) πατώ.

(*key*) πιέζω. ~**ed** *a*
αποθαρρυμένος. ~**ing** *a*
καταθλιπτικός. ~**ion** /-ʃn/ *n* (η)
κατάθλιψη, (η) μελαγχολία

deprivation /deprɪ'veɪʃn/ *n* (η)
στέρηση

deprive /dɪ'praɪv/ *vt* στερώ

depth /depθ/ *n* (το) βάθος. **be out
of one's** ~ (*fig*) χάνω τα νερά
μου

deputize /'depjʊtaɪz/ *vi* ~ **for**
αναπληρώνω. • *vt* (*Amer*)
αντιπροσωπεύω

deputy /'depjʊtɪ/ *n* (ο)
αναπληρωτής. ~ **chairman**
(ο, η) αντιπρόεδρος

deranged /dɪ'reɪndʒd/ *a* (*mind*)
διαταραγμένος

derelict /'derəlɪkt/ *a* ερειπωμένος

deri|de /dɪ'raɪd/ *vt* ειρωνεύομαι.
~**sion** /-'rɪʒn/ *n* (η) ειρωνία

derisory /dɪ'raɪsərɪ/ *a* (*scoffing*)
ειρωνικός. (*offer etc.*) γελοίος

derivative /dɪ'rɪvətɪv/ *n* (το)
παράγωγο

derive /dɪ'raɪv/ *vt* παράγω.
(*pleasure*) βρίσκω. • *vi* ~ **from**
προέρχομαι από

derogatory /dɪ'rɒgətrɪ/ *a* (*remark*)
υποτιμητικός

descend /dɪ'send/ *vt/i* κατεβαίνω.
be ~**ed from** κατάγομαι από.
~**ant** *n* (ο) απόγονος

descent /dɪ'sent/ *n* (η) κάθοδος.
(*lineage*) (η) καταγωγή

descri|be /dɪs'kraɪb/ *vt*
περιγράφω. ~**ption** /-'krɪpʃn/ *n*
(η) περιγραφή

desert[1] /'dezət/ *n* (η) έρημος. ~
island *n* (το) ακατοίκητο νησί

desert[2] /dɪ'zɜːt/ *vt* εγκαταλείπω.
• *vi* (*mil*) λιποτακτώ. ~**er** *n* (ο)
λιποτάκτης. ~**ion** /-ʃn/ *n* (η)
λιποταξία

deserv|e /dɪ'zɜːv/ *vt* αξίζω. ~**ing** *a*
(*person*) άξιος. (*action*) αξιόλογος

design /dɪ'zaɪn/ *n* (*comm*) (το)
σχέδιο. (*pattern*) (η) γραμμή.
(*aim*) (ο) σκοπός. • *vt* (*plan*)
σχεδιάζω. ~**er** *n* (ο) σχεδιαστής.
(*theatr*) (ο, η) σκηνογράφος

designate /'dezɪgneɪt/ *vt* ορίζω.
(*appoint*) διορίζω

desir|e /dɪ'zaɪə(r)/ *n* (η) επιθυμία.
• *vt* επιθυμώ. ~**able** *a*
επιθυμητός

desk /desk/ *n* (το) γραφείο
(*έπιπλο*). (*at school*) (το) θρανίο.
(*comm*) (το) ταμείο

desolat|e /'desələt/ *a*
απελπισμένος. (*uninhabited*)
έρημος. ~**ion** /-'leɪʃn/ *n* (η)
ερήμωση, (η) απόγνωση

despair /dɪ'speə(r)/ *n* (η)
απελπισία. • *vi* απελπίζομαι

desperat|e /'despərət/ *a*
απελπισμένος. ~**ion** /-'reɪʃn/ *n*
(η) απελπισία

despicable /dɪ'spɪkəbl/ *a*
αξιοκαταφρόνητος

despise /dɪ'spaɪz/ *vt* περιφρονώ

despite /dɪ'spaɪt/ *prep* παρά

despondent /dɪ'spɒndənt/ *a*
αποθαρρυμένος

despot /'despɒt/ *n* (ο) δεσπότης

dessert /dɪ'zɜːt/ *n* (το) επιδόρπιο.
~**-spoon** *n* (το) κουτάλι της
κομπόστας

destination /destɪ'neɪʃn/ *n* (ο)
προορισμός

destine /'destɪn/ *vt* προορίζω. **be**
~**d to** είναι η μοίρα μου να

destiny /'destɪnɪ/ *n* (η) μοίρα

destitute /'destɪtjuːt/ *a* άπορος

destr|oy /dɪ'strɔɪ/ *vt* καταστρέφω.
~**uction** /-'trʌkʃn/ *n* (η)
καταστροφή. ~**uctive** *a*
καταστρεπτικός

destroyer /dɪ'strɔɪə(r)/ *n* (*naut*) (το)
αντιτορπιλικό

detach /dɪ'tætʃ/ *vt* αποσυνδέω.
~**ed** *a* αποσυνδεμένος. (*attitude*)
αμερόληπτος

detachment /dɪ'tætʃmənt/ *n* (η)
απόσπαση. (*disinterest*) (η)
αδιαφορία. (*mil*) (το) απόσπασμα.
(*fig*) (η) αμεροληψία

detail /'diːteɪl/ *n* (η) λεπτομέρεια.
• *vt* εκθέτω με λεπτομέρεια. (*mil*)
αποσπώ. ~**ed** *a* λεπτομερής

detain /dɪ'teɪn/ *vt* καθυστερώ.
(*prisoner*) κρατώ

detect /dɪ'tekt/ *vt* διακρίνω.
(*discover*) ανιχνεύω. ~**ion**
/-ʃn/ *n* (η) ανίχνευση. ~**or** *n* (ο)
ανιχνευτής

detective /dɪ'tektɪv/ n (o, η) ντετέκτιβ *invar*

detention /dɪ'tenʃn/ n (η) κράτηση

deter /dɪ'tɜ:(r)/ vt αποτρέπω

detergent /dɪ'tɜ:dʒənt/ n (το) απορρυπαντικό

deteriorat|e /dɪ'tɪərɪəreɪt/ vi χειροτερεύω. **~ion** /-'reɪʃn/ n (η) χειροτέρευση

determin|e /dɪ'tɜ:mɪn/ vt προσδιορίζω. (*decide*) αποφασίζω. **~ation** /-'neɪʃn/ n-(η) αποφασιστικότητα. **~ed**-a (*resolute*) αποφασισμένος

deterrent /dɪ'terənt/ n (το) όπλο/(η) δύναμη αποτροπής

detest /dɪ'test/ vt απεχθάνομαι. **~able** a απεχθής

detonat|e /'detəneɪt/ vt/i πυροκροτώ/ούμαι **~or** n (o) πυροκροτητής

detour /'di:tuə(r)/ n (η) παράκαμψη

detract /dɪ'trækt/ vi **~ from** αφαιρώ από

detriment /'detrɪmənt/ n (η) βλάβη. **to be to the ~ of** είμαι επιβλαβής για. **~al** /-'mentl/ a επιβλαβής

devalu|e /di:'vælju:/ vt υποτιμώ. **~ation** /-'eɪʃn/ n (η) υποτίμηση

devastat|e /'devəsteɪt/ vt καταστρέφω. **~ing** a καταστρεπτικός

develop /dɪ'veləp/ vt/i αναπτύσσω/ομαι. (*illness*) παθαίνω. (*land*) αξιοποιώ. (*photographs*) εμφανίζω. **~ing country** n (η) αναπτυσσόμενη χώρα. **~ment** n (η) ανάπτυξη. (η) εξέλιξη

deviat|e /'di:vɪeɪt/ vi παρεκκλίνω (**from**, από). **~ion** /-'eɪʃn/ n (η) παρέκκλιση

device /dɪ'vaɪs/ n (η) συσκευή. (*scheme*) (η) επινόηση

devil /'devl/ n (o) διάβολος

devious /'di:vɪəs/ a ύπουλος

devise /dɪ'vaɪz/ vt επινοώ

devoid /dɪ'vɔɪd/ a **~ of** χωρίς

devot|e /dɪ'vəʊt/ vt αφιερώνω. **~ed** a αφοσιωμένος. **~ion** /-ʃn/ n (η) αφοσίωση

devour /dɪ'vaʊə(r)/ vt καταβροχθίζω

devout /dɪ'vaʊt/ a ευσεβής

dew /dju:/ n (η) δροσιά

dexterity /dek'sterətɪ/ n (η) επιδεξιότητα

diabet|es /daɪə'bi:tɪz/ n (o) διαβήτης. **~ic** /-'betɪk/ a & n (o) διαβητικός

diagnose /'daɪəgnəʊz/ vt κάνω διάγνωση

diagnosis /daɪəg'nəʊsɪs/ n (pl **-oses** /-si:z/) (η) διάγνωση

diagonal /daɪ'ægənl/ a διαγώνιος. **•** n (η) διαγώνιος. **~ly** adv διαγωνίως

diagram /'daɪəgræm/ n (το) διάγραμμα

dial /daɪəl/ n (*of phone, meter, clock*) (το) καντράν. **•** vt (pt **dialled**) σχηματίζω (*αριθμό*)

dialect /'daɪəlekt/ n (η) διάλεκτος

dialogue /'daɪəlɒg/ n (o) διάλογος

diameter /daɪ'æmɪtə(r)/ n (η) διάμετρος

diamond /'daɪəmənd/ n (το) διαμάντι. (*shape*) (o) ρόμβος. **~s** (*cards*) (τα) καρό *invar*

diaper /'daɪəpə(r)/ n (*Amer*) (η) πάνα

diaphragm /'daɪəfræm/ n (το) διάφραγμα

diarrhoea /daɪə'rɪə/ n (η) διάρροια

diary /'daɪərɪ/ n (το) ημερολόγιο

dice /daɪs/ n invar (τα) ζάρια. **•** vt (*culin*) κόβω σε μικρούς κύβους

dictat|e /dɪk'teɪt/ vt υπαγορεύω. **~ion** /-ʃn/ n (η) υπαγόρευση

dictator /dɪk'teɪtə(r)/ n (o) δικτάτορας. **~ship** n (η) δικτατορία

dictionary /'dɪkʃənərɪ/ n (το) λεξικό

did /dɪd/ *see* DO

didn't /'dɪdnt/ = **did not**

die /daɪ/ vi (pres p **dying**) πεθαίνω. **~ down** κοπάζω. **~ out** σβήνω. **be dying for/to** πεθαίνω για/να

diesel /'di:zl/ n (το) πετρέλαιο, (το) ντίζελ *invar*

diet /'daɪət/ n (το) διαιτολόγιο. (*restricted*) (η) δίαιτα. **•** vi κάνω δίαιτα

differ /'dɪfə(r)/ vi διαφέρω.

(*disagree*) διαφωνώ

differen|t /'dɪfrənt/ *a*
διαφορετικός. **~ce** *n* (η)
διαφορά. (*disagreement*) (η)
διαφωνία

differentiate /dɪfə'renʃieɪt/ *vt/i*
ξεχωρίζω (**between**, μεταξύ)

difficult /'dɪfɪkəlt/ *a* δύσκολος. **~y**
n (η) δυσκολία

diffident /'dɪfɪdənt/ *a* διστακτικός

diffuse[1] /dɪ'fjuːs/ *a* διάχυτος

diffuse[2] /dɪ'fjuːz/ *vt/i* διαχύνω

dig /dɪg/ *vt/i* (*pt* **dug**, *pres p*
digging) σκάβω. (*thrust*) χώνω.
• *n* (*poke*) (το) σκούντημα.
(*remark: fam*) (η) σπόντα.
(*archaeol.*) (η) ανασκαφή. **~ up**
(*find*) βρίσκω. (*plant, tree*) βγάζω
(με τη ρίζα)

digest /dɪ'dʒest/ *vt* χωνεύω **~ion**
/-ʃn/ *n* (η) χώνεψη

digit /'dɪdʒɪt/ *n* (το) ψηφίο. (*finger*)
(το) δάχτυλο

digital /'dɪdʒɪtl/ *a* ψηφιακός. **~
camera** (η) ψηφιακή
φωτογραφική μηχανή

dignif|y /'dɪgnɪfaɪ/ *vt* δίνω αξία σε.
~ied *a* αξιοπρεπής

dignity /'dɪgnɪti/ *n* (η) αξιοπρέπεια

digress /daɪ'gres/ *vi* ξεφεύγω
(**from**, από). **~ion** /-ʃn/ *n* (η)
παρέκβαση

dilapidated /dɪ'læpɪdeɪtɪd/ *a*
σαραβαλιασμένος

dilate /daɪ'leɪt/ *vt/i* διαστέλλω/ομαι

dilemma /dɪ'lemə/ *n* (το) δίλημμα

diligent /'dɪlɪdʒənt/ *a* επιμελής

dilute /daɪ'ljuːt/ *vt* διαλύω

dim /dɪm/ *a* θαμπός. (*weak*)
αδύνατος. (*dark*) αμυδρός. (*vague*)
συγκεχυμένος. (*stupid: fam*)
κουτός. • *vt/i* (*pt* **dimmed**) (*light*)
χαμηλώνω

dime /daɪm/ *n* (*Amer*) νόμισμα των
10 σεντς

dimension /daɪ'menʃn/ *n* (η)
διάσταση

diminish /dɪ'mɪnɪʃ/ *vt/i* μειώνω/
μειώνομαι

diminutive /dɪ'mɪnjʊtɪv/ *a*
μικροκαμωμένος. • *n* (το)
υποκοριστικό

din /dɪn/ *n* (ο) σαματάς

dine /daɪn/ *vi* γευματίζω. **~r**
/-ə(r)/ *n* (*person*) αυτός/αυτή που
γευματίζει. (*rail*) (το) βαγκόν-
ρεστοράν *invar*. (*Amer*) (το)
εστιατόριο

dinghy /'dɪŋgɪ/ *n* (η) μικρή βάρκα

dingy /'dɪndʒɪ/ *a* βρόμικος και
σκοτεινός

dining-room /'daɪnɪŋruːm/ *n* (η)
τραπεζαρία

dinner /'dɪnə(r)/ *n* (το) γεύμα.
~-jacket *n* (το) σμόκιν *invar*. **~
party** *n* (το) επίσημο δείπνο

dinosaur /'daɪnəsɔː(r)/ *n* (ο)
δεινόσαυρος

diocese /'daɪəsɪs/ *n* (η) επισκοπή
(περιφέρεια)

dip /dɪp/ *vt/i* (*pt* **dipped**) βυθίζω.
(*pen*) βουτώ. (*headlights*)
χαμηλώνω. • *n* (*slope*) (η) κλίση.
(*in sea*) (το) σύντομο μπάνιο

diphtheria /dɪf'θɪərɪə/ *n* (η)
διφθερίτιδα

diploma /dɪ'pləʊmə/ *n* (το)
δίπλωμα

diplomacy /dɪ'pləʊməsɪ/ *n* (η)
διπλωματία

diplomat /'dɪpləmæt/ *n* (ο)
διπλωμάτης. **~ic** /-'mætɪk/ *a*
διπλωματικός

dire /daɪə(r)/ *a* τρομερός

direct /dɪ'rekt/ *a* ευθύς. • *adv*
κατευθείαν. • *vt* (*show the way*)
δείχνω το δρόμο σε. (*aim*)
κατευθύνω. (*attention*) στρέφω.
(*theatr*) σκηνοθετώ. (*instruct*)
διατάζω

direction /dɪ'rekʃn/ *n* (η)
κατεύθυνση. (*theatr*) (η)
σκηνοθεσία. **~s** (οι) οδηγίες

directly /dɪ'rektlɪ/ *adv* απευθείας.
(*at once*) αμέσως

director /dɪ'rektə(r)/ *n* (ο)
διευθυντής, (η) διευθύντρια.
(*theatr*) (ο) σκηνοθέτης, (η)
σκηνοθέτρια

directory /dɪ'rektərɪ/ *n* (ο)
κατάλογος

dirge /dɜːdʒ/ *n* (το) μοιρολόι

dirt /dɜːt/ *n* (η) ακαθαρσία

dirty /'dɜːtɪ/ *a* (**-ier**, **-iest**)
ακάθαρτος. • *vt* λερώνω. **~ trick**
n (η) βρομοδουλειά. **~ word** *n*

(το) βρομόλογο

disability /dɪsə'bɪlətɪ/ n (η) αναπηρία

disable /dɪs'eɪbl/ vt προκαλώ αναπηρία. **~d** a ανάπηρος

disadvantage /dɪsəd'vɑːntɪdʒ/ n (το) μειονέκτημα. **~d** a μειονεκτών

disagree /dɪsə'griː/ vi διαφωνώ (**with**, με). (food, climate) **~ with** πειράζω. **~ment** n (η) διαφωνία. (quarrel) (η) διαφορά

disagreeable /dɪsə'griːəbl/ a δυσάρεστος

disappear /dɪsə'pɪə(r)/ vi εξαφανίζομαι. **~ance** n (η) εξαφάνιση

disappoint /dɪsə'pɔɪnt/ vt απογοητεύω. **~ed** a απογοητευμένος. **~ing** a απογοητευτικός. **~ment** n (η) απογοήτευση

disapprov|e /dɪsə'pruːv/ vi **~ of** αποδοκιμάζω. **~al** n (η) αποδοκιμασία

disarm /dɪs'ɑːm/ vt/i αφοπλίζω/ ομαι. **~ament** n (ο) αφοπλισμός

disarray /dɪsə'reɪ/ n (η) αταξία. **in ~** σε σύγχυση

disast|er /dɪ'zɑːstə(r)/ n (η) καταστροφή. **~rous** a ολέθριος

disbelief /dɪsbɪ'liːf/ n (η) δυσπιστία

disc /dɪsk/ n (ο) δίσκος

discard /dɪs'kɑːd/ vt απορρίπτω

discern /dɪ'sɜːn/ vt διακρίνω

discharge¹ /dɪs'tʃɑːdʒ/ vt (unload) ξεφορτώνω. (liquid) εκκενώνω. (dismiss) απολύω. (jur) απαλλάσσω. (gun) αδειάζω.

discharge² /'dɪstʃɑːdʒ/ n (electr) (η) εκφόρτιση. (emission) (το) απέκκριμα. (from hospital) (η) έξοδος. (mil) (η) απόλυση. (jur) (η) απαλλαγή

disciple /dɪ'saɪpl/ n (ο) μαθητής

discipline /'dɪsɪplɪn/ n (η) πειθαρχία. • vt επιβάλλω πειθαρχία σε. (punish) τιμωρώ

disclos|e /dɪs'kləʊz/ vt αποκαλύπτω. **~ure** /-ʒə(r)/ n (η) αποκάλυψη

disco /'dɪskəʊ/ n (η) ντίσκο invar

discolour /dɪs'kʌlə(r)/ vt/i

ξεθωριάζω

discomfort /dɪs'kʌmfət/ n (η) στενοχώρια. (lack of comfort) (η) έλλειψη άνεσης

disconcert /dɪskən'sɜːt/ vt αναστατώνω

disconnect /dɪskə'nekt/ vt αποσυνδέω

discontent /dɪskən'tent/ n (η) δυσαρέσκεια. **~ed** a δυσαρεστημένος

discontinue /dɪskən'tɪnjuː/ vt διακόπτω. (stop) σταματώ

discord /'dɪskɔːd/ n (η) διχόνοια

discothèque /'dɪskətek/ n (η) ντισκοτέκ invar

discount¹ /'dɪskaʊnt/ n (η) έκπτωση

discount² /dɪs'kaʊnt/ vt απορρίπτω. (comm) κάνω έκπτωση

discourage /dɪs'kʌrɪdʒ/ vt αποθαρρύνω

discourteous /dɪs'kɜːtɪəs/ a αγενής

discover /dɪs'kʌvə(r)/ vt ανακαλύπτω. **~y** n (η) ανακάλυψη

discredit /dɪs'kredɪt/ vt φέρνω σε ανυποληψία

discreet /dɪs'kriːt/ a διακριτικός

discrepancy /dɪ'skrepənsɪ/ n (η) ασυμφωνία

discretion /dɪ'skreʃn/ n (η) διακριτικότητα

discriminat|e /dɪs'krɪmɪneɪt/ vi κάνω διακρίσεις. **~e between** ξεχωρίζω μεταξύ. **~ion** /-'neɪʃn/ n (η) διάκριση. (bias) (η) μεροληψία

discuss /dɪ'skʌs/ vt συζητώ. **~ion** /-ʃn/ n (η) συζήτηση

disdain /dɪs'deɪn/ n (η) περιφρόνηση

disease /dɪ'ziːz/ n (η) νόσος, (η) ασθένεια

disembark /dɪsɪm'bɑːk/ vt/i αποβιβάζω/ομαι

disengage /dɪsɪn'geɪdʒ/ vt αποσυνδέω

disfigure /dɪs'fɪgə(r)/ vt παραμορφώνω

disgrace /dɪs'greɪs/ n (η) ντροπή.

(disfavour) (η) δυσμένεια. • *vt*
ντροπιάζω. **~ful** *a* αισχρός

disgruntled /dɪs'grʌntld/ *a*
δυσαρεστημένος

disguise /dɪs'gaɪz/ *vt* μεταμφιέζω.
• *n* (η) μεταμφίεση

disgust /dɪs'gʌst/ *n* (η) αηδία.
• *vt* αηδιάζω. **~ing** *a*
αηδιαστικός

dish /dɪʃ/ *n* (το) πιάτο. • *vt* **~ up**
σερβίρω

dishcloth /'dɪʃklɒθ/ *n* (η)
πατσαβούρα για τα πιάτα

dishearten /dɪs'hɑ:tn/ *vt*
αποκαρδιώνω

dishevelled /dɪ'ʃevld/ *a*
αναμαλλιασμένος

dishonest /dɪs'ɒnɪst/ *a* ανέντιμος.
~y *n* (η) ανεντιμότητα

dishonour /dɪs'ɒnə(r)/ *n* (η)
ατίμωση. • *vt* ατιμάζω

disillusion /dɪsɪ'lu:ʒn/ *vt*
απογοητεύω

disinfect /dɪsɪn'fekt/ *vt*
απολυμαίνω. **~ant** *n* (το)
απολυμαντικό

disintegrate /dɪs'ɪntɪgreɪt/ *vt/i*
διαλύω/ομαι

disinterested /dɪs'ɪntrəstɪd/ *a*
αδιάφορος

disk /dɪsk/ *n* (*Amer*) = **disc**.
(*computer*) (ο) δισκέτα

dislike /dɪs'laɪk/ *n* (η) αντιπάθεια.
• *vt* αντιπαθώ

dislocate /'dɪsləkeɪt/ *vt*
εξαρθρώνω. (*limb*) βγάζω

dislodge /dɪs'lɒdʒ/ *vt* εκτοπίζω

disloyal /dɪs'lɔɪəl/ *a* άπιστος

dismal /'dɪzməl/ *a* μελαγχολικός

dismantle /dɪs'mæntl/ *vt*
αποσυναρμολογώ

dismay /dɪs'meɪ/ *n* (ο) τρόμος και
(η) κατάπληξη

dismiss /dɪs'mɪs/ *vt* απολύω.
(*reject*) απορρίπτω. **~al** *n* (η)
απόλυση. (*of idea*) (η) απόρριψη

disobedien|t /dɪsə'bi:dɪənt/ *a*
ανυπάκουος. **~ce** *n* (η)
ανυπακοή

disobey /dɪsə'beɪ/ *vt* παρακούω

disorder /dɪs'ɔ:də(r)/ *n* (η)
ακαταστασία. (*ailment*) (η)
διαταραχή

disorganize /dɪs'ɔ:gənaɪz/ *vt*
αποδιοργανώνω. **~d** *a*
αποδιοργανωμένος

disorientate /dɪs'ɔ:rɪənteɪt/ *vt*
αποπροσανατολίζω

disown /dɪs'əʊn/ *vt* αποκηρύσσω

disparaging /dɪs'pærɪdʒɪŋ/ *a*
υποτιμητικός

disparity /dɪs'pærəti/ *n* (η)
διαφορά

dispatch /dɪs'pætʃ/ *vt* αποστέλλω.
• *n* (η) αποστολή. (*report*) (η)
αναφορά

dispensable /dɪs'pensəbl/ *a* μη
απαραίτητος

dispensary /dɪs'pensəri/ *n* (το)
φαρμακείο

dispense /dɪs'pens/ *vt* διανέμω.
(*med*) εκτελώ (*συνταγή*). (*justice*)
απονέμω. **~ with** κάνω χωρίς

disperse /dɪ'spɜ:s/ *vt/i*
διασκορπίζω/ομαι

displace /dɪs'pleɪs/ *vt* εκτοπίζω

display /dɪs'pleɪ/ *vt* επιδεικνύω.
(*goods*) εκθέτω. (*feelings*)
εκδηλώνω. • *n* (η) επίδειξη. (*of
goods*) (η) έκθεση. (*of feelings*) (η)
εκδήλωση. (*of computer*) (η)
οθόνη

displease /dɪs'pli:z/ *vt* δυσαρεστώ

disposable /dɪs'pəʊzəbl/ *a* μιας
χρήσης

dispos|e /dɪs'pəʊz/ *vi* **~e of**
απαλλάσσομαι από. **well ~ed
towards** ευνοϊκά διατεθειμένος
απέναντι σε. **~al** *n* (η) διάθεση.
(*of waste*) (η) διάθεση. **at s.o.'s
~al** στη διάθεση κάποιου

disposition /dɪspə'zɪʃn/ *n* (η)
διάθεση. (*character*) (ο)
χαρακτήρας

disproportionate /dɪsprə'pɔ:sənət/
a δυσανάλογος

disprove /dɪs'pru:v/ *vt* αποδεικνύω
σαν ανακριβές

dispute /dɪs'pju:t/ *vt* αμφισβητώ.
• *n* (η) συζήτηση

disqualify /dɪs'kwɒlɪfaɪ/ *vt*
εμποδίζω. (*sport*) αποκλείω.
(*from driving*) αφαιρώ την άδεια

disregard /dɪsrɪ'gɑ:d/ *vt* αγνοώ

disreputable /dɪs'repjʊtəbl/ *a*
ανυπόληπτος

disrespect /dɪsrɪs'pekt/ n (η)
έλλειψη σεβασμού. **~ful** a
αναιδής

disrupt /dɪs'rʌpt/ vt διασπώ.
(plans) προκαλώ αναστάτωση σε.
~ion /-ʃn/ n (η) αναστάτωση

dissatisf|ied /dɪ'sætɪsfaɪd/ a
δυσαρεστημένος. **~action** /
dɪsætɪs'fækʃn/ n (η) δυσαρέσκεια

dissect /dɪ'sekt/ vt ανατέμνω

dissent /dɪ'sent/ vi διαφωνώ (**from**,
με). • n (η) διαφωνία

dissident /'dɪsɪdənt/ a που
διαφωνεί

dissipate /'dɪsɪpeɪt/ vt
διασκορπίζω. (waste) σπαταλώ

dissociate /dɪ'səʊʃɪeɪt/ vt
διαχωρίζω

dissolute /'dɪsəljuːt/ a άσωτος

dissolve /dɪ'zɒlv/ vt/i διαλύω/ομαι

dissuade /dɪ'sweɪd/ vt μεταπείθω

distance /'dɪstəns/ n (η)
απόσταση. **from a ~** από
μακριά. **in the ~** μακριά

distant /'dɪstənt/ a μακρινός

distaste /dɪs'teɪst/ n (η)
αντιπάθεια. **~ful** a
αντιπαθητικός

distil /dɪs'tɪl/ vt αποστάζω

distillery /dɪs'tɪlərɪ/ n (η)
ποτοποιία

distinct /dɪs'tɪŋkt/ a ευδιάκριτος.
(marked) ξεχωριστός. **~ion** /-ʃn/
n (η) διαφορά. (honour) (η)
διάκριση. **~ive** a διακριτικός.
~ly adv καθαρά

distinguish /dɪs'tɪŋgwɪʃ/ vt/i
διακρίνω/ομαι. **~ed** a
διακεκριμένος

distort /dɪs'tɔːt/ vt διαστρεβλώνω.
(fig) παραποιώ. **~ion** /-ʃn/ n (η)
διαστρέβλωση. (fig) (η)
παραποίηση

distract /dɪs'trækt/ vt περισπώ (την
προσοχή). (amuse) διασκεδάζω.
~ed a αναστατωμένος. **~ion**
/-ʃn/ n (ο) περισπασμός. (frenzy)
(η) τρέλα

distraught /dɪs'trɔːt/ a
αλλόφρονας

distress /dɪs'tres/ n (η)
στενοχώρια. (poverty) (η)
φτώχεια. (danger) (ο) κίνδυνος.

• vt στενοχωρώ. **~ing** a
οδυνηρός

distribut|e /dɪs'trɪbjuːt/ vt διανέμω.
~ion /-'bjuːʃn/ n (η)-διανομή.
~or n (ο) διανομέας

district /'dɪstrɪkt/ n (η) περιφέρεια.
(of town) (η) περιοχή

distrust /dɪs'trʌst/ n (η) δυσπιστία.
• vt δυσπιστώ

disturb /dɪs'tɜːb/ vt διαταράσσω.
(perturb) συγχύζω. (move)
ενοχλώ. **~ance** n (η) ενόχληση.
(tumult) (η) αναταραχή. **~ing** a
ανησυχητικός

disused /dɪs'juːzd/ a
εγκαταλειμμένος

ditch /dɪtʃ/ n (το) χαντάκι

dither /'dɪðə(r)/ vi
αμφιταλαντεύομαι

ditto /'dɪtəʊ/ n το ίδιο

divan /dɪ'væn/ n (το) ντιβάνι

dive /daɪv/ vi καταδύομαι. (rush)
βουτώ. • n (η) κατάδυση. (of
plane) (η) κάθετος εφόρμηση. **~r**
n (ο) βουτηχτής. (underwater) (ο)
δύτης

diverge /daɪ'vɜːdʒ/ vi αποκλίνω

diverse /daɪ'vɜːs/ a ποικίλος

diversify /daɪ'vɜːsɪfaɪ/ vt
διαφοροποιώ

diversity /daɪ'vɜːsətɪ/ n (η)
ποικιλία

diver|t /daɪ'vɜːt/ vt περισπώ.
(entertain) διασκεδάζω. **~sion**
/-ʃn/ n (η) διασκέδαση.
(distraction) (η) παραπλανητική
ενέργεια

divide /dɪ'vaɪd/ vt/i διαιρώ/ούμαι.
(share) μοιράζω

dividend /'dɪvɪdend/ n (το)
μέρισμα

divine /dɪ'vaɪn/ a θείος

divinity /dɪ'vɪnɪtɪ/ n (η) θεολογία

division /dɪ'vɪʒn/ n (η) διαίρεση

divorce /dɪ'vɔːs/ n (το) διαζύγιο.
• vt/i χωρίζω. **~d** a διαζευγμένος

divulge /daɪ'vʌldʒ/ vt αποκαλύπτω

DIY abbr = **do-it-yourself**

dizz|y /'dɪzɪ/ a ζαλισμένος.
~iness n (η) ζάλη

do /duː/ vt/i (3 sing pres **does**, pt
did, pp **done**) κάνω. (be enough)
αρκώ, φτάνω. **how do you ~?**

χαίρω πολύ. **well done!** μπράβο!
v aux ~ **you speak Greek?**
Yes I ~ μιλάτε ελληνικά; Ναι.
I ~n't know δεν ξέρω. • *n (fam)*
(η) γιορτή
docile /'dəʊsaɪl/ *a* πειθήνιος
dock¹ /dɒk/ *n* (η) δεξαμενή
dock² /dɒk/ *n (jur)* (το) εδώλιο
dockyard /'dɒkjɑːd/ *n* (το)
ναυπηγείο
doctor /'dɒktə(r)/ *n* (ο, η) γιατρός
doctorate /'dɒktərət/ *n* (η)
διδακτορία
doctrine /'dɒktrɪn/ *n* (το) δόγμα
document /'dɒkjʊmənt/ *n* (το)
έγγραφο. ~**ary** /-'mentrɪ/ *n* (το)
ντοκιμαντέρ *invar*
dodge /dɒdʒ/ *vt* αποφεύγω
does /dʌz/ *see* DO
doesn't /'dʌznt/ = **does not**
dog /dɒg/ *n* (ο) σκύλος, (το) σκυλί
dogged /'dɒgɪd/ *a* πεισματάρης
dogma /'dɒgmə/ *n* (το) δόγμα.
~**tic** /-'mætɪk/ *a* δογματικός
do-it-yourself /duː:tjɔː'self/ *n το*
χόμπι να κάνει κανείς τις διάφορες
επισκευές ο ίδιος
doldrums /'dɒldrəmz/ *npl* **be in
the** ~ είμαι στις κακές μου
dole /dəʊl/ *vt* ~ **out** μοιράζω.
• *n (fam)* (το) επίδομα ανεργίας
doleful /'dəʊlfl/ *a* θλιβερός
doll /dɒl/ *n* (η) κούκλα
dollar /'dɒlə(r)/ *n* (το) δολάριο
dolphin /'dɒlfɪn/ *n* (το) δελφίνι
domain /dəʊ'meɪn/ *n* (η)
κτηματική περιουσία
dome /dəʊm/ *n* (ο) θόλος
domestic /də'mestɪk/ *a (family)*
οικογενειακός. *(trade)* εγχώριος.
(flights) εσωτερικός. *(animal)*
οικιακός. • *n (ο)* υπηρέτης, (η)
υπηρέτρια. ~ **ated** *a (animal)*
κατοικίδιος
dominant /'dɒmɪnənt/ *a*
κυριότερος
dominate /'dɒmɪneɪt/ *vt/i*
κυριαρχώ. ~**ion** /-'neɪʃn/ *n* (η)
κυριαρχία
domineer /dɒmɪ'nɪə(r)/ *vi*
εξουσιάζω. ~**ing** *a* αυταρχικός
domino /'dɒmɪnəʊ/ *n* (το) ντόμινο
invar

donat|e /dəʊ'neɪt/ *vt* δωρίζω.
~**ion** /-ʃn/ *n* (η) δωρεά
done /dʌn/ *see* DO
donkey /'dɒŋkɪ/ *n* (ο) γάιδαρος,
(το) γαϊδούρι
donor /'dəʊnə(r)/ *n* (ο) δωρητής.
(of blood) (ο) αιμοδότης, (η)
αιμοδότρια
don't /dəʊnt/ = **do not**
doom /duːm/ *n* (η) καταδίκη.
• *vt* **be ~ed to** είμαι
καταδικασμένος να
door /dɔː(r)/ *n* (η) πόρτα
doorbell /'dɔːbel/ *n* (το) κουδούνι
(πόρτας)
doorman /'dɔːmən/ *n (pl* -**men**) (ο)
πορτιέρης
doormat /'dɔːmæt/ *n* (το) χαλάκι
της πόρτας
doorstep /'dɔːstep/ *n* (το) κατώφλι
dope /dəʊp/ *n (drug)* (το)
ναρκωτικό. • *vt* δίνω ναρκωτικό
σε
dormant /'dɔːmənt/ *a* αδρανής
dormitory /'dɔːmɪtrɪ/ *n* (το)
υπνωτήριο
dos|e /dəʊs/ *n* (η) δόση. ~**age** *n*
(on label) (η) δοσολογία
dot /dɒt/ *n* (η) στιγμή *(τελεία)*.
~**com** *n* (η) εταιρία
ηλεκτρονικού εμπορίου. ~**ted
line** (η) διακεκομμένη γραμμή
dote /dəʊt/ *vi* ~ **on** τρελαίνομαι
για
double /'dʌbl/ *a* διπλός. • *adv*
διπλά. • *n (person)* (ο) σωσίας.
~**s** *(tennis)* (το) διπλό παιχνίδι.
• *vt/i* διπλασιάζω/ομαι. *(fold)*
διπλώνω/ομαι. ~**-bass** *n* (το)
κοντραμπάσο. ~ **bed** *n* (το)
διπλό κρεβάτι. ~**-breasted** *a*
σταυρωτός. ~**-click** *vi* κάνω
διπλό κλικ • *n* (το) διπλό κλικ.
~**-cross** *vt* εξαπατώ. ~**-decker**
n (το) διώροφο λεωφορείο. ~
room *n* (το) δίκλινο δωμάτιο
doubt /daʊt/ *n* (η) αμφιβολία.
• *vt* αμφιβάλλω. ~**ful** *a* αμφίβολος.
~**less** αναμφιβόλως
dough /dəʊ/ *n* (το) ζυμάρι
dove /dʌv/ *n* (το) περιστέρι
down /daʊn/ *n* (το) χνούδι.
• *adv & prep* κάτω. • *vt (fam)*

κατεβάζω. **come** or **go ~**
κατεβαίνω. **~-and-out** n (ο)
απόκληρος. **~-hearted** a
αποθαρρημένος. **~-to-earth** a
προσγειωμένος. **~ with** κάτω

downcast /'daʊnka:st/ a
αποθαρρημένος

downfall /'daʊnfɔ:l/ n (η) πτώση

downhill /daʊn'hıl/ adv προς τα
κάτω

download /daʊn'ləʊd/ vt
(computing) κατεβάζω

downpour /'daʊnpɔ:(r)/ n (η)
νεροποντή

downright /'daʊnraıt/ a ευθύς.
(straight forward) τίμιος. • adv
απόλυτα

downstairs /daʊn'steəz/ a κάτω.
• adv κάτω

downstream /'daʊnstri:m/ adv με
το ρεύμα

downtown /'daʊntaʊn/ n (Amer)
(το) εμπορικό κέντρο μιας πόλης

downward /'daʊnwəd/ a
κατηφορικός. • adv προς τα κάτω.
~s adv προς τα κάτω

dowry /'daʊərı/ n (η) προίκα

doze /dəʊz/ vi λαγοκοιμάμαι.
• n (ο) υπνάκος

dozen /'dʌzn/ n (η) δωδεκάδα

Dr abbr (Doctor) Δρ

drab /dræb/ a (dreary) μουντός.
(clothing) άχαρος

draft[1] /dra:ft/ n (το) προσχέδιο.
(comm) (η) συναλλαγματική. (mil,
Amer) (η) στράτευση

draft[2] /dra:ft/ n (Amer) = **draught**

drag /dræg/ vt σέρνω. vi (pass
slowly: fig) σέρνομαι. • n (fam) (ο)
μπελάς

dragon /'drægən/ n (ο) δράκος

dragonfly /'drægənflaı/ n (η)
λιβελλούλη

drain /dreın/ vt αποξηραίνω. (land)
αποχετεύω. (vegetables)
στραγγίζω. (tank, glass) αδειάζω.
(fig) εξαντλώ. • vi **~ (away)**
αποχετεύομαι. • n (ο) οχετός

drainpipe /'dreınpaıp/ n (ο)
σωλήνας αποχέτευσης

drama /'dra:mə/ n (το) θεατρικό
έργο. (event) (το) δράμα. **~tic**

/drə'mætık/ a δραματικός. **~tist**
/'dræmətıst/ n (ο, η)
δραματουργός

drank /dræŋk/ see DRINK

drape /dreıp/ vt απλώνω. **~s** npl
(Amer) (οι) κουρτίνες

drastic /'dræstık/ a δραστικός

draught /dra:ft/ n (το) ρεύμα.
(pulling) (το) τράβηγμα. **~s**
(game) (η) ντάμα. **~ beer** (η)
μπίρα από το βαρέλι. **~y** a με
ρεύματα

draughtsman /'dra:ftsmən/ n
(pl -men) (ο) σχεδιαστής

draw /drɔ:/ vt (pt **drew**, pp **drawn**)
(pull) τραβώ. (attract) ελκύω.
(picture) σχεδιάζω. • n (sport)
έρχομαι ισοπαλία. • n (sport) (η)
ισοπαλία. (in lottery) (η)
κλήρωση. **~ out** (days)
μεγαλώνω. (money) αποσύρω. **~
up** vi (stop) σταματώ. • vt
(document) συντάσσω. (chair)
τραβώ

drawback /'drɔ:bæk/ n (το)
μειονέκτημα

drawbridge /'drɔ:brıdʒ/ n (η)
κρεμαστή γέφυρα

drawer /drɔ:(r)/ n (το) συρτάρι

drawing /'drɔ:ıŋ/ n (το) σχέδιο.
~-pin n (η) πινέζα

drawl /drɔ:l/ n (η) συρτή φωνή. • vi
σέρνω τη φωνή

dread /dred/ n (ο) τρόμος. • vt
τρέμω

dreadful /'dredfl/ a τρομερός

dream /dri:m/ n (το) όνειρο.
• vt/i ονειρεύομαι

dreary /'drıərı/ a μονότονος.
(boring) ανιαρός

dredge /dredʒ/ vt καθαρίζω με
βυθοκόρο

dregs /dregs/ npl (τα) κατακάθια

drench /drentʃ/ vt μουσκεύω

dress /dres/ n (το) ντύσιμο.
(clothing) (το) φόρεμα. • vt/i
ντύνω. (decorate) στολίζω. (med)
επιδένω. (culin) καρυκεύω

dresser /'dresə(r)/ n (furniture) (ο)
χωριάτικος μπουφές

dressing /'dresıŋ/ n (sauce) (το)
καρύκευμα. (bandage) (ο)
επίδεσμος. **~-gown** n (η) ρόμπα.

~-table n (η) τουαλέτα (έπιπλο)

dressmaker /'dresmeɪkə(r)/ n (η) μοδίστρα

drew /druː/ see DRAW

dribble /'drɪbl/ vi (baby) βγάζω-σάλια. (in football) τριπλάρω

dried /draɪd/ a (food) ξηρός

drier /'draɪə(r)/ n (for hair) (το) σεσουάρ. (for laundry) (ο) στεγνωτήρας

drift /drɪft/ vi παρασύρομαι. (snow) μαζεύομαι. • n (movement) (η) κίνηση. (of snow) (η) στιβάδα. (meaning) (το) νόημα. **~ apart** (people) ξεμακραίνω

drill /drɪl/ n (tool) (το) τρυπάνι. (training) (η) άσκηση. • vt ανοίγω (τρύπα) με τρυπάνι. (train) εκπαιδεύω. • vi ασκούμαι

drink /drɪŋk/ vt/i (pt drank, pp drunk) πίνω. • n (το) ποτό. **~er** n (ο) πότης. **~ing-water** n (το) πόσιμο νερό

drip /drɪp/ vi (pt dripped) στάζω. • n (η) στάλα. (med) (η) έγχυση

drive /draɪv/ vt/i (pt drove, pp driven) (car etc.) οδηγώ. (fig) σπρώχνω. • n (road) (η) διαδρομή. (fig) (η) δραστηριότητα. (pol) (η) εκστρατεία. **~ away** vt διώχνω. • vi φεύγω

driver /'draɪvə(r)/ n (ο, η) οδηγός

driving /'draɪvɪŋ/ n (η) οδήγηση. **~ lesson** n (το) μάθημα οδήγησης. **~-licence** n (η) άδεια οδήγησης. **~ test** n (η) εξέταση οδήγησης

drizzle /'drɪzl/ n (η) ψιλή βροχή. • vi ψιχαλίζω

drone /drəʊn/ n (ο) κηφήνας. • vi βουίζω

droop /druːp/ vi (flowers) μαραίνομαι

drop /drɒp/ n (η) σταγόνα. (fall) (η) απότομη πτώση. (decrease) (η) μείωση. • vt/i (pt dropped) στάζω. (fall, lower) πέφτω. **~ out** αποσύρομαι. (student) εγκαταλείπω τις σπουδές

drought /draʊt/ n (η) ανομβρία

drove /drəʊv/ see DRIVE

drown /draʊn/ vt/i πνίγω/ομαι

drowsy /'draʊzɪ/ a νυσταγμένος

drudge /drʌdʒ/ n (ο) είλωτας. **~ry** /-ərɪ/ n (η) αγγαρεία

drug /drʌg/ n (το) ναρκωτικό. (med) (το) φάρμακο. • vt (pt drugged) δίνω ναρκωτικό σε. **~ addict** n (ο, η) ναρκομανής

drugstore /'drʌgstɔː(r)/ n (Amer) (το) φαρμακείο

drum /drʌm/ n (το) τύμπανο. (for oil) (το) βαρέλι. **~mer** n (ο) τυμπανιστής

drunk /drʌŋk/ see DRINK • a μεθυσμένος. **get ~** μεθώ. **~ard** n (ο) μέθυσος. **~en** a μεθυσμένος. **~enness** n (το) μεθύσι

dry /draɪ/ a (drier, driest) ξηρός. (not wet) στεγνός. (ironic) ψυχρός. • vt/i στεγνώνω. (herbs etc.) ξεραίνω. **~-clean** vt στεγνοκαθαρίζω. **~-cleaner's** n (shop) (το) στεγνοκαθαριστήριο. **~ up** (dishes) στεγνώνω. (fam) στερεύω. **~ness** n (η) ξηρότητα

dual /'djuːəl/ a διπλός. **~ carriageway** n (ο) δρόμος διπλής κυκλοφορίας. **~-purpose** a διπλής χρήσεως

dub /dʌb/ vt (pt dubbed) (film) ντουμπλάρω

dubious /'djuːbɪəs/ a αμφίβολος. (person) ύποπτος

duchess /'dʌtʃɪs/ n (η) δούκισσα

duck /dʌk/ n (η) πάπια. • vt/i **~ (one's head)** σκύβω γρήγορα. (person) βουτώ. **~ling** n (το) παπάκι

duct /dʌkt/ n (ο) αγωγός

dud /dʌd/ a (cheque: sl) ακάλυπτος. (coin: sl) πλαστός. • n (sl) (το) κούτσουρο

due /djuː/ a (owing) πληρωτέος. (expected) αναμενόμενος. (proper) δέων, πρέπων. • adv **~ north** προς το βορρά. **~ to** λόγω (with gen.)

duel /'djuːəl/ n (η) μονομαχία

duet /djuː'et/ n (το) ντουέτο

dug /dʌg/ see DIG

duke /djuːk/ n (ο) δούκας

dull /dʌl/ a (sky, colour, pain) μουντός. (boring) ανιαρός.

(stupid) κουτός. *(sound)*
υπόκωφος. *(knife)* αμβλύς. • *vt*
(pain) ελαφρώνω. *(mind)* αμβλύνω

duly /'dju:lɪ/ *adv* δεόντως

dumb /dʌm/ *a* βουβός. *(fam)*
κουτός

dummy /'dʌmɪ/ *n (of tailor)*
(η) κούκλα. *(of baby)* (η) πιπίλα

dump /dʌmp/ *vt* πετώ. *(fam)*
ξεφορτώνω. • *n (refuse tip)* (η)
χωματερή. *(mil)* (η) αποθήκη

dunce /dʌns/ *n* (το) τούβλο
(χοντροκέφαλος)

dune /dju:n/ *n* (ο) αμμόλοφος

dung /dʌŋ/ *n* (η) κοπριά

dungarees /dʌŋgə'ri:z/ *npl* (η)
φόρμα εργασίας

dungeon /'dʌndʒən/ *n* (το)
μπουντρούμι

duo /'dju:əʊ/ *n* (οι) δύο

dupe /dju:p/ *vt* εξαπατώ. • *n* (το)
κορόιδο

duplicate¹ /'dju:plɪkət/ *n* (το)
διπλότυπο. • *a* διπλότυπος

duplicate² /'dju:plɪkeɪt/ *vt* βγάζω
αντίγραφο. *(on machine)*
πολυγραφώ

durable /'djʊərəbl/ *a (tough)*
στερεός. *(enduring)* ανθεκτικός

duration /djʊ'reɪʃn/ *n* (η) διάρκεια

during /'djʊərɪŋ/ *prep* κατά τη
διάρκεια *(with gen.)*

dusk /dʌsk/ *n* (το) σούρουπο

dust /dʌst/ *n* (η) σκόνη *vt*
ξεσκονίζω. *(sprinkle)* πασπαλίζω

dustbin /'dʌstbɪn/ *n* (ο)
σκουπιδοτενεκές

duster /'dʌstə(r)/ *n* (το)
ξεσκονόπανο

dustman /'dʌstmən/ *n* *(pl* -men)
(ο) σκουπιδιάρης

dusty /'dʌstɪ/ *a* σκονισμένος

Dutch /dʌtʃ/ *a* ολλανδικός. • *n*
(lang) (τα) ολλανδικά. **~man** *n*
(ο) Ολλανδός

duty /'dju:tɪ/ *n* (το) καθήκον. *(tax)*
(ο) δασμός. **be on ~** έχω
υπηρεσία. **~-free** *a*
αδασμολόγητος

duvet /'dju:veɪ/ *n* (το) πάπλωμα

dwarf /dwɔ:f/ *n* (ο) νάνος

dwell /dwel/ *vi* *(pt* **dwelt)** κατοικώ.

~ on επιμένω σε. **~ing** *n* (η)
κατοικία

dwindle /'dwɪndl/ *vi* λιγοστεύω

dye /daɪ/ *vt* βάφω. • *n* (η) βαφή

dying /'daɪɪŋ/ *see* DIE

dyke /daɪk/ *n* (το) ανάχωμα

dynamic /daɪ'næmɪk/ *a* δυναμικός.
~s *npl* (η) δυναμική

dynamite /'daɪnəmaɪt/ *n* (ο)
δυναμίτης

dynamo /'daɪnəməʊ/ *n* (το) δυναμό

dynasty /'dɪnəstɪ/ *n* (η) δυναστεία

dysentery /'dɪsəntrɪ/ *n* (η)
δυσεντερία

Ee

each /i:tʃ/ *a* κάθε. • *pron* **~ one** ο
καθένας. **~ other** ο ένας τον
άλλο

eager /'i:gə(r)/ *a* ανυπόμονος.
(enthusiastic) πρόθυμος. **be ~ to**
ανυπομονώ να

eagle /'i:gl/ *n* (ο) αετός

ear¹ /ɪə(r)/ *n* (το) αφτί. **~-drum** *n*
(το) τύμπανο του αφτιού. **~-ring**
n (το) σκουλαρίκι

ear² /ɪə(r)/ *n (of corn)* (το) στάχυ

earache /'ɪəreɪk/ *n* (ο) πόνος του
αφτιού

earl /ɜ:l/ *n* (ο) κόμης

early /'ɜ:lɪ/ *a* (-ier, -iest) *(morning)*
πρωινός. *(before expected time)*
πρόωρος. • *adv* νωρίς

earn /ɜ:n/ *vt* κερδίζω. *(deserve)*
αξίζω

earnest /'ɜ:nɪst/ *a* σοβαρός

earnings /'ɜ:nɪŋz/ *npl* (τα) κέρδη.
(salary) (οι) απολαβές

earphones /'ɪəfəʊnz/ *npl* (τα)
ακουστικά

earth /ɜ:θ/ *n* (η) γη. • *vt (electr)*
γειώνω

earthenware /'ɜ:θnweə(r)/ *n* (τα)
πήλινα σκεύη

earthquake /'ɜ:θkweɪk/ *n* (ο)
σεισμός

earwig /'ɪəwɪg/ *n* (η) ψαλίδα
(έντομο)

ease /iːz/ n (η) ευκολία. (*comfort*)
(η) άνεση. • *vt*/i (*relax*)
χαλαρώνω. (*slow down*) μετριάζω.
(*loosen*) ξεσφίγγω. • *vi*
μετριάζομαι.

easel /ˈiːzl/ n (το) καβαλέτο

east /iːst/ n (η) ανατολή. • *a*
ανατολικός. • *adv* ανατολικά.
~ern *a* ανατολικός

Easter /ˈiːstə(r)/ n (το) Πάσχα

easy /ˈiːzɪ/ *a* (-ier, -iest) εύκολος.
(*relaxed*) άνετος. **~-going** *a*
βολικός. **easily** *adv* εύκολα

eat /iːt/ *vt*/i (*pt* ate, *pp* eaten)
τρώγω, τρώω. **~able** *a*
φαγώσιμος. **~er** n (ο) φαγάς

eavesdrop /ˈiːvzdrɒp/ *vi*
κρυφακούω

ebb /eb/ n (η) άμπωτη. • *vi*
υποχωρώ. (*fig*) εξασθενίζω

ebony /ˈebənɪ/ n (ο) έβενος

e-book /ˈiːbʊk/ n (το) ηλεκτρονικό
βιβλίο

e-business /ˈiːbɪznɪs/ n (το)
ηλεκτρονικό επιχειρείν

eccentric /ɪkˈsentrɪk/ *a* & *n*
εκκεντρικός. **~ity** /eksenˈtrɪsətɪ/
n (η) εκκεντρικότητα

echo /ˈekəʊ/ n (η) ηχώ. • *vi*
αντηχώ. • *vt* (*imitate*)
επαναλαμβάνω

eclipse /ɪˈklɪps/ n (η) έκλειψη. • *vt*
επισκιάζω

ecolog|y /iːˈkɒlədʒɪ/ n (η)
οικολογία. **~ical** /-əˈlɒdʒɪkl/ *a*
οικολογικός

e-commerce /ˈiːkɒmɜːs/ n (το)
ηλεκτρονικό εμπόριο

economic /iːkəˈnɒmɪk/ *a*
οικονομικός. **~al** *a* οικονομικός.
~s n (η) οικονομολογία

economist /ɪˈkɒnəmɪst/ n (ο, η)
οικονομολόγος

econom|y /ɪˈkɒnəmɪ/ n (η)
οικονομία. **~ize** *vi* κάνω
οικονομίες

ecstasy /ˈekstəsɪ/ n (η) έκσταση

ecstatic /ɪkˈstætɪk/ *a* εκστατικός

ECU, ecu /ˈeɪkjuː/ n (το) ECU, (το)
εκιού *invar*

edge /edʒ/ n (η) άκρη. (*of knife*)
κόψη. (*of cliff*) (το) χείλος. **on ~**
εκνευρισμένος

edgy /ˈedʒɪ/ *a* ευερέθιστος

edible /ˈedɪbl/ *a* φαγώσιμος

edict /ˈiːdɪkt/ n (το) διάταγμα

edifice /ˈedɪfɪs/ n (το) οικοδόμημα

edit /ˈedɪt/ *vt* (*newspaper*)
συντάσσω. (*text*) επιμελούμαι.
(*film*) κόβω

edition /ɪˈdɪʃn/ n (η) έκδοση

editor /ˈedɪtə(r)/ n (ο) συντάκτης,
(η) συντάκτρια. (*of text*)
επιμελητής εκδόσεως

editorial /edɪˈtɔːrɪəl/ *a* εκδοτικός.
• n (το) κύριο άρθρο

educat|e /ˈedʒʊkeɪt/ *vt* εκπαιδεύω.
(*mind*, *public*) μορφώνω. **~ed** *a*
μορφωμένος. **~ion** /-ˈkeɪʃn/ n (η)
παιδεία. (*culture*) (η) εκπαίδευση.
~ional /-ˈkeɪʃənl/ *a*
εκπαιδευτικός

eel /iːl/ n (το) χέλι

eerie /ˈɪərɪ/ *a* αλλόκοτος.
(*unnatural*) αφύσικος

effect /ɪˈfekt/ n (το) αποτέλεσμα,
(η) ενέργεια. • *vt* πραγματοποιώ.
come into ~ αρχίζω να ισχύω.
take ~ φέρνω αποτέλεσμα

effective /ɪˈfektɪv/ *a*
αποτελεσματικός

effeminate /ɪˈfemɪnət/ *a*
θηλυπρεπής

effervescent /efəˈvesnt/ *a*
αναβράζων

efficien|t /ɪˈfɪʃnt/ *a* ικανός. **~cy** n
(η) αποδοτικότητα

effigy /ˈefɪdʒɪ/ n (το) ομοίωμα

effort /ˈefət/ n (η) προσπάθεια
~less *a* εύκολος

effrontery /ɪˈfrʌntərɪ/ n (η)
ιταμότητα

effusive /ɪˈfjuːsɪv/ *a* διαχυτικός

e.g. *abbr* π.χ.

egalitarian /ɪgælɪˈteərɪən/ *a*
ισοπεδωτικός

egg¹ /eg/ n (το) αβγό. **~-cup** n (η)
αβγοθήκη

egg² /eg/ *vt* **~ on** παροτρύνω

eggshell /ˈegʃel/ n (το) τσόφλι του
αβγού

ego /ˈegəʊ/ n (το) εγώ. **~(t)ism** n
(ο) εγωισμός. **~(t)ist** n (ο)
εγωιστής, (η) εγωίστρια

Egypt /ˈiːdʒɪpt/ n (η) Αίγυπτος.

~ian /ɪ'dʒɪpʃn/ a αιγυπτιακός. • n (ο) Αιγύπτιος, (η) Αιγύπτια

eiderdown /'aɪdədaʊn/ n (το) πάπλωμα

eight /eɪt/ a οκτώ n (το) οκτώ, (το) οχτώ

eighth /eɪtθ/ a όγδοος. • n (το) όγδοο

eighteen /eɪ'ti:n/ a δεκαοχτώ. • n (το) δεκαοκτώ, (το) δεκαοχτώ

eighty /'eɪtɪ/ a & n ογδόντα

either /'aɪðə(r)/ a & pron είτε, ή. (with negative) ούτε. (each) καθένας. • conj ~ ... or είτε ... είτε, ή ... ή. (with negative) ούτε ... ούτε

eject /ɪ'dʒekt/ vt εκτινάσσω. (throw out) εκδιώκω

elaborate[1] /ɪ'læbərət/ a πολύπλοκος

elaborate[2] /ɪ'læbəreɪt/ vt επεξεργάζομαι. • vi περιπλέκομαι. ~ on αναπτύσσω

elapse /ɪ'læps/ vi (time) περνώ

elastic /ɪ'læstɪk/ a λαστιχένιος. • n (το) λάστιχο. ~ band (το) λάστιχο

elat|ed /ɪ'leɪtɪd/ a γεμάτος αγαλλίαση. ~ion /-ʃn/ n (η) αγαλλίαση

elbow /'elbəʊ/ n (ο) αγκώνας

elder /'eldə(r)/ a μεγαλύτερος. • n (ο) μεγαλύτερος

elderly /'eldəlɪ/ a ηλικιωμένος

eldest /'eldɪst/ a μεγαλύτερος. • n (ο) μεγαλύτερος

elect /ɪ'lekt/ vt εκλέγω. • a μέλλων. ~ to do διαλέγω να κάνω. ~ion /-ʃn/ n (η) εκλογή

elector /ɪ'lektə(r)/ n (ο) εκλογέας. ~al a εκλογικός. ~ate n (το) εκλογικό σώμα

electric /ɪ'lektrɪk/ a ηλεκτρικός. ~ shock n (η) ηλεκτροπληξία. ~al a ηλεκτρολογικός

electrician /ɪlek'trɪʃn/ n (ο) ηλεκτρολόγος

electricity /ɪlek'trɪsətɪ/ n (ο) ηλεκτρισμός

electrify /ɪ'lektrɪfaɪ/ vt ηλεκτρίζω

electrocute /ɪ'lektrəkju:t/ vt εκτελώ με ηλεκτρισμό

electron /ɪ'lektrɒn/ n (το) ηλεκτρόνιο

electronic /ɪlek'trɒnɪk/ a ηλεκτρονικός. ~s n (η) ηλεκτρονική

elegan|t /'elɪgənt/ a κομψός. ~ce n (η) κομψότητα

element /'elɪmənt/ n (το) στοιχείο. (electr) (η) αντίσταση. ~ary /-'mentrɪ/ a στοιχειώδης

elephant /'elɪfənt/ n (ο) ελέφαντας

elevate /'elɪveɪt/ vt ανυψώνω

elevator /'elɪveɪtə(r)/ n (Amer) (το) ασανσέρ invar, (ο) ανελκυστήρας

eleven /ɪ'levn/ a & n έντεκα invar

elicit /ɪ'lɪsɪt/ vt αποσπώ

eligible /'elɪdʒəbl/ a κατάλληλος. be ~ for sth δικαιούμαι κάτι

eliminat|e /ɪ'lɪmɪnet/ vt εξαλείφω. ~ion /-'neɪʃn/ n (η) εξάλειψη

élite /eɪ'li:t/ n (η) ελίτ invar

elm /elm/ n (η) φτελιά

elope /ɪ'ləʊp/ vi κλέβομαι

eloquen|t /'eləkwənt/ a εύγλωττος. ~ce n (η) ευγλωττία

else /els/ adv αλλιώς. everybody ~ όλοι οι άλλοι. nobody ~ κανένας άλλος. nothing ~ τίποτ' άλλο. ~ adv κάπου αλλού

elude /ɪ'lu:d/ vt διαφεύγω. (avoid) αποφεύγω

elusive /ɪ'lu:sɪv/ a ασύλληπτος

emaciated /ɪ'meɪʃɪeɪtɪd/ a κάτισχνος

e-mail /'i:meɪl/ vt στέλνω e-mail, στέλνω μήνυμα με τον υπολογιστή • n (το) ηλεκτρονικό ταχυδρομείο. ~ address n (η) ηλεκτρονική διεύθυνση

emanate /'eməneɪt/ vi προέρχομαι

emancipat|e /ɪ'mænsɪpeɪt/ vt χειραφετώ. ~ion /-'peɪʃn/ n (η) χειραφέτηση

embalm /ɪm'ba:m/ vt βαλσαμώνω

embargo /ɪm'ba:gəʊ/ n (το) εμπάργκο invar

embark /ɪm'ba:k/ vt/i επιβιβάζω/ομαι

embarrass /ɪm'bærəs/ vt φέρνω σε αμηχανία. ~ed a αμήχανος. ~ing a ενοχλητικός. ~ment n (η) αμηχανία

embassy /'embəsɪ/ n (η) πρεσβεία

embed /ɪm'bed/ vt σφηνώνω

embers /'embəz/ npl (η) θράκα

embezzle /ɪm'bezl/ vt καταχρώμαι

emblem /'embləm/ n (το) έμβλημα

embody /ɪm'bɒdɪ/ vt ενσαρκώνω. (include) περικλείω

embrace /ɪm'breɪs/ vt/i αγκαλιάζω/ ομαι. • n (το) αγκάλιασμα

embroider /ɪm'brɔɪdə(r)/ vt κεντώ. ~y n (το) κέντημα

embryo /'embrɪəʊ/ n (το) έμβρυο

emerald /'emərəld/ n (το) σμαράγδι

emerge /ɪ'mɜːdʒ/ vi ανακύπτω. (appear) εμφανίζομαι. (surface) αναδύομαι

emergency /ɪ'mɜːdʒənsɪ/ n (η) έκτακτος ανάγκη. ~ exit n (η) έξοδος κινδύνου

emigrant /'emɪgrənt/ n (ο) μετανάστης, (η) μετανάστρια

emigrat|e /'emɪgreɪt/ vi μεταναστεύω. ~ion /-'greɪʃn/ n (η) μετανάστευση

eminent /'emɪnənt/ a διακεκριμένος

emit /ɪ'mɪt/ vt εκπέμπω

emotion /ɪ'məʊʃn/ n (η) συγκίνηση. ~al a συγκινητικός. (person) ευκολοσυγκίνητος

emotive /ɪ'məʊtɪv/ a συγκινητικός

emperor /'empərə(r)/ n (ο) αυτοκράτορας

emphasis /'emfəsɪs/ n (η) έμφαση

emphasize /'emfəsaɪz/ vt τονίζω

emphatic /ɪm'fætɪk/ a εμφατικός. (manner) κατηγορηματικός

empire /'empaɪə(r)/ n (η) αυτοκρατορία

employ /ɪm'plɔɪ/ vt απασχολώ. ~ee /emplɔɪ'iː/ n (ο, η) υπάλληλος. ~er n (ο) εργοδότης, (η) εργοδότρια. ~ment n (η) απασχόληση

empt|y /'emptɪ/ a άδειος. • vt/i αδειάζω. ~iness n (το) κενό

emulate /'emjʊleɪt/ vt μιμούμαι

emulsion /ɪ'mʌlʃn/ n (το) γαλάκτωμα

enable /ɪ'neɪbl/ vt καθιστώ ικανό. ~ s.o. to επιτρέπω σε κάποιον να

enamel /ɪ'næml/ n (το) σμάλτο

enamoured /ɪ'næməd/ a ερωτευμένος

enchant /ɪn'tʃɑːnt/ vt μαγεύω. ~ed a γοητευμένος. ~ing a μαγευτικός

encircle /ɪn'sɜːkl/ vt περικυκλώνω

enclose /ɪn'kləʊz/ vt (land) περιφράζω. (with letter) εσωκλείω. (in receptacle) κλείνω

enclosure /ɪn'kləʊʒə(r)/ n (area) (ο) περιφραγμένος χώρος. (comm) (το) εσώκλειστο

encore /'ɒŋkɔː(r)/ int μπις. • n (το) μπιζάρισμα

encounter /ɪn'kaʊntə(r)/ vt συναντώ. • n (η) συνάντηση. (battle) (η) συμπλοκή

encourage /ɪn'kʌrɪdʒ/ vt ενθαρρύνω. ~ment n (η) ενθάρρυνση

encroach /ɪn'krəʊtʃ/ vi ~ on επεμβαίνω σε. (land) καταπατώ. (time) τρώγω

encyclopedia /ɪnsaɪklə'piːdɪə/ n (η) εγκυκλοπαίδεια

end /end/ n (το) τέλος. (furthest point) (η) άκρη. • vt/i τελειώνω. in the ~ στο τέλος

endanger /ɪn'deɪndʒə(r)/ vt θέτω σε κίνδυνο

endeavour /ɪn'devə(r)/ n (η) προσπάθεια. • vi ~ to προσπαθώ να

ending /'endɪŋ/ n (το) τέλος

endless /'endlɪs/ a ατέλειωτος

endorse /ɪn'dɔːs/ vt (comm) επικυρώνω. (fig) επιδοκιμάζω. (jur) οπισθογραφώ. ~ment n (comm) (η) έγκριση. (fig) (η) επιδοκιμασία

endow /ɪn'daʊ/ vt προικίζω

endur|e /ɪn'djʊə(r)/ vt/i αντέχω. ~ance n (η) αντοχή

enemy /'enəmɪ/ n (ο) εχθρός. • a εχθρικός

energetic /enə'dʒetɪk/ a δραστήριος

energy /'enədʒɪ/ n (η) ενέργεια

enforce /ɪn'fɔːs/ vt επιβάλλω

engage /ɪn'geɪdʒ/ vt (staff) προσλαμβάνω. (occupy) απασχολώ. (attention) κρατώ.

(*mech*) εμπλέκω. • *vi* ~ **in**
(*activity*) ασχολούμαι με.
(*conversation*) πιάνω. ~**d** *a* (*to be
married*) αρραβωνιασμένος.
(*busy*) απασχολημένος.
(*telephone*) κατηλειμμένος, Cy.
κρατημένος. ~**ment** *n* (ο)
αρραβώνας. (*meeting*) (η)
δέσμευση. (*undertaking*) (η)
υποχρέωση

engaging /ɪn'geɪdʒɪŋ/ *a* θελκτικός

engine /'endʒɪn/ *n* (ο) κινητήρας,
(η) μηχανή

engineer /endʒɪ'nɪə(r)/ *n* (ο)
μηχανικός. • *vt* (*fig*)
μηχανεύομαι. ~**ing** *n* (η)
μηχανική

England /'ɪŋglənd/ *n* (η) Αγγλία

English /'ɪŋglɪʃ/ *a* αγγλικός. • *n*
(*lang*) (τα) αγγλικά. ~**man** *n* (ο)
Άγγλος. ~**woman** *n* (η)
Αγγλίδα. **the** ~ **Channel** (η)
Μάγχη

engrav|e /ɪn'greɪv/ *vt* χαράζω.
~**ing** *n* (η) χαλκογραφία

engrossed /ɪn'grəʊst/ *a*
απορροφημένος (**in**, σε)

engulf /ɪn'gʌlf/ *vt* καταβροχθίζω

enhance /ɪn'hɑ:ns/ *vt* ανεβάζω,
υψώνω

enigma /ɪ'nɪgmə/ *n* (το) αίνιγμα.
~**tic** /enɪg'mætɪk/ *a* αινιγματικός

enjoy /ɪn'dʒɔɪ/ *vt* απολαμβάνω. ~
o.s. διασκεδάζω. ~**able** *a*
ευχάριστος. ~**ment** *n* (η)
απόλαυση, (η) διασκέδαση

enlarge /ɪn'lɑ:dʒ/ *vt* μεγεθύνω. • *vi*
~ **upon** επεκτείνω. ~**ment** *n*
(η) μεγέθυνση

enlighten /ɪn'laɪtn/ *vt* διαφωτίζω.
~**ment** *n* (η) διαφώτιση

enlist /ɪn'lɪst/ *vt* στρατολογώ. (*fig*)
εξασφαλίζω. • *vi* στρατολογούμαι

enmity /'enmətɪ/ *n* (η) εχθρότητα

enormity /ɪ'nɔ:mətɪ/ *n* (το) μέγεθος

enormous /ɪ'nɔ:məs/ *a* τεράστιος

enough /ɪ'nʌf/ *a* αρκετός. • *adv* &
int αρκετά

enquir|e /ɪn'kwaɪə(r)/ *vt* ρωτώ. • *vi*
ζητώ πληροφορίες. ~**y** *n* (η)
έρευνα. (*jur*) (η) ανάκριση

enrage /ɪn'reɪdʒ/ *vt* εξοργίζω

enrich /ɪn'rɪtʃ/ *vt* εμπλουτίζω

enrol /ɪn'rəʊl/ *vt* εγγράφω. • *vi*
εγγράφομαι (**for**, σε). ~**ment** *n*
(η) εγγραφή

ensue /ɪn'ʃju:/ *vi* επακολουθώ

ensure /ɪn'ʃʊə(r)/ *vt* εξασφαλίζω

entail /ɪn'teɪl/ *vt* συνεπάγομαι

entangle /ɪn'tæŋgl/ *vt* μπλέκω

enter /'entə(r)/ *vi* μπαίνω. • *vt*
μπαίνω σε. (*competition*)
συμμετέχω σε

enterprise /'entəpraɪz/ *n* (η)
επιχείρηση. (*fig*) (η) τόλμη

enterprising /'entəpraɪzɪŋ/ *a*
(*person*) τολμηρός. (*mind*)
επιχειρηματικός

entertain /entə'teɪn/ *vt* (*amuse*)
διασκεδάζω. (*guests*) φιλοξενώ.
(*ideas, hopes*) έχω, τρέφω.
(*consider*) μελετώ. ~**er** *n* (ο, η)
κωμικός. ~**ing** *a*
διασκεδαστικός. ~**ment** *n*
(*amusement*) (η) διασκέδαση.
(*performance*) (το) θέαμα

enthuse /ɪn'θju:z/ *vi* ~ **over**
ενθουσιάζομαι με

enthusias|m /ɪn'θju:zɪæzəm/ *n* (ο)
ενθουσιασμός. ~**tic** /-'æstɪk/
a ενθουσιασμένος

enthusiast /ɪn'θju:zɪæst/ *n* (ο)
λάτρης

entice /ɪn'taɪs/ *vt* δελεάζω

entire /ɪn'taɪə(r)/ *a* ολόκληρος.
~**ly** *adv* ολοκληρωτικά

entitle /ɪn'taɪtl/ *vt* (*give a right*) δίνω
το δικαίωμα. ~**d** *a* (*book*) με
τίτλο. **be** ~**d to** δικαιούμαι να

entity /'entətɪ/ *n* (η) οντότητα

entrance[1] /'entrəns/ *n* (η) είσοδος.
(*right to enter*) (το) δικαίωμα
εισόδου. ~ **examinations** *npl*
(οι) εισαγωγικές εξετάσεις. ~
fee *n* (η) είσοδος

entrance[2] /ɪn'trɑ:ns/ *vt* μαγεύω

entrant /'entrənt/ *n* (*competition*)
(ο) υποψήφιος

entrepreneur /ɒntrəprə'nɜ:(r)/ *n*
(ο) επιχειρηματίας

entrust /ɪn'trʌst/ *vt* εμπιστεύομαι

entry /'entrɪ/ *n* (η) είσοδος. (*on
list*) (η) καταχώρηση. (*in race,
competition*) (η) συμμετοχή. ~
form *n* (η) αίτηση. **no** ~
απαγορεύεται η είσοδος

envelop /ɪnˈveləp/ vt (pt περιβάλλω

envelope /ˈenvələup/ n (ο)
φάκελος

envious /ˈenviəs/ a φθονερός

environment /ɪnˈvaɪərənmənt/ n
(το) περιβάλλον. **~al** /-ˈmentl/
a περιβαλλοντικός

envoy /ˈenvɔɪ/ n (ο) απεσταλμένος

envy /ˈenvɪ/ n (ο) φθόνος. • vt
φθονώ

enzyme /ˈenzaɪm/ n (το) ένζυμο

epic /ˈepɪk/ n (το) έπος. • a επικός

epidemic /epɪˈdemɪk/ n (η)
επιδημία

epilep|sy /ˈepɪlepsɪ/ n (η)
επιληψία. **~tic** /-ˈleptɪk/ a
επιληπτικός

epilogue /ˈepɪlɒg/ n (ο) επίλογος

episode /ˈepɪsəud/ n (το)
επεισόδιο

epitom|e /ɪˈpɪtəmɪ/ n (η) επιτομή.
~ize vt εκπροσωπώ

epoch /ˈiːpɒk/ n (η) εποχή

equal /ˈiːkwəl/ a & n ίσος. • vt
εξισώνω. **be ~ to** (task) είμαι
αντάξιος (with gen.). **three plus
four ~s seven** τρία συν
τέσσερα ίσον επτά. **~ity** /ɪˈkwɒlə
tɪ/ n (η) ισότητα. **~ly** adv εξίσου

equanimity /ekwəˈnɪmətɪ/ n (η)
αταραξία

equate /ɪˈkweɪt/ vt εξισώνω

equation /ɪˈkweɪʒn/ n (η) εξίσωση

equator /ɪˈkweɪtə(r)/ n (ο)
ισημερινός

equilibrium /iːkwɪˈlɪbrɪəm/ n (η)
ισορροπία

equinox /ˈiːkwɪnɒks/ n (η)
ισημερία

equip /ɪˈkwɪp/ vt (pt **equipped**)
εξοπλίζω. **~ment** n (ο)
εξοπλισμός

equitable /ˈekwɪtəbl/ a δίκαιος

equity /ˈekwətɪ/ n (η) δικαιοσύνη

equivalent /ɪˈkwɪvələnt/ a
αντίστοιχος. • n (το) αντίστοιχο

equivocal /ɪˈkwɪvəkl/ a
διφορούμενος

era /ˈɪərə/ n (η) εποχή

eradicate /ɪˈrædɪkeɪt/ vt εξαλείφω

erase /ɪˈreɪz/ vt σβήνω. **~r** /-ə(r)/

n (η) γομολάστιχα

erect /ɪˈrekt/ a όρθιος. • vt
ανεγείρω. **~ion** /-ʃn/ n (η)
ανέγερση

ermine /ˈɜːmɪn/ n (η) ερμίνα

ero|de /ɪˈrəud/ vt διαβρώνω.
~sion /-ʒn/ n (η) διάβρωση

erotic /ɪˈrɒtɪk/ a ερωτικός

err /ɜː(r)/ vi κάνω λάθος. (sin)
σφάλλω

errand /ˈerənd/ n (το) θέλημα

erratic /ɪˈrætɪk/ a άτακτος.
(irregular) ακανόνιστος. (person)
ασταθής

erroneous /ɪˈrəunɪəs/ a
λανθασμένος

error /ˈerə(r)/ n (το) λάθος

erudite /ˈeruːdaɪt/ a πολυμαθής

erupt /ɪˈrʌpt/ vi κάνω έκρηξη.
~ion /-ʃn/ n (η) έκρηξη

escalate /ˈeskəleɪt/ vt/i κλιμακώνω/
ομαι

escalator /ˈeskəleɪtə(r)/ n (η)
κυλιόμενη σκάλα

escape /ɪˈskeɪp/ vi δραπετεύω.
(gas) διαρρέω. • vt ξεφεύγω.
• n (of prisoner) (η) δραπέτευση.
(of gas) (η) διαρροή. (fig) (η)
φυγή

escort[1] /ˈeskɔːt/ n (ο, η) συνοδός

escort[2] /ɪˈskɔːt/ vt συνοδεύω

Eskimo /ˈeskɪməu/ n (ο) Εσκιμώος,
(η) Εσκιμώα

especial /ɪˈspeʃl/ a ειδικός. **~ly**
adv ειδικά

espionage /ˈespɪənaːʒ/ n (η)
κατασκοπία

essay /ˈeseɪ/ n (το) δοκίμιο. (schol)
(η) έκθεση ιδεών.

essence /ˈesns/ n (η) ουσία

essential /ɪˈsenʃl/ a απαραίτητος.
• n (η) ουσία. **the ~s** (τα)
απαραίτητα. **~ly** adv απαραίτητα

establish /ɪˈstæblɪʃ/ vt εγκαθιστώ.
(business) ιδρύω. (prove)
αποδεικνύω. **~ment** n (η)
ίδρυση

estate /ɪˈsteɪt/ n (possessions) (η)
περιουσία. (residential) (ο)
συνοικισμός. **~ agent** n (ο)
κτηματομεσίτης. **~ car** n (το)
αυτοκίνητο εστέιτ

esteem /ɪˈstiːm/ n (η) εκτίμηση

estimate¹ /'estɪmət/ n (o) υπολογισμός. (comm) (o) προϋπολογισμός

estimat|e² /'estɪmeɪt/ vt υπολογίζω. **~ion** /-'meɪʃn/ n (η) εκτίμηση. (opinion) (η) κρίση

estuary /'estʃʊərɪ/ n (η) εκβολή

etc. /ɪt'setrə/ abbr (et cetera) κ.λη., κ.τ.λ.

eternal /ɪ'tɜːnl/ a αιώνιος

eternity /ɪ'tɜːnətɪ/ n (η) αιωνιότητα

ethereal /ɪ'θɪərɪəl/ a αιθέριος

ethic /'eθɪk/ n (o) ηθικός κώδικας. **~s** (η) ηθική

ethnic /'eθnɪk/ a εθνικός. **~ cleansing** n (η) εθνοκάθαρση, (η) εκκαθάριση μειονοτήτων

eulogy /'juːlədʒɪ/ n (το) εγκώμιο

euphemism /'juːfəmɪʒəm/ n (o) ευφημισμός

euphoria /juːˈfɔːrɪə/ n (η) ευφορία

euro /'jʊərəʊ/ n (το) ευρώ invar

Europe /'jʊərəp/ n (η) Ευρώπη. **~an** /-'pɪən/ a ευρωπαϊκός. • n (o) Ευρωπαίος, (η) Ευρωπαία. **~an Union** (η) Ευρωπαϊκή Ένωση

eurosceptic /jʊərəʊˈskeptɪk/ n (o) ευρωσκεπτικιστής

euthanasia /juːθəˈneɪzɪə/ n (η) ευθανασία

evacuate /ɪ'vækjʊeɪt/ vt εκκενώνω

evade /ɪ'veɪd/ vt αποφεύγω

evaluate /ɪ'væljʊeɪt/ vt εκτιμώ

evaporate /ɪ'væpəreɪt/ vi εξατμίζομαι. (fig) εξανεμίζομαι. **~d milk** n (το) εβαπορέ

evasion /ɪ'veɪʒn/ n (η) η διαφυγή. (excuse) (η) υπεκφυγή

evasive /ɪ'veɪsɪv/ a αβαφής

eve /iːv/ n (η) παραμονή

even /'iːvn/ a (surface) ομαλός. (equal) ίσος. (number) ζυγός. • vt **~ up** (compensate) ανταποδίδω τα ίσα, adv ακόμη και. **~ better** ακόμη καλύτερα

evening /'iːvnɪŋ/ n (το) βράδυ. (whole evening, event) (η) βραδιά. **this ~** απόψε

event /ɪ'vent/ n (το) γεγονός. (sport) (o) αγώνας. **in the ~ of an accident** σε περίπτωση ατυχήματος. **~ful** a πολυτάραχος

eventual /ɪ'ventʃʊəl/ a τελικός. **~ity** /-'ælətɪ/ n (η) πιθανότητα. **~ly** adv τελικά

ever /'evə(r)/ adv ποτέ. (at all times) πάντοτε. **~ since** από τότε. **~ so** (fam) πολύ. **for ~** για πάντα. **hardly ~** σχεδόν ποτέ, σπανιότατα

evergreen /'evəgriːn/ a αειθαλής

everlasting /'evəlɑːstɪŋ/ a παντοτινός

every /'evrɪ/ a κάθε. **~ one** καθένας

everybody /'evrɪbɒdɪ/ pron o καθένας, όλοι

everyday /'evrɪdeɪ/ a καθημερινός

everyone /'evrɪwʌn/ pron o καθένας

everything /'evrɪθɪŋ/ pron το κάθε τι, όλα

everywhere /'evrɪweə(r)/ adv παντού

evict /ɪ'vɪkt/ vt κάνω έξωση σε. **~ion** -ʃn/ n (η) έξωση

evidence /'evɪdəns/ n (η) ένδειξη. (jur) (η) μαρτυρία. (sign) (το) σημείο

evident /'evɪdənt/ a φανερός, προφανής. **~ly** adv φανερά, προφανώς

evil /'iːvl/ a κακός. • n (το) κακό

evo|ke /ɪ'vəʊk/ vt επικαλούμαι. (memories) φέρνω στο νου. **~cative** /ɪ'vɒkətɪv/ a υποβλητικός

evolution /iːvəˈluːʃn/ n (η) εξέλιξη

evolve /ɪ'vɒlv/ vt αναπτύσσω. • vi εξελίσσομαι

ewe /juː/ n (η) προβατίνα

ex- /eks/ pref πρώην

exacerbate /ɪg'zæsəbeɪt/ vt επιδεινώνω

exact¹ /ɪg'zækt/ a ακριβής. **~ly** adv ακριβώς

exact² /ɪg'zækt/ vt απαιτώ. **~ing** a απαιτητικός

exaggerat|e /ɪg'zædʒəreɪt/ vt/i υπερβάλλω. **~ion** /-'reɪʃn/ n (η) υπερβολή

exam /ɪg'zæm/ n οι εξετάσεις

examination /ɪgzæmɪ'neɪʃn/ n (η) εξέταση

examine /ɪgˈzæmɪn/ vt εξετάζω. (jur) ανακρίνω. **∼r** /-ə(r)/ n (ο) εξεταστής, (η) εξετάστρια

example /ɪgˈzɑːmpl/ n (το) παράδειγμα. **for ∼** παραδείγματος χάρη

exasperate /ɪgˈzæspəreɪt/ vt εξοργίζω

excavate /ˈekskəveɪt/ vt κάνω ανασκαφές σε

exceed /ɪkˈsiːd/ vt υπερβαίνω. **∼ingly** adv υπερβολικά, πάρα πολύ

excel /ɪkˈsel/ vi διακρίνομαι. • vt διαπρέπω

excellen|t /ˈeksələnt/ a υπέροχος. **∼ce** n (η) υπεροχή

except /ɪkˈsept/ prep εκτός. • vt εξαιρώ. **∼ for** εκτός από

exception /ɪkˈsepʃən/ n (η) εξαίρεση. **take ∼ to** θίγομαι από

exceptional /ɪkˈsepʃənl/ a εξαιρετικός. (unusual) ασυνήθιστος

excerpt /ˈeksɜːpt/ n (το) απόσπασμα

excess¹ /ɪkˈses/ n (η) υπερβολή. (surplus) το πλεόνασμα

excess² /ˈekses/ a υπερβολικός. **∼ baggage** or **luggage** n (οι) υπέρβαρες αποσκευές

excessive /ɪkˈsesɪv/ a υπερβολικός

exchange /ɪkˈstʃeɪndʒ/ vt ανταλλάσσω. • n (η) ανταλλαγή. (comm) (το) συνάλλαγμα. **∼ rate** n (η) τιμή του συναλλάγματος

exchequer /ɪksˈtʃekə(r)/ n (pol) (το) δημόσιο ταμείο

excit|e /ɪkˈsaɪt/ vt συγκινώ. (inflame) εξάπτω. **∼able** a ευέξαπτος. **∼ed** a συγκινημένος. **get ∼ed** συγκινούμαι. **∼ement** n (η) συγκίνηση. **∼ing** a συναρπαστικός

exclaim /ɪkˈskleɪm/ vi αναφωνώ. • vt φωνάζω

exclamation /ekskləˈmeɪʃn/ n (η) αναφώνηση. **∼ mark**, (Amer) **∼ point** ns (το) θαυμαστικό

exclude /ɪkˈskluːd/ vt αποκλείω

exclusive /ɪkˈskluːsɪv/ a αποκλειστικός. (person) εκλεκτικός

excommunicate /ekskəˈmjuːnɪkeɪt/ vt αφορίζω

excruciating /ɪkˈskruːʃɪeɪtɪŋ/ a μαρτυρικός

excursion /ɪkˈskɜːʃn/ n (η) εκδρομή

excuse¹ /ɪkˈskjuːz/ vt δικαιολογώ. **∼ o.s.** δικαιολογούμαι. **∼ from** απαλλάσσω από. **∼ me!** με συγχωρείτε, συγνώμη

excuse² /ɪkˈskjuːs/ n (η) δικαιολογία

execute /ˈeksɪkjuːt/ vt εκτελώ

execution /eksɪˈkjuːʃn/ n (η) εκτέλεση

executive /ɪgˈzekjʊtɪv/ n (το) ανώτερο στέλεχος (εταιρίας). • a εκτελεστικός

exemplary /ɪgˈzemplərɪ/ a υποδειγματικός

exemplify /ɪgˈzemplɪfaɪ/ vt είμαι παράδειγμα (with gen.)

exempt /ɪgˈzempt/ a απαλλαγμένος. • vt απαλλάσσω

exercise /ˈeksəsaɪz/ n (η) άσκηση. (mil) (το) γυμνάσιο. • vt ασκώ, γυμνάζω. • vi ασκούμαι, γυμνάζομαι. **∼ book** n (το) τετράδιο

exhaust /ɪgˈzɔːst/ vt εξαντλώ. • n (auto) (η) εξάτμιση. **∼ed** a εξαντλημένος. **∼ing** a εξαντλητικός, κουραστικός. **∼ion** /-stʃən/ n (η) εξάντληση

exhaustive /ɪgˈzɔːstɪv/ a εξαντλητικός

exhibit /ɪgˈzɪbɪt/ vt εκθέτω. • n (το) έκθεμα. (jur) (το) τεκμήριο

exhibition /eksɪˈbɪʃn/ n (η) έκθεση. (act of showing) (η) επίδειξη. (ο) επιδειξίας

exhilarat|e /ɪgˈzɪləreɪt/ vt χαροποιώ. **∼ing** a πολύ ευχάριστος

exhort /ɪgˈzɔːt/ vt προτρέπω

exile /ˈeksaɪl/ n εξορία. (person) (ο) εξόριστος. • vt εξορίζω. **in ∼** σε εξορία

exist /ɪgˈzɪst/ vi υπάρχω. **∼ence** n (η) ύπαρξη

exit /ˈeksɪt/ n (η) έξοδος

exorbitant /ɪgˈzɔːbɪtənt/ a εξωφρενικός

exorcize /'eksɔː:saɪz/ vt εξορκίζω

exotic /ɪg'zɒtɪk/ a εξωτικός

expan|d /ɪk'spænd/ vt επεκτείνω.
(metal) διαστέλλω. (explain)
αναπτύσσω. • vi επεκτείνομαι.
(metal) διαστέλλομαι. ~sion n
(η) διαστολή. (η) επέκταση.
(comm) (η) ανάπτυξη

expanse /ɪk'spæns/ n (η) έκταση

expansive /ɪk'spænsɪv/ a
επεκτατικός

expatriate /eks'pætrɪət/ n (ο)
εκπατρισμένος

expect /ɪk'spekt/ vt προσδοκώ.
(suppose) υποθέτω. (demand)
απαιτώ. (baby) περιμένω. ~ to
ελπίζω να

expectan|t /ɪk'spektənt/ a που
περιμένει. (mother) έγκυος. ~cy
n (η) αναμονή

expedient /ɪk'spiːdɪənt/ a σκόπιμος

expedition /ekspɪ'dɪʃn/ n (η)
αποστολή

expel /ɪk'spel/ vt (schol) αποβάλλω.
(mil) εκδιώκω

expend /ɪk'spend/ vt ξοδεύω.
~able a που μπορεί να
θυσιαστεί

expenditure /ɪk'spendɪtʃə(r)/ n (η)
δαπάνη

expense /ɪk'spens/ n (το) έξοδο.
~s (comm) (τα) έξοδα. at s.o.'s
~ σε βάρος κάποιου

expensive /ɪk'spensɪv/ a ακριβός

experience /ɪk'spɪərɪəns/ n (η)
πείρα. • vt δοκιμάζω

experiment /ɪk'sperɪmənt/ n (το)
πείραμα. • vi πειραματίζομαι

expert /'ekspɜːt/ a ειδικός. • n (ο)
εμπειρογνώμονας

expertise /ekspɜː'tiːz/ n (η)
εμπειρογνωμοσύνη

expir|e /ɪk'spaɪə(r)/ vi λήγω. (die)
εκπνέω. ~y n (η) λήξη

expl|ain /ɪk'spleɪn/ vt εξηγώ.
~anation /eksplə'neɪʃn/ n (η)
εξήγηση

explicit /ɪk'splɪsɪt/ a ρητός

explo|de /ɪk'spləʊd/ vt ανατινάζω.
• vi εκρήγνυμαι. ~sion /-ʒn/ n
(η) έκρηξη. ~sive a εκρηκτικός.
• n (η) εκρηκτική ύλη

exploit¹ /'eksplɔɪt/ n (το)
κατόρθωμα

exploit² /ɪk'splɔɪt/ vt
εκμεταλλεύομαι. ~ation
/eksplɔɪ'teɪʃn/ n (η) εκμετάλλευση

explor|e /ɪk'splɔː(r)/ vt εξερευνώ.
(fig) διερευνώ. ~ation /
eksplə'reɪʃn/ n (η) εξερεύνηση.
~er n (ο) εξερευνητής

export¹ /ɪk'spɔːt/ vt εξάγω. ~er n
(ο) εξαγωγέας

export² /'ekspɔːt/ n (η) εξαγωγή

expos|e /ɪk'spəʊz/ vt εκθέτω.
(reveal) αποκαλύπτω. ~ure
/-ʒə(r)/ n (η) αποκάλυψη. (photo)
(η) φωτογραφία. (med) (η)
έκθεση

express¹ /ɪk'spres/ a ρητός. • n
(train) (η) ταχεία. • adv εξπρές

express² /ɪk'spres/ vt εκφράζω. ~
o.s. εκφράζομαι. ~ion /-ʃn/ n (η)
έκφραση. ~ive a εκφραστικός

exquisite /'ekskwɪzɪt/ a εξοχος

exten|d /ɪk'stend/ vt επεκτείνω.
(house) μεγαλώνω. (offer) κάνω.
(time) παρατείνω. • vi απλώνομαι.
~sion n (η) επέκταση. (of house)
(τα) επιπλέον δωμάτια. (comm)
(η) παράταση. (telephone) (η)
εσωτερική γραμμή

extensive /ɪk'stensɪv/ a
εκτεταμένος

extent /ɪk'stent/ n (η) έκταση

exterior /ɪk'stɪərɪə(r)/ a
εξωτερικός. • n (το) εξωτερικό

exterminate /ɪk'stɜːmɪneɪt/ vt
εξοντώνω

external /ɪk'stɜːnl/ a εξωτερικός

extinct /ɪk'stɪŋkt/ a που έχει
εκλείψει. (volcano) σβησμένος

extinguish /ɪk'stɪŋgwɪʃ/ vt σβήνω.
~er n (ο) πυροσβεστήρας

extol /ɪk'stəʊl/ vt εξαίρω

extort /ɪk'stɔːt/ vt εκβιάζω. ~ion
/-ʃn/ n (ο) εκβιασμός

extortionate /ɪk'stɔːʃənət/ a (price)
υπέρογκος

extra /'ekstrə/ a πρόσθετος.
• adv έξτρα. • n (additional item)
επιπλέον, πρόσθετος. (cinema)
(ο) κομπάρσος

extract¹ /ɪk'strækt/ vt βγάζω.
(money, information) αποσπώ

extract² /'ekstrækt/ *n* (το) απόσπασμα

extradite /'ekstrədait/ *vt* εκδίδω

extraordinary /ɪk'strɔːdnrɪ/ *a* έκτακτος

extravagant /ɪk'strævəgənt/ *a* υπερβολικός. (*wasteful*) σπάταλος

extrem|e /ɪk'striːm/ *a* ακραίος. • *n* (το) άκρο. **~ely** *adv* πάρα πολύ. **~ist** *n* (ο) εξτρεμιστής

extremity /ɪk'stremətɪ/ *n* (το) άκρο

extricate /'ekstrɪkeɪt/ *vt* ξεμπλέκω (**from**, από)

extrovert /'ekstrəvɜːt/ *n* εξωστρεφής

exuberant /ɪg'zjuːbərənt/ *a* γεμάτος χαρά

exude /ɪg'zjuːd/ *vt* εκχύνω. (*charm*) αποπνέω

exult /ɪg'zʌlt/ *vi* αγαλλιάζω

eye /aɪ/ *n* (το) μάτι. • *vt* κοιτάζω. **~-shadow** *n* (η) σκιά ματιών. **keep an ~ on** προσέχω

eyeball /'aɪbɔːl/ *n* (ο) βολβός του ματιού

eyebrow /'aɪbraʊ/ *n* (το) φρύδι

eyelash /'aɪlæʃ/ *n* (*pl*) (η) βλεφαρίδα

eyelid /'aɪlɪd/ *n* (το) βλέφαρο

eyesight /'aɪsaɪt/ *n* (η) όραση

eyesore /'aɪsɔː(r)/ *n* (*fig*) (η) ασχήμια

eyewitness /'aɪwɪtnɪs/ *n* (ο, η) αυτόπτης μάρτυς

Ff

fable /'feɪbl/ *n* (ο) μύθος

fabric /'fæbrɪk/ *n* (το) ύφασμα

fabulous /'fæbjʊləs/ *a* θρυλικός. (*fam*) απίθανος

façade /fə'saːd/ *n* (η) πρόσοψη. (*fig*) (το) προσωπείο

face /feɪs/ *n* (το) πρόσωπο. (*grimace*) (η) γκριμάτσα. (*of clock*) (η) πλάκα. • *vt* αντικρίζω. (*confront*) αντιμετωπίζω. • *vi* (*house*) βλέπω. **~ up to** παραδέχομαι. **in the ~ of**

(*confronted with*) όταν αντιμετωπίζω. (*in spite of*) παρά

facet /'fæsɪt/ *n* (η) έδρα. (*fig*) (η) πλευρά

facetious /fə'siːʃəs/ *a* αστείος

facial /'feɪʃl/ *a* του προσώπου

facile /'fæsaɪl/ *a* εύκολος

facilitate /fə'sɪlɪteɪt/ *vt* διευκολύνω

facilit|y /fə'sɪlətɪ/ *n* (η) ευκολία. **~ies** (οι) ευκολίες

facsimile /fæk'sɪmɪlɪ/ *n* (το) πιστό αντίγραφο. (*fax*) (το) φαξ *invar*

fact /fækt/ *n* (το) γεγονός. **as a matter of ~**, **in ~** στην πραγματικότητα

faction /'fækʃn/ *n* (η) φατρία

factor /'fæktə(r)/ *n* (ο) παράγοντας

factory /'fæktərɪ/ *n* (το) εργοστάσιο

factual /'fæktʃʊəl/ *a* συγκεκριμένος

faculty /'fækltɪ/ *n* (η) ικανότητα. (*univ*) (η) σχολή

fad /'fæd/ *n* (η) περαστική μανία

fade /feɪd/ *vi* σβήνω. (*colour*) ξεθωριάζω. (*flower*) μαραίνομαι

fail /feɪl/ *vt* (*exam*) αποτυγχάνω. (*candidate*) απορρίπτω. (*disappoint*) απογοητεύω. • *vi* (*not succeed*) αποτυλλάνω. (*memory*) αδυνατίζω. (*health*) κλονίζομαι. (*engine*) παθαίνω βλάβη. **~ to do** (*omit to do*) παραλείπω

failing /'feɪlɪŋ/ *n* (το) ελάττωμα

failure /'feɪljə(r)/ *n* (η) αποτυχία. (*mech*) (η) βλάβη. **be a ~** (*person*) είμαι αποτυχημένος

faint /feɪnt/ *a* αδύνατος. • *vi* λιποθυμώ. • *n* (η) λιποθυμία. **~ly** *adv* (*slightly*) αδύνατα. **~ness** *n* (η) αδυναμία

fair¹ /feə(r)/ *n* (το) πανηγύρι. (*comm*) (η) έκθεση

fair² /feə(r)/ *a* (*hair, person*) ξανθός. (*just*) δίκαιος. (*weather*) αίθριος. (*amount*) αρκετός. • *adv* δίκαια. **~ly** *adv* δίκαια. (*rather*) αρκετά. **~ness** *n* (η) αμεροληψία

fairy /'feərɪ/ *n* (η) νεράιδα. **~ story**, **~ tale** *ns* (το) παραμύθι

faith /feɪθ/ *n* (η) πίστη

faithful | fasten

faithful /'feɪθfl/ a πιστός. ~**ly** adv
πιστά. **yours** ~**ly** με τιμή

fake /feɪk/ n (η) απομίμηση.
(person) (ο) απατεώνας. • a
ψεύτικος. • vt απομιμούμαι.
(pretend) προσποιούμαι

falcon /'fɔ:lkən/ n (το) γεράκι

fall /fɔ:l/ vi (pt **fell**, pp **fallen**)
πέφτω. • n (autumn: Amer) (το)
φθινόπωρο. (in price) (η) πτώση.
~ **down** or **over** vi πέφτω. ~
over sth (trip) σκοντάφτω σε κτ
και πέφτω. ~ **for** (person: fam)
ερωτεύομαι. (trick: fam) **he fell
for it** έπεσε στην παγίδα. ~ **off**
(diminish) μειώνομαι. ~ **out**
(friends) τα χαλάω. ~ **through**
(plan) αποτυγχάνω

fallacy /'fæləsi/ n (η) πλάνη

fallible /'fæləbl/ a **people are** ~ οι
άνθρωποι κάνουν λάθη

false /fɔ:ls/ a ψεύτικος. ~**ly** adv
άδικα. ~**ness** n (η) απιστία

falsify /'fɔ:lsɪfaɪ/ vt παραποιώ

falter /'fɔ:ltə(r)/ vi ταλαντεύομαι

fame /feɪm/ n (η) φήμη

familiar /fə'mɪlɪə(r)/ a γνώριμος.
be ~ **with** ξέρω. ~**ity** /-'ærətɪ/ n
(η) οικειότητα

family /'fæməlɪ/ n (η) οικογένεια.
• a οικογενειακός

famine /'fæmɪn/ n (ο) λιμός

famished /'fæmɪʃt/ a **be** ~ (fam)
πεθαίνω της πείνας

famous /'feɪməs/ a διάσημος

fan[1] /fæn/ n (ο) ανεμιστήρας.
(hand-held) (η) βεντάλια. • vt ~
o.s. κάνω αέρα. • vi ~ **out**
απλώνομαι

fan[2] /fæn/ n (devotee) (ο)
θαυμαστής, (η) θαυμάστρια.
(sport) (ο) οπαδός

fanatic /fə'nætɪk/ n (ο) φανατικός.
~**al** a φανατικός

fanciful /'fænsɪfl/ a παράδοξος

fancy /'fænsɪ/ n (η) φαντασία.
(desire) (η) επιθυμία. (liking) (η)
συμπάθεια. • a φαντασικός.
(price) υπερβολικός. • vt (want:
fam) γουστάρω. (like: fam)
συμπαθώ. (suppose, think)
υποθέτω. ~ **dress** n (η)
μεταμφίεση

fang /fæŋ/ n (of snake) (το)
φαρμακερό δόντι. (of dog) (το)
δόντι

fantastic /fæn'tæstɪk/ a απίθανος

fantas|y /'fæntəsɪ/ n (day-dream)
(η) φαντασίωση. ~**ize** vi
φαντασιοκοπώ

far /fɑ:(r)/ adv (distance) μακριά.
(degree) πολύ. • a μακρινός. (end,
side) άλλος. **as** ~ **as** (up to)
μέχρι. **as** ~ **as I know** απ' ό, τι
ξέρω. ~ **away** or **off** μακριά. • a
the F~ **East** n η Άπω Ανατολή.
~**-fetched** a απίθανος,
παρατραβηγμένος. ~**-reaching**
a μεγάλης σημασίας. ~**-sighted**
a πρεσβυωπικός. (fig)
προνοητικός

farce /fɑ:s/ n (η) φάρσα

fare /feə(r)/ n (το) εισιτήριο. (food)
(το) φαγητό. • vi περνώ

farewell /feə'wel/ int αντίο. • n (ο)
αποχαιρετισμός

farm /fɑ:m/ n (η) φάρμα, (το)
αγρόκτημα. • vt καλλιεργώ.
• vi ~ **out** εκμισθώνω. ~**er** n (ο,
η) γεωργός. ~**ing** n (η) γεωργία

farmhouse /'fɑ:mhaʊs/ n (η)
αγροικία

farmyard /'fɑ:mjɑ:d/ n (η) αυλή
αγροικίας

farther, farthest /'fɑ:ðə(r), 'fɑ:ðɪst/
see FAR

fascinat|e /'fæsɪneɪt/ vt συναρπάζω.
~**ing** a συναρπαστικός.
~**ion** /-'neɪʃn/ n (η) γοητεία

fascis|t /'fæʃɪst/ a φασιστικός. • n
(ο) φασίστας, (η) φασίστρια. ~**m**
/-zəm/ n (ο) φασισμός

fashion /'fæʃn/ n (η) μόδα. (manner)
(ο) τρόπος. • vt φτιάχνω. ~**able**
a της μόδας

fast[1] /fɑ:st/ a γρήγορος. (colour)
ανεξίτηλος. (fixed) στερεός. • adv
γρήγορα. (firmly) στερεά. **be** ~
(watch, clock) πηγαίνω μπροστά.
be ~ **asleep** κοιμάμαι βαθιά

fast[2] /fɑ:st/ vi νηστεύω. • n (η)
νηστεία

fasten /'fɑ:sn/ vt|i δένω. (window,
bolt) στερεώνω. ~**er**, ~**ing** ns
(ο) συνδετήρας

fastidious /fə'stɪdɪəs/ a σχολαστικός

fat /fæt/ n (το) λίπος. • a παχύς, χοντρός

fatal /'feɪtl/ a θανατηφόρος

fatalist /'feɪtəlɪst/ n (ο) μοιρολάτρης, (η) μοιρολάτρις

fate /feɪt/ n (η) μοίρα. (one's lot) (η) τύχη. **~d** a μοιραίος. **~ful** a μοιραίος

father /'fɑ:ðə(r)/ n (ο) πατέρας. **~-in-law** n (ο) πεθερός

fathom /'fæðəm/ n (η) οργιά vt **~ (out)** καταλαβαίνω

fatigue /fə'ti:g/ n (η) κούραση. • vt κουράζω

fatten /'fætn/ vt/i παχαίνω. **~ing** a παχυντικός

fatty /'fætɪ/ a λιπαρός

fatuous /'fætʃʊəs/ a ανόητος

faucet /'fɔ:sɪt/ n (Amer) (η) κάνουλα

fault /fɔ:lt/ n (το) ελάττωμα. (blame) (το) φταίξιμο. (geol) (το) ρήγμα. (mech) (η) βλάβη. • vt βρίσκω ελάττωμα σε. be at **~** έχω λάθος. **~less** a άψογος. **~y** a ελαττωματικός

fauna /'fɔ:nə/ n (η) πανίδα

favour /'feɪvə(r)/ n (approval) (η) εύνοια. (good turn) (η) χάρη. • vt ευνοώ. (prefer) προτιμώ. (support) υποστηρίζω. in **~ (of)** υπέρ (with gen.). • **~able** a ευνοϊκός

favourit|e /'feɪvərɪt/ a ευνοούμενος. • n (ο) ευνοούμενος. (sport) αγαπημένος. **~ism** n (η) ευνοιοκρατία, (fam) (ο) φαβοριτισμός

fawn /fɔ:n/ n (το) ελαφάκι. • a καστανοκίτρινος

fax /fæks/ n (document) (το) φαξ. **~ (machine)** (η) συσκευή φαξ. • vt στέλνω φαξ

fear /fɪə(r)/ n (ο) φόβος. • vt/i φοβάμαι. **~ful** a φοβισμένος. (awful) φοβερός. **~less** a άφοβος

fearsome /'fɪəsəm/ a τρομερός

feasible /'fi:zəbl/ a εφικτός. (likely) πιθανός

feast /fi:st/ n (η) γιορτή. (banquet) (το) συμπόσιο. • vi κάνω μεγάλο τραπέζι

feat /fi:t/ n (το) κατόρθωμα

feather /'feðə(r)/ n (το) φτερό

feature /'fi:tʃə(r)/ n (το) χαρακτηριστικό. • vt (give prominence to) τονίζω. • vi τονίζομαι (in, σε)

February /'febrʊərɪ/ n (ο) Φεβρουάριος

fed /fed/ see FEED a **~ up** απαυδισμένος (with, με)

federal /'fedərəl/ a ομοσπονδιακός. **~tion** /-'reɪʃn/ n (η) ομοσπονδία

fee /fi:/ n (η) αμοιβή. (for entrance) (η) είσοδος

feeble /'fi:bl/ a αδύνατος

feed /fi:d/ vt (pt fed) (animals, people, baby) ταΐζω. (supply) τροφοδοτώ. • vi τρέφομαι. • n (η) τροφή. (for animals) (η) ζωοτροφή

feedback /'fi:dbæk/ n (η) ανάδραση

feel /fi:l/ vt/i (pt felt) αισθάνομαι. (experience) νιώθω. (touch) ψηλαφώ. (think) πιστεύω. **~ hot/ hungry** ζεσταίνομαι πεινώ. **~ like** έχω διάθεση για

feeling /'fi:lɪŋ/ n (το) αίσθημα. (awareness) (η) αίσθηση

feet /fi:t/ see FOOT

feign /feɪn/ vt προσποιούμαι

feline /'fi:laɪn/ a αιλουροειδής

fell[1] /fel/ vt (trees) κόβω

fell[2] /fel/ see FALL

fellow /'feləʊ/ n (ο) άνθρωπος. (of society) μέλος μιας οργάνωσης. (fam) (ο) τύπος. **~ship** n (group) (η) συναδελφικότητα

felony /'felənɪ/ n (το) κακούργημα

felt[1] /felt/ n (η) τσόχα. **~-tipped pen** n (ο) μαρκαδόρος

felt[2] /felt/ see FEEL

female /'fi:meɪl/ a θηλυκός. • n (το) θηλυκό

feminine /'femənɪn/ a γυναικείος. (gram) θυληκός

feminis|t /'femɪnɪst/ n (ο) φεμινιστής, (η) φεμινίστρια. **~m** n (ο) φεμινισμός

fence /fens/ n (ο) φράχτης. vt **~ (in)** φράζω. • vi (sport) ξιφομαχώ

fend /fend/ vi ~ **for o.s.** τα βγάζω πέρα μόνος μου. • vt ~ **off** αποκρούω

fender /'fendə(r)/ n (ο) προφυλακτήρας. (*Amer, auto*) (το) φτερό

fennel /'fenl/ n (το) μάραθο

fern /fɜ:n/ n (η) φτέρη

ferocious /fə'rəʊʃəs/ a θηριώδης

ferry /'ferɪ/ n (το) φέριμποτ *invar*. • vt περνώ απέναντι

fertil|e /'fɜ:taɪl/ a γόνιμος. ~**ity** /fə'tɪlətɪ/ n (η) γονιμότητα. ~**ize** /-əlaɪz/ vt γονιμοποιώ

fertilizer /'fɜ:təlaɪzə(r)/ n (το) λίπασμα

fervent /'fɜ:vənt/ a θερμός

festival /'festɪvl/ n (το) φεστιβάλ *invar*

festive /'festɪv/ a γιορταστικός. **the ~ season** (η) περίοδος των εορτών

fetch /fetʃ/ vt (*go for*) πηγαίνω να φέρω. (*bring*) φέρνω. (*be sold for*) πιάνω

feud /fju:d/ n (η) έχθρα

fever /'fi:və(r)/ n (ο) πυρετός. ~**ish** a πυρετικός. (*fig*) πυρετώδης

few /fju:/ a λίγοι. • n (οι) λίγοι. **a ~** a μερικοί. **a good ~, quite a ~** αρκετοί. ~**er** a λιγότεροι. ~**est** a λιγότεροι

fiancé /fɪ'ɒnseɪ/ n (ο) αρραβωνιαστικός. ~**e** n (η) αρραβωνιαστικιά

fiasco /fɪ'æskəʊ/ n (το) φιάσκο *invar*

fib /fɪb/ n (το) παραμύθι. • vi λέω ψέματα

fibre /'faɪbə(r)/ n (η) ίνα

fickle /'fɪkl/ a άστατος

fiction /'fɪkʃn/ n (η) φαντασία. (*novels*) (το) μυθιστόρημα. ~**al** a φανταστικός

fictitious /fɪk'tɪʃəs/ a φανταστικός

fiddle /'fɪdl/ n (violin) (το) βιολί. (*cheating: fam*) (η) κομπίνα. • vt (*falsify: sl*) παραποιώ. • vi ~ **with** παίζω με

fidelity /fɪ'delətɪ/ n (η) πίστη

fidget /'fɪdʒɪt/ vi κινούμαι διαρκώς

field /fi:ld/ n (το) χωράφι. (*fig*) (το) πεδίο. • vt (*ball*) πιάνω

fiend /fi:nd/ n (ο) δαίμονας

fierce /fɪəs/ a δυνατός. (*attack*) άγριος

fiery /'faɪərɪ/ a φλογερός

fifteen /fɪf'ti:n/ a & n δεκαπέντε

fifth /fɪfθ/ a πέμπτος. • n (το) πέμπτο

fifty /'fɪftɪ/ a & n πενήντα

fig /fɪg/ n (το) σύκο

fight /faɪt/ vi (*pt* fought) μαλώνω. (*struggle*) αγωνίζομαι. (*quarrel*) τσακώνομαι. • vt πολεμώ. (*fig*) καταπολεμώ. • n (ο) αγώνας. (*brawl*) (ο) καβγάς. (*quarrel*) (το) τσάκωμα. (*mil*) (η) μάχη. ~**er** n (*person*) αγωνιστής. (*plane*) (το) μαχητικό (αεροσκάφος). ~**ing** n (ο) αγώνας, (η) μάχη

figment /'fɪgmənt/ n ~ **(of the imagination)** (το) πλάσμα της φαντασίας

figurative /'fɪgjərətɪv/ a μεταφορικός

figure /'fɪgə(r)/ n (*diagram, shape*) (το) σχήμα. (*number*) (το) ψηφίο. (*amount*) (το) ποσό. (*of woman*) (η) σιλουέτα. ~**s** (οι) αριθμοί. • vt λογαριάζω. • vi φαντάζομαι

file¹ /faɪl/ n (*tool*) (η) λίμα. • vt λιμάρω

fil|e² /faɪl/ n (ο) φάκελος. (*row*) (η) γραμμή. • vt (*papers*) αρχειοθετώ vi ~**e in/out** μπαίνω/βγαίνω ένας ένας. **in single ~e** εφ'ενός ζυγού. ~**ing cabinet** n (η) αρχειοθήκη

fill /fɪl/ vt/i γεμίζω. (*tooth*) σφραγίζω. • n (το) γέμισμα. **eat one's ~** χορταίνω. ~ **in** (*form*) συμπληρώνω. ~ **up** γεμίζω

fillet /'fɪlɪt/ n (το) φιλέτο. • vt κόβω σε φιλέτα

filling /'fɪlɪŋ/ n (*culin*) (η) γέμιση. (*of tooth*) (το) σφράγισμα. ~ **station** n (το) πρατήριο βενζίνης

film /fɪlm/ n (*photo*) (το) φιλμ *invar*. (*cinema*) (η) ταινία, (το) φιλμ *invar*. (*thin layer*) (η) επικάλυψη. • vt (*cinema*) κινηματογραφώ. ~ **star** n (ο) αστέρας του κινηματογράφου

filter /'fɪltə(r)/ n (το) φίλτρο.
• vt φιλτράρω. • vi περνώ αργά

filth /fɪlθ/ n (η) ακαθαρσία. **~y** a
ακάθαρτος, βρόμικος

fin /fɪn/ n (το) πτερύγιο

final /'faɪnl/ a τελευταίος.
(conclusive) τελικός. • n (sport) (ο)
τελικός. **~s** (univ) (οι) πτυχιακές
εξετάσεις. **~ly** adv τελικά

finale /fɪ'nɑːlɪ/ n (το) φινάλε

finalize /'faɪnəlaɪz/ vt
οριστικοποιώ

finance /faɪ'næns/ n (τα)
οικονομικά. • vt χρηματοδοτώ

financial /faɪ'nænʃl/ a οικονομικός

find /faɪnd/ vt (pt found) βρίσκω.
• n (το) εύρημα. **~ out**
ανακαλύπτω. **~ out about**
μαθαίνω για

fine¹ /faɪn/ n (το) πρόστιμο. • vt
βάζω πρόστιμο σε

fine² /faɪn/ a καλός. (beautiful)
ωραίος. (slender) λεπτός. • adv
καλά, ωραία. **~ arts** npl (οι)
καλές τέχνες

finger /'fɪŋɡə(r)/ n (το) δάχτυλο.
• vt γυρίζω στα δάχτυλα

fingernail /'fɪŋɡəneɪl/ n (το) νύχι

fingerprint /'fɪŋɡəprɪnt/ n (το)
δαχτυλικό αποτύπωμα

fingertip /'fɪŋɡətɪp/ n (η) άκρη του
δάχτυλου

finish /'fɪnɪʃ/ vt/i τελειώνω. • n
(end) (το) τέλος

finite /'faɪnaɪt/ a πεπερασμένος

Finland /'fɪnlənd/ n (η) Φιλανδία

fiord /fjɔːd/ n (το) φιόρδ invar

fir /fɜː(r)/ n (το) έλατο

fire /'faɪə(r)/ n (η) φωτιά.
(destructive) (η) πυρκαγιά. **catch
~** παίρνω φωτιά. **set ~ to** βάζω
φωτιά σε. • vt καίω. (dismiss)
διώχνω. • vi (shoot) ρίχνω (at,
σε). **~-alarm** n (ο) συναγερμός
πυρκαγιάς. **~ brigade** n (η)
πυροσβεστική υπηρεσία.
~-engine n (η) πυροσβεστική
αντλία. **~-escape** n (η) έξοδος
κινδύνου. **~ extinguisher** n (ο)
πυροσβεστήρας. **~ station** n (ο)
πυροσβεστικός σταθμός

firearm /'faɪərɑːm/ n (το)
πυροβόλο όπλο

fireman /'faɪəmən/ n (ο)
πυροσβέστης

fireplace /'faɪəpleɪs/ n (το) τζάκι

firework /'faɪəwɜːk/ n (το)
πυροτέχνημα

firm¹ /fɜːm/ n (η) εταιρ(ε)ία

firm² /fɜːm/ a (hard) σκληρός.
(steady) σταθερός. (resolute)
αποφασιστικός. (strict)
αυστηρός. **~ly** adv σταθερά,
αποφασιστικά, αυστηρά

first /fɜːst/ a πρώτος. • n (ο)
πρώτος. • adv πρώτα. **at ~** στην
αρχή. **~ aid** n (οι) πρώτες
βοήθειες. **~-class** a (η) πρώτη
θέση. **~ floor** n (ο) πρώτος
όροφος. (Amer) (το) ισόγειο. **~
name** n (το) όνομα. **~-rate** a
πρώτης τάξεως. **~ly** adv πρώτα

fish /fɪʃ/ n (το) ψάρι. • vt/i ψαρεύω.
~ing n (το) ψάρεμα. **~ing boat**
n (η) ψαρόβαρκα. **~ing rod** n
(το) καλάμι ψαρέματος

fisherman /'fɪʃəmən/ n (ο) ψαράς

fishmonger /'fɪʃmʌŋɡə(r)/ n (ο)
ψαροπώλης

fission /'fɪʃn/ n (η) σχάση

fist /fɪst/ n (η) γροθιά

fit¹ /fɪt/ n (med) (of coughing) (ο)
παροξυσμός. (of rage) (το)
ξέσπασμα

fit² /fɪt/ a (healthy) υγιής. (good
enough) άξιος. • vt/i (clothes)
προβάρω. (adapt) προσαρμόζω.
(prepare) προετοιμάζω. (match)
ταιριάζω. (install) τοποθετώ. **~
in** ταιριάζω (with, με). **~ out,
~up** εφοδιάζω. **keep ~**
διατηρώμαι σε καλή (υγιή)
κατάσταση

fitting /'fɪtɪŋ/ a κατάλληλος. • n (of
clothes) (η) πρόβα. **~s** (in house)
(τα) εξαρτήματα

five /faɪv/ a & n πέντε

fix /fɪks/ vt στερεώνω. (repair)
επισκευάζω. • n (drug: sl) (η)
δόση. **in a ~** σε δύσκολη θέση.
~ed a ακίνητος

fixture /'fɪkstʃə(r)/ n (το)
εξάρτημα. (sport) (η) (αθλητική)
συνάντηση

fizz /fɪz/ vi αφρίζω. • n (το)
άφρισμα. **~y** a αεριούχος

flag[1] /flæg/ *n* (η) σημαία. • *vt* ~
down σταματώ. **~-pole** *n* (το)
κοντάρι της σημαίας

flag[2] /flæg/ *vi* μειώνομαι. (*droop*)
πέφτω

flagrant /'fleigrənt/ *a* κατάφωρος

flair /fleə(r)/ *n* (η) κλίση

flake /fleik/ *n* (η) νιφάδα. (*of paint*)
(το) τρίμμα. • *vi* ξεφλουδίζομαι

flamboyant /flæm'bɔiənt/ *a*
φανταχτερός

flame /fleim/ *n* (η) φλόγα

flamingo /flə'miŋgəʊ/ *n* (το)
φλαμίγκο *invar*

flammable /'flæməbl/ *a*
εύφλεκτος

flank /flæŋk/ *n* (η) πλευρά

flannel /'flænl/ *n* (η) φανέλα. (*for
face*) (η) πετσετούλα του
προσώπου

flap /flæp/ *vi* φτερουγίζω. (*fam*) τα
χάνω *vt* ~ **its wings** χτυπά τις
φτερούγες του. • *n* (*of pocket*) (το)
κάλυμμα τσέπης. (*of table*) (το)
φύλλο. (*of envelope*) (το) κλείσιμο

flare /fleə(r)/ *vi* φεγγοβολώ. ~ **up**
φουντώνω. • *n* (*signal*) (η)
φωτοβολίδα. **~d** *a* φαρδύς

flash /flæʃ/ *vt/i* (*shine*) αστράφτω.
(*on and off*) αναβοσβήνω. (*signal*)
μεταδίδω. (*move rapidly*) περνώ
σαν αστραπή. • *n* (*photo*) (το)
φλας *invar*. **in a ~** αστραπιαία

flashlight /'flæʃlait/ *n* (*torch*) (ο)
φακός. (*photo*) (το) φλας *invar*

flashy /'flæʃi/ *a* χτυπητός

flask /flɑ:sk/ *n* (το) παγούρι.
(*vacuum flask*) (το) θερμός *invar*

flat /flæt/ *a* (**flatter, flattest**)
επίπεδος. (*tyre*) σκασμένος.
(*battery*) άδειος. (*refusal*)
κατηγορηματικός. (*fare, rate*)
ενιαίος. (*mus*) παράφωνος.
• *adv* κατηγορηματικά,
παράφωνα. • *n* (*apartment*) (το)
διαμέρισμα. ~ **screen** *n* (η)
επίπεδη οθόνη

flatten /'flætn/ *vt/i* ισιώνω

flatter /'flætə(r)/ *vt* κολακεύω.
~ing *a* κολακευτικός. **~y** *n* (η)
κολακεία

flaunt /flɔ:nt/ *vt* επιδεικνύω

flavour /'fleivə(r)/ *n* (η) γεύση. • *vt*
αρωματίζω. **~ing** *n* (το) άρωμα

flaw /flɔ:/ *n* (το) ψεγάδι

flax /flæks/ *n* (το) λινάρι

flea /fli:/ *n* (ο) ψύλλος

fleck /flek/ *n* (το) στίγμα

flee /fli:/ *vi* (*pt* **fled**) τρέπομαι σε
φυγή. • *vt* το σκάω από

fleece /fli:s/ *n* (το) μαλλί

fleet /fli:t/ *n* (ο) στόλος

fleeting /'fli:tiŋ/ *a* περαστικός

Flemish /'flemiʃ/ *a* φλαμανδικός.
• *n* (*lang*) (τα) φλαμανδικά

flesh /fleʃ/ *n* (η) σάρκα

flew /flu:/ *see* FLY

flex[1] /fleks/ *vt* (*bend*) κάμπτω.
(*muscle*) σφίγγω

flex[2] /fleks/ *n* (το) καλώδιο

flexible /'fleksəbl/ *a* ευέλικτος

flick /flik/ *n* (το) ελαφρό χτύπημα.
• *vt* χτυπώ ελαφρα.
• ~ **through** φυλλομετρώ

flicker /'flikə(r)/ *vi* τρεμοσβήνω

flier /'flaiə(r)/ *n* = **flyer**

flight[1] /flait/ *n* (η) πτήση. ~ **of
stairs** *n* (η) σκάλα

flight[2] /flait/ *n* (η) φυγή. **take ~**
τρέπομαι σε φυγή

flimsy /'flimzi/ *a* εύθραυστος.
(*excuse*) αδύνατος

flinch /flintʃ/ *vi* (*wince*) δειλιάζω.
(*draw back*) οπισθοχωρώ (**from**,
από)

fling /fliŋ/ *vt* (*pt* **flung**)
εκσφενδονίζω

flint /flint/ *n* (ο) πυρόλιθος. (*for
lighter*) (η) τσακμακόπετρα

flip /flip/ *vt* πετώ απότομα. (*coin*)
ρίχνω

flippant /'flipənt/ *a* επιπόλαιος

flipper /'flipə(r)/ *n* (*of seal etc.*) (το)
πτερύγιο

flirt /flɜ:t/ *vi* φλερτάρω. • *n* (το)
φλερτ *invar*

flit /flit/ *vi* περνώ αθόρυβα

float /fləʊt/ *vi* επιπλέω. • *n* (*cart*)
(το) άρμα. (*money*) (τα) μετρητά
στο ταμείο. (*fishing*) (ο) φελλός

flock /flɒk/ *n* (το) κοπάδι. (*of
people*) (το) μπουλούκι. • *vi*
συρρέω

flog /flɒg/ *vt* μαστιγώνω

flood | fold   308

flood /flʌd/ n (ο) κατακλυσμός. (*of river*) (η) πλημμύρα. (ο) κατακλυσμός. • vt/i πλημμυρίζω

floodlight /'flʌdlaɪt/ n (ο) προβολέας. • vt (*pt* **floodlit**) φωταγωγώ

floor /flɔː(r)/ n (το) πάτωμα. (*for dancing*) (η) πίστα. (*storey*) (ο) όροφος. • vt (*knock down*) ρίχνω κάτω. (*baffle*) φέρνω σε αμηχανία

floorboard /'flɔːbɔːd/ n (η) σανίδα

flop /flɒp/ vi (*drop*) σωριάζομαι. (*fail*) αποτυχαίνω. • n (η) μεγάλη αποτυχία

flora /'flɔːrə/ n (η) χλωρίδα

florid /'flɒrɪd/ a παραστολισμένος

florist /'flɒrɪst/ n (ο) ανθοπώλης, (η) ανθοπώλις

flounder /'flaʊndə(r)/ vi τσαλαβουτώ

flour /'flaʊə(r)/ n (το) αλεύρι

flourish /'flʌrɪʃ/ vi ακμάζω. • vt κραδαίνω. • n (*gesture*) (η) εντυπωσιακή χειρονομία. (*ornament*) (η) φιοριτούρα. **~ing** a ακμαίος

flout /flaʊt/ vt αψηφώ

flow /fləʊ/ vi ρέω. (*hang loosely*) πέφτω. • n (η) ροή. (*of tide*) (η) άνοδος. (*of words*) (ο) χείμαρρος. **~ing** a (*movement*) απαλός. (*cloth*) χυτός

flower /'flaʊə(r)/ n (το) λουλούδι. • vi ανθίζω. **~-bed** n (το) παρτέρι. **~-pot** n (η) γλάστρα

flown /fləʊn/ *see* FLY

flu /fluː/ n (*fam*) (η) γρίπη

fluctuat|e /'flʌktʃʊeɪt/ vi κυμαίνομαι. **~ion** /-'eɪʃn/ n (η) διακύμανση

fluen|t /'fluːənt/ a ευφραδής. **~cy** n (η) ευφράδεια. **~tly** adv με ευφράδεια

fluff /flʌf/ n (το) χνούδι. **~y** a χνουδωτός

fluid /'fluːɪd/ a ρευστός. • n (το) υγρό

fluke /fluːk/ n (η) απροσδόκητη τύχη

flung /flʌŋ/ *see* FLING

fluorescent /flʊə'resnt/ a φθορίζων

fluoride /'flʊəraɪd/ n (το) φθοριούχο

flush /flʌʃ/ vi κοκκινίζω. • vt καθαρίζω. • n (*blush*) (το) κοκκίνισμα. • a (*level*) ισόπεδος. (*affluent: fam*) ξέχειλος

fluster /'flʌstə(r)/ vt αναστατώνω. **~ed** a αναστατωμένος

flute /fluːt/ n (το) φλάουτο

flutter /'flʌtə(r)/ vi ανεμίζω. (*of wings*) φτερουγίζω. • n (το) φτερούγισμα. (*fig*) (το) αναστάτωμα

flux /flʌks/ n (η) ρευστότητα

fly[1] /flaɪ/ n (η) μύγα

fly[2] /flaɪ/ vi (*pt* **flew**, *pp* **flown**) πετώ. (*flag*) κυματίζω. (*rush*) ορμώ. • vt πετώ. (*flag*) υψώνω. • n (*of trousers*) (το) άνοιγμα

flyer /'flaɪə(r)/ n (ο) αεροπόρος. (*circular: Amer*) (το) φυλλάδιο

flying /'flaɪɪŋ/ a ιπτάμενος. (*visit*) σύντομος. • n (η) πτήση. **~ saucer** n (ο) ιπτάμενος δίσκος

flyover /'flaɪəʊvə(r)/ n (η) υπέργεια διάβαση

foal /fəʊl/ n (το) πουλάρι

foam /fəʊm/ n (ο) αφρός. (*rubber, plastic*) (το) αφρολέξ invar. • vi αφρίζω

focal /'fəʊkl/ a εστιακός

focus /'fəʊkəs/ n (*optical*) (η) εστία. (*fig*) (το) κέντρο. • vt (*adjust*) ρυθμίζω. (*concentrate*) συγκεντρώνω. **in ~** συκρινής. **out of ~** θαμπός

fodder /'fɒdə(r)/ n (η) φορβή

foe /fəʊ/ n (ο) εχθρός

foetus /'fiːtəs/ n (το) έμβρυο

fog /fɒg/ n (η) ομίχλη. • vt σκεπάζω με ομίχλη vi θολώνω. **~gy** a ομιχλώδης

foible /'fɔɪbl/ n (η) αδυναμία

foil[1] /fɔɪl/ n (το) μεταλλικό φύλλο. (*silver*) (το) αλουμινόχαρτο. (*fig*) (η) αντίθεση

foil[2] /fɔɪl/ vt ματαιώνω

foist /fɔɪst/ vt φορτώνω

fold[1] /fəʊld/ vt/i διπλώνω. (*arms*) σταυρώνω. (*fail*) κλείνω. • n (η) πτυχή. **~er** n (το) ντοσιέ invar. **~ing** a πτυσσόμενος

fold² /fəʊld/ n (η) μάντρα

foliage /'fəʊlɪdʒ/ n (το) φύλλωμα

folk /fəʊk/ n (οι) άνθρωποι. **my ~s** npl (οι) συγγενείς μου. **~-music** n (η) λαϊκή μουσική. **~-song** n (το) δημοτικό τραγούδι

folklore /'fəʊklɔː(r)/ n (η) λαογραφία

follow /'fɒləʊ/ vt/i ακολουθώ. (understand) καταλαβαίνω. **~ up** συνεχίζω. **~er** n (ο, η) οπαδός

following /'fɒləʊɪŋ/ n (οι) οπαδοί. • a επόμενος. • prep κατόπι

folly /'fɒlɪ/ n (η) ανοησία

fond /fɒnd/ a τρυφερός. (hope) ευσεβής. **be ~ of** (person) αγαπώ. (music etc.) μου αρέσει

fondle /'fɒndl/ vt χαϊδεύω

food /fuːd/ n (το) φαΐ

fool /fuːl/ n (ο) ανόητος. • vt ξεγελώ. • vi παίζω

foolhardy /'fuːlhɑːdɪ/ a παράτολμος

foolish /'fuːlɪʃ/ a ανόητος

foolproof /'fuːlpruːf/ a (idea) αλάνθαστος

foot /fʊt/ n (pl **feet**) (το) πόδι. (measure) (το) πόδι (= 0.3μ). **on ~** με τα πόδια

football /'fʊtbɔːl/ n (ball) (η) μπάλα. (game) (το) ποδόσφαιρο

foothold /'fʊthəʊld/ n (το) στήριγμα ποδιού

footnote /'fʊtnəʊt/ n (η) υποσημείωση

footpath /'fʊtpɑːθ/ n (το) μονοπάτι

footprint /'fʊtprɪnt/ n (το) ίχνος ποδιού

footstep /'fʊtstep/ n (το) βήμα

footwear /'fʊtweə(r)/ n (τα) είδη υποδήσεως

for /fə(r), fɔː(r)/ prep για. (in favour of) υπέρ. (in spite of) παρά. • conj διότι

forage /'fɒrɪdʒ/ vi ψάχνω για προμήθειες

forbear /fɔː'beə(r)/ vt/i υπομένω

forbid /fə'bɪd/ vt απαγορεύω. **~ding** a απωθητικός

force /fɔːs/ n (strength) (η) δύναμη. (violence) (η) βία. • vt εξαναγκάζω. **be in ~** ισχύω. **join ~s** ενεργώ από κοινού. **the (armed) ~s** (οι) ένοπλες δυνάμεις. **~ful** a πειστικός

forceps /'fɔːseps/ n invar (ο) εμβρυουλκός

ford /fɔːd/ n (ο) πόρος

fore /fɔː(r)/ a μπροστινός n **to the ~** στο προσκήνιο

forearm /'fɔːrɑːm/ n (ο) πήχης

foreboding /fɔː'bəʊdɪŋ/ n (το) προαίσθημα

forecast /'fɔːkɑːst/ vt προβλέπω. • n (η) πρόβλεψη

forecourt /'fɔːkɔːt/ n (το) προαύλιο

forefinger /'fɔːfɪŋgə(r)/ n (ο) δείχτης

forefront /'fɔːfrʌnt/ n (το) προσκήνιο

foreground /'fɔːgraʊnd/ n (το) προσκήνιο

forehead /'fɒrɪd/ n (το) μέτωπο

foreign /'fɒrən/ a ξένος. (trade) εξωτερικός. **~ country** (η) ξένη χώρα. **~er** n (ο) αλλοδαπός

foreman /'fɔːmən/ n (ο) αρχιεργάτης

foremost /'fɔːməʊst/ a πρώτιστος. • adv πρώτιστα

forename /'fɔːneɪm/ n (το) όνομα

forensic /fə'rensɪk/ a ιατροδικαστικός

forerunner /'fɔːrʌnə(r)/ n (ο) προάγγελος

foresee /fɔː'siː/ vt προβλέπω. **~able** a που μπορεί να προβλεφθεί

foresight /'fɔːsaɪt/ n (η) προνοητικότητα

forest /'fɒrɪst/ n (το) δάσος

forestall /fɔː'stɔːl/ vt προλαβαίνω

forestry /'fɒrɪstrɪ/ n (η) δασοκομία

foretaste /'fɔːteɪst/ n (η) πρώτη γεύση

foretell /fɔː'tel/ vt προλέγω

forever /fə'revə(r)/ adv για πάντα

foreword /'fɔːwɜːd/ n (ο) πρόλογος

forfeit /'fɔːfɪt/ n (το) τίμημα. • vt χάνω

forge¹ /fɔːdʒ/ vi **~ ahead** προχωρώ αποφασιστικά

forge² /fɔːdʒ/ n (το) σιδηρουργείο. • vt σφυρηλατώ. (copy) πλαστογραφώ. ~ry /-ərɪ/ n (η) πλαστογραφία

forget /fə'get/ vt/i (pt forgot, pp forgotten) ξεχνώ. ~ful a ξεχασιάρης

forgive /fə'gɪv/ vt (pt forgave, pp forgiven) συγχωρώ. ~ness n (η) συγχώρεση

forgo /fɔː'gəʊ/ vt παραιτούμαι

fork /fɔːk/ n (for eating) (το) πιρούνι. (for digging) (το) τρίκρανο. (in road) (η) διακλάδωση. • vi (road) διακλαδίζομαι

form /fɔːm/ n (η) μορφή. (schol) (η) τάξη. (document) (το) έντυπο. • vt/i σχηματίζω/ομαι

formal /'fɔːml/ a τυπικός. (person, dress) επίσημος. ~ity /-'mælətɪ/ n (η) τυπικότητα, (η) επισημότητα. (requirement) (η) διατύπωση. ~ly adv τυπικά, επίσημα

format /'fɔːmæt/ n (το) σχήμα. • vt (disk) κάνω εγκαινίαση

formation /fɔː'meɪʃn/ n (ο) σχηματισμός

former /'fɔːmə(r)/ a παλιός. (first of two) πρώτος. (ex) πρώην. the ~ ο μεν, ο πρώτος. ~ly adv άλλοτε

formidable /'fɔːmɪdəbl/ a τρομερός

formula /'fɔːmjʊlə/ n (ο) τύπος

formulate /'fɔːmjʊleɪt/ vt διατυπώνω

forsake /fə'seɪk/ vt εγκαταλείπω

fort /fɔːt/ n (το) οχυρό

forte /'fɔːteɪ/ n (το) φόρτε

forth /fɔːθ/ adv εμπρός. and so ~ και ούτω καθεξής

forthcoming /fɔː'θʌmɪŋ/ a προσεχής

forthright /'fɔːθraɪt/ a ντόμπρος

fortif|y /'fɔːtɪfaɪ/ vt οχυρώνω. ~ication /-ɪ'keɪʃn/ n (το) οχύρωμα

fortnight /'fɔːtnaɪt/ n (το) δεκαπενθήμερο. ~ly a δεκαπενθήμερος. • adv κάθε δεκαπενθήμερο

fortress /'fɔːtrɪs/ n (το) φρούριο

fortunate /'fɔːtʃənət/ a τυχερός. ~ly adv ευτυχώς

fortune /'fɔːtʃuːn/ n (η) τύχη. ~-teller n (ο) μάντης, (η) μάντισσα

forty /'fɔːtɪ/ a & n σαράντα

forward /'fɔːwəd/ a μπροστινός. (advanced) προχωρημένος. (pert) αναιδής. • n (sport) (ο) κυνηγός. • adv εμπρός. • vt (letter) διαβιβάζω. (goods) αποστέλλω. ~s adv προς τα εμπρός

fossil /'fɒsl/ n (το) απολίθωμα

foster /'fɒstə(r)/ vt (promote) καλλιεργώ. (child) ανατρέφω. ~-child n (το) θετό παιδί. ~-parent n (η) θετή μητέρα

fought /fɔːt/ see FIGHT

foul /faʊl/ a (air) μολυσμένος. (water) βρόμικος. (smell, taste, etc.) άσχημος. (language) αισχρός. • n (sport) (το) φάουλ invar. • vt λερώνω

found¹ /faʊnd/ see FIND

found² /faʊnd/ vt ιδρύω. ~ation /-'deɪʃn/ n (το) ίδρυμα. (basis) (το) θεμέλιο

founder¹ /'faʊndə(r)/ n (ο) ιδρυτής, (η) ιδρύτρια

founder² /'faʊndə(r)/ vi (ship) βουλιάζω. (fail) αποτυγχάνω

foundry /'faʊndrɪ/ n (το) χυτήριο

fountain /'faʊntɪn/ n (το) σιντριβάνι. ~-pen n (το) στυλό

four /fɔː(r)/ a τέσσερις n (το) τέσσερα invar. on all ~s με τα τέσσερα. ~th a τέταρτος

foursome /'fɔːsəm/ n (η) τετράδα

fourteen /fɔː'tiːn/ a δεκατέσσερις. • n (το) δεκατέσσερα invar

fowl /faʊl/ n (το) πτηνό

fox /fɒks/ n (η) αλεπού

fraction /'frækʃn/ n (το) κλάσμα

fracture /'fræktʃə(r)/ n (το) κάταγμα. • vt/i σπάζω

fragile /'frædʒaɪl/ a εύθραυστος

fragment /'frægmənt/ n (το) κομμάτι. ~ary a αποσπασματικός

fragran|t /'freɪgrənt/ a ευωδιαστός. ~ce n (η) ευωδιά

frail /freɪl/ a ασθενικός

frame /freɪm/ n (for picture) (η) κορνίζα. (of window) (η) κάσα. (of spectacles) (o) σκελετός. (anat) (το) κορμί. • vt κορνιζάρω. (fig) σχεδιάζω. ~ **s.o.** (fam) τη στήνω σε κάποιον. ~ **of mind** n (η) ψυχική διάθεση

framework /ˈfreɪmwɜːk/ n (το) πλαίσιο

France /frɑːns/ n (η) Γαλλία

franchise /ˈfræntʃaɪz/ n (pol) (το) δικαίωμα ψήφου. (comm) (το) φραντσάιζ invar

frank /fræŋk/ a ειλικρινής. ~**ly** adv ειλικρινά

frantic /ˈfræntɪk/ a έξαλλος. ~**ally** /-klɪ/ adv έξαλλα

fratern|al /frəˈtɜːnəl/ a αδελφικός. ~**ity** n (η) αδελφοσύνη. (club) (η) αδελφότητα

fraternize /ˈfrætənaɪz/ vi έχω φιλικές σχέσεις (**with**, με)

fraud /frɔːd/ n (η) απάτη. (person) (o) απατεώνας. ~**ulent** a αθέμιτος

fray[1] /freɪ/ n (o) καβγάς

fray[2] /freɪ/ vt/i ξεφτίζω

freak /friːk/ n (το) τέρας a τερατώδης. ~**ish** a αφύσικος

freckle /ˈfrekl/ n (η) φακίδα

free /friː/ a ελεύθερος. (gratis) δωρεάν. (lavish) γενναιόδωρος. • vt ελευθερώνω. (clear) καθαρίζω. (disentangle) απαλλάσσω. ~**-lance** n (o, η) ελεύθερος επαγγελματίας ~**ly** adv ελεύθερα

freedom /ˈfriːdəm/ n (η) ελευθερία

freeway /ˈfriːweɪ/ n (Amer) (o) αυτοκινητόδρομος

freez|e /friːz/ vt/i (pt **froze**, pp **frozen**) παγώνω. (food) καταψύχω. (fig) ξεπαγιάζω. • n (η) ψύξη. ~**er** n (o) καταψύκτης. ~**ing** a παγωμένος

freight /freɪt/ n (το) φορτίο. ~**er** n (ship) (το) φορτηγό

French /frentʃ/ a γαλλικός. • n (lang) (τα) γαλλικά ~**man** n (o) Γάλλος. ~ **window** n (η) μπαλκονόπορτα. ~**woman** n (η) Γαλλίδα

frenzy /ˈfrenzɪ/ n (η) φρενίτιδα

frequent[1] /ˈfriːkwənt/ a συχνός. ~**cy** n (η) συχνότητα. ~**tly** adv συχνά

frequent[2] /frɪˈkwent/ vt συχνάζω

fresh /freʃ/ a φρέσκος. (additional) νέος. (different) πρωτότυπος. (impudent: fam) τολμηρός, αδιάκριτος. (Amer) καινούριος. ~ **water** γλυκό νερό. ~ **air** καθαρός αέρας. ~**ness** n (η) φρεσκάδα

freshen /ˈfreʃn/ vi δροσίζω. • vt φρεσκάρω. ~ **up** φρεσκάρομαι

fret /fret/ vi στενοχωριέμαι

friar /ˈfraɪə(r)/ n (o) καλόγερος

friction /ˈfrɪkʃn/ n (η) τριβή

Friday /ˈfraɪdɪ/ n (η) Παρασκευή. **Good** ~ (η) Μεγάλη Παρασκευή

fridge /frɪdʒ/ n (το) ψυγείο

fried /fraɪd/ a τηγανητός

friend /frend/ n (o) φίλος. ~**ship** n (η) φιλία

friendl|y /ˈfrendlɪ/ a φιλικός. ~**iness** n (η) φιλικότητα

frieze /friːz/ n (το) διάζωμα

frigate /ˈfrɪgət/ n (η) φρεγάτα

fright /fraɪt/ n (o) τρόμος. (person, thing) (το) σκιάχτρο. ~**ful** a τρομερός. ~**fully** adv τρομερά

frighten /ˈfraɪtn/ vt τρομάζω. ~**ed** a τρομαγμένος. **be** ~**ed** φοβάμαι. ~**ing** a τρομαχτικός

frigid /ˈfrɪdʒɪd/ a ψυχρός

frill /frɪl/ n (το) βολάν invar

fringe /frɪndʒ/ n (of hair) (οι) αφέλειες. (of area, society) (το) περιθώριο

frisky /ˈfrɪskɪ/ a ζωηρός

fritter /ˈfrɪtə(r)/ vt ~ **away** κατασπαταλώ

frivolous /ˈfrɪvələs/ a επιπόλαιος

frizzy /ˈfrɪzɪ/ a σγουρός

fro /frəʊ/ see **to**

frock /frɒk/ n (το) φουστάνι

frog /frɒg/ n (o) βάτραχος

frogman /ˈfrɒgmən/ n (o) βατραχάνθρωπος

frolic /ˈfrɒlɪk/ vi κάνω τρέλες. • n (η) τρέλα

from /frəm, frɒm/ prep από

front /frʌnt/ n (το) εμπρός μέρος.

(*archit*) (η) πρόσοψη. (*mil*) (το)
μέτωπο. (*of clothes*) (η)
μπροστινή. (*seafront*) (η)
παραλία. (*fig*) (το) πρόσωπο.
• a μπροστινός. ~ **door** n (η)
εξώπορτα. **in ~ of** μπροστά από

frontier /'frʌntɪə(r)/ n (το) σύνορο

frost /frɒst/ n (η) παγωνιά. **~-bite**
n (το) κρυοπάγημα. **~ed** a (*glass*)
αδιαφανής. **~y** a παγερός

froth /frɒθ/ n (η) αφρός

frown /fraʊn/ vi συνοφρυώνομαι.
• n (το) συνοφρύωμα

froze /frəʊz/ see FREEZE

frozen /'frəʊzn/ see FREEZE. • a
(*food*) κατεψυγμένος

frugal /'fru:gl/ a λιτός

fruit /fru:t/ n (το) φρούτο.
(*collectively*) (τα) φρούτα

fruitful /'fru:tfl/ a καρποφόρος.
(*fig*) αποδοτικός

fruition /fru:'ɪʃn/ n (*fig*) (η)
πραγματοποίηση

frustrat|e /frʌ'streɪt/ vt ματαιώνω.
~ed a απογοητευμένος. **~ion**
/-ʃn/ n (η) ματαίωση

fry[1] /fraɪ/ vt/i (*pt* **fried**) τηγανίζω/
ομαι. **~ing-pan** n (το) τηγάνι

fry[2] /fraɪ/ n **small ~** (οι)
ασημαντότητες

fudge /fʌdʒ/ n μαλακό ζαχαρωτό
βουτύρου και κρέμας

fuel /'fju:əl/ n (τα) καύσιμα. (*fig*)
(το) λάδι

fugitive /'fju:dʒətɪv/ n (ο) φυγάδας

fulfil /fʊl'fɪl/ vt (*task*) εκπληρώνω.
(*hopes*) πραγματοποιώ.
(*conditions*) ικανοποιώ. **~ment** n
(η) εκπλήρωση, (η) ικανοποίηση

full /fʊl/ a πλήρης. (*bus, hotel*)
γεμάτος. (*skirt*) φαρδύς. (*fare,
price*) ολόκληρος. • adv ακριβώς.
at ~ speed ολοταχώς. **be ~
(up)** (*person*) είμαι χορτασμένος.
~ moon n (η) πανσέληνος. **~
stop** n (η) τελεία. **~-time work**
(η) εργασία με πλήρη
απασχόληση. **in ~** πλήρως. **~y**
adv πλήρως

fumble /'fʌmbl/ vi ψαχουλεύω

fume /fju:m/ vi βγάζω καπνό. (*fig*)
είμαι έξω φρενών. **~s** npl (οι)
αναθυμιάσεις. (*from traffic*) (τα)
καυσαέρια

fumigate /'fju:mɪgeɪt/ vt
απολυμαίνω με κάπνισμα

fun /fʌn/ n (η) διασκέδαση. **for ~**
για αστείο. **have ~** διασκεδάζω.
make ~ of κοροϊδεύω

function /'fʌŋkʃn/ n (η)
λειτουργία. (*ceremony*) (η)
τελετή. • vi λειτουργώ. **~al** a
λειτουργικός

fund /fʌnd/ n (το) ταμείο. **~s** (τα)
κεφάλαια. • vt χρηματοδοτώ

fundamental /fʌndə'mentl/ a
θεμελιώδης

funeral /'fju:nərəl/ n (η) κηδεία. • a
νεκρώσιμος

fungus /'fʌŋgəs/ n (ο) μύκητας

funnel /'fʌnl/ n (το) χωνί. (*of ship*)
(το) φουγάρο

funny /'fʌnɪ/ a (**-ier, -iest**) αστείος.
(*odd*) περίεργος

fur /fɜ:(r)/ n (το) τρίχωμα. (*skin*) (η)
γούνα. (*in kettle*) (το) πουρί. **~ry**
a γούνινος

furious /'fjʊərɪəs/ a εξοργισμένος

furnace /'fɜ:nɪs/ n (ο) κλίβανος

furnish /'fɜ:nɪʃ/ vt επιπλώνω.
(*supply*) προμηθεύω. **~ings** npl
(η) επίπλωση

furniture /'fɜ:nɪtʃə(r)/ n (τα) έπιπλα

furrow /'fʌrəʊ/ n (το) αυλάκι

furthe|r /'fɜ:ðə(r)/ see FAR • a
(*additional*) πρόσθετος. • adv
(*more*) περισσότερο. • vt προάγω.
~st see FAR

furthermore /'fɜ:ðəmɔ:(r)/ adv
επιπλέον

furtive /'fɜ:tɪv/ a κρυφός

fury /'fjʊərɪ/ n (η) οργή

fuse[1] /fju:z/ vt κολλώ. • vi **the
lights have ~d** κάηκε η
ασφάλεια. • n (*electr*) (η)
ασφάλεια

fuse[2] /fju:z/ n (*of bomb*) (το) φιτίλι

fuselage /'fju:zəlɑ:ʒ/ n (η)
άτρακτος

fusion /'fju:ʒn/ n (η) σύντηξη

fuss /fʌs/ n (η) φασαρία.
(*commotion*) (η) σύγχυση. • vi
ανησυχώ. **~y** a σχολαστικός.
(*clothes etc.*) εξεζητημένος

futile /'fju:taɪl/ a μάταιος

future /'fju:tʃə(r)/ a μελλοντικός.
• n (το) μέλλον. (gram) (ο)
μέλλοντας. **in ~** στο μέλλον

futuristic /fju:tʃə'rıstık/ a
φουτουριστικός

fuzzy /'fʌzı/ a (hair) σγουρός και
κατσαρός. (photograph) θαμπός

• • • • • • • • • • • • • • • • • •

Gg

• • • • • • • • • • • • • • • • • •

gabble /'gæbl/ vi μιλώ γρήγορα
και ακατάληπτα

gable /'geıbl/ n (το) αέτωμα

gadget /'gædʒıt/ n (η)
μικροσυσκευή

Gaelic /'geılık/ a κελτικός. • n (η)
κελτική γλώσσα

gag /gæg/ n (το) φίμωτρο. (joke)
(το) καλαμπούρι. • vt φιμώνω. • vi
αναγουλιάζω

gaiety /'geıətı/ n (η) ευθυμία

gaily /'geılı/ adv εύθυμα

gain /geın/ vt κερδίζω. (acquire)
αποκτώ. • vi (of clock) πάω
μπροστά. • n (increase) (η)
αύξηση. (profit) (το) κέρδος.
(acquisition) (η) κατάκτηση

gait /geıt/ n (η) περπατησιά

gala /'ga:lə/ n (η) γιορτή

galaxy /'gæləksı/ n (ο) γαλαξίας

gale /geıl/ n (η) θύελλα

gall /gɔ:l/ n (η) χολή. (impudence:
sl) (το) θράσος. **~-bladder** n (η)
χοληδόχος κύστη

gallant /'gælənt/ a γενναίος.
(chivalrous) ιπποτικός

gallery /'gælərı/ n (η) πινακοθήκη.
(theatr) (ο) εξώστης

galley /'gælı/ n (kitchen, ship) (το)
μαγειρείο

gallon /'gælən/ n (το) γαλόνι
(= 4.5 l)

gallop /'gæləp/ n (ο) καλπασμός.
• vi καλπάζω

gallows /'gæləʊz/ n (το) κρεμάλα

galore /gə'lɔ:(r)/ adv σε αφθονία

gambl|e /'gæmbl/ vt/i παίζω. (fig)
ριψοκινδυνεύω. • n (το) τυχερό
παχνίδι. **~ on** ρισκάρω. **~er** n

gamekeeper /'geımki:pə(r)/ n (ο)
θηροφύλακας

gammon /'gæmən/ n είδος
χοιρομέρι

gang /gæŋ/ n (η) συμμορία. (of
workmen) (το) συνεργείο. • vi ~
up συνενώνομαι

gangrene /'gæŋgri:n/ n (η)
γάγγραινα

gangster /'gæŋstə(r)/ n (ο)
γκάνγκστερ invar

gangway /'gæŋweı/ n (of ship) (η)
σανιδόσκαλα. (aisle) (ο)
διάδρομος

gaol /dʒeıl/ n & vt = **jail**

gap /gæp/ n (το) άνοιγμα. (interval)
(το) διάστημα. (difference) (η)
διαφορά

gap|e /geıp/ vi (be wide open)
χάσκω. (stare open-mouthed)
κοιτάζω με ανοιχτό στόμα. **~ing**
a χαίνων

garage /'gæra:ʒ/ n (το) γκαράζ

garbage /'ga:bıdʒ/ n (τα)
σκουπίδια

garden /'ga:dn/ n (ο) κήπος.
• vi ασχολούμαι με την
κηπουρική. **~er** n (ο, η)
κηπουρός. **~ing** n (η) κηπουρική

gargle /'ga:gl/ vi κάνω γαργάρα.
• n (η) γαργάρα

garish /'geərıʃ/ a φανταχτερός και
κακόγουστος

garland /'ga:lənd/ n (η) γιρλάντα

garlic /'ga:lık/ n (το) σκόρδο

garment /'ga:mənt/ n (το) ρούχο

garnish /'ga:nıʃ/ n (η) γαρνιτούρα.
• vt γαρνίρω

garret /'gærət/ n (η) σοφίτα

garrison /'gærısn/ n (η) φρουρά

garter /'ga:tə(r)/ n (η) καλτσοδέτα

gas /gæs/ n (το) αέριο. (domestic)
(το) γκάζι. (med) (το)
αναισθητικό. (Amer) (η) βενζίνη.
• vt δηλητηριάζω με αέρια. **~
cooker** n κουζίνα του γκαζιού.
~ fire (η) σόμπα του γκαζιού. **~**

~ mask n (η) αντιασφυξιογόνος μάσκα

gash /gæʃ/ n (η) βαθιά πληγή.
• vt κόβω βαθιά

gasket /'gæskɪt/ n (η) φλάντζα

gasoline /'gæsəliːn/ n (Amer) (η) βενζίνη

gasp /gɑːsp/ vi λαχανιάζω. (in surprise) μου κόβεται η αναπνοή.
• n (το) κόψιμο της αναπνοής

gastric /'gæstrɪk/ a γαστρικός

gastronomy /gæ'strɒnəmɪ/ n (η) γαστρονομία

gate /geɪt/ n (garden) (η) πόρτα. (of town) (η) πύλη. (of metal) (η) καγκελόπορτα. (at airport) (η) έξοδος

gateway /'geɪtweɪ/ n (η) πύλη

gather /'gæðə(r)/ vt μαζεύω. (understand) συμπεραίνω. (speed) αναπτύσσω. (cloth) σουρώνω. • vi μαζεύομαι. **~ing** n (η) συγκέντρωση

gaudy /'gɔːdɪ/ a χτυπητός

gauge /geɪdʒ/ n (ο) μετρητής.
• vt μετρώ. (fig) ζυγίζω

gaunt /gɔːnt/ a αδύνατος. (desolate) έρημος

gauze /gɔːz/ n (η) γάζα

gave /geɪv/ see GIVE

gawky /'gɔːkɪ/ a άχαρος

gay /geɪ/ a εύθυμος. (homosexual) ομοφυλόφιλος

gaze /geɪz/ vi **~ at** κοιτάζω επίμονα. • n (το) βλέμμα

GB abbr (Great Britain) MB

gear /gɪə(r)/ n (techn) (το) γρανάζι. (auto) (η) ταχύτητα. (equipment, tackle) (τα) εργαλεία, (τα) σύνεργα. • vt προσαρμόζω (**to**, σε). **~ lever** n (ο) μοχλός

gearbox /'gɪəbɒks/ n (το) κιβώτιο ταχύτητων

geese /giːs/ see GOOSE

gel /dʒel/ n (το) ζελέ invar

gelatine /dʒelə'tiːn/ n (η) ζελατίνη

gem /dʒem/ n (η) πολύτιμη πέτρα

Gemini /'dʒemɪnaɪ/ n (οι) Δίδυμοι

gender /'dʒendə(r)/ n (το) γένος

gene /dʒiːn/ n (το) γονίδιο

general /'dʒenrəl/ a γενικός.
• n (ο) στρατηγός. **~ election** n

(οι) βουλευτικές εκλογές. **the ~ public** το κοινό. **in ~** γενικά.
~ly adv γενικά

generaliz|e /'dʒenrəlaɪz/ vt/i γενικεύω. **~ation** /-'zeɪʃn/ n (η) γενίκευση

generate /'dʒenəreɪt/ vt παράγω

generation /dʒenə'reɪʃn/ n (η) γενεά

generator /'dʒenəreɪtə(r)/ n (η) γεννήτρια

gener|ous /'dʒenərəs/ a γενναιόδωρος. (ample) άφθονος.
~osity /-'rɒsətɪ/ n (η) γενναιοδωρία

genetic /dʒɪ'netɪk/ a γενετικός.
~s n (η) γενετική

genital /'dʒenɪtl/ a γεννητικός.
~s npl (τα) γεννητικά όργανα

genitive /'dʒenɪtɪv/ n (η) γενική (πτώση)

genius /'dʒiːnɪəs/ n (η) μεγαλοφυΐα

genome /'dʒiːnəʊm/ n (το) γονιδίωμα

gentl|e /'dʒentl/ a πράος. (slight) ελαφρός. **~y** adv απαλά

gentleman /'dʒentlmən/ n (ο) κύριος

genuine /'dʒenjʊɪn/ a γνήσιος

geograph|y /dʒɪ'ɒgrəfɪ/ n (η) γεωγραφία. **~ical** /dʒɪə'græfɪkl/ a γεωγραφικός

geolog|y /dʒɪ'ɒlədʒɪ/ n (η) γεωλογία.
~ist n (ο, η) γεωλόγος

geomet|ry /dʒɪ'ɒmətrɪ/ n (η) γεωμετρία. **~ric(al)** / dʒɪə'metrɪk(l)/ a γεωμετρικός

geranium /dʒə'reɪnɪəm/ n (το) γεράνι

germ /dʒɜːm/ n (το) μικρόβιο

German /'dʒɜːmən/ a γερμανικός.
• n (ο) Γερμανός, (η) Γερμανίδα. (lang) (τα) γερμανικά. **~y** n (η) Γερμανία

germinate /'dʒɜːmɪneɪt/ vi βλασταίνω

gesticulate /dʒes'tɪkjʊleɪt/ vi χειρονομώ

gesture /'dʒestʃə(r)/ n (η) χειρονομία

get /get/ vt (pt got, pres p getting) (obtain) βρίσκω. (catch) παίρνω.

(fetch) φέρνω. *(understand: fam)* καταλαβαίνω. ~ **s.o. to do** βάζω κάποιον να κάνει. ~ **one's car repaired** δίνω το αυτοκίνητό μου να φτιαχτεί. • *vi (become)* γίνομαι. *(arrive at)* φτάνω σε. ~ **married/ ready** παντρεύομαι/ετοιμάζομαι. ~ **at** *(reach)* φτάνω. *(imply)* υπονοώ. ~ **away** φεύγω. *(escape)* ξεφεύγω. ~ **back** *vi* επιστρέφω. • *vt (recover)* βρίσκω. ~ **by** περνώ. *(manage)* τα βολεύω. ~ **down** κατεβαίνω. ~ **in** μπαίνω. ~ **off** *(alight)* κατεβαίνω. *(leave)* ξεκινώ. *(jur)* γλιτώνω. ~ **on** *(bus)* ανεβαίνω. *(succeed)* επιτυγχάνω. *(be on good terms)* τα πηγαίνω καλά ~ **on with** *(work etc.)* πηγαίνω με. ~ **out** φεύγω. ~ **out of** *(fig)* ξεφεύγω. ~ **over** *(fence etc.)* πηδώ. *(illness)* συνέρχομαι. ~ **through** *(telec)* συνδέομαι. *(finish)* τελειώνω. ~ **up** σηκώνομαι. *(climb)* ανεβαίνω

geyser /'giːzə(r)/ *n (geol)* (ο) θερμοπίδακας

ghastly /'gaːstlɪ/ *a* φριχτός. *(pale)* κατάχλομος

ghetto /'getəʊ/ *n* (το) γκέτο

ghost /gəʊst/ *n* (το) φάντασμα

giant /'dʒaɪənt/ *n* (ο) γίγαντας. • *a* γιγάντιος

gibe /dʒaɪb/ *n* (το) περιγέλασμα

giblets /'dʒɪblɪts/ *npl* (τα) συκωτάκια (πουλιού)

gidd|y /'gɪdɪ/ *a* ζαλισμένος. **be** *or* **feel** ~**y** ζαλίζομαι. ~**iness** *n* (η) ζάλη, (η)ζαλάδα

gift /gɪft/ *n* (το) δώρο. *(talent)* (το) ταλέντο. ~**-wrap** *vt* τυλίγω δώρο

gifted /'gɪftɪd/ *a* προικισμένος

gigantic /dʒaɪ'gæntɪk/ *a* γιγαντιαίος

giggle /'gɪgl/ *vi* γελώ νευρικά. • *n* (το) νευρικό γέλιο

gild /gɪld/ *vt* επιχρυσώνω

gills /gɪlz/ *npl* (τα) βράγχια

gilt /gɪlt/ *a* επιχρυσωμένος. • *n* (η) επιχρύσωση

gimmick /'gɪmɪk/ *n* (το) τέχνασμα

gin /dʒɪn/ *n* (το) τζιν *invar*

ginger /'dʒɪndʒə(r)/ *n* (η) πιπερόριζα. • *a* ξανθοκόκκινος

gipsy /'dʒɪpsɪ/ *n* = **gypsy**

giraffe /dʒɪ'raːf/ *n* (η) καμηλοπάρδαλη

girder /'gɜːdə(r)/ *n* (το) δοκάρι

girdle /'gɜːdl/ *n* (η) ζώνη. *(corset)* (ο) κορσές *invar*

girl /gɜːl/ *n (child)* (το) κορίτσι. *(young woman)* (η) κοπέλα ~**friend** *n* (η) φίλη. *(of boy)* (η) φιλενάδα

girth /gɜːθ/ *n* (η) περιφέρεια

gist /dʒɪst/ *n* (η) ουσία

give /gɪv/ *vt/i (pt* **gave**, *pp* **given***)* δίνω. *(supply, offer)* προσφέρω. *(yield)* υποχωρώ. • *n* (η) ελαστικότητα. ~ **away** *(money)* χαρίζω. *(secret)* αποκαλύπτω. ~ **back** επιστρέφω. ~ **in** ενδίδω. ~ **off** αναδίνω. ~ **out** *(distribute)* μοιράζω. ~ **up** παραιτούμαι. ~ **o.s. up** παραδίδομαι. ~ **way** *(yield)* ενδίδω, υποχωρώ. *(on road)* δίνω προτεραιότητα. *(collapse)* υποχωρώ

glacier /'glæsɪə(r)/ *n* (ο) παγετώνας

glad /glæd/ *a* χαρούμενος. ~**ly** *adv* χαρούμενα

glam|our /'glæmə(r)/ *n* (η) αίγλη σε. ~**orous** *a* γεμάτος αίγλη

glance /glaːns/ *n* (η) ματιά σε. • *vi* ~ **at** ρίχνω μια ματιά

gland /glænd/ *n* (ο) αδένας

glar|e /gleə(r)/ *vi (stare angrily)* αγριοκοιτάζω. *(shine brightly)* λάμπω. • *n* (η) λάμψη. *(look)* (το) αγριοκοίταγμα. ~**ing** *a* εκτυφλωτικός. *(obvious)* ολοφάνερος

glass /glaːs/ *n* (το) γυαλί. *(mirror)* (ο) καθρέφτης. *(for drinking)* (το) ποτήρι. ~**es** *npl* (τα) γυαλιά

glaze /gleɪz/ *vt (door, window)* τζαμώνω. *(pottery)* σμαλτώνω. *(culin)* αλείφω με γάλα ή αυγό. • *n* (το) σμάλτο. ~**d** *a (eyes)* γυάλινος

gleam /gliːm/ *n* (η) λάμψη. *(of hope)* (η) αχτίδα. • *vi* λάμπω

glee /gliː/ *n* (η) χαρά

glide /glaɪd/ *vi* γλιστρώ. *(plane)* περνώ αθόρυβα. ~**r** /-ə(r)/ *n* (το) ανεμόπτερο

glimmer /'glɪmə(r)/ *n* (το) αμυδρό φως. • *vi* φέγγω αμυδρά

glimpse /glɪmps/ n (η) ματιά. • vt παίρνει το μάτι μου

glint /glɪnt/ n (η) λάμψη. • vi λάμπω

glisten /'glɪsn/ vi λαμποκοπώ

glitter /'glɪtə(r)/ vi σπινθηροβολώ, λάμπω. • n (το) σπινθηροβόλημα

gloat /gləʊt/ vi χαίρομαι (με κακεντρέχεια) (**over**, για)

global /'gləʊbl/ a παγκόσμιος

globe /gləʊb/ n (η) σφαίρα

gloom /gluːm/ n (η) κατήφεια. (sadness) (η) κατάθλιψη. **~y** a καταθλιπτικός

glorify /'glɔːrɪfaɪ/ vt δοξάζω

glorious /'glɔːrɪəs/ a ένδοξος. (splendid: fam) καταπληκτικός

glory /'glɔːrɪ/ n (η) δόξα. (beauty) (το) μεγαλείο

gloss /glɒs/ n (η) γυαλάδα. • vt **~ over** συγκαλύπτω. **~ paint** (η) ριπολίνη. **~y** a γυαλιστερός

glossary /'glɒsərɪ/ n (το) γλωσσάριο

glove /glʌv/ n (το) γάντι. **~ compartment** (το) ντουλαπάκι (αυτοκινήτου)

glow /gləʊ/ vi λάμπω. • n (η) λάμψη. **~ing** a πυρακτωμένος. (fig) ενθουσιώδης

glucose /'gluːkəʊs/ n (η) γλυκόζη

glue /gluː/ n (η) κόλλα. • vt κολλώ

glum /glʌm/ a σκυθρωπός

glut /glʌt/ n (η) υπεραφθονία

glycerine /'glɪsəriːn/ n (η) γλυκερίνη

GM (genetically modified) a γενετικά μεταλλαγμένος

gnarled /nɑːld/ a ροζιάρικος

gnash /næʃ/ vt **~ one's teeth** τρίζω τα δόντια μου

gnat /næt/ n (η) σκνίπα

gnaw /nɔː/ vt/i **~ (at)** ροκανίζω

gnome /nəʊm/ n (ο) νάνος

go /gəʊ/ vi (pt **went**, pp **gone**) πηγαίνω. (leave) φεύγω. (work) δουλεύω. (become) γίνομαι. (be sold) πουλιέμαι. • n (το) δραστηριότητα. (try) (η) προσπάθεια. (turn) (η) σειρά. be **~ing to do** θα κάνω. **~ ahead** προχωρώ. **~ away** φεύγω. **~**

back επιστρέφω. **~-between** n (ο) μεσολαβητής, (η) μεσολαβήτρια. **~ by** περνώ. **~ down** (sun) δύω. (decrease) πέφτω. **~ for** (attack) πέφτω πάνω σε. **~ in** μπαίνω. **~ off** (bomb) κάνω έκρηξη. (alarm) χτυπώ. (food) χαλώ. **~ out** βγαίνω. (light, fire) σβήνω. **~ over** (examine) εξετάζω. **~ round** (be enough) φτάνω. **~ through** (suffer) περνώ. (examine) ελέγχω. **~ up** ανεβαίνω. **~ with** ταιριάζω, πάω με. **~ without** κάνω χωρίς

goad /gəʊd/ vt κεντρίζω. (fig) παρακινώ

goal /gəʊl/ n (το) τέρμα, (το) γκολ invar. (fig) (ο) σκοπός. **~-post** n (το) δοκάρι (του τέρματος)

goalkeeper /'gəʊlkiːpə(r)/ n (ο) τερματοφύλακας

goat /gəʊt/ n (η) κατσίκα

gobble /'gɒbl/ vt καταβροχθίζω

God, god /gɒd/ n (ο) Θεός, Θεός. **~dess** n (η) θεά

god|child /'gɒdtʃaɪld/ n (το) βαφτιστήρι. **~father** n (ο) νονός. **~mother** n (η) νονά

godsend /'gɒdsend/ n (το) θείο δώρο

goggles /'gɒglz/ npl (τα) προστατευτικά γυαλιά

going /'gəʊɪŋ/ a (price, rate) συνηθισμένος

gold /gəʊld/ n (ο) χρυσός. • a χρυσός. **~-mine** n (το) χρυσωρυχείο. **~-plated** a επίχρυσος

golden /'gəʊldən/ a χρυσαφένιος

goldfish /'gəʊldfɪʃ/ n (το) χρυσόψαρο

goldsmith /'gəʊldsmɪθ/ n (ο) χρυσοχόος

golf /gɒlf/ n (το) γκολφ invar

gone /gɒn/ see GO

gong /gɒŋ/ n (το) γκογκ invar

good /gʊd/ a (better, best) καλός. (well-behaved) φρόνιμος. • n (το) καλό. **for ~** για πάντα. **~ afternoon!** καλησπέρα, χαίρετε. **~ evening!** καλησπέρα. **~-for-nothing** a άχρηστος. **~-looking**

a όμορφος. **~ morning!**
καλημέρα. **~night!** καληνύχτα.
it's no ~ δεν ωφελεί. **~ness** *n*
(η) καλοσύνη. **my ~ness!** τι
μου λες!

goodbye /gʊdˈbaɪ/ *int* αντίο.
• *n* (ο) αποχαιρετισμός

goods /gʊdz/ *npl* (τα) αγαθά.
(*merchandise*) (τα) εμπορεύματα

goodwill /gʊdˈwɪl/ *n* (η) καλή
θέληση

goose /guːs/ *n* (*pl* **geese**) (η)
χήνα. **~-flesh, ~-pimples** *ns*
(η) ανατριχίλα

gooseberry /ˈgʊzbəri/ *n* (το)
φραγκοστάφυλο

gore /gɔː(r)/ *vt* τρυπώ με τα κέρατα

gorge /gɔːdʒ/ *n* (το) φαράγγι.
• *vt* καταβροχθίζω

gorgeous /ˈgɔːdʒəs/ *a* θαυμάσιος

gorilla /gəˈrɪlə/ *n* (ο) γορίλας

gorse /gɔːs/ *n* (ο) ασπάλαθος

gory /ˈgɔːrɪ/ *a* αιμοβόρος

gospel /ˈgɒspl/ *n* (το) ευαγγέλιο

gossip /ˈgɒsɪp/ *n* (το)
κουτσομπολιό. (*person*) (ο)
κουτσομπόλης. • *vi*
κουτσομπολεύω

got /gɒt/ *see* GET. **have ~** έχω.
have ~ to do πρέπει να κάνω

gout /gaʊt/ *n* (η) ουρική αρθρίτιδα

govern /ˈgʌvn/ *vt/i* κυβερνώ.
~ess /-ənɪs/ *n* (η) γκουβερνάντα.
~or /-ənə(r)/ *n* (ο) κυβερνήτης

government /ˈgʌvənmənt/ *n* (η)
κυβέρνηση. **~al** /-ˈmentl/ *a*
κυβερνητικός

gown /gaʊn/ *n* (*evening dress*) (η)
τουαλέτα (*φόρεμα*). (*of judge,*
teacher) (η) τήβεννος

GP *abbr* (ο) γιατρός

grab /græb/ *vt* αρπάζω

grace /greɪs/ *n* (η) χάρη. (*prayer*)
(η) ευχαριστία. • *vt* τιμώ. **~ful** *a*
με χάρη

gracious /ˈgreɪʃəs/ *a* ευγενικός.
(*elegant*) κομψός

grade /greɪd/ *n* (ο) βαθμός. (*of*
goods) (η) ποιότητα. (*class*) (η)
τάξη. • *vt* ταξινομώ. (*schol*)
βαθμολογώ

gradient /ˈgreɪdɪənt/ *n* (η) κλίση

gradual /ˈgrædʒʊəl/ *a* βαθμιαίος.

~ly *adv* βαθμιαία

graduate¹ /ˈgrædʒʊət/ *n* (ο, η)
απόφοιτος

graduat|e² /ˈgrædʒʊeɪt/ *vi*
αποφοιτώ (από πανεπιστήμιο).
• *vt* βαθμολογώ. **~ion** /-ˈeɪʃn/ *n*
(η) αποφοίτηση

graft¹ /grɑːft/ *n* (το) μπόλι. (*med*)
(το) μόσχευμα

graft² /grɑːft/ *n* (η) δωροδοκία

grain /greɪn/ *n* (*cereal*) (τα)
δημητριακά. (*of sand, rice*) (ο)
κόκκος. (*in leather*) (η) υφή. (*in*
wood) (τα) νερά

gram /græm/ *n* (το) γραμμάριο

gramma|r /ˈgræmə(r)/ *n* (η)
γραμματική. **~atical** /grəˈmætɪkl/
a γραμματικός

grand /grænd/ *a* μεγαλοπρεπής.
~ piano *n* (το) πιάνο με ουρά

grand|child /ˈgrændtʃaɪld/ *n* (το)
εγγόνι. **~daughter** *n* (η) εγγονή.
~father *n* (ο) παππούς.
~mother *n* (η) γιαγιά. **~son** *n*
(ο) εγγονός

grandeur /ˈgrændʒə(r)/ *n* (η)
μεγαλοπρέπεια

grandstand /ˈgrændstænd/ *n* (η)
εξέδρα των επισήμων

granite /ˈgrænɪt/ *n* (ο) γρανίτης

granny /ˈgrænɪ/ *n* (*fam*) (η) γιαγιά

grant /grɑːnt/ *vt* (*give*) δίνω.
(*concede*) παραχωρώ. (*request,*
wish) ικανοποιώ. • *n* (*for student*)
(η) επιδότηση. (*for organization*)
(η) επιχορήγηση. **take for ~ed**
θεωρώ ως δεδομένο

granule /ˈgrænjuːl/ *n* (ο) κόκκος

grape /greɪp/ *n* (η) ρώγα, (το)
σταφύλι

grapefruit /ˈgreɪpfruːt/ *n* (το)
γκρέιπφρουτ *invar*

graph /grɑːf/ *n* (η) γραφική
παράσταση. **~ic** /ˈgræfɪk/ *a*
γραφικός

grapple /ˈgræpl/ *vi* **~ with** παλεύω
με

grasp /grɑːsp/ *vt* πιάνω.
(*understand*) αντιλαμβάνομαι.
• *n* (το) πιάσιμο. (*understanding*)
(η) κατανόηση

grass /grɑːs/ *n* (το) γρασίδι

grasshopper /ˈgrɑːshɒpə(r)/ *n* (η)
ακρίδα

grate¹ /greɪt/ n (η) σχάρα

grate² /greɪt/ vt τρίβω. • vi τρίζω.
~r /-ə(r)/ n (ο) τρίφτης

grateful /'greɪtfl/ a ευγνώμων. **~ly**
adv με ευγνωμοσύνη

gratify /'grætɪfaɪ/ vt ευχαριστώ.
~ing a ικανοποιητικός

grating /'greɪtɪŋ/ n (το)
κιγκλίδωμα

gratitude /'grætɪtjuːd/ n (η)
ευγνωμοσύνη

gratuitous /grə'tjuːɪtəs/ a
αδικαιολόγητος

grave¹ /greɪv/ n (ο) τάφος

grave² /greɪv/ a σοβαρός

gravel /'grævl/ n (το) χαλίκι

gravestone /'greɪvstəun/ n (η)
ταφόπετρα

graveyard /'greɪvjaːd/ n (το)
νεκροταφείο

gravitate /'grævɪteɪt/ vi έλκομαι

gravity /'grævətɪ/ n (force) (η)
παγκόσμια έλξη. (seriousness) (η)
σοβαρότητα

graze¹ /greɪz/ vt/i (eat) βόσκω

graze² /greɪz/ vt (scrape) γδέρνω.
• n (το) γδάρσιμο

greas|e /griːs/ n (το) γράσο.
• vt γρασάρω. **~y** a λιπαρός

great /greɪt/ a μέγας, μεγάλος.
G~ Britain n (η) Μεγάλη
Βρετανία. **~-grandfather** n (ο)
προπάππος. **~-grandmother** n
(η) προγιαγιά. **~ly** adv πολύ.
~ness n (το) μέγεθος

Greece /griːs/ n (η) Ελλάδα

greed /griːd/ n (η) απληστία. (for
food) (η) λαιμαργία. **~y** a
άπληστος, λαίμαργος

Greek /griːk/ a ελληνικός. • n (ο)
Έλληνας, (η) Ελληνίδα. (lang)
(τα) ελληνικά

green /griːn/ a πράσινος. • n (το)
πράσινο. **~ card** n (η) πράσινη
κάρτα. **~ery** n (η)-πρασινάδα.
~s (η) λαχανίδα.

greengrocer /'griːngrəusə(r)/ n (ο)
μανάβης

greenhouse /'griːnhaus/ n (το)
θερμοκήπιο

greet /griːt/ vt χαιρετίζω. **~ing** n
(ο) χαιρετισμός. **~ings** npl (τα)
χαιρετίσματα

grenade /grɪ'neɪd/ n (η)
χειροβομβίδα

grew /gruː/ see GROW

grey /greɪ/ a γκρίζος. (fig)
σκοτεινός. • n (το) γκρίζο. • vi
ασπρίζω

greyhound /'greɪhaund/ n (το)
λαγωνικό

grid /grɪd/ n (η) σχάρα. (electr) (το)
ηλεκτρικό δίκτυο. (on map) (ο)
τετραγωνισμός

grief /griːf/ n (η) θλίψη

grievance /'griːvns/ n (το)
παράπονο

grieve /griːv/ vt στενοχωρώ.
• vi θρηνώ. **~ for** θρηνώ

grill /grɪl/ n (on cooker) (η) σχάρα.
(food) διάφορα είδη ψητού. • vt
ψήνω στη σχάρα

grille /grɪl/ n (το) κιγκλίδωμα

grim /grɪm/ a σκληρός

grimace /grɪ'meɪs/ n (η)
γκριμάτσα. • vi κάνω γκριμάτσες

grime /graɪm/ n (η) βρόμα

grin /grɪn/ vi χαμογελώ πλατιά. • n
(το) πλατύ χαμόγελο

grind /graɪnd/ vt αλέθω. (crush)
λιώνω. (sharpen) ακονίζω. • n (το)
τρίξιμο. (fam) (η) μονότονη
δουλειά. **~ one's teeth** τρίζω τα
δόντια μου

grip /grɪp/ vt σφίγγω. (attention)
συναρπάζω. • n (η) λαβή.
(control) (ο) έλεγχος

gripping /'grɪpɪŋ/ a (fig)
συνταρακτικός

gristle /'grɪsl/ n (το) τραγανό

grit /grɪt/ n (το) αμμοχάλικο. (fig)
(το) θάρρος. • vt απλώνω
αμμοχάλικο σε. (clench) σφίγγω

groan /grəun/ vi βογκώ. • n (το)
βογκητό

grocer /'grəusə(r)/ n (ο) μπακάλης.
~ies npl (τα) είδη μπακαλικής

groggy /'grɒgɪ/ a ασταθής

groin /grɔɪn/ n (τα) αχαμνά

groom /gruːm/ n (for horses) (ο)
ιπποκόμος. (bridegroom) (ο)
γαμπρός. • vt περιποιούμαι
(άλογο). (fig) προετοιμάζω (για
σταδιοδρομία)

groove /gruːv/ n (η) εγκοπή

grope /grəʊp/ vi ψηλαφώ. ~ **for** ψάχνω για

gross /grəʊs/ a χυδαίος. (comm) μικτός. • n invar (η) γρόσα. ~**ly** adv (very) υπερβολικά

grotesque /grəʊ'tesk/ a αλλόκοτος

ground¹ /graʊnd/ n (το) έδαφος. (reason) (ο) λόγος. ~**s** (οι) κήποι. (of coffee) (τα) κατακάθια. • vi (aviat) απαγορεύω την απογείωση. (naut) προσαράζω. ~ **floor** n (το) ισόγειο

ground² /graʊnd/ see GRIND

groundwork /'graʊndwɜ:k/ n (η) προκαταρκτική εργασία

group /gru:p/ n (η) ομάδα. • vt/i συγκεντρώνω/ομαι σε ομάδα

grouse¹ /graʊs/ n invar είδος αγριοπέρδικας

grouse² /graʊs/ vi (fam) γκρινιάζω

grove /grəʊv/ n (το) άλσος

grovel /'grɒvl/ vi σέρνομαι

grow /grəʊ/ vi (pt grew, pp grown) μεγαλώνω. • vt (plant) καλλιεργώ. (become) γίνομαι. ~ **up** μεγαλώνω

growl /graʊl/ vi γρυλίζω. • n (το) γρύλισμα

grown /grəʊn/ see GROW. • a ~-**up** a μεγάλος. ~-**ups** n (οι) μεγάλοι

growth /grəʊθ/ n (η) ανάπτυξη. (increase) (η) αύξηση. (med) (ο) όγκος

grubby /'grʌbɪ/ a βρόμικος

grudge /grʌdʒ/ vt δίνω απρόθυμα σε. • n (η) κακία. ~**ing** a απρόθυμος

gruelling /'gru:əlɪŋ/ a εξαντλητικός

gruesome /'gru:səm/ a ανατριχιαστικός

gruff /grʌf/ a τραχύς

grumble /'grʌmbl/ vi γκρινιάζω

grumpy /'grʌmpɪ/ a γκρινιάρης

grunt /grʌnt/ vi γρυλίζω. • n (ο) γρυλισμός

guarantee /gærən'ti:/ n (η) εγγύηση. • vt εγγυώμαι

guard /ga:d/ vt προστατεύω. (watch) φρουρώ. • vi ~ **against** φυλάγομαι από. • n (ο) (mil) φρουρός. (warden) (ο) φύλακας.

(safety device) (το) προστατευτικό κάλυμμα. ~**ian** n (of minor) (ο) κηδεμόνας

guarded /'ga:dɪd/ a επιφυλακτικός

guerrilla /gə'rɪlə/ n (ο) αντάρτης

guess /ges/ vt/i μαντεύω. (suppose) νομίζω. • n (η) εικασία

guest /gest/ n (ο) ξένος. ~-**house** n (η) πανσιόν invar

guidance /'gaɪdəns/ n (η) καθοδήγηση. (advice) (η) συμβουλή. (information) (η) ενημέρωση

guide /gaɪd/ n (ο, η) ξεναγός. (book) (ο) οδηγός. • vt καθοδηγώ

guidebook /'gaɪdbʊk/ n (ο) οδηγός (βιβλιαράκι)

guidelines /'gaɪdlaɪnz/ n (οι) κατευθυντήριες γραμμές

guild /gɪld/ n (το) σωματείο

guile /gaɪl/ n (η) πονηριά

guillotine /'gɪləti:n/ n (η) λαιμητόμος. (for paper) (η) χαρτοκοπτική μηχανή

guilt /gɪlt/ n (η) ενοχή. ~**y** a ένοχος

guinea-pig /'gɪnɪpɪg/ n (το) ινδικό χοιρίδιο. (fig) (το) πειραματόζωο

guise /gaɪz/ n (το) πρόσχημα

guitar /gɪ'ta:(r)/ n (η) κιθάρα. ~**ist** n (ο) κιθαριστής

gulf /gʌlf/ n (ο) κόλπος. (hollow) (το) χάσμα

gull /gʌl/ n (ο) γλάρος

gullet /'gʌlɪt/ n (η) γούλα

gullible /'gʌləbl/ a αφελής

gulp /gʌlp/ vt καταβροχθίζω. • vi κομπιάζω. • n (of liquid) (η) ρουφηξιά

gum¹ /gʌm/ n (anat) (το) ούλο

gum² /gʌm/ n (from tree) (το) κόμμι. (glue) (η) γόμα (chewing-gum) (η) τσίχλα

gun /gʌn/ n (το) όπλο. (pistol) (το) πιστόλι. (rifle) (το) τουφέκι

gunfire /'gʌnfaɪə(r)/ n (οι) πυροβολισμοί

gunman /'gʌnmən/ n (ο, η) οπλοφόρος

gunpowder /'gʌnpaʊdə(r)/ n (το) μπαρούτι

gunshot /'gʌnʃɒt/ n (ο) πυροβολισμός

gurgle /'gɜːgl/ n (το) γαργάρισμα.
• vi γαργαρίζω

gush /gʌʃ/ vi αναβλύζω. (fig) μιλώ
διαχυτικά. • n (η) ανάβλυση

gust /gʌst/ n (η) ριπή

gusto /'gʌstəʊ/ n (το) κέφι

gut /gʌt/ n (το) έντερο. **~s** npl
(τα) έντερα. (courage: fam) (το)
θάρρος. • vt (pt gutted) βγάζω τα
έντερα (house) καταστρέφω (το
εσωτερικό)

gutter /'gʌtə(r)/ n (of house) (η)
υδρορρόη. (in street) (το) χαντάκι

guy /gaɪ/ n (fam) (ο) τύπος

guzzle /'gʌzl/ vt (food)
καταβροχθίζω

gym /dʒɪm/ n (το) γυμναστήριο

gymnasium /dʒɪm'neɪzɪəm/ n (το)
γυμναστήριο

gymnast /'dʒɪmnæst/ n (ο)
γυμναστής, (η) γυμνάστρια.
~ics /-'næstɪks/ npl (η)
γυμναστική

gynaecolog|y /gaɪnɪ'kɒlədʒɪ/ n (η)
γυναικολογία. **~ist** n (ο, η)
γυναικολόγος

gypsy /'dʒɪpsɪ/ n (ο) τσιγγάνος

gyrate /dʒaɪ'reɪt/ vi περιστρέφομαι

Hh

habit /'hæbɪt/ n (η) συνήθεια.
(costume) (το) ένδυμα

habit|able /'hæbɪtəbl/ a
κατοικήσιμος. **~ation** /-'teɪʃn/ n
(η) κατοίκηση

habitat /'hæbɪtæt/ n (το) φυσικό
περιβάλλον

habitual /hə'bɪtʃʊəl/ a
συνηθισμένος. **~ly** adv από
συνήθεια

hack /hæk/ vt **~ to pieces**
πετσοκόβω

had /hæd/ see HAVE

haemorrhage /'hemərɪdʒ/ n (η)
αιμορραγία

hag /hæg/ n (η) μέγαιρα

haggard /'hægəd/ a
καταβεβλημένος

haggle /'hægl/ vi παζαρεύω

hail[1] /heɪl/ vt χαιρετώ. (taxi)
φωνάζω ταξί. • vi **~ from**
κατάγομαι από

hail[2] /heɪl/ n (το) χαλάζι. • vi ρίχνω
χαλάζι

hailstone /'heɪlstəʊn/ n (ο)
χαλαζόκοκκος

hair /heə(r)/ n (η) τρίχα. (on head)
(τα) μαλλιά. (on body, of animal)
(το) τρίχωμα. **~-do** n (fam) (το)
χτένισμα. **~-dryer** n (το)
σεσουάρ invar. **~-style** n (το)
χτένισμα

hairbrush /'heəbrʌʃ/ n (η) βούρτσα
των μαλλιών

haircut /'heəkʌt/ n (το) κόψιμο των
μαλλιών. **have a ~** κόβω τα
μαλλιά μου

hairdresser /'heədresə(r)/ n (ο)
κομμωτής, (η) κομμώτρια

hairpin /'heəpɪn/ n (το) τσιμπιδάκι.
~ bend n (η) φουρκέτα

hairy /'heərɪ/ a μαλλιαρός. (sl)
επικίνδυνος

half /hɑːf/ n (pl halves) (το) μισό.
~ an hour μισή ώρα. **~-caste** n
(ο) μιγάδας. **~-time** n (το)
ημιχρόνιο. **~-way** a & adv στο
μέσο της αποστάσεως. **in a ~
-hearted way** με μισή καρδιά

hall /hɔːl/ n (room) (η) αίθουσα.
(entrance, corridor) (το) χολ invar.
(mansion) (το) μέγαρο

hallo /hə'ləʊ/ int & n = **hello**

Hallowe'en /hæləʊ'iːn/ n (η)
παραμονή την Αγίων Πάντων

hallucination /həluːsɪ'neɪʃn/ n (η)
παραίσθηση

halo /'heɪləʊ/ n (ο) φωτοστέφανος

halt /hɔːlt/ n (το) σταμάτημα.
• vt/i σταματώ

halve /hɑːv/ vt μοιράζω στα δύο

ham /hæm/ n (το) ζαμπόν invar

hamburger /'hæmbɜːgə(r)/ n (το)
μπιφτέκι (από κιμά)

hammer /'hæmə(r)/ n (το) σφυρί.
• vt σφυροκοπώ

hammock /'hæmək/ n (η) αιώρα

hamper[1] /'hæmpə(r)/ n καλάθι με
κάλυμμα γεμάτο τρόφιμα

hamper[2] /'hæmpə(r)/ vt εμποδίζω

hand /hænd/ n (το) χέρι. (of clock) (ο) δείκτης. (cards) (η) παρτίδα. • vt δίνω. **at ~, to ~** πρόχειρος. **~-baggage, ~-luggage** ns (οι) χειραποσκευές. **~ down** μεταβιβάζω. **~ in** or **over** παραδίνω. **~ out** μοιράζω

handbag /'hændbæg/ n (η) τσάντα

handbook /'hændbʊk/ n (το) εγχειρίδιο

handbrake /'hændbreɪk/ n (το) χειρόφρενο

handcuff /'hændkʌf/ vt βάζω χειροπέδες σε. **~s** npl (οι) χειροπέδες

handful /'hændfʊl/ n (η) χούφτα

handicap /'hændɪkæp/ n (η) αναπηρία. (obstacle) (το) εμπόδιο. • vt δυσκεραίνω. **~ped** a (physically) ανάπηρος. (mentally) διανοητικά ανάπηρος

handicraft /'hændɪkrɑːft/ n (η) χειροτεχνία

handkerchief /'hæŋkətʃɪf/ n (το) μαντίλι

handle /'hændl/ n (of door) (το) πόμολο. (of cup) (το) χέρι. (of pan, bag) (το) χερούλι. (of knife, tool) (η) λαβή. • vt πιάνω. (deal with) χειρίζομαι. (control) ελέγχω

handlebar /'hændlbɑː(r)/ n **~s** (το) τιμόνι (ποδηλάτου)

handshake /'hændʃeɪk/ n (η) χειραψία

handsome /'hænsəm/ a ωραίος. (fig) γενναιόδωρος

handstand /'hændstænd/ n **do a ~** περπατάω με τα χέρια

handwriting /'hændraɪtɪŋ/ n (ο) γραφικός χαρακτήρας

handy /'hændɪ/ a χρήσιμος. (person) επιδέξιος

handyman /'hændɪmæn/ n (ο) άνθρωπος για όλες τις δουλειές

hang /hæŋ/ vt (pt **hung**) κρεμώ. (pt **hanged**) (criminal) απαγχονίζω. • vi κρέμομαι. **~ about** or **around** περιφέρομαι άσκοπα. **~-glider** n (το) ανεμόπτερο αετός. **~ on** (wait) περιμένω. **~ on to** (keep) κρατώ. **~ out** (washing) απλώνω

hangar /'hæŋə(r)/ n (το) υπόστεγο αεροσκαφών

hanger /'hæŋə(r)/ n (η) κρεμάστρα. **~-on** n (η) κολλιτσίδα

hangover /'hæŋəʊvə(r)/ n πονοκέφαλος και αδιαθεσία μετά από μεθύσι

hanker /'hæŋkə(r)/ vi **~ after** διψώ για

haphazard /hæp'hæzəd/ a τυχαίος. **~ly** adv τυχαία

happen /'hæpən/ vi τυχαίνω. **I ~ed to meet him** τον συνάντησα τυχαία. **~ing** n (το) συμβάν

happ|y /'hæpɪ/ a (**-ier, -iest**) ευτυχισμένος. **~ily** adv ευτυχισμένα. **~iness** n (η) ευτυχία

harass /'hærəs/ vt ενοχλώ

harbour /'hɑːbə(r)/ n (το) λιμάνι. • vt δίνω άσυλο σε. (fig) τρέφω

hard /hɑːd/ a σκληρός. (difficult) δύσκολος. • adv σκληρά. (think) εντατικά. (pull) δυνατά. **be ~ up** a (fam) έχω ανάγκη. **~ disk** n (ο) σκληρός δίσκος. **~ness** n (η) σκληρότητα. **~ of hearing** βαρήκοος.

hardback /'hɑːdbæk/ n (το) δεμένο βιβλίο

harden /'hɑːdn/ vt/i σκληραίνω

hardly /'hɑːdlɪ/ adv μόλις. **~ ever** σχεδόν ποτέ

hardship /'hɑːdʃɪp/ n (η) ταλαιπωρία. (deprivation) (η) στέρηση

hardware /'hɑːdweə(r)/ n (το) υλικό

hardy /'hɑːdɪ/ a (person) σκληραγωγημένος. (plant) ανθεκτικός

hare /heə(r)/ n (ο) λαγός

harem /'hɑːriːm/ n (το) χαρέμι

haricot /'hærɪkəʊ/ n (το) φασόλι

hark /hɑːk/ vi ακούω

harm /hɑːm/ n (η) ζημιά. (wrong) (το) κακό. • vt βλάπτω. **~ful** a βλαβερός. **~less** a αβλαβής

harmonica /hɑː'mɒnɪkə/ n (η) φυσαρμόνικα

harmon|y /'hɑːmənɪ/ n (η) αρμονία. **~ious** /-'məʊnɪəs/ a αρμονικός

harness /'hɑ:nɪs/ n invar (τα)
χάμουρα. • vt δαμάζω

harp /hɑ:p/ n (η) άρπα. • vi ~ **on**
about λέω συνεχώς τα ίδια

harpoon /hɑ:'pu:n/ n (το) καμάκι

harpsichord /'hɑ:psɪkɔ:d/ n (το)
κλαβεσίνο

harrowing /'hærəʊɪŋ/ a οδυνηρός

harsh /hɑ:ʃ/ a (rough) τραχύς.
(cruel) σκληρός. (severe)
αυστηρός. (light) δυνατός. (sound)
διαπεραστικός

harvest /'hɑ:vɪst/ n (ο) θερισμός.
(crop) (η) συγκομιδή. • vt θερίζω

has /hæz/ see HAVE

hassle /'hæsl/ n (fam) (η) φασαρία.
• vt (fam) ενοχλώ

haste /heɪst/ n (η) βιασύνη

hasten /'heɪsn/ vt επισπεύδω.
• vi κάνω γρήγορα

hasty /'heɪstɪ/ a βιαστικός

hat /hæt/ n (το) καπέλο

hatch[1] /hætʃ/ n (for food) (το)
παραθυράκι. (naut) (το) στόμιο
κύτους

hatch[2] /hætʃ/ vt/i εκκολάπτω/ομαι.
(a plot) μηχανεύομαι

hatchet /'hætʃɪt/ n (ο) μπαλτάς

hate /heɪt/ n (το) μίσος. • vt μισώ.
~**ful** a μισητός

hatred /'heɪtrɪd/ n (το) μίσος

haughty /'hɔ:tɪ/ a υπεροπτικός

haul /hɔ:l/ vt τραβώ. • n (το)
τράβηγμα. (catch, net) (η) διχτυά.
(journey) (η) διαδρομή

haunt /hɔ:nt/ vt (ghost)
στοιχειώνω. (frequent) συχνάζω.
(linger in the mind) βασανίζω. • n
(το) στέκι

have /hæv/ vt (3 sing pres **has**, pt
had) έχω. (bath, walk) κάνω v aux
(used with pp) έχω. ~ **on** (wear)
φορώ. (tease: fam) κοροϊδεύω. ~
one's hair cut κόβω τα μαλλιά
μου. ~ **one's suit cleaned** πάω
το κοστούμι μου στο
καθαριστήριο. ~ **to do** πρέπει
να κάνω

haven /'heɪvn/ n (το) καταφύγιο

havoc /'hævək/ n (η) ερήμωση

hawk /hɔ:k/ n (το) γεράκι

hay /heɪ/ n (ο) σανός. ~ **fever** n
αλλεργικό συνάχι

haystack /'heɪstæk/ n (η) θημωνιά

hazard /'hæzəd/ n (ο) κίνδυνος. • vt
διακινδυνεύω. ~**ous** a
επικίνδυνος

haze /heɪz/ n (η) καταχνιά

hazel /'heɪzl/ n (tree) (η)
φουντουκιά. ~**-nut** n (το)
φουντούκι

hazy /'heɪzɪ/ a καταχνιασμένος

he /hi:/ pron αυτός. • n (ο)
αρσενικός

head /hed/ n (το) κεφάλι, (η)
κεφαλή. (chief) (ο) προϊστάμενος,
(ο) διευθυντής. • a επικεφαλής.
• vt ηγούμαι ~ **for** τραβώ προς.
~ **waiter** n (ο) αρχισερβιτόρος.
~**y** a μεθυστικός

headache /'hedeɪk/ n (ο)
πονοκέφαλος

heading /'hedɪŋ/ n (η)
επικεφαλίδα

headlamp, headlight /'hedlæmp,
'hedlaɪt/ ns (ο) προβολέας

headline /'hedlaɪn/ n (η)
επικεφαλίδα

headlong /'hedlɒŋ/ a
απερίσκεπτος. • adv απερίσκεπτα

headmaster /hed'mɑ:stə(r)/ n (ο)
διευθυντής (σχολείου)

headmistress /hed'mɪstrɪs/ n (η)
διευθύντρια (σχολείου)

headphone /'hedfəʊn/ n ~**s** (τα)
ακουστικά

headquarters /'hedkwɔ:təz/ npl
(τα) κεντρικά γραφεία. (mil) (το)
αρχηγείο

headstrong /'hedstrɒŋ/ a
ισχυρογνώμων

heal /hi:l/ vt/i επουλώνω/ομαι

health /helθ/ n (η) υγεία. ~**y** a
υγιής. (beneficial) υγιεινός

heap /hi:p/ n (ο) σωρός. • vt
συσσωρεύω

hear /hɪə(r)/ vt/i (pt **heard**) ακούω.
~ **about** μαθαίνω για. ~ **from**
παίρνω νέα από. ~**ing** n (η)
ακοή. (jur) (η) δίκη. ~**ing-aid** n
(το) ακουστικό βαρηκοΐας

hearsay /'hɪəseɪ/ n (η) διάδοση

hearse /hɜ:s/ n (η) νεκροφόρα

heart /hɑ:t/ n (η) καρδιά. ~**s**
(cards) κούπα. **by** ~ απ' έξω.
lose ~ αποθαρρύνομαι. ~

attack n (η) καρδιακή προσβολή.
~-breaking a σπαραχτικός
~-broken a απαρηγόρητος
heartburn /'haːtbɜːn/ n (η) καούρα
heartfelt /'haːtfelt/ a εγκάρδιος
hearth /haːθ/ n (το) τζάκι
heartless /'haːtlɪs/ a άκαρδος
hearty /'haːtɪ/ a εγκάρδιος. (meal)
πλούσιος
heat /hiːt/ n (η) θερμότητα.
(contest) (ο) προκριματικός
αγώνας. • vt/i ζεσταίνω/ομαι. **~**
stroke n (η) θερμοπληξία. **~**
wave n (ο) καύσωνας. **~er** n (η)
θερμάστρα. (in car) (το)
καλοριφέρ. **~ing** n (η) θέρμανση
heated /'hiːtɪd/ a (discussion)
ζωηρός
heath /hiːθ/ n (ο) θαμνότοπος
heathen /'hiːðn/ n (ο)
ειδωλολάτρης
heather /'heðə(r)/ n (το) ρείκι
heave /hiːv/ vt σηκώνω. (a sigh)
βγάζω. • vi κάνω εμετό
heaven /'hevn/ n (ο) παράδεισος,
(ο) ουρανός. **~ly** a
παραδεισένιος
heavy /'hevɪ/ a (-ier, -iest) βαρύς.
(rain) δυνατός. (sleep) βαθύς.
(traffic) μεγάλος. **~ily** adv βαριά.
(smoke, drink) πολύ
hectic /'hektɪk/ a εντατικός
hedge /hedʒ/ n (ο) φράχτης από
θάμνους
hedgehog /'hedʒhɒg/ n (ο)
σκαντζόχοιρος
heed /hiːd/ vt προσέχω. • n (η)
προσοχή. **~less** a απρόσεκτος
heel /hiːl/ n (η) φτέρνα. (of shoe)
(το) τακούνι
hefty /'heftɪ/ a δυνατός
heifer /'hefə(r)/ n (η) δαμαλίδα
height /haɪt/ n (το) ύψος. (of plane)
(το) ύψωμα. (of season) (η)
καρδιά. (fig) (το) αποκορύφωμα
heighten /'haɪtn/ vt υψώνω. (fig)
επιτείνω
heir, heiress /eə(r), 'eərɪs/ ns (ο, η)
κληρονόμος
heirloom /'eəluːm/ n (το)
οικογενειακό κειμήλιο
held /held/ see HOLD

helicopter /'helɪkɒptə(r)/ n (το)
ελικόπτερο
hell /hel/ n (η) κόλαση
hello /hə'ləʊ/ n (η) γεια. • int γεια.
(telephone) εμπρός. **say ~ to**
χαιρετίζω
helm /helm/ n (το) πηδάλιο
helmet /'helmɪt/ n (το) κράνος
help /help/ vt/i βοηθώ. **he cannot**
~ laughing δεν μπορεί να
συγκρατηθεί να μη γελάσει. • n
(η) βοήθεια. (charwoman) (η)
καθαρίστρια. **~er** n (ο, η)
βοηθός. **~ful** a χρήσιμος.
(person) εξυπηρετικός. **~less** a
(powerless) ανίσχυρος. (unable to
manage) ανίκανος
helping /'helpɪŋ/ n (η) μερίδα
hem /hem/ n (το) στρίφωμα.
• vt **~ in** περικλείω
hemisphere /'hemɪsfɪə(r)/ n (το)
ημισφαίριο
hen /hen/ n (η) κότα
hence /hens/ adv (for this reason)
επομένως. (from now on) από
τώρα
her /hɜː(r)/ a της. • pron την
herald /'herəld/ vt προαγγέλλω
herb /hɜːb/ n (το) βότανο
herd /hɜːd/ n (η) αγέλη
here /hɪə(r)/ adv εδώ. **come ~!**
έλα δω! **~ he is** νάτος
hereditary /hɪ'redɪtrɪ/ a
κληρονομικος
heredity /hɪ'redɪtɪ/ n (η)
κληρονομικότητα
heresy /'herəsɪ/ n (η) αίρεση.
~tic n (ο) αιρετικός
heritage /'herɪtɪdʒ/ n (η)
κληρονομία
hermit /'hɜːmɪt/ n (ο) ερημίτης
hernia /'hɜːnɪə/ n (η) κήλη
hero /'hɪərəʊ/ n (ο) ήρωας. **~ine**
/'herəʊɪn/ n (η) ηρωίδα. **~ism**
/'herəʊɪzəm/ n (ο) ηρωισμός
heroic /hɪ'rəʊɪk/ a ηρωικός
heroin /'herəʊɪn/ n (η) ηρωίνη
heron /'herən/ n (ο) ερωδιός
herring /'herɪŋ/ n (η) ρέγγα
hers /hɜːz/ poss pron δικός της
herself /hɜː'self/ pron (ο) εαυτός
της. (emphatic) (η) ίδια

hesitant /'hezɪtənt/ a διστακτικός

hesitat|e /'hezɪteɪt/ vi διστάζω. **~ion** /-'teɪʃn/ n (o) δισταγμός

heterosexual /hetərə'seksjʊəl/ a & n (o) ετεροφυλόφιλος

hexagon /'heksəgən/ n (το) εξάγωνο

heyday /'heɪdeɪ/ n (η) ακμή

hi /haɪ/ int γεια

hibernate /'haɪbəneɪt/ vi βρίσκομαι σε χειμερία νάρκη

hiccup /'hɪkʌp/ n (o) λόξιγκας

hide¹ /haɪd/ vt/i (pt **hid**, pp **hidden**) κρύβω/ομαι (**from**, από). **~-and-seek** n (το) κρυφτούλι

hide² /haɪd/ n (το) δέρμα

hideous /'hɪdɪəs/ a αποκρουστικός

hiding¹ /'haɪdɪŋ/ n **be in ~** κρύβομαι. **~-place** n (o) κρυψώνας

hiding² /'haɪdɪŋ/ n (fam) (το) ξύλο

hierarchy /'haɪərɑːkɪ/ n (η) ιεραρχία

hi-fi /'haɪ'faɪ/ n (τα) στερεοφωνικά

high /haɪ/ a ψηλός. (wind) δυνατός. (speed) υψηλός. (pitch) οξύς. (food) σιτεμένος. **~** n (τα) ύψη adv ψηλά. **~ chair** n (η) ψηλή καρέκλα (για μωρό). **~ jump** n (το) άλμα εις ύψος. **~-pitched** a διαπεραστικός. **~-rise** a ψηλός. **~ school** n σχολείο δευτεροβάθμιας εκπαίδευσης. **~ street** n κεντρικός δρόμος σε μικρή πόλη. **~ tide** n (η) πλημμυρίδα

highlight /'haɪlaɪt/ n (το) αποκορύφωμα. • vt τονίζω, υπογραμμίζω

highly /'haɪlɪ/ adv πολύ. **~-strung** a νευρώδης και ευέξαπτος

Highness /'haɪnɪs/ n **His/Her Royal ~** o/η Αυτού Υψηλότης

highway /'haɪweɪ/ n (η) εθνική οδός

hijack /'haɪdʒæk/ vt κάνω αεροπειρατεία. **~er** n (o) αεροπειρατής

hike /haɪk/ n (η) πεζοπορία. • vi κάνω πεζοπορία. **~r** /-ə(r)/ n (o, η) πεζοπόρος

hilarious /hɪ'leərɪəs/ a ξεκαρδιστικός

hill /hɪl/ n (o) λόφος

hillside /'hɪlsaɪd/ n (η) λοφοπλαγιά

him /hɪm/ pron τον

himself /hɪm'self/ pron (o) εαυτός του. (emphatic) o ίδιος

hind /haɪnd/ a πισινός

hind|er /'hɪndə(r)/ vt εμποδίζω. **~rance** n (το) εμπόδιο

Hindu /hɪn'duː/ n (o) ινδουιστής, (η) ινδουίστρια

hinge /hɪndʒ/ n (o) μεντεσές

hint /hɪnt/ n (indirect) (o) υπαινιγμός. (advice) (η) υπόδειξη. (slight trace) (το) ίχνος. • vi **~ at** υπονοώ

hip /hɪp/ n (o) γοφός

hippopotamus /hɪpə'pɒtəməs/ n (o) ιπποπόταμος

hire /'haɪə(r)/ vt νοικιάζω. (person) προσλαμβάνω. • n (η) ενοικίαση. **for ~** ενοικιάζεται. (taxi) ελεύθερο

his /hɪz/ a του. • poss pron δικό του

hiss /hɪs/ n (το) σφύριγμα. • vt/i σφυρίζω

historian /hɪ'stɔːrɪən/ n (o, η) ιστορικός

histor|y /'hɪstərɪ/ n (η) ιστορία. **~ic(al)** /hɪ'stɒrɪk(l)/ a ιστορικός

hit /hɪt/ vt/i (pt **hit**, pres p **hitting**) χτυπώ. (find) βρίσκω. • n (το) χτύπημα. (fig) (η) επιτυχία. **~ on** or **upon** βρίσκω τυχαία. (answer) πέφτω πάνω σε

hitch /hɪtʃ/ vt δένω. • n (snag) (η) αναποδιά. **~-hiking** n (το) οτοστόπ invar. **~-hiker** n αυτός που ταξιδεύει με οτοστόπ. **~ up** (pull up) ανασηκώνω

HIV abbr HIV (ιός)

hive /haɪv/ n (η) κυψέλη

hoard /hɔːd/ vt συσσωρεύω. • n (o) σωρός. (of money) (o) θησαυρός

hoarse /hɔːs/ a βραχνός

hoax /həʊks/ n (η) φάρσα. • vt ξεγελώ

hobble /'hɒbl/ vi κουτσαίνω

hobby /'hɒbɪ/ n (το) χόμπι invar

hockey /'hɒkɪ/ n (το) χόκεϊ invar

hoe /həʊ/ n (το) σκαλιστήρι. • vt σκαλίζω

hog /hɒg/ n (το) γουρούνι

hoist /hɔist/ vt υψώνω. (anchor) βιράρω. • n (mech) (ο) ανυψωτήρας

hold[1] /həuld/ vt (pt held) κρατώ. (contain) χωρώ. (restrain) συγκρατώ. • vi (weather) κρατώ, συνεχίζω. • n (το) κράτημα. (influence) (η) επιρροή. **get ~ of** πιάνω. (fig) αποκτώ. **~ back** vt κρύβω. • vi διστάζω. **~ on** (wait) κρατώ. **~ on to** κρατιέμαι από. **~ out** vt (offer) δίνω. • vi (resist) αντιστέκομαι. **~ up** (support) στηρίζω. (raise) ανυψώνω. (delay) καθυστερώ. **~-up** n (delay) (η) καθυστέρηση. (robbery) (η) ληστεία. **~er** n (possessor) (ο) κάτοχος. (container) (η) θήκη

hold[2] /həuld/ n (of ship) (το) κύτος, (το) αμπάρι

hole /həul/ n (η) τρύπα

holiday /ˈhɒlədei/ n (η) αργία. **~s** npl (οι) διακοπές. **~ vi** κάνω διακοπές. **~-maker** n (ο) παραθεριστής, (η) παραθερίστρια

Holland /ˈhɒlənd/ n (η) Ολλανδία

hollow /ˈhɒləu/ a κοίλος. (sound) υπόκωφος. • n (το) βαθούλωμα. • vt βαθουλώνω. **~ out** σκάβω

holly /ˈhɒli/ n (το) πουρνάρι

holster /ˈhəulstə(r)/ n (η) θήκη πιστολιού

holy /ˈhəuli/ a άγιος. **~ water** (ο) αγιασμός

homage /ˈhɒmidʒ/ n (ο) φόρος τιμής

home /həum/ n (το) σπίτι. (institution) (ο) οίκος. (native land) (η) πατρίδα. (sport) (η) έδρα. • a (cooking) σπιτίσιος. (product) εγχώριος. (pol) εσωτερικός. • adv **at ~** στο σπίτι. **~-made** σπιτίσιος. **~ town** n (η) γενέτειρα. **~less** a άστεγος

homesick /ˈhəumsɪk/ a **be ~ for** νοσταλγώ

homeward /ˈhəumwəd/ adv προς το σπίτι

homework /ˈhəumwɜːk/ n (η) κατ' οίκον εργασία

homicide /ˈhɒmisaid/ n (η) ανθρωποκτονία

homosexual /hɒməˈsekʃuəl/ a ομοφυλόφιλος. • n (ο) ομοφυλόφιλος

honest /ˈɒnist/ a τίμιος. (frank) ειλικρινής. **~ly** adv τίμια, ειλικρινά. **~y** n (η) τιμιότητα, (η) ειλικρίνεια

honey /ˈhʌni/ n (το) μέλι

honeycomb /ˈhʌnikəum/ n (η) κερήθρα

honeymoon /ˈhʌnimuːn/ n (ο) μήνας του μέλιτος

honeysuckle /ˈhʌnisʌkl/ n (το) αγιόκλημα

honk /hɒŋk/ vi (bird) κρώζω. (car horn) κορνάρω

honorary /ˈɒnərəri/ a τιμητικός. (member) επίτιμος

honour /ˈɒnə(r)/ n (η) τιμή. • vt τιμώ. (promise) κρατώ. **~able** a έντιμος

hood /hud/ n (η) κουκούλα. (car bonnet: Amer) (το) καπό

hoof /huːf/ n (η) οπλή

hook /huk/ n (ο) γάντζος. (for fishing) (το) αγκίστρι. (for meat) (το) τσιγκέλι. • vt γαντζώνω

hooligan /ˈhuːligən/ n (ο) χούλιγκαν invar

hoop /huːp/ n (η) στεφάνη

hooray /huːˈrei/ int & n = **hurrah**

hoot /huːt/ n (of owl) (το) σκούξιμο. (jeer) το γιουχάισμα. • vt/i σκούζω. (car horn) κορνάρω. (jeer) γιουχαΐζω. **~er** n (of factory) (η) σειρήνα

Hoover /ˈhuːvə(r)/ n (P) (η) ηλεκτρική σκούπα. • vt σκουπίζω με ηλεκτρική σκούπα

hop[1] /hɒp/ vi (pt hopped) πηδώ στο ένα πόδι. • n (το) πήδημα

hop[2] /hɒp/ n (plant) (ο) λυκίσκος

hope /həup/ n (η) ελπίδα. • vt/i ελπίζω. **~ for** περιμένω. **~ful** a αισιόδοξος. (promising) ελπιδοφόρος. **~fully** adv αισιόδοξα. **~less** a απελπιστικός. (incompetent) αδιόρθωτος

horizon /həˈraizn/ n (ο) ορίζοντας

horizontal /hɒriˈzɒntl/ a οριζόντιος

hormone /'hɔːməʊn/ *n* (η) ορμόνη

horn /hɔːn/ *n* (το) κέρατο. (*of car*) (το) κλάξον. (*mus*) (το) κέρας

hornet /'hɔːnɪt/ *n* (η) σφήκα

horoscope /'hɒrəskəʊp/ *n* (το) ωροσκόπιο

horrible /'hɒrəbl/ *a* τρομερός

horrid /'hɒrɪd/ *a* φοβερός

horrific /hə'rɪfɪk/ *a* φριχτός

horr|or /'hɒrə(r)/ *n* (ο) τρόμος, (η) φρίκη. **~ify** *vt* τρομάζω

horse /hɔːs/ *n* (το) άλογο. **~ chestnut** *n* (η) αγριοκαστανιά. **~-racing** *n* (οι) ιπποδρομίες

horseback /'hɔːsbæk/ *n* **on ~** καβάλα

horsepower /'hɔːspaʊə(r)/ *n* (η) ιπποδύναμη

horseshoe /'hɔːsʃuː/ *n* (το) πέταλο

horticulture /'hɔːtɪkʌltʃə(r)/ *n* (η) φυτοκομία

hose /həʊz/ *n* (*pipe*) (η) σωλήνωση, (η) μάνικα, το λάστιχο του ποτίσματος

hospit|able /hɒ'spɪtəbl/ *a* φιλόξενος. **~ality** /-'tælətɪ/ *n* (η) φιλοξενία

hospital /'hɒspɪtl/ *n* (το) νοσοκομείο

host[1] /həʊst/ *n* **a ~ of** (*many*) πλήθος (*with gen.*)

host[2] /həʊst/ *n* (ο) οικοδεσπότης. **~ess** *n* (η) οικοδέσποινα

host[3] /həʊst/ *n* (*relig*) (ο) άρτος

hostage /'hɒstɪdʒ/ *n* (ο, η) όμηρος

hostel /'hɒstl/ *n* (ο) ξενώνας

hostil|e /'hɒstaɪl/ *a* εχθρικός. **~ity** /hɒ'stɪlətɪ/ *n* (η) εχθρότητα

hot /hɒt/ *a* (**hotter, hottest**) ζεστός. (*culin*) καυτερός. **be** *or* **feel ~** ζεσταίνομαι. **it is ~** κάνει ζέστη. **~-water bottle** *n* (η) θερμοφόρα

hotel /həʊ'tel/ *n* (το) ξενοδοχείο

hound /haʊnd/ *n* (το) λαγωνικό. • *vt* (*fig*) κυνηγώ

hour /'aʊə(r)/ *n* (η) ώρα. **~ly** *a* ωριαίος. • *adv* την ώρα

house[1] /haʊs/ *n* (το) σπίτι. (*comm*) (ο) οίκος. (*pol*) (η) βουλή. (*theatr*) (το) θέατρο

house[2] /haʊz/ *vt* στεγάζω. (*store*) αποθηκεύω

houseboat /'haʊsbəʊt/ *n* (το) πλωτό σπίτι

household /'haʊshəʊld/ *n* (το) νοικοκυριό, (το) σπιτικό. **~er** *n* (ο) νοικοκύρης, (η) νοικοκυρά

housekeep|er /'haʊskiːpə(r)/ *n* (ο, η) οικονόμος. **~ing** *n* (η) οικοκυρική

housewife /'haʊswaɪf/ *n* (η) νοικοκυρά

housework /'haʊswɜːk/ *n* (οι) δουλειές του σπιτιού

housing /'haʊzɪŋ/ *n* (η) στέγαση. **~ estate** (ο) οικισμός

hovel /'hɒvl/ *n* (η) τρώγλη

hover /'hɒvə(r)/ *vi* αιωρούμαι. (*linger*) ταλαντεύομαι

hovercraft /'hɒvəkrɑːft/ *n* (το) χόβερκραφτ *invar*

how /haʊ/ *adv* πώς. **~ about** τι λες για. **~ do you do?** (*introduction*) χαίρω πολύ. **~ lovely!** τι ωραία **~ long** για πόσο καιρό. **~ many** πόσοι. **~ much** πόσο. **~ often** πόσο συχνά. **~ old is she?** πόσων χρονών είναι;

however /haʊ'evə(r)/ *adv* όσο κι αν. (*nevertheless*) όμως

howl /haʊl/ *n* (το) ουρλιαχτό. • *vi* ουρλιάζω

hub /hʌb/ *n* (η) πλήμνη. (*fig*) (το) κέντρο. **~-cap** *n* (το) τάσι

huddle /'hʌdl/ *vi* στριμώχνομαι

hue /hjuː/ *n* (το) χρώμα. (*shade*) (η) απόχρωση

hug /hʌg/ *vt* σφίγγω στην αγκαλιά μου *n* (το) σφιχταγκάλιασμα

huge /hjuːdʒ/ *a* τεράστιος

hulk /hʌlk/ *n* (το) κουφάρι πλοίου. (*person*) (ο) σωματώδης άνθρωπος

hull /hʌl/ *n* (*of ship*) (το) σκάφος του πλοίου

hullo /hə'ləʊ/ *int* & *n* = **hello**

hum /hʌm/ *vt/i* (*insect, engine*) βουίζω. (*person*) σιγοτραγουδώ. (*fig*) μουρμουρίζω. • *n* (το) βουητό

human /'hjuːmən/ *a* ανθρώπινος. • *n* **~** (ο) άνθρωπος. **~itarian** /-mænɪ'teərɪən/ *a* ανθρωπιστικός. • *n* (ο) ανθρωπιστής

humane /hjuː'meɪn/ *a* ανθρωπιστικός

humanit|y /hju:'mænəti/ n (η)
ανθρωπότητα
humbl|e /hʌmbl/ a ταπεινός.
• vt ταπεινώνω. **~y** adv ταπεινά
humdrum /'hʌmdrʌm/ a
μονότονος
humid /'hju:mɪd/ a υγρός. **~ity**
/-'mɪdəti/ n (η) υγρασία
humiliat|e /hju:'mɪlɪeɪt/ vt
εξευτελίζω. **~ion** /-'eɪʃn/ n (ο)
εξευτελισμός
humility /hju:'mɪləti/ n (η)
ταπεινοφροσύνη
hum|our /'hju:mə(r)/ n (το)
χιούμορ invar. (state of mind) (το)
κέφι. **sense of ~** (η) αίσθηση
χιούμορ. • vt κάνω το χατίρι (with
gen.). **~orous** a χιουμοριστικός
hump /hʌmp/ n (of back) (η)
καμπούρα. (mound) (το)
εξόγκωμα
hunch /hʌntʃ/ vt καμπουριάζω. • n
(intuition) (το) προαίσθημα
hunchback /'hʌntʃbæk/ n (ο)
καμπούρης
hundred /'hʌndrəd/ a & n εκατό.
~s of εκατοντάδες
hung /hʌŋ/ see HANG
Hungar|y /'hʌŋɡəri/ n (η)
Ουγγαρία. **~ian** /-'ɡeərɪən/ a
ουγγρικός. • n (ο) Ούγγρος, (η)
Ουγγαρέζα
hunger /'hʌŋɡə(r)/ n (η) πείνα. • vi
~ for πεινώ για
hungry /'hʌŋɡrɪ/ a (-ier, -iest)
πεινασμένος. **be ~** πεινώ
hunk /hʌŋk/ n (το) μεγάλο κομμάτι
hunt /hʌnt/ vt/i κυνηγώ. **~ for**
ψάχνω για. • n (το) κυνήγι. **~er** n
(ο) κυνηγός. **~ing** n (το) κυνήγι
hurdle /'hɜ:dl/ n (το) εμπόδιο
hurl /hɜ:l/ vt εκσφενδονίζω
hurrah, hurray /hʊ'rɑ:, hʊ'reɪ/ int
ζήτω. • n (το) ζήτω invar
hurricane /'hʌrɪkən/ n (η) λαίλαπα
hurried /'hʌrɪd/ a βιαστικός
hurry /'hʌrɪ/ vt/i βιάζω/ομαι. **~
up!** κάνε γρήγορα! • n (η)
βιασύνη
hurt /hɜ:t/ vt/i πονώ. (injure, offend)
πληγώνω. • a πληγωμένος. • n
(το) πλήγμα. (fig) (η) βλάβη.
~ful a (fig) επιβλαβής

hurtle /'hɜ:tl/ vi εκσφενδονίζομαι
husband /'hʌzbənd/ n (ο) σύζυγος
hush /hʌʃ/ vt ησυχάζω. **~ up**
συγκαλύπτω. • n (η) σιωπή. **~!**
σιωπή!
husk /hʌsk/ n (η) φλούδα
husky /'hʌskɪ/ a βραχνός
hustle /'hʌsl/ vt σπρώχνω. (fig)
πιέζω να κάνει γρήγορα. • n (η)
κίνηση. **~ and bustle** (το)
πηγαινέλα invar
hut /hʌt/ n (η) καλύβα
hutch /hʌtʃ/ n (το) κλουβί
hydraulic /haɪ'drɔ:lɪk/ a
υδραυλικός
hydrogen /'haɪdrədʒən/ n (το)
υδρογόνο
hyena /haɪ'i:nə/ n (η) ύαινα
hygien|e /'haɪdʒi:n/ n (η) υγιεινή.
~ic /-'dʒi:nɪk/ a υγιεινός
hymn /hɪm/ n (ο) ύμνος
hyphen /'haɪfn/ n (η) παύλα. **~ate**
vt χωρίζω με παύλα
hypno|sis /hɪp'nəʊsɪs/ n (η)
ύπνωση. **~tic** /-'nɒtɪk/ a
υπνωτικός
hypnot|ize /'hɪpnətaɪz/ vt υπνωτίζω.
~ism n (ο) υπνωτισμός. **~ist** n
(ο) υπνωτιστής
hypochondriac /haɪpə'kɒndrɪæk/
n (ο) υποχονδριακός
hypocri|sy /hɪ'pɒkrəsɪ/ n (η)
υποκρισία. **~te** /'hɪpəkrɪt/ n (ο)
υποκριτής, (η) υποκρίτρια.
~tical /-'krɪtɪkl/ a υποκριτικός
hypothe|sis /haɪ'pɒθəsɪs/ n (η)
υπόθεση. **~tical** /-ə'θetɪkl/ a
υποθετικός
hysteri|a /hɪs'tɪərɪə/ n (η) υστερία.
~cal /-'terɪkl/ a υστερικός. (very
funny: fam) πολύ αστείο. **~cs**
/-'teriks/ npl (η) υστερική κρίση

Ii

I /aι/ *pron* εγώ
ice /aιs/ *n* (ο) πάγος. • *vt* παγώνω.
(*cake*) γκλασάρω. **~-cream** *n*
(το) παγωτό. **~-cube** *n* (το)
παγάκι. **~ rink** *n* (το)
παγοδρόμιο. **~-skating** *n* (η)
παγοδρομία
iceberg /'aιsbɜ:g/ *n* (το)
παγόβουνο
icebox /'aιsbɒks/ *n* (*Amer*) (το)
ψυγείο
Iceland /'aιslənd/ *n* (η) Ισλανδία
icicle /'aιsιkl/ *n* (ο)
παγοκρύσταλλος
icing /'aιsιŋ/ *n* (το) γκλασάρισμα.
~ sugar *n* (η) ζάχαρη άχνη
icon /'aιkɒn/ *n* (η) εικόνα
icy /'aιsι/ *a* παγωμένος
idea /aι'dιə/ *n* (η) ιδέα. (*impression*)
(η) εντύπωση
ideal /aι'dιəl/ *a* ιδεώδης, ιδανικός.
• *n* (το) ιδανικό. **~ize** *vt*
εξιδανικεύω. **~ly** *adv* ιδανικά
idealis|t /aι'dιəlιst/ *n* (ο)
ιδεαλιστής, (η) ιδεαλίστρια. **~m**
/-zəm/ *n* (ο) ιδεαλισμός. **~tic**
/-'lιstιk/ *a* ιδεαλιστικός
identical /aι'dentιkl/ *a*
πανομοιότυπος
identif|y /aι'dentιfaι/ *vt*
αναγνωρίζω. • *vi* **~y with**
ταυτίζομαι με. **~ication** /-ι'keιʃn/
n (η) αναγνώριση, (η) ταύτιση
identity /aι'dentιtι/ *n* (η)
ταυτότητα. **~ card** (η) ταυτότητα
ideology /aιdι'ɒlədʒι/ *n* (η)
ιδεολογία
idiom /'ιdιəm/ *n* (ο) ιδιωτισμός.
~atic /-'mætιk/ *a* ιδιωματικός
idiot /'ιdιət/ *n* (ο) ηλίθιος. **~ic**
/-'ɒtιk/ *a* ηλίθιος
idle /'aιdl/ *a* (*unoccupied*) αργός.
(*lazy*) τεμπέλης. (*vain*)
μάταιος. **~ness** *n* (η) αργία, (η)
τεμπελιά
idol /'aιdl/ *n* (το) είδωλο. **~ize**
/-əlaιz/ *vt* λατρεύω σαν θεό

idyllic /ι'dιlιk/ *a* ειδυλλιακός
i.e. *abbr* δηλ.
if /ιf/ *conj* αν, εάν. **~ only** και να
igloo /'ιglu:/ *n* (το) ιγκλού *invar*
ignite /ιg'naιt/ *vt*/*i* αναφλέγω/ομαι
ignition /ιg'nιʃn/ *n* (η) ανάφλεξη.
~ key (το) κλειδί του διακόπτη
του κινητήρα
ignoran|t /'ιgnərənt/ *a* αμαθής.
~ce *n* (η) αμάθεια, (η) άγνοια
ignore /ιg'nɔ:(r)/ *vt* αδιαφορώ για.
(*person*) αγνοώ
ill /ιl/ *a* άρρωστος. (*bad*) κακός.
• *adv* κακά. • *n* (το) κακό. **be ~ at
ease** δε νιώθω άνετα
illegal /ι'li:gl/ *a* παράνομος. **~ly**
adv παράνομα
illegible /ι'ledʒəbl/ *a*
δυσανάγνωστος
illegitimate /ιlι'dʒιtιmət/ *a*
παράνομος. (*child*) νόθος
illicit /ι'lιsιt/ *a* αθέμιτος
illiterate /ι'lιtərət/ *a* αγράμματος
illness /'ιlnιs/ *n* (η) αρρώστια
illogical /ι'lɒdʒιkl/ *a* παράλογος
illuminat|e /ι'lju:mιneιt/ *vt* φωτίζω.
~ion /-'neιʃn/ *n* (ο) φωτισμός
illusion /ι'lu:ʒn/ *n* (η) αυταπάτη
illustrat|e /'ιləstreιt/ *vt* επεξηγώ.
(*book*) εικονογραφώ. **~ion**
/-'streιʃn/ *n* (η) επεξήγηση, (η)
εικονογράφηση
image /'ιmιdʒ/ *n* (η) εικόνα.
imaginat|ion /ιmædʒι'neιʃn/ *n* (η)
φαντασία. **~ive** /ι'mædʒιnətιv/ *a*
επινοητικός
imagin|e /ι'mædʒιn/ *vt*
φαντάζομαι. (*suppose*) υποθέτω.
~ary *a* φανταστικός
imbalance /ιm'bæləns/ *n* (η)
δυσαναλογία
imbecile /'ιmbəsi:l/ *n* (ο) ηλίθιος
imitat|e /'ιmιteιt/ *vt* μιμούμαι.
~ion /-'teιʃn/ *n* (η) απομίμηση.
• *a* (*not genuine*) ιμιτασιόν *invar*
immaculate /ι'mækjυlət/ *a* άψογος
immaterial /ιmə'tιərιəl/ *a*
ασώματος. (*fig*) ασήμαντος
immature /ιmə'tjυə(r)/ *a* ανώριμος
immediate /ι'mi:dιət/ *a* άμεσος.
(*nearest*) εγγύτατος. **~ly** *adv*
αμέσως. • *conj* μόλις

immense /ɪˈmens/ a απέραντος.
~**ly** adv απέραντα
immerse /ɪˈmɜːs/ vt βουτώ, βυθίζω
immigra|te /ˈɪmɪɡreɪt/ vi
μεταναστεύω (έρχομαι σε χώρα
σαν μετανάστης). ~**nt** n (ο)
μετανάστης, (η) μετανάστρια.
~**tion** /-ˈɡreɪʃn/ n (η)
μετανάστευση
imminent /ˈɪmɪnənt/ a επικείμενος
immobile /ɪˈməʊbaɪl/ a ακίνητος
immobil|ize /ɪˈməʊbɪlaɪz/ vt
ακινητοποιώ ~**izer** n (το)
σύστημα ακινητοποίησης
οχήματος
immoderate /ɪˈmɒdərət/ a
υπέρμετρος
immodest /ɪˈmɒdɪst/ a άσεμνος
immoral /ɪˈmɒrəl/ a ανήθικος.
~**ity** /ɪməˈrælətɪ/ n (η)
ανηθικότητα
immortal /ɪˈmɔːtl/ a αθάνατος.
~**ity** /-ˈtælətɪ/ n (η) αθανασία
immun|e /ɪˈmjuːn/ a (to illness)
απρόσβλητος (**to**, από). (exempt)
απηλλαγμένος (**from**, από). ~**ity** n
(med) (η) ανοσία. (diplomatic) (η)
ασυλία
impact /ˈɪmpækt/ n (η)
πρόσκρουση. (fig) (η) επίδραση
impair /ɪmˈpeə(r)/ vt εξασθενίζω
impart /ɪmˈpɑːt/ vt μεταδίδω
impartial /ɪmˈpɑːʃl/ a αμερόληπτος
impasse /æmˈpɑːs/ n (το) αδιέξοδο
impatien|t /ɪmˈpeɪʃənt/ a
ανυπόμονος. ~**ce** n (η)
ανυπομονησία. ~**tly** adv
ανυπόμονα
impeccable /ɪmˈpekəbl/ a
άμεμπτος
impede /ɪmˈpiːd/ vt παρεμποδίζω
impediment /ɪmˈpedɪmənt/ n (το)
εμπόδιο. (speech) (η) δυσχέρεια
impel /ɪmˈpel/ vt ωθώ
impending /ɪmˈpendɪŋ/ a
επικείμενος
impenetrable /ɪmˈpenɪtrəbl/ a
αδιαπέραστος
imperative /ɪmˈperətɪv/ a
επιβεβλημένος. • n (η)
προστακτική
imperceptible /ɪmpəˈseptəbl/ a
ανεπαίσθητος

imperfect /ɪmˈpɜːfɪkt/ a ατελής.
(faulty) ελαττωματικός. • n (gram)
(ο) παρατατικός. ~**ion** /-əˈfekʃn/
n (η) ατέλεια
imperial /ɪmˈpɪərɪəl/ a
αυτοκρατορικός
imperious /ɪmˈpɪərɪəs/ a
επιτακτικός
impersonal /ɪmˈpɜːsənl/ a
απρόσωπος
impersonat|e /ɪmˈpɜːsəneɪt/ vt
μιμούμαι. (theatr) υποδύομαι.
~**or** /-ə(r)/ n (ο) μίμος
impertinent /ɪmˈpɜːtɪnənt/ a
αναιδής
impervious /ɪmˈpɜːvjəs/ a
αδιαπέραστος
impetuous /ɪmˈpetjʊəs/ a
απερίσκεπτος
impetus /ˈɪmpɪtəs/ n (η) ώθηση
implausible /ɪmˈplɔːzɪbl/ a
απίθανος
implement[1] /ˈɪmplɪmənt/ n (το)
εργαλείο
implement[2] /ˈɪmplɪment/ vt
εφαρμόζω
implicat|e /ˈɪmplɪkeɪt/ vt εμπλέκω.
~**ion** /-ˈkeɪʃn/ n (involvement) (η)
ανάμιξη. (suggestion) (ο)
υπαινιγμός
implicit /ɪmˈplɪsɪt/ a υπονοούμενος.
(absolute) απόλυτος
implore /ɪmˈplɔː(r)/ vt εκλιπαρώ
imply /ɪmˈplaɪ/ vt υπονοώ.
(insinuate) υπαινίσσομαι
impolite /ɪmpəˈlaɪt/ a αγενής
import[1] /ɪmˈpɔːt/ vt εισάγω. ~**er** n
(ο, η) εισαγωγέας
import[2] /ˈɪmpɔːt/ n (meaning) (η)
σημασία. (value) (η) αξία
importan|t /ɪmˈpɔːtnt/ a
σημαντικός, σπουδαίος. ~**ce** n
(η) σημασία, (η) σπουδαιότητα
impose /ɪmˈpəʊz/ vt επιβάλλω. • vi
~**e on** εκμεταλλεύομαι
imposing /ɪmˈpəʊzɪŋ/ a
επιβλητικός
impossib|le /ɪmˈpɒsəbl/ a
αδύνατος. ~**ility** /-ˈbɪlətɪ/ n (το)
αδύνατο. ~**ly** adv αδύνατα
impostor /ɪmˈpɒstə(r)/ n (ο)
απατεώνας

impoten|t /'ɪmpətənt/ a ανίκανος.
~ce n (η) ανικανότητα

impound /ɪm'paʊnd/ vt κατάσχω

impoverish /ɪm'pɒvərɪʃ/ vt
φτωχαίνω

impractical /ɪm'præktɪkl/ a μη
πρακτικός

impregnable /ɪm'pregnəbl/ a
απόρθητος

impregnate /'ɪmpregneɪt/ vt
διαποτίζω (**with**, με)

impress /ɪm'pres/ vt εντυπωσιάζω.
(*imprint*) αποτυπώνω. **be ~ed**
μου κάνει εντύπωση. **~ive** a
εντυπωσιακός

impression /ɪm'preʃn/ n (η)
εντύπωση

impressionism /ɪm'preʃnɪzəm/ n
(ο) εμπρεσιονισμός

imprison /ɪm'prɪzn/ vt φυλακίζω.
~ment n (η) φυλάκιση

improbable /ɪm'prɒbəbl/ a
απίθανος. (*incredible*) απίστευτος

impromptu /ɪm'prɒmptju:/ a
αυτοσχέδιος. • adv εκ του
προχείρου

improper /ɪm'prɒpə(r)/ a απρεπής.
(*incorrect*) λανθασμένος

improve /ɪm'pru:v/ vt/i βελτιώνω/
ομαι, καλυτερεύω. **~ment** n (η)
βελτίωση, (η) καλυτέρευση

improvise /'ɪmprəvaɪz/ vt φτιάχνω
πρόχειρα. • vi αυτοσχεδιάζω

imprudent /ɪm'pru:dənt/ a
απερίσκεπτος

impuls|e /'ɪmpʌls/ n (η)
παρόρμηση. **~ive** a
παρορμητικός, αυθόρμητος.
~ively adv αυθόρμητα

impur|e /ɪm'pjʊə(r)/ a ακάθαρτος.
~ity n (η) ακαθαρσία

in /ɪn/ prep σε. • adv μέσα. (*at
home*) στο σπίτι. (*in fashion*) της
μόδας. **~ August/1990** τον
Αύγουστο/το 1990. **~-laws** npl
(*fam*) (τα) πεθερικά. **the ~s and
outs** (οι) λεπτομέρειες

inability /ɪnə'bɪlətɪ/ n (η) αδυναμία

inaccessible /ɪnæk'sesəbl/ a
απρόσιτος

inaccurate /ɪn'ækjərət/ a
ανακριβής

inactive /ɪn'æktɪv/ a αδρανής

inadequa|te /ɪn'ædɪkwət/ a
ανεπαρκής. **~cy** n (η)
ανεπάρκεια

inadvertent /ɪnəd'vɜ:tənt/ a
απρόσεχτος. **~ly** adv από
απροσεξία

inane /ɪ'neɪn/ a ανόητος

inanimate /ɪn'ænɪmət/ a άψυχος

inappropriate /ɪnə'prəʊprɪət/ a
ακατάλληλος

inattentive /ɪnə'tentɪv/ a
απρόσεχτος

inaudible /ɪn'ɔ:dəbl/ a που δεν
ακούγεται

inaugura|te /ɪ'nɔ:gjʊreɪt/ vt
εγκαινιάζω. **~tion** /-'reɪʃn/ n (τα)
εγκαίνια

inbred /ɪn'bred/ a έμφυτος

incalculable /ɪn'kælkjʊləbl/ a
ανυπολόγιστος

incapable /ɪn'keɪpəbl/ a ανίκανος

incapacitate /ɪnkə'pæsɪteɪt/ vt
καθιστώ ανίκανο

incendiary /ɪn'sendɪərɪ/ a
εμπρηστικός. • n (*device*) (η)
εμπρηστική ύλη

incense[1] /'ɪnsens/ n (το) λιβάνι

incense[2] /ɪn'sens/ vt εξοργίζω

incentive /ɪn'sentɪv/ n (το) κίνητρο

incessant /ɪn'sesnt/ a
ακατάπαυστος. **~ly** adv
ακατάπαυστα

incest /'ɪnsest/ n (η) αιμομιξία.
~uous /ɪn'sestjʊəs/ a
αιμομικτικός

inch /ɪntʃ/ n (η) ίντσα (= 2.54 εκ.).
• vi προχωρώ πολύ αργά

incidence /'ɪnsɪdəns/ n (η)
συχνότητα

incident /'ɪnsɪdənt/ n (το)
επεισόδιο

incidental /ɪnsɪ'dentl/ a
συμπτωματικός, τυχαίος. **~ly** adv
(*by the way*) αλήθεια

incinerat|e /ɪn'sɪnəreɪt/ vt
αποτεφρώνω. **~or** /-ə(r)/ n (ο)
κλίβανος

incisive /ɪn'saɪsɪv/ a κοφτερός

incite /ɪn'saɪt/ vt υποκινώ

inclination /ɪnklɪ'neɪʃn/ n (η)
κλίση. (*disposition*) (η) διάθεση

incline[1] /ɪn'klaɪn/ vt/i τείνω. **be**

~d to έχω την τάση να
incline² /ˈɪnklaɪn/ *n* (η) κλίση
inclu|de /ɪnˈkluːd/ *vt*
(συμ)περιλαμβάνω. **~ding** *prep*
συμπεριλαμβανομένου
inclusive /ɪnˈkluːsɪv/ *a*
συμπεριλαμβανόμενος
incognito /ɪnkɒɡˈniːtəʊ/ *adv*
ινκόγκνιτο
incoherent /ɪnkəʊˈhɪərənt/ *a*
ασυνάρτητος
income /ˈɪnkʌm/ *n* (το) εισόδημα.
~ tax *n* (ο) φόρος εισοδήματος
incoming /ˈɪnkʌmɪŋ/ *a*
εισερχόμενος
incomparable /ɪnˈkɒmprəbl/ *a*
ασύγκριτος
incompatible /ɪnkəmˈpætəbl/ *a*
ασυμβίβαστος. (*people*)
αταίριαστος
incompeten|t /ɪnˈkɒmpɪtənt/ *a*
ανίκανος, ανεπαρκής. **~ce** *n* (η)
ανικανότητα, (η) ανεπάρκεια
incomplete /ɪnkəmˈpliːt/ *a*
ημιτελής
incomprehensible
/ɪnkɒmprɪˈhensəbl/ *a* ακατανόητος
inconceivabl|e /ɪnkənˈsiːvəbl/ *a*
αδιανόητος
inconclusive /ɪnkənˈkluːsɪv/ *a* (*not
convincing*) μη πειστικός. (*not
decisive*) μη αποφασιστικός
incongruous /ɪnˈkɒŋɡruəs/ *a*
αταίριαστος
inconsiderate /ɪnkənˈsɪdərət/ *a*
απερίσκεπτος
inconsistent /ɪnkənˈsɪstənt/ *a*
ασυνεπής. **be ~t with** είμαι
αντιφατικός σε
inconspicuous /ɪnkənˈspɪkjuəs/ *a*
απαρατήρητος
incontinent /ɪnˈkɒntɪnənt/ *a*
ακρατής
inconvenien|t /ɪnkənˈviːnɪənt/ *a*
άβολος. (*time, place*)
ακατάλληλος. **~ce** *n* (η)
ενόχληση. • *vt* ενοχλώ
incorporate /ɪnˈkɔːpəreɪt/ *vt*
ενσωματώνω
incorrect /ɪnkəˈrekt/ *a* ανακριβής.
~ly *adv* ανακριβώς
increas|e¹ /ɪnˈkriːs/ *vt*/*i* αυξάνω/
ομαι. **~ingly** *adv* όλο και

περισσότερο
increase² /ˈɪnkriːs/ *n* (η) αύξηση
incredibl|e /ɪnˈkredəbl/ *a*
απίστευτος. **~y** *adv* απίστευτα
incredulous /ɪnˈkredjʊləs/ *a*
δύσπιστος
incriminat|e /ɪnˈkrɪmɪneɪt/ *vt*
ενοχοποιώ. **~ing** *a*
ενοχοποιητικός
incubat|e /ˈɪŋkjʊbeɪt/ *vt*
εκκολάπτω. **~or** /-ə(r)/ *n* (η)
εκκολαπτική μηχανή. (*for babies*)
(η) θερμοκοιτίδα
incur /ɪnˈkɜː(r)/ *vt* υφίσταμαι.
(*debts*) συνάπτω, κάνω
incurable /ɪnˈkjʊərəbl/ *a*
αθεράπευτος. (*illness*) ανίατος
incursion /ɪnˈkɜːʃn/ *n* (η) επιδρομή
indebted ˀ/ɪnˈdetɪd/ *a* **~ to**
υποχρεωμένος σε
indecent /ɪnˈdiːsnt/ *a* άσεμνος
indecision /ɪndɪˈsɪʒn/ *n* (η)
αναποφασιστικότητα
indecisive /ɪndɪˈsaɪsɪv/ *a*
αναποφάσιστος
indeed /ɪnˈdiːd/ *adv* πραγματικά.
very much ~ πάρα πολύ
indefinable /ɪndɪˈfaɪnəbl/ *a*
απροσδιόριστος
indefinite /ɪnˈdefɪnət/ *a* αόριστος.
~ly *adv* αόριστα
indelible /ɪnˈdelɪbl/ *a* ανεξίτηλος
independen|t /ɪndɪˈpendənt/ *a*
ανεξάρτητος. **~ce** *n* (η)
ανεξαρτησία. **~tly** *adv*
ανεξάρτητα
indescribabl|e /ɪndɪˈskraɪbəbl/ *a*
απερίγραπτος. **~y** *adv*
απερίγραπτα
indestructible /ɪndɪˈstrʌktəbl/ *a*
ακατάλυτος
index /ˈɪndeks/ *n* (ο) δείκτης. (*in
book*) (το) ευρετήριο. (*in library*)
(ο) κατάλογος. • *vt* αποδελτιώνω.
~ finger *n* (ο) δείκτης
India /ˈɪndjə/ *n* (η) Ινδία. **~n** *a*
ινδικός. • *n* (ο) Ινδός, (η) Ινδή.
American ~n (ο) Ινδιάνος, (η)
Ινδιάνα
indicat|e /ˈɪndɪkeɪt/ *vt* δείχνω.
(*state briefly*) υποδείχνω. **~ion**
/-ˈkeɪʃn/ *n* (η) ένδειξη. **~or** *n* (ο)
δείκτης. (*auto*) (ο) δείκτης

κατευθύνσεως, (το) φλας *invar*
indicative /ɪn'dɪkətɪv/ *a*
ενδεικτικός. • *n* (*gram*) (η)
οριστική
indict /ɪn'daɪt/ *vt* κατηγορώ.
~**ment** *n* (*accusation*) (η)
κατηγορία
indifferen|t /ɪn'dɪfrənt/ *a*
αδιάφορος. (*not good*) μέτριος.
~**ce** *n* (η) αδιαφορία
indigenous /ɪn'dɪdʒɪnəs/ *a*
ιθαγενής
indigesti|ble /ɪndɪ'dʒestəbl/ *a*
αχώνευτος. ~**on** /-tʃən/ *n* (η)
δυσπεψία
indigna|nt /ɪn'dɪgnənt/ *a*
αγανακτισμένος. ~**tion** /-'neɪʃn/
n (η) αγανάκτηση
indirect /ɪndɪ'rekt/ *a* έμμεσος. ~**ly**
adv έμμεσα
indiscr|eet /ɪndɪ'skriːt/ *a*
αδιάκριτος. ~**etion** /-'kreʃn/ *n*
(η) αδιακρισία
indiscriminate /ɪndɪ'skrɪmɪnət/ *a*
χωρίς διάκριση. ~**ly** *adv*
αδιάκριτα
indispensable /ɪndɪ'spensəbl/ *a*
απαραίτητος
indisposed /ɪndɪ'spəʊzd/ *a*
αδιάθετος
indisputable /ɪndɪ'spjuːtəbl/ *a*
αναμφισβήτητος
indistinct /ɪndɪ'stɪŋkt/ *a*
ακαθόριστος
individual /ɪndɪ'vɪdʒʊəl/ *a*
ατομικός. • *n* (το) άτομο. ~**ity**
/-'ælətɪ/ *n* (η) ατομικότητα. ~**ly**
adv ατομικά
indoctrinat|e /ɪn'dɒktrɪneɪt/ *vt*
κατηχώ. ~**ion** /-'neɪʃn/ *n* (η)
κατήχηση
indolent /'ɪndələnt/ *a* νωθρός
Indonesia /ɪndəʊ'niːzɪə/ *n* (η)
Ινδονησία
indoor /'ɪndɔː(r)/ *a* εσωτερικός. ~
swimming-pool (η) κλειστή
πισίνα. ~**s** /-'dɔːz/ *adv* μέσα
induce /ɪn'djuːs/ *vt* πείθω.
(*produce*) προκαλώ. ~**ment** *n* (η)
παρακίνηση
indulge /ɪn'dʌldʒ/ *vt* (*desire*)
ικανοποιώ. (*person*) κάνω το
χατίρι (*with gen.*). • *vi* ~ **in**

παραδίδομαι σε. ~**nce** *n* (η)
αδυναμία. (*leniency*) επιείκια.
~**nt** *a* επιεικής
industrial /ɪn'dʌstrɪəl/ *a*
βιομηχανικός. ~**ist** *n* (ο)
βιομήχανος. ~**ized** /-aɪzd/ *a*
βιομηχανοποιημένος
industrious /ɪn'dʌstrɪəs/ *a*
εργατικός
industry /'ɪndəstrɪ/ *n* (η)
βιομηχανία. (*zeal*) (η)
εργατικότητα
inebriated /ɪ'niːbrɪeɪtɪd/ *a*
μεθυσμένος
inedible /ɪn'edɪbl/ *a* μη φαγώσιμος
ineffective /ɪnɪ'fektɪv/ *a* μη
αποτελεσματικός
ineffectual /ɪnɪ'fektʃʊəl/ *a* χωρίς
αποτέλεσμα. (*person*) ανίκανος
inefficien|t /ɪnɪ'fɪʃnt/ *a* μη
αποδοτικός. ~**cy** *n* (η)
ανεπάρκεια
ineligible /ɪn'elɪdʒəbl/ *a*
ακατάλληλος. **be** ~ **for** (*job etc.*)
στερούμαι των απαραίτητων
προσόντων για
inept /ɪ'nept/ *a* ακατάλληλος
inequality /ɪnɪ'kwɒlətɪ/ *n* (η)
ανισότητα
inert /ɪ'nɜːt/ *a* αδρανής. ~**ia** /-ʃə/
n (η) αδράνεια
inescapable /ɪnɪs'keɪpəbl/ *a*
αναπόφευκτος
inevitabl|e /ɪn'evɪtəbl/ *a*
αναπόφευκτος. ~**y** *adv*
αναπόφευκτα
inexact /ɪnɪg'zækt/ *a* ανακριβής
inexcusable /ɪnɪk'skjuːzəbl/ *a*
ασυγχώρητος
inexhaustible /ɪnɪg'zɔːstəbl/ *a*
ανεξάντλητος
inexpensive /ɪnɪk'spensɪv/ *a*
ανέξοδος
inexperience /ɪnɪk'spɪərɪəns/ *n* (η)
απειρία. ~**d** *a* άπειρος
inexplicable /ɪnɪk'splɪkəbl/ *a*
ανεξήγητος
infallib|le /ɪn'fæləbl/ *a* αλάθητος.
~**ility** /-'bɪlətɪ/ *n* (το) αλάθητο
infamous /'ɪnfəməs/ *a* (*place*)
κακόφημος. (*person*) με κακό
όνομα
infan|cy /'ɪnfənsɪ/ *n* (η) νηπιακή

ηλικία. **~t** *n* (το) νήπιο. **~tile**
/-'tail/ *a* παιδαριώδης

infantry /'infəntrı/ *n* (το) πεζικό.
~man *n* (ο) πεζός (φαντάρος)

infatuat|ed /ın'fætʃʋeıtıd/ *a*
ξετρελαμένος (**with**, με). **~ion**
/-'eıʃn/ (το) ξετρέλαμα

infect /ın'fekt/ *vt* μολύνω (**with**,
με). **~ion** /-ʃn/ *n* (η) μόλυνση.
~ious *a* μεταδοτικός

infer /ın'fɜː(r)/ *vt* συμπεραίνω

inferior /ın'fıərıə(r)/ *a* κατώτερος.
(*goods*) κακής ποιότητος. • *n* (*in
rank*) (ο) κατώτερος. **~ity**
/-'ɒrətı/ *n* (η) κατωτερότητα

infernal /ın'fɜːnl/ *a* διαβολεμένος.
(*fam*) φοβερός

inferno /ın'fɜːnəʋ/ *n* (η) κόλαση

infertil|e /ın'fɜːtail/ *a* (*soil, land*)
άγονος. (*person*) στείρος. **~ity**
/-'tılətı/ *n* (η) αγονία, (η)
στειρότητα

infest /ın'fest/ *vt* γεμίζω,
προσβάλλω

infidelity /ınfı'delətı/ *n* (η) απιστία

infiltrate /'ınfıltreıt/ *vt* διεισδύω

infinite /'ınfınət/ *a* άπειρος. **~ly**
adv άπειρα

infinitive /ın'fınıtıv/ *n* (το)
απαρέμφατο

infinity /ın'fınətı/ *n* (το) άπειρο

infirm /ın'fɜːm/ *a* αδύνατος (*λόγω
γερατειών*). **~ity** *n* (η) αδυναμία

infirmary /ın'fɜːmərı/ *n* (το)
νοσηλευτήριο

inflam|e /ın'fleım/ *vt* ερεθίζω.
~mable /-æməbl/ *a* εύφλευκτος.
~mation /-ə'meıʃn/ *n* (ο)
ερεθισμός

inflate /ın'fleıt/ *vt* φουσκώνω

inflation /ın'fleıʃn/ *n* (ο)
πληθωρισμός

inflexible /ın'fleksəbl/ *a* άκαμπτος

inflict /ın'flıkt/ *vt* επιβάλλω

influen|ce /'ınflʋəns/ *n* (η)
επίδραση. (*power*) (η) επιρροή.
• *vt* επηρεάζω. **~tial** /-'enʃl/ *a* με
επιρροή

influenza /ınflʋ'enzə/ *n* (η) γρίπη

influx /'ınflʌks/ *n* (η) εισροή

inform /ın'fɜːm/ *vt*/*i* πληροφορώ/
ούμαι. **~ against** *or* **on**

καταδίνω. **keep s.o. ~ed** κρατώ
κπ ενήμερο. **~er** /ə(r)/ *n* (ο)
καταδότης, (η) καταδότρια

informal /ın'fɔːml/ *a* ανεπίσημος.
~ity /-'mælətı/ *n* (η)
ανεπισημότητα. **~ly** *adv*
ανεπίσημα

informat|ion /ınfə'meıʃn/ *n* (η)
πληροφορία. **~ive** /-'fɔːmətıv/ *a*
διαφωτιστικός

infra-red /ınfrə'red/ *a* υπέρυθρος

infrequent /ın'friːkwənt/ *a*
σπάνιος. **~ly** *adv* σπάνια

infringe /ın'frındʒ/ *vt* παραβιάζω *vi*
~ on καταπατώ

infuriat|e /ın'fjʋərıeıt/ *vt* εξοργίζω.
~ing *a* εξοργιστικός

ingen|ious /ın'dʒiːnıəs/ *a*
εφευρετικός. **~uity** /-ı'njuːətı/ *n*
(η) εφευρετικότητα

ingenuous /ın'dʒenjʋəs/ *a* άδολος

ingot /'ıŋgət/ *n* (η) ράβδος

ingratiate /ın'greıʃıeıt/ *vt* **~ o.s.
with** γίνομαι συμπαθής σε

ingratitude /ın'grætıtjuːd/ *n* (η)
αγνωμοσύνη

ingredient /ın'griːdjənt/ *n* (το)
συστατικό

inhabit /ın'hæbıt/ *vt* κατοικώ.
~ant *n* (ο, η) κάτοικος

inhale /ın'heıl/ *vt* εισπνέω. • *vi*
(*cigarette*) ρουφώ

inherent /ın'hıərənt/ *a* έμφυτος

inherit /ın'herıt/ *vt* κληρονομώ.
~ance *n* (η) κληρονομιά

inhibit /ın'hıbıt/ *vt* αναστέλλω.
(*prevent*) εμποδίζω. **~ion** /-'bıʃn/
n (η) αναστολή

inhospitable /ın'hɒspıtəbl/ *a*
αφιλόξενος

inhuman /ın'hjuːmən/ *a*
απάνθρωπος

initial /ı'nıʃl/ *a* αρχικός. • *n* (το)
αρχικό. • *vt* μονογραφώ. **~ly** *adv*
αρχικά

initiat|e /ı'nıʃıeıt/ *vt* (*start*) αρχίζω.
~ion /-'eıʃn/ *n* (η) μύηση

initiative /ı'nıʃıətıv/ *n* (η)
πρωτοβουλία

inject /ın'dʒekt/ *vt* κάνω ένεση
~ion /-ʃn/ *n* (η) ένεση

injure /'ındʒə(r)/ *vt* πληγώνω.
(*harm*) βλάπτω

injury /ˈɪndʒərɪ/ n (η) βλάβη

injustice /ɪnˈdʒʌstɪs/ n (η) αδικία

ink /ɪŋk/ n (το) μελάνι

inkling /ˈɪŋklɪŋ/ n (η) υπόνοια

inland /ˈɪnlənd/ a μεσόγειος.
• adv στο εσωτερικό. **I~
Revenue** n (η) Εφορία

inlet /ˈɪnlet/ n (ο) κολπίσκος

inmate /ˈɪnmeɪt/ n (ο, η) τρόφιμος

inn /ɪn/ n (το) πανδοχείο

innate /ɪˈneɪt/ a έμφυτος

inner /ˈɪnə(r)/ a εσωτερικός

innocen|t /ˈɪnəsnt/ a αθώος. **~ce** n
(η) αθωότητα

innocuous /ɪˈnɒkjʊəs/ a αβλαβής

innovat|e /ˈɪnəveɪt/ vi καινοτομώ.
~ion /-ˈveɪʃn/ n (η) καινοτομία

innuendo /ˌmjuːˈendəʊ/ n (το)
υπονοούμενο

inoculat|e /ɪˈnɒkjʊleɪt/ vt
εμβολιάζω. **~ion** /-ˈleɪʃn/ n (ο)
εμβολιασμός

inoffensive /ˌɪnəˈfensɪv/ a άκακος

inopportune /ɪnˈɒpətjuːn/ a
άκαιρος

inordinately /ɪˈnɔːdɪnətlɪ/ adv
υπερβολικά

input /ˈɪnpʊt/ n (η) είσοδος

inquest /ˈɪnkwest/ n (η)
ιατροδικαστική εξέταση

inquir|e /ɪnˈkwaɪə(r)/ vi ζητώ
πληροφορίες. **~e into** ερευνώ.
~y n (η) έρευνα. (jur) (η)
ανάκριση

inquisitive /ɪnˈkwɪzətɪv/ a
περίεργος

insan|e /ɪnˈseɪn/ a παράφρων. (fig)
παράλογος. **~ity** /ɪnˈsænətɪ/ n (η)
παραφροσύνη

insatiable /ɪnˈseɪʃəbl/ a ακόρεστος

inscription /ɪnˈskrɪpʃn/ n (η)
επιγραφή. (in book) (η) αφιέρωση

insect /ˈɪnsekt/ n (το) έντομο.
~icide /ɪnˈsektɪsaɪd/ n (το)
εντομοκτόνο

insecur|e /ɪnsɪˈkjʊə(r)/ a μη
ασφαλής. (person) ανασφαλής.
~ity n (η) ανασφάλεια

insensible /ɪnˈsensəbl/ a
αδιάφορος, αναίσθητος

insensitive /ɪnˈsensətɪv/ a
αναίσθητος

inseparable /ɪnˈseprəbl/ a
αχώριστος

insert¹ /ɪnˈsɜːt/ vt βάζω. (introduce)
εισάγω

insert² /ˈɪnsɜːt/ n (το) ένθετο

inside /ɪnˈsaɪd/ n (το) εσωτερικό.
• a εσωτερικός. • adv μέσα. • prep
μέσα σε. (of time) σε λιγότερο
από. **~ out** ανάποδα

insight /ˈɪnsaɪt/ n (η)
διορατικότητα. (understanding)
(η) αντίληψη

insignificant /ɪnsɪgˈnɪfɪkənt/ a
ασήμαντος

insincere /ɪnsɪnˈsɪə(r)/ a
ανειλικρινής

insinuate /ɪnˈsɪnjʊeɪt/ vt
υπαινίσσομαι

insist /ɪnˈsɪst/ vt/i επιμένω

insisten|t /ɪnˈsɪstənt/ a επίμονος.
~ce n (η) επιμονή

insolen|t /ˈɪnsələnt/ a θρασύς.
~ce n (η) θρασύτητα

insoluble /ɪnˈsɒljʊbl/ a αδιάλυτος.
(problem) άλυτος

insomnia /ɪnˈsɒmnɪə/ n (η) αϋπνία

inspect /ɪnˈspekt/ vt επιθεωρώ.
(tickets) ελέγχω. **~ion** /-ʃn/ n (η)
επιθεώρηση, (ο) έλεγχος. **~or** n
(ο) επιθεωρητής, (η)
επιθεωρήτρια

inspir|e /ɪnˈspaɪə(r)/ vt εμπνέω.
~ation /-əˈreɪʃn/ n (η) έμπνευση

instability /ɪnstəˈbɪlətɪ/ n (η)
αστάθεια

install /ɪnˈstɔːl/ vt εγκαθιστώ.
~ation /-əˈleɪʃn/ n (η)
εγκατάσταση

instalment /ɪnˈstɔːlmənt/ n (comm)
(η) δόση. (of serial) (το)
επεισόδιο

instance /ˈɪnstəns/ n (το)
παράδειγμα. **for ~** για
παράδειγμα

instant /ˈɪnstənt/ a άμεσος. (food)
στιγμιαίος. • n (η) στιγμή. **~ly**
adv αμέσως

instead /ɪnˈsted/ adv αντί. **~ of**
αντί για

instinct /ˈɪnstɪŋkt/ n (το) ένστικτο.
~ive /ɪnˈstɪŋktɪv/ a ενστικτώδης

institut|e /ˈɪnstɪtjuːt/ n (το) ίδρυμα.
(academic) (το) ινστιτούτο. • vt

(rule) καθιερώνω. (inquiry)
αρχίζω. (legal action) εγείρω.
~ion /-'tju:ʃn/ n (custom) (o)
θεσμός. (establishment) (το)
ίδρυμα

instruct /ɪn'strʌkt/ vt εκπαιδεύω.
(order) δίνω οδηγίες σε. **~ion**
/-ʃn/ n (η) εκπαίδευση. **~ions**
/-ʃnz/ npl (οι) οδηγίες. **~or** n (o)
εκπαιδευτής, (η) εκπαιδεύτρια

instrument /'ɪnstrʊmənt/ n (το)
όργανο

instrumental /ɪnstrʊ'mentl/ a
αποφασιστικός. (mus) ενόργανος

insubordinate /ɪnsə'bɔːdɪnət/ a
απειθαρχος

insufferable /ɪn'sʌfrəbl/ a
ανυπόφορος

insufficient /ɪnsə'fɪʃnt/ a
ανεπαρκής

insular /'ɪnsjʊlə(r)/ a (narrow-
minded) στενόμυαλος

insulat|e /'ɪnsjʊleɪt/ vt μονώνω.
~ion /-'leɪʃn/ n (η) μόνωση

insulin /'ɪnsjʊlɪn/ n (η) ινσουλίνη

insult¹ /'ɪnsʌlt/ vt προσβάλλω

insult² /'ɪnsʌlt/ n (η) προσβολή

insur|e /ɪn'ʃʊə(r)/ vt ασφαλίζω
(against, κατά). **~ance** n (η)
ασφάλεια. **~ance policy** (το)
ασφαλιστήριο

intact /ɪn'tækt/ a ανέπαφος

intake /'ɪnteɪk/ n (η) εισαγωγή. (of
food) (η) λήψη

intangible /ɪn'tændʒbl/ a
ακαθόριστος

integral /'ɪntɪgrəl/ a αναπόσπαστος

integrat|e /'ɪntɪgreɪt/ vt
ολοκληρώνω. **~ion** /-'greɪʃn/ n
(η) ολοκλήρωση

integrity /ɪn'tegrəti/ n (η)
ακεραιότητα

intellect /'ɪntəlekt/ n (η) διάνοια.
~ual /-'lektʃʊəl/ a πνευματικός.
• n (ο) διανοούμενος

intelligen|t /ɪn'telɪdʒənt/ a ευφυής.
~ce n (η) ευφυΐα. (mil) (οι)
πληροφορίες

intelligible /ɪn'telɪdʒəbl/ a
κατανοητός

intend /ɪn'tend/ vt προτίθεμαι.
(have in mind) σκοπεύω

intens|e /ɪn'tens/ a έντονος. **~ely**

adv έντονα. (very) πολύ. **~ity** n
(η) ένταση

intensify /ɪn'tensɪfaɪ/ vt εντείνω

intensive /ɪn'tensɪv/ a εντατικός

intent /ɪn'tent/ n πρόθεση. • a
έντονος. **~ on** (determined)
αποφασισμένος να. **to all ~s
and purposes** από κάθε άποψη

intention /ɪn'tenʃn/ n (η) πρόθεση.
~al a σκόπιμος. **~ally** adv
σκόπιμα

interact /ɪntə'rækt/ vi
αλληλεπιδρώ

intercept /ɪntə'sept/ vt αναχαιτίζω

interchange¹ /ɪntə'tʃeɪndʒ/ vt
ανταλλάσσω. **~able** a
ανταλλάξιμος

interchange² /'ɪntətʃeɪndʒ/ n (road
junction) (η) διασταύρωση

intercom /'ɪntəkɒm/ n (το)
σύστημα εσωτερικής
επικοινωνίας

intercourse /'ɪntəkɔːs/ n (η)
σχέση. (sexual) (η) συνουσία

interest /'ɪntrəst/ n (το)
ενδιαφέρον. (advantage) (το)
συμφέρον. (on loan) (ο) τόκος. • vt
ενδιαφέρω. **~ed** a **be ~ed in**
ενδιαφέρομαι για. **~ing** a
ενδιαφέρων

interfere /ɪntə'fɪə(r)/ vi επεμβαίνω.
~ with πειράζω. **~nce** n (η)
επέμβαση. (radio) (η) παρέμβαση

interior /ɪn'tɪərɪə(r)/ n (το)
εσωτερικό. • a εσωτερικός

interjection /ɪntə'dʒekʃn/ n (το)
επιφώνημα

interlock /ɪntə'lɒk/ vt/i συνδέω/
ομαι

interlude /'ɪntəluːd/ n (το)
διάλειμμα. (theatr) (το)
ιντερλούδιο

intermediary /ɪntə'miːdɪəri/ n (ο)
μεσολαβητής, (η) μεσολαβήτρια

intermediate /ɪntə'miːdɪət/ a
ενδιάμεσος

intermission /ɪntə'mɪʃn/ n (το)
διάλειμμα

intermittent /ɪntə'mɪtnt/ a
διακεκομμένος

intern /ɪn'tɜːn/ vt θέτω υπό
κράτηση

internal /ɪn'tɜːnl/ a εσωτερικός.

~ly *adv* εσωτερικά. **I~ Revenue**
n (το) Τμήμα Εσωτερικών
Προσόδων

international /ɪntə'næʃnəl/ *a & n*
διεθνής. **~ly** *adv* διεθνώς

Internet /'ɪntənet/ *n* (το) Διαδίκτυο

interpret /ɪn'tɜ:prɪt/ *vt* ερμηνεύω.
• *vi* διερμηνεύω, μεταφράζω.
~ation /-'teɪʃn/ *n* (η) ερμηνεία.
~er *n* (ο, η) διερμηνέας

interrogat|e /ɪn'terəgeɪt/ *vt*
ανακρίνω. **~ion** /-'geɪʃn/ *n* (η)
ανάκριση

interrogative /ɪntə'rɒgətɪv/ *a*
ερωτηματικός

interrupt /ɪntə'rʌpt/ *vt* διακόπτω.
~ion /-ʃn/ *n* (η) διακοπή

intersect /ɪntə'sekt/ *vt/i* τέμνω/
ομαι. **~ion** /-ʃn/ *n* (of roads) (η)
διασταύρωση

interval /'ɪntəvl/ *n* (το) διάλειμμα

interven|e /ɪntə'vi:n/ *vi* (occur)
μεσολαβώ. (interfere) επεμβαίνω.
~tion /-'venʃn/ *n* (η) επέμβαση

interview /'ɪntəvju:/ *n* (η)
συνέντευξη. • *vt* παίρνω
συνέντευξη από

intestine /ɪn'testɪn/ *n* (το) έντερο

intima|te¹ /'ɪntɪmət/ *a* στενός.
intimate² /'ɪntɪmeɪt/ *vt* γνωρίζω.
(imply) υπαινίσσομαι

intimidate /ɪn'tɪmɪdeɪt/ *vt*
εκφοβίζω

into /'ɪntu:/ *prep* σε, μέσα σε

intolerable /ɪn'tɒlərəbl/ *a*
ανυπόφορος

intolerant /ɪn'tɒlərənt/ *a*
μισαλλόδοξος

intoxicated /ɪn'tɒksɪkeɪtɪd/ *a*
μεθυσμένος

Intranet /'ɪntrənet/ *n* (το)
εσωτερικό διαδίκτυο, ενδοδίκτυο

intransitive /ɪn'trænsətɪv/ *a*
αμετάβατος

intricate /'ɪntrɪkət/ *a* περίπλοκος

intrigu|e /ɪn'tri:g/ *vi*
μηχανορραφώ. • *vt* κινώ την
περιέργεια. • *n* (η)
μηχανορραφία, (η) ραδιουργία.
~ing *a* περίεργος

introduce /ɪntrə'dju:s/ *vt* (people)
συστήνω. (programme, item)
συνιστώ. (bring in, insert) εισάγω.
(initiate) μυώ

introduction /ɪntrə'dʌkʃn/ *n* (η)
εισαγωγή. (of person) (η)
σύσταση

introspective /ɪntrə'spektɪv/ *a*
ενδοσκοπικός

introvert /'ɪntrəvɜ:t/ *n* εσωστρεφής

intru|de /ɪn'tru:d/ *vi* μπαίνω
απρόσκλητος. **~der** *n* (ο)
απρόσκλητος επισκέπτης.
~sion *n* (η) αδιακρισία

intuition /ɪntju:'ɪʃn/ *n* (η)
διαίσθηση

inundate /'ɪnʌndeɪt/ *vt* κατακλύζω

invade /ɪn'veɪd/ *vt* εισβάλλω. **~r**
/-ə(r)/ *n* (ο) εισβολέας

invalid¹ /'ɪnvəlɪd/ *n* (ο) ανάπηρος

invalid² /ɪn'vælɪd/ *a* άκυρος. **~ate**
vt ακυρώνω

invaluable /ɪn'væljʊəbl/ *a*
ανεκτίμητος

invariabl|e /ɪn'veərɪəbl/ *a*
αμετάβλητος. **~y** *adv* πάντα

invasion /ɪn'veɪʒn/ *n* (η) εισβολή

invent /ɪn'vent/ *vt* εφευρίσκω.
~ion *n* (η) εφεύρεση. **~or** *n* (ο)
εφευρέτης, (η) εφευρέτρια

inventory /'ɪnventrɪ/ *n* (η)
απογραφή

inverse /ɪn'vɜ:s/ *a* αντίστροφος

invert /ɪn'vɜ:t/ *vt* αντιστρέφω.
~ed commas *npl* (τα)
εισαγωγικά

invest /ɪn'vest/ *vt* επενδύω.
~ment *n* (η) επένδυση. **~or** *n*
(ο) επενδυτής

investigat|e /ɪn'vestɪgeɪt/ *vt*
επευνώ. **~ion** /-'geɪʃn/ *n* (η)
έρευνα

invigorat|e /ɪn'vɪgəreɪt/ *vt*
αναζωογονώ. **~ing** *a* τονωτικός

invisible /ɪn'vɪzəbl/ *a* αόρατος

invit|e /ɪn'vaɪt/ *vt* προσκαλώ.
(attract) ελκύω. **~ation** /
ɪnvɪ'teɪʃn/ *n* (η) πρόσκληση.
~ing *a* δελεαστικός

invoice /'ɪnvɔɪs/ *n* (το) τιμολόγιο

involuntary /ɪn'vɒləntrɪ/ *a*
αθέλητος

involve /ɪn'vɒlv/ *vt* μπλέκω.
(include, affect) συνεπάγομαι. **~d**
a περίπλοκος. **~d in** μπλεγμένος
σε. **~ment** *n* (το) μπλέξιμο

inward /'ɪnwəd/ *a* εσωτερικός. **~ly** *adv* μέσα. **~(s)** *adv* προς τα μέσα

iodine /'aɪədi:n/ *n* (το) ιώδιο

iota /aɪ'əʊtə/ *n* (το) γιώτα. (*amount*) (το) ίχνος

IOU /aɪəʊ'ju:/ *n* (το) γραμμάτιο

IQ /aɪ'kju:/ *n* (*intelligence quotient*) (ο) δείκτης ευφυίας

Iran /ɪ'rɑ:n/ *n* (το) Ιράν *invar*

Iraq /ɪ'rɑ:k/ *n* (το) Ιράκ *invar*

irate /aɪ'reɪt/ *a* οργισμένος

Ireland /'aɪələnd/ *n* (η) Ιρλανδία

iris /'aɪərɪs/ *n* (η) ίριδα

Irish /'aɪərɪʃ/ *a* ιρλανδικός. • *n* (*lang*) (τα) ιρλανδικά

irk /ɜ:k/ *vt* ενοχλώ

iron /'aɪən/ *n* (το) σίδερο. • *a* σιδερένιος. • *vt* σιδερώνω. **~ing-board** *n* (η) σιδερώστρα

ironic(al) /aɪ'rɒnɪk(l)/ *a* ειρωνικός

ironmonger /'aɪənmʌŋɡə(r)/ *n* (ο) σιδηροπώλης

irony /'aɪərənɪ/ *n* (η) ειρωνία

irrational /ɪ'ræʃənl/ *a* παράλογος

irrefutable /ɪrɪ'fju:təbl/ *a* ακαταμάχητος

irregular /ɪ'reɡjʊlə(r)/ *a* ανώμαλος. **~ity** /-'lærətɪ/ *n* (η) ανωμαλία

irrelevan|t /ɪ'reləvənt/ *a* άσχετος. **~ce** *n* (το) άσχετο

irreparable /ɪ'repərəbl/ *a* ανεπανόρθωτος

irreplaceable /ɪrɪ'pleɪsəbl/ *a* αναντικατάστατος

irrepressible /ɪrɪ'presəbl/ *a* ακατάσχετος

irresistible /ɪrɪ'zɪstəbl/ *a* ακαταμάχητος

irrespective /ɪrɪs'pektɪv/ *a* **~ of** ανεξάρτητα από

irresponsible /ɪrɪ'spɒnsəbl/ *a* ανεύθυνος

irretrievable /ɪrɪ'tri:vəbl/ *a* ανεπανόρθωτος

irreverent /ɪ'revərənt/ *a* ασεβής

irreversible /ɪrɪ'vɜ:səbl/ *a* αμετάκλητος

irrigat|e /'ɪrɪɡeɪt/ *vt* αρδεύω. **~ion** /-'ɡeɪʃn/ *n* (η) άρδευση

irritable /'ɪrɪtəbl/ *a* ευερέθιστος

irritat|e /'ɪrɪteɪt/ *vt* εκνευρίζω.

~ed *a* εκνευρισμένος. **~ing** *a* εκνευριστικός. **~ion** /-'teɪʃn/ *n* (ο) εκνευρισμός

is /ɪz/ *see* BE

Islam /'ɪzlɑ:m/ *n* (το) Ισλάμ *invar*

island /'aɪlənd/ *n* (το) νησί

isolat|e /'aɪsəleɪt/ *vt* απομονώνω. **~ion** /-'leɪʃn/ *n* (η) απομόνωση

Israel /'ɪzreɪl/ *n* (το) Ισραήλ *invar*

issue /'ɪʃu:/ *n* (το) θέμα. (*outcome*) (η) έκβαση. (*of magazine etc.*) (η) έκδοση. (*offspring*) (οι) απόγονοι. • *vt* εκδίδω. **at ~** υπό συζήτηση

it /ɪt/ *pron* (*subject*) αυτό, το. (*object*) το. **~ is raining** βρέχει

italic /ɪ'tælɪk/ *a* πλάγιος. **~s** *npl* (τα) πλάγια γράμματα

Ital|y /'ɪtəlɪ/ *n* (η) Ιταλία. **~ian** /ɪ'tæljən/ *a* ιταλικός. • *n* (ο) Ιταλός, (η) Ιταλίδα. (*lang*) (τα) ιταλικά

itch /ɪtʃ/ *n* (η) φαγούρα. • *vi* έχω φαγούρα

item /'aɪtəm/ *n* (*on list*) (ο) αριθμός. (*on agenda*) (το) θέμα. **a news ~** μιά είδηση. **~ize** *vt* αναλύω

itinerant /aɪ'tɪnərənt/ *a* πλανόδιος

itinerary /aɪ'tɪnərərɪ/ *n* (το) δρομολόγιο

its /ɪts/ *a* δικό του, του

it's /ɪts/ = **it is, it has**

itself /ɪt'self/ *pron* εαυτός του. (*emphatic*) το ίδιο

ivory /'aɪvərɪ/ *n* (το) ελεφαντόδοντο, (το) φίλντισι

ivy /'aɪvɪ/ *n* (ο) κισσός

Jj

jab /dʒæb/ *vt* μπήγω

jack /dʒæk/ *n* (*techn*) (ο) γρύλος. (*cards*) (ο) φάντης

jackal /'dʒækɔ:l/ *n* (το) τσακάλι

jacket /'dʒækɪt/ *n* (η) ζακέτα. (*man's*) (το) σακάκι. (*of book*) (το) κάλυμμα

jade /dʒeɪd/ *n* (ο) νεφρίτης

jaded /'dʒeɪdɪd/ *a* κατακουρασμένος

jagged /'dʒægɪd/ *a* με μυτερές προεξοχές

jail /dʒeɪl/ *n* (η) φυλακή. • *vt* φυλακίζω. **~er** *n* (ο) δεσμοφύλακας

jam¹ /dʒæm/ *n* (η) μαρμελάδα

jam² /dʒæm/ *vt* (*cram*) στριμώχνω. (*wedge*) σφηνώνω. (*block*) φρακάρω. • *vi* μπλοκάρω. • *n* (*of traffic*) (το) μποτιλιάρισμα. (*mech*) (το) φρακάρισμα

Jamaica /dʒə'meɪkə/ *n* (η) Ιαμαϊκή

jangle /dʒæŋgl/ *n* (το) κουδούνισμα. • *vt/i* κουδουνίζω

janitor /'dʒænɪtə(r)/ *n* (ο) θυρωρός

January /'dʒænjʊərɪ/ *n* (ο) Ιανουάριος, (ο) Γενάρης

Japan /dʒə'pæn/ *n* (η) Ιαπωνία. **~ese** /dʒæpə'niːz/ *a* ιαπωνικός. • *n* (ο) Ιάπωνας, (η) Ιαπωνίδα. (*lang*) (τα) ιαπωνικά

jar¹ /dʒaː(r)/ *n* (το) βάζο

jar² /dʒaː(r)/ *vi* προκαλώ ενοχλητικό ήχο. *vt* τραντάζω. • *n* (το) τράνταγμα

jargon /'dʒaːgən/ *n* (η) επαγγελματική ορολογία

jaundice /'dʒɔːndɪs/ *n* (ο) ίκτερος

jaunt /dʒɔːnt/ *n* (η) κοντινή εκδρομή

jaunty /'dʒɔːntɪ/ *a* πεταχτός και γεμάτος σιγουριά

javelin /'dʒævlɪn/ *n* (το) ακόντιο

jaw /dʒɔː/ *n* (η) σιαγόνα

jazz /dʒæz/ *n* (η) τζαζ *invar*

jealous /'dʒeləs/ *a* ζηλιάρης. **~y** *n* (η) ζήλεια

jeans /dʒiːnz/ *npl* (το) μπλου τζιν *invar*

jeep /dʒiːp/ *n* (το) τζιπ *invar*

jeer /dʒɪə(r)/ *vt/i* **~ (at)** κοροϊδεύω. (*boo*) γιουχαΐζω. • *n* (η) κοροϊδία

jelly /'dʒelɪ/ *n* (το) ζελέ *invar*

jellyfish /'dʒelɪfɪʃ/ *n* (η) τσούχτρα

jeopard|y /'dʒepədɪ/ *n* (ο) κίνδυνος. **~ize** *vt* διακινδυνεύω

jerk /dʒɜːk/ *n* (η) απότομη κίνηση. • *vt/i* κινώ/ούμαι απότομα. **~y** *a* απότομος

jersey /'dʒɜːzɪ/ *n* (το) ζέρσεϊ *invar*. (*pullover*) (το) πουλόβερ, Συ. (το) τρικό

jest /dʒest/ *n* (το) αστείο. • *vi* αστειεύομαι

jet /dʒet/ *n* (*stream*) (ο) πίδακας. (*stone*) (ο) γαγάτης. (*plane*) (το) τζετ *invar*. **~-black** *a* κατάμαυρος

jettison /'dʒetɪsn/ *vt* απορρίπτω

jetty /'dʒetɪ/ *n* (η) προβλήτα

Jew /dʒuː/ *n* (ο) Εβραίος

jewel /'dʒuːəl/ *n* (το) κόσμημα. **~ler** *n* (ο) κοσμηματοπώλης. **~lery** *n* (τα) κοσμήματα

Jewish /'dʒuːɪʃ/ *a* εβραϊκός

jib /dʒɪb/ *vi* **~ (at doing)** αρνούμαι (να κάνω)

jiffy /'dʒɪfɪ/ *n* **in a ~** στο πι και φι

jigsaw /'dʒɪgsɔː/ *n* (το) παζλ *invar*

jilt /dʒɪlt/ *vt* παρατώ

jingle /'dʒɪŋgl/ *vt/i* κουδουνίζω. • *n* (το) κουδούνισμα. (*advertising*) (το) τραγουδάκι

jitters /'dʒɪtəz/ *npl* **the ~** (*fam*) ο φόβος

job /dʒɒb/ *n* (η) δουλειά. (*post*) (η) θέση. **~less** *a* άνεργος

jockey /'dʒɒkɪ/ *n* (ο) τζόκεϊ *invar*. • *vi* ελίσσομαι

jocular /'dʒɒkjʊlə(r)/ *a* αστείος

jog /dʒɒg/ *vt* σπρώχνω. (*memory*) βοηθώ. • *vi* **~ along** προχωρώ αργά. • *n* (το) σπρώξιμο. (*pace*) (το) αργό περπάτημα. **~ging** *n* (το) τζόκιν *invar*

join /dʒɔɪn/ *vt* ενώνω. (*become member*) γίνομαι μέλος. • *vi* (*roads etc.*) ενώνομαι. • *n* (η) ένωση. **~ in** παίρνω μέρος (σε). **~ up** (*mil*) κατατάσσομαι στο στρατό

joiner /'dʒɔɪnə(r)/ *n* (ο) ξυλουργός

joint /dʒɔɪnt/ *a* κοινός. (*author etc.*) συνεργαζόμενος. • *n* (*anat*) (η) άρθρωση. (*culin*) (το) κομμάτι κρέας. (*place: sl*) (το) στέκι. (*drug: sl*) (το) τσιγαριλίκι. **~ly** *adv* μαζί, από κοινού

joke /dʒəʊk/ *n* (το) αστείο. • *vi* αστειεύομαι. **~r** *n* (ο) χωρατατζής. (*cards*) (ο) μπαλαντέρ *invar*

jolly /'dʒɒlɪ/ *a* εύθυμος. • *adv* (*fam*) πολύ

jolt /dʒəʊlt/ *vt/i* τραντάζω/ομαι. • *n* (το) τράνταγμα

jostle /'dʒɒsl/ vt σπρώχνω

jot /dʒɒt/ n (το) ίχνος. • vt σημειώνω. **~ter** n (το) σημειωματάριο

journal /'dʒɜ:nl/ n (το) περιοδικό. **~ism** n (η) δημοσιογραφία. **~ist** n (ο, η) δημοσιογράφος

journey /'dʒɜ:nɪ/ n (το) ταξίδι. (distance) (η) διαδρομή. • vi ταξιδεύω

jovial /'dʒəʊvɪəl/ a εύθυμος

joy /dʒɔɪ/ n (η) χαρά. **~ful, ~ous** adjs χαρούμενος

jubil|ant /'dʒu:bɪlənt/ a καταχαρούμενος. **~ation** /-'leɪʃn/ n (η) μεγάλη χαρά

jubilee /'dʒu:bɪli:/ n (το) ιωβηλαίο

judge /dʒʌdʒ/ n (ο) δικαστής. • vt κρίνω. **~ment** n (η) κρίση

judo /'dʒu:dəʊ/ n (το) τζούντο

jug /dʒʌg/ n (η) κανάτα

juggle /'dʒʌgl/ vi κάνω ταχυδακτυλουργίες. **~r** /-ə(r)/ n (ο, η) ταχυδακτυλουργός

juic|e /dʒu:s/ n (ο) χυμός. **~y** a ζουμερός

July /dʒu:'laɪ/ n (ο) Ιούλιος

jumble /'dʒʌmbl/ vt ανακατεύω. • n (το) ανακάτεμα

jumbo jet /'dʒʌmbəʊ dʒet/ n (το) τζάμπο invar

jump /dʒʌmp/ vi πηδώ. (start) ξαφνιάζομαι. • n (το) πήδημα. **~ at** δέχομαι με ενθουσιασμό. **~ the queue** μπαίνω μπροστά στην ουρά

jumper /'dʒʌmpə(r)/ n (το) πουλόβερ, Cy. (το) τρικό

jumpy /'dʒʌmpɪ/ a νευρικός

junction /'dʒʌŋkʃn/ n (of roads) (η) διασταύρωση

juncture /'dʒʌŋktʃə(r)/ n **at this ~** σ' αυτή την κρίσιμη στιγμή

June /dʒu:n/ n (ο) Ιούνιος

jungle /'dʒʌŋgl/ n (η) ζούγκλα

junior /'dʒu:nɪə(r)/ a νεότερος (**to**, από). (in rank) κατώτερος. • n (ο) νεότερος

junk /dʒʌŋk/ n (τα) παλιοπράγματα

jurisdiction /dʒʊərɪs'dɪkʃn/ n (η) δικαιοδοσία

juror /'dʒʊərə(r)/ n (ο, η) ένορκος

jury /'dʒʊərɪ/ n (οι) ένορκοι

just /dʒʌst/ a δίκαιος. • adv μόλις. (merely) μόνο. (simply) απλώς. (really) πραγματικά. **he has ~ left** μόλις έφυγε. **~ as good** εξίσου καλός

justice /'dʒʌstɪs/ n (η) δικαιοσύνη. **J~ of the Peace** n (ο, η) ειρηνοδίκης

justifiable /dʒʌstɪ'faɪəbl/ a δικαιολογημένος

justif|y /'dʒʌstɪfaɪ/ vt δικαιολογώ. **~ication** /-ɪ'keɪʃn/ n (η) δικαιολογία

jut /dʒʌt/ vi **~ out** προεξέχω

juvenile /'dʒu:vənaɪl/ a νεανικός. • n (ο) νέος. **~ delinquency** n (η) εγκληματικότητα ανηλίκων

juxtapose /dʒʌkstə'pəʊz/ vt αντιπαραθέτω

Kk

kangaroo /kæŋgə'ru:/ n (το) καγκουρό invar

karate /kə'rɑ:tɪ/ n (το) καράτε

kebab /kə'bæb/ n (το) σουβλάκι

keel /ki:l/ n (η) καρίνα. • vi **~ over** πέφτω κάτω

keen /ki:n/ a (eager) πρόθυμος. (interest) έντονος. (sharp) κοφτερός. (intense) δυνατός. **be ~ on** μ' αρέσει πολύ. **be ~ to** θέλω πολύ να. **~ness** n (η) προθυμία

keep /ki:p/ vt (pt kept) κρατώ. (rules etc.) τηρώ. (family) συντηρώ. (look after) φροντίζω. (detain) καθυστερώ. • vi (remain) παραμένω. (food) διατηρούμαι. **~ (on)** συνεχίζω. • n (maintenance) (η) συντήρηση. **~ back** vt συγκρατώ. • vi μένω πίσω. **~ off** μένω μακριά από. **~ out of** μένω έξω από. **~ up** συμβαδίζω. **~ up with** φτάνω

keeping /'ki:pɪŋ/ n **in ~ with** σύμφωνος με

keg /keg/ n (το) βαρελάκι

kennel | know

kennel /'kenl/ n (το) σπιτάκι του σκύλου. **~s** (το) κυνοτροφείο

kept /kept/ see KEEP

kerb /kɜ:b/ n (το) κράσπεδο

kernel /'kɜ:nl/ n (ο) πυρήνας

kerosene /'kerəsi:n/ n (η) κηροζίνη

kettle /'ketl/ n (ο) βραστήρας

key /ki:/ n (το) κλειδί. (of piano, typewriter) (το) πλήκτρο. **~-ring** n (το) μπρελόκ (για κλειδιά) invar

keyboard /'ki:bɔ:d/ n (το) πληκτρολόγιο

keyhole /'ki:həʊl/ n (η) κλειδαρότρυπα

khaki /'ka:kɪ/ a & n χακί invar

kick /kɪk/ vt/i κλοτσώ. • n (η) κλοτσιά. (thrill: fam) (η) ευχαρίστηση. **~-off** n (το) εναρκτήριο λάκτισμα

kid /kɪd/ n (το) κατσικάκι. (child) (το) παιδί. • vt (fam) κοροϊδεύω

kidnap /'kɪdnæp/ vt απάγω. **~per** n (ο) απαγωγέας. **~ping** n (η) απαγωγή

kidney /'kɪdnɪ/ n (το) νεφρό

kill /kɪl/ vt σκοτώνω. (fig) καταστρέφω. • n (το) σκότωμα. (in hunt) (το) σκοτωμένο ζώο. **~er** n (ο) δολοφόνος

killjoy /'kɪldʒɔɪ/ n (ο) γρουσούζης

kiln /kɪln/ n (ο) κλίβανος

kilo /'ki:ləʊ/ n (το) κιλό

kilogram /'kɪləgræm/ n (το) χιλιόγραμμο

kilometre /'kɪləmi:tə(r)/ n (το) χιλιόμετρο

kilowatt /'kɪləwɒt/ n (το) κιλοβάτ invar

kilt /kɪlt/ n (η) σκοτσέζικη φουστανέλα

kin /kɪn/ n (οι) συγγενείς

kind[1] /kaɪnd/ n (το) είδος

kind[2] /kaɪnd/ a καλός. **~ness** n (η) καλοσύνη

kindergarten /'kɪndəga:tn/ n (το) νηπιαγωγείο

kindle /'kɪndl/ vt/i ανάβω

kindly /'kaɪndlɪ/ a καλοσυνάτος. • adv (please) παρακαλώ

kindred /'kɪndrɪd/ n (οι) συγγενείς

king /kɪŋ/ n (ο) βασιλιάς

kingdom /'kɪŋdəm/ n (το) βασίλειο

kink /kɪŋk/ n (το) τύλιγμα. (fig) (η) ιδιορρυθμία. **~y** a (perverted) διαστρεβλωμένος

kiosk /'ki:ɒsk/ n (το) περίπτερο. **telephone ~** (ο) τηλεφωνικός θάλαμος

kiss /kɪs/ n (το) φιλί. • vt φιλώ. • vi φιλιέμαι

kit /kɪt/ n (equipment) (ο) εξοπλισμός. (clothing) (τα) ατομικά είδη. (tools) (τα) σύνεργα. (for assembly) (το) κιτ invar. • vt **~ out** εφοδιάζω

kitchen /'kɪtʃɪn/ n (η) κουζίνα

kite /kaɪt/ n (toy) (ο) χαρταετός

kitten /'kɪtn/ n (το) γατάκι

knack /næk/ n (talent) (το) ταλέντο. (trick) (το) κόλπο

knead /ni:d/ vt ζυμώνω

knee /ni:/ n (το) γόνατο

kneecap /'ni:kæp/ n (η) επιγονατίδα

kneel /ni:l/ vi γονατίζω

knew /nju:/ see KNOW

knickers /'nɪkəz/ npl (η) γυναικεία κιλότα

knife /naɪf/ n (pl knives) (το) μαχαίρι vt μαχαιρώνω

knight /naɪt/ n (ο) ιππότης. (chess) (το) άλογο. **~hood** n (η) ιπποσύνη

knit /nɪt/ vt πλέκω. • vi (fig) δένω. **~ting** n (το) πλέξιμο. **~ting needle** n (η) βελόνα μπλεξίματος

knob /nɒb/ n (wood) (ο) ρόζος. (on door) (το) πόμολο. (on radio, TV) (το) κουμπί. (of butter) (το) στρογγυλό κομμάτι

knock /nɒk/ vt/i (at door) χτυπώ. (sl) επικρίνω. • n (το) χτύπημα. **~ down** (demolish) γκρεμίζω. (reduce) κατεβάζω. **~-kneed** a στραβοπόδης. **~ off** vt (deduct) κόβω. **~ s.o. out** βγάζω κπ νοκ άουτ. **~ over** ρίχνω κάτω. **~er** n (το) ρόπτρο

knot /nɒt/ n (ο) κόμπος. • vt (pt **knotted**) δένω

know /nəʊ/ vt/i (pt **knew**, pp **known**) ξέρω. (person) γνωρίζω. **be a ~-all** n (fam) τα ξέρω όλα.

~ about ξέρω για. **~-how** n (η) τεχνογνωσία. **~ how to** ξέρω πώς να. **~ of** ξέρω. **~ing** a πονηρός, με σημασία

knowledge /'nɒlɪdʒ/ n (η) γνώση. **~able** a καλά πληροφορημένος

known /nəʊn/ see KNOW. • a γνωστός

knuckle /'nʌkl/ n (η) κλείδωση στα δάχτυλα

Korea /kə'rɪə/ n (η) Κορέα

kowtow /kaʊ'taʊ/ vi υποκλίνομαι

kudos /'kjuːdɒs/ n (το) κύρος

• •

Ll

• •

lab /læb/ n (το) εργαστήριο

label /'leɪbl/ n (η) ετικέτα. • vt βάζω ετικέτα σε. (fig) χαρακτηρίζω

laboratory /lə'bɒrətrɪ/ n (το) εργαστήριο

laborious /lə'bɔːrɪəs/ a επίπονος

labour /'leɪbə(r)/ n (η) εργασία. (workers) (το) εργατικά χέρια. • vi εργάζομαι **be in ~** (med) έχω πόνους τοκετού

Labour /'leɪbə(r)/ n **~ (Party)** (το) Εργατικό Κόμμα. • a εργατικός

labourer /'leɪbərə(r)/ n (ο) εργάτης

labyrinth /'læbərɪnθ/ n (ο) λαβύρινθος

lace /leɪs/ n (η) δαντέλα. (of shoe) (το) κορδόνι. • vt δένω με κορδόνι

lacerate /'læsəreɪt/ vt ξεσκίζω

lack /læk/ n (η) έλλειψη. **for ~ of** ελλείψει (with gen.) • vt στερούμαι.

laconic /lə'kɒnɪk/ a λακωνικός

lacquer /'lækə(r)/ n (το) βερνίκι

lad /læd/ n (το) παιδί (αγόρι)

ladder /'lædə(r)/ n (η) σκάλα. (in tights) (ο) φευγάτος πόντος

laden /'leɪdn/ a φορτωμένος

ladle /'leɪdl/ n (η) κουτάλα

lady /'leɪdɪ/ n (η) κυρία. **L~** (title) (η) Λαίδη. **(the) Ladies** (toilet) Γυναικών

ladybird /'leɪdɪbɜːd/ (Amer **ladybug** /'leɪdɪbʌg/) n (η) πασχαλίτσα

lag[1] /læg/ vi (go slow) καθυστερώ. • n (interval) (η) καθυστέρηση. **~ behind** μένω πίσω

lag[2] /læg/ vt (pipes) μονώνω, επικαλύπτω

lager /'lɑːgə(r)/ n (η) μπίρα

lagoon /lə'guːn/ n (η) λιμνοθάλασσα

laid /leɪd/ see LAY[2]

lain /leɪn/ see LIE[2]

lair /leə(r)/ n (η) φωλιά

lake /leɪk/ n (η) λίμνη

lamb /læm/ n (το) αρνί

lame /leɪm/ a κουτσός. (excuse) αδύνατος

lament /lə'ment/ n (το) μοιρολόι. • vt/i μοιρολογώ. **~able** /'læməntəbl/ a αξιοθρήνητος

lamp /læmp/ n (η) λάμπα. **~ post** n (ο) φανοστάτης. **~ shade** n (το) αμπαζούρ invar

lance /lɑːns/ n (η) λόγχη. • vt (med) ανοίγω

land /lænd/ n (η) ξηρά. (ground) (η) γη. (country) (η) χώρα. • vt/i (aviat) προσγειώνα/ομαι. (fall) πέφτω. (obtain: fam) πετυχαίνω

landing /'lændɪŋ/ n (η) απόβαση. (aviat) (η) προσγείωση. (top of stairs) (το) κεφαλόσκαλο

land|lady /'lændleɪdɪ/ n (η) σπιτονοικοκυρά. (of pub) (η) ιδιοκτήτρια. **~lord** n (ο) σπιτονοικοκύρης. (of pub) (ο) ιδιοκτήτης

landmark /'lændmɑːk/ n (το) ορόσημο. (fig) (ο) σταθμός

landscape /'lændskeɪp/ n (το) τοπίο

landslide /'lændslaɪd/ n (η) κατολίσθηση

lane /leɪn/ n (το) δρομάκι. (of traffic) (η) λωρίδα. (aviat) (ο) αεροδιάδρομος

language /'læŋgwɪdʒ/ n (η) γλώσσα. (speech, style) (ο) τρόπος ομιλίας

languid /'læŋgwɪd/ a άτονος

languish /'læŋgwɪʃ/ vi λιώνω

lank /læŋk/ *a* ισχνός. **~ hair** ίσια και αδύνατα μαλλιά

lantern /'læntən/ *n* (το) φανάρι

lap¹ /læp/ *n* (*knees*) (τα) γόνατα. (*sport*) (ο) γύρος

lap² /læp/ *vt* **~ up** γλείφω. • *vi* (*waves*) φλοισβίζω

lapel /lə'pel/ *n* (το) πέτο

lapse /læps/ *vi* περνώ. (*expire*) λήγω

laptop /'læptɒp/ *n* (ο) φορητός Η.Υ.

lard /la:d/ *n* (το) λαρδί

larder /'la:də(r)/ *n* (το) κελάρι

large /la:dʒ/ *a* μεγάλος. **at ~** ελεύθερος. (*as a whole*) γενικά. **by and ~** ως επί το πλείστον. **~ly** *adv* σε μεγάλο μέρος

lark /la:k/ *n* (*bird*) (ο) κορυδαλλός. (*fun: fam*) (η) πλάκα. • *vi* **~ about** (*fam*) κάνω ζαβολιές

larva /'la:və/ *n* (η) κάμπια

laryngitis /lærɪn'dʒaɪtɪs/ *n* (η) λαρυγγίτιδα

larynx /'lærɪŋks/ *n* (ο) λάρυγγας

laser /'leɪzə(r)/ *n* (το) λέιζερ

lash /læʃ/ *vt* μαστιγώνω. • *n* (η) καμουτσικιά. (*eyelash*) (η) βλεφαρίδα. **~ out** επιτίθεμαι βίαια. (*spend*) κάνω τρελά έξοδα

lass /læs/ *n* (το) κορίτσι

lasso /læ'su:/ *n* (το) λάσο

last¹ /la:st/ *a* τελευταίος. (*most recent*) πρόσφατος. • *adv* τελευταία. (*most recently*) πρόσφατα. • *n* (ο) τελευταίος. **at ~** επιτέλους. **~ but one** ο προτελευταίος. **~ night** χτες το βράδυ, Cy. εψές, ψες. **~ week** την περασμένη βδομάδα. **~ year** πέρυσι. **~ly** *adv* τελικά

last² /la:st/ *vi* **~ out** κρατώ. **~ing** *a* διαρκής

latch /lætʃ/ *n* (το) μάνταλο

late /leɪt/ *a* (*not on time*) καθυστερημένος. (*recent*) πρόσφατος. (*former*) τέως. (*deceased*) μακαρίτης. • *adv* αργά. **of ~** τώρα τελευταία. **~ness** *n* (η) καθυστέρηση. **~r (on)** *adv* αργότερα. **~st** /-ɪst/ *a* (*modern*) τελευταίος. **at the ~st** το αργότερο

lately /'leɪtlɪ/ *adv* τελευταία

latent /'leɪtnt/ *a* λανθάνων

lateral /'lætərəl/ *a* πλάγιος

lathe /leɪð/ *n* (ο) τόρνος

lather /'la:ðə(r)/ *n* (η) σαπουνάδα. • *vt/i* σαπουνίζω/αφρίζω

Latin /'lætɪn/ *a* λατινικός. • *n* (τα) λατινικά

latitude /'lætɪtjuːd/ *n* (το) γεωγραφικό πλάτος

latter /'lætə(r)/ *a* (ο) τελευταίος. **the ~** ο δεύτερος

lattice /'lætɪs/ *n* (το) καφάσι

laugh /la:f/ *vi* γελώ. **~ at** (*mock*) κοροϊδεύω. • *n* (το) γέλιο. **~able** *a* γελοίος. **~ing-stock** *n* (ο) περίγελος

laughter /'la:ftə(r)/ *n* (το) γέλιο

launch¹ /lɔ:ntʃ/ *vt* (*ship*) καθελκύω. (*rocket*) εκτοξεύω. (*product*) παρουσιάζω. (*attack*) εξαπολύω. • *n* (η) καθέλκυση, (η) εκτόξευση, (η) παρουσίαση

launch² /lɔ:ntʃ/ *n* (η) άκατος

launder /'lɔ:ndə(r)/ *vt* πλένω και σιδερώνω

launderette /lɔ:n'dret/ *n* κατάστημα με πλυντήρια για το κοινό

laundry /'lɔ:ndrɪ/ *n* (το) πλυντήριο. (*clothes*) (η) μπουγάδα

laurel /'lɒrəl/ *n* (η) δάφνη

lava /'la:və/ *n* (η) λάβα

lavatory /'lævətrɪ/ *n* (το) αποχωρητήριο

lavender /'lævəndə(r)/ *n* (η) λεβάντα

lavish /'lævɪʃ/ *a* γενναιόδωρος. (*plentiful*) πλούσιος. • *vt* δίνω πλούσια. **~ly** *adv* πλούσια

law /lɔ:/ *n* (ο) νόμος. **~-abiding** *a* νομοταγής. **~ and order** (η) έννομη τάξη. **~ful** *a* νόμιμος. **~less** *a* άνομος

lawcourt /'lɔ:kɔ:t/ *n* (το) δικαστήριο

lawn /lɔ:n/ *n* (το) γρασίδι. **~-mower** *n* (η) χορτοκοπτική μηχανή

lawsuit /'lɔ:sju:t/ *n* (η) δίκη

lawyer /'lɔ:jə(r)/ *n* (ο) δικηγόρος

lax /læks/ *a* χαλαρός

laxative /'læksətɪv/ *n* (το) καθαρτικό

lay¹ /leɪ/ *a* δόκιμος. (*opinion*) λαϊκός

lay² /leɪ/ *vt* (*pt* **laid**) ξαπλώνω. (*eggs*) γεννώ. (*table*) στρώνω. (*carpet*) βάζω. (*trap*) στήνω. **~ down** (*rules*) βάζω. (*weapons*) καταθέτω. **~ off** (*workers*) απολύω προσωρινά. **~ on** (*provide*) οργανώνω. **~ out** (*plan*) σχεδιάζω. (*spend*) ξοδεύω γενναιόδωρα

layabout /'leɪəbaʊt/ *n* (ο) τεμπέλης

layer /'leɪə(r)/ *n* (το) στρώμα

layman /'leɪmən/ *n* (ο) μη ειδικός

layout /'leɪaʊt/ *n* (η) διάταξη

laze /leɪz/ *vi* τεμπελιάζω

laz|y /'leɪzi/ *a* τεμπέλης. **~iness** *n* (η) τεμπελιά

lead¹ /li:d/ *vt/i* (*pt* **led**) οδηγώ. (*team etc.*) ηγούμαι. (*life*) ζω. (*induce*) προκαλώ. • *n* (η) πρωτοπορία. (*clue*) (η) ιδέα. (*leash*) (το) λουρί. (*wire*) (το) καλώδιο. (*theatr*) (ο) πρωταγωνιστής, (η) πρωταγωνίστρια. **be in the ~** προπορεύομαι. **~ astray** παρασύρω. **~ to** καταλήγω σε

lead² /led/ *n* (ο) μόλυβδος. (*of pencil*) (το) μολύβι

leader /'li:də(r)/ *n* (ο) ηγέτης. (*in paper*) (το) κύριο άρθρο. **~ship** *n* (η) ηγεσία

leading /'li:dɪŋ/ *a* ηγετικός

leaf /li:f/ *n* (*pl* **leaves**) (το) φύλλο. (*of book*) (η) σελίδα. • *vi* **~ through** φυλλομετρώ

leaflet /'li:flɪt/ *n* (το) φυλλάδιο

league /li:g/ *n* (ο) συνασπισμός

leak /li:k/ *n* (η) διαρροή. (*of gas*) (η) διαφυγή. • *vi* διαρρέω. • *vt* (*fig*) αποκαλύπτω

lean¹ /li:n/ *a* ισχνός

lean² /li:n/ *vt/i* γέρνω. **~ against** ακουμπώ σε. **~ forward** *or* **over** σκύβω. **~ on** στηρίζομαι σε. **~ towards** κλίνω προς

leaning /'li:nɪŋ/ *a* κεκλιμένος. • *n* (η) τάση

leap /li:p/ *vi* πηδώ. • *n* (το) πήδημα. **~-frog** *n* (τα) βαρελάκια. **~ year** *n* (ο) δίσεκτος χρόνος

learn /lɜ:n/ *vt/i* μαθαίνω. **~er** *n* (ο) μαθητής, (η) μαθήτρια. **~ing** *n* (οι) γνώσεις

learned /'lɜ:nɪd/ *a* πολυμαθής

lease /li:s/ *n* (η) μίσθωση. • *vt* μισθώνω (**from**, από). εκμισθώνω (**to**, σε)

leash /li:ʃ/ *n* (το) λουρί

least /li:st/ *a* ελάχιστος. (*slightest*) παραμικρός. • *n* (το) ελάχιστο. • *adv* ελάχιστα. **at ~** τουλάχιστον. **not in the ~** καθόλου

leather /'leðə(r)/ *n* (το) δέρμα

leave /li:v/ *vt* (*pt* **left**) αφήνω. (*depart from*) αναχωρώ από. • *vi* (*depart*) φεύγω. • *n* (η) άδεια. **~ alone** αφήνω ήσυχο. **~ behind** ξεχνώ. **~ out** παραλείπω

Lebanon /'lebənən/ *n* (ο) Λίβανος

lecher /'letʃə(r)/ *n* (ο) έκλυτος. **~ous** *a* λάγνος

lectern /'lektən/ *n* (το) αναλόγιο

lecture /'lektʃə(r)/ *n* (η) διάλεξη. (*reproof*) (η) επίπληξη. • *vi* κάνω διάλεξη. **~r** /-ə(r)/ *n* (ο) ομιλητής. (*univ*) (ο) λέκτορας

led /led/ *see* **LEAD**

ledge /ledʒ/ *n* (*of window*) (το) περβάζι. (*of rock*) (το) χείλος

ledger /'ledʒə(r)/ *n* (το) καθολικό (*λογιστικό βιβλίο*)

leech /li:tʃ/ *n* (η) βδέλλα

leek /li:k/ *n* (το) πράσο

leer /lɪə(r)/ *vi* **~ (at)** κοιτάζω λάγνα. • *n* (η) λάγνα ματιά

leeway /'li:weɪ/ *n* (*fig*) (το) περιθώριο κινήσεως

left¹ /left/ *see* **LEAVE**. • *a* **be (over)** απομένω, μένω. **~ luggage** (*office*) *n* (η) φύλαξη αποσκευών. **~-overs** *npl* (τα) υπολείμματα

left² /left/ *a* αριστερός. • *adv* αριστερά. • *n* (τα) αριστερά. **~-handed** *a* αριστερόχειρας. **~-wing** *a* (*pol*) αριστερός

leg /leg/ *n* (το) πόδι (*πάνω από τον αστράγαλο*). (*of meat*) (το) μπούτι. (*of furniture*) (το) πόδι. (*of journey*) (το) τμήμα

legacy /'legəsi/ *n* (η) κληρονομιά

legal /'li:gl/ *a* νομικός. **~ity**

/-'gælətι/ *n* (η) νομιμότητα. **~ly**
adv νόμιμα

legalize /'li:gəlaιz/ *vt* νομιμοποιώ

legend /'ledʒənd/ *n* (ο) θρύλος.
~ary *a* θρυλικός

legible /'ledʒəbl/ *a* ευανάγνωστος

legislat|e /'ledʒιsleιt/ *vi* νομοθετώ.
~ion /-'leιʃn/ *n* (η) νομοθεσία

legislat|ive /'ledʒιslətιv/ *a*
νομοθετικός. **~ure** /-eιtʃə(r)/ *n*
(το) νομοθετικό σώμα

legitimate /lι'dʒιtιmət/ *a* νόμιμος

leisure /'leʒə(r)/ *n* (ο) ελεύθερος
χρόνος. **~ly** *a* αβίαστος. • *adv*
αβίαστα

lemon /'lemən/ *n* (το) λεμόνι

lemonade /lemə'neιd/ *n* (η)
λεμονάδα

lend /lend/ *vt* (*pt* lent) δανείζω.
~er *n* (ο) δανειστής, (η)
δανείστρια

length /leŋθ/ *n* (το) μήκος. (*piece*)
(το) κομμάτι **at ~** εκτενώς. **~y** *a*
εκτεταμένος

lengthen /'leŋθən/ *vt* παρατείνω.
(*dress*) μακραίνω. • *vi* (*days*)
γίνομαι πιο μεγάλος

lengthways /'leŋθweιz/ *adv* κατά
μήκος

lenient /'li:nιənt/ *a* επιεικής

lens /lenz/ *n* (ο) φακός

lent /lent/ *see* LEND

Lent /lent/ *n* (η) Σαρακοστή

lentil /'lentl/ *n* (η) φακή

Leo /'li:əυ/ *n* (ο) λέων

leopard /'lepəd/ *n* (η) λεοπάρδαλη

leotard /'li:əυta:d/ *n* (το) φορμάκι

leper /'lepə(r)/ *n* (ο) λεπρός

leprosy /'leprəsι/ *n* (η) λέπρα

lesbian /'lezbιən/ *a* λέσβιος. • *n* (η)
λεσβία

less /les/ *a* λιγότερος. • *adv*
λιγότερο. • *n* (το) λιγότερο.
• *prep* μείον. **~ and ~** όλο και
λιγότερο

lessen /'lesn/ *vt*/*i* λιγοστεύω

lesson /'lesn/ *n* (το) μάθημα

lest /lest/ *conj* μήπως

let /let/ *vt* αφήνω. (*lease*)
ενοικιάζω. • *v aux* **~'s go!** ας
πάμε!. • *n* (το) νοίκιασμα. **~
down** (*deflate*) ξεφουσκώνω.

(*disappoint*) απογοητεύω. **~ go**
vt, *vi* αφήνω. **~ in/out** στενεύω/
φαρδαίνω. **~ off** (*excuse*) χαρίζω

lethal /'li:θl/ *a* θανατηφόρος

lethargy /'leθədʒι/ *n* (ο) λήθαργος

letter /'letə(r)/ *n* (*of alphabet*) (το)
γράμμα. (*note*) (το) γράμμα, (η)
επιστολή. **~-box** *n* (το)
γραμματοκιβώτιο. **~ing** *n* (τα)
στοιχεία

lettuce /'letιs/ *n* (το) μαρούλι

leukaemia /lu:'ki:mιə/ *n* (η)
λευχαιμία

level /'levl/ *a* (*horizontal*) επίπεδος.
(*in height*) ισόπεδος. (*in score*)
ισόπαλος. (*spoonful etc.*) κοφτός.
• *n* (το) επίπεδο. • *vt* ισοπεδώνω.
(*aim*) απευθύνω

lever /'li:və(r)/ *n* (ο) μοχλός

levity /'levətι/ *n* (η) έλλειψη
σοβαρότητας

levy /'levι/ *vt* επιβάλλω και
εισπράττω (*φόρο ή πρόστιμο*)

lewd /lju:d/ *a* ασελγής

liable /'laιəbl/ *a* υπεύθυνος. **be ~
to** είμαι υποκείμενος σε. (*likely
to*) έχω τάση να

liabilit|y /laιə'bιlətι/ *n* (η)
υποχρέωση. (*responsibility*) (η)
ευθύνη. **~ies** (το) παθητικό

liaison /lι'eιzn/ *n* (ο) ερωτικός
δεσμός. (*mil*) (ο) σύνδεσμος

liar /'laιə(r)/ *n* (ο) ψεύτης

libel /'laιbl/ *n* (ο) λίβελος. • *vt*
λιβελογραφώ

liberal /'lιbərəl/ *a* (*generous*)
γενναιόδωρος. (*plentiful*)
άφθονος. (*open-minded*)
φιλελεύθερος. • *n* (ο)
Φιλελεύθερος

liberat|e /'lιbəreιt/ *vt* ελευθερώνω.
~ion /-'reιʃn/ *n* (η) ελευθέρωση

liberty /'lιbətι/ *n* (η) ελευθερία. **be
at ~ to** είμαι ελεύθερος να

Libra /'li:brə/ *n* (ο) Ζυγός

librar|y /'laιbrərι/ *n* (η)
βιβλιοθήκη. **~ian** /-'breərιən/ *n*
(ο) βιβλιοθηκάριος

Libya /'lιbιə/ *n* (η) Λιβύη

lice /laιs/ *n see* LOUSE

licence /'laιsns/ *n* (η) άδεια

license /'laιsns/ *vt* δίνω άδεια σε

licentious /laɪˈsenʃəs/ *a* ακόλαστος

lichen /ˈlaɪkən/ *n* (η) λειχήνα

lick /lɪk/ *vt* γλείφω. • *n* (το) γλείψιμο

lid /lɪd/ *n* (το) καπάκι

lie¹ /laɪ/ *n* (το) ψέμα. • *vi* (*pt* **lied**, *pres p* **lying**) λέω ψέματα

lie² /laɪ/ *vi* (*pt* **lay**, *pp* **lain**, *pres p* **lying**) είμαι ξαπλωμένος. (*remain*) μένω. (*be*) βρίσκομαι. ~ **back/down** ξαπλώνω

lieutenant /lefˈtenənt/ *n* (*army*) (ο) υπολοχαγός

life /laɪf/ *n* (*pl* **lives**) (η) ζωή. **~-guard** *n* (ο) ναυαγοσώστης. **~-jacket** *n* (το) σωσίβιο. **~-size(d)** *a* σε φυσικό μέγεθος

lifebelt /ˈlaɪfbelt/ *n* (η) σωσίβια ζώνη

lifeboat /ˈlaɪfbəʊt/ *n* (η) ναυαγοσωστική λέμβος

lifeless /ˈlaɪflɪs/ *a* άψυχος. (*lacking vitality*) χωρίς ζωή

lifelike /ˈlaɪflaɪk/ *a* σαν ζωντανός

lifeline /ˈlaɪflaɪn/ *n* (η) γραμμή της ζωής (*στο χέρι*). (*fig*) (η) γραμμή σωτηρίας

lifestyle /ˈlaɪfstaɪl/ *n* (ο) τρόπος ζωής

lifetime /ˈlaɪftaɪm/ *n* (η) ολόκληρη ζωή

lift /lɪft/ *vt* ανασηκώνω. • *vi* (*fog*) διαλύομαι. • *n* (το) ασανσέρ *invar*, (ο) ανελκυστήρας. **give s.o. a ~** παίρνω κπ με το αυτοκίνητο. **~-off** *n* (η) απογείωση

ligament /ˈlɪgəmənt/ *n* (ο) σύνδεσμος

light¹ /laɪt/ *n* (το) φως. (*fire*) (η) φωτιά. (*aspect*) (η) σκοπιά. • *a* φωτεινός. (*pale*) ανοιχτός. • *vt* ανάβω. (*illuminate*) φωτίζω. **bring to ~** αποκαλύπτω. **~ up** ανάβω

light² /laɪt/ *a* ελαφρός. **~-headed** *a* ζαλισμένος. **~-hearted** *a* εύθυμος. **~ly** *adv* ελαφρά

lighten /ˈlaɪtn/ *vt*/*i* φωτίζω. • *vt* (*load*) ελαφρώνω

lighter /ˈlaɪtə(r)/ *n* (ο) αναπτήρας

lighthouse /ˈlaɪthaʊs/ *n* (ο) φάρος

lighting /ˈlaɪtɪŋ/ *n* (ο) φωτισμός

lightning /ˈlaɪtnɪŋ/ *n* (η) αστραπή. • *a* αστραπιαίος

like¹ /laɪk/ *a* όμοιος. • *prep* σαν. • *conj* σαν, όπως. • *n* (ο) όμοιος. ~ **this/that** έτσι. **what is it ~?** πώς είναι;

like² /laɪk/ *vt* μου αρέσει. **~s** *npl* (οι) προτιμήσεις. **I would ~** θα ήθελα. **would you ~?** θέλεις ...;

likel|y /ˈlaɪklɪ/ *a* πιθανός. • *adv* πιθανόν. **~ihood** *n* (η) πιθανότητα

liken /ˈlaɪkən/ *vt* παρομοιάζω

likeness /ˈlaɪknɪs/ *n* (η) ομοιότητα

likewise /ˈlaɪkwaɪz/ *adv* παρομοίως

liking /ˈlaɪkɪŋ/ *n* (το) γούστο. (*for person*) (η) συμπάθεια

lilac /ˈlaɪlək/ *n* (η) πασχαλιά. • *a* λιλά *invar*

lily /ˈlɪlɪ/ *n* (ο) κρίνος

limb /lɪm/ *n* (το) μέλος

limbo /ˈlɪmbəʊ/ *n* **in ~** σε αβεβαιότητα

lime¹ /laɪm/ *n* (ο) ασβέστης

lime² /laɪm/ *n* (*fruit*) (το) γλυκολέμονο. (*tree*) (η) γλυκολεμονιά

limelight /ˈlaɪmlaɪt/ *n* (το) προσκήνιο

limestone /ˈlaɪmstəʊn/ *n* (ο) ασβεστόλιθος

limit /ˈlɪmɪt/ *n* (το) όριο. • *vt* περιορίζω. **~ation** /-ˈteɪʃn/ *n* (ο) περιορισμός. **~ed** *a* περιορισμένος. **~ed company** *n* (η) εταιρία περιορισμένης ευθύνης

limousine /ˈlɪməziːn/ *n* (η) λιμουζίνα

limp¹ /lɪmp/ *vi* κουτσαίνω. • *n* (το) κούτσαμα

limp² /lɪmp/ *a* χαλαρός

line /laɪn/ *n* (η) γραμμή. (*rope*) (το) σκοινί. (*wire*) (το) σύρμα. (*for fishing*) (η) πετονιά. (*wrinkle*) (η) ρυτίδα. (*row*) (η) σειρά. (*of poem*) (ο) στίχος. (*of goods*) (το) είδος. (*queue: Amer*) (η) ουρά. • *vt* (*paper*) ριγώνω. (*garment*) φοδράρω. ~ **up** *vi* παρατάσσομαι

lineage /ˈlɪnɪɪdʒ/ *n* (η) καταγωγή

linear /ˈlɪnɪə(r)/ *a* γραμμικός

linen /ˈlɪnɪn/ *n* (το) λινό. (*articles*) (τα) λευκά είδη

liner /'laɪnə(r)/ n (το) πλοίο της γραμμής

linger /'lɪŋgə(r)/ vi αργοπορώ

lingerie /'lænʒərɪ/ n (τα) γυναικεία εσώρουχα

linguist /'lɪŋgwɪst/ n (ο, η) γλωσσομαθής

linguistic /lɪŋ'gwɪstɪk/ a γλωσσικός. ~s n (η) γλωσσολογία

lining /'laɪnɪŋ/ n (η) φόδρα

link /lɪŋk/ n (ο) σύνδεσμος. (of chain) (ο) κρίκος. • vt συνδέω

lino, linoleum /'laɪnəʊ, lɪ'nəʊlɪəm/ n (το) πλαστικό

lion /'laɪən/ n (το) λιοντάρι. ~ess n (η) λέαινα

lip /lɪp/ n (το) χείλος

lipstick /'lɪpstɪk/ n (το) κραγιόν invar

liqueur /lɪ'kjʊə(r)/ n (το) λικέρ

liquid /'lɪkwɪd/ n (το) υγρό. • a υγρός. ~izer n (το) μπλέντερ invar

liquidat|e /'lɪkwɪdeɪt/ vt ρευστοποιώ. ~ion /-'deɪʃn/ n (η) ρευστοποίηση

liquor /'lɪkə(r)/ n (το) οινοπνευματώδες ποτό

liquorice /'lɪkərɪs/ n (η) γλυκόριζα

lisp /lɪsp/ n (το) ψεύδισμα. • vt/i ψευδίζω

list¹ /lɪst/ n (ο) κατάλογος, (η) λίστα. • vt γράφω σε κατάλογο

list² /lɪst/ vi (ship) κλίνω

listen /'lɪsn/ vi ακούω. ~ to ακούω. (pay heed to) δίνω προσοχή σε. ~er n (ο) ακροατής, (η) ακροάτρια

listless /'lɪstlɪs/ a άτονος

lit /lɪt/ see LIGHT

litany /'lɪtənɪ/ n (η) λιτανεία

literal /'lɪtərəl/ a κυριολεκτικός. (translation) κατά λέξη. ~ly adv κυριολεκτικά

literary /'lɪtərərɪ/ a λογοτεχνικός

literate /'lɪtərət/ a εγγράμματος

literature /'lɪtərətʃə(r)/ n (η) φιλολογία

lithe /laɪð/ a ευλύγιστος

litigation /lɪtɪ'geɪʃn/ n (η) δίκη

litre /'liːtə(r)/ n (το) λίτρο

litter /'lɪtə(r)/ n (rubbish) (τα) σκουπίδια. (animals) (η) γέννα. • vt πετώ. (make untidy) σκορπώ ακατάστατα

little /'lɪtl/ a μικρός. (not much) λίγος. • n (το) λίγο. • adv λίγο. a ~ n (το) λίγο

live¹ /laɪv/ a ζωντανός. (wire) ηλεκτροφόρος

live² /lɪv/ vt/i ζω. ~ on vt ζω με. vi (continue) συνεχίζω να ζω. ~ with ζω μαζί με

livelihood /'laɪvlɪhʊd/ n (τα) προς το ζην

lively /'laɪvlɪ/ a ζωηρός

liven /'laɪvn/ vt/i ~ up ζωντανεύω. • vt (room etc.) δίνω ζωή σε

liver /'lɪvə(r)/ n (το) συκώτι

livestock /'laɪvstɒk/ n (τα) ζωντανά

livid /'lɪvɪd/ a πελιδνός. (fam) λυσσασμένος

living /'lɪvɪŋ/ a ζωντανός. • n (livelihood) (τα) προς το ζην. ~-room n (το) καθιστικό

lizard /'lɪzəd/ n (η) σαύρα

llama /'lɑːmə/ n (η) λάμα

load /ləʊd/ n (το) φορτίο. (fig) (το) βάρος. ~s of (fam) ένα σωρό. • vt φορτώνω

loaf¹ /ləʊf/ n (το) καρβέλι

loaf² /ləʊf/ vi τεμπελιάζω

loan /ləʊn/ n (το) δάνειο. • vt δανείζω. on ~ δανεικός

loath|e /ləʊð/ vt σιχαίνομαι. ~ing n (η) αηδία

lobby /'lɒbɪ/ n (ο) προθάλαμος. (pol) (το) λόμπι invar. • vi ασκώ πίεση παρασκηνιακά

lobe /ləʊb/ n (ο) λοβός

lobster /'lɒbstə(r)/ n (ο) αστακός

local /'ləʊkl/ a τοπικός. • n (ο) ντόπιος. ~ly adv τοπικά. (nearby) στη γειτονιά

locality /ləʊ'kælətɪ/ n (η) περιοχή

locat|e /ləʊ'keɪt/ vt εντοπίζω. (situate) τοποθετώ. ~ion /-ʃn/ n (η) θέση

lock /lɒk/ n (on door etc.) (η) κλειδαριά. (on canal) (ο) υδατοφράκτης (of hair) (η) μπούκλα. • vt/i κλειδώνω. (wheels) μπλοκάρω. ~ up vt κλείνω. (imprison) κλείνω μέσα

locker | lotion

locker /'lɒkə(r)/ n (το) ντουλαπάκι. (at station) (η) θυρίδα

locket /'lɒkɪt/ n (το) μενταγιόν

locomotive /'ləʊkəməʊtɪv/ n (η) μηχανή τρένου

locust /'ləʊkəst/ n (η) ακρίδα

lodge /lɒdʒ/ n (το) σπιτάκι στην εξοχή. (of porter) (το) σπιτάκι. (Masonic) (η) στοά. • vt (deposit) καταθέτω. (complaint) υποβάλλω. • vi (become fixed) κολλώ. (reside) μένω (with, σε). **~r** /-ə(r)/ n (ο) ενοικιαστής, (η) ενοικιάστρια

lodgings /'lɒdʒɪŋz/ npl (το) νοικιασμένο δωμάτιο

loft /lɒft/ n (το) πατάρι

log /lɒg/ n (το) κούτσουρο. **~(-book)** (naut) (το) ημερολόγιο

logic /'lɒdʒɪk/ n (η) λογική. **~al** a λογικός

loin /lɔɪn/ n (culin) (το) πλευρό. **~s** (οι) λαγόνες

loiter /'lɔɪtə(r)/ vi χασομερώ

loll /lɒl/ vi ξαπλώνω

lollipop /'lɒlɪpɒp/ n (το) γλειφιτζούρι

London /'lʌndən/ n (το) Λονδίνο. **~er** n (ο) Λονδρέζος, (η) Λονδρέζα

lone /ləʊn/ a μοναχικός. **~r** /-ə(r)/ n (ο) μοναχικός τύπος

lonel|y /'ləʊnlɪ/ a μόνος. **feel ~** νιώθω μοναξιά. **~iness** n (η) μοναξιά

long¹ /lɒŋ/ a μακρύς. • adv πολύ. **how ~ is it?** πόσο μακρύ είναι; (in time) πόση ώρα είναι; **I won't be ~** δε θ' αργήσω. **a ~ time** πολλή ώρα. **a ~ way** μακριά. **as or so ~ as** εφόσον. **~-distance** a (call) υπεραστικός. **~ jump** n (το) άλμα εις μήκος. **~-range** a μεγάλου βεληνεκούς. (forecast) μακροπρόθεσμος. **~-sighted** a πρεσβυωπικός. **~-term** a μακροπρόθεσμος. **~ wave** n (το) μεγάλο κύμα. **~-winded** a φλύαρος. **no ~er** όχι πια

long² /lɒŋ/ vi **~ for** λαχταρώ. **~ to** λαχταρώ να. **~ing** n (η) λαχτάρα

longitude /'lɒndʒɪtjuːd/ n (το) γεωγραφικό μήκος

loo /luː/ n (fam) (το) μέρος

look /lʊk/ vt/i κοιτάζω. (seem) φαίνομαι. • n (η) ματιά. (appearance) (η) εμφάνιση. **(good) ~s** (η) ομορφιά. **have a ~** ρίχνω μια ματιά. **~ after** φροντίζω. **~ at** κοιτάζω. **~ down on** περιφρονώ. **~ for** ψάχνω για. **~ forward to** προσμένω. **~ into** εξετάζω. **~ like** (resemble) μοιάζω. (seem) φαίνομαι. **~ out** προσέχω. **~-out** n (ο) σκοπός. (prospect) (η) προοπτική. **~ through** κοιτάζω. **~ up** (word) ψάχνω να βρω. **~ up to** εκτιμώ

loom¹ /luːm/ n (ο) αργαλειός

loom² /luːm/ vi διαγράφομαι. (fig) δεσπόζω

loop /luːp/ n (η) θηλιά. • vt δένω με θηλιά

loophole /'luːphəʊl/ n (in rule) (το) παραθυράκι

loose /luːs/ a (not tight) χαλαρός. (knot etc.) λασκαρισμένος. (clothes) φαρδύς. (change etc.) σκόρπιος. (morals) έκλυτος. (inexact) ανακριβής

loosen /'luːsn/ vt χαλαρώνω

loot /luːt/ n (η) λεία. • vt λεηλατώ

lop /lɒp/ vt **~ off** κόβω

lopsided /lɒp'saɪdɪd/ a που γέρνει από τη μια πλευρά

lord /lɔːd/ n (ο) κύριος. (British title) (ο) λόρδος. **the L~** (relig) (ο) Κύριος

lore /lɔː(r)/ n (η) παράδοση

lorry /'lɒrɪ/ n (το) φορτηγό

lose /luːz/ vt/i (pt lost) χάνω. **get lost** χάνομαι. **~r** n (ο) χαμένος

loss /lɒs/ n (η) απώλεια. (comm) (η) ζημιά. **be at a ~** τα έχω χαμένα

lost /lɒst/ see LOSE. a **~ property office** (το) γραφείο απολεσθέντων αντικειμένων

lot¹ /lɒt/ n (ο) κλήρος. (luck) (η) μοίρα. (piece of land) (το) οικόπεδο. (comm) (η) παρτίδα

lot² /lɒt/ n **the ~** όλα. (people) όλοι. **a ~ of, ~s of** (fam) πολλά, πολύ

lotion /'ləʊʃn/ n (η) λοσιόν

lottery /'lɒtərɪ/ n (το) λαχείο

lotus /'ləʊtəs/ n (pl -uses) (ο) λωτός

loud /laʊd/ a δυνατός. • adv δυνατά. **out ~** δυνατά. **~ly** adv δυνατά. **~ness** n (ο) μεγάλος θόρυβος

loudspeaker /laʊd'spi:kə(r)/ n (το) μεγάφωνο

lounge /laʊndʒ/ vi τεμπελιάζω. • n (το) σαλόνι

louse /laʊs/ n (η) ψείρα

lousy /'laʊzɪ/ a (sl) ελεεινός

lout /laʊt/ n (ο) χοντράνθρωπος

lovable /'lʌvəbl/ a αξιαγάπητος

love /lʌv/ n (η) αγάπη. (tennis) (το) μηδέν. • vt αγαπώ. (like greatly) μ' αρέσει πολύ. **fall in ~ (with)** ερωτεύομαι. **make ~** κάνω έρωτα. **~ affair** n (ο) ερωτικός δεσμός. **~-letter** n (το) ραβασάκι

lovely /'lʌvlɪ/ a θαυμάσιος

lover /'lʌvə(r)/ n (man) (ο) εραστής. (woman) (η) ερωμένη. (devotee) (ο) φίλος

loving /'lʌvɪŋ/ a τρυφερός

low /ləʊ/ a χαμηλός. (depressed) μελαγχολικός. • adv χαμηλά. • n (low point) (το) χαμηλό επίπεδο. **~-cut** a (clothes) με ντεκολτέ

lower /'ləʊə(r)/ a & adv see LOW. vt/ i χαμηλώνω. **~ o.s.** ταπεινώνω

loyal /'lɔɪəl/ a πιστός, αφοσιωμένος. **~ty** n (η) αφοσίωση

lozenge /'lɒzɪndʒ/ n (tablet) (η) παστίλια

Ltd. abbr (Limited) ΕΠΕ

lubricate /'lu:brɪkeɪt/ vt λιπαίνω

lucid /'lu:sɪd/ a καθαρός, διαυγής. (sane) φωτεινός

luck /lʌk/ n (η) τύχη. **bad ~** (η) ατυχία. **good ~** καλή επιτυχία

luck|y /'lʌkɪ/ a τυχερός. **~y charm** n (το) πορτμπονέρ invar. **~ily** adv ευτυχώς

lucrative /'lu:krətɪv/ a επικερδής

ludicrous /'lu:dɪkrəs/ a γελοίος

luggage /'lʌgɪdʒ/ n (οι) αποσκευές. **~-rack** n (το) ράφι αποσκευών

lukewarm /'lu:kwɔ:m/ a χλιαρός

lull /lʌl/ vt κατευνάζω. • n (η) γαλήνη

lullaby /'lʌləbaɪ/ n (το) νανούρισμα

lumber /'lʌmbə(r)/ n (timber) (τα) ξύλα. • vt **~ s.o.with sth** φορτώνω κπ με κτ

lumberjack /'lʌmbədʒæk/ n (ο) ξυλοκόπος

luminous /'lu:mɪnəs/ a φωτεινός

lump /lʌmp/ n (swelling) (το) εξόγκωμα. (in liquid) (ο) σβόλος. (of sugar) (ο) κύβος. (in throat) (ο) κόμπος. • vt **~ together** βάζω μαζί. **~y** a σβολιασμένος

lunacy /'lu:nəsɪ/ n (η) παραφροσύνη

lunatic /'lu:nətɪk/ n (ο) παράφρων

lunch /lʌntʃ/ n (το) μεσημεριανό (φαγητό). • vi γευματίζω. **~-time** n (το) μεσημέρι. **~eon** /'lʌntʃən/ n (formal) (το) γεύμα

lung /lʌŋ/ n (ο) πνεύμονας

lunge /lʌndʒ/ n (η) απότομη κίνηση προς τα εμπρός. • vi ρίχνομαι (at, σε)

lurch /lɜ:tʃ/ vi τρικλίζω

lure /lʊə(r)/ vt δελεάζω. • n (fig) (το) δέλεαρ

lurid /'lʊərɪd/ a ανατριχιαστικός. (gaudy) φανταχτερός

lurk /lɜ:k/ vi παραμονεύω

luscious /'lʌʃəs/ a απολαυστικός

lust /lʌst/ n (ο) πόθος. (fig) (η) δίψα. • vi **~ after** ποθώ

lustre /'lʌstə(r)/ n (η) λάμψη

lute /lu:t/ n (το) λαούτο

luxuriant /lʌg'zʊərɪənt/ a πλούσιος, άφθονος

luxurious /lʌg'zʊərɪəs/ a πολυτελής

luxury /'lʌkʃərɪ/ n (η) πολυτέλεια. • a πολυτελής

lying /'laɪɪŋ/ see LIE. n (το) ψέμα

lynch /lɪntʃ/ vt λιντσάρω

lynx /lɪŋks/ n (ο) λυγξ

lyric /'lɪrɪk/ a λυρικός. **~s** npl (οι) στίχοι τραγουδιού. **~al** a λυρικός

Mm

mac /mæk/ n (fam) (το) αδιάβροχο
macaroni /mækəˈrəʊni/ n (τα) μακαρόνια
mace[1] /meis/ n (staff) (το) ρόπαλο
mace[2] /meis/ n (spice) (το) μοσχοκάρυδο (φλοίδα)
machine /məˈʃiːn/ n (η) μηχανή.
• vt (sew) ράβω σε ραπτομηχανή. (techn) επεξεργάζομαι σε μηχανή. ~-gun n (το) πολυβόλο
machinery /məˈʃiːnəri/ n (τα) μηχανήματα. (parts, fig) (ο) μηχανισμός
machinist /məˈʃiːnist/ n (ο) μηχανουργός
mackerel /ˈmækrəl/ n invar (το) σκουμπρί
mad /mæd/ a τρελός. (foolish) ανόητος. (angry: fam) έξαλλος.
be ~ about (enthusiastic) τρελαίνομαι για. ~cow disease n (η) νόσος των τρελών αγελάδων. ~ly adv τρελά. ~ness n (η) τρέλα
madam /ˈmædəm/ n (η) κυρία
madden /ˈmædn/ vt τρελαίνω
made /meid/ see MAKE. ~ to measure a κατά παραγγελία
madman /ˈmædmən/ n (ο) τρελός
magazine /mægəˈziːn/ n (το) περιοδικό. (of gun) (ο) γεμιστήρας. (of projector) (η) φύσιγγα
maggot /ˈmægət/ n (το) σκουλήκι
magic /ˈmædʒik/ n (η) μαγεία.
• a μαγικός. ~al a μαγικός
magician /məˈdʒiʃn/ n (ο) μάγος. (conjuror) (ο) ταχυδακτυλουργός
magistrate /ˈmædʒistreit/ n (ο, η) ειρηνοδίκης
magnanimous /mægˈnæniməs/ a μεγαλόψυχος
magnet /ˈmægnit/ n (ο) μαγνήτης. ~ic /-ˈnetik/ a μαγνητικός. ~ism n (ο) μαγνητισμός. ~ize vt μαγνητίζω
magnificen|t /mægˈnifisnt/ a μεγαλοπρεπής. ~ce n (η) μεγαλοπρέπεια
magnify /ˈmægnifai/ vt μεγεθύνω. (fig) μεγαλοποιώ. ~ing glass ns (ο) μεγεθυντικός φακός
magnitude /ˈmægnitjuːd/ n (το) μέγεθος
magpie /ˈmægpai/ n (η) καρακάξα
mahogany /məˈhɒgəni/ n (το) μαόνι
maid /meid/ n (η) υπηρέτρια
maiden /ˈmeidn/ n (old use) (η) κόρη. • a (speech, voyage) παρθενικός. ~ aunt (η) άγαμη θεία. ~ name (το) πατρικό όνομα
mail /meil/ n (το) ταχυδρομείο. • a ταχυδρομικός. • vt ταχυδρομώ
mailbox /ˈmeilbɒks/ n (Amer) (το) γραμματοκιβώτιο
mailman /ˈmeilmæn/ n n (Amer) (ο) ταχυδρόμος
maim /meim/ vt σακατεύω
main[1] /mein/ a κύριος. • n in the ~ κυρίως. ~ road n (ο) κύριος δρόμος. ~ly adv κυρίως
main[2] /mein/ n (water, gas) (ο) κεντρικός αγωγός
mainland /ˈmeinlənd/ n (η) ηπειρωτική χώρα
mainstay /ˈmeinstei/ n (support) (το) στήριγμα
maintain /meinˈtein/ vt (keep up) διατηρώ. (keep in good repair) συντηρώ. (assert) υποστηρίζω
maintenance /ˈmeintənəns/ n (η) συντήρηση. (alimony) (η) διατροφή
maize /meiz/ n (το) καλαμπόκι
majestic /məˈdʒestik/ a μεγαλοπρεπής
majesty /ˈmædʒəsti/ n (η) μεγαλοπρέπεια. His/Her M~ n Αυτού/Αυτής Μεγαλειότητα
major /ˈmeidʒə(r)/ a μεγάλος. (mus) μείζων. • n (ο) ταγματάρχης
majority /məˈdʒɒrəti/ n (η) πλειοψηφία. (age) (η) ενηλικίωση
make /meik/ vt/i (pt made) κάνω, φτιάχνω. (decision) παίρνω. (destination) καταφέρνω (να φτάσω). (cause to be) κάνω. ~

s.o. do sth. εξαναγκάζω κπ να κάνει κτ. • *n* (η) κατασκευή. (*brand*) (η) μάρκα. **be made of** γίνομαι από. **~ believe** κάνω, προσποιούμαι. *n* (η) προσποίηση. **~ do** αρκούμαι (with, με). **~ for** τραβώ για. **~ it** (*arrive*) φτάνω. (*succeed*) τα καταφέρνω. **~ it up** συμφιλιώνομαι. **~ out** (*understand*) καταλαβαίνω. (*distinguish*) ξεχωρίζω. (*cheque*) εκδίδω. **~ up** (*story*) επινοώ. (*apply cosmetics*) μακιγιάρω. **~-up** *n* (*cosmetics*) (το) μακιγιάζ *invar*. (*character*) (η) ψυχοσύνθεση. (*of object*) (η) σύσταση. **~ up for** αναπληρώνω. **~ up one's mind** αποφασίζω

makeshift /'meɪkʃɪft/ *a* πρόχειρος

making /'meɪkɪŋ/ *n* **in the ~** εν τω γίγνεσθαι

malaise /mæ'leɪz/ *n* (η) δυσφορία

malaria /mə'leərɪə/ *n* (η) ελονοσία

male /meɪl/ *a* ανδρικός. • *n* (ο) άνδρας

malevolent /mə'levələnt/ *a* κακόβουλος

malfunction /mæl'fʌŋkʃn/ *vi* παθαίνω βλάβη

malice /'mælɪs/ *n* (η) κακεντρέχεια

malicious /mə'lɪʃəs/ *a* κακεντρεχής

malign /mə'laɪn/ *a* φθοροποιός. • *vt* διασύρω

malignant /mə'lɪgnənt/ *a* κακοήθης

mallet /'mælɪt/ *n* (το) ξύλινο σφυρί

malnutrition /mælnju:'trɪʃn/ *n* (ο) υποσιτισμός

malt /mɔ:lt/ *n* (η) βύνη

maltreat /mæl'tri:t/ *vt* κακομεταχειρίζομαι

mammal /'mæml/ *n* (το) θηλαστικό

mammoth /'mæməθ/ *n* (το) μαμούθ *invar*. • *a* τεράστιος

man /mæn/ *n* (*pl* **men**) (ο) άντρας. (*mankind*) (ο) άνθρωπος. (*chess*) (το) πιόνι. • *vt* (*pt* **manned**) επανδρώνω. (*be on duty*) είμαι υπεύθυνος για. **~-made** *a* τεχνητός

manage /'mænɪdʒ/ *vt* διαχειρίζομαι. (*shop, affairs*) χειρίζομαι. (*take charge of*) διευθύνω. (*cope with*) καταφέρνω. • *vi* (*make do*) αρκούμαι. **~ to** καταφέρνω να. **~able** *a* εύκολος. **~ment** *n* (η) διαχείριση. (*of shop*) (η) διεύθυνση. **managing director** *n* (ο) διευθύνων σύμβουλος

manager /'mænɪdʒə(r)/ *n* (ο) διευθυντής. (*theatr, cinema*) (ο) μάνατζερ *invar*. **~ess** /-'res/ *n* (η) διευθύντρια

mane /meɪn/ *n* (η) χαίτη

mangle /'mæŋgl/ *vt* ακρωτηριάζω. (*damage*) καταστρέφω

mango /'mæŋgəʊ/ *n* (το) μάγκο *invar*

manhandle /'mænhændl/ *vt* μεταχειρίζομαι με βία

manhole /'mænhəʊl/ *n* (η) ανθρωποθυρίδα

manhood /'mænhʊd/ *n* (η) ανδρική ηλικία. (*quality*) (ο) ανδρισμός

mania /'meɪnɪə/ *n* (η) μανία. **~c** /-ɪæk/ *n* (ο) μανιακός

manicure /'mænɪkjʊə(r)/ *n* (το) μανικιούρ *invar*

manifest /'mænɪfest/ *a* ολοφάνερος. • *vt* εκδηλώνω. **~ation** /-'steɪʃn/ *n* (η) εκδήλωση

manifesto /mænɪ'festəʊ/ *n* (το) μανιφέστο

manipulate /mə'nɪpjʊleɪt/ *vt* χειρίζομαι με επιδεξιότητα

mankind /mæn'kaɪnd/ *n* (η) ανθρωπότητα

manly /'mænlɪ/ *a* αντρίκειος

manner /'mænə(r)/ *n* (ο) τρόπος. (*attitude*) (η) στάση. (*kind*) (το) είδος. **~s** (*behaviour*) (οι) τρόποι

mannerism /'mænərɪzəm/ *n* (η) ιδιομορφία

manoeuvre /mə'nu:və(r)/ *n* (η) μανούβρα. • *vt/i* μανουβράρω

manor /'mænə(r)/ *n* (το) αρχοντικό

manpower /'mænpaʊə(r)/ *n* (το) ανθρώπινο δυναμικό

mansion /'mænʃn/ *n* (το) αρχοντικό

manslaughter /ˈmænslɔːtə(r)/ n (η) ανθρωποκτονία

mantelpiece /ˈmæntlpiːs/ n (το) γείσο του τζακιού

manual /ˈmænjʊəl/ a χειρωνακτικός. • n (το) εγχειρίδιο

manufacture /mænjʊˈfæktʃə(r)/ vt κατασκευάζω. • n (η) κατασκευή. **~r** /-ə(r)/ n (ο) κατασκευαστής

manure /məˈnjʊə(r)/ n (η) κοπριά

manuscript /ˈmænjʊskrɪpt/ n (το) χειρόγραφο

many /ˈmenɪ/ a & n πολλοί. **a great ~** πάρα πολλοί. **how ~** πόσοι

map /mæp/ n (ο) χάρτης. • vt χαρτογραφώ. **~ out** σχεδιάζω

mar /maː(r)/ vt χαλώ

marathon /ˈmærəθən/ n (ο) μαραθώνιος

marble /ˈmaːbl/ n (το) μάρμαρο. (for game) (ο) βόλος

March /maːtʃ/ n (ο) Μάρτιος

march /maːtʃ/ vi βηματίζω. • vt πηγαίνω. • n (η) πορεία

mare /ˈmeə(r)/ n (η) φοράδα

margarine /maːdʒəˈriːn/ n (η) μαργαρίνη

margin /ˈmaːdʒɪn/ n (το) περιθώριο. **~al** a περιθωριακός

marigold /ˈmærɪɡəʊld/ n (ο) κατιφές

marijuana /mærɪˈwaːnə/ n (η) μαριχουάνα

marinade /mærɪˈneɪd/ n (η) μαρινάτα. • vt μαρινάρω

marine /məˈriːn/ a ναυτικός. • n (sailor) (ο) πεζοναύτης

marital /ˈmærɪtl/ a συζυγικός. **~ status** (η) οικογενειακή κατάσταση

maritime /ˈmærɪtaɪm/ a ναυτικός

marjoram /ˈmaːdʒərəm/ n (η) μαντζουράνα

mark¹ /maːk/ n (currency) (το) μάρκο

mark² /maːk/ n (το) σημάδι. (trace) (το) ίχνος. (schol) (ο) βαθμός. (target) (ο) στόχος. • vt σημαδεύω. (characterize) χαρακτηρίζω. (schol) βαθμολογώ. **~ out** οροθετώ. (fig) ξεχωρίζω.

~ time παραμένω σε στάση αναμονής. **~er** n (ο) σελιδοδείχτης

marked /maːkt/ a έντονος

market /ˈmaːkɪt/ n (η) αγορά. • vt προωθώ. (launch) λανσάρω. **~-place** n (η) αγορά. **~ing** n (το) μάρκετινγκ invar

marksman /ˈmaːksmən/ n (ο) σκοπευτής

marmalade /ˈmaːməleɪd/ n (η) μαρμελάδα πορτοκάλι

maroon¹ /məˈruːn/ a σκούρος κόκκινος. • n (το) μαρόν invar

maroon² /məˈruːn/ vt **be ~ed** μένω απομονωμένος

marquee /maːˈkiː/ n μεγάλη τέντα

marriage /ˈmærɪdʒ/ n (ο) γάμος

marrow /ˈmærəʊ/ n (vegetable) (το) κολοκύθι. (of bone) (ο) μυελός

marr|y /ˈmærɪ/ vt/i παντρεύω/ομαι. **~ied** a παντρεμένος. (life) έγγαμος

marsh /maːʃ/ n (ο) βάλτος

marshal /ˈmaːʃl/ n (ο) στρατάρχης. (at event) (ο) τελετάρχης. • vt παρατάσσω. (fig) τακτοποιώ

martial /ˈmaːʃl/ a στρατιωτικός

martyr /ˈmaːtə(r)/ n (ο, η) μάρτυρας. • vt μαρτυρώ. **~dom** n (το) μαρτύριο

marvel /ˈmaːvəl/ n (το) θαύμα. • vi **~ at** θαυμάζω

marvellous /ˈmaːvələs/ a θαυμάσιος

Marxis|t /ˈmaːksɪst/ n (ο) μαρξιστής. **~m** /-zəm/ n (ο) μαρξισμός

marzipan /ˈmaːzɪpæn/ n (η) πάστα αμυγδάλου

mascara /mæˈskaːrə/ n (το) μάσκαρα

mascot /ˈmæskət/ n (η) μασκότ

masculin|e /ˈmæskjʊlɪn/ a αρρενωπός. (gram) αρσενικός. • n (το) αρσενικό **~ity** /-ˈlɪnətɪ/ n (η) αρρενωπότητα

mask /maːsk/ n (η) μάσκα. • vt αποκρύβω

masochist /ˈmæsəkɪst/ n (ο) μαζοχιστής, (η) μαζοχίστρια

mason /ˈmeɪsn/ n (ο) χτίστης. **~ry** n (η) λιθοδομή

Mason /'meisn/ n (*Freemason*) (ο) μασόνος

masquerade /ma:skə'reid/ n (το) μασκάρεμα. • vi ~ **as** μασκαρεύομαι σαν

mass¹ /mæs/ n (*relig*) (η) θεία λειτουργία

mass² /mæs/ n (η) μάζα. vt/i μαζεύω/ομαι. ~ **media** npl (τα) μέσα μαζικής ενημέρωσης. ~ **production** n (η) μαζική παραγωγή

massacre /'mæsəkə(r)/ n (η) σφαγή. • vt σφάζω

massage /'mæsɑ:ʒ/ n (το) μασάζ invar. • vt κάνω μασάζ σε

masseu|r /mæ'sɜ:(r)/ n (ο) μασέρ invar. ~**se** n (η) μασέζ invar

massive /'mæsiv/ a ογκώδης. (*huge*) τεράστιος

mast /ma:st/ n (*naut*) (το) κατάρτι. (*for flag, radio*) (ο) ιστός

master /'ma:stə(r)/ n (ο) κύριος. (*schol*) (ο) καθηγητής. (*employer*) (το) αφεντικό. (*of ship*) (ο) πλοίαρχος. • vt γίνομαι κύριος. ~**-key** n (το) κύριο κλειδί. ~**-mind** n (ο) ιθύνων νους. • vt συλλαμβάνω και πραγματοποιώ. ~**ful** a επιτακτικός. ~**y** n (η) κυριαρχία. (*knowledge*) (η) βαθειά γνώση

masterly /'ma:stəli/ a αριστοτεχνικός

masterpiece /'ma:stəpi:s/ n (το) αριστούργημα

masturbate /'mæstəbeit/ vi αυνανίζομαι

mat /mæt/ n (το) χαλάκι. (*on table*) (το) σουπλά invar

match¹ /mætʃ/ n (το) σπίρτο

match² /mætʃ/ n (*sport*) (ο) αγώνας, (το) ματς invar. (*equal*) (το) ταίρι. • vt/i (*curtains etc.*) ταιριάζω. (*equal*) συναγωνίζομαι. (*oppose*) παραβαίνω. ~**ing** a ασορτί

matchbox /'mætʃbɒks/ n (το) σπιρτοκούτι

mate /meit/ n (ο) σύντροφος. • vt/i (*chess*) (το) ματ invar. ζευγαρώνω/ομαι

material /mə'tiəriəl/ n (το) υλικό. (*cloth*) (το) ύφασμα. **raw** ~**s** npl (οι) πρώτες ύλες. • a υλικός.

~**istic** /-'lɪstɪk/ a υλιστικός

materialize /mə'tiəriəlaiz/ vi υλοποιούμαι

maternal /mə'tɜ:nl/ a μητρικός

maternity /mə'tɜ:niti/ n (η) μητρότητα. ~ **clothes** npl (τα) ρούχα εγκυμοσύνης

mathematic|s /mæθə'mætiks/ n & npl (τα) μαθηματικά. ~**ian** /-ə'tiʃn/ n (ο, η) μαθηματικός. ~**al** a μαθηματικός

maths /mæθs/ (*Amer* **math** /mæθ/) n & npl (*fam*) (τα) μαθηματικά

matinée /'mætinei/ n (η) απογευματινή παράσταση

matrimony /'mætriməni/ n (η) έγγαμη ζωή

matron /'meitrən/ n (η) μεγάλη κυρία. (*of hospital, school*) (η) προϊσταμένη

matt /mæt/ a ματ invar

matter /'mætə(r)/ n (η) ύλη. (*affair*) (η) υπόθεση. (*pus*) (το) πύο. • vi έχω σημασία. **as a** ~ **of fact** στην πραγματικότητα. **it doesn't** ~ δεν πειράζει. ~**-of-fact** a πραγματιστικός. **no** ~ **what** οτιδήποτε. **what's the** ~? τι συμβαίνει; τι έχεις;

mattress /'mætris/ n (το) στρώμα

matur|e /mə'tjʊə(r)/ a ώριμος. • vt/i ωριμάζω. ~**ity** n (η) ωριμότητα

maul /mɔ:l/ vt κακοποιώ

mauve /məʊv/ a & n μοβ

maxim /'mæksim/ n (το) απόφθεγμα

maximum /'mæksiməm/ a μέγιστος. • n (το) ανώτερο όριο

may /mei/ v aux (*pt* **might**) (*be allowed*) μπορώ. (*be possible*) ίσως να, μπορεί να. **it** ~/**might be true** ίσως (μπορεί) να είναι αλήθεια. ~ **I come in?** μπορώ να μπω;

May /mei/ n (ο) Μάιος

maybe /'meibi/ adv ίσως

mayonnaise /meiə'neiz/ n (η) μαγιονέζα

mayor /'meə(r)/ n (ο) δήμαρχος. ~**ess** n (η) δήμαρχος

maze /meiz/ n (ο) λαβύρινθος

me /mi:/ pron εμένα, με. **give it to**

~ δώσε μου το

meadow /'medəʊ/ *n* (το) λιβάδι

meagre /'mi:gə(r)/ *a* πενιχρός

meal /mi:l/ *n* (το) γεύμα. (*grain*) (η) φαρίνα

mean[1] /mi:n/ *a* τσιγγούνης. (*unkind*) μικροπρεπής

mean[2] /mi:n/ *a* (*average*) μέσος. • *n* (ο) μέσος όρος

mean[3] /mi:n/ *vt* (*pt* **meant**) σημαίνω. (*intend*) σκοπεύω. **be ~t for** προορίζομαι για

meander /mɪ'ændə(r)/ *vi* περιπλανιέμαι

meaning /'mi:nɪŋ/ *n* (η) σημασία. **~ful** *a* γεμάτος σημασία. **~less** *a* χωρίς νόημα

means /mi:nz/ *n* (το) μέσο. *npl* (*resources*) (τα) μέσα. **by all ~** βεβαίως. **by ~ of** με. **by no ~** με κανένα τρόπο

meant /ment/ *see* MEAN

meantime, meanwhile /'mi:ntaɪm, 'mi:nwaɪl/ *advs* εν τω μεταξύ

measles /'mi:zlz/ *n* (η) ιλαρά

measure /'meʒə(r)/ *n* (το) μέτρο. • *vt* μετρώ. (*for clothes*) παίρνω μέτρα. **~ment** *n* (η) μέτρηση. **~ments** *npl* (τα) μέτρα

meat /mi:t/ *n* (το) κρέας

mechanic /mɪ'kænɪk/ *n* (ο) μηχανικός

mechanic|al /mɪ'kænɪkl/ *a* μηχανικός. **~s** *n & npl* (η) μηχανική

mechanism /'mekənɪzəm/ *n* (ο) μηχανισμός

medal /'medl/ *n* (το) μετάλλιο. **~list** *n* (ο, η) κάτοχος μεταλλίου

medallion /mɪ'dælɪən/ *n* (το) μενταγιόν *invar*

meddle /'medl/ *vi* ανακατεύομαι (**in**, σε)

media /'mi:dɪə/ *npl* (τα) μέσα μαζικής ενημέρωσης

mediat|e /'mi:dɪeɪt/ *vi* μεσολαβώ. **~or** *n* (ο) μεσολαβητής

medical /'medɪkl/ *a* ιατρικός. **~ student** *n* (ο) φοιτητής της ιατρικής

medicat|ed /'medɪkeɪtɪd/ *a* αντισηπτικός **~ion** /-'keɪʃn/ *n* (*drug*) (το) φάρμακο

medicinal /mɪ'dɪsɪnl/ *a* φαρμακευτικός

medicine /'medsn/ *n* (*science*) (η) ιατρική. (*drug*) (το) φάρμακο

medieval /medɪ'i:vl/ *a* μεσαιωνικός

mediocre /mi:dɪ'əʊkə(r)/ *a* μέτριος

meditat|e /'medɪteɪt/ *vi* αυτοσυγκεντρώνομαι. **~ion** /-'teɪʃn/ *n* (η) αυτοσυγκέντρωση

Mediterranean /medɪtə'reɪnɪən/ *a* μεσογειακός. • *n* **the ~ (Sea)** η Μεσόγειος (Θάλασσα)

medium /'mi:dɪəm/ *n* (το) μέσο. (*person*) (το) μέντιουμ *invar*. • *a* μέτριος

medley /'medlɪ/ *n* (το) μίγμα. (*mus*) (το) ποτ πουρί *invar*

meek /mi:k/ *a* πράος

meet /mi:t/ *vt/i* (*pt* **met**) συναντώ/ ώμαι. • *vt* (*be introduced to*) συστήνω. (*face*) αντιμετωπίζω. (*satisfy*) ανταποκρίνομαι προς. • *vi* (*come together*) ενώνομαι. **~ with** συναντώ

meeting /'mi:tɪŋ/ *n* (η) συγκέντρωση. (*of two people*) (η) συνάντηση

megalomania /megələʊ'meɪnɪə/ *n* (η) μεγαλομανία

megaphone /'megəfəʊn/ *n* (το) μεγάφωνο

melancholy /'melənkɒlɪ/ *n* (η) μελαγχολία

mellow /'meləʊ/ *a* (*fruit*) ώριμος. (*wine*) παλιός. (*person*) μειλίχιος. • *vi* (*person*) μαλακώνω

melodrama /'melədrɑ:mə/ *n* (το) μελόδραμα

melody /'melədɪ/ *n* (η) μελωδία

melon /'melən/ *n* (το) πεπόνι

melt /melt/ *vt/i* λιώνω

member /'membə(r)/ *n* (το) μέλος. **M~ of Parliament, MP** (ο) βουλευτής. **~ship** *n* (η) ιδιότητα μέλους. (*members*) (τα) μέλη

membrane /'membreɪn/ *n* (η) μεμβράνη

memento /mɪ'mentəʊ/ *n* (το) ενθύμιο

memo /'meməʊ/ *n* (το) μνημόνιο

memoirs /'memwɑ:z/ *npl* (τα) απομνημονεύματα

memorable /ˈmemərəbl/ a
αλησμόνητος

memorandum /meməˈrændəm/ n
(το) υπόμνημα

memorial /mɪˈmɔːrɪəl/ n (το)
μνημείο. • a αναμνηστικός

memorize /ˈmeməraɪz/ vt
αποστηθίζω

memory /ˈmeməri/ n (η) μνήμη.
(thing remembered) (η) ανάμνηση

men /men/ see MAN

menac|e /ˈmenəs/ n (η) απειλή.
(nuisance) (ο) μπελάς. • vt απειλώ.
~ing a απειλητικός

mend /mend/ vt επιδιορθώνω.
(darn) μαντάρω. • n (η)
επιδιόρθωση. **on the ~** σε
ανάρρωση

menial /ˈmiːnɪəl/ a δουλικός

meningitis /menɪnˈdʒaɪtɪs/ n (η)
μηνιγγίτιδα

menopause /ˈmenəpɔːz/ n (η)
εμμηνόπαυση

menstruat|e /ˈmenstrʊeɪt/ vi
εμμηνορροώ. **~ion** /-ˈeɪʃn/ n (η)
εμμηνόρροια

mental /ˈmentl/ a διανοητικός.
~ly adv διανοητικά

mentality /menˈtæləti/ n (η)
νοοτροπία

mention /ˈmenʃn/ vt αναφέρω. • n
(η) μνεία, (η) αναφορά

menu /ˈmenjuː/ n (ο) κατάλογος.
(computing) (το) μενού

mercenary /ˈmɜːsɪnəri/ a
συμφεροντολόγος. • n (ο)
μισθοφόρος

merchandise /ˈmɜːtʃəndaɪz/ n (το)
εμπόρευμα

merchant /ˈmɜːtʃənt/ n (ο, η)
έμπορος. • a εμπορικός

merciful /ˈmɜːsɪfl/ a ελεήμων

merciless /ˈmɜːsɪlɪs/ a ανήλεος

mercury /ˈmɜːkjʊri/ n (ο)
υδράργυρος

mercy /ˈmɜːsi/ n (το) έλεος

mere /mɪə(r)/ a απλός. **~ly** adv
απλώς

merge /mɜːdʒ/ vt/i συνενώνω/ομαι.
(comm) συγχωνεύω/ομαι

meringue /məˈræŋ/ n (η) μαρέγκα

merit /ˈmerɪt/ n (η) αξία. • vt αξίζω

mermaid /ˈmɜːmeɪd/ n (η) γοργόνα

merry /ˈmeri/ a εύθυμος. **make ~**
γλεντώ. **~-go-round** n (ο) μύλος
με αλογάκια

mesh /meʃ/ n (το) πλέγμα

mesmerize /ˈmezməraɪz/ vt
υπνωτίζω. (fig) γοητεύω

mess /mes/ n (η) ακαταστασία.
(trouble) (το) μπέρδεμα. (mil) (το)
συσσίτιο. • vt ανακατεύω. **make
a ~ of** τα κάνω θάλασσα. **~
about** χασομερώ. **~ up** χαλώ

message /ˈmesɪdʒ/ n (το) μήνυμα

messenger /ˈmesɪndʒə(r)/ n (ο)
αγγελιοφόρος

messy /ˈmesi/ a βρόμικος.
(slovenly) απρόσεχτος

met /met/ see MEET

metabolism /mɪˈtæbəlɪzəm/ n (ο)
μεταβολισμός

metal /ˈmetl/ n (το) μέταλλο.
• a μεταλλικός. **~lic** /mɪˈtælɪk/ a
μεταλλικός

metamorphosis /metəˈmɔːfəsɪs/ n
(η) μεταμόρφωση

metaphor /ˈmetəfə(r)/ n (η)
μεταφορά

mete /miːt/ vt **~ out** μοιράζω

meteor /ˈmiːtɪə(r)/ n (ο)
μετεωρίτης. **~ic** /miːtɪˈɒrɪk/ a
(fig) μετεωρικός

meteorolog|y /miːtɪəˈrɒlədʒi/ n (η)
μετεωρολογία. **~ical** /-əˈlɒdʒɪkl/
a μετεωρολογικός

meter[1] /ˈmiːtə(r)/ n (ο) μετρητής

meter[2] /ˈmiːtə(r)/ n (Amer) = **metre**

method /ˈmeθəd/ n (η) μέθοδος

methodical /mɪˈθɒdɪkl/ a
μεθοδικός

Methodist /ˈmeθədɪst/ n (ο)
μεθοδιστής, (η) μεθοδίστρια

meticulous /mɪˈtɪkjʊləs/ a
λεπτολόγος

metre /ˈmiːtə(r)/ n (το) μέτρο

metric /ˈmetrɪk/ a μετρικός

metropol|is /məˈtrɒpəlɪs/ n (η)
μητρόπολη. **~itan** /metrəˈpɒlɪtə
n/ a μητροπολιτικός

mettle /ˈmetl/ n (το) κουράγιο

Mexic|o /ˈmeksɪkəʊ/ n (το)
Μεξικό. **~an** a μεξικάνικος.
• n (ο) Μεξικανός, (η) Μεξικανή

miaow /miːˈaʊ/ *vi* νιαουρίζω

mice /maɪs/ *see* MOUSE

microbe /ˈmaɪkrəʊb/ *n* (το) μικρόβιο

microchip /ˈmaɪkrəʊtʃɪp/ *n* (το) μικροτσίπ *invar*

microfilm /ˈmaɪkrəʊfɪlm/ *n* (το) μικροφίλμ *invar*

microphone /ˈmaɪkrəfəʊn/ *n* (το) μικρόφωνο

microscop|e /ˈmaɪkrəskəʊp/ *n* (το) μικροσκόπιο. **~ic** /-ˈskɒpɪk/ *a* μικροσκοπικός

microwave /ˈmaɪkrəʊweɪv/ *n* **~s** (τα) μικροκύματα. **~ oven** (ο) φούρνος μικροκυμάτων

mid /mɪd/ *a* μέσος. **in ~-air** στον αέρα. **in ~-July** στα μέσα του Ιουλίου

midday /mɪdˈdeɪ/ *n* (το) μεσημέρι

middle /ˈmɪdl/ *a* μεσαίος. (*quality*) μέτριος. • *n* (η) μέση. **in the ~ of** στη μέση (*with gen.*). **~-aged** *a* μεσήλικας. **the M~ Ages** *npl* ο Μεσαίωνας. **~-class** *a* αστικός. **the ~ classes** *npl* η μεσαία τάξη. **M~ East** *n* (η) Μέση Ανατολή

middleman /ˈmɪdlmæn/ *n* (ο) μεσίτης

midge /mɪdʒ/ *n* (το) μυγάκι

midget /ˈmɪdʒɪt/ *n* (ο) νάνος

midnight /ˈmɪdnaɪt/ *n* (τα) μεσάνυχτα

midst /mɪdst/ *n* (η) μέση. **in the ~ of** στη μέση (*with gen.*)

midsummer /mɪdˈsʌmə(r)/ *n* (το) μεσοκαλόκαιρο

midway /mɪdˈweɪ/ *adv* στη μέση

midwife /ˈmɪdwaɪf/ *n* (η) μαμή

midwinter /mɪdˈwɪntə(r)/ *n* (το) μεσοχείμωνο

might[1] /maɪt/ *n* (η) ισχύς. **~y** *a* ισχυρός. (*fig*) μεγάλος

might[2] /maɪt/ *see* MAY

migraine /ˈmiːgreɪn/ *n* (η) ημικρανία

migrant /ˈmaɪgrənt/ *a* αποδημητικός. • *n* (*person*) (ο) μετανάστης, (η) μετανάστρια

migrat|e /maɪˈgreɪt/ *vi* μεταναστεύω. **~ion** /-ʃn/ *n* (η) μετανάστευση

mild /maɪld/ *a* ήπιος. (*illness*) ελαφρός

mile /maɪl/ *n* (το) μίλι (= *1.6* χμ). **~age** *n* (η) απόσταση σε μίλια

milestone /ˈmaɪlstəʊn/ *n* (το) ορόσημο

militant /ˈmɪlɪtənt/ *a* μαχητικός

military /ˈmɪlɪtrɪ/ *a* στρατιωτικός

militia /mɪˈlɪʃə/ *n* (η) πολιτοφυλακή

milk /mɪlk/ *n* (το) γάλα. • *vt* αρμέγω. **M~y Way** *n* (ο) Γαλαξίας

milkman /ˈmɪlkmən/ *n* (ο) γαλατάς

mill /mɪl/ *n* (ο) μύλος. • *vt* αλέθω. (*metal*) κόβω. • *vi* **~ about** *or* **around** στριφογυρίζω

millennium /mɪˈleniəm/ *n* (η) χιλιετηρίδα

millet /ˈmɪlɪt/ *n* (το) κεχρί

milligram /ˈmɪlɪgræm/ *n* (το) χιλιοστόγραμμο

millimetre /ˈmɪlimiːtə(r)/ *n* (το) χιλιοστόμετρο

million /ˈmɪlɪən/ *n* (το) εκατομμύριο. **~aire** /-ˈneə(r)/ *n* (ο, η) εκατομμυριούχος

mime /maɪm/ *n* (η) μιμική. • *vt/i* μιμούμαι

mimic /ˈmɪmɪk/ *vt* μιμούμαι. • *n* (ο) μίμος

mince /mɪns/ *vt* ψιλοκόβω. • *n* (ο) κιμάς

mind /maɪnd/ *n* (το) μυαλό. (*intention*) (ο) σκοπός. (*opinion*) (η) γνώμη. (*sanity*) (ο) νους. • *vt* (*object to*) με πειράζει. (*look after*) φροντίζω. (*be careful*) προσέχω. **I don't ~** δε με νοιάζει. **never ~** δεν πειράζει. **~ful** *a* προσεκτικός. **~less** *a* απρόσεκτος. (*work*) αδιάφορος

mine[1] /maɪn/ *poss pron* δικός μου. **it's ~** είναι δικό μου

mine[2] /maɪn/ *n* (το) ορυχείο. (*explosive*) (η) νάρκη. • *vt* εξορύσσω. (*mil*) ναρκοθετώ. **~r** *n* (*coal*) (ο) ανθρακωρύχος

minefield /ˈmaɪnfiːld/ *n* (το) ναρκοπέδιο

mineral /ˈmɪnərəl/ *n* (το) ορυκτό. • *a* **~ water** *n* (το) μεταλλικό νερό

mingle /'mɪŋgl/ *vt* αναμιγνύω.
• *vi* ~ **with** ανακατεύομαι με
miniature /'mɪnɪətʃə(r)/ *a*
μικροσκοπικός. • *n* (η)
μινιατούρα
minibus /'mɪnɪbʌs/ *n* (το) μικρό
λεωφορείο, (το) μινιμπάς *invar*
minicab /'mɪnɪkæb/ *n* (το) ταξί
minim|um /'mɪnɪməm/ *a*
ελάχιστος. • *n* (το) ελάχιστο.
~**al** *a* ελάχιστος. ~**ize** *vt*
ελαχιστοποιώ
miniskirt /'mɪnɪskɜːt/ *n* (το) μίνι
invar
minist|er /'mɪnɪstə(r)/ *n* (ο)
υπουργός. (*relig*) (ο) ιερέας.
~**erial** /-'stɪərɪəl/ *a* υπουργικός.
~**ry** *n* (το) υπουργείο. (*relig*) (ο)
κλήρος
mink /mɪŋk/ *n* (το) βιζόν *invar*
minor /'maɪnə(r)/ *a* μικρός. (*mus*)
ελάσσων. • *n* (ο) ανήλικος
minority /maɪ'nɒrətɪ/ *n* (η)
μειονότητα. (*age*) (η)
ανηλικότητα
mint /mɪnt/ *n* (*for coins*) (το)
νομισματοκοπείο. (*herb*) (ο)
δυόσμος. **in** ~ **condition**
ολοκαίνουριος
minus /'maɪnəs/ *prep* πλην.
(*without: fam*) χωρίς. • *n* (το) πλην
invar
minuscule /'mɪnəskjuːl/ *a*
μικροσκοπικός
minute[1] /'mɪnɪt/ *n* (το) λεπτό. ~**s**
npl (*of meeting*) (τα) πρακτικά
minute[2] /maɪ'njuːt/ *a*
μικροσκοπικός. (*precise*)
λεπτομερέστατος
mirac|le /'mɪrəkl/ *n* (το) θαύμα.
~**ulous** /mɪ'rækjʊləs/ *a*
θαυματουργός
mirage /'mɪraːʒ/ *n* (ο)
αντικατοπτρισμός
mirror /'mɪrə(r)/ *n* (ο) καθρέφτης.
• *vt* καθρεφτίζω
mirth /mɜːθ/ *n* (η) ιλαρότητα
misadventure /mɪsəd'ventʃə(r)/ *n*
(το) ατύχημα
misapprehension /mɪsæprɪ'henʃn/
n (η) παρεξήγηση
misbehave /mɪsbɪ'heɪv/ *vi*
συμπεριφέρομαι άσχημα
miscalculate /mɪs'kælkjʊleɪt/ *vi*
πέφτω έξω
miscarr|y /mɪs'kærɪ/ *vi*
αποτυγχάνω. (*woman*) αποβάλλω.
~**iage** /-ɪdʒ/ *n* (η) αποτυχία, (η)
αποβολή. (*of justice*) (η)
κακοδικία
miscellaneous /mɪsə'leɪnɪəs/ *a*
διάφορος
mischief /'mɪstʃɪf/ *n* (το) κακό.
(*harm*) (η) ζημιά
mischievous /'mɪstʃɪvəs/ *a*
σκανταλιάρης. (*malicious*)
κακόβουλος
misdemeanour /mɪsdɪ'miːnə(r)/ *n*
(το) παράπτωμα
miser /'maɪzə(r)/ *n* (ο) τσιγκούνης
miserable /'mɪzrəbl/ *a* άθλιος. (*fig*)
ελεεινός
misery /'mɪzərɪ/ *n* (η) αθλιότητα.
(*poverty*) (η) φτώχεια. (*person:
fam*) (η) μιζέρια
misfire /mɪs'faɪə(r)/ *vi* (*gun*)
παθαίνω αφλογιστία. (*engine*)
ρετάρω. (*plan*) αποτυγχάνω
misfit /'mɪsfɪt/ *n* (ο)
απροσάρμοστος
misfortune /mɪs'fɔːtʃuːn/ *n* (η)
ατυχία
misgiving /mɪs'gɪvɪŋ/ *n* (το) κακό
προαίσθημα. ~**s** (ο) ενδοιασμός.
(*anxiety*) (ο) φόβος
mishap /'mɪshæp/ *n* (η) αναποδιά
misinform /mɪsɪn'fɔːm/ *vt*
παραπληροφορώ
misinterpret /mɪsɪn'tɜːprɪt/ *vt*
παρερμηνεύω
mislay /mɪs'leɪ/ *vt* παραπετώ
mislead /mɪs'liːd/ *vt* παραπλανώ
mismanage /mɪs'mænɪdʒ/ *vt*
κακοδιοικώ
misplace /mɪs'pleɪs/ *vt* μετατοπίζω
misprint /'mɪsprɪnt/ *n* (το)
τυπογραφικό λάθος
misrepresent /mɪsreprɪ'zent/ *vt*
διαστρεβλώνω
miss /mɪs/ *vt/i* χάνω χάνω. (*lack*)
λείπω. (*feel loss*) μου λείπει. • *n*
(η) αστοχία ~ **out** παραλείπω
Miss /mɪs/ *n* (η) δεσποινίς
missile /'mɪsaɪl/ *n* (το) βλήμα.
(*rocket*) (ο) πύραυλος

missing /'mısıŋ/ *a* που λείπει. (*lost*) χαμένος. (*person*) αγνοούμενος

mission /'mıʃn/ *n* (η) αποστολή

missionary /'mıʃənrı/ *n* (ο) ιεραπόστολος

mist /mıst/ *n* (η) καταχνιά. (*on windows*) (το) θάμπωμα. • *vt/i* ~ (**up** *or* **over**) θαμπώνω

mistake /mı'steık/ *n* (το) λάθος. • *vt/i* (*understand wrongly*) παρεξηγώ. ~ **for** παίρνω (λανθασμένα) για. ~**n** /-ən/ *a* λανθασμένος

mistletoe /'mısltəʊ/ *n* (το) γκι *invar*

mistreat /mıs'tri:t/ *vt* κακομεταχειρίζομαι

mistress /'mıstrıs/ *n* (η) κυρία. (*teacher*) (η) δασκάλα. (*lover*) (η) ερωμένη

mistrust /mıs'trʌst/ *vt* δυσπιστώ. • *n* (η) δυσπιστία

misty /'mıstı/ *a* θαμπός. (*indistinct*) ασαφής

misunderstand /mısʌndə'stænd/ *vt* (*pt* -**stood**) παρεξηγώ. ~**ing** *n* (η) παρεξήγηση

misuse[1] /mıs'ju:z/ *vt* καταχρώμαι

misuse[2] /mıs'ju:s/ *n* (η) κατάχρηση

mitigate /'mıtıgeıt/ *vt* ελαφρώνω. (*moderate*) μετριάζω

mitre /'maıtə(r)/ *n* (η) μίτρα

mix /mıks/ *vt/i* αναμιγνύω/ομαι. • *n* (το) μίγμα. ~ **up** (*fig*) μπερδεύω. ~ **with** συναναστρέφομαι

mixed /mıkst/ *a* ανάμικτος. (*school etc.*) μικτός

mixture /'mıkstʃə(r)/ *n* (το) μίγμα

moan /məʊn/ *n* (το) βογγητό. (*complaint*) (η) γκρίνια. • *vi* βογγώ. (*grumble*) γκρινιάζω

moat /məʊt/ *n* (ο) τάφρος

mob /mɒb/ *n* (ο) όχλος. • *vt* πολιορκώ

mobil|e /'məʊbaıl/ *a* κινητός. • *n* (το) μομπίλιο. ~ (**phone**) *n* (το) κινητό τηλέφωνο. ~**ity** /-'bılətı/ *n* (η) κινητικότητα

mobilize /'məʊbılaız/ *vt* κινητοποιώ

mock /mɒk/ *vt* κοροϊδεύω. • *a*

ψεύτικος. ~**ery** /'mɒkərı/ *n* (η) κοροϊδία

model /'mɒdl/ *n* (το) πρότυπο. (*product*) (το) μοντέλο. (*fashion*) (το) μανεκέν *invar*. (*art*) (το) μοντέλο. • *a* υποδειγματικός. • *vt* πλάθω. • *vi* (*fashion*) εργάζομαι ως μανεκέν. (*art*) ποζάρω

moderate[1] /'mɒdərət/ *a* μέτριος. • *n* (ο) μετριοπαθής. ~**ly** *adv* μέτρια

moderat|e[2] /'mɒdəreıt/ *vt* μετριάζω. ~**ion** /-'reıʃn/ *n* (η) μετριοπάθεια

modern /'mɒdn/ *a* μοντέρνος. ~**ize** *vt* εκσυγχρονίζω

modest /'mɒdıst/ *a* μετριόφρων. ~**y** *n* (η) μετριοφροσύνη

modif|y /'mɒdıfaı/ *vt* τροποποιώ. ~**ication** /-ı'keıʃn/ *n* (η) τροποποίηση

moist /mɔıst/ *a* υγρός. ~**ure** /'mɔıstʃə(r)/ *n* (η) υγρασία

moisten /'mɔısn/ *vt* βρέχω

molar /'məʊlə(r)/ *n* (ο) τραπεζίτης (*δόντι*)

molasses /mə'læsız/ *n* (η) μελάσα

mole /məʊl/ *n* (*on skin*) (η) ελιά. (*animal*) (ο) ασπάλακας

molecule /'mɒlıkju:l/ *n* (το) μόριο

molest /mə'lest/ *vt* (*assault*) κακοποιώ

moment /'məʊmənt/ *n* (η) στιγμή. **at the** ~ προς το παρόν

momentar|y /'məʊməntrı/ *a* στιγμιαίος. ~**ily** *adv* για μια στιγμή. (*soon: Amer*) σύντομα

momentous /mə'mentəs/ *a* βαρυσήμαντος

momentum /mə'mentəm/ *n* (η) ορμή

monarch /'mɒnək/ *n* (ο) μονάρχης. ~**y** *n* (η) μοναρχία

monastery /'mɒnəstrı/ *n* (το) μοναστήρι

Monday /'mʌndı/ *n* (η) Δευτέρα

monetary /'mʌnıtrı/ *a* μονεταριστικός

money /'mʌnı/ *n* (τα) χρήματα, (τα) λεφτά

mongrel /'mʌŋgrəl/ *n* (ο) μιγάδας (*σκύλος*)

monitor /'mɒnɪtə(r)/ n (schol) (ο) επιμελητής. (techn) (η) οθόνη. • vt (a broadcast) παρακολουθώ

monk /mʌŋk/ n (ο) μοναχός

monkey /'mʌŋkɪ/ n (ο) πίθηκος

monologue /'mɒnəlɒg/ n (ο) μονόλογος

monopoly /mə'nɒpəlɪ/ n (το) μονοπώλιο

monosyllable /'mɒnəsɪləbl/ n (η) μονοσύλλαβη λέξη

monotone /'mɒnətəʊn/ n (η) μονότονη ομιλία

monoton|ous /mə'nɒtənəs/ a μονότονος. **~y** n (η) μονοτονία

monsoon /mɒn'suːn/ n (ο) μουσώνας

monst|er /'mɒnstə(r)/ n (το) τέρας. **~rous** a τερατώδης

monstrosity /mɒn'strɒsətɪ/ n (το) τερατούργημα

month /mʌnθ/ n (ο) μήνας

monthly /'mʌnθlɪ/ a μηνιαίος. • adv μηνιαία. • n (periodical) (το) μηνιαίο περιοδικό

monument /'mɒnjʊmənt/ n (το) μνημείο. **~al** /-'mentl/ a μνημειώδης

moo /muː/ vi μουγκανίζω

mood /muːd/ n (η) διάθεση. **in a good/bad ~** καλοδιάθετος/ κακοδιάθετος. **~y** a κακόκεφος. (variable) ιδιότροπος

moon /muːn/ n (το) φεγγάρι

moon|light /'muːnlaɪt/ n (το) φεγγαρόφωτο. **~lit** a φεγγαροφωτισμένος

moor /mʊə(r)/ n (ο) ρεικότοπος. • vt (Naut) αγκυροβολώ. **~ings** npl (η) αγκυροβολία

mop /mɒp/ n (η) σφουγγαρίστρα (με λαβή). (of hair) (τα) ξεχτένιστα μαλλιά. • vt σφουγγαρίζω

mope /məʊp/ vi μελαγχολώ

moped /'məʊped/ n (το) μηχανάκι

moral /'mɒrəl/ a ηθικός. • n (το) ηθικό συμπέρασμα. **~s** (η) ηθική

morale /mə'rɑːl/ n (το) ηθικό

morality /mə'rælətɪ/ n (η) ηθική

morbid /'mɔːbɪd/ a νοσηρός

more /mɔː(r)/ a & n περισσότερος. • adv περισσότερο. (again) ξανά. **he doesn't live here any ~** δεν ζει πια εδώ. **~ and ~** όλο και περισσότερο. **~ or less** λίγο πολύ. **there is no ~** δεν έχει άλλο. **once ~** ακόμη μια φορά

moreover /mɔː'rəʊvə(r)/ adv επιπλέον

morgue /mɔːg/ n (το) νεκροτομείο

morning /'mɔːnɪŋ/ n (το) πρωί

Morocco /mə'rɒkəʊ/ n (το) Μαρόκο

moron /'mɔːrɒn/ n (ο) μωρός

morose /mə'rəʊs/ a δύσθυμος

morphine /'mɔːfiːn/ n (η) μορφίνη

Morse /mɔːs/ n **~ (code)** (ο κώδικας) μορς invar

morsel /'mɔːsl/ n (το) κομματάκι

mortal /'mɔːtl/ a θνητός n (ο) άνθρωπος. **~ity** /mɔː'tælətɪ/ n (η) θνησιμότητα

mortar /'mɔːtə(r)/ n (building) (το) κονίαμα. (mil) (ο) όλμος

mortgage /'mɔːgɪdʒ/ n (η) υποθήκη. (loan) (το) στεγαστικό δάνειο

mortuary /'mɔːtʃərɪ/ n (το) νεκροτομείο

mosaic /məʊ'zeɪk/ n (το) μωσαϊκό

mosque /mɒsk/ n (το) τζαμί

mosquito /məs'kiːtəʊ/ n (το) κουνούπι

moss /mɒs/ n (το) βρύο

most /məʊst/ a περισσότερος n (το) πολύ. • adv περισσότερο. (very) πολύ. **at ~** το πολύ. **make the ~ of** επωφελούμαι όσο το δυνατόν περισσότερο (with gen.). **~ly** adv κυρίως

MOT n **~ (test)** τεχνικός έλεγχος (οχημάτων)

motel /məʊ'tel/ n (το) μοτέλ invar

moth /mɒθ/ n (η) νυχτοπεταλούδα. (in cloth) (ο) σκόρος

mother /'mʌðə(r)/ n (η) μητέρα. **~hood** n (η) μητρότητα. **~-in-law** n (η) πεθερά. **~-of-pearl** n (το) φίλντισι

motherly /'mʌðəlɪ/ a μητρικός

motif /məʊ'tiːf/ n (το) μοτίβο

motion /'məʊʃn/ n (η) κίνηση. (proposal) (η) πρόταση. (gesture) (το) νεύμα. • *vt*/*i* ~ **(to) s.o. to** κάνω νόημα σε κπ να. **~less** *a* ακίνητος

motivat|e /'məʊtɪveɪt/ *vt* παρακινώ. **~ion** /-'veɪʃn/ *n* (το) κίνητρο

motive /'məʊtɪv/ *n* (το) κίνητρο

motor /'məʊtə(r)/ *n* (η) μηχανή, (το) μοτέρ *invar*. *a* κινητικός. • *vi* ταξιδεύω με αυτοκίνητο. ~ **bike**, ~ **cycle** *ns* (η) μοτοσικλέτα. ~ **car** *n* (το) αυτοκίνητο. ~ **cyclist** *n* (ο) μοτοσικλετιστής. ~ **vehicle** *n* (το) αυτοκίνητο

motorway /'məʊtəweɪ/ *n* (ο) αυτοκινητόδρομος

motto /'mɒtəʊ/ *n* (το) μότο *invar*

mould[1] /məʊld/ *n* (το) καλούπι. • *vt* πλάθω. (*fig*) διαμορφώνω

mould[2] /məʊld/ *n* (*rot*) (η) μούχλα. **~y** *a* μουχλιασμένος

moult /məʊlt/ *vi* μαδώ

mound /maʊnd/ *n* (ο) σωρός

mount /maʊnt/ *vt*/*i* ανεβαίνω. • *vt* (*picture etc.*) κορνιζάρω. • *n* (το) στήριγμα. (*hill*) (ο) όρος

mountain /'maʊntɪn/ *n* (το) βουνό. **~ous** *a* ορεινός

mountaineer /maʊntɪ'nɪə(r)/ *n* (ο) ορειβάτης. **~ing** *n* (η) ορειβασία

mourn /mɔːn/ *vt*/*i* πενθώ. ~ **for** θρηνώ. **~er** *n* (ο) πενθών, (η) πενθούσα. **~ing** *n* (το) πένθος

mournful /'mɔːnfl/ *a* πένθιμος

mouse /maʊs/ *n* (*pl* **mice**) (το) ποντίκι

mousetrap /'maʊstræp/ *n* (η) ποντικοπαγίδα

moustache /mə'stɑːʃ/ *n* (το) μουστάκι

mouth[1] /maʊθ/ *n* (το) στόμα. **~-organ** *n* (η) φυσαρμόνικα

mouth[2] /maʊð/ *vt* εκστομίζω

mouthful /'maʊθfʊl/ *n* (η) μπουκιά

mouthpiece /'maʊθpiːs/ *n* (*mus*) (το) επιστόμιο. (*fig*) (το) φερέφωνο

movable /'muːvəbl/ *a* κινητός

move /muːv/ *vt*/*i* κουνώ. (*furniture etc.*) μετακινώ. (*house*) μετακομίζω. (*affect emotionally*) συγκινώ. (*propose*) προτείνω. (*act*) ενεργώ. • *n* (η) κίνηση.

(*action*) (η) ενέργεια. (*of house*) (η) μετακίνηση. **be ~d** (*emotionally*) συγκινούμαι. ~ **along** προχωρώ. ~ **away** φεύγω. ~ **in** (*to house*) μπαίνω. ~ **out** (*from house*) φεύγω. ~ **over** κάνω θέση. ~ **up** προχωρώ

movement /'muːvmənt/ *n* (η) κίνηση

movie /'muːvɪ/ *n* (*Amer*) (η) (κινηματογραφική) ταινία. **the ~s** (ο) κινηματογράφος

moving /'muːvɪŋ/ *a* κινητός. (*touching*) συγκινητικός

mow /məʊ/ *vt* θερίζω. (*lawn*) κουρεύω. **~er** *n* θεριστική μηχανή

MP *abbr see* MEMBER

Mr /'mɪstə(r)/ *n* κ., Κος, (ο) κύριος

Mrs /'mɪsɪz/ *n* κ., Κα, (η) κυρία

much /mʌtʃ/ *a* πολύς. • *n & adv* πολύ. **how ~?** πόσο; ~ **as** μολονότι

muck /mʌk/ *n* (η) κοπριά, (η) βρομιά. (*fam*) (τα) σκουπίδια. • *vi* ~ **about** *or* **around** (*fam*) χάνω την ώρα μου. • *vt* ~ **up** (*fam*) βρομίζω. (*make a mess of*) χαλώ. **~y** *a* βρομερός

mucus /'mjuːkəs/ *n* (η) βλέννα

mud /mʌd/ *n* (η) λάσπη. **~dy** *a* λασπωμένος

muddle /'mʌdl/ *vt* μπερδεύω. • *vi* ~ **through** τα βολεύω. • *n* (το) μπέρδεμα

mudguard /'mʌdgɑːd/ *n* (το) φτερό (αυτοκινήτου κλπ)

muffle /'mʌfl/ *vt* τυλίγω. (*sound*) πνίγω

mug[1] /mʌg/ *n* (η) κούπα. (*face: sl*) (η) μούρη. (*fool: sl*) (το) κορόιδο

mug[2] /mʌg/ *vt* επιτίθεμαι βίαια με σκοπό τη ληστεία

muggy /'mʌgɪ/ *a* πνιγηρός

mule /mjuːl/ *n* (το) μουλάρι

mull /mʌl/ *vt* ~ **over** γυρνώ στο μυαλό μου

multicoloured /'mʌltɪknləd/ *a* πολύχρωμος

multinational /mʌltɪ'næʃənl/ *a* πολυεθνικός

multiple /'mʌltɪpl/ *a* πολλαπλός.

• *n* (το) πολλαπλάσιο

multipl|y /'mʌltɪplaɪ/ *vt/i*
πολλαπλασιάζω/ομαι. **~ication**
/-ɪ'keɪʃn/ *n* (ο) πολλαπλασιασμός

multi-storey /mʌltɪ'stɔːrɪ/ *a*
πολυόροφος

multitude /'mʌltɪtjuːd/ *n* (το)
πλήθος

mum /mʌm/ *n* (*fam*) (η) μαμά

mumble /'mʌmbl/ *vi* τρώω τα
λόγια μου

mumm|y¹ /'mʌmɪ/ *n* (*body*) (η)
μούμια. **~ify** *vt* μομιοποιώ

mummy² /'mʌmɪ/ *n* (*fam*) (η) μαμά

mumps /mʌmps/ *n* (οι)
μαγουλάδες

munch /mʌntʃ/ *vi* μασουλίζω

mundane /mʌn'deɪn/ *a* κοινός.
(*worldly*) εγκόσμιος

municipal /mjuː'nɪsɪpl/ *a*
δημοτικός

mural /'mjʊərəl/ *n* (η) τοιχογραφία

murder /'mɜːdə(r)/ *n* (η)
δολοφονία. • *vt* δολοφονώ. (*fam*)
καταστρέφω. **~er, ~ess** *n* (ο, η)
δολοφόνος

murky /'mɜːkɪ/ *a* σκοτεινός

murmur /'mɜːmə(r)/ *n* (το)
μουρμούρισμα. • *vt/i*
μουρμουρίζω

muscle /'mʌsl/ *n* (ο) μυς

muscular /'mʌskjʊlə(r)/ *a* μυικός.
(*person*) μυώδης

muse /mjuːz/ *vi* συλλογίζομαι. • *n*
(η) μούσα

museum /mjuː'zɪəm/ *n* (το)
μουσείο

mush /mʌʃ/ *n* (ο) χυλός

mushroom /'mʌʃrʊm/ *n* (το)
μανιτάρι

music /'mjuːzɪk/ *n* (η) μουσική.
~al *a* μουσικός. (*talented*) με
μουσικό ταλέντο. • *n* (το)
μιούζικαλ *invar*

musician /mjuː'zɪʃn/ *n* (ο, η)
μουσικός

Muslim /'mʊzlɪm/ *n* (ο)
μουσουλμάνος

muslin /'mʌzlɪn/ *n* (η) μουσελίνα

mussel /'mʌsl/ *n* (το) μύδι

must /mʌst/ *v aux* πρέπει. **~ you
go?** πρέπει να φύγεις; **she ~**

have forgotten θα ξέχασε. **you
~ come** πρέπει να ᾿ρθεις. • *n* be
a **~** (*fam*) είναι κάτι που πρέπει
να γίνει

mustard /'mʌstəd/ *n* (η)
μουστάρδα

muster /'mʌstə(r)/ *vt/i*
συγκεντρώνω/ομαι• *n* pass **~**
είναι ικανοποιητικός

mute /mjuːt/ *a & n* βουβός

muted /'mjuːtɪd/ *a* πνιχτός

mutilat|e /'mjuːtɪleɪt/ *vt*
ακρωτηριάζω. **~ion** /-'leɪʃn/ *n* (ο)
ακρωτηριασμός

mutiny /'mjuːtɪnɪ/ *n* (η) ανταρσία.
• *vi* στασιάζω

mutter /'mʌtə(r)/ *vt/i* μουρμουρίζω

mutton /'mʌtn/ *n* (το) πρόβειο
κρέας

mutual /'mjuːtʃʊəl/ *a* αμοιβαίος.
(*common*) κοινός. **~ly** *adv*
αμοιβαία

muzzle /'mʌzl/ *n* (*of animal*) (το)
ρύγχος. (*for dogs etc.*) (το)
φίμωτρο. (*of gun*) (η) μπούκα

my /maɪ/ *a* μου

myself /maɪ'self/ *pron* εγώ ο ίδιος.
(*reflexive*) ο εαυτός μου. (*after
prep*) μόνος μου

mysterious /mɪ'stɪərɪəs/ *a*
μυστηριώδης

mystery /'mɪstərɪ/ *n* (το) μυστήριο

mystic /'mɪstɪk/ *n* (ο) μυστικιστής.
~al *a* μυστικιστικός

mystify /'mɪstɪfaɪ/ *vt* σαστίζω

myth /mɪθ/ *n* (ο) μύθος. **~ical** *a*
μυθικός

mythology /mɪ'θɒlədʒɪ/ *n* (η)
μυθολογία

Nn

nab /næb/ *vt* βουτώ

nag /næg/ *vt/i* (*pester*) γκρινιάζω.
(*find fault*) τα βάζω με. **~ging** *a*
(*pain*) ενοχλητικός

nail /neɪl/ *n* (το) καρφί. (*of finger,
toe*) (το) νύχι. • *vt* καρφώνω.
~-file *n* (η) λίμα των νυχιών. •

~ polish, ~ varnish *ns* (το)
βερνίκι (για τα νύχια)

naive /naɪˈiːv/ *a* αφελής

naked /ˈneɪkɪd/ *a* γυμνός

name /neɪm/ *n* (το) όνομα. • *vt* (*give name*) ονομάζω. (*specify*) ορίζω

namely /ˈneɪmlɪ/ *adv* δηλαδή

namesake /ˈneɪmseɪk/ *n* (ο) συνονόματος

nanny /ˈnænɪ/ *n* (η) νταντά

nap /næp/ *n* (ο) υπνάκος

nape /neɪp/ *n* (ο) αυχένας

napkin /ˈnæpkɪn/ *n* (η) πετσέτα. (*for baby*) (η) πάνα

nappy /ˈnæpɪ/ *n* (η) πάνα

narcotic /naːˈkɒtɪk/ *n* (το) ναρκωτικό

narrat|e /nəˈreɪt/ *vt* αφηγούμαι. ~ion /-ʃn/ *n* (η) αφήγηση. ~or *n* (η) αφηγητής

narrative /ˈnærətɪv/ *a* αφηγηματικός. • *n* (το) αφήγημα

narrow /ˈnærəu/ *a* στενός. (*fig*) περιορισμένος. • *vt/i* στενεύω, περιορίζω. ~-minded *a* στενόμυαλος. ~ly *adv* στενά, μόλις

nasal /ˈneɪzl/ *a* ρινικός

nasty /ˈnaːstɪ/ *a* δυσάρεστος. (*weather*) κακός

nation /ˈneɪʃn/ *n* (το) έθνος

national /ˈnæʃnəl/ *a* εθνικός. • *n* (ο, η) υπήκοος. ~ anthem (ο) εθνικός ύμνος. ~ism *n* (ο) εθνικισμός. ~ize *vt* εθνικοποιώ. ~ly *adv* εθνικά

nationality /næʃəˈnælətɪ/ *n* (η) εθνικότητα

native /ˈneɪtɪv/ *a* ιθαγενής. (*local*) ντόπιος. (*quality*) ατόφιος. • *n* (ο, η) ιθαγενής

natter /ˈnætə(r)/ *vi* (*fam*) φλυαρώ

natural /ˈnætʃrəl/ *a* φυσικός. ~ly *adv* φυσικά. (*of course*) βεβαίως

naturalize /ˈnætʃrəlaɪz/ *vt* πολιτογραφώ

nature /ˈneɪtʃə(r)/ *n* (η) φύση. (*kind*) (το) είδος. (*of person*) (ο) χαρακτήρας

naughty /ˈnɔːtɪ/ *a* άτακτος. (*indecent*) τολμηρός

nause|a /ˈnɔːsɪə/ *n* (η) ναυτία. (*fig*)

(η) αηδία. ~ous αηδιαστικός

nauseat|e /ˈnɔːsɪeɪt/ *vt* φέρνω αηδία σε. ~ing *a* αηδιαστικός

nautical /ˈnɔːtɪkl/ *a* ναυτικός

naval /ˈneɪvl/ *a* ναυτικός

nave /neɪv/ *n* (το) κεντρικό κλίτος

navel /ˈneɪvl/ *n* (ο) αφαλός

navigable /ˈnævɪgəbl/ *a* πλωτός

navigat|e /ˈnævɪgeɪt/ *vt* διαπλέω. • *vi* πλέω. ~ion /-ˈgeɪʃn/ *n* (η) ναυσιπλοΐα. ~or *n* (ο) ναυτίλος

navy /ˈneɪvɪ/ *n* (το) ναυτικό. ~ (blue) (το) μπλε μαρέν *invar*

near /nɪə(r)/ *a* κοντινός. • *adv* κοντά. • *prep* κοντά. (*nearly*) σχεδόν. • *vt/i* πλησιάζω. come *or* draw ~ πλησιάζω. ~ by *adv* κοντά

nearby /ˈnɪəbaɪ/ *a* κοντινός

nearly /ˈnɪəlɪ/ *adv* σχεδόν. (*closely*) στενά. not ~ καθόλου

neat /niːt/ *a* (*appearance*) περιποιημένος. (*room etc.*) συγυρισμένος. (*undiluted*) σκέτος. (*plan etc.*) καλοφτιαγμένος

necessar|y /ˈnesəsərɪ/ *a* απαραίτητος, αναγκαίος. ~ily *adv* απαραίτητα

necessitate /nɪˈsesɪteɪt/ *vt* επιβάλλω

necessity /nɪˈsesətɪ/ *n* (η) ανάγκη

neck /nek/ *n* (ο) λαιμός

necklace /ˈneklɪs/ *n* (το) κολιέ *invar*

neckline /ˈneklaɪn/ *n* (το) ντεκολτέ *invar*

necktie /ˈnektaɪ/ *n* (η) γραβάτα

nectar /ˈnektə(r)/ *n* (το) νέκταρ

nectarine /ˈnektərɪn/ *n* (το) νεκταρίνι

née /neɪ/ *a* το γένος

need /niːd/ *n* (η) ανάγκη. • *vt* χρειάζομαι. be in ~ of έχω ανάγκη από. he ~ not go δεν είναι ανάγκη να πάει. ~less *a* περιττός. ~lessly *adv* χωρίς λόγο

needle /ˈniːdl/ *n* (το) βελόνι. (*of record-player*) (η) βελόνα

needlework /ˈniːdlwɜːk/ *n* (το) εργόχειρο

needy /'ni:dɪ/ a άπορος

negative /'negətɪv/ a αρνητικός. • n (photo, gram) (το) αρνητικό

neglect /nɪ'glekt/ vt παραμελώ. • n (η) παραμέληση

negligen|t /'neglɪdʒənt/ a αμελής. ~ce n (η) αμέλεια

negligible /'neglɪdʒəbl/ a αμελητέος

negotiable /nɪ'gəʊʃɪəbl/ a διαπραγματεύσιμος

negotiat|e /nɪ'gəʊʃɪeɪt/ vt/i διαπραγματεύομαι. ~ion /-'eɪʃn/ n (η) διαπραγμάτευση. ~or n (ο) διαπραγματευτής

neigh /neɪ/ vi χλιμιντρίζω

neighbour /'neɪbə(r)/ n (ο) γείτονας, (η) γειτόνισσα. ~hood n (η) γειτονιά

neighbourly /'neɪbəlɪ/ a γειτονικός

neither /'naɪðə(r)/ a & pron κανένας. • adv & conj ούτε. ~ ... nor ... ούτε ... ούτε ...

neon /'ni:ɒn/ n (το) νέον

nephew /'nevju:/ n (ο) ανεψιός

nerve /nɜ:v/ n (το) νεύρο. (courage) (η) ψυχραιμία. (cheek: fam) (το) θράσος. ~s (nervousness) (το) τρακ invar. it gets on my ~s μου δίνει στα νεύρα. ~-racking a εκνευριστικός

nervous /'nɜ:vəs/ a νευρικός. (agitated) εκνευρισμένος. ~ly adv εκνευρισμένα. ~ness n (η) νευρικότητα. (fear) (η) ανησυχία

nest /nest/ n (η) φωλιά

nestle /'nesl/ vi χώνομαι

net¹ /net/ n (το) δίχτυ. (catch) πιάνω με δίχτυα. ~ting n (το) δικτυωτό. (fabric) (το) τούλι

net² /net/ a καθαρός. • vt (pt netted) κερδίζω

Netherlands /'neðələndz/ npl the ~ οι Κάτω Χώρες

netsurfer /'netsɜ:fə(r)/ n (το) άτομο που σερφάρει στο διαδίκτυο

nettle /'netl/ n (η) τσουκνίδα

network /'netwɜ:k/ n (το) δίκτυο

neuro|sis /njʊə'rəʊsɪs/ n (η) νεύρωση. ~tic /-'rɒtɪk/ a & n νευρωτικός

neuter /'nju:tə(r)/ a ουδέτερος. • n (το) ουδέτερο. • vt ευνουχίζω

neutral /'nju:trəl/ a ουδέτερος. ~ity /-'trælətɪ/ n (η) ουδετερότητα

never /'nevə(r)/ adv ποτέ. ~ again ποτέ ξανά. ~-ending a ατέλειωτος. ~ mind δεν πειράζει

nevertheless /nevəðə'les/ adv εντούτοις, ωστόσο

new /nju:/ a νέος, καινούριος. ~-born a νεογέννητος. ~ year n (ο) νέος χρόνος. N~ Year's Day n (η) πρωτοχρονιά. N~ Year's Eve n (η) παραμονή της πρωτοχρονιάς. N~ Zealand n (η) Νέα Ζηλανδία. ~ness n (το) καινούριο

newcomer /'nju:kʌmə(r)/ n (ο) νεοφερμένος

news /nju:z/ n (τα) νέα. (radio, TV) (οι) ειδήσεις. ~ flash n (το) έκτακτο δελτίο ειδήσεων

newsagent /'nju:zeɪdʒənt/ n (ο) εφημεριδοπώλης

newsletter /'nju:zletə(r)/ n (το) δελτίο (ειδησεογραφικό)

newspaper /'nju:zpeɪpə(r)/ n (η) εφημερίδα

newt /nju:t/ n (ο) τρίτων

next /nekst/ a επόμενος. (adjoining) διπλανός. • adv μετά. • n (ο) επόμενος. ~ door (το) πλαϊνό σπίτι. ~-door a διπλανός (γείτονας). ~ of kin n (οι) πλησιέστεροι συγγενείς. ~ to (beside) δίπλα σε, πλάι σε. (in order) μετά από

nib /nɪb/ n (η) μύτη (της πένας)

nibble /'nɪbl/ vt/i τσιμπώ επανειλημμένα

nice /naɪs/ a καλός. (kind) ευγενικός. (agreeable) συμπαθητικός. (pleasant) ευχάριστος. (attractive) ωραίος. (respectable) ευπρεπής. ~ly adv ωραία. (well) καλά

niche /nɪtʃ/ n (η) κατάλληλη θέση. (fig) (η) γωνιά

nick /nɪk/ n (το) κόψιμο

nickel /'nɪkl/ n (το) νικέλιο. (Amer) νόμισμα των 5 σεντ

nickname /'nɪkneɪm/ n (το) παρατσούκλι

nicotine /'nɪkəti:n/ n (η) νικοτίνη

niece /niːs/ *n* (η) ανεψιά

Nigeria /naɪˈdʒɪərɪə/ *n* (η) Νιγηρία

niggling /ˈnɪglɪŋ/ *a* ασήμαντος. (*pain*) εκνευριστικός

night /naɪt/ *n* (η) νύχτα. (*evening*) (η) βραδιά. • *a* νυχτερινός. **at ~** τη νύχτα. **~-club** (το) νυχτερινό κέντρο. **~-dress, ~-gown** *ns* (το) νυχτικό. **~-time** *n* (η) νύχτα. **~-watchman** *n* (ο) νυχτοφύλακας

nightfall /ˈnaɪtfɔːl/ *n* (το) σούρουπο

nightingale /ˈnaɪtɪŋgeɪl/ *n* (το) αηδόνι

nightly /ˈnaɪtlɪ/ *a* της κάθε νύχτας. (*by night*) νυχτερινός *adv* κάθε βράδυ

nightmare /ˈnaɪtmeə(r)/ *n* (ο) εφιάλτης

nil /nɪl/ *n* (το) μηδέν

nimble /ˈnɪmbl/ *a* σβέλτος

nin|e /naɪn/ *a & n* εννέα. **~th** *a* ένατος *n* (το) ένατο

nineteen /naɪnˈtiːn/ *a & n* δεκαεννέα. **~th** *a* δέκατος ένατος. • *n* (το) δέκατο ένατο

ninet|y /ˈnaɪntɪ/ *a & n* ενενήντα. **~ieth** *a* ενενηκοστός. • *n* (το) ενενηκοστό

nip /nɪp/ *vt* τσιμπώ. • *vi* (*fam*) πετιέμαι. • *n* (το) τσίμπημα

nipple /ˈnɪpl/ *n* (η) θηλή

nitrogen /ˈnaɪtrədʒən/ *n* (το) άζωτο

no /nəʊ/ *a* κανένας. • *adv* δεν, όχι. • *n* (το) όχι. **~ one = nobody. ~ entry** απαγορεύεται η είσοδος. **~**

nob|le /ˈnəʊbl/ *a & n* ευγενής. **~ility** /-ˈbɪlətɪ/ *n* (η) ευγένεια

nobody /ˈnəʊbɒdɪ/ *pron* κανένας. • *n* (το) μηδενικό

nocturnal /nɒkˈtɜːnl/ *a* νυχτόβιος

nod /nɒd/ *vt/i* νεύω. • *n* το νεύμα

noise /nɔɪz/ *n* (ο) θόρυβος. **~less** *a* αθόρυβος

noisy /ˈnɔɪzɪ/ *a* θορυβώδης

nomad /ˈnəʊmæd/ *n* (ο) νομάς. **~ic** /-ˈmædɪk/ *a* νομαδικός

nominal /ˈnɒmɪnl/ *a* ονομαστικός. (*sum*) για τον τύπο

nominat|e /ˈnɒmɪneɪt/ *vt* προτείνω. (*appoint*) διορίζω. **~ion** /-ˈneɪʃn/ *n* (η) υποψηφιότητα

nominative /ˈnɒmɪnətɪv/ *n* (η) ονομαστική (πτώση)

nonchalant /ˈnɒnʃələnt/ *a* νωχελικός

nondescript /ˈnɒndɪskrɪpt/ *a* ακαθόριστος

none /nʌn/ *pron* (*person*) κανένας, καμιά. (*thing*) κανένα. • *adv* καθόλου

nonentity /nɒˈnentətɪ/ *n* (η) μηδαμινότητα

non-existent /nɒnɪgˈzɪstənt/ *a* ανύπαρκτος

nonsens|e /ˈnɒnsns/ *n* (η) ανοησία. **~ical** /-ˈsensɪkl/ *a* χωρίς νόημα

non-smoker /nɒnˈsməʊkə(r)/ *n* (ο) μη καπνίζων

non-stop /nɒnˈstɒp/ *a* συνεχής. • *adv* συνεχώς

noodles /ˈnuːdlz/ *npl* (οι) χυλοπίτες

nook /nʊk/ *n* (η) γωνιά

noon /nuːn/ *n* (το) μεσημέρι

noose /nuːs/ *n* (η) θηλιά

nor /nɔː(r)/ *conj* ούτε

norm /nɔːm/ *n* (η) νόρμα

normal /ˈnɔːml/ *a* ομαλός. **~ity** /-ˈmælɪtɪ/ *n* (η) ομαλότητα. **~ly** *adv* ομαλά

north /nɔːθ/ *n* (ο) βορράς. • *a* βόρειος. • *adv* προς το βορρά. **~-east** *a* βορειοανατολικός. **N~ Sea** *n* (η) Βόρειος Θάλασσα. **~ward** *a* βόρειος. **~wards** *adv* προς βορρά. **~-west** *a* βορειοδυτικός

northern /ˈnɔːðən/ *a* βόρειος. **N~ Ireland** *n* (η) Βόρεια Ιρλανδία. **~er** *n* (ο) βόρειος

Norway /ˈnɔːweɪ/ *n* (η) Νορβηγία

nose /nəʊz/ *n* (η) μύτη

nosebleed /ˈnəʊzbliːd/ *n* (η) αιμορραγία της μύτης

nostalg|ia /nɒˈstældʒə/ *n* (η) νοσταλγία. **~ic** *a* νοσταλγικός

nostril /ˈnɒstrɪl/ *n* (το) ρουθούνι

nosy /ˈnəʊzɪ/ *a* περίεργος

not /nɒt/ *adv* δεν. **if ~** αν όχι. **~ at all** καθόλου. **~ yet** όχι ακόμη

notable /ˈnəʊtəbl/ *a* αξιοσημείωτος

notch /nɒtʃ/ n εγκοπή σε σχήμα.
• vt ~ **up** σημειώνω

note /nəʊt/ n (η) σημείωση. (short letter) (το) σημείωμα. (written comment) (η) παρατήρηση. (banknote) (το) χαρτονόμισμα. (mus) (η) νότα. • vt προσέχω. ~ **(down)** σημειώνω

notebook /'nəʊtbʊk/ n (το) σημειωματάριο

noted /'nəʊtid/ a διάσημος

notepaper /'nəʊtpeipə(r)/ n (το) χαρτί για σημειώσεις

noteworthy /'nəʊtwɜ:ði/ a αξιοσημείωτος

nothing /'nʌθiŋ/ pron τίποτα.
• n (thing) (το) τίποτα. (person) (το) μηδέν. • adv καθόλου. **it has ~ to do with** δεν έχει καμμιά σχέση με

notice /'nəʊtis/ n (poster) (η) αγγελία. (announcement) (η) ανακοίνωση. (attention) (η) προσοχή. (notification) (η) προειδοποίηση. ~-**board** n (ο) πίνακας ανακοινώσεων. **take ~** δίνω σημασία (**of**, σε)

noticeabl|e /'nəʊtisəbl/ a αισθητός. ~**y** adv αισθητά

notif|y /'nəʊtifai/ vt ειδοποιώ. ~**ication** /-i'keiʃn/ n (η) ειδοποίηση

notion /'nəʊʃn/ n (η) αντίληψη.

notorious /nəʊ'tɔ:riəs/ a διαβόητος

notwithstanding /nɒtwiθ'stændiŋ/ prep παρά. • adv παρ' όλο που

nought /nɔ:t/ n (το) μηδέν

noun /naʊn/ n (το) ουσιαστικό

nourish /'nʌriʃ/ vt τρέφω. ~**ing** a θρεπτικός

novel /'nɒvl/ n (το) μυθιστόρημα.
• a νέος. ~**ist** n (ο, η) μυθιστοριογράφος. ~**ty** n (ο) νεωτερισμός

November /nəʊ'vembə(r)/ n (ο) Νοέμβριος

novice /'nɒvis/ n (ο) πρωτάρης. (learner) (ο) μαθητευόμενος

now /naʊ/ adv τώρα. • conj ~ **(that)** τώρα (που). **by ~** ήδη. ~ **and again, ~ and then** πότε πότε

nowadays /'naʊədeiz/ adv σήμερα

nowhere /'nəʊweə(r)/ adv πουθενά

noxious /'nɒkʃəs/ a επιβλαβής

nozzle /'nɒzl/ n (το) στόμιο

nuance /'nju:a:ns/ n (η) απόχρωση (στην έννοια)

nuclear /'nju:kliə(r)/ a πυρηνικός

nucleus /'nju:kliəs/ n (ο) πυρήνας

nud|e /nju:d/ a γυμνός. • n (το) γυμνό. ~**ity** n (η) γύμνια

nudge /nʌdʒ/ vt σκουντώ ελαφρά.
• n (το) σκούντημα

nudist /'nju:dist/ n (ο) γυμνιστής, (η) γυμνίστρια

nuisance /'nju:sns/ n (ο) μπελάς

null /nʌl/ a άκυρος

numb /nʌm/ a μουδιασμένος.
• vt μουδιάζω

number /'nʌmbə(r)/ n (ο) αριθμός.
• vt αριθμώ. (include) συγκαταλέγω. ~-**plate** n (η) πινακίδα κυκλοφορίας

numeral /'nju:mərəl/ n (ο) αριθμός

numerical /nju:'merikl/ a αριθμητικός

numerous /'nju:mərəs/ a πολυάριθμος

nun /nʌn/ n (η) καλόγρια

nurse /nɜ:s/ n (η) νοσοκόμα. (nanny) (η) παραμάνα. • vt (patient) νοσηλεύω. (baby) θηλάζω

nursery /'nɜ:səri/ n (room) (το) δωμάτιο των παιδιών. (for plants) (το) φυτώριο. (**day**) ~ (ο) παιδικός σταθμός. ~ **rhyme** n (το) παιδικό τραγουδάκι. ~ **school** n (το) νηπιαγωγείο

nurture /'nɜ:tʃə(r)/ vt ανατρέφω

nut /nʌt/ n (ο) ξηρός καρπός. (mech) (το) παξιμάδι

nutcrackers /'nʌtkrækəz/ npl (ο) καρυοθραύστης

nutmeg /'nʌtmeg/ n (το) μοσχοκάρυδο

nutrient /'nju:triənt/ n (η) θρεπτική ουσία

nutrit|ion /nju:'triʃn/ n (η) θρέψη. ~**ious** a θρεπτικός

nutshell /'nʌtʃel/ n (το) καρυδότσουφλο. **in a ~** εν συντομία

nylon /'nailɒn/ n (το) νάιλον

nymph /nimf/ n (η) νύμφη

Oo

oaf /əʊf/ n (o) μπουνταλάς

oak /əʊk/ n (η) βαλανιδιά

OAP abbr (old-age pensioner) (o, η) συνταξιούχος

oar /ɔː(r)/ n (το) κουπί

oasis /əʊˈeɪsɪs/ n (η) όαση

oath /əʊθ/ n (o) όρκος. (swear-word) (η) βλαστήμια

oats /əʊts/ npl (η) βρώμη

obedien|t /əˈbiːdɪənt/ a υπάκουος. **~ce** n (η) υπακοή

obes|e /əʊˈbiːs/ a παχύσαρκος. **~ity** n (η) παχυσαρκία

obey /əˈbeɪ/ vt/i υπακούω.

obituary /əˈbɪtʃʊərɪ/ n (η) νεκρολογία

object¹ /ˈɒbdʒɪkt/ n (το) αντικείμενο. (aim) (o) σκοπός

object² /əbˈdʒekt/ vi (protest) έχω αντίρρηση. **~ to** αντιτίθεμαι. **~ion** /-ʃn/ n (η) αντίρρηση. **~or** n (o) αντιρρησίας

objectionable /əbˈdʒekʃnəbl/ a απαράδεκτος. (unpleasant) δυσάρεστος

objectiv|e /əbˈdʒektɪv/ a αντικειμενικός. • n (o) σκοπός. **~ity** /ɒbdʒekˈtɪvɪtɪ/ n (η) αντικειμενικότητα

obligation /ɒblɪˈgeɪʃn/ n (η) υποχρέωση

obligatory /əˈblɪgətrɪ/ a υποχρεωτικός

oblig|e /əˈblaɪdʒ/ vt υποχρεώνω. **~ed** a υποχρεωμένος. **~ing** a υποχρεωτικός

oblique /əˈbliːk/ a λοξός

obliterate /əˈblɪtəreɪt/ vt εξαλείφω

oblivion /əˈblɪvɪən/ n (η) λήθη

oblivious /əˈblɪvɪəs/ a επιλήσμων

oblong /ˈɒblɒŋ/ a επιμήκης. • n (το) ορθογώνιο

obnoxious /əbˈnɒkʃəs/ a απαίσιος

oboe /ˈəʊbəʊ/ n (το) όμποε

obscen|e /əbˈsiːn/ a αισχρός. **~ity** /-enətɪ/ n (η) αισχρότητα

obscur|e /əbˈskjʊə(r)/ a δυσνόητος. (person) άσημος. • vt σκεπάζω. (conceal) κρύβω. **~ity** n (η) ασημότητα

observant /əbˈzɜːvənt/ a παρατηρητικός

observatory /əbˈzɜːvətrɪ/ n (το) αστεροσκοπείο

observ|e /əbˈzɜːv/ vt παρατηρώ. **~ation** /ɒbzəˈveɪʃn/ n (η) παρατήρηση. **~er** n (o) παρατηρητής

obsess /əbˈses/ vt κατέχω. be **~ed with** βασανίζομαι από. **~ion** /-ʃn/ n (η) έμμονη ιδέα. **~ive** a έμμονος

obsolete /ˈɒbsəliːt/ a απαρχαιωμένος

obstacle /ˈɒbstəkl/ n (το) εμπόδιο

obstinate /ˈɒbstɪnət/ a ισχυρογνώμων

obstruct /əbˈstrʌkt/ vt εμποδίζω. **~ion** /-ʃn/ n (το) εμπόδιο

obtain /əbˈteɪn/ vt παίρνω, εξασφαλίζω. • vi κρατώ

obvious /ˈɒbvɪəs/ a φανερός. **~ly** adv φανερά

occasion /əˈkeɪʒn/ n (η) περίσταση. (special event) (η) περίπτωση. • vt προξενώ

occasional /əˈkeɪʒənl/ a σποραδικός. **~ly** adv κάπου κάπου

occult /ɒˈkʌlt/ a απόκρυφος. • n (o) αποκρυφισμός

occupation /ɒkjʊˈpeɪʃn/ n απασχόληση. (job) (το) επάγγελμα. **~al** a επαγγελματικός

occup|y /ˈɒkjʊpaɪ/ vt κατέχω. **~ant**, **~ier** ns (o, η) κάτοχος. (of building) (o, η) ένοικος

occur /əˈkɜː(r)/ vi συμβαίνω. (exist) βρίσκομαι. it **~red to me that** σκέφτηκα ότι

occurrence /əˈkʌrəns/ n (το) συμβάν

ocean /ˈəʊʃn/ n (o) ωκεανός

o'clock /əˈklɒk/ adv η ώρα. it's **seven ~** είναι 7 η ώρα

octave /ˈɒktɪv/ n (η) οκτάβα

October /ɒkˈtəʊbə(r)/ n (o) Οκτώβριος

octopus /ˈɒktəpəs/ n (το) χταπόδι

odd /ɒd/ a (*strange*) παράξενος. (*number*) μονός. (*not of set*) παράταιρος. (*occasional*) ακανόνιστος. **the ~ one out** αυτός που ξεχωρίζει. **~ity** n (η) παραξενιά. (*person*) (η) εκκεντρικότητα. **~ly** adv περίεργα

odds /ɒdz/ npl (οι) πιθανότητες. (*in betting*) (τα) στοιχήματα. **at ~** σε διαφωνία. **~ and ends** διάφορα μικροπράγματα

ode /əʊd/ n (η) ωδή

odious /'əʊdiəs/ a απεχθής

odour /'əʊdə(r)/ n (η) οσμή

of /əv, ɒv/ prep του, από. **a friend ~ mine** ένας φίλος μου. **a glass ~ wine** ένα ποτήρι κρασί

off /ɒf/ adv **the light is ~** το φως είναι σβηστό. **the fish is ~** το ψάρι είναι μπαγιάτικο. • prep (*distant from*) σε απόσταση από. **be better ~** είμαι σε καλύτερη κατάσταση. **be ~** (*leave*) φεύγω. **day ~** n (η) μέρα με άδεια. **~ colour** a αδιάθετος. **~-putting** a (*fam*) απωθητικός. **~-white** a υπόλευκος

offal /'ɒfl/ n (τα) εντόσθια

offence /ə'fens/ n (η) προσβολή. (*illegal act*) (το) παράπτωμα. **take ~** προσβάλλομαι

offend /ə'fend/ vt προσβάλλω. **~er** n (ο) παραβάτης, (η) παραβάτις

offensive /ə'fensiv/ a προσβλητικός. (*disgusting*) αποκρουστικός. (*weapon*) επιθετικός. • n (η) επίθεση

offer /'ɒfə(r)/ vt προσφέρω. • n (η) προσφορά

offhand /ɒf'hænd/ a (*brusque*) απότομος. (*casual*) πρόχειρος. • adv απότομα

office /'ɒfis/ n (το) γραφείο. (*post*) (το) αξίωμα. **in ~** στην εξουσία

officer /'ɒfisə(r)/ n (mil, police) (ο) αξιωματικός

official /ə'fiʃl/ a επίσημος. • n (ο, η) υπάλληλος. **~ly** adv επίσημα

offing /'ɒfiŋ/ n **in the ~** επικείμενος

offset /'ɒfset/ vt αντισταθμίζω

offside /ɒf'said/ a (*sport*) αφσάιντ invar

offspring /'ɒfspriŋ/ n invar (ο) γόνος

often /'ɒfn/ adv συχνά

ogre /'əʊgə(r)/ n (ο) δράκος

oh /əʊ/ int ω

oil /ɔil/ n (το) λάδι. (*petroleum*) (το) πετρέλαιο. • vt λαδώνω. **~-painting** n (η) ελαιογραφία. **~ rig** n (η) πλατφόρμα αντλήσεως πετρελαίου. **~ well** n (το) φρέαρ πετρελαίου. **~y** a λαδωμένος. (*fish*) λιπαρός

ointment /'ɔintmənt/ n (η) αλοιφή

OK /əʊ'keι/ a & adv εντάξει

old /əʊld/ a ηλικιωμένος. (*not modern, former*) παλιός. **how is she?** πόσων χρόνων είναι; **she is ten years ~** είναι δέκα χρόνων. **~ age** n (τα) γεράματα. **~-fashioned** a περασμένης μόδας. **~ man** n (ο) γέρος. **~ woman** n (η) γριά

olive /'ɒliv/ n (*fruit, tree*) (η) ελιά. • a (*colour*) λαδής. **~ oil** n (το) ελαιόλαδο

Olympic /ə'limpik/ a ολυμπιακός. **~s, ~ Games** ns (οι) Ολυμπιακοί Αγώνες

omelette /'ɒmlit/ n (η) ομελέτα

omen /'əʊmen/ n (ο) οιωνός

ominous /'ɒminəs/ a δυσοίωνος

omi|t /ə'mit/ vt παραλείπω. **~ssion** /-ʃn/ n (η) παράλειψη

on /ɒn/ prep πάνω, σε. • adv **the light is ~** το φως είναι αναμμένο. **and so ~** και ούτω καθεξής. **from now/then ~** από δω και μπρος/απ τότε. **go ~** συνεχίζω. **have a hat/coat ~** φορώ καπέλο/παλτό. **later ~** αργότερα. **~ foot** με τα πόδια

once /wʌns/ adv μια φορά. (*formerly*) κάποτε. • conj μια και. **all at ~** ξαφνικά. **at ~** αμέσως. **~ again** or **more** άλλη μια φορά

one /wʌn/ a & pron ένας, μία, ένα. (*impersonal*) ένας, αυτός. • n (ο) ένα. **~ another** ο ένας τον άλλο. **~ by ~** ένας ένας. **~-sided** a μονόπλευρος. **~-way** a (*street*) μονόδρομος. (*ticket*) απλός. **this/that ~** αυτός/εκείνος

oneself /wʌnˈself/ *pron* ο ίδιος. **by ~** μόνος του

onion /ˈʌnɪən/ *n* (το) κρεμμύδι

onlooker /ˈɒnlʊkə(r)/ *n* (ο) θεατής

only /ˈəʊnlɪ/ *a* μόνος. • *adv* μόνο. • *conj* αλλά, μόνο που. **~ just** μόλις

onset /ˈɒnset/ *n* (*beginning*) (η) αρχή. (*attack*) (η) επίθεση

onslaught /ˈɒnslɔːt/ *n* (η) βίαιη επίθεση

onus /ˈəʊnəs/ *n* (η) ευθύνη

onward(s) /ˈɒnwəd(z)/ *adv* (προς τα) εμπρός

ooze /uːz/ *vt*/*i* στάζω

opal /ˈəʊpl/ *n* (το) οπάλιο

opaque /əʊˈpeɪk/ *a* αδιαφανής

open /ˈəʊpən/ *a* ανοιχτός. (*free to all*) ελεύθερος. (*available*) διαθέσιμος. (*uncertain*) αβέβαιος. • *vt*/*i* ανοίγω. **half-~** *a* μισάνοιχτος. **in the ~ air** στο ύπαιθρο. **~-air** *a* υπαίθριος. **~-minded** *a* απροκατάληπτος

opener /ˈəʊpənə(r)/ *n* (*for tins, bottles*) (το) ανοιχτήρι

opening /ˈəʊpənɪŋ/ *n* (το) άνοιγμα. (*beginning*) (η) έναρξη. (*job*) (η) κενή θέση

openly /ˈəʊpənlɪ/ *adv* ανοιχτά

opera /ˈɒprə/ *n* (η) όπερα

operat|e /ˈɒpəreɪt/ *vt* (*control*) χειρίζομαι. (*techn*) λειτουργώ. • *vi* (*function*) λειτουργώ. **~e on** (*med*) εγχειρίζω. **~ion** /-ˈreɪʃn/ *n* (*techn*) (η) λειτουργία. (*med*) (η) εγχείρηση. **~or** *n* (ο) χειριστής, (η) χειρίστρια. (*telec*) (ο) τηλεφωνητής, (η) τηλεφωνήτρια

opinion /əˈpɪnɪən/ *n* (η) γνώμη

opium /ˈəʊpɪəm/ *n* (το) όπιο

opponent /əˈpəʊnənt/ *n* (ο) αντίπαλος

opportunist /ɒpəˈtjuːnɪst/ *n* (ο) καιροσκόπος

opportunity /ɒpəˈtjuːnɪtɪ/ *n* (η) ευκαιρία (**to**, να)

oppos|e /əˈpəʊz/ *vt* αντιτίθεμαι. **~ed to** αντίθετος προς. **~ing** *a* αντίθετος

opposite /ˈɒpəzɪt/ *a* αντίθετος. (*facing*) αντικρινός. • *n* (το) αντίθετο. • *adv & prep* απέναντι

opposition /ɒpəˈzɪʃn/ *n* (η) αντίθεση. (*pol*) (η) αντιπολίτευση

oppress /əˈpres/ *vt* καταπιέζω. **~ion** /-ʃn/ *n* (η) καταπίεση. **~ive** *a* καταπιεστικός. (*weather*) αποπνικτικός. **~or** *n* (ο) καταπιεστής

opt /ɒpt/ *vi* **~ for** επιλέγω. **~ to** επιλέγω να

optical /ˈɒptɪkl/ *a* οπτικός

optician /ɒpˈtɪʃn/ *n* (ο) οπτικός

optimis|t /ˈɒptɪmɪst/ *n* (ο) αισιόδοξος. **~m** /-zəm/ *n* (η) αισιοδοξία. **~tic** /-ˈmɪstɪk/ *a* αισιόδοξος

optimum /ˈɒptɪməm/ *a* άριστος, βέλτιστος

option /ˈɒpʃn/ *n* (η) επιλογή. (*comm*) (το) δικαίωμα προτιμήσεως

optional /ˈɒpʃənl/ *a* προαιρετικός

opulen|t /ˈɒpjʊlənt/ *a* πλούσιος. **~ce** *n* (η) χλιδή

or /ɔː(r)/ *conj* ή. (*after negative*) ούτε. **~ else** διαφορετικά

oracle /ˈɒrəkl/ *n* (ο) χρησμός

oral /ˈɔːrəl/ *a* προφορικός. • *n* (*exam*) (η) προφορική εξέταση

orange /ˈɒrɪndʒ/ *n* (το) πορτοκάλι. (*tree*) (η) πορτοκαλιά. (*colour*) (το) πορτοκάλι. • *a* πορτοκαλής

orator /ˈɒrətə(r)/ *n* (ο) ρήτορας

orbit /ˈɔːbɪt/ *n* (η) τροχιά. • *vt* είμαι σε τροχιά γύρω από

orchard /ˈɔːtʃəd/ *n* (το) περιβόλι

orchestra /ˈɔːkɪstrə/ *n* (η) ορχήστρα

orchid /ˈɔːkɪd/ *n* (η) ορχιδέα

ordain /ɔːˈdeɪn/ *vt* ορίζω. (*relig*) χειροτονώ

ordeal /ɔːˈdiːl/ *n* (η) δοκιμασία

order /ˈɔːdə(r)/ *n* (η) τάξη. (*command*) (η) διαταγή. (*comm*) (η) παραγγελία. • *vt* παραγγέλλω. **in ~ to** or **that** για να

orderly /ˈɔːdəlɪ/ *a* πειθαρχικός. • *n* (*mil*) (η) ορντινάντσα. (*med*) (ο) νοσοκόμος

ordinary /ˈɔːdɪnrɪ/ *a* (*usual*) συνηθισμένος. (*average*) μέσος

ore /ɔː(r)/ *n* (το) μετάλλευμα

organ /ˈɔːgən/ *n* (το) όργανο

organic /ɔː'gænɪk/ a οργανικός

organism /'ɔːɡənɪzəm/ n (o) οργανισμός

organiz|e /'ɔːɡənaɪz/ vt οργανώνω. ~ation /-'zeɪʃn/ n (o) οργανισμός. ~er n (o) διοργανωτής

orgasm /'ɔːɡæzəm/ n (o) οργασμός

orgy /'ɔːdʒɪ/ n (το) όργιο

Orient /'ɔːrɪənt/ n the ~ (η) Ανατολή. ~al /-'entl/ a ανατολίτικος

orient, orientate /'ɔːrɪənt, 'ɔːrɪənteɪt/ vt προσανατολίζω

origin /'ɒrɪdʒɪn/ n (η) καταγωγή

original /ə'rɪdʒənl/ a αρχικός. (not copied) πρωτότυπος. (new) καινούριος. ~ity /-'nælətɪ/ n (η) πρωτοτυπία. ~ly adv αρχικά

originat|e /ə'rɪdʒɪneɪt/ vi προέρχομαι (from, in, από). ~or n (o) επινοητής

ornament /'ɔːnəmənt/ n (το) στολίδι. ~al /-'mentl/ a διακοσμητικός

ornate /ɔː'neɪt/ a στολισμένος

ornithology /ɔːnɪ'θɒlədʒɪ/ n (η) ορνιθολογία

orphan /'ɔːfn/ n (o) ορφανός. • vt ορφανεύω. ~age n (το) ορφανοτροφείο

orthodox /'ɔːθədɒks/ a ορθόδοξος

orthopaedic /ɔːθə'piːdɪk/ a ορθοπεδικός

ostentat|ion /ɒsten'teɪʃn/ n επίδειξη. ~ious a επιδεικτικός

ostracize /'ɒstrəsaɪz/ vt εξοστρακίζω

ostrich /'ɒstrɪtʃ/ n (o) στρουθοκάμηλος

other /'ʌðə(r)/ a & pron άλλος. • adv ~ than άλλος από

otherwise /'ʌðəwaɪz/ adv διαφορετικά

otter /'ɒtə(r)/ n (η) ενυδρίς

ought /ɔːt/ v aux πρέπει. I ~ to see it πρέπει να το δω. it ~ to work θα έπρεπε να λειτουργεί

ounce /aʊns/ n (η) ουγκιά (= 28.35 γρ)

our /'aʊə(r)/ a μας

ours /'aʊəz/ poss pron δικός μας

ourselves /aʊə'selvz/ pron (reflexive) οι ίδιοι. (after prep) μόνοι μας

oust /aʊst/ vt εκδιώκω

out /aʊt/ adv έξω. (in blossom) ανθισμένος. put the light ~ σβήνω το φως. be ~ of είμαι χωρίς. ~ of breath λαχανιασμένος. ~ of date ξεπερασμένος. ~ of doors έξω. ~ of order χαλασμένος. ~ of the way απόμερος. ~ of work άνεργος

outbreak /'aʊtbreɪk/ n (of anger) (το) ξέσπασμα. (of war) (η) έκρηξη. (of disease) (η) εκδήλωση

outburst /'aʊtbɜːst/ n (το) ξέσπασμα

outcast /'aʊtkɑːst/ n (o) απόβλητος

outcome /'aʊtkʌm/ n (η) έκβαση

outcry /'aʊtkraɪ/ n (η) κατακραυγή

outdated /aʊt'deɪtɪd/ a ξεπερασμένος

outdo /aʊt'duː/ vt (pt -did, pp ~done) ξεπερνώ

outdoor /'aʊtdɔː(r)/ a υπαίθριος. ~s /-'dɔːz/ adv έξω

outer /'aʊtə(r)/ a εξωτερικός

outfit /'aʊtfɪt/ n (o) εξοπλισμός. (clothes) (τα) ρούχα

outgoing /'aʊtɡəʊɪŋ/ a (chairman, tenant etc.) που αποχωρεί. (train etc.) που αναχωρεί. (sociable) κοινωνικός. ~s npl (τα) έξοδα

outing /'aʊtɪŋ/ n (η) εκδρομή

outlaw /'aʊtlɔː/ n (o) φυγόδικος

outlay /'aʊtleɪ/ n (η) δαπάνη

outlet /'aʊtlet/ n (η) εξαγωγή. (for feelings) (η) διέξοδος. (comm) (το) κατάστημα

outline /'aʊtlaɪn/ n (το) περίγραμμα. (summary) (οι) γενικές γραμμές. • vt διαγράφω

outlive /aʊt'lɪv/ vt επιζώ

outlook /'aʊtlʊk/ n (η) αντίληψη. (prospect) (η) προοπτική

outlying /'aʊtlaɪɪŋ/ a απόμερος

outnumber /aʊt'nʌmbə(r)/ vt ξεπερνώ (αριθμητικά)

outpost /'aʊtpəʊst/ n (η) προφυλακή. (frontier) (τα) άκρα

output /ˈaʊtpʊt/ n (η) απόδοση.
  (computing) (η) έξοδος. (data) (η)
  εξαγωγή

outrage /ˈaʊtreɪdʒ/ n (το) αίσχος.
  • vt εξοργίζω

outrageous /aʊtˈreɪdʒəs/ a
  εξοργιστικός

outright /ˈaʊtraɪt/ adv (entirely)
  σαφώς. (at once) αμέσως.
  (frankly) καθαρά. • a (refusal)
  κατηγορηματικός. (winner)
  αναμφισβήτητος

outset /ˈaʊtset/ n (η) αρχή

outside[1] /ˈaʊtsaɪd/ a εξωτερικός.
  • n (το) εξωτερικό

outside[2] /aʊtˈsaɪd/ adv έξω. • prep
  έξω από

outsider /aʊtˈsaɪdə(r)/ n (ο) ξένος

outskirts /ˈaʊtskɜːts/ npl (τα)
  περίχωρα

outspoken /aʊtˈspəʊkn/ a
  ντόμπρος

outstanding /aʊtˈstændɪŋ/ a
  (exceptional) εξαιρετικός.
  (conspicuous) εμφανής. (not
  settled) εκκρεμής

outstrip /aʊtˈstrɪp/ vt ξεπερνώ

outward /ˈaʊtwəd/ a εξωτερικός.
  ~ **journey** (ο) πηγαιμός. ~**ly**
  adv εξωτερικά. ~**(s)** adv προς
  τα έξω

outwit /aʊtˈwɪt/ vt ξεγελώ (με
  εξυπνάδα)

oval /ˈəʊvl/ a & n οβάλ

ovary /ˈəʊvərɪ/ n (η) ωοθήκη

ovation /əʊˈveɪʃn/ n (η)
  ενθουσιώδης υποδοχή

oven /ˈʌvn/ n (ο) φούρνος

over /ˈəʊvə(r)/ prep (above, across)
  πάνω από. (during) κατά τη
  διάρκεια. (more than)
  περισσότερο από. • adv **be** ~
  (finished) τελειώνω. (left over)
  μένω. **all** ~ παντού. (all) ~
  again πάλι. ~ **and** ~ ξανά και
  ξανά. ~ **here** εδώ. ~ **there** εκεί

overall[1] /ˈəʊvərɔːl/ n (η) μπλούζα.
  ~**s** npl (η) φόρμα

overall[2] /əʊvərˈɔːl/ a γενικός.
  • adv γενικά

overbearing /əʊvəˈbeərɪŋ/ a
  αυταρχικός

overboard /ˈəʊvəbɔːd/ adv στη
  θάλασσα

overcast /əʊvəˈkaːst/ a
  συννεφιασμένος

overcharge /əʊvəˈtʃaːdʒ/ vt
  χρεώνω παραπάνω του κανονικού

overcoat /ˈəʊvəkəʊt/ n (το) παλτό,
  Cy. (το) πανωφόρι

overcome /əʊvəˈkʌm/ vt
  υπερνικώ. **be** ~ **by**
  καταβάλλομαι από

overcrowded /əʊvəˈkraʊdɪd/ a
  παραφορτωμένος

overdo /əʊvəˈduː/ vt υπερβάλλω.
  (culin) παραψήνω. ~ **it** (overwork)
  το παρακάνω

overdose /ˈəʊvədəʊs/ n (η)
  υπερβολική δόση

overdraft /ˈəʊvədraːft/ n (η)
  υπεραναλήψη

overdue /əʊvəˈdjuː/ a
  εκπρόθεσμος. (belated)
  καθυστερημένος

overestimate /əʊvərˈestɪmeɪt/ vt
  υπερεκτιμώ

overflow[1] /əʊvəˈfləʊ/ vi ξεχειλίζω

overflow[2] /ˈəʊvəfləʊ/ n
  ξεχείλισμα. (excess) (το)
  περίσσευμα. (outlet) (το) στόμιο
  υπερχειλίσεως

overgrown /əʊvəˈɡrəʊn/ a (garden)
  σκεπασμένος (με αγριόχορτα)

overhaul[1] /əʊvəˈhɔːl/ vt εξετάζω
  και επισκευάζω

overhaul[2] /ˈəʊvəhɔːl/ n (η)
  εξέταση και επισκευή

overhead[1] /əʊvəˈhed/ adv από
  πάνω

overhead[2] /ˈəʊvəhed/ a (cables etc.)
  εναέριος. ~**s** npl (τα) γενικά
  έξοδα

overhear /əʊvəˈhɪə(r)/ vt ακούω
  τυχαία

overjoyed /əʊvəˈdʒɔɪd/ a
  καταχαρούμενος

overlap /əʊvəˈlæp/ vt/i επικαλύπτω
  μερικώς

overleaf /əʊvəˈliːf/ adv στην πίσω
  όψη

overload /əʊvəˈləʊd/ vt
  παραφορτώνω

overlook /əʊvəˈlʊk/ vt (view)
  βλέπω προς. (fail to see) μου
  διαφεύγει. (forgive) παραβλέπω

overnight /əʊvəˈnaɪt/ adv τη νύχτα. • a νυχτερινός

overpass /ˈəʊvəpɑːs/ n (η) υπέργεια διάβαση

overpower /əʊvəˈpaʊə(r)/ vt κατανικώ. ~ing a ακαταμάχητος

overrate /əʊvəˈreɪt/ vt υπερτιμώ. ~d a υπερτιμημένος

override /əʊvəˈraɪd/ vt υπερισχύω. ~ing a υπερισχύων

overrule /əʊvəˈruːl/ vt ανατρέπω. (a claim) ακυρώνω

overrun /əʊvəˈrʌn/ vt κατακλύζω. (a limit) ξεπερνώ

overseas /əʊvəˈsiːz/ a εξωτερικός. • adv στο εξωτερικό

oversee /əʊvəˈsiː/ vt επιβλέπω, επιστατώ. ~r /ˈəʊvəsɪə(r)/ n (ο) επιστάτης

overshoot /əʊvəˈʃuːt/ vt υπερβαίνω

oversight /ˈəʊvəsaɪt/ n (η) παράληψη

oversleep /əʊvəˈsliːp/ vi παρακοιμάμαι

overt /ˈəʊvɜːt/ a φανερός

overtake /əʊvəˈteɪk/ vt/i προσπερνώ

overthrow /əʊvəˈθrəʊ/ vt ανατρέπω

overtime /ˈəʊvətaɪm/ n (η) υπερωρία. • adv υπερωριακά

overture /ˈəʊvətjʊə(r)/ n (η) εισαγωγή (μουσικού έργου)

overturn /əʊvəˈtɜːn/ vt/i ανατρέπω/ομαι

overweight /ˈəʊvəweɪt/ a παχύσαρκος

overwhelm /əʊvəˈwelm/ vt καταβάλλω. (with emotion) συντρίβω. ~ing a συντριπτικός

overwork /əʊvəˈwɜːk/ vt/i παραδουλεύω

overwrought /əʊvəˈrɔːt/ a σε υπερένταση

owe /əʊ/ vt οφείλω. ~ing a οφειλόμενος. ~ing to λόγω, εξαιτίας (with gen.)

owl /aʊl/ n (η) κουκουβάγια

own¹ /əʊn/ a δικός. **get one's ~ back** παίρνω εκδίκηση. **on one's ~** μόνος μου

own² /əʊn/ vt έχω, κατέχω. • vi **~ up (to)** ομολογώ. **~er** n (ο) ιδιοκτήτης, (η) ιδιοκτήτρια

ox /ɒks/ n (pl **oxen**) (το) βόδι

oxygen /ˈɒksɪdʒən/ n (το) οξυγόνο

oyster /ˈɔɪstə(r)/ n (το) στρείδι

ozone /ˈəʊzəʊn/ n (το) όζον

Pp

pace /peɪs/ n (το) βήμα. • vi βηματίζω. **keep ~ with** συμβαδίζω. **~-maker** n (sport) (ο) οδηγός (σε αγώνα δρόμου). (med) (ο) βηματοδότης

Pacific /pəˈsɪfɪk/ a ειρηνικός. • n **~ (Ocean)** (ο) Ειρηνικός (Ωκεανός)

pacifist /ˈpæsɪfɪst/ n (ο) ειρηνιστής, (ο) πασιφιστής

pacify /ˈpæsɪfaɪ/ vt ειρηνεύω

pack /pæk/ n (το) δέμα. (packet) (το) πακέτο. (of cards) (η) τράπουλα. (of hounds, wolves) (η) αγέλη. (of soldier) (ο) γυλιός. • vt (in box) συσκευάζω. (suitcase) φτιάχνω. **~ed** a γεμάτος. **~ing** n (η) συσκευασία. **send ~ing** ξαποστέλνω

package /ˈpækɪdʒ/ n (το) πακέτο. • vt συσκευάζω

packet /ˈpækɪt/ n (το) μικρό πακέτο. (of biscuits, cigarettes) (το) κουτί

pact /pækt/ n (το) σύμφωνο

pad /pæd/ n (το) μαξιλαράκι. (for clothes) (η) βάτα. (for writing) (το) μπλοκ invar. • vt βάζω βάτα σε

paddle /ˈpædl/ n (το) κουπί. • vi (row) κωπηλατώ. (wade) πλατσουρίζω

padlock /ˈpædlɒk/ n (το) λουκέτο

paediatrician /piːdɪəˈtrɪʃn/ n (ο, η) παιδίατρος

pagan /ˈpeɪgən/ a παγανιστικός, ειδωλολατρικός

page /peɪdʒ/ n (of book etc.) (η) σελίδα. (in hotel) (ο) λακές

pageant /ˈpædʒənt/ n παρέλαση ή

θέαμα με ιστορικές αμφιέσεις

paid /peɪd/ *see* PAY

pail /peɪl/ *n* (ο) κουβάς

pain /peɪn/ *n* (ο) πόνος. **~s** *npl* (οι) κόποι. **be in ~** πονώ. **~-killer** *n* (το) παυσίπονο. **~less** *a* ανώδυνος. **~ful** *a* οδυνηρός. (*laborious*) επίμοχθος

painstaking /ˈpeɪnzteɪkɪŋ/ *a* επιμελής

paint /peɪnt/ *n* (η) μπογιά. **~s** *npl* (τα) χρώματα. • *vt/i* μπογιατίζω, χρωματίζω. (*art*) ζωγραφίζω. **~er** *n* (*artist*) (ο, η) ζωγράφος. (*decorator*) (ο) μπογιατζής. **~ing** *n* (*decorating*) (το) μπογιάτισμα. (*art*) (η) ζωγραφική. (*picture*) (ο) πίνακας

paintbrush /ˈpeɪntbrʌʃ/ *n* (το) πινέλο (*για βάψιμο*)

pair /peə(r)/ *n* (το) ζευγάρι. (*of people*) (το) ζεύγος. **~ of trousers** το παντελόνι

Pakistan /paːkɪˈstaːn/ *n* (το) Πακιστάν *invar*

pal /pæl/ *n* (*fam*) (ο) φιλαράκος

palace /ˈpælɪs/ *n* (το) παλάτι. (*royal*) (το) ανάκτορο

palat|e /ˈpælət/ *n* (ο) ουρανίσκος. (*fig*) (η) γεύση. **~able** *a* νόστιμος

pale /peɪl/ *a* χλομός. (*colour, light*) ανοιχτός

Palestine /ˈpælɪstaɪn/ *n* (η) Παλαιστίνη

palette /ˈpælɪt/ *n* (η) παλέτα

pall /pɔːl/ *n* (*fig*) (το) σύννεφο *vi* it **~s (on me)** το βαριέμαι

pallid /ˈpælɪd/ *a* ωχρός

palm /paːm/ *n* (*of hand*) (η) παλάμη. (*tree*) (η) φοινικιά. (*symbol of victory*) (η) δάφνη

palpable /ˈpælpəbl/ *a* απτός

palpitat|e /ˈpælpɪteɪt/ *vi* πάλλομαι. **~ion** /-ˈteɪʃn/ *n* (ο) παλμός

paltry /ˈpɔːltrɪ/ *a* ασήμαντος

pamper /ˈpæmpə(r)/ *vt* παραχαϊδεύω

pamphlet /ˈpæmflɪt/ *n* (το) φυλλάδιο

pan /pæn/ *n* (η) κατσαρόλα. (*for frying*) (το) τηγάνι

panacea /pænəˈsɪə/ *n* (η) πανάκεια

pancake /ˈpænkeɪk/ *n* (η) τηγανίτα

panda /ˈpændə/ *n* (το) πάντα

pandemonium /pændɪˈməʊnɪəm/ *n* (το) πανδαιμόνιο

pander /ˈpændə(r)/ *vi* **~ to** υποθάλπω

pane /peɪn/ *n* (το) τζάμι

panel /ˈpænl/ *n* (το) πλαίσιο. (*group of people*) (το) πάνελ *invar*. **instrument ~** (το) ταμπλό

pang /pæŋ/ *n* (η) σουβλιά. (*of hunger*) (το) τσίμπημα της πείνας. (*of conscience*) (η) τύψη

panic /ˈpænɪk/ *n* (ο) πανικός. • *vi* πανικοβάλλομαι. **~-stricken** *a* πανικόβλητος

panorama /pænəˈraːmə/ *n* (το) πανόραμα

pansy /ˈpænzɪ/ *n* (ο) πανσές

pant /pænt/ *vi* λαχανιάζω

panther /ˈpænθə(r)/ *n* (ο) πάνθηρας

pantomime /ˈpæntəmaɪm/ *n* (η) παντομίμα

pantry /ˈpæntrɪ/ *n* μικρό δωμάτιο ή μεγάλο ντουλάπι στην κουζίνα για τρόφιμα

pants /pænts/ *npl* (*underwear*) (το) σώβρακο. (*trousers: Amer.*) (το) παντελόνι

papal /ˈpeɪpl/ *a* παπικός

paper /ˈpeɪpə(r)/ *n* (το) χαρτί. (*newspaper*) (η) εφημερίδα. (*exam*) (τα) θέματα (εξετάσεως). (*document*) (το) χαρτί. • *vt* (*room*) βάζω χαρτί ταπετσαρίας στους τοίχους. **~-clip** *n* (ο) συνδετήρας. **~-knife** *n* (ο) χαρτοκόπτης

paperback /ˈpeɪpəbæk/ *n* (το) χαρτόδετο βιβλίο

paperweight /ˈpeɪpəweɪt/ *n* (ο) πρες παπιέ *invar*

paperwork /ˈpeɪpəwɜːk/ *n* (η) γραφική εργασία

par /paː(r)/ *n* (η) ισότητα. **on a ~ with** ισάξιος με

parable /ˈpærəbl/ *n* (η) παραβολή

parachute /ˈpærəʃuːt/ *n* (το) αλεξίπτωτο. • *vi* πέφτω με αλεξίπτωτο

parade /pəˈreɪd/ *n* (η) παρέλαση. (*display*) (η) επίδειξη. • *vi* παρελαύνω. • *vt* επιδεικνύω paradise /'pærədaıs/ n (o) παράδεισος

paradox /'pærədɒks/ n (η) παραδοξολογία. ~ical /-'dɒksıkl/ a παράδοξος

paraffin /'pærəfın/ n (η) παραφίνη

paragraph /'pærəgra:f/ n (η) παράγραφος

parallel /'pærəlel/ a παράλληλος. • n (o) παραλληλισμός. (line) (η) παράλληλος. (comparison) (η) σύγκριση

paralyse /'pærəlaız/ vt παραλύω

paralysis /pə'ræləsıs/ n (η) παράλυση

paramedics /'pærəmedıks/ n (το) παραϊατρικό προσωπικό

paramount /'pærəmaʊnt/ a ύψιστος

paranoi|a /pærə'nɔıə/ n (η) παράνοια. ~d /'pærənɔıd/ a παρανοϊκός

paraphernalia /pærəfə'neılıə/ n (τα) σύνεργα

parasite /'pærəsaıt/ n (το) παράσιτο

parasol /'pærəsɒl/ n (η) ομπρέλα (του ήλιου)

paratrooper /'pærətru:pə(r)/ n (o) αλεξιπτωτιστής

parcel /'pa:sl/ n (το) πακέτο

parch /pa:tʃ/ vt ξεραίνω. be ~ed στέγνωσε το στόμα μου από τη δίψα

parchment /'pa:tʃmənt/ n (η) περγαμηνή

pardon /'pa:dn/ n (η) συγνώμη. (jur) (η) χάρη. • vt I beg your ~ με συγχωρείτε. ~? με συγχωρείτε; ~ me συγνώμη

parent /'peərənt/ n (o) γονέας. ~s npl (οι) γονείς. ~al /pə'rentl/ a γονικός

parenthesis /pə'renθəsıs/ n (η) παρένθεση

Paris /'pærıs/ n (το) Παρίσι

parish /'pærıʃ/ n (η) ενορία. (municipal) (η) κοινότητα

park /pa:k/ n (το) πάρκο. • vt/i παρκάρω. ~ing n (η) στάθμευση, (το) παρκάρισμα. ~ing-lot n (Amer) ο χώρος σταθμεύσεως.

~ing-meter n (το) παρκόμετρο

parliament /'pa:ləmənt/ n (η) Βουλή

parody /'pærədı/ n (η) παρωδία. • vt παρωδώ

parole /pə'rəʊl/ n αποφυλάκιση κρατουμένου με όρο την καλή συμπεριφορά

parrot /'pærət/ n (o) παπαγάλος

parry /'pærı/ vt αποκρούω

parsimonious /pa:sı'məʊnıəs/ a φιλάργυρος

parsley /'pa:slı/ n (o) μαϊντανός

parsnip /'pa:snıp/ n (το) δαυκί

parson /'pa:sn/ n (o) εφημέριος

part /pa:t/ n (το) μέρος. (of machine) (το) εξάρτημα. (episode) το επεισόδιο. (role) (o) ρόλος. • a μερικός • adv εν μέρει. • vt/i χωρίζω/ομαι. in ~ εν μέρει. ~-time adv μερικώς. ~-time work μερική απασχόληση. ~ with αποχωρίζομαι

partial /'pa:ʃl/ a μερικός. be ~ to μού αρέσει ιδιαίτερα. ~ly adv μερικώς

particip|ate /pa:'tısıpeıt/ vi συμμετέχω (in, σε). ~ant n (o) συμμέτοχος. ~ation /-'peıʃn/ n (η) συμμετοχή

participle /'pa:tısıpl/ n (η) μετοχή

particular /pə'tıkjʊlə(r)/ a ιδιαίτερος. (specific) συγκεκριμένος. (fussy) λεπτολόγος. ~s npl (τα) ιδιαίτερα χαρακτηριστικά. ~ly adv ιδιαίτερα

parting /'pa:tıŋ/ n (o) χωρισμός. (in hair) (η) χωρίστρα

partition /pa:'tıʃn/ n (pol) (o) διχοτόμηση. (wall) (το) χώρισμα

partly /'pa:tlı/ adv εν μέρει

partner /'pa:tnə(r)/ n (o) εταίρος. (business) (o) συνέταιρος. (sport) (o) συμπαίκτης, (η) συμπαίκτρια. ~ship n (o) συνεταιρισμός

partridge /'pa:trıdʒ/ n (η) πέρδικα

party /'pa:tı/ n (το) πάρτι. (group) (η) ομάδα. (pol) (το) κόμμα. (jur) (o) αντίδικος

pass /pa:s/ vt/i περνώ. (overtake) προσπερνώ. (law, bill) ψηφίζω. • n (το) πέρασμα. (geog) (το) στενό.

(*sport*) (η) πάσα. (*permit*) (η) άδεια κυκλοφορίας. **get a ~ (in exam)** περνώ. **~ away** πεθαίνω. **~ out** (*faint*) λιποθυμώ. **~ over** παραλείπω. **~ through** διασχίζω. **~ing** *a* περαστικός. **to mention in ~ing** αναφέρω κατά τύχη

passable /'pɑːsəbl/ *a* (*satisfactory*) καλούτσικος. (*road*) διαβατός

passage /'pæsɪdʒ/ *n* (το) πέρασμα. (*voyage*) (το) ταξίδι. (*corridor*) (ο) διάδρομος. (*in book*) (το) απόσπασμα

passenger /'pæsɪndʒə(r)/ *n* (ο) επιβάτης, (η) επιβάτισσα

passer-by /pɑːsə'baɪ/ *n* (ο) διαβάτης, (η) διαβάτισσα

passion /'pæʃn/ *n* (το) πάθος. **~ate** *a* παράφορος

passive /'pæsɪv/ *a* παθητικός. • *n* (*gram*) (η) παθητική φωνή

passport /'pɑːspɔːt/ *n* (το) διαβατήριο

password /'pɑːswɜːd/ *n* (το) σύνθημα

past /pɑːst/ *a* περασμένος. • *n* (το) παρελθόν. • *prep* πέρα από. • *adv* **go ~** προσπερνώ. **half ~ four** τέσσερις και τριάντα. **in the ~** στο παρελθόν

pasta /'pæstə/ *n* (τα) ζυμαρικά

paste /peɪst/ *n* (η) πάστα. (*for food*) (ο) πολτός. (*adhesive*) (η) κόλλα. • *vt* κολλώ

pastel /'pæstl/ *n* (το) παστέλ *invar*

pasteurize /'pæstʃəraɪz/ *vt* παστεριώνω

pastime /'pɑːstaɪm/ *n* (η) ευχάριστη απασχόληση

pastry /'peɪstrɪ/ *n* (η) ζύμη. (*sweet*) (η) πάστα

pasture /'pɑːstʃə(r)/ *n* (ο) βοσκότοπος

pasty[1] /'pæstɪ/ *n* (η) κρεατόπιτα

pasty[2] /'peɪstɪ/ *a* σαν ζυμάρι

pat /pæt/ *vt* χτυπώ ελαφρά. • *n* (ο) ελαφρό χτύπημα. (*of butter*) (ο) βόλος. • *adv* κατάλληλα. **off ~** απ' έξω

patch /pætʃ/ *n* (το) μπάλωμα. (*over eye*) (ο) επίδεσμος (στο μάτι). (*area*) (το) κομμάτι. • *vt* μπαλώνω.

~ up επιδιορθώνω. (*a quarrel*) συμφιλιώνομαι

patent /'peɪtnt/ *a* καταφανής. • *n* (το) δικαίωμα ευρεσιτεχνίας, (η) πατέντα. • *vt* πατεντάρω. **~ leather** *n* (το) λουστρίνι

paternal /pə'tɜːnl/ *a* πατρικός

path /pɑːθ/ *n* (το) μονοπάτι. (*course*) (η) πορεία. (*of rocket*) (η) τροχιά

pathetic /pə'θetɪk/ *a* αξιολύπητος.

pathology /pə'θɒlədʒɪ/ *n* (η) παθολογία

pathos /'peɪθɒs/ *n* (το) πάθος

patience /'peɪʃns/ *n* (η) υπομονή

patient /'peɪʃnt/ *a* υπομονετικός. • *n* (ο) ασθενής

patio /'pætɪəʊ/ *n* (το) πλακόστρωτο

patriot /'pætrɪət/ *n* (ο) πατριώτης, (η) πατριώτισσα. **~ic** /-'ɒtɪk/ *a* πατριωτικός

patrol /pə'trəʊl/ *n* (η) περιπολία. • *vt* περιπολώ

patron /'peɪtrən/ *n* (ο) προστάτης. (*of charity*) (ο) ευεργέτης, (η) ευεργέτις. (*customer*) (ο) τακτικός πελάτης

patron|age /'pætrənɪdʒ/ *n* (η) προστασία. (*of shop etc.*) (η) υποστήριξη. **~ize** *vt* (*support*) υποστηρίζω. (*condescend to*) συμπεριφέρομαι συγκαταβατικά σε

patter /'pætə(r)/ *n* (*comm*) (η) γρήγορη πολυλογία. (ο) ελαφρός χτύπος. • *vi* χτυπώ ελαφρά

pattern /'pætn/ *n* (*of dress*) (το) πατρόν. (*model*) (το) πρότυπο. (*example*) (το) παράδειγμα. (*sample*) (το) δείγμα

pauper /'pɔːpə(r)/ *n* (ο) άπορος

pause /pɔːz/ *n* (η) παύση. • *vi* παύω

pav|e /peɪv/ *vt* στρώνω. **~e the way for** προετοιμάζω το έδαφος για. **~ing-stone** *n* (η) πλάκα

pavement /'peɪvmənt/ *n* (το) πεζοδρόμιο

pavilion /pə'vɪlɪən/ *n* (το) περίπτερο (σε έκθεση)

paw /pɔː/ *n* (το) πόδι (ζώου).

pawn /pɔːn/ *n* (το) πιόνι. • *vt* βάζω ενέχυρο

pawnbroker /'pɔːnbrəʊkə(r)/ *n* (ο) ενεχυροδανειστής

pay /peɪ/ *vt/i* (*pt* **paid**) πληρώνω.
(*attention*) δίνω. (*compliment*)
κάνω. (*be profitable*) αποδίδω. • *n*
(η) πληρωμή. **~ back** ξεπληρώνω.
~ for sth πληρώνω κτ

payable /'peɪəbl/ *a* πληρωτέος

payment /'peɪmənt/ *n* (η) πληρωμή

payroll /'peɪrəʊl/ *n* (το) μισθολόγιο

pea /piː/ *n* (το) μπιζέλι

peace /piːs/ *n* (η) ειρήνη. **have ~
of mind** έχω ήσυχο το κεφάλι
μου

peaceful /'piːsfl/ *a* ειρηνικός

peacemaker /'piːsmeɪkə(r)/ *n* (ο)
ειρηνοποιός

peach /piːtʃ/ *n* (το) ροδάκινο.
(*tree*) (η) ροδακινιά

peacock /'piːkɒk/ *n* (το) παγόνι

peak /piːk/ *n* (η) κορυφή.
(*maximum*) (η) αιχμή. **~ hours**
npl (οι) ώρες αιχμής. **~ed cap** *n*
(το) μυτερό καπέλο

peal /piːl/ *n* (η) κωδωνοκρουσία.
(*of laughter*) (το) ξέσπασμα

peanut /'piːnʌt/ *n* (το) φιστίκι
(*αράπικο*)

pear /peə(r)/ *n* (το) αχλάδι, Συ. (το)
απίδι

pearl /pɜːl/ *n* (το) μαργαριτάρι

peasant /'peznt/ *n* (ο) χωριάτης,
(η) χωριάτιββα

peat /piːt/ *n* (η) τύρφη

pebble /'pebl/ *n* (το) βότσαλο

peck /pek/ *vt* τσιμπώ. (*kiss: fam*)
φιλώ βιαστικά. • *n* (το) τσίμπημα

peckish /'pekɪʃ/ *a* **be ~** (*fam*)
είμαι λίγο πεινασμένος

peculiar /pɪ'kjuːlɪə(r)/ *a*
παράξενος. (*special*) ιδιαίτερος.
be ~ to είναι ιδιαίτερο
χαρακτηριστικό (*with gen.*) **~ity**
/-'ærətɪ/ *n* (η) ιδιορρυθμία.
(*feature*) (το) ιδιαίτερο
χαρακτηριστικό

pedal /'pedl/ *n* (το) πεντάλ *invar*.
• *vi* ποδηλατώ

pedantic /pɪ'dæntɪk/ *a*
σχολαστικός

peddle /'pedl/ *vt* πουλώ στους
δρόμους (*εμπορεύματα*)

pedestal /'pedɪstl/ *n* (το) βάθρο

pedestrian /pɪ'destrɪən/ *n* (ο)
πεζός. • *a* (*dull*) πεζός, ανιαρός.

~ crossing *n* (η) διάβαση πεζών

pedigree /'pedɪgriː/ *n* (η)
καταγωγή. (*of animal*) (η) ράτσα.
• *a* (*animal*) καθαρόαιμος

peek /piːk/ *vi* & *n* = **peep**[1]

peel /piːl/ *n* (η) φλούδα. • *vt/vi*
ξεφλουδίζω/ομαι

peep[1] /piːp/ *vi* κρυφοκοιτάζω.
• *n* (το) κρυφοκοίταγμα

peep[2] /piːp/ *vi* (*cheep*) τιτιβίζω *n*
(το) τιτίβισμα

peer[1] /pɪə(r)/ *vi* **~ at** κοιτάζω
προσεκτικά, περιεργάζομαι

peer[2] /pɪə(r)/ *n* (ο) λ³ρδος

peg /peg/ *n* (το) π⌐υκι. (*for coats
etc.*) (η) κρεμάω ρ⎯. (*for washing*)
(το) μανταλάκι

pejorative /pɪ'dʒɒrətɪv/ *a*
υποτιμητικός

pelican /'pelɪkən/ *n* (ο) πελεκάνος

pellet /'pelɪt/ *n* (η) μπαλίτσα. (*for
gun*) (το) σκάγι

pelt[1] /pelt/ *n* (το) τομάρι

pelt[2] /pelt/ *vt* βομβαρδίζω *vi* **it's
~ing (down) with rain** βρέχει
καταρρακτωδώς

pelvis /'pelvɪs/ *n* (η) λεκάνη

pen[1] /pen/ *n* (*enclosure*) (η) μάντρα.
• *vt* (*pt* **penned**) κλείνω. **~ in**
μαντρώνω

pen[2] /pen/ *n* (η) πένα

penal /'piːnl/ *a* ποινικός. **~ize** *vt*
τιμωρώ

penalty /'penltɪ/ *n* (η) τιμωρία.
(*fine*) (η) ποινή. **~ kick** *n*
(*football*) (το) πέναλτι *invar*

penance /'penəns/ *n* (η) μετάνοια

pence /pens/ *see* PENNY

pencil /'pensl/ *n* (το) μολύβι.
~-sharpener *n* (η) ξύστρα

pendant /'pendənt/ *n* (*jewellery*)
(το) παντατίφ *invar*

pending /'pendɪŋ/ *a* εκκρεμής.
• *prep* εν αναμονή

pendulum /'pendjʊləm/ *n* (το)
εκκρεμές

penetrat|e /'penɪtreɪt/ *vt/i*
διαπερνώ, διεισδύω. **~ing** *a*
διεισδυτικός. (*sound*)
διαπεραστικός

penguin /'peŋgwɪn/ *n* (ο)
πιγκουίνος

penicillin /penɪˈsɪlɪn/ n (η) πενικιλίνη

peninsula /pəˈnɪnsjʊlə/ n (η) χερσόνησος

penis /ˈpiːnɪs/ n (το) πέος

peniten|t /ˈpenɪtənt/ a μετανιωμένος. **~ce** n (η) μετάνοια

penitentiary /penɪˈtenʃərɪ/ n (Amer) (η) κρατική φυλακή

penknife /ˈpennaɪf/ n (ο) σουγιάς

pennant /ˈpenənt/ n (ο) επισείων

penniless /ˈpenɪlɪs/ a απένταρος

penny /ˈpenɪ/ n (pl **pennies** or **pence**) (η) πένα (νόμισμα)

pension /ˈpenʃn/ n (η) σύνταξη. **~er** n (ο, η) συνταξιούχος

pensive /ˈpensɪv/ a συλλογισμένος

Pentecost /ˈpentɪkɒst/ n (η) Πεντηκοστή

pent-up /ˈpentʌp/ a καταπνιγμένος

penultimate /penˈʌltɪmət/ a προτελευταίος

peony /ˈpiːənɪ/ n (η) παιωνία

people /ˈpiːpl/ npl (οι) άνθρωποι, (ο) κόσμος. (citizens) (ο) λαός. • n (nation, race) (η) φυλή

pepper /ˈpepə(r)/ n (το) πιπέρι. (vegetable) (η) πιπεριά

peppercorn /ˈpepəkɔːn/ n (ο) κόκκος πιπεριού

peppermint /ˈpepəmɪnt/ n (η) μέντα

per /pɜː(r)/ prep ανά. **~ annum** το έτος. **~ cent** τοις εκατό

perceive /pəˈsiːv/ vt αντιλαμβάνομαι. (notice) διακρίνω

percentage /pəˈsentɪdʒ/ n (το) ποσοστό

percept|ion /pəˈsepʃn/ n (η) αντίληψη. **~ive** a παρατηρητικός

perch /pɜːtʃ/ n (η) κούρνια. • vi κουρνιάζω

percolat|e /ˈpɜːkəleɪt/ vt φιλτράρω. • vi περνώ μέσα από φίλτρο. **~or** n (η) καφετιέρα με φίλτρο

percussion /pəˈkʌʃn/ n (η) κρούση

perennial /pəˈrenɪəl/ a αιώνιος. (plant) πολυετής. • n (το) πολυετές φυτό

perfect¹ /ˈpɜːfɪkt/ a τέλειος. **~ly** adv τέλεια

perfect² /pəˈfekt/ vt τελειοποιώ. **~ion** /-ʃn/ n (η) τελειότητα

perforate /ˈpɜːfəreɪt/ vt διατρυπώ

perform /pəˈfɔːm/ vt εκτελώ. (theatr) παίζω. • vi εργάζομαι. **~ance** n (η) εκτέλεση. (theatr) (η) παράσταση. **~er** n (theatr) (ο, η) ηθοποιός

perfume /ˈpɜːfjuːm/ n (το) άρωμα

perhaps /pəˈhæps/ adv ίσως, πιθανόν

peril /ˈperəl/ n (ο) κίνδυνος. **~ous** a επικίνδυνος

perimeter /pəˈrɪmɪtə(r)/ n (η) περίμετρος

period /ˈpɪərɪəd/ n (η) περίοδος. (era) (η) εποχή. (gram: Amer.) (η) τελεία. • a της εποχής. **~ic** /-ˈɒdɪk/ a περιοδικός

periodical /pɪərɪˈɒdɪkl/ n (το) περιοδικό

peripher|y /pəˈrɪfərɪ/ n (η) περιφέρεια. **~al** a περιφερειακός

perish /ˈperɪʃ/ vi χάνομαι. (rot) φθείρομαι

perjur|e /ˈpɜːdʒə(r)/ vr **~e o.s.** ψευδορκώ. **~y** n (η) ψευδορκία

perk /pɜːk/ vt/i **~ up** ζωηρεύω. **~y** a ζωηρός

perm /pɜːm/ n (η) περμανάντ

permanen|t /ˈpɜːmənənt/ a μόνιμος. **~ce** n (η) μονιμότητα. **~tly** adv μόνιμα

permeate /ˈpɜːmɪeɪt/ vt διαπερνώ

permissible /pəˈmɪsəbl/ a επιτρεπτός

permission /pəˈmɪʃn/ n (η) άδεια

permissive /pəˈmɪsɪv/ a ανεκτικός

permit¹ /pəˈmɪt/ vt επιτρέπω

permit² /ˈpɜːmɪt/ n (η) άδεια

perpendicular /pɜːpənˈdɪkjʊlə(r)/ a κάθετος

perpetrat|e /ˈpɜːpɪtreɪt/ vt διαπράττω. **~or** n (ο) δράστης

perpetual /pəˈpetʃʊəl/ a αιώνιος. **~ly** adv αιωνίως

perpetuate /pəˈpetʃʊeɪt/ vt διαιωνίζω

perplex /pə'pleks/ vt σαστίζω.
~**ed** a σαστισμένος

persecut|e /'pɜːsɪkjuːt/ vt
καταδιώκω. ~**ion** /-'kjuːʃn/ n (η)
καταδίωξη

persever|e /pɜːsɪ'vɪə(r)/ vi εμμένω.
~**ance** n (η) εμμονή

persist /pə'sɪst/ vi επιμένω (**in**, σε).
~**ence** n (η) επιμονή. ~**ent** a
έμμονος. (persevering) επίμονος.
~**ently** adv επίμονα

person /'pɜːsn/ n (το) πρόσωπο,
(το) άτομο

personal /'pɜːsənl/ a προσωπικός.
~**ly** adv προσωπικά

personality /pɜːsə'nælətɪ/ n (η)
προσωπικότητα

personify /pə'sɒnɪfaɪ/ vt
προσωποποιώ

personnel /pɜːsə'nel/ n (το)
προσωπικό

perspective /pə'spektɪv/ n (η)
προοπτική

perspire /pəs'paɪə(r)/ vi ιδρώνω

persua|de /pə'sweɪd/ vt πείθω.
~**sion** n (η) πειθώ

persuasive /pə'sweɪsɪv/ a
πειστικός. ~**ly** adv πειστικά

pert /pɜːt/ a αναιδής

pertinent /'pɜːtɪnənt/ a σχετικός,
συναφής

perturb /pə'tɜːb/ vt ταράζω

pervade /pə'veɪd/ vt διεισδύω

perverse /pə'vɜːs/ a
διεστραμμένος. (behaviour)
παράλογος

pervert[1] /pə'vɜːt/ vt διαστρέφω.
(distort) διαστρεβλώνω

pervert[2] /'pɜːvɜːt/ n (ο)
διεστραμμένος

pessimis|t /'pesɪmɪst/ n (ο)
απαισιόδοξος. ~**m** /-zəm/ n (η)
απαισιοδοξία. ~**tic** /-'mɪstɪk/
a απαισιόδοξος

pest /pest/ n (ο) εχθρός (ζώου ή
φυτού). (person) (ο) μπελάς

pester /'pestə(r)/ vt ενοχλώ

pesticide /'pestɪsaɪd/ n (το)
φυτοφάρμακο

pet /pet/ n (το) ζώο (του σπιτιού).
(favourite) (ο) αγαπημένος. • vt
χαϊδεύω

petal /'petl/ n (το) πέταλο

peter /'piːtə(r)/ vi ~ **out** χάνομαι,
σβήνω

petition /pɪ'tɪʃn/ n (η) αίτηση

petrify /'petrɪfaɪ/ vt/i απολιθώνω/
ομαι

petrol /'petrəl/ n (η) βενζίνη. ~
station n (το) πρατήριο βενζίνης.
~ **tank** n (το) ρεζερβουάρ

petroleum /pɪ'trəʊlɪəm/ n (το)
πετρέλαιο

petticoat /'petɪkəʊt/ n (το)
μεσοφόρι

petty /'petɪ/ a τιποτένιος. (mean)
μικροπρεπής. ~ **cash** n (τα)
μετρητά (για μικροέξοδα)

petulant /'petjʊlənt/ a οξύθυμος

pew /pjuː/ n (το) στασίδι

phantom /'fæntəm/ n (το)
φάντασμα

pharmac|y /'fɑːməsɪ/ n (το)
φαρμακείο. ~**ist** n (ο, η)
φαρμακοποιός

phase /feɪz/ n (η) φάση

Ph.D. abbr (Doctor of Philosophy) n
(ο) διδάκτορας

pheasant /'feznt/ n (ο) φασιανός

phenomenon /fɪ'nɒmɪnən/ n
(pl -ena) (το) φαινόμενο

philanthropist /fɪ'lænθrəpɪst/ n (ο)
φιλάνθρωπος

philosoph|y /fɪ'lɒsəfɪ/ n (η)
φιλοσοφία. ~**er** n (ο, η)
φιλόσοφος. ~**ical** /-ə'sɒfɪkl/ a
φιλοσοφικός

phlegm /flem/ n (το) φλέγμα

phobia /'fəʊbɪə/ n (η) φοβία

phone /fəʊn/ n (το) τηλέφωνο.
• vt/i τηλεφωνώ. ~ **back** παίρνω
(στο τηλέφωνο). ~ **card** n (η)
τηλεκάρτα

phonetic /fə'netɪk/ a φωνητικός.
~**s** n (η) φωνητική

phoney /'fəʊnɪ/ (fam) a ψεύτικος.
• n (ο) κάλπης

phosphorus /'fɒsfərəs/ n (ο)
φωσφόρος

photo /'fəʊtəʊ/ n (η) φωτογραφία

photocop|y /'fəʊtəʊkɒpɪ/ n (το)
φωτοαντίγραφο. • vt βγάζω
φωτοαντίγραφο. ~**ier** n (το)
φωτοαντιγραφικό

photogenic /fəʊtəʊ'dʒenɪk/ a
φωτογενής

photograph /'fəʊtəgra:f/ n (η)
φωτογραφία. • vt φωτογραφίζω.
~er /fə'tɒgrəfə(r)/ n (ο, η)
φωτογράφος. **~ic** /-'græfɪk/ a
φωτογραφικός. **~y** /fə'tɒgrəfɪ/ n
(η) φωτογραφία

phrase /freɪz/ n (η) φράση. • vt
εκφράζω. **~-book** n (το)
βιβλιαράκι με φράσεις

physical /'fɪzɪkl/ a φυσικός. **~ly**
adv σωματικά

physician /fɪ'zɪʃn/ n (ο, η) γιατρός

physicist /'fɪzɪsɪst/ n (ο, η)
φυσικός

physics /'fɪzɪks/ n (η) φυσική

physiology /fɪzɪ'ɒlədʒɪ/ n (η)
φυσιολογία

physiotherapy /fɪzɪəʊ'θerəpɪ/ n (η)
φυσιοθεραπεία

physique /fɪ'zi:k/ n (η) σωματική
διάπλαση

pian|o /pɪ'ænəʊ/ n (το) πιάνο. **~ist**
/'pɪənɪst/ n (ο) πιανίστας, (η)
πιανίστρια

pick /pɪk/ vt (choose) διαλέγω.
(flowers etc.) μαζεύω. (lock)
παραβιάζω. (nose) καθαρίζω,
σκαλίζω. • n (best) (το) άνθος.
(tool) (η) ορειβατική σκαπάνη.
~ s.o.'s pocket κλέβω κπ. **~
out** διαλέγω. (identify)
αναγνωρίζω. **~ up** (learn)
μαθαίνω (ευκαιριακά). (habit)
αποκτώ. (passenger) παίρνω.
~-up n (truck) (το) φορτηγάκι
(ανοιχτό πίσω)

pickaxe /'pɪkæks/ n (η) αξίνα

picket /'pɪkɪt/ n (η) πικετοφορία.
• vi περιφρουρώ απεργία

pickle /'pɪkl/ n (το) τουρσί

pickpocket /'pɪkpɒkɪt/ n (ο)
πορτοφολάς

picnic /'pɪknɪk/ n (το) πικνίκ

picture /'pɪktʃə(r)/ n (η) εικόνα.
(painting) (ο) πίνακας.
(photograph) (η) φωτογραφία.
• vt απεικονίζω. (imagine)
φαντάζομαι

picturesque /pɪktʃə'resk/ a
γραφικός

pie /paɪ/ n (η) πίτα

piece /pi:s/ n (το) κομμάτι. (in
game) (το) πιόνι. • vt **~ together**
συνδυάζω. **a ~ of news** μια
είδηση. **~-work** n (η) εργασία
με το κομμάτι. **take to ~s** λύνω

piecemeal /'pi:smi:l/ adv
κομματιαστά

pier /pɪə(r)/ n (η) αποβάθρα

pierc|e /pɪəs/ vt διαπερνώ. **~ing** a
διαπεραστικός

piety /'paɪətɪ/ n (η) ευσέβεια

pig /pɪg/ n (το) γουρούνι.
~-headed a ξεροκέφαλος

pigeon /'pɪdʒɪn/ n (το) περιστέρι.
~-hole n (η) γραμματοθυρίδα

pigment /'pɪgmənt/ n (η)
χρωστική ουσία

pigsty /'pɪgstaɪ/ n (το)
χοιροστάσιο

pigtail /'pɪgteɪl/ n (η) κοτσίδα

pike /paɪk/ n invar (fish) (η) τούρνα

pilchard /'pɪltʃəd/ n (η) σαρδέλα

pile /paɪl/ n (η) στοίβα. • vt
στοιβάζω. • vi **~ up** μαζεύομαι.
~-up n (η) καραμπόλα

piles /paɪlz/ npl (οι) αιμορροΐδες

pilfer /'pɪlfə(r)/ vt/i κλέβω

pilgrim /'pɪlgrɪm/ n (ο)
προσκυνητής, (η) προσκυνήτρια.
~age n (το) προσκύνημα

pill /pɪl/ n (το) χάπι

pillar /'pɪlə(r)/ n (η) κολόνα

pillow /'pɪləʊ/ n (το) μαξιλάρι

pillowcase /'pɪləʊkeɪs/ n (η)
μαξιλαροθήκη

pilot /'paɪlət/ n (aviat) (ο) πιλότος.
(naut) (ο) πλοηγός. • vt πιλοτάρω

pimp /pɪmp/ n (ο) ρουφιάνος

pimple /'pɪmpl/ n (το) σπυράκι

pin /pɪn/ n (η) καρφίτσα. (mech) (η)
περόνη. • vt καρφιτσώνω. (fix)
στερεώνω. (hold down) καρφώνω.
~-point vt εντοπίζω με
ακρίβεια. **~s and needles** (το)
μούδιασμα

pinafore /'pɪnəfɔ:(r)/ n (η) ποδιά.
~ dress n (η) καζάκα

pincers /'pɪnsəz/ npl (η) τανάλια.
(of crab) (η) δαγκάνα

pinch /pɪntʃ/ vt τσιμπώ. • vi (shoe)
σφίγγω. • n (η) τσιμπιά. (small
amount) (η) πρέζα

pincushion /'pɪnkʊʃn/ n (το)
μαξιλαράκι για καρφίτσες

pine /pain/ n (το) πεύκο. • vi ~
away λιώνω. ~ **for** μαραζώνω
για

pineapple /'painæpl/ n (ο) ανανάς

ping-pong /'piŋpɒŋ/ n (το) πινγκ
πονγκ invar

pink /piŋk/ a & n ροζ invar

pinnacle /'pinəkl/ n (ο) κολοφώνας

pint /paint/ n (η) πίντα (= 568 ml)

pioneer /paiə'niə(r)/ n πρωτοπόρος

pious /'paiəs/ a ευσεβής

pip /pip/ n (seed) (το) κουκούτσι

pipe /paip/ n (ο) σωλήνας. (mus)
(ο) αυλός. (for smoking) (η) πίπα.
~-dream (η) χίμαιρα

pipeline /'paiplain/ n (ο) αγωγός.
in the ~ στο στάδιο της
προετοιμασίας

piping /'paipiŋ/ n (οι)
σωληνώσεις. ~ **hot** ζεματιστός

piquant /'pi:kənt/ a πικάντικος

pique /pi:k/ n (η) πίκα

pirate /'paiərət/ n (ο) πειρατής

pirouette /piru'et/ n (η) πιρουέτα.
• vi κάνω πιρουέτες

Pisces /'paisi:z/ n (οι) Ιχθύες

pistachio /pi'stæʃiəu/ n (το)
φιστίκι Αιγίνης

pistol /'pistl/ n (το) πιστόλι

piston /'pistən/ n (το) έμβολο

pit /pit/ n (ο) λάκκος. (mine) (το)
ορυχείο. (theatr) (ο) χώρος για
την ορχήστρα. (of stomach) (η)
κοιλότητα. • vt (mark) σημαδεύω
με σημάδια. ~ **o.s. against** τα
βάζω με

pitch /pitʃ/ vt πετώ. (tent) στήνω.
• vi πέφτω. • n (degree) (ο) βαθμός
κλίσης. (of sound) (το) ύψος. (of
voice) (ο) τόνος. (sport) (το)
γήπεδο. (tar) (η) πίσσα. **~ed**
battle n (η) φοβερή μάχη.
~-black a μαύρος πίσσα

pitcher /'pitʃə(r)/ n (το) κανάτι

pitchfork /'pitʃfɔ:k/ n (το) δικράνι

pitfall /'pitfɔ:l/ n (η) παγίδα

pith /piθ/ n (of orange, lemon) (η)
ψίχα. (fig) (η) ουσία

pithy /'piθi/ a με ουσία

piti|ful /'pitifl/ a αξιοθρήνητος.
~less a άσπλαχνος

pittance /'pitns/ n (η)

εξευτελιστική αμοιβή

pity /'piti/ n (ο) οίκτος. (regret) (το)
κρίμα. • vt λυπάμαι. **take ~ on**
συμπονώ. **what a ~!** τι κρίμα!

pivot /'pivət/ n (ο) άξονας. • vi
περιστρέφομαι

pizza /'pi:tsə/ n (η) πίτσα

placard /'plæka:d/ n (το) πλακάτ
invar

placate /plə'keit/ vt εξευμενίζω

place /pleis/ n (ο) τόπος. (position,
rank, seat) (η) θέση. (in book) (η)
σελίδα. (house) (το) σπίτι. • vt
τοποθετώ. (an order) δίνω.
(remember) θυμάμαι. **all over the**
~ παντού. **be ~d** (in race)
έρχομαι πλασέ. **in the first/**
second ~ πρώτον/δεύτερον.
take ~ λαμβάνω χώραν

placid /'plæsid/ a πράος

plagiar|ize /'pleidʒəraiz/ vt κάνω
λογοκλοπή από. **~ism** n (η)
λογοκλοπία

plague /pleig/ n (η) πανούκλα

plaice /pleis/ n invar (το) γλωσσάκι
(ψάρι)

plain /plein/ a σαφής. (simple)
απλός. (not pretty) όχι όμορφος.
(not patterned) μονόχρωμος. • adv
καθαρά. • n (η) πεδιάδα. **~ly** adv
ξεκάθαρα

plaintiff /'pleintif/ n (η) ενάγων,
(η) ενάγουσα

plaintive /'pleintiv/ a
παραπονετικός

plait /plæt/ vt πλέκω. • n (η)
πλεξίδα

plan /plæn/ n (το) σχέδιο. • vt/i
σχεδιάζω

plane /plein/ a σαφής. (simple)
πλατάνι.
(tool) (η) πλάνη. (level) (το)
επίπεδο. (aeroplane) (το)
αεροπλάνο. • a επίπεδος, ίσιος

planet /'plænit/ n (ο) πλανήτης.
~ary a πλανητικός

plank /plæŋk/ n (η) σανίδα

planning /'plæniŋ/ n (ο)
προγραμματισμός

plant /pla:nt/ n (το) φυτό. (factory)
(το) εργοστάσιο. • vt φυτεύω.
(place in position) τοποθετώ

plantation /plæn'teiʃn/ n (η)
φυτεία

plaque /plɑːk/ n (η) πλακέτα

plasma /'plæzmə/ n (το) πλάσμα

plaster /'plɑːstə(r)/ n (for walls) (ο) σοβάς. (adhesive) (ο) λευκοπλάστης, Cy. (το) τσιρότο

plastic /'plæstɪk/ a πλαστικός. • n (το) πλαστικό

Plasticine /'plæstɪsiːn/ n (P) (η) πλαστελίνη, Cy. (η) πλαστισίνη

plate /pleɪt/ n (το) πιάτο. (of metal) (το) έλασμα. (in book) (η) εικόνα

plateau /'plætəʊ/ n (το) οροπέδιο

platform /'plætfɔːm/ n (η) εξέδρα. (rail) (η) αποβάθρα

platinum /'plætɪnəm/ n (ο) λευκόχρυσος, (η) πλατίνα

platonic /plə'tɒnɪk/ a πλατωνικός

platoon /plə'tuːn/ n (η) διμοιρία

plausible /'plɔːzəbl/ a εύλογος

play /pleɪ/ vt/i παίζω. • n (το) παιχνίδι. (theatr) (το) θεατρικό έργο. (free movement) (ο) τζόγος. **~ around** σαχλαμαρίζω. **~-group** n (το) νηπιαγωγείο. **~ on words** n (το) λογοπαίγνιο. **~er** n (ο) παίκτης, (η) παίκτρια

playful /'pleɪfl/ a παιχνιδιάρικος

playground /'pleɪɡraʊnd/ n (η) αυλή (σχολείου)

playing /'pleɪɪŋ/ n **~-card** n (το) τραπουλόχαρτο. **~-field** n (το) γήπεδο

playmate /'pleɪmeɪt/ n (ο) συμπαίκτης, (η) συμπαίκτρια

plaything /'pleɪθɪŋ/ n (το) παιχνιδάκι

playwright /'pleɪraɪt/ n (ο, η) θεατρικός συγγραφέας

plea /pliː/ n (η) έκκληση. (excuse) (η) δικαιολογία

plead /pliːd/ vi **~ with s.o.** κάνω έκκληση σε κπ, παρακαλώ κπ. • vt (as excuse) επικαλούμαι. **~ guilty/not guilty** ομολογώ/ αρνούμαι ενοχή

pleasant /'pleznt/ a ευχάριστος

pleas|e /pliːz/ vt ευχαριστώ. • vi θέλω. • adv παρακαλώ. **do as you ~e** κάνε ό, τι θέλεις. **~e o.s.** κάνω το κέφι μου. **~ed** a ευχαριστημένος (with, με). **~ing** a ευχάριστος

pleasur|e /'pleʒə(r)/ n (η)

ευχαρίστηση. **~able** a ευχάριστος

pleat /pliːt/ n (η) πιέτα

pledge /pledʒ/ n (το) ενέχυρο. (promise) (η) υπόσχεση. • vt υπόσχομαι

plentiful /'plentɪfl/ a άφθονος

plenty /'plentɪ/ n (η) αφθονία. **~ (of)** άφθονος

pliable /'plaɪəbl/ a εύπλαστος

pliers /'plaɪəz/ npl (η) πένσα

plight /plaɪt/ n (η) δύσκολη κατάσταση

plimsolls /'plɪmsəlz/ npl (τα) πάνινα παπούτσια

plinth /plɪnθ/ n (η) βάση

plod /plɒd/ vi περπατώ βαριά. **~der** n (ο) σταθερός δουλευτής

plot /plɒt/ n (η) συνωμοσία. (of novel etc.) (η) υπόθεση. (of land) (το) οικόπεδο. • vt/i συνωμοτώ

plough /plaʊ/ n (το) αλέτρι. • vt οργώνω

ploy /plɔɪ/ n (fam) (το) κόλπο

pluck /plʌk/ vt (eyebrows) βγάζω. (bird) μαδώ. • n (το) κουράγιο. **~ up courage** βρίσκω κουράγιο

plug /plʌɡ/ n (η) τάπα (νιπτήρα κλπ). (electr) (η) πρίζα. • vt βουλώνω. (advertise: fam) ρεκλαμάρω. **~ in** (electr) βάζω στην πρίζα

plum /plʌm/ n (fruit) (το) δαμάσκηνο

plumage /'pluːmɪdʒ/ n (το) φτέρωμα

plumb /plʌm/ a κάθετος. • n (το) βαρίδι. • adv ακριβώς. • vt σταθμίζω

plumb|er /'plʌmə(r)/ n (ο) υδραυλικός. **~ing** n (η) υδραυλική εγκατάσταση

plume /pluːm/ n (το) λοφίο

plump /plʌmp/ a παχουλός

plunder /'plʌndə(r)/ n (η) διαρπαγή. • vt διαρπάζω

plunge /plʌndʒ/ vt/i βυθίζω/ομαι. • n (η) βουτιά

plural /'plʊərəl/ a πληθυντικός. • n (ο) πληθυντικός

plus /plʌs/ prep συν. • a θετικός. • n (το) συν invar

plutonium /pluːˈtəʊnjəm/ n (το) πλουτόνιο

ply /plaɪ/ n (of thread) (ο) κλώνος. (layer) (το) φύλλο. • vt (tool) δουλεύω. (trade) εξασκώ. • vi (ship) ταξιδεύω

plywood /ˈplaɪwʊd/ n (το) κοντραπλακέ invar

p.m. adv μ.μ.

pneumatic /njuːˈmætɪk/ a (drill etc.) που λειτουργεί με αέρα

pneumonia /njuːˈməʊnjə/ n (η) πνευμονία

poach /pəʊtʃ/ vt λαθροθηρώ. ~ed egg αυγό ποσέ. ~er n (ο) λαθροθήρας

pocket /ˈpɒkɪt/ n (η) τσέπη. (of air) (το) κενό. • vt τσεπώνω. be out of ~ χάνω χρήματα. ~-book n (το) σημειωματάριο. (purse: Amer) (το) τσαντάκι. ~ money n (το) χαρτζιλίκι

pod /pɒd/ n (ο) λοβός

podgy /ˈpɒdʒɪ/ a κοντόχοντρος

poem /ˈpəʊɪm/ n (το) ποίημα

poet /ˈpəʊɪt/ n (η) ποιητής, (η) ποιήτρια. ~ic(al) /-ˈetɪk(l)/ a ποιητικός

poetry /ˈpəʊɪtrɪ/ n (η) ποίηση

poignant /ˈpɔɪnjənt/ a δηκτικός

point /pɔɪnt/ n (το) σημείο. (sharp end) (η) αιχμή. (meaning) (το) νόημα. (electr) (η) υποδοχή, (η) πρίζα. ~s (rail) (η) τροχιά. • vt/i δείχνω. be on the ~ of doing είμαι σχεδόν έτοιμος να κάνω. ~ at or to δείχνω. ~-blank a & adv εξ επαφής. ~ of view (η) άποψη. ~ out υποδεικνύω. to the ~ συναφής. up to a ~ έως ένα σημείο. what is the ~? ποιο σκοπό εξυπηρετεί;

pointed /ˈpɔɪntɪd/ a μυτερός

pointless /ˈpɔɪntlɪs/ a άσκοπος

poise /pɔɪz/ n (η) ισορροπία. (fig) (η) στάση. ~d a ισορροπημένος. (ready) έτοιμος

poison /ˈpɔɪzn/ n (το) δηλητήριο. • vt δηλητηριάζω. ~ous a δηλητηριώδης

poke /pəʊk/ vt σπρώχνω. (fire) σκαλίζω. (thrust) βάζω. (pry) χώνω. • n (το) σπρώξιμο. ~

around σκαλίζω. ~ fun at κοροϊδεύω

poker /ˈpəʊkə(r)/ n (for fire) (η) τσιμπίδα. (cards) (το) πόκερ invar

Poland /ˈpəʊlənd/ n (η) Πολωνία

polar /ˈpəʊlə(r)/ a πολικός. ~ bear n (η) πολική άρκτος

polarize /ˈpəʊləraɪz/ vt πολώνω

pole /pəʊl/ n (το) κοντάρι. (geog) (ο) Πόλος. ~-star n (ο) πολικός αστέρας

police /pəˈliːs/ n (η) αστυνομία. • vt αστυνομεύω. ~ force n (η) αστυνομική δύναμη. ~ station n (το) αστυνομικό τμήμα

police|man /pəˈliːsmən/ n (ο) αστυνομικός. ~woman n (η) αστυνομικίνα

policy /ˈpɒlɪsɪ/ n (η) πολιτική. (insurance) (το) αβφαλιβτίριο

polio /ˈpəʊlɪəʊ/ n (η) πολιομυελίτιδα

polish /ˈpɒlɪʃ/ n (το) γυάλισμα. (substance) (το) γυαλιστικό. (fig) (η) φινέτσα. • vt γυαλίζω. ~ off τελειώνω. (a plate) καθαρίζω. ~ed a γυαλισμένος. (manner) λεπτός

Polish /ˈpəʊlɪʃ/ a πολωνικός. • n (lang) (τα) πολωνικά

polite /pəˈlaɪt/ a ευγενικός

political /pəˈlɪtɪkl/ a πολιτικός

politician /pɒlɪˈtɪʃn/ n (ο, η) πολιτικός

politics /ˈpɒlətɪks/ n (τα) πολιτικά

polka /ˈpɒlkə/ n (η) πόλκα. ~ dots (οι) βούλες

poll /pəʊl/ n (η) ψηφοφορία. • vt ζητώ τη γνώμη (with gen.). (receive votes) συγκεντρώνω. opinion ~ (η) δημοσκόπηση. ~ing-booth n (το) εκλογικό παραβάν invar

pollen /ˈpɒlən/ n (η) γύρη

pollut|e /pəluːt/ vt ρυπαίνω. ~ion /-ʃn/ n (η) ρύπανση

polo /ˈpəʊləʊ/ n (το) πόλο

polyester /pɒlɪˈestə(r)/ n (ο) πολυεστέρας

polystyrene /pɒlɪˈstaɪriːn/ n (το) πολυστυρόλιο

polytechnic /pɒlɪˈteknɪk/ n (το) πολυτεχνείο

polythene /'pɒliθiːn/ n (το) πολυαιθυλένιο. **~ bag** n (η) πλαστική σακούλα

pomegranate /'pɒmɪgrænɪt/ n (το) ρόδι

pomp /pɒmp/ n (η) επίδειξη

pompon /'pɒmpɒn/ n (το) πομπόν *invar*

pompous /'pɒmpəs/ a πομπώδης

pond /pɒnd/ n (η) λιμνούλα

ponder /'pɒndə(r)/ vt/i συλλογίζομαι

pony /'pəʊnɪ/ n (το) πόνεϊ *invar*. **~-tail** n (η) αλογοουρά

poodle /'puːdl/ n (το) κανίς *invar*

pool /puːl/ n (η) λιμνούλα. (*of blood*) (η) λίμνη. (*for swimming*) (η) πισίνα. (*fund*) (το) κοινό ταμείο. (*game*) (το) μπιλιάρδο. **~s** npl (το) προ-πο vt συνενώνω

poor /pʊə(r)/ a φτωχός. (*unfortunate*) καημένος. (*not good*) κακός. **~ly** a αδιάθετος. • adv άσχημα

pop /pɒp/ n (*noise*) ξηρός ήχος. **~ (music)** (η) μουσική ποπ. • vt (*balloon*) τρυπώ. (*put: fam*) βάζω. • vi πετιέμαι. **~ in** μπαίνω γρήγορα. **~ out** πετάγομαι έξω

popcorn /'pɒpkɔːn/ n (το) καβουρντισμένο καλαμπόκι

pope /pəʊp/ n (ο) πάπας

poplar /'pɒplə(r)/ n (η) λεύκα

poppy /'pɒpɪ/ n (η) παπαρούνα

popular /'pɒpjʊlə(r)/ a δημοφιλής. **~ity** /-'lærətɪ/ n (η) δημοτικότητα. **~ize** vt εκλαϊκεύω

populat|e /'pɒpjʊleɪt/ vt οικίζω. **~ion** /-'leɪʃn/ n (ο) πληθυσμός

porcelain /'pɔːsəlɪn/ n (η) πορσελάνη

porch /pɔːtʃ/ n (η) στεγασμένη είσοδος

porcupine /'pɔːkjʊpaɪn/ n (ο) ύστριγξ

pore /pɔː(r)/ n (ο) πόρος. • vi **~ over** μελετώ προσεχτικά

pork /pɔːk/ n (το) χοιρινό κρέας

pornograph|y /pɔː'nɒgrəfɪ/ n (η) πορνογραφία. **~ic** /-ə'græfɪk/ a πορνογραφικός

porous /'pɔːrəs/ a πορώδης

porpoise /'pɔːpəs/ n (η) φώκαινα

port /pɔːt/ n (το) λιμάνι. (*wine*) (το) πορτό. • a (*left: naut*) αριστερός. • n (η) αριστερή πλευρά (*πλοίου*)

portable /'pɔːtəbl/ a φορητός

porter /'pɔːtə(r)/ n (ο) θυρωρός. (*for luggage*) (ο) αχθοφόρος

portfolio /pɔːt'fəʊljəʊ/ n (το) χαρτοφυλάκιο

porthole /'pɔːthəʊl/ n (το) φινιστρίνι

portion /'pɔːʃn/ n (το) μερίδιο. (*of food*) (η) μερίδα

portrait /'pɔːtrɪt/ n (το) πορτρέτο

portray /pɔː'treɪ/ vt απεικονίζω. (*describe*) περιγράφω. **~al** n (η) απεικόνιση, (η) περιγραφή

Portugal /'pɔːtjʊgl/ n (η) Πορτογαλία

pose /pəʊz/ n (η) πόζα. • vt (*problem*) δημιουργώ. (*question*) θέτω. • vi ποζάρω. **~ as** παριστάνω

posh /pɒʃ/ a (*fam*) ανώτερης τάξης

position /pə'zɪʃn/ n (η) θέση. • vt τοποθετώ

positive /'pɒzətɪv/ a θετικός. (*real*) πραγματικός. (*certain*) κατηγορηματικός. • n (*photo*) (το) θετικό

possess /pə'zes/ vt κατέχω. **~or** n (ο) κάτοχος

possession /pə'zeʃn/ n (η) κατοχή. **~s** (τα) υπάρχοντα

possessive /pə'zesɪv/ a ζηλότυπος. (*gram*) κτητικός

possib|le /'pɒsəbl/ a δυνατός. **~ility** /-'bɪlətɪ/ n (η) δυνατότητα, (η) πιθανότητα. **~ly** adv πιθανόν

post /pəʊst/ n (*pole*) (ο) πάσσαλος. (*place*) (η) θέση. (*mail*) (το) ταχυδρομείο. • vt ταχυδρομώ. **by ~** ταχυδρομικώς. **keep s.o. ~ed** κρατώ κπ ενήμερο. **~-box** n (το) ταχυδρομικό κουτί. **~-code** n (ο) ταχυδρομικός κωδικός. **P~ Office, PO** n (το) ταχυδρομείο

post- /pəʊst/ pref μετά-

postal /'pəʊstl/ a ταχυδρομικός. **~ order** n (η) ταχυδρομική επιταγή

postcard /'pəʊstkaːd/ n (η) καρτ ποστάλ *invar*

poster /'pəʊstə(r)/ n (η) αφίσα

posterity /pɒsˈterətɪ/ n (οι) μέλλουσες γενεές

postgraduate /pəʊstˈgrædjʊət/ n (ο) μεταπτυχιακός σπουδαστής

posthumous /'pɒstjʊməs/ a μεταθανάτιος

postman /'pəʊstmən/ n (ο) ταχυδρόμος

postmark /'pəʊstmɑːk/ n (η) ταχυδρομική σφραγίδα

post-mortem /'pəʊstmɔːtəm/ n (η) νεκροψία

postpone /pəʊstˈpəʊn/ vt αναβάλλω

postscript /'pəʊstskrɪpt/ n (το) υστερόγραφο

posture /'pɒstʃə(r)/ n (η) στάση.
• vi παίρνω πόζα

post-war /'pəʊstwɔː(r)/ a μεταπολεμικός

posy /'pəʊzɪ/ n (το) μπουκετάκι

pot /pɒt/ n (jar) (το) δοχείο. (for cooking) (η) χύτρα. (for tea) (η) τσαγιέρα. (for coffee) (η) καφετιέρα. (for plant) (η) γλάστρα. • vt βάζω (φυτό) σε γλάστρα. **~ plant** n (το) φυτό σε γλάστρα

potassium /pəˈtæsjəm/ n (το) κάλιο

potato /pəˈteɪtəʊ/ n (η) πατάτα

potent /'pəʊtnt/ a δραστικός

potential /pəʊˈtenʃl/ a δυνητικός.
• n (η) δυνητικότητα. **~ly** adv δυνητικά

pothole /'pɒthəʊl/ n (in road) (η) λακκούβα. (in rock) (η) τρύπα

potion /'pəʊʃn/ n (το) φίλτρο

potter /'pɒtə(r)/ n (ο) αγγειοπλάστης. • vi ασχολούμαι με μικροδουλειές

pottery /'pɒtərɪ/ n (η) αγγειοπλαστική

potty /'pɒtɪ/ n (το) γιογιό (για μωρά)

pouch /paʊtʃ/ n (η) σακούλα

poultry /'pəʊltrɪ/ n (τα) πουλερικά

pounce /paʊns/ vi **~ on** πηδώ πάνω σε. • n (το) πήδημα

pound /paʊnd/ n (weight) (η) λίβρα (= 0.454 κ). (money) (η) λίρα. • vt κοπανίζω. vi (heart) χτυπώ δυνατά

pour /pɔː(r)/ vt σερβίρω. • vi κυλώ. **it's ~ing down** κάνει κατακλυσμό

pout /paʊt/ vi κατσουφιάζω. • n (το) κατσούφιασμα

poverty /'pɒvətɪ/ n (η) φτώχια

powder /'paʊdə(r)/ n (η) σκόνη. (cosmetic) (η) πούδρα.
• vt κονιοποιώ. (face) πουδράρω

power /'paʊə(r)/ n (η) δύναμη. (electr) (of engine) (η) ισχύς. **in ~** στην εξουσία. **~ cut** n (η) διακοπή στην παροχή ρεύματος. **~ful** a ισχυρός. **~less** a ανίσχυρος

practical /'præktɪkl/ a πρακτικός. (virtual) πραγματικός. **~ joke** (η) φάρσα. **~ly** adv πρακτικά. (almost) σχεδόν

practice /'præktɪs/ n (η) πρακτική. (exercise) (η) άσκηση. (sport) (η) εξάσκηση. (custom) (η) συνήθεια. (of doctor) (η) πελατεία

practise /'præktɪs/ vt/i εξασκώ/ ούμαι. (sport) γυμνάζομαι. (carry out) εφαρμόζω

practitioner /prækˈtɪʃənə(r)/ n (ο, η) επαγγελματίας. **general ~** n (ο, η) γιατρός παθολόγος

pragmatic /prægˈmætɪk/ a πραγματιστικός

praise /preɪz/ vt επαινώ. • n (ο) έπαινος

pram /præm/ n (το) καροτσάκι (για μωρά)

prance /prɑːns/ vi χοροπηδώ

prank /præŋk/ n (η) φάρσα

prattle /prætl/ vi φλυαρώ

prawn /prɔːn/ n (η) γαρίδα

pray /preɪ/ vt/i προσεύχομαι

prayer /preə(r)/ n (η) προσευχή

pre- /priː/ pref προ-

preach /priːtʃ/ vt/i κηρύσσω. **~er** n (ο) ιεροκήρυκας

preamble /priːˈæmbl/ n (το) προοίμιο

prearrange /priːəˈreɪndʒ/ vt κανονίζω εκ των προτέρων

precarious /prɪˈkeərɪəs/ a επισφαλής

precaution /prɪ'kɔːʃn/ n (η) προφύλαξη

preced|e /prɪ'siːd/ vt προηγούμαι. **~ing** a προηγούμενος

preceden|ce /'presɪdəns/ n (η) προτεραιότητα. **~t** n (το) προηγούμενο

precept /'priːsept/ n (ο) κανόνας

precinct /'priːsɪŋkt/ n (ο) περίβολος. (district: Amer) (η) περιοχή

precious /'preʃəs/ a πολύτιμος

precipice /'presɪpɪs/ n (ο) γκρεμός

precise /prɪ'saɪs/ a ακριβής. **~ly** adv ακριβώς

preclude /prɪ'kluːd/ vt αποκλείω

precocious /prɪ'kəʊʃəs/ a πρόωρος

preconceived /priːkən'siːvd/ a προκατειλημμένος

precursor /priː'kɜːsə(r)/ n (ο) πρόδρομος

predator /'predətə(r)/ n (το) αρπακτικό ζώο

predecessor /'priːdɪsesə(r)/ n (ο) προκάτοχος

predicament /prɪ'dɪkəmənt/ n (η) δύσκολη θέση

predict /prɪ'dɪkt/ vt προβλέπω. **~able** a προβλέψιμος. **~ion** /-ʃn/ n (η) πρόβλεψη

predomin|ate /prɪ'dɒmɪneɪt/ vi επικρατώ. **~ant** a επικρατέστερος. **~antly** adv επικρατέστερα

pre-eminent /priː'emɪnənt/ a διαπρεπής

pre-empt /priː'empt/ vt προλαβαίνω

preen /priːn/ vt καθαρίζω τα φτερά. **~ o.s.** καμαρώνω

prefab /'priːfæb/ n (fam) (το) λυόμενο σπίτι. **~ricated** /-'fæbrɪkeɪtɪd/ a προκατασκευασμένος

preface /'prefɪs/ n (ο) πρόλογος

prefect /'priːfekt/ n (schol) (ο) επιμελητής, (η) επιμελήτρια. (official) (ο) νομάρχης

prefer /prɪ'fɜː(r)/ vt προτιμώ. **~able** /'prefrəbl/ a προτιμητέος

preferen|ce /'prefrəns/ n (η)

προτίμηση. **~tial** /-ə'renʃl/ a προνομιακός

prefix /'priːfɪks/ n (το) πρόθεμα

pregnan|t /'pregnənt/ a έγκυος. **~cy** n (η) εγκυμοσύνη

prehistoric /priːhɪ'stɒrɪk/ a προϊστορικός

prejudice /'predʒudɪs/ n (η) προκατάληψη. (harm) (η) ζημία. • vt προδιαθέτω. **~d** a προκατειλημμένος

preliminary /prɪ'lɪmɪnərɪ/ a προκαταρκτικός

prelude /'preljuːd/ n (το) προοίμιο. (mus) (το) πρελούντιο

premature /'premətjʊə(r)/ a πρόωρος

premeditated /priː'medɪteɪtɪd/ a (crime) εκ προμελέτης

premier /'premɪə(r)/ a πρώτος. • n (pol) (ο) πρωθυπουργός

première /'premɪə(r)/ n (η) πρεμιέρα

premises /'premɪsɪz/ npl (το) ακίνητο. **on the ~** μέσα στο κτίριο

premium /'priːmɪəm/ n (insurance) (το) ασφάλιστρο

premonition /priːmə'nɪʃn/ n (η) προαίσθηση

preoccupied /priː'ɒkjʊpaɪd/ a συλλογισμένος

preparation /prepə'reɪʃn/ n (η) προετοιμασία

preparatory /prɪ'pærətrɪ/ a προπαρασκευαστικός

prepare /prɪ'peə(r)/ vt/i ετοιμάζω. **~d to** έτοιμος να

preposition /prepə'zɪʃn/ n (η) πρόθεση

preposterous /prɪ'pɒstərəs/ a τερατώδης

prerequisite /priː'rekwɪzɪt/ n (η) προϋπόθεση

prerogative /prɪ'rɒgətɪv/ n (το) προνόμιο

Presbyterian /prezbɪ'tɪərɪən/ a & n πρεσβυτεριανός

prescri|be /prɪ'skraɪb/ vt καθορίζω. **~ption** /-'ɪpʃn/ n (med) (η) συνταγή

presence /'prezns/ n (η) παρουσία

present¹ /'preznt/ *a* παρών. • *n* (το) παρόν. **at ~** τώρα

present² /'preznt/ *n* (το) δώρο

present³ /prɪ'zent/ *vt* παρουσιάζω. (*film etc.*) ανεβάζω. **~able** *a* παρουσιάσιμος. **~ation** / prezn'teɪʃn/ *n* (η) παρουσίαση. **~er** *n* (ο) εκφωνητής, (η) εκφωνήτρια

presently /'prezntlɪ/ *adv* σε λίγο. (*now*) αμέσως

preservative /prɪ'zɜːvətɪv/ *n* (το) συντηρητικό

preserve /prɪ'zɜːv/ *vt* συντηρώ. (*maintain, culin*) διατηρώ. • *n* (*jam*) είδος μαρμελάδας. (*fig*) (ο) τομέας ειδικού ενδιαφέροντος

preside /prɪ'zaɪd/ *vi* προεδρεύω

president /'prezɪdənt/ *n* (ο, η) πρόεδρος

press /pres/ *vt* πιέζω, πατώ. (*squeeze*) στίβω. (*urge*) πιέζω. (*iron*) σιδερώνω. • *n* (*mech*) (το) πιεστήριο. (*printing*) (το) τυπογραφείο. (*newspapers*) (ο) τύπος. **~-stud** *n* (η) σούστα

pressing /'presɪŋ/ *a* πιεστικός

pressure /'preʃə(r)/ *n* (η) πίεση. • *vt* πιέζω. **~-cooker** *n* (η) χύτρα ταχύτητας

pressurize /'preʃəraɪz/ *vt* πιέζω

prestige /pre'stiːʒ/ *n* (το) γόητρο

prestigious /pre'stɪdʒəs/ *a* που δίνει γόητρο

presumably /prɪ'zjuːməblɪ/ *adv* ενδεχομένως

presum|e /prɪ'zjuːm/ *vt/i* υποθέτω **~e to** τολμώ **~ption** /-'zʌmpʃn/ *n* (η) υπόθεση. (*cheek*) (η) τόλμη

presumptuous /prɪ'zʌmptʃʊəs/ *a* τολμηρός

presuppose /priːsə'pəʊz/ *vt* προϋποθέτω

pretence /prɪ'tens/ *n* (η) προσποίηση. (*pretext*) (το) πρόσχημα

pretend /prɪ'tend/ *vt/i* προσποιούμαι (**to do**, πως κάνω)

pretentious /prɪ'tenʃəs/ *a* επιδεικτικός

pretext /'priːtekst/ *n* (η) πρόφαση

pretty /'prɪtɪ/ *a* (**-ier, -iest**) όμορφος. • *adv* αρκετά

prevail /prɪ'veɪl/ *vi* υπερισχύω. (*win*) επικρατώ. **~ (up)on** καταφέρνω

prevalent /'prevələnt/ *a* διαδεδομένος

prevent /prɪ'vent/ *vt* εμποδίζω (**from**, να). **~ion** /-ʃn/ *n* (η) πρόληψη. **~ive** *a* προληπτικός

preview /'priːvjuː/ *n* (η) ιδιωτική προβολή

previous /'priːvɪəs/ *a* προηγούμενος. **~ to** πριν από. **~ly** *adv* προηγουμένως

pre-war /priː'wɔː(r)/ *a* προπολεμικός

prey /preɪ/ *n* (η) λεία. • *vi* **~ on** κυνηγώ. (*worry*) βασανίζω

price /praɪs/ *n* (η) τιμή. • *vt* ορίζω την τιμή. **~-list** *n* (ο) τιμοκατάλογος. **~less** *a* ανεκτίμητος

prick /prɪk/ *vt/i* τσιμπώ. • *n* (το) τσίμπημα

prickl|e /'prɪkl/ *n* (το) αγκάθι. (*sensation*) (το) μυρμήγκιασμα. **~y** *a* αγκαθωτός. (*person*) ευέξαπτος

pride /praɪd/ *n* (η) περηφάνια *vt* **~ o.s. on** περηφανεύομαι για

priest /priːst/ *n* (ο) ιερέας, (*fam*) (ο) παπάς

prig /prɪg/ *n* (ο) σεμνότυφος

prim /prɪm/ *a* επιτηδευμένος

primar|y /'praɪmərɪ/ *a* πρωταρχικός. (*chief*) κύριος. **~y school** *n* (το) δημοτικό (σχολείο). **~ily** *adv* κυρίως

prime /praɪm/ *a* πρώτος. (*first-rate*) εκλεκτός. • *vt* (*gun*) γεμίζω. (*surface*) ασταρώνω. (*prepare*) ετοιμάζω. **in one's ~** στο άνθος της ηλικίας. **P~ Minister** *n* (ο) πρωθυπουργός

primeval /praɪ'miːvl/ *a* αρχέγονος

primitive /'prɪmɪtɪv/ *a* πρωτόγονος

primrose /'prɪmrəʊz/ *n* (η) πρίμουλα

prince /prɪns/ *n* (ο) πρίγκιπας

princess /prɪn'ses/ *n* (η) πριγκίπισσα

principal /'prɪnsəpl/ *a* κύριος. • *n* (*schol*) (ο) διευθυντής, (η) διευθύντρια. **~ly** *adv* κυρίως

principle /'prɪnsəpl/ n (η) αρχή. **in ~ κατ' αρχήν**

print /prɪnt/ vt (εκ)τυπώνω. (write) γράφω με κεφαλαία γράμματα. • n (letters) (τα) στοιχεία. (fabric) (το) εμπριμέ invar. (picture) (η) γκραβούρα. (photograph) (η) φωτογραφία. (impression) (το) αποτύπωμα. **~ed matter** (το) έντυπ κλειστό

print|er /'prɪntə(r)/ n (person) (ο, η) τυπογράφος. (machine) (ο) εκτυπωτής. **~ing** n (η) εκτύπωση

prior[1] /'praɪə(r)/ a προηγούμενος. **~ to** πριν από

prior[2] /'praɪə(r)/ n (η) ηγούμενος. **~y** n (το) κοινόβιο

priority /praɪ'ɒrɪtɪ/ n (η) προτεραιότητα

prise /praɪz/ vt **~ open** ανοίγω με δυσκολία

prism /'prɪzəm/ n (το) πρίσμα

prison /'prɪzn/ n (η) φυλακή. **~er** n (ο) φυλακισμένος

pristine /'prɪstiːn/ a αρχικός. (unspoilt) αγνός

privacy /'prɪvəsɪ/ n (το) ιδιωτικό περιβάλλον

private /'praɪvɪt/ a ιδιωτικός. (confidential) εμπιστευτικός. • n (ο) απλός στρατιώτης. **in ~** ιδιαιτέρως. **~ly** adv ιδιαιτέρως.

privation /praɪ'veɪʃn/ n (η) στέρηση

privilege /'prɪvəlɪdʒ/ n (το) προνόμιο. **~d** a προνομιούχος

prize /praɪz/ n (το) βραβείο. • a (prize-winning) βραβευμένος. (excellent) περίφημος. (idiot etc.) μεγάλος. • vt θεωρώ πολύτιμο. **~-giving** n (η) απονομή βραβείων. **~-winner** n (ο) βραβευθής

pro /prəʊ/ n **the ~s and cons** τα υπέρ και τα κατά

pro- /prəʊ/ pref προ-

probab|le /'prɒbəbl/ a πιθανός. **~ility** /-'bɪlətɪ/ n (η) πιθανότητα. **~ly** adv πιθανώς

probation /prə'beɪʃn/ n (η) επίβλεψη. (jur) (η) επιτήρηση. **on ~** υπό δοκιμή

probe /prəʊb/ n (med) (η) μήλη.

(fig) (η) έρευνα. • vt ερευνώ. • vi **~ into** διερευνώ

problem /'prɒbləm/ n (το) πρόβλημα. **~atic** /-'mætɪk/ a προβληματικός

procedure /prə'siːdʒə(r)/ n (η) διαδικασία

proceed /prə'siːd/ vi προχωρώ. **~ with** συνεχίζω (με)

proceedings /prə'siːdɪŋz/ npl (actions, events) (οι) εργασίες. (report) (οι) συζητήσεις. (jur) (η) δικαστική ενέργεια

proceeds /'prəʊsiːdz/ npl (οι) εισπράξεις

process /'prəʊses/ n (η) διαδικασία. (jur) (η) κλήση. • vt επεξεργάζομαι. (photo) εμφανίζω

procession /prə'seʃn/ n (η) πομπή

proclaim /prə'kleɪm/ vt διακηρύσσω

procure /prə'kjʊə(r)/ vt προμηθεύομαι

prod /prɒd/ vt/i σκουντώ. (fig) παρακινώ. • n (το) σκούντημα, (η) παρακίνηση

prodigal /'prɒdɪgl/ a άσωτος

prodigious /prə'dɪdʒəs/ a τεράστιος

prodigy /'prɒdɪdʒɪ/ n (το) θαύμα

produc|e[1] /prə'djuːs/ vt παράγω. (bring out) παρουσιάζω. (show) δείχνω. (theatr) ανεβάζω. (cause) φέρνω. (manufacture) κατασκευάζω. **~er** n (ο) παραγωγός. **~tion** /-'dʌkʃn/ n (η) παραγωγή. **~ line** n (η) γραμμή παραγωγής

produce[2] /'prɒdjuːs/ n (το) προϊόν

product /'prɒdʌkt/ n (το) προϊόν

productiv|e /prə'dʌktɪv/ a παραγωγικός. **~ity** /prɒdʌk'tɪvə tɪ/ n (η) παραγωγικότητα

profess /prə'fes/ vt ομολογώ. (pretend) προσποιούμαι

profession /prə'feʃn/ n (το) επάγγελμα. **~al** a επαγγελματικός. • n (ο, η) επαγγελματίας

professor /prə'fesə(r)/ n (ο) καθηγητής (πανεπιστημίου)

proficien|t /prə'fɪʃnt/ a επαρκής.

~**cy** n (η) επάρκεια

profile /'prəʊfaɪl/ n (το) προφίλ invar. (character study) (η) σύντομη βιογραφία

profit /'prɒfɪt/ n (το) κέρδος. • vi κερδίζω. ~ **from** επωφελούμαι από. ~**able** a επικερδής

profound /prə'faʊnd/ a βαθύς

profuse /prə'fju:s/ a άφθονος

program /'prəʊgræm/ n (το) πρόγραμμα. • vt προγραμματίζω

programme /'prəʊgræm/ n (το) πρόγραμμα

progress[1] /'prəʊgres/ n (η) πρόοδος. **in** ~ σε εξέλιξη. **make** ~ κάνω πρόοδο

progress[2] /prə'gres/ vi προοδεύω

progressive /prə'gresɪv/ a προοδευτικός

prohibit /prə'hɪbɪt/ vt απαγορεύω (**from**, να). ~**ive** /-bətɪv/ a απαγορευτικός

project[1] /prə'dʒekt/ vt προβάλλω. • vi (stick out) προεξέχω. ~**ion** /-kʃn/ n (η) προεξοχή. (forecast) (η) πρόβλεψη

project[2] /'prɒdʒekt/ n (το) σχέδιο. (technical) (το) έργο

projectile /prə'dʒektaɪl/ n (το) βλήμα

projector /prə'dʒektə(r)/ n (o) προβολέας

proletariat /prəʊlɪ'teərɪət/ n (το) προλεταριάτο

proliferate /prə'lɪfəreɪt/ vi πολλαπλασιάζομαι

prolific /prə'lɪfɪk/ a γόνιμος

prologue /'prəʊlɒg/ n (o) πρόλογος

prolong /prə'lɒŋ/ vt παρατείνω

promenade /prɒmə'nɑːd/ n (o) περίπατος (σε δημόσιο χώρο)

prominent /'prɒmɪnənt/ a (important) διακεκριμένος. (conspicuous) περίβλεπτος. (projecting) προεξέχων

promiscuous /prə'mɪskjʊəs/ a έκλυτος

promis|e /'prɒmɪs/ n (η) υπόσχεση. • vt/i υπόσχομαι. ~**ing** a με υποσχέσεις

promot|e /prə'məʊt/ vt (person)

προάγω. (product) προωθώ. ~**ion** /-'məʊʃn/ n (η) προαγωγή, (η) προώθηση

prompt /prɒmpt/ a ταχύς. (punctual) ακριβής. • adv ακριβώς. • vt παρακινώ. (theatr) υποβάλλω. ~**ly** adv αμέσως

prone /prəʊn/ a πρηνής. **be** ~ **to** έχω την τάση να

prong /prɒŋ/ n (το) δόντι

pronoun /'prəʊnaʊn/ n (η) αντωνυμία

pronounce /prə'naʊns/ vt προφέρω. (declare) κηρύσσω

pronounced /prə'naʊnst/ a έντονος. (noticeable) αισθητός

pronunciation /prənʌnsɪ'eɪʃn/ n (η) προφορά

proof /pru:f/ n (η) απόδειξη. (typ) (η) διόρθωση

prop /prɒp/ n (το) στήριγμα. (theatr) (τα) έπιπλα στη σκηνή. (fig) (o) στυλοβάτης. • vt στηρίζω. ~ **against** (lean) ακουμπώ σε

propaganda /prɒpə'gændə/ n (η) προπαγάνδα

propagate /'prɒpəgeɪt/ vt/i αναπαράγω

propel /prə'pel/ vt προωθώ

propeller /prə'pelə(r)/ n (η) προπέλα

proper /'prɒpə(r)/ a σωστός. (suitable) κατάλληλος. ~ **name**, ~ **noun** ns (το) κύριο όνομα. ~**ly** adv όπως πρέπει

property /'prɒpətɪ/ n (η) ιδιοκτησία. (real estate) (η) ακίνητη περιουσία. (characteristic) (η) ιδιότητα

prophecy /'prɒfəsɪ/ n (η) προφητεία

prophet /'prɒfɪt/ n (o) προφήτης

proportion /prə'pɔːʃn/ n (η) αναλογία. **in/out of** ~ ανάλογος/ δυσανάλογος. ~**al** adj αναλογικός

proposal /prə'pəʊzl/ n (η) πρόταση. (of marriage) (η) πρόταση γάμου

propose /prə'pəʊz/ vt προτείνω. • vi ~**e to** κάνω πρόταση γάμου σε. ~**e to do** σκοπεύω να κάμω

proprietor /prə'praɪətə(r)/ n (o)

ιδιοκτήτης, (η) ιδιοκτήτρια

propriety /prə'praɪətɪ/ n (η)
ευπρέπεια

prosaic /prə'zeɪk/ a πεζός

prose /prəʊz/ n (ο) πεζός λόγος

prosecut|e /'prɒsɪkju:t/ vt διώκω.
~ion /-'kju:ʃn/ n (η) δίωξη. **~or**
n (ο) κατήγορος

prospect¹ /'prɒspekt/ n (η)
προοπτική. (expectation) (η)
προσδοκία

prospect² /prə'spekt/ vi ερευνώ
για πολύτιμα μέταλλα

prospective /prə'spektɪv/ a
επίδοξος. (future) μελλοντικός

prospectus /prə'spektəs/ n (το)
προσπέκτους invar, (το)
ενημερωτικό δελτίο

prosper /'prɒspə(r)/ vi ευημερώ

prosper|ous /'prɒspərəs/ a
ευημερεύων. **~ity** /-'sperətɪ/ n (η)
ευημερία

prostitute /'prɒstɪtju:t/ n (η) πόρνη

prostrate /'prɒstreɪt/ a
ξαπλωμένος μπρούμυτα

protagonist /prə'tægənɪst/ n (ο)
πρωταγωνιστής, (η)
πρωταγωνίστρια

protect /prə'tekt/ vt προστατεύω.
~ion /-ʃn/ n (η) προστασία

protective /prə'tektɪv/ a
προστατευτικός

protégé /'prɒtɪʒeɪ/ n (ο)
προστατευόμενος

protein /'prəʊti:n/ n (η) πρωτεΐνη

protest¹ /'prəʊtest/ n (η)
διαμαρτυρία

protest² /prə'test/ vt/i
διαμαρτύρομαι. **~er** n (ο)
διαμαρτυρόμενος

Protestant /'prɒtɪstənt/ a
προτεσταντικός. • n (ο)
προτεστάντης, (η)
προτεστάντισσα

protocol /'prəʊtəkɒl/ n (το)
πρωτόκολλο

prototype /'prəʊtətaɪp/ n (το)
πρότυπο

protrude /prə'tru:d/ vi προεξέχω

proud /praʊd/ a περήφανος

prove /pru:v/ vt αποδεικνύω.
• vi αποδεικνύομαι

proverb /'prɒvɜ:b/ n (η) παροιμία

provide /prə'vaɪd/ vt προμηθεύω.
~ for προνοώ

provided /prə'vaɪdɪd/ conj **~**
(that) εφόσον

province /'prɒvɪns/ n (η) επαρχία.
(fig) (η) αρμοδιότητα

provincial /prə'vɪnʃl/ a επαρχιακός

provision /prə'vɪʒn/ n (η) παροχή.
~s (οι) προμήθειες

provisional /prə'vɪʒənl/ a
προσωρινός

provo|ke /prə'vəʊk/ vt προκαλώ.
~cation /prɒvə'keɪʃn/ n (η)
πρόκληση. **~cative** /-'vɒkətɪv/ a
προκλητικός

prow /praʊ/ n (η) πλώρη

prowess /'praʊɪs/ n (η) ανδρεία

prowl /praʊl/ vi περιφέρομαι
αναζητώντας λεία. • n be on the
~ περιφέρομαι ύποπτα. **~er** n
πρόσωπο που περιφέρεται ύποπτα

proximity /prɒk'sɪmətɪ/ n (η)
εγγύτητα

proxy /'prɒksɪ/ n (ο)
πληρεξούσιος. by **~** δι'
αντιπροσώπου

prude /pru:d/ n (ο) σεμνότυφος

prudent /'pru:dnt/ a συνετός

prune /pru:n/ n (το) ξερό
δαμάσκηνο. • vt κλαδεύω

pry /praɪ/ vi **~ into** χώνω τη μύτη
μου σε

psalm /sɑ:m/ n (ο) ψαλμός

pseudo- /'sju:dəʊ/ pref ψευδο-

pseudonym /'sju:dənɪm/ n (το)
ψευδώνυμο

psychiatr|y /saɪ'kaɪətrɪ/ n (η)
ψυχιατρική. **~ic** /-ɪ'ætrɪk/ a
ψυχιατρικός. **~ist** n (ο, η)
ψυχίατρος

psychic /'saɪkɪk/ a ψυχικός

psychoanalys|e /saɪkəʊ'ænəlaɪz/
vt ψυχαναλύω. **~t** /-ɪst/ n (ο, η)
ψυχαναλυτής

psycholog|y /saɪ'kɒlədʒɪ/ n (η)
ψυχολογία. **~ical** /-ə'lɒdʒɪkl/ a
ψυχολογικός. **~ist** n (ο, η)
ψυχολόγος

psychopath /'saɪkəʊpæθ/ n (ο, η)
ψυχοπαθής

pub /pʌb/ n (το) παμπ invar

puberty /'pju:bətı/ n (η) εφηβεία

pubic /'pju:bık/ a ηβικός

public /'pʌblık/ a δημόσιος. **in ~** δημοσίως. **~ school** n (το) ιδιωτικό σχολείο μέσης εκπαιδεύσεως. **~ transport** n (τα) δημόσια μεταφορικά μέσα. **~ly** adv δημόσια, δημοσίως

publican /'pʌblıkən/ n (ο) ταβερνιάρης

publication /pʌblı'keıʃn/ n (in paper etc) (το) δημοσίευμα. (of book) (η) έκδοση. (thing published) (η) δημοσίευση

publicity /pʌb'lısətı/ n (η) δημοσιότητα

publicize /'pʌblısaız/ vt δημοσιοποιώ

publish /'pʌblıʃ/ vt (in paper etc) δημοσιεύω. (book) εκδίδω. **~er** n (ο) εκδότης, (η) εκδότρια. **~ing** n (profession) (το) εκδοτικό επάγγελμα

pudding /'pudıŋ/ n (η) πουτίγκα

puddle /'pʌdl/ n (η) λακκούβα

puerile /'pjuəraıl/ a παιδαριώδης

puff /pʌf/ n (breath) (η) πνοή. (of wind) (το) φύσημα. • vt/i ξεφυσώ. (become inflated) φουσκώνω. **~ pastry** n (η) ζύμη σφολιάτα. **~ed (out)** (out of breath) λαχανιασμένος

puffy /'pʌfı/ a φουσκωμένος

pull /pul/ vt/i τραβώ. (extract) βγάζω. **~ a muscle** παθαίνω νευροκαβαλίκεμα. • n (το) τράβηγμα. (fig) (τα) μέσα. **~ down** κατεβάζω. (building) γκρεμίζω. **~ faces** κάνω μορφασμούς. **~ off** (fig) καταφέρνω. **~ o.s. together** ξαναβρίσκω τον αυτοέλεγχο. **~ out** (extract) βγάζω. (withdraw) αποσύρω. **~ s.o.'s leg** αστειεύομαι. **~ through** επιζώ. **~ up** τραβώ. (reprimand) κατσαδιάζω. (auto) σταματώ

pulley /'pulı/ n (η) τροχαλία

pullover /'puləuvə(r)/ n (το) πουλόβερ invar, Cy. (το) τρικό

pulp /pʌlp/ n (ο) πολτός

pulpit /'pulpıt/ n (ο) άμβωνας

pulsate /pʌlseıt/ vi πάλλομαι

pulse /pʌls/ n (ο) σφυγμός

pulverize /'pʌlvəraız/ vt κονιοποιώ

pummel /'pʌml/ vt γρονθοκοπώ

pump /pʌmp/ n (η) αντλία. (shoe) (η) γόβα. • vt/i αντλώ/ούμαι

pumpkin /'pʌmpkın/ n (η) κολοκύθα

pun /pʌn/ n (το) λογοπαίγνιο

punch /pʌntʃ/ vt χτυπώ με γροθιά. (perforate) τρυπώ. (a hole) βγάζω. • n (η) γροθιά. (vigour: fam) (η) δύναμη. (device) (το) τρυπητήρι

punctual /'pʌŋktʃuəl/ a ακριβής (στην ώρα)

punctuat|e /'pʌŋkʃueıt/ vt βάζω τα σημεία στίξεως. (interrupt) διακόπτω κατά διαστήματα. **~ion** /-'eıʃn/ n (η) στίξη. **~ion mark** n (το) σημείο στίξεως

puncture /'pʌŋktʃə(r)/ n (το) τρύπημα. • vt/i τρυπώ

pungent /'pʌndʒənt/ a δριμύς

punish /'pʌnıʃ/ vt τιμωρώ. **~able** a αξιόποινος. **~ment** n (η) τιμωρία

punitive /'pju:nıtıv/ a τιμωρητικός

punnet /'pʌnıt/ n (το) καλαθάκι

puny /'pju:nı/ a (person) ασθενικός. (fig) ασήμαντος

pupil /'pju:pl/ n (ο) μαθητής, (η) μαθήτρια. (of eye) (η) κόρη

puppet /'pʌpıt/ n (η) μαριονέτα

pup(py) /'pʌp(ı)/ n (το) κουτάβι

purchase /'pɜ:tʃəs/ vt αγοράζω. • n (η) αγορά. **~r** n (ο) αγοραστής, (η) αγοράστρια

pur|e /'pjuə(r)/ a αγνός. **~ity** n (η) αγνότητα

purée /'pjuəreı/ n (ο) πουρές

purge /pɜ:dʒ/ vt καθαρίζω. (pol) εκκαθαρίζω. • n (η) κάθαρση, (η) εκκαθάριση

purify /'pjuərıfaı/ vt καθαρίζω

puritan /'pjuərıtən/ n (ο) πουριτανός

purple /'pɜ:pl/ a πορφυρός. • n (το) πορφυρό (χρώμα)

purpose /'pɜ:pəs/ n (ο) σκοπός. (determination) (η) αποφασιστικότητα. **on ~** σκόπιμα. **~ful** a σκόπιμος

purr /pɜ:(r)/ vi γουργουρίζω

purse /pɜːs/ n (το) τσαντάκι.
(*Amer*) (η) τσάντα. • *vt* σουφρώνω
(*τα χείλη*)

pursue /pə'sjuː/ *vt* καταδιώκω. **~r**
n (ο) διώκτης, (η) διώκτρια

pursuit /pə'sjuːt/ n (η) καταδίωξη.
(*fig*) (η) ασχολία

pus /pʌs/ n (το) πύο

push /pʊʃ/ *vt/i* σπρώχνω. (*button*)
πατώ, πιέζω. (*force*) προωθώ. • *n*
(το) σπρώξιμο. (*effort*) (η)
προσπάθεια. (*drive*) (η)
δραστηριότητα. **at a ~** στην
ανάγκη. **~ aside** *vt* παραμερίζω.
~ back *vt* αποθώ. **~-chair** n
(το) παιδικό καροτσάκι. **~ up**
ανεβάζω. **~y** a (*fam*) επιθετικός

puss /pʊs/ n (*fam*) (η) ψιψίνα

put /pʊt/ *vt* (*pt* put, *pres p* putting)
βάζω. (*express*) εκφράζω. (*say*)
λέω. (*question*) υποβάλλω.
(*estimate*) υπολογίζω. **~ across**
μεταδίδω. **~ aside** παραμερίζω.
~ away βάζω στη θέση του. **~
back** (*replace*) βάζω πίσω στη
θέση. (*postpone*) αναβάλλω.
(*clock*) βάζω πίσω. **~ down**
(*write*) σημειώνω. (*suppress*)
καταστέλλω. (*kill*) θανατώνω. **~
forward** προτείνω. **~ in** (*insert*)
βάζω. (*submit*) υποβάλλω. **~ in
for** κάνω αίτηση για. **~ off**
(*postpone*) αναβάλλω. (*distract*)
περισπώ. (*dissuade*) αποτρέπω. **~
on** (*clothes*) φορώ. (*light*) ανάβω.
~ out (*hand*) απλώνω.
(*extinguish*) σβήνω.
(*inconvenience*) ενοχλώ.
(*disconcert*) αναστατώνω. **~ up**
(*building*) ανεγείρω. (*price*)
ανεβάζω. (*guest*) φιλοξενώ. **~ up
with** ανέχομαι

putrid /'pjuːtrɪd/ a σάπιος

putty /'pʌtɪ/ n (ο) στόκος

puzzl|e /'pʌzl/ n (ο) γρίφος. (*game*)
(το) παιχνίδι συναρμολόγησης.
• *vt* μπερδεύω. **~ed** a
απορημένος, αμήχανος. **~ing** a
δύσλυτος

pyjamas /pə'dʒaːməz/ *npl* (η)
πιτζάμα

pylon /'paɪlɒn/ n (ο) πυλώνας

pyramid /'pɪrəmɪd/ n (η) πυραμίδα

python /'paɪθn/ n (ο) πύθωνας

Qq

quack /kwæk/ n (*of duck*) (η)
κραυγή της πάπιας. (*doctor*) (ο)
κομπογιαννίτης

quad /kwɒd/ (*fam*) = **quadrangle,
quadruplet**

quadrangle /'kwɒdræŋgl/ n (*court*)
(η) (τετράγωνη) αυλή

quadruple /'kwɒdruːpl/ a
τετραπλάσιος. • *vt/i*
τετραπλασιάζω

quadruplet /'kwɒdruplɪt/ n (το)
τετράδυμο

quaint /kweɪnt/ a ιδιόρρυθμος.
(*odd*) περίεργος

quake /kweɪk/ *vi* τρέμω

Quaker /'kweɪkə(r)/ n (ο)
κουάκερος

qualification /kwɒlɪfɪ'keɪʃn/ n (το)
προσόν. (*ability*) (η) ικανότητα.
(*reservation*) (η) επιφύλαξη

qualif|y /'kwɒlɪfaɪ/ *vt* (*modify*)
περιορίζω. • *vi* αποκτώ τα
προσόντα. (*satisfy conditions*)
ικανοποιώ τους όρους. **~ied** a
διπλωματούχος. (*limited*)
περιορισμένος

quality /'kwɒlətɪ/ n (η) ποιότητα

qualm /kwaːm/ n ενδοιασμός

quandary /'kwɒndrɪ/ n **in a ~** σε
δίλημμα

quantity /'kwɒntətɪ/ n (η)
ποσότητα

quarantine /'kwɒrəntiːn/ n (η)
καραντίνα. **in ~** σε καραντίνα

quarrel /'kwɒrəl/ n (ο) καβγάς. • *vi*
καβγαδίζω. **~some** a καβγατζής

quarry /'kwɒrɪ/ n (*prey*) (το)
θήραμα. (*excavation*) (το)
λατομείο

quarter /'kwɔːtə(r)/ n (το) τέταρτο.
(*of year*) (η) τριμηνία. (*district*)
(η) συνοικία. **~s** *npl* (*lodgings*)
(τα) διαμερίσματα. (*mil*) (το)
κατάλυμα. • *vt* χωρίζω στα
τέσσερα. (*mil*) εξασφαλίζω
κατάλυμα. (**a**) **~ past two** δύο
και τέταρτο. (**a**) **~ to seven**

εφτά παρά τέταρτο. **~-final** n (ο)
προημιτελικός
quartet /kwɔː'tet/ n (το) κουαρτέτο
quartz /kwɔːts/ n (ο) χαλαζίας
quash /kwɒʃ/ vt καταπνίγω
quasi- /'kweɪsaɪ/ pref δήθεν
quaver /'kweɪvə(r)/ vi τρέμω.
• n (mus) (το) όγδοο
quay /kiː/ n (η) προκυμαία
queasy /'kwiːzɪ/ a **feel ~** έχω
αναγούλες
queen /kwiːn/ n (η) βασίλισσα.
(cards) (η) ντάμα
queer /kwɪə(r)/ a αλλόκοτος. (ill)
αδιάθετος. (sl) τοιούτος
quell /kwel/ vt καταπνίγω
quench /kwentʃ/ vt σβήνω
query /'kwɪərɪ/ n (το) επώτημα. • vt
ρωτώ. (doubt) αμφισβητώ
quest /kwest/ n (η) αναζήτηση
question /'kwestʃən/ n (η)
ερώτηση. (for discussion) (το)
θέμα. • vt ρωτώ. (doubt)
αμφισβητώ. **it is out of the ~**
αποκλείεται. **~ mark** n (το)
ερωτηματικό
questionable /'kwestʃənəbl/ a
αμφισβητήσιμος
questionnaire /ˌkwestʃə'neə(r)/ n
(το) ερωτηματολόγιο
queue /kjuː/ n (η) ουρά. • vi
στέκομαι στην ουρά
quibble /'kwɪbl/ vi φιλολογώ.
• n (το) φιλολόγημα
quick /kwɪk/ a γρήγορος. • adv
γρήγορα. **~-tempered** a
ευέξαπτος. **~-witted** a οξύνους.
to the ~ βαθιά. **~ly** adv
γρήγορα
quicksand /'kwɪksænd/ n (η)
κινούμενη άμμος
quid /kwɪd/ n invar (sl) (η) λίρα
quiet /'kwaɪət/ a ήσυχος. (calm)
ήρεμος. (silent) σιωπηλός. • n (η)
ησυχία. **~ly** adv ήσυχα, ήρεμα.
~ness n (η) ησυχία, (η) πρεμία
quieten /'kwaɪətn/ vt/i ησυχάζω
quill /kwɪl/ n (το) φτερό (για
γράψιμο)
quilt /kwɪlt/ n (το) πάπλωμα
quince /kwɪns/ n (το) κυδώνι
quintet /kwɪn'tet/ n (το) κουιντέτο

quip /kwɪp/ n (το) πείραγμα.
• vt πειράζω
quirk /kwɜːk/ n (η) κκεντρικότητα
quit /kwɪt/ vt αφήνω, φεύγω από.
(cease: Amer) σταματώ. • vi φεύγω
quite /kwaɪt/ adv (completely)
εντελώς. (somewhat) μάλλον,
αρκετά. (really) πραγματικά. **~
(so)!** ακριβώς! **~ a few** πολλοί
quits /kwɪts/ adv πάτσι
quiver /'kwɪvə(r)/ vi τρέμω
quiz /kwɪz/ n (η) ανάκριση. (game)
(το) κουίζ invar. • vt κάνω
ερωτήσεις σε
quota /'kwəʊtə/ n (ο)
καθορισμένος αριθμός
quotation /kwəʊ'teɪʃn/ n (το)
απόσπασμα. (price) (η) τιμή. **~
marks** npl (τα) εισαγωγικά
quote /kwəʊt/ vt παραθέτω. (price)
δίνω. • n (το) απόσπασμα. (price)
(η) τιμή

Rr

rabbi /'ræbaɪ/ n (ο) ραβίνος
rabbit /'ræbɪt/ n (το) κουνέλι
rabble /'ræbl/ n (ο) όχλος
rabid /'ræbɪd/ a (dog)
λυσσασμένος. (fig) μανατικός
rabies /'reɪbiːz/ n (η) λύσσα
race¹ /reɪs/ n (on foot) (ο) αγώνας
δρόμου. (horses) (η) ιπποδρομία.
(boats) (η) λεμβοδρομία. • vt
(person) συναγωνίζομαι σε
ταχύτητα. vi (run) τρέχω.
(engine) μαρσάρω. **~-track** n (η)
πίστα. **racing** n (οι) αγώνες
ταχύτητας. **racing car** n (το)
αγωνιστικό αυτοκίνητο
race² /reɪs/ n (η) φυλή.
racecourse /'reɪskɔːs/ n (ο)
ιππόδρομος
racehorse /'reɪshɔːs/ n (το) άλογο
ιπποδρομιών
racial /'reɪʃl/ a φυλετικός. **~ism**
/-ʃətɪzəm/ n = **racism**.
~ist /-ʃəlɪst/ n & a = **racist**
racis|t /'reɪsɪst/ a ρατσιστικός. • n

(ο) ρατσιστής, (η) ρατσίστρια.
~m /-zəm/ n (ο) ρατσισμός

rack /ræk/ n (η) σχάρα. (*for luggage*) (το) ράφι. (*for plates*) (η) πιατοθήκη. • *vt* **~ one's brains** σπάζω το κεφάλι μου. **go to ~ and ruin** ρημάζω

racket /'rækɪt/ n (*bat*) (η) ρακέτα. (*din*) (ο) σαματάς. (*swindle: sl*) (η) κομπίνα.

radar /'reɪda:(r)/ n (το) ραντάρ *invar*

radiant /'reɪdɪənt/ a ακτινοβόλος

radiat|e /'reɪdɪeɪt/ *vt/i* ακτινοβολώ. **~ion** /-'eɪʃn/ n (η) ακτινοβολία. (*radioactivity*) (η) ραδιενέργεια

radiator /'reɪdɪeɪtə(r)/ n (το) καλοριφέρ *invar*. (*of car*) (το) ψυγείο

radical /'rædɪkl/ a ριζικός. • n (ο) ριζοσπάστης

radio /'reɪdɪəʊ/ n (το) ραδιόφωνο

radioactiv|e /reɪdɪəʊ'æktɪv/ a ραδιενεργός. **~ity** /-'tɪvtɪ/ n (η) ραδιενέργεια

radish /'rædɪʃ/ n (το) ραπάνι

radius /'reɪdɪəs/ n (η) ακτίνα

raffle /'ræfl/ n (το) λαχείο

raft /ra:ft/ n (η) σχεδία

rafter /'ra:ftə(r)/ n (το) δοκάρι

rag /ræg/ n (το) κουρέλι. (*pej, newspaper*) (η) φυλλάδα

rage /reɪdʒ/ n (η) οργή. (*fashion*) (η) μανία. • *vi* εξοργίζομαι. (*storm, battle*) μαίνομαι

ragged /'rægɪd/ a κουρελιασμένος. (*outline, edge*) τραχύς

raid /reɪd/ n (η) επιδρομή. • *vt* κάνω επιδρομή σε

rail /reɪl/ n (το) κιγκλίδωμα. (*for train*) (η) σιδηροτροχιά. **by ~** σιδηροδρομικώς, με τρένο. •*vi* **~ against/at** τα βάζω με

railing /'reɪlɪŋ/ n (το) κιγκλίδωμα

railroad /'reɪlrəʊd/ n (*Amer*) = **railway**

railway /'reɪlweɪ/ n (ο) σιδηρόδρομος. **~ station** n (ο) σιδηροδρομικός σταθμός

rain /reɪn/ n (η) βροχή. • *vi* **it's ~ing** βρέχει.

rainbow /'reɪnbəʊ/ n (το) ουράνιο τόξο

raincoat /'reɪnkəʊt/ n (το) αδιάβροχο

rainfall /'reɪnfɔ:l/ n (η) βροχόπτωση

rainy /'reɪnɪ/ a βροχερός

raise /reɪz/ *vt* σηκώνω. (*hat*) βγάζω. (*glass, voice*) υψώνω. (*breed*) μεγαλώνω. (*money etc.*) μαζεύω. (*question*) εγείρω. • *n* (*Amer*) (η) αύξηση

raisin /'reɪzn/ n (η) σταφίδα

rake /reɪk/ n (η) τσουγκράνα. (*man*) παραλυμένος. • *vt* ισοπεδώνω (με τσουγκράνα). (*search*) ψάχνω

rally /'rælɪ/ *vt/i* ανασυντάσσω/ομαι. (*recover*) συνέρχομαι. • n (ο) συναγερμός (*auto*) (το) ράλι *invar*

ram /ræm/ n (το) κριάρι. • *vt* χώνω. (*crash into*) χτυπώ (βίαια)

rambl|e /'ræmbl/ n (ο) περίπατος. • *vi* πηγαίνω σε μακρινούς περιπάτους. (*in speech*) μιλώ ασυνάρτητα. **~ing** a ασυνάρτητος

ramp /ræmp/ n (η) ράμπα

rampage[1] /ræm'peɪdʒ/ *vi* ορμώ με βίαιο και άτακτο τρόπο

rampage[2] /'ræmpeɪdʒ/ n **go on the ~** = **rampage**[1]

rampant /'ræmpənt/ a (*disease etc.*) εξαπλωμένος

rampart /'ræmpa:t/ n (η) έπαλξη

ran /ræn/ *see* RUN

ranch /ra:ntʃ/ n (το) ράντσο

rancid /'rænsɪd/ a ταγκός

rancour /'ræŋkə(r)/ n (η) μνησικακία

random /'rændəm/ a τυχαίος. • n **at ~** στην τύχη

randy /'rændɪ/ a λάγνος

rang /ræŋ/ *see* RING

range /reɪndʒ/ n (*distance*) (η) απόσταση. (*series*) (η) σειρά. (*of mountains*) (η) οροσειρά. (*comm*) (η) γραμμή. (*scale*) (η) κλίμακα. (*mus*) (η) έκταση. (*open area*) (το) πεδίο. (*cooker*) (η) μεγάλη μαγειρική συσκευή. (*missile*) (το) βεληνεκές. • *vi* εκτείνομαι. (*vary*) κυμαίνομαι

ranger /'reɪndʒə(r)/ n (ο) δασοφύλακας

rank /ræŋk/ n (ο) βαθμός. (social position) (η) θέση. ~s (οι) απλοί στρατιώτες. • a πυκνός. (smell) δύσοσμος. (fig) τέλειος. • vt/i κατατάσσω/ομαι. (place) τοποθετώ/ούμαι. the ~ and file (τα) απλά μέλη

ransack /'rænsæk/ vt κάνω άνω-κάτω. (pillage) λεηλατώ

ransom /'rænsəm/ n (τα) λύτρα. • vt ελευθερώνω έναντι λύτρων. **hold to** ~ εκβιάζω

rant /rænt/ vi φωνάζω δυνατά

rap /ræp/ n (το) χτύπημα. • vt/i χτυπώ

rap|e /reɪp/ vt βιάζω. • n (ο) βιασμός. ~ist n (ο) βιαστής

rapid /'ræpɪd/ a ταχύς. ~ly adv γρήγορα

raptur|e /'ræptʃə(r)/ n (η) έκσταση. ~ous a εκστατικός

rar|e /reə(r)/ a σπάνιος. (culin) ψημένος ελαφρά. ~ely adv σπάνια. ~ity n (η) σπανιότητα

rascal /'ra:skl/ n (ο) μασκαράς (παλιάνθρωπος)

rash /ræʃ/ n (το) εξάνθημα. • a απερίσκεπτος

raspberry /'ra:zbrɪ/ n (το) σμέουρο

rat /ræt/ n (ο) αρουραίος, (fam) (ο) (μεγάλος) ποντικός

rate /reɪt/ n (proportion) (η) αναλογία. (degree) (ο) βαθμός. (speed) (η) ταχύτητα. (price) (η) τιμή. (comm) (το) τέλος. • vt θεωρώ. (value) εκτιμώ. • vi θεωρούμαι. **at any** ~ εν πάση περιπτώσει. **at this** ~ μ' αυτό το ρυθμό

rather /'ra:ðə(r)/ adv μάλλον. (fairly) κάπως. **I would** ~ **not** μάλλον όχι. **I would** ~ **wait** προτιμώ να περιμένω. ~ **than** παρά

ratify /'rætɪfaɪ/ vt επικυρώνω

rating /'reɪtɪŋ/ n (η) κατάταξη. (sailor) (ο) απλός ναύτης. ~s (TV) (η) ακροαματικότητα

ratio /'reɪʃɪəʊ/ n (η) αναλογία

ration /'ræʃn/ n (η) μερίδα με το δελτίο. • vt περιορίζω

rational /'ræʃnəl/ a λογικός

rationalize /'ræʃnəlaɪz/ vt αιτιολογώ

rattle /'rætl/ vi κροταλίζω. • vt (shake) κουδουνίζω. (fam) ταράσσω. • n (sound) (το) κροτάλισμα. (toy) (η) κουδουνίστρα

rattlesnake /'rætlsneɪk/ n (ο) κροταλίας

raucous /'rɔ:kəs/ a βραχνός

ravage /'rævɪdʒ/ vt ερημώνω

rave /reɪv/ vi παραληρώ. (in anger) μαίνομαι

raven /'reɪvn/ n (το) κοράκι

ravenous /'rævənəs/ a λιμασμένος

ravine /rə'vi:n/ n (η) χαράδρα

raving /'reɪvɪŋ/ a παραληρών

raw /rɔ:/ a ωμός. (not processed) ακατέργαστος. (wound) ανοιχτός. (inexperienced) άπειρος. ~ **materials** npl (οι) πρώτες ύλες

ray /reɪ/ n (η) ακτίνα. (of hope) (η) ακτίδα

raze /reɪz/ vt ισοπεδώνω

razor /'reɪzə(r)/ n (το) ξυράφι. ~-**blade** n (η) λεπίδα ξυραφιού

re /ri:/ prep αναφορικά με

reach /ri:tʃ/ vt (extend) φτάνω. (arrive at) φτάνω σε. (contact) έρχομαι σ' επαφή με. • vi φτάνω. • n (το) άπλωμα. (of river) ανοιχτή έκταση ποταμού. **out of** ~ απρόσιτος. **within** ~ **of** προσιτός σε. (close to) κοντά

react /rɪ'ækt/ vi αντιδρώ

reaction /rɪ'ækʃn/ n (η) αντίδραση. ~**ary** a αντιδραστικός

reactor /rɪ'æktə(r)/ n (ο) αντιδραστήρας

read /ri:d/ vt/i (pt read /red/) διαβάζω. (study) σπουδάζω. (of instrument) δείχνω. • n (το) διάβασμα. ~ **out** διαβάζω δυνατά. ~**able** a (legible) ευανάγνωστος. (enjoyable) ευχάριστος στο διάβασμα. ~**ing** n (το) διάβασμα

reader /'ri:də(r)/ n (ο) αναγνώστης, (η) αναγνώστρια. (book) (το) αναγνωστικό

readily /'redɪlɪ/ adv πρόθυμα. (easily) εύκολα

readiness /'redɪnɪs/ n (η) προθυμία. **in ~** σε ετοιμότητα

readjust /ri:ə'dʒʌst/ vt/i αναπροσαρμόζω/ομαι

ready /'redɪ/ a έτοιμος. (quick) γρήγορος. **get ~** ετοιμάζομαι. **~-made** a έτοιμος

real /rɪəl/ a πραγματικός adv (Amer, fam) πολύ. **~ estate** n (το) ακίνητο

realis|t /'rɪəlɪst/ n (ο) ρεαλιστής, (η) ρεαλίστρια. **~m** /-zəm/ n (ο) ρεαλισμός. **~tic** /-'lɪstɪk/ a ρεαλιστικός

reality /rɪ'ælətɪ/ n (η) πραγματικότητα

realiz|e /'rɪəlaɪz/ vt αντιλαμβάνομαι. (fulfil, comm) πραγματοποιώ. **~ation** /-'zeɪʃn/ n (η) αντίληψη, (η) πραγματοποίηση

really /'rɪəlɪ/ adv πράγματι

realm /relm/ n (το) βασίλειο

reap /ri:p/ vt θερίζω

reappear /ri:ə'pɪə(r)/ vi επανεμφανίζομαι

rear /rɪə(r)/ n (το) πίσω μέρος. • a πίσω. • vt μεγαλώνω. (raise) σηκώνω. • vi **~ (up)** (horse) ανορθώνομαι στα πισινά πόδια

rearrange /ri:ə'reɪndʒ/ vt ξανατακτοποιώ

reason /'ri:zn/ n (ο) λόγος. (cause) (η) αιτία. • vi συλλογίζομαι. **within ~** μέσα σε λογικά όρια. **~ing** n (ο) συλλογισμός

reasonabl|e /'ri:znəbl/ a λογικός. **~y** adv λογικά. (fairly) δίκαια

reassur|e /ri:ə'ʃʊə(r)/ vt καθησυχάζω. **~ing** a καθησυχαστικός

rebate /'ri:beɪt/ n (η) έκπτωση

rebel¹ /'rebl/ n (ο) επαναστάτης, (η) επαναστάτρια. • a επαναστατημένος

rebel² /rɪ'bel/ vi επαναστατώ. **~lion** n (η) εξέγερση. **~lious** a επαναστατικός

rebound¹ /rɪ'baʊnd/ vi αναπηδώ. (fig) επιστρέφω

rebound² /'ri:baʊnd/ n (η) αναπήδηση

rebuild /ri:'bɪld/ vt ξανακτίζω

rebuke /rɪ'bju:k/ vt επιπλήττω. • n (η) επίπληξη

recall /rɪ'kɔ:l/ vt ανακαλώ. (remember) θυμάμαι. • n (η) ανάκληση

recap /'ri:kæp/ vt/i ανακεφαλαιώνω

recede /rɪ'si:d/ vi υποχωρώ

receipt /rɪ'si:t/ n (η) παραλαβή. (for money) (η) απόδειξη. **~s** (comm) (οι) εισπράξεις

receive /rɪ'si:v/ vt λαμβάνω, παίρνω. **~r** /-ə(r)/ n (of telephone) (το) ακουστικό

recent /'ri:snt/ a πρόσφατος. **~ly** adv πρόσφατα

receptacle /rɪ'septəkl/ n (το) δοχείο

reception /rɪ'sepʃn/ n (η) υποδοχή. (welcome) (το) καλωσόρισμα. (party) (η) δεξίωση. (on radio etc.) (η) λήψη. (at hotel) (η) υποδοχή, (η) ρεσεψιόν invar. **~ist** n (ο, η) υπάλληλος υποδοχής

receptive /rɪ'septɪv/ a επιδεκτικός

recess /rɪ'ses/ n (το) κοίλωμα. (fig) (η) διακοπή. (holiday) (οι) διακοπές. (schol, Amer) (το) διάλειμμα

recession /rɪ'seʃn/ n (η) ύφεση

recharge /ri:'tʃɑ:dʒ/ vt επαναφορτίζω

recipe /'resəpɪ/ n (η) συνταγή

recipient /rɪ'sɪpɪənt/ n (ο) παραλήπτης

reciprocal /rɪ'sɪprəkl/ a αμοιβαίος

recital /rɪ'saɪtl/ n (η) αφήγηση. (theatr) (το) ρεσιτάλ invar

recite /rɪ'saɪt/ vt απαγγέλλω. (list) απαριθμώ

reckless /'reklɪs/ a παράτολμος

reckon /'rekən/ vt/i υπολογίζω. (consider) νομίζω. **~ on** (rely) βασίζομαι σε. **~ with** λογαριάζω

reclaim /rɪ'kleɪm/ vt ζητώ την επιστροφή. (land) εκχερσώνω

recline /rɪ'klaɪn/ vi πλαγιάζω

recognition /rekəg'nɪʃn/ n (η) αναγνώριση

recognize /'rekəgnaız/ vt
αναγνωρίζω

recoil /rɪ'kɔɪl/ vi αναπηδώ. (in fear)
οπισθοχωρώ

recollect /rekə'lekt/ vt θυμάμαι.
~ion /-ʃn/ n (η) ανάμνηση

recommend /rekə'mend/ vt
συνιστώ. **~ation** /-'deɪʃn/ n (η)
σύσταση

recompense /'rekəmpens/ vt
ανταμείβω. • n (η) ανταμοιβή

reconcil|e /'rekənsaıl/ vt (people)
συμφιλιώνω. (facts) συμβιβάζω.
~iation /-sılı'eıʃn/ n (η)
συμφιλίωση, (ο) συμβιβασμός

reconnaissance /rɪ'kɒnɪsns/ n (η)
αναγνώριση

reconsider /ri:kən'sıdə(r)/ vt
αναθεωρώ. • vi ξανασκέφτομαι

reconstruct /ri:kən'strʌkt/ vt
ανοικοδομώ. (events) κάνω
αναπαράσταση

record¹ /rɪ'kɔ:d/ vt/i καταγράφω.
(sound) ηχογραφώ. (on tape)
μαγνητοφωνώ. **~ing** n (η)
καταγραφή, (η) ηχογράφηση, (η)
μαγνητοφώνηση

record² /'rekɔ:d/ n (report) (τα)
πρακτικά. (file) (το) αρχείο. (mus)
(ο) δίσκος. (sport) (το) ρεκόρ
invar. (criminal) (το) μητρώο.
~-player n (ο) πικ απ invar

recorder /rɪ'kɔ:də(r)/ n (ο)
αρχειοφύλακας. (mus) (ο) αυλός

recount /rɪ'kaʊnt/ vt εξιστορώ

re-count¹ /ri:'kaʊnt/ vt ξαναμετρώ

re-count² /'ri:kaʊnt/ n (pol) (η)
νέα καταμέτρηση (ιδ. ψήφων)

recourse /rɪ'kɔ:s/ n (η) προσφυγή

recover /rɪ'kʌvə(r)/ vt ξαναβρίσκω.
• vi συνέρχομαι. (med)
αναρρώνω. **~y** n (η) ανάκτηση.
(of health) (η) ανάρρωση

recreation /rekrɪ'eɪʃn/ n (η)
ψυχαγωγία

recrimination /rɪkrɪmɪ'neɪʃn/ n (η)
αντέγκληση

recruit /rɪ'kru:t/ n (ο)
νεοσύλλεκτος. • vt στρατολογώ.
~ment n (η) στρατολογία

rectangle /'rektæŋgl/ n (το)
ορθογώνιο

rectify /'rektɪfaɪ/ vt επανορθώνω

rector /'rektə(r)/ n (ο) εφημέριος.
(of college) (ο) πρύτανης. **~y** n
(το) πρεσβυτέριο

recuperate /rɪ'kju:pəreɪt/ vi
αναρρώνω

recur /rɪ'kɜ:(r)/ vi επανεμφανίζομαι

recurrent /rɪ'kʌrənt/ a
επαναλαμβανόμενος

recycle /ri:'saɪkl/ vt ανακυκλώνω

red /red/ a κόκκινος. • n (το)
κόκκινο. in the **~** (account)
χρεωμένος. R**~ Cross** n (ο)
Ερυθρός Σταυρός. **~-handed** a
επ' αυτοφώρω. **~-hot** a
πυρακτωμένος. **~ tape** n (η)
γραφειοκρατία. **~ness** n (το)
κοκκίνισμα

redden /'redn/ vt/i κοκκινίζω

redeem /rɪ'di:m/ vt λυτρώνω

redirect /ri:daɪə'rekt/ vt (mail)
στέλνω σε νέα διεύθυνση

redo /ri:'du:/ vt ξανακάνω

redress /rɪ'dres/ vt αποκαθιστώ.
• n (η) αποκατάσταση

reduc|e /rɪ'dju:s/ vt μειώνω. • vi
καταντώ. **~ed** a (in price)
μειωμένος. **~tion** /-'dʌkʃn/ n (η)
μείωση

redundan|t /rɪ'dʌndənt/ a
περιττός. (worker) πλεονάζων.
~cy n (ο) πλεονασμός, (η)
απόλυση πλεονάζοντος
προσωπικού

reed /ri:d/ n (το) καλάμι

reef /ri:f/ n (ο) ύφαλος

reek /ri:k/ vi βρομώ

reel /ri:l/ n (το) καρούλι. • vi
ζαλίζομαι. (stagger) τρικλίζω

refectory /rɪ'fektərɪ/ n (η)
τραπεζαρία (σε κολέγιο ή
μοναστήρι)

refer /rɪ'fɜ:(r)/ vt/i **~ to**
αναφέρομαι σε. (concern) αφορώ.
(for information) παραπέμπω σε.
(consult) απευθύνομαι σε

referee /refə'ri:/ n (ο) διαιτητής.
• vi διαιτητεύω

reference /'refrəns/ n (mention) (η)
αναφορά. (comm) (η)
αρμοδιότητα. (in bibliography) (η)
παραπομπή. **~s** (οι) συστάσεις

referendum /refə'rendəm/ n (το) δημοψήφισμα

refill¹ /ri:'fil/ vt αναπληρώνω. (pen etc.) ξαναγεμίζω

refill² /'ri:fil/ n (το) ανταλλακτικό

refine /rɪ'faɪn/ vt διυλίζω. (fig) εκλεπτύνω. ~**d** a εκλεπτυσμένος. ~**ment** n (η) λεπτότητα. ~**ry** /-ərɪ/ n (το) διυλιστήριο

reflect /rɪ'flekt/ vt αντανακλώ. • vi ~ **(up)on** συλλογίζομαι. ~**ion** /-kʃn/ n (η) αντανάκλαση. (image) (η) εικόνα. (thought) (η) σκέψη. ~**or** n (ο) αντανακλαστήρας

reflex /'ri:fleks/ a αντανακλαστικός. • n (το) αντανακλαστικό

reflexive /rɪ'fleksɪv/ a (gram) αυτοπαθής

reform /rɪ'fɔ:m/ vt μεταρρυθμίζω. • vi διορθώνομαι. • n (η) μεταρρύθμιση

refrain /rɪ'freɪn/ vi ~ **from sth/ doing** αποφεύγω κτ/να κάνω

refresh /rɪ'freʃ/ vt δροσίζω. ~**ing** a δροσιστικός. ~**ments** npl (τα) αναψυκτικά

refrigerat|e /rɪ'frɪdʒəreɪt/ vt ψύχω. ~**or** n (το) ψυγείο

refuel /ri:'fju:əl/ vt/i ανεφοδιάζω/ ομαι

refuge /'refju:dʒ/ n (το) καταφύγιο

refugee /refju'dʒi:/ n (ο) πρόσφυγας

refund¹ /rɪ'fʌnd/ vt επιστρέφω

refund² /'ri:fʌnd/ n (η) επιστροφή χρημάτων

refus|e¹ /rɪ'fju:z/ vt/i αρνούμαι. ~**al** n (η) άρνηση

refuse² /'refju:s/ n (τα) απορρίμματα

refute /rɪ'fju:t/ vt αποκρούω

regain /rɪ'geɪn/ vt ανακτώ

regal /'ri:gl/ a βασιλικός

regard /rɪ'ga:d/ vt (consider) θεωρώ (as, ως). • n (η) εκτίμηση. ~**s** npl (τα) χαιρετίσματα. as ~**s**, ~**ing** preps σχετικά με

regardless /rɪ'ga:dlɪs/ adv ~ **of** άσχετα με

regime /reɪ'ʒi:m/ n (το) καθεστώς

regiment /'redʒɪmənt/ n (το) σύνταγμα

region /'ri:dʒən/ n (η) περιοχή. ~**al** a της περιοχής

regist|er /'redʒɪstə(r)/ n (το) μητρώο. • vt (record) καταγράφω. (vehicle) εγγράφω. (birth, death) δηλώνω. (enrol) εγγράφω. • vi (enrol) εγγράφομαι. ~ **a letter** στέλνω συστημένο γράμμα. ~**ry office** n (το) ληξιαρχείο. ~**ration** /-'streɪʃn/ n (η) εγγραφή. ~**ration number** n (auto) (ο) αριθμός κυκλοφορίας

registrar /redʒɪ'stra:(r)/ n (ο) ληξίαρχος. (univ) (η) γραμματεία

regret /rɪ'gret/ n (η) λύπη. (remorse) (η) μεταμέλεια. • vt λυπάμαι. (repent) μετανιώνω. ~**fully** adv με λύπη. ~**table** a ατυχής

regular /'regjʊlə(r)/ a κανονικός. (usual) συνηθισμένος. • n (customer) (ο) τακτικός πελάτης. ~**ity** /-'lærətɪ/ n (η) τακτικότητα

regulat|e /'regjʊleɪt/ vt ρυθμίζω. ~**ion** /-'leɪʃn/ n (η) ρύθμιση. (rule) (ο) κανονισμός

rehabilitate /ri:ə'bɪlɪteɪt/ vt επαναφέρω στην κοινωνία

rehears|e /rɪ'hɜ:s/ vt/i κάνω πρόβα. ~**al** n (η) πρόβα

reign /reɪn/ n (η) βασιλεία. • vi βασιλεύω

reimburse /ri:ɪm'bɜ:s/ vt αποζημιώνω

reindeer /'reɪndɪə(r)/ n invar (ο) τάρανδος

reinforce /ri:ɪn'fɔ:s/ vt ενισχύω. ~**ment** n (η) ενίσχυση

reins /reɪnz/ npl (τα) ηνία

reinstate /ri:ɪn'steɪt/ vt αποκαθιστώ

reiterate /ri:'ɪtəreɪt/ vt επαναλαμβάνω

reject¹ /rɪ'dʒekt/ vt αρνούμαι. (refuse to accept) απορρίπτω. ~**ion** /-kʃn/ n (η) απόρριψη

reject² /'ri:dʒekt/ n (το) απόρριγμα

rejoice /rɪ'dʒɔɪs/ vi χαίρομαι

relapse /rɪ'læps/ n (η) υποτροπή. • vi ξαναπέφτω

relate /rɪ'leɪt/ vt αφηγούμαι.

(connect) συσχετίζω. • *vi* ~ **to**
(refer to) αναφέρομαι σε. *(identify with)* σχετίζομαι με. ~**d** *a (ideas etc.)* σχετιζόμενος. **be** ~**d to** συγγενεύω με

relation /rɪ'leɪʃn/ *n* (η) αφήγηση. *(person)* (ο) συγγενής. ~**ship** *n* (η) σχέση. *(kinship)* (η) συγγένεια

relative /'relətɪv/ *n* (ο, η) συγγενής. • *a* σχετικός

relax /rɪ'læks/ *vt/i* ηρεμώ. • *vt (rules, grip etc.)* χαλαρώνω. ~**ation** /riːlæk'seɪʃn/ *n* (η) ξεκούραση. ~**ed** *a* πιο ήρεμος. ~**ing** *a* που ξεκουράζει

relay[1] /'riːleɪ/ *n (race)* (η) σκυταλοδρομία

relay[2] /rɪ'leɪ/ *vt* αναμεταδίδω

release /rɪ'liːs/ *vt* ελευθερώνω. *(film)* κυκλοφορώ. *(information etc.)* ανακοινώνω. *(mech)* απασφαλίζω. *(brake)* λύνω. • *n* (η) απελευθέρωση, (η) απασφάλιση. *(of prisoner)* (η) απόλυση

relegate /'relɪɡeɪt/ *vt* υποβιβάζω

relent /rɪ'lent/ *vi* ενδίδω. ~**less** *a* αμείλικτος

relevan|t /'reləvənt/ *a* σχετικός. ~**ce** *n* (η) σχέση

reliable /rɪ'laɪəbl/ *a* αξιόπιστος

reliance /rɪ'laɪəns/ *n* (η) στήριξη. *(trust)* (η) εμπιστοσύνη

relic /'relɪk/ *n* (το) λείψανο. ~**s** *npl* (τα) κειμήλια

relief /rɪ'liːf/ *n* (η) ανακούφιση. *(assistance)* (η) βοήθεια. *(replacement)* (η) αντικατάσταση. *(outline)* (το) ανάγλυφο

relieve /rɪ'liːv/ *vt* ανακουφίζω. *(take over from)* αντικαθιστώ. ~**d** *a* ανακουφισμένος

religion /rɪ'lɪdʒən/ *n* (η) θρησκεία

religious /rɪ'lɪdʒəs/ *a* θρήσκος

relinquish /rɪ'lɪŋkwɪʃ/ *vt* εγκαταλείπω

relish /'relɪʃ/ *n* (η) απόλαυση. *(culin)* πικάντικη σάλτσα. • *vt* απολαμβάνω

reluctant /rɪ'lʌktənt/ *a* απρόθυμος *(to, να)*. ~**ly** *adv* απρόθυμα

rely /rɪ'laɪ/ *vi* ~ **on** *(trust)* βασίζομαι σε. *(depend)*

στηρίζομαι σε

remain /rɪ'meɪn/ *vi* παραμένω. ~**ing** *a* υπόλοιπος. ~**s** *npl* (τα) υπολείμματα. *(dead body)* (το) λείψανο

remand /rɪ'mɑːnd/ *vt* ~ **(in custody)** προφυλακίζω. • *n* **be on** ~ παραπέμπομαι

remark /rɪ'mɑːk/ *n* (η) παρατήρηση. • *vt* παρατηρώ. • *vi* ~ **(up)on** σχολιάζω. ~**able** *a* αξιόλογος

remarry /riː'mærɪ/ *vi* ξαναπαντρεύομαι

remedy /'remədɪ/ *n* (η) θεραπεία. • *vt* γιατρεύω

remember /rɪ'membə(r)/ *vt/i* θυμάμαι

remind /rɪ'maɪnd/ *vt* θυμίζω. ~**er** *n* (η) υπενθύμιση

reminisce /remɪ'nɪs/ *vi* αναπολώ. ~**nces** *npl* (οι) αναπολήσεις

remission /rɪ'mɪʃn/ *n* (η) ύφεση. *(jur)* (η) μείωση (ποινής)

remit /rɪ'mɪt/ *vt (money)* εμβάζω. ~**tance** *n* (το) έμβασμα

remnant /'remnənt/ *n* (το) υπόλειμμα. *(of cloth)* (το) ρετάλι. *(trace)* (το) ίχνος

remorse /rɪ'mɔːs/ *n* (η) τύψη

remote /rɪ'məʊt/ *a* μακρινός. *(slight)* ελάχιστος. ~ **control** *n* (το) τηλεχειριστήριο. ~**ly** *adv* ελάχιστα

remov|e /rɪ'muːv/ *vt* μετακινώ. *(dismiss)* απολύω. *(get rid of)* αφαιρώ. *(stain)* βγάζω. ~**al** *n* (η) μετακίνηση. *(from house)* (η) μετακόμιση

remunerate /rɪ'mjuːnəreɪt/ *vt* αμείβω

render /'rendə(r)/ *vt* προσφέρω. *(fat)* λιώνω. *(translate)* αποδίδω

rendezvous /'rɒndɪvuː/ *n* (το) ραντεβού *invar*

renew /rɪ'njuː/ *vt* ανανεώνω. *(resume)* επαναλαμβάνω ~**al** *n* (η) ανανέωση

renounce /rɪ'naʊns/ *vt* απαρνιέμαι. *(disown)* αποκηρύσσω

renovat|e /'renəveɪt/ *vt* ανακαινίζω. ~**ion** /-'veɪʃn/ *n* (η) ανακαίνιση

renown /rɪ'naʊn/ n (η)
διασημότητα. **~ed** a διάσημος

rent /rent/ n (το) ενοίκιο, (το)
νοίκι. • vt ενοικιάζω, νοικιάζω

reopen /ri:'əʊpən/ vt/i ξανανοίγω

reorganize /ri:'ɔ:gənaɪz/ vt
αναδιοργανώνω

rep /rep/ n (comm (ο) πωλητής
(πλασιέ). (theatr) (ο) θίασος (με
ρεπερτόριο)

repair /rɪ'peə(r)/ vt επισκευάζω.
• n (η) επισκευή

repartee /repa:'ti:/ n (η)
πνευματώδης απάντηση

repay /ri:'peɪ/ vt ξεπληρώνω.
(reward) ανταποδίδω

repeal /rɪ'pi:l/ vt ακυρώνω. • n (η)
ακύρωση

repeat /rɪ'pi:t/ vt/i επαναλαμβάνω/
ομαι. • n (η) επανάληψη. **~edly**
adv επανειλημμένα

repel /rɪ'pel/ vt αποκρούω. **~lent**
a αποκρουστικός

repent /rɪ'pent/ vi μετανιώνω,
μετανοώ. **~ance** n (η) μετάνοια

repercussion /ri:pə'kʌʃn/ n (ο)
αντίκτυπος

repertoire /'repətwa:(r)/ n (το)
ρεπερτόριο

repertory /'repətrɪ/ n (το)
ρεπερτόριο

repetit|ion /repɪ'tɪʃn/ n (η)
επανάληψη. **~ive** /rɪ'petətɪv/ a
επαναληπτικός. (dull) πληκτικός

replace /rɪ'pleɪs/ vt ξαναβάζω.
(take the place of) αντικαθιστώ.
~ment n (η) αντικατάσταση.
(person) (ο) αντικαταστάτης

replica /'replɪkə/ n (το) αντίγραφο

reply /rɪ'plaɪ/ vt/i απαντώ. • n (η)
απάντηση

report /rɪ'pɔ:t/ vt/i αναφέρω.
• vi (present oneself)
παρουσιάζομαι. • n (η) αναφορά.
(written) (η) έκθεση. (newspaper)
(το) ρεπορτάζ invar. (η)
ανταπόκριση. (school) (ο)
έλεγχος. (sound) (ο) κρότος. **~er**
/rɪ'pɔ:tə(r)/ n (ο) ανταποκριτής

reprehensible /reprɪ'hensɪbl/ a
επίμεμπτος

represent /reprɪ'zent/ vt
αντιπροσωπεύω. **~ation** /-'teɪʃn/

n (η) αντιπροσώπευση

representative /reprɪ'zentətɪv/ a
αντιπροσωπευτικός. • n (ο, η)
αντιπρόσωπος

repress /rɪ'pres/ vt καταστέλλω.
~ion /-ʃn/ n (η) καταστολή.
~ive a κατασταλτικός

reprieve /rɪ'pri:v/ n (η) αναστολή.
(fig) (η) ανάπαυλα. • vt δίνω χάρη
σε. (fig) δίνω αναστολή σε

reprimand /'reprɪma:nd/ vt
επιπλήττω. • n (η) επίπληξη

reprint /ri:'prɪnt/ vt ανατυπώνω

reprisal /rɪ'praɪzl/ n (το) αντίποινο

reproach /rɪ'prəʊtʃ/ vt επιπλήττω.
• n (η) επίπληξη

reproduc|e /ri:prə'dju:s/ vt/i
αναπαράγω. **~tion** /-'dʌkʃn/ n (η)
αναπαραγωγή

reptile /'reptaɪl/ n (το) ερπετό

republic /rɪ'pʌblɪk/ n (η)
δημοκρατία. **~an** a
δημοκρατικός. • n (ο)
δημοκράτης

repugnant /rɪ'pʌgnənt/ a απεχθής

repuls|e /rɪ'pʌls/ vt αποκρούω.
~ive a αποκρουστικός

reputable /'repjʊtəbl/ a
ευυπόληπτος

reputation /repjʊ'teɪʃn/ n (η)
υπόληψη. (name) (το) όνομα

repute /rɪ'pju:t/ n (η) υπόληψη.
~d /-ɪd/ a θεωρούμενος. **~dly**
/-ɪdlɪ/ adv σύμφωνα με ό, τι
λέγεται

request /rɪ'kwest/ n (το) αίτημα.
• vt ζητώ

require /rɪ'kwaɪə(r)/ vt (need)
χρειάζομαι. (demand) απαιτώ.
~ment n (η) απαίτηση

requisite /'rekwɪzɪt/ a απαραίτητος

requisition /rekwɪ'zɪʃn/ n (η)
επίταξη. • vt επιτάσσω

rescue /'reskju:/ vt διασώζω.
• n (η) διάσωση. **~r** /-ə(r)/ n (το)
μέλος ομάδας διασώσεως

research /rɪ'sɜ:tʃ/ n (η) έρευνα. • vt
ερευνώ. **~er** n (ο) ερευνητής, (η)
ερευνήτρια

resembl|e /rɪ'zembl/ vt μοιάζω.
~ance n (η) ομοιότητα

resent /rɪ'zent/ vt φέρω βαρέως.
~ful a μνησίκακος. **~ment** n

(η) μνησικακία

reservation /rezə'veɪʃn/ n (η) κράτηση. (doubt) (η) επιφύλαξη

reserve /rɪ'zɜ:v/ vt κρατώ. • n (το) απόθεμα. (self-restraint) (η) επιφύλαξη. (sport) (η) εφεδρεία. **nature ~** (η) προστατευόμενη περιοχή. **~d** a κρατημένος. (reticent) επιφυλακτικός

reservoir /'rezəvwa:(r)/ n (η) δεξαμενή

reside /rɪ'zaɪd/ vi κατοικώ

residen|t /'rezɪdənt/ a (permanent) μόνιμος. (internal) εσωτερικός. • n (ο, η) κάτοικος. (in hotel) (ο) ξένος. **~ce** n (in a country) (η) διαμονή. (house) (η) κατοικία

residential /rezɪ'denʃl/ a κατοικημένος.

residue /'rezɪdju:/ n (το) κατάλοιπο

resign /rɪ'zaɪn/ vt παραιτούμαι από. • vi παραιτούμαι. **~ o.s. to** υποτάσσομαι σε. **~ation** / rezɪg'neɪʃn/ n (η) υποταγή. (from job) (η) παραίτηση. **be ~ed to it** το έχω πάρει απόφαση

resilient /rɪ'zɪlɪənt/ a ανθεκτικός

resin /'rezɪn/ n (η) ρητίνη

resist /rɪ'zɪst/ vt αντιστέκομαι σε. • vi αντιστέκομαι **~ance** n (η) αντίσταση. **~ant** a ανθεκτικός

resolut|e /'rezəlu:t/ a αποφασιστικός. **~ion** /-'lu:ʃn/ n (η) αποφασιστικότητα. (decision) (η) απόφαση

resolve /rɪ'zɒlv/ vt λύνω. **~ to do** αποφασίζω να κάνω. • n (η) αποφασιστικότητα. **~d** a αποφασισμένος

resonant /'rezənənt/ a αντηχητικός

resort /rɪ'zɔ:t/ vi **~ to** καταφεύγω σε. • n (recourse) (η) καταφυγή. (place) (το) θέρετρο

resource /rɪ'sɔ:s/ n (ο) πόρος. **~ful** a πολυμήχανος

respect /rɪ'spekt/ n (ο) σεβασμός. (aspect) (η) άποψη. • vt σέβομαι

respectable /rɪ'spektəbl/ a αξιοπρεπής

respective /rɪ'spektɪv/ a αντίστοιχος

respiration /respə'reɪʃn/ n (η) αναπνοή

respite /'respaɪt/ n (η) ανάπαυλα

respond /rɪ'spɒnd/ vi ανταποκρίνομαι. (react) αντιδρώ

response /rɪ'spɒns/ n (η) ανταπόκριση. (reaction) (η) αντίδραση

responsib|le /rɪ'spɒnsəbl/ a υπεύθυνος. **~ility** /-'bɪlətɪ/ n (η) ευθύνη

responsive /rɪ'spɒnsɪv/ a που ανταποκρίνεται

rest /rest/ vt/i ξεκουράζω/ομαι. (lean) στηρίζω/ομαι. • vi (remain) μένω. • n (η) ξεκούραση. (support) (η) βάση. (remainder) (το) υπόλοιπο. (people) (οι) υπόλοιποι

restaurant /'restrɒnt/ n (το) εστιατόριο

restless /'restlɪs/ a ανήσυχος

restore /rɪ'stɔ:(r)/ vt επανορθώνω. (building) αναστηλώνω. (put back) αποκαθιστώ

restrain /rɪ'streɪn/ vt συγκρατώ. **~ o.s.** κρατιέμαι. **~t** n (η) συγκράτηση. (moderation) (το) μέτρο

restrict /rɪ'strɪkt/ vt περιορίζω. **~ion** /-ʃn/ n (ο) περιορισμός. **~ive** a περιοριστικός

result /rɪ'zʌlt/ n (το) αποτέλεσμα. • vi **~ from** απορρέω από. **~ in** έχω σαν αποτέλεσμα

resume /rɪ'zju:m/ vt/i συνεχίζω

résumé /'rezju:meɪ/ n (η) περίληψη

resurrect /rezə'rekt/ vt ανασταίνω. **~ion** /-ʃn/ n (η) ανάσταση

resuscitat|e /rɪ'sʌsɪteɪt/ vt ξαναφέρνω στη ζωή. **~ion** /-'teɪʃn/ n (η) αναζωογόνηση

retail /'ri:teɪl/ n (η) λιανική πώληση. • a λιανικός. • adv λιανικά. • vt πουλώ λιανικά

retain /rɪ'teɪn/ vt κρατώ. (keep) διατηρώ

retaliat|e /rɪ'tælɪeɪt/ vi κάνω αντίποινα. **~ion** /-'eɪʃn/ n (τα) αντίποινα

retarded /rɪˈtɑːdɪd/ *a* καθυστερημένος

retch /retʃ/ *vi* αναγουλιάζω

reticent /ˈretɪsnt/ *a* επιφυλακτικός

retina /ˈretɪnə/ *n* (ο) αμφιβληστροειδής χιτώνας

retire /rɪˈtaɪə(r)/ *vi* αποχωρώ από ενεργό υπηρεσία. (*withdraw, go to bed*) αποσύρομαι. **~d** *a* συνταξιούχος. **~ment** *n* (η) αποχώρηση (από ενεργό υπηρεσία)

retiring /rɪˈtaɪərɪŋ/ *a* ντροπαλός

retort /rɪˈtɔːt/ *vt/i* απαντώ (γρήγορα και αποφασιστικά)

retrace /riːˈtreɪs/ *vt* ανατρέχω

retract /rɪˈtrækt/ *vt* αποσύρω. • *vi* αποσύρομαι

retreat /rɪˈtriːt/ *vi* υποχωρώ. • *n* (η) υποχώρηση

retribution /retrɪˈbjuːʃn/ *n* (η) ανταπόδοση κακού

retrieve /rɪˈtriːv/ *vt* επανακτώ. (*recover*) διασώζω

retrospect /ˈretrəspekt/ *n* **in ~** εκ των υστέρων

return /rɪˈtɜːn/ *vi* επιστρέφω. (*go home*) ξαναγυρίζω. • *vt* (*give back*) επιστρέφω. (*comm*) αποφέρω. • *n* (η) επιστροφή. (*comm*) (η) απόδοση. **~s** (*comm*) (τα) κέρδη. **~ ticket** *n* (το) εισιτήριο με επιστροφή

reunion /riːˈjuːnɪən/ *n* (η) συγκέντρωση

reunite /riːjuːˈnaɪt/ *vt* ξανασμίγω

rev /rev/ *n* (auto) (η) στροφή. • *vt/i* **~ (up)** φουλάρω

reveal /rɪˈviːl/ *vt* αποκαλύπτω. **~ing** *a* αποκαλυπτικός

revel /ˈrevl/ *vi* **~ in** απολαμβάνω. **~ry** *n* (το) γλεντοκόπι

revelation /revəˈleɪʃn/ *n* (η) αποκάλυψη

revenge /rɪˈvendʒ/ *n* (η) εκδίκηση. • *vt* εκδικούμαι. **take ~** παίρνω εκδίκηση

revenue /ˈrevənjuː/ *n* (το) εισόδημα

revere /rɪˈvɪə(r)/ *vt* σέβομαι

reverend /ˈrevərənd/ *a* σεβάσμιος. **the R~ Jones** ο Αιδεσιμότατος Ζόης

revers|e /rɪˈvɜːs/ *a* αντίστροφος. • *n* (η) αντίθεση. (*back*) (η) ανάποδη. (*auto*) (η) όπισθεν. • *vt* αντιστρέφω. (*turn inside out*) γυρίζω από την ανάποδη. • *vi* (*auto*) κάνω όπισθεν. **~al** *n* (η) αντιστροφή

revert /rɪˈvɜːt/ *vi* **~ to** επανέρχομαι σε

review /rɪˈvjuː/ *n* (η) ανασκόπηση. (*mil*) (η) επιθεώρηση. (*of book, play*) (η) κριτική. • *vt* (*situation*) ανασκοπώ. (*book, play*) γράφω κριτική για. **~er** *n* (ο) κριτικός

revis|e /rɪˈvaɪz/ *vt* αναθεωρώ. • *vi* (*for exam*) κάνω επανάληψη. **~ion** /-ɪʒn/ *n* (η) αναθεώρηση, (η) επανάληψη

revitalize /riːˈvaɪtəlaɪz/ *vt* αναζωογονώ

reviv|e /rɪˈvaɪv/ *vt* αναβιώνω. • *vi* ξαναζωντανεύω. (*person*) συνέρχομαι. **~al** *n* (η) αναβίωση. (*of faith*) (η) αφύπνιση

revoke /rɪˈvəʊk/ *vt* αποσύρω

revolt /rɪˈvəʊlt/ *vi* επαναστατώ. • *vt* εξεγείρω. • *n* (η) εξέγερση

revolting /rɪˈvəʊltɪŋ/ *a* αποτροπιαστικός

revolution /revəˈluːʃn/ *n* (η) επανάσταση. **~ary** *a* επαναστατικός. • *n* (ο) επαναστάτης. **~ize** *vt* αλλάζω ριζικά

revolve /rɪˈvɒlv/ *vi* περιστρέφομαι

revolver /rɪˈvɒlvə(r)/ *n* (το) περίστροφο

revue /rɪˈvjuː/ *n* (η) επιθεώρηση

revulsion /rɪˈvʌlʃn/ *n* (η) αηδία

reward /rɪˈwɔːd/ *n* (η) ανταμοιβή. • *vt* ανταμείβω. **~ing** *a* ευχάριστος και ικανοποιητικός, που ανταμείβει

rewrite /riːˈraɪt/ *vt* ξαναγράφω

rhetoric /ˈretərɪk/ *n* (η) ρητορεία. **~al** /rɪˈtɒrɪkl/ *a* ρητορικός

rheumati|c /ruːˈmætɪk/ *a* ρευματικός. **~sm** /ˈruːmətɪzəm/ *n* (ο) ρευματισμός

rhinoceros /raɪˈnɒsərəs/ *n* (ο) ρινόκερος

rhyme /raɪm/ *n* (η) ομοιοκαταληξία. (*poem*) (οι)

στίχοι. • vi ομοιοκαταληκτώ

rhythm /'rɪðəm/ n (ο) ρυθμός.
~ic(al) /'rɪðmɪk(l)/ a ρυθμικός

rib /rɪb/ n (το) πλευρό

ribbon /'rɪbən/ n (η) κορδέλα

rice /raɪs/ n (το) ρύζι

rich /rɪtʃ/ a πλούσιος. (food)
λιπαρός. **~es** npl (τα) πλούτη.
~ly adv πλούσια

ricochet /'rɪkəʃeɪ/ n
αποστρακισμός. • vi
αποστρακίζομαι

**\ /rɪd/ vt απαλλάσσω (of, από).
t ~ of ξεφορτώνομαι

nce /'rɪdns/ n **good ~!** καλό
ατωμα

en /'rɪdn/ see RIDE

riddle /'rɪdl/ n (το) αίνιγμα. • vt **~**
with κάνω κόσκινο

ride /raɪd/ vi (pt rode, pp ridden)
(on horse, on bicycle) καβαλικεύω.
(in car, bus) πηγαίνω (με
αυτοκίνητο/λεωφορείο). • vt
(horse) πάω καβάλα. (bicycle)
πηγαίνω με ποδήλατο. • n (on
horse) (η) ιππασία. (on bicycle) η
ποδηλασία. (in car) (η) βόλτα. (on
bus, train etc.) (το) ταξίδι. **~r**
/-ə(r)/ n (of horse) (ο) ιππέας, (η)
ιππεύτρια. (in document) (η)
προσθήκη (σε νομικό έγγραφο)

ridge /rɪdʒ/ n (η) ράχη

ridicule /'rɪdɪkjuːl/ n (η)
γελοιοποίηση. • vt γελοιοποιώ

ridiculous /rɪ'dɪkjʊləs/ a γελοίος

riding /'raɪdɪŋ/ n (η) ιππασία

rife /raɪf/ a διαδεδομένος. **~ with**
γεμάτος από

rifle /'raɪfl/ n (το) τουφέκι. • vt
(search) ψάχνω. (rob) αδειάζω.
~-range n (το) σκοπευτήριο

rift /rɪft/ n (η) σχισμή. (fig) (η)
ρήξη

rig /rɪg/ vt (equip) εξοπλίζω. • n
(for oil) (η) πλατφόρμα
(αντλήσεως πετρελαίου)

right /raɪt/ a (correct) σωστός.
(fair) δίκαιος. (not left) δεξιός.
(suitable) κατάλληλος. • n (not
evil) (το) δίκαιο. (not left) (το)
δεξιά. (entitlement) (το) δικαίωμα.
• vt ισιώνω. (fig) επανορθώνω.
• adv (not left) δεξιά. (directly)

ίσια. (exactly) ακριβώς.
(completely) εντελώς. **be (in the)
~** έχω δίκιο. **~ angle** n (η)
ορθή γωνία. **~ away** adv
αμέσως. **~-hand man** n (το) δεξί
χέρι. **~-handed** a (ο)
δεξιόχειρας. **~ of way** n (path)
(το) δικαίωμα διόδου. (auto) (η)
προτεραιότητα. **~-wing** a (pol)
δεξιός. **~ly** adv σωστά, δίκαια

righteous /'raɪtʃəs/ a ενάρετος.
(cause) δίκαιος

rightful /'raɪtfl/ a δίκαιος. (legal)
νόμιμος

rigid /'rɪdʒɪd/ a άκαμπτος

rig|our /'rɪgə(r)/ n (η)
αυστηρότητα. **~orous** a
αυστηρός

rim /rɪm/ n (of cup) (το) χείλος. (of
wheel) (η) ζάντα

rind /raɪnd/ n (η) φλούδα

ring¹ /rɪŋ/ n (circle) (ο) δακτύλιος.
(on finger) (το) δακτυλίδι. (boxing)
(το) ρινγκ invar. (arena) (η)
αρένα. (for circus) (η) πίστα. • vt
περικυκλώνω. **~ road** n (ο)
δακτύλιος

ring² /rɪŋ/ vt/i (pt rang, pp rung)
(bell) χτυπώ. (phone) τηλεφωνώ.
• n (sound) (το) χτύπημα.
(telephone call) (το) τηλεφώνημα.
~ off κλείνω το τηλέφωνο. **~
up** τηλεφωνώ

ringleader /'rɪŋliːdə(r)/ n (ο)
αρχηγός

rink /rɪŋk/ n (η) πίστα

rinse /rɪns/ vt ξεπλένω. • n (το)
ξέπλυμα

riot /'raɪət/ n (η) στάση. (of colours)
(το) όργιο. • vi στασιάζω. **run ~**
αποχαλινώνομαι. **~er** n (ο)
στασιαστής

rip /rɪp/ vt/i σκίζω. • n (το) σκίσιμο

ripe /raɪp/ a ώριμος

ripen /'raɪpən/ vt/i ωριμάζω

ripple /'rɪpl/ n (ο) κυματισμός.
• vt/i κυματίζω (ελαφρά)

rise /raɪz/ vi (pt rose, pp risen)
σηκώνομαι. (sun) ανατέλλω. (of
river, prices) ανεβαίνω. (bread)
φουσκώνω. • n (land) (το) ύψωμα.
(increase) (η) άνοδος. (in pay) (η)
αύξηση. (to power) (η) άνοδος.
give ~ to προκαλώ

rising /'raızıŋ/ n (revolt) (η) εξέγερση. • a (increasing) ανερχόμενος. (sun) ανατέλλων

risk /rɪsk/ n (ο) κίνδυνος. • vt διακινδυνεύω. **be at ~** κινδυνεύω. **~y** a επικίνδυνος

risqué /'riːskeı/ a τολμηρός

rite /raɪt/ n (η) τελετή. **last ~s** (τα) άχραντα μυστήρια

ritual /'rɪtjʊəl/ a τελετουργικός. • n (η) τελετουργία

rival /'raɪvl/ a αντίπαλος. • n (ο) αντίζηλος. • vt αμιλλώμαι. **~ry** n (η) άμιλλα

river /'rɪvə(r)/ n (το) ποτάμι, (ο) ποταμός

rivet /'rɪvɪt/ n (το) πιρτσίνι. • vt καθηλώνω. **~ing** a που καθηλώνει την προσοχή

road /rəʊd/ n (ο) δρόμος. (in address) (η) οδός. **~-map** n (ο) οδικός χάρτης. **~ sign** n (οι) πινακίδες. **~-works** npl (τα) οδικά έργα

roadside /'rəʊdsaɪd/ n (η) άκρη του δρόμου

roadway /'rəʊdweɪ/ n (το) οδόστρωμα

roam /rəʊm/ vi περιπλανιέμαι. • vt τριγυρίζω

roar /rɔː(r)/ n (ο) βρυχηθμός. (laughter) (το) ξεκάρδισμα. vi βρυχώμαι. **~ with laughter** ξεκαρδίζομαι στα γέλια

roast /rəʊst/ vt ψήνω στο φούρνο. • n (το) ψητό (στο φούρνο). • a ψητός

rob /rɒb/ vt (pt robbed) κλέβω. (bank) ληστεύω. **~ber** n (ο) ληστής. **~bery** n (η) ληστεία

robe /rəʊb/ n (η) επίσημη στολή

robin /'rɒbɪn/ n (ο) κοκκινολαίμης (πουλί)

robot /'rəʊbɒt/ n (το) ρομπότ invar

robust /rəʊ'bʌst/ a ρωμαλέος

rock¹ /rɒk/ n (substance) (ο) πέτρωμα. (boulder) (ο) βράχος

rock² /rɒk/ vt/i (sway) σείω. (shake) κουνώ. (baby) λικνίζω. • n (mus) (η) ροκ (μουσική) invar. **~ing-chair** n (η) κουνιστή πολυθρόνα. **~ing-horse** n (το) κουνιστό αλογάκι

rockery /'rɒkərɪ/ n (ο) βραχόκηπος

rocket /'rɒkɪt/ n (ο) πύραυλος

rocky /'rɒkɪ/ a βραχώδης

rod /rɒd/ n (η) ράβδος. (for fishing) (το) καλάμι. (wooden) (η) βέργα

rode /rəʊd/ see RIDE

rodent /'rəʊdnt/ n (το) τρωκτικό

roe /rəʊ/ n (of fish) (το) αβγοτάραχο. (deer) (το) ζαρκάδι

rogue /rəʊg/ n (το) κάθαρμα

role /rəʊl/ n (ο) ρόλος

roll /rəʊl/ vt/i κυλώ. (rock) κουνώ. (pastry) ανοίγω. • n (of drum) (η) τυμπανοκρουσία. (bread) (το) ψωμάκι. (list) (ο) κατάλογος. **~ing-pin** n (ο) πλάστης. **~ over** ανατρέπομαι. **~ up** vt (sleeves) ανασηκώνω

roller /'rəʊlə(r)/ n (ο) κύλινδρος. (wheel) (το) ροδάκι. **~ blind** n (το) στορ invar. **~-coaster** n (το) τρενάκι (σε λούνα παρκ). **~-skate** n (το) πατίνι

Roman /'rəʊmən/ a ρωμαϊκός. • n (ο) Ρωμαίος, (η) Ρωμαία. **~ Catholic** a ρωμαιοκαθολικός. • n (ο) ρωμαιοκαθολικός

romance /rəʊ'mæns/ n (το) ρομάντζο. (love affair) (το) ειδύλλιο

romantic /rəʊ'mæntɪk/ a ρομαντικός

Rome /'rəʊm/ n (η) Ρώμη

roof /ruːf/ n (η) οροφή. (of mouth) (ο) ουρανίσκος. • vt στεγάζω. **~-rack** n (η) σχάρα (οροφής)

rook /rʊk/ n (bird) (το) κοράκι. (chess) (ο) πύργος

room /ruːm/ n (το) δωμάτιο. (bedroom) (η) κρεβατοκάμαρα. (large hall) (η) αίθουσα. (space) (ο) χώρος. **~ service** n (η) υπηρεσία δωματίου. **~y** a ευρύχωρος. (clothes) φαρδύς

roost /ruːst/ n (η) κούρνια. • vi κουρνιάζω. **~er** n (ο) κόκορας

root /ruːt/ n (η) ρίζα. (fig) (η) αιτία. • vt/i ριζώνω. • vi **~ about** ψάχνω. **~ for** υποστηρίζω

rope /rəʊp/ n (το) σχοινί. • vt δένω (με σχοινί). **know the ~s** ξέρω τα κόλπα

rosary /'rəʊzərɪ/ n (το) ροζάριο

rose¹ /rəʊz/ n (το) τριαντάφυλλο. (nozzle) (το) ραντιστήρι. **~-bush** n (η) τριανταφυλλιά

rose² /rəʊz/ see RISE

rosette /rəʊ'zet/ n (η) ροζέτα

rostrum /'rɒstrəm/ n (το) βήμα

rosy /'rəʊzɪ/ a ρόδινος

rot /rɒt/ vt/i σαπίζω. • n (το) σάπισμα

rota /'rəʊtə/ n (o) κατάλογος ονομάτων

rotary /'rəʊtərɪ/ a περιστροφικός

rotat|e /rəʊ'teɪt/ vt/i περιστρέφω/ ομαι. (change round) εναλλάσσω/ ομαι. **~ion** /-ʃn/ n (η) περιστροφή

rotten /'rɒtn/ a σάπιος. (fam) άσχημος

rough /rʌf/ a (surface) τραχύς. (ground) ανώμαλος. (sea) φουρτουνιασμένος. (person) βάναυσος. (bad) δυσάρεστος. (estimate) κατά προσέγγιση. (notes, sketch) πρόχειρος. • adv βίαια. (play) σκληρά. • n (το) πρόχειρο. **~ly** adv βάναυσα. (about) περίπου

round /raʊnd/ a στρογγυλός. • n (circle) (o) κύκλος. (slice) (η) φέτα. (of visits, drinks) (o) γύρος. (of competition) (o) γύρος. • prep & adv γύρω. • vt (make round) στρογγυλεύω. (go round) παίρνω (στροφή). **go** or **come ~** (a friend etc.) κάνω επίσκεψη. **~ of applause** (η) ομοβροντία. **~ off** ολοκληρώνω. **~-shouldered** a με κυρτούς ώμους. **~ trip** n (το) ταξίδι με επιστροφή. **~ up** (bring together) μαζεύω. (price etc.) στρογγυλεύω. **~-up** n (το) μάζεμα

roundabout /'raʊndəbaʊt/ n (for traffic) (o) κυκλικός κόμβος. (in playground) (τα) περιστρεφόμενα αλογάκια. • a περιφραστικός

rous|e /raʊz/ vt ξυπνώ. (incite) εξεγείρω. **~ing** a έντονος

route /ru:t/ n (η) διαδρομή. (naut, aviat) (το) δρομολόγιο. (of bus) (η) γραμμή

~tine /ru:'ti:n/ n (η) ρουτίνα. ρουτίνας

~~~v/ vt/i περιφέρω/ομαι

row¹ /rəʊ/ n (η) σειρά

row² /rəʊ/ vi κωπηλατώ. • vt τραβώ κουπί, κωπηλατώ. • n (η) κωπηλασία. **~ing** n (η) κωπηλασία. **~ing-boat**, (Amer) **~-boat** n (η) βάρκα κωπηλασίας

row³ /raʊ/ n (noise) (η) φασαρία. (quarrel) (o) καβγάς

rowdy /'raʊdɪ/ a θορυβώδης

royal /'rɔɪəl/ a βασιλικός

royalty /'rɔɪəltɪ/ n (η) βασιλεία. (payment) (τα) συγγραφικά δικαιώματα

rub /rʌb/ vt τρίβω. • n (το) τρίψιμο. **~ it in** το κοπανώ. **~ off** βγαίνω. **~ out** σβήνω

rubber /'rʌbə(r)/ n (το) λάστιχο. (eraser) (η) γομολάστιχα. • a λαστιχένιος. **~ band** n (το) λαστιχάκι. **~ plant** n (o) φίκος.

rubbish /'rʌbɪʃ/ n (τα) σκουπίδια. (junk) (το) παλιόπραμα. (fig) (οι) ανοησίες. **~y** a άχρηστος

rubble /'rʌbl/ n (τα) μπάζα

ruby /'ru:bɪ/ n (το) ρουμπίνι

rucksack /'rʌksæk/ n (το) σακίδιο

rudder /'rʌdə(r)/ n (το) πηδάλιο

ruddy /'rʌdɪ/ a ροδοκόκκινος

rude /ru:d/ a αγενής. (improper) απρεπής. (abrupt) απότομος. **~ly** adv με αγένεια, απότομα. **~ness** n (η) αγένεια

rudimentary /ru:dɪ'mentrɪ/ a στοιχειώδης

rudiments /'ru:dɪmənts/ npl (το) στοιχείο

ruffian /'rʌfɪən/ n (το) κάθαρμα

ruffle /'rʌfl/ vt πειράζω. (hair) ανακατεύω.

rug /rʌg/ n (το) χαλάκι

rugby /'rʌgbɪ/ n (το) ράγκμπι invar

rugged /'rʌgɪd/ a (landscape) βραχώδης. (features) τραχύς

ruin /'ru:ɪn/ n (η) καταστροφή. (building) (το) ερείπιο. • vt καταστρέφω, ερειπώνω

rule /ru:l/ n (o) κανόνας. (custom) (η) συνήθεια. (government) (η) εξουσία. • vt (govern) κυβερνώ. (control) εξουσιάζω. (master) κυριαρχώ. • vi επικρατώ. **~ out** αποκλείω. **~d paper** n (το) χαρτί με ρίγες. **~r** /-ə(r)/ n

(*sovereign*) (ο) άρχοντας. (*leader*)
(ο) αρχηγός. (*measure*) (ο)
χάρακας. **ruling** *n* (η) απόφαση.
• *a* (*pol*) κυβερνών

rum /rʌm/ *n* (το) ρούμι

rumble /rʌmbl/ *vi* μπουμπουνίζω.
(*stomach*) γουργουρίζω

rummage /ˈrʌmɪdʒ/ *vi* ψάχνω
ανακατεύοντας

rumour /ˈruːmə(r)/ *n* (η) διάδοση.
• *vt* it is ~ed that διαδίδεται ότι

rump /rʌmp/ *n* (τα) καπούλια. ~
steak *n* (το) κόντρα φιλέτο

run /rʌn/ *vi* (*pt* ran, *pp* run, *pres p*
running) τρέχω. (*flow*) κυλώ.
(*pass*) περνώ. (*function*)
λειτουργώ. (*melt*) λιώνω. (*extend*)
συνεχίζω. (*last*) διαρκώ. (*of bus
etc.*) έχω δρομολόγιο. (*of play*)
έχω παραστάσεις. (*of colours*)
απλώνω. (*in election*) βάζω
υποψηφιότητα. • *vt* (*manage*)
διαχειρίζομαι. (*control*) διευθύνω.
(*errand*) κάνω. • *n* (το) τρέξιμο.
(*journey*) (το) ταξίδι. (*outing*) (η)
βόλτα. (*ladder*) (ο) φευγάτος
πόντος. (*ski*) (η) πίστα. (*series*) (η)
σειρά. (*cricket*) (η) διαδρομή. in
the long ~ μακροπρόθεσμος.
on the ~ σε φυγή. ~ across
(*friend*) συναντώ τυχαία. ~
away το σκάω. ~ down (*knock
down*) χτυπώ. (*belittle*) κακολογώ.
~-down *a* (*person*)
εξαντλημένος. ~ in (*vehicle*)
στρώνω. ~ into (*hit*) πέφτω πάνω
σε. (*meet*) πέφτω πάνω σε. ~-of-
the-mill *a* συνηθισμένος. ~ out
(*food, drink*) τελειώνω. (*lease,
licence*) λήγω. ~ out of μένω
από. ~ over (*vehicle*) πατώ. ~
up (*bill*) συσσωρεύω

runaway /ˈrʌnəweɪ/ *n* (ο)
δραπέτης. • *a* (*animal*)
αφηνιασμένος

rung¹ /rʌŋ/ *n* (*of ladder*) (το) σκαλί

rung² /rʌŋ/ *see* RING

runner /ˈrʌnə(r)/ *n* (*in race*) (ο)
δρομέας. ~-up *n* (ο) επιλαχών

running /ˈrʌnɪŋ/ *n* (το) τρέξιμο. • *a*
(*water*) τρεχούμενος. ~
commentary *n* (η) σύγχρονη
περιγραφή γεγονότος

runway /ˈrʌnweɪ/ *n* (ο) διάδρομος

rupture /ˈrʌptʃə(r)/ *n* (η) ρήξη.
(*med*) (η) κήλη. • *vt/i*
διαρρηγνύω/ομαι

rural /ˈrʊərəl/ *a* αγροτικός

ruse /ruːz/ *n* (το) κόλπο

rush¹ /rʌʃ/ *n* (*plant*) (το) βούρλο

rush² /rʌʃ/ *vi* ορμώ. • *vt* βιάζω.
(*mil*) εφορμώ. • *n* (η) βία, (η)
βιασύνη. (*run*) (το) τρέξιμο. to be
in a ~ βιάζομαι. ~-hour *n* (η)
ώρα αιχμής (*της κυκλοφορίας*)

rusk /rʌsk/ *n* (το) παξιμάδι

Russia /ˈrʌʃə/ *n* (η) Ρωσσία. ~n *a*
ρωσσικός. • *n* (ο) Ρώσσος, (η)
Ρωσσίδα. (*lang*) (τα) ρωσσικά

rust /rʌst/ *n* (η) σκουριά. • *vt/i*
σκουριάζω. ~-proof *a*
αντιδιαβρωτικός. ~-y *a*
σκουριασμένος

rustle /ˈrʌsl/ *vi* θροΐζω. • *vt* μαζεύω.
(*steal: Amer*) κλέβω

rut /rʌt/ *n* in a ~ σε μονότονη
ρουτίνα

ruthless /ˈruːθlɪs/ *a* ανελέητος

rye /raɪ/ *n* (η) σίκαλη

Ss

sabbath /ˈsæbəθ/ *n* (η) ημέρα
αργίας των Εβραίων, (το) Σάββατο

sabbatical /səˈbætɪkl/ *n* (univ) (η)
άδεια (*για έρευνα ή μελέτη*)

sabotage /ˈsæbətɑːʒ/ *n* (το)
σαμποτάζ *invar*. • *vt* σαμποτάρω

sachet /ˈsæʃeɪ/ *n* (το) σακουλάκι

sack /sæk/ *n* (το) σακί. • *vt* (*fam*)
διώχνω, απολύω. (*plunder*)
λεηλατώ. ~ing *n* (*material*) (το)
καναβάτσο. (*fam*) (η) απόλυση

sacrament /ˈsækrəmənt/ *n* (το)
μυστήριο

sacred /ˈseɪkrɪd/ *a* ιερός

sacrifice /ˈsækrɪfaɪs/ *n* (η) θυσία.
• *vt* θυσιάζω

sacrilege /ˈsækrɪlɪdʒ/ *n* (η)
ιεροσυλία

sad /sæd/ *a* λυπημένος. ~ly *adv*
λυπημένα. (*unfortunately*)
δυστυχώς. ~ness *n* (η) λύπη

sadden /'sædn/ vt λυπώ

saddle /'sædl/ n (η) σέλα. • vt σελώνω. **be ~d with** (fig) φορτώνομαι

sadis|t /'seidist/ n (ο) σαδιστής, (η) σαδίστρια. **~m** /-zəm/ n (ο) σαδισμός. **~tic** /sə'dıstık/ a σαδιστικός

safari /sə'fɑːrı/ n (το) σαφάρι

safe /seif/ a ασφαλής. (out of danger) ακίνδυνος. (cautious) προσεκτικός. • n (το) χρηματοκιβώτιο. **~ and sound** σώος και αβλαβής. **~ly** adv με ασφάλεια

safeguard /'seifgɑːd/ n (η) εγγύηση. • vt διασφαλίζω

safety /'seifti/ n (η) ασφάλεια. **~-belt** n (η) ζώνη ασφαλείας. **~ pin** n (η) παραμάνα

sag /sæg/ vi κρεμώ. (give) βουλιάζω

sage /seidʒ/ n (herb) (το) φασκόμηλο. (man) (ο) σοφός

Sagittarius /sædʒı'teərıəs/ n (ο) τοξότης

said /sed/ see SAY

sail /seil/ n (το) πανί. (trip) (το) ταξίδι (με πλοίο). • vi (leave) αποπλέω. (sport) κάνω ιστιοπλοΐα. (fig) αρμενίζω. • vt (boat) κυβερνώ. **~ing** n (sport) (η) ιστιοπλοΐα. **~ing-ship** n (το) ιστιοφόρο

sailor /'seilə(r)/ n (ο) ναύτης

saint /seint/ n (ο) άγιος

sake /seik/ n **for the ~ of** για χάρη (with gen.)

salad /'sæləd/ n (η) σαλάτα. **~-dressing** n (το) λαδολέμονο

salary /'sælərı/ n (ο) μισθός

sale /seil/ n (η) πώληση. (at reduced prices) (το) ξεπούλημα. **for ~** προς πούλημα. (on signs) πωλείται

sales|man /'seilzmən/ n (ο) πωλητής. (in shop) (ο) υπάλληλος. (traveller) (ο) πλασιέ invar. **~woman** n (η) πωλήτρια. (in shop) (η) υπάλληλος

saliva /sə'laivə/ n (το) σάλιο

sallow /'sæləʊ/ a κιτρινιάρης

salmon /'sæmən/ n invar (ο) σολομός

salon /'sælɒn/ n (room) (το) σαλόνι. **beauty ~** (το) ινστιτούτο καλλονής

saloon /sə'luːn/ n (on ship) (η) αίθουσα. (bar: Amer) (το) μπαρ invar. **~ (car)** (το) σαλούν invar

salt /sɔːlt/ n (το) αλάτι. • a αλμυρός. • vt αλατίζω. **~-cellar** n (η) αλατιέρα. **~y** a αλμυρός

salute /sə'luːt/ n (ο) χαιρετισμός. • vt/i χαιρετίζω

salvage /'sælvidʒ/ n (η) διάσωση. (of waste) (η) περισυλλογή. • vt διασώζω

salvation /sæl'veiʃn/ n (η) σωτηρία

same /seim/ a ίδιος (as, με). • pron **the ~** ο ίδιος. • adv **the ~** τα ίδια. **all the ~** παρόλα αυτά. **at the ~ time** ταυτοχρόνως

sample /'sɑːmpl/ n (το) δείγμα. • (food) vt δοκιμάζω

sanctimonious /sæŋktı'məʊnıəs/ a ψευτοευλαβής

sanction /'sæŋkʃn/ n (η) επικύρωση. (penalty) (η) κύρωση. • vt επικυρώνω

sanctity /'sæŋktətı/ n (το) απαραβίαστο

sanctuary /'sæŋktjʊərı/ n (το) καταφύγιο. (relig) (το) ιερό. (refuge) (το) άσυλο

sand /sænd/ n (η) άμμος. • vt τρίβω με γυαλόχαρτο

sandal /'sændl/ n (το) πέδιλο

sandpaper /'sændpeipə(r)/ n (το) γυαλόχαρτο

sandwich /'sænwidʒ/ n (το) σάντουιτς invar. • vt στριμώχνω

sandy /'sændı/ a αμμώδης

sane /sein/ a (person) υγιής (στο νου). (judgement, policy) λογικός

sang /sæŋ/ see SING

sanitary /'sænitrı/ a υγιεινός. (system etc.) υγειονομικός. **~ towel**, (Amer) **~ napkin** ns (η) σερβιέτα

sanitation /sænı'teiʃn/ n (η) υγιεινή

sanity /'sænətı/ n (η) πνευματική υγεία. (sense) (το) λογικό

sank /sæŋk/ see SINK

sap /sæp/ *n* (*in plants*) (ο) χυμός. • *vt* εξασθενίζω

sapling /'sæplɪŋ/ *n* (το) δενδρύλλιο

sapphire /'sæfaɪə(r)/ *n* (το) ζαφείρι

sarcas|m /'sɑ:kæzəm/ *n* (ο) σαρκασμός. **~tic** /-'kæstɪk/ *a* σαρκαστικός

sardine /sɑ:'di:n/ *n* (η) σαρδέλα

sash /sæʃ/ *n* (ο) ζωστήρας

sat /sæt/ *see* SIT

satanic /sə'tænɪk/ *a* σατανικός

satchel /'sætʃl/ *n* (η) σάκα

satellite /'sætəlaɪt/ *n* (ο) δορυφόρος. • *a* δορυφορικός

satin /'sætɪn/ *n* (το) σατέν *invar*. • *a* σατέν *invar*

satir|e /'sætaɪə(r)/ *n* (η) σάτιρα. **~ical** /sə'tɪrɪkl/ *a* σατιρικός

satisfaction /sætɪs'fækʃn/ *n* (η) ικανοποίηση

satisfactory /sætɪs'fæktərɪ/ *a* ικανοποιητικός

satisfy /'sætɪsfaɪ/ *vt* ικανοποιώ. (*convince*) πείθω. **~ing** *a* ικανοποιητικός

saturate /'sætʃəreɪt/ *vt* διαποτίζω

Saturday /'sætədɪ/ *n* (το) Σάββατο

sauce /sɔ:s/ *n* (η) σάλτσα

saucepan /'sɔ:spən/ *n* (η) κατσαρόλα

saucer /'sɔ:sə(r)/ *n* (το) πιατάκι

saucy /'sɔ:sɪ/ *a* αναιδής

sauna /'sɔ:nə/ *n* (το) σάουνα *invar*

saunter /'sɔ:ntə(r)/ *vi* σουλατσάρω

sausage /'sɒsɪdʒ/ *n* (το) λουκάνικο

savage /'sævɪdʒ/ *a* πρωτόγονος. (*fierce*) άγριος. • *n* (ο) άγριος. • *vt* επιτίθεμαι άγρια σε

sav|e /seɪv/ *vt* σώζω. (*money, time*) εξοικονομώ. (*prevent*) αποφεύγω. (*keep*) φυλάω. (*computing*) αποθηκεύω. • *n* (*football*) (η) διάσωση της εστίας. • *prep* εκτός. **~ing** *n* (η) σωτηρία. **~ings** *npl* (οι) οικονομίες

saviour /'seɪvɪə(r)/ *n* (ο) σωτήρας

savour /'seɪvə(r)/ *n* (η) γεύση. • *vt* απολαμβάνω. **~y** *a* αλμυρός. • *n* (τα) αλμυρά

saw¹ /sɔ:/ *see* SEE

saw² /sɔ:/ *n* (το) πριόνι. • *vt* (*pt* **sawed**, *pp* **sawn**) πριονίζω

sawdust /'sɔ:dʌst/ *n* (τα) πριονίδια

saxophone /'sæksəfəʊn/ *n* (το) σαξόφωνο

say /seɪ/ *vt/i* (*pt* **said** /sed/) λέω. • *n* **have a ~** έχω λόγο. (*in decision*) επηρεάζω απόφαση

saying /'seɪɪŋ/ *n* (το) ρητό

scab /skæb/ *n* (το) κακάδι

scaffold /'skæfəʊld/ *n* (το) ικρίωμα. **~ing** *n* (η) σκαλωσιά

scald /skɔ:ld/ *vt* ζεματίζω. • *n* (το) ζεμάτισμα

scale /skeɪl/ *n* (*gen, mus*) (η) κλίμακα. (*of fish*) (το) λέπι. • *vt* κλιμακώνω. (*climb*) σκαρφαλώνω

scales /skeɪlz/ *npl* (*for weighing*) (η) ζυγαριά

scalp /skælp/ *n* (το) δέρμα της κεφαλής. • *vt* γδέρνω το δέρμα της κεφαλής

scalpel /'skælpəl/ *n* (το) νυστέρι

scamper /'skæmpə(r)/ *vi* τρέχω παιχνιδιάρικα

scan /skæn/ *vt* ερευνώ προσεκτικά. (*quickly*) ρίχνω μια ματιά σε. (*radar*) σαρώνω. • *vi* (*poetry*) έχω μέτρο. • *n* (*med*) (το) σπινθηρογράφημα

scandal /'skændl/ *n* (το) σκάνδαλο. (*gossip*) (το) κουτσομπολιό. **~ize** *vt* σκανδαλίζω. **~ous** *a* σκανδαλώδης

Scandinavia /skændɪ'neɪvɪə/ *n* (η) Σκανδιναβία

scant /skænt/ *a* λιγοστός

scanty /'skæntɪ/ *a* λιγοστός. (*clothing*) ανεπαρκής

scapegoat /'skeɪpgəʊt/ *n* (ο) αποδιοπομπαίος τράγος

scar /skɑ:(r)/ *n* (το) σημάδι. • *vt* αφήνω σημάδι σε

scarce /skeəs/ *a* σπάνιος

scarcely /'skeəslɪ/ *adv* μόλις

scare /'skeə(r)/ *vt* τρομάζω. • *n* (ο) τρόμος. **be ~d** είμαι τρομαγμένος

scarecrow /'skeəkrəʊ/ *n* (το) σκιάχτρο

scarf /skɑ:f/ *n* (*pl* **scarves**) (το) μαντίλι (*του λαιμού*). (*for winter*) (το) κασκόλ *invar*

scarlet /'skɑ:lət/ *a* κατακόκκινος.

~ **fever** n (η) οστρακιά
scathing /'skeiðiŋ/ a καυστικός
scatter /'skætə(r)/ vt σκορπίζω.
(disperse) διαλύω. • vi (disperse)
διαλύομαι. ~**-brained** a
ελαφρόμυαλος
scavenge /'skævindʒ/ vi ψάχνω σε
σκουπίδια για κάτι χρήσιμο
scenario /sɪ'nɑːrɪəʊ/ n (το)
σενάριο
scene /siːn/ n (η) σκηνή. (sight) (η)
θέα. (incident) (το) επεισόδιο.
behind the ~s στα παρασκήνια
scenery /'siːnərɪ/ n (το) τοπίο.
(theatr) (τα) σκηνικά
scenic /'siːnɪk/ a σκηνικός
scent /sent/ n (η) μυρωδιά. (trail)
(τα) ίχνη
sceptic /'skeptɪk/ n (ο)
σκεπτικιστής, (η) σκεπτικίστρια.
~**al** a σκεπτικιστικός
sceptre /'septə(r)/ n (το) σκήπτρο
schedule /'ʃedjuːl/ n (το)
πρόγραμμα. • vt προγραμματίζω.
behind ~ καθυστερημένος. **on**
~ στην ώρα του
scheme /skiːm/ n (το) σχέδιο.
(plot) (η) μηχανορραφία. • vi
μηχανορραφώ
schizophren|ic /skɪtsəʊ'frenɪk/ a
σχιζοφρενικός
scholar /'skɒlə(r)/ n (ο) λόγιος.
~**ly** a λόγιος. ~**ship** n (η)
λογιότητα. (grant) (η) υποτροφία
school /skuːl/ n (το) σχολείο. (of
univ) (η) σχολή. • a σχολικός. • vt
μαθαίνω. (discipline) γυμνάζω.
~**boy** n (ο) μαθητής. ~**girl** n (η)
μαθήτρια. ~**ing** n (η)
εκπαίδευση. ~**master** n (ο)
δάσκαλος. (secondary) (ο)
καθηγητής. ~**mistress** n (η)
δασκάλα. (secondary) (η)
καθηγήτρια
scien|ce /'saɪəns/ n (η) επιστήμη.
~**ce fiction** n (η) επιστημονική
φαντασία. ~**tific** /-'tɪfɪk/ a
επιστημονικός
scientist /'saɪəntɪst/ n (ο, η)
επιστήμονας
scissors /'sɪsəz/ npl (το) ψαλίδι
scoff /skɒf/ vi ~ **at** κοροϊδεύω,
περιφρονώ. • vt (eat: fam)

καταβροχθίζω
scold /skəʊld/ vt μαλώνω
scoop /skuːp/ n (η) σέσουλα.
(news) (το) λαβράκι. • vt ~ **out**
βγάζω. ~ **up** μαζεύω
scooter /'skuːtə(r)/ n (for child)
(το) πατίνι. (motor cycle) (το)
σκούτερ invar
scope /skəʊp/ n (το) περιθώριο.
(opportunity) (η) ευκαιρία
scorch /skɔːtʃ/ vt καψαλίζω. ~**ing**
a (fam) καυτερός
score /skɔː(r)/ n (sport) (το) σκορ
invar. (mus) (η) παρτιτούρα.
(twenty) (η) εικοσάδα. • vt
κερδίζω (πόντους). (success)
σημειώνω. (scratch) χαράζω. • vi
(keep score) κρατώ σημείωση του
σκορ
scorn /skɔːn/ n (η) περιφρόνηση.
• vt περιφρονώ
Scorpio /'skɔːpɪəʊ/ n (ο) σκορπιός
scorpion /'skɔːpɪən/ n (ο)
σκορπιός
Scot /skɒt/ n (ο) Σκοτσέζος, (η)
Σκοτσέζα. ~**s**, ~**tish** a
σκοτσέζικος
Scotch /skɒtʃ/ a σκοτσέζικος. • n
(το) ουίσκι invar
Scotland /'skɒtlənd/ n (η) Σκοτία
scoundrel /'skaʊndrəl/ n (το)
τομάρι
scour /'skaʊə(r)/ vt (clear) τρίβω
να γυαλίσω. (search) ψάχνω
scourge /skɜːdʒ/ n (η) μάστιγα
scout /skaʊt/ n (ο) ανιχνευτής. • vi
~ **(for)** ψάχνω (για)
Scout /skaʊt/ n (ο) πρόσκοπος
scowl /skaʊl/ n (το)
κατσούφιασμα. • vi κατσουφιάζω
scramble /'skræmbl/ vi (clamber)
σκαρφαλώνω. • n (struggle) (ο)
αγώνας. ~**d eggs** αβγά χτυπητά
scrap /skræp/ n (το) κομματάκι.
(fight: fam) (ο) καβγάς. ~**s** npl
(τα) απομεινάρια. (of food) (τα)
αποφάγια. • vt πετώ (σαν
άχρηστο). ~**-book** n (το)
λεύκωμα. ~ **heap** n (ο) σωρός
απορριμμάτων. ~ **metal** n (τα)
παλιοσίδερικά
scrape /skreɪp/ vt ξύνω. (graze)
γδέρνω. (rub) τρίβω. • n (το)

γδάρσιμο. (*fig*) (ο) μπελάς

scratch /skrætʃ/ *vt/i* ξύνω/ομαι.
(*with nails*) γρατσουνίζω/ομαι. • *n*
(το) γρατσούνισμα

scrawl /skrɔ:l/ *n* (τα)
ορνιθοσκαλίσματα. • *vt/i* γράφω
βιαστικά

scrawny /'skrɔ:nɪ/ *a* λιπόσαρκος

scream /skri:m/ *vt/i* στριγκλίζω.
• *n* (το) στρίγκλισμα

screech /skri:tʃ/ *vi* τσιρίζω. • *n*
(το) τσίριγμα

screen /skri:n/ *n* (το) παραβάν
invar. (*cinema*, *TV*) (η) οθόνη.
• *vt* προφυλάσσω. (*film*)
προβάλλω. (*candidates*) εξετάζω
(για καταλληλότητα)

screw /skru:/ *n* (η) βίδα. • *vt*
βιδώνω. **~driver** *n* (το)
κατσαβίδι

scribble /'skrɪbl/ *vt/i* γράφω
βιαστικά και δυσανάγνωστα

script /skrɪpt/ *n* (η) γραφή. (*of film
etc.*) (το) σενάριο

Scriptures /'skrɪptʃəz/ *npl* the **~** η
Αγία Γραφή

scroll /skrəʊl/ *n* (ο) ρόλος
περγαμηνής. **~bar** *n* (η) γραμμή
κύλισης. **~down** *vi* ρολάρω
προς τα κάτω

scrounge /skraʊndʒ/ *vt* (*fam*)
κάνω τράκα για. • *vi* κάνω τράκα

scrub /skrʌb/ *n* (*land*) (ο)
θαμνότοπος. • *vt/i* τρίβω

scruff /skrʌf/ *n* the **~** of the neck
το σβέρκο

scruple /'skru:pl/ *n* (ο) ενδοιασμός

scrutin|y /'skru:tɪnɪ/ *n* (η)
εξονυχιστική εξέταση. **~ize** *vt*
εξετάζω εξονυχιστικά

scuff /skʌf/ *vt* (*shoes*) γδέρνω

scuffle /'skʌfl/ *n* (η) συμπλοκή

sculpt /skʌlpt/ *vt* σκαλίζω. • *vi*
κάνω γλυπτά **~or** *n* (ο) γλύπτης.
~ure /-tʃə(r)/ *n* (η) γλυπτική. • *vt/
i* λαξεύω

scum /skʌm/ *n* (η) γλίτσα. (*people:
fam*) (το) απόβρασμα

scurrilous /'skʌrɪləs/ *a* χυδαίος

scurry /'skʌrɪ/ *vi* **~ away** *or* **off**
φεύγω βιαστικά

scuttle /'skʌtl/ *vt* (*ship*) βουλιάζω.
• *vi* **~ away** τρέπομαι σε φυγή

scythe /saɪð/ *n* (το) δρεπάνι

sea /si:/ *n* (η) θάλασσα. • *a*
θαλασσινός. **~ horse** *n* (ο)
ιππόκαμπος. **~ level** *n* (η)
επιφάνεια της θάλασσας. **~ lion**
n είδος φώκιας. **~ shell** *n* (το)
κοχύλι

seabed /'si:bed/ *n* (ο) πάτος της
θάλασσας

seafood /'si:fu:d/ *n* (τα) θαλασσινά

seagull /'si:gʌl/ *n* (ο) γλάρος

seal /si:l/ *n* (*animal*) (η) φώκια.
(*stamp*) (η) σφραγίδα. (*wax*) (η)
βούλα. • *vt* σφραγίζω. (*envelope*)
κλείνω. **~ off** (*area*) αποκλείω

seam /si:m/ *n* (η) ραφή. (*of coal*)
(η) φλέβα

seaman /'si:mən/ *n* (ο) ναυτικός

seaport /'si:pɔ:t/ *n* (το) λιμάνι

search /sɜ:tʃ/ *vt/i* ερευνώ. • *n* (η)
αναζήτηση. (*official*) (η) έρευνα.
~ for αναζητώ. **~-party** *n* (η)
εξερευνητική ομάδα. **~ through**
ψάχνω. **~ing** *a* ερευνητικός

searchlight /'sɜ:tʃlaɪt/ *n* (ο)
προβολέας

seashore /'si:ʃɔ:(r)/ *n* (η) παραλία

seasick /'si:sɪk/ *a* be **~** μ᾽ έχει
πιάσει η θάλασσα

seaside /'si:saɪd/ *n* (η) παραλία

season /'si:zn/ *n* (η) εποχή. • *vt*
(*flavour*) καρυκεύω. **~al** *a*
εποχιακός. **~ing** *n* (το)
καρύκευμα. **~ ticket** *n* (το)
εισιτήριο διαρκείας

seat /si:t/ *n* (το) κάθισμα. (*place*)
(η) έδρα. (*of trousers*) (ο) πισινός.
(*buttocks*) (ο) πάτος. • *vt* (*place*)
καθίζω. (*have seats for*) χωρώ.
~-belt *n* (η) ζώνη ασφαλείας

seaweed /'si:wi:d/ *n* (το) φύκι

secateurs /'sekətɜ:z/ *npl* (το)
κλαδευτήρι

seclude /sɪ'klu:d/ *vt* απομονώνω.
~d *a* απομονωμένος

second[1] /'sekənd/ *a* δεύτερος.
• *n* (ο) δεύτερος. (*time*) (το)
δευτερόλεπτο. **~s** (*goods*) είδη
κατώτερης ποιότητας. • *adv* (*in
race etc.*) δεύτερος. • *vt* (*proposal*)
υποστηρίζω. **have~s** (*of meal:
fam*) σερβίρομαι και δεύτερη
φορά. **~-best** *a* δεύτερος.

~-class *a* δευτέρας κατηγορίας.
~-hand *a* μεταχειρισμένος.
• *adv* από δεύτερο χέρι. **~-rate** *a*
δεύτερης κατηγορίας. **have ~
thoughts** ξανασκέφτομαι. **~ly**
adv δεύτερον
second² /sɪˈkɒnd/ *vt* (*transfer*)
αποσπώ
secondary /ˈsekəndrɪ/ *a*
δευτερεύων. **~ school** *n* (το)
σχολείο μέσης εκπαιδεύσεως
secrecy /ˈsiːkrəsɪ/ *n* (η)
μυστικότητα
secret /ˈsiːkrɪt/ *a* μυστικός. • *n* (το)
μυστικό. **~ly** *adv* μυστικά
secretary /ˈsekrətrɪ/ *n* (ο, η)
γραμματέας
secretive /ˈsiːkrətɪv/ *a* κρυψίνους
sect /sekt/ *n* (η) σέκτα
section /ˈsekʃn/ *n* (το) τμήμα
sector /ˈsektə(r)/ *n* (ο) τομέας
secular /ˈsekjʊlə(r)/ *a* κοσμικός
secure /sɪˈkjʊə(r)/ *a* ασφαλής.
(*fixed*) στερεωμένος. • *vt*
στερεώνω. (*obtain*) εξασφαλίζω
security /sɪˈkjʊərətɪ/ *n* (η)
ασφάλεια. (*for loan*) (η) εγγύηση
sedate /sɪˈdeɪt/ *a* ήρεμος. • *vt* δίνω
καταπραϋντικά σε
sedative /ˈsedətɪv/ *a*
καταπραϋντικός. • *n* (το)
καταπραϋντικό
sediment /ˈsedɪmənt/ *n* (το) ίζημα
seduce /sɪˈdjuːs/ *vt* αποπλανώ
seduct|ion /sɪˈdʌkʃn/ *n* (η)
αποπλάνηση. **~ive** /-tɪv/ *a*
αποπλανητικός
see¹ /siː/ *vt/i* (*pt* **saw**, *pp* **seen**)
βλέπω. (*notice*) παρατηρώ.
(*understand*) καταλαβαίνω.
(*escort*) συνοδεύω. **~ about** *or* **to**
φροντίζω. **~ off** ξεπροβοδίζω.
~ through (*task*) φέρω εις
πέρας. (*person*) καταλαβαίνω τις
προθέσεις (*κάποιου*). **~-through**
a διαφανής
see² /siː/ *n* (η) επισκοπική έδρα
seed /siːd/ *n* (το) κουκούτσι.
(*collectively*) (ο) σπόρος. (*fig*) (το)
σπέρμα. **~ling** *n* (το) φιντάνι
seek /siːk/ *vt* (*pt* **sought**) επιζητώ.
~ out αναζητώ
seem /siːm/ *vi* φαίνομαι. **~ingly**

adv φαινομενικά
seemly /ˈsiːmlɪ/ *a* κόσμιος
seen /siːn/ *see* SEE
seep /siːp/ *vi* διαρρέω
see-saw /ˈsiːsɔː/ *n* (η) τραμπάλα
seethe /siːð/ *vi* **~ with** είμαι
γεμάτος από **~ with anger**
βράζω από το θυμό
segment /ˈsegmənt/ *n* (το) τμήμα.
(*of orange*) (η) φέτα
segregat|e /ˈsegrɪgeɪt/ *vt*
διαχωρίζω. **~ion** /-ˈgeɪʃn/ *n* (η)
διαχωρισμός
seize /siːz/ *vt* καταλαμβάνω. (*jur*)
κατάσχω. **~ on** αρπάζω. **~ up**
(*techn*) κολλώ
seizure /ˈsiːʒə(r)/ *n* (η) κατάσχεση.
(*med*) (η) προσβολή
seldom /ˈseldəm/ *adv* σπάνια
select /sɪˈlekt/ *vt* διαλέγω,
επιλέγω. • *a* εκλεκτός. (*exclusive*)
επίλεκτος. **~ion** /-ʃn/ *n* (η)
επιλογή. **~ive** *a* επιλεκτικός
self /self/ *n* (ο) εαυτός
self- /self/ *pref* **~-addressed** *a* με
τη διεύθυνσή μου. **~-assured** *a*
βέβαιος για τον εαυτό μου.
~-centred *a* εγωκεντρικός.
~-confidence *n* (η)
αυτοπεποίθηση. **~-confident** *a*
γεμάτος αυτοπεποίθηση.
~-conscious *a* με
αυτοσυνείδηση. **~-contained** *a*
(*person*) κλειστός. (*flat*)
αυτοτελής. **~-control** *n* (ο)
αυτοέλεγχος. **~-defence** *n* (η)
αυτοάμυνα. **~-employed** *a*
αυτοαπασχολούμενος.
~-evident *a* αυτονόητος.
~-indulgent *a* τρυφηλός.
~-interest *n* (η) ιδιοτέλεια.
~-made *a* αυτοδημιούργητος.
~-respect *n* (ο) αυτοσεβασμός.
~-righteous *a* φαρισαϊκός.
~-sacrifice *n* αυτοθυσία.
~-satisfied *a* αυτάρεσκος.
~-service *n* (η)
αυτοεξυπηρέτηση. **~-sufficient**
a αυτάρκης
selfish /ˈselfɪʃ/ *a* εγωιστής.
~ness *n* (ο) εγωισμός
sell /sel/ *vt/i* (*pt* **sold**) πουλώ,
πωλώ. **be sold out** εξαντλούμαι.
~er *n* (ο) πωλητής, (η) πωλήτρια

Sellotape /'seləʊteɪp/ n (P) (η) κολλητική ταινία

semen /'si:mən/ n (το) σπέρμα

semester /sɪ'mestə(r)/ n (Amer) (το) εξάμηνο

semicircle /'semɪsɜːkl/ n (το) ημικύκλιο

semicolon /semi'kəʊlən/ n (η) άνω τελεία

semi-detached /semidɪ'tætʃt/ a ~ **house** το ένα σπίτι σε διπλοκατοικία

semifinal /semɪ'faɪnl/ n (ο) ημιτελικός

seminar /'semɪnɑː(r)/ n (το) σεμινάριο

semitone /'semɪtəʊn/ n (το) ημιτόνιο

senat|e /'senɪt/ n (η) γερουσία. ~**or** /-ətə(r)/ n (ο) γερουσιαστής

send /send/ vt/i (pt sent) στέλνω. ~ **away** διώχνω. ~ **back** επιστρέφω. ~ **for** (person) στέλνω να φωνάξω. (thing) στέλνω να πάρω. ~-**off** n (το) ξεπροβόδισμα. ~**er** n (ο) αποστολέας

senile /'si:naɪl/ a ξεμωραμένος

senior /'si:nɪə(r)/ a μεγαλύτερος (**to**, από). (in rank) ανώτερος. • n (ο) τελειόφοιτος. ~ **citizen** n (ο, η) συνταξιούχος

sensation /sen'seɪʃn/ n (η) αίσθηση. ~**al** a εντυπωσιακός

sense /sens/ n (η) αίσθηση. (common sense) (το) λογικό. (meaning) (η) έννοια. (sensation) (το) αίσθημα. (awareness) (η) επίγνωση. ~**s** (οι) αισθήσεις. • vt διαισθάνομαι. **make** ~ έχω νόημα. ~**less** a ανόητος. (med) αναίσθητος

sensibility /sensə'bɪlətɪ/ n (η) αισθαντικότητα

sensible /'sensəbl/ a φρόνιμος. (practical) λογικός

sensitiv|e /'sensətɪv/ a ευαίσθητος. (touchy) εύθικτος. ~**ity** /-'tɪvətɪ/ n (η) ευαισθησία. (η) ευθιξία

sensual /'senʃʊəl/ a φιλήδονος

sensuous /'senʃʊəs/ a αισθησιακός

sent /sent/ see SEND

sentence /'sentəns/ n (η) πρόταση. (jur) (η) καταδίκη. (punishment) (η) ποινή. • vt ~ **to** καταδικάζω σε

sentimental /sentɪ'mentl/ a συναισθηματικός. ~**ity** n /-'tælə tɪ/ (η) συναισθηματικότητα

sentry /'sentrɪ/ n (ο) σκοπός

separate[1] /'sepərət/ a χωριστός. ~**ly** adv χωριστά

separat|e[2] /'sepəreɪt/ vt/i χωρίζω. ~**ion** /-'reɪʃn/ n (ο) χωρισμός

September /sep'tembə(r)/ n (ο) Σεπτέμβριος

septic /'septɪk/ a σηπτικός

sequel /'si:kwəl/ n (η) συνέχεια

sequence /'si:kwəns/ n (η) σειρά. (of film) (η) σκηνή

sequin /'si:kwɪn/ n (η) πούλια

seren|e /sɪ'riːn/ a γαλήνιος. ~**ity** /-enətɪ/ n (η) γαλήνη

sergeant /'sɑːdʒənt/ n (ο) λοχίας

serial /'sɪərɪəl/ n (story) (η) ιστορία σε συνέχεια. • a (number) αύξων

series /'sɪərɪːz/ n (η) σειρά. (radio, TV) (το) σίριαλ invar

serious /'sɪərɪəs/ a σοβαρός. ~**ly** adv σοβαρά. ~**ness** n (η) σοβαρότητα

sermon /'sɜːmən/ n (το) κήρυγμα

serpent /'sɜːpənt/ n (ο) όφις

serrated /sɪ'reɪtɪd/ a οδοντωτός

serum /'sɪərəm/ n (ο) ορός

servant /'sɜːvənt/ n (ο) υπηρέτης, (η) υπηρέτρια

serve /sɜːv/ vt/i εξυπηρετώ. (in the army etc.) υπηρετώ. (food) σερβίρω. (sport) σερβίρω, κάνω σερβίς. **it** ~**s you right** καλά να πάθεις. ~ **as** χρησιμεύω σαν. ~**r** n (ο) διακομιστής, (ο) server

service /'sɜːvɪs/ n (η) εξυπηρέτηση. (maintenance) (το) σέρβις. (sport) (το) σερβίς invar. ~**s** (mil) (οι) υπηρεσίες. ~ (car etc.) κάνω σέρβις σε. ~ **charge** n (το) ποσοστό υπηρεσίας

serviette /sɜːvɪ'et/ n (η) πετσέτα (φαγητού)

servile /'sɜːvaɪl/ a δουλοπρεπής

session /'seʃn/ n (η) συνεδρίαση

set /set/ vt ρυθμίζω. (clock etc.) βάζω. (limit etc.) ορίζω. (example)

δίνω. (*task*) αναθέτω. • *vi* (*sun*)
βασιλεύω, δύω. (*jelly*) πήζω. • *n*
(*of cutlery etc.*) (το) σετ *invar*.
(*tennis*) (το) σετ *invar*. (*TV, radio*)
(η) συσκευή. (*theatr*) (το)
σκηνικό. (*of people*) (ο) κύκλος.
(*math*) (το) σύνολο. • *a*
καθορισμένος. (*ready*) έτοιμος.
(*meal*) καθορισμένος. **~ back**
εμποδίζω. (*cost: sl*) κοστίζω.
~-back *n* (η) αναποδιά. **~ fire**
to βάζω φωτιά σε. **~ free**
ελευθερώνω. **~ off** *vi* ξεκινώ.
• *vt* (*make start*) αρχίζω. (*bomb*)
πυροδοτώ. **~ out** (*leave*) ξεκινώ.
(*declare*) εκθέτω. (*arrange*)
τακτοποιώ. **~ up** (*start*) αρχίζω.
(*organize*) οργανώνω. **~-up** *n* (η)
κατάσταση

settee /se'ti:/ *n* (ο) καναπές

setting /'setɪŋ/ *n* (*surroundings*) (το)
περιβάλλον. (*of jewel*) (το)
δέσιμο. (*of novel, play*) (το)
σκηνικό

settle /'setl/ *vt* (*dispute*) λύνω.
(*date*) ορίζω. (*nerves*) καταπραΰνω.
(*bill*) πληρώνω. • *vi* (*come to rest*)
σταματώ. (*live*) εγκαθίσταμαι. **~**
down ησυχάζω. **~r** /-ə(r)/ *n* (ο)
άποικος

settlement /'setlmənt/ *n* (*comm*)
(η) εξόφληση. (*colony*) (ο)
συνοικισμός

seven /'sevn/ *a & n* επτά **~th** *a*
έβδομος. • *n* (το) έβδομο

seventeen /sevn'ti:n/ *a & n*
δεκαεπτά. **~th** *a* δέκατος
έβδομος. • *n* (το) δέκατο έβδομο

seventy /'sevntɪ/ *a & n* εβδομήντα
~eth προδηγέτα

sever /'sevə(r)/ *vt* διακόπτω

several /'sevrəl/ *a & pron* διάφοροι

sever|e /sɪ'vɪə(r)/ *a* αυστηρός.
(*pain*) οξύς. (*illness*) σοβαρός.
(*winter*) δριμύς. **~ely** *adv*
αυστηρά, σοβαρά. **~ity** /-'verətɪ/
n (η) αυστηρότητα, (η)
σοβαρότητα

sew /səʊ/ *vt/i* ράβω. **~ing** *n* (το)
ράψιμο. **~ing-machine** *n* (η)
ραπτομηχανή

sewage /'sju:ɪdʒ/ *n* (τα) λύματα

sewer /'sju:ə(r)/ *n* (ο) υπόνομος

sex /seks/ *n* (το) φύλο. (*intercourse*)
(το) σεξ *invar*. • *a* σεξουαλικός.

~y *a* σέξι *invar*

sexual /'sekʃʊəl/ *a* σεξουαλικός.
~ intercourse *n* (ο) έρωτας, (το)
σεξ *invar*

shabby /'ʃæbɪ/ *a* φθαρμένος

shack /ʃæk/ *n* (το) καλύβι

shackle /'ʃækl/ *n* **~s** (τα) δεσμά

shade /ʃeɪd/ *n* (η) σκιά. (*of colour,
meaning*) (η) απόχρωση. (*for
lamp*) (το) αμπαζούρ *invar*. • *vt*
σκιάζω

shadow /'ʃædəʊ/ *n* (η) σκιά, (ο)
ίσκιος. • *vt* (*follow*) παρακολουθώ.
~y *a* σκιερός. (*fig*) θαμπός

shady /'ʃeɪdɪ/ *a* σκιερός. (*fig*)
ύποπτος

shaft /ʃɑ:ft/ *n* (το) κοντάρι. (*mech*)
(ο) άξονας. (*of light*) (η) ακτίδα.
(*of lift*) (ο) αγωγός. (*of mine*) (το)
φρέαρ

shaggy /'ʃægɪ/ *a* τριχωτός.
(*animal*) μαλλιαρός

shake /ʃeɪk/ *vt* (*pt* **shook**, *pp*
shaken) κουνώ. (*bottle*) ανακινώ.
(*shock*) συγκλονίζω. • *vi* τρέμω.
• *n* (το) κούνημα, (η) ανακίνηση.
~ hands with κάνω χειραφία
με. **~ one's head** κουνάω το
κεφάλι μου

shaky /'ʃeɪkɪ/ *a* τρεμάμενος. (*table
etc.*) ασταθής

shall /ʃæl/ *v aux* **I ~ go** θα πάω.
we ~ see θα δούμε

shallow /'ʃæləʊ/ *a* ρηχός. (*fig*)
κούφιος

sham /ʃæm/ *n* (η) ψευτιά. • *a*
ψεύτικος

shambles /'ʃæmblz/ *npl* **it was a
~** ήταν άνω κάτω

shame /ʃeɪm/ *n* (η) ντροπή. • *vt*
ντροπιάζω. **what a ~!** τι κρίμα!

shampoo /ʃæm'pu:/ *n* (το)
σαμπουάν *invar*. • *vt* λούζω

shan't /ʃɑ:nt/ = **shall not**

shape /ʃeɪp/ *n* (το) σχήμα. • *vt*
δίνω σχήμα σε. • *vi* **~ (up)**
παίρνω σχήμα. **take ~** παίρνω
μορφή. **~less** *a* άμορφος

shapely /'ʃeɪplɪ/ *a* καλοφτιαγμένος

share /ʃeə(r)/ *n* (το) μερίδιο.
(*comm*) (η) μετοχή. • *vt/i* μοιράζω/
ομαι

shareholder /'ʃeəhəʊldə(r)/ *n* (ο)
μέτοχος

shark /ʃɑːk/ n (ο) καρχαρίας

sharp /ʃɑːp/ a (knife etc.) κοφτερός. (pin etc.) μυτερός. (pain) σουβλερός. (sound) διαπεραστικός. (taste) αψύς. (harsh) απότομος. (clear) καθαρός. (person) οξύνους. • adv ακριβώς. • n (mus) (η) δίεση. **~ly** adv απότομα. **~ness** n (η) οξύτητα

sharpen /ʃɑːpn/ vt ακονίζω. (pencil) ξύνω. **~er** (η) ξύστρα

shatter /ʃætə(r)/ vt/i θρυμματίζω/ομαι. • vt (upset) συντρίβω. **~ed** a (exhausted) κατακουρασμένος

shave /ʃeɪv/ vt/i ξυρίζω/ομαι. • n (το) ξύρισμα. **~r** n (η) ηλεκτρική ξυριστική μηχανή

shaving /ʃeɪvɪŋ/ n (το) ξύρισμα. (of wood) (το) ξύσιμο. **~-brush** n (το) πινέλο του ξυρίσματος. **~-cream** n (η) κρέμα ξυρίσματος

shawl /ʃɔːl/ n (η) μαντίλα

she /ʃiː/ pron αυτή. • n (το) θηλυκό

sheaf /ʃiːf/ n (το) δεμάτι

shear /ʃɪə(r)/ vt κουρεύω

shears /ʃɪəz/ npl (η) ψαλίδα

sheath /ʃiːθ/ n (η) θήκη. (condom) (το) προφυλακτικό

shed /ʃed/ n (το) ξύλινο παράπηγμα. • vt ρίχνω. (tears) χύνω

sheep /ʃiːp/ n invar (το) πρόβατο. **~-dog** n (το) τσοπανόσκυλο

sheepish /ʃiːpɪʃ/ a αμήχανος

sheepskin /ʃiːpskɪn/ n (η) προβιά

sheer /ʃɪə(r)/ a καθαρός. (steep) κατακόρυφος. (fabric) διαφανής

sheet /ʃiːt/ n (το) σεντόνι. (of paper, glass) (το) φύλλο. (of ice) (το) στρώμα

sheikh /ʃeɪk/ n (ο) σεΐχης

shelf /ʃelf/ n (το) ράφι

shell /ʃel/ n (το) όστρακο. (of egg) (το) τσόφλι. (of tortoise) (το) καβούκι. (of building) (ο) σκελετός. (explosive) (η) οβίδα. • vt (peas) ξεφλουδίζω. (mil) βομβαρδίζω

shellfish /ʃelfɪs/ n invar (τα) οστρακοειδή

shelter /ʃeltə(r)/ n (το) καταφύγιο.

• vt/i προφυλάγω/ομαι. • vt (protect) προστατεύω. (give lodging to) δίνω στέγη σε. **~ed** a (place) απάγκιος. (life) προφυλαγμένος

shelve /ʃelv/ vt (plan etc.) αναβάλλω επ᾽ αόριστον

shepherd /ʃepəd/ n (ο) βοσκός. • vt οδηγώ (ομαδικά)

sheriff /ʃerɪf/ n (ο) σερίφης

sherry /ʃerɪ/ n (το) σέρι

shield /ʃiːld/ n (η) ασπίδα. • vt προστατεύω

shift /ʃɪft/ vt/i μετατοπίζω/ομαι. (furniture) μετακινώ/ούμαι. • vt (blame) μεταθέτω. • n (η) μετακίνηση. (work) (η) βάρδια

shifty /ʃɪftɪ/ a ύπουλος. (eyes) δολερός

shilling /ʃɪlɪŋ/ n (το) σελίνι

shin /ʃɪn/ n (το) καλάμι

shine /ʃaɪn/ vi (pt shone) λάμπω. • vt γυαλίζω. • n (η) γυαλάδα. **~ on** (torch) φωτίζω

shiny /ʃaɪnɪ/ a γυαλιστερός

ship /ʃɪp/ n (το) πλοίο. • vt μεταφέρω (εμπορεύματα). (send) στέλνω. (load) φορτώνω. **~ment** n (consignment) (η) αποστολή εμπορευμάτων. (loading) (η) φόρτωση. **~ping** n (η) ναυτιλία. (ships) (τα) πλοία

shipshape /ʃɪpʃeɪp/ a τακτοποιημένος

shipwreck /ʃɪprek/ n (το) ναυάγιο

shipyard /ʃɪpjɑːd/ n (το) ναυπηγείο

shirk /ʃɜːk/ vt αποφεύγω

shirt /ʃɜːt/ n (το) πουκάμισο. (for woman) (η) μπλούζα

shiver /ʃɪvə(r)/ vi τουρτουρίζω. • n (το) τουρτούρισμα

shoal /ʃəʊl/ n (of fish) (το) κοπάδι

shock /ʃɒk/ n (το) σοκ invar. (earthquake) (η) δόνηση. (med) (ο) κλονισμός. (electric) **~** (η) ηλεκτροπληξία. • vt συγκλονίζω. **~ing** a συγκλονιστικός. (fam) απαίσιος

shoddy /ʃɒdɪ/ a κακής ποιότητας

shoe /ʃuː/ n (το) παπούτσι. (of horse) (το) πέταλο. • vt (horse) πεταλώνω. **~-shop** n (το)

παπουτσίδικο, (το)
υποδηματοποιείο

shoelace /ˈʃuːleɪs/ n (το) κορδόνι (παπουτσιού)

shone /ʃɒn/ see SHINE

shook /ʃʊk/ see SHAKE

shoot /ʃuːt/ vi (pt shot) (plant) βλαστάνω. (move quickly) ορμώ. • vt πυροβολώ. (hunt) κυνηγώ. (film) γυρίζω. • n (bot) (ο) βλαστός. (hunt) (η) κυνηγετική εκδρομή. ~ down ρίχνω. ~ up (grow) ξεπετιέμαι. (prices) υψώνω απότομα.

shop /ʃɒp/ n (το) μαγαζί, (το) κατάστημα. • vi ψωνίζω. ~ assistant n (ο, η) υπάλληλος (σε μαγαζί). ~-lifting n (η) κλεψιά (από μαγαζιά). ~ steward n (ο) εκπρόσωπος συνδικάτου σε μια επιχείρηση. ~-window n (η) βιτρίνα. talk ~ κουβεντιάζω για επαγγελματικά θέματα. ~per n (ο) αγοραστής

shopkeeper /ˈʃɒpkiːpə(r)/ n (ο) καταστηματάρχης

shopping /ˈʃɒpɪŋ/ n (τα) ψώνια. go ~ πάω για ψώνια. ~ bag n (η) τσάντα για τα ψώνια. ~ centre n (το) εμπορικό κέντρο

shore /ʃɔː(r)/ n (η) ακτή

short /ʃɔːt/ a βραχύς. (brief) σύντομος. (person) κοντός. (curt) απότομος. • adv απότομα. be ~ of μου λείπει. ~-change vt δίνω ελλειπή ρέστα σε. ~ circuit n (το) βραχυκύκλωμα. ~ cut n (ο) συντομότερος δρόμος. ~-lived a βραχύβιος. ~-sighted a μυωπικός. ~ story n (το) διήγημα. ~-tempered a ευέξαπτος. ~ wave n (το) βραχύ κύμα

shortage /ˈʃɔːtɪdʒ/ n (η) έλλειψη

shortcoming /ˈʃɔːtkʌmɪŋ/ n (το) ελάττωμα

shorten /ˈʃɔːtn/ vt μικραίνω. (dress) κονταίνω

shorthand /ˈʃɔːthænd/ n (η) στενογραφία. ~ typist (ο, η) στενογράφος

shortly /ˈʃɔːtlɪ/ adv σε λίγο

shorts /ʃɔːts/ npl (τα) σορτσάκια

shot /ʃɒt/ see SHOOT. • n (ο)

πυροβολισμός. (person) (ο) σκοπευτής (photograph) (η) φωτογραφία. (injection) (η) ένεση. ~-gun n (το) κυνηγετικό όπλο

should /ʃʊd, ʃəd/ v aux I ~ go πρέπει να πάω. I ~ like θα ήθελα. ~ I tell her? να της το πω; they ~ be there by now θα πρέπει να έχουν ήδη φτάσει

shoulder /ˈʃəʊldə(r)/ n (ο) ώμος. • vt επωμίζομαι. ~-blade n (η) ωμοπλάτη

shout /ʃaʊt/ n (η) κραυγή. • vt/i κραυγάζω, φωνάζω

shove /ʃʌv/ n (το) σπρώξιμο. • vt/i σπρώχνω/ομαι. • vt (put: fam) χώνω

shovel /ˈʃʌvl/ n (το) φτυάρι

show /ʃəʊ/ vt (pt showed, pp shown) δείχνω. (put on display) εκθέτω. (film) παρουσιάζω. (lead) οδηγώ. • vi φαίνομαι. • n (exhibition) (η) έκθεση. (ostentation) (η) επίδειξη. (theatr) (η) παράσταση. ~-down n (η) αναμέτρηση. ~ s.o. in λέω σε κπ να περάσει. ~ off vt επιδεικνύω. • vi κάνω επίδειξη. ~ out συνοδεύω έως την έξοδο. ~-piece n (το) πρότυπο. ~ up vi εμφανίζομαι. • vt (unmask) ξεσκεπάζω

shower /ˈʃaʊə(r)/ n (η) μπόρα. (of blows etc.) (η) βροχή. (for washing) (το) ντους invar. • vt κατακλύζω με. • vi κάνω ντους. ~y a βροχερός

shown /ʃəʊn/ see SHOW

showroom /ˈʃəʊruːm/ n (η) έκθεση (αίθουσα)

shrank /ʃræŋk/ see SHRINK

shred /ʃred/ n (το) κομμάτι. • vt κομματιάζω

shrewd /ʃruːd/ a καπάτσος

shriek /ʃriːk/ n (η) στριγκλιά. • vt/i στριγκλίζω

shrill /ʃrɪl/ a στριγκός

shrimp /ʃrɪmp/ n (η) γαρίδα

shrine /ʃraɪn/ n (ο) ιερός τόπος

shrink /ʃrɪŋk/ vt/i (pt shrank, pp shrunk) ζαρώνω. (cloth) μπαίνω. (draw back) αποτραβιέμαι. ~ from αποφεύγω

shrivel /'ʃrɪvl/ vt/i ζαρώνω

shroud /ʃraʊd/ n (το) σάβανο

Shrove /ʃrəʊv/ n ~ **Tuesday** (η) τελευταία μέρα της αποκριάς (των δυτικών)

shrub /ʃrʌb/ n (ο) θάμνος

shrug /ʃrʌg/ vt ~ **(one's shoulders)** σηκώνω τους ώμους. • n (το) σήκωμα των ώμων. ~ **off** απορρίπτω με αδιαφορία

shrunk /ʃrʌŋk/ see SHRINK

shudder /'ʃʌdə(r)/ vi ανατριχιάζω. • n (η) ανατριχίλα

shuffle /'ʃʌfl/ vt (feet) σέρνω. (cards) ανακατεύω

shun /ʃʌn/ vt αποφεύγω

shush /ʃʊʃ/ int σιωπή

shut /ʃʌt/ vt/i κλείνω. ~**-down** n (το) κλείσιμο. ~ **up** (fam) το βουλώνω ~ **up!** (fam) σκασμός!

shutter /'ʃʌtə(r)/ n (το) παντζούρι. (photo) (το) διάφραγμα

shuttle /'ʃʌtl/ n (η) σαΐτα. • vi πηγαινοέρχομαι. ~ **service** n (η) συχνή και συνεχής συγκοινωνία μεταξύ δύο σημείων

shuttlecock /'ʃʌtlkɒk/ n (το) μπαλάκι με φτερά

shy /ʃaɪ/ a ντροπαλός. • vi (horse) κωλώνω. ~**ness** n (η) ντροπαλότητα

sick /sɪk/ a άρρωστος. (humour) νοσηρός. (fed up: fam) αηδιασμένος. **be** ~ (vomit) κάνω εμετό. **feel** ~ μου έρχεται εμετός. ~**-room** n (η) αίθουσα ασθενών

sicken /'sɪkən/ vt αηδιάζω. • vi αρρωσταίνω. ~**ing** a (disgusting) αηδιαστικός

sickle /'sɪkl/ n (το) δρεπάνι

sickly /'sɪklɪ/ a αρρωστιάρης. (taste etc.) αηδιαστικός

sickness /'sɪknɪs/ n (η) αρρώστια. (vomiting) (ο) εμετός

side /saɪd/ n (η) πλευρά. (of body) (το) πλευρό. (of river) (η) όχθη. (sport) (η) ομάδα. (fig) (το) μέρος. • a πλαϊνός. • vi ~ **with** παίρνω το μέρος (with gen.). **on the** ~ (as a sideline) επί πλέον. ~ **by** ~ πλάι πλάι. ~**board** n (ο) μπουφές. ~**boards**, ~**burns** npl

(οι) φαβορίτες. ~**-effect** n (η) παρενέργεια. ~**-road** n (η) πάροδος. ~**-step** vt παρακάμπτω. ~**-track** vt εκτρέπω

sidelight /'saɪdlaɪt/ n (το) φως πορείας

sideline /'saɪdlaɪn/ n (η) δευτερεύουσα δραστηριότητα

sidewalk /'saɪdwɔːk/ n (Amer) (το) πεζοδρόμιο

sideways /'saɪdweɪz/ adv πλάγια. • a πλάγιος

sidle /'saɪdl/ vi ~ **up to** πλησιάζω δειλά

siege /siːdʒ/ n (η) πολιορκία

siesta /sɪ'estə/ n (ο) μεσημεριανός ύπνος

sieve /sɪv/ n (το) κόσκινο. • vt κοσκινίζω

sift /sɪft/ vt κοσκινίζω. • vi ~ **through** εξετάζω

sigh /saɪ/ n (ο) αναστεναγμός. • vi αναστενάζω

sight /saɪt/ n (η) όραση. (spectacle) (το) θέαμα. (on gun) (το) κλισιοσκόπιο. • vt βλέπω. **catch** ~ **of sth** κτ παίρνει το μάτι μου. **be in** ~ φαίνομαι, είμαι ορατός. **out of** ~ αθέατος

sightseeing /'saɪtsiːɪŋ/ n (η) επίσκεψη στα αξιοθέατα

sign /saɪn/ n (το) σημάδι. (notice) (η) επιγραφή. • vt υπογράφω

signal /'sɪgnəl/ n (το) σήμα. • vt δίνω σήμα σε

signature /'sɪgnətʃə(r)/ n (η) υπογραφή

significan|t /sɪg'nɪfɪkənt/ a (important) σημαντικός. (meaningful) γεμάτος σημασία. ~**ce** n (η) σημασία. (meaning) (το) νόημα. ~**tly** adv σημαντικά

signify /'sɪgnɪfaɪ/ vt σημαίνω. (intimate) εκφράζω

signpost /'saɪnpəʊst/ n (η) πινακίδα

silence /'saɪləns/ n (η) σιωπή. • vt κάνω να σωπάσει

silent /'saɪlənt/ a σιωπηλός. (film) βουβός

silhouette /sɪluː'et/ n (η) σιλουέτα

silicon /'sɪlɪkən/ n (το) πυρίτιο

silk /sɪlk/ n (το) μετάξι. ~**en**, ~**y**

adjs μεταξένιος

sill /sɪl/ *n* (το) περβάζι

silly /'sɪlɪ/ *a* ανόητος

silt /sɪlt/ *n* (η) ιλύς

silver /'sɪlvə(r)/ *n* (το) ασήμι. (*silverware*) (τα) ασημικά. • *a* ασημένιος. **~-plated** *a* επάργυρος

similar /'sɪmɪlə(r)/ *a* παρόμοιος. **~ity** /-ə'lærətɪ/ *n* (η) ομοιότητα

simile /'sɪmɪlɪ/ *n* (η) παρομοίωση

simmer /'sɪmə(r)/ *vt/i* σιγοβράζω

simpl|e /'sɪmpl/ *a* απλός. (*person*) απλοϊκός. **~icity** /-'plɪsɪtɪ/ *n* (η) απλότητα. **~y** *adv* απλά. (*absolutely*) τελείως. (*merely*) μόνο.

simplify /'sɪmplɪfaɪ/ *vt* απλοποιώ

simulat|e /'sɪmjʊleɪt/ *vt* απομιμούμαι. **~ion** /-'leɪʃn/ *n* (η) απομίμηση

simultaneous /sɪml'teɪnɪəs/ *a* ταυτόχρονος

sin /sɪn/ *n* (η) αμαρτία. • *vi* αμαρτάνω

since /sɪns/ *prep* από. • *adv* από τότε. • *conj* από τότε. (*because*) μια και, αφού

sincer|e /sɪn'sɪə(r)/ *a* ειλικρινής. **~ely** *adv* ειλικρινά. **yours ~ely** με τιμή **~ity** /-'serətɪ/ *n* (η) ειλικρίνεια

sinew /'sɪnjuː/ *n* (ο) τένοντας

sing /sɪŋ/ *vt/i* (*pt* **sang**, *pp* **sung**) τραγουδώ. **~er** *n* (ο) τραγουδιστής, (η) τραγουδίστρια

singe /sɪndʒ/ *vt* καψαλίζω

single /'sɪŋɡl/ *a* μόνος, ένας. (*not double*) μονός. (*unmarried*) ελεύθερος. (*room*) μονόκλινος. (*bed*) μονός *n* (*ticket*) (το) εισιτήριο απλής διαδρομής. (*record*) (το) δισκάκι. **~s** (*tennis*) το μονό παιγνίδι. • *vt* **~ out** απομονώνω. (*distinguish*) ξεχωρίζω. **~-handed** *a & adv* μόνος. **~-minded** *a* με ένα σκοπό

singlet /'sɪŋɡlɪt/ *n* (η) φανέλα

singular /'sɪŋɡjʊlə(r)/ *n* (ο) ενικός (αριθμός). • *a* (*uncommon*) μοναδικός. (*gram*) ενικός

sinister /'sɪnɪstə(r)/ *a* απειλητικός

sink /sɪŋk/ *vt/i* (*pt* **sank**, *pp* **sunk**) βυθίζω/ομαι. • *vi* (*ground*) κατηφορίζω. • *vt* (*well*) ανοίγω. (*money*) βάζω. • *n* (ο) νεροχύτης. **~ in** χωνεύω

sinner /'sɪnə(r)/ *n* (ο) αμαρτωλός

sinus /'saɪnəs/ *n* (ο) κόλπος

sip /sɪp/ *n* (η) ρουφηξιά. • *vt* πίνω αργά

siphon /'saɪfən/ *n* (το) σιφόνι. • *vt* **~ off** αναρροφώ

sir /sɜː(r)/ *n* (ο) κύριος. **S~** (*title*) σερ *invar*

siren /'saɪərən/ *n* (η) σειρήνα

sister /'sɪstə(r)/ *n* (η) αδερφή, (η) αδελφή. (*nurse, nun*) (η) αδελφή. **~-in-law** *n* (η) κουνιάδα

sit /sɪt/ *vt/i* (*pt* **sat**, *pres p* **sitting**) καθίζω/κάθομαι. • *vi* (*committee etc.*) συνεδριάζω. **~ down** κάθομαι. **~ for** (*exam*) δίνω. (*portrait*) ποζάρω για. **~ting** *n* (*in restaurant*) (το) σερβίρισμα. **~ting-room** *n* (το) καθιστικό

site /saɪt/ *n* (ο) χώρος. (*building*) **~** (το) εργοτάξιο. • *vt* εγκαθιστώ

situat|e /'sɪtʃʊeɪt/ *vt* τοποθετώ. **~ed** *a* που βρίσκεται. **~ion** /-'eɪʃn/ *n* (*place*) (η) τοποθεσία. (*state*) (η) κατάσταση. (*job*) (η) θέση

six /sɪks/ *a & n* έξι **~th** *a* έκτος. • *n* (το) έκτο

sixteen /sɪk'stiːn/ *a & n* δεκαέξι. **~th** *a* δέκατος έκτος. • *n* (το) δέκατο έκτο

sixty /'sɪkstɪ/ *a & n* εξήντα

size /saɪz/ *n* (το) μέγεθος. (*of clothes*) (το) νούμερο. (*extent*) (η) διάσταση. • *vt* ταξινομώ ανάλογα με μέγεθος. **~ up** (*fam*) εκτιμώ. **~able** *a* αρκετά μεγάλος

sizzle /'sɪzl/ *vi* τσιτσιρίζω

skat|e /skeɪt/ *n* (το) πατίνι. (*ice-skate*) (το) παγοπέδιλο. • *vi* πατινάρω. (*on ice*) παγοδρομώ. **~er** *n* (ο, η) παγοδρόμος. **~ing** *n* (το) πατινάζ *invar*, (η) παγοδρομία. **~ing-rink** *n* (*ice*) (το) παγοδρόμιο

skateboard /'skeɪtbɔːd/ *n* (το) σκέιτ μπορντ *invar*

skeleton /'skelɪtn/ *n* (ο) σκελετός

sketch /sketʃ/ n (το) σκίτσο. (*theatr*) (το) σκετς *invar*. • *vt* σκιτσάρω

skewer /'skjuə(r)/ n (η) σούβλα. (*small*) (το) σουβλί

ski /ski:/ n (το) σκι *invar*. • *vi* κάνω σκι. **go ~ing** πάω για σκι. **~er** n (ο, η) σκιέρ *invar*. **~ing** n (το) σκι *invar*

skid /skɪd/ *vi* γλιστρώ. • n (η) ολίσθηση

skilful /'skɪlfl/ a επιδέξιος

skill /skɪl/ n (η) δεξιοτεχνία. **~ed** a επιδέξιος. (*worker*) ειδικευμένος

skim /skɪm/ *vt* ξαφρίζω. (*milk*) αποβουτυρώνω. • *vi* **~ through** διαβάζω στα πεταχτά

skin /skɪn/ n (το) δέρμα. • *vt* γδέρνω. (*fruit*) ξεφλουδίζω. **~-diving** n (το) υποβρύχιο κολύμπι. **~-tight** a εφαρμοστός

skinny /'skɪnɪ/ a κοκαλιάρης

skip /skɪp/ *vi* χοροπηδώ. • *vt* παραλείπω n (το) χοροπήδημα. **~ping-rope** n (το) σχοινάκι

skirmish /'skɜ:mɪʃ/ n (η) αψιμαχία

skirt /skɜ:t/ n (η) φούστα. • *vt* φέρνω γύρω. **~ing-board** n (το) σοβατεπί

skull /skʌl/ n (το) κρανίο

skunk /skʌŋk/ n (η) μεφίτις

sky /skaɪ/ n (ο) ουρανός. **~-blue** a ουρανής. • n (το) ουρανί

skylight /'skaɪlaɪt/ n (ο) φεγγίτης

skyscraper /'skaɪskreɪpə(r)/ n (ο) ουρανοξύστης

slab /slæb/ n (η) πλάκα

slack /slæk/ a (*not tight*) χαλαρός. (*person*) αμελής. • n (*of rope*) (το) μπόσικο. • *vi* (*fam*) τεμπελιάζω

slacken /'slækən/ *vi* ατονώ. • *vt* χαλαρώνω. **~ off** λασκάρω

slacks /slæks/ npl (το) παντελόνι (*σπορ*)

slam /slæm/ *vt/i* (*door*) κλείνω απότομα. • n βρόντημα

slander /'slɑ:ndə(r)/ n (η) συκοφαντία. • *vt* συκοφαντώ

slang /slæŋ/ n (η) αργκό *invar*

slant /slɑ:nt/ *vt/i* κλίνω. • n (*slope*) (η) κλίση. (*point of view*) (η) άποψη. **~ing** a πλάγιος

slap /slæp/ *vt* χαστουκίζω. • n (το) χαστούκι. • *adv* **~ in the middle** καταμεσίς

slapdash /'slæpdæʃ/ a πρόχειρος

slash /slæʃ/ *vt* (πετσο)κόβω. (*prices etc.*) περικόβω. • n (το) κόψιμο

slate /sleɪt/ n (η) πλάκα (σκεπής)

slaughter /'slɔ:tə(r)/ *vt* σφάζω. • n (η) σφαγή

slave /sleɪv/ n (ο) σκλάβος. • *vi* δουλεύω σαν σκλάβος. **~ry** /-ərɪ/ n (η) σκλαβιά, (η) δουλεία

sleazy /'sli:zɪ/ a (*fam*) κακόφημος

sledge /sledʒ/ n (το) έλκηθρο. **~-hammer** n (η) βαριά

sleek /sli:k/ a στιλπνός. (*manner*) λεπτός (στους τρόπους)

sleep /sli:p/ n (ο) ύπνος. • *vi* (*pt* **slept**) κοιμούμαι. **go to ~** αποκοιμιέμαι. **~er** n (*person*) (ο) κοιμώμενος. (*sleeping-car*) (το) βαγκόν λι *invar*. **~ing-bag** n (ο) υπνόσακος. **~ing-pill** n (το) υπνωτικό χάπι. **~-walk** *vi* υπνοβατώ

sleepy /'sli:pɪ/ a νυσταγμένος

sleet /sli:t/ n (το) χιονόνερο. • *vi* πέφτει χιονόνερο

sleeve /sli:v/ n (το) μανίκι. (*for record*) (η) θήκη

sleigh /sleɪ/ n (το) έλκηθρο

slender /'slendə(r)/ a λεπτός. (*fig*) λιγοστός

slept /slept/ *see* SLEEP

slice /slaɪs/ n (η) φέτα. (*implement*) (η) σπάτουλα τάρτας. • *vt* κόβω φέτες

slick /slɪk/ a λείος. (*pej*) επιτήδειος. • n (*oil*) **~** (η) πετρελαιοκηλίδα

slide /slaɪd/ *vt/i* (*pt* **slid**) γλιστρώ. • n (το) γλίστρημα. (*in playground*) (η) τσουλήθρα. (*for hair*) (το) πιαστράκι. (*photo*) (η) διαφάνεια

slight /slaɪt/ a ελαφρός. (*slender*) λεπτός. (*frail*) αδύνατος. • *vt* περιφρονώ. • n (η) περιφρόνηση. **~ly** *adv* ελαφρά

slim /slɪm/ a λεπτός. • *vi* αδυνατίζω

slime /slaɪm/ n (ο) γλοιός

sling /slɪŋ/ n (η) σφεντόνα. • *vt*

(*throw*) εκσφενδονίζω. (*hang*) κρεμώ

slink /slɪŋk/ *vi* ~ **away** *or* **off** φεύγω κρυφά

slip /slɪp/ *vt/i* γλιστρώ. (*go*) περνώ. • *n* (το) γλίστρημα. (*mistake*) (η) απροσεξία. (*petticoat*) (το) μεσοφόρι. (*paper*) (το) κομμάτι χαρτί. ~ **of the tongue** *n* (η) παραδρομή της γλώσσας. ~ **on** (*clothes*) φορώ γρήγορα. ~ **s.o.'s mind** μου διαφεύγει. ~ **up** (*fam*) κάνω λάθος. ~-**up** *n* (*fam*) (το) λάθος

slipper /'slɪpə(r)/ *n* (η) παντόφλα

slippery /'slɪpərɪ/ *a* ολισθηρός

slit /slɪt/ *n* (η) σχισμή. • *vt* σχίζω

slither /'slɪðə(r)/ *vi* γλιστρώ

sliver /'slɪvə(r)/ *n* (η) σχίζα

slobber /'slɒbə(r)/ *vi* μου τρέχουν τα σάλια

slog /slɒg/ *vt* (*hit*) χτυπώ δυνατά. • *vi* (*work*) μοχθώ. • *n* (η) σκληρή δουλειά

slogan /'sləʊgən/ *n* (το) σλόγκαν *invar*

slop /slɒp/ *vt* χύνω. • *vi* ξεχειλίζω. ~**s** *npl* (το) νερόπλυμα

slope /sləʊp/ *vi* (*lean*) κλίνω ~ **down**. κατηφορίζω. • *n* (η) κλίση (εδάφους). ~**ing** *a* κεκλιμένος

sloppy /'slɒpɪ/ *a* γεμάτος νερά. (*work*) τσαπατσούλικος. (*person*) τσαπατσούλης. (*sentimental*) σαχλός

slot /slɒt/ *n* (η) εγκοπή. • *vt* τοποθετώ (σε εγκοπή). ~-**machine** *n* (ο) χρηματοδέκτης

slouch /slaʊtʃ/ *vi* καμπουριάζω

slovenly /'slʌvnlɪ/ *a* ατημέλητος

slow /sləʊ/ *a* αργός. • *adv* αργά. • *vt* ~ (**down/up**) επιβραδύνω. • *vi* κόβω ταχύτητα. **be** ~ αργώ. (*clock*) πηγαίνω πίσω

sludge /slʌdʒ/ *n* (ο) βούρκος

slug /slʌg/ *n* (ο) γυμνοσάλιαγκας

sluggish /'slʌgɪʃ/ *a* βραδύς

sluice /sluːs/ *n* (*gate*) (το) φράγμα. (*channel*) (ο) οχετός διαρροής

slum /slʌm/ *n* (η) τρώγλη. ~**s** (η) βρόμικη φτωχογειτονιά

slumber /'slʌmbə(r)/ *n* (ο) ήσυχος ύπνος

slump /slʌmp/ *n* (η) απότομη πτώση. (*in business*) (η) οικονομική κρίση. • *vi* πέφτω απότομα

slur /slɜː(r)/ *vt/i* δεν αρθρώνω καθαρά. • *n* (η) μη καθαρή άρθρωση. (*discredit*) (το) στίγμα

slush /slʌʃ/ *n* (το) λασπονέρι. (*fig*) (η) σαχλαμάρα

slut /slʌt/ *n* (η) τσούλα

sly /slaɪ/ *a* (*crafty*) ύπουλος. (*secretive*) κρυφός

smack /smæk/ *n* (*taste, hint*) (η) γεύση. (*hit*) (το) χτύπημα. (*on face*) (το) χαστούκι. • *vt* δέρνω. • *vi* ~ **of** μυρίζω

small /smɔːl/ *a* μικρός. • *n* ~ **of the back** (το) στένωμα της πλάτης. ~ **ads** *npl* (οι) μικρές αγγελίες. ~ **change** *n* (τα) ψιλά. ~ **talk** *n* (η) ψιλοκουβέντα

smallpox /'smɔːlpɒks/ *n* (η) ευλογιά

smart /smɑːt/ *a* (*elegant*) κομψός. (*clever*) έξυπνος. • *vi* τσούζω. ~**ly** *adv* κομψά, έξυπνα, σβέλτα

smarten /'smɑːtn/ *vt/i* ~ **up** φρεσκάρω/ομαι. ~ (**o.s.**) **up** (*become smarter*) κομψεύομαι

smash /smæʃ/ *vt/i* (*crash*) κάνω/ γίνομαι κομμάτια. • *vt* (*opponent*) συντρίβω. • *n* (*noise*) (το) χτύπημα. (*collision*) (η) σύγκρουση. (*ruin*) (η) συντριβή

smashing /'smæʃɪŋ/ *a* (*fam*) περίφημος

smattering /'smætərɪŋ/ *n* (το) πασάλειμμα

smear /smɪə(r)/ *vt* (*mark*) μουντζουρώνω. (*coat*) πασαλείφω. • *n* (*mark*) (το) μουντζούρωμα. (*med*) (το) επίχρισμα

smell /smel/ *n* (η) οσμή, (η) μυρωδιά. (*sense*) (η) όσφρηση. • *vt/i* μυρίζω/ομαι. ~**y** *a* δύσοσμος

smile /smaɪl/ *n* (το) χαμόγελο. • *vi* χαμογελώ

smirk /smɜːk/ *n* (το) ανόητο χαμόγελο (*αυταρέσκειας*)

smock /smɒk/ *n* (η) μπλούζα

smog /smɒg/ *n* (το) νέφος

smoke /sməʊk/ n (o) καπνός.
• vt/i καπνίζω. **~d** a (culin)
καπνιστός. **~less** a άκαπνος.
~r /-ə(r)/ n (o) καπνιστής, (η)
καπνίστρια. **smoking** n (το)
κάπνισμα. **no smoking**
απαγορεύεται το κάπνισμα.
smoky a γεμάτος καπνούς

smooth /smuːð/ a ομαλός.
(movement) ήσυχος. (sea)
γαλήνιος. (liquid, paste) λείος.
(manners) γαλίφης. • vt λειαίνω.
~ly adv ομαλά

smother /'smʌðə(r)/ vt πνίγω

smoulder /'sməʊldə(r)/ vi
σιγοκαίω

smudge /smʌdʒ/ n (η) μουντζαλιά.
• vt/i μουντζαλώνω

smug /smʌg/ a αυτάρεσκος

smuggle /'smʌgl/ vt περνώ
λαθραία. **~r** n (o) λαθρέμπορος

smut /smʌt/ n (η) μουντζούρα.
~ty a μουντζουρωμένος. (fig)
πρόστυχος

snack /snæk/ n (το) σνακ invar

snag /snæg/ n (η) δυσκολία. (in
cloth) (το) πιάσιμο

snail /sneɪl/ n (το) σαλιγκάρι

snake /sneɪk/ n (το) φίδι

snap /snæp/ vt/i (break) σπάζω.
(say) αποπαίρνω. • n (sound) (o)
ξηρός κρότος. (photograph) (το)
ενσταντανέ invar. • a ξαφνικός.
~ at (bite) προσπαθώ να
δαγκώσω. (speak) μιλώ απότομα

snappy /'snæpɪ/ a (lively) ζωηρός.
(brusque) απότομος

snapshot /'snæpʃɒt/ n (το)
ενσταντανέ invar

snare /sneə(r)/ n (η) παγίδα

snarl /snaːl/ vi γρυλίζω

snatch /snætʃ/ vt αρπάζω. (steal)
βουτώ. • n (το) άρπαγμα. (short
part) (το) κομματάκι. (theft) (το)
βούτηγμα

sneak /sniːk/ vi **~ in/out** μπαίνω/
βγαίνω κρυφά. **~y** a ύπουλος

sneakers /'sniːkəz/ npl (τα) πάνινα
παπούτσια

sneer /snɪə(r)/ vi μιλώ
περιφρονητικά

sneeze /sniːz/ n (το) φτάρνισμα.
• vi φταρνίζομαι

sniff /snɪf/ vi ρουφώ με τη μύτη. • n
(η) ρουφηξιά

snigger /'snɪgə(r)/ n (το) κρυφό
γέλιο. • vi κρυφογελώ

snip /snɪp/ vt ψαλιδίζω. • n (το)
ψαλίδισμα

snippet /'snɪpɪt/ n (το) κομματάκι

snivel /'snɪvl/ vi κλαψουρίζω

snob /snɒb/ n (o) σνομπ invar.
~bery n (o) σνομπισμός. **~bish**
a σνομπ invar

snooker /'snuːkə(r)/ n είδος
μπιλιάρδου με 22 μπίλιες

snooze /snuːz/ n (o) υπνάκος. • vi
τον παίρνω

snore /snɔː(r)/ vi ροχαλίζω. • n (το)
ροχαλητό

snorkel /'snɔːkl/ n (o)
αναπνευστήρας

snort /snɔːt/ n (το) ρουθούνισμα.
• vi ρουθουνίζω

snout /snaʊt/ n (η) μουσούδα

snow /snəʊ/ n (το) χιόνι. • vi
χιονίζω

snowball /'snəʊbɔːl/ n (η)
χιονόσφαιρα

snowboard /'snəʊbɔːd/ n (η)
σανίδα σνόουμπορντ

snowdrop /'snəʊdrɒp/ n (o)
γάλανθος

snowfall /'snəʊfɔːl/ n (η)
χιονόπτωση

snowflake /'snəʊfleɪk/ n (η)
νιφάδα

snowman /'snəʊmæn/ n (o)
χιονάνθρωπος

snowstorm /'snəʊstɔːm/ n (η)
χιονοθύελλα

snub /snʌb/ vt ταπεινώνω

snuff /snʌf/ n (o) ταμπάκος

snug /snʌg/ a αναπαυτικός και
ζεστός

so /səʊ/ adv τόσο. (thus) έτσι.
• conj κι έτσι. • a & pron τάδε.
and ~ forth or **on** και ούτω
καθεξής. **~-and-~** n (o) τάδε.
~ as to ούτως ώστε, για να.
~-called a δήθεν. **~ far** μέχρι
τώρα. **~ far as I know** εξόσων
γνωρίζω. **~ long!** (fam) γεια!
long as εφόσον. **~-~** a μέτριος.
• adv έτσι κι έτσι. **~ that** conj
έτσι ώστε

soak /səuk/ vt/i μουσκεύω. (of liquid) διαβρέχω. • n (το) μούσκεμα. **~ in** διαποτίζω

soap /səup/ n (το) σαπούνι. • vt σαπουνίζω. **~ opera** n (η) σαπουνόπερα. **~ powder** n (η) σκόνη πλυσίματος. **~y** a με σαπουνάδα

soar /sɔ:(r)/ vi ανέρχομαι

sob /sɒb/ n (ο) λυγμός. • vi κλαίω με λυγμούς

sober /ˈsəubə(r)/ a σοβαρός. (not drunk) νηφάλιος. (abstemious) εγκρατής. (colour, style) μουντός. • vt/i **~ up** ξεμεθώ

soccer /ˈsɒkə(r)/ n (το) ποδόσφαιρο

sociable /ˈsəuʃəbl/ a κοινωνικός

social /ˈsəuʃl/ a κοινωνικός. **~ly** adv κοινωνικά. **~ security** n (η) κοινωνική ασφάλιση

socialis|t /ˈsəuʃəlɪst/ a σοσιαλιστικός. • n (ο) σοσιαλιστής, (η) σοσιαλίστρια. **~m** /-zəm/ n (ο) σοσιαλισμός

society /səˈsaɪətɪ/ n (η) κοινωνία

sociolog|y /səusɪˈɒlədʒɪ/ n (η) κοινωνιολογία. **~ist** n (ο, η) κοινωνιολόγος

sock /sɒk/ n (η) κάλτσα

socket /ˈsɒkɪt/ n (of eye) (η) κόγχη. (of joint) (το) κοίλωμα. (for plug) (η) υποδοχή. (for light-bulb) (το) ντουί invar

soda /ˈsəudə/ n (η) σόδα

sodium /ˈsəudɪəm/ n (το) νάτριο

sofa /ˈsəufə/ n (ο) καναπές

soft /sɒft/ a μαλακός. (sound) ελαφρός. (light, colour) απαλός. (silly) χαζός. **~-boiled egg** n (το) αβγό μελάτο. **~ drink** n (το) αναψυκτικό. **~ spot** n (η) αδυναμία. **~ly** adv μαλακά, απαλά. **~ness** n (η) μαλακότητα, (η) απαλότητα

soften /ˈsɒfn/ vt/i μαλακώνω. (tone down) απαλύνω

software /ˈsɒftweə(r)/ n (το) λογισμικό, (το) σόφτγουερ

soggy /ˈsɒgɪ/ a μουσκεμένος

soil /sɔɪl/ n (το) έδαφος. • vt/i λερώνω/ομαι

solace /ˈsɒləs/ n (η) παρηγοριά

solar /ˈsəulə(r)/ a ηλιακός

sold /səuld/ see SELL

solder /ˈsɒldə(r)/ n (το) συγκολλητικό. • vt συγκολλώ

soldier /ˈsəuldʒə(r)/ n (ο) στρατιώτης

sole /səul/ n (of foot) (το) πέλμα. (of shoe) (η) σόλα. (fish) (η) γλώσσα. • a αποκλειστικός

solemn /ˈsɒləm/ a σοβαρός

solicit /səˈlɪsɪt/ vt ζητώ. • vt/i (prostitute) γυρεύω

solicitor /səˈlɪsɪtə(r)/ n δικηγόρος με ειδίκευση σε κατώτερα δικαστήρια

solid /ˈsɒlɪd/ a (not hollow) στερεός. (gold) ατόφιος. (meal) κανονικός. • n (το) στερεό

solidarity /sɒlɪˈdærətɪ/ n (η) αλληλεγγύη

solidify /səˈlɪdɪfaɪ/ vt/i στερεοποιώ/ούμαι

solitary /ˈsɒlɪtrɪ/ a μοναχικός

solitude /ˈsɒlɪtjuːd/ n (η) μοναξιά

solo /ˈsəuləu/ n (mus) (η) μονωδία. • a (mus) σόλο. invar. **~ist** n (ο, η) σολίστ invar

solstice /ˈsɒlstɪs/ n (το) ηλιοστάσιο

solution /səˈluːʃn/ n (η) λύση. (liquid) (το) διάλυμα

solve /sɒlv/ vt λύνω

solvent /ˈsɒlvənt/ a (comm) φερέγγυος. • n (το) διαλυτικό

sombre /ˈsɒmbə(r)/ a ζοφερός

some /sʌm/ a (quantity) λίγος. (number) μερικοί. (unspecified) κάποιος. • pron άλλος. (certain quantity) ένα μέρος. (a little) λίγος. • adv περίπου

somebody /ˈsʌmbədɪ/ pron κάποιος. • n (ο) κάποιος

somehow /ˈsʌmhaʊ/ adv κάπως

someone /ˈsʌmwʌn/ pron & n = **somebody**

somersault /ˈsʌməsɔːlt/ n (η) τούμπα. • vi κάνω τούμπα

something /ˈsʌmθɪŋ/ pron κάτι

sometime /ˈsʌmtaɪm/ adv κάποτε

sometimes /ˈsʌmtaɪmz/ adv πότε πότε

somewhat /ˈsʌmwɒt/ adv κάπως

somewhere /ˈsʌmweə(r)/ adv κάπου

son /sʌn/ n (ο) γυιος. **~-in-law** n (ο) γαμπρός

song /sɒŋ/ n (το) τραγούδι. (*of bird*) (το) κελάδημα

sonic /'sɒnɪk/ a ηχητικός

soon /su:n/ adv σύντομα. (*in a short time*) σε λίγο. **as ~ as** μόλις. **as ~ as possible** το συντομότερο δυνατόν. **I would ~er go** θα προτιμούσα να πάω

soot /sʊt/ n (η) καπνιά

sooth|e /su:ð/ vt ησυχάζω. (*relieve*) ανακουφίζω. **~ing** a καθησυχαστικός, ανακουφιστικός

sophisticated /sə'fɪstɪkeɪtɪd/ a σοφιστικέ *invar*. (*complex*) περίπλοκος

soporific /sɒpə'rɪfɪk/ a υπνωτικός

soppy /'sɒpɪ/ a (*fam*) σαχλός

soprano /sə'prɑːnəʊ/ n (η) σοπράνο *invar*

sordid /'sɔːdɪd/ a χυδαίος

sore /'sɔː(r)/ a πονεμένος. (*distressed*) πειραγμένος. (*vexed*) πικραμένος. • n (η) πληγή. **~ throat** n (ο) πονόλαιμος

sorely /'sɔːlɪ/ adv βαριά. (*greatly*) πολύ

sorrow /'sɒrəʊ/ n (η) θλίψη. **~ful** a θλιμμένος

sorry /'sɒrɪ/ a λυπημένος. (*wretched*) ελεεινός. **be ~** (*repent*) μετανιώνω. **be** or **feel ~ for** (*pity*) λυπούμαι. **~!** συγνώμη!

sort /sɔːt/ n (το) είδος. • vt ξεδιαλέγω. **~ out** (*separate*) ξεχωρίζω. (*choose*) διαλέγω. (*problem*) διευθετώ

sought /sɔːt/ see SEEK

soul /səʊl/ n (η) ψυχή

sound[1] /saʊnd/ n (ο) ήχος. • vt/i ηχώ. (*seem*) φαίνομαι

sound[2] /saʊnd/ a γερός. (*healthy*) υγιής. (*sensible*) φρόνιμος. (*secure*) ασφαλής. **~ asleep** σε βαθύ ύπνο

soup /su:p/ n (η) σούπα

sour /saʊə(r)/ a ξινός. (*fruit*) στυφός. (*not fresh*) ξινισμένος. (*fig*) στρυφνός

source /sɔːs/ n (η) πηγή

south /saʊθ/ n (ο) νότος. • a νότιος. • adv προς το νότο. **S~ Africa/America** ns (η) Νότιος Αφρική/Αμερική. **~-east** n (η) νοτιοανατυλική περιοχή. **~ward(s)** adv προς το νότο. **~-west** n (η) νοτιοδυτική περιοχή

southern /'sʌðən/ a νότιος

souvenir /suːvə'nɪə(r)/ n (το) σουβενίρ invar

sovereign /'sɒvrɪn/ n (ο) άρχοντας. • a κυρίαρχος

Soviet /'səʊvɪət/ a σοβιετικός

sow[1] /səʊ/ vt σπέρνω

sow[2] /saʊ/ n (η) γουρούνα

soya /'sɔɪə/ n **~ bean** (η) σόγια

spa /spɑː/ n (η) ιαματική πηγή

space /speɪs/ n (το) διάστημα. (*room*) (ο) χώρος. • a διαστημικός. • vt **~ out** αραιώνω. **~craft** n invar, **~ship** n (το) διαστημόπλοιο

spacious /'speɪʃəs/ a ευρύχωρος

spade /speɪd/ n (το) φτυάρι. **~s** (*cards*) (τα) μπαστούνια

spaghetti /spə'geti/ n (το) σπαγέτο

Spa|in /speɪn/ n (η) Ισπανία. **~nish** /'spænɪʃ/ a ισπανικός. • n (*lang*) (τα) ισπανικά

span /spæn/ n (η) σπιθαμή. (*of time*) (το) διάστημα. (*of wings, arch*) (το) άνοιγμα. • vt περνώ πάνω από

spank /spæŋk/ vt δέρνω

spanner /'spænə(r)/ n (το) (γαλλικό) κλειδί

spare /speə(r)/ vt (*show mercy to*) λυπούμαι. (*do without*) περισσεύω. (*afford to give*) διαθέτω. • a εφεδρικός. (*person*) ξερακιανός. • n **~ (part)** (το) ανταλλακτικό. **~ time** n (ο) ελεύθερος χρόνος

spark /spɑːk/ n (ο) σπινθήρας

sparkl|e /'spɑːkl/ vi σπινθηροβολώ. **~ing** a σπινθηροβόλος. (*wine*) αφρώδης

sparrow /'spærəʊ/ n (το) σπουργίτι

sparse /spɑːs/ a αραιός

spartan /'spɑːtn/ a λιτός

spasm /'spæzəm/ n (ο) σπασμός. (*of coughing etc.*) (ο) παροξυσμός

spasmodic /spæz'mɒdɪk/ a
σπασμωδικός

spastic /'spæstɪk/ n (ο) σπαστικός.
• a σπαστικός

spat /spæt/ see SPIT

spate /speɪt/ n (η) πλημμύρα

spatter /'spætə(r)/ vt/i πιτσιλίζω/
ομαι

spatula /'spætjʊlə/ n (η) σπάτουλα

speak /spi:k/ vt/i (pt spoke, pp
spoken) μιλώ

speaker /'spi:kə(r)/ n (in public) (ο)
ομιλητής, (η) ομιλήτρια.
(loudspeaker) (το) μεγάφωνο

spear /spɪə(r)/ n (το) δόρυ

spearhead /'spɪəhed/ n (η) αιχμή

spearmint /'spɪəmɪnt/ n (ο)
δυόσμος

special /'speʃl/ a ειδικός. ~ity
/-ɪ'ælətɪ/ n (η) ειδικότητα. ~ly
adv ειδικά. (particularly)
ιδιαίτερα

specialist /'speʃəlɪst/ n (ο, η)
ειδικός

specialize /'speʃəlaɪz/ vt/i
ειδικεύω/ομαι (in, σε)

species /'spi:ʃi:z/ n (το) είδος

specific /spə'sɪfɪk/ a
συγκεκριμένος. ~ally adv
συγκεκριμένα

specif|y /'spesɪfaɪ/ vt προδιαγράφω.
~ication /-ɪ'keɪʃn/ n (η)
προδιαγραφή. (details) (το)
χαρακτηριστικό

specimen /'spesɪmɪn/ n (το) δείγμα

speck /spek/ n (η) κουκκίδα.
(particle) (το) μόριο

speckled /'spekld/ a πιτσιλωτός

spectacle /'spektəkl/ n (το) θέαμα.
~s npl (τα) γυαλιά

spectacular /spek'tækjʊlə(r)/ a
θεαματικός

spectator /spek'teɪtə(r)/ n (ο)
θεατής

spectre /'spektə(r)/ n (το) φάσμα

spectrum /'spektrəm/ n (το)
φάσμα

speculate /'spekjʊleɪt/ vi
κερδοσκοπώ

speech /spi:tʃ/ n (faculty) (ο)
λόγος. (address) (η) ομιλία.
(manner of speaking) (η)
άρθρωση. ~less a άναυδος

speed /spi:d/ n (η) ταχύτητα.
(rapidity) (η) γρηγοράδα. • vi (go
fast) τρέχω. (go too fast) οδηγώ με
υπερβολική ταχύτητα. ~ limit n
(το) όριο ταχύτητος. ~ up
επιταχύνω

speedboat /'spi:dbəʊt/ n (η)
εξωλέμβιος (βενζινάκατος)

speedometer /spi:'dɒmɪtə(r)/ n
(το) ταχύμετρο

speedy /'spi:dɪ/ a ταχύς

spell /spel/ n (period) (η)
περίοδος. (magic) (τα) μάγια.
(attraction) (η) μαγεία. • vt/i
(write) ορθογραφώ. (say)
συλλαβίζω. (mean) συνεπάγομαι.
~ing n (η) ορθογραφία

spellbound /'spelbaʊnd/ a
μαγεμένος

spend /spend/ vt (pt spent)
ξοδεύω. (devote time) διαθέτω.
(pass time) περνώ

spent /spent/ see SPEND

sperm /spɜ:m/ n (το) σπέρμα

sphere /sfɪə(r)/ n (η) σφαίρα

sphinx /sfɪŋks/ n (η) σφίγγα

spic|e /spaɪs/ n (το) μπαχαρικό.
~y a πικάντικος

spider /'spaɪdə(r)/ n (η) αράχνη

spike /spaɪk/ n (το) καρφί

spill /spɪl/ vt/i/vi χύνω/ομαι

spin /spɪn/ vt/i (turn) στροβιλίζω/
ομαι. • vt (wool, web) γνέθω.
(story) παρατραβώ. • n (το)
στροβίλισμα. (short drive) (η)
βόλτα (με το αυτοκίνητο)

spinach /'spɪnɪdʒ/ n (το) σπανάκι

spinal /'spaɪnl/ a σπονδυλικός. ~
cord n (ο) νωτιαίος μυελός

spine /spaɪn/ n (η) σπονδυλική
στήλη. (of book) (η) ράχη. (of
hedgehog, cactus) (το) αγκάθι

spinning /'spɪnɪŋ/ n (το) γνέσιμο.
~-wheel n (η) ανέμη

spinster /'spɪnstə(r)/ n (η)
γεροντοκόρη

spiral /'spaɪərəl/ a ελικοειδής.
• n (η) έλικα. • vi ανεβαίνω
ελικοειδώς. (prices) ανεβαίνω
συνεχώς. ~ staircase n (η)
ελικοειδής σκάλα

spire /'spaɪə(r)/ n (ο) οβελίσκος

(πάνω σε κτίριο)

spirit /'spɪrɪt/ n (το) πνεύμα. (*courage*) (το) κουράγιο. ~s npl (*drinks*) (τα) οινοπνευματώδη ποτά. (*morale*) (το) ηθικό

spiritual /'spɪrɪtʃʊəl/ a πνευματικός. ~ism n (ο) πνευματισμός

spit vt/i (pt spat or spit φτύνω. (*rain*) ψιχαλίζω. • n (το) φτύμα. (*for roasting*) (η) σούβλα

spite /spaɪt/ n (η) κακία. • vt πεισματώνω. in ~ of παρά (with acc). ~ful a κακός

spittle /spɪtl/ n (το) σάλιο

splash /splæʃ/ vt/i πιτσιλίζω. • n (το) πιτσίλισμα. (*of colour*) (η) κηλίδα

spleen /spli:n/ n (η) σπλήνα

splendid /'splendɪd/ a λαμπρός

splendour /'splendə(r)/ n (το) μεγαλείο

splint /splɪnt/ n (ο) νάρθηκας

splinter /'splɪntə(r)/ n (η) αγκίδα. • vi σπάζω σε κομματάκια

split /splɪt/ vt/i διασπώ/ώμαι. (*tear*) σκίζω/ομαι. (*divide*) μοιράζω/ομαι. • n (tear) (το) σκίσιμο. (*division*) (το) ρήγμα. (*quarrel*) (η) ρήξη. (pol) (η) διάσπαση. ~ up χωρίζω

splutter /'splʌtə(r)/ vi πετώ σάλια (ενώ μιλώ)

spoil /spɔɪl/ vt χαλώ. (*indulge*) κακομαθαίνω. • vi χαλώ n ~(s) (τα) λάφυρα. ~-sport n αυτός που χαλάει το κέφι των άλλων

spoke /spəʊk/ see SPEAK. • n (of wheel) (η) αχτίνα

spokesman /'spəʊksmən/ n (ο) εκπρόσωπος

sponge /spʌndʒ/ n (το) σφουγγάρι. • vt σφουγγίζω

sponsor /'spɒnsə(r)/ n (ο) σπόνσορας. • vt επιχορηγώ

spontaneous /spɒn'teɪnjəs/ a αυθόρμητος

spool /spu:l/ n (το) μασούρι

spoon /spu:n/ n (το) κουτάλι. ~-feed vt ταΐζω με το κουτάλι. (*fig*) τα δίνω όλα έτοιμα. ~ful n (η) κουταλιά

sporadic /spə'rædɪk/ a σποραδικός

sport /spɔ:t/ n (το) σπορ invar, (το) άθλημα. (*fun*) (η) ψυχαγωγία. (*person*) (ο) κάλος τύπος. • vt φορώ επιδεικτικά. ~s car n (το) αυτοκίνητο σπορ

sports|man /'spɔ:tsmən/ n (ο) σπόρτσμαν invar. ~woman n (η) σπορτσγούμαν invar

spot /spɒt/ n (mark, stain) (η) κηλίδα. (*pimple*) (το) σπυρί. (*place*) (το) μέρος. (in pattern) (η) βούλα. (*drop*) (η) σταγόνα. • vt λεκιάζω. (*notice*) διακρίνω. on the ~ επί τόπου. ~less a άσπιλος

spotlight /'spɒtlaɪt/ n (ο) προβολέας

spouse /spaʊz/ n (ο, η) σύζυγος

spout /spaʊt/ n (το) στόμιο. (*jet*) (ο) πίδακας. • vi εκτινάσσομαι

sprain /spreɪn/ vt στραμπουλίζω. • n (το) στραμούλισμα

sprawl /sprɔ:l/ vi (*person*) ξαπλώνω. (*town etc.*) απλώνομαι

spray /spreɪ/ n (το) σπρέι invar. (*device*) (το) ψεκαστήρι. • vt ψεκάζω

spread /spred/ vt/i απλώνω/ομαι. • vt (*arms, newspaper*) ανοίγω. (jam etc.) αλείφω. (*disease*) μεταδίδω. (*news*) διαδίδω (*distribute*) καλύπτω, απλώνω. • n (of disease) (η) μετάδοση. (*paste*) (η) πάστα για άλειμμα σε ψωμί. (*feast: fam*) (το) τσιμπούσι

spree /spri:/ n (το) γλέντι

sprig /sprɪg/ n (το) κλαδάκι

spring¹ /sprɪŋ/ n (season) (η) άνοιξη. a ανοιξιάτικος

spring² /sprɪŋ/ vi αναπηδώ. (*issue*) πηγάζω. • vt ~ sth. on s.o. αιφνιδιάζω κπ με κτ. • n (το) πήδημα. (*device*) (το) ελατήριο. (*elasticity*) (η) ελαστικότητα. (*water*) (η) πηγή. ~-board n (ο) βατήρας

sprinkle /'sprɪŋkl/ vt ραντίζω. • n (το) ράντισμα

sprint /sprɪnt/ n (το) γρήγορο τρέξιμο για μικρή απόσταση. • vi σπριντάρω. ~er n (ο, η) σπρίντερ invar

sprout /spraʊt/ vi βλαστάνω. • n (το) βλαστάρι. (**Brussels**) ~s (τα) λαχανάκια Βρυξελών

spruce /spru:s/ *a* περιποιημένος (στο ντύσιμο). • *n* (*tree*) (το) έλατο

spur /spɜ:(r)/ *n* (το) σπιρούνι. (*stimulus*) (το) κέντρισμα. • *vt* ~ (**on**) παρακινώ. **on the ~ of the moment** με την παρόρμηση της στιγμής

spurious /'spjʊərɪəs/ *a* υποβολιμαίος

spurn /spɜ:n/ *vt* απορρίπτω περιφρονητικά

spurt /spɜ:t/ *vt/i* αναβλύζω. • *n* (η) ανάβλυση. (*fig*) (το) φούλαρισμα

spy /spaɪ/ *n* (ο, η) κατάσκοπος. • *vt* διακρίνω. • *vi* ~ **on** κατασκοπεύω

squabble /'skwɒbl/ *n* (ο) τσακωμός. • *vi* τσακώνομαι

squad /skwɒd/ *n* (το) απόσπασμα

squadron /'skwɒdrən/ *n* (*mil*) (η) ίλη. (*naut, aviat*) (η) μοίρα

squalid /'skwɒlɪd/ *a* βρόμικος

squall /skwɔ:l/ *n* (το) σκούξιμο. (*naut*) (οι) ριπαίοι άνεμοι

squalor /'skwɒlə(r)/ *n* (η) βρόμα

squander /'skwɒndə(r)/ *vt* κατασπαταλώ

square /skweə(r)/ *n* (το) τετράγωνο. (*area*) (η) πλατεία. (*for drawing*) (ο) κανόνας. • *a* τετράγωνος. (*honest*) τίμιος. (*build*) με τετράγωνους ώμους. (*sl*) παλιών αντιλήψεων. • *vt* τετραγωνίζω. (*settle*) κανονίζω. (*math*) υψώνω στο τετράγωνο. • *vi* (*agree*) συμφωνώ. **be all** ~ είμαστε πάτσι. ~ **meal** *n* (το) καλό γεύμα. ~ **root** *n* (η) τετραγωνική ρίζα

squash /skwɒʃ/ *vt* συνθλίβω. (*suppress*) καταπνίγω. • *n* (η) σύνθλιψη. (*sport*) (το) σκουός *invar*. (*marrow: Amer*) το κολοκύθι. **orange** ~ (η) πορτοκαλάδα *(συμπυκνωμένη)*

squat /skwɒt/ *vi* κάθομαι στις φτέρνες. (*occupy illegally*) κάνω παράνομη κατοχή κτιρίου. • *a* (*dumpy*) κοντόχοντρος

squawk /skwɔ:k/ *n* (ο) κρωγμός. • *vi* κρώζω

squeak /skwi:k/ *n* (*of door*) (το) τρίξιμο. • *vi* τρίζω

squeal /skwi:l/ *n* (το) στρίγκλισμα. • *vi* στριγκλίζω

squeamish /'skwi:mɪʃ/ *a* (ο) σιχασιάρης

squeeze /skwi:z/ *vt* (*lemon etc.*) στύβω. (*hand*) σφίγγω. (*extract*) αποσπώ. • *vi* ~ **in** (*crowd*) στριμώχνομαι. • *n* (το) σφίξιμο, (το) στίψιμο

squid /skwɪd/ *n* (το) καλαμάρι

squint /skwɪnt/ *vi* αλληθωρίζω. (*with half-closed eyes*) μισοκλείνω τα μάτια. • *n* (το) αλληθώρισμα

squirm /skwɜ:m/ *vi* συστρέφομαι. (*feel embarrassed*) νιώθω ντροπή

squirrel /'skwɪrəl/ *n* (ο) σκίουρος

squirt /skwɜ:t/ *vt/i* εκτοξεύω/ομαι. • *n* (η) εκτόξευση (υγρού)

St *abbr* (*saint*)

stab /stæb/ *vt* μαχαιρώνω. • *n* (η) μαχαιριά. (*sensation*) (η) σουβλιά. (*attempt: fam*) (η) προσπάθεια

stabilize /'steɪbəlaɪz/ *vt* σταθεροποιώ

stable /'steɪbl/ *a* σταθερός. *n* (ο) στάβλος

stack /stæk/ *n* (η) θημωνιά. • *vt* στοιβάζω

stadium /'steɪdɪəm/ *n* (το) στάδιο (για αθλητικούς αγώνες)

staff /sta:f/ *n* (*stick*) (το) ραβδί. (*employees*) (το) προσωπικό. (*mil*) (το) επιτελείο. (*in school*) (το) διδακτικό προσωπικό. (*mus*) (το) πεντάγραμμο. • *vt* διορίζω προσωπικό

stag /stæg/ *n* (το) αρσενικό ελάφι

stage /steɪdʒ/ *n* (το) στάδιο. (*theatr*) (η) σκηνή. (*phase*) (η) φάση. • *vt* ανεβάζω (στη θεατρική σκηνή). (*arrange*) οργανώνω

stagger /'stægə(r)/ *vi* τρεκλίζω. • *vt* (*shock*) συγκλονίζω. (*holidays etc.*) κλιμακώνω. • *n* (το) τρίκλισμα. ~**ing** *a* καταπληκτικός

stagnant /'stægnənt/ *a* στάσιμος

stagnate /stæg'neɪt/ *vi* λιμνάζω. (*fig*) μένω στάσιμος

staid /steɪd/ *a* μετρημένος

stain /steɪn/ *vt* λεκιάζω. (*colour*)

βάφω. • n (ο) λεκές. (colouring)
(η) κηλίδα. **~ed glass window**
n (το) παράθυρο με υαλογραφία.
~less steeel n ανοξείδωτος
χάλυβας

stair /steə(r)/ n (το) σκαλί. **~s** (η)
σκάλα

stair|case /'steəkeɪs/ n (η) σκάλα.
~way n (η) σκάλα

stake /steɪk/ n (το) παλούκι. (for
execution) (ο) πάσσαλος. (wager)
(το) στοίχημα. (comm) (το)
συμφέρον. • vt δένω σε παλούκι.
(wager) ποντάρω. **be at ~**
διακυβεύομαι

stale /steɪl/ a μπαγιάτικος

stalemate /'steɪlmeɪt/ n (chess) πατ
invar. (deadlock) (το) αδιέξοδο

stalk /stɔːk/ n (ο) μίσχος. • vt
πλησιάζω αθέατος. • vi περπατώ
θυμωμένα

stall /stɔːl/ n (in market) (το)
υπαίθριο κατάστημα. (kiosk) (το)
περίπτερο. (for animal) (το)
χώρισμα σταύλου. **~s** pl (theatr)
η πλατεία. • vt/i (engine) σβήνω.
• vi (play for time) προσπαθώ να
κερδίσω χρόνο

stallion /'stæljən/ n (ο) αναβάτης
(άλογο)

stalwart /'stɔːlwət/ n (ο) πιστός
υποστηρικτής. • a πιστός,
σταθερός

stamina /'stæmɪnə/ n (η) αντοχή

stammer /'stæmə(r)/ vi τραυλίζω.
• n (το) τραύλισμα

stamp /stæmp/ vt (feet) χτυπώ.
(press) σφραγίζω. (impress)
μαρκάρω. • vi χτυπώ τα πόδια
μου. • n (το) χτύπημα (των
ποδιών). (instrument, fig) (η)
σφραγίδα. (mark) (το) σημάδι.
(postage) ~ (το) γραμματόσημο

stampede /stæm'piːd/ n (η)
άτακτη φυγή

stance /stæns/ n (η) στάση

stand /stænd/ vi (pt stood)
στέκομαι. (rise) σηκώνομαι
(όρθιος). (be) βρίσκομαι. (stay)
παραμένω. • vt (place) βάζω.
(endure) υποφέρω. (buy) κερνώ.
• n (support) (η) βάση, (το) σταντ
invar. (rack) (το) στήριγμα. (for
goods) (ο) πάγκος. (for hats) (η)

κρεμάστρα. (stall) (το)
περίπτερο. (sport) (η) εξέδρα. **~
by** vi μένω αμέτοχος. • vt
(support) συμπαραστέκομαι.
~-by a εφεδρικός. (aviat)
στάντμπάι invar. **~ down**
αποσύρομαι. **~ for** συμβολίζω.
~ in for αντικαθιστώ. **~ out**
ξεχωρίζω. **~ up** σηκώνομαι. **~
up for** υπερασπίζομαι. **~ up to**
αντιστέκομαι σε

standard /'stændəd/ n (το)
πρότυπο, (το) στάνταρ invar.
(level, quality) (το) επίπεδο. (flag)
(το) λάβαρο. • a συνηθισμένος.
~ize vt τυποποιώ

standing /'stændɪŋ/ a όρθιος.
(permanent) μόνιμος. • n (η)
υπόληψη. (duration) (η) διάρκεια

standpoint /'stændpɔɪnt/ n (η)
άποψη

standstill /'stændstɪl/ n (η)
ακινητοποίηση

staple /steɪpl/ n (ο) συνδετήρας.
• vt συνδέω με συρραπτικό. a
βασικός. **~r** /-ə(r)/ n (το)
συρραπτικό (εργαλείο)

star /stɑː/ n (το) άστρο, (το)
αστέρι. (asterisk) (ο) αστερίσκος.
(cinema, theatr) (ο) αστέρας. • vi
~ in πρωταγωνιστώ σε

starboard /'stɑːbəd/ n (η) δεξιά
πλευρά (πλοίου)

starch /stɑːtʃ/ n (in food) (το)
άμυλο. (for clothes) (η) κόλλα.
~y a (food) αμυλώδης. (fig)
τυπικός

stare /steə(r)/ vi **~ (at)** κοιτάζω
επίμονα. • n (το) επίμονο βλέμμα

starfish /'stɑːfɪʃ/ n (ο) αστερίας

stark /stɑːk/ a (landscape etc.)
έρημος. (contrast etc.) πλήρης.
(utter) καθαρός. • adv εντελώς

starlight /'stɑːlaɪt/ n (η)
αστροφεγγιά

starling /'stɑːlɪŋ/ n (το) ψαρόνι

start /stɑːt/ vt/i αρχίζω. • vi (jump)
τινάζομαι. (leave) ξεκινώ. • n
αρχή. (departure) (το) ξεκίνημα.
(sport) (η) αφετηρία. (jump) (το)
ανατίναγμα. **~er** n (auto) (η)
μίζα. (culin) (το) πρώτο πιάτο

startle /'stɑːtl/ vt ξαφνιάζω

starv|e /stɑːv/ vi πεθαίνω από την

πείνα, λιμοκτονώ. **~ation**
/-'veɪʃn/ n (η) λιμοκτονία
state /steɪt/ n (η) κατάσταση.
(*nation*) το κράτος. **S~** (η)
πολιτεία. • vt δηλώνω. • a (*schol*)
δημόσιος. (*with ceremony*)
επίσημος
stately /'steɪtlɪ/ a αρχοντικός
statement /'steɪtmənt/ n (η)
ανακοίνωση. (*account*) (η)
δήλωση. (*police*) (η) κατάθεση.
bank ~ n (η) κατάσταση
λογαριασμού
statesman /'steɪtsmən/ n (ο)
πολιτικός άνδρας
static /'stætɪk/ a στατικός. • n (η)
στατική
station /'steɪʃn/ n (*rail*, *mil*) (ο)
σταθμός. (*police*) (το) τμήμα.
(*status*) (η) θέση. • vt τοποθετώ.
~-wagon n (*Amer*) (το)
πεντάπορτο αυτοκίνητο
stationary /'steɪʃnərɪ/ a ακίνητος
stationery /'steɪʃnə(r)ɪ/ n (η)
γραφική ύλη
stationer's (*shop*) n (το)
χαρτοπωλείο
statistics /stə'tɪstɪks/ n (η)
στατιστική
statue /'stætʃuː/ n (το) άγαλμα
stature /'stætʃə(r)/ n (το)
ανάστημα
status /'steɪtəs/ n (η) κατάσταση,
(το) στάτους *invar*
statute /'stætʃuːt/ n (το)
νομοθέτημα
staunch /stɔːnʃ/ a αφοσιωμένος
stay /steɪ/ vi μένω. (*endure*)
αντέχω. • n (η) παραμονή. (*jur*)
(η) αναβολή. **~ in** μένω στο
σπίτι. **~ up** ξενυχτώ
steadfast /'stedfɑːst/ a ακλόνητος
steady /'stedɪ/ a σταθερός.
(*regular*) τακτικός. (*dependable*)
συνεπής. • vt σταθεροποιώ
steak /steɪk/ n (η) μπριζόλα
steal /stiːl/ vt (*pt* **stole**, *pp* **stolen**)
κλέβω
stealth /stelθ/ n (η) μυστικότητα.
by ~ κρυφά
steam /stiːm/ n (ο) ατμός. (*energy*)
(η) ενεργητικότητα. • vt (*cook*)
μαγειρεύω στον ατμό. • vi βγάζω

ατμό. **~ engine** n (η)
ατμομηχανή. **~ up** (*glass*)
θολώνω
steamer /'stiːmə(r)/ n (το)
ατμόπλοιο
steamroller /'stiːmrəʊlə(r)/ n (ο)
αδοστρωτήρας
steel /stiːl/ n (ο) χάλυβας, (το)
ατσάλι. • vi **~ o.s.** ατσαλώνω την
καρδιά μου
steep /stiːp/ vt μουσκεύω. (*soak*)
διαποτίζω. • a απότομος. (*price: fam*) υπερβολικός. **~ly** adv
απότομα. **~ness** n (το) απότομο
steeple /'stiːpl/ n (ο) οβελίσκος
εκκλησίας
steer /stɪə(r)/ vt/i οδηγώ. **~ clear
of** αποφεύγω. **~ing-wheel** n (το)
τιμόνι
stem /stem/ n (ο) μίσχος. (*of glass*)
(το) ποδαράκι. (*of word*) (η) ρίζα.
• vi **~ from** προέρχομαι από. • vt
συγκρατώ. (*fig*) αναχαιτίζω
stench /stentʃ/ n (η) μπόχα
stencil /'stensl/ n (η) μεμβράνη
πολυγράφου, (το) στένσιλ
step /step/ vi βηματίζω. • vt **~ up**
αυξάνω σταδιακά. • n (το) βήμα.
(*stair*) (το) σκαλοπάτι. (*measure*)
(το) μέτρο. **~-ladder** n (η)
σκάλα (φορητή)
step|brother /'stepbrʌðə(r)/ n (ο)
ετεροθαλής αδελφός.
~daughter n (η) προγονή.
~father n (ο) πατριός. **~mother**
n (η) μητριά. **~sister** n (η)
ετεροθαλής αδελφή. **~son** n (ο)
προγονός
stepping-stone /'stepɪŋstəʊn/ n
(η) πέτρα σε νερό για πέρασμα.
(*fig*) (το) σκαλοπάτι
stereo /'sterɪəʊ/ n (η)
στερεοφωνική συσκευή
stereotype /'sterɪətaɪp/ n (η)
στερεοτυπία
sterile /'steraɪl/ a αποστειρωμένος
sterilize /'sterɪlaɪz/ vt αποστειρώνω
sterling /'stɜːlɪŋ/ n (η) στερλίνα.
• a άριστος
stern /stɜːn/ a αυστηρός. • n (*of
boat*) (η) πρύμνη. **~ly** adv
αυστηρά
stethoscope /'steθəskəʊp/ n (το)
στηθοσκόπιο

stew | stop

stew /stju:/ vt/i σιγοβράζω. • n (το)
ραγού invar

steward /stjʊəd/ n (on ship) (ο)
καμαρότος. (on aircraft) (ο)
αεροσυνοδός. (at meeting, of club)
(ο) επιμελητής. **~ess** /-'des/
n (η) αεροσυνοδός

stick[1] /stɪk/ n (το) ραβδί. (of chalk)
(το) κομμάτι. (of celery etc.) (το)
κλωνάρι

stick[2] /stɪk/ vt/i (pt **stuck**) μπήγω.
(glue, adhere) κολλώ. (jam)
κολλώ, πιάνω. (put: fam) βάζω.
(endure: fam) αντέχω. **~ out**
(protrude) προεξέχω. (be
conspicuous) ξεχωρίζω. **~ to**
εμμένω. **~ up for** (fam) παίρνω
το μέρος (with gen). **~ing-
plaster** n (ο) λευκοπλάστης

sticker /'stɪkə(r)/ n (το)
αυτοκόλλητο

sticky /'stɪkɪ/ a κολλώδης. (humid)
που κολλάει

stiff /stɪf/ a άκαμπτος. (difficult)
δύσκολος. (formal) ψυχρός.
(drink) δυνατός. **I have a ~ neck**
πιάστηκε ο λαιμός μου

stiffen /'stɪfn/ vt σκληραίνω.
• vi πιάνομαι

stifle /'staɪfl/ vt πνίγω. • vi
πνίγομαι

stigma /'stɪgmə/ n (το) στίγμα

stile /staɪl/ n (το) σκαλοπάτι σε
φράχτη

still /stɪl/ a ακίνητος. (drink) μη
αεριούχος. • n (η) ηρεμία.
(photograph) (η) φωτογραφία adv
ακόμη. (nevertheless) κι όμως.
~born a θνησιγενής. **~ life** n
(η) νεκρή φύση

stilted /'stɪltɪd/ a επιτηδευμένος

stilts /stɪlts/ npl (τα) ξυλοπόδαρα

stimula|te /'stɪmjʊleɪt/ vt διεγείρω.
~nt n (το) διεγερτικό.
~tion /-'leɪʃn/ n (η) διέγερση

stimulus /'stɪmjʊləs/ n (το)
ερέθισμα

sting /stɪŋ/ n (το) κέντρισμα.
(organ) (το) κεντρί. • vt (pt
stung) τσιμπώ. • vi τσούζω

stingy /'stɪndʒɪ/ a τσιγκούνης

stink /stɪŋk/ n (η) δυσωδία. • vi
βρομώ

stint /stɪnt/ vi **~ (on)**
φειδωλεύομαι. • n (work) (η)
αναλογία

stipulate /'stɪpjʊleɪt/ vt ορίζω ρητά

stir /stɜ:(r)/ vt/i σαλεύω. (mix)
ανακατεύω. (excite) κινώ. • n (η)
συγκίνηση. (commotion) (η)
ταραχή

stirrup /'stɪrəp/ n (ο) αναβολέας

stitch /stɪtʃ/ n (η) βελονιά. (in
wound) (το) ράμμα. (pain) (η)
σουβλιά. • vt ράβω

stock /stɒk/ n (το) απόθεμα.
(livestock) (τα) ζωντανά. (finance)
(οι) αξίες. (culin) (ο) ζωμός. • a
συνηθισμένος. • vt εφοδιάζω. • vi
~ up αποθηκεύω. **S~
Exchange, ~ market,** ns (το)
χρηματιστήριο Αξιών. **take ~
of** (fig) εκτιμώ (μια κατάσταση)

stockbroker /'stɒkbrəʊkə(r)/ n (ο)
χρηματιστής

stocking /'stɒkɪŋ/ n (η) κάλτσα
(γυναικεία)

stockpile /'stɒkpaɪl/ vt δημιουργώ
αποθέματα (with gen)

stocky /'stɒkɪ/ a κοντόχοντρος

stoic /'stəʊɪk/ n (ο) στωικός. **~al** a
στωικός

stoke /stəʊk/ vt τροφοδοτώ

stole[1] /stəʊl/ n (η) σάρπα

stole[2] /stəʊl/ see STEAL

stolen /'stəʊlən/ see STEAL

stolid /'stɒlɪd/ a φλεγματικός

stomach /'stʌmək/ n (το) στομάχι.
(abdomen) (η) κοιλιά. • vt
χωνεύω. **~-ache** n (ο)
στομαχόπονος

stone /stəʊn/ n (η) πέτρα. (in fruit)
(το) κουκούτσι. (jewellery) (ο)
λίθος. (weight) μέτρο βάρους ίσο
προς 6,348 κιλά. • a πέτρινος. • vt
λιθοβολώ. (fruit) ξεκουκουτσιάζω

stood /stʊd/ see STAND

stool /stu:l/ n (το) σκαμνί

stoop /stu:p/ vi σκύβω. (fig)
ξεπέφτω. • n (το) σκύψιμο

stop /stɒp/ vt/i σταματώ. (cease)
παύω. (prevent) εμποδίζω. (a leak
etc.) βουλώνω. • n (το)
σταμάτημα. (for bus etc.) (η)
στάση. (mech) (το) στοπ invar.
put a ~ to βάζω τέλος σε.

~(-over) n (η) διακοπή ταξιδιού.
~-watch n (το) χρονόμετρο

stopgap /'stɒpgæp/ n (η)
προσωρινή λύση

stopper /'stɒpə(r)/ n (το) πώμα

storage /'stɔːrɪdʒ/ n (η)
αποθήκευση

store /stɔː(r)/ n (stock) (το)
απόθεμα. (shop) (το) μαγαζί.
(warehouse) (η) αποθήκη. • vt
συγκεντρώνω. (in warehouse)
αποθηκεύω. **~-room** n (η)
αποθήκη

storey /'stɔːrɪ/ n (ο) όροφος

stork /stɔːk/ n (ο) πελαργός

storm /stɔːm/ n (η) καταιγίδα, (η)
θύελλα. • vi μαίνομαι. • vt (mil)
κάνω έφοδο σε. **~y** a θυελλώδης

story /'stɔːrɪ/ n (το) παραμύθι.
(news item) (το) άρθρο. (storey:
Amer) (ο) όροφος. **~-teller** n (ο)
αφηγητής, (η) αφηγήτρια

stout /staʊt/ a (fat) ευτραφής.
(strong) γερός. (brave) ρωμαλέος

stove /stəʊv/ n (η) κουζίνα
(συσκευή)

stow /stəʊ/ vt **~ (away)** στοιβάζω.
• vi **~ away** επιβιβάζομαι σε
πλοίο λαθραία

stowaway /'stəʊəweɪ/ n (ο)
λαθρεπιβάτης

straddle /'strædl/ vt καβαλλικεύω

straight /streɪt/ a ίσιος. (tidy)
τακτοποιημένος. (frank) ευθύς.
(drink) σκέτος. • adv (direct)
κατευθείαν. (without delay)
αμέσως. • n (η) ευθεία. **~ ahead**
ίσια. **~ away** αμέσως

straighten /'streɪtn/ vt/i ισιώνω.
• vt (tidy) τακτοποιώ

straightforward /streɪt'fɔːwəd/ a
ευθύς. (easy) απλός. **~ly** adv
απλά

strain /streɪn/ n (η) ένταβη. (breed)
(το) στέλεχος. (streak) (η) τάση.
• vt/i τεντώνω/ομαι. • vt (tire)
κουράζω. (injure) στραμπουλίζω.
(ears) τεντώνω. (sieve) σουρώνω.
(filter) φιλτράρω **~ed** a
τεταμένος, βιασμένος. **~er** /-ə(r)/
n (το) σουρωτήρι

strait /streɪt/ n (το) στενό.
~-jacket n (ο) ζουρλομανδύας.

~-laced a πουριτανικός

strand /strænd/ n (το) νήμα.
• vt **be ~ed** μένω χωρίς βοήθεια

strange /streɪndʒ/ a παράξενος.
(not known) ξένος. (unaccustomed)
ασυνήθιστος

stranger /'streɪndʒə(r)/ n (ο) ξένος

strangle /'stræŋgl/ vt
στραγγαλίζω. (fig) καταπνίγω

strap /stræp/ n (leather) (η)
λωρίδα. (of watch) (το) λουράκι.
(of garment) (η) τιράντα. (on bus
etc.) (η) χειρολαβή. • vt δένω με
λουρί

strata /'strɑːtə/ a see STRATUM

stratagem /'strætədʒəm/ n (το)
στρατήγημα

strategic /strə'tiːdʒɪk/ a
στρατηγικός

strategy /'strætədʒɪ/ n (η)
στρατηγική

stratum /'strɑːtəm/ n (pl **strata**)
(το) στρώμα

straw /strɔː/ n (το) άχυρο. (for
drinking) (το) καλαμάκι

strawberry /'strɔːbrɪ/ n (η)
φράουλα

stray /streɪ/ vi ξεφεύγω. (deviate)
φεύγω (από το θέμα) (**from**, από).
• a (animal) αδέσποτος. • n (το)
αδέσποτο ζώο

streak /striːk/ n (η) γραμμή.
(element) (η) δόση. • vt
σχηματίζω γραμμές

stream /striːm/ n (το) ρυάκι.
(current) (το) ρεύμα. (of people)
(το) κύμα. • vi κυλώ vt (schol)
χωρίζω σε τμήματα

street /striːt/ n (ο) δρόμος. (in
address) (η) οδός

streetcar /'striːtkɑː/ n (Amer) (το)
τραμ invar

strength /streŋθ/ n (η) δύναμη

strengthen /'streŋθn/ vt
ισχυροποιώ

strenuous /'strenjʊəs/ a εντατικός

stress /stres/ n (emphasis) (η)
έμφαση. (accent) (ο) τόνος.
(strain) (το) άγχος. • vt τονίζω

stretch /stretʃ/ vt/i (extend)
τεντώνω/ομαι. • vt (pull taut)
εκτείνω. (exaggerate)
μεγαλοποιώ. • n (το) τέντωμα.

(*period*) (η) χρονική περίοδος.
(*of road*) (η) έκταση

stretcher /'stretʃə(r)/ *n* (το) φορείο

strew /stru:/ *vt* σκορπίζω

strict /strɪkt/ *a* αυστηρός. (*precise*) ακριβής

stride /straɪd/ *vi* βαδίζω με μεγάλες δρασκελιές. • *n* (η) δρασκελιά

strident /'straɪdnt/ *a* τραχύς

strife /straɪf/ *n* (η) διαμάχη

strike /straɪk/ *vt* (*pt* **struck**) χτυπώ. (*match*) ανάβω. (*gold etc.*) ανακαλύπτω. • *vi* (*go on strike*) απεργώ. (*attack*) επιτίθεμαι. (*clock*) χτυπώ. • *n* (το) χτύπημα. (*of workers*) (η) απεργία. **~r** /-ə(r)/ *n* (ο, η) απεργός

striking /'straɪkɪŋ/ *a* (*noticeable*) δραματικός. (*attractive*) εντυπωσιακός

string /strɪŋ/ *n* (ο) σπάγκος. (*mus*) (η) χορδή. (*of pearls*) (το) κολιέ *invar*. (*of lies*) (ο) ορμαθός. • *vt* (*guitar etc.*) περνώ χορδή σε. (*beads*) περνώ σε κλωστή

stringent /'strɪndʒənt/ *a* άκαμπτος

strip[1] /strɪp/ *vt* βγάζω. (*tear away*) αφαιρώ. (*undress*) γδύνω. (*machine*) αποσυναρμολογώ. • *vi* γδύνομαι. **~-tease** *n* (το) στριπτίζ *invar*

strip[2] /strɪp/ *n* (η) λωρίδα

stripe /straɪp/ *n* (η) ράβδωση. (*mil*) (το) γαλόνι. **~d** *a* ριγέ *invar*

strive /straɪv/ *vi* αγωνίζομαι

stroke[1] /strəʊk/ *n* (το) χτύπημα. (*in swimming*) (η) κίνηση. (*of pen etc.*) (η) πενιά. (*of clock*) (το) χτύπημα. (*med*) (το) εγκεφαλικό επεισόδιο

stroke[2] /strəʊk/ *vt* χαϊδεύω. • *n* (το) χάδι

stroll /strəʊl/ *vi* σουλατσάρω. • *n* (το) σουλάτσο

strong /strɒŋ/ *a* δυνατός. **~-minded** *a* ισχυρογνώμων. **~-room** *n* (το) θησαυροφυλάκιο. **~ly** *adv* δυνατά. (*greatly*) έντονα

stronghold /'strɒŋhəʊld/ *n* (το) προπύργιο

struck /strʌk/ *see* STRIKE

structure /'strʌktʃə(r)/ *n* (η) δομή.

(*building*) (το) οικοδόμημα

struggle /'strʌgl/ *vi* αγωνίζομαι. • *n* (ο) αγώνας

strut /strʌt/ *n* (*support*) (η) δοκός. (*walk*) (το) κορδωτό βάδισμα. • *vi* βαδίζω καρδωτά

stub /stʌb/ *n* (*of cigarette*) (το) αποτσίγαρο. (*counterfoil*) (το) στέλεχος. • *vt* (*toe*) χτυπώ. **~ out** σβήνω

stubble /'stʌbl/ *n* (*crops*) (οι) καλαμιές. (*beard*) (τα) αξύριστα γένια

stubborn /'stʌbən/ *a* πεισματάρης

stubby /'stʌbɪ/ *a* κοντόχοντρος

stuck /stʌk/ *see* STICK. • *a* (*jammed*) κολλημένος. (*in difficulties*) μπλεγμένος. **~-up** *a* (*fam*) φαντασμένος

stud /stʌd/ *n* (το) πλατυκέφαλο καρφί. (*for collar*) (το) διπλό κουμπί

student /'stjuːdənt/ *n* (ο) φοιτητής, (η) φοιτήτρια

studio /'stjuːdɪəʊ/ *n* (το) στούντιο *invar*

studious /'stjuːdjəs/ *a* επιμελής. (*studied*) εξεζητημένος

study /'stʌdɪ/ *n* (η) μελέτη. (*room*) (το) γραφείο. (*investigation*) (η) έρευνα. • *vt/i* μελετώ. (*at university*) σπουδάζω

stuff /stʌf/ *n* (το) υλικό. (*unspecified*) (το) πράμα. • *vt* (*cram*) χώνω. (*with padding*) γεμίζω. (*culin*) παραγεμίζω. (*animal, bird*) ταριχεύω

stuffy /'stʌfɪ/ *a* αποπνικτικός. (*old-fashioned*) σκουριασμένος

stumble /'stʌmbl/ *vi* παραπατώ. (*falter*) κομπιάζω. • *n* (το) παραπάτημα

stump /stʌmp/ *n* (*of tree*) (το) κούτσουρο. (*of cigar, pencil*) (το) απομεινάρι

stun /stʌn/ *vt* ζαλίζω. (*astonish*) καταπλήσσω. **~ning** *a* καταπληκτικός

stung /stʌŋ/ *see* STING

stunt /stʌnt/ *vt* εμποδίζω την ανάπτυξη. • *n* (ο) άθλος που απαιτεί θάρρος ή επιδεξιότητα

stupefy /'stjuːpɪfaɪ/ *vt* αποβλακώνω

stupendous /stju:'pendəs/ a
τεράστιος, καταπληκτικός

stupid /'stju:pɪd/ a ηλίθιος. **~ity**
/-'pɪdətɪ/ n (η) ηλιθιότητα. **~ly**
adv ηλίθια

stupor /'stju:pə(r)/ n (η) χαύνωση

sturdy /'stɜ:dɪ/ a γερός

stutter /'stʌtə(r)/ vi ψευδίζω. • n
(το) ψεύδισμα

sty¹ /staɪ/ n (το) χοιροστάσιο

sty², **stye** /staɪ/ n (med) (το)
κριθαράκι (στο μάτι)

style /staɪl/ n (το) στιλ invar.
(fashion) (η) μόδα. • vt σχεδιάζω

stylish /'staɪlɪʃ/ a σικ invar

stylus /'staɪləs/ n (η) βελόνα

suave /swɑ:v/ a (pej) σοφιστικέ
invar

subconscious /sʌb'kɒnʃəs/ a
υποσυνείδητος. • n (το)
υποσυνείδητο

subdivide /sʌbdɪ'vaɪd/ vt
υποδιαιρώ

subdue /səb'dju:/ vt υποτάσσω.
(make quieter) χαμηλώνω. **~d** a
ήσυχος, χαμηλός

subject¹ /'sʌbdʒɪkt/ a
υποκείμενος. • n (το) υποκείμενο.
(theme) (το) θέμα. (schol, univ)
(το) μάθημα. (citizen) (ο)
υπήκοος. **~ to** (liable to)
υποκείμενος σε. (depending on)
υπό τον όρο

subject² /səb'dʒekt/ vt υποβάλλω.
(submit) υποτάσσω

subjective /səb'dʒektɪv/ a
υποκειμενικός

subjunctive /səb'dʒʌŋktɪv/ n (η)
υποτακτική

sublime /sə'blaɪm/ a θείος

submarine /sʌbmə'ri:n/ n (το)
υποβρύχιο

submerge /səb'mɜ:dʒ/ vt/i βυθίζω/
ομαι

submit /səb'mɪt/ vt/i υποτάσσω/
ομαι (present) υποβάλλω.
~ssion /-ʃn/ n (η) υποταγή.
(presentation) (η) υποβολή.
~ssive /-sɪv/ a υποτακτικός

subordinate¹ /sə'bɔ:dɪnət/ a
υφιστάμενος. • n (ο) υφιστάμενος

subordinate² /sə'bɔ:dɪneɪt/ vt
υποτάσσω

subscribe /səb'skraɪb/ vi **~be to**
(fund) συνεισφέρω. (newspaper)
είμαι συνδρομητής. (agree)
επιδοκιμάζω. **~ber** /-ə(r)/ (ο)
συνδρομητής. **~ption** /-rɪpʃn/ n
(η) συνδρομή

subsequent /'sʌbsɪkwənt/ a
μεταγενέστερος. **~ly** adv στη
συνέχεια, ακολούθως

subside /səb'saɪd/ vi παθαίνω
καθίζηση. (storm) κοπάζω

subsidiary /səb'sɪdɪərɪ/ a
επικουρικός. • n (comm) (η)
θυγατρική εταιρία

subsidy /'sʌbsədɪ/ n (η)
επιχορήγηση. **~ize** /-ɪdaɪz/ vt
επιχορηγώ

substance /'sʌbstəns/ n (η) ουσία

substandard /sʌb'stændəd/ a
κατώτερος

substantial /səb'stænʃl/ a
ουσιαστικός. (meal) χορταστικός.
(considerable) σημαντικός

substitute /'sʌbstɪtju:t/ n (το)
υποκατάστατο. • vt/i υποκαθιστώ
(for, με)

subtle /'sʌtl/ a λεπτός

subtract /səb'trækt/ vt αφαιρώ

suburb /'sʌbɜ:b/ n (το) προάστιο.
~an /sə'bɜ:bən/ a προαστιακός

subversive /səb'vɜ:sɪv/ a
ανατρεπτικός

subway /'sʌbweɪ/ n (Amer) (ο)
υπόγειος σιδηρόδρομος

succeed /sək'si:d/ vi επιτυγχάνω.
• vt διαδέχομαι. **~ in doing**
κατορθώνω να κάνω

success /sək'ses/ n (η) επιτυχία.
~ful a επιτυχής

succession /sək'seʃn/ n (η)
διαδοχή

successive /sək'sesɪv/ a διαδοχικός

successor /sək'sesə(r)/ n (ο, η)
διάδοχος

succinct /sək'sɪŋkt/ a περιληπτικός

succumb /sə'kʌm/ vi υποκύπτω
(to, σε)

such /sʌtʃ/ a τέτοιος. • pron αυτός.
(so much) τόσος. **~ as** όπως

suck /sʌk/ vt απορροφώ, πίνω.
(fruit) ρουφώ. (sweet, finger)
γλείφω

suckle /sʌkl/ *vt* θηλάζω

suction /'sʌkʃn/ *n* (η) αναρρόφηση

sudden /'sʌdn/ *a* ξαφνικός. **~ly** *adv* ξαφνικά. **~ness** *n* (ο) αιφνιδιασμός

sue /sju:/ *vt* ενάγω

suede /sweɪd/ *n* (το) καστόρι

suffer /'sʌfə(r)/ *vt/i* υποφέρω. (*loss etc.*) παθαίνω. **~ing** *n* (τα) βάσανα

suffice /sə'faɪs/ *vi* επαρκώ

sufficient /sə'fɪʃnt/ *a* επαρκής. (*enough*) αρκετός

suffocate /'sʌfəkeɪt/ *vt* πνίγω. • *vi* ασφυκτιώ, πνίγομαι

sugar /'ʃʊɡə(r)/ *n* (η) ζάχαρη. • *vt* βάζω ζάχαρη (σε). (*sprinkle*) ζαχαρώνω

suggest /sə'dʒest/ *vt* εισηγούμαι, προτείνω. **~ion** /-tʃən/ *n* (η) εισήγηση, (η) πρόταση. (*trace*) (το) ίχνος

suicide /'sju:ɪsaɪd/ *n* (η) αυτοκτονία. (*person*) (ο) αυτόχειρας. **commit ~e** αυτοκτονώ

suit /su:t/ *n* (*man's*) (το) κοστούμι. (*woman's*) (το) ταγέρ *invar*. (*cards*) (το) χρώμα. (*jur*) (η) αγωγή. • *vt* ικανοποιώ. (*adapt*) προσαρμόζω. **it ~s you** σου πάει. **~able** *a* κατάλληλος

suitcase /'su:tkeɪs/ *n* (η) βαλίτσα

suite /swi:t/ *n* (*of furniture*) (τα) έπιπλα. (*of rooms*) (η) σουίτα (σε ξενοδοχείο)

suitor /'su:tə(r)/ *n* (ο) μνηστήρας

sulk /sʌlk/ *vi* κάνω μούτρα. **~y** *a* μουτρωμένος

sullen /'sʌlən/ *a* σκυθρωπός

sulphur /'sʌlfə(r)/ *n* (το) θείο

sultan /'sʌltən/ *n* (ο) σουλτάνος

sultana /sʌl'tɑ:nə/ *n* (η) σουλτανίνα (σταφίδα)

sultry /'sʌltrɪ/ *a* (*weather*) πνιγερός

sum /sʌm/ *n* (*amount*) (το) ποσό. (*calculation*) (το) πρόβλημα, (η) αριθμητική. • *vt* **~ up** (*recapitulate*) ανακεφαλαιώνω. (*assess*) κρίνω

summary /'sʌmərɪ/ *n* (η) περίληψη. • *a* συνοπτικός. **~ize** *vt* συνοψίζω

summer /'sʌmə(r)/ *n* (το) καλοκαίρι. **~y** *a* καλοκαιρινός

summit /'sʌmɪt/ *n* (η) κορυφή

summon /'sʌmən/ *vt* καλώ. (*jur*) κλητεύω

summons /'sʌmənz/ *n* (η) πρόσκληση. (*jur*) (η) κλήση. • *vt* κλητεύω

sumptuous /'sʌmptʃʊəs/ *a* πολυτελέστατος

sun /sʌn/ *n* (ο) ήλιος. • *vt* **~ o.s.** λιάζομαι. **~-glasses** *npl* (τα) γυαλιά του ηλίου. **~-tan** *n* (το) μαύρισμα (*στον ήλιο*). **~-tan cream** *or* **lotion** (το) αντιηλιακό (*κρέμα ή λοσιόν*). **~-tanned** *a* μαυρισμένος. **~ny** *a* ηλιόλουστος

sunbathe /'sʌnbeɪð/ *vi* κάνω ηλιοθεραπεία

sunburn /'sʌnbɜ:n/ *n* (το) ηλιακό έγκαυμα

Sunday /'sʌndɪ/ *n* (η) Κυριακή

sundry /'sʌndrɪ/ *a* διάφορος. **~ies** *npl* (τα) διάφορα

sunflower /'sʌnflaʊə(r)/ *n* (το) ηλιοτρόπιο

sung /sʌŋ/ *see* SING

sunk /sʌŋk/ *see* SINK

sunken /'sʌŋkən/ *see* SINK. • *a* βυθισμένος

sunlight /'sʌnlaɪt/ *n* (το) ηλιακό φως. **~lit** *a* ηλιόφωτος

sunrise /'sʌnraɪz/ *n* (η) ανατολή του ήλιου

sunset /'sʌnset/ *n* (το) ηλιοβασίλεμα

sunshade /'sʌnʃeɪd/ *n* (η) ομπρέλα του ήλιου

sunshine /'sʌnʃaɪn/ *n* (η) λιακάδα

sunstroke /'sʌnstrəʊk/ *n* (η) ηλίαση

super /'su:pə(r)/ *a* υπέροχος

superb /su:'pɜ:b/ *a* έξοχος

superficial /su:pə'fɪʃl/ *a* επιφανειακός

superfluous /su:'pɜ:flʊəs/ *a* περιττός

superintendent /su:pərɪn'tendənt/ *n* (ο) επιστάτης. (*of police*) (ο) επιθεωρητής

superior /su:'pɪərɪə(r)/ *a* ανώτερος

n (ο) ανώτερος. **~ity** /-'ɒrəti/ *n* (η) ανωτερότητα

superlative /su:'pɜ:lətɪv/ *a* υπέρτατος. • *n* (ο) υπερθετικός (βαθμός)

superman /'su:pəmæn/ *n* (ο) υπεράνθρωπος

supermarket /'su:pəma:kɪt/ *n* (η) υπεραγορά, (το) σούπερ μάρκετ *invar*

supernatural /su:pə'nætʃrəl/ *a* υπερφυσικός

superpower /'su:pəpauə(r)/ *n* (η) υπερδύναμη

superstiti|on /su:pə'stɪʃn/ *n* (η) δεισιδαιμονία. **~ous** *a* δεισιδαίμων

supervis|e /'su:pəvaɪz/ *vt* εποπτεύω. **~ion** /-'vɪʒn/ *n* (η) εποπτεία. **~or** /-ə(r)/ *n* (ο) επόπτης, (η) επόπτρια

supper /'sʌpə(r)/ *n* (το) δείπνο

supple /sʌpl/ *a* ευλύγιστος

supplement /'sʌplɪmənt/ *n* (το) συμπλήρωμα. • *vt* συμπληρώνω. **~ary** /-'mentrɪ/ *a* συμπληρωματικός

supplier /sə'plaɪə(r)/ *n* (ο) προμηθευτής

supply /sə'plaɪ/ *vt* εφοδιάζω. (*a need*) καλύπτω. **~ with** προμηθεύω με. • *n* (η) προμήθεια. (*techn*) (ο) εφοδιασμός

support /sə'pɔ:t/ *vt* (*hold up*) στηρίζω. (*strengthen*) ενισχύω. (*family etc.*) συντηρώ. (*tolerate*) ανέχομαι. (*sport*) υποστηρίζω. • *n* (*help, backing*) (το) (υπο)στήριγμα. (*keep*) (η) συντήρηση. **~er** /-ə(r)/ *n* (*sport*) (ο, η) οπαδός. **~ive** *a* υποστηρικτικός

suppose /sə'pəʊz/ *vt*/*i* υποθέτω. (*think*) νομίζω. **~dly** *adv* δήθεν

suppress /sə'pres/ *vt* καταστέλλω. • (*hide*) αποσιωπώ. **~ion** *n* (η) καταστολή, (η) αποσιώπηση

supreme /su:'pri:m/ *a* ανώτατος

surcharge /'sɜ:tʃa:dʒ/ *n* (η) προσαύξηση. (*tax*) (η) επιβάρυνση

sure /ʃʊə(r)/ *a* βέβαιος. • *adv* βεβαίως. **make ~** βεβαιώνομαι. **~ly** *adv* ασφαλώς

surf /sɜ:f/ *n* (ο) αφρός (των κυμάτων). **~er** *n* (ο, η) σερφίστας. **~ing** *n* (το) σέρφινγκ *invar*

surface /'sɜ:fɪs/ *n* (η) επιφάνεια. • *a* επιφανειακός. • *vi* (*emerge*) βγαίνω στην επιφάνεια. • *vt* (*road etc.*) επιστρώνω

surfboard /'sɜ:fbɔ:d/ *n* (η) σανίδα (του σέρφινγκ)

surge /sɜ:dʒ/ *vi* ξεχύνομαι. (*increase*) υψώνομαι. • *n* (*of feeling*) (το) κύμα. (*forward movement*) (η) απότομη κίνηση. (*increase*) (το) κύμα

surgeon /'sɜ:dʒən/ *n* (ο, η) χειρούργος

surg|ery /'sɜ:dʒərɪ/ *n* (η) χειρουργική. (*place*) (το) ιατρείο. (*time*) (οι) ώρες ιατρείου. **~ical** /-dʒɪkl/ *a* χειρουργικός

surly /sɜ:lɪ/ *a* κατσούφης

surmount /sə'maʊnt/ *vt* υπερπηδώ

surname /'sɜ:neɪm/ *n* (το) επώνυμο, Cy. (το) επίθετο

surpass /sə'pa:s/ *vt* ξεπερνώ

surplus /'sɜ:pləs/ *n* (το) πλεόνασμα. • *a* πλεονάζων

surpris|e /sə'praɪz/ *n* (η) έκπληξη. • *vt* εκπλήττω. **~ed** *a* έκπληκτος (**at**, από). **~ing** *a* εκπληκτικός

surrealism /sə'rɪəlɪzəm/ *n* (ο) σουρεαλισμός

surrender /sə'rendə(r)/ *vt*/*i* παραδίδω/ομαι. • *n* (η) παράδοση

surround /sə'raʊnd/ *vt* περιτριγυρίζω. • *n* (το) πλαίσιο. **be ~ed by** *or* **with** με περιτριγυρίζουν . **~ing** *a* γύρω. **~ings** *npl* (το) περιβάλλον

surveillance /sɜ:'veɪləns/ *n* (η) παρακολούθηση

survey¹ /sə'veɪ/ *vt* επισκοπώ. (*property*) εξετάζω. (*land*) χωρομετρώ. **~or** *n* (ο) χωρομέτρης

survey² /'sɜ:veɪ/ *n* (η) έρευνα. (*report*) (η) επισκόπηση. (*general view*) (η) ανασκόπηση

survival /sə'vaɪvl/ *n* (η) επιβίωση

surviv|e /sə'vaɪv/ *vt*/*i* επιβιώνω. **~or** /-ə(r)/ *n* (ο) επιζήσας

susceptible /sə'septəbl/ *a*

επιδεκτικός. **~ to** επιρρεπής σε

suspect¹ /sə'spekt/ vt υποπτεύομαι. (assume) υποψιάζομαι. (doubt) αμφιβάλλω για

suspect² /'sʌspekt/ n (ο) ύποπτος. • a ύποπτος

suspend /sə'spend/ vt κρεμώ. (stop) αναστέλλω. (employee) θέτω σε διαθεσιμότητα. (pupil) αποβάλλω προσωρινά

suspender /səs'pendə(r)/ n (η) ζαρτιέρα

suspense /sə'spens/ n (η) αβεβαιότητα. (in book etc.) (η) αγωνία

suspici|on /sə'sprɪʃn/ n (η) υποψία. (trace) (το) ίχνος. **~ous** a καχύποπτος. (causing suspicion) ύποπτος

sustain /sə'steɪn/ vt συντηρώ. (suffer) παθαίνω

sustenance /'sʌstɪnəns/ n (η) συντήρηση. (nourishment) (η) θρεπτική αξία

swab /swɒb/ n (η) σφουγγαρίστρα. (med) (το) ταμπόν invar

swallow /'swɒləʊ/ vt/i καταπίνω. • (bird) n (το) χελιδόνι

swam /swæm/ see SWIM

swamp /swɒmp/ n (το) έλος. • vt πλημμυρίζω

swan /swɒn/ n (ο) κύκνος

swap /swɒp/ vt/i ανταλλάσσω. • n (η) ανταλλαγή

swarm /swɔːm/ n (το) σμήνος. • vi σχηματίζω σμήνος. (place) είμαι γεμάτος

swarthy /'swɔːðɪ/ a μελαψός

swat /swɒt/ vt χτυπώ (απότομα)

sway /sweɪ/ vi κουνιέμαι. (person) ταλαντεύομαι. • vt (influence) επηρεάζω αποφασιστικά. • n (η) επιρροή

swear /sweə(r)/ vt/i (pt swore, pp sworn) ορκίζομαι. (curse) βλαστημώ. **~ at** βρίζω. **~-word** n (η) βλαστήμια

sweat /swet/ n (ο) ιδρώτας. • vi ιδρώνω. **~y** a ιδορωμένος

sweater /'swetə(r)/ n (το) πουλόβερ invar, Cy. (το) τρικό

Swede /swiːd/ n (ο) Σουηδός, (η)

Σουηδέζα. **~n** n (η) Σουηδία

sweep /swiːp/ vt/i (pt swept) σκουπίζω. (go swiftly) γλιστρώ γρήγορα. (road) διαγράφω καμπύλη. (fig) σαρώνω. • n (το) σκούπισμα. (curve) (η) καμπύλη. **~ up** σκουπίζω. **~ing** a (changes etc.) σαρωτικός. **~ing statement** (η) γενίκευση

sweet /swiːt/ a γλυκός. (fragrant) μυρωδάτος. (pleasant) ευχάριστος. (endearing) χαριτωμένος. • n (το) γλυκό. (toffee etc.) (η) καραμέλα. (dish) (το) επιδόρπιο. **~ corn** n (το) καλαμπόκι

sweeten /'swiːtn/ vt γλυκαίνω

sweetheart /'swiːthaːt/ n (ο) αγαπημένος, (η) αγαπημένη

swell /swel/ vt/i (pp swollen or swelled) φουσκώνω, πρήζω/ομαι. (increase) εξογκώνω/ομαι. • n (of sea) (η) φουσκοθαλασσιά. **~ing** n (το) πρήξιμο

swelter /'sweltə(r)/ vi λιώνω από τη ζέστη. **~ing** (heat) a αποπνικτικός

swept /swept/ see SWEEP

swerve /swɜːv/ vi στρίβω απότομα

swift /swɪft/ a γοργός. • n (bird) (το) πετροχελίδονο. **~ly** adv γοργά, γρήγορα

swill /swɪl/ vt (rinse) ξεπλένω. (drink) κατεβάζω (ποτό). • n (for pigs) υγρή τροφή από υπολείμματα για χοίρους

swim /swɪm/ vi (pt swam, pp swum, pres p swimming) κολυμπώ. (room, head) στριφογυρίζω. • vt (swim across) διασχίζω κολυμπώντας. • n (το) κολύμπι. **~mer** n (ο) κολυμβητής, (η) κολυμβήτρια. **~ming** n (το) κολύμπι. **~ming-bath, ~ming-pool** ns (η) πισίνα. **~ming-costume** n (το) μαγιό. **~ming-trunks** npl (το) ανδρικό μαγιό

swindle /'swɪndl/ vt εξαπατώ. • n (η) απάτη

swine /swaɪn/ npl (τα) γουρούνια

swing /swɪŋ/ vi αιωρούμαι. (hang) κρέμομαι. (turn) γυρίζω. (sway) ταλαντεύομαι. • vt κουνώ.

• *n* (*motion*) (η) αιώρηση. (*child's*) (η) κούνια. (*mus*) (ο) ρυθμός
swipe /swaɪp/ *vt* (*hit: fam*) χτυπώ δυνατά. (*take: fam*) σουφρώνω
swirl /swɜ:l/ *vt/i* στροβιλίζω/ομαι. • *n* (ο) στρόβιλος
Swiss /swɪs/ *a* ελβετικός. • *n* (ο) Ελβετός, (η) Ελβετίδα
switch /swɪtʃ/ *n* (*electr*) (ο) διακόπτης. (*change*) (η) αλλαγή. (*exchange*) (η) ανταλλαγή. • *vt* (*shift*) γυρίζω. (*transfer*) μεταφέρω. (*change*) αλλάζω. (*exchange*) ανταλλάσσω. **~ off** (*electr*) κλείνω. (*light*) σβήνω. **~ on** (*electr*) ανοίγω. (*light, engine*) ανάβω
switchboard /'swɪtʃbɔ:d/ *n* (το) τηλεφωνικό κέντρο
Switzerland /'swɪtsələnd/ *n* (η) Ελβετία
swivel /'swɪvl/ *vi* στριφογυρίζω. • *vt* περιστρέφω
swollen /'swəʊln/ *see* SWELL. • *a* φουσκωμένος, πρησμένος
swoon /swu:n/ *vi* λιποθυμώ
swoop /swu:p/ *vi* εφορμώ
sword /sɔ:d/ *n* (το) ξίφος
swore /swɔ:(r)/ *see* SWEAR
sworn /swɔ:n/ *see* SWEAR. • *a* (*enemy*) άσπονδος
swot /swɒt/ *vi* (*schol, fam*) σπάω στο διάβασμα. • *n* (*person: fam*) (ο) σπασίκλας
swum /swʌm/ *see* SWIM
syllable /'sɪləbl/ *n* (η) συλλαβή
syllabus /'sɪləbəs/ *n* (η) διδακτέα ύλη
symbol /'sɪmbl/ *n* (το) σύμβολο. **~ic(al)** /-'bɒlɪk(l)/ *a* συμβολικός. **~ism** *n* (ο) συμβολισμός. **~ize** *vt* συμβολίζω
symmetr|y /'sɪmətrɪ/ *n* (η) συμμετρία. **~ical** /-'metrɪkl/ *a* συμμετρικός
sympathetic /sɪmpə'θetɪk/ *a* συμπαθητικός. (*showing pity*) συμπονετικός
sympath|y /'sɪmpəθɪ/ *n* (η) συμπάθεια. (*condolences*) (τα) συλλυπητήρια. **~ize** /-aɪz/ *vi* **~ with** κατανοώ

symphony /'sɪmfənɪ/ *n* (η) συμφωνία
symptom /'sɪmptəm/ *n* (το) σύμπτωμα
synagogue /'sɪnəgɒg/ *n* (η) συναγωγή
synchronize /'sɪŋkrənaɪz/ *vt* συγχρονίζω
syndicate /'sɪndɪkət/ *n* (το) συνδικάτο
syndrome /'sɪndrəʊm/ *n* (το) σύνδρομο
synonym /'sɪnənɪm/ *n* (το) συνώνυμο
synthesis /'sɪnθəsɪs/ *n* (η) σύνθεση
synthetic /sɪn'θetɪk/ *a* συνθετικός
syringe /'sɪrɪndʒ/ *n* (η) σύριγγα
syrup /'sɪrəp/ *n* (το) σιρόπι
system /'sɪstəm/ *n* (το) σύστημα. (*body*) (ο) οργανισμός. (*order*) (η) οργάνωση. **~atic** /-ə'mætɪk/ *a* συστηματικός

• •

Tt

• •

tab /tæb/ *n* (η) γλώσσα (*προεξοχή*)
table /'teɪbl/ *n* (το) τραπέζι. (*list*) (ο) πίνακας. **~-cloth** *n* (το) τραπεζομάντιλο. **~ tennis** *n* (το) πινγκ πονγκ *invar*, (η) επιτραπέζια αντισφαίριση
tablespoon /'teɪblspu:n/ *n* (το) κουτάλι σερβιρίσματος
tablet /'tæblɪt/ *n* (η) πλάκα. (*pill*) (το) χάπι
taboo /tə'bu:/ *n* (το) ταμπού *invar*. • *a* ταμπού *invar*, απαγορευμένος
tacit /'tæsɪt/ *a* σιωπηρός
taciturn /'tæsɪtɜ:n/ *a* λιγομίλητος
tack /tæk/ *n* (*nail*) (η) πινέζα. (*stitch*) (το) τρύπωμα. (*naut*) (η) πορεία
tackle /'tækl/ *n* (*equipment*) (τα) σύνεργα. • *vt* καταπιάνομαι με. (*football*) ρίχνω (αντίπαλο)
tact /tækt/ *n* (το) τακτ *invar*, (η) διακριτικότητα. **~ful** *a* διακριτικός. **~less** *a* αδιάκριτος
tactic|s /'tæktɪks/ *npl* (η) τακτική. **~al** *a* τακτικός

tadpole /'tædpəʊl/ n (o) γυρίνος

tag /tæg/ n (label) (η) ετικέτα

tail /teɪl/ n (η) ουρά. **~s** npl (tailcoat) (το) φράκο. (of coin) (τα) γράμματα (αντ. κορόνα).
• vt (follow: fam) παρακολουθώ.
• vi **~ off** σβήνω (για φωνή).
~-end n (το) τελευταίο μέρος

tailor /'teɪlə(r)/ n (o) ράφτης, (η) ράφτρα. **~-made** a φτιαγμένος στα μέτρα

taint /teɪnt/ vt μολύνω

take /teɪk/ vt/i (pt took, pp taken) παίρνω. (carry) μεταφέρω. (accompany) πηγαίνω. (capture) πιάνω. (endure) ανέχομαι. (swallow) πίνω. (contain) περιέχω. (walk) πηγαίνω. (bath) κάνω. (exam) δίνω. (photograph) βγάζω.
• n (photo, cinema) (η) λήψη.
after μοιάζω (with gen.). **~ away** αφαιρώ. **~-away** n (το) έτοιμο φαγητό (από εστιατόριο) **~ back** (return) παίρνω πίσω. **~ down** κατεβάζω. (note) γράφω. **~ in** (garment) στενεύω. (understand) αντιλαμβάνομαι. (deceive) ξεγελώ. **~ off** (remove) αφαιρώ. (clothes) βγάζω. (mimic) μιμούμαι. (aviat) απογειώνομαι. **~-off** n (aviat) (η) απογείωση. (imitation) (η) απομίμηση. **~ on** (undertake) αναλαμβάνω. (employee) προσλαμβάνω. **~ out** (remove) βγάζω. **~ over** αναλαμβάνω. **~ part** παίρνω μέρος (in, σε). **~ place** συμβαίνω. **~ to** (like) το ρίχνω σε. **~ up** πιάνω. (hobby) αρχίζω να ασχολούμαι με. (occupy) εγκαθίσταμαι. (garment) κονταίνω

takings /'teɪkɪŋz/ npl (οι) εισπράξεις

talcum /'tælkəm/ n **~ (powder)** (το) ταλκ invar

tale /teɪl/ n (η) αφήγηση

talent /'tælənt/ n (το) ταλέντο. **~ed** a ταλαντούχος

talk /tɔːk/ vt/i μιλώ. • n (η) ομιλία. (lecture) (η) διάλεξη. **~ s.o. into doing** πείθω κπ να κάνει. **~ over** συζητώ. **~ative** a ομιλητικός

tall /tɔːl/ a ψηλός

tally /'tælɪ/ vi συμφωνώ

talon /'tælən/ n (το) νύχι (αρπακτικού πουλιού)

tambourine /tæmbə'riːn/ n (το) ντέφι

tame /teɪm/ a (animal) ήμερος. • vt δαμάζω

tamper /'tæmpə(r)/ vi **~ with** (interfere) ανακατεύομαι σε. (falsify) παραποιώ

tampon /'tæmpən/ n (το) ταμπόν invar

tan /tæn/ vt/i (go brown) μαυρίζω.
• vt (hide) αργάζω. • n (sun-tan) (το) μαύρισμα. • a (colour) ανοιχτό καφέ

tang /tæŋ/ n (taste) (η) χαρακτηριστική γεύση. (smell) (η) δυνατή μυρωδιά

tangent /'tændʒənt/ n (η) εφαπτομένη

tangerine /tændʒə'riːn/ n (το) μανταρίνι

tangible /'tændʒəbl/ a χειροπιαστός

tangle /'tæŋgl/ vt/i μπλέκω/ομαι.
• n (το) μπλέξιμο

tank /tæŋk/ n (water) (το) ντεπόζιτο. (petrol) (το) ρεζερβουάρ. (fish) (το) ενυδρείο. (mil) (το) τανκ invar

tankard /'tæŋkəd/ n (το) κύπελλο (για μπίρα)

tanker /'tæŋkə(r)/ n (ship) (το) δεξαμενόπλοιο. (truck) (το) βυτιοφόρο

tantamount /'tæntəmaʊnt/ a **~ to** ισοδύναμος με

tantrum /'tæntrəm/ n (η) έκρηξη οργής

tap¹ /tæp/ n (η) βρύση. • vt (resources) αντλώ. (phone) υποκλέπτω. **~ water** (το) νερό της βρύσης

tap² /tæp/ vt/i χτυπώ (ελαφρά). • n (το) ελαφρό χτύπημα. **~-dance** n (οι) κλακέτες

tape /teɪp/ n (η) ταινία. • vt (record) ηχογραφώ. **~-measure** n (η) μεζούρα. **~ recorder** n (το) μαγνητόφωνο

taper /'teɪpə(r)/ n (το) λεπτό κερί.
• vt/i λεπταίνω

tapestry /'tæpɪstrɪ/ n (το) ταπισερί

tar /tɑ:(r)/ n (η) πίσσα

target /'tɑ:gɪt/ n (ο) στόχος

tariff /'tærɪf/ n (το) δασμολόγιο

Tarmac /'tɑ:mæk/ n (P) (η) άσφαλτος

tarnish /'tɑ:nɪʃ/ vt/i μαυρίζω

tarpaulin /tɑ:'pɔ:lɪn/ n (ο) μουσαμάς

tart /tɑ:t/ n (η) τάρτα. (woman: sl) (η) τσούλα. • a απότομος

tartan /'tɑ:tn/ n (το) σκοτσέζικο ύφασμα

tartar /'tɑ:tə(r)/ n (το) πουρί (στα δόντια)

task /tɑ:sk/ n (duty) (το) καθήκον. (work) (η) δουλειά

tassel /'tæsl/ n (η) φούντα

taste /teɪst/ n (sense) (η) γεύση. (discernment) (το) γούστο. (small quantity) (η) μπουκιά. • vt δοκιμάζω. • vi ~ of έχω γεύση (with gen). ~ful a με γούστο. ~fully adv καλαίσθητα. ~less a (food) άγευστος. (in bad taste) χωρίς γούστο

tasty /'teɪstɪ/ a εύγευστος

tat /tæt/ see TIT

tattered /'tætəd/ a κουρελιασμένος

tatters /'tætəz/ npl (τα) κουρέλια

tattoo /tə'tu:/ vt κάνω τατουάζ. • n (το) τατουάζ invar. (mil) (η) στρατιωτική επίδειξη

tatty /'tætɪ/ a φθαρμένος

taught /tɔ:t/ see TEACH

taunt /tɔ:nt/ vt προκαλώ με χλευασμούς. • n (ο) χλευασμός

Taurus /'tɔ:rəs/ n (ο) Ταύρος

taut /tɔ:t/ a τεντωμένος

tax /tæks/ n (ο) φόρος. **income ~** n (ο) φόρος εισοδήματος. • vt φορολογώ. (fig) δοκιμάζω. **~ation** /-'seɪʃn/ n (η) φορολογία. **~-free** a αφορολόγητος. **~ing** a (fig) απαιτητικός. **~ inspector** n (ο) έφορος

taxi /'tæksɪ/ n (το) ταξί invar. • vi (aviat) τροχοδρομώ. **~-driver** n (ο) ταξιτζής, (η) ταξιτσού. **~ rank**, (Amer) **~ stand** ns (η) πιάτσα

taxpayer /'tækspeɪə(r)/ n (ο) φορολογούμενος

tea /ti:/ n (το) τσάι. **~ bag** n (το) φακελάκι τσαγιού. **~ towel** n (η) πετσέτα της κουζίνας

teach /ti:tʃ/ vt (pt taught) διδάσκω. • vi εργάζομαι ως δάσκαλος, κάνω μαθήματα. **~er** n (primary) (ο) δάσκαλος, (η) δασκάλα. (secondary) (ο) καθηγητής, (η) καθηγήτρια. **~ing** n (η) διδασκαλία

teacup /'ti:kʌp/ n (το) φλιτζάνι του τσαγιού

teak /ti:k/ n (το) τηκ invar

team /ti:m/ n (η) ομάδα. (of animals) (το) ζευγάρι. **~-work** n (η) ομαδική εργασία

teapot /'ti:pɒt/ n (η) τσαγιέρα

tear¹ /teə(r)/ vt/i (pt tore, pp torn) σχίζω/ομαι. (snatch) τραβώ με βία. (run) ορμώ. • n (το) σκίσιμο. **~ up** κάνω κομμάτια

tear² /tɪə(r)/ n (το) δάκρυ. **be in ~s** κλαίω. **~ful** a δακρυσμένος

tease /ti:z/ vt πειράζω. • n (το) πειραχτήρι

teaspoon /'ti:spu:n/ n (το) κουταλάκι του τσαγιού. **~ful** n (η) κουταλιά του τσαγιού

teat /ti:t/ n (η) ρώγα

technical /'teknɪkl/ a τεχνικός. **~ity** n /-'kælətɪ/ n (η) τεχνική λεπτομέρεια. **~ly** adv τεχνικά

technician /tek'nɪʃn/ n (ο) τεχνικός

technique /tek'ni:k/ n (η) τεχνική

technolog|y /tek'nɒlədʒɪ/ n (η) τεχνολογία. **~ical** /-ə'lɒdʒɪkl/ a τεχνολογικός

teddy /'tedɪ/ n **~ (bear)** (το) αρκουδάκι (παιχνίδι για παιδιά)

tedious /'ti:dɪəs/ a ανιαρός

tedium /'ti:dɪəm/ n (η) ανία

teem /ti:m/ vi **be ~ing with** (swarming) βρίθω. (rain) βρέχει καταρρακτωδώς

teenage /'ti:neɪdʒ/ a εφηβικός. **~r** /-ə(r)/ n (ο, η) έφηβος

teens /ti:nz/ npl **in one's ~s** στην εφηβεία

teeter /'ti:tə(r)/ vi ταλαντεύομαι

teeth /tiːθ/ *see* TOOTH
teethe /tiːð/ *vi* βγάζω δόντια
teetotaller /tiːˈtəʊtlə(r)/ *n* αυτός
   που δεν πίνει οινοπνευματώδη ποτά
telecommunications /telɪkəmjuː
   nɪˈkeɪʃnz/ *npl* (οι) τηλεπικοινωνίες
telegram /ˈtelɪɡræm/ *n* (το)
   τηλεγράφημα
telegraph /ˈtelɪɡrɑːf/ *n* (ο)
   τηλέγραφος. • *vt* τηλεγραφώ. **~**
   pole *n* (το) τηλεγραφόξυλο
telepath|y /tɪˈlepəθɪ/ *n* (η)
   τηλεπάθεια. **~ic** /telɪˈpæθɪk/ *a*
   τηλεπαθητικός
telephone /ˈtelɪfəʊn/ *n* (το)
   τηλέφωνο. • *vt* τηλεφωνώ. **~**
   box, ~ booth *ns* (ο)
   τηλεφωνικός θάλαμος. **~ call** *n*
   (η) κλήση. **~ directory** *n* (ο)
   τηλεφωνικός κατάλογος. **~**
   number *n* (ο) αριθμός
   τηλεφώνου
telephoto /telɪˈfəʊtəʊ/ *a* **~ lens**
   (ο) τηλεφακός
telescope /ˈtelɪskəʊp/ *n* (το)
   τηλεσκόπιο. • *vt/i* συμπτύσσω/
   ομαι
televise /ˈtelɪvaɪz/ *vt* μεταδίδω
   τηλεοπτικά
television /ˈtelɪvɪʒn/ *n* (η)
   τηλεόραση. **~ set** *n* (η) συσκευή
   τηλεοράσεως
teleworking /ˈteliwɜːkɪŋ/ *n* (η)
   τηλεργασία
telex /ˈteleks/ *n* (το) τέλεξ *invar*.
   • *vt* στέλνω με τέλεξ
tell /tel/ *vt* (*pt* **told**) λέγω. (*story*)
   διηγούμαι. (*distinguish*)
   ξεχωρίζω. • *vi* (*produce an effect*)
   φαίνομαι. **~ off** *vt* μαλώνω
teller /ˈtelə(r)/ *n* (*in bank*) (ο, η)
   ταμίας
temper /ˈtempə(r)/ *n* (*disposition*)
   (η) ψυχραιμία. (*mood*) (η)
   διάθεση. (*fit of anger*) (η) οργή.
   • *vt* μετριάζω
temperament /ˈtemprəmənt/ *n* (η)
   ιδιοσυγκρασία. **~al** /-ˈmentl/
   a ιδιότροπος
temperate /ˈtempərət/ *a* εγκρατής.
   (*climate*) εύκρατος
temperature /ˈtemprətʃə(r)/ *n* (η)
   θερμοκρασία. **have a ~** (*fam*)

έχω πυρετό
tempest /ˈtempɪst/ *n* (η) θύελλα
temple /ˈtempl/ *n* (*relig*) (ο) ναός.
   (*anat*) (ο) κρόταφος
temporar|y /ˈtempərərɪ/ *a*
   προσωρινός. **~ily** *adv*
   προσωρινά
tempt /tempt/ *vt* βάζω σε
   πειρασμό. **~ation** /-ˈteɪʃn/ *n* (ο)
   πειρασμός. **~ing** *a* δελεαστικός
ten /ten/ *a & n* δέκα
tenac|ious /tɪˈneɪʃəs/ *a* επίμονος.
   ~ity /-æsətɪ/ *n* (η) επιμονή
tenancy /ˈtenənsɪ/ *n* (η) μίσθωση
tenant /ˈtenənt/ *n* (ο) μισθωτής
tend /tend/ *vt* φροντίζω. • *vi* **~ to**
   τείνω να
tendency /ˈtendənsɪ/ *n* (η) τάση
tender /ˈtendə(r)/ *a* τρυφερός.
   (*painful*) που πονάει. • *vt*
   (*resignation*) υποβάλλω. • *n*
   (*comm*) (η) προσφορά. **legal ~** *n*
   (το) νόμιμο νόμισμα **~ness** *n* (η)
   τρυφερότητα
tendon /ˈtendən/ *n* (ο) τένοντας
tenement /ˈtenəmənt/ *n* (η)
   πολυκατοικία
tenet /ˈtenɪt/ *n* (η) αρχή
tennis /ˈtenɪs/ *n* (το) τένις *invar*.
   ~-ball *n* το μπαλάκι (του τένις).
   ~-court *n* (το) γήπεδο (του
   τένις). **~-racket** *n* (η) ρακέτα
tenor /ˈtenə(r)/ *n* (ο) τενόρος
tense /tens/ *n* (*gram*) (ο) χρόνος.
   • *a* τεταμένος. • *vt* τεντώνω. • *vi*
   ~ up νιώθω υπερένταση
tension /ˈtenʃn/ *n* (*of string*) (το)
   τέντωμα. (*emotional*) (η) ένταση.
   (*electr*) (η) τάση
tent /tent/ *n* (η) σκηνή
tentacle /ˈtentəkl/ *n* (το) πλοκάμι
tentative /ˈtentətɪv/ *a* (*provisional*)
   προσωρινός. (*hesitant*)
   δοκιμαστικός
tenterhooks /ˈtentəhʊks/ *npl* **on**
   ~ σε αναμμένα κάρβουνα
tenth /tenθ/ *a* δέκατος. • *n* (το)
   δέκατο
tenuous /ˈtenjʊəs/ *a* λεπτός
tepid /ˈtepɪd/ *a* χλιαρός
term /tɜːm/ *n* (*time*) (η) περίοδος.
   (*schol*) (το) τρίμηνο. (*word etc.*)

(ο) όρος. **~s** npl (comm) (οι) όροι. **come to ~s with** συμβιβάζομαι με. **on good ~s** σε καλές σχέσεις

terminal /ˈtɜːmɪnl/ a τελικός. (med) θανατηφόρος. • n (rail) (το) τέρμα. (computer) (το) τερματικό. (electr) (ο) ακροδέκτης. (aviat) (το) τέρμιναλ invar

terminate /ˈtɜːmɪneɪt/ vt τερματίζω. • vi λήγω (**in**, σε)

terminology /tɜːmɪˈnɒlədʒɪ/ n (η) ορολογία

terminus /ˈtɜːmɪnəs/ n (το) τέρμα

terrace /ˈterəs/ n (η) ταράτσα

terrain /təˈreɪn/ n (το) έδαφος

terrestrial /tɪˈrestrɪəl/ a γήινος

terribl|e /ˈterəbl/ a τρομερός. **~y** adv τρομερά. (very) πολύ

terrific /təˈrɪfɪk/ a τρομαχτικός. (excellent) καταπληκτικός

terrify /ˈterɪfaɪ/ vt τρομοκρατώ. **~ing** a τρομαχτικός

territorial /terɪˈtɔːrɪəl/ a εδαφικός

territory /ˈterɪtrɪ/ n (το) έδαφος

terror /ˈterə(r)/ n (ο) τρόμος

terroris|t /ˈterərɪst/ n (ο) τρομοκράτης. **~m** /-zəm/ n (η) τρομοκρατία

terrorize /ˈterəraɪz/ vt τρομοκρατώ

terse /tɜːs/ a λακωνικός

test /test/ n (η) δοκιμή. (exam) (το) διαγώνισμα. • vt δοκιμάζω. **~-tube** n (ο) δοκιμαστικός σωλήνας

testament /ˈtestəmənt/ n (η) διαθήκη

testicle /ˈtestɪkl/ n (ο) όρχις

testify /ˈtestɪfaɪ/ vt/i μαρτυρώ

testimonial /testɪˈməʊnɪəl/ n (η) συστατική επιστολή

testimony /ˈtestɪmənɪ/ n (η) μαρτυρία

tetanus /ˈtetənəs/ n (ο) τέτανος

tether /ˈteðə(r)/ vt δένω

text /tekst/ n (το) κείμενο. **~message** n (το) γραπτό μήνυμα. **~** vt στέλνω μήνυμα (SMS)

textbook /ˈtekstbʊk/ n (το) εγχειρίδιο

textile /ˈtekstaɪl/ n (το) ύφασμα

texture /ˈtekstʃə(r)/ n (η) υφή

Thames /temz/ n (ο) Τάμεσης

than /ðæn, ðən/ conj από

thank /θæŋk/ vt ευχαριστώ. **~s** npl (οι) ευχαριστίες. **~s!** ευχαριστώ. **~s to** χάρη σε. **~ you** ευχαριστώ

thankful /ˈθæŋkfl/ a ευγνώμων

that /ðæt, ðət/ a & pron (pl **those**) εκείνος. • adv τόσο. **~** rel pron που, ο οποίος. • conj ότι. **so ~** ώστε

thatch /θætʃ/ n (η) στέγη από άχυρο

thaw /θɔː/ vt/i λιώνω. (defrost) ξεπαγώνω. • n (το) λιώσιμο

the /ðə, ðiː/ def art ο, η, το

theatr|e /ˈθɪətə(r)/ n (το) θέατρο. **~ical** /-ˈætrɪkl/ a θεατρικός

theft /θeft/ n (η) κλοπή

their /ðeə(r)/ a (δικός, δική, δικό) τους

theirs /ðeəz/ poss pron δικός/δική/δικό τους

them /ðem, ðəm/ pron αυτούς, αυτές, αυτά. (after prep) τους, τις, τα

theme /θiːm/ n (το) θέμα. **~park** n (το) θεματικό πάρκο

themselves /ðəmˈselvz/ pron (αυτοί) οι ίδιοι. **they did not by ~** το έκαναν μόνοι τους

then /ðen/ adv τότε. (next) μετά. (therefore) έτσι. • a & n τότε

theology /θɪˈɒlədʒɪ/ n (η) θεολογία

theoretical /θɪəˈretɪkl/ a θεωρητικός

theory /ˈθɪərɪ/ n (η) θεωρία

therap|y /ˈθerəpɪ/ n (η) θεραπεία. **~eutic** /-ˈpjuːtɪk/ a θεραπευτικός. **~ist** n (ο) θεραπευτής, (η) θεραπεύτρια

there /ðeə(r)/ adv εκεί. • int να. **~ is, ~ are** υπάρχει, υπάρχουν. **~abouts** adv πάνω κάτω. **~after** adv μετά απ' αυτό. **~by** adv μ' αυτό τον τρόπο

therefore /ˈðeəfɔː(r)/ adv επομένως, γι' αυτό

thermal /ˈθɜːml/ a θερμικός. (clothing) θερμαντικός

thermometer /θə'mɒmɪtə(r)/ n (το) θερμόμετρο

Thermos /'θɜːməs/ n ~ **(flask)** (P) (το) θερμός invar

thermostat /'θɜːməstæt/ n (ο) θερμοστάτης

thesaurus /θɪ'sɔːrəs/ n (το) αντιλεξικό

these /ðiːz/ see THIS

thesis /'θiːsɪs/ n (η) διατριβή

they /ðeɪ/ pron αυτοί, αυτές, αυτά. (unspecified) όσοι, όσες, όσα. ~ **say that** λένε ότι

thick /θɪk/ a παχύς. (dense) πυκνός. (hoarse) βραχνός. (stupid: fam) κουτός. • adv = **thickly**. • n in the ~ **of** στην καρδιά (with gen). ~**ly** adv παχιά, πυκνά. ~-**skinned** a χοντρόπετσος

thicken /'θɪkən/ vt/i πυκνώνω

thicket /'θɪkɪt/ n (η) λόχμη

thickset /θɪk'set/ a χοντροκαμωμένος

thief /θiːf/ n (ο) κλέφτης

thigh /θaɪ/ n (ο) μηρός

thimble /'θɪmbl/ n (η) δαχτυλήθρα

thin /θɪn/ a λεπτός. (person) αδύνατος, ισχνός. (weak) αδύνατος. (sparse) αραιός. • adv = **thinly**. • vt/i αραιώνω. ~**ly** adv αραιά

thing /θɪŋ/ n (το) πράγμα. ~**s** (belongings) (τα) πράγματα

think /θɪŋk/ vt/i (pt thought) σκέφτομαι. (deem) νομίζω. **I** ~ **so** έτσι νομίζω. ~ **about** or **of** σκέφτομαι. ~ **over** ξανασκέφτομαι. ~ **up** επινοώ

third /θɜːd/ a τρίτος. • n (το) τρίτον. ~-**rate** a τρίτης κατηγορίας

thirst /θɜːst/ n (η) δίψα. ~**y** a διψασμένος. **be** ~**y** διψώ

thirteen /θɜː'tiːn/ a δεκατρείς. • n (το) δεκατρία. ~**th** a δέκατος τρίτος. • n (το) δέκατο τρίτο

thirty /'θɜːtɪ/ a & n τριάντα

this /ðɪs/ a & pron (pl **these**) αυτός, αυτή, αυτό

thistle /'θɪsl/ n (το) γαϊδουράγκαθο

thorn /θɔːn/ n (το) αγκάθι

thorough /'θʌrə/ a πλήρης. (deep) εξονυχιστικός. (cleaning etc.)

καλός. (person) επιμελής. ~**ly** adv καλά, εξονυχιστικά

thoroughbred /'θʌrəbred/ n καθαρόαιμος

thoroughfare /'θʌrəfeə(r)/ n (η) αρτηρία (δρόμος)

those /ðəuz/ see THAT

though /ðəu/ conj αν και. • adv (fam) παρόλα αυτά

thought /θɔːt/ see THINK. • n (η) σκέψη. (idea) (η) ιδέα

thoughtful /'θɔːtfl/ a συλλογισμένος. (considerate) που σκέφτεται τους άλλους

thoughtless /'θɔːtlɪs/ a ασυλλόγιστος. (inconsiderate) απερίσκεπτος

thousand /'θauznd/ a χίλιοι. • n (το) χίλια

thrash /θræʃ/ vt ξυλοκοπώ. (defeat) κατατροπώνω

thread /θred/ n (η) κλωστή. (of screw) (το) σπείρωμα. • vt (needle) περνώ κλωστή σε

threadbare /'θredbeə(r)/ a τριμμένος

threat /θret/ n (η) απειλή

threaten /'θretn/ vt/i απειλώ. ~**ing** a απειλητικός

three /θriː/ a τρεις. • n (το) τρία. ~-**dimensional** a τρισδιάστατος. ~-**quarters** n (τα) τρία τέταρτα

thresh /θreʃ/ vt αλωνίζω

threshold /'θreʃhəuld/ n (το) κατώφλι

threw /θruː/ see THROW

thrift /θrɪft/ n (η) φειδώ. ~**y** a φειδωλός

thrill /θrɪl/ n (το) ρίγος. (excitement) (η) συγκίνηση. • vt/i συγκινώ/ούμαι. ~**ing** a συναρπαστικός

thriller /'θrɪlə(r)/ n (το) θρίλερ invar

thrive /θraɪv/ vi ευημερώ. ~**e on** ευδοκιμώ σε

throat /θrəut/ n (ο) λαιμός

throb /θrɒb/ vi χτυπώ. (heart) πάλλομαι. • n (ο) παλμός. (of engine) (το) μούγκρισμα

throes /θrəuz/ npl (οι) ωδίνες. **in**

the ~ of στη μέση (μιας ταλαιπωρίας)

throne /θrəʊn/ n (o) θρόνος

throng /θrɒŋ/ n (η) συρροή

throttle /'θrɒtl/ vt στραγγαλίζω

through /θru:/ prep διαμέσου. (during) καθ'όλη τη διάρκεια. (by means of) μέσω. (thanks to) λόγω. • adv καθ'όλη τη διάρκεια. (entirely) πέρα ως πέρα. • a (train etc.) κατευθείαν. put s.o. ~ (telec) συνδέω κπ

throughout /θru:'aʊt/ prep σε όλο το διάστημα (with gen.). • adv παντού

throw /θrəʊ/ vt (pt threw, pp thrown) ρίχνω, πετώ. • n (το) ρίξιμο. ~ away πετώ. ~ out (person) πετώ έξω. (thing) πετώ, απορρίπτω. ~ up (vomit) κάνω εμετό

thrush /θrʌʃ/ n (η) κίχλη, (η) τσίχλα

thrust /θrʌst/ vt σπρώχνω (με δύναμη). (push in) μπήγω. • n (η) ώθηση

thud /θʌd/ n (o) γδούπος

thug /θʌg/ n (o) κακοποιός

thumb /θʌm/ n (o) αντίχειρας. • vt (book) φυλλομετρώ. ~ a lift κάνω οτοστόπ

thump /θʌmp/ vt γρονθοκοπώ. • vi χτυπώ δυνατά. • n (o) υπόκωφος κρότος

thunder /'θʌndə(r)/ n (η) βροντή. • vi βροντώ

thunderbolt /'θʌndəbəʊlt/ n (o) κεραυνός

thunderstorm /'θʌndəstɔ:m/ n (η) θύελλα με βροντές και κεραυνού

Thursday /'θɜ:zdɪ/ n (η) Πέμπτη

thus /ðʌs/ adv έτσι

thwart /θwɔ:t/ vt ανατρέπω

thyme /taɪm/ n (το) θυμάρι

thyroid /'θaɪrɔɪd/ n ~ (gland) (o) θυρεοειδής (αδένας)

tic /tɪk/ n (το) τικ invar

tick /tɪk/ n (το) τικ τακ (ρολογιού) invar. (mark) (το) σημάδι. (insect) (το) τσιμπούρι. • vi χτυπώ (ρυθμικά). • vt σημειώνω με ένα χ

ticket /'tɪkɪt/ n (το) εισιτήριο. (label) (η) ετικέτα. ~ office n

(το) (η) θυρίδα εκδόσεως εισιτηρίων

tickle /'tɪkl/ vt γαργαλώ. • n (το) γαργάλισμα

ticklish /'tɪklɪʃ/ a που γαργαλιέται

tidal /'taɪdl/ a παλιρροιακός

tide /taɪd/ n (η) παλίρροια. (of events) (το) κύμα. high/low ~ (η) πλυμμυρίδα/(η) άμπωτη

tid|y /'taɪdɪ/ a συγυρισμένος. (amount: fam) σεβαστός. • vt/i ~y (up) συγυρίζω. ~iness n (η) τάξη

tie /taɪ/ vt/i (fasten) προσδένω. (a knot) δένω. (link) συνδέομαι. (sport) έρχομαι ισόπαλος. • n (o) δεσμός. (necktie) (η) γραβάτα. (sport) (η) ισοπαλία. (restriction) (το) εμπόδιο

tier /tɪə(r)/ n (in stadium) (η) κερκίδα. (of cake) (o) όροφος

tiger /'taɪgə(r)/ n (η) τίγρη

tight /taɪt/ a (rope) τεντωμένος. (clothes) στενός. (firm) σφιχτός. (control) αυστηρός. • adv (hold) σφιχτά. (shut) ερμητικά. ~-fisted a σφιχτοχέρης. ~ly adv σφιχτά, ερμητικά

tighten /'taɪtn/ vt/i συσφίγγω. (a screw) σφίγγω. (control) αυξάνω

tightrope /'taɪtrəʊp/ n (το) τεντωμένο σχοινί

tights /taɪts/ npl (τα) καλσόν invar

tile /taɪl/ n (το) πλακάκι. (on roof) (το) κεραμίδι

till /tɪl/ vt οργώνω. • prep & conj = until. • n (το) συρτάρι ταμειακής μηχανής

tilt /tɪlt/ vt/i γέρνω

timber /'tɪmbə(r)/ n (η) ξυλεία. (trees) (τα) δέντρα

time /taɪm/ n (o) χρόνος. (moment) (η) στιγμή. (epoch) (η) εποχή. (occasion) (η) φορά. (by clock) (η) ώρα. • vt (choose time) καθορίζω το χρόνο. (measure) ρυθμίζω. (race) χρονομετρώ. have a good ~ περνώ καλά. in ~ εγκαίρως. (eventually) με τον καιρό. on ~ στην ώρα. three ~s four τρεις φορές το τέσσερα

timeless /'taɪmlɪs/ a άχρονος

timely /'taɪmlɪ/ a έγκαιρος

timetable /'taɪmteɪbl/ n (το) χρονοδιάγραμμα

timid /'tɪmɪd/ a δειλός. (fearful) φοβητσιάρης

timing /'taɪmɪŋ/ n (ο) χρονισμός. (sport) (η) χρονομέτρηση

tin /tɪn/ n (ο) κασσίτερος. (container) (η) κονσέρβα. • vt κονσερβοποιώ. **~ foil** n (το) αλουμινόχαρτο. **~-opener** n (το) ανοιχτήρι (κονσέρβας). **~ned** a της κονσέρβας

tinge /tɪndʒ/ vt βάφω ελαφρά. • n (ο) απόχρωση

tingle /'tɪŋgl/ vi μυρμηγκιάζω. • n (το) μυρμήγκιασμα

tinker /'tɪŋkə(r)/ n (ο) γανωματής. • vi **~ (with)** σκαλίζω (μηχανήματα)

tinkle /'tɪŋkl/ vi κουδουνίζω. • n (το) κουδούνισμα

tinsel /'tɪnsl/ n (η) χριστουγεννιάτικη γιρλάντα

tint /tɪnt/ n (η) απόχρωση. (for hair) (το) χρώμα. • vt βάφω. (glass) χρωματίζω

tiny /'taɪnɪ/ a μικροσκοπικός

tip /tɪp/ vt/i (tilt) γέρνω. (overturn) ανατρέπω. (pour) αδειάζω. (reward) δίνω πουρμπουάρ σε. • n (reward) (το) πουρμπουάρ invar. (advice) (η) πληροφορία. (end) (η) άκρη. (for rubbish) (η) χωματερή

tipsy /'tɪpsɪ/ a ζαλισμένος (από το ποτό)

tiptoe /'tɪptəʊ/ n **on ~** στις μύτες των ποδιών

tiptop /'tɪptɒp/ a (fam) πρώτης τάξης

tir|e /'taɪə(r)/ vt/i κουράζω/ομαι. **~ing** a κουραστικός

tired /'taɪəd/ a κουρασμένος. **be ~ of** έχω βαρεθεί

tiresome /'taɪəsəm/ a ενοχλητικός

tissue /'tɪʃu:/ n (ο) ιστός. (handkerchief) (το) χαρτομάντιλο. **~-paper** n (το) μαλακό χαρτί

tit /tɪt/ n (bird) (ο) καλόγερος. **~ for tat** ένα σου κι ένα μου

titbit /'tɪtbɪt/ n (η) λιχουδιά

title /'taɪtl/ n (ο) τίτλος

to /tu:/ prep (towards) σε. (until) έως. (with infinitive) να. (in order to) για να. **~-do** n (η) φασαρία.

twenty ~ seven (by clock) επτά παρά είκοσι. **walk ~ and fro** πηγαινοέρχομαι

toad /təʊd/ n (ο) φρύνος

toadstool /'təʊdstu:l/ n (το) μανιτάρι

toast /təʊst/ n (η) φρυγανιά. (drink) (η) πρόποση. • vt φρυγανίζω. (drink to) πίνω στην υγεία (with gen). **~er** n (η) φρυγανιέρα

tobacco /tə'bækəʊ/ n (ο) καπνός. **~nist's** (shop) n (το) καπνοπωλείο

toboggan /tə'bɒgən/ n (το) τόμπουγκαν invar

today /tə'deɪ/ n (το) σήμερα. • adv σήμερα

toe /təʊ/ n (το) δάχτυλο του ποδιού. • vt **~ the line** συμμορφώνομαι

toenail /'təʊneɪl/ n (το) νύχι του ποδιού

toffee /'tɒfɪ/ n είδος καραμέλας

together /tə'geðə(r)/ adv μαζί. (at same time) ταυτοχρόνως

toil /tɔɪl/ vi μοχθώ. • n (ο) μόχθος

toilet /'tɔɪlɪt/ n (lavatory) (το) αποχωρητήριο, (η) τουαλέτα. **~ bag** n (το) τσαντάκι με είδη τουαλέτας. **~ paper** n (το) χαρτί υγείας. **~ roll** n (ο) ρόλος υγείας

toiletries /'tɔɪlɪtrɪz/ npl (τα) είδη τουαλέτας

token /'təʊkən/ n (το) δείγμα. (voucher) (το) δελτίο. (coin) (το) κέρμα. • a συμβολικός

told /təʊld/ see TELL. • a **all ~** συνολικός

tolerable /'tɒlərəbl/ a υποφερτός. (not bad) ανεκτός

toleran|t /'tɒlərənt/ a ανεκτικός. **~ce** n (η) ανεκτικότητα

tolerate /'tɒləreɪt/ vt ανέχομαι

toll /təʊl/ vi (bell) χτυπώ πένθιμα. • n (τα) διόδια. **death ~** (ο) αριθμός των θυμάτων

tom /tɒm/ n **~(-cat)** (ο) γάτος

tomato /tə'mɑ:təʊ/ n (η) ντομάτα

tomb /tu:m/ n (το) μνήμα

tomboy /'tɒmbɔɪ/ n (το) αγοροκόριτσο

tombstone /'tu:mstəυn/ n (η)
ταφόπετρα

tomorrow /tə'mɒrəυ/ n (το) αύριο.
• adv αύριο. **the day after ~**
μεθαύριο

ton /tʌn/ n (ο) τόνος (= 1016 κ).
metric ~ (ο) μετρικός τόνος
(= 1000 κ). **~s of** (fam) πάρα
πολλά

tone /təυn/ n (ο) τόνος. (colour) (η)
απόχρωση. • vt **~ down**
μετριάζω. • vi **~ up** (muscles)
δυναμώνω

tongs /tɒŋz/ npl (η) τσιμπίδα

tongue /tʌŋ/ n (η) γλώσσα.
~-in-cheek adv ειρωνικά

tonic /'tɒnιk/ n (το) τονωτικό.
• a τονωτικός. **~ water** n (το)
τόνικ invar

tonight /tə'naιt/ adv & n απόψε,
(σήμερα) το βράδυ.

tonne /tʌn/ n (ο) τόνος

tonsil /'tɒnsl/ n (η) αμυγδαλή.
~litis /-'laιtιs/ n (η) αμυγδαλίτιδα

too /tu:/ adv και. (also) επίσης. **~
much** a πάρα πολύ

took /tυk/ see TAKE

tool /tu:l/ n (το) εργαλείο. **~-box**
n (το) κουτί για τα εργαλεία

toot /tu:t/ n (το) κορνάρισμα vi
κορνάρω

tooth /tu:θ/ n (pl teeth) (το) δόντι.
~ache n (ο) πονόδοντος.
~brush n (η) οδοντόβουρτσα.
~paste n (η) οδοντόπαστα.
~pick n (η) οδοντογλυφίδα

top /tɒp/ n (highest point) (η)
κορυφή. (upper part) (το) πάνω
μέρος. (upper surface) (η) άνω
επιφάνεια. (toy) (η) σβούρα. (lid)
(το) κάλυμμα. (of bottle) (το)
πώμα. (of tube) (το) πώμα. (of
list) (η) αρχή. • a κορυφαίος. (in
rank) ανώτατος. (best) καλύτερος.
(maximum) μέγιστος. • vt είμαι
πρώτος. (exceed) υπερβαίνω. **~
hat** n (το) ημίψηλο. **~-heavy** a
βαρύτερος στην κορυφή. **~
secret** a αυστηρά απόρρητο. **~
up** vt ανανεώνω τον χρόνο
ομιλίας

topic /'tɒpιk/ n (το) θέμα

topical /'tɒpιkl/ a επίκαιρος

topple /'tɒpl/ vi ανατρέπομαι.
• vt ανατρέπω

torch /tɔ:tʃ/ n (ο) φακός. (flaming)
(ο) πυρσός

tore /tɔ:(r)/ see TEAR

torment[1] /'tɔ:ment/ n (το)
μαρτύριο

torment[2] /tɔ:'ment/ vt βασανίζω

torn /tɔ:n/ see TEAR

tornado /tɔ:'neιdəυ/ n (ο)
ανεμοστρόβιλος

torpedo /tɔ:'pi:dəυ/ n (η) τορπίλη.
• vt τορπιλίζω

torrent /'tɒrənt/ n (ο) χείμαρρος.
~ial /tə'renʃl/ a καταρρακτώδης

torso /'tɔ:səυ/ n (ο) κορμός

tortoise /'tɔ:təs/ n (η) χελώνα

tortoiseshell /'tɔ:təsʃel/ n (η)
ταρταρούγα

tortuous /'tɔ:tʃυəs/ a ελικοειδής.
(mind) ύπουλος

torture /'tɔ:tʃə(r)/ n (το)
βασανιστήριο. • vt βασανίζω

toss /tɒs/ vt ρίχνω. (pancake)
πετώ. **~ and turn** (in bed)
στριφογυρίζω. **~ up** στρίβω
νόμισμα

tot /tɒt/ n (ο) μικρούλης. (of liquor)
(το) ποτηράκι

total /'təυtl/ a ολικός. (absolute)
ολοκληρωτικός. • n (το) σύνολο.
• vi ανέρχομαι. **in ~** συνολικά.
~ly adv τελείως

totter /'tɒtə(r)/ vi τρικλίζω

touch /tʌtʃ/ vt αγγίζω. (reach)
φτάνω. (move) συγκινώ. • vi
έρχομαι σε επαφή. • n (το)
άγγιγμα. (sense) (η) αφή. (contact)
(η) επαφή. **get in ~ with**
έρχομαι σε επαφή με. **~ on**
θίγω. **~ up** ρετουσάρω. **~ wood**
χτυπώ ξύλο

touching /'tʌtʃιŋ/ a συγκινητικός

touch-tone /'tʌtʃtəυn/ a τονικός

touchy /'tʌtʃι/ a εύθικτος

tough /tʌf/ a σκληρός. (strong)
γερός. (difficult) δύσκολος. • n (ο)
κακοποιός

toughen /'tʌfn/ vt (strengthen)
σκληραίνω. (person)
σκληραγωγώ

toupee /'tu:peι/ n (η) περούκα

tour /tʊə(r)/ n (o) γύρος. (*sport etc.*) (η) τουρνέ *invar*. • *vt* περιοδεύω

tourism /'tʊərɪzəm/ n (o) τουρισμός

tourist /'tʊərɪst/ n (o) τουρίστας, (η) τουρίστρια. • a τουριστικός **~ office** n (το) τουριστικό γραφείο

tournament /'tɔ:nəmənt/ n (το) τουρνουά *invar*

tousle /'taʊzl/ vt ανακατώνω

tow /təʊ/ vt ρυμουλκώ. • n (η) ρυμούλκηση. **~-path** n (το) μονοπάτι (δίπλα σε κανάλι). **~-rope** n (το) σχοινί ρυμούλκησης

toward(s) /tə'wɔ:d(z)/ prep προς

towel /'taʊəl/ n (η) πετσέτα

tower /'taʊə(r)/ n (o) πύργος. • vi **~ above** δεσπόζω

town /taʊn/ n (η) πόλη. **~ hall** n (το) δημαρχείο

toxic /'tɒksɪk/ a τοξικός

toxin /'tɒksɪn/ n (η) τοξίνη

toy /tɔɪ/ n (το) παιχνίδι. • a παιδικός. • vi **with** παίζω με

trace /treɪs/ n (το) ίχνος. • vt (*draw*) σχεδιάζω. (*with tracing-paper*) ξεσηκώνω. (*find*) ακολουθώ τα ίχνη

track /træk/ n (το) ίχνος. (*path*) (το) μονοπάτι. (*sport*) (o) στίβος. (*of rocket etc.*) (η) τροχιά. (*rail*) (η) γραμμή. • vt ακολουθώ τα ίχνη (*with gen*). **keep ~ of** παρακολουθώ. **~ down** ανακαλύπτω. **~ suit** n (η) φόρμα (γυμναστικής)

tract /trækt/ n (*land*) (η) έκταση. (*pamphlet*) (το) φυλλάδιο

tractor /'træktə(r)/ n (το) τρακτέρ *invar*

trade /treɪd/ n (το) εμπόριο. (*occupation*) (το) επάγγελμα. (*people*) (οι) έμποροι. • vt/i εμπορεύομαι. **~ mark** n (το) (εμπορικό) σήμα. **~ union** n (το) συνδικάτο. **~ wind** n (o) αληγής άνεμος. **~r /-ə(r)/** n (o) έμπορος

tradition /trə'dɪʃn/ n (η) παράδοση. **~al** a παραδοσιακός

traffic /'træfɪk/ n (η) οδική κυκλοφορία. (*trading*) (η) διακίνηση. • vt/i διακινώ. **~ jam**

n (το) μποτιλιάρισμα. **~-lights** npl (o) σηματοδότης. **~ warden** n (o, η) τροχονόμος

tragedy /'trædʒədɪ/ n (η) τραγωδία

tragic /'trædʒɪk/ a τραγικός

trail /treɪl/ vi σέρνομαι. (*lag*) παραμένω. (*plant*) αναρριχιέμαι. • vt σέρνω. (*follow*) παρακολουθώ. • n (η) γραμμή. (*path*) (το) μονοπάτι

trailer /'treɪlə(r)/ n (το) τρέιλερ *invar*. (*caravan: Amer*) (το) τροχόσπιτο. (*film*) (οι) σκηνές (ταινίας)

train /treɪn/ n (το) τρένο. (*procession*) (η) ακολουθία. (*of dress*) (η) ουρά. • vt (*instruct*) εκπαιδεύω. (*sport*) προπονώ. (*animal*) γυμνάζω. (*aim*) στρέφω. • vi ασκούμαι. **~ed** a διπλωματούχος. **~ee** n (o) εκπαιδευόμενος. **~er** n (o) προπονητής. (*of animals*) (o) εκπαιδευτής. **~ers** npl (*shoes*) (τα) παπούτσια (αθλητικά). **~ing** n (η) προπόνηση, (η) εκπαίδευση

traipse /treɪps/ vi περπατώ κουρασμένα

trait /treɪt/ n (το) χαρακτηριστικό

traitor /'treɪtə(r)/ n (o) προδότης, (η) προδότρια

tram /træm/ n (το) τραμ *invar*

tramp /træmp/ vi περπατώ βαριά. • n (*vagrant*) (o) αλήτης. (*hike*) (o) μακρινός περίπατος

trample /'træmpl/ vt/i **~ (on)** ποδοπατώ

trampoline /'træmpəli:n/ n (το) τραμπολίνο

trance /trɑ:ns/ n (η) κατάσταση υπνώσεως

tranquil /'træŋkwɪl/ a ήρεμος

tranquillizer /'træŋkwɪlaɪzə(r)/ n (το) ηρεμιστικό

transact /træn'zækt/ vt συναλλάσσομαι. **~ion** /-ʃn/ n (η) συναλλαγή

transatlantic /trænzət'læntɪk/ a υπερατλαντικός

transcend /træn'send/ vt υπερβαίνω (όρια ή προσδοκίες)

transcribe /træns'kraɪb/ vt αντιγράφω. (*recorded sound*) μεταγράφω

transfer¹ /træns'fɜ:(r)/ *vt/i* μεταφέρω/ομαι. (*job*) μεταθέτω/ομαι. • *vt* (*property*) μεταβιβάζω. (*drawing*) ξεσηκώνω

transfer² /'trænsfɜ:(r)/ *n* (η) μεταφορά. (*of job*) (η) μετάθεση. (*of property*) (η) μεταβίβαση. (*paper*) (η) χαλκομανία

transform /træns'fɔ:m/ *vt* μεταμορφώνω. **~ation** /-ə'meiʃn/ *n* (η) μεταμόρφωση

transfusion /træns'fju:ʒn/ *n* (η) μετάγγιση

transistor /træn'zistə(r)/ *n* (το) τρανζίστορ *invar*

transit /'trænsit/ *n* (η) διαμετακόμιση

transition /træn'ziʒn/ *n* (η) μετάβαση

transitive /'trænsətiv/ *a* μεταβατικός

translat|e /trænz'leit/ *vt* μεταφράζω. **~ion** /-ʃn/ *n* (η) μετάφραση. **~or** /-ə(r)/ *n* (ο) μεταφραστής, (η) μεταφράστρια

transmi|t /trænz'mit/ *vt* μεταδίδω. **~ssion** /-ʃn/ *n* (η) μετάδοση. **~tter** /-ə(r)/ *n* (ο) αναμεταδότης

transparent /træns'pærənt/ *a* διαφανής

transplant¹ /træns'pla:nt/ *vt* (*plant*) μεταφυτεύω. (*med*) μεταμοσχεύω

transplant² /'trænspla:nt/ *n* (η) μεταμόσχευση

transport¹ /træn'spɔ:t/ *vt* μεταφέρω

transport² /'trænspɔ:t/ *n* (το) μεταφορικό μέσο. **~ation** /-'teiʃn/ *n* (η) μεταφορά

trap /træp/ *n* (η) παγίδα. • *vt* παγιδεύω. (*jam*) πιάνομαι

trapdoor /'træpdɔ:(r)/ *n* (η) καταπακτή

trapeze /trə'pi:z/ *n* (η) δοκός (*στη γυμναστική*)

trash /træʃ/ *n* (τα) σκουπίδια. (*nonsense*) (οι) σαχλαμάρες

trauma /'trɔ:mə/ *n* (το) τραύμα. **~tic** /-'mætik/ *a* τραυματικός

travel /'trævl/ *vi* ταξιδεύω. • *vt* γυρίζω (μια χώρα). • *n* **~s** (τα) ταξίδια. **~ agency** *n* (το)

ταξιδιωτικό πρακτορείο. **~-sickness** *n* (η) ναυτία. **~ler** /-ə(r)/ *n* (ο) ταξιδιώτης, (η) ταξιδιώτισσα. **~ler's cheque** *n* (η) ταξιδιωτική επιταγή. **~ling** *n* (τα) ταξίδια. • *a* ταξιδιωτικός

travesty /'trævəsti/ *n* (η) διακωμώδηση

trawler /'trɔ:lə(r)/ *n* (η) τράτα

tray /trei/ *n* (ο) δίσκος. (*on desk*) (η) επιστολοθήκη

treachery /'tretʃəri/ *n* (η) προδοσία

treacle /'tri:kl/ *n* (η) μελάσα

tread /tred/ *vi* (*pt* **trod**, *pp* **trodden**) περπατώ. • *vt* πατώ. • *n* (*step*) (το) σκαλοπάτι. (*of tyre*) (το) πέλμα (*ελαστικού*)

treason /'tri:zn/ *n* (η) προδοσία

treasure /'treʒə(r)/ *n* (ο) θησαυρός. • *vt* φυλάω σαν θησαυρό. **~r** /-ə(r)/ *n* (ο) ταμίας

treasury /'treʒəri/ *n* (το) θησαυροφυλάκιο. (*of organization*) (το) ταμείο

treat /tri:t/ *vt* μεταχειρίζομαι. (*consider*) φέρομαι. (*med*) υποβάλλω σε θεραπεία. • *n* (η) (ιδιαίτερη) ευχαρίστηση. (*present*) (το) κέρασμα. **~ s.o. to sth.** κερνώ κτ σε κπ

treatise /'tri:tiz/ *n* (η) πραγματεία

treatment /'tri:tmənt/ *n* (η) μεταχείριση. (*med*) (η) θεραπεία

treaty /'tri:ti/ *n* (η) συνθήκη

treble /'trebl/ *a* τριπλάσιος. • *vt/i* τριπλασιάζω/ομαι. • *n* (*mus*) (ο, η) υψίφωνος

tree /tri:/ *n* (το) δέντρο

trek /trek/ *n* (το) μακρινό και δύσκολο ταξίδι

trellis /'trelis/ *n* (το) καφασωτό

tremble /'trembl/ *vi* τρέμω

tremendous /tri'mendəs/ *a* καταπληκτικός. (*huge*) τεράστιος. (*excellent*) άριστος

tremor /'tremə(r)/ *n* (το) τρεμούλιασμα. (*med*) (ο) τρόμος. (*earth*) ~ (η) δόνηση

trench /trentʃ/ *n* (το) χαντάκι. (*mil*) (το) χαράκωμα

trend /trend/ *n* (η) ροπή. (*fashion*) (η) μόδα

trespass /'trespəs/ *vi* ~ **on**
παραβιάζω

trial /'traɪəl/ *n* (η) δοκιμή. (*jur*) (η)
δίκη. (*ordeal*) (η) δοκιμασία

triang|le /'traɪæŋgl/ *n* (το) τρίγωνο.
~**ular** /-'æŋgjʊlə(r)/ *a* τριγωνικός

tribe /traɪb/ *n* (η) φυλή

tribulation /trɪbjʊ'leɪʃn/ *n* (το)
βάσανο

tribunal /traɪ'bju:nl/ *n* (το) (ειδικό)
δικαστήριο

tributary /'trɪbjʊtrɪ/ *n* (ο)
παραπόταμος

tribute /'trɪbju:t/ *n* (ο) φόρος τιμής

trick /trɪk/ *n* (το) κόλπο.
(*stratagem*) (το) τέχνασμα. (*joke*)
(η) φάρσα. (*at cards*) (η)
χαρτωσιά. • *vt* ξεγελώ

trickery /'trɪkərɪ/ *n* (η) απάτη

trickle /'trɪkl/ *vt*/*i* στάζω. • *n* (η)
αργή ροή

tricky /'trɪkɪ/ *a* (*problem*) δύσκολος

tricycle /'traɪsɪkl/ *n* (το) τρίκυκλο

tried /traɪd/ *see* TRY

trifl|e /'traɪfl/ *n* (το) ασήμαντο
πράγμα. (*small amount*) (η)
ασήμαντη ποσότητα. ~**ing** *a*
ασήμαντος

trigger /'trɪgə(r)/ *n* (η) σκανδάλη

trigonometry /trɪgə'nɒmɪtrɪ/ *n* (η)
τριγωνομετρία

trim /trɪm/ *a* περιποιημένος.
(*figure*) λεπτός. • *vt* (*cut*) κόβω.
(*hedge*) κλαδεύω. (*hair*) κόβω
ελαφρά. • *n* (*cut*) (το) κόψιμο.
(*decoration*) (η) διακόσμηση.
~**mings** *npl* (*decorations*) (η)
γαρνιτούρα

trinket /'trɪŋkɪt/ *n* (το) μπιχλιμπίδι

trio /'tri:əʊ/ (το) τρίο *invar*

trip /trɪp/ *vt* κάνω (διακόπτη) να
πέσει. • *vi* παραπατώ. • *n* (*journey*)
(το) ταξίδι. (*outing*) (η) εκδρομή.
(*stumble*) (το) παραπάτημα. ~ **up**
vi σκοντάφτω. • *vt* βάζω
τρικλοποδιά.

tripe /traɪp/ *n* (ο) πατσάς.
(*nonsense: fam*) (οι) μπούρδες

triple /'trɪpl/ *a* τριπλός. • *vt*/*i*
τριπλασιάζω/ομαι

triplets /'trɪplɪts/ *npl* (τα) τρίδυμα

triplicate /'trɪplɪkət/ *n* **in** ~ σε
τριπλότυπο

tripod /'traɪpɒd/ *n* (το) τρίποδο

trite /traɪt/ *a* κοινότοπος

triumph /'traɪʌmf/ *n* (ο) θρίαμβος.
• *vi* θριαμβεύω. ~**ant** /-'ʌmfnt/ *a*
θριαμβευτικός

trivial /'trɪvɪəl/ *a* ασήμαντος. ~**ity**
/-'ælətɪ/ *n* (η) ασημαντότητα

trod, trodden /trɒd, trɒdn/ *see*
TREAD

trolley /'trɒlɪ/ *n* (το) καροτσάκι

trombone /trɒm'bəʊn/ *n* (το)
τρομπόνι

troop /tru:p/ *n* (η) (μεγάλη) ομάδα.
~**s** (*mil*) (τα) στρατεύματα

trophy /'trəʊfɪ/ *n* (το) τρόπαιο

tropic /'trɒpɪk/ *n* (ο) τροπικός.
~**al** *a* τροπικός

trot /trɒt/ *n* (ο) τροχασμός. • *vi*
τροχάζω

trouble /'trʌbl/ *n* (ο) κόπος.
(*inconvenience*) (η) ενόχληση.
(*conflict*) (η) ταραχή. (*med*) (η)
πάθηση. (*mech*) (η) βλάβη.
• *vt*/*i* ανησυχώ. **be in** ~ έχω
μπελάδες. **be** ~**d about**
ανησυχώ για. **take** ~ μπαίνω
στον κόπο. ~**-maker** *n* (ο)
ταραχοποιός. ~**some** *a*
ενοχλητικός

trough /trɒf/ *n* (η) γούρνα

troupe /tru:p/ *n* (ο) θίασος

trousers /'traʊzəz/ *npl* (το)
παντελόνι

trout /traʊt/ *n invar* (η) πέστροφα

trowel /'traʊəl/ *n* (το) μυστρί

truant /'tru:ənt/ *n* (ο) σκασιάρχης

truce /tru:s/ *n* (η) εκεχειρία

truck /trʌk/ *n* (το) φορτηγό

trudge /trʌdʒ/ *vi* περπατώ με κόπο

true /tru:/ *a* αληθινός. (*genuine*)
πραγματικός. (*loyal*) πιστός

truffle /'trʌfl/ *n* (η) τρούφα

truly /'tru:lɪ/ *adv* αληθινά.
(*sincerely*) πραγματικά. **yours** ~
με εκτίμηση

trump /trʌmp/ *n* (*card*) (το) ατού
invar

trumpet /'trʌmpɪt/ *n* (η) σάλπιγγα.
~**er** /-ə(r)/ *n* (ο) σαλπιγκτής

truncheon /'trʌntʃən/ *n* (το)
γκλομπ *invar*

trundle /ˈtrʌndl/ vt/i κυλώ βαριά

trunk /trʌŋk/ n (of body, tree) (ο) κορμός. (box) (το) μπαούλο. (of elephant) (η) προβοσκίδα. (auto, Amer) (ο) χώρος αποσκευών. **~s** (το) (ανδρικό) μαγιό invar. **~ call** n (η) υπεραστική κλήση

trust /trʌst/ n (η) εμπιστοσύνη. (association) (το) τραστ invar. • vt έχω εμπιστοσύνη σε. (hope) ελπίζω. • vi **~ in** εμπιστεύομαι σε. **~ed** a έμπιστος. **~ing** adj που έχει εμπιστοσύνη. **~worthy** adj άξιος εμπιστοσύνης

trustee /trʌˈstiː/ n επίτροπος

truth /truːθ/ n (η) αλήθεια. **~ful** a φιλαλήθης

try /traɪ/ vt/i (pt tried) προσπαθώ. (be a strain on) δοκιμάζω/ομαι. (jur) δικάζω. • n (η) προσπάθεια. **~ on, ~ out** δοκιμάζω. **~ing** a (annoying) δύσκολος

T-shirt /ˈtiːʃɜːt/ n (το) μπλουζάκι

tub /tʌb/ n (το) βαρέλι

tubby /ˈtʌbɪ/ a σαν το βαρέλι

tube /tjuːb/ n (ο) σωλήνας. (for toothpaste, cream) (το) σωληνάριο. (rail) (ο) υπόγειος σιδηρόδρομος. **inner ~** n (η) σαμπρέλα

tuber /ˈtjuːbə(r)/ n (η) βολβώδης ρίζα

tuberculosis /tjuːbɜːkjʊˈləʊsɪs/ n (η) φυματίωση

tuck /tʌk/ n (η) πτυχή. • vt (put) βάζω (μέσα). (put away) κρύβω. • vi **~ in** (shirt) βάζω μέσα (στο πανταλόνι). (sheet, blanket) μαζεύω κάτω από το στρώμα

Tuesday /ˈtjuːzd(e)ɪ/ n (η) Τρίτη

tuft /tʌft/ n (η) τούφα

tug /tʌɡ/ vt/i τραβώ. (tow) ρυμουλκώ. • n (naut) (το) ρυμουλκό. **~ of war** n (η) διελκυστίνδα

tuition /tjuːˈɪʃn/ n (η) διδασκαλία

tulip /ˈtjuːlɪp/ n (η) τουλίπα

tumble /ˈtʌmbl/ vi κουτρουβαλώ. • n (η) κουτρουβάλα

tumbler /ˈtʌmblə(r)/ n (το) ψηλό ποτήρι

tummy /ˈtʌmɪ/ n (fam) (η) κοιλιά

tumour /ˈtjuːmə(r)/ n (ο) όγκος

tumult /ˈtjuːmʌlt/ n (η) ταραχή

tuna /ˈtjuːnə/ n invar (ο) τόνος (ψάρι)

tune /tjuːn/ n (ο) σκοπός (μουσικός). • vt (mus) κουρδίζω. (radio, TV, mech) ρυθμίζω. • vi **~ in (to)** (radio, TV) πιάνω σταθμό. **be in ~/out of ~** τραγουδώ σωστά/παράφωνα

tunic /ˈtjuːnɪk/ n (το) χιτώνιο

tuning-fork /ˈtjuːnɪŋfɔːk/ n (το) διαπασών invar

Tunisia /tjuːˈnɪzɪə/ n (η) Τυνησία

tunnel /ˈtʌnl/ n (η) σήραγγα. • vi ανοίγω σήραγγα

turban /ˈtɜːbən/ n (το) τουρμπάνι

turbine /ˈtɜːbaɪn/ n (η) τουρμπίνα

turbulent /ˈtɜːbjʊlənt/ a ταραγμένος

turf /tɜːf/ n (το) γκαζόν invar. (piece) (η) λωρίδα γκαζόν

Turk /tɜːk/ n (ο) Τούρκος, (η) Τουρκάλα. **~ey** n (η) Τουρκία. **~ish** a τουρκικός. • n (lang) (τα) τούρκικα

turkey /ˈtɜːkɪ/ n (η) γαλοπούλα

turmoil /ˈtɜːmɔɪl/ n (η) αναστάτωση. **in ~** άνω κάτω

turn /tɜːn/ vt/i γυρίζω. (change) μετατρέπω. (become) γίνομαι. (time, age) περνώ. • n (το) γύρισμα. (in road) (η) καμπή. (change) (η) αλλαγή. (in sequence) (η) σειρά. (service) (η) πράξη. (theatr) (το) νούμερο. **~ against** στρέφω εναντίον. **~ away** vi αποστρέφω το πρόσωπο. • vt (refuse) αρνούμαι. (send away) διώχνω. **~ down** (fold) γυρίζω. (reduce) χαμηλώνω. (reject) απορρίπτω. **~ in** vt παραδίνω. • vi (go to bed) πλαγιάζω. **~ off** (tap) κλείνω. (light, TV, etc.) σβήνω. (repel) απωθώ. **~ on** (tap) ανοίγω. (light etc.) ανάβω. (attack) στρέφομαι εναντίον. (attract: fam) ελκύω. **~ out** vt (light etc.) σβήνω. (produce) παράγω. (empty) αδειάζω. • vi (result) αποδεικνύομαι. **~ round** στρέφομαι. **~ up** vi παρουσιάζομαι. • vt δυναμώνω

turning /'tɜ:nɪŋ/ *n* (η) καμπή.
~-point *n* (το) κρίσιμο σημείο

turnip /'tɜ:nɪp/ *n* (το) γογγύλι

turnover /'tɜ:nəʊvə(r)/ *n* (*comm*)
(ο) τζίρος. (*of staff*) (η) εναλλαγή

turnstile /'tɜ:nstaɪl/ *n* (η)
περιστροφική είσοδος

turntable /'tɜ:nteɪbl/ *n* (*for record*)
(το) πλατό

turpentine /'tɜ:pəntaɪn/ *n* (το)
νέφτι

turquoise /'tɜ:kwɔɪz/ *a & n*
τουρκουάζ

turret /'tʌrɪt/ *n* (ο) πυργίσκος

turtle /'tɜ:tl/ *n* (η) νεροχελώνα

tusk /tʌsk/ *n* (ο) χαυλιόδοντας

tussle /'tʌsl/ *vi* συμπλέκομαι

tutor /'tju:tə(r)/ *n* (ο) καθηγητής
(*ιδιαίτερου μαθήματος*). (*univ*)
*μέλος του πανεπιστημιακού
προσωπικού με ευθύνη την
επίβλεψη σπουδών φοιτητών*

TV /ti:'vi:/ *n* (η) TV

tweezers /'twi:zəz/ *npl* (το)
τσιμπιδάκι

twelve /twelv/ *a & n* δώδεκα. **~fth**
a δωδέκατος. • *n* (το) δωδέκατο

twenty /'twentɪ/ *a & n* είκοσι.
~ieth *a* εικοστός. • *n* (το)
εικοστό

twice /twaɪs/ *adv* δυο φορές

twig /twɪg/ *n* (το) κλαδάκι. • *vt/i*
(*fam*) μπαίνω (στο νόημα)

twilight /'twaɪlaɪt/ *n* (το) λυκόφως

twin /twɪn/ *a* δίδυμος. • *n* (ο)
δίδυμος

twine /twaɪn/ *n* (το) στριμμένο
νήμα

twinge /twɪndʒ/ *n* (η) σουβλιά

twinkle /'twɪŋkl/ *vi* τρεμοσβήνω

twirl /twɜ:l/ *vt/i* στροβιλίζω/ομαι

twist /twɪst/ *vt/i* πλέκω. (*wring*)
στρίβω. (*wind*) τυλίγω.
(*interweave*) κλώθω. (*distort*)
διαστρεβλώνω. (*ankle*)
στραμπουλίζω. • *n* (*curve*) (η)
καμπή. (*of events*) (η) στροφή

twitch /twɪtʃ/ *vt/i* τινάζω/ομαι.
• *n* (*tic*) (η) σύσπαση (νευρική).
(*jerk*) (το) τίναγμα

two /tu:/ *a* δύο, δυο *invar*. • *n* (το)
δύο. **~-faced** *a* διπρόσωπος.

~-piece (suit) *n* (το) κοστούμι.
~-way *a* (*traffic*) διπλής
κατευθύνσεως. (*mirror*) διπλής
κατεύθυνσης

twosome /'tu:səm/ *n* (το) ζευγάρι

tycoon /taɪ'ku:n/ *n* (ο) μεγιστάνας

type /taɪp/ *n* (*sort*) (ο) τύπος. (*typ*)
(το) τυπογραφικό στοιχείο. • *vt/i*
δακτυλογραφώ

typescript /'taɪpskrɪpt/ *n* (το)
δακτυλογραφημένο κείμενο

typewriter /'taɪpraɪtə(r)/ *n* (η)
γραφομηχανή

typhoid /'taɪfɔɪd/ *n* **~ (fever)** (ο)
τυφοειδής πυρετός

typhoon /taɪ'fu:n/ *n* (ο) τυφώνας

typical /'tɪpɪkl/ *a* χαρακτηριστικός

typing /'taɪpɪŋ/ *n* (η)
δακτυλογραφία. **~st** *n* (η)
δακτυλογράφος

tyranny /'tɪrənɪ/ *n* (η) τυραννία

tyrant /'taɪərənt/ *n* (ο) τύραννος

tyre /'taɪə(r)/ *n* (το) λάστιχο, (το)
ελαστικό

Uu

udder /'ʌdə(r)/ *n* (το) μαστάρι

ugly /'ʌglɪ/ *a* (**-ier, -iest**) άσχημος.
~iness *n* (η) ασκήμια, (η)
ασχημία

UK *abbr* (*United Kingdom*) ΗΒ

ulcer /'ʌlsə(r)/ *n* (το) έλκος

ulterior /ʌl'tɪərɪə(r)/ *a* απώτερος

ultimate /'ʌltɪmət/ *a* ύστατος.
(*definitive*) οριστικός. **~ly** *adv* σε
τελευταία ανάλυση

ultimatum /ʌltɪ'meɪtəm/ *n* (το)
τελεσίγραφο

ultraviolet /ʌltrə'vaɪəlɪt/ *a*
υπεριώδης

umbilical /ʌm'bɪlɪkl/ *a* **~ cord** (ο)
ομφάλιος λώρος

umbrella /ʌm'brelə/ *n* (η) ομπρέλα

umpire /'ʌmpaɪə(r)/ *n* (ο) διαιτητής
(*σε παιχνίδι τένις, κρίκετ*). • *vt*
διαιτητεύω

umpteen /'ʌmpti:n/ *a* (*sl*) άπειρος.

~**th** *a* (*sl*) πολλοστός

unable /ʌnˈeɪbl/ *a* **be ~ to** δεν
μπορώ να

unaccustomed /ʌnəˈkʌstəmd/ *a*
ασυνήθιστος

unaided /ʌnˈeɪdɪd/ *a* αβοήθητος

unanimous /juːˈnænɪməs/ *a*
ομόφωνος. ~**ly** *adv* ομόφωνα

unattached /ʌnəˈtætʃt/ *a*
αδέσμευτος

unattractive /ʌnəˈtræktɪv/ *a* μη
ελκυστικός

unavoidable /ʌnəˈvɔɪdəbl/ *a*
αναπόφευκτος

unaware /ʌnəˈweə(r)/ *a* **be ~ of** δε
γνωρίζω. ~**s** /-əz/ *adv*
απροσδόκητα

unbalanced /ʌnˈbælənst/ *a*
ανισόρροπος

unbearable /ʌnˈbeərəbl/ *a*
ανυπόφορος

unbeat|able /ʌnˈbiːtəbl/ *a*
ακατανίκητος. ~**en** *a* ανίκητος

unbelievable /ʌnbɪˈliːvəbl/ *a*
απίστευτος

unbreakable /ʌnˈbreɪkəbl/ *a*
άθραυστος

unburden /ʌnˈbɜːdn/ *vt* ~ **o.s.**
ξαλαφρώνω

unbutton /ʌnˈbʌtn/ *vt* ξεκουμπώνω

uncalled-for /ʌnˈkɔːldfɔː(r)/ *a*
αδικαιολόγητος

uncanny /ʌnˈkænɪ/ *a* αφύσικος

unceasing /ʌnˈsiːsɪŋ/ *a*
ακατάπαυστος

uncertain /ʌnˈsɜːtn/ *a* αβέβαιος. **in
no ~ terms** χωρίς περιστροφές.
~**ty** *n* (η) αβεβαιότητα

unchang|ed /ʌnˈtʃeɪndʒd/ *a*
αμετάβλητος. ~**ing** *a*
αμετάβλητος

uncharitable /ʌnˈtʃærɪtəbl/ *a*
ανηλεής

uncivilized /ʌnˈsɪvɪlaɪzd/ *a*
απολίτιστος

uncle /ˈʌŋkl/ *n* (ο) θείος

unclean /ʌnˈkliːn/ *a* ακάθαρτος

unclear /ʌnˈklɪə(r)/ *a* ασαφής

uncomfortable /ʌnˈkʌmfətəbl/ *a*
άβολος. (*unpleasant*) δυσάρεστος.
feel ~ δεν αισθάνομαι άνετα

unconditional /ʌnkənˈdɪʃənl/ *a*
χωρίς όρους

unconscious /ʌnˈkɒnʃəs/ *a*
αναίσθητος. (*unaware*) χωρίς
συνείδηση. ~**ly** *adv* ασυνείδητα

uncouth /ʌnˈkuːθ/ *a* άξεστος

uncover /ʌnˈkʌvə(r)/ *vt*
ξεσκεπάζω. (*expose*) αποκαλύπτω

undecided /ʌndɪˈsaɪdɪd/ *a*
αναποφάσιστος

undeniable /ʌndɪˈnaɪəbl/ *a*
αναμφισβήτητος

under /ˈʌndə(r)/ *prep* κάτω από.
(*less than*) κάτω από, λιγότερο.
(*subject to*) υπό. • *adv* κάτω. ~
age *a* ανήλικος. ~ **way** *adv* σε
εξέλιξη

underclothes /ˈʌndəkləʊðz/ *npl*
(τα) εσώρουχα

undercoat /ˈʌndəkəʊt/ *n* (*of paint*)
(το) υπόστρωμα

undercover /ʌndəˈkʌvə(r)/ *a*
μυστικός

undercurrent /ˈʌndəkʌrənt/ *n* (το)
υποβρύχιο ρεύμα. (*fig*) (το)
συγκαλυμμένο ρεύμα

underdog /ˈʌndədɒg/ *n* (ο)
ηττημένος (σε αγώνα)

underdone /ʌndəˈdʌn/ *a* (*meat*)
μισοψημένος

underestimate /ʌndərˈestɪmeɪt/ *vt*
υποτιμώ

underfed /ʌndəˈfed/ *a*
υποσιτισμένος

underfoot /ʌndəˈfʊt/ *adv* κάτω από
τα πόδια

undergo /ˈʌndəgəʊ/ *vt* (*pt* -**went**,
pp -**gone**) υφίσταμαι

undergraduate /ʌndəˈgrædʒʊət/ *n*
(ο) φοιτητής, (η) φοιτήτρια

underground¹ /ʌndəˈgraʊnd/ *adv*
κάτω από τη γη. (*in secret*)
παράνομα

underground² /ˈʌndəgraʊnd/ *a*
υπόγειος. (*secret*) παράνομος.
• *n* (*rail*) (ο) υπόγειος
(σιδηρόδρομος)

undergrowth /ˈʌndəgrəʊθ/ *n* (τα)
χαμόκλαδα

underhand /ˈʌndəhænd/ *a*
ύπουλος

underline /ʌndəˈlaɪn/ *vt*
υπογραμμίζω

underling /'ʌndəlıŋ/ n (ο)
υποταχτικός

undermine /ʌndə'maın/ vt
υπονομεύω

underneath /ʌndə'ni:θ/ prep & adv
κάτω από

underpants /'ʌndəpænts/ npl (το)
σώβρακο

underpass /'ʌndəpa:s/ n (η)
υπόγεια διάβαση

underprivileged /ʌndə'prıvəlıdʒd/
a μη προνομιούχος

underrate /ʌndə'reıt/ vt υποτιμώ

understand /ʌndə'stænd/ vt/i
(pt -**stood**) καταλαβαίνω.
(realize) αντιλαμβάνομαι. ~**able**
a ευνόητος

understanding /ʌndə'stændıŋ/ a
που δείχνει κατανόηση. • n (η)
κατανόηση. (agreement) (η)
συνεννόηση

understatement /ʌndə'steıtmənt/
n (η) μείωση της σημασίας (ενός
γεγονότος)

understudy /'ʌndəstʌdı/ n (ο)
αντικαταστάτης, (η)
αντικαταστάτρια (ηθοποιού)

undertake /ʌndə'teık/ vt (pt
-**took**, pp -**taken**) αναλαμβάνω.
(engage in) επιχειρώ

undertaker /'ʌndəteıkə(r)/ n (ο)
εργολάβος κηδειών

undertaking /ʌndə'teıkıŋ/ n (η)
επιχείρηση. (promise) (η)
υπόσχεση

underwater /ʌndə'wɔ:tə(r)/ a
υποβρύχιος. • adv υποβρύχια

underwear /'ʌndəweə(r)/ n (τα)
εσώρουχα

underweight /'ʌndəweıt/ a που
έχει βάρος κάτω από το κανονικό

undesirable /ʌndı'zaıərəbl/ a
ανεπιθύμητος

undo /ʌn'du:/ vt (pt -**did**, pp -**done**)
λύνω. (ruin) καταστρέφω

undoubted /ʌn'daʊtıd/ a
αναμφίβολος. ~**ly** adv
αναμφίβολα

undress /ʌn'dres/ vt/i γδύνω/ομαι.
get ~**ed** ξεντύνομαι

undu|e /ʌn'dju:/ a υπέρμετρος.
~**ly** adv υπέρμετρα

undulat|e /'ʌndjʊleıt/ vi κυματίζω.

~**ing** a κυματιστός

unearth /ʌn'ɜ:θ/ vt ξεθάβω. (fig)
ξετρυπώνω

uneas|y /ʌn'i:zı/ a ανήσυχος.
(worrying) στενοχωρημένος.
~**ily** adv ανήσυχα

unemploy|ed /ʌnım'plɔıd/ a
άνεργος. (not in use)
αχρησιμοποίητος. ~**ment** n (η)
ανεργία

unending /ʌn'endıŋ/ a ατέλειωτος

unequivocal /ʌnı'kwıvəkl/ a
κατηγορηματικός

unerring /ʌn'ɜ:rıŋ/ a αλάθητος

uneven /ʌn'i:vn/ a ανώμαλος

unexpected /ʌnık'spektıd/ a
απροσδόκητος

unfailing /ʌn'feılıŋ/ a ανεξάντλητος

unfair /ʌn'feə(r)/ a άδικος. ~**ly** adv
άδικα

unfaithful /ʌn'feıθfl/ a άπιστος

unfasten /ʌn'fɑ:sn/ vt λύνω

unfavourable /ʌn'feıvərəbl/ a
δυσμενής

unfeeling /ʌn'fi:lıŋ/ a αναίσθητος

unfinished /ʌn'fınıʃt/ a
ατέλειωτος

unfit /ʌn'fıt/ a ακατάλληλος. (med)
αδιάθετος

unfold /ʌn'fəʊld/ vt ξεδιπλώνω.
(reveal) ξετυλίγω. • vi (develop)
ξετυλίγομαι. (view etc.)
απλώνομαι

unforeseen /ʌnfɔ:'si:n/ a
απρόβλεπτος

unfortunate /ʌn'fɔ:tʃʊnət/ a
άτυχος. (regrettable) ατυχής. ~**ly**
adv δυστυχώς

unfriendly /ʌn'frendlı/ a εχθρικός

ungainly /ʌn'geınlı/ a άχαρος

ungrateful /ʌn'greıtfl/ a αχάριστος

unhapp|y /ʌn'hæpı/ a
δυστυχισμένος. (unfortunate)
άτυχος. ~**iness** n (η) δυστυχία

unharmed /ʌn'hɑ:md/ a άθικτος

unhealthy /ʌn'helθı/ a (person)
φιλάσθενος. (insanitary)
ανθυγιεινός. (imagination)
νοσηρός

unheard-of /ʌn'hɜ:dɒv/ a
ανήκουστος

unhurt /ʌn'hɜːt/ a αβλαβής

unicorn /'juːnɪkɔːn/ n (o) μονόκερως

uniform /'juːnɪfɔːm/ n (η) στολή. • a ομοιόμορφος

unify /'juːnɪfaɪ/ vt ενοποιώ

unilateral /juːnɪ'lætrəl/ a μονομερής

unimportant /ʌnɪm'pɔːtnt/ a ασήμαντος

unintentional /ʌnɪn'tenʃənl/ a ακούσιος

union /'juːnjən/ n (η) ένωση. (trade union) (το) συνδικάτο, (η) συνδικαλιστική οργάνωση

unique /juː'niːk/ a μοναδικός

unison /'juːnɪsn/ n in ~ ομόφωνα

unit /'juːnɪt/ n (η) μονάδα

unite /juː'naɪt/ vt/i ενώνω/ομαι. U~d Kingdom n (το) Ηνωμένο Βασίλειο (ΗΒ). U~d Nations (Organization) n (τα) Ηνωμένα Έθνη, (o) OHE. U~d States (of America) n (οι) Ηνωμένες Πολιτείες (Αμερικής), (οι) ΗΠΑ

unity /'juːnətɪ/ n (η) ενότητα. (harmony) (η) αρμονία

universal /juːnɪ'vɜːsl/ a παγκόσμιος

universe /'juːnɪvɜːs/ n (το) σύμπαν

university /juːnɪ'vɜːsətɪ/ n (το) πανεπιστήμιο

unjust /ʌn'dʒʌst/ a άδικος

unkind /ʌn'kaɪnd/ a σκληρός

unknown /ʌn'nəʊn/ a άγνωστος

unlawful /ʌn'lɔːfl/ a παράνομος

unleaded /ʌn'ledɪd/ a (petrol) αμόλυβδος

unleash /ʌn'liːʃ/ vt (fig) αποδεσμεύω

unless /ʌn'les/ conj εκτός αν

unlike /ʌn'laɪk/ a ανόμοιος. (not characteristic) διαφορετικός. • prep αντίθετα από

unlikely /ʌn'laɪklɪ/ a απίθανος

unlimited /ʌn'lɪmɪtɪd/ a απεριόριστος

unload /ʌn'ləʊd/ vt εκφορτώνω, ξεφορτώνω

unlock /ʌn'lɒk/ vt ξεκλειδώνω

unlucky /ʌn'lʌkɪ/ a άτυχος. (number) γουρσούζικος

unmarried /ʌn'mærɪd/ a ανύπαντρος

unmistakable /ʌnmɪ'steɪkəbl/ a αλάνθαστος

unnatural /ʌn'nætʃrəl/ a αφύσικος. (not normal) ανώμαλος

unnecessar|y /ʌn'nesəsrɪ/ a άσκοπος. ~ily adv άσκοπα

unnoticed /ʌn'nəʊtɪst/ a απαρατήρητος

unobtrusive /ʌnəb'truːsɪv/ a διακριτικός

unofficial /ʌnə'fɪʃl/ a ανεπίσημος

unorthodox /ʌn'ɔːθədɒks/ a ανορθόδοξος

unpack /ʌn'pæk/ vt (suitcase) αδειάζω. (contents) βγάζω (από τη συσκευασία)

unpleasant /ʌn'pleznt/ a δυσάρεστος

unplug /ʌn'plʌg/ vt (electr) βγάζω την πρίζα από. (unblock) ξεβουλώνω

unpopular /ʌn'pɒpjʊlə(r)/ a μη δημοφιλής

unprecedented /ʌn'presɪdentɪd/ a χωρίς προηγούμενο

unpredictable /ʌnprɪ'dɪktəbl/ a απρόβλεπτος

unprepared /ʌnprɪ'peəd/ a απροετοίμαστος

unprofessional /ʌnprə'feʃnəl/ a αντιεπαγγελματικός

unprofitable /ʌn'prɒfɪtəbl/ a ασύμφορος

unqualified /ʌn'kwɒlɪfaɪd/ a χωρίς προσόντα. (fig) απόλυτος

unravel /ʌn'rævl/ vt ξεδιαλύνω. (knitting etc.) ξηλώνω. (fig) λύνω

unreal /ʌn'rɪəl/ a μη πραγματικός

unreasonable /ʌn'riːznəbl/ a παράλογος

unrecognizable /ʌnrekəg'naɪzəbl/ a αγνώριστος

unrelated /ʌnrɪ'leɪtɪd/ a (facts) άσχετος. (person) μη συγγενικός

unreliable /ʌnrɪ'laɪəbl/ a αναξιόπιστος

unrequited /ʌnrɪ'kwaɪtɪd/ a ανανταπόδοτος

unrest /ʌn'rest/ n (η) αναταραχή

unroll /ʌn'rəʊl/ vt/i ξετυλίγω

unruly /ʌn'ruːlɪ/ *a* απείθαρχος

unsafe /ʌn'seɪf/ *a* ανασφαλής

unsatisfactory /ʌnsætɪs'fæktərɪ/ *a* μη ικανοποιητικός

unsavoury /ʌn'seɪvərɪ/ *a* άνοστος (στη γεύση). (*fig*) δυσάρεστος

unscrew /ʌn'skruː/ *vt* ξεβιδώνω

unscrupulous /ʌn'skruːpjuləs/ *a* ασυνείδητος

unseemly /ʌn'siːmlɪ/ *a* απρεπής

unsettle /ʌn'setl/ *vt* ταράζω. **~d** *a* (*weather*) ευμετάβλητος

unshaven /ʌn'ʃeɪvn/ *a* αξύριστος

unsightly /ʌn'saɪtlɪ/ *a* αντιαισθητικός

unskilled /ʌn'skɪld/ *a* ανειδίκευτος

unsociable /ʌn'səʊʃəbl/ *a* ακοινώνητος

unspeakable /ʌn'spiːkəbl/ *a* ανείπωτος

unstable /ʌn'steɪbl/ *a* ασταθής

unsteady /ʌn'stedɪ/ *a* ασταθής. (*hand*) τρεμάμενος

unsuccessful /ʌnsək'sesfl/ *a* ανεπιτυχής

unsuitable /ʌn'sjuːtəbl/ *a* ακατάλληλος

unsure /ʌn'ʃʊə(r)/ *a* αβέβαιος

unsuspecting /ʌnsə'spektɪŋ/ *a* ανυποψίαστος

unthinkable /ʌn'θɪŋkəbl/ *a* αδιανόητος

untidy /ʌn'taɪdɪ/ *a* ακατάστατος

untie /ʌn'taɪ/ *vt* λύνω

until /ʌn'tɪl/ *prep & conj* μέχρι, έως. **not ~** όχι πριν

untimely /ʌn'taɪmlɪ/ *a* άκαιρος. (*premature*) πρόωρος

untold /ʌn'təʊld/ *a* απερίγραπτος

untoward /ʌntə'wɔːd/ *a* δυσάρεστος

untrue /ʌn'truː/ *a* αναληθής

unused[1] /ʌn'juːzd/ *a* (*new*) καινούριος. (*not used*) αχρησιμοποίητος

unused[2] /ʌn'juːst/ *a* **~ to** ασυνήθιστος σε

unusual /ʌn'juːʒʊəl/ *a* ασυνήθιστος. **~ly** *adv* ασυνήθιστα

unwell /ʌn'wel/ *a* αδιάθετος

unwieldy /ʌn'wiːldɪ/ *a* άβολος

unwilling /ʌn'wɪlɪŋ/ *a* απρόθυμος. **be ~ to** είμαι απρόθυμος να. **~ly** *adv* απρόθυμα

unwind /ʌn'waɪnd/ *vt* ξετυλίγω. • *vi* (*relax: fam*) χαλαρώνω

unwitting /ʌn'wɪtɪŋ/ *a* ασυναίσθητος. **~ly** *adv* ασυναίσθητα, αθέλητα

unwrap /ʌn'ræp/ *vt* ξετυλίγω

up /ʌp/ *adv* **to get ~** (*out of bed*) σηκώνομαι. (*finished*) **to be ~** τελειώνω. • *prep* πάνω. • *vt* αυξάνω. **be ~ to** (*do*) σκαρώνω. (*plot*) μαγειρεύω. (*one's turn*) είναι η σειρά. (*task*) εξαρτώμαι. (*reach*) φτάνω. **feel ~ to** sth. αισθάνομαι ικανός για κάτι. **go ~** ανεβαίνω. (*price*) υψώνομαι. (*level*) αυξάνομαι. **be ~ against** έχω να κάνω, αντιμετωπίζω. **~-market** *a* ακριβός. **~s and downs** *npl* (τα) ανεβοκατεβάσματα. **~ to** μέχρι, ως. **~-to-date** *a* σύγχρονος. (*news*) τελευταίος

upbringing /'ʌpbrɪŋɪŋ/ *n* (η) ανατροφή

update /ʌp'deɪt/ *vt* εκσυγχρονίζω

upgrade /ʌp'greɪd/ *vt* αναβαθμίζω

upheaval /ʌp'hiːvl/ *n* (η) αναστάτωση

uphill /ʌp'hɪl/ *a* ανηφορικός. (*fig*) δύσκολος. • *adv* **go ~** ανηφορίζω

upholster /ʌp'həʊlstə(r)/ *vt* ταπετσάρω. **~y** *n* (η) ταπετσαρία

upkeep /'ʌpkiːp/ *n* (η) συντήρηση

upon /ə'pɒn/ *prep* πάνω. **once ~ a time** μια φορά κι έναν καιρό

upper /'ʌpə(r)/ *a* ανώτερος. • *n* (*of shoe*) (το) ψίδι. **~ class** *n* (η) ανώτερη τάξη. **~most** *a* ανώτερος

upright /'ʌpraɪt/ *a* όρθιος

uprising /'ʌpraɪzɪŋ/ *n* (η) εξέγερση

uproar /'ʌprɔː(r)/ *n* (η) οχλαγωγία

upset[1] /ʌp'set/ *vt* ανατρέπω. (*plan*) χαλώ. (*distress*) ταράζω. (*make ill*) χαλώ. • *a* ταραγμένος

upset[2] /'ʌpset/ *n* (*distress*) (η) ταραχή. (*of stomach*) (η) διαταραχή

upshot /'ʌpʃɒt/ *n* (η) έκβαση

upside-down /ʌpsaɪdˈdaʊn/ *adv*
ανάποδα. **turn ~** αναποδογυρίζω

upstairs¹ /ʌpˈsteəz/ *adv* πάνω, στον
πάνω όροφο

upstairs² /ˈʌpsteəz/ *a* πάνω

upstream /ʌpˈstriːm/ *adv* ενάντια
στο ρεύμα (*ποταμού*)

uptake /ˈʌpteɪk/ *n* (η) αντίληψη.
be quick on the ~ (*fam*)
αρπάζω με το πρώτο

upward /ˈʌpwəd/ *a* ανοδικός.
• *adv* **~(s)** προς τα πάνω

uranium /jʊˈreɪnɪəm/ *n* (το)
ουράνιο

urban /ˈɜːbən/ *a* αστικός

urchin /ˈɜːtʃɪn/ *n* (το) χαμίνι

urge /ɜːdʒ/ *vt* παροτρύνω (**to**, να).
• *n* (η) παρόρμηση

urgen|t /ˈɜːdʒənt/ *a* επείγων. **~cy**
n (η) επείγουσα ανάγκη

urin|e /ˈjʊərɪn/ *n* (τα) ούρα (το)
δημόσιο ουρητήριο. **~ate** *vi*
ουρώ

urn /ɜːn/ *n* (η) υδρία

us /ʌs/ *pron* εμάς, μας. (*after prep*)
μας

US *abbrev* (*United States*) (οι)
ΗΠΑ

USA *abbr* (*United States of
America*) ΗΠΑ

usage /ˈjuːzɪdʒ/ *n* (η) χρήση

USB port /juːesˈbiː pɔːt/ *n* (η)
θύρα USB

use¹ /juːz/ *vt* χρησιμοποιώ. **~ up**
εξαντλώ. **~r** /-ə(r)/ (ο) χρήστης

use² /juːs/ *n* (η) χρήση. **be of ~**
χρησιμεύω. **in ~** εν χρήσει, σε
χρήση. **it is no ~** είναι
ανώφελο. **~less** άχρηστος

used¹ /juːzd/ *a* (*second-hand*)
μεταχειρισμένος

used² /juːst/ *pt* **he ~ to say**
συνήθιζε να λέει. • *a* **~ to sth/
doing** συνηθισμένος σε κτ/να
κάνω. **get ~ to** συνηθίζω

useful /ˈjuːsfl/ *a* χρήσιμος

useless /ˈjuːslɪs/ *a* ανώφελος.
(*person*) άχρηστος

usher /ˈʌʃə(r)/ *n* (ο) κλητήρας.
~ette *n* (η) ταξιθέτρια

usual /ˈjuːʒʊəl/ *a* συνηθισμένος.
as ~ ως συνήθως. **~ly** *adv*
συνήθως

usurp /juːˈzɜːp/ *vt* σφετερίζομαι

utensil /juːˈtensl/ *n* (το) σκεύος

uterus /ˈjuːtərəs/ *n* (η) μήτρα

utilitarian /juːtɪlɪˈteərɪən/ *a*
ωφελιμιστικός

utility /juːˈtɪlətɪ/ *n* (η) ωφέλεια.
(**public**) **~** (η) επιχείρηση
κοινής ωφελείας. **~ room** *n* (το)
πλυσταριό

utilize /ˈjuːtɪlaɪz/ *vt* κάνω χρήση
(*with gen.*)

utmost /ˈʌtməʊst/ *a* έσχατος.
• *n* **do one's ~** κάνω τ΄ αδύνατα
δυνατά

utter /ˈʌtə(r)/ *vt* (*sound*) εκστομίζω.
(*say*) λέγω. • *a* τέλειος. **~ly** *adv*
τελείως

U-turn /ˈjuːtɜːn/ *n* (η) αναστροφή
(στροφή 180°)

••••••••••••••••••••••••

Vv

••••••••••••••••••••••••

vacan|cy /ˈveɪkənsɪ/ *n* (η) κενή
θέση. (*room*) (το) ελεύθερο
δωμάτιο. **~t** *a* κενός. (*person*)
αφηρημένος. (*stare*) απλανής

vacate /vəˈkeɪt/ *vt* εκκενώνω

vacation /vəˈkeɪʃn/ *n* (οι) διακοπές

vaccinat|e /ˈvæksɪneɪt/ *vt*
εμβολιάζω. **~ion** /-ˈneɪʃn/ *n* (ο)
εμβολιασμός

vaccine /ˈvæksiːn/ *n* (το) εμβόλιο

vacuum /ˈvækjʊəm/ *n* (το) κενό.
• *vt/i* καθαρίζω με ηλεκτρική
σκούπα. **~ cleaner** *n* (η)
ηλεκτρική σκούπα

vagina /vəˈdʒaɪnə/ *n* (ο) κόλπος
(*της γυναίκας*)

vagrant /ˈveɪgrənt/ *n* (ο) αλήτης

vague /veɪg/ *a* αόριστος. (*outline*)
ακαθόριστος. **~ly** *adv* αόριστα

vain /veɪn/ *a* ματαιόδοξος. (*useless*)
μάταιος. **in ~** εις μάτην, του
κάκου. **~ly** *adv* μάταια

valid /ˈvælɪd/ *a* έγκυρος. **~ate** *vt*
επικυρώνω. **~ity** /vəˈlɪdɪtɪ/ *n* (η)
ισχύς, (η) εγκυρότητα

valley /ˈvælɪ/ *n* (η) κοιλάδα

valour /'vælə(r)/ n (η) ανδρεία

valuable /'væljuəbl/ a πολύτιμος.
~s npl (τα) τιμαλφή

valuation /vælju'eiʃn/ n (η)
εκτίμηση (αξίας)

value /'vælju:/ n (η) αξία.
(usefulness) (η) χρησιμότητα.
• vt υπολογίζω την αξία. (cherish)
εκτιμώ. **~ added tax (VAT)** n (ο)
φόρος προστιθέμενης αξίας
(ΦΠΑ). **~d** a (appreciated)
εκτιμώμενος

valve /vælv/ n (η) βαλβίδα

vampire /'væmpaiə(r)/ n (ο)
βρικόλακας

van /væn/ n (το) φορτηγάκι

vandal /'vændl/ n (ο, η) βάνδαλος.
~ism /-əlizəm/ n (ο) βανδαλισμός

vanilla /və'nilə/ n (η) βανίλια

vanish /'væniʃ/ vi εξαφανίζομαι

vanity /'vænəti/ n (η) ματαιοδοξία

vapour /'veipə(r)/ n (ο) ατμός

vari|able /'veəriəbl/ a μεταβλητός.
~ation /-'eiʃn/ n (η) παραλλαγή.
~ed a ποικίλος

variant /'veəriənt/ a διαφορετικός.
• n (η) παραλλαγή

varicose /'værikəus/ a **~ veins**
npl (οι) κιρσοί

variety /və'raiəti/ n (η) ποικιλία.
(assortment) πολύς και διάφορος.
~ show n (theatr) (το) βαριετέ
invar

various /'veəriəs/ a διάφορος. **~ly**
adv ποικιλοτρόπως

varnish /'va:niʃ/ n (το) βερνίκι.
• vt βερνικώνω

vary /'veəri/ vt/i ποικίλλω. **~ing** a
ποικίλος

vase /va:z/ n (το) βάζο

vast /va:st/ a απέραντος

vat /væt/ n (ο) μεγάλος κάδος

VAT /vi:ei'ti:, væt/ abbr (value added
tax) ΦΠΑ

vault /vɔ:lt/ n (roof) (ο) θόλος. (in
bank) (το) θησαυροφυλάκιο.
(tomb) (ο) τάφος. • vt/i πηδώ

vaunt /vɔ:nt/ vt καυχιέμαι

veal /vi:l/ n (το) μοσχαρίσιο κρέας

veer /viə(r)/ vi γυρίζω

vegetable /'vedʒtəbl/ n (το)
χορταρικό, (το) λαχανικό

vegetarian /vedʒi'teəriən/ n (ο, η)
χορτοφάγος

vegetate /'vedʒiteit/ vi φυτοζωώ

vegetation /vedʒi'teiʃn/ n (η)
βλάστηση

vehement /'vi:əmənt/ a έντονος

vehicle /'vi:ikl/ n (το) όχημα

veil /veil/ n (το) πέπλο. (for face)
το βέλο. • vt καλύπτω

vein /vein/ n (η) φλέβα

velocity /vi'lɒsəti/ n (η) ταχύτητα

velvet /'velvit/ n (το) βελούδο

vendetta /ven'detə/ n (η) βεντέτα

vending-machine /'vendiŋməʃi:n/
n (ο) αυτόματος πωλητής

vendor /'vendə(r)/ n (ο) πωλητής

veneer /və'niə(r)/ n (ο) καπλαμάς.
(fig) (το) λούστρο

venerable /'venərəbl/ a σεβάσμιος

venereal /və'niəriəl/ a αφροδίσιος

venetian /və'ni:ʃn/ a **~ blind** n
(το) στορ invar, (το) στόρι

vengeance /'vendʒəns/ n (η)
εκδίκηση

venison /'venizn/ n (το) κρέας του
ελαφιού

venom /'venəm/ n (το) φαρμάκι.
~ous a φαρμακερός

vent /vent/ n (το) στόμιο. (in jacket
etc.) (η) σχισμή (στο πίσω μέρος
σακακιού). (techn) (ο) αεραγωγός.
• vt αερίζω. **give ~ to one's
anger** ξεθυμαίνω

ventilat|e /'ventileit/ vt εξαερίζω.
~ion /-'leiʃn/ n (ο) εξαερισμός.
~or /-ə(r)/ n (ο) εξαεριστήρας,
(το) βεντιλατέρ invar

ventriloquist /ven'triləkwist/ n (ο)
εγγαστρίμυθος

venture /'ventʃə(r)/ n (το)
εγχείρημα. • vt διακινδυνεύω. • vi
τολμώ

venue /'venju:/ n (ο) χώρος
συναντήσεως

veranda /və'rændə/ n (η) βεράντα

verb /vɜ:b/ n (το) ρήμα

verbal /'vɜ:bl/ a προφορικός

verbatim /vɜ:'beitim/ adv κατά
λέξη

verdict /'vɜ:dikt/ n (η) ετυμηγορία.

(*opinion*) (η) απόφαση

verge /vɜːdʒ/ *n* (η) άκρη. (*fig*) (το) χείλος. • *vi* ~ **on** εγγίζω τα όρια. **be on the** ~ **of doing** είμαι έτοιμος να κάνω

verify /'verɪfaɪ/ *vt* επαληθεύω

veritable /'verɪtəbl/ *a* πραγματικός

vermin /'vɜːmɪn/ *n* (τα) έντομα και ζωύφια ενοχλητικά

vernacular /və'nækjʊlə(r)/ *n* (η) καθομιλουμένη (γλώσσα)

versatile /'vɜːsətaɪl/ *a* πολυμερής

verse /vɜːs/ *n* (*stanza*) (η) στροφή. (*poetry*) (η) ποίηση

version /'vɜːʃn/ *n* (η) εκδοχή

versus /'vɜːsəs/ *prep* κατά

vertebra /'vɜːtɪbrə/ *n* (ο) σπόνδυλος

vertical /'vɜːtɪkl/ *a* κάθετος. • *n* (η) κάθετος. ~**ly** *adv* καθέτως

vertigo /'vɜːtɪgəʊ/ *n* (ο) ίλιγγος

very /'verɪ/ *adv* πολύ. • *a* ίδιος. ~ **much** πολύ. ~ **well** πολύ καλά

vessel /'vesl/ *n* (*ship*) (το) σκάφος. (*receptacle*) (το) δοχείο. (*anat*) (το) αγγείο

vest /vest/ *n* (η) φανέλα (εσωτερική). (*Amer*) (το) γιλέκο

vestige /'vestɪdʒ/ *n* (το) ίχνος

vestry /'vestrɪ/ *n* (το) ιεροφυλάκιο

vet /vet/ *n* (ο, η) κτηνίατρος. • *vt* εξετάζω λεπτομερειακά

veteran /'vetərən/ *n* (ο) παλαίμαχος

veterinar|y /'vetrɪnrɪ/ *a* κτηνιατρικός. ~**y surgeon**, (*Amer*) ~**ian** *ns* (ο, η) κτηνίατρος

veto /'viːtəʊ/ *n* (το) βέτο. • *vt* προβάλλω το βέτο

vex /veks/ *vt* εκνευρίζω. ~**ed question** *n* (το) επίμαχο θέμα

via /'vaɪə/ *prep* μέσω

viable /'vaɪəbl/ *a* βιώσιμος. (*practicable*) εφικτός

viaduct /'vaɪədʌkt/ *n* (η) οδογέφυρα

vibrant /'vaɪbrənt/ *a* γεμάτος σφρίγος

vibrat|e /vaɪ'breɪt/ *vt/i* δονώ/ούμαι. ~**ion** /-ʃn/ *n* (η) δόνηση

vicar /'vɪkə(r)/ *n* (ο) εφημέριος

vice /vaɪs/ *n* (η) ανηθικότητα. (*of*

character) (το) ελάττωμα. (*techn*) (η) μέγκενη

vice- /'vaɪs/ *pref* υπο-, αντι-. ~**-president** *n* (ο) αντιπρόεδρος

vice versa /vaɪsɪ'vɜːsə/ *adv* αντιστρόφως

vicinity /vɪ'sɪnətɪ/ *n* (η) γύρω περιοχή

vicious /'vɪʃəs/ *a* βίαιος και κακός

victim /'vɪktɪm/ *n* (το) θύμα. ~**ize** *vt* κατατρέχω

victor /'vɪktə(r)/ *n* (ο) νικητής

Victorian /vɪk'tɔːrɪən/ *a* βικτοριανός

victor|y /'vɪktərɪ/ *n* (η) νίκη. ~**ious** /-'tɔːrɪəs/ *a* νικητήριος

video /'vɪdɪəʊ/ *a* βιντεο-. • *n* (το) βίντεο

videotape /'vɪdɪəʊteɪp/ *n* (η) βιντεοκασέτα. • *vt* μαγνητοσκοπώ

vie /vaɪ/ *vi* συναγωνίζομαι

view /vjuː/ *n* (η) θέα. (*mental survey*) (η) αντίληψη. (*opinion*) (η) άποψη. • *vt* βλέπω. (*consider*) εξετάζω. **with a** ~ **to** με σκοπό να. ~**er** /-ə(r)/ *n* (ο) θεατής. (*TV*) (ο) τηλεθεατής

viewfinder /'vjuːfaɪndə(r)/ *n* (το) στόχαστρο

viewpoint /'vjuːpɔɪnt/ *n* (η) άποψη

vigil /'vɪdʒɪl/ *n* (η) αγρυπνία

vigilan|t /'vɪdʒɪlənt/ *a* **be** ~**t** γρηγορώ. ~**ce** *n* (η) επαγρύπνηση

vig|our /'vɪgə(r)/ *n* (το) σθένος. ~**orous** *a* σθεναρός

vile /vaɪl/ *a* αχρείος. (*bad*) απαίσιος

villa /'vɪlə/ *n* (η) βίλα

village /'vɪlɪdʒ/ *n* (το) χωριό. ~**r** /-ə(r)/ *n* (ο) χωριάτης, (η) χωριάτισσα

villain /'vɪlən/ *n* (ο) παλιάνθρωπος. (*in story etc.*) (ο) κακός

vinaigrette /vɪnɪ'gret/ *n* ~ (**sauce**) *n* (το) λαδόξιδο

vindicate /'vɪndɪkeɪt/ *vt* δικαιώνω

vindictive /vɪn'dɪktɪv/ *a* εκδικητικός

vine /vaɪn/ *n* (το) κλήμα

vinegar /'vɪnɪgə(r)/ *n* (το) ξίδι

vineyard /'vɪnjəd/ n (o) αμπελώνας

vintage /'vɪntɪdʒ/ n (*year*) (η) χρονιά. • *a* (*wine*) καλής χρονιάς. (*car*) σπάνιος

viola /vɪ'əʊlə/ n (*mus*) (η) βιόλα

violate /'vaɪəleɪt/ vt παραβιάζω

violen|t /'vaɪələnt/ a βίαιος. ~ce n (η) βία. ~tly adv βίαια

violet /'vaɪələt/ n (*colour*) (το) βιολετί. (*flower*) (η) βιολέτα. • a βιολετής

violin /'vaɪəlɪn/ n (το) βιολί

VIP /vi:aɪ'pi:/ abbr (*very important person*) (o) επίσημος

viper /'vaɪpə(r)/ n (η) έχιδνα

virgin /'vɜːdʒɪn/ n (η) παρθένα. • a παρθένος. ~ity /və'dʒɪnəti/ n (η) παρθενία

Virgo /'vɜːɡəʊ/ n (η) παρθένος

virile /'vɪraɪl/ a αρρενωπός

virtual /'vɜːtʃʊəl/ a ουσιαστικός. ~ly adv ουσιαστικά

virtue /'vɜːtʃuː/ n (η) αρετή. **by** or **in ~e of** λόγω (*with gen*). ~ous a ενάρετος

virtuoso /vɜːtʃʊ'əʊzəʊ/ n (o) βιρτουόζος

virulent /'vɪrʊlənt/ a λοιμογόνος

virus /'vaɪərəs/ n (o) ιός

visa /'viːzə/ n (η) βίζα, (η) θεώρηση (*διαβατηρίου*)

vis-à-vis /viːzɑː'viː/ adv απέναντι. • prep όσον αφορά

viscount /'vaɪkaʊnt/ n (o) υποκόμης

visib|le /'vɪzəbl/ a ορατός. ~ility /-'bɪləti/ n (η) ορατότητα. (*range of vision*) (το) οπτικό πεδίο. ~ly adv φανερά

vision /'vɪʒn/ n (*sight*) (η) όραση. (*dream*) (το) όραμα

visionary /'vɪʒənri/ n (o) οραματιστής, (η) οραματίστρια

visit /'vɪzɪt/ vt επισκέπτομαι. (*inspect*) επιθεωρώ. • vi κάνω επίσκεψη. • n (η) επίσκεψη. ~or n (*guest*) (o) επισκέπτης, (η) επισκέπτρια

visor /'vaɪzə(r)/ n (το) προσωπείο

visual /'vɪʒʊəl/ a οπτικός

visualize /'vɪʒʊəlaɪz/ vt φαντάζομαι

vital /'vaɪtl/ a ζωτικός

vitality /vaɪ'tæləti/ n (η) ζωτικότητα

vitamin /'vɪtəmɪn/ n (η) βιταμίνη

vivacious /vɪ'veɪʃəs/ a ζωηρός

vivid /'vɪvɪd/ a ζωηρός

vivisection /vɪvɪ'sekʃn/ n (η) ζωοτομία

vocabulary /və'kæbjʊləri/ n (το) λεξιλόγιο

vocal /'vəʊkl/ a φωνητικός. (*fig*) που εκφράζεται έντονα. ~ **cords** npl (οι) φωνητικές χορδές. ~ist n (o) τραγουδιστής, (η) τραγουδίστρια

vocation /vəʊ'keɪʃn/ n (η) κλίση. ~al a επαγγελματικός

vodka /'vɒdkə/ n (η) βότκα *invar*

vogue /vəʊɡ/ n (η) μόδα

voice /vɔɪs/ n (η) φωνή. • vt εκφράζω

void /vɔɪd/ a κενός. (*not valid*) άκυρος. • n (το) κενό

volatile /'vɒlətaɪl/ a πτητικός. (*person*) άστατος

volcano /vɒl'keɪnəʊ/ n (το) ηφαίστειο

volition /və'lɪʃn/ n (η) βούληση. **of one's own** ~ με τη θέλησή μου

volley /'vɒlɪ/ n (*of blows*) (η) βροχή. (*of gunfire*) (η) ομοβροντία

volt /vəʊlt/ n (το) βολτ *invar*. ~age n (η) τάση

voluble /'vɒljʊbl/ a ευφραδής

volume /'vɒljuːm/ n (o) όγκος. (*book*) (o) τόμος. (*of radio*, *TV*) (η) ένταση

voluntar|y /'vɒləntri/ a εκούσιος. (*unpaid*) εθελοντικός. ~ily adv εθελοντικά

volunteer /vɒlən'tɪə(r)/ n (o) εθελοντής, (η) εθελόντρια. • vt/i προσφέρω/ομαι (εθελοντικά)

voluptuous /və'lʌptʃʊəs/ a φιλήδονος

vomit /'vɒmɪt/ vi κάνω εμετό. • n (o) εμετός

vote /vəʊt/ n (η) ψηφοφορία. (*right*) (η) ψήφος. • vt/i ψηφίζω. ~r /-ə(r)/ n (o, η) ψηφοφόρος

vouch /vautʃ/ vi ~ **for** εγγυώμαι για

voucher /'vautʃə(r)/ n (το) δελτίο

vow /vau/ n (ο) όρκος. • vi ορκίζομαι

vowel /'vauəl/ n (το) φωνήεν

voyage /'vɔɪɪdʒ/ n (το) θαλασσινό ταξίδι

vulgar /'vʌlgə(r)/ a χυδαίος

vulnerable /'vʌlnərəbl/ a τρωτός

vulture /'vʌltʃə(r)/ n (ο) γύπας

••••••••••••••••••••••••••

Ww

••••••••••••••••••••••••••

wad /wɒd/ n (το) παραγέμισμα. (bundle) (το) μάτσο

waddle /'wɒdl/ vi περπατώ κουνιστά

wade /weid/ vt/i διασχίζω (νερό ή ποτάμι)

wafer /'weifə(r)/ n (η) γκοφρέτα. (relig) (η) όστια. ~-**thin** a πολύ λεπτός

waffle /'wɒfl/ n (culin) είδος τηγανίτας. (fam) (η) πολυλογία. • vi (fam) πολυλογώ

waft /wɒft/ vt/i σκορπίζω/ομαι στον αέρα

wag /wæg/ vt/i κουνώ/κουνιέμαι

wage /weidʒ/ n ~**s** (το) μεροκάματο, (το) βδομαδιάτικο. ~-**earner** n (ο) μεροκαματιάρης. • vt (campaign) κάνω. ~ **war** κάνω πόλεμο

wager /'weidʒə(r)/ n (το) στοίχημα. • vt στοιχηματίζω

waggle /'wægl/ vt/i σείω/σειέμαι

wagon /'wægən/ n (το) κάρο. (rail) (το) βαγόνι

wail /weil/ vi θρηνώ. • n (ο) θρήνος

waist /weist/ n (η) μέση

waistband /'weistbænd/ n (η) ζώνη (φούστας ή πανταλονιού)

waistcoat /'weistkəut/ n (το) γιλέκο

waistline /'weistlain/ n (η) μέση

wait /weit/ vt/i περιμένω. (at table) σερβίρω. • n (η) αναμονή. **lie in**

~ παραφυλάω. ~ **on** περιποιούμαι. ~**ing-list** n (ο) κατάλογος αναμονής. ~**ing-room** n (η) αίθουσα αναμονής

wait|er /'weitə(r)/ n (το) γκαρσόνι. ~**ress** n (η) σερβιτόρα

wake /weik/ vt/i (pt **woke** pp **woken**) ~ (**up**) ξυπνώ. • n (το) ξενύχτισμα νεκρού. (of ship) (τα) απόνερα

waken /'weikən/ vt/i ξυπνώ

Wales /weilz/ n (η) Ουαλία

walk /wɔːk/ vi περπατώ. (not ride) πηγαίνω με τα πόδια. (for pleasure) κάνω περίπατο. • vt (streets) γυρίζω (στους δρόμους). (distance) περπατώ. (dog) βγάζω περίπατο. • n (ο) περίπατος. (gait) (η) περπατησιά. (distance) (το) περπάτημα. ~-**out** n (η) στάση εργασίας. ~-**over** n (η) εύκολη νίκη

walkie-talkie /wɔːkɪ'tɔːkɪ/ n (ο) φορητός πομποδέκτης

walking /'wɔːkɪŋ/ n (το) περπάτημα. ~-**stick** n (το) μπαστούνι

wall /wɔːl/ n (ο) τοίχος. (of tunnel) (η) πλευρά. (of stomach) (το) τοίχωμα. ~**s** (of city) (τα) τείχη

wallet /'wɒlit/ n (το) πορτοφόλι

wallow /'wɒləu/ vi κυλιέμαι

wallpaper /'wɔːlpeipə(r)/ n (η) ταπετσαρία (τοίχχου)

walnut /'wɔːlnʌt/ n (το) καρύδι. (tree) (η) καρυδιά

walrus /'wɔːlrəs/ n (ο) θαλάσσιος ίππος

waltz /wɔːls/ n (το) βαλς invar. • vi χορεύω βαλς

wand /wɒnd/ n (το) ραβδί

wander /'wɒndə(r)/ vi περιπλανιέμαι. (fig) περιφέρομαι

wane /wein/ vi λιγοστεύω. • n (of moon) (η) χάση

want /wɒnt/ vt θέλω. (need) χρειάζομαι. • vi ~ **for** στερούμαι. • n (need) (η) ανάγκη. (lack) (η) έλλειψη. (desire) (η) επιθυμία. **for** ~ **of** ελλείψει (with gen.)

wanton /'wɒntən/ a λάγνος

war /wɔː(r)/ n (ο) πόλεμος

ward /wɔːd/ n (in hospital) (ο)

θάλαμος. (*of town*) (η) περιφέρεια. (*child*) (η) κηδεμονία. • *vt* ~ **off** αποκρούω

warden /'wɔːdn/ *n* (ο) επιστάτης, (η) επιστάτρια. (*of park*) (ο) φύλακας

warder /'wɔːdə(r)/ *n* (ο) δεσμοφύλακας

wardrobe /'wɔːdrəʊb/ *n* (*furniture*) (η) ντουλάπα. (*clothes*) (η) γκαρνταρόμπα, (η) ιματιοθήκη

warehouse /'weəhaʊs/ *n* (η) αποθήκη

wares /weəz/ *npl* (τα) εμπορεύματα

warfare /'wɔːfeə(r)/ *n* (οι) πολεμικές επιχειρήσεις

warlike /'wɔːlaik/ *a* πολεμικός

warm /wɔːm/ *a* ζεστός. (*hearty*) θερμός. • *vt/i* ~ **(up)** ζεσταίνω/ ομαι. (*fig*) προετοιμάζομαι. **be** ~ ζεσταίνομαι. **it is** ~ κάνει ζέστη. **~ly** *adv* θερμά. **~th** *n* (η) ζεστασιά

warn /wɔːn/ *vt* προειδοποιώ. **~ing** *n* (η) προειδοποίηση. (*notice*) (η) αναγγελία

warp /wɔːp/ *vt/i* σκεβρώνω. (*fig*) διαστρέφω

warrant /'wɒrənt/ *n* (η) εξουσιοδότηση. (*for arrest*) (το) ένταλμα. • *vt* εγγυώμαι

warranty /'wɒrənti/ *n* (η) εγγύηση

warrior /'wɒriə(r)/ *n* (ο) πολεμιστής

warship /'wɔːʃip/ *n* (το) πολεμικό πλοίο

wart /wɔːt/ *n* (η) κρεατοελιά

wartime /'wɔːtaim/ *n* (η) περίοδος πολέμου

warily /'weəri/ *a* επιφυλακτικός. (*cautious*) προσεκτικός. **~ily** *adv* επιφυλακτικά, προσεκτικά

was /wəz, wɒz/ *see* BE

wash /wɒʃ/ *vt/i* πλένω. • *n* (*of clothes*) (η) πλύση. (*of ship*) (τα) απόνερα. **~-basin** *n* (ο) νιπτήρας. ~ **out** ξεπλένω. (*stain*) καθαρίζω. **~-out** *n* (*fam*) (η) παταγώδης αποτυχία. **~-room** *n* (*Amer*) (η) τουαλέτα. ~ **up** *vt* (*dishes*) πλένω. (*sea*) εκβράζω. • *vi* πλένω τα πιάτα

washer /'wɒʃə(r)/ *n* (η) ροδέλα

washing /'wɒʃiŋ/ *n* (το) πλύσιμο. (*clothes*) (η) μπουγάδα. **~-machine** *n* (το) πλυντήριο. **~-powder** *n* (η) σκόνη πλυσίματος

wasp /wɒsp/ *n* (η) σφήκα

wastage /'weistidʒ/ *n* (η) σπατάλη

waste /weist/ *vt* σπαταλώ. • *vi* ~ **away** αδυνατίζω. • *a* άχρηστος. (*land*) έρημος. • *n* (η) σπατάλη. (*rubbish*) (τα) απορρίμματα. (*of time*) (το) χάσιμο. **~ful** *a* πολυδάπανος. (*person*) σπάταλος. ~ **paper** *n* (τα) άχρηστα χαρτιά. **~-paper basket** *n* (ο) κάλαθος των αχρήστων

wasteland /'weistlænd/ *n* (η) έρημη χώρα

watch /wɒtʃ/ *vt/i* φυλάω. (*keep an eye on*) παρακολουθώ. (*TV*) βλέπω. (*be careful*) προσέχω. • *n* (η) παρακολούθηση. (*period of duty*) (η) βάρδια. (*timepiece*) (το) ρολόι (*του χεριού*). ~ **out** προσέχω. ~ **over** φυλάω. **~ful** *a* άγρυπνος

watchmaker /'wɒtʃmeikə(r)/ *n* (ο) ρολογάς

watchman /'wɒtʃmən/ *n* (ο) φύλακας

water /'wɔːtə(r)/ *n* (το) νερό. • *vt* (*plants etc.*) ποτίζω. (*dilute*) νερώνω. • *vi* (*eyes*) τρέχω. **~-colour** *n* (*paint*) (η) νερομπογιά. (*painting*) (η) υδατογραφία. ~ **lily** *n* (το) νούφαρο. ~ **melon** *n* (το) καρπούζι. **~-mill** *n* (ο) νερόμυλος. **~-skiing** *n* (το) θαλάσσιο σκι *invar*.

watercress /'wɔːtəkres/ *n* (το) νεροκάρδαμο

waterfall /'wɔːtəfɔːl/ *n* (ο) καταρράκτης

watering-can /'wɔːtəriŋkæn/ *n* (το) ποτιστήρι

waterlogged /'wɔːtəlɒgd/ *a* πλημμυρισμένος

watermark /'wɔːtəmaːk/ *n* (το) υδατογράφημα

waterproof /'wɔːtəpruːf/ *a* αδιάβροχος

waterworks /'wɔːtəwɜːks/ *n* (οι) υδρευτικές εγκαταστάσεις

watery /'wɔːtəri/ *a* νερουλός.

(*colour*) ξεπλυμένος. (*eyes*) που
τρέχουν

watt /wɒt/ *n* (το) βατ *invar*

wav|e /weɪv/ *n* (το) κύμα. (*of hand*)
(το) κούνημα. (*in hair*) (ο)
κυματισμός. • *vt* κουνώ. (*hair*)
κατσαρώνω. • *vi* (*greeting*)
χαιρετώ κουνώντας το χέρι.
(*signal*) γνέφω. (*flag*) κυματίζω.
~y *a* κυματιστός. (*hair*) σπαστός

wavelength /'weɪvleŋθ/ *n* (το)
μήκος κύματος

waver /'weɪvə(r)/ *vi* ταλαντεύομαι.
(*hesitate*) αμφιταλαντεύομαι.
(*courage etc.*) κλονίζομαι

wax /wæks/ *n* (το) κερί. • *vt*
κερώνω. • *vi* (*moon*) γεμίζω. **~en**,
~y *adjs* κέρινος

way /weɪ/ *n* (*road, path*) (ο) δρόμος.
(*distance*) (η) απόσταση.
(*direction*) (η) κατεύθυνση.
(*manner*) (ο) τρόπος. (*means*) (το)
μέσο. **be in the ~** εμποδίζω. **by
the ~** εδώ που τα λέμε. **on the
~** (*coming*) στο δρόμο. **out of
the ~** απόμερος. **~ in** *n* (η)
είσοδος. **~ out** *n* (η) έξοδος.
~-out *a* (*fam*) εξωφρενικός

waylay /weɪ'leɪ/ *vt* παραφυλάω

wayward /'weɪwəd/ *a* ιδιότροπος

WC *abbr* (*water-closet*)
αποχωρητήρια

we /wi:/ *pron* εμείς

weak /wi:k/ *a* αδύνατος. (*drink*)
ελαφρός. **~en** *vt* αδυνατίζω.
• *vi* εξασθενώ. **~ness** *n* (η)
αδυναμία

weakling /'wi:klɪŋ/ *n* (ο) αδύνατος
χαρακτήρας

wealth /welθ/ *n* (ο) πλούτος.
(*plenty*) (η) αφθονία. **~y** *a*
πλούσιος

wean /wi:n/ *vt* αποκόβω

weapon /'wepən/ *n* (το) όπλο

wear /weə(r)/ *vt* (*pt* wore *pp* worn)
φορώ. (*damage*) φθείρω. • *vi* (*last*)
αντέχω. • *n* (*damage*) (η) φθορά.
(*clothing*) (το) φόρεμα. **~ and
tear** (η) φθορά χρήσεως. **~
down** λιώνω. (*opposition etc.*)
λυγίζω. **~ off** περνώ. **~ out**
(*tire*) εξαντλώ

wear|y /'wɪərɪ/ *a* κουρασμένος. • *vt*
κουράζω. • *vi* κουράζομαι.

~iness *n* (η) κούραση

weasel /'wi:zl/ *n* (η) νυφίτσα

weather /'weðə(r)/ *n* (ο) καιρός. • *a*
του καιρού. • *vt* (*wood*) ξεραίνω
στον αέρα. (*survive*) ξεπερνώ. **~
forecast** *n* (το) δελτίο καιρού

weathercock /'weðəkɒk/ *n* (ο)
ανεμοδείκτης

weave /wi:v/ *vt* (*pt* wove *pp*
woven) υφαίνω. (*basket etc.*)
φτιάχνω. • *vi* (*move*) προχωρώ με
ελιγμούς

web /web/ *n* (το) πλέγμα. (*of
spider*) (ο) ιστός. **the Web**
(*computer*) (ο) παγκόσμιος ιστός.
~bed *a* (*foot*) μεμβρανώδης

website /'websaɪt/ *n* (η)
ιστοσελίδα

wed /wed/ *vt/i* παντρεύω/ομαι

wedding /'wedɪŋ/ *n* (ο) γάμος.
~ cake *n* (η) γαμήλια τούρτα.
~ day *n* (η) μέρα του γάμου.
~ dress *n* (το) νυφικό. **~ ring** *n*
(η) βέρα

wedge /wedʒ/ *n* (η) φέτα
τριγωνικού σχήματος. (*space
filler*) (η) σφήνα. • *vt* σφηνώνω.
(*fix*) στερεώνω με σφήνα

Wednesday /'wenzdɪ/ *n* (η)
Τετάρτη

wee /wi:/ *a* (*fam*) μικρούλης

weed /wi:d/ *n* (το) ζιζάνιο, (το)
αγριόχορτο. (*person*) (ο)
ψιλόλιγνος. • *vt* ξεχορταριάζω

week /wi:k/ *n* (η) εβδομάδα. **~day**
n (η) καθημερινή. **~end** *n* (το)
σαββατοκύριακο. **~ly** *a*
εβδομαδιαίος. • *adv* τη βδομάδα

weep /wi:p/ *vi* (*pt* wept) κλαίω.
(*sore*) τρέχω. • *n* (το) κλάμα.
~ing willow *n* (η) κλαίουσα ιτιά

weigh /weɪ/ *vt/i* ζυγίζω. **~ anchor**
σηκώνω την άγκυρα. **~ down**
λυγίζω. (*fig*) τσακίζω

weight /weɪt/ *n* (το) βάρος.
~-lifting *n* (η) άρση βαρών.
~less *a* αβαρής. **~y** *a* βαρύς.
(*important*) βαρυσήμαντος

weir /wɪə(r)/ *n* (το) φράγμα

weird /wɪəd/ *a* παράξενος,
αλλόκοτος

welcome /'welkəm/ *a*
ευπρόσδεκτος. • *n* (το)

καλωσόρισμα. • *vt* καλωσορίζω.
(*appreciate*) χαίρομαι. • *int*
καλωσορίσατε. **you're ~**! (*after
thank you*) παρακαλώ

weld /weld/ *vt* συγκολλώ

welfare /'welfeə(r)/ *n* (η) ευημερία.
(*aid*) (η) πρόνοια. **W~ State** *n*
(το) κράτος πρόνοιας

well[1] /wel/ *n* (το) πηγάδι. (*of
staircase*) (το) κλιμακοστάσιο

well[2] /wel/ *adv* (**better, best**) καλά.
• *a* καλός. • *int* λοιπόν. **as ~** και,
επίσης. **as ~ as** όπως και.
~-behaved *a* φρόνιμος.
~-being *n* (η) ευημερία. **~-bred**
a καλοαναθρεμμένος. **~ done** *a*
(*culin*) καλοψημένος. **~ done!**
μπράβο! **~-known** *a* γνωστός.
~-meaning *a* καλοπροαίρετος.
~ off *a* εύπορος. **~-read** *a*
διαβασμένος. **~-to-do** *a*
ευκατάστατος. **~-wisher** *n* (ο)
καλοθελητής, (η) καλοθελήτρα

wellington /'welɪŋtən/ *n* **~ (boot)**
(η) αδιάβροχη λαστιχένια μπότα

Welsh /welʃ/ *a* ουαλικός. • *n* (*lang*)
(τα) ουαλικά

wend /wend/ *vt* **~ one's way**
τραβώ προς

went /went/ *see* GO

wept /wept/ *see* WEEP

were /wɜ:(r), wə(r)/ *see* BE

west /west/ *n* (η) δύση. **the W~** οι
δυτικές χώρες. • *a* δυτικός. • *adv*
δυτικά. **the W~ Indies** (οι)
Δυτικές Ινδίες. **~erly** *a* (*wind*)
δυτικός. **~ern** *a* δυτικός *n* (*film*)
(το) γουέστερν *invar*. **~ward(s)**
adv δυτικά

wet /wet/ *a* βρεγμένος. (*rainy*)
βροχερός. • *vt* βρέχω. **get ~**
βρέχομαι. **~ suit** *n* (η) στολή
καταδύσεως

whack /wæk/ *vt* (*fam*) χτυπώ
(δυνατά)

whale /weɪl/ *n* (η) φάλαινα

wharf /wɔ:f/ *n* (η) αποβάθρα

what /wɒt/ *a* τι. (*any that*) ό,τι
όσος. • *pron* τι. • *int* τι. **~ for?**
για ποιο λόγο;

whatever /wɒt'evə(r)/ *a*
ο,τιδήποτε. • *pron* ό, τι. **~
happens** ό,τι κι αν γίνει

whatsoever /wɒtsəʊ'evə(r)/ *a* &
pron = **whatever**

wheat /wi:t/ *n* (το) σιτάρι

wheel /wi:l/ *n* (ο) τροχός.
(**steering-**)**~** (το) τιμόνι. • *vt*
κυλώ. • *vi* **~ (round)**
(στριφο)γυρίζω

wheelbarrow /'wi:lbærəʊ/ *n* (το)
καροτσάκι (*για μεταφορές*)

wheelchair /'wi:ltʃeə(r)/ *n* (το)
αναπηρικό καροτσάκι

wheeze /wi:z/ *vi* ασθμαίνω

when /wen/ *adv* πότε; • *conj* όταν.
(*although*) ενώ. • *pron* που

whenever /wen'evə(r)/ *adv*
οποτεδήποτε. (*every time that*)
κάθε φορά. • *conj* οποτέ, κάθε
φορά που

where /weə(r)/ *adv* πού; • *conj* (*in
which place*) εκεί που, όπου. • *pron*
που. **~by** *adv* με το οποίο.
~upon *adv* οπότε

whereabouts /'weərəbaʊts/ *adv*
πού κοντά; • *n* (το) μέρος που
βρίσκεται

whereas /weər'æz/ *conj* επειδή. (*in
contrast*) ενώ

wherever /weər'evə(r)/ *adv* (*in
whatever place*) οπουδήποτε.
• *conj* όπου

whether /'weðə(r)/ *conj* αν

which /wɪtʃ/ *a* & *pron* ποιος.
• *rel pron* ο οποίος. (*object*) (το)
οποίο, που

whichever /wɪtʃ'evə(r)/ *a* & *pron*
οποιοδήποτε. (*person*)
οποιοσδήποτε

whiff /wɪf/ *n* (η) μυρωδιά

while /waɪl/ *n* (το) χρονικό
διάστημα. • *conj* (*when*) ενώ.
(*although*) αν και (*as long as*) όσο.
• *vt* **~ away one's time** περνώ
τον καιρό μου. **be worth one's
~** αξίζει τον κόπο

whilst /waɪlst/ *conj* = **while**

whim /wɪm/ *n* (το) καπρίτσιο

whimper /'wɪmpə(r)/ *vi*
κλαψουρίζω παραπονεμένα

whimsical /'wɪmzɪkl/ *a* ιδιότροπος

whine /waɪn/ *vi* κλαψουρίζω

whip /wɪp/ *n* (το) μαστίγιο. • *vt*
μαστιγώνω. (*culin*) χτυπώ. (*seize*)
αρπάζω. **~ped cream** *n* (η)

κρέμα σαντιγί. **~ up** (incite)
διεγείρω

whirl /wɜ:l/ vt/i στροβιλίζω/ομαι

whirlpool /'wɜ:lpu:l/ n (η)
ρουφήχτρα

whirlwind /'wɜ:lwɪnd/ n (ο)
ανεμοστρόβιλος

whirr /wɜ:(r)/ vi βομβώ

whisk /wɪsk/ vt (culin) χτυπώ.
• n (culin) (το) χτυπητήρι

whisker /'wɪskə(r)/ n (η) φαβορίτα.
~s (of animal) (το) μουστάκι

whisky /'wɪskɪ/ n (το) ουίσκι invar

whisper /'wɪspə(r)/ vt/i ψιθυρίζω.
• n (το) ψιθύρισμα. (rumour) (η)
διάδοση

whistle /'wɪsl/ n (το) σφύριγμα.
(instrument) (η) σφυρίχτρα. • vi
σφυρίζω

white /waɪt/ a άσπρος, λευκός. • n
(το) άσπρο. (person) (ο) λευκός.
(of egg) (το) ασπράδι. **go ~**
χλομιάζω. **~ coffee** n (ο) καφές
με γάλα. **~-collar worker** n (ο,
η) υπάλληλος γραφείου. **~ lie** n
(το) αθώο ψέμα. **~ wine** n (το)
άσπρο κρασί. **~n** vt/i ασπρίζω

whitewash /'waɪtwɒʃ/ n (το)
ασβέστωμα, (το) άσπρισμα.
• vt ασβεστώνω, ασπρίζω. (fig)
αποκρύβω

Whitsun /'wɪtsn/ n (η)
Πεντηκοστή

whittle /'wɪtl/ vt **~ (away)** φθείρω
σταδιακά. **~ (down)** περιορίζω

whiz /wɪz/ vi περνώ σαν αστραπή

who /hu:/ pron ποιος. (particular
person) (ο) οποίος, που

whoever /hu:'evə(r)/ pron
οποιοσδήποτε

whole /həʊl/ a ολόκληρος. (not
broken) ακέραιος. • n (το) σύνολο.
as a ~ σαν σύνολο. **on the ~**
γενικά. **~-hearted** a ολόψυχος

wholemeal /'həʊlmi:l/ a
σιταρένιος

wholesale /'həʊlseɪl/ n (το)
χονδρεμπόριο. • a χονδρικός.
(fig) γενικός. • adv χονδρικώς.
(fig) γενικά

wholesome /'həʊlsəm/ a ωφέλιμος

wholly /'həʊlɪ/ adv τελείως

whom /hu:m/ pron τον οποίον.

(interrogative) ποιον

whooping cough /'hu:pɪŋkɒf/ n
(ο) κοκίτης

whore /hɔ:(r)/ n (η) πόρνη

whose /hu:z/ pron ποιου, τίνος.
(rel) του οποίου. • a ποιου

why /waɪ/ adv γιατί. (interrogative)
γιατί. (on account of) γιατί, που.
• int μπα

wick /wɪk/ n (το) φιτίλι

wicked /'wɪkɪd/ a κακός. (evil)
μοχθηρός. (mischievous) πονηρός

wicker /'wɪkə(r)/ n (το) κλαδί ιτιάς
ή λυγαριάς. • a ψάθινος

wide /waɪd/ a πλατύς. (fully
opened) ευρύς. (far from target)
μακρινός. • adv πλατιά, μακριά.
far and ~ παντού. **open ~**
ανοίγω καλά. **~ awake** a
τελείως ξύπνιος. **~ open** a
ορθάνοιχτος. **~ly** adv
(extensively) ευρύτατα. (generally)
ευρέως. (considerably) πολύ. **~n**
vt πλαταίνω, διευρύνω. • vi
ανοίγω, φαρδαίνω

widespread /'waɪdspred/ a
διαδεδομένος

widow /'wɪdəʊ/ n (η) χήρα. **~er** n
(ο) χήρος

width /wɪdθ/ n (το) πλάτος. (of
material) (το) φάρδος

wield /wi:ld/ vt χειρίζομαι. (power)
ασκώ

wife /waɪf/ n (η) σύζυγος, (η)
γυναίκα

wig /wɪg/ n (η) περούκα

wiggle /'wɪgl/ vt/i κουνώ/
κουνιέμαι

wild /waɪld/ a άγριος. (enraged)
έξαλλος. (tempestuous)
θυελλώδης. (with joy) τρελός.
(idea) εξωφρενικός. (random)
στην τύχη. • adv άγρια, έξαλλα.
~s npl (η) ερημιά. **~ly** adv
άγρια. (fig) έξαλλα, τρελά

wilderness /'wɪldənɪs/ n (η)
ερημιά

wildlife /'waɪldlaɪf/ n (τα) άγρια
ζώα και φυτά

wilful /'wɪlfʊl/ a θεληματικός.
(self-willed) πεισματάρης

will[1] /wɪl/ v aux θα. **he ~ be** θα
είναι. **~ you close the door,**

will | with

please? κλείσε την πόρτα, παρακαλώ

will² /wɪl/ n (η) θέληση. (document) (η) διαθήκη. • vt εύχομαι. **against one's/s.o.'s ~** με το ζόρι. **~-power** n (η) θέληση

willing /'wɪlɪŋ/ a πρόθυμος. **~ly** adv πρόθυμα

willow /'wɪləʊ/ n (η) ιτιά

wilt /wɪlt/ vi μαραίνομαι

wily /'waɪlɪ/ a πανούργος

win /wɪn/ vt/i (pt **won**) νικώ. (fame etc.) κερδίζω. • n (η) νίκη. **~ back** ανακτώ. **~ over** παίρνω με το μέρος μου. **~ner /-ə(r)/** n (η) νικητής, (η) νικήτρια. **~ning** a νικητήριος. (smile etc.) αφοπλιστικός **~ning-post** n (το) τέρμα. **~nings** npl (τα) κέρδη

wince /wɪns/ vi τραβιέμαι (από πόνο)

winch /wɪntʃ/ n (το) βαρούλκο. • vt σηκώνω με βαρούλκο

wind¹ /wɪnd/ n (ο) αέρας, (ο) άνεμος. (in stomach) (τα) αέρια. (fig) (η) μυρωδιά. • vt λαχανιάζω. (smell) μυρίζομαι. **get ~ of** παίρνω μυρωδιά. **~-break** n (ο) ανεμοφράκτης. **~ farm** n (το) αιολικό πάρκο. **~-instrument** n (το) πνευστό όργανο. **~-swept** a ανεμοδαρμένος. **~y** a ανεμοδαρμένος. **it's ~** φυσάει

wind² /waɪnd/ vt (pt **wound**) (wrap around) τυλίγω. (move by turning) γυρίζω. (clock etc.) κουρδίζω. • vi (road) ελίσσομαι. **~ up** (close) κλείνω. (end up) καταλήγω. **~ing** a ελικοειδής

windfall /'wɪndfɔ:l/ n (το) πεσμένο φρούτο. (fig) (το) κελεπούρι

windmill /'wɪndmɪl/ n (ο) ανεμόμυλος

window /'wɪndəʊ/ n (το) παράθυρο. (in shop) (η) βιτρίνα. (in bank etc.) (η) θυρίδα. **~-box** n (η) ζαρντινιέρα. **~-cleaner** n (ο) καθαριστής παραθύρων. **~-shopping** n (το) χάζεμα στις βιτρίνες. **~-sill** n (το) περβάζι

windpipe /'wɪndpaɪp/ n (η) τραχεία

windscreen /'wɪndskri:n/ (Amer **windshield** /'wɪndʃi:ld/) n (το) παρμπρίζ invar. **~ wiper** n (ο) καθαριστήρας (του παρμπρίζ)

windsurf|er /'wɪndsɜ:fə(r)/ n (ο) σερφίστας. **~ing** n (το) γουιντσέρφινγκ invar

wine /waɪn/ n (το) κρασί. **~ list** n (ο) κατάλογος (των κρασιών). **~-tasting** n (η) γευσιγνωσία

wineglass /'waɪngla:s/ n (το) ποτήρι του κρασιού

wing /wɪŋ/ n (η) φτερούγα. (auto) (το) φτερό. **~s** (theatr) (τα) παρασκήνια

wink /wɪŋk/ vi κλείνω το μάτι. (light etc.) τρεμοσβήνω. • n (το) κλείσιμο του ματιού

winter /'wɪntə(r)/ n (ο) χειμώνας. • vi ξεχειμωνιάζω

wipe /waɪp/ vt σκουπίζω (με πετσέτα). (dry) σφουγγίζω. • n (το) σκούπισμα, (το) σφούγγισμα

wire /'waɪə(r)/ n (το) σύρμα

wireless /'waɪəlɪs/ n (ο) ασύρματος

wiry /'waɪərɪ/ a (hair) σαν σύρμα. (person) λεπτός αλλά δυνατός

wisdom /'wɪzdəm/ n (η) σοφία. **~ tooth** n (ο) φρονιμίτης

wise /waɪz/ a φρόνιμος. (scholarly) σοφός

wish /wɪʃ/ n (η) επιθυμία. (greeting) (η) ευχή. • vt εύχομαι. **~ for** επιθυμώ. **~ s.o. well** θέλω το καλό κάποιου. **I ~ you were here** μακάρι να ήσουν εδώ. **~ to do** θέλω να κάνω. **with best ~es** με τις καλύτερες μου ευχές

wishful /'wɪʃfl/ a **~ thinking** (ο) ευσεβής πόθος

wisp /wɪsp/ n (of hair) (το) τσουλούφι. (of smoke) (η) τολύπη

wisteria /wɪs'tɪərɪə/ n (η) γλυσίνα

wistful /'wɪstfl/ a μελαγχολικός

wit /wɪt/ n (humour) (το) πνεύμα. (intelligence) (η) νοημοσύνη. (person) (ο) πνευματώδης (άνθρωπος)

witch /wɪtʃ/ n (η) μάγισσα. **~craft** n (τα) μάγια. **~-doctor** n (ο) μάγος

with /wɪð/ prep μαζί με. (having) με. (cause) από. **be ~ it** (fam) είμαι της μόδας

withdraw /wɪð'drɔː/ vt ανακαλώ. (money) αποσύρω. • vi αποσύρομαι. **~al** n (η) αποχώρηση. (med) (η) στέρηση. **~n** (person) αποτραβηγμένος

wither /'wɪðə(r)/ vi μαραίνομαι

withhold /wɪð'həʊld/ vt κατακρατώ

within /wɪð'ɪn/ prep μέσα σε. • adv μέσα

without /wɪð'aʊt/ prep χωρίς

withstand /wɪð'stænd/ vt αντέχω

witness /'wɪtnɪs/ n (ο, η) μάρτυρας. (proof) (η) μαρτυρία. • vt (be present at) παρίσταμαι. (signature) βεβαιώ. **~-box**, (Amer) **~-stand** ns (το) αναλόγιο μαρτύρων

witticism /'wɪtɪsɪzəm/ n (το) ευφυολόγημα

witty /'wɪtɪ/ a πνευματώδης

wives /waɪvz/ see WIFE

wizard /'wɪzəd/ n (ο) μάγος

wizened /'wɪznd/ a ζαρωμένος

wobble /'wɒbl/ vi ταλαντεύομαι

woe /wəʊ/ n (η) συμφορά

woke, woken /wəʊk, 'wəʊkən/ see WAKE

wolf /wʊlf/ n (ο) λύκος

woman /'wʊmən/ n (pl **women**) (η) γυναίκα

womb /wuːm/ n (η) μήτρα

women /'wɪmɪn/ npl see WOMAN

won /wʌn/ see WIN

wonder /'wʌndə(r)/ n (ο) θαυμασμός. (bewilderment) (η) απορία. • vi διερωτώμαι. (reflect) απορώ. **~ at** θαυμάζω. **it's no ~** δεν είναι εκπληκτικό

wonderful /'wʌndəfl/ a θαυμάσιος

won't /wəʊnt/ = **will not**

woo /wuː/ vt επιδιώκω το γάμο με μια γυναίκα

wood /wʊd/ n (το) ξύλο. (for burning) (τα) ξύλα. **~(s)** (area) (το) δάσος. **~en** a ξύλινος

woodland /'wʊdlənd/ n (η) δασωμένη περιοχή

woodpecker /'wʊdpekə(r)/ n (ο) δρυοκολάπτης (πουλί)

woodwind /'wʊdwɪnd/ n (το) πνευστό όργανο (μουσικό)

woodwork /'wʊdwɜːk/ n (η) ξυλουργική

woodworm /'wʊdwɜːm/ n (το) σαράκι

wool /wʊl/ n (το) μαλλί. **~len** a μάλλινος. **~ly** a μάλλινος. (fig) συγκεχυμένος

word /wɜːd/ n (η) λέξη. (news) (το) μήνυμα. (promise) (ο) λόγος. • vt διατυπώνω. **by ~ of mouth** προφορικά. **have a ~ with** μιλώ με. **~-perfect** a κατά λέξη. **~ processor** n (ο) επεξεργαστής κειμένου. **~ing** n (η) διατύπωση. **~y** a περιττολόγος

wore /wɔː(r)/ see WEAR

work /wɜːk/ n (η) δουλειά. (art, mus, book) (η) απασχόληση. **~s** (building) (τα) έργα. (mech) (ο) μηχανισμός. • vt/i δουλεύω, εργάζομαι. (machine) λειτουργώ. (have effect) ενεργώ. (student) μελετώ. **~ out** (solve) λύνω. (plan) εξελίσσομαι. (succeed) πάω καλά. **~-out** n (η) εξάσκηση. **~ up** εξάπτω. **~ed up** οργισμένος

worker /'wɜːkə(r)/ n (ο) εργάτης

workforce /'wɜːkfɔːs/ n (το) εργατικό δυναμικό

working /'wɜːkɪŋ/ a (day) εργάσιμος. (clothes) της δουλειάς. (model) λειτουργικός. • n (mech) (η) λειτουργία. **in ~ order** που λειτουργεί ικανοποιητικά. **~ class** n (η) εργατική τάξη. **~-class** a της εργατικής τάξης

workman /'wɜːkmən/ n (ο) τεχνίτης. **~ship** n (η) τέχνη (εργάτη)

workshop /'wɜːkʃɒp/ n (mech) (το) συνεργείο. (room) (το) εργαστήριο

world /wɜːld/ n (ο) κόσμος. • a παγκόσμιος. **out of this ~** εξαίσιος. **~-wide** a παγκόσμιος. • adv παγκοσμίως. **~ly** a εγκόσμιος. (fig) υλικός

worm /wɜːm/ n (το) σκουλήκι

worn /wɔːn/ see WEAR. • a φθαρμένος. **~-out** a (thing) φθαρμένος. (person) εξαντλημένος

worr|y /'wʌrɪ/ vt ενοχλώ. • vt/i στενοχωρώ/ιέμαι. • n (η) στενοχώρια. **~ied** a στενοχωρημένος. **~ying** a ενοχλητικός

worse /wɜːs/ a χειρότερος. • adv χειρότερα. • n (το) χειρότερο. **~n** vt/i χειροτερεύω

worship /'wɜːʃɪp/ n (η) λατρεία. (title) (η) εντιμότητα. • vt λατρεύω. • vi προσκυνώ. **~per** n (ο) πιστός

worst /wɜːst/ a χειρότερος. • adv χειρότερα. • n (το) χειρότερο

worth /wɜːθ/ n (η) αξία. • a be ~ αξίζω. it was ~ my while άξιζε τον κόπο. **~less** a ανάξιος

worthwhile /'wɜːθwaɪl/ a αξιόλογος. (cause) που αξίζει τον κόπο

worthy /'wɜːðɪ/ a αντάξιος (motive) άξιος

would /wʊd/ v aux θα. he ~ come if he could θα ερχόταν αν μπορούσε. he ~ come every day (used to) ερχόταν κάθε μέρα. ~ you like a cup of tea? θέλεις ένα φλιτζάνι τσάι; **~-be** a δήθεν

wound[1] /wuːnd/ n (η) πληγή. • vt πληγώνω

wound[2] /waʊnd/ see WIND

wove, woven /wəʊv, ˈwəʊvn/ see WEAVE

wow /waʊ/ int πω πω!

wrangle /'ræŋgl/ vi λογομαχώ

wrap /ræp/ vt τυλίγω. • n (shawl) (η) σάρπα. **~per** /-ə(r)/ n (το) περιτύλιγμα. **~ping paper** n (το) χαρτί περιτυλίγματος

wrath /rɒθ/ n (η) οργή

wreak /riːk/ vt επιβάλλω ~ havoc προκαλώ μεγάλη καταστροφή

wreath /riːθ/ n (το) στεφάνι

wreck /rek/ n (of ship) (το) ναυάγιο. (remains) (το) συντρίμμι. (person) (το) ερείπιο vt καταστρέφω εντελώς. **~age** n (τα) ερείπια

wren /ren/ n (το) τρυποκάρυδο

wrench /rentʃ/ vt τραβώ βίαια. (wrist etc.) στραμπουλίζω. • n (το) απότομο τράβηγμα. (tool) (η) καστάνια

wrestl|e /'resl/ vi παλεύω (with, με). **~er** /-ə(r)/ n (ο) παλαιστής, (η) παλαίστρια. **~ing** n (η) πάλη

wretch /retʃ/ n (ο) φουκαράς. (rascal) (ο) αχρείος. **~ed** /-ɪd/ a άθλιος. (very bad) κακός. (annoying) αξιολύπητος

wriggle /'rɪgl/ vi στριφογυρίζω. • n (το) στριφογύρισμα

wring /rɪŋ/ vt στρίβω

wrinkle /'rɪŋkl/ n (η) ζάρα. (on skin) (η) ρυτίδα. • vt/i ζαρώνω, ρυτιδώνω

wrist /rɪst/ n (ο) καρπός (του χεριού). **~-watch** n (το) ρολόι του χεριού

writ /rɪt/ n (το) δικόγραφο

write /raɪt/ vt/i (pt wrote, pp written) γράφω. **~ back** απαντώ (γραπτώς). **~ down** γράφω, σημειώνω. **~r** /-ə(r)/ n (author) (ο, η) συγγραφέας

writhe /raɪð/ vi σφαδάζω

writing /'raɪtɪŋ/ n (η) γραφή. (handwriting) (το) γράψιμο. **~-paper** n (το) χαρτί γραψίματος

written /'rɪtn/ see WRITE

wrong /rɒŋ/ a (mistaken) λανθασμένος. (unjust) άδικος. (bad) κακός. (clock) λάθος. • adv άδικα. (badly) κακά. • n (injustice) (η) αδικία. (evil) (η) αδικία. • vt αδικώ. be ~ (person) έχω άδικο. (be mistaken) κάνω λάθος. go ~ (err) κάνω λάθος. (plan) πηγαίνω στραβά. (car etc.) χαλώ. what's ~ (with you)? τι έχεις;

wrote /rəʊt/ see WRITE

wrought /rɔːt/ a ~ iron (ο) σφυρήλατος σίδηρος

wry /raɪ/ a στραβός. (smile) βεβιασμένος

Xx

Xerox /'zɪərɒks/ n (P) (το) φωτοαντιγραφικό, (το) φωτοαντίγραφο. • vt βγάζω φωτοαντίγραφο

Xmas /'krɪsməs/ n (τα) Χριστούγεννα

X-ray /'eksreɪ/ n (photograph) (η) ακτινογραφία. ~s npl (οι) ακτίνες Χ. • vt ακτινογραφώ

Yy

yacht /jɒt/ n (το) γιοτ invar, (η) θαλαμηγός. ~ing n (η) ιστιοπλοΐα με θαλαμηγό

yank /jæŋk/ vt (fam) τραβώ απότομα

Yank(ee) /'jæŋk(ɪ)/ n (fam) (ο) γιάνκης

yap /jæp/ vi γαυγίζω

yard¹ /jɑːd/ n (measure) (η) υάρδα (= 0.9144 μ)

yard² /jɑːd/ n (η) αυλή

yarn /jɑːn/ n (το) νήμα. (tale: fam) (το) παραμύθι

yawn /jɔːn/ vi χασμουριέμαι. • n (το) χασμουρητό

year /jɪə(r)/ n (ο) χρόνος. (financial) (το) έτος. ~ly a ετήσιος adv ετησίως

yearn /jɜːn/ vi λαχταρώ

yeast /jiːst/ n (η) μαγιά

yell /jel/ vi ξεφωνίζω. • n (το) ξεφωνητό

yellow /'jeləʊ/ a κίτρινος. • n (το) κίτρινο

yelp /jelp/ vi ουρλιάζω

yes /jes/ adv ναι. • n (το) ναι

yesterday /'jestədeɪ/ adv χτες, χθες. n (το) χτες. **the day before ~** προχτές

yet /jet/ adv ακόμη. • conj αλλά. (nevertheless) κι όμως

yew /juː/ n (η) τάξος

Yiddish /'jɪdɪʃ/ n (τα) γίντις

yield /jiːld/ vt αποδίδω. • vi ενδίδω. • n (η) σοδειά. (comm) (το) κέρδος

yoghurt /'jɒgət/ n (το) γιαούρτι

yoke /jəʊk/ n (ο) ζυγός. (of garment) (ο) γιακάς

yolk /jəʊk/ n (ο) κρόκος

you /juː/ pron εσύ. (pl) εσείς. (formal) εσείς. (object) σε. (pl) σας. (after prep) σένα. (pl) σας

young /jʌŋ/ a νέος. • npl (of animals) (τα) μικρά. **the ~** (people) οι νέοι

youngster /'jʌŋstə(r)/ n (ο) νεαρός

your /jɔː(r)/ a δικός σου. (formal) δικός σας

yours /jɔːz/ poss pron σου. (formal) σας

yourself /jɔː'self/ pron ο ίδιος. (emphatic) εσύ ο ίδιος. (formal) εσείς ο ίδιος

yourselves /jɔː'selvz/ pron οι ίδιοι. (emphatic) εσείς οι ίδιοι

youth /juːθ/ n (η) νεότητα, (η) νιότη. (boy) (ο) νεαρός. (young people) (η) νεολαία. **~ hostel** n (ο) ξενώνας νεότητας. **~ful** a νεανικός

Yugoslav /'juːgəʊslɑːv/ a γιουγκοσλαβικός. • n (ο) Γιουγκοσλάβος, (η) Γιουγκοσλάβα. **~ia** /-'slɑːvɪə/ n (η) Γιουγκοσλαβία

Zz

zany /'zeɪnɪ/ a αστείος

zeal /ziːl/ n (ο) ζήλος. **~ous** /'zeləs/ a γεμάτος ζήλο

zealot /'zelət/ n (ο) ζηλωτής

zebra /'ziːbrə/ n (η) ζέβρα. **~ crossing** n (η) διάβαση πεζών

zenith /'zenɪθ/ n (το) ζενίθ invar

zero /'zɪərəʊ/ n (το) μηδέν

zest /zest/ n (το) κέφι. (peel) (η) φλούδα

zigzag /'zɪgzæg/ *n* (το) ζιγκ-ζαγκ
invar. • *vi* προχωρώ με κίνηση
ζιγκ-ζαγκ

zinc /zɪŋk/ *n* (ο) ψευδάργυρος

zip /zɪp/ *n* (το) σφύριγμα.
~-**fastener**, ~**per** (το)
φερμουάρ *invar.* • *vt* ~ (**up**)
κλείνω με φερμουάρ

zodiac /'zəʊdɪæk/ *n* (ο) ζωδιακός
κύκλος

zone /zəʊn/ *n* (η) ζώνη

zoo /zu:/ *n* (ο) ζωολογικός κήπος

zoolog|y /zəʊ'ɒlədʒɪ/ *n* (η)
ζωολογία. ~**ist** *n* (ο, η) ζωολόγος

zoom /zu:m/ *vi* κινούμαι με
ταχύτητα. (*photo*) ζουμάρω.
~ **lens** *n* (ο) φακός ζουμ *invar*

Greek verb tables

Examples of the plain categories of regular Greek verbs are given below.

The following forms of verbs will be omitted since they are formed on the basis of other tenses given. Purpose (simple and continuous) is expressed by using the same form of the verb used to form the future tenses (simple and continuous) and substituting **θα** (future tense) with **να** (purpose).

The future continuous in both the active and passive voice is formed with **θα**-+-the same form of the verb used in the present tense (active and passive voice, respectively). The past perfect is formed using the past tense of the auxiliary verb **έχω**, ie **είχα, είχες, είχε** etc,-+-the same form of the main verb used to form the present perfect.

The appearance of certain forms within brackets indicates that they are not widely used.

Regular verbs:

1. Ending in **-ω** like **δένω**

Active voice

Present: δένω, ∼εις, ∼ει, ∼ουμε, ∼ετε, ∼ουν
Imperfect: έδενα, ∼ες, ∼ε, δέναμε, δένατε, ∼αν
Past simple: έδεσα, ∼σες, ∼σε, δέσαμε, δέσατε, ∼σαν
Future simple: θα δέσω, ∼σεις, ∼σει, ∼σουμε, ∼σετε, ∼σουν
Imperative simple: δέσε, δέσετε
Imperative contin.: δένε, δένετε
Present perfect: έχω δέσει, έχεις δέσει, etc
Participle: δένοντας

Passive voice

Present: δένομαι, ∼εσαι, ∼εται, δενόμαστε, ∼στε, ∼ονται
Imperfect: δενόμουν, ∼όσουν, ∼όταν, ∼όμαστε, ∼όσαστε, δένονταν
Past simple: δέθηκα, ∼θηκες, ∼θηκε, δεθήκαμε, δεθήκατε, ∼θηκαν
Future simple: θα δεθώ, ∼θείς, ∼θεί, ∼θούμε, ∼θείτε, ∼θούν
Imperative simple: δέσου, δεθείτε
Imperative contin.: (δένου), (δένεστε)
Present perfect: έχω δεθεί, έχεις δεθεί, etc
Participle: δεμένος

2a. Ending in **-ώ** like **αγαπώ**

Active voice

Present: αγαπώ, ∼άς, ∼ά, ∼ούμε, ∼άτε, ∼ούν
Imperfect: αγαπούσα, ∼ούσες, ∼ούσε, ∼ούσαμε, ∼ούσατε, ∼ούσαν
Past simple: αγάπησα, ∼ησες, ∼ησε, ∼ήσαμε, ∼ήσατε, ∼ησαν
Future simple: θα αγαπήσω, ∼ήσεις, ∼ήσει, ∼ήσουμε, ∼ήσετε, ∼ήσουν
Imperative simple: αγάπησε, αγαπήστε
Imperative contin.: αγάπα, αγαπάτε
Present perfect: έχω αγαπήσει, έχεις αγαπήσει, etc
Participle: αγαπώντας

Passive voice

Present: αγαπιέμαι, ∼ιέσαι, ∼ιέται, ∼ιόμαστε, ∼ιέστε, ∼ιούνται
Imperfect: αγαπιόμουν, ∼ιόσουν, ∼ιόταν, ∼ιόμαστε, ∼ιόσαστε, ∼ιόνταν

Past simple: αγαπήθηκα, ~ήθηκες, ~ήθηκε, ~ήθήκαμε, ~ηθήκατε, ~ήθηκαν

Future simple: θα αγαπηθώ, ~ηθείς, ~ηθεί, ~ηθούμε, ~ηθείτε, ~ηθούν

Imperative simple: αγαπήσου, αγαπηθείτε

Imperative contin.: –

Present perfect: έχω αγαπηθεί, έχεις αγαπηθεί, etc

Participle: αγαπημένος

2b. Ending in -ώ like **ωφελώ**

Active voice

Present: ωφελώ, ~είς, ~εί, ~ούμε, ~είτε, ~ούν

Imperfect: ωφελούσα, ~ούσες, ~ούσε, ~ούσαμε, ~ούσατε, ~ούσαν

Past simple: ωφέλησα, ~ησες, ~ησε, ~ήσαμε, ~ήσατε, ~ησαν

Future simple: θα ωφελήσω, ~ήσεις, ~ήσει, ~ήσουμε, ~ήσετε, ~ήσουν

Imperative simple: ωφέλησε, ωφελήστε

Imperative contin.: – ωφελείτε

Present perfect: έχω ωφελήσει, έχεις ωφελήσει, etc

Participle: ωφελώντας

Passive voice

Present: ωφελούμαι, ~είσαι, ~είται, ~ούμαστε, ~είστε, ~ούνται

Imperfect: ωφελούμουν, ~ούσουν, ~ούταν, ~ούμαστε, ~ούσαστε, ~ούνταν

Past simple: ωφελήθηκα, ~ήθηκες, ~ήθηκε, ~ηθήκαμε, ~ηθήκατε, ~ήθηκαν

Future simple: θα ωφελθώ, ~ηθείς, ~ηθεί, ~ηθούμε, ~ηθείτε, ~ηθούν

Imperative simple: ωφελήσου, ωφεληθείτε

Imperative contin.: –

Present perfect: έχω ωφεληθεί, έχεις ωφεληθεί, etc

Participle: ωφελημένος

3. Ending in **ίζω** like **δροσίζω**

Active voice

Present: δροσίζω, ~ίζεις, ~ίζει, ~ίζουμε, ~ίζετε, ~ίζουν

Imperfect: δρόσιζα, ~ιζες, ~ιζε, ~ίζαμε, ~ίζατε, ~ζαν

Past simple: δρόσισα, ~ισες, ~ισε, ~ίσαμε, ~σίσατε, ~ισαν

Future simple: θα δροσίσω, ~ίσεις, ~ίσει, ~ίσουμε, ~ίσετε, ~ίσουν

Imperative simple: δρόσισε, δροσίστε

Imperative contin.: δρόσιζε, δροσίζετε

Present perfect: έχω δροσίσει, έχεις δροσίσει, etc

Participle: δροσίζοντας

Passive voice

Present: δροσίζομαι, ~ίζεσαι, ~ίζεται, ~ιζόμαστε, ~ίζεστε, ~ίζονται

Imperfect: δροσιζόμουν, ~ιζόσουν, ~ιζόταν, ~ιζόμαστε, ~ιζόσαστε, ~ίζονταν

Past simple: δροσίστηκα, ~ίστηκες, ~ίστηκε, ~ιστήκαμε, ~ιστήκατε, ~ίστηκαν

Future simple: θα δροσιστώ, ~ιστείς, ~ιστεί, ~ιστούμε, ~ιστείτε, ~ιστούν

Imperative simple: δροσίσου, δροσιστείτε

Imperative contin.: δροσίζου, δροσίζεστε

Present perfect: έχω δροσιστεί, έχεις δροσιστεί, *etc*

Participle: δροσισμένος

Auxiliary verbs

είμαι

Present: είμαι, ∼σαι, ∼ναι, ∼μαστε,
∼στε, ∼ναι
Imperfect: ήμουν, ∼σουν, ∼ταν,
∼μαστε, ∼σαστε, ∼ταν
Past simple: –
Future simple: –
Imperative simple: –
Imperative contin.: –
Participle: όντας

έχω

Present: έχω, ∼εις, ∼ει, ∼ουμε,
∼ετε, ∼ουν
Imperfect: είχα, ∼ες, ∼ε, ∼αμε,
∼ατε, ∼αν
Past simple: –
Future simple: –
Imperative simple: –
Imperative contin.: έχε, έχετε
Participle: έχοντας

Irregular verbs

The irregular verbs included in the list below are those judged to be the most commonly encountered. They are listed in alphabetical order.

With the exception of the imperative, only the first person singular of the various tenses is given. The endings of other persons both in the singular and plural are formed in a similar way as those of the regular verbs. The expression of purpose, the future continuous and the past perfect are formed on the same basis as the equivalent tenses for the regular verbs given above and are not included in the tenses given below. The principal tenses are given for the active and passive voices.

αφήνω

Active voice

Present: αφήνω
Imperfect: άφηνα
Past simple: άφησα
Future simple: θα αφήσω
Imperative simple: άφησε, αφήστε
Imperative contin.: άφηνε, αφήνετε
Present perfect: έχω αφήσει
Participle: αφήνοντας

Passive voice

Present: αφήνομαι
Imperfect: αφηνόμουν
Past simple: αφέθηκα
Future simple: θα αφεθώ
Imperative simple: αφήνου, αφήνεστε
Imperative contin.: αφέσου, αφεθείτε
Present perfect: έχω αφεθεί
Participle: αφημένος

βάζω

Active voice

Present: βάζω
Imperfect: έβαζα
Past simple: έβαλα
Future simple: θα βάλω
Imperative simple: βάλε, βάλτε
Imperative contin.: βάζε, βάζετε
Present perfect: έχω βάλει
Participle: βάζοντας

Passive voice

Present: –
Imperfect: –
Past simple: βάλθηκα
Future simple: θα βαλθώ
Imperative simple: βάλσου, βαλθείτε
Imperative contin.: –
Present perfect: έχω βαλθεί
Participle: βαλμένος

βγαίνω

Active voice

Present: βγαίνω
Imperfect: έβγαινα
Past simple: βγήκα
Future simple: θα βγω
Imperative simple: βγες, βγέστε
Imperative contin.: βγαίνε, βγαίνετε
Present perfect: έχω βγει
Participle: βγαίνοντας

Passive voice

None apart from
Participle: βγαλμένος

βλέπω

Active voice

Present: βλέπω
Imperfect: έβλεπα
Past simple: είδα
Future simple: θα δω
Imperative simple: δες, δέστε
Imperative contin.: βλέπε, βλέπετε
Present perfect: έχω δει
Participle: βλέποντας

Passive voice

Present: βλέπομαι
Imperfect: βλεπόμουν
Past simple: ειδώθηκα
Future simple: θα ιδωθώ
Imperative simple: –
Imperative contin.: –
Present perfect: έχω ιδωθεί
Participle: ιδωμένος

βρίσκω

Active voice

Present: βρίσκω
Imperfect: έβρισκα
Past simple: βρήκα
Future simple: θα βρω
Imperative simple: βρες, βρέστε
Imperative contin.: βρίσκε, βρίσκετε

Present perfect: έχω βρει
Participle: βρίσκοντας

Passive voice

Present: βρίσκομαι
Imperfect: βρισκόμουν
Past simple: βρέθηκα
Future simple: θα βρεθώ
Imperative simple: –
Imperative contin.: –
Present perfect: έχω βρεθεί
Participle: –

γίνομαι

Active voice

None

Passive voice

Present: γίνομαι
Imperfect: γινόμουν
Past simple: έγινα
Future simple: θα γίνω
Imperative simple: γίνε, γίνετε
Imperative contin.: γίνου, γίνεστε
Present perfect: έχω γίνει
Participle: γινώμενος

δίνω

Active voice

Present: δίνω
Imperfect: έδινα
Past simple: έδωσα
Future simple: θα δώσω
Imperative simple: δώσε, δώστε
Imperative contin.: δίνε, δίνετε
Present perfect: έχω δώσει
Participle: δίνοντας

Passive voice

Present: δίνομαι
Imperfect: δινόμουν
Past simple: δόθηκα
Future simple: θα δοθώ
Imperative simple: δόσου, δοθείτε
Imperative contin.: δίνου, δίνεστε

Present perfect: έχω δοθεί
Participle: δοσμένος

διψώ

Active voice

Present: διψώ
Imperfect: διψούσα
Past simple: δίψασα
Future simple: θα διψώ
Imperative simple: δίψα, διψάστε
Imperative contin.: –
Present perfect: έχω διψάσει
Participle: διψώντας

Passive voice

None

έρχομαι

Active voice

None

Passive voice

Present: έρχομαι
Imperfect: ερχόμουν
Past simple: ήρθα
Future simple: θα έρθω
Imperative simple: έλα, ελάτε
Imperative contin.: –
Present perfect: έχω έρθει
Participle: ερχόμενος

κάθομαι

Active voice

None

Passive voice

Present: κάθομαι
Imperfect: καθόμουν
Past simple: κάθισα
Future simple: θα καθίσω
Imperative simple: κάθισε, καθίστε
Imperative contin.: κάθου, κάθεστε
Present perfect: έχω καθίσει
Participle: καθισμένος

κοιμούμαι/κοιμάμαι

Active voice

None

Passive voice

Present: κοιμούμαι/κοιμάμαι
Imperfect: κοιμόμουν
Past simple: κοιμήθηκα
Future simple: θα κοιμηθώ
Imperative simple: κοιμήσου,
  κοιμηθείτε
Imperative contin.: –
Present perfect: έχω κοιμηθεί
Participle: κοιμισμένος

λέ(γ)ω

Active voice

Present: λέ(γ)ω
Imperfect: έλεγα
Past simple: είπα
Future simple: θα λέω
Imperative simple: πες, πέστε
Imperative contin.: λέγε, λέγετε
Present perfect: έχω πει
Participle: λέγοντας

Passive voice

Present: λέγομαι
Imperfect: λεγόμουν
Past simple: ειπώθηκα
Future simple: θα ειπωθώ
Imperative simple: –
Imperative contin.: –
Present perfect: έχω ειπωθεί
Participle: ειπωμένος

μπαίνω

Active voice

Similar to those of the verb: βγαίνω

Passive voice

Only participle: μπασμένος

πηγαίνω

Active voice

Present: πηγαίνω
Imperfect: πήγαινα
Past simple: πήγα
Future simple: θα πάω
Imperative simple: –
Imperative contin.: πήγαινε, πηγαίνετε
Present perfect: έχω πάει
Participle: πηγαίνοντας

Passive voice

None

πίνω

Active voice

Present: πίνω
Imperfect: έπινα
Past simple: ήπια
Future simple: θα πιω
Imperative simple: πιες, πιέστε
Imperative contin.: πίνε, πίνετε
Present perfect: έχω πιει
Participle: πίνοντας

Passive voice

Present: πίνομαι
Imperfect: πινόμουν
Past simple: πιώθηκα
Future simple: θα πιωθώ
Imperative simple: –
Imperative contin.: –
Present perfect: έχω πιωθεί
Participle: πιωμένος

στέλνω

Active voice

Present: στέλνω
Imperfect: έστελνα
Past simple: έστειλα
Future simple: θα στείλω
Imperative simple: στείλε, στείλτε
Imperative contin.: στέλνε, στέλνετε

Present perfect: έχω στείλει
Participle: στέλνοντας

Passive voice

Present: στέλνομαι
Imperfect: στελνόμουν
Past simple: στάλθηκα
Future simple: θα σταλώ
Imperative simple: –
Imperative contin.: –
Present perfect: έχω σταλθεί
Participle: σταλμένος

τρώγω

Active voice

Present: τρώγω
Imperfect: έτρωγα
Past simple: έφαγα
Future simple: θα φάω
Imperative simple: φάε, φάγετε
Imperative contin.: τρώε, τρώγετε
Present perfect: έχω φάει
Participle: τρώγοντας

Passive voice

Present: τρώγομαι
Imperfect: τρωγόμουν
Past simple: φαγώθηκα
Future simple: θα φαγωθώ
Imperative simple: φαγώσου, φαγωθείτε
Imperative contin.: –
Present perfect: έχω φαγωθεί
Participle: φαγωμένος

φεύγω

Active voice

Present: φεύγω
Imperfect: έφευγα
Past simple: έφυγα
Future simple: θα φύγω
Imperative simple: φύγε, φύγετε
Imperative contin.: φεύγε, φεύγετε
Present perfect: έχω φύγει
Participle: φεύγοντας

Passive voice
None

φοβάμαι

Passive voice
Like κοιμάμαι

Greek nouns

Below are outlined examples of some of the most common endings of regular nouns—masculine, feminine and neuter.

Masculine nouns

Ending in -ος, -ης, -ας

Singular

Nominative:	ο άγγελ-ος	ο νικητ-ής	ο αγών-ας
Genitive:	του αγγέλ-ου	του νικητ-ή	του αγών-α
Accusative:	τον άγγελ-ο	το νικητ-ή	τον αγών-α
Vocative:	άγγελ-ε	νικητ-ή	αγών-α

Plural

Nominative:	οι άγγελ-οι	οι νικητ-ές	οι αγών-ες
Genitive:	των αγγέλ-ων	των νικητ-ών	των αγών-ων
Accusative:	τους αγγέλ-ους	τους νικητ-ές	τους αγών-ες
Vocative:	οι άγγελ-οι	νικητ-ές	αγών-ες

Feminine nouns

Ending in -η, -α

Singular

Nominative:	η νίκ-η	η ώρ-α
Genitive:	της νίκ-ης	της ώρ-ας
Accusative:	τη νίκ-η	την ώρ-α
Vocative:	νίκ-η	ώρ-α

Plural

Nominative:	οι νίκ-ες	οι ώρ-ες
Genitive:	των νικ-ών	των ωρ-ών
Accusative:	τις νίκ-ες	τις ώρ-ες
Vocative:	νίκ-ες	ώρ-ες

Neuter nouns

Ending in **-o, ι**

Singular

Nominative:	το παιδ-ί	το βουν-ό
Genitive:	του παιδ-ιού	του βουν-ού
Accusative:	το παιδ-ί	το βουν-ό
Vocative:	παιδ-ί	βουν-ό

Plural

Nominative:	τα παιδ-ιά	τα βουν-ά
Genitive:	των παιδ-ιών	των βουν-ών
Accusative:	τα παιδ-ιά	τα βουν-ά
Vocative:	παιδ-ιά	βουν-ά